2.002
RECETAS DE COCINA

2.002
RECETAS DE COCINA

MARÍA JOSÉ VALERO

LIBSA

© 2007, Editorial LIBSA
San Rafael, 4
28108 Alcobendas. Madrid
Tel. (34) 91 657 25 80
Fax (34) 91 657 25 83
e mail: libsa@libsa.es
www.libsa.es

ISBN: 978-84-662-1324-0
Depósito Legal: CO-39-07

Colaboración en textos: Mª José Valero
Edición: Rosario María Díaz y Equipo editorial Libsa
Diseño de cubierta: Equipo de diseño Libsa
Maquetación: Rosario María Díaz y Equipo de maquetación Libsa

Impreso en España/ *Printed in Spain*

CONTENIDO

INTRODUCCIÓN

Está de moda saber cocinar. A todos nos gusta presumir ante nuestros amigos de lo buenos cocineros que somos y de lo bien que preparamos platos como el besugo al horno, el solomillo a la pimienta, las almejas a la marinera o la conocida paella.

A pesar de la gran variedad de suplementos, fichas, manuales y volúmenes que se ponen a disposición del lector, a veces no encontramos ese libro concreto que nos ayude en nuestra tarea y nos dedicamos a almacenar otros muchos en algún rincón de la casa sabiendo que, probablemente, nunca serán utilizados.

Con este libro se pretende poner en manos de cocineras y cocineros toda la información necesaria tanto para quedar bien en las ocasiones especiales como para hacer algo tan difícil como es la comida diaria.

De la A a la Z el lector encontrará explicado cómo se cocinan nada menos que 2.002 platos diferentes, cantidad que da para muchas variaciones y evita el quebradero de cabeza que supone la inevitable pregunta de todas las mañanas: ¿Qué comemos hoy?

El método de trabajo es sencillo: simplemente se trata de abrir el libro por una página cualquiera y nos encontraremos un sugerente primer plato, por ejemplo «Lombarda al vino tinto». ¡Perfecto, ya tenemos el entrante! El segundo paso es rápido: desde el índice, buscaremos un segundo plato al gusto, como unas «Cazuelitas con besamel de jamón», que no están nada mal. Y para la cuestión del postre, si quien cocina tiene humor para ello y la comida se celebra por algún motivo digno de festejo, se acude al apartado «Postres» y siempre se encontrará alguna delicia para el paladar de ejecución sencilla.

La presentación de las recetas en este libro se realiza de forma clara para facilitar la comprensión por parte del lector. De este modo, lo primero que nos encontraremos es el nombre de la receta en cuestión, con una letra mayor que el resto del texto para que se diferencie bien a la hora de realizar la lectura. A continuación, cada una de las recetas viene acompañada de una línea en la cual queda especificado el grado de dificultad a la hora de ponernos a cocinar. Así se consigue que el lector tenga una idea de lo compleja o sencilla que puede ser la elaboración del plato mucho antes de comenzar a hacerlo.

Después nos encontramos con el listado completo de ingredientes, separados entre sí por pequeños bolos cuyo cometido no es otro que el de aportar mayor claridad a la hora de leer el texto. Respecto a las cantidades de cada uno de los ingredientes, cada receta lleva también un número de comensales para el cual se calculan dichas cantidades, siempre de un modo aproximado.

Finalmente, en un pequeño párrafo se explica cómo se tiene que elaborar el plato elegido, utilizando para ello un vocabulario sencillo, que huye de los tecnicismos, y unas explicaciones claras y concisas que facilitarán la elaboración de la receta antes de presentarla en la mesa.

En definitiva, este es un libro que, en un solo volumen y sin dificultades culinarias, ofrece a quien se propone guisar una variedad de platos dignos de la mejor de las mesas.

APERITIVOS

En este apartado no se ponen cantidades de ingredientes ya que dependen de las unidades que se vayan a servir.

***

AGUACATES RELLENOS
Grado de dificultad bajo

INGREDIENTES
Gambas peladas • Tronquitos de mar • Jamón ibérico picado • Queso Roquefort • Nata • Pimienta negra recién molida • Almendras crudas molidas

Se lavan bien los aguacates y se cortan en dos mitades longitudinales. Se retira el hueso y se quita parte de la pulpa, dejando un centímetro sin quitar. La pulpa del aguacate y los demás ingredientes, excepto las almendras, se pasan por la batidora hasta conseguir una pasta homogénea; se rellenan los aguacates con esta mezcla y se meten en la nevera. Se sirven fríos y espolvoreados con las almendras molidas.

BANDERILLAS A LA CATALANA
Grado de dificultad mínimo

INGREDIENTES
Tomates maduros • Jamón ibérico en lonchas • Aceite de oliva virgen • Sal

Sobre una rebanada de pan de barra se echa el aceite cuidando que se impregne por igual; se sala ligeramente, se coloca una rodaja de tomate, una loncha de jamón y se sujeta todo con un palillo.

BANDERILLAS CON QUESO Y CHAMPIÑÓN
Grado de dificultad bajo

INGREDIENTES
Champiñones de tamaño medio • Queso de untar • Cebollino finamente picado • Pepinillos agridulces

finamente picados • Mantequilla o margarina vegetal

Se lavan los champiñones, se les quita el tallo y se saltean en la mantequilla hasta que queden dorados. Se mezclan el cebollino, los pepinillos y el queso hasta formar una pasta ligada con la que se rellenan los champiñones y se pinchan en un palillo de dos en dos. Puede servirse templado.

BANDERILLAS DE AGUACATE CON LANGOSTINOS
Grado de dificultad mínimo

INGREDIENTES
Aguacates • Langostinos • Tomates cherry • Mayonesa

Se pelan los aguacates, se parten en dados, los langostinos, previamente cocidos, se dividen en tres trozos; en un palillo se ensarta un trozo de langostino, un dado de aguacate y un tomate cherry, todo bañado con mayonesa.

BANDERILLAS DE ANCHOAS CON TOMATE Y ACEITUNAS
Grado de dificultad mínimo

INGREDIENTES
Tomate canario pequeño • Anchoas en salazón • Aceitunas sin hueso

Se ensarta en un palillo una rodaja de tomate, una anchoa enrollada y una aceituna sin hueso.

BANDERILLAS DE ATÚN CON PEPINILLOS
Grado de dificultad mínimo

INGREDIENTES
Ventresca de atún en conserva • Pepinillos agridulces • Huevo cocido • Estragón • Perejil

Se escurre bien el atún del aceite que lleva en la conserva y se corta, teniendo mucho cuidado para que no se desmorone, en láminas gruesas, se cortan los pepinillos en rodajas así como el huevo cocido. En un palillo, con mucho cuidado, se pincha una lámina de atún, una rodaja de huevo y otra de pepinillo. Hecha la banderilla, ésta se espolvorea con perejil y estragón finamente picados.

BANDERILLAS DE CECINA
Grado de dificultad mínimo

INGREDIENTES
Pan tostado en rebanadas • Cecina de León (el mismo número de lonchas que de rebanadas) • Ajo crudo y pelado • Tomates • Pimienta • Sal • Aceite de oliva

Se cortan los ajos a lo ancho y se frotan con ellos las rebanadas de pan, y a continuación se rocían éstas con el aceite de oliva. Los tomates se pelan y se pican muy finamente, y se sazonan al gusto con la pimienta y la sal, y se colocan sobre las lonchas de cecina,que se enrollan sujetándolas con un palillo. Después cada rollito se coloca sobre una rebanada de pan.

BANDERILLAS DE CHAMPIÑONES CON JAMON IBÉRICO
Grado de dificultad bajo

INGREDIENTES
Champiñones de tamaño medio • Jamón ibérico • Mantequilla o margarina vegetal

Se limpian bien los champiñones, se deja que escurran, se les quita el tallo y se saltean a fuego medio en la mantequilla, con mucho cuidado para que no pierdan la forma. A continuación, se corta el jamón ibérico en tacos y entonces se ensarta en un palillo un champiñón de los que teníamos ya preparados y un taco de jamón.

BANDERILLAS DE GAMBONES Y BEICON
Grado de dificultad mínimo

INGREDIENTES
Gambones cocidos • Lonchas de beicon delgadas • Aceite de oliva

En un poco de aceite de oliva se pasan las lonchas de beicon hasta que queden crocantes y cuando se sacan, se ponen a escurrir sobre papel de cocina, para que éste absorba el posible exceso de grasa; las banderillas consisten en envolver el gambón ya cocido con la loncha de beicon, formando un rulo, y ensartarlo en un palillo. Estas banderillas se sirven en caliente.

BOCADITOS DE AGUACATE CON APIO
Grado de dificultad mínimo

INGREDIENTES
Tallos de apio sin hebras ni piel • Aguacates maduros partidos por la mitad, sin hueso ni piel • Yogur natural • Tomates de tamaño medio, sin pepitas • Cilantro fresco • Cebollas rojas pequeñas, peladas y partidas en rodajas • Dientes de ajo pelados partidos por la mitad • Zumo de lima

Se pela y se corta el aguacate en varios trozos y se echa al vaso de la batidora, donde se le añade el ajo partido a lo largo y, poco a poco, se le van añadiendo también los demás ingredientes de que consta la receta, excepto los tallos de apio, hasta llegar a conseguir una pasta cremosa homogénea. Una vez hecha esta crema, se pone la mezcla en un recipiente, se tapa y se mete en la nevera no más de 30 minutos, con el fin de poder evitar de esta manera que se ponga oscura. Una vez que haya pasado ese tiempo y se saque del frigorífico la crema de aguacate, entonces se parten los tallos de apio que teníamos reservados, se lavan bien y, una vez secos, se rellenan con la pasta.

BOCADITOS DE REQUESÓN Y ALBAHACA
Grado de dificultad mínimo

INGREDIENTES

Pan de molde cortado en redondeles de 5 cm de diámetro • Requesón bien escurrido • Rábanos de tamaño medio • Albahaca fresca • Ajo pelado • Cáscara de limón

Se parten en cuatro los rábanos, se cortan con tijera las hojas de albahaca, la piel del limón y se ponen con el resto de los ingredientes en el vaso de la batidora. Se tritura todo bien hasta conseguir una pasta ligada, se vierte en un bol, se tapa y se pone a enfriar en la nevera durante dos horas. Con una manga pastelera de boca gruesa, se va colocando la mezcla sobre los redondeles de pan haciendo que la pasta quede en forma de rizo.

BOCADITOS DELICIA
Grado de dificultad bajo

INGREDIENTES

Huevo para rebozar • Jamón de york en lonchas • Maicena para rebozar • Pan de molde • Besamel • Leche • Aceite

Se corta el pan de molde en cuatro pedazos y se mojan en la leche templada. En cada pedazo se pone una loncha de jamón cortándolo del mismo tamaño que el pan, se extiende sobre el jamón una cucharada de besamel y sobre ésta se coloca otro pedazo de pan; se reboza en maicena y luego en el huevo batido. Por último, se fríen en abundante aceite, se ponen sobre papel de cocina y se dejan enfriar.

BOCADITOS VEGETARIANOS
Grado de dificultad bajo

INGREDIENTES

Cebolleta • Puerro • Berenjena • Calabacín • Pasta brick • Aceite • Sal

Se cortan todas las hortalizas en juliana y se ponen a pochar con un poco de aceite y sal; se divide la pasta brick en tres partes y se rellena con las verduras, dándole forma de saquito. Los bocaditos resultantes se fríen en abundante aceite a fuego vivo hasta que estén ligeramente dorados.

BROCHETA CINCO SABORES
Grado de dificultad mínimo

INGREDIENTES

Jamón de pato • Langostinos cocidos • Fresas • Kiwi • Plátano • Muselina (mayonesa aclarada con nata)

Se trocean las frutas, se pelan los langostinos y en una brocheta se intercalan las frutas con el jamón de pato y los langostinos. Una vez hecha, se pone por encima un poco de muselina.

BROCHETA DE GAMBAS Y BEICON
Grado de dificultad bajo

INGREDIENTES

Gambas cocidas y peladas • Beicon • Chalotas • Aceite • Azúcar • Brandy

Se ponen a pochar las chalotas y, cuando están casi hechas, se les añade una cucharadita de azúcar y media copa de brandy; se retiran cuando el licor se ha evaporado, dejándolas escurrir en un colador fino. Se cortan las lonchas de beicon en cuatro pedazos y se van ensartando en la brocheta alternando los ingredientes.

BROCHETA DE MAGRET DE PATO CON CHALOTAS CARAMELIZADAS
Grado de dificultad bajo

INGREDIENTES

Magret de pato (se encuentra precocinado en las tiendas de delicatesen) • Chalotas • 1 pastilla de caldo de carne • 1/2 cucharadita de azúcar • Aceite de oliva

Se ponen las chalotas en una sartén con un poco de aceite a fuego lento y, cuando estén a medio hacer, se les añade la pastilla de caldo y el azúcar. El magret se filetea y se va ensartando en una brocheta alternándolo con las chalotas bien escurridas.

BROCHETA DE MEJILLONES Y TOMATITOS CHERRY
Grado de dificultad bajo

INGREDIENTES
Mejillones cocidos • Gambas cocidas y peladas • Tomatitos cherry • Pan rallado • Aceite

Se abren los mejillones por la mitad y se parten los tomatitos en dos, a continuación se ensarta en la brocheta medio mejillón, una gamba y medio tomatito, así hasta cuatro veces. Una vez formada la brocheta, se empana y se fríe en aceite. Intercalar banderillas con queso y champiñón.

BROCHETA DE SALCHICHA
Grado de dificultad bajo

INGREDIENTES
Salchichas de Frankfurt • Ciruelas pasas deshuesadas • Dátiles deshuesados • Beicon cortado en lonchas finas

Se cortan las lonchas de beicon en tres trozos y las salchichas en cuatro; se envuelven con el beicon las salchichas, las ciruelas y los dátiles y se van ensartando alternativamente en las brochetas que, una vez terminadas, se introducen en el horno precalentado a 200°; se mantienen bajo el grill unos 20 minutos bajando la potencia a 170° y, a los 10 minutos, se les da la vuelta para conseguir que se cocinen por los dos lados. Las brochetas deben colocarse sobre la parrilla del horno con una fuente debajo que recoja el jugo que sueltan al asarse. Este jugo servirá para rociarlas durante el asado y como salsa.

BROCHETA DE SEPIA Y BEICON
Grado de dificultad bajo

INGREDIENTES
Sepia • Gambas peladas • Beicon • Ajo • Aceite • Perejil

Se hacen a la plancha las sepias y, en una sartén aparte, se dora el beicon en una pizca de aceite. Se trocean las sepias y el beicon y se van ensartando en una brocheta la sepia, el beicon y la gamba, varias veces. Presentar rociada con un sofrito de ajo y perejil.

BROCHETA DE SOLOMILLO DE CERDO
Grado de dificultad bajo

INGREDIENTES
Panceta de cerdo • Solomillo de cerdo • Pimiento verde • Cebolla roja • Ajo • Aceite

Se trocean la panceta, el solomillo y los pimientos verdes y se insertan en una brocheta alternando los ingredientes. Una vez montada, se fríe en el aceite bien caliente y se sirve con ajo picado muy fino por encima.

***

(Si no se indica lo contrario, los canapés que se explican a continuación, se montan sobre pan de barra tostado al momento).

***

CANAPÉ DE ANCHOA CON CEBOLLA POCHADA
Grado de dificultad bajo

INGREDIENTES
Cebollas • Pimiento verde • Anchoas de frasco en salazón • Aceite • 1 pastilla de caldo de pescado

Se ponen a pochar el pimiento y la cebolla, finamente picados, en un poco de aceite, añadiendo, cuando estén casi hechos, la pastilla de caldo. Sobre las rebanadas de pan, se coloca una anchoa, se cubre ésta con una capa de las verduras pochadas y encima, se pone una segunda anchoa.

CANAPÉ DE BACALAO AL ALIOLI
Grado de dificultad bajo

INGREDIENTES
Lomo de bacalao cocido y cortado en filetes • Aceite de oliva virgen • Alioli • Vinagre de Módena

Se deja marinar el bacalao durante una hora en una mezcla de aceite y vinagre. Cuando haya cogido bien el sabor, se cortan los filetes en pedazos del tamaño de las rebanadas de pan, se colocan sobre ellas y se cubren con una capa fina de alioli.

CANAPÉ DE BOLETUS Y LANGOSTINOS
Grado de dificultad bajo

INGREDIENTES
Boletus • Langostinos • Tomate • Ajo • Aceite • Sal

Saltear en una sartén los boletus con el ajo, añadir a continuación el tomate pelado y cortado en trozos y salar. Cuando esté casi hecho, incorporar los langostinos cortados en cuatro. Cuando los langostinos hayan cogido su color rosado, colocar sobre el pan y servir calientes.

CANAPÉ DE BONITO CON TOMATE
Grado de dificultad bajo

INGREDIENTES
Bonito fresco • Cebolla • Pimiento verde • Pimiento rojo • Tomate maduro • Aceite • Sal

Se rehogan en el aceite la cebolla, el pimiento verde y el pimiento rojo picados muy finamente; una vez pochados, se les añade el tomate. Cuando todo esté bien hecho, entonces se agrega el bonito fresco, se revuelve con las verduras durante unos dos minutos y se sirve sobre una rebanada de pan sin tostar.

CANAPÉ DE LA HUERTA DE LA ABUELA
Grado de dificultad bajo

INGREDIENTES
Cebolleta • Puerros finos • Zanahoria • Cogollos de lechuga tierna • Pimientos verdes largos • Caramelo de vino tinto • Aceite • Sal

Se cortan en juliana todas las verduras y se ponen a pochar con un poco de aceite y sal. Mientras se van haciendo, se prepara el caramelo de vino poniendo al fuego, en un cazo, un vaso de vino tinto con media cucharada de azúcar hasta que el líquido se reduzca a la mitad. Una vez que se han pochado las verduras, se colocan en una capa gruesa sobre las rebanadas de pan, sin tostar, y se riegan con el caramelo de vino. Se sirven calientes.

CANAPÉ DE ENDIBIAS CON *MOUSSE* DE QUESO
Grado de dificultad mínimo

INGREDIENTES
Queso tipo Roquefort • Nata • Lomo ibérico en rodajas • Endibias • Pimienta molida en el momento • Sal • Avellanas picadas

Se bate el queso con la nata hasta formar una *mousse* sazonada con pimienta negra y sal. Se coloca sobre el pan una rodaja de lomo y sobre ésta se dispone una hoja de endibia y la *mousse*. Por último se espolvorea con las avellanas picadas.

CANAPÉ DE ENSALADA Y JAMÓN
Grado de dificultad mínimo

INGREDIENTES
Jamón serrano en lonchas muy finas • Jamón serrano picado muy menudo • Tomates de ensalada • Cebolla • Pimiento verde • Mayonesa • Sal

Se pican las verduras al mismo tamaño que el jamón, se introduce todo en un bol y se mezcla con la mayonesa. Luego, se coloca la mezcla sobre las rebanadas de pan y se pone encima de cada canapé una loncha de jamón serrano.

CANAPÉ DE GARBANZOS A LA ALBAHACA
Grado de dificultad mínimo

INGREDIENTES
Pan de molde • Garbanzos cocidos (pueden ser de frasco) • Albahaca fresca • Perejil fresco • Ajo pelado • Cebolla roja • Zumo de limón • Pimienta de tres bayas recién molida

Se trituran en la batidora todos los ingredientes, excepto la pimienta y el limón, hasta conseguir una pasta homogénea; se añaden el limón y la pimienta y se vuelca la mezcla en un cuenco. Se tapa y se mete unas dos horas en la nevera. Se corta el pan de molde en cuatro y, con una cuchara, se va poniendo la pasta fría sobre su superficie, adornándola cuidadosamente con rizos de rabanitos picantes.

CANAPÉ DE JAMÓN CON MAYONESA
Grado de dificultad mínimo

INGREDIENTES
Jamón picado • Mayonesa

En un bol se ponen el jamón y la mayonesa y se mezclan bien hasta que queden unidos; después con una cuchara se extiende la mezcla sobre el pan en una capa espesa.

CANAPÉ DE *MOUSSE* DE SALMÓN
Grado de dificultad mínimo

INGREDIENTES
Salmón ahumado • Queso fresco • Ajo • Mantequilla • Zumo de limón • Pimienta

Se ponen los ingredientes en la batidora hasta conseguir una pasta; cuando esté lista, se vuelca en un bol y se mete en la nevera. Para servir se extiende en el pan y se adorna.

CANAPÉ DE PISTO Y BACALAO
Grado de dificultad bajo

INGREDIENTES
Pan de molde • Bacalao desmigado • Cebolla • Pimiento rojo • Pimiento verde • Tomate • Ajo • Calabacín • Aceite • 1 pastilla de caldo de verduras

Cortar finamente las verduras y ponerlas a pochar con un poco de aceite y, cuando estén casi hechas, incorporar la pastilla de caldo. Cortar por la mitad la rebanada de pan, poner encima el pisto y coronar con el bacalao previamente salteado en un poco de aceite.

CANAPÉ DE PISTO Y SARDINA MARINADA
Grado de dificultad bajo

INGREDIENTES
Pan de molde • Sardinas • Cebolla • Pimiento rojo • Pimiento verde • Tomate • Ajo • Calabacín • Aceite • 1 pastilla de caldo de verduras

Para marinar:
Aceite de oliva virgen • Vinagre de Módena • Sal

Se trata de la misma receta anterior, pero cambiando el bacalao por la sardina, que debe estar limpia, abierta y cortada por la mitad a lo ancho. El pescado debe estar 1 hora en la mezcla de marinar.

CANAPÉ DE QUESO DE CABRA GRATINADO

Grado de dificultad bajo

INGREDIENTES

Queso rulo de cabra cortado en rodajas • Caramelo de vino tinto (ver receta de «Canapé de la huerta de la abuela»)

Sobre la rebanada de pan se pone una rodaja de queso rulo de cabra y se gratina en el horno; cuando veamos que el queso está derretido, lo sacamos y le echamos por encima el caramelo de vino tinto. Se trata de un canapé que hay que servir templado.

CANAPÉ DE QUESO FRESCO CON JAMÓN IBÉRICO

Grado de dificultad mínimo

INGREDIENTES

Jamón ibérico • Queso de Burgos • Tomate de ensalada • Alioli • Aceitunas sin hueso

Sobre la rebanada de pan se coloca una loncha de jamón ibérico, un pedazo de queso de Burgos y encima de éste una rodaja de tomate. Se remata el canapé con una cucharadita de alioli y una aceituna sin hueso.

CANAPÉ DE SALMÓN CON GULAS

Grado de dificultad mínimo

INGREDIENTES

Pan de molde tostado y partido por la mitad • Salmón ahumado • Huevo duro (solo la yema) • Gulas • Alcaparras finamente picadas

Sobre el pan de molde se coloca una fina loncha de salmón ahumado y algunas gulas, se ponen por encima las alcaparras muy

picaditas y se finaliza espolvoreando la yema de huevo rallada.

CANAPÉ DE SETAS A LOS CUATRO QUESOS

Grado de dificultad bajo

INGREDIENTES

Setas• Queso Emmental • Queso Camembert • Queso de untar • Queso azul •Carabineros cortados en rodajas • Ajo picado • Perejil • Nata

Se meten las setas al horno con aceite, perejil, ajo picado y un chorrito de vino blanco. Por otra parte, se ponen los quesos y la nata en un recipiente a fuego lento, y una vez derretidos, se pasa por la batidora. Sobre la tostada de pan se colocan las setas, sobre ellas la crema de quesos y, como remate y para finalizar, las rodajas de carabineros.

CANAPÉ DE VENTRESCA A LAS TRES BAYAS

Grado de dificultad mínimo

INGREDIENTES

Ventresca de bonito en frasco • Tomate de ensalada maduro • Anchoas en conserva • Cebolla • Aceite • Pimienta de tres bayas recién molida

En un poco de aceite se pone a pochar la cebolla, finamente picada y sazonada con sal y pimienta; sobre la rebanada de pan se pone una capa de cebolla pochada, una rodaja de tomate, un trozo de ventresca y una anchoa.

TARTALETAS DE AJOS TIERNOS Y LANGOSTINOS

Grado de dificultad bajo

INGREDIENTES

Ajos tiernos • Langostinos cocidos • Huevos • Sal • Pimienta

Se lavan y se pican los ajos; se cortan los langostinos en rodajas, se meten en un bol y se les echa por encima el huevo medio batido, la sal y la pimienta. En una sartén, se hace un revuelto que quede jugoso y ligero y con él se rellenan las tartaletas. Se sirven templadas.

TARTALETAS DE BACALAO CON PIMIENTOS
Grado de dificultad bajo

INGREDIENTES
Bacalao desalado y troceado • Pimientos de piquillo • Tomate • Cebolla • Nata líquida

Se fríe el bacalao y se retira de la sartén cuando esté ligeramente dorado. En el mismo aceite, se rehogan la cebolla, los pimientos de piquillo y el tomate. Se tritura todo en la batidora, añadiendo la nata líquida, se vierte la mezcla sobre el bacalao y se rellenan las tartaletas, que se sirven templadas.

TARTALETAS DE CANGREJO
Grado de dificultad mínimo

INGREDIENTES
Cangrejo en conserva • Pepinillos dulces • Alcaparras • Mayonesa

Se escurre el líquido de la lata de cangrejo y se parte la carne menudamente; se pican los pepinillos y las alcaparras, se mezcla con una mayonesa espesa y se rellenan las tartaletas.

TARTALETAS DE GULAS CON LANGOSTINOS
Grado de dificultad mínimo

INGREDIENTES
1 o más bandejas de gulas con langostinos congeladas • Ajo picado • Pimienta cinco bayas recién molida • Aceite • Sal

Una vez descongeladas las bandejas, se saltea el ajo, se parten los langostinos en rodajas y, junto a las gulas y el ajo, se revuelven en la

sartén hasta que hayan cogido el aceite. Cuando estén en su punto, se espolvorea la pimienta y se rellenan las tartaletas.

TARTALETAS DE JAMÓN Y VERDURAS
Grado de dificultad bajo

INGREDIENTES
Jamón ibérico troceado • Pimiento verde • Puerros • Zanahoria • Cebolla • Ajos • Nata • Queso rallado • Aceite

Se ponen a pochar las verduras en aceite, se añade la nata y el jamón y se cocina durante 5 minutos. En la tartaleta se vierte la mezcla, se espolvorea con queso y se gratina.

TARTALETAS DE MEJILLONES CON PIMIENTO DEL PIQUILLO
Grado de dificultad bajo

INGREDIENTES
Mejillones en conserva • Cebolla • Pimiento rojo del Piquillo en lata • Vino blanco • Aceite

Se pica la carne de los mejillones y el pimiento rojo hasta que quede muy menudo; por otro lado se pone la cebolla a dorar en una sartén con aceite y una vez bien doradita, se le incorporan el mejillón y el pimiento, se remueve todo bien y se echa vino blanco al gusto. Cuando el vino se haya reducido, se rellena la tartaleta y se sirve bien caliente.

TARTALETAS DE PATO AL BRANDY
Grado de dificultad bajo

INGREDIENTES
Solomillo de pato • Manzana reineta • Cebolla • Brandy • Aceite • Piñones molidos

Se rehoga la cebolla en una sartén con un poco de aceite, a continuación se le añade la manzana cortada en láminas y un chorro de brandy. Por otra parte, se fríe el solomillo de pato fileteado y, una vez hecho esto, se mezcla con la manzana y con la cebolla. Se rellena la tartaleta con la mezcla y se espolvorea con el piñón molido sirviéndose en caliente.

TARTALETAS DE PISTACHOS CON GAMBAS
Grado de dificultad bajo

INGREDIENTES
Gambas • Pistachos pelados • Cebolla • Aceite • Pimienta • Sal

Se pocha la cebolla finamente picada y se le añaden las gambas salteándolas hasta que tomen color; se salpimientan y se le agregan los pistachos dándoles dos o tres vueltas en la sartén. Se rellenan las tartaletas y por último se sirven templadas.

TARTALETAS DE REVUELTO DE SALMÓN
Grado de dificultad bajo

INGREDIENTES
Salmón ahumado cortado en tiras • Huevos • Alcaparras finamente picadas • Aceite

En una sartén que no tenga mucho fondo se pone un poco de aceite y se echan los huevos no demasiado batidos y luego se incorporan las tiras de salmón, para de esta forma hacer un revuelto suave y jugoso. A continuación, se rellenan las tartaletas y se rematan con las alcaparras. Se sirven templadas.

* * *

(Las tostas que aquí presentamos se montan sobre una rebanada de pan de hogaza tostada en el momento).

* * *

TOSTA DE ANCHOAS, TOMATE Y AJO
Grado de dificultad mínimo

INGREDIENTES
Anchoas en salazón • Tomates de ensalada maduros • Ajo • Zumo de limón • Aceite • Pimienta negra • Albahaca fresca

Se ponen en la batidora las anchoas junto con el ajo y el zumo de limón y se trituran hasta llegar a conseguir una cremosa y homogénea pasta con la que se untará posteriormente la tosta. Luego, se cortan en rodajas los tomates de ensalada y se colocan sobre la pasta de anchoas. Para finalizar, se rocían con aceite, se espolvorea la pimienta y se decoran con la albahaca.

TOSTA DE PAPAYA CON FOIE-GRAS
Grado de dificultad mínimo

INGREDIENTES
Foie-grass *mi-cuit* (se encuentra en tiendas para gourmet) • Papaya • Pimienta tres bayas

Sobre la tosta se coloca una rebanada de foie-gras, sobre él un trozo de papaya, se espolvorea con pimienta recién molida y se sirve templada.

TOSTA DE POLLO CON GUINDAS
Grado de dificultad bajo

INGREDIENTES
Pechugas de pollo • Guindas en almíbar (la décima parte de peso que el pollo) • Mantequilla • Brandy • Pimienta • Sal

Se filetean las pechugas, se sazonan con sal y pimienta y se rehogan en la mantequilla; cuando estén doradas, se cubren con el brandy mezclado con un poco del almíbar y se dejan cocer, a fuego lento, hasta que se haya reducido por completo el líquido. Cuando estén en su punto, entonces se incorporan las guindas picadas, se revuelve y se extiende la mezcla sobre la tosta.

TOSTA DE TRES QUESOS
Grado de dificultad bajo

INGREDIENTES
Queso Cheddar, Gouda y Emmental (puede usarse el queso de bolsa rallado y mezclado)

• Salsa Perrins • Mostaza • Pimentón dulce
• Cebolla roja

En un cazo se ponen los quesos, la mostaza y la salsa a fuego lento hasta que se forme una pasta homogénea; después, se retira del fuego y se deja enfriar para que espese. Se unta el pan con esta mezcla, se espolvorea con el pimentón y se pone en el grill hasta que el queso se dore por completo. A la hora de servir, adornamos la tosta con aros de cebolla roja.

ARROCES
Y PASTA

ALBÓNDIGAS DE ARROZ
Grado de dificultad bajo

INGREDIENTES POR PERSONA
1 y 1/2 taza de arroz • Queso rallado • Sobras
de carne asada o de pollo • Huevo • Pan rallado
• Aceite • Sal

Se cuece el arroz, con sal, agua y un poco de
aceite. Se le añade queso rallado, se retira del
fuego y se deja enfriar. Se pican las sobras de
carne asada o de pollo, se les agrega una
yema de huevo y se forman unas
albondiguillas, que se envuelven en arroz y se
pasan por clara de huevo y luego por pan
rallado, friéndose hasta que se doren.

ARROZ A BANDA
Grado de dificultad medio

INGREDIENTES PARA 6 PERSONAS
600 g de arroz • 1 y 1/2 kg de pescados (gambas,
cabeza de rape, etc.) • 1 cebolla • 1 diente de ajo
• 1 hoja de laurel • 2 cucharadas de puré de
tomate • 1 cucharadita de pimentón dulce
• 3 cucharadas de aceite • Azafrán o condimento
amarillo • Sal

Se pone una olla al fuego con el pescado,
la cebolla en gajos, el laurel, un poco de sal
y litro y medio de agua y se deja hervir 20
minutos. Se cuela y se reserva el caldo bien
caliente. Mientras, en un mortero se ponen
la sal, los ajos pelados y el azafrán. Se va
majando a la vez que se agrega un poco
del caldo del pescado y se mezcla todo bien.
En una paellera con aceite caliente se echa
la picada, el puré de tomate y el pimentón.
Se rehoga todo durante aproximadamente
unos 2 o 3 minutos. Se añade el arroz,
removiendo bien. Se agrega el caldo de
pescado, bien caliente y se mantiene a fuego
vivo durante 5 minutos. Se baja el fuego
y se deja cocer a fuego lento durante otros
15 minutos; por último, se apaga y se deja
reposar durante 5 minutos más antes
de servir.

ARROZ A LA ALEMANA
Grado de dificultad bajo

INGREDIENTES PARA 2-3 PERSONAS
350 g de arroz • 1 lata de cerveza • 1 paquete de
salchichas de Frankfurt gruesas • 1/2 cebolla
• 1 l de caldo • 50 g de mantequilla • Sal
• Pimienta

Se corta finamente la cebolla y se dora con la
mantequilla en una cacerola. Cuando
comience a tomar color, se añade el arroz.
Se remueve hasta que se impregne y se rocía
con la cerveza. Cuando ésta se haya
evaporado, se añade un poco de caldo y la
sal. Cuando comience la cocción, se sigue
añadiendo caldo, poco a poco. Se cortan las
salchichas a daditos y se incorporan 2 minutos
antes de terminar la cocción.

ARROZ A LA AMPURDANESA
Grado de dificultad medio

INGREDIENTES PARA 6 PERSONAS
1/2 kg de arroz • 1/2 kg de conejo • 1 y 1/2 kg de
pollo • 1/2 kg de butifarra catalana • 1/4 l de aceite
• 125 g de manteca de cerdo • 1/4 kg de setas
• 1/4 kg de tomates maduros • 2 cebollas medianas
• 4 dientes de ajo • 50 g de almendras tostadas
• Azafrán • Sal

Se limpian y cortan el conejo y el pollo en
trozos pequeños; se limpian también las setas
y se secan cuidadosamente. Se pone al fuego
una paellera con el aceite y la manteca de
cerdo. Se echan los trozos de pollo y conejo y
se remueven hasta que estén dorados. Se
añaden el ajo picado y los tomates, pelados,
triturados y sin pepitas, dejándolo cocer a
fuego unos 15 minutos, removiendo de vez
en cuando. Se sala al gusto. Se añade una
butifarra en rodajas puesta antes al horno a
150° durante 10 minutos. Se añade el arroz y
se remueve para sofreírlo durante unos tres
minutos. Se añaden las almendras bien
maceradas, el perejil y el azafrán, se remueve
y se incorporan las setas. Se pone el doble de

cantidad de agua que de arroz y se deja hervir a fuego fuerte durante 10 minutos y otros 10 minutos en el horno, si se puede, para que el arroz quede seco y suelto.

ARROZ A LA CAMPESINA
Grado de dificultad bajo

INGREDIENTES PARA 2 PERSONAS
150 g de arroz • 500 g de col • 200 g de cebolla • 50 g de beicon • 100 g de carne de cerdo magra en dados • 1 cucharada de aceite • 1 vasito de caldo de ave • 1 ramita de perejil picado • Pimienta • Sal

En una sartén antiadherente se fríen en aceite los dados de carne, se retiran y se reservan. Se pica la cebolla y se sofríe a fuego muy suave, en la misma sartén; cuando esté transparente, se añade el beicon. Se corta la col en juliana muy fina y se añade al guiso, dejando cocer a fuego lento durante 15 minutos. Se añade el arroz y la carne, y se rehoga todo durante un par de minutos. Se vierte un vaso de caldo y cuatro de agua y se lleva a ebullición, se salpimienta al gusto y se deja cocer 20 minutos. Este plato se sirve espolvoreado con perejil.

ARROZ A LA CATALANA
Grado de dificultad bajo

INGREDIENTES PARA 4 PERSONAS
4 trozos de pollo • 4 trozos de conejo • 8 trozos de costilla de cerdo • 4 salchichas • 4 trozos de butifarra blanca • 100 g de jamón picado • 16 almejas grandes • 2 calamares medianos • 1 cebolla • 1/4 kg de tomates maduros • 1 pimiento en conserva • 3 dientes de ajo • 2 tazones de arroz • Perejil • Sal • Aceite

En una cazuela de barro, se echa el aceite hasta cubrir el fondo. Cuando esté caliente, se rehogan los trozos de conejo, pollo y costillas hasta que se doren. Se añaden los calamares cortados en aros y la cebolla finamente picada. Se remueve bien y se agregan la butifarra y las salchichas, partidas en trozos pequeños. Se rehoga antes de añadir los tomates pelados y machacados, y las almejas lavadas. Se incorpora el arroz, se remueve y se deja que se impregne bien de aceite. Se vierten entonces cuatro tazones de agua hirviendo; se remueve y se sazona. Se deja cocer a fuego fuerte durante 10 minutos, y luego se incorpora un picadillo de ajo y perejil, y el pimiento morrón en tiras. Se deja unos 10 minutos más de cocción, retirando cuando todavía esté un poco caldoso, y se deja reposar unos minutos.

ARROZ A LA CUBANA
Grado de dificultad bajo

INGREDIENTES PARA 6 PERSONAS
500 g de arroz • 50 g de mantequilla • 6 huevos • 6 plátanos medianos • Aceite • Sal

Se pone agua abundante, sin sal, en una cacerola. Cuando rompa a hervir, se echa el arroz, limpio pero sin lavar, se remueve con una cuchara de madera y se cuece a fuego vivo durante 15 minutos. Una vez cocido, se lava el arroz, poniéndolo en un colador grande, bajo el chorro de agua fría. Por otro lado, se fríen los plátanos en aceite, cortados en dos y a lo largo. En una cacerola aparte se pone a calentar la mantequilla y se echa el arroz bien escurrido, se sazona y se rehoga muy bien. Por último, se fríen los huevos de uno en uno. Para servir, se coloca el arroz, encima medio plátano y al lado el huevo.

ARROZ A LA EGIPCIA
Grado de dificultad bajo

INGREDIENTES PARA 3-4 PERSONAS
150 g de arroz • 1 vaso de lentejas cocidas • 1/2 cebolla cortada en juliana • Sal • Pimienta • 1 hoja de laurel • Comino en polvo • 1 diente de ajo • Aceite

Se fríe en una cazuela la cebolla, añadiendo el ajo cuando la cebolla esté dorada. Se añaden tres vasos y medio de agua y las especias. Se lleva todo a ebullición, y a continuación se añaden las lentejas. Se lleva de nuevo a ebullición y se incorpora el arroz. Cuando el arroz está en su punto óptimo de cocción, se escurre bien, y ya está listo para servir. Se puede acompañar con salsa de tomate picante animado con una pizca de guindilla o también un poco de lechuga bien troceada.

ARROZ A LA GRIEGA EN MICROONDAS
Grado de dificultad bajo

INGREDIENTES PARA 4 PERSONAS
300 g de arroz • 50 g de puré • 1 cebolla • 500 g de caldo • 50 g de aceitunas negras • Aceite

Se pone en una cazuela refractaria el aceite, la cebolla picada finamente y se deja cocer durante un minuto a potencia máxima. Se añade el puré de tomate, se mezcla y se incorpora el arroz; se moja con el caldo hirviendo, se vuelve a mezclar y se deja cocer tapado durante 14 minutos a potencia media. Se saca el arroz del horno, se rectifica la sal, se mezcla y se añaden las aceitunas picadas. Por último, se tapa, se deja reposar 2 minutos y se sirve en una bandeja caliente.

ARROZ A LA HÚNGARA
Grado de dificultad bajo

INGREDIENTES PARA 4 PERSONAS
300 g de arroz largo • 2 cucharadas soperas de paprika • 300 g de carne de cerdo • 100 g de jamón para guisar • 1 cebolla • 3 salchichas • 80 g de margarina • 1 col mediana • Pimienta blanca en polvo • Agua • Sal

Se hierve el arroz en abundante agua con sal durante 12 minutos. Se escurre, se pasa por agua fría y se reserva. Se espolvorea con parte de la paprika y un poco de pimienta. Se pica

la col y se hierve en agua y sal, como el arroz. Se escurre bien y se rehoga en un poco de margarina en la que previamente se habrá frito la cebolla trinchada fina. Se pican la carne, las salchichas y el jamón, friéndolo en un poco de margarina. Para finalizar, se sirve primero una capa de arroz, otra de col, otra de carne, por último una de arroz y se espolvorea con paprika. Se calienta al horno antes de llevar a la mesa.

ARROZ A LA JARDINERA
Grado de dificultad bajo

INGREDIENTES PARA 6 PERSONAS
3 tazas de arroz • 1 frasco de vegetales variados
• 1 pastilla de caldo vegetal • 1 cebolla
• 1 pimiento rojo • Sal • Aceite

Se rehogan en una sartén grande los vegetales variados, el pimiento rojo cortado en tiritas y la cebolla cortada en juliana. Cuando estén a punto, se les echa entonces medio vaso de agua y la pastilla de caldo vegetal, dejándolo que cueza unos minutos. A continuación se echan en la sartén las tres tazas de arroz y se revuelven bien hasta que esté todo mezclado; se cubre con agua, se tapa y se deja cocer a fuego lento, añadiéndole agua según veamos que lo va necesitando. Cuando el arroz esté en su punto, se rectifica de sal y se deja reposar unos minutos.

ARROZ A LA MALAGUEÑA
Grado de dificultad medio

INGREDIENTES PARA 4 PERSONAS
400 g de arroz • 250 g de almejas
• 8-12 gambas • 250 g de rape, en 4 trozos
• 250 g de guisantes • 1 tomate rojo maduro
• 1 cebolla mediana • 2 dientes de ajo • 1 manojo de espárragos trigueros • 3 cucharadas de aceite
• 1 cucharadita de pimentón dulce
• 1 ramita de perejil • Azafrán • Pimienta molida • Sal

En una cazuela con poca agua se echan las almejas, se tapan y se deja que se hagan al vapor, a fuego muy lento. Cuando estén abiertas, se retiran del fuego y se les quitan las conchas. Se cuela y reserva el caldo resultante. En otra cazuela aparte, con litro y medio de agua con sal, se incorporan las gambas cuando rompa a hervir y, cuando hierva de nuevo, se sacan. Se cuela el caldo resultante y se une al de cocer las almejas. Se trituran en la batidora unos granos de sal gruesa, los ajos, el perejil y unas hebras de azafrán y se disuelve la mezcla con un poco de agua. En otra cazuela con aceite caliente se añade la cebolla bien picada y los pimientos en tiras. Se baja el fuego y cuando la cebolla empiece a dorarse, se añade el tomate picado. Se remueve todo, añadiendo el pimentón, los guisantes, los espárragos bien limpios y en trozos, las almejas y los trozos de rape. Por fin, se cubre todo con el caldo reservado de cocer las almejas y las gambas. Se tapa y se deja cocer a fuego lento durante 20 minutos. Se añade la mezcla triturada, se revuelve bien y se sube el fuego. Se añade el arroz cuando comience a hervir, removiendo para que se mezclen los ingredientes. Se mantiene 5 minutos a fuego fuerte, y después se baja y se deja cocer otros 20 minutos más a fuego lento. Antes de servir, se adorna con las gambas.

ARROZ A LA MARINERA
Grado de dificultad medio

Ingredientes para 4 personas
200 g de rape • 150 g de calamares • 4 langostinos • 24 mejillones • 1 dl de aceite • 1 cebolla • 2 tomates • 4 cucharadas de guisantes • 1 pimiento morrón • 300-400 g de arroz • 1 diente de ajo • Azafrán • Perejil • Sal

Se ponen a cocer los mejillones en agua fría. Cuando se hayan abierto, se sacan de sus conchas y se reserva el caldo. En una paellera, se fríen los calamares cortados en anillas y, cuando toman color, se añade la cebolla picada. Se remueve y, cuando se dore, se añade el tomate pelado y picado, que se sofríe. Se agregan los trozos de rape y los langostinos, y se rehoga un poco removiendo. Se echa el arroz y se añade el doble de caldo de pescado que de arroz. Tras 5 minutos de fuego fuerte, se agrega el pimiento morrón cortado en cuadraditos, los guisantes, el azafrán y el ajo macerado, y finalmente los mejillones. Se rectifica de sal y a fuego lento se deja cocer 15 minutos más. Antes de servir, se deja reposar 5 minutos.

ARROZ A LA MILANESA
Grado de dificultad bajo

Ingredientes para 6 personas
150 g de mantequilla • 200 g de salchichas frescas • 6 higaditos de pollo • 1 cebolla mediana • 6 tacitas de arroz • 12 tacitas de caldo de carne • 100 g de queso Parmesano • Azafrán • Sal

Se pone al fuego una cacerola con la mantequilla y la cebolla picada muy fina, se sofríe, se le añaden las salchichas cortadas en rodajitas y se revuelve todo con una cuchara de madera. Luego, se echa el arroz y se sofríe durante unos minutos. Se agrega el caldo poco a poco y sin dejar de remover. Se le echa la sal y se deja cocer a fuego vivo sin taparlo. Cuando esté a media cocción, es cuando se le añaden el azafrán y los higaditos, cortados en trozos pequeños. Antes de quitarlo del fuego, se le coloca encima una cucharada rasa de mantequilla y dos de queso Parmesano rallado.

ARROZ A LA PORTUGUESA
Grado de dificultad bajo

Ingredientes para 4 personas
Arroz largo (5 puñados) • 1 cebolla picada • 1 diente de ajo picado • 3 cucharadas de aceite • 4 - 5 tacitas de caldo de pollo • 1 cucharada de tomate crudo triturado • 2 cucharaditas

de orégano • 2 cucharaditas de pimentón
• 30 g de mantequilla • Sal • Pimienta

En una cazuela grande se rehoga en aceite la cebolla y el ajo. Se incorpora el arroz largo crudo y se remueve para que se impregne todo el grano. Se mezcla el tomate con el caldo caliente y se vierte en la cazuela a fuego lento. Cuando empiece a hervir, se añade el orégano y se remueve un poco. Después se tapa y se deja cocer al mínimo durante 16-18 minutos o hasta que se absorba el caldo. Se salpimienta al gusto, se añade la mantequilla, se remueve muy suavemente con pincho o tenedor y se sirve caliente. Este plato puede adornarse muy bien con ajos hervidos y perejil.

ARROZ AL CAVA
Grado de dificultad bajo

INGREDIENTES PARA 4 PERSONAS
350 g de arroz • 40 g de mantequilla
• 1/2 cebolla triturada • 1 vaso de cava
• 1 l de caldo de pastilla • 1 sobrecito de azafrán
• Trufa al gusto • Sal

Se dora la cebolla con la mantequilla. Se añade el arroz, removiéndolo bien hasta que se impregne y, luego, se vierte por encima el cava. Cuando éste se evapore, se añade un poco de caldo y entonces se deja comenzar la cocción. Se sala el guiso; se sigue añadiendo el caldo, poco a poco, y se remueve de vez en cuando. 5 minutos antes de terminar la cocción, se echa el azafrán. Según el gusto personal, se puede servir o no con trocitos de trufa.

ARROZ AL CURRY
Grado de dificultad bajo

INGREDIENTES PARA 4 PERSONAS
Arroz largo (5 puñados) • 1 y 1/2 cucharadas de curry en polvo • 5 tacitas de caldo de pollo
• 1/2 cebolla picada • 60 g de mantequilla

• 1 cucharada rasa de tomillo • Sal • Pimienta molida

Mientras se precalienta el horno (180°), se va calentando el caldo de pollo. En una cacerola refractaria, se funde la mantequilla y se sofríe la cebolla, removiendo bien hasta que empiece a dorarse, durante unos 8-10 minutos. Se añade el arroz largo crudo y se remueve hasta que veamos que toma algo de color. Se echa entonces el curry, volviendo a remover. Se vierten en la cacerola el caldo y el tomillo. Se salpimienta al gusto, se tapa el recipiente y se mete en el horno (15-20 minutos aproximadamente). Si saliera duro el grano, se añade un poco más de caldo caliente y se deja en el horno los minutos necesarios. Al sacarlo, es el momento de poner un poco de mantequilla y se remueve suavemente y con cuidado con un pincho o tenedor.

ARROZ AL HORNO
Grado de dificultad bajo

INGREDIENTES PARA 6 PERSONAS
1/2 kg de arroz • 1/4 kg de tocino magro
• 2 chorizos • 3 morcillas de cebolla • 1 vaso de aceite • 3 tomates rojos maduros • 1 kg de patatas
• 1 cabeza de ajos • 1 l de caldo de puchero • 150 g de tomate frito • Azafrán o condimento amarillo
• Perejil • Sal

Se pelan las patatas y los ajos y se cortan en rodajas, como las morcillas, el chorizo y los tomates; el tocino se corta en tiras de 2x4 centímetros aproximadamente. En una cazuela de barro con aceite, se echan las patatas. Cuando estén blandas, se añaden los ajos, el tocino y las rodajas de morcilla y chorizo. Se remueve y se añade el tomate, mezclando todo bien durante unos minutos. Se incorpora el arroz, se revuelve y se añade el azafrán y el caldo. Se colocan por encima las rodajas de tomate y un poco de perejil picado y se mete en el horno a fuego medio para que cueza unos 20 minutos.

ARROZ AL HORNO CON GARBANZOS

Grado de dificultad bajo

INGREDIENTES PARA 6 PERSONAS
1/2 kg de costillas de cerdo • 1/2g k de arroz
• 1/4 kg de garbanzos • Morcilla de cebolla
• Tomate • 2 ñoras • Ajos • 1 patata • Azafrán
• Aceite

En una sartén se hace un sofrito con las costillas, la ñora y el tomate. Esto se pasa a una olla con agua y sal y se pone a cocer. Cuando hierve, se le incorporan los garbanzos previamente puestos a remojo. Una vez cocidos se retiran del fuego. En una sartén aparte se hace el sofrito con otra ñora y el tomate triturado agregando el arroz y el azafrán y se les da unas vueltas. Se pone el arroz en una cazuela de barro plana, añadiendo las costillas y los garbanzos. A continuación, se colocan las rodajas de morcilla, patata y dientes de ajos. Se moja con el caldo y se mete en el horno hasta que se absorba.

ARROZ AL LIMÓN

Grado de dificultad bajo

INGREDIENTES PARA 4 PERSONAS
 5 tacitas de arroz • 350 g de gambas peladas
• 8 hojas de lechuga • La piel de 1/2 limón
• 3 cucharadas de aceite • Sal
• Pimienta

En una olla se lleva a ebullición abundante agua, se sala ligeramente, se introduce el arroz y se cuece durante unos 16 minutos aproximadamente. Se lavan las hojas de lechuga, se secan y cortan en juliana. Se saltean las gambas en una sartén con el aceite durante 1 minuto aproximadamente, se incorpora la lechuga y la piel del limón picada y se deja cocer unos 2 minutos más. Se escurre el arroz, cuando esté cocido, y se incorpora a la sartén con el resto de los ingredientes para que tome sabor durante

unos instantes a fuego vivo. Por último, se sazona con sal y pimienta y se sirve enseguida.

ARROZ AL SALAMI

Grado de dificultad medio

INGREDIENTES PARA 4 PERSONAS
300 g de arroz integral • 1 berenjena • 80 g de salami • 500 g de tomate maduro • 1 cebolla
• 1 diente de ajo • 2 puerros • Harina • 1 dl de aceite • Sal • Pimienta

Se pone a remojo la berenjena cortada a daditos durante una hora, con agua salada. Se rehogan en una sartén la cebolla, el puerro y el ajo finamente picados, con tres cucharas de aceite. Se añaden los tomates rallados y se sofríe 15 minutos. Se sazona, se incorpora el salami en taquitos y se sofríe 10 minutos más. En otra sartén, se fríe la berenjena rebozada con harina (en aceite caliente), y se agrega a la salsa de tomate. Se condimenta con ella el arroz integral (puesto a remojo la noche anterior) previamente cocido en la olla con agua abundante y bien escurrido. El arroz debe quedar seco.

ARROZ AMARILLO CON CERDO

Grado de dificultad bajo

INGREDIENTES PARA 6 PERSONAS
3 tazas de arroz • 1/4 de taza de aceite
• 1/2 pimiento amarillo cortado en tiras largas
• 4 y 1/2 tazas de agua • 1/2 kg de lomo de cerdo en trozos • 1/4 kg de judías blancas precocidas
• 1 zanahoria picada en cuadraditos • Sal
• Pimienta • Azafrán • Comino

En una cacerola se calienta el aceite y se echan los trozos de cerdo. Se rehogan hasta que estén bien dorados, se añaden las judías y la zanahoria y se fríen 2 minutos aproximadamente. Se añade el agua, el pimiento y el arroz, agregándole la sal, la pimienta, el comino y el azafrán.

Se cuece a fuego lento, durante 25 minutos, hasta que el arroz quede seco.

ARROZ ARCO IRIS
Grado de dificultad bajo

INGREDIENTES PARA 6 PERSONAS
300 g de arroz integral • 600 g de verdura congelada para ensalada (maíz, guisantes, pimiento, etc.) • 2 cebollas • Salvia • 2 puerros • 300 g de longanizas • 1 pastilla de caldo de carne • Sal • Pimienta • 50 g de mantequilla

Se rehoga en una cacerola con mantequilla la cebolla picada y el puerro troceado. Se añaden las longanizas troceadas y se doran. Se agregan las verduras ya descongeladas y la salvia. Se deshace la pastilla de caldo en seis decilitros de agua caliente y se añade la mitad de ese caldo a la cacerola. Se deja hervir 10 minutos. Mientras tanto, en una olla se cuece en abundante agua salada el arroz integral (puesto a remojo la noche anterior). Se echa el arroz y el resto del caldo en la cacerola y se deja cocer hasta que quede seco.

ARROZ *BARAZUSHI* (cocina japonesa)
Grado de dificultad bajo

INGREDIENTES PARA 6 PERSONAS
6 vasos de arroz de grano redondo • 6 vasos de agua • 6 cucharadas de sake • 1 hoja de alga kombu • 1/2 vaso de vinagre de arroz • 4 cucharadas de azúcar • 1/2 cucharada de sal

Se lava y escurre el arroz tal como se indica en la receta de arroz blanco japonés (véase). Se añaden a la olla en la que está el arroz cocido los seis vasos de agua, la hoja de kombu limpia y se deja reposar 40 minutos. Más tarde se incorpora el sake y se pone a fuego fuerte hasta que rompa a hervir, en ese momento se retira la hoja de kombu y se introduce la cazuela en el horno, precalentado a 180°, donde estará durante 20 minutos.

Se extiende el arroz sobre papel de cocina para que absorba la humedad. La salsa awasezu se prepara mezclando el vinagre, el azúcar y la sal hasta que todos estén bien disueltos. Con esta salsa se rocía el arroz que se tapa con un paño ligeramente húmedo, reservándolo para consumir o para preparar sushi.

ARROZ BASMATI 1 (cocina tailandesa)
Grado de dificultad bajo

INGREDIENTES PARA 2 PERSONAS
1 taza de arroz basmati (el más largo del mundo) • 1/2 taza de pasta de tamarindo batida • 2 cebollas rojas asiáticas • 2 y 1/2 tazas de vegetales mezclados • 1 mango molido • 2 chiles verdes • 1 cucharadita de hojas de albahaca tailandesa frescas • 1 trozo de jengibre fresco picado en trocitos • 1/2 cucharadita de clavos de olor molidos • 1/2 cucharadita de pimienta negra molida • Sal

Se lava el arroz y se echa al agua hirviendo a fuego medio alto. Cuando está medio cocido, se saca del agua para que se enfríe. Aparte, se mezclan los chiles, la albahaca, el jengibre, los clavos de olor y la pimienta con la pasta de tamarindo. Se ponen las cebollas en aceite caliente y se añaden el mango y los vegetales. Se incorpora un poco de agua y se pone a fuego lento hasta que los vegetales estén casi a punto. Se añade el preparado de pasta de tamarindo y la sal y se cocina a fuego lento para unir todos los sabores. Es recomendable hacer este último paso en el horno, a baja intensidad, 10 minutos y cubierto con papel de aluminio.

ARROZ BASMATI 2 (cocina tailandesa)
Grado de dificultad medio

INGREDIENTES PARA 6 PERSONAS
500 gramos de arroz basmati • 2 cucharadas de aceite • 1 cebolla cortada en juliana • 2 dientes de

ajo machacados • 2 cucharaditas de cúrcuma
• 2 cucharaditas de jengibre molido • 6 vainas de
cardamomo • 4 clavos de especia enteros
• 1/2 cucharadita de garam masala • 2 y 1/4 tazas
de agua • 1/2 taza de pasas sultanas

Se pasa el arroz por debajo del chorro de
agua fría y se escurre bien. Se calienta el
aceite en una cacerola grande y se agrega la
cebolla. Se sofríe, sin dejar de remover, hasta
que esté tierna. Se agregan el ajo, la cúrcuma
y el jengibre, y se remueve durante 1 minuto
aproximadamente. Se añade el arroz y se
vuelve a remover hasta que quede cubierto de
aceite. Se agregan las vainas de cardamomo,
los clavos, el garam masala y el agua.
Se deja cocer a fuego lento 20 minutos.
Cuando el plato está hecho, se deja reposar
un par de minutos antes de servir.

ARROZ BLANCO
Grado de dificultad bajo

INGREDIENTES PARA 6 PERSONAS
6 tazas de arroz • 12 tazas de agua
• 2 dientes de ajo • 1/2 taza de aceite • Sal

En una cacerola baja se ponen el aceite y los
ajos; cuando estén dorados, se sofríe el arroz
y luego se le añaden el agua y la sal. En
cuanto rompa a hervir se baja el fuego al
mínimo y se deja cocer hasta que el agua se
haya consumido por completo. Se deja
entonces reposar unos minutos antes de
servirlo.

ARROZ BLANCO AL HORNO
Grado de dificultad bajo

INGREDIENTES PARA 6 PERSONAS (USADO COMO
GUARNICIÓN)
1 tazón-bol grande lleno de arroz
• La misma cantidad de agua • 2 dientes
de ajo • 2 hojas de laurel • 1 nuez de
mantequilla • 1 chorrito de aceite • Sal
• Pimienta

En una cacerola se calientan el aceite
y la mantequilla, y se ponen a rehogar los ajos
enteros, pelados. Aparte, en un colador,
se lava bien el arroz bajo el chorro de agua
fría y se escurre. Mientras tanto, se va
precalentando el horno (con ventilador, arriba
y abajo) a calor medio (lo habitual son
180°).Cuando los ajos estén dorados,
entonces se echa encima el arroz y se rehoga
un buen rato, removiendo, hasta que
veamos que ha absorbido la grasa. Se echa
la misma cantidad de agua del grifo muy
caliente, se añaden las hojas de laurel y se
salpimienta al gusto. En el momento en que
el agua hierva, se tapa y se mete en el horno
sin destapar ni abrirlo, entre 15 y 18 minutos.
Queda suelto y muy sabroso. Como es regla
general en los platos de arroz, antes de servir,
se deja reposar un par de minutos.

ARROZ BLANCO BÁSICO
Grado de dificultad bajo

INGREDIENTES PARA 6 PERSONAS
500 g de arroz de grano redondo • Abundante
agua • 1 cucharada de sal

Se echa la sal en el agua. Cuando comience
a hervir, se añade el arroz. Al cabo de unos
15 minutos aproximadamente, se prueba el
grano, que aún estará duro. A partir de aquí,
se continúa probándolo de vez en cuando
hasta que veamos que está en su punto.
Se saca y enjuaga bajo el grifo de agua tibia;
se deja escurrir y, ya en la fuente, se remueve
suavemente con un tenedor para que
no se apelmace.

ARROZ BLANCO JAPONÉS
Grado de dificultad bajo

INGREDIENTES PARA 4 PERSONAS
2 tazas de arroz blanco japonés • 2 tazas de agua

El arroz se coloca en un bol y se llena de agua
hasta el borde, se remueve con fuerza para

que se vaya limpiando y se cuela inmediatamente para evitar que el arroz absorba al agua sucia. Se mezcla el arroz con la mano, haciendo presión para que los granos se vayan rascando entre ellos, se añade agua, se remueve y se cuela de nuevo. Este último paso se repite hasta que el agua salga completamente limpia. Una vez que se ha lavado a fondo, se pone el arroz limpio en una cacerola se cubre con los dos vasos de agua y se lleva a ebullición a fuego medio. Cuando comience a hervir, se sube el fuego al máximo durante un par de minutos y después se baja al mínimo, dejándolo así durante 15 minutos. Se vuelve a subir el fuego al máximo medio minuto más y se retira del fuego, dejándo reposar el arroz en este caso unos 10 minutos.

ARROZ BRUT
Grado de dificultad medio

INGREDIENTES PARA 6 PERSONAS
300 g de arroz • 4 codornices • 1 conejo • 1/4 kg de sobrasada • 1/2 butifarra grande • 350 g de guisantes • 2 alcachofas • 1 cebolla grande • 3 dientes de ajo • 3 tomates • 300 g de setas • 1 manojo de perejil • 1 guindilla • 50 ml de aceite • Azafrán • Pimienta • Sal

Se limpian bien las codornices lavándolas por dentro con agua y limón y se cortan en cuartos, el conejo en trozos y la butifarra en rodajas finas. Se cortan las alcachofas en cuatro trozos y se reservan en agua con limón. Se pican por separado la cebolla, los ajos y los tomates. Se lavan las setas, se secan y se cortan por la mitad. En una cazuela de barro, se rehoga la cebolla y se añaden los ajos y los tomates, removiendo para hacer una salsa. Se añaden las codornices, el conejo, las rodajas de butifarra y la sobrasada. Se remueve y se agrega el arroz y las verduras, cubriendo todo con agua abundante. Se deja cocer a fuego lento unos 20 minutos. Se mezclan en la batidora, con un poco de

caldo, unas hebras de azafrán, el perejil y un trocito de guindilla y se añade por encima del arroz. Antes de servir, se deja reposar este plato de arroz unos minutos.

ARROZ CALDERO
Grado de dificultad medio

INGREDIENTES PARA 6-8 PERSONAS
600 g de arroz • 1 kg de rape • 1 kg de mero • 6 pimientos secos • 1/2 kg de pimientos morrones • 6 dientes de ajo • 1/2 kg de tomates • Salsa alioli • Aceite • Sal

Se cortan, lavan y sazonan los pescados. En una cacerola grande se pone el aceite y se fríen los pimientos secos, removiendo para que no se quemen. Cuando se doren, se ponen en un mortero junto con tres dientes de ajo y 100 gramos de pimientos morrones y se machaca con un poco de sal hasta lograr una pasta homogénea. Por otra parte, con el tomate se prepara un sofrito, añadiéndole el contenido del mortero con un poco de agua. Se pone el pescado en la cacerola, con el sofrito y agua suficiente como para cubrirlo. Se deja en el fuego hasta que empiece a hervir. Entonces, se pasa a una fuente reservando el caldo. Luego se fríen unos ajos picados y cuando estén dorados, se esparcen sobre el pescado, sirviéndolo inmediatamente, ya que se come en primer lugar. Es el momento de poner a hervir el caldo del pescado con el arroz y el resto de los pimientos morrones cortados en tiras, durante 15 minutos aproximadamente. Se sirve el arroz con el alioli después de comer el pescado.

ARROZ CALDOSO CON ALMEJAS
Grado de dificultad bajo

INGREDIENTES PARA 6 PERSONAS
1/2 kg de arroz • 1/2 kg de almejas • 1 cebolla grande • 4 tomates grandes • 1 pimiento verde • 1 pimiento rojo • 3 dientes de ajo • 1 vaso de

aceite • 1/2 cucharadita de pimentón dulce • Azafrán o condimento amarillo • Sal

Se pelan y pican la cebolla, los ajos, los pimientos y los tomates escaldados y pelados. En una cazuela de barro con aceite caliente, se echa la cebolla. Cuando comience a dorarse, se añaden los tomates, los pimientos y los ajos, revolviendo durante unos 10 minutos. Cuando el sofrito esté hecho, se añaden las almejas y el pimentón, se remueve y se cubre con agua, añadiendo las hebras de azafrán machacadas con dos cucharadas de agua. Se deja cocer a fuego lento cinco minutos y entonces es cuando se añade el arroz. Se sala al gusto y se agrega el doble de volumen de agua que de arroz. Se cuece a fuego lento durante unos 20 minutos y se sirve. Este plato de arroz debe quedar algo caldoso.

ARROZ CAMPERO

Grado de dificultad bajo

INGREDIENTES PARA 4 PERSONAS
1 morcilla de cebolla • 200 g de costilla de cerdo • 250 g de arroz • 2 pastillas de caldo de carne • 1 pimiento verde • 2 dientes de ajo • 1 nabo • 1 patata • Aceite

Se disuelven las dos pastillas de caldo de carne en un litro de agua caliente. En una sartén-paellera se rehogan en un poco de aceite el pimiento y los ajos picados; cuando empiecen a tomar color, se añaden el nabo y la patata cortados en rodajas y se sofríen durante 10 minutos aproximadamente. Aparte, se dora en un poco de aceite la costilla de cerdo cortada en trozos, se añade la morcilla troceada, y una vez dorado todo, se incorpora al sofrito de pimiento que ya tenemos hecho. Se esparce el arroz en la paellera, se vierte el caldo y se deja cocer a fuego medio durante 15 minutos. Se deja reposar tapado con un paño hasta que el arroz haya absorbido el resto de caldo que quede.

ARROZ *CASHMIR*

Grado de dificultad bajo

INGREDIENTES PARA 4 PERSONAS
Arroz al gusto • 2 solomillos de cerdo medianos • 1 lata de piña • 200 cl de nata líquida • 1 cuchara sopera de harina • 1 cuchara sopera de mantequilla o margarina • 1 vaso de caldo de carne • 1 cucharadita de curry molido • Sal • Pimienta

Tras hacer el arroz blanco, se filetea el solomillo, se pasa por harina y se fríe. En otra sartén, se derrite la mantequilla y se añade la harina. Cuando esté tostada la harina, se agregan el caldo y la nata, removiendo para reducir la salsa. Se sazona con sal, pimienta y curry. Por fin se añade a la carne la piña troceada y se echa la salsa por encima. Se sirve con el arroz.

ARROZ CHINO CON GAMBAS Y PUERROS

Grado de dificultad medio

INGREDIENTES PARA 4 PERSONAS
Arroz largo (3-4 puñados) • 2 huevos • 2 puerros • 12 gambas medianas • 2 cucharadas grandes de salsa de soja • Aceite • Sal • Pimienta

Se baten los huevos, se salpimientan y se hace una tortilla plana. Se reserva. En agua salada hirviendo, se echan las gambas (4 enteras y 8 peladas) y se sacan apenas vuelva a hervir. Se escurren y se reservan. En una sartén grande se rehogan en aceite de oliva los puerros en rodajitas y las gambas, removiendo hasta que tomen color los puerros. Después se añade el arroz largo previamente hervido y escurrido y, siempre a fuego lento, se continúa removiendo (de 2 a 4 minutos). Se añade la salsa de soja, se sazona al gusto con pimienta y se deja cocinar un par de minutos más. Se adorna la fuente en la que se va a servir con tiritas de tortilla y las cuatro gambas sin pelar.

ARROZ CON AGUACATE
Grado de dificultad bajo

INGREDIENTES PARA 4 PERSONAS
4 tacitas de arroz • 1 aguacate • 2 cucharadas de aceite • Zumo de limón • Sal

Se pone el arroz a cocer en una cazuela con abundante agua con sal y se deja hervir durante 18 minutos. Entretanto, se corta el aguacate por la mitad, se desecha el hueso y se reserva un tercio de la pulpa para la decoración final, regándola con unas gotas de limón. Se introduce el resto del aguacate en la batidora, añadiendo también a la misma un poco de sal, el zumo de limón restante, el aceite y ocho cucharadas de agua caliente; se tritura esta mezcla bien hasta que veamos que se forma una pasta lisa y homogénea. Cuando el arroz esté cocido, se escurre bien, se mezcla con la crema de aguacate que hemos preparado y se adorna con la pulpa que reservamos con anterioridad cortada en dados.

ARROZ CON ALUBIAS Y NABOS
Grado de dificultad medio

INGREDIENTES PARA 6 PERSONAS
1 buen trozo de tocino de cerdo • 1 pata de cerdo partida en dos • 100 g de ternera de guisar cortada en tacos • 1 nabo grande amarillo cortado en tacos • 1 cebolla • 1 patata • 2 morcillas grandes de cebolla, ni muy tiernas ni muy viejas • 4 puñados de alubias • 2 puñados de arroz • Sal • Pimienta dulce • Azafrán o colorante

Se da un hervor a las alubias (que habremos puesto la noche anterior a remojo) y se lavan con agua muy fría. En una olla, se sofríen la cebolla, el tocino, la pata de cerdo, la ternera y el nabo; luego, se añade al sofrito la pimienta dulce y agua abundante junto con las alubias. Se dejan hervir durante unas dos o tres horas, añadiendo agua fría para que el nivel de agua se mantenga constante.

Cuando veamos que las alubias están casi cocidas, se agrega sal y la patata cortada en tacos. A los 10 minutos se rectifica de sal y se añaden el arroz y el azafrán. A los 8 minutos se echan las dos morcillas sin deshacer y se esperan otros 10 minutos más a que se cueza el arroz.

ARROZ CON BRÓCOLI Y SALSA DE MOSTAZA
Grado de dificultad bajo

INGREDIENTES PARA 6 PERSONAS
300 g de arroz • 500 g de brócoli • 1 cucharada de zumo de limón • 2 cucharadas de aceite • Sal

Para hacer la salsa:
6 cucharadas de salsa mayonesa • 6 cucharadas de yogur natural • 1 cucharada de mostaza • 1 cucharada de pimentón rojo dulce • Sal • Pimienta

Se dispone el arroz en una bandeja de horno, con el zumo de limón y el aceite de oliva, la sal y el agua necesaria para que lo cubra y dos dedos más añadidos. Por su parte, el brócoli cortado en ramitos se coloca en otra bandeja de horno a una temperatura de 100º durante 10 minutos, momento en que se retira. Se vuelve a programar el horno a la misma temperatura durante 8 minutos, para terminar de hacer el arroz. Cuando el arroz esté en su punto, se mezcla con el brócoli en una fuente y se hace la salsa, removiendo todos los ingredientes indicados. Se presenta con la salsa vertida por encima.

ARROZ CON CHAMPIÑONES
Grado de dificultad bajo

INGREDIENTES PARA 4 PERSONAS
Arroz largo (4 puñados) • 300 g de champiñones • 50 g mantequilla • 1 sobre pequeño de queso rallado • 1 taza de café de nata líquida • Nuez moscada

• 20 g de queso manchego rallado
• Perejil • Sal

Se hierve el arroz largo en abundante agua salada y una vez cocido, se deja escurrir. Se rehogan en la mantequilla los champiñones bien lavados y cortados, y después se añade la nata y el queso en la misma cacerola. Se remueve suavemente unos minutos a fuego lento, incorporando después el arroz hervido para que cueza un poco más. Cuando esté listo, se espolvorea con nuez moscada y se adorna con un poco de queso manchego, algunos champiñones crudos lavados y perejil picado.

ARROZ CON CHOCOS
Grado de dificultad bajo

INGREDIENTES PARA 6 PERSONAS
400 g de arroz • 1 y 1/2 kg de chocos (sepia o jibia) • 2 cebollas • 2 tomates rojos maduros • 1 pimiento verde • 1 cucharadita de pimentón • 1 hilo de azafrán
• Aceite • Sal

Se pelan y pican las cebollas y el pimiento. Se cortan y rallan los tomates, guardando la pulpa. Se lavan y cortan en trozos los chocos y se diluye la bolsa de tinta de los chocos en un poco de agua y se cuela, removiendo bien. En una cazuela de barro con el aceite en caliente, se echa la cebolla que hemos picado al principio y, cuando veamos que está dorada, se añaden los pimientos también picados, removiendo todo hasta que notemos que los pimientos comienzan a ponerse blandos. Entonces, se añaden los chocos y se deja hervir durante unos minutos. Se agrega la pulpa de tomate rallado, el azafrán y el pimentón. Se remueve y se deja a fuego lento hasta que los chocos estén tiernos. Se añade el arroz y la tinta, se remueve y se cubre con agua. Se pone a fuego fuerte 5 minutos, luego se baja el fuego y se mantiene a fuego lento otros 10 minutos. A última hora se rectifica de sal.

ARROZ CON COCO
(cocina tailandesa)
Grado de dificultad bajo

INGREDIENTES PARA 4 PERSONAS
500 g de arroz basmati • 475 ml de agua de coco • 1 cebolla • 2 cucharaditas de azúcar fino
• 1 cucharadita de sal

Se coloca el arroz, el agua de coco, la cebolla, el azúcar y la sal en un wok, agitándolo para nivelar la superficie del arroz. Se cubre entonces con agua unos dos centímetros y medio por encima del arroz y se lleva a ebullición; entonces, reducir el fuego, tapar y hervir a fuego lento durante 20 minutos aproximadamente, añadiendo un poco más de agua si fuese necesario y removiendo el arroz una o dos veces con mucho cuidado, para evitar que se pegue a la base del wok. Antes de servir, se remueve bien el arroz con un tenedor y se espolvorea con un poco de coco rallado.

ARROZ CON COSTILLAS
Grado de dificultad bajo

INGREDIENTES PARA 6 PERSONAS
1/2 kg de costillas de cerdo • 1/2 kg de arroz
• 1/4 kg de garbanzos • 1 morcilla de cebolla cortada en rodajas • 1 lata de 1/2 kg de tomate triturado • 2 ñoras • 1 cabeza de ajos • 1 patata
• Azafrán • Aceite • Sal

Se sofríen, junto con las costillas, una ñora y la mitad de la lata de tomate. Se pasan a una olla con agua y sal, y se deja hervir antes de incorporar los garbanzos (los cuales habremos puesto a remojo la noche anterior). Se hace otro sofrito con la segunda ñora y el resto del tomate triturado, agregando el arroz y el azafrán. Se pone en una cazuela plana y se incorporan entonces las costillas, los garbanzos, la morcilla, la patata cortada en dados y los ajos pelados. Se cubre con el caldo y se pone al horno medio hasta que se consuma el líquido.

ARROZ CON COSTRA

Grado de dificultad medio

INGREDIENTES PARA 6 PERSONAS

1/2 kg de arroz • Unos 50 ml de aceite
• 1/2 conejo • 1/2 pollo • 2 salchichas
blancas • 2 morcillas de cebolla • 2 morcillas
blancas • 4 albóndigas pequeñas • 200 g de
garbanzos cocidos • 12 huevos • 1 tomate rallado
• 3 dientes de ajo • Azafrán o colorante • Sal

Se fríen el pollo y el conejo y, posteriormente,
se cuecen en agua con sal unos 30 minutos.
Se separa el caldo y se mantiene caliente.
En el mismo aceite, retirando el exceso, se
sofríen las salchichas, las morcillas (todo bien
cortado en rodajas) y las albóndigas. Se
reservan. Luego, con el mismo aceite, se
sofríen los ajos y el tomate y se retiran. Se
rehogan después el arroz y los garbanzos, y se
añaden el azafrán y el resto de los
ingredientes, removiendo ligeramente. Se
agrega el caldo caliente en proporción de
medida y media de caldo por cada medida de
arroz crudo. Se corrige la sal y se pone a
fuego vivo hasta que comience a hervir. Se
baja el fuego, y se deja cocer otros 10-12
minutos, para que quede seco. Se añaden los
huevos batidos con un poco de sal y se pone
en el horno 10 minutos, para que cuaje el
huevo. Se sirve cortándolo como una tortilla.

ARROZ CON FRUTAS

Grado de dificultad bajo

INGREDIENTES PARA 4 PERSONAS

350 g de arroz • 1 cebollita picada • 100 g de
ciruelas pasas • 100 g de albaricoques secos
(orejones) • 50 g de pasas de Corinto • 2 dientes de
ajo picados • 3 cucharadas de aceite • Sal

Se parten en trocitos las ciruelas y los
albaricoques. Se calienta en una cazuela el
aceite y se sofríen la cebolla y el ajo. A los 2
minutos, se incorpora el arroz, se remueve y
se añaden los albaricoques, las ciruelas y las
pasas. Se sigue removiendo 2 minutos más.

Se vierte el agua (doble cantidad que de
arroz) por encima y se sala al gusto. Cuando
el grano esté seco y suelto (unos 20 minutos
aproximadamente) se retira del fuego
y se sirve.

ARROZ CON HUEVO CRUDO Y ALGA (cocina japonesa)

Grado de dificultad bajo

INGREDIENTES PARA 4 PERSONAS

400 g de arroz de grano corto • 4 láminas de alga
nori seca • 1 huevo • 1 cucharada de salsa de soja
japonesa

Se cuece el arroz al estilo japonés y,
manteniéndolo caliente, se bate el huevo en
un cuenco pequeño. Se añade al cuenco la
salsa de soja y se sigue removiendo. Una vez
lista la mezcla, se asan y trocean las algas.
Finalmente, se añade el huevo con salsa de
soja al arroz caliente y se espolvorean las algas
por encima.

ARROZ CON LENTEJAS

Grado de dificultad bajo

INGREDIENTES PARA 6 PERSONAS

2 tazas de arroz • 1 taza de lentejas francesas
• 1 patata • 1 zanahoria • 1 cebolla • 1 lata de
tomate triturado de 1/4 k • 1 cucharada de aceite
• 1 cucharadita de mostaza • 1/2 cucharadita de
comino molido • 1/2 cucharada de jengibre molido
• 1/2 cucharada de ajo picado
• Pimienta • Sal

Se remueve una cucharada de aceite con la
mostaza hasta que se fundan y se le añaden
el comino, la patata, la zanahoria y la
mantequilla. Se remueve todo con una
cuchara de madera y se le agrega la cebolla,
el tomate, el jengibre, el ajo y la sal. Los
vegetales deben estar pelados y muy
finamente picados. Se deja tapado al fuego
durante 5 minutos y en este sofrito se echan
el arroz y las lentejas (puestas a remojo el día

anterior) que se han cocido previamente. Se mezcla todo muy bien y se baja el fuego hasta el mínimo, dejando el tiempo suficiente como para que el guiso quede seco pero jugoso.

ARROZ CON MARISCOS
Grado de dificultad bajo

INGREDIENTES PARA 6 PERSONAS
3 tazas de arroz • 1 cebolla mediana
• 1 pimiento rojo • 1 pimiento verde • 2 dientes de ajo machacados • 2 latas de pulpo en aceite
• 1 lata de mejillones • 1 lata de calamares en su tinta • 1 lata de berberechos • Azafrán

Se pone a cocer el arroz con agua y sal añadiéndole el azafrán. Mientras cuece el arroz, en una sartén se pone un poco del aceite en que viene el pulpo, y en él se fríen, bien picados, la cebolla, los ajos y los pimientos. Quitando previamente el aceite de las latas, se agregan los mariscos y se salan, dejando que se rehogue todo durante unos minutos. Cuando veamos que el arroz esté a punto, se saca de la olla y se pasa por un colador hasta que quede completamente seco. En una fuente grande se mezcla el arroz con los mariscos y se deja reposar 5 minutos para que se mezclen bien todos los sabores.

ARROZ CON NUECES
Grado de dificultad bajo

INGREDIENTES PARA 4 PERSONAS
Arroz largo (4 puñados) • 3 cucharadas grandes de nueces • 100 g de apio • 1 cucharadita de estragón fresco • 60 g de mantequilla • Pimienta molida
• Sal • 1 limón

Se hierve el arroz largo en agua abundante con sal. Mientras, se funde la mantequilla en una sartén y se rehogan las nueces y el apio (cortados en pedacitos) hasta que el apio esté tierno. Se mezclan estos ingredientes con el arroz hervido y escurrido,

y se incorpora el estragón picado. Se salpimienta. Se adorna el plato con medias rodajas de limón y un centro de hojas de apio y nueces enteras.

ARROZ CON PALMITOS
Grado de dificultad medio

INGREDIENTES PARA 6 PERSONAS
2 tazas de arroz • 6 bolas de queso mozzarella cortadas en rodajas • 1 lata mediana de palmitos
• 1 bolsa de queso rallado fundente • 1 taza de jamón picado • 1 taza de nata líquida • 1 lata de crema de espárragos • 2 tazas de leche • 1 frasco de setas variadas • 1/3 de taza de harina
• 1/2 cebolla picada finita • 1 lata pequeña de maíz • 125 g de mantequilla • Sal

Se hierve el arroz como si se fuera a cocinar arroz blanco y se reserva. Mientras, se pican los palmitos y se mezclan con las setas, el maíz dulce y el jamón picado. Por otro lado, para la salsa se pone una taza de leche, dos de nata líquida una cucharadita rasa de harina, mantequilla y cebolla, añadiendo la crema de espárragos aclarada con una taza de agua. En una fuente para horno, se pone una capa de arroz, sobre ésta una capa de la mezcla de palmitos, una de mozzarella, la salsa blanca y la mitad de la crema de espárragos; así sucesivamente hasta terminar con una de arroz y abundante queso rallado. Se pone en el horno a 250° hasta que esté dorado.

ARROZ CON PAVO
Grado de dificultad bajo

INGREDIENTES PARA 6 PERSONAS
2 tazas de arroz blanco cocido • 1 pechuga de pavo cocido y cortado en tiras • 1 lata de sopa de crema de setas • 1/3 de taza de caldo de pollo
• 1 pimiento verde grande picado • 1 lata pequeña de guisantes • 1/4 de taza de pimientos morrones picados • 1 sobre de queso rallado • Sazonador de aves • Sal

Se precalienta el horno a 250°. En un recipiente refractario, se mezclan el arroz ya cocido, el pavo, la crema de setas, el caldo de pollo, el pimiento verde, los guisantes, el pimiento morrón, el sazonador de aves y la sal. Se mete el recipiente en el horno durante unos 25 minutos y se cubre a continuación con el queso fundente, manteniéndose en el horno hasta que esté dorado.

ARROZ CON POLLO
Grado de dificultad bajo

INGREDIENTES PARA 3 PERSONAS
1 puñado de arroz por persona •1/2 kg de pollo o carne • 5 dientes de ajo • 1 pimiento verde • 1 pimiento morrón o rojo • 2 tomates grandes maduros • 2 zanahorias medianas • 1 puñadito de guisantes • 1 taza de aceite de oliva virgen • Sal • 3 hebritas de azafrán o colorante • 1/2 vaso de vino blanco • Aceite • Sal

Se trocea la verdura y se pone a sofreír en una cacerola con el aceite de oliva y la sal. Cuando se ponga blanda, se añade el pollo troceado, y se cocina junto a la verdura hasta que esté dorado. Se añade entonces el vino y se rehoga unos 5 minutos. Se agrega el arroz y se mezcla con la verdura antes de añadir el agua o caldo (un poco más del doble que de arroz), dejando que cueza hasta que el arroz esté a punto.

ARROZ CON POLLO A LA CERVEZA
Grado de dificultad bajo

INGREDIENTES PARA 6 PERSONAS
1/2 kg de arroz • 1 kg de pollo deshuesado y sin piel • 1 frasco de macedonia de verduras • 1/4 de pimiento rojo cortado en tiras • 1 cebolla • 2 cucharadas de aceite • 2 dientes de ajo picado • 1 cucharada de cilantro molido • 1 taza de cerveza • 3 tazas y media de agua • Sal • Pimienta

En una sartén con un poco de aceite de oliva se fríe el pollo. Luego, en una cacerola, con el aceite de freír el pollo, se rehogan la cebolla y el ajo picados; una vez dorados, se les agrega el bote de vegetales mixtos y el pimiento rojo, se dejan pasar unos minutos y se añade el cilantro molido. Se espera unos minutos más y se agrega la cerveza, el agua, el arroz, la sal y la pimienta al gusto. Se tapa la olla y cuando esté evaporándose el agua, se pone en la olla el pollo y se espera que el arroz esté a punto para servir.

ARROZ CON POLLO MARINADO
Grado de dificultad medio

INGREDIENTES PARA 8 PERSONAS

Para marinar:
1 diente de ajo machacado • 1 cuchara de orégano molido • 1 cuchara de perejil fresco picado • 1 cuchara de vinagre • 1 cuchara de pimentón • 1/2 cuchara de pimienta negra molida

Para el arroz:
1 pollo de 2 kg cortado en piezas • 2 cucharas de aceite • 1 cebolla picada • 1 pimiento verde cortado en cuadrados • 1 lata de tomates cocidos • 2 dientes de ajo machacados • 2 hojas de laurel • 1 cucharada de café de salsa de tabasco • 3 o 4 hebras de azafrán • 4 tazas de agua • 1/2 taza de vino blanco • 6 tazas de arroz de grano largo • 1 lata de pimientos morrones • 1 lata de guisantes • Sal • Salsa de Tabasco

Se frota el pollo con el ajo y el orégano y se deja marinar en el refrigerador toda la noche con perejil, vinagre, pimienta y pimentón, dándole vueltas de vez en cuando; una vez que se retire el pollo del adobo, se escurre bien. En una sartén con el aceite en caliente, se doran los trozos de pollo y se ponen en una cacerola grande. En el mismo aceite se sofríen la cebolla y el pimiento verde. Se agregan los tomates, los ajos, las hojas de laurel, la sal y la salsa Tabasco. En la cacerola donde está el pollo, se incorpora el azafrán, disuelto en un poco de agua y vino, se deja 10 minutos a fuego lento y se agrega el contenido de la sartén; se añaden el arroz y el resto del líquido y se mezcla suavemente. Se calienta a fuego vivo hasta que hierva, se baja el fuego y se deja cocer hasta que el arroz esté en su punto. 5 minutos antes de terminar la cocción se añaden los pimientos morrones y los guisantes.

ARROZ CON QUESOS
Grado de dificultad medio

INGREDIENTES PARA 4 PERSONAS
4 medidas arroz redondo • 250 g de queso Gruyère en lonchas • 100 g de queso Emmental en lonchas • 50 g de queso Parmesano rallado • 100 g de jamón serrano picado • 1 huevo • Mantequilla • 1/2 l de leche • Sal

Se ponen en una olla la leche y el agua. Cuando rompa a hervir, se añade el arroz, se tapa y se deja cocer. Una vez escurrido se mezcla con 50 gramos de mantequilla, una yema de huevo y la mitad del queso Parmesano. En un molde se pone una capa de arroz y se cubre con lonchas de queso Gruyère y jamón picado; sobre esta capa se pone otra de arroz, después otra de lonchas de Emmental y jamón picado y se finaliza el plato con una capa de arroz espolvoreado con la otra mitad del queso Parmesano. Se funden 40 gramos de mantequilla y se vierten por encima. Antes de servir, se pone al horno fuerte, precalentado, durante 10 minutos. El arroz debe quedar seco.

ARROZ CON TRES CARNES
Grado de dificultad bajo

INGREDIENTES PARA 6 PERSONAS
1 puñado de arroz por persona • 1/2 kg de ternera cortada a dados • 1/2 kg de buey cortado en dados • 1/2 kg de lomo de cerdo cortado en dados • 5 dientes de ajo • 1 pimiento verde • 1 pimiento morrón • 2 tomates grandes maduros

• 2 zanahorias medianas • 1 puñadito de guisantes • 1 tacita de aceite • Sal • 3 hebras de azafrán • 1/2 vaso de vino blanco • Caldo de carne

Se trocea toda la verdura a cuadrados pequeños y se pone a sofreír en una olla con el aceite de oliva y la sal. Cuando esté pochada, se añaden las carnes y se doran junto a la verdura hasta que cojan color miel; se añade el vino y se rehoga todo durante 5 minutos. Se echa el arroz y se mezcla con la verdura dándole un par de vueltas y, por último, se añade el caldo, siempre una medida más que el doble de arroz utilizado.
Se deja hervir a fuego lento hasta que el arroz quede seco.

ARROZ CON YOGUR
Grado de dificultad bajo

INGREDIENTES PARA 3 PERSONAS
Arroz largo (3 puñados) • 8 cucharadas soperas de maíz dulce en lata • 12-14 aceitunas sin hueso • 1 cucharada sopera de alcaparras • 1 yogur natural • Salsa vinagreta al gusto

Se hierve el arroz largo en agua abundante y unas hebras de azafrán. Se escurre y se mezcla con el maíz y las aceitunas. Se prepara una vinagreta (aceite, vinagre y sal), añadiéndole el yogur. Se rocía con ella la ensalada de arroz y se colocan encima las alcaparras. Puede adornarse la fuente con rodajas de zanahoria y apio. Se sirve frío.

ARROZ CRUJIENTE
Grado de dificultad medio

INGREDIENTES PARA 4 PERSONAS
250 g de arroz • 125 ml de leche de coco • 50 g de carne de cerdo picada • 50 g de gambas cocidas peladas • 1 cucharadita de mezcla de ajo • 1 cucharada de salsa de pescado • 1 cucharada de azúcar • 50 g de cebolla • 50 g de cacahuetes tostados picados

Se pone el arroz en una cazuela con suficiente agua para cubrirlo. Se lleva a ebullición, se tapa y se deja hervir hasta que el arroz esté muy cocido y algo pasado. Se extiende el arroz formando una fina capa sobre diversas bandejas de horno untadas en aceite, apretando bien contra el fondo. Se deja secar en un lugar templado o en un horno precalentado a 120°. Para hacer la salsa, se vierte la leche de coco en un wok y se lleva lentamente a ebullición; entonces se añade el cerdo picado y las gambas, removiendo para deshacer posibles grumos. Se agrega la mezcla de ajo, la salsa de pescado, el azúcar, la cebolla y los cacahuetes tostados. Se reduce el fuego y se deja hervir la salsa lentamente durante unos 20 minutos, removiendo ocasionalmente. Cuando el arroz esté completamente seco y duro, se saca de las bandejas con una espátula, rompiéndolo en trozos grandes, y se fríe por piezas, hasta que se dore. La salsa se vuelca en una salsera y se presenta junto al arroz.

ARROZ DE COCIDO
Grado de dificultad bajo

INGREDIENTES PARA 4 PERSONAS
2 medidas de arroz redondo • 200 g de carne cocida sin hueso • 2 morcillas de cebolla
• 125 g de garbanzos cocidos • 1 trocito de tocino
• 1/2 l de caldo de cocido • 1 patata mediana
• 3 tomates pequeños • 1 cabeza de ajos
• 1/2 tacita de aceite • Pimentón • Sal

Se trocean la carne y el tocino, se corta la patata en rodajas, se ralla un tomate y los otros dos se parten por la mitad, mientras se calienta el caldo del cocido en un cazo. En la olla exprés, se pone el aceite y se sofríe el tomate rallado con una cucharadita de pimentón. Se incorpora luego el arroz, se remueve y se vierte por encima el caldo caliente junto con los garbanzos, la patata, la carne y el tocino. Se tapa y se deja cocer en la olla exprés durante 8 minutos. Se abre la olla (previo enfriamiento) y se añaden la

cabeza de ajos y los tomates partidos. Se tapa y se cuece otros 4 minutos. El arroz debe quedar seco.

ARROZ DE CUARESMA
Grado de dificultad bajo

INGREDIENTES PARA 6 PERSONAS
400 g de arroz • 1 lata sopa de mariscos
• 2 cucharadas de aceite • 1 cebolla grande • 1 hoja de laurel • 2 dientes de ajo
• 1 cucharadita de moca de pimentón dulce
• 1 cucharadita de moca de pimentón picante • 1 cucharadita de sal • 1 ramita de perejil • 2 cucharadas de pasta de tomate
• 400 g de lomo de bacalao • 1 lata de guisantes

El bacalao se desala durante todo el día anterior y se parte en pedazos no muy pequeños. En un cazo se mezcla la lata de sopa de mariscos con el doble de agua, se añade la sal y se pone a fuego vivo hasta que hierva. Por su parte, la cebolla, los pimientos, el ajo y el perejil se pican menudamente y se sofríen en aceite de oliva en una cacerola honda y cuando estén pochados, se añade el laurel, el pimentón dulce, el picante y la salsa de tomate, removiendo con una cuchara de madera para que no se pegue ni se queme. A continuación, se le agrega el bacalao. Sin dejar de remover, se le incorpora el arroz y se mezcla bien, agregándole la sopa que está hirviendo en un recipiente aparte. Se remueve un poco para unir todos los ingredientes y se cocina como el arroz corriente. Cuando esté casi cocido, se le agrega la lata de guisantes con el agua que lleva y se deja secar a fuego lento.

ARROZ DE GUARNICIÓN
Grado de dificultad bajo

INGREDIENTES PARA 4 PERSONAS
3 puñados de arroz largo • 3 cucharadas soperas de zumo de limón • 50 g de mantequilla • Pimienta molida • Sal

Se hierve el arroz largo en dos litros de agua, con el zumo de limón y una cucharada sopera de sal, hasta que los granos estén al punto. Se lava con agua caliente, se escurre bien y se añade la mantequilla, removiendo muy suavemente con un pincho o tenedor. Se espolvorea con pimienta al gusto y se sirve caliente.

ARROZ DE GUARNICIÓN ADORNADO
Grado de dificultad bajo

INGREDIENTES PARA 4 PERSONAS
3 puñados de arroz largo • 3 cucharadas soperas de pasas de Corinto • 2 cucharadas soperas de piñones • 75 g de mantequilla • Sal

Se hierve el arroz largo en agua abundante con sal hasta que quede al punto. En una sartén pequeña, se rehogan los piñones en parte de la mantequilla fundida. Se dejan reblandecer las pasas 2 minutos, en agua caliente. Se escurren y se mezclan con los piñones y el arroz cocido. Se agrega la mantequilla restante a la mezcla caliente y se remueve suavemente con un pincho o tenedor.

ARROZ DEL PEREGRINO
Grado de dificultad bajo

INGREDIENTES PARA 4 PERSONAS
250 g de arroz • 1 cebolla mediana • 3 dientes de ajo • 300 g de chipirones • 200 g de vieiras • 200 g de almejas • 100 g de berberechos • Tinta de calamar • Caldo de pescado • Sal

Se rehogan la cebolla y el ajo, a continuación se añaden los chipirones, las vieiras, los berberechos, las almejas, el arroz y el caldo de pescado. Se cuece todo junto con un poco de sal durante unos 20 minutos aproximadamente con la tinta de calamar y el arroz, y ya está listo para servir.

ARROZ EN MELÓN
Grado de dificultad bajo

INGREDIENTES PARA 4 PERSONAS
4 medidas de arroz cocido • 1 melón • 1/2 pimiento rojo en vinagre • 2 salchichas de Frankfurt • 1 loncha de jamón de york • 50 g de queso blanco • Aceite • Sal • Pimienta • 1 chorro de vinagre

Se parte el melón a lo ancho y se le cortan los dos extremos para que se quede de pie, se le quita casi toda la carne y se rellena con rodajitas de salchicha cocida, trocitos de jamón, pimiento, queso, melón y el arroz, todo previamente mezclado y sazonado con sal, aceite, pimienta y unas gotas de vinagre. Se sirve frío.

ARROZ ESTILO BARRANQUILLERO
Grado de dificultad bajo

INGREDIENTES PARA 6 PERSONAS
1/2 kg de arroz cocido, listo para servir • 6 huevos fritos • 6 plátanos maduros • 6 salchichas fritas • Salsa de tomate al gusto • Sal

Se sirve el arroz en el plato, se fríen los plátanos y se le colocan sobre el arroz en el centro del plato; en un extremo se pone el huevo y en el otro la salchicha, regando todo con salsa de tomate al gusto.

ARROZ FEO
Grado de dificultad bajo

INGREDIENTES PARA 3 PERSONAS
4 puñados de arroz largo • 2 latas de chipirones o calamares en su tinta • 3 huevos fritos • 2 hojas de laurel • 2 dientes de ajo • Sal

Se hierve el arroz largo en agua abundante con sal, ajo y laurel. Se deja escurrir bien, sin lavarlo. Se calientan ligeramente en el horno los chipirones (2-3 minutos) y se fríen los huevos. En la fuente se colocarán los ingredientes por separado y se servirá caliente. El nombre de esta receta viene del aspecto que resulta de mezclar los ingredientes; no obstante, es un plato único y delicioso.

ARROZ FRICASÉ
Grado de dificultad bajo

INGREDIENTES PARA 2 PERSONAS
1 pimiento rojo grande • 1 repollo mediano • 1 zanahoria grande • 1 cebolla pequeña • 8 cucharadas de mantequilla o margarina vegetal • 1 lata de atún • 5 cucharadas de salsa de tomate • 1 pocillo de agua hirviendo • 200 g de arroz hervido • Sal

Se pasan por la batidora el pimiento, el repollo, la zanahoria y la cebolla, y se hace un sofrito con la mantequilla, cocinándose durante unos 10 minutos aproximadamente. Se agrega el atún bien desmenuzado y escurrido, revolviendo todo unos 2 minutos más y se añaden después las cinco cucharadas de salsa de tomate. Finalmente, se mezcla todo esto con el arroz blanco cocido y se sirve caliente.

ARROZ FRITO CON CEBOLLA Y SALCHICHAS
Grado de dificultad bajo

INGREDIENTES PARA 4 PERSONAS
4 puñados de arroz largo • 1 cebolla grande • 4 salchichas de Frankfurt • 2 lonchas gruesas de beicon • Sal

Se hierve el arroz en abundante agua con sal. Se lava y escurre muy bien. Aparte, se cortan la cebolla en medios aros, las salchichas en rodajas y el beicon en pedacitos. En una sartén grande, a fuego lento, se sofríe la cebolla en aceite de oliva. Cuando se ablande y empiece a dorarse, se añaden las salchichas y un poco después el beicon. Cuando éste quede transparente, se incorpora el arroz y, siempre a fuego lento, se remueve

suavemente con cuchara de palo hasta que se impregne todo el grano. Se puede adornar este plato con aros de cebolla frita y tomate frito.

ARROZ FRITO PICANTE CON CHILES ROJOS
Grado de dificultad bajo

INGREDIENTES PARA 4 PERSONAS
375 g de arroz de grano largo cocido • 750 ml de agua • 1 cebolla • 2 chiles rojos • 50 g de beicon • 1 cucharada de salsa de soja • 1 cucharadita de tomate • Aros de cebolla frita • Tiras de tortilla • Hojas frescas de coriandro • 5 rodajas de pepino • Sal • Pimienta

En el aceite caliente del wok, se añade la cebolla y los chiles rehogándolos durante 3 minutos aproximadamente. Pasado ese tiempo, se agrega la carne y se continúa removiendo durante otros 3 minutos. Finalmente se incorpora el arroz, la salsa de soja y el tomate triturado. Se mantiene al fuego durante otros 7 minutos más y se salpimienta al gusto. Se decora con aros de cebolla frita, tiras de tortilla, hojas de coriandro y rodajas de pepino. Servir inmediatamente.

ARROZ GRIEGO
Grado de dificultad bajo

INGREDIENTES PARA 4 PERSONAS
200 g de arroz • 300 g de pechuga de pollo • 1 zanahoria grande • 1 cebolla grande • 1 rama de apio • 1 yema de huevo • Jugo de 1 limón • Sal • Pimienta • 1 l de caldo

En una cacerola se colocan la pechuga de pollo, la zanahoria, el apio, la cebolla, un litro de agua y una pizca de sal y pimienta. Se deja cocer aproximadamente durante una hora, a fuego lento. Se retiran las verduras y se reservan. Se corta la pechuga de pollo a daditos y se vuelve a poner en el caldo de la cacerola. Se añade el caldo de carne y se espera a que hierva. Se vierte el arroz y se deja cocer. Cuando el grano esté en su punto, se pone en la sopera la yema de huevo y el jugo de limón. Se mezcla con un poco de caldo muy caliente y después, poco a poco, se continúa añadiendo el resto del guiso y se sirve inmediatamente.

ARROZ HUERTANO
Grado de dificultad medio

INGREDIENTES PARA 6 PERSONAS
1/4 kg de coliflor • 2 pimientos rojos • 100 g de judías verdes • 150 g de guisantes • 150 g de habas tiernas • 1 manojo de ajos tiernos • 2 alcachofas naturales • 1 berenjena mediana alargada • 2 patatas medianas blancas nuevas • 2 tomates maduros • 4 dientes de ajo • 400 g de arroz • 3 tacitas de aceite • Azafrán • 1 cucharadita de pimentón • Sal

Se lavan, escurren y cortan la coliflor y los pimientos; se despuntan y trocean las judías verdes; se trocean los ajos tiernos; se limpian las alcachofas y se cortan en cuartos poniéndolas en agua con zumo de limón; se pelan y trocean la berenjena y las patatas, los tomates y los ajos. Por otra parte, en una paellera con el aceite bien caliente, se fríen los ingredientes por este orden: la berenjena y los pimientos, se sacan y reservan; las patatas, la coliflor, las alcachofas, las judías verdes, las habas, los guisantes, los ajos tiernos y, por último, los tomates y los ajos. Se añade una cucharadita de pimentón y unos tres litros de agua caliente, con sal y una pizca de azafrán. Se cuece a fuego medio durante 30 minutos. Se añaden la berenjena y los pimientos reservados y se continúa la cocción 15 minutos más, rectificando de sal si es necesario. Se echa el arroz, repartido por igual en la paellera. Se cuece a fuego vivo 10 minutos y a fuego gradualmente rebajado los 8-9 minutos

restantes. Este plato de arroz se deja reposar 5 minutos antes de servir.

ARROZ INDIANA
Grado de dificultad bajo

INGREDIENTES PARA 4 PERSONAS
4 medidas de arroz • 100 g de mantequilla • 75 g de piñones • 100 g de pasas de Corinto • Unas hebras de azafrán • Sal

Se ponen las pasas de Corinto en agua tibia. Se saltea en la olla el arroz con la mantequilla, y además se le añade agua abundante con sal y el azafrán; se cuece el arroz. Cuando esté listo, se escurre y entonces se incorporan las pasas y los piñones. El arroz debe quedar seco y suelto.

ARROZ INDIO A LA INGLESA
Grado de dificultad bajo

INGREDIENTES PARA 4 PERSONAS
3 puñados de arroz largo • 3 huevos duros • 1/2 kg de arenques ahumados • 1 cucharadita de cúrcuma • 1/2 limón • 2 hojas de laurel • 65 g de mantequilla • 3 cucharaditas de perejil • Pimienta • Sal

Se hierve a fuego muy lento, durante 15 minutos aproximadamente, el arenque en abundante agua con sal y laurel. Cuando esté listo, se saca, se desmenuza y se reserva el caldo. Por otro lado, se funde parte de la mantequilla en un cazo y se sofríe durante uno o dos minutos el arroz largo crudo con la cúrcuma, removiendo continuamente. Se añade medio litro largo de caldo, dos pizcas de sal y una de pimienta. Se deja hervir tapado y a fuego lento (unos 20 minutos), hasta que el grano esté en su punto. Se incorpora la mantequilla restante, los huevos duros picados, el zumo de limón y el arenque. Se mezcla con un pincho o tenedor, se espolvorea el perejil y se adorna con rodajas de arenque, huevo y una ramita verde.

ARROZ INTEGRAL CON SEPIA
Grado de dificultad bajo

INGREDIENTES PARA 4 PERSONAS
4 medidas de arroz integral • 500 g de sepia
• 1/2 l de caldo de verduras • 2 cebollas
• 5 tomates maduros rallados • 2 ajos • Sal
• Pimienta • Perejil • 1 limón • 1 copita de vino
blanco • 30 g de mantequilla • 1 dl de aceite
• 1 latita de guisantes

Se limpia la sepia. Se rehogan en una sartén la
cebolla picada y rodajitas de ajo. Cuando
tomen color, se incorpora la sepia, se da unas
vueltas y se echan el vino, los tomates, el
zumo de limón, el perejil picado, los guisantes
y un poco de caldo. Se deja hervir 15 minutos.
Aparte, se cuece en la olla el arroz integral (en
remojo desde la noche anterior) con
abundante agua salada. Cuando esté a punto,
se pasa por agua fría, se escurre y se rehoga
con mantequilla. Finalmente se incorpora en
la sartén del sofrito, mezclándolo bien. Para
servir, se vuelca en una fuente. El arroz debe
quedar seco.

ARROZ LORRAINE
Grado de dificultad bajo

INGREDIENTES PARA 6 PERSONAS
3 tazas de Coca-Cola o similar • 2 tazas de agua
• 1 taza de arroz de grano largo • 1 diente
de ajo • 1 cebolla • 1/2 pimiento verde
• 1 puñado de uvas pasas • 2 cucharadas
de aceite • 1 tomate • 1 cubito de caldo
de pollo • 1 lata de aceitunas negras
deshuesadas • Sal • Pimienta

Se dora el arroz en una sartén con el aceite,
la cebolla y el ajo. En una cacerola, se hierve
el agua con la Coca-Cola y se agregan el
cubito de pollo y el arroz. Se pican en la
batidora las aceitunas, el pimiento y el
tomate, agregándolos a la cacerola junto
con las pasas, la sal y la pimienta. Se deja
hervir durante 20 minutos aproximadamente,
dejándolo reposar unos 5 minutos.

Este arroz puede servirse solo o como
guarnición de cualquier asado.

ARROZ MAR Y COSTA
Grado de dificultad bajo

INGREDIENTES PARA 6 PERSONAS
400 g de arroz • 250 g de atún en aceite
• 4 anchoas de lata • 1 cabeza de ajos pelados
• 1 cucharada de perejil picado • 1 vaso de vino
blanco seco • 1 zanahoria • 1 cebolla mediana
• 1 rama de apio • 1 y 1/2 l de caldo • 4 tomates
pelados • Sal • 3 cucharadas de aceite

Se cortan finamente la cebolla, la zanahoria,
el apio y la cabeza de ajos. Se dora todo en el
aceite, junto con las anchoas. Apenas tome
color, se añaden los tomates pelados. Se sala
al gusto y se remueve unos minutos. Se vierte
el arroz, el vino blanco y se realiza la cocción,
añadiendo cucharones de caldo a medida que
sea necesario. 2 minutos antes de terminar la
cocción, se añade el atún (sin el aceite) y el
perejil picado.

ARROZ MARINERO APARTE
Grado de dificultad medio

INGREDIENTES PARA 6 PERSONAS
1 kg de pescado variado • 400 g de arroz • 1 ajo
• Azafrán • Pimienta • Clavo • Zumo de limón
• Orégano • Pimentón • Perejil • 1 ñora • Pan
• Vino blanco • Aceite • Sal

Se cuecen juntos los distintos tipos de
pescado (sargo, besugos, langostinos,
mejillones, etc.). Se sacan de la olla y se
colocan en una fuente. En el caldo sobrante,
se vierte un majado hecho con ajo, azafrán,
pimentón, pimienta, clavo y un poco de zumo
de limón. Cuando hierva, se agrega el arroz
en la proporción adecuada para que quede
caldoso. Se prepara una salsa machacando en
un mortero ajos fritos, pimienta, orégano,
comino, clavo, perejil, ñora o guindilla picante
y una rebanada de pan frito ablandado en

agua. Se mezcla lentamente con el aceite, aclarándolo con vino blanco. Se hierve la mezcla, sin dejar de remover con una cuchara de madera hasta que dicha mezcla adquiera consistencia. Este plato se sirve en tres recipientes, para que cada comensal pueda mezclar a su gusto el arroz, el pescado y la salsa.

ARROZ MARINERO A LA VASCA

Grado de dificultad medio

INGREDIENTES PARA 4 PERSONAS

400 g de arroz • 400 g de mejillones • 200 g de chirlas • 300 g de chipirones • 1 diente de ajo • 1 cebolla pequeña • 1 zanahoria • 120 g de judías verdes • 60 g de guisantes • 1/2 limón • Salsa de tomate • 1/2 l de caldo de pescado

Se pican y pochan la cebolla y el ajo, se limpian los chipirones cortados en rodajas y se rehoga el conjunto. Se cuecen los guisantes y las judías verdes, y también se cuece en agua fría con sal la zanahoria cortada en juliana. Se ponen las chirlas en agua con sal para que suelten la arena, se abren en una cazuela con un poco de aceite y se reservan. Se limpian los mejillones con ayuda de un estropajo metálico.Por otra parte, se rehoga el arroz en una sartén con un poco de aceite hasta que quede casi dorado. Se moja con el caldo de pescado hirviendo y la salsa de tomate caliente. Se añaden el resto de los ingredientes, el zumo de limón y se da el punto de sal deseado. Se mete al horno (200°) durante 20 minutos.

ARROZ NEGRO

Grado de dificultad bajo

INGREDIENTES PARA 6 PERSONAS

3/4 kg de sepias pequeñas • 400 g de arroz • 200 g de cebolla • 200 g de tomate triturado • 2 pimientos rojos • 3 dl de aceite • 3 dientes de ajo • Sal

Se pone una paellera con aceite al fuego y en este aceite se fríen la cebolla y los pimientos cortados a cuadrados pequeños y regulares. Cuando estén a medio freír, se le añaden las sepias cortadas a trozos. Se rehoga hasta que quede dorado y se añade el tomate. Se sofríe todo y, por último, se le echa tres cuartos de litro de agua caliente dejándolo hervir por espacio de unos 20 minutos a fuego moderado. Pasado este tiempo, se vierte el arroz y más agua o caldo de pescado (el doble de la cantidad de arroz). Se deja que hierva a fuego fuerte por espacio de unos 10 minutos, se rectifica de sal y se le añade la tinta de las sepias aclaradas en un poco del caldo. Según se va haciendo el arroz irá quedando oscuro; se continúa el hervor por espacio de otros 10 minutos a fuego moderado hasta que quede seco. Tras retirarlo del fuego, se deja reposar por espacio de unos 3 minutos para que acabe de absorber el resto de caldo que haya podido quedar. Se sirve con alioli.

ARROZ NEGRO A LA VASCA

Grado de dificultad bajo

INGREDIENTES PARA 4 PERSONAS

400 g de arroz • 8 gambas o langostinos • 400 g de mejillones • 800 g de calamares • 1 cebolla pequeña • 2 tomates • 2 dientes de ajo • 2 bolsitas de tinta de calamar • 1 pimiento rojo o verde • 1/2 l de caldo y el caldo de los mejillones • 300 dl de salsa alioli • Sal • Aceite

Se abren los mejillones al vapor con un poco de vino blanco y se reserva el líquido para mezclarlo después con el caldo. Se mezcla la tinta de los calamares con el caldo. En el recipiente donde se vaya a hacer el arroz, se saltean los langostinos en un poco de aceite, se retiran y se rehoga la cebolla con el pimiento. Se añaden los calamares limpios y en rodajas y se sofríen moviéndolos bien. Se incorporan los tomates pelados, despepitados y cortados en cuadraditos. Se deja cocer el conjunto hasta que todo esté tierno. En el momento de hacer la paella, se añade el arroz dorándolo hasta que esté caliente. Se moja con el caldo hirviendo, se pone el punto de sal y se mete al horno 20 minutos a 200°. Se sirve moldeando un bol con salsa alioli ligera alrededor.

ARROZ NEGRO CON CALAMARES
Grado de dificultad bajo

INGREDIENTES PARA 6 PERSONAS
4 medidas de arroz • 500 g de calamares • 200 g de cebolla • 200 g de tomates maduros • 2 pimientos • 3 dl de aceite • 3 dientes de ajo • Sal

Se pone en la olla el aceite y se sofríen la cebolla picada y los pimientos en pedacitos. Cuando estén a medio freír, se añaden los calamares, se rehogan y se agrega el tomate rallado. Se da unas vueltas y se incorporan el arroz y el agua caliente, en la que habremos disuelto previamente la tinta. Se tapa la olla y se deja cocer hasta que el arroz quede seco.

ARROZ NEGRO CON CHIPIRONES
Grado de dificultad bajo

INGREDIENTES PARA 4 PERSONAS
600 g de chipirones • 2 sobres de tinta de calamar • 1 limón• 1 pimiento verde • 2 cucharadas de perejil, fresco y picado • 1 cebolla • 2 hojas de laurel • 50 ml de aceite • 200 g de arroz • Caldo de pescado • Pimienta • Sal

Se lava y se pela el tomate, se corta en cubitos pequeños, se pican la cebolla y el pimiento finamente. Se pone el aceite en una paellera y se rehogan allí la cebolla y el pimiento a fuego medio. Mientras tanto, se pone a calentar el caldo hasta que rompa a hervir y se reserva. Se agregan a la paellera el ajo picado y el tomate, removiendo unos segundos, y se añaden después los chipirones, salteándolos hasta que se doren. Se incorpora el arroz y se remueve hasta que se vuelva translúcido. Se agrega la tinta y se revuelve

hasta que se tiña. Se mide el doble de cantidad de caldo que de arroz y se añade a la paellera. Se condimenta con sal, pimienta y laurel, y se deja que se cocine a fuego bajo durante unos 15 minutos sin revolver. Se apaga y se deja reposar cinco minutos. Por último, se espolvorea con perejil picado y se sirve recién hecho.

ARROZ PRIMAVERA
Grado de dificultad bajo

INGREDIENTES PARA 6 PERSONAS
500 g de arroz • 2 pimientos morrones rojos • 1 lata de guisantes • 2 cubitos de caldo de verdura • 1 cebolla

En una cacerola se pone el arroz con cuatro tazas de agua, los dos cubitos de caldo, los pimientos cortados en juliana y la cebolla cortada en rodajas finas. Se deja que hierva unos minutos y, sin que el arroz esté muy cocido, se apaga el fuego y se deja tapado de 10 a 15 minutos para que el arroz termine de cocinarse. Pasado este tiempo se le incorporan los guisantes.

ARROZ RELLENO
Grado de dificultad bajo

INGREDIENTES PARA 6 PERSONAS
1 pollo cocinado en cazuela y desmenuzado • 100 g de mantequilla • 1 cebolla • 1/2 taza de salsa de tomate • 1/2 taza de vino seco • 4 tazas de caldo de pollo • 3 tazas de arroz • Sal

Se calienta la mantequilla y sofríe en ella la cebolla picadita. Se añade la salsa de tomate, el vino, el caldo, el arroz y la sal. Se deja hervir a fuego mediano hasta que el arroz esté en su punto. Mientras, en un molde de aro engrasado con la mantequilla, se coloca la mitad del arroz, se pone encima el pollo desmenuzado y se cubre con el resto del arroz. Al desmoldarlo se puede adornar con lo que sugiera la imaginación del cocinero.

ARROZ RUSO
Grado de dificultad bajo

INGREDIENTES PARA 4 PERSONAS
3 tazas de arroz • 250 g de carne picada de cerdo
• 250 g de carne picada de ternera • 1 bote de
tomate frito • Cayena molida • 1 cucharada sopera
de aceite • Sal • Especias para pasta • 2 pastillas de
caldo de carne • Brandy

Se ponen a hervir seis tazas de agua con las
pastillas de caldo de carne. Se sofríen tres
tazas de arroz, se cuelan y se echan al agua.
Se cuece a fuego lento hasta que se evapore
el agua. Por otro lado, se fríe la carne picada
con la sal y las especias, añadiendo un chorro
de brandy cuando la carne coja color. Cuando
se evapore el brandy, se añade el bote de
tomate, manteniendo el fuego medio. Por
último, se agrega el arroz cuando comience la
ebullición.

ARROZ SALTEADO CON TORTILLA DE VEGETALES
Grado de dificultad bajo

INGREDIENTES PARA 4 PERSONAS
480 g de arroz de grano largo, previamente cocido
• 2 cebollas • 20 g de guisantes • 300 g de
zanahorias • 240 g de camarones ya pelados
• 2 huevos • 1 pimiento verde • 50 g de
mantequilla • 3 cucharadas de aceite de girasol
• Sal • Pimienta

En una cazuela con el aceite caliente se sofríe
la cebolla, se añaden los guisantes cocidos y
las zanahorias también cocidas y cortadas en
rodajas finas. Se tapa y se deja hacer durante
unos 2 minutos. Se añade el arroz y los
camarones. Se sazona y se cocina durante
8 minutos, revolviendo frecuentemente.
En una sartén, engrasada con mantequilla
caliente, se echan los dos huevos batidos,
se esparce el pimiento cortado en trocitos
y se deja cuajar hasta que la tortilla esté firme.
Se la corta en tiras y se agrega por encima
del arroz.

ARROZ TÚ
Grado de dificultad bajo

INGREDIENTES PARA 4 PERSONAS
4 tazas de arroz blanco precocido • 500 g de
champiñones fileteados • 1/2 kg de pollo cocido y
cortado en trocitos • 2 taza de guisantes • Apio
• Sal • Pimienta • Aceite

Se sofríen los champiñones y los guisantes en
una cacerola durante 10 minutos
aproximadamente, revolviendo con frecuencia.
Se añaden los trocitos de pollo y el apio,
sazonando con sal y pimienta al gusto. Se
agrega el arroz y se mezcla con los otros
ingredientes; entonces, se tapa el recipiente y
se deja a fuego lento durante 15 minutos.

ARROZ VERDE
Grado de dificultad bajo

INGREDIENTES PARA 4 PERSONAS
4 tazas de arroz blanco precocido • 2 dientes de ajo
• 2 cucharadas de agua • 1 taza de perejil
menudamente picado • 3 cucharadas de
mantequilla

En la batidora se pone perejil, ajo, mantequilla
y agua. En un bol se echa el arroz y, sobre él,
se pone la mezcla de la batidora. Se revuelve
bien para que se unan perfectamente los
ingredientes y se sirve frío.

ARROZ ZAMORANO
Grado de dificultad medio

INGREDIENTES PARA 4 PERSONAS
250 g de arroz • 100 g de manteca de cerdo • 400
g de cebollas • 1/2 cucharada de pimentón dulce
• 250 g de pata, hocico y oreja de cerdo • 250 g de
jamón magro • 4 lonchas de tocino fresco • 200 g
de nabos tiernos • 6 dientes de ajo • Perejil
• Tomillo • Orégano • Sal

Se derrite la manteca en una cazuela de barro
grande, rehogando la cebolla pelada y

triturada, y los nabos pelados y cortados en trozos pequeños. Se añade el perejil picado, el orégano, el tomillo y los dientes de ajo, pelados y triturados. Se espolvorea con sal y pimentón. A continuación se añaden la pata de cerdo (previamente deshuesada), el hocico y la oreja, cortados en trozos más bien pequeños. Se incorpora entonces el jamón triturado y se sala al gusto. Cuando comience a hervir, se agrega el arroz y se deja cocer a medias a fuego fuerte. Después se retira del fuego y se recubre la superficie con las lonchas de tocino. Se tapa la cazuela y se pone en el horno. Cuando el tocino esté bien tostado, se destapa y se retira la cazuela del horno. Este plato se deja reposar antes de servir.

BOLITAS DE ARROZ DULCE
Grado de dificultad bajo

INGREDIENTES (12 BOLITAS)

Para la mezcla:
300 g de harina de arroz (mochiko) • 250 cc de agua hervida

Para la salsa:
50 cc de salsa de soja • 75-100 cc de agua • 70 g de azúcar • 2 cucharadas de maicena

Se mezcla la harina y el agua con la batidora, una vez ligado se enrolla la mezcla en un paño húmedo que se hervirá durante 30 minutos. Pasado este tiempo, se retira y se envuelve de nuevo en otro paño húmedo. Media hora después, se amasa la mezcla, se remoja con agua fría, se enrolla y se corta en tres piezas que volveremos a cortar en cuatro trozos cada una. Se mojan las manos con agua para evitar que la mezcla se pegue, y se hace una bolita con cada pieza de masa, colocándolas en una fuente refractaria para así calentarlas en el horno. Mientras se calientan, se ponen en un cazo los ingredientes para preparar la salsa y cuando esté a punto de hervir, se retira. Las bolitas de arroz se presentan sobre una fuente con la salsa por encima y se sirven calientes.

CABALLA CON FIDEOS GRUESOS
Grado de dificultad bajo

INGREDIENTES PARA 6 PERSONAS
1 kg de caballas medianas
• 1/2 kg de fideos gruesos • 1 cebolla
• 2 pimientos verdes • 3 dientes de ajo
• 4 tomates rojos maduros • 1/2 vaso de aceite • Sal

Se limpian las caballas quitándoles las tripas, los restos de sangre y la cabeza, y se cortan en rodajas de unos cuatro centímetros. En una cacerola con el aceite caliente, se echa la cebolla muy picada y, cuando empiece a dorarse, se añaden el pimiento y el ajo picados, se remueve y se incorpora el tomate pelado y troceado. Hecho el refrito, se añade agua abundante y se deja hervir unos minutos. Se echan los fideos y los trozos de caballa, y se deja cocer hasta que la pasta, caldosa, esté hecha. El plato se sirve bien caliente.

CHOW MEIN
Grado de dificultad bajo

INGREDIENTES PARA 4 PERSONAS
500 g de fideos finos al huevo • 4 cucharadas de aceite vegetal • 1 cebolla • 125 g de pollo
• 150 g de tirabeques • 2 cebollas
• 2 cucharadas de salsa de soja • 1 cucharada de aceite de sésamo • Sal • Pimienta

Se pone el wok al fuego con el aceite, se añaden las cebollas, la carne, los tirabeques y se rehoga alrededor de 1 minuto. Salpimentar al gusto. Se retira la mezcla del wok con una espumadera, manteniéndolo caliente. Se calienta el aceite restante en el wok y se añaden las cebollas tiernas y los fideos, junto con la mitad de la carne y la mezcla de verduras. Se remueve con la salsa de soja y se rehoga durante 4 minutos más, a fuego medio. Se sirve en cuencos en los que se pone primero la pasta y luego se remata con la carne y las verduras.

CHOW MEIN TAILANDÉS (cocina tailandesa)
Grado de dificultad bajo

INGREDIENTES PARA 4 PERSONAS
500 g de fideos secos de huevo tailandeses
• 4 cucharadas de aceite vegetal
• 1 cebolla • 125 g de pollo • 150 g de alubias • 2 cebollas • 2 cucharadas de salsa de soja • 1 cucharadita de salsa de ostras
• 1 cucharadita de leche de coco
• 1 cucharada de aceite de sésamo
• Sal • Pimienta

Se ponen a cocer los fideos en una cacerola grande con agua salada hirviendo durante 5 minutos, se retiran y lavan. Se reservan. Se pone el wok al fuego con el aceite, se procede a añadir las cebollas, la mitad de la carne y las alubias y se rehoga durante 1 minuto aproximadamente. Se añade la leche de coco y la salsa de ostras. Se salpimienta al gusto y se retira la mezcla del wok con una espumadera manteniéndola caliente.
Se añaden las cebollas tiernas y los fideos junto con la otra mitad de la carne y la mezcla de verduras en el wok que se ha calentado de nuevo, se remueve con la salsa de soja y se rehoga durante 4 minutos más a fuego medio. Se sirve en cuencos en los que se pone primero la pasta y luego se remata con la carne y las verduras. En una cacerola con una cucharadita de mantequilla y un chorrito de aceite, rehogamos la cebolla y justo antes de que la cebolla empiece a dorarse, se le añade el tomate frito, las hojas de laurel, un poquito de pimienta y una pizca de sal y se deja unos 20 minutos a fuego lento. Se cuecen los fideos, se ponen en una fuente de servicio y se vuelca sobre ellos la salsa. Antes de poner el plato en la mesa, se quitan las hojas de laurel.

CORONA DE ARROZ CON GAMBAS
Grado de dificultad bajo

INGREDIENTES PARA 6 PERSONAS
7 puñados de arroz largo • 12 gambas medianas
• 1/2 pimiento rojo grande • 1 lata de guisantes
• 1/2 lechuga • 7 rodajas de pepino • 6 cucharadas de mayonesa • 2 cucharadas de ketchup • Sal

Se hierve el arroz largo en agua abundante con sal, se lava con agua fría y se escurre. Se rehoga con los guisantes y con el pimiento en pedacitos, y se introduce en un molde de corona (sin apretar mucho). Se deja enfriar. Aparte, se pone a hervir agua salada, se echan las gambas y se sacan apenas vuelva la ebullición. Se enfrían y se pelan seis. Se coloca en la fuente un lecho con media lechuga cortada en juliana, se vuelca con cuidado el molde de corona, se rellena el interior de la rosca con la otra mitad de la lechuga en juliana y las gambas. Por encima, se cubre con las rodajas de pepino y una salsa americana hecha con la mayonesa y el ketchup bien batidos.

CORONITA DE ATÚN Y ARROZ
Grado de dificultad bajo

INGREDIENTES PARA 6 PERSONAS
400 g de arroz precocido • 300 g de atún en aceite
• 250 g de tomate frito • 6 cucharadas de salsa mayonesa • 2 huevos duros • Aceitunas verdes y negras

Se prepara el arroz siguiendo las instrucciones del envase y se deja enfriar. En un molde de corona o en moldes individuales, se pone una capa de arroz, se cubre con la mitad del atún mezclado con el tomate frito, se coloca otra capa del arroz y otra con el resto de atún mezclado con la mayonesa. Finalmente se cubre con el resto del arroz. Se aplasta bien con las manos, se desmolda en una fuente y se adorna con los huevos duros a rodajas y aceitunas verdes y negras.

ESPAGUETIS A LA CASTIFIORI
Grado de dificultad bajo

INGREDIENTES PARA 4 PERSONAS
400 g de espaguetis • 100 g de panceta de cerdo
con poca grasa • 1 cebolla pequeña picada
• 6 tomates maduros pequeños • 1 ají cortado en
tiras y sin simientes • 1/2 bulbo de hinojo cortado
en cuadraditos • 6 champiñones pardos laminados
• 1 cc de aceite de oliva extra virgen • 70 g de
queso Parmesano rallado • Sal

Se pelan y se le quitan las semillas a los
tomates y se cortan en tiritas muy finas.
Se pica la panceta en tacos y se dora en una
sartén con aceite, se cuela y se mantiene
caliente. En la sartén en la que se doró
previamente la panceta, se echa la cebolla,
el ají, el hinojo y los champiñones, y se saltean
5 o 6 minutos con el aceite muy caliente;
se baja el fuego de fuerte a medio y se
incorpora el tomate y un poco de sal antes
de dejarlo cocer durante 10 minutos.
Luego se saca de la sartén y se agrega en su
lugar la panceta. Aparte, en una olla con
abundante agua y sal, se cuece la pasta al
dente, se dispone en un recipiente caliente y
se le añade, primero, el queso rallado y,
después, la salsa.

ESPAGUETIS A LA CHECA
Grado de dificultad bajo

INGREDIENTES PARA 4 PERSONAS
400 g de espaguetis • 60 g de aceitunas verdes
picadas • 400 g de tomates • Aceite • Perejil
• Albahaca • 1 cucharadita de semillas de hinojo
• Pimienta • Sal

Se cortan los tomates en pedacitos y se les
quitan las semillas. Se ponen en un recipiente
y se sazonan con el aceite, la sal, la pimienta,
las aceitunas bien picadas, el perejil,
la albahaca y las semillas de hinojo, y se dejan
mezclando los sabores unos 20 minutos
aproximadamente. Se cuece la pasta al dente,
se cuela, se vierte en el recipiente de la mezcla

y se revuelve sin interrupción hasta que
se quede tibia.

ESPAGUETIS A LA MATRICIANA
Grado de dificultad bajo

INGREDIENTES PARA 2 PERSONAS
200 g de espaguetis • 200 g de tocino de carrillada
de cerdo • 1 vaso de vino blanco seco • 4 tomates
pequeños • Queso de oveja rallado • Ají • Sal

Se corta el tocino en lonchas no muy finas y
se parte en tiras de unos dos centímetros de
ancho. Se colocan en una sartén y se fríe a
fuego lento hasta que tomen color. Se echa el
vaso de vino y se cuece hasta que se evapore,
se agregan los tomates pelados y cortados en
trocitos, se deja hervir algunos minutos y se
añade el ají. Aparte, en una olla con
abundante agua salada hirviendo se meten los
espaguetis y se cuecen hasta que estén al
dente, se cuelan, se vuelcan en una fuente y
se condimentan con la salsa preparada y un
puñado de queso.

ESPAGUETIS A LOS AROMAS DE JEREZ
Grado de dificultad bajo

INGREDIENTES PARA 4 PERSONAS
400 g de espaguetis • 200 g de menudillos de pollo
• 50 g de guisantes • 1 cebolla pequeña
• 1 zanahoria pequeña • 1 tallo de apio • 50 g de
panceta • 40 g de mantequilla • 2 cucharadas de
aceite • 1/2 vaso de vino de Jerez • 4 hojas de salvia
• 1 ramita de romero • 1 diente de ajo
• 1 cucharada de tomate concentrado • 200 ml de
caldo de carne • 50 g de queso de oveja curado
rallado • Sal • Pimienta

Se pica la cebolla junto con la panceta, las
hierbas, la zanahoria y el apio previamente
raspados y lavados, se sofríen estos
ingredientes en una cacerola con aceite y la
mitad de la mantequilla, y se añade el diente
de ajo pelado y aplastado. Se remueve todo y

se deja que se dore a fuego lento, se retira el ajo y se agregan los guisantes, removiendo de nuevo y rehogando durante 10 minutos. Se añaden los menudillos de pollo y, cuando la mezcla se empiece a dorar, se salpimienta y se rocía con el vino de Jerez, dejándolo evaporar lentamente. Se incorpora el tomate concentrado, diluido con un poco de caldo caliente, y se sigue removiendo. Se cuece la pasta al dente y se escurre; se vuelca en la cacerola de los menudillos y se mezcla todo bien. Para finalizar, se espolvorea la pasta con el queso rallado, se añade la mantequilla troceada y se sirve.

ESPAGUETIS AL AJO, ACEITE Y TOMATE
Grado de dificultad bajo

INGREDIENTES PARA 4 PERSONAS
400 g de espaguetis • 4 cc de aceite • 3 dientes de ajo • 500 g de tomates • 20 g de perejil • Sal

Se exprimen los tomates hasta que queden secos y se pican. Por otro lado, se cuecen los espaguetis al dente en abundante agua con sal y mientras se dora el ajo con los tomates en un sartén con aceite. Se deja reducir la salsa a fuego vivo durante unos 20 minutos, removiendo de vez en cuando; se sacan los ajos y se agrega el perejil. Se deja escurrir la pasta y se vuelca en un recipiente caliente de servicio, donde se le incorpora la salsa para servir el plato inmediatamente.

ESPAGUETIS AL LAUREL
Grado de dificultad bajo

INGREDIENTES PARA 6 PERSONAS
1/2 kg de espaguetis o tallarines • 500 g de tomate frito • 10 hojas de laurel • 1 cebolla • 1 cucharada de mantequilla o margarina • Pimienta blanca • Aceite • Sal

En una cacerola se pone una cucharadita de mantequilla, un chorrito de aceite y rehogamos la cebolla. Justo antes de que empiece a dorarse, se le añade el tomate frito, las hojas de laurel, una pizca de pimienta y otra de sal y se deja unos 20 minutos a fuego lento. Mientras, en una olla con abundante agua y sal, se cuecen los espaguetis, y cuando están al dente, se ponen en una fuente de servicio y se vuelca sobre ellos la salsa. Antes de servirlos se les quitan las hojas de laurel.

ESPAGUETIS AL LAUREL EN MICROONDAS
Grado de dificultad bajo

INGREDIENTES PARA 4 PERSONAS
1/2 kg de espaguetis hervidos • 400 g de tomate frito • 15 hojas de laurel • 1 cebolla • 1 cucharada de mantequilla o margarina • Pimienta blanca • Aceite • Sal

En una fuente para microondas se pone una cucharadita de mantequilla, un chorrito de aceite y se rehoga la cebolla a máxima potencia, removiendo de vez en cuando. Cuando la cebolla esté transparente, se añade el tomate frito junto con las hojas de laurel, una pizca de pimienta y otra de sal, y se deja entre 5 y 9 minutos a máxima potencia. Se echan los espaguetis cocidos en la fuente con los otros ingredientes, se ponen a la máxima potencia, removiendo de vez en cuando para que no se peguen, y se dejan unos 10-12 minutos más. Una vez que ya esté hecho el plato, mezclamos bien y con cuidado en una fuente, quitando antes las hojas de laurel.

ESPAGUETIS BOSCAIOLA
Grado de dificultad bajo

INGREDIENTES PARA 4 PERSONAS
400 g de espaguetis • 100 g de atún en lata • 200 g de champiñones • 2 dientes ajo • 1/3 taza de aceite • 400 g de tomates • Perejil • Sal • Pimienta

Se echan los dientes de ajo en una sartén pequeña con tres cucharadas de aceite y cuando estén dorados, se sacan del aceite y se desechan. En ese mismo aceite se agrega el tomate, se sazona con sal y pimienta y se deja cocer durante 15 minutos. Se doran los champiñones en una sartén pequeña con aceite nuevo, se revuelve durante 1 minuto y se le agrega luego el atún. Aparte, se cuecen los espaguetis al dente en abundante agua con sal. Para finalizar, se mezcla el contenido de las dos sartenes y se agrega a la pasta ya bien colada en un recipiente caliente. Espolvorear con perejil.

ESPAGUETIS BUCANIERA
Grado de dificultad bajo

INGREDIENTES PARA 6 PERSONAS
400 g de espaguetis • 100 g de pulpo • 100 g de camarones • 100 g de almejas • 3 dientes de ajo • 1/3 taza de aceite • 400 g de tomates • Perejil • Sal • Pimienta

Se echa el ajo en un sartén con el aceite caliente y se le incorporan los tomates, la sal y la pimienta rehogándolo durante unos 20 minutos. Se calienta la otra mitad del aceite en otra sartén y se le agrega el pulpo. Se rehoga durante 3 minutos y se le añade el camarón picado y las almejas, se revuelve y se deja cocer 2 minutos. También se sazona con sal y pimienta al gusto. Se junta el contenido de las dos sartenes, se revuelve bien y se retira del fuego. Una vez cocidos los espaguetis al dente en abundante agua con sal, se cuelan y se le suma la salsa. Por último, se espolvorea con perejil y se sirve.

ESPAGUETIS CARBONARA
Grado de dificultad bajo

INGREDIENTES PARA 6 PERSONAS
1/2 kg de espaguetis • 3 huevos • 1 bote de nata líquida • 100 g de beicon • Pimienta • Queso rallado • Sal

Se hierven los espaguetis y se dejan escurrir bien en un colador grande. Mientras hierven, se baten los huevos y se añade la nata líquida, sal y pimienta. En una sartén aparte, se fríe el beicon a trocitos pequeños y después se incorpora la pasta una vez cocida y escurrida; se le da unas vueltas para que la pasta coja bien los sabores y se le añade los huevos batidos con la nata. Se remueve a fuego muy bajo, para que no se cuajen los huevos, durante unos 2 minutos, y se sirve muy caliente con queso rallado por encima.

ESPAGUETIS CON ALMEJAS
Grado de dificultad bajo

INGREDIENTES PARA 4 PERSONAS
300 g de espaguetis • 800 g de almejas • 1/2 vaso de vino blanco • 40 g de aceite • 1 diente de ajo • Perejil • Sal • Pimienta

Se lavan y limpian las almejas para quitarles bien la tierra. Se ponen en una cazuela refractaria y, tapadas, las metemos al microondas durante unos 3 minutos. Cuando las almejas se hayan abierto, se sacan de las valvas reservando el líquido de la cocción para más tarde. En otro recipiente se pone el aceite con el ajo y se deja cocer durante 2 minutos; luego, se añaden las almejas y el vino, se mezcla todo bien y se deja evaporar. Se lava y tritura el perejil, se añade a las almejas y se salpimienta. Los espaguetis una vez cocidos y escurridos se mezclan con la salsa de las almejas.

ESPAGUETIS CON BRÓCOLI
Grado de dificultad bajo

INGREDIENTES PARA 4 PERSONAS
300 g de espaguetis • 500 g de brócoli • 3 cucharadas de queso Parmesano rallado • 6 cucharadas de aceite • Sal • Pimienta

En una olla con abundante agua, se incorpora el brócoli para hervirlo, separado en ramitos, y junto a la verdura, coceremos los espaguetis; se remueven y se sigue la cocción hasta que tanto la pasta como la verdura estén al dente. Se escurren, se condimentan con el aceite, el queso rallado y un poco de pimienta y se sirven.

ESPAGUETIS CON CAVIAR Y GULAS

Grado de dificultad bajo

INGREDIENTES
250 g de espaguetis • 1 lata de sucedáneo de caviar • 1 bandeja de gulas • 100 gramos de gambas (pueden ser congeladas) • 2 cucharadas de aceite • Sal • Albahaca • Orégano

En una sartén con aceite se saltean las gulas, el caviar y las gambas. Cuando la pasta que hierve en una olla esté al dente, se escurre y mezcla con las gulas, el caviar y las gambas, sazonándolo todo con las especias y la sal.

ESPAGUETIS CON CEBOLLAS ROJAS Y DÁTILES

Grado de dificultad bajo

INGREDIENTES PARA 4 PERSONAS
500 g de espaguetis • 100 g de dátiles • 500 g de cebollas rojas • 1 cucharada de azúcar • Canela • 1 dl de vinagre • Aceite • Pimienta • 1 cucharada de cilantro picado • 25 g de avellanas • Sal

Se corta la cebolla en láminas finas, se estofan en aceite y cuando estén transparentes, se les añade el azúcar, la canela, la sal y la pimienta, se mezcla y se añade el vinagre. Después se deja reducir y se agregan los dátiles sin hueso. Por otra parte, se cuecen los espaguetis en abundante agua hirviendo con aceite, sal y las semillas de cilantro; una vez estén al dente, se escurren bien y se mezclan con la salsa. Se sirven con cilantro fresco picado y las avellanas machacadas.

ESPAGUETIS CON CREMA DE ACEITUNAS

Grado de dificultad bajo

INGREDIENTES PARA 4 PERSONAS
400 g de espaguetis de pasta integral • 2 tazas de crema de aceitunas (ver «Salsas») • Albahaca picada • 2 tomates maduros • Aceite • Pimienta • Sal

Se escaldan los tomates unos segundos en agua hirviendo, se pelan y se cortan en dados. Se hierven los espaguetis en abundante agua salada. Mientras, se mezcla la crema de aceitunas con dos cucharadas de aceite, la albahaca y los tomates. Se rectifica la sazón y se calienta unos minutos a fuego bajo. Se escurre la pasta, se condimenta con la salsa preparada y se sirve.

ESPAGUETIS CON ESPINACAS

Grado de dificultad bajo

INGREDIENTES PARA 4 PERSONAS
300 g de espaguetis • 400 g de espinacas • Guindilla • Aceite • 200 g de gambas • 2 ajos • Sal

Se cuecen los espaguetis en agua con sal y aceite y, aparte, se cuecen las espinacas. Se saltean los ajos cortados en láminas, la guindilla y las gambas. Se añaden las espinacas escurridas, se rehogan, se agregan los espaguetis y se mezcla todo.

ESPAGUETIS CON FRUTOS SECOS

Grado de dificultad bajo

INGREDIENTES PARA 2 PERSONAS
400 g de espaguetis • 50 g de nueces peladas • 50 g de avellanas peladas • 1 cucharada de piñones • Mantequilla • Aceite • Queso Parmesano rallado • Pimienta • Leche • Sal

Mientras cuece la pasta en una cazuela alta con abundante agua, sal y una cucharada de aceite, se prepara la salsa. En un mortero, se machacan los piñones, las nueces y las avellanas hasta reducir a polvo los frutos secos. Se mezclan con dos cucharadas de mantequilla, un chorrito de leche y una pizca de pimienta, hasta conseguir una pasta uniforme. Cuando estén los espaguetis al dente, se escurren bien y se echan en una fuente. Se añade la pasta de frutos secos, se revuelve con dos cucharas de madera, se rocía la fuente con queso rallado y se sirve muy caliente.

ESPAGUETIS CON HUEVO
Grado de dificultad bajo

INGREDIENTES PARA 2 PERSONAS
300 g de espaguetis • 3 huevos • Queso rallado • Mantequilla • Pimienta • Sal

Se cuecen los espaguetis en agua con sal y aceite, se apartan del fuego cuando estén al dente y se escurren. Se saltea entonces la pasta con mantequilla, se espolvorea con pimienta negra molida, se añaden los huevos batidos y sazonados, y se remueve hasta que estén a punto de cuajar. Se echa por encima el queso rallado.

ESPAGUETIS CON JUDÍAS VERDES
Grado de dificultad bajo

INGREDIENTES PARA 4 PERSONAS
400 g de espaguetis • 2 patatas • 150 g de judías verdes • 2 ramas de albahaca • 30 g de piñones • 50 g de queso rallado • 1 diente de ajo • 1 vaso de aceite • Sal

Se ponen en la batidora los piñones, el diente de ajo, las hojas de albahaca y una pizca de sal, se agrega la mitad del aceite y se bate unos segundos. Se añade el queso y el resto del aceite y se bate unos segundos más. Se vuelca la salsa en un bol y se reserva. Por otra parte, se pelan las patatas y se cortan en

trocitos, se eliminan las puntas de las judías y se cortan por la mitad. Se hierven las verduras en abundante agua salada durante 15 minutos, se añade la pasta a las verduras y se continúa la cocción durante 10 minutos más. Se escurre y se condimenta con la salsa preparada.

ESPAGUETIS CON NATA Y POLLO
Grado de dificultad bajo

INGREDIENTES PARA 6 PERSONAS
600 g de espaguetis • Nata líquida para cocinar • 2 pechugas de pollo cortada en tiritas • 12 champiñones laminados • Ajo • Aceite • 2 cucharadas de vinagre de Módena • Pimienta • Sal

En una sartén se ponen el aceite y los ajos; cuando estén dorados, se añaden los champiñones, mientras en una olla se cuece la pasta al dente. Cuando la pasta esté cocida al dente, se escurre y se pone en una cacerola, en donde se añaden los champiñones y la nata; se mezcla todo y se deja durante unos minutos al fuego. Mientras, en una sartén con poco aceite, se saltea la pechuga de pollo aderezada con el vinagre de Módena, sal y pimienta. Se sirve la pasta mezclada con la pechuga.

ESPAGUETIS CON PIÑONES
Grado de dificultad bajo

INGREDIENTES PARA 6 PERSONAS
400 g de espaguetis • 2 dientes de ajo • 100 g de queso • Pimienta blanca • 50 g de piñones • Mantequilla • Sal

Se cuecen los espaguetis al dente en abundante agua con sal y se escurren. Por otra parte, se hace un majado con los piñones, los ajos, la sal y la pimienta. Se rehogan los espaguetis con mantequilla, se añade el queso y luego se incorpora el majado.

ESPAGUETIS CON SALSA DE CHAMPIÑONES

Grado de dificultad bajo

INGREDIENTES PARA 4 PERSONAS
500 g de espaguetis • 1 lata de cuatro
raciones de crema de champiñones
• 3 ml de nata • Orégano • Queso Parmesano
• Sal • Guindilla

Se cuecen los espaguetis al dente en una olla
con abundante agua y sal. Aparte, se hace la
salsa con la lata de champiñones y la nata. Se
remueve hasta que la salsa espese, se echa un
poco de orégano y guindilla y se vuelca sobre
la pasta espolvoreándola después con queso
Parmesano rallado. Si se desea, se puede
meter al horno y gratinarla.

ESPAGUETIS CON TOMATE Y ATÚN

Grado de dificultad bajo

INGREDIENTES PARA 4 PERSONAS
400 g de espaguetis • 700 g de tomates
• 2 cucharadas de salsa de tomate
• 3 dientes de ajo • 1 rama de tomillo • 250 g de
atún en aceite • 3 cucharadas de aceite
• Sal • Pimienta

Se cuecen los espaguetis hasta que estén al
dente, aproximadamente durante 8 minutos,
en una olla con abundante agua hirviendo y
sal. Se cortan los tomates por la mitad se les
quitan las pepitas, se pican y se pelan. En una
cacerola con dos cucharadas de aceite, se
doran dos ajos cortados en láminas muy finas
y, cuando estén dorados, se añaden los
tomates, la salsa de tomate y el tomillo;
luego, salpimentar, remover y cocer durante
15-20 minutos hasta que el agua de los
tomates se haya evaporado. Se añade el atún
desmenuzado en la salsa de tomate y se
calienta unos minutos. Se escurren los
espaguetis, se mezclan con la salsa y se añade
la tercera cucharada de aceite de oliva. Se
sirve caliente.

ESPAGUETIS DE VERANO

Grado de dificultad bajo

INGREDIENTES PARA 4 PERSONAS
400 g de espaguetis • 1 limón • 1 diente de ajo
• 2 ramas de perejil • 1 rama de albahaca fresca
• 4 cucharadas de aceite • Parmesano rallado • Sal
• Pimienta

Con un cuchillo afilado, se corta la cáscara del
limón sin quitarle la parte blanca y se exprime
el zumo. Por otro lado, se pela el diente de
ajo y se pica muy fino junto con el perejil,
unas hojas de albahaca y la piel del limón
reservada, se pone en la batidora y se añade
el zumo, el aceite, la pimienta molida y se
mezcla todo hasta conseguir una crema suave.
La pasta se cuece en abundante cantidad de
agua salada hasta que esté al dente,
se escurre y se pone en una fuente honda.
Por último, se riega con la salsa preparada
y se mezcla bien. Los espaguetis se sirven
espolvoreados con el queso Parmesano
rallado.

ESPAGUETIS FRITOS

Grado de dificultad bajo

INGREDIENTES PARA 6 PERSONAS
800 g de espaguetis • 2 cucharadas de aceite
• 2 dientes de ajo • Cayena • Sal • Pimienta

Una vez cocida la pasta al dente, se escurre y
se deja enfriar. Se calienta el aceite de oliva en
una sartén y cuando esté muy caliente se
añade el ajo finamente picado. Luego se
añade la pasta y se fríe durante 3 minutos
aproximadamente; se añade una pizca de
pimienta y la cayena. Se sirve muy caliente.

ESPAGUETIS MARINERA

Grado de dificultad bajo

INGREDIENTES PARA 4 PERSONAS
400 g de espaguetis • 100 g de colas de gamba
• 100 g de calamares • 100 g de almejas

• 50 g de filetes de anchoa • 3 dientes de ajo
• 450 g de tomates • 1 cebolla • 1 pimiento rojo
• 1 ramita de perejil • 1 pizca de pimienta negra
molida • 1 cucharada de orégano • Aceite • Sal

Se limpian y cortan los calamares en aros, se
pica la cebolla, los ajos y el perejil, se pelan y
trocean los tomates y se cortan los pimientos
en tiras finas. Mientras, los espaguetis se
cuecen en una olla con abundante agua
hirviendo y sal. En una cacerola se echan los
ajos y la cebolla, añadiendo las colas de
gamba, los calamares y las almejas; se sofríe
todo y se retira el marisco. Se añade el
tomate, el pimiento y las anchoas a la
cacerola, se salpimienta y se sofríe durante
10 minutos; se agrega de nuevo el marisco y
se remueve para mezclarlo todo bien.
Para finalizar, se añaden los espaguetis
mezclándolos con la salsa, se espolvorea con
el perejil picado y el orégano y se sirve
caliente.

ESPAGUETIS NEGROS
Grado de dificultad bajo

INGREDIENTES PARA 4 PERSONAS
400 g de espaguetis • 2 sepias pequeñas
• 2 dientes de ajo • 1/2 vaso de aceite • 300 g de
tomates fileteados • 1 guindilla roja seca
• 1 puñado de perejil picado • Sal

Se limpian las sepias sacándoles, con cuidado,
el saco que contiene la tinta. Se cortan en
tiritas y se dejan escurrir en un colador.
Mientras tanto, se prepara un sofrito con el
perejil, el ajo y la guindilla. Cuando esté
dorado, se vuelcan sobre el sofrito las sepias
así como los sacos de la tinta, que se
romperán cuando se mezcle todo. Se añaden
los tomates y la sal y se deja que hierva a
fuego lento con la cacerola tapada.
Se cuecen los espaguetis «al dente» y se
cuelan. Se vuelca en una sopera la salsa, se
incorporan los espaguetis, mezclándolos bien,
y se espolvorea el perejil picado antes de
servir.

ESPAGUETIS PICANTES
Grado de dificultad bajo

INGREDIENTES PARA 4 PERSONAS
500 g de espaguetis • 120 g de queso rallado
• 1 cebolla grande • 2 dientes de ajo • 500 g de
tomates • 1 cucharada de alcaparras • 8 filetes de
anchoas • 1 cucharada de aceitunas verdes picadas
• 1 vaso de vino tinto • 50 g de jamón a tiritas
• Pimienta • Orégano • Sal

Se pica la cebolla y se sofríe junto al ajo
también picado. Se añaden los tomates
pelados y sin semillas, las alcaparras, los filetes
de anchoa cortados a trocitos, las aceitunas y
el vaso de vino tinto. El sofrito se condimenta
al gusto con sal, pimienta y un pellizco de
orégano, se deja cocer durante 10 minutos,
añadiendo las tiritas de jamón, y se reserva.
Los espaguetis se cuecen hasta que estén
al dente y se escurren. Se añaden a la salsa,
se mezcla todo bien y se espolvorea con el
queso rallado.

ESPAGUETIS SANTA FE
Grado de dificultad bajo

INGREDIENTES PARA 2 PERSONAS
250 g de espaguetis frescos • 1/2 pimiento rojo
• 1 pechuga de pollo • 1/2 chalota picada fina
• Nata líquida • 1 cucharadita de Bobril • Pimienta
en grano y molida • Sal • Albahaca

Se corta en una juliana no demasiado fina el
pimiento rojo y se deja pochar con poco
aceite; se añade poco después la cebolla
cortada más fina. Mientras la verdura se
ablanda, se cuece la pasta en abundante agua
con sal, una gota de aceite y una hoja de
laurel. Una vez cocida, se cuela y se introduce
en un recipiente con un poco de agua y
mucho hielo para que no se pase de cocción,
ya que es importante que la pasta quede «al
dente». Cuando esté blanda la cebolla y el
pimiento se agrega el Bobril, la pimienta, la sal
y la albahaca, y se deja cocer unos segundos.
Por otro lado se hace la pechuga de pollo a la

plancha y se corta en tiras en el sentido de sus fibras, se añade al resto y se incorporan la nata y la pasta en frío. Para finalizar, se deja cocer durante 2 minutos para que el último hervor de la pasta sea con todos los ingredientes.

ESPAGUETIS TORLENGUA
Grado de dificultad bajo

INGREDIENTES PARA 2 PERSONAS
200 g de espaguetis • 2 calabacines medianos • 2 dientes de ajo • 1 bote de nata líquida • Aceite • Queso Parmesano rallado • Sal

Se cuece la pasta en una olla grande con abundante agua, un chorrito de aceite para que no se pegue y sal. Una vez cocida, se escurre en un colador grande y, mientras tanto, en una sartén se fríen los ajos fileteados y se añade el calabacín cortado en rebanadas finas. Cuando esté transparente y ligeramente dorado, se vuelca sobre ellos la nata líquida y se deja a fuego mínimo hasta que se reduzca el líquido; se mezcla con los espaguetis y se espolvorea con el queso rallado.

ESPAGUETIS VEGETARIANOS
Grado de dificultad bajo

INGREDIENTES PARA 4 PERSONAS
400 g de espaguetis • 50 g de zanahorias cortadas en tira juliana fina • 50 g de cebolla cortada en tira juliana • 50 g de col blanca cortada en juliana • 200 g de tomate sin piel picado • 15 g de ajos picados finos • 50 ml de aceite • 15 g de mejorana fresca cortada fina • Sal

Se cuecen los espaguetis con agua, sal y unas gotas de aceite. Mientras, en una sartén se pone aceite y se estofa la cebolla, la col y la zanahoria. Se añade la mejorana y el tomate, y se deja cocer todo durante 20 minutos a fuego lento. Se escurren los espaguetis y se sirven con la salsa preparada.

ESPAGUETIS VONGOLE
Grado de dificultad bajo

INGREDIENTES PARA 6 PERSONAS
500 g de espaguetis • 1 kg de chirlas • 500 g de tomates maduros para salsa • 0,75 dl de aceite de oliva extra virgen • 2 dientes de ajo • 1 ramito abundante de perejil • Pimienta • Sal

Se lavan las chirlas, directamente bajo el grifo de agua fría, y se ponen en una sartén con una cucharada de aceite dándoles un hervor a fuego vivo. Cuando se abran, se retira la sartén del fuego y se escurre el caldo dejándolo en reposo en un vaso, para que deposite la arena. Con una cucharilla, se desprenden las chirlas de las conchas y se reservan en un plato. Mientras, en una cacerola, con un poco de aceite, se sofríe ligeramente el ajo picado con unas hojitas de perejil. Se añade el caldo de las chirlas previamente filtrado, se remueve dejando que se evapore un poco y se incorporan los tomates cortados en trocitos, pelados, libres de semillas y escurridos. Se sazona al gusto con sal y pimienta y se deja cocer durante unos 10 minutos; se añaden las chirlas y se retira del fuego al primer hervor. En una olla aparte se cuece la pasta hasta que esté al dente, se escurre y se condimenta con la salsa ya preparada. Antes de servir a la mesa, se espolvorea por encima el resto del perejil picado.

ESPAGUETIS *ZUCCA*
Grado de dificultad bajo

INGREDIENTES PARA 3 PERSONAS
400 g de espaguetis • 300 g de calabaza cortada en daditos (zucca) • 2 dientes de ajo • Aceite • Sal • Perejil picado

En un puchero mediano, se echa una medida de aceite de oliva y un par de ajos enteros aplastados. Cuando estén dorados, se apartan y se echa la calabaza, se deja unos minutos y

se añade un vaso de agua hirviendo (se debe
tener al fuego otro recipiente con agua).
Se cubre y se deja que la calabaza vaya
deshaciéndose. Se añaden otros dos o tres
vasos de agua, se sala y, cuando hierva,
se echan los espaguetis cortados con las
manos en trozos de dos a tres centímetros,
y se va añadiendo agua cuando lo requiera
la pasta para que ésta no se pegue. Es
aconsejable no tener un tiempo delimitado
y probar la pasta a menudo y, cuando veamos
que está al dente, se le echa un poco de
perejil picado y ya, en el plato, si se desea,
queso de oveja rallado al gusto de cada uno.
Este plato de pasta es típico de la cocina
popular napolitana.

ESPIRALES CON GAMBAS
Grado de dificultad bajo

INGREDIENTES PARA 4 PERSONAS
350 g de espirales de pasta • 300 g de gambas
peladas • 1 cebolla • 100 g de salsa de tomate
• 2 cucharadas de queso Parmesano rallado
• 1 cucharada de pan rallado • 1 cucharadita
de perejil picado • 2 cucharadas de aceite
• Sal • Pimienta

En una sartén se pone una cucharadita de
aceite de oliva, se sofríe durante 5 minutos
aproximadamente la cebolla pelada y picada,
se añade la salsa de tomate y el perejil,
salpimentando al gusto, y se cuece durante
10 minutos más. Se retira del fuego esta salsa
de tomate y se reserva. Se sazonan entonces
las gambas con sal y pimienta y se saltean
en una sartén con el aceite restante durante
unos 4 minutos. Mientras, se ponen a cocer
las espirales en una cazuela en abundante
agua hirviendo con sal y se dejan hasta que
estén al dente; luego se escurren y se
aderezan con el sofrito de tomate que
teníamos reservado y las gambas. Se pasa
todo a una fuente refractaria y se espolvorea
con el queso y el pan rallado, se mete al
horno y se gratina durante 10 minutos
bajo el grill.

ESPIRALES CON TRUFA Y FOIE
Grado de dificultad bajo

INGREDIENTES PARA 4 PERSONAS
400 g de espirales • 2 trufas • 2 cucharadas de
cebollino fresco • 25 g de mantequilla • 1 dl de
vino de Oporto • Jugo de trufas • 4 dl de caldo de
ave • 50 g de foie de pato

Se lavan las trufas y se saltean en una sartén
con mantequilla y el cebollino, se sacan y se
reservan. Luego se echa en la misma sartén un
poco de vino de Oporto, se deja reducir a la
mitad, se añade el caldo de ave y el jugo de
trufas y se vuelve a reducir el líquido de nuevo
a la mitad. Se retira del fuego, se agrega el
foie que se deshace y se salpimienta al gusto.
Se cuece la pasta en abundante agua con
unas gotas de aceite y sal, se escurre y se
mezcla con la salsa y las trufas. Para finalizar,
se adorna con el cebollino fresco por encima
y se sirve.

ESPIRALES CON VERDURAS
Grado de dificultad bajo

INGREDIENTES PARA 4 PERSONAS
350 g de espirales • 1 pimiento rojo • 1 calabacín
• 1 berenjena • 1/2 diente de ajo • 3 cucharadas de
aceite • Sal • Pimienta

Se lavan y se limpian las verduras: se cortan
los pimientos en cuatro trozos a lo largo, y los
calabacines y las berenjenas en láminas a lo
largo. Luego, hay que calentar una plancha
durante unos 5 minutos y asar las verduras
2 minutos por cada lado. Se cortan las
verduras asadas en tiras, se introducen en un
bol, se condimentan con el aceite, el diente
de ajo picado, la sal y la pimienta y se deja
que tomen sabor durante 30 minutos
aproximadamente. Las espirales por su parte
se cuecen en abundante agua hirviendo
salada, se escurren cuando estén al dente y,
para terminar, se mezclan con las verduras
preparadas y se sirven lo mimo frías que
calientes.

ESPIRALES EN ENSALADA
Grado de dificultad bajo

INGREDIENTES PARA 4 PERSONAS
350 g de espirales • 120 g de atún al natural
• 200 g de tomate • Lechuga • Orégano • Aceite
• Vinagre • Sal • Pimienta

Se cuecen las espirales, hasta que estén al
dente, en agua con sal, se escurren y se
reservan. La lechuga se lava y se corta en
juliana, el tomate se lava y se corta en
cuadraditos, y el atún se desmiga.
Se mezcla un chorrito de aceite con el vinagre,
el orégano, la sal y la pimienta, y se bate.
Por último, se mezcla todo y se aliña
con la salsa.

ESPIRALES NAPOLITANA
Grado de dificultad bajo

INGREDIENTES PARA 4 PERSONAS
300 g de espirales • 100 g de cebolla • Salsa de
tomate • 40 g de queso Gruyère rallado • Aceite
• Orégano • Sal

Se cuecen las espirales en agua con sal y se
escurren. Se rehoga la cebolla picada hasta
que esté transparente, se añade la salsa de
tomate, el orégano y la sal, y se deja hasta
que dé el primer hervor, removiendo
constantemente. Se añade sobre la pasta y se
sirve con el queso Gruyère.

FETTUCCINI A LA PAPALINA
Grado de dificultad bajo

INGREDIENTES PARA 6 PERSONAS
400 g de *fettuccini* frescos • 100 g de jamón cocido
• 1/2 cebolla • 40 g de mantequilla • 150 g de
guisantes frescos • 2 huevos • Queso Parmesano
rallado • Sal • Pimienta

Se fríe la cebolla cortada en juliana fina con la
mantequilla, se agregan los guisantes y,
cuando la cocción ha terminado, se añade el
jamón cortado en pedacitos y se condimenta
con sal y pimienta. Se baten los huevos y se
añaden las dos cucharadas de Parmesano. Se
cuecen los *fettuccini* en abundante agua
hirviendo salada, se cuelan y se incorporan los
huevos, el jamón, los guisantes, un poco de
mantequilla y el queso Parmesano. Se
espolvorea un poco de pimienta y se sirve
rápidamente.

FIDEOS CON ESPÁRRAGOS Y ALGA WAKAME (cocina japonesa)
Grado de dificultad bajo

INGREDIENTES PARA 4 PERSONAS
500 g de fideos al huevo de cualquier clase
• 300 g de yemas de espárragos • 4 cucharadas de
algas wakame secas • 4 cucharadas de salsa de soja
japonesa • Sal

Se pelan y lavan las yemas de los espárragos.
Se remojan las algas en agua abundante en
torno a un cuarto de hora, hasta que se
hayan abierto completamente. Después de
escurrirlas, se colocan en un plato junto con
los espárragos. En un recipiente para cocer al
vapor se ponen los espárragos y las algas sin
que el agua las cubra. Se cuecen al vapor
durante 10 minutos. En otra cacerola aparte,
se cuece la pasta en agua ligeramente salada,
hasta que esté al dente. Se retiran las algas y
los espárragos tras la cocción y se trocean las
primeras menudamente y en pedazos algo
mayores los espárragos. En un cuenco grande,
se incorporan los fideos con las algas y los
espárragos, y se sazona todo con la salsa de
soja, antes de servirlo en cuatro raciones aún
caliente.

FIDEOS CON HUEVAS DE SALMÓN (cocina japonesa)
Grado de dificultad bajo

INGREDIENTES PARA 4 PERSONAS
1 bote de huevas de salmón • 400 g de fideos de
huevo chinos • 1/2 pepino • 2 cucharadas de caldo

de bonito (dashi) • Sal • 1/2 cucharada de azúcar • 2 cucharadas de vinagre de arroz • 1 cucharada de salsa de soja japonesa

Se cuecen los fideos en agua salada durante 10 minutos aproximadamente, se retiran, se lavan y se reservan. El pepino se pela y se corta en dos mitades a lo largo, retirando las pepitas con una cucharilla. Luego, se corta en medias lunas finas y se sala. En un cuenco se mezcla el caldo de bonito caliente, la salsa de soja, el vinagre de arroz, la sal y el azúcar hasta que se disuelva éste, y se deja enfriar. Se escurren los pepinos, estrujándolos para eliminar el agua. Se reparten los fideos en raciones individuales, incorporando el pepino y las huevas de salmón. Finalmente, se rocían de salsa.

FIDEOS CON POLLO Y GAMBAS
(cocina tailandesa)
Grado de dificultad bajo

INGREDIENTES PARA 2 PERSONAS
2 dientes de ajo picados • 125 g de fideos de huevo frescos • 2 cucharadas de salsa de soja • 125 g de mezcla de pechuga de pollo, calamares y gambas con piel • 1 cucharadita de té de pimienta • 2 cucharadas de salsa de pescado tailandesa • 125 g de mezcla de col cortada en tiras y brócoli • 300 ml de caldo de pollo • 1 cucharada de harina de maíz • 2 cucharadas de azúcar

Se calienta la mitad del aceite en el wok, se dora un ajo, se añaden los fideos y una cucharada de salsa de soja y se deja cocer removiendo constantemente, de 3 a 5 minutos. Se pasa a un plato y se mantiene caliente. Se pone al fuego el wok con el resto del aceite y se añade el otro ajo, dorándolo también. Se agrega la pechuga de pollo, los calamares, las gambas, la pimienta y la salsa de pescado, rehogándose durante 5 minutos. Se incorpora la col en tiras y el brócoli a la mezcla del wok y se rehoga durante 3 minutos más. Se suma el caldo al guiso. Se mezclan con la harina de maíz dos cucharadas

de agua, se vierte en el wok y se remueve añadiendo el resto de salsa de soja y el azúcar, llevándolo a ebullición. Se reduce el fuego y se deja cocer durante 3 minutos, removiendo constantemente. Volcar la salsa sobre los fideos y servir inmediatamente.

FIDEOS JAPONESES
(cocina japonesa)
Grado de dificultad bajo

INGREDIENTES PARA 4 PERSONAS
4 cebollinos • 300 g de carne de cerdo picada • 1 paquete de fideos udon • 3 champiñones grandes • 1 puerro pequeño • 1 diente de ajo • 1 trozo de 2 cm de jengibre fresco • 1 cucharadita de salsa de soja japonesa • 1 cucharadita de sake • 1 cucharadita de aceite de sésamo • 1 cucharadita de azúcar • 1/2 cucharada de manteca de cerdo • Aceite vegetal y agua para la cocción • Wasabi

Se pican finamente los cebollinos y el puerro. Se retiran los pies de los champiñones y se laminan. Se ralla el trozo de jengibre y se pica el ajo. En un cuenco grande, se coloca la carne picada, el jengibre, los cebollinos, el puerro, el diente de ajo y los champiñones. Aparte, se mezcla en otro cuenco la salsa de soja, el sake, el aceite de sésamo, el azúcar y la manteca de cerdo hasta formar una pasta que se agregará a la carne picada. Los fideos se cuecen dejándolos un poco duros; una vez escurridos y casi secos, se fríen en una sartén a fuego medio y, una vez dorados, se colocan en platos individuales, incorporando en el centro la pasta de carne picada. Se acompañan con un cuenco de salsa de soja japonesa y una cucharadita de salsa wasabi.

FIDEUÁ
Grado de dificultad medio

INGREDIENTES PARA 6 PERSONAS
500 g de fideos cabello de ángel • 1 trozo pequeño de cabeza de rape • 6 cangrejos pequeños • 1/2 kg de pescados pequeños para hacer el caldo • 1/2 kg

de gambas peladas (se pueden usar las que venden ya congeladas y peladas) • 6 tomates maduros
• 1 cebolla mediana • 3 dientes de ajo
• 3 cucharadas soperas de anís • 1 vaso de aceite
• Azafrán o condimento amarillo
• Eneldo fresco • Sal

Para hacer el caldo: en una olla alta se ponen el trozo de cabeza de rape, los pescaditos y los cangrejos limpios, un tomate partido por la mitad, la cebolla cortada en cuatro trozos, el anís, el eneldo, la mitad del aceite, sal y agua suficiente como para hacer un abundante caldo. Se cuece a fuego fuerte durante 5 minutos y después a fuego lento durante al menos 1 hora. Transcurrido este tiempo, se cuela y se reserva el caldo desechando el resto. Mientras, en recipientes aparte, se rallan los tomates, previamente pelados, y se pican los ajos en trozos muy pequeños. Se pone al fuego una paellera con el resto del aceite y, cuando esté caliente, se echan los ajos y, antes de que estén muy dorados, se añade el tomate rallado. Se rehoga durante 2 o 3 minutos, se le añade el anís e inmediatamente los fideos y se va dando vueltas con una cuchara de palo, durante 5 minutos, a fuego lento.
A continuación, se añade el caldo hasta que cubra los fideos. Pasados 10 minutos, se añaden las gambas peladas y se deja hervir hasta que se consuma el caldo y los fideos se coloquen de punta. Se deja reposar unos 5 minutos, sin tapar. Se sirve en la misma paellera y se puede acompañar de alioli.

FUSILLI CON SALCHICHAS
Grado de dificultad bajo

INGREDIENTES PARA 6 PERSONAS
400 g de *fusilli* • 4 salchichas • 2 dientes de ajo
• 1/2 vaso de aceite • 300 g de tomates fileteados
• 1 guindilla seca • 1 ramito de perejil picado
• Sal

Se cortan las salchichas en rodajas y se reservan. Mientras tanto, se prepara un sofrito con el perejil, el ajo y la guindilla; cuando el sofrito esté casi dorado, se agregan las salchichas, los tomates, la sal y se deja que hierva a fuego lento y tapado. Se cuecen los *fusilli* al dente y se cuelan. Se vuelca en una sopera el sofrito, se añaden los *fusilli*, se mezcla bien y se espolvorea por encima el perejil picado.

LASAÑA ARRECIFE
Grado de dificultad bajo

INGREDIENTES PARA 4 PERSONAS
12 placas de pasta para lasaña de espinacas
• 150 g de mejillones • 150 g de calamares cortados en dados • 150 g de sepia cortada en dados • 50 g de gambas peladas • 300 g de salsa besamel • 100 g de queso Emmental rallado
• 1 vasito de vino blanco • 4 cucharadas de aceite
• Sal • Pimienta

Se pone el aceite de oliva en una sartén y se sofríen los mejillones, los calamares, la sepia y las gambas y se condimenta con sal y pimienta. Cuando estén dorados, se bañan con el vino blanco y se continúa la cocción hasta que se evapore. Se retira del fuego y se sacan los mejillones de sus conchas, mezclando todo con la besamel. Se hierve la pasta al dente. En una fuente para el horno, frotada con mantequilla por el fondo y los laterales, se disponen alternativamente una capa de besamel y una de pasta, hasta formar tres pisos de cada una. Se espolvorea con abundante queso rallado y se gratina al horno durante 10 minutos aproximadamente.

LASAÑA BÁSICA
Grado de dificultad bajo

INGREDIENTES PARA 4 PERSONAS
12 placas de pasta para lasaña • 400 g de requesón
• 400 g de mozzarella • 12 salchichas • 400 g de tomate natural • 100 g de queso Parmesano
• Nuez moscada • Mantequilla • Aceite • Sal
• Pimienta

Se hierve la pasta de lasaña en abundante agua siguiendo las instrucciones del envoltorio y se reserva. En una sartén con aceite se hace una salsa de tomate y se le añaden las salchichas troceadas. Se frota con mantequilla una fuente de horno en la base y los laterales y se pone encima una primera capa de tomate colocando después la lasaña; encima se pone salsa de tomate con requesón y mozzarella, otra capa de pasta y otra más de tomate con las salchichas. Se termina con una capa de lasaña y tomate con requesón, se espolvorea con el queso rallado y la mantequilla y se gratina en el horno hasta que se dore la capa superior.

LASAÑA CON BERENJENAS
Grado de dificultad bajo

INGREDIENTES PARA 4 PERSONAS
12 placas de pasta para lasaña • 300 g de besamel • 150 g de berenjenas • 2 yemas de huevo • 100 g de queso Emmental en lonchas • 150 g de queso Emmental rallado • Sal • Pimienta

Se pelan las berenjenas y se cortan en lonchas. Se pasan por las yemas de huevo batidas y se fríen condimentándolas con sal y pimienta. Se cuece la pasta al dente. Se frota con mantequilla una fuente refractaria y se dispone, alternativamente, una capa de besamel, una de berenjenas, una de queso Emmental en lonchas y una de pasta, hasta formar tres capas de cada una. Se espolvorea con queso Emmental rallado y se gratina al horno durante unos 10 minutos aproximadamente.

LASAÑA CON CARNE
Grado de dificultad bajo

INGREDIENTES PARA 4 PERSONAS
12 placas de lasaña • 750 ml de salsa besamel (ver «Salsas») • 5 cucharadas de queso rallado • 1 cucharadita de mantequilla

Para el relleno:
2 cucharadas de mantequilla • 500 g de carne de ternera picada • 1 tallo de apio cortado muy pequeño • 1 cebolla picada fina • 4 cucharadas de tomate frito • 4 cucharadas de vino blanco • 250 ml de caldo • Sal • Pimienta

Para preparar el relleno, se derrite la mantequilla en una sartén, se añade la cebolla y el apio y se sofríe. Se agrega la carne picada y se rehoga hasta que coja color. Se incorpora el vino y se cuece a fuego fuerte hasta que se haya reducido. Posteriormente, se agrega el caldo, el tomate, la sal y la pimienta y se continúa cocinando a fuego lento durante unos 30 minutos. Se cuece la pasta de la lasaña en abundante agua hirviendo con un poco de sal hasta que esté al dente y se deja secar sobre un paño de cocina. Se frota con la mantequilla la base y los laterales de una fuente para el horno y se pone una capa de relleno de carne, una de pasta y un poco de besamel, efectuando la misma operación hasta acabar los ingredientes. Se termina con besamel y queso rallado y se pone a gratinar en el horno durante aproximadamente 20 minutos.

LASAÑA CON ESPINACAS
Grado de dificultad bajo

INGREDIENTES PARA 6 PERSONAS
12 placas de lasaña de espinacas • 500 g de espinacas • 2 tazas de nata montada • 1/2 taza de jamón picado • 1 cucharada de mantequilla • 1/4 taza de nueces picadas • 2 huevos • 2 cucharadas de aceite • 1/4 cucharada de nuez moscada rallada • Sal • Pimienta • 1 y 1/2 taza de queso Parmesano rallado

Se lavan y cuecen las espinacas en abundante agua con sal, se escurren y se pican. Por otro lado, se fríe el jamón, se le agregan las espinacas y se pone la mezcla en un bol añadiendo la sal, las nueces, el huevo, la nuez moscada, la taza de queso Parmesano rallado y el aceite de oliva, mezclándolo todo. Se cuece la pasta de la lasaña como en las recetas anteriores. En una fuente refractaria frotada con mantequilla se pone una capa de pasta, una capa de la mezcla de espinacas y una capa de nata. Así sucesivamente hasta terminar con la nata. Espolvorear con media taza más de queso rallado y meter en el horno con grill hasta que la lasaña esté dorada.

LASAÑA CON SETAS
Grado de dificultad bajo

INGREDIENTES PARA 4 PERSONAS
1 frasco de 400 g de setas variadas
• 24 placas de pasta fresca para lasaña
• 4 chalotas • 1 limón • Perejil abundante • 1 dl de vino de Jerez oloroso • 35 dl de nata espesa
• 50 g de queso Parmesano rallado • Mantequilla
• Sal • Pimienta

Se pican las chalotas en juliana, se glasean en mantequilla y se reservan. Se pone una nuez grande de mantequilla en la sartén y, cuando de haya derretido, se echan todas las setas, previamente escurridas, y se rehogan a fuego medio para que se hagan sin dorar durante unos 3 o 4 minutos, revolviendo a menudo. Se añaden las chalotas y se dejan hervir suavemente hasta que los jugos se evaporen del todo. Se agrega una cucharadita de zumo de limón, el Jerez, la sal y la pimienta, y se continúa la cocción con la sartén tapada durante unos 10 minutos aproximadamente. Se incorpora la nata y se da un buen hervor rectificando la sazón si fuera necesario. Mientras tanto se tiene que poner a hervir agua con sal para cocer las placas de pasta para hacer la lasaña al dente. Como en las recetas anteriores de lasaña, se dispondrá en una fuente refractaria frotada con mantequilla una capa de lasaña, una de setas y se terminará el plato con una capa de lasaña y el queso Parmesano rallado por encima. Para finalizar, se mete en el grill hasta que la lasaña esté dorada.

LASAÑA DE AGUACATES
Grado de dificultad bajo

INGREDIENTES PARA 4 PERSONAS
8 placas de pasta para lasaña • 300 g de gambas
• 300 g de queso de Burgos • 3 tomates
• 3 aguacates • 3 huevos • Aceite • Sal

Se cuece la pasta en abundante agua con sal y aceite dejándola al dente, y se reserva. Se cuecen las gambas unos 10 minutos, se escurren, se dejan enfriar y se pelan. Los tomates se cortan en láminas y los aguacates se pelan, quitándoles el hueso y cortándolos también en láminas, así como el queso y los huevos cocidos. Sobre una fuente se pone un poco de sal, aceite, vinagre y cuatro placas de pasta. Sobre ésta se colocan láminas de queso de Burgos, tomate, gambas y aguacate. Se tapa con las otras cuatro placas, se aliña otra vez, se decora con láminas de tomate pelado y se sirve frío.

LASAÑA DE ANCHOAS
Grado de dificultad bajo

INGREDIENTES PARA 4 PERSONAS
3/4 de anchoas frescas • 8 placas de pasta fresca para hacer lasaña • Tomates maduros • Aceite
• Vinagre • Queso fresco de untar • Cebollino
• Perifollo • Sal

Se marinan los lomos de las anchoas durante unas horas. Por otro lado, se extiende el queso sobre la pasta y con los tomates se hace una crema triturándolos y se aliña con aceite, sal y vinagre, para pasar a montar la lasaña de la siguiente manera: lo primero que deberemos hacer es cubrir la fuente de servicio con la crema de tomate y sobre ella se dispondrá una capa de pasta, una de queso untado, una capa de pasta y, finalmente, las anchoas ordenadas encima de la última capa de pasta. Todo el conjunto se aliña con aceite, vinagre y sal, decorándolo con cebollino picado y una rama de perifollo. Esta lasaña se sirve en frío.

LASAÑA DE ATÚN
Grado de dificultad bajo

INGREDIENTES PARA 6 PERSONAS
12 placas de pasta para hacer lasaña • 1 taza de besamel (ver «Salsas») • 400 g de atún en aceite • 4 tomates maduros • 3 dientes de ajo • Queso rallado

Se cuece la pasta como en las anteriores recetas. Se doran los ajos cortados en láminas y se agregan los tomates cortados, pelados y sin semillas. Cuando esté rehogado, se añade el atún, una vez que está escurrido y desmigado. En una fuente se pone una capa de pasta, encima una capa del relleno y de nuevo otra de pasta. Se cubre todo con la besamel, espolvoreando el queso rallado, y se gratina.

LASAÑA DE CALABACINES
Grado de dificultad bajo

INGREDIENTES PARA 2 PERSONAS
6 placas de pasta para hacer lasaña • 3/4 kg de calabacines • 1/2 vaso de nata líquida • 1 vaso de caldo de verduras • Queso rallado • Salsa de tomate • 2 cucharadas de harina • Sal

Se cuecen las placas de pasta de lasaña en abundante agua y sal. Se lavan y se cortan los calabacines en lonchas finas. Se cuecen en agua con sal unos minutos, se escurren y se reservan. Mientras, en un poco de aceite se dora la harina, se añade el caldo, se sazona y se deja cocer unos minutos. Cuando espese, se agrega la nata, el perejil picado y se reserva. Las placas de pasta de lasaña cocidas se colocan sobre una fuente refractaria, encima se pone el calabacín y después la salsa de tomate. Se repite la acción y se termina con una última capa de placas de lasaña. Se cubre con la salsa que se ha reservado, se espolvorea con queso rallado y se gratina en el horno a 160° durante 10 minutos aproximadamente.

LASAÑA DE CARNE Y PESCADO
Grado de dificultad bajo

INGREDIENTES PARA 6 PERSONAS
1 paquete de pasta para hacer lasaña • 100 g de carne magra de vaca • 100 g de filete de pescado • 60 g de Ricota (queso italiano fresco y cremoso) • 1 pimiento morrón • 1 cebolla picada • 3 dientes de ajo • 3 cucharadas de aceite • 2 cucharadas de queso Parmesano rallado • Salsa besamel (ver «Salsas») • Sal • 1 guindilla molida • Perejil picado • Aceite

Se cuece la lasaña como es habitual. En una fuente refractaria se cocina en el microondas, durante 3 minutos, la cebolla, el ajo y el pimiento picados y mezclados con tres cucharadas de aceite. Se tritura en la batidora con cuchillas la carne y el pescado mezclándolos con el queso de oveja, el perejil, la sal y la guindilla. Se agregan la cebolla, el ajo y el pimiento y se cocina todo en el microondas, durante unos 5 minutos. Aparte, se preparará la salsa besamel (ver «Salsas»). Para ir finalizando, se frota con mantequilla en la base y los laterales una fuente refractaria y se pone una capa fina de besamel, una capa de lasaña, una capa de relleno y una de besamel, repitiendo alternativamente esta operación. Al final se cubre la última capa de pasta con la besamel, se espolvorea el queso rallado y se mete en el horno calentado a 200° durante unos 20 minutos.

LASAÑA DE CINCO QUESOS
Grado de dificultad medio

INGREDIENTES PARA 4 PERSONAS
12 placas de pasta para hacer lasaña al huevo • 100 g de queso Edam en lonchas • 100 g de queso Gouda en lonchas • 100 g de mozzarella en lonchas • 100 g de queso Egmont en lonchas • 100 g de queso Parmesano en lonchas • 100 ml de agua • Salsa blanca (ver «Salsas») • 1 taza de queso Parmesano rallado • Pimienta • Nuez moscada • Sal

Se cubre el fondo de una fuente refractaria con una capa muy delgada de salsa blanca, para evitar que se pegue la masa; se coloca una capa de placas de lasaña, se agrega una de salsa blanca y se alisa; se cubre con lonchas de queso Edam y se continúa cubriendo por este orden: salsa blanca, capa de lasaña, capa de queso mozzarella, capa de salsa blanca, capa de lasaña, capa de queso Gouda, capa de salsa blanca, capa de lasaña, capa de queso Parmesano y capa de salsa blanca; se concluye con una capa de lasaña cubierta por otra de salsa blanca, siempre bien alisada, una capa de queso Egmont, una última de salsa blanca y el queso Parmesano rallado. Se mete en el horno a 180° durante 20 minutos. Se deja gratinar al gusto y se sirve bien caliente.

LASAÑA DE ESPÁRRAGOS TRIGUEROS Y SALMÓN
Grado de dificultad bajo

INGREDIENTES PARA 4 PERSONAS
8 placas de lasaña • 1/4 kg de salmón fresco • 100 g de gambas peladas • 1 frasco de espárragos verdes (más o menos una docena) • Caldo vegetal (puede ser de cubito) • Besamel bastante líquida (ver «Salsas») • Queso Parmesano rallado • Sal

En el caldo vegetal se hierven un par de minutos el salmón y las gambas, dejándolas a medio hacer. Por otro lado, se desmiga el pescado, quitando las espinas y la piel, y se mezcla con las gambas y un par de cazos de la besamel que habremos hecho bastante líquida. Con la besamel también se baña el fondo de una fuente refractaria, se coloca encima una capa de lasaña y se cubre con parte de la mezcla y unos espárragos a lo largo. Se coloca encima otra capa de lasaña, el resto de la mezcla, más espárragos, y se acaba con una placa de pasta. Se cubre todo con el resto de la besamel, se espolvorea con queso Parmesano rallado y se mete en el horno precalentado a 180° durante media hora; pasado este tiempo, se enciende el grill y se gratina al gusto.

LASAÑA DE ESPÁRRAGOS Y GAMBAS
Grado de dificultad bajo

INGREDIENTES PARA 4 PERSONAS
8 placas de pasta para hacer lasaña • 250 g de gambas • 1 kg de espárragos • 1/2 cebolla • 2 cucharadas de aceite • 1 ramillete de perejil • 2 tazas de besamel (ver «Salsas») • Mantequilla • Sal • Pimienta

Se pica muy finamente la cebolla, se pelan los espárragos, quitándoles la parte dura, y se parten por la mitad. En una cazuela de barro se dora la cebolla con el aceite, se añaden los espárragos, una ramita de perejil, sal y pimienta y se deja que se cuezan a fuego lento durante 15 minutos, reservando las puntas; se pasan por la batidora, hasta obtener una crema suave. Se hierven las gambas durante unos 4 minutos, se escurren, se pelan y se parten incorporándolas a la crema de espárragos. Se cuece la pasta para hacer lasaña, se escurre, y se pone en los platos, colocando una capa de pasta, una de crema y una de besamel, alternativamente. Se decora con las puntas de espárragos y el perejil. Este plato de lasaña se sirve templado.

LASAÑA DE ESPINACAS Y QUESO
Grado de dificultad bajo

INGREDIENTES PARA 4 PERSONAS
9 placas de pasta para lasaña • 500 g de espinacas cocidas • Queso brie • Piñones • 2 dientes de ajo • 1/2 cebolla • 500 g de salsa de tomate • Aceite • Sal

Se sofríen, con tres cucharadas de aceite, el ajo y la cebollas finamente picados, se añaden los piñones y las espinacas picadas y se pone a cocer con cinco cucharadas de tomate durante unos 5 minutos. Se hierven y se secan las placas de lasaña como en las otras recetas. En una fuente de horno se coloca una capa de pasta de lasaña, se pone sobre ella un tercio del preparado de espinacas y encima varios trozos de queso brie y algunos piñones. Seguimos con otra capa, más espinacas y queso, otra lámina, más espinacas y queso y acabamos con otra capa de pasta. Para terminar, se cubre la lasaña con la salsa de tomate, se colocan por encima más porciones de queso brie y se mete al horno, previamente calentado a 180° durante 15 minutos aproximadamente.

LASAÑA DE HIGADITOS DE POLLO

Grado de dificultad bajo

INGREDIENTES PARA 6 PERSONAS
12 placas de lasaña • 6 higaditos de pollo • 100 g de jamón de york • 1 cebolla • 1 tazón de besamel (ver «Salsas») • 100 g de champiñones • 2 cucharadas de aceite • 1 taza pequeña de queso Parmesano rallado • 20 g de mantequilla • 1 copa de vino de Jerez • Sal • Pimienta

En una sartén se calienta el aceite y se le añade la cebolla finamente picada; pasados 3 minutos se agregan los higaditos de pollo y los champiñones, todo muy picado, se rehogan unos 2 minutos y se le incorpora el jamón de york también picado y la copa de Jerez para luego sazonar al gusto con sal y pimienta; se deja hervir hasta que se hayan evaporado los líquidos y se reserva. En una fuente refractaria, untada con mantequilla por su base y los laterales, se coloca una capa de pasta cocida de lasaña, se cubre con la mitad del relleno, se coloca encima otra capa de lasaña, se cubre con el resto del relleno y se termina con una última capa de pasta. Para terminar, se cubre la fuente con la besamel, se espolvorea con un poco de queso Parmesano rallado, se mete en el horno precalentado a 180° y, cuando esté dorada por encima, se sirve.

LASAÑA DE LA ABUELA

Grado de dificultad bajo

INGREDIENTES PARA 4 PERSONAS
12 placas de lasaña • 1 pechuga de pollo picada • 100 g de carne magra de cerdo picada • 100 g de carne magra de ternera picada • 50 g de jamón • 1 trufa • 1 cebolla • 3 cucharadas de salsa de tomate • 1 copa de vino de Jerez seco • 300 g de besamel • 100 g de queso Emmental rallado • Aceite • Sal • Pimienta

Se cuece la pasta al dente. En una cacerola, con un poco de aceite de oliva, se rehoga la carne de cerdo, la carne de ternera y la pechuga de pollo. Se añade la cebolla cortada a láminas y cuando empiece a tomar color, se agrega el jamón picado muy fino y el vino de Jerez. Se mezcla con la salsa de tomate, se le incorporan unas cucharadas de besamel para unir la masa y se sazona con sal y pimienta al gusto. En una fuente para horno untada con mantequilla, se pone, alternando, una capa de besamel, una de pasta y una de masa hasta formar tres pisos de cada una. Se espolvorea con el queso rallado y se gratina al horno durante 10 minutos.

LASAÑA DE LENGUADO

Grado de dificultad bajo

INGREDIENTES PARA 4 PERSONAS
200 g de pasta de lasaña verde • 400 g de lenguado en filetes • 100 g de calabacines • 100 g de berenjenas • 100 g de pimiento rojo • 100 g de tomate • 50 g de cebolla • 1 diente de ajo • 1 vaso de salsa besamel • 25 g de queso Parmesano rallado • 1 cucharada de aceite • Sal • Pimienta

Se corta la verdura en dados y el ajo en láminas, se rehogan en aceite, se sazonan, se cuecen durante 20 minutos y se reservan. En una sartén con unas gotas de aceite se saltea el pescado, previamente desmenuzado, durante 2 minutos. Se reserva. Mientras, se hierve la la pasta en abundante agua con sal y se deja escurrir sobre un paño. De forma alterna, se colocan en una fuente refractaria, una capa de pasta y una de pescado desmenuzado, se pone encima otra capa de pasta, una capa de verduras y se finaliza con una última capa de pasta. Se cubre todo con la besamel que habremos preparado (ver «Salsas»), se mete en el horno y se cuece a temperatura media durante unos 15-20 minutos. Por último, se espolvorea con el queso rallado y se gratina hasta que la superficie quede dorada.

LASAÑA DE MARISCO
Grado de dificultad bajo

INGREDIENTES PARA 4 PERSONAS
8 placas de pasta para hacer lasaña • 200 g de colas de langostino (congeladas y peladas) • 200 g de tomate frito • 1 vaso de besamel ligera • 2 trufas (de lata) • 12 espárragos • 1 calabacín • 50 g de queso manchego cortado en láminas finas • Sal • Pimienta

Se cuece y seca la pasta de lasaña de manera habitual. Por otro lado, se cuecen los espárragos y el calabacín, se hierven las colas de langostino unos 7 minutos, se trocean, se mezclan con la besamel que hemos preparado previamente (ver «Salsas») y se añade una de las trufas fileteada. Se cubre cada plato con un poco de tomate frito, se colocan encima dos placas de lasaña, se reparte sobre ellas la mezcla de langostinos con besamel y se cubre con otras dos láminas de pasta. Los platos se decoran con trocitos de la trufa restante, láminas de queso y los espárragos y el calabacín en pedacitos. Se sirve templado.

LASAÑA DE PESCADO
Grado de dificultad bajo

INGREDIENTES PARA 4 PERSONAS
8 placas de lasaña • 250 g de caballa • 250 g de atún • 1 cebolla • 1 tomate • 1 pimiento rojo • 1 diente de ajo • 1/2 vaso de caldo de pescado • 1/2 l de salsa besamel • 250 ml de salsa de tomate • 1 taza de café de queso rallado • Aceite • Sal • Pimienta

La pasta para lasaña se hierve, se deja escurrir y se reserva. Se rehoga en aceite de oliva la cebolla y el pimiento, menudamente picados, hasta que estén tiernos, se agrega el tomate en cubitos, pelado y sin semillas, y el diente de ajo fileteado hasta que se dore, se agregan los dos pescados, hervidos y desmenuzados, y se integran al rehogado; si quedara muy seco, se añade el caldo de pescado, condimentando al gusto. Se mezcla la salsa blanca con la salsa de tomate, se colocan unas tres o cuatro cucharadas en el fondo de la fuente, después una capa de masa, luego otras cucharadas de salsa y encima la mitad del relleno, otra capa de masa, salsa, relleno y masa. Por último, salsear con el resto y espolvorear con abundante queso rallado. Llevar al horno unos 10-12 minutos y dejar reposar otros 5 antes de servir.

LASAÑA DE PIMIENTOS Y QUESO
Grado de dificultad bajo

INGREDIENTES PARA 6 PERSONAS
1 caja de pasta de lasaña • 2 pimientos rojos • 2 calabacines • 400 g de requesón • 50 g de piñones • 4 cucharadas de aceite • 1/2 l de salsa besamel (ver «Salsas») • 50 g de queso Emmental rallado • Pimienta • Sal

La pasta para la lasaña se hierve, se escurre y se reserva. Los pimientos por su parte, se cortan en trozos muy pequeños y se fríen en una sartén con el aceite; una vez que estén blandos, se añaden los calabacines cortados en trozos, se salpimientan al gusto y, cuando esté todo en su punto, se retira y se añade el requesón y los piñones. En una fuente refractaria con un poco de salsa besamel en el fondo, se van colocando las capas de lasaña y el preparado anterior, alternando hasta terminar con una capa de pasta. Se cubre con la besamel restante, se espolvorea con el queso Emmental rallado y se mete en el horno a una temperatura de 200º durante 20-25 minutos.

LASAÑA DE PISTO Y CALABAZA
Grado de dificultad bajo

Ingredientes para 4 personas
8 placas grandes de pasta fresca • 1/2 kg de calabaza amarilla • 3 pimientos verdes finos • 1/2 pimiento rojo carnoso • 2 cebollas • 8 cucharadas de aceite • Sal • Pimienta • 100 g de queso Parmesano rallado

Para la salsa:
1/2 kg de calabaza amarilla • 1 puerro gordo • 3 cucharadas de aceite • 1 vaso de caldo de cocer la calabaza • 4 cucharadas de nata líquida • Sal • Pimienta

Mientras se hace el pisto, la pasta se cuece y se escurre sin dejar que se enfríe. Se quita la corteza, las pepitas y las pieles a la calabaza, se corta en dados y se pone a cocer en agua con sal durante 20 minutos; se lavan los pimientos verdes y se cortan en trocitos, se asa a la plancha el medio pimiento rojo para que se tueste la piel y poder pelarlo con facilidad, y después se corta en trocitos; se pica la cebolla muy finamente y se estofa despacio junto a los pimientos hasta que estén tiernos, con el recipiente tapado durante 10 minutos aproximadamente al cien por cien de la potencia del microondas. Se sacan y se elimina el exceso de jugo poniéndolo un rato al fuego. Se añade entonces la calabaza, se sazona, se rehoga y se le da unas vueltas al pisto para que de esta manera se mezclen los sabores. En cada uno de los cuatro platos, calentados en el horno, se coloca una capa de pasta caliente, se reparte el pisto recién hecho, con un poco de queso Parmesano rallado, se cubre con la otra hoja de pasta de lasaña caliente, se vuelca por encima la salsa y se espolvorea con más queso Parmesano.Por otro lado, para hacer la salsa, se debe de cocer la calabaza en trozos durante 20 minutos; luego se rehoga la parte blanca del puerro cortado en rodajas en el aceite, se agregan los trozos de calabaza, se sazona con sal y pimienta, se pasa por el pasapurés, se añade la nata líquida y se rectifica la sazón si es necesario.

LASAÑA DE POLLO
Grado de dificultad bajo

Ingredientes para 4 personas
8 placas de pasta para hacer lasaña • 400 g de pechuga de pollo desmenuzado • 1 lata de salsa de tomate • 2 porciones de mozzarella • 100 g de queso Gorgonzola • 1 copa de vino de Jerez • 100 g de queso Parmesano rallado • 1 cubito de caldo de pollo • 2 cucharadas de aceite • Sal • Pimienta

El pollo se saltea con el aceite a fuego vivo agregándole el tomate, el vino y la pastilla de caldo, dejándolo hervir hasta que se reduzca la salsa; se saca el pollo y se deja escurrir. Se frota con mantequilla una fuente refractaria y, en el fondo, se pone una capa de lasaña, una capa de pollo sin jugo y una capa combinada de mozzarella, queso Gorgonzola y Parmesano rallado. Se repite hasta que solamente quede encima una capa de lasaña; entonces se añade la salsa por encima y se pone en el horno a 180º durante unos 5 minutos.

LASAÑA DE POLLO COLOMBIANA
Grado de dificultad bajo

Ingredientes para 4 personas
4 pechugas de pollo • 1 paquete de 500 g de placas de lasaña • 2 tazas de nata líquida • 1 taza de queso Parmesano rallado • 2 porciones mozzarella en láminas • 1 tarro grande de champiñones • Caldo de pollo • 2 tomates rojos y grandes • 1 cebolla roja grande • 2 ajos • Aceite • Sal • Pimienta

La pasta para la lasaña se cuece hasta que esté al dente y se deja escurrir. Por otra parte, se cuecen las pechugas de pollo en agua con los ajos aplastados, se deja hervir hasta que estén en su punto y se desmenuzan.

Para la salsa, lo que debemos hacer es picar finamente la cebolla y pelar los tomates, para hacer un sofrito en el aceite. Cuando estén a punto se agrega un cacillo de caldo de pollo para ir formando una salsa, se añade la nata líquida, revolviendo constantemente y, cuando la salsa está hirviendo, se agrega el pollo desmenuzado aderezándolo con sal y pimienta. Para finalizar, en una fuente refractaria se pone una capa de lasaña, una de relleno y otra de lasaña, se cubre con los quesos, se mete en el horno 10 minutos a 180° y se sirve caliente adornada con los champiñones cortados en láminas y sofritos en aceite.

LASAÑA DE PUERROS Y TOCINO
Grado de dificultad bajo

INGREDIENTES PARA 6 PERSONAS
12 placas de pasta para hacer lasaña
• 5 puerros medianos • 6 lonchas finas de tocino ahumado • 1 tazón grande de besamel (ver «Salsas») • 30 g de mantequilla
• 100 g de queso Gruyère rallado • Sal
• Pimienta

Se quita la parte verde de los puerros y se cortan en pedazos de unos cinco centímetros aproximadamente; se rehogan en mantequilla con un vaso de agua grande y se salpimientan al gusto. Por otro lado, se cortan las lonchas de tocino en tres. Se pone una capa de salsa besamel en una fuente refractaria y encima se disponen alternadamente una capa de pasta (ya cocida), una de besamel (que habremos preparado previamente), una de puerros, una de tocino ahumado, terminando con una capa de besamel espolvoreada con el queso Gruyère rallado. Se precalienta el horno a 180° y se mantiene en el mismo durante 30 minutos.

LASAÑA DE RÚCULA Y QUESO
Grado de dificultad bajo

INGREDIENTES PARA 4 PERSONAS
1 tarro de 500 g de corazones de alcachofas
• 20 cl de aceite • 20 cl de vinagre de Módena
• 500 g de queso Fontina • 200 g de paletilla ibérica en lonchas • 40 g de piñones
• 4 -6 hojas de rúcula • 2 limones • 400 g de tomate rojo • Sal • Pimienta

Se cortan a láminas finas los corazones de alcachofa y los confitamos en una vinagreta con aceite y el zumo de los limones; el vinagre de Módena se pone a fuego lento, se reduce y se reserva. Se monta la lasaña intercalando capas de queso, láminas de jamón, hojas de rúcula y las láminas de alcachofa confitadas, terminando con unas láminas de jamón.

Se calienta ligeramente en el horno, se aliña con la misma vinagreta de las alcachofas y un poco de reducción de vinagre de Módena, se decora con unos daditos de tomate y unos piñones tostados.

LASAÑA DE SALMÓN AHUMADO
Grado de dificultad bajo

INGREDIENTES PARA 3 PERSONAS
6 placas de pasta de lasaña • 600 ml de caldo de pescado • 1 cubito de caldo concentrado de pescado • 500 g de filetes de salmón ahumado
• 2 cucharadas de harina • 3 yemas de huevo
• 2 cucharadas de nata • 1 cucharada de zumo de limón • Sal • Pimienta

Se ponen a cocer las placas de lasaña en abundante agua con sal y cuando estén al dente, se ponen sobre un paño de cocina a escurrir. Al agua sobrante de la cocción, se le añade el cubito de caldo de pescado y lo llevamos a ebullición; se añaden los filetes de salmón y se deja reducir el caldo a fuego suave. Los filetes de salmón se sacan de su envoltura y se ponen sobre papel absorbente. Se diluye en el caldo de cocción la harina, dejando que espese, removiendo de vez en cuando. Se baten las yemas de huevo con la nata y se añade esta mezcla a la masa de harina; se deja hervir durante solamente 1 minuto, se añade el zumo de limón y se sazona con sal y pimienta al gusto. Se monta la lasaña alternando las placas de pasta con los filetes de salmón, regando cada capa con la salsa.

LASAÑA DE SALMÓN FRESCO
Grado de dificultad bajo

INGREDIENTES PARA 4 PERSONAS
12 placas de lasaña • 150 g de salmón fresco
• 250 g de besamel hecha con caldo de pescado
• 30 g de cebolla picada fina • 150 g de queso Emmental rallado • 1 vasito de vodka
• 2 cucharadas de aceite • Perejil • Sal • Pimienta

Se corta el salmón en trocitos pequeños y se rehogan en una sartén con el aceite y la cebolla. Se agrega el vodka y se flambea añadiendo, finalmente, el perejil, la sal y la pimienta. Se funden en el microondas 100 g de queso Emmental con la besamel y se mezcla con el salmón. La pasta se cuece al dente. En una fuente para horno, untar con mantequilla, poner alternativamente una capa de besamel con el salmón y una de pasta, hasta formar tres pisos de cada una. Espolvorear con el queso rallado restante y gratinar al horno durante 10 minutos.

LASAÑA DE VERDURAS 1
Grado de dificultad bajo

INGREDIENTES PARA 8 PERSONAS
2 paquetes de pasta tipo lasaña • 1 berenjena
• 2 calabacines • 1 lata de tomates enteros
• 2 cebollas • Salsa besamel • Mantequilla • 150 g de mozzarella en rodajas • 2 cebollas • 100 g de queso Parmesano rallado • Aceite • 3 dientes de ajo
• 1 pizca de tomillo • Sal • Pimienta

Se hierve la pasta en abundante agua con sal y se escurre. En el vaso de la batidora, se ponen la cebolla, los tomates y los ajos y se pican ligeramente; en una cacerola con un poco de aceite, se sofríe esta mezcla, agregando una taza de agua, sal, pimienta y tomillo, y se deja a fuego medio alrededor de 25 minutos. Durante ese tiempo se colocan, en una rejilla sobre la cacerola, la berenjena y los calabacines una vez cortados en rebanadas a lo largo, para que así se ablanden con el vapor. Mientras, se prepara una bandeja engrasada y se colocan sucesivamente una capa de besamel en el fondo, una de placas de lasaña, una de berenjena, una de salsa de tomate, una de rodajas de mozzarella, una de placas de lasaña, una de besamel, una de calabacines, una de salsa de tomate, una de placas de lasaña y una de besamel.
Para terminar de elaborar el plato, se espolvorea con el queso Parmesano rallado, se colocan pequeños trozos de mantequilla y se mete a gratinar en el horno precalentado unos 20 minutos.

LASAÑA DE VERDURAS 2
Grado de dificultad bajo

INGREDIENTES PARA 6 PERSONAS
4 placas de lasaña • 200 g de judías verdes
• 4 zanahorias • 1/2 coliflor • 50 g de espinacas
• Salsa besamel (ver «Salsas») • 3 dientes de ajo
• 2 tomates maduros • Sal • Pimienta • Aceite

Se cuece la pasta en abundante agua con sal y unas gotas de aceite. Las judías verdes, las zanahorias y la coliflor se hierven en agua con sal y se pican en trocitos. Las espinacas se cuecen, se escurren y se pican.
Se sofríen los dientes de ajo cortados en láminas y el tomate cortado en dados, se incorpora la verdura, menos las espinacas, tres cucharadas de besamel y se mezcla.
En una fuente refractaria se coloca una capa de lasaña, encima el relleno de verdura, se cubre con otra capa de lasaña, otra capa de verdura y otra capa de lasaña. Se mezcla la besamel con las espinacas, se vuelca sobre la lasaña y se hornea 10 minutos a 160°. Se

espolvorea con queso rallado y se gratina durante 2 minutos.

LASAÑA GOTAS DE ORO
Grado de dificultad bajo

INGREDIENTES PARA 4 PERSONAS
12 placas de lasaña de espinacas • 150 g de besamel (ver «Salsas») • 250 g de queso Emmental • 1 vasito de vodka • Sal • Pimienta

Se hierve la pasta al dente. Se prepara la besamel aromatizada con un poquito de vodka y sazonada con sal y pimienta. En una fuente refractaria untada con mantequilla por su base y los laterales, se coloca alternativamente una capa de besamel, una de queso Emmental y una de lasaña hasta conseguir tres pisos de cada clase. Se espolvorea con el queso rallado restante y se gratina al horno durante 10 minutos.

LASAÑA MEXICANA
Grado de dificultad bajo

INGREDIENTES PARA 6 PERSONAS
6 placas de pasta para lasaña • 1/2 kg de carne picada • 1 chile • 1 cebolla • 1 tomate grande • 4 hojas de laurel • 1 lata de leche evaporada • 1 cucharadita de mantequilla • 1 diente de ajo picado finamente • 1 rodaja de cebolla picada finamente • Pimienta • Sal • Aceite •150 g de queso Emmental

Se fríe la carne picada en aceite con sal y pimienta al gusto y las hojas de laurel; en la batidora se pica el chile, la cebolla, el ajo y el tomate; cuando esté frita la carne, se le agrega el picado y se deja que hierva. En una olla se cuece la pasta con una rodaja de cebolla, un diente de ajo y sal al gusto y, cuando esté cocida al dente, se escurre. En una sartén se sofríen con una cucharada de mantequilla el ajo y la cebolla finamente picados. En el vaso de la batidora se echa la lata de leche evaporada, el queso y la

pimienta, se mezcla bien y se le agrega a la sartén, donde se rehogan la cebolla y el ajo, se incorpora la pasta y se deja que hierva a fuego lento aproximadamente 3 minutos. Para servir se coloca una capa de pasta y, sobre ella, una capa de carne picada bien extendida.

LASAÑA NAPOLITANA
Grado de dificultad bajo

INGREDIENTES PARA 4 PERSONAS
8 placas de pasta de lasaña • 875 g de tomates enlatados en su jugo • 75 ml de aceite de oliva virgen • 60 g de panceta o jamón finamente picado • 2 cucharadas de perejil fresco de hoja plana finamente picado • 1 zanahoria finamente picada • 1 rama de apio con sus hojas finamente picada • 2 dientes de ajo grandes finamente picados • 1 cebolla pequeña finamente picada • 400 g de lomo de vaca o cerdo picado o una mezcla de ambos • 175 ml de vino tinto seco • Pimienta negra recién molida • 750 g de Ricota • 125 g de queso Parmesano recién rallado • 600 g de mozzarella desmenuzada • Sal

La pasta se cuece en una olla con un litro y medio de agua, sal y unas gotas de aceite. Cuando esté al dente, se escurre y se reservan 90 ml del agua de la cocción. Se lavan y escurren los tomates colándolos para quitar las semillas, se pican y se reservan junto al jugo. Se calienta el aceite en una cacerola, se agrega la panceta y se fríe hasta que se dore. Se añade el perejil, la zanahoria, el apio y la cebolla y se saltean de 10 a 12 minutos hasta que se ablanden. Se incorpora la carne picada a la mezcla de verduras y se pone la sal, sin dejar de saltear hasta que la carne tome un poco de color. Se añade el puré de tomates y el vino se cuece durante 3 minutos y se agregan los tomates y su jugo. Se tapa parcialmente y se cocina durante 1 hora, hasta que se forme una salsa espesa. Rectificar la sazón si es necesario y se reserva. En un bol se mezclan los 750 gramos de

Ricota con el agua de la pasta que se reservó. En una fuente refractaria se pone un poco de la salsa de verduras, panceta y carne, se cubre con una capa de lasaña, se echa una capa de la mezcla de quesos sobre la pasta, una capa de la salsa de carne y se espolvorea con apio. Se continúa con una capa de salsa y luego una capa de mozzarella y se repite el proceso siguiendo el orden de los ingredientes hasta utilizarlos todos (se deben usar tres capas de pasta). Se cubre la última capa con salsa de carne, se extiende la mozzarella y se hornea la lasaña en la parte superior del horno durante unos 25 minutos, hasta que esté dorada. Dejar reposar durante 15 minutos antes de servir.

LASAÑA SORPRESA
Grado de dificultad bajo

INGREDIENTES PARA 4 PERSONAS
8 placas de pasta de lasaña • 500 g de habas congeladas • 1 puñado de eneldo • 1 diente de ajo • 1/2 vaso de aceite • 100 g de queso Parmesano rallado • 20 g de mantequilla • Sal • Pimienta

Se descongelan las habas y se echan en una sartén con tres cucharadas de aceite, sal, pimienta, eneldo y el ajo pelado y picado fino; se tapa y se deja cocer, removiendo de vez en cuando, durante 15 minutos. Se retira del fuego y se deja enfriar. En una cacerola con abundante agua salada, se cuece la lasaña al dente; se escurre y se deja enfriar. Se echa sobre las habas la mitad del queso rallado, se remueve con cuidado y, en una fuente frotada con mantequilla en su base y los laterales, se pone una capa de lasaña y una capa de habas, con un poco de salsa de éstas. Se cubre con otra capa de lasaña y se reparte la mantequilla troceada por encima, pimienta, aceite y el queso rallado sobrante. Para terminar, meter en el horno a 180° y dejar cocer durante 15 minutos aproximadamente. Este plato de lasaña hay que servirlo bien caliente.

MACARRONES A LA ARAGONESA
Grado de dificultad bajo

INGREDIENTES PARA 4 PERSONAS
400 g de macarrones • 250 g de solomillo de cerdo • 125 g de longaniza • 100 g de chorizo • 75 g de jamón serrano • 1 cebolla • 4 tomates sin piel ni pepitas • 100 g de mantequilla • 60 g de queso rallado • 1 vasito de aceite • 1 cucharadita de pimentón dulce • Sal

Se cuecen los macarrones en una olla con abundante agua hirviendo, sal y unas gotas de aceite hasta que estén al dente; se quita la cazuela del fuego y se cuelan pasándolos por agua fría. Por otro lado, se corta el solomillo en trocitos y se fríen en una sartén. Se pica la cebolla y cuando la carne empiece a dorarse, se le añade. Cuando esté bien sofrito, se incorporan los tomates cortados y se deja hacer todo junto. La longaniza y el chorizo se cortan en rodajas finas y el jamón en tacos; se añaden al guiso, se remueve y se echa la sal y la cucharadita de pimentón. Se frota bien una cazuela de barro con mantequilla y se ponen la mitad de los macarrones y la mitad del sofrito y se espolvorea con un poco de queso rallado. Se echa el resto de los macarrones y el resto de sofrito, cubrimos con más queso y trocitos de mantequilla y se mete en el horno a 180° durante 10 minutos.

MACARRONES A LA CREMA DE AZAFRÁN
Grado de dificultad bajo

INGREDIENTES PARA 4 PERSONAS
400 g de macarrones • 1 vaso de nata líquida • 1 y 1/2 vaso de leche • 3 cucharadas de queso rallado • Aceite • 1 cucharada de mantequilla • 1 cucharada de harina • Azafrán • Sal • Pimienta

Se cuecen los macarrones en una cazuela con agua hirviendo salada y unas gotas de aceite. Se calientan en una cazo la nata líquida y la leche. Se derrite la mantequilla en una cacerola y se añade la harina y el azafrán, tostándolo todo durante unos segundos sin dejar de remover; se vuelca, poco a poco, la leche y la nata calientes y se deja hervir, removiendo continuamente durante 10 minutos; se añade el queso rallado y se sazona con sal y pimienta. Se escurre la pasta cuando esté al dente y se pasa a una ensaladera mezclándola rápidamente con la salsa.

MACARRONES A LA ROMANA
Grado de dificultad bajo

INGREDIENTES PARA 4 PERSONAS
400 g de macarrones • 4 tomates triturados • 200 g de pollo o ternera • Mantequilla • 1 copita de vino de Jerez • 2 cucharadas de zumo de naranja • 1 taza de caldo de pollo • Sal • Pimienta blanca molida

Se lava bien el pollo, se corta en cuadritos y se seca; después de salpimentar, se reboza en harina y se dora en mantequilla. En una cacerola se echan los tomates triturados, se les añade el caldo y se deja reducir a fuego medio durante 1 o 2 minutos; se agrega el zumo de naranja y el vino de Jerez y se deja cocer a fuego lento incorporando los daditos de pollo que habíamos hecho anteriormente. Se hierven los macarrones en abundante agua salada y se dejan cocer hasta que estén al dente. Se sirve la pasta con la salsa y se adorna con unas hojitas de perejil.

MACARRONES AL JEREZ
Grado de dificultad bajo

INGREDIENTES PARA 4 PERSONAS
400 g de macarrones • 200 g de menudillos de pollo • 50 g de guisantes • 1 cebolla pequeña • 1 zanahoria pequeña • 1 tallo de apio • 50 g de panceta • 40 g de mantequilla • 2 cucharadas de aceite • 1/2 vaso de vino de Jerez dulce • 4 hojas de salvia • 1 ramita de romero • 1 diente de ajo

• 1 cucharada de tomate concentrado • 200 ml de caldo de carne • 50 g de queso de oveja curado rallado • Sal • Pimienta

Se pica la cebolla junto con la panceta, las hierbas aromáticas, la zanahoria y el apio previamente raspados y lavados; se sofríen los ingredientes en una sartén con el aceite y la mitad de la mantequilla y se añade el diente de ajo pelado y un poco machacado. Se remueve todo y se deja dorar a fuego muy lento, se retira el ajo y se agregan los guisantes; se remueve otra vez y se rehoga durante unos 10 minutos. Se incorporan los menudillos de pollo limpios y troceados y, una vez que la mezcla veamos que se empieza a dorar, se salpimienta al gusto, se vuelca sobre la salsa el vino de Jerez y se deja evaporar muy poco a poco. Se añade el tomate concentrado, rebajado un poco con un cacillo de caldo caliente, y se sigue removiendo. Por otro lado, se cuece la pasta como es habitual, se escurre y se añade a la sartén de los menudillos, mezclándolo todo. Se espolvorea con el queso rallado, se añade la mantequilla restante troceada y se remueve para que todos los ingredientes se mezclen bien. Se pone al grill durante 10 minutos y se sirve.

MACARRONES ÁRABES CON YOGUR
Grado de dificultad bajo

INGREDIENTES PARA 2 PERSONAS
200 g de macarrones • 1 ajo pelado • 50 g de perejil fresco • 1 ramito de cilantro • 2 yogures naturales • Sal

Se cuecen los macarrones en una olla con abundante agua hirviendo y sal y, cuando estén al dente, se escurren. Mientras, se pica el ajo, el perejil y el cilantro, se agregan los yogures y la sal al gusto, y se mezclan. Se incorpora esta salsa a los macarrones una vez cocidos y se remueve bien para integrar los sabores.

MACARRONES BÁSICOS CON TOMATE
Grado de dificultad mínimo

INGREDIENTES PARA 2 PERSONAS
200 g de macarrones • 1 cebolla • 300 g de salsa de tomate • 2 cucharadas de aceite • Sal

Se cuecen los macarrones en abundante agua con sal y aceite y se escurren cuando estén en su punto. Se sofríe la cebolla picada menudamente, se añade la salsa de tomate y se deja hervir unos minutos. Cuando esté hecha la salsa, se mezcla con los macarrones revolviendo bien.

MACARRONES CON BERENJENAS
Grado de dificultad bajo

INGREDIENTES PARA 4 PERSONAS
400 g de macarrones • 500 g de tomates
• 2 berenjenas • 2 dientes de ajo • Albahaca
• Queso de pasta dura tipo Ricota, Pecorino o Parmesano • Aceite • Sal • Pimienta

Se cortan las berenjenas en trozos pequeños, se salan y se dejan reposar. Se pela el ajo, se pica y se cortan los tomates en trozos. Se calienta el aceite en una sartén y se añaden el ajo y las berenjenas. Se cuecen los macarrones en agua con sal y algunas gotas de aceite. Cuando el ajo y las berenjenas estén dorándose, se añaden los tomates y se dejan cocer 15 minutos a fuego lento; se pican las hojas de albahaca, mezclándolas con la salsa y sazonándolas con sal y pimienta. La pasta se sirve acompañada de la salsa con el queso rallado en el momento.

MACARRONES CON CALABACÍN Y HUEVO
Grado de dificultad bajo

INGREDIENTES PARA 4 PERSONAS
400 g de macarrones • 3 calabacines cortados en rodajas finas • 4 huevos duros • 100 g de queso tierno • 1 cebolla finamente picada • 1 diente de ajo finamente picado • 1 bote pequeño de tomate entero pelado • 5 cucharadas de queso Parmesano rallado • 1 cucharada de perejil picado • 4 cucharadas de aceite
• Sal • Pimienta

En una sartén con tres cucharadas de aceite se sofríen, junto con el ajo, media cebolla, el perejil y los calabacines, y se deja que se rehogue todo junto durante 5 minutos aproximadamente. Se salpimienta al gusto y se añade entonces el tomate lavado, escurrido y troceado, dejándolo cocer durante unos 20 minutos. Mientras tanto, se cuecen los macarrones en una olla con abundante agua hirviendo, sal y unas gotas de aceite y, cuando estén al dente, se escurren. Una vez escurridos, se pasan a una ensaladera y se vuelca sobre ellos la salsa de calabacín y tres cucharadas de queso Parmesano rallado. Con el aceite restante, se engrasa bien una fuente refractaria y se distribuye por el fondo el resto de la cebolla picada, se reparten por encima la mitad de los macarrones, los huevos, cortados por la mitad, y el queso tierno, cortado en lonchas, cubriéndolo con la otra mitad de la pasta. Se espolvorea por encima el resto de queso Parmesano rallado y se mete al horno a 180° durante 20 minutos hasta que el queso esté dorado.

MACARRONES CON CALABAZA
Grado de dificultad bajo

INGREDIENTES PARA 2 PERSONAS
400 g de calabaza • 300 g de macarrones finos
• 1 cebolla grande • 2 tomates maduros
• 3 zanahorias medianas • 2 dientes de ajo
• Orégano • Sal

Se hace un sofrito con la cebolla, el tomate, el ajo y el orégano, y cuando haya tomado la textura requerida, se añaden la zanahoria y la calabaza ralladas, para sofreírlo todo durante unos 10 minutos aproximadamente, removiendo bien. Se ponen a hervir los macarrones en agua abundante con sal hasta que estén al dente y, cuando ya estén hechos, se escurren, se mezclan bien con el sofrito, se dejan reposar durante 5 minutos y se sirven.

MACARRONES CON CARNE
Grado de dificultad bajo

INGREDIENTES PARA 4 PERSONAS
400 g de macarrones • 200 g de carne picada • 1 cebolleta • Salsa de tomate • 1 diente de ajo • Perejil picado • Sal • Pimienta

Se cuecen los 400 gramos de macarrones en agua con sal y aceite y se escurre. Mientras, en una sartén se rehoga la cebolla, el ajo picado y se añade la carne sazonada con sal y pimienta al gusto. Se agrega la salsa de tomate y el perejil picado, se deja hervir a fuego lento unos minutos y se incorpora junto a la carne sobre la fuente de los macarrones ya cocidos.

MACARRONES CON CHAMPIÑONES Y ALCAPARRAS
Grado de dificultad bajo

INGREDIENTES PARA 2 PERSONAS
250 g de macarrones • 200 g de champiñones • 100 g de jamón • 50 g de alcaparras • 1 tortilla de 2 huevos

Para la salsa:
1 tacita de aceite • El zumo de 1/2 limón • 1 chorrito de Oporto • Sal • Pimienta

Se hierven los macarrones en abundante agua con sal y unas gotas de aceite. Se cortan en tiras muy finas la tortilla, el jamón y los champiñones; se mezcla el aceite con el zumo de limón y el Oporto, sazonando con sal y pimienta. Se ponen los macarrones en una ensaladera con el jamón, la tortilla, los champiñones y las alcaparras, y se aliñan con la salsa.

MACARRONES CON COLIFLOR
Grado de dificultad bajo

INGREDIENTES PARA 4 PERSONAS
400 g de macarrones • 1 coliflor • 1 cebolla • Filetes de anchoas saladas • 1/2 vaso de aceite de oliva • 1 lata de tomates en conserva • Pasas • 1 puñado de piñones • Queso Pecorino rallado • 1 manojito de hojas de albahaca • Sal

Se lava y cuece la coliflor y se corta en racimos. En medio vasito de aceite, se sofríe la cebolla, cortada en juliana fina, y los filetes de anchoas saladas; cuando la cebolla esté dorada, se agregan el tomate y la coliflor cocida. Se mezcla todo muy bien y se añaden las pasas, previamente remojadas en agua tibia, y un puñado de piñones. Por otra parte, se cuecen los macarrones, se condimentan con la salsa y se les espolvorea el queso rallado y las hojas de albahaca finamente picadas.

MACARRONES CON CREMA DE CEBOLLA (cocina al microondas)
Grado de dificultad bajo

INGREDIENTES PARA 2 PERSONAS
300 g de macarrones • 1 cebolla • 50 g de queso rallado • 2 cucharadas de cerveza • 20 g de aceite • Sal • Pimienta

Se pela la cebolla, se lava y se corta en rodajas muy finas. En un recipiente refractario, se echa el aceite, la cebolla ya cortada en rodajas, la sal y la cerveza. Se cuece en el microondas durante 7 minutos con el recipiente tapado por papel transparente al que, previamente, se le han hecho uno agujeros. Por otra parte, se cuecen los macarrones en abundante agua salada, se escurren y se sazonan con la salsa de cebolla. Se mezclan bien y se añade el queso rallado y un poco de aceite crudo. Para finalizar, antes de presentar el plato, se espolvorea un poco de pimienta por encima y entonces se sirve.

MACARRONES CON LECHE
Grado de dificultad bajo

INGREDIENTES PARA 2 PERSONAS

300 g de macarrones • 1 vaso de leche • 100 g de mantequilla • 100 g de queso rallado • Pimienta negra • Sal

Se cuecen los macarrones en abundante agua con sal y aceite. Se escurren. Se añade la mantequilla, el queso y un vaso de leche, se espolvorean con pimienta negra y se gratinan durante unos 8 minutos hasta que la leche quede espesa.

MACARRONES CON PIÑONES Y PAVO
Grado de dificultad bajo

INGREDIENTES PARA 4 PERSONAS

400 g de macarrones • 200 g de pechuga de pavo • 50 g de piñones • 2 cucharadas de harina de trigo • Perejil • 1/2 l de caldo vegetal • 1 copa de vino blanco seco • 4 cucharadas de queso Parmesano rallado • 50 g de mantequilla • Sal • Pimienta

Se corta la pechuga de pavo en tacos pequeños, se limpia y pica el perejil y se calientan 30 gramos de mantequilla en una cacerola. Se fríe la carne a fuego vivo, se añaden los piñones y, sin dejar de remover, se sazonan con sal y pimienta al gusto, para luego añadir la harina. Posteriormente, se echa el vino y se deja cocer hasta que se reduzca; se añade entonces un cacillo de caldo vegetal y se continúa la cocción durante 15 minutos aproximadamente; se agrega el resto de la mantequilla y el perejil picado. Después de cocer la pasta de la manera habitual, se escurre y se pone en una fuente, se mezcla con la salsa, se espolvorea con el queso rallado y se sirve.

MACARRONES CON QUESO
Grado de dificultad bajo

INGREDIENTES PARA 3 PERSONAS

250 g de macarrones • 60 g de mantequilla • 50 g de jamón cocido • 50 g de queso rallado • 50 g de pan rallado • Pimienta • 1/4 l de besamel (ver «Salsas») • 50 g de queso rallado • Pimienta negra molida • 1 cucharada de mostaza • Sal

Se hace la besamel y se le añade el queso rallado, se remueve bien y se agrega la pimienta y la mostaza, para ir mezclándolo bien hasta que se espese. Aparte, se cuecen los macarrones en agua con sal, se escurren y se les añade un poco de mantequilla, la sal, la pimienta, la salsa y el jamón. Se espolvorea con el queso, el pan rallado y el resto de la mantequilla, y se ponen al horno unos 15 minutos hasta que se doren.

MACARRONES CON QUESO DE MAHÓN Y PIMIENTA
Grado de dificultad bajo

INGREDIENTES PARA 4 PERSONAS

400 g de macarrones • 100 g de queso de Mahón rallado • Pimienta • Sal

Se cuece la pasta en abundante agua con sal al dente, y se vuelca en una sopera mojada con agua de la cocción. Se incorpora de inmediato el queso rallado, se sazona con sal y abundante pimienta, y se sirve en el momento.

MACARRONES CON QUESO Y TRUFA
Grado de dificultad bajo

INGREDIENTES PARA 4 PERSONAS

350 g de macarrones • 100 g de queso fresco • 30 g de queso Gruyère • 1 latita de trufa • 2 yemas de huevo • 1 cucharada de nata líquida • 50 g de mantequilla • Perejil • Cebollino • Sal • Pimienta

Se cuece la pasta en abundante agua hirviendo con sal y una gotas de aceite y se escurre. Se parte el queso en trocitos pequeños y se aplasta con un tenedor, mezclando el queso fresco con el Gruyère, se añaden la leche y la nata, se pone todo al baño María y se remueve hasta que adquiera la consistencia de una crema. Con posterioridad, se añaden las yemas, se salpimienta y se apaga el fuego. Se vuelca la crema sobre los macarrones y se mezcla con la mantequilla hasta que ésta se derrita. Se reparte en platos individuales poniendo en cada uno de ellos la pasta decorada con la trufa, el perejil y el cebollino.

MACARRONES CON SALSA DE LIMÓN
Grado de dificultad bajo

INGREDIENTES PARA 4 PERSONAS
400 g de macarrones • 3 limones • 100 g de nata para cocinar • 50 g de queso Parmesano rallado • 30 g de mantequilla • Perejil • Sal

Se ralla la corteza de los limones, se pone la ralladura en un bol, se añade la nata y la mantequilla reblandecida a temperatura ambiente y se remueven bien los ingredientes hasta obtener una salsa cremosa y bien ligada. Se cuece la pasta en una cacerola con abundante agua y sal, se escurre y se aliña con la salsa de limón, espolvoreándola a continuación con el queso Parmesano rallado. Los macarrones se presentan en una fuente de servicio decorada con unas rodajas de limón y perejil picado.

MACARRONES CON SARDINAS
Grado de dificultad bajo

INGREDIENTES PARA 4 PERSONAS
350 g de macarrones • 300 g de sardinas
• 1 diente de ajo • 4 filetes de anchoa en aceite
• 1/2 bote de tomate triturado • 4 cucharadas de vino blanco • 4 cucharadas de queso tierno rallado
• 1 trozo de guindilla • 1 cucharada de pan rallado
• 1 cucharadita de mantequilla • 1 cucharada de

perejil picado • 2 cucharadas de aceite • Sal
• Pimienta

Se cuecen los macarrones con agua hirviendo, sal y unas gotas de aceite. Se escurren. Por otro lado, se limpian las sardinas y se filetean. Mientras, se sofríen el ajo picado, el perejil y la guindilla en una sartén con un poco de aceite y, cuando esté a punto el sofrito, se quita la guindilla y se añaden los filetes de anchoa picados, el tomate triturado y el vino y se dejan hervir durante 5 minutos sin dejar de remover. Se añaden los filetes de sardina y se mantienen tapados otros 5 minutos. En una fuente refractaria pincelada con mantequilla, se van poniendo capas de pasta, sardinas y salsa, espolvoreando cada capa con un poco de queso rallado. Se esparce por encima el pan rallado y el queso restante y se mete en el horno precalentado a 180° durante 15 minutos más.

MACARRONES CON SETAS
Grado de dificultad bajo

INGREDIENTES PARA 2 PERSONAS
250 g de macarrones • 1/4 kg de champiñones
• 1/2 kg de níscalos • 1/2 l de leche • 1 cucharada de harina • 1 cubito de caldo • 1 diente de ajo
• 1 cucharada de margarina • Nuez moscada • Sal
• Pimienta

En una cacerola se calienta la leche con las setas y el cubito de caldo. Aparte, en una sartén, se rehoga la harina en la margarina hasta que tome un poco de color. Se vierte sobre la leche con las setas y se deja cocer removiendo sin parar durante 10 minutos aproximadamente. Se salpimienta al gusto y se añade la nuez moscada. Los champiñones por su parte se cortan en láminas y se rehogan en un poco de margarina con el diente de ajo; cuando se haya absorbido el agua que desprenden, se retira el ajo y se sazona con sal. Se hierven los 250 gramos de pasta, se escurre y se mezcla con los champiñones y la salsa de las setas.

MACARRONES CON TERNERA AL ACEITE
Grado de dificultad bajo

INGREDIENTES PARA 2 PERSONAS
200 g de macarrones grandes cortados
• 300 g de solomillo de ternera picado • 2 yemas
de huevo • 50 g de trufas • 1 cucharadita de
brandy • 1 cucharada de cebolla picada
• 1 cucharadita de alcaparras picadas
• 2 cucharadas de aceite de trufas • Sal
• Pimienta negra molida

Se cuecen los macarrones en abundante agua
y sal, se escurren y se dejan enfriar. Se aliña la
carne picada con una cucharada de aceite de
trufas, el brandy, la sal, la pimienta molida y
las yemas de huevo, mezclándolo todo; se
añade la cebolla, las alcaparras y las trufas
finamente picadas, se mezclan bien con los
macarrones cocidos, se acompaña con otras
verduras y se aliña con el aceite de trufa.
Se sirve frío.

MACARRONES CON TOFÚ A LA JAPONESA
Grado de dificultad bajo

INGREDIENTES PARA 4 PERSONAS
400 g de macarrones finos • 4 cucharadas de aceite
• 2 cebollas-tamari • 100 g de queso rallado

Para hacer la salsa:
1 ajo • 4 cucharadas de miso • 1/2 placa de tofú
• 250 cc de leche de coco (ver «Salsas»)

Los macarrones se hierven en abundante agua
con sal hasta que estén al dente, se escurren
en un colador, se pasan por agua fría y se
reservan. Mientras, se pica finamente la
cebolla y se pone en una sartén con aceite,
a fuego medio, hasta que adquiera un color
transparente, momento en el que se añade
un poquito de tamari y se deja hervir a fuego
lento y tapada durante unos 20 minutos.
Aparte, se va haciendo la salsa metiendo
todos los ingredientes en la batidora hasta
que se obtenga una crema homogénea. En un
recipiente, se mezclan los macarrones, la
cebolla y la salsa, se ponen en una bandeja de
horno y se espolvorean con el queso rallado
para gratinarlos.

MACARRONES CON TOMATE Y BEICON
Grado de dificultad bajo

INGREDIENTES PARA 3 PERSONAS
250 g de macarrones • 100 g de beicon
o jamón • 100 g de chorizo • 1 cebolla
• 1/4 l de salsa de tomate • 100 g de queso
rallado • Sal • Aceite

Se cuecen los macarrones en abundante agua
con sal y aceite hasta que estén al dente.
Se escurren. Por otro lado, se hace un sofrito
con la cebolla bien picada, y el jamón y el
chorizo troceados; se añade la salsa de tomate
y se deja hervir durante unos minutos.
Se mezclan los macarrones cocidos
con la salsa en un bandeja, se espolvorea
con el queso rallado y se gratina unos
minutos en el horno.

MACARRONES DE FRUTOS DEL MAR
Grado de dificultad bajo

INGREDIENTES PARA 2 PERSONAS
250 g de macarrones • 250 g de gambas • 300 g
de almejas • 300 g de mejillones • 2 dientes de ajo
• 50 g de queso rallado • Sal

Se pochan dos dientes de ajo picados y
cuando se doren, se añade las almejas y los
mejillones hasta que se abran. Se agregan las
colas de las gambas, se sazona y se rehoga un
par de minutos. Por otra parte, se cuecen los
macarrones en abundante agua con sal hasta
que estén al dente, se escurren, se mezcla
todo muy bien en una bandeja, y se
espolvorea con queso rallado, para gratinarlo
un par de minutos.

MI KROB (cocina tailandesa)

Grado de dificultad bajo

INGREDIENTES PARA 6 PERSONAS

500 g de tallarines chinos de harina de arroz
• 1 cucharada de azúcar • 1 cucharada de salsa
de soja • 1 cucharada de vinagre de vino blanco
• 50 g de chalotas picadas • 4 dientes de ajo
• 250 g de lomo de cerdo deshuesado
• 250 g de carne de cangrejo • 2 cucharadas
de esencia de anchoas (nam pla) • 2 cucharadas
de zumo de limón • 1 tortilla de 4 huevos en tiritas
• 6 ajíes frescos • 6 cebolletas en trozos de 5 cm
• Ramitas de cilantro • 225 g de brotes de alubias
de soja • Sal

Se cubren de agua caliente los tallarines y se
dejan en remojo 1 minuto, luego se escurren
y dejamos que se sequen. Se mezcla el azúcar
con la salsa de soja y el vinagre, se fríen los
tallarines, se sacan y se rompen. Se calienta en
el wok media tacita de aceite vegetal para
rehogar las chalotas y el ajo durante 30
segundos, se incorpora el cerdo sazonado al
gusto y se rehoga 1 minuto. Se agrega la
carne de cangrejo y el nam pla junto al zumo
de limón, se remueve para mezclar los
ingredientes y se deja cocer durante otro
minuto. Se agregan los tallarines a la mezcla
de carne, se revuelve, se moja con la mezcla
de vinagre reservada y se deja cocer a fuego
moderado hasta que se caliente bien. Para
servirlo se adorna con las tiras de tortilla,
guindilla, cebolletas, ramitas de cilantro y
brotes de soja.

NASI GORENG

Grado de dificultad bajo

INGREDIENTES PARA 4 PERSONAS

2 chalotas bien picadas • 4 dientes de ajo
• 2 ajíes sin semillas cortados en rodajas finas
• 1 cucharadita de raíz fresca de jengibre rallada
• 1 cucharada de cilantro • 1/2 cucharada de azúcar
moreno • 400 g de arroz largo cocido
• 2 cucharaditas de ketchup • 2 cucharadas
de salsa de soja • Sal

Se calienta el aceite en el wok, se agregan y
se rehogan todos los ingredientes, excepto el
arroz cocido, que se incorpora 4 minutos
después, y se saltea. Se sirve bien caliente.

ÑOQUIS (cómo se hacen)

Grado de dificultad medio

INGREDIENTES PARA LA MASA BÁSICA
DE 1 KG DE ÑOQUI

1/2 kg de harina • 1 kg de patatas • Agua • Nuez
moscada • 1 huevo • Sal

El gnocchi o ñoqui es una pasta de origen
italiano, hecha a mano, normalmente en
forma de pequeñas albóndigas (de unos
2,5 cm). Su composición básica es puré de
patata y harina. Frecuentemente entra el
huevo y el queso. Para elaborar los ñoquis
hay que hervir las patatas, pelarlas y reducirlas
a puré. Sobre una tabla de cocina
espolvoreada con harina, se pone el puré y se
sazona con la sal y la nuez moscada. Se añade
el huevo y la harina en forma de lluvia,
trabajando la mezcla hasta obtener una masa
homogénea a partir de la cual elaborar uno
a uno los noquis. También la espinaca
finamente picada puede formar parte de los
mismos. Por otro lado, para cocinarlos,
se pone agua a hervir con una pizca de sal y
un chorrito de aceite y se añaden estas
pequeñas bolas. Cuando suben a la superficie
se retiran con una espumadera, se secan y
escurren. Se pueden servir así con cualquier
tipo de salsa: pesto, tomate, cuatro quesos...
También se pueden gratinar unos minutos
con mantequilla y Parmesano rallado. Puede
comerse como plato único o acompañando
a carne o pollo.

PAD THAI (cocina tailandesa)

Grado de dificultad bajo

INGREDIENTES PARA 4 PERSONAS

200 g de gambas • 150 g de lomo de cerdo
• 300 g de fideos de arroz • 2 dientes de ajo

• 1 cucharada de guindillas • 2 cucharadas de salsa de pescado Thai • 2 cucharadas de zumo de lima • 1 cucharada de azúcar moreno • 2 huevos batidos • 1 col china • 200 g de brotes de soja • 100 g de cacahuetes tostados • Sal

Se remojan los fideos en agua caliente durante 5 minutos. Se reservan. En el wok con aceite caliente se saltean el ajo, las guindillas, el cerdo y más tarde se añaden las gambas. Se saltea. Después se agrega el azúcar, el zumo de lima, la salsa de pescado y se remueve durante 4 minutos. Se agrega la col y se retira del wok. A la hora de servir, se remata con los brotes de soja y los cacahuetes troceados. Se trata de un plato que hay que servir en caliente.

PAELLA ARGENTINA VEGETARIANA
Grado de dificultad medio

Ingredientes para 10 personas
1 kg de arroz • 10 ramos de brócoli • 400 g de calabaza • 2 pimientos rojos grandes • 2 pimientos verdes grandes • 2 pimientos amarillos grandes • 500 g de coles de Bruselas • 4 puerros • 3 manojos de espinacas • 200 g de piñones • 200 g de espinacas • 5 higos

Para el caldo:
1/2 cabeza de rape • 10 langostinos • 10 mejillones • 1 cucharada de pimentón dulce • 1 cucharada de cúrcuma • 1 cabeza de ajos aplastados • Aceite • Sal

Se prepara un caldo abundante, el doble de la cantidad de arroz, y se reserva caliente. En una sartén con aceite de oliva se prepara un sofrito picado fino con las cebollas, los pimientos rojos y seis dientes de ajo, y se rehoga hasta que empieza a dorarse la cebolla. Se incorporan las verduras troceadas y limpias, se sigue rehogando, y finalmente se añade el arroz, removiendo suavemente hasta que el guiso quede brillante. Cuando ya está todo sofrito, se vierte parte del caldo

repartiéndolo bien y se continúa agregando caldo a fuego vivo. Se deja 15 minutos desde que rompe a hervir. Pasados 10 minutos, sin remover, se corrige de sal y, cuando no queda líquido, se apaga el fuego y se cubre para que repose durante otros 5 minutos antes de servir. La paella argentina se decora con los langostinos, los mejillones, los higos y con tiritas de pimientos rojos, verdes y amarillos crudos.

PAELLA CALANOVA
Grado de dificultad medio

Ingredientes para 4 personas
300 g de arroz • 400 g de rape fresco sin espinas • 100 g de calamares limpios y troceados • 100 g de mejillones • 200 g de gambas peladas • 100 g de judías verdes • 100 g de guisantes • 1 pimiento verde • 100 g de tomate maduro y pelado • 3/4 l de un buen caldo de pescado • 10 cucharadas de aceite • 3 cucharaditas de azafrán en polvo • Sal

Se cuecen los mejillones al vapor hasta que se abran. Se les quita la cáscara y se reservan. Se hierven los guisantes en agua ligeramente salada. Se trocea la mitad del rape en tiras y el resto en daditos. Se quita la piel y la semilla de los tomates. Se corta el pimiento rojo a tiras. Se dora en una paellera con aceite bien caliente un poco de sofrito y los dados de rape. Se añade acto seguido el calamar troceado y se deja que cueza durante 10 minutos. A continuación, se incorporan los pimientos y al cabo de unos minutos, el tomate, y se espera hasta que espese. Se agregan los mejillones, los guisantes hervidos y las gambas peladas. Se mantiene durante 10 minutos a fuego lento. Se incorpora el arroz y el azafrán y se riega con el caldo de pescado que se ha preparado previamente con la cabeza y la raspa del rape y algún otro pescado para sopa. Finalmente, se añaden las tiras de rape por encima. Se debe dejar cocer durante 15 minutos. Pasado este tiempo, se retira del fuego y se deja reposar unos 4 o 5 minutos antes de servir.

PAELLA CON COLIFLOR, NABO Y BACALAO
Grado de dificultad bajo

INGREDIENTES PARA 4 PERSONAS
1 bacalao mediano • 1/4 l de aceite • 1 coliflor pequeña • 1/4 kg de nabos • 2 puñados de arroz • Tomate • 2-3 dientes de ajo • Perejil • Sal

Se pone el bacalao a remojo un día antes para desalarlo, se desmiga y se escurre. Una vez escurrido, se sofríe y se reserva. En el mismo aceite, se fríen los nabos y la coliflor. Se retiran también para sofreír el tomate, los ajos y el perejil. Se agrega el arroz con el resto de ingredientes, y se les da unas vueltas, se añade el agua y se deja cocer hasta obtener el punto deseado (que suelen ser unos 15-20 minutos aproximadamente).

PAELLA CON GARBANZOS
Grado de dificultad bajo

INGREDIENTES PARA 4 PERSONAS
300 g de arroz • 250 g de garbanzos • 1/2 pollo en trozos • 1/2 conejo en trozos • 500 g de tomate rallado • 300 g de albóndigas de carne de ternera • Sal

El día anterior hay que poner a remojo los garbanzos. El mismo día que se va a elaborar el plato, se cuecen los garbanzos durante 30 minutos en abundante agua con sal; entre tanto, se doran el pollo y el conejo en una sartén, se añade el tomate rallado y se sofríe todo junto. En una olla, se vierte el sofrito y la carne, se añaden las albóndigas de ternera ya preparadas y se incorpora el arroz con el agua para la cocción. Se tapa todo y se cuece hasta que esté en su punto. Por último, se retira del fuego cuando aún esté algo caldoso y se deja reposar para servir inmediatamente.

PAELLA CON MAGRO DE CERDO
Grado de dificultad bajo

INGREDIENTES PARA 5 PERSONAS
500 g de arroz • 250 g de magro (carne magra del cerdo próxima al lomo) • 1 morcilla • 1 chorizo • 1 latita de guisantes • 1 latita de pimientos morrones • 8 cucharadas de aceite • 1 cebolla pequeña • 1 tomate • 1 ramita de perejil • Azafrán • Sal

Se ponen cuatro cucharadas de aceite en una sartén y se fríe muy despacio la cebolla picada; cuando tome color, se añade el tomate picado sin piel ni semillas, se sazona y se rehoga despacio durante unos minutos. Se calienta el resto del aceite en la paellera, se rehoga el magro cortado en trozos, los embutidos cortados en rodajas y se añade el sofrito de cebolla y tomate pasado previamente por el pasapurés; se remueve para que se mezcle bien y se añade el arroz con un litro de agua o caldo. Se deja cocer unos 20 minutos aproximadamente desde que empieza a hervir. Se machaca en el mortero el ajo, el perejil, una pizca de sal y el azafrán, se mezcla con un poco de agua templada, se vierte sobre la paella y se remueve rápido junto con el arroz. Pasados 10 minutos, se agregan los guisantes y los pimientos cortados en tiras. Terminada la cocción, se retira la paella del fuego y se deja reposar unos minutos antes de servir.

PAELLA CON SALCHICHAS
Grado de dificultad bajo

INGREDIENTES PARA 5 PERSONAS
500 g de arroz • 500 g de costillas de cerdo partidas en trozos • 6 salchichas • 6 cucharadas de aceite • 1 cabeza de ajos • Sal • 1 ñora • Pimentón muy picante o guindilla • Azafrán

Se cuecen las costillas en agua con sal durante tres cuartos de hora, se saca, se separa la carne del hueso y se siguen cociendo hasta que estén blandas. Se parte en dos cada salchicha. Se pone el aceite a calentar en la paella, se fríe la ñora previamente picada y sin semillas, se saca y machaca en el mortero junto con el azafrán y un poco de caldo. Se mide el caldo (doble cantidad que de arroz), se añade el azafrán y se deja al calor. Se rectifica la sazón. En la misma grasa de la paella, se doran la cabeza de ajo, las salchichas y la carne de las costillas, se añade el arroz, se rehoga y se agrega el caldo, pasándolo por un colador o un chino y apretando para que la ñora suelte toda la sustancia y color. Se deja hervir unos 10 minutos y se reduce el fuego a media cocción. Terminado el tiempo, se retira del fuego y se deja reposar la paella unos minutos antes de servir.

PAELLA CON VERDURAS
Grado de dificultad bajo

INGREDIENTES PARA 6 PERSONAS
500 g de arroz • 2 dl de aceite
• 300 g de magro de cerdo troceado en tacos pequeños • 1 manojo de ajetes • 150 g de judías verdes • 1 pimiento rojo • 2 manojos de espinacas • 2 alcachofas grandes • 1/2 coliflor • 100 g de guisantes • Pimentón • Majado de ajo • Tomate • Perejil • Azafrán • Sal • 6 vasos grandes de agua caliente

En la paellera se pone el aceite y, a fuego lento, se sofríe bien el magro de cerdo troceado y todas las verduras que previamente se habrán limpiado y partido menudamente. Cuando esté la verdura tierna, se incorpora el arroz, removiendo para que quede sofrito, y luego se añade el majado y el pimentón y una cucharada de sal. Se remueve. Se pone el azafrán, se le incorpora el agua y, a fuego vivo, se le hace hervir durante 15 minutos aproximadamente, es decir, hasta que se consuma el líquido por completo. A medio hervir, se prueba y se rectifica de sal al gusto. Cuando está lista, se retira del fuego y se deja reposar durante unos minutos antes de servir.

PAELLA DE BOQUERONES Y ESPINACAS
Grado de dificultad bajo

INGREDIENTES PARA 4 PERSONAS
400 g de espinacas • 300 g de boquerones • 400 g de arroz • Tomate • Ajo • Caldo de pescado • Aceite • Sal

Se ponen las espinacas a remojo para librarlas totalmente de tierra. Se corta la poca raíz que tienen. Se limpian los boquerones salándolos inmediatamente. Mientras, en una paellera, se ponen a calentar el aceite de oliva con el tomate y el ajo hasta hacer un sofrito. Se añaden las espinacas rehogándolas un poco. Se incorporan el arroz y el caldo (aproximadamente dos partes de éste por una de arroz) y 10 minutos antes de finalizar la cocción se decora por encima con los boquerones, terminándose de completar el guiso en otros 10 minutos a fuego más suave.

PAELLA DE CAMARONES Y POLLO
Grado de dificultad medio

INGREDIENTES PARA 5 PERSONAS
500 g de arroz • 1/2 pollo en trozos • 250 g de camarones • 1 diente de ajo • 1 ñora • 1 cebolla • 1 zanahoria • Sal

Se pone el pollo en una olla con agua fría, sal, cebolla y zanahoria, se lleva a ebullición y se cuece durante 40 minutos. Durante la cocción, se limpian y ponen los camarones en un colador sobre la olla para que se ablanden un poco. Se pelan y se echan las cabezas y las conchas al caldo. Pasados los 40 minutos, se saca el pollo, se deja enfriar y se deshuesa. Se incorporan los huesos al caldo y se deja hervir otros 10 minutos. Se cuela el caldo y se reserva un litro al calor. Luego se pone el aceite a calentar en una paellera, se doran el ajo y la ñora picada y sin semillas, se retiran del aceite y se machacan en un mortero con un poco de caldo. En el mismo aceite se rehoga la carne del pollo, los camarones y el arroz. Se mete el majado de la ñora y el ajo en un colador o chino y se vuelca el caldo a través de él, apretando bien para que la ñora suelte toda la sustancia y color. Se cuentan 20 minutos desde que empieza a hervir y se reduce el fuego a media cocción. Pasado este tiempo, se retira la paella del fuego, se tapa con un paño y se deja reposar unos minutos antes de servir.

PAELLA DE CONEJO
Grado de dificultad bajo

INGREDIENTES PARA 4 PERSONAS
1 conejo • 1 cebolleta • 1 pimiento verde
• 1/2 pimiento morrón • 1 zanahoria pequeña
• 1 tomate • Aceite • Sal • 300 g de arroz
• Agua • Azafrán

Una vez limpia y picada, se rehoga la verdura en una paellera con un poco de aceite. Se añade el conejo cortado en trocitos y sazonado. Se deja que se dore durante unos 5 minutos aproximadamente. Se incorpora el arroz y la sal y se sofríe ligeramente. Se agrega agua hirviendo y azafrán. Se pone a fuego fuerte 10 minutos y se rectifica de sal. Para terminar, se hornea la paella y se tapa el plato unos 10 minutos más.

PAELLA DE GARBANZOS
Grado de dificultad bajo

INGREDIENTES PARA 6 PERSONAS
6 tacitas de arroz • 250 g garbanzos • 1/2 pollo
• 1/2 conejo • 500 g tomate rallado • 500 g magro de cerdo picado • 1 diente de ajo • 1 huevo
• Perejil • Pan rallado • Sal

Se hacen albóndigas pequeñas con el magro, mezclado con pan rallado, huevo, ajo y perejil. Se cuecen en la olla a presión, durante media hora, el agua con sal y los garbanzos (remojados toda la noche anterior). Mientras, se doran el pollo y el conejo en una sartén, se

añade el tomate y se sofríe. Se abre la olla (previo enfriamiento) y se echa el sofrito y la carne dentro. Se tapa y se deja cocer 15 minutos. Se vuelve a abrir (previo enfriamiento), se prueba de sal, se incorpora el arroz y se añaden las albóndigas. Se tapa de nuevo y se pone a cocer un ratito. El arroz debe quedar seco. Para servir, se debe cambiar a una paellera.

PAELLA DE HABICHUELAS Y VERDURITAS
Grado de dificultad bajo

INGREDIENTES PARA 4 PERSONAS
1 zanahoria grande • 1/2 tacita de habas tiernas precocidas • Tres dientes de ajo • 1/2 pocillo de champiñones • 2 nabos pequeños • 1 pimiento verde • Seis cucharadas de salsa de soja • 1 tomate maduro • 1 cebolla • Pimentón dulce • 1 vaso de arroz

Se cocina el arroz como para el arroz blanco. Se parten las verduras en tiras largas, se sofríen con un poco de aceite, pimentón, cebolla, ajo y salsa de soja. Se agregan los champiñones en rodajas cuando todo esté sofrito. Se agregan las habitas, los nabos, el tomate y los demás ingredientes vegetarianos. Todo esto se mezcla con el arroz blanco ya hecho y se hace a fuego durante 10 minutos. Se sirve después de este tiempo, cuando los sabores se han mezclado bien.

PAELLA DE LA PATAGONIA
Grado de dificultad alto

INGREDIENTES PARA 6 PERSONAS

Para el caldo:
• Verduras variadas • 1 trozo de magro de cerdo
• 1 hueso de caña

Para el sofrito:
3 cebollas medianas • 1 cabeza de ajo • 1 pimiento rojo • 150 g de panceta • 250 ml de aceite

Para el arroz:

100 g o 1/2 taza de arroz por persona • Jabalí de 1/2 a 1 kg partido en pequeñas piezas • Ciervo igual cantidad (conviene prepararlo la noche antes, tenerlo adobado y hasta frito, ya que la cocción neutraliza demasiado su gusto; para evitarlo, agregarlo a la paella en los últimos 7-10 minutos) • Hongos: boletus y níscalos (si son secos, ponerlos a remojo en vino tinto 30 minutos antes y agregarlos a la paella en los últimos minutos, con el ciervo; si son frescos, freírlos con aceite y ajito picado y reservarlos cuando suelten el jugo) • 4 rodajas de calabaza • 4 ramas de brócoli

Para el condimento:

2 cucharitas de pimentón dulce • 1 y 1/2 cucharadita de pimentón picante • 2 cucharaditas de cúrcuma • 1 cabeza de ajo picado • Sal

Se hace el sofrito hasta que los ingredientes tomen un color casi dorado y se reserva, conservando el aceite en la paellera. Entonces, se fríe el jabalí, los medallones de calabaza y el brócoli, se incorpora el arroz y se rehoga hasta que se quede translúcido. Se baja entonces el fuego y se echa un poco de caldo para iniciar la cocción. Se agrega el condimento diluido en medio litro de caldo y se completa con agua hasta llegar al doble de cantidad que de arroz. Se deja hervir a fuego vivo contando 15 minutos desde que comienza la cocción. A los 7 minutos, se agregan el ciervo y las setas. Se apaga el fuego y se cubre unos minutos para que repose antes de servir.

PAELLA DE LA RIBERA ALTA
Grado de dificultad bajo

INGREDIENTES PARA 4 PERSONAS

400 g de arroz • 500 g de pollo • 500 g de conejo cortado en trozos • 1/2 pimiento verde troceado pequeño • 125 g de judías verdes planas • 100 g de judías blancas • 1 diente de ajo picado fino • 1/2 cucharada sopera de pimentón dulce molido • 1 tomate maduro rallado • 2 l de agua aproximadamente • 8 hebras de azafrán de flor

(tostado y molido) • 24 caracoles ya cocidos • 1 poco de azafrán colorante • 8 cucharadas soperas de aceite de oliva virgen • Sal

Se coloca una paellera de 40 centímetros de diámetro a fuego mediano, con el aceite y la sal. Cuando esté caliente, se meten las carnes y se doran despacio por todas partes. Se añaden luego los pimientos y se sofríen 1 minuto. Se incorporan después las judías verdes y blancas y se rehogan a fuego lento 5 minutos más. Se echa el ajo y cuando comience a dorarse, el pimentón molido y, enseguida, el tomate para que no se queme. Cuando el tomate está frito, se echa por encima el agua y se deja cocer unos 10 minutos a fuego vivo. Durante esta cocción se añaden los caracoles, el azafrán y el colorante, y se da el punto de sal al gusto. Después se incorpora el arroz bien repartido, manteniendo el fuego vivo los primeros 8 minutos y luego bajándolo por etapas hasta apagarlo unos 10 minutos después. En total, desde que se pone el arroz, debe haber 18 minutos de cocción. Luego, sin fuego, se deja reposar unos 4 ó 5 minutos antes de servir.

PAELLA DE MARISCOS
Grado de dificultad bajo

INGREDIENTES PARA 6 PERSONAS

600 g de arroz • 1 y 1/2 l de agua • 1/4 kg de mero en trocitos• 1/4 kg de camarones, limpios y cocidos• 1/4 kg de calamares, limpios y cocidos • 1/4 kg de almejas cocidas • 1/2 kg de mejillones cocidos • 10 langostinos, limpios y cocidos • 150 ml de aceite • 1 tomate pelado y picado • 1/2 pimiento verde finamente picado • 1/2 cebolla pelada y finamente picada • Sal • Azafrán

Se calienta el aceite en la paellera y se ponen el tomate, la cebolla y el pimentón; se sofríe unos minutos. Se añaden el mero, los calamares y las almejas, se rehogan y se agrega el agua en la que han cocido los mariscos. Cuando rompa a hervir, se añade el arroz, la sal y el azafrán, y se colocan encima los camarones, los langostinos y los mejillones. Se tapa y se cuece a fuego bajo durante 20 minutos o hasta que el arroz esté cocido y haya absorbido el agua. Se deja reposar y se sirve en la misma paellera.

PAELLA DE MONTAÑA
Grado de dificultad bajo

INGREDIENTES PARA 4 PERSONAS
1/2 kg de pollo y conejo • 1 pimiento rojo
• 4 alcachofas • Guisantes • 400 g de arroz • Sal
• Azafrán

Se sofríen la carne y las verduras en la paellera. Luego se sacan estas últimas y se retiran en un cuenco. Se añade agua hasta cubrir la carne y se deja hervir con sal y azafrán. Por último, se agrega el arroz y cuando empiece a secarse, se incorpora la verdura reservada hasta su total cocción.

PAELLA DE PESCADO
Grado de dificultad medio

INGREDIENTES PARA 2 PERSONAS
2 tazones de arroz • 1/2 tazón de aceite • 250 g de chirlas o almejas • 250 g de calamares • 250 g de rape • 250 g de camarones • 1 pimiento rojo
• 100 g de guisantes (congelados o de lata)
• 1 cebolla pequeña • 2 tomates maduros medianos
• 1 diente de ajo • Perejil • Azafrán • Sal • Limón

Se lavan las chirlas y se ponen a cocer en un poco de agua, retirándolas del fuego cuando se abran. Se les quita la concha, se pasa el caldo de cocer por un colador y se reserva. Se pelan los camarones, se ponen a hervir las cáscaras y cabezas junto con la espina del rape en un poco de agua, se deja cocer 5 minutos, se cuela el caldo y se reserva. Se limpian los calamares, se cortan en aros y se reservan. Se calienta en una sartén la mitad del aceite, se rehoga la cebolla picada finamente hasta que empiece a tomar color,

se añaden los tomates pelados sin semillas y cortados en trozos, y se sofríe durante 5 minutos a fuego lento triturando los tomates poco a poco con la ayuda de una paleta de madera. Se pasa el sofrito por el pasapurés directamente a la paellera, se baja a fuego mediano y se agrega el resto del aceite. Se incorporan los aros de calamares, el rape en trozos y el arroz, se rehoga 5 minutos revolviendo, se agregan cuatro tazones de agua caliente (usando el agua donde se cocieron las chirlas y las cáscaras de los camarones y completando con agua caliente), se sazona y se sacude la paellera por las asas para que se distribuyan homogéneamente todos los ingredientes. Se ponen en un mortero medio diente de ajo, unas hebras de azafrán, un poco de colorante en polvo y perejil, se machaca y se agregan unas cucharadas de caldo; se remueve para desprender el majado y se vierte en la paellera. Cuando rompa a hervir el arroz, se añaden los camarones y las chirlas, se mantiene la ebullición durante 20 minutos a fuego mediano y a la mitad de la cocción se rocía con el jugo de un limón y se coloca el pimiento cortado en tiras. Una vez transcurrido el tiempo y consumido el caldo, se retira del fuego, se cubre la paella con un paño húmedo y se deja reposar 5 minutos antes de servir.

PAELLA DE POLLO Y CONEJO
Grado de dificultad bajo

INGREDIENTES PARA 4 PERSONAS
500 g de arroz • 1/2 pollo en trozos • 1/2 conejo en trozos • 2 dientes de ajo • 1 ñora • Azafrán
• 2 tomates • 3 pimientos verdes • 5 cucharadas de aceite • Sal

Se hierven el conejo y el pollo en una olla con agua y sal alrededor de 40 minutos. Se sacan, se escurren y se reserva el caldo al calor. Se pone aceite a calentar en una paellera y en ella se doran el ajo y la ñora picada y sin semillas, se retira, se machaca en un mortero junto con el azafrán, y se incorpora al caldo. Se rehogan el pollo y el conejo, añadiendo los tomates pelados, picados y sin semillas. Se mantiene 5 minutos a fuego suave, se agrega el arroz removiendo, se aumenta el calor y se vierte el caldo a través del colador aplastando para que la ñora suelte el color y la sustancia. Se deja hervir 20 minutos, reduciendo el fuego a media cocción. Se retira y se deja reposar. Mientras reposa, se cortan en tiras los pimientos, se ponen en una sartén con aceite y se fríen; después, se escurren y se sazonan, y se colocan de forma decorativa sobre la paella en el momento de servir.

PAELLA DE VERDURAS
Grado de dificultad bajo

INGREDIENTES PARA 6 PERSONAS
1/2 kg de arroz • 1/4 kg de coliflor • 1/4 kg de alcachofas • 1/4 kg de guisantes • 1/2 kg de tomates • 1/2 vaso de aceite • 3 dientes de ajo • Azafrán • 1/2 cucharadita de pimentón dulce • Sal

Se lavan las alcachofas, se quitan los tallos y las hojas exteriores, se cortan en cuatro trozos y se reservan en agua con unas gotas de limón. Se limpia bien la coliflor y se desmenuza en ramitos pequeños. Se lavan los tomates, se pelan, se les quitan las semillas y se cortan en trozos pequeños. Se pelan los ajos y se pican fino. Se pone una paella al fuego con aceite y cuando esté caliente, se echan las alcachofas, bien escurridas, y una vez sofritas, se sacan y se reservan. En el mismo aceite se echan los ajos y cuando empiecen a dorarse, se añade la coliflor y el tomate. Se baja el fuego y se mantiene unos 5 minutos, removiendo bien con una cuchara de palo para que no se queme. Se echa el pimentón removiendo para que se mezcle con el resto y después se incorporan los guisantes y el agua, aproximadamente un litro. Cuando el agua empiece a hervir, se añade el arroz, se mezcla con el resto de ingredientes y se distribuye por toda la paella. Se colocan las

alcachofas por la superficie del arroz y se rectifica de sal. Se sube el fuego y se mantiene fuerte durante 5 minutos; luego se baja y se deja cocer durante otros 10-15 minutos. Se aparta y se deja reposar 5 minutos más antes de servir. Se presenta en la mesa en la misma paellera.

PAELLA EN LA OLLA
Grado de dificultad bajo

INGREDIENTES PARA 6 PERSONAS
1.800 g de pollo cortado en trozos • 6 tazas de arroz • 1 dl de aceite • 3 ñoras • 1 pimiento verde mediano • 1 pimiento morrón de lata • 2 dientes de ajo • 500 g de tomates maduros • 1 lata de guisantes • 13 tazas de agua • Sal • Perejil • Limón para decorar

Se pone el aceite en la olla; cuando esté caliente, se doran las ñoras y el ajo, se sacan a un mortero y se machacan con el perejil. Se reserva el majado. En la olla se va friendo el pollo sin dorarlo demasiado, añadiendo el pimiento verde y el morrón, y cuando estén casi hechos, se agrega el tomate sin piel ni semillas cortado en cuadritos. A continuación se rehogan los guisantes y se añade el arroz, se remueve y se incorpora el agua hirviendo y el contenido del mortero. Se tapa la olla y se deja cocer durante unos 10 minutos. Se destapa y se deja sudar el arroz durante otros 10 minutos. Se sirve adornado con rodajas de limón.

PAELLA MIXTA
Grado de dificultad bajo

INGREDIENTES PARA 6 PERSONAS
7 tacitas de arroz • 3 dientes de ajo • 3 tomates rojos maduros • 1/2 vaso de aceite • 1/2 conejo o 1/2 pollo troceados • 150 g de guisantes cocidos • 6 cigalas no muy grandes • 6 langostinos • 150 g de calamares cortados en rodajas • 250 g de mejillones • 250 g de almejas • Azafrán o condimento amarillo • Sal

Se pone una paellera al fuego y se echa el aceite. Cuando esté caliente, se ponen los tomates rallados y los ajos bien picados. A continuación, se echan los trozos de carne y se rehogan. Se incorpora entonces el arroz y se mezcla todo bien con una cuchara de palo; seguidamente se añaden los guisantes, los calamares, se vuelve a mezclar y se agrega el agua (el doble que de arroz); se echan la sal y el azafrán y se mantiene a fuego fuerte durante 5 minutos. Transcurrido este tiempo, se baja el fuego y se mantiene la cocción durante otros 15 minutos más. Cuando todavía tenga algo de caldo, se añaden las almejas y los mejillones, previamente cocidos, y se colocan las gambas y las cigalas encima del arroz, adornándolo.

Cuando el arroz esté en su punto, se aparta del fuego, dejándolo reposar durante unos 5 minutos, y se sirve en la misma paellera.

PAELLA MIXTA «CIEGA»
Grado de dificultad bajo

INGREDIENTES PARA 4 PERSONAS
350 g de arroz • 1 pimiento verde • 1 pimiento rojo • 1 cebolla • 100 g de pollo deshuesado • 100 g de magro de cerdo • 100 g de rape limpio • 4 gambas peladas • 4 cigalas peladas con cabeza • 50 g de calamares • 4 mejillones • 25 g de guisantes • 2 dientes de ajo • 1 hígado de pollo • 1/2 g de azafrán en hebra • 2 dl de aceite • 2 cucharadas de tomate triturado • Sal • Perejil picado • Agua, el doble de cantidad que el arroz

Se trocean los pimientos, la cebolla, el rape, el pollo, el cerdo y los calamares. En una paellera, se calienta el aceite y se sofríen los pimientos con la cebolla y las carnes. Se añaden los calamares y el tomate, y se rehoga todo junto añadiendo el pimentón y el arroz. Llegado a este punto, se agrega el agua, que en toda ocasión deberá ser caliente. Se deja que cueza a fuego fuerte y cuando empiece a hervir se añaden los guisantes, el marisco y el pescado. Aparte y en un mortero, se pone el hígado del pato,

la sal, los dos dientes de ajo y las hebras de azafrán. Se maja el conjunto y se obtiene una pasta fina que se añade a la paella, al mismo tiempo que se remueve. Se retira la paellera del fuego y se introduce en el horno a 140°. Cuando esté seca, se saca y se deja reposar durante 5 minutos. Se sirve en la misma paellera adornada con limón y perejil.

PAELLA PACHÁ
Grado de dificultad medio

INGREDIENTES PARA 5 PERSONAS
1 pollo de 1 y 1/2 kg • 4 chuletas de cerdo • 6 langostinos • 500 g de calamares • 5 tazas de arroz • 1 y 1/2 kg de camarones • 1 y 1/2 kg de almejas • 2 chorizos de cerdo ibérico • 4 cebollas grandes • 4 pimientos medianos • 3 dientes de ajo • 3 tomates frescos • 1 lata de pasta de tomate • 1 lata de salsa de tomate • 1 lata guisantes • Sal • Pimienta • Cebollino • Perejil • 6 cucharadas de aceite • 1/2 tarro de aceitunas sin hueso

Se parte el pollo en pedazos pequeños y se fríe bien. Luego se hace una salsa con una cebolla y media picada, un pimiento y medio picado y un tomate y medio picado. Se agrega una taza de agua y se cocina a fuego lento. Aparte, se fríe el chorizo en pedacitos, lo mismo que la chuleta. Se hierven los langostinos y se pelan, lo mismo que los camarones. Se limpian y cortan en trozos los calamares. Se hace una salsa con una cebolla y media, un pimiento y medio, y un tomate y medio, y se echa el líquido de los guisantes. Se le quita el hueso a todas las carnes y se cocinan las almejas con cebollino y perejil. En una paellera grande y honda se ponen seis cucharadas de aceite y se rehoga el arroz ya bien lavado. Se añade el líquido en que se cocinaron los mariscos, hasta que cubra bien el arroz, se echa el chorizo, el pollo y el cerdo sin hueso y con su salsa, los camarones enteros, los langostinos partidos en dos, las almejas limpias y los calamares en su salsa. También se incorpora el resto de la cebolla, cebollino, pimiento bien picado, la salsa y pasta de tomate, y se agregan los guisantes y las aceitunas. Se cocina a fuego fuerte durante 10 minutos; luego se tapa la paellera y se cocina a fuego muy lento otros 40 minutos. Cuando se sirve, se adorna con tiras de pimiento y algunas aceitunas.

PAELLA PARELLADA
Grado de dificultad medio

INGREDIENTES PARA 6 PERSONAS
1/2 kg de arroz • 6 muslos de pollo deshuesados • 6 salchichas • 150 g de lomo de cerdo • 12 gambas peladas • 6 langostinos pelados • 200 g de calamares • 24 mejillones grandes • 150 g de rape • 150 g de mero • 1 cebolla mediana • 4 alcachofas • 100 g de guisantes cocidos • 4 pimientos morrones • 4 tomates rojos maduros • 3 dientes de ajo • 1 cucharada de manteca de cerdo • 2 dl de aceite • Azafrán • 1 rama de perejil • 1 l de caldo de pescado • Sal

Se preparan las carnes cortándolas en dados. Se limpian los pescados de pieles y espinas y se cortan también en dados. Se lavan bien los mejillones, se cuecen en una olla, se les quitan las valvas y se reservan. Se lavan los calamares y se cortan en rodajas. Por otra parte, se limpian las alcachofas, quitándoles los tallos y las hojas duras de fuera, y se cortan en ocho trozos, reservándolas en agua con un chorrito de zumo de limón. Se pelan las cebollas y se pican muy fino. Se cortan en tiras los pimientos morrones y unas cuantas tiras se cortan en cuadraditos. Se lavan los tomates, se les quita la piel y las semillas y se pasan por el pasapurés. En un mortero, se echan sal, los ajos y las hebras de azafrán, y se maja todo bien. Preparado todo, se pone una paellera al fuego con el aceite y la manteca de cerdo. Cuando esté caliente, se echan los calamares, los trozos de pollo y el lomo de cerdo. Una vez dorados, se añade la cebolla picada y los trozos de alcachofa, se remueve todo bien y

se incorpora el puré de tomate. Se rehoga todo agregando un cucharón de caldo y dejándolo cocer unos 10 minutos. Se sube el fuego y se echa el arroz, los cuadraditos de pimiento morrón y los guisantes. Se añade el resto del caldo bien caliente. Se diluye con un poco de caldo el majado de los ajos y el azafrán y se añade a la paella. Se revuelve para que se mezclen los ingredientes. En una sartén aparte, se saltean con un poco de aceite los pescados y mariscos, espolvoreados de sal al gusto. Se colocan los pescados, gambas y langostinos, distribuidos por encima del arroz. Se ponen también las salchichas, cortadas en rodajas y las tiras de pimiento morrón de forma simétrica para que el plato quede bien adornado. Cuando lleve 5 minutos hirviendo a fuego fuerte, se baja el fuego y se mantiene la cocción a fuego suave hasta que el arroz esté bien seco. Antes de servir se deja reposar durante 5 minutos.

PAELLA SENCILLA
Grado de dificultad bajo

INGREDIENTES PARA 2 PERSONAS
200 g de arroz • 200 g de carne de cerdo cortada en trozos • 1/2 pollo en trozos • 200 g de judías verdes • 100 g de guisantes • 200 g de mejillones • 250 g de camarones • 200 g de tomates • 250 g de alcachofas • 2 pimientos rojos • Sal • Aceite • Ajos • Perejil • Azafrán • Vinagre de Módena

Se pone a macerar en vinagre de Módena el pollo y la carne de cerdo. Aparte se cuecen las verduras y se reservan. Se abren los mejillones y una vez limpios, se quitan las conchas. En una sartén honda se sofríen los ajos picados, se añade la carne que estaba en maceración y los demás ingredientes; se rehoga todo junto, se añade el agua y se deja cocer durante 15 minutos. Se cuela el caldo. En la paellera se ponen todos los ingredientes y se añade el arroz (siempre el doble de caldo que de arroz), se rectifica la sazón, se cuece a fuego moderado durante 10 minutos y se termina la cocción en el horno. Para finalizar, hay que dejar reposar unos minutos antes de servir.

PAELLA VALENCIANA DE LA HUERTA
Grado de dificultad bajo

INGREDIENTES PARA 3-4 PERSONAS
400 g de arroz • 1/2 pollo • 1/2 conejo
• 250 g de costilla de cerdo • 16 caracoles
• 100 g de tomates • 1 pimiento rojo • 2 dientes de ajo • 200 g de garrofons • 100 g de judías verdes
• Perejil • Azafrán • Pimentón • Pimienta • Aceite
• Sal

Se pone el aceite en la paellera al fuego. Cuando esté caliente, se sofríen el pollo, el conejo y la costilla de cerdo, todo troceado. Se le da vueltas hasta que se dore por igual. Se retiran los trozos de carne y se reservan. En el mismo aceite se rehoga el pimiento cortado a dados, añadiendo las judías y los garrofons. Se sofríe un poco y se añaden los ajos y el perejil, finamente picados. Antes de que tomen color, se incorpora el tomate rallado, se rehoga un poco y se espolvorea el pimentón. Se remueve rápidamente para que no se queme el pimentón, se colocan de nuevo las carnes y se riega con el agua caliente. Se sazona con sal y pimienta y se deja cocer un poco a fuego vivo, para luego bajarlo a fuego medio. Debe cocer unos 40 minutos. Se comprueba el punto de cocción de las carnes al añadir los caracoles y el azafrán. Se vuelve a subir el fuego y se echa el arroz procurando que quede bien repartido. Se deja cocer unos 12 minutos más. Se rectifica el punto de sal y dejamos que repose 5 minutos antes de servir.

PASTA AL CURRY 1
Grado de dificultad bajo

INGREDIENTES PARA 4 PERSONAS
400 g de pasta corta • 2 cebollas
• 50 g de pasas de Corinto • 25 g de piñones

• 200 ml de nata • 1 cucharadita de curry • Aceite
• Sal

Se cortan las cebollas en rodajas muy finas cociéndolas en aceite a fuego suave y tapadas hasta que veamos que quedan transparentes. Se añaden las pasas y los piñones y se fríen unos minutos. Luego se agrega la nata, se espolvorea el curry mezclándolo bien y se reserva. Por otro lado, se hierve la pasta en abundante agua con sal, se escurre, se dispone en una fuente de servicio y se vuelca encima la crema anterior, mezclándolo todo bien.

PASTA AL CURRY 2
Grado de dificultad bajo

INGREDIENTES PARA 4 PERSONAS
300 g de espaguetis • 250 g de cebolla
• 125 g de panceta • 250 cc de nata
• 100 g de mantequilla • Maicena • Sal
• Pimienta blanca

Se corta la cebolla en juliana fina, se rehoga, sin que tome color, en la mantequilla y se le añade la panceta cortada en tiras finas. En un bol, se ponen los huevos, la nata, la leche, la maicena, sal y pimienta blanca; removemos bien y añadimos la panceta con la cebolla. Mientras, en una olla aparte se pueden ir hirviendo los espaguetis en abundante agua con sal; se escurren cuando veamos que están al dente, se disponen en una fuente de servicio para luego llevar el plato a la mesa y se mezcla el preparado que hicimos anteriormente, removiéndolo todo muy bien.

PASTA CON ACEITUNAS
Grado de dificultad bajo

INGREDIENTES PARA 4 PERSONAS
400 g de *taglioni* • 200 g de aceitunas negras
• 100 g de queso Parmesano rallado
• 2 dientes de ajo • 1 chorro de aceite • Sal
• Pimienta

Se deshuesan las aceitunas, se pasan por la batidora con los ajos, el queso y un poco de aceite (el suficiente como para obtener un puré fino), y se reserva. Por otro lado, se hierve la pasta, se escurre bien en un colador y se dispone en una fuente de servir, colocando el puré de aceitunas en el centro de la masa de pasta.

PASTA CON GARBANZOS
Grado de dificultad bajo

INGREDIENTES PARA 4 PERSONAS
200 g de garbanzos (previamente dejados en agua por un día entero) • 6 dientes de ajo • Aceite de oliva virgen • Romero picado • Salsa de tomate • 200 g de *fettuccini* o *cannolicchi* • Sal • Pimienta

Se fríen tres dientes de ajo con medio vaso de aceite, se agregan los garbanzos, se dora, sazonamos con sal, pimienta y romero y lo cubrimos con agua. Se cuece durante más o menos 3 o 4 horas. En otra olla, se fríen en medio vaso de aceite los otros tres dientes de ajo, algunas cucharadas de salsa de tomate y sal; se vierten los garbanzos, se agrega la pasta y al final de la cocción, se vierte en platos soperos. Para finalizar, se espolvorea pimienta y se agrega un poco de aceite de oliva virgen.

PASTA CON LENTEJAS
Grado de dificultad bajo

INGREDIENTES PARA 4 PERSONAS
350 g de tallarines • 180 g de lentejas secas • 1 diente de ajo • 1 cucharada de albahaca picada • 1 hoja de albahaca fresca • 1 guindilla • Aceite • Sal

Lavamos las lentejas y las ponemos en un bol con agua tibia, dejándolas en remojo durante 12 horas; en una olla con agua salada hervimos las lentejas a fuego lento durante 40 minutos o hasta que estén tiernas. Mientras,

en otra olla con abundante agua hirviendo y sal, cocemos los tallarines hasta que estén al dente (unos 10 minutos aproximadamente), y aparte, en una sartén con aceite sofreímos el ajo picado con la albahaca troceada y la guindilla. A continuación, escurrimos las lentejas y las añadimos a la sartén, las salteamos durante 1 minuto y medio, y luego las retiramos del fuego. Para finalizar, añadimos los tallarines y un chorrito de aceite, mezclamos y adornamos con las hojas enteras de albahaca.

PASTA CON NATA
Grado de dificultad bajo

INGREDIENTES PARA 4 PERSONAS
400 g de pasta (de cualquier tipo) • 250 ml de nata para cocinar • 1/2 kg de carne picada • 1/2 kg de champiñones • Pimienta molida • Sal

Se fríe la carne con los champiñones bien lavados y cortados en láminas. Cuando éstos estén en su punto, se salpimienta al gusto. Seguidamente, se echa la nata a fuego lento y se mezcla hasta que esté todo ligado. Luego, se retira del fuego. Mientras, se cuece la pasta y, cuando esté en su punto, se escurre y se mezcla con el preparado anterior. Servir en caliente.

PASTA CON RAPE Y LANGOSTINOS
Grado de dificultad bajo

INGREDIENTES PARA 3 PERSONAS
300 g de pasta (*fettuccini* verde, por ejemplo) • 16 mejillones • 12 langostinos • 300 g de rape • 2 dientes de ajo • Aceite • Sal

Se abren los mejillones al vapor. Se pone aceite en la sartén y se sofríen los ajos cortados en láminas. Cuando estén un poquito dorados, es el momento de añadir el rape (poner sal antes) cortado en cuadraditos. Cuando esté casi hecho, se añaden los langostinos. Por otro lado habremos cocido la pasta al dente, la cual se añadirá en este momento, junto con los mejillones, y saltearemos todo. Servir con una crema de mariscos.

PASTA CON SALSA DE VODKA
Grado de dificultad bajo

INGREDIENTES PARA 4 PERSONAS
400-500 g de pasta cocida • 3 cucharadas de mantequilla • 2/3 de vaso de vodka • 1 buen pellizco de pimienta roja (cayena molida) • 1 lata pequeña de tomates al natural • 3/4 de vaso de nata (de la que se usa para montar) • Sal

En una sartén, fundir la mantequilla (es mejor no sustituir por aceite) y añadir el vodka. Cuando hierva, se añade la pimienta roja, los tomates y la sal. Una vez que los tomates se deshagan, se añade la nata y se deja que cueza sin llegar a hervir, unos 10 minutos aproximadamente es lo ideal. Mezclar con la pasta cocida, remover un instante y servir de inmediato.

PASTA FRESCA AL HUEVO
(cómo hacerla)
Grado de dificultad bajo

INGREDIENTES PARA 4 PERSONAS
300 g de harina de fuerza • 3 huevos • Sal • 1 hilo de aceite o un poco de leche (opcional)

Como no todas las harinas tienen el mismo poder absorbente, será preciso unas veces añadir a los ingredientes señalados una o dos cucharillas de líquido, en este caso huevo, aunque una o dos cucharillas de agua no le va mal, y en otros supuestos ocurrirá al revés, y lo que hará falta será añadir un poco más de harina. Una vez conocido esto, se comienza poniendo la harina en una mesa para amasar, haciéndole un hoyo en el centro y poniendo en el mismo los huevos (en este caso sin batir) y la sal. Se amasa bien y tiene

que quedar la masa aterciopelada (con un pequeño brillo satinado); como la masa habrá adquirido correa, la dejaremos reposar envuelta en un paño húmedo por espacio de media hora como mínimo. Una vez que ha transcurrido el tiempo de reposo, se pasa la masa por los rodillos lisos de la máquina, empezando con el máximo grosor (máxima separación entre rodillos) y rebajando el grosor a cada pasada que se haga. Si se ve que cuando pasa la pasta por los rodillos se pega, se espolvorea sobre la cinta de masa un poco de harina, se pliega y se vuelve a empezar a pasarla por la máquina desde el máximo grosor hasta el requerido para cada tipo de pasta. Una vez que la pasta esté estirada, de un grosor de uno a un milímetro y medio (será más o menos ancha dependiendo del tamaño de máquina que se use), se pasa la pasta por los rodillos de corte, rodillos para raviolis, para canelones o lasaña, etc. El recipiente donde se vaya a cocer la pasta, en cualquier caso, será grande (la regla general es que cada 100 g de pasta necesita un litro de agua, ya que si usamos poca agua obtendremos casi seguro una pasta pegajosa en vez de en su punto). Cuando se vaya a cocer pasta, recordad que la sal se echa al agua desde el principio. La pasta por su parte se echará al agua solamente cuando ésta se encuentre en ebullición, teniendo en cuenta que la pasta fresca espuma bastante y puede suceder que se rebose líquido del puchero de cocción. Además, cuando se echa la pasta al agua hirviendo, hay que removerla inmediatamente para que no se pegue, especialmente si se trata de madejas o formas planas como lasaña, *trencetti*, etc., pues tienden a pegarse unas con otras.
En cuanto al tiempo de cocción, no se puede dar un tiempo exacto; lo mejor es que pasados los primeros 3 o 5 minutos se saque una cata para probarla y cuando esté bien la cocción, al dente, se remata el plato, escurriendo la pasta y aderezándola según la receta que se vaya a usar. Recuérdese que la pasta hay que vigilarla durante el proceso de cocción.

PASTA FRESCA CON MEJORANA
Grado de dificultad bajo

INGREDIENTES PARA 3 PERSONAS
225 g de harina • 2 huevos grandes
• 200 g de nueces • 80 g de piñones
• 1 diente de ajo • 1 ramito de mejorana
fresca • Aceite • Sal

Deberemos tener en cuenta en cuanto a la elaboración de la pasta, todo lo expuesto en la receta anterior (véase), a saber: tamizar la harina con un poco de sal y poner, en forma de volcán, sobre la superficie de trabajo; colocar en el centro los huevos enteros y batir con un tenedor, llevando la harina, poco a poco, hacia el centro del volcán; una vez trabado, amasar enérgicamente durante unos 15 minutos para de esta forma llegar a obtener una masa elástica; dar forma de bola, envolver con plástico de cocina y dejar en el frigorífico durante 30 minutos aproximadamente; con ayuda de un rodillo de cocina, extender la masa hasta obtener una lámina fina, siempre teniendo cuidado para que no se nos rompa; espolvorear por ambas caras con harina para poderla trabajar mejor y cortar en trocitos regulares; dejar reposar sobre un paño de cocina durante 10 minutos, hasta que estén secos al tacto y volver a pasar por ellos el rodillo hasta que logremos unos trocitos lo más finos posible. Por otro lado, para ir elaborando el acompañamiento de la pasta que hemos hecho, en el recipiente de la picadora se mezcla el diente de ajo con abundantes hojitas de mejorana y se pica muy fino. Se añaden las nueces y los piñones y se vuelve a picar hasta obtener trocitos muy menudos. Se vierte un chorrito de aceite y se mezcla todo bien. Ya solamente queda cocer la pasta en abundante agua salada hasta que esté al dente, escurrirla, ponerla en un cuenco y mezclarla delicadamente con la crema de nueces, piñones, mejorana, ajo y aceite que hicimos con anterioridad. Se sirve de forma inmediata con hojitas de mejorana fresca.

PASTA FRÍA
Grado de dificultad bajo

INGREDIENTES PARA 4 PERSONAS
400 g de pasta corta • 1 pimiento verde
• 2 tomates maduros • 1 cucharada de alcaparras
• 1 rama de perejil • Albahaca • 40 g de queso
Parmesano rallado • 1 vaso de aceite oliva • Sal
• Pimienta

Se lavan los tomates, se pelan y se cortan en tiras finas, para de esta forma ponerlos en una fuente. Por otro lado, lavamos y secamos el pimiento y lo cortamos en tiras, lavamos las alcaparras, las picamos y las añadimos a los tomates. Así mismo, lavamos y escurrimos el perejil y la albahaca, picamos y añadimos a la salsa fría con el aceite, la sal y la pimienta. Aparte, se va hirviendo la pasta en abundante agua con sal, cuando esté al dente se escurre y luego la vertemos en la fuente. Mezclamos, condimentamos con el queso rallado y servimos.

PASTA RELLENA DE HÍGADO DE PATO
Grado de dificultad bajo

INGREDIENTES PARA 4 PERSONAS
12 láminas de lasaña • 200 g de hígado de pato fresco • 2 cucharadas de aceite • 1 chalota
• 1 dl de vino oloroso • 4 dl de caldo de ave concentrado • 1/2 cucharada de cebollino fresco picado • Sal • Pimienta

Cocemos la pasta hasta que esté al dente, la escurrimos y la ponemos sobre un paño para secarla; dividimos cada lámina en dos mitades, fileteamos el hígado de pato en porciones de 7-10 g cada una y salpimentamos. Ponemos cada trozo encima de la pasta y cerramos en forma de triángulo, presionando la punta. Reservamos en una fuente de horno, picamos y estofamos la chalota, vertemos el vino oloroso, y reducimos a la mitad. Añadimos el caldo de ave, y volvemos a reducir; salpimentamos al gusto y una vez hecho, colamos sobre la pasta, tapamos con papel de aluminio y dejamos calentar en el horno durante 5 minutos aproximadamente. Para finalizar este plato de pasta, decoramos con cebollino y servimos.

PASTA TRICOLOR CON SALSA DE ALCAPARRAS
Grado de dificultad bajo

INGREDIENTES PARA 4 PERSONAS
400 g de pasta tricolor • Sal marina

Para la salsa:
3 cucharadas de alcaparras • 1 cucharada de mostaza • 2 cucharadas de aceite • 3 cucharadas de jugo concentrado de manzana • 1/2 cucharada de curry • 1 cucharada de vinagre de arroz • 1/2 taza de agua • Albahaca fresca

Hacemos un puré con todos los ingredientes de la salsa. Por otro lado, cocemos la pasta hasta que esté al dente en abundante agua con sal marina; escurrimos. Para terminar, mezclamos la pasta cocida con la salsa que hicimos al principio y decoramos con albahaca antes de servir.

PASTEL DE PASTA
Grado de dificultad bajo

INGREDIENTES PARA 4 PERSONAS
300 g de macarrones • 200 g de queso Emmental rallado • 2 vasos de nata líquida • 3 huevos • Perejil • Sal • Pimienta

Cocemos los macarrones en abundante agua hirviendo con sal y escurrimos. Batimos los huevos y añadimos un vaso de nata, sazonamos con sal y pimienta y mezclamos con los macarrones. Batimos el queso Emmental con el resto de la nata y el perejil picado; sazonamos. Colocamos capas de macarrones y queso con nata, en un molde de corona, terminando la última capa con el queso rallado; luego, cocemos el pastel a 200°

en el horno durante 40 minutos (o 15 minutos en el microondas). Desmoldar para servir.

PIZZA
Grado de dificultad bajo

INGREDIENTES PARA MASA 1
300 g de harina • 1/2 vaso de leche • 10 g de levadura de cerveza o 20 g de levadura de panadero • 1 cucharadita de sal

INGREDIENTES PARA MASA 2
300 g de harina • 1/2 vaso de agua • 10 g de levadura de cerveza o 20 g de levadura de panadero • 3 cucharadas de aceite • 10 g de azúcar • 1 cucharadita de sal

INGREDIENTES PARA MASA 3
300 g de harina • 1/2 vaso de leche • 10 g de levadura de cerveza o 20 g de levadura de panadero • 3 cucharadas de aceite • 1 diente de ajo triturado • 1 cucharadita de perejil picado

En un poco de agua templada, se diluye la levadura. Se dispone la harina en un recipiente y se vierte sobre ella la levadura diluida, se va amasando y añadiéndole los ingredientes de la masa que se ha elegido. Se amasa todo el conjunto hasta obtener una masa homogénea y muy suave, añadiendo siempre que sea necesario leche, agua o harina, pues no todas las harinas absorben la misma cantidad de líquido. Es importante saber que siempre que se añada líquido, éste ha de ser templado. Se deja reposar la masa: el tiempo depende principalmente de la temperatura ambiente (una temperatura adecuada es de 25°), y debe estar con un buen grado de humedad. Para garantizar la humedad y que la masa no nos haga corteza, se tapa el recipiente con un paño húmedo, engrasando a su vez el recipiente para que la masa no se pegue. Una vez que la masa haya subido, hasta doblar su volumen como mínimo, se forma una bola. Con las manos se va aplastando la bola y, dándole un movimiento circular, se va formando un disco de un espesor de medio centímetro como máximo (los bordes deben de ser algo más gruesos que el centro, para poder retener sin que se viertan los ingredientes con que se quiera componer la pizza). Con respecto a la masa 2, añadir que el azúcar se mezcla al mismo tiempo que la sal. Para la masa 3, decir que el ajo y el perejil se mezclan pasados unos 20 minutos de reposo aproximadamente, y que a continuación, se debe poner a reposar nuevamente la masa hasta duplicar su volumen. En general, no hay que olvidar que existen en el mercado excelentes masas de pizza ya hechas y congeladas. Un consejo útil: cuando se hace pizza habitualmente, lo mejor es tener una fuente especial para hornear este tipo de pasta.

PIZZA DE ATÚN
Grado de dificultad bajo

INGREDIENTES PARA 6 PERSONAS
1 masa de pizza al gusto • 1 tomate maduro, pelado y triturado • 25 g de piñones • 150 g de atún en aceite • 200 g de pimientos rojos • 50 g de mozzarella • Sal • Pimienta • Orégano • Aceite

Se extiende con cuidado la masa de la pizza en una bandeja de horno previamente espolvoreada con harina (para que al final la masa no se quede pegada a la misma), se calienta el horno unos minutos antes y se hornea la masa a temperatura media durante unos 15 minutos. Por otro lado, se doran los piñones en un poco de aceite y se fríen los pimientos troceados y el tomate, hasta que se reduzca el jugo; se sazona, se agregan los piñones y el atún escurrido y se deja unos 5 minutos más. Esta mezcla es la que se distribuye sobre la masa de pizza y por encima, la mozzarella cortada en rodajas y el orégano. Se hornea nuevamente, a temperatura media, durante unos minutos más y se sirve.

PIZZA DE BEICON Y CEBOLLA
Grado de dificultad bajo

INGREDIENTES PARA 6 PERSONAS
1 masa de pizza al gusto • 150 g de beicon en lonchas finas • 3 cucharadas de pulpa de tomate • 1 cebolla en rodajas finas • 150 g de mozzarella • Sal • Pimienta • Orégano

Se extiende la masa sobre una bandeja de horno previamente espolvoreada con harina, se calienta el horno unos minutos antes y se hornea la masa a una temperatura media durante unos 15 minutos aproximadamente. Luego, se echa sobre la masa el tomate, la cebolla y el beicon, previamente pasado por la sartén para que pierda un poco de grasa, se salpimienta ligeramente, se cubre con la mozzarella en rodajas y se espolvorea con el orégano. Se hornea de nuevo hasta derretir bien el queso.

PIZZA DE BONITO FRESCO
Grado de dificultad bajo

INGREDIENTES PARA 6 PERSONAS
1 masa de pizza al gusto • 300 g de bonito fresco • 300 g de champiñones • 200 g de mozzarella • 1/2 taza de salsa de tomate • 1 pimiento rojo asado • 12 aceitunas negras deshuesadas • Aceite • Sal

Se extiende la masa sobre una bandeja previamente espolvoreada con harina, se calienta el horno unos minutos antes y se hornea a temperatura media unos 15 minutos. Transcurrido ese tiempo, cuando saquemos la masa del horno, se cubre la misma con la salsa de tomate y a continuación se dispone el bonito fresco. Se saltean el pimiento asado y los champiñones laminados, se escurren y se ponen por encima del bonito. Para finalizar, se cubre con el queso mozzarella cortado en rodajas finas, se esparcen las aceitunas y se hornea, nuevamente, durante 15 minutos a horno suave.

PIZZA DE CEBOLLA
Grado de dificultad bajo

INGREDIENTES PARA 6 PERSONAS
1 masa de pizza al gusto • 200 g de aceitunas
deshuesadas • 70 g de mantequilla • 1/2 kg de
cebollas • 50 g de mozzarella • Sal

Se extiende la masa sobre una bandeja
previamente espolvoreada con harina, se
precalienta el horno unos minutos y se hornea
la masa a temperatura media unos 15
minutos. Mientras, se corta la cebolla bien
fina y se fríe a fuego lento para que no se
dore. Se cubre la masa con las cebollas, la
mozzarella y las aceitunas. Se hornea durante
unos minutos más y se sirve.

PIZZA DE CUATRO QUESOS
Grado de dificultad bajo

INGREDIENTES PARA 6 PERSONAS
1 masa de pizza a elegir • 4 cucharadas
de pulpa de tomate • 80 g de queso Edam
• 80 g de queso Roquefort • 80 de queso Brie
• 80 g de queso de bola en lonchas finas
• 1 cucharada de aceite • Orégano

Se extiende la masa en una bandeja
previamente espolvoreada con harina, se
calienta el horno unos minutos antes y se
hornea a temperatura media unos 15
minutos. Luego, se cubre el fondo de la masa
con el aceite, se distribuyen las lonchas de
queso, cada tipo ocupando un cuarto de la
pizza, sin mezclarse, se rocía con aceite y se
espolvorea con orégano. Entonces va al horno
nuevamente, a temperatura media, durante
15 minutos más.

PIZZA DE FRUTOS DEL MAR
Grado de dificultad bajo

INGREDIENTES PARA 6 PERSONAS
1 masa de pizza al gusto • 400 g de tomates
maduros sin piel • 200 g de gambas escaldadas y

peladas • 100 g de almejas, abiertas al vapor, sin
cáscara • 100 g de melba en conserva • 150 g de
mozzarella • 1 cucharada de orégano • Sal • Aceite
• Perejil picado

Se extiende la masa de pizza en una bandeja
de horno previamente espolvoreada con
harina, se calienta el horno unos minutos
antes y se hornea la masa a temperatura
media durante 15 minutos. Pasado ese
tiempo, se saca la masa y se distribuyen sobre
la misma, los tomates, en rodajas finas, la
melba, escurrida y troceada, las gambas y las
almejas. Se rocía con aceite, se cubre con la
mozzarella y se espolvorea con el orégano y el
perejil. Se vuelve a hornear durante unos 15
minutos más.

PIZZA DE MAGRO DE CERDO
Grado de dificultad bajo

INGREDIENTES PARA 6 PERSONAS
1 masa de pizza a elegir • 200 g de carne de
magro de cerdo picada o cortada en tiras finas
• 2 tomates maduros • 200 g de mozzarella
• Aceite • 12 aceitunas negras deshuesadas
• Sal • Orégano

Se extiende la masa en una bandeja
previamente espolvoreada con harina,
se calienta el horno unos minutos antes y se
hornea a temperatura media unos 15
minutos. Mientras, se rehoga la carne en el
aceite, hasta que se dore, se salpimienta y se
distribuye sobre la masa, junto con los
tomates, pelados y cortados en rodajas,
la mozzarella y las aceitunas. Se vuelve a
hornear, a temperatura moderada, durante
15 minutos.

PIZZA DE MOZZARELLA
Grado de dificultad bajo

INGREDIENTES PARA 6 PERSONAS
1 masa de pizza al gusto • 250 g de mozzarella
• 100 g de aceitunas negras sin hueso • Orégano

• 1 pizca de guindilla molida • 2 tomates
• Sal • Azúcar • Aceite

Se extiende la masa fresca para hacer pizza
sobre una bandeja de horno previamente
espolvoreada con harina para que la masa no
se pegue, se precalienta el horno unos
minutos y se hornea la masa a temperatura
media alrededor de unos 15 minutos.
Mientras, se pelan los tomates, se trituran con
el aceite, la sal y un poco de azúcar y se
extiende sobre la masa cuando la saquemos
del horno (si queda una salsa de tomate
excesivamente líquida, se puede colar la pulpa
de los tomates para espesar); a continuación,
se corta la mozzarella en rodajas y se pone
sobre la salsa de tomate, se adorna con
aceitunas y se espolvorea toda la pizza con
orégano y guindilla molida. Se hornea de
nuevo a temperatura moderada hasta que se
funda el queso.

PIZZA DE MOZZARELLA Y ALBAHACA
Grado de dificultad bajo

INGREDIENTES PARA 6 PERSONAS
1 masa de pizza al gusto • 2 tomates maduros,
pelados • 150 g de mozzarella • 1 cebolla
• 20 hojitas de albahaca • 12 filetes de anchoas
en conserva • Aceite • Orégano

Se extiende la masa fresca de hacer pizza en
una bandeja previamente espolvoreada con
harina, se calienta el horno unos minutos
antes y en principio se hornea a temperatura
media durante 15 minutos aproximadamente.
Luego, se saca la masa del horno y se
disponen sobre ella, la cebolla y los tomates,
cortados en rodajas muy finas; a continuación,
las anchoas escurridas y la mozzarella cortada
en finas láminas. Una vez hecho todo esto, se
espolvorea la pizza con el orégano, se rocía un
poco de aceite y se esparcen las hojas de
albahaca. Para finalizar, se pone en el horno
de nuevo, a temperatura media, durante unos
15 minutos más.

PIZZA DE MOZZARELLA Y CILANTRO
Grado de dificultad bajo

INGREDIENTES PARA 6 PERSONAS
1 masa de pizza al gusto • 2 tomates maduros,
pelados • 150 g de mozzarella • 1 cebolla
• Cilantro fresco • Aceite • Orégano

Se extiende la masa en una bandeja
previamente espolvoreada con harina para
que la masa de pizza no quede adherida a la
misma, se calienta el horno unos minutos
antes y se hornea la masa a temperatura
media por un espacio de tiempo de 15
minutos. Transcurrido ese tiempo, se saca del
horno y se disponen sobre la masa, la cebolla,
los tomates, cortados en rodajas finas, y la
mozzarella, en láminas finas también. A
continuación, se espolvorea el orégano,
se rocía un poco de aceite sobre la pizza y se
esparce el cilantro fresco. Se pone en el horno
de nuevo, a temperatura media, durante unos
15 minutos.

PIZZA DE POLLO
Grado de dificultad bajo

INGREDIENTES PARA 6 PERSONAS
1 masa de pizza a elegir • 200 g de carne
de pollo, limpia y desmenuzada • 2 tomates
maduros • 200 g de mozzarella • Aceite
• 12 aceitunas negras deshuesadas • Sal
• Pimienta • Orégano

Se extiende la masa en una bandeja
previamente espolvoreada con harina,
se calienta el horno unos minutos antes y se
hornea a temperatura media unos 15
minutos. Mientras, se rehoga el pollo en el
aceite, hasta que se dore, y se salpimienta al
gusto, para luego distribuirlo sobre la masa
de pizza inicialmente horneada, junto con los
tomates, pelados y cortados en rodajas,
la mozzarella y las aceitunas. Se vuelve a
hornear, a temperatura moderada,
durante 15 minutos.

PIZZA DE PUERROS
Grado de dificultad bajo

INGREDIENTES PARA 6 PERSONAS
1 masa de pizza al gusto • 200 g de aceitunas deshuesadas • 70 g de mantequilla • 4 puerros grandes • 50 g de mozzarella • Sal

Se extiende la masa sobre una bandeja previamente espolvoreada con harina, se calienta el horno unos minutos antes y se hornea a temperatura media unos 15 minutos. Mientras, se lavan muy bien y se cortan los puerros (sólo la parte blanca) en rodajas y se fríen a fuego lento para que no se doren. Tras sacar la masa del horno, se cubre la misma con los puerros que hemos preparado, la mozzarella y las aceitunas. Luego, se hornea la pizza nuevamente unos minutos más y se sirve.

PIZZA DE SALAMI
Grado de dificultad bajo

INGREDIENTES PARA 6 PERSONAS
1 masa de pizza al gusto • 3 cucharadas de pulpa de tomate • 125 g de salami en rodajas • 1 pimiento verde asado y pelado • 150 g de mozzarella • 12 aceitunas verdes deshuesadas • Aceite • Sal • Orégano

Se extiende la masa sobre una bandeja previamente espolvoreada con harina (para evitar que la masa de pizza una vez hecha se quede pegada), se precalienta el horno unos minutos y se hornea la masa a temperatura media unos 15 minutos. Luego, se disponen sobre la masa, la pulpa de tomate e, intercaladas, las rodajas de salami y el pimiento verde asado y pelado en tiras, espolvoreado con un poco de sal. Para terminar, se rocía todo con un chorrito aceite, se espolvorea bien con el orégano, se cubre con el queso mozzarella laminado y se devuelve de nuevo al horno alrededor de otros 15 minutos.

PIZZA DE SARDINAS
Grado de dificultad bajo

INGREDIENTES PARA 6 PERSONAS
1 masa de pizza a elegir • 2 latas de sardinas en aceite • 1 pimiento rojo asado • 12 aceitunas negras deshuesadas • 2 tomates maduros en rodajas • 100 g de mozzarella fina • Aceite • Orégano

Se extiende la masa en una bandeja y se pone en el horno, precalentado, unos 15 minutos. Se saca y se colocan sobre la masa las rodajas de tomate, se rocían con aceite, se disponen las sardinas muy bien escurridas, abiertas por la mitad sin piel ni espinas, el pimiento rojo asado en tiras y la mozzarella bien fina. Se espolvorea con orégano y se vuelve a poner en el horno a temperatura media 15 minutos más (cuando falten sólo 5 minutos, es el momento de disponer las aceitunas negras deshuesadas sobre la pizza y terminar de hornearla).

PIZZA FANTASÍA
Grado de dificultad bajo

INGREDIENTES PARA 6 PERSONAS
1 masa de pizza a elegir • 100 g de queso Parmesano rallado • 1 cebolla en rodajas finas • 4 cucharadas de pulpa de tomate • 4 pepinillos en vinagre • 100 g de salami en rodajas • 2 cucharadas de alcaparras • Aceite • Sal • Orégano

Por un lado, se extiende la masa sobre una bandeja espolvoreada con harina, y se pone en el horno precalentado unos 15 minutos. Por otro lado, se rehogan las cebollas en aceite, hasta que queden transparentes, se sacan y se escurren (reservar ese aceite). Una vez que hayamos sacado la masa del horno, entonces se echa el tomate sobre la misma y, por encima, la cebolla y el salami. Además, el aceite de rehogar la cebolla que habíamos reservado, se mezcla con el queso Parmesano y se echa junto a los pepinillos, cortados en rodajitas muy finas, y las alcaparras. Para finalizar, se vuelve a hornear la pizza durante otros 15 minutos más a temperatura moderada.

PIZZA IBÉRICA
Grado de dificultad bajo

INGREDIENTES PARA 6 PERSONAS
1 masa de pizza a elegir • 100 g de jamón serrano en lonchitas muy finas • 100 g de lomo de caña tierno, en rodajas muy finas • Unas tiras de pimiento rojo asado • 2 dientes de ajo • 1/2 cebolla • 100 g de mozzarella partida en rodajas finas • 3 cucharadas de tomate triturado • Sal • Aceite • Orégano

Se extiende la masa sobre una bandeja previamente espolvoreada con harina, se precalienta el horno unos minutos y se hornea la masa a temperatura media unos 5 minutos; luego, se esparce el tomate triturado sobre ella. Se colocan a continuación el jamón y el lomo, de forma alterna, cubriendo por completo la superficie, se espolvorea con la mezcla de ajo y cebolla, aceite y orégano, se dispone la mozzarella y se hornea durante 15-20 minutos.

PIZZA JARDINERA
Grado de dificultad bajo

INGREDIENTES PARA 6 PERSONAS
1 masa de pizza al gusto • 1 tomate • 1/2 cebolla pequeña • 1/2 pimiento italiano • 1/2 calabacín pequeño • 50 g de mozzarella • Orégano • Sal • Aceite

Se extiende la masa en una bandeja previamente espolvoreada con harina, se precalienta el horno unos minutos antes y se hornea a temperatura media unos 15 minutos. Mientras, se rehogan y se condimentan los tomates, la cebolla, los pimientos y el calabacín. Sobre la pizza horneada se distribuye la verdura rehogada, la

mozzarella en rodajas y el orégano. Se hornea nuevamente, a temperatura media, unos minutos más y se sirve.

PIZZA MARGARITA
Grado de dificultad bajo

INGREDIENTES PARA 6 PERSONAS
1 masa de pizza al gusto • 2 tomates maduros medianos • 200 g de mozzarella • 1 cucharada de albahaca picada • Sal • Azúcar • Aceite

Se extiende la masa en una bandeja previamente espolvoreada con harina, se precalienta el horno unos minutos y se hornea a temperatura media unos 15 minutos. Se pelan los tomates, se trituran con el aceite, la sal y un poco de azúcar, y se extiende sobre la masa (si queda una salsa de tomate excesivamente líquida para nuestro gusto, se puede colar la pulpa de los tomates para espesarla); se corta la mozzarella en rodajas, se hecha la albahaca y se hornea nuevamente unos 10 minutos.

PIZZA MARINERA
Grado de dificultad bajo

INGREDIENTES PARA 6 PERSONAS
1 masa de pizza al gusto • 1 tomate pelado y triturado • 100 g de atún en aceite, escurrido • 50 g de mejillones en conserva • 50 g de mozzarella • 50 g de aceitunas negras deshuesadas • Aceite

Se extiende la masa en una bandeja previamente espolvoreada con harina, se calienta el horno unos minutos antes y se hornea a temperatura media unos 15 minutos. Luego se saca la masa del horno y se extiende el tomate sobre la base de la pizza, se pone el atún desmenuzado y los mejillones escurridos. Se colocan las aceitunas y se cubre con el queso. Se hornea nuevamente, a temperatura media, unos minutos más y se sirve.

PIZZA NAPOLITANA
Grado de dificultad bajo

INGREDIENTES PARA 6 PERSONAS
1 masa de pizza al gusto • 50 g de filetes
de anchoa en conserva • 100 g de mozzarella,
cortada en cubitos • 300 g de tomates
maduros, pelados y machacados • Sal
• Pimienta • Orégano
• Aceite

Se extiende la masa de pizza sobre una
bandeja, que previamente se habrá
espolvoreado con harina, se precalienta el
horno unos minutos y se hornea dicha masa a
temperatura media durante unos 15 minutos
aproximadamente. Posteriormente, se
distribuyen los ingredientes sobre la masa de
la pizza, se salpimientan, se echa un buen
pellizco de orégano y unas gotas de aceite.
Para finalizar, se hornea nuevamente la pizza,
a temperatura media, unos minutos más y se
sirve.

PIZZA ROQUEFORT
Grado de dificultad bajo

INGREDIENTES PARA 6 PERSONAS
1 masa de pizza al gusto • 250 g de queso
Roquefort • 1/2 cebolla • Orégano • 2 tomates
• Sal • Azúcar • Aceite

Por un lado, lo primero que se hace es
extender la masa en una bandeja
espolvoreada con harina, se calienta el horno
unos minutos antes y se hornea a temperatura
media unos 15 minutos aproximadamente.
Por otro lado, se va dorando la cebolla
finamente picada en el aceite, sobre la que a
continuación se agregan los tomates sin piel
y desmenuzados; se cocina un momento y se
condimenta. Sobre la pizza previamente
horneada, se distribuye luego la cebolla
y el queso Roquefort bien machacado,
se espolvorea el orégano al gusto, y de nuevo
se pone a horno moderado unos 15 minutos
más hasta que esté hecha.

PIZZA RÚSTICA
Grado de dificultad bajo

INGREDIENTES PARA 6 PERSONAS
1 masa de pizza al gusto • 2 tomates
pelados y triturados • 400 g de champiñones
laminados • 100 g de queso Parmesano rallado
• 12 aceitunas negras deshuesadas • Aceite
• Sal • Pimienta

Se extiende la masa de pizza fresca en una
bandeja previamente espolvoreada con harina,
se calienta el horno unos minutos antes y se
hornea a temperatura media unos 15
minutos. Luego, se unta la base de la pizza
con el tomate y se colocan los champiñones,
el queso Parmesano y las aceitunas, y se riega
con aceite. Se hornea nuevamente,
a temperatura media, unos minutos más
y se sirve.

PIZZA TROPICAL
Grado de dificultad bajo

INGREDIENTES PARA 6 PERSONAS
1 masa de pizza al gusto • 2 plátanos
• 2 rodajas de piña en conserva, escurridas
• 200 g de queso mozzarella en láminas
• Aceite

Se extiende la masa sobre una bandeja
previamente espolvoreada con harina (con el
fin de que la masa no se quede pegada), se
precalienta el horno unos minutos y se hornea
la masa a temperatura media alrededor de
unos 15 minutos. Tras sacar la masa del horno
transcurrido ese tiempo, se rocía la misma con
aceite y se cubre con la mitad de la mozzarella
cortada en rodajas finas. A continuación, se
van disponiendo en círculos alternados, los
plátanos pelados y cortados en rodajas y la
piña en trozos; además, se corta el resto del
queso en tiritas finas, se pone a intervalos
regulares y se hornea de nuevo la pizza,
durante 10 minutos, a temperatura media,
hasta alcanzar su total cocción para poderla
servir.

RAVIOLIS CON CASTAÑAS
Grado de dificultad bajo

INGREDIENTES PARA 4 PERSONAS
1 kg de castañas • 4 huevos • 300 g de
harina • 2 tazas de caldo • 2 hojas de laurel
• 3 hojas de salvia • 1 ramita de romero
• 100 g de queso Parmesano rallado
• 2 cucharadas de mantequilla
• Sal • Pimienta

Pelar las castañas y cocer en abundante agua
hirviendo, con una pizca de sal y una hoja de
laurel, durante 20 minutos. Escurrir y eliminar
la piel fina que las recubre. Entonces,
introducir en una cacerola, cubrir con el caldo,
incorporar el laurel restante, salar y cocer
hasta que hayan absorbido todo el caldo.
Escurrir las castañas y pasarlas por el
pasapurés. Añadir un huevo, tres cucharadas
de queso Parmesano, rectificar de sal y
mezclar bien. Por otro lado, hacer una pasta
con la harina, los huevos restantes, una pizca
de sal y cinco cucharadas de agua,
trabajándola bien hasta obtener una masa
homogénea. Extender con el rodillo hasta
dejarla en una lámina muy fina y, con un
cortapasta, cortar círculos de unos ocho
centímetros de diámetro. Introducir en el
centro de cada disco un montoncito del
relleno de castañas, humedecer los bordes con
agua, doblarlos por la mitad y sellar con la
yema de los dedos. Para finalizar, cocer los
raviolis en abundante agua hirviendo salada
hasta que estén al dente, escurrirlos y
condimentarlos con la mantequilla derretida
perfumada con las hierbas aromáticas picadas
muy finas, el queso restante y pimienta.

RAVIOLIS CON CHIPIRONES
Grado de dificultad bajo

INGREDIENTES PARA 4 PERSONAS

Para la pasta:
500 g de harina de trigo • 20 dl de aceite • 2 claras
de huevo • 1 bolsita de tinta de chipirón

Para el relleno de los raviolis:
2 chipirones rellenos • 100 g de merluza • 1 rama
de perejil picado

Amasamos todos los ingredientes de hacer la
pasta en un bol y removemos con una
cuchara hasta que espese. Estiramos la masa y
alisamos, y hacemos unos discos del diámetro
de un vaso; luego, metemos la merluza en el
chipirón y rellenamos los dos discos de pasta
encerrando dentro de cada uno de ellos un
chipirón. Cocemos durante 5 minutos en agua
hirviendo con un chorrito de aceite y sal.
Servimos con queso fresco cortado en dados.

RAVIOLIS CON MOSTAZA Y SETAS
Grado de dificultad bajo

INGREDIENTES PARA 4 PERSONAS
400 g de harina • 4 huevos • 1 kg de setas
• 1/4 de l de besamel • 1 cucharada de mostaza de
Dijon • 1 escalonia • 2 dl de crema de leche
• 100 g de mantequilla • 100 g de queso
Parmesano rallado • Pimienta blanca molida
• Sal

Hacemos una masa con la harina y los huevos,
y una vez que la tengamos, la dejamos
reposar un rato envuelta en film transparente.
Limpiamos por otro lado las setas, las picamos
en láminas y las freímos a fuego lento con
mantequilla; escurrimos las setas (guardamos
el jugo de cocción) y las trituramos hasta
obtener una pasta gruesa, la cual
mezclaremos con la besamel y seguiremos
cociendo hasta que espese. Posteriormente,
dejamos enfriar, extendemos la masa de la
pasta con un rodillo, cortamos círculos con un
molde y ponemos montoncitos de farsa sobre
ellos, los cubrimos con otros discos y los
cerramos por los bordes. Cocemos los raviolis
en abundante agua con sal, los escurrimos y
los ponemos en una fuente. Sofreímos la
escalonia finamente picada con un poco de
mantequilla, añadimos la mostaza y el jugo de
cocción de las setas y dejamos reducir. Para

terminar, añadimos la crema de leche, sazonamos con pimienta blanca y sal, dejamos a fuego medio hasta que espese, tapamos los raviolis con la salsa, los espolvoreamos con el queso rallado y gratinamos antes de llevar a la mesa.

RAVIOLIS CON SALSA DE NUECES
Grado de dificultad bajo

INGREDIENTES PARA 3 PERSONAS
300 g de raviolis rellenos de carne • 150 g de nueces peladas • 150 g de requesón • 50 g de piñones • 1 dl de aceite • 1 diente de ajo • Sal • Pimienta • Perejil

Cocemos los raviolis en abundante agua hirviendo con sal, ponemos en la batidora las nueces (reservando alguna para adornar), los piñones, el requesón, el aceite, el ajo, el perejil, la sal y la pimienta. Batimos hasta que obtengamos una masa lisa y homogénea, escurrimos los raviolis y los mezclamos con la salsa. Antes de servir, adornamos el plato con las nueces.

RAVIOLIS CON TOMATE
Grado de dificultad bajo

INGREDIENTES PARA 4 PERSONAS
400 g de raviolis • 4 tomates maduros • 1 cebolla mediana • 1 diente de ajo • 1 cucharada de orégano • Aceite • Sal

En una olla con abundante agua hirviendo con sal, cocemos los raviolis hasta que estén al dente, escurrimos y reservamos. Picamos la cebolla y el ajo, los freímos en una cazuela de barro con aceite hasta que se doren. Escaldamos los tomates en agua hirviendo durante 20 segundos, los pelamos y les quitamos las semillas, troceamos y añadimos a la sartén junto con la cebolla. Espolvoreamos la salsa de tomate con el orégano, la cocemos durante aproximadamente 20 minutos a fuego lento hasta que quede espesa, y

sazonamos. Por último, ponemos los raviolis en una fuente y vertemos por encima la salsa para servir.

RAVIOLIS CON VERDURAS
Grado de dificultad bajo

INGREDIENTES PARA 4 PERSONAS
400 g de raviolis de carne • 1 berenjena • 1 zanahoria • 2 calabacines • 200 g de judías verdes • 150 g de guisantes • Albahaca • 50 g de mantequilla • Sal • Pimienta

Limpiamos las berenjenas, la zanahoria, los calabacines y las judías, los cortamos por separado en daditos; lavamos, secamos y troceamos la albahaca. Por otro lado, derretimos la mantequilla en una sartén y añadimos la zanahoria y las judías, así como medio vaso de agua y un poco de sal y pimienta; añadimos los guisantes transcurridos 5 minutos, dejamos cocer las hortalizas otros 5 minutos más, añadimos los calabacines y las berenjenas en daditos, continuamos con la cocción 6 minutos más, y espolvoreamos la preparación con la albahaca. Mientras, podemos ir cociendo la pasta en una cazuela con abundante agua con sal, y una vez se encuentre la pasta al dente, la escurrimos y la ponemos en una fuente, la condimentamos con el «ragú de hortalizas», y por último removemos con cuidado para mezclar los todos ingredientes y servir.

RISOTTO AL AZAFRÁN
Grado de dificultad bajo

INGREDIENTES PARA 4 PERSONAS
270 g de arroz tipo redondo • 1,25 l de caldo de ave • 60 g de queso Parmesano recién rallado • 2 cebollas pequeñas picadas • 60 g de mantequilla • 3-4 hebras de azafrán • Sal • Aceite

En una cazuela se mezclan la mantequilla, el aceite y las cebollas picadas. Cuando estén transparentes, se añade el arroz y se sofríe unos instantes. Una vez que el arroz esté brillante, se añade un cacillo de caldo caliente y se lleva a ebullición, removiendo constantemente. Poco a poco, se añaden nuevos cacillos de caldo, ya que de lo que se trata es de que el arroz vaya absorbiendo lentamente el líquido. Se comprueba el punto de sal. Mientras, en un vaso, se ponen las hebras de azafrán y una pequeña cantidad del caldo casi hirviendo y se deja reposar como si se tratara de una infusión. Cuando veamos que el arroz está casi listo (al cabo de unos 12 minutos aproximadamente), se le añade el vasito que teníamos preparado del caldo con el azafrán, se remueve y se deja en el fuego unos minutos más, hasta que el arroz esté listo. Para servir este plato, se retira del fuego, se le echa el queso por encima, se remata con una bola de mantequilla y se deja reposar durante unos 5 minutos. Nota: el *risotto* al azafrán es el acompañamiento tradicional del «oso bucco».

RISOTTO CON BERBERECHOS
Grado de dificultad bajo

INGREDIENTES PARA 4 PERSONAS
250 g de arroz de grano redondo • 500 g de berberechos • 4 tomates medianos • 1/2 taza de vino blanco • 3 chalotas • Perifollo • Sal • Pimienta negra molida en el momento • 4 cucharadas de aceite • 4 cucharadas de queso Parmesano rallado

Se calienta el aceite en una sartén y se rehogan las chalotas picadas hasta que estén transparentes. Se añaden los tomates pelados y picados, y se rehogan también durante 10 minutos. Se pone al fuego una cacerola con agua (el doble del volumen del arroz más un cuarto), y se abren en ella los berberechos. Se cuela el caldo por un colador fino y se pone la mitad de éste en una cacerola agregando el sofrito, se remueve y, cuando comience a cocer, se añaden el arroz y el vino, se salpimienta y se cuece a fuego lento unos

15 minutos (añadiendo más caldo según se vaya consumiendo). Se incorporan los berberechos sin concha y el queso rallado, y por último, se deja cocer unos 2 o 3 minutos más, removiendo despacio y de continuo con una cuchara de madera. Se trata de un plato que debe servirse a la mesa inmediatamente.

RISOTTO CON BRÓCOLI Y JAMÓN
Grado de dificultad bajo

INGREDIENTES PARA 4 PERSONAS
300 g de arroz • 250 g de brócoli • 100 g de jamón de york • 1 cebolla grande • 1/2 taza de vino blanco seco • 2 cucharadas de aceite de oliva virgen • 4 cucharadas de queso Parmesano rallado • 2 tazas de caldo • Sal

Se separa el brócoli en ramitos, se lavan y escurren muy bien. Se pela la cebolla y se pica muy menuda. Se calienta el aceite en una cacerola y se rehoga la cebolla a fuego suave hasta que esté transparente. Se incorporan el brócoli y el jamón, se les da unas vueltas y se rehogan 5 minutos aproximadamente. Se agrega el arroz revolviendo todo con cuidado y mojándolo con el vino. Se remueve y se deja que evapore. Luego se va añadiendo el caldo poco a poco, según se vaya quedando seco el arroz. Se remueve varias veces para que el arroz suelte su almidón y de esta manera quede cremoso. Cuando notemos que el arroz está casi hecho, se rectifica el punto de sal al gusto, se añade el queso, se mezcla y se termina la cocción. Se sirve enseguida.

RISOTTO CON CIGALAS A LA CERVEZA
Grado de dificultad bajo

INGREDIENTES PARA 4 PERSONAS
300 g de arroz • 300 g de cigalas pequeñas • 1 pimiento verde • 1 zanahoria • 1 cebolla

mediana • 1 diente de ajo • 1 taza cerveza
4 cucharadas de aceite • 30 g de queso Parmesano
rallado • Sal • Pimienta

Se pelan las cigalas y se cuecen las cáscaras y
las cabezas en tres tazas de agua con sal
durante 5 minutos. Se cuela y se reserva el
caldo. Por otro lado, se calienta el aceite en
una cacerola y se rehoga la cebolla muy
picada hasta que esté transparente,
se agregan las verduras cortadas en juliana y
se les da unas vueltas. Se incorpora el arroz
y se rehoga un poco, mezclándolo con el
sofrito. Se riega con la cerveza y se revuelve;
cuando se vaya consumiendo el líquido, se va
agregando caldo poco a poco, moviéndolo
a menudo. Una vez que el arroz esté casi en
su punto, se incorpora el queso y se mezcla
bien, se agregan las colas de las cigalas, se
revuelve de nuevo y en el momento en que el
marisco cambie de color, se aparta del fuego
y se sirve. Este arroz debe quedar con una
consistencia cremosa.

RISOTTO CON ESPÁRRAGOS
Grado de dificultad bajo

INGREDIENTES PARA 2-3 PERSONAS
200 g de arroz • Manojo de espárragos trigueros
• 1 cebolla grande • 1 diente de ajo • Perejil
• 1 pastilla de caldo vegetal • Queso Parmesano
rallado • Vino blanco • Sal • Pimienta

Se pone a pochar la cebolla bien picadita a
fuego lento con el diente de ajo y, cuando
empiecen a dorarse, se añaden los espárragos
previamente troceados y se deja que se
mezcle todo durante unos minutos.
Transcurrido este tiempo, se añade el arroz y
se rehoga todo, añadiendo un buen chorro de
vino blanco. En una cazuela aparte, ponemos
a cocer el agua con la pastilla de caldo
vegetal. Se añade la mezcla (cebolla, ajo,
espárragos y arroz) al agua y se echa otro
buen chorro de vino blanco. Se deja que
cueza a fuego lento y se tapa. Cuando
veamos que el arroz está casi cocido, se añade

el perejil picado. Este plato se sirve con
abundante queso Parmesano rallado.

RISOTTO CON HIERBAS AROMÁTICAS
Grado de dificultad bajo

INGREDIENTES PARA 5-6 PERSONAS
4 tacitas de arroz • 1 cebolla grande
• 2 cucharadas de tomate frito • Tomillo • Romero
• Albahaca • 2 hojas de salvia • 8 cucharadas
de aceite • 1 vaso de vino blanco • 8 tazas de caldo
de verduras • 4 cucharadas de queso Parmesano
rallado • 8 cucharadas de nata líquida
• Sal • Pimienta

Se fríe en el aceite la cebolla pelada y picada
finamente, sin que llegue a tomar color; se
añaden el tomillo, el romero, la albahaca y la
salvia picados. Se incorpora luego el tomate y
se rehoga encima de todo esto el arroz
durante unos minutos. Se riega con el vino, se
remueve sobre el fuego y, cuando empiece a
quedarse seco, se añade el caldo de verduras
poco a poco, sin dejar de remover durante 20
minutos. A los 10 minutos aproximadamente
de la cocción, se añade el queso rallado y 5
minutos después la nata líquida. Se
comprueba el punto de sal y pimienta y se
añade algo más de caldo si se necesitase para
que el plato quedase en su punto.

RISOTTO CON HONGOS Y CEBOLLA
Grado de dificultad bajo

INGREDIENTES PARA 4 PERSONAS
400 g de arroz •1 litro de caldo de pollo • 60 g de
mantequilla • 1 diente de ajo picado • 2 cebollas
medianas picadas • 150 g de champiñones de lata
fileteados • 15 g de hongos desecados remojados y
escurridos • 40 g de perejil • 100 g de queso
Parmesano rallado • Sal • Pimienta

Se coloca en una cacerola la mantequilla y se
fríen la cebolla y el ajo hasta que estén

dorados. Se agrega el arroz y se mezcla bien. Se añade una taza de caldo bien caliente y se lleva a ebullición, dejándolo hervir hasta que se evapore todo el líquido. Se añade entonces otra taza de caldo y se repite la misma operación. Cuando ya casi no quede líquido, entonces se agregan los champiñones y los hongos, sin dejar de añadir caldo cada vez que éste se evapore. Una vez que ya se le ha agregado todo el caldo y cuando el arroz lo ha absorbido, se comprueba cómo está de sal y pimienta, se baja a fuego lento y se incorporan el perejil y el queso. Por último, se tapa la cacerola y se deja aproximadamente un par de minutos más antes de retirar. Se sirve inmediatamente.

RISOTTO CON MANITAS DE CORDERO
Grado de dificultad medio

INGREDIENTES PARA 6 PERSONAS
4 tacitas de arroz •1 kg de manitas de cordero • 250 g de champiñones • 2 cebollas • 2 dientes de ajo • 2 cucharadas de perejil picado • 8 cucharadas de aceite • 12 tacitas de caldo de cocer las manitas de cordero • 8 cucharadas de nata líquida • Sal

Se limpian bien las manitas de cordero, se cuecen en la olla exprés durante 30 minutos y posteriormente se deshuesan. Por otro lado, se pelan y pican las cebollas y los dientes de ajo; se limpian muy bien los champiñones, se filetean y se rehogan en un poco de aceite; se reservan. En el aceite que sobra, se fríen la cebolla y el ajo picados hasta que estén tiernos y se añade el perejil picado. Se incorpora y rehoga el arroz durante unos minutos, se añaden los champiñones y las manitas de cordero, se riega con las cuatro tazas de caldo de hervir las manitas y se remueve todo en el fuego. Se sazona al gusto y se continúa añadiendo el resto del caldo durante 20 minutos. 5 minutos antes de terminar, se añade la nata líquida. Se sirve en caliente.

RISOTTO CON SETAS Y CONFIT DE PATO
Grado de dificultad bajo

INGREDIENTES PARA 6 PERSONAS
4 tacitas de arroz • 250 g de confit de pato en lata cortado menudo • 1 cebolla • 12 tacitas de caldo de ave • 200 g de setas • 4 cucharadas de nata líquida • 100 g de queso manchego curado y rallado • Sal

Se escurre el confit de pato de la grasa que lleva y se calientan cuatro cucharadas de esta grasa en una sartén, salteando en ella las setas una vez limpias y cortadas en láminas. Cuando se hayan hecho, se sacan del fuego y se reservan. En la grasa que sobra de haber salteado las setas, se fríe la cebolla finamente picada y, antes de que llegue a tomar color, se rehogan encima las cuatro tazas de arroz, añadiendo a continuación el confit y las setas. Como es habitual en el *risotto*, se van incorporando las tazas de caldo poco a poco, removiendo continuamente durante 20 minutos. Se comprueba que durante la cocción el arroz no se quede seco y se sazona con la sal al gusto. Diez minutos antes de que termine la cocción del arroz, es cuando se le debe de añadir el queso manchego curado rallado y, un poco más tarde, se incorpora para terminar la nata líquida. Servir inmediatamente.

RISOTTO CON TRUCHA
Grado de dificultad bajo

INGREDIENTES PARA 4 PERSONAS
300 g de arroz • 300 g de trucha ahumada • 1 cebolla mediana • 5 cucharadas de aceite • 200 g de setas de cardo • 2 y 1/2 tazas de caldo de pescado • 50 g de queso Parmesano rallado • 1/2 taza de nata líquida • Sal • Pimienta

Se parten a lo largo los filetes de trucha, se lavan y trocean las setas, se pela la cebolla y se pica menudamente. Se pone a calentar el aceite en una cacerola y se rehoga la cebolla a fuego muy suave, hasta que esté transparente. Luego, se incorporan los filetes de trucha, se saltean vuelta y vuelta, se sacan y se reservan. Se incorpora el arroz a la cacerola, se remueve y se riega con el caldo, que se vierte poco a poco, según lo vaya requiriendo, mezclando con una cuchara de madera a menudo. Cuando veamos que el arroz está a medio cocer, es el momento de añadirle el queso rallado; entonces, se revuelve y continúa la cocción. Cuando el arroz haya absorbido el caldo, se agrega la nata, se salpimienta al gusto, se coloca la trucha sobre él y cuando esté caliente, se sirve enseguida.

RISOTTO DE BRÓCOLI Y CHORIZO
Grado de dificultad medio

INGREDIENTES PARA 8 PERSONAS
1 kg de arroz de grano redondo • 6 chorizos • 400 g de brócoli cocido • 2 cebollas • 1 diente de ajo • 1 pimiento rojo • 300 g de queso Parmesano rallado • Caldo de verduras • 200 cc de vino blanco • 50 g de mantequilla • Perejil • Sal • Pimienta

Para empezar, se asan los chorizos en una parrilla y en las mismas brasas, se calienta una cacerola plana y se saltean, con poco aceite, la cebolla y el ajo picados finamente; se añade a continuación el pimiento rojo, cortado en daditos, se incorpora el arroz y se rehoga hasta que se transparente. Se añade, poco a poco, el vino y se deja hervir hasta que se evapore por completo el alcohol. Luego, muy lentamente, se incorpora el caldo de verduras caliente y se mueve, de forma constante, hasta que esté al dente. Se pica con la batidora el brócoli, se agrega al *risotto* junto con los chorizos asados cortados en tres, la mantequilla, el perejil, la sal, la pimienta y el queso Parmesano rallado. Para terminar, se mezcla todo muy bien y se sirve inmediatamente.

RISOTTO DE CARABINEROS
Grado de dificultad bajo

INGREDIENTES PARA 4 PERSONAS
350 g de arroz • 8 carabineros • 150 g de tomate • 1 pimiento verde • 1cebolla mediana • 200 g de champiñón • 4 cucharadas de aceite de oliva virgen • 2 cucharadas de queso Parmesano rallado • Sal • Pimienta

Se pelan los carabineros y se cuecen las cáscaras y las cabezas en un litro de agua, se cuelan y se reserva el caldo. Se pica la cebolla, se calienta el aceite en una cacerola y se rehoga la cebolla hasta que esté transparente. Se incorporan el pimiento, cortado en tiras, los champiñones enteros y los tomates picados, se revuelve y se agrega el arroz. Se mezcla bien y se añade la mitad del caldo, moviendo a menudo. Cuando se vaya secando, se continúa agregando caldo para que siempre esté jugoso, y se salpimienta. Se añade el queso, se mezcla y cuando el arroz esté en su punto, se aparta. Se hacen unas brochetas con los carabineros, el pimiento verde y los champiñones. Se sirve el *risotto* con las brochetas en un lado.

RISOTTO DE ESPINACAS Y COCOCHAS
Grado de dificultad bajo

INGREDIENTES PARA 6 PERSONAS
4 tacitas de arroz • 1/2 kg de cocochas frescas de merluza • 1/2 kg de espinacas • 2 cebollas • 2 dientes de ajo • 12 tacitas de caldo de pescado • 8 cucharadas de aceite • 8 cucharadas de nata líquida • Sal • Pimienta

Se separan las hojas de las espinacas, se lavan y escurren para retirar todo el agua; se limpian las cocochas, se escurren, secan y sazonan. Se pelan los dientes de ajo y las cebollas, se pican muy finos y se fríen lentamente en aceite en una cacerola. Antes de que tomen color, se añaden las espinacas y se rehogan. Se incorpora el arroz y se rehoga durante unos 5 minutos. Se añaden las cococchas y se remueve sobre el fuego, pero con cuidado para que no se rompan. Se riega con cuatro tacitas del caldo de pescado hirviendo sin parar de remover. Luego, poco a poco se va añadiendo el resto del caldo en varias veces durante 20 minutos; se sazona con la sal y la pimienta al gusto. Casi al final, se añade la nata, se revuelve y se comprueba el punto de sal así como el arroz. Se sirve caliente y recién hecho.

RISOTTO DE ESPINACAS Y GORGONZOLA
Grado de dificultad bajo

INGREDIENTES PARA 2-3 PERSONAS
250 g de arroz • 200 g de espinacas congeladas • 100 g de queso Gorgonzola • 1 cebolla • 3/4 de vaso de vino blanco seco • 2 pastillas de caldo de carne • 30 g de mantequilla • Sal • Aceite

Se disuelven las pastillas de caldo en un litro de agua caliente, se cuecen las espinacas en agua con sal, se escurren y se pican. Se rehoga la cebolla picada en un poco de aceite y cuando esté transparente, se añade el arroz y se sofríe durante unos minutos removiendo continuamente. Se incorpora el vino y cuando se haya evaporado parte, se añade un tercio del caldo. Se deja hervir, removiendo de vez en cuando, hasta que el arroz haya absorbido el caldo, y se continúa añadiendo el caldo restante hasta que el arroz lo absorba de nuevo. Unos 5 minutos antes de finalizar la cocción, se añaden las espinacas, el queso cortado en trocitos y la mantequilla, y se rectifica de sal.

RISOTTO DE JAMÓN Y BOLETUS
Grado de dificultad bajo

INGREDIENTES PARA 4 PERSONAS
350 g de arroz de grano redondo • 3 tazas de caldo de carne • 100 g de jamón serrano • 100 g de boletus • 1 cebolla mediana • 3 cucharadas de aceite • 1 tacita de vino blanco seco • Perejil • Sal • Pimienta

Se pone el arroz en un colador grande, se pasa por agua fría para que pierda el almidón y se escurre bien. Por otro lado, se limpian y trocean los boletus, se pica el jamón, y se pela y pica la cebolla muy menuda. Se calienta el aceite y la mantequilla en una cacerola y se rehoga la cebolla a fuego lento, hasta que esté transparente. A continuación, se agregan los boletus y el jamón, y se rehoga todo junto durante unos minutos. Se incorpora el arroz, se salpimienta al gusto, se riega con la tacita de vino blanco, y cuando se haya evaporado, se añade el caldo caliente, poco a poco, removiendo de vez en cuando, según se vaya evaporando. El arroz debe quedar meloso pero al dente. Se espolvorea con perejil picado justo al servir.

RISOTTO DE MOLLEJAS
Grado de dificultad bajo

INGREDIENTES PARA 6 PERSONAS
4 tacitas de arroz • 1/4 kg de mollejas de ternera • 2 cebollas • 1 diente de ajo • 8 cucharadas de aceite • Hebras de azafrán • 4 cucharadas de queso Parmesano rallado • 12 tacitas de caldo de carne • 4 cucharadas de nata líquida • Sal • Pimienta

Se limpian muy bien las mollejas con agua y vinagre, se sazonan y se saltean en aceite caliente en una sartén; se reservan y en el mismo aceite, se fríen lentamente la cebolla y el ajo picados finamente. Se incorpora entonces el arroz, se sofríe añadiendo las mollejas y las hebras de azafrán, y se va regando con el caldo caliente, removiendo constantemente durante 20 minutos. Se sazona con sal y pimienta al gusto. Diez minutos antes de terminar la cocción, se añade la mitad del queso y poco después la nata líquida. Se sirve caliente con queso rallado por encima.

RISOTTO DE POLLO A LA ITALIANA
Grado de dificultad bajo

INGREDIENTES PARA 4 PERSONAS
250 g de arroz de grano largo • 350 g de pechuga de pollo cocida y picada • 1 cebolla • 2 cucharadas de aceite • 1 puerro • 1 pimiento verde
• 1 cucharadita de pimentón dulce • Comino molido • Zumo de 1/2 limón • 25 g de aceitunas negras sin hueso • 1/2 l de caldo de pollo
• 1 cucharadita de ralladura de limón • Sal
• Pimienta

Se pela y pica la cebolla, se lava y corta el puerro en rodajas, se lava el pimiento verde, se corta en aros y se trocea el pollo en dados. Se ponen el aceite, la cebolla, el puerro, el pimiento y las especias en una cacerola ancha y se sofríen a fuego vivo de 5 a 7 minutos, removiendo una vez durante ese tiempo. Se añaden el pollo, el zumo y la ralladura de limón, las aceitunas, el caldo y el arroz. Se salpimienta al gusto y se mezcla bien, se tapa y cuece un máximo 13 minutos. Se deja reposar tapado durante 10 minutos. Se mezcla cuidadosamente con un tenedor y se sirve caliente.

RISOTTO DE PUERROS
Grado de dificultad bajo

INGREDIENTES PARA 6 PERSONAS
4 tacitas de arroz • 2 puerros • 120 g de queso Gorgonzola • 4 vasos de caldo vegetal
• 2 cucharadas de nata líquida • 1cucharada de .queso Parmesano rallado • 3 cucharadas de mantequilla • Pimienta • Sal

Se corta el queso Gorgonzola y se riega con la nata líquida. Se quitan las hojas y la parte verde del puerro y se corta en rodajas finas; se rehoga con la mantequilla, se añade el arroz, se incorpora el caldo y se cuece 15 minutos más. Se va añadiendo poco a poco el resto del caldo y por último se agregan el queso Gorgonzola y la nata líquida y se deja

hervir 4 minutos más. Se retira del fuego el arroz y se mezcla con la mantequilla y el queso Parmesano, se salpimienta al gusto y se sirve.

RISOTTO MIXTO
Grado de dificultad bajo

INGREDIENTES PARA 2 PERSONAS
250 g de arroz • 500 cc de caldo de carne caliente • 200 g de ternera cortada en dados • 250 g de pollo cortado en dados • 200 g de cerdo cortado en dados • 100 g de chorizo en trocitos • 100 cc de aceite • 50 g de manteca de cerdo • 1 cebolla grande picada • 2 tallos de apio picado
• 1 zanahoria mediana rallada • 1/2 cucharadita de curry • 1 cucharada de orégano • 1 cucharadita de pimentón dulce • Sal • Pimienta

En una cacerola se coloca el aceite y la manteca y se saltea la ternera, el cerdo y el pollo, dándoles vueltas para que de esta forma se hagan por igual; se agregan la cebolla, el apio, la zanahoria, y el arroz. Se rehoga todo unos minutos y se incorpora el vino blanco; se desgrasa con una espumadera y se continúa revolviendo con cuchara de madera hasta que se reduzca y se evapore el alcohol. Se agrega la mitad del caldo, se pone la preparación a fuego bajo y se condimenta con el curry, el pimentón, el orégano, la sal y la pimienta. Se añade el chorizo y se va incorporando el resto del caldo de tanto en tanto, hasta que el arroz esté listo. La preparación debe quedar jugosa pero no líquida. Por último, se apaga el fuego y se deja reposar 5 minutos antes de servir. Si se desea, puede acompañarse el plato con queso rallado.

RISOTTO VERDE
Grado de dificultad bajo

INGREDIENTES PARA 6 PERSONAS
300 g de arroz de grano redondo • 500 g de verduras verdes del tiempo • 1 vasito de vino blanco

seco • 60 g de queso Parmesano rallado • 1 cebolla pequeña picada • 20 g de mantequilla • 1l de caldo de ave • Aceite • Sal

Se limpian bien las verduras y se cortan en juliana. Se pica la cebolla y se dora en aceite y mantequilla en una cacerola grande. Se añade el arroz junto a todas las verduras. Se deja tostar durante unos instantes, se añade el vaso de vino blanco y se deja que se evapore. Se echa un cazo del caldo caliente, se lleva a ebullición y se van agregando cazos de caldo poco a poco, y removiendo de vez en cuando. Se comprueba el punto de sal. Cuando el arroz esté listo, se añade el queso Parmesano y un poco de mantequilla, y se sirve muy caliente.

TALLARINES A LA CARBONARA
Grado de dificultad bajo

INGREDIENTES PARA 4 PERSONAS
500 g tallarines • 200 g de beicon en tiras • 150 g de champiñones • 500 cl nata líquida • 200 g queso manchego • 4 huevos • Aceite • Sal • Pimienta

Hervir los tallarines en abundante agua con sal y un chorrito de aceite. Por otra parte, poner el beicon en una sartén (sin aceite) y cuando empiece a dorarse, añadir los champiñones lavados y cortados en lonchas finas. Mezclamos en un bol la nata, los huevos, el queso rallado y salpimentamos. Cuando la pasta esté al dente, escurrir y añadir el sofrito de beicon y champiñón, mezclar bien e incorporar la salsa de nata. Poner entonces al fuego unos 2 minutos para que cuaje el huevo y servir muy caliente.

TALLARINES A LA PARTISANA
Grado de dificultad bajo

INGREDIENTES PARA 4 PERSONAS
400 g de tallarines al huevo • 2 *scalogni* (cebolla de Ascalonia, ciudad de Palestina) • 1 diente de ajo

• 1/2 vaso de vino tinto • 150 g de salsa de tomate • 6 nueces • 1/2 vaso de leche de almendras • 1 rama de perejil • Sal • Pimienta

Se fríe la cebolla con el ajo, a continuación se añade el vino tinto, el cual se hace evaporar; se agrega la salsa de tomate y se lleva a cocción, aumentando con la leche de almendras. Se sazona entonces con la sal y la pimienta al gusto. Por otro lado, se pelan las nueces y se pican. Mientras, hemos cocido los tallarines al dente, los hemos escurrido y entonces se condimentan con la salsa. Por último, espolvorear las nueces y el perejil picado para servir.

TALLARINES BOLOÑESA
Grado de dificultad bajo

INGREDIENTES PARA 2 PERSONAS
250 g de tallarines • 200 g de carne picada • 2 puerros • 2 zanahorias • 2 cebolletas • Mantequilla • Salsa de tomtate • Aceite • Sal • Pimienta

Se cuece la pasta en agua hirviendo con mantequilla, durante 8 minutos, se escurre cuando está lista y se pasa por agua fría; a continuación se saltea con mantequilla. Por otra lado, se rehoga la verdura picada, se incorpora la carne y la salsa de tomate, y luego se salpimienta. Añadimos la carne a los tallarines y servimos.

TALLARINES CON ALCACHOFAS
Grado de dificultad bajo

INGREDIENTES PARA 3 PERSONAS
300 g de tallarines • 8 alcachofas • 1 limón • Perejil • 1 chalota • 150 g de queso Emmental rallado • 20 g de mantequilla • 4 cucharadas de aceite • Sal • Pimienta

Limpiamos las alcachofas eliminando los tallos, las hojas duras y las puntas, las cortamos en gajos y las metemos en un bol con agua fría con un poco de zumo de limón; limpiamos y picamos el perejil. Pelamos la chalota y la picamos finamente, ponemos el aceite en una cazuela y lo rehogamos sin que llegue a dorarse, añadimos las alcachofas y las sofreímos ligeramente, salpimentamos y dejamos cocer 8 minutos con el recipiente tapado, las removemos de vez en cuando, y antes de retirarlas del fuego, las espolvoreamos con el perejil picado. Aparte, cocemos los tallarines en una olla con abundante agua y sal, los escurrimos, guardamos la mitad de las alcachofas, condimentamos los tallarines con el resto de los ingredientes y añadimos la mitad del queso rallado. Para ir finalizando, ponemos los tallarines en una fuente para horno, la cual untamos previamente con mantequilla, ponemos alrededor las alcachofas reservadas, espolvoreamos el resto del queso y metemos la fuente al horno a gratinar alrededor de unos 10 minutos.

TALLARINES CON CARNE
Grado de dificultad bajo

INGREDIENTES PARA 2 PERSONAS
250 g de tallarines • 100 g de carne de cerdo picada • 1 kg de tomates • 2 cebollas • 1 pimiento verde • Azúcar • Orégano • Aceite • Sal

Por una parte, se cuecen los tallarines en abundante agua con sal y un chorrito de aceite hasta que estén al dente. Por otra parte, se rehogan las cebollas y el pimiento verde picados finamente. Una vez que estén dorados, se añaden los tomates limpios y troceados. Se deja cocer 20 minutos y se agrega el orégano, la sal y un poco de azúcar, momento a partir del cual se deja cocer otros 5 minutos más. Se rehoga entonces la carne picada con aceite, se añade a la salsa de tomate y se deja hacer todo junto alrededor de 5 minutos. Cuando esté, se mezcla con la pasta.

TALLARINES CON ESPÁRRAGOS Y LIMÓN
Grado de dificultad bajo

INGREDIENTES PARA 2 PERSONAS
400 g de espárragos verdes • 150 g de tallarines • 1 vaso de leche desnatada • 50 g de queso fresco • 50 g de margarina *light* • La cáscara de 1 limón • Albahaca • Nuez moscada • Queso Parmesano rallado • Pimienta • Sal

Lavamos muy bien los espárragos verdes y les quitamos la parte más dura; los cortamos en trozos, los cocemos en agua hirviendo con sal durante 5 minutos y los escurrimos. Cocemos la pasta al dente en agua con sal, se escurre y se pone en una fuente honda. Derretimos la margarina en una sartén, añadimos la leche, la cáscara de limón rallada, un poco de nuez moscada, la albahaca picada, sal y pimienta; se deja hervir unos minutos, se añaden los espárragos y el queso fresco con un poco de agua de cocción, se da un hervor, se vierte sobre la pasta y se sirve con queso rallado al gusto.

TALLARINES CON GUISANTES
Grado de dificultad bajo

INGREDIENTES PARA 3 PERSONAS
300 g de tallarines • 250 g de guisantes • 200 g de champiñones • 100 g de puré de tomate • 150 ml de caldo vegetal • 1 cebolla • Aceite • Queso Parmesano rallado • Azúcar • Sal • Pimienta

Picar finamente la mitad de la cebolla y freírla en dos cucharadas de aceite hasta que esté doradita. Añadir el puré de tomate, sazonarlo con un poco de sal y una pizca de azúcar y cocer tapado, a fuego suave, durante unos 15 minutos, removiéndolo de vez en cuando. Por otra parte, lavar los champiñones bajo el chorro de agua fría y quitarles la parte terrosa del tallo. Cortarlos en láminas finas, sazonar con sal y pimienta y freír, a fuego suave, en una cucharada de aceite y tapados, durante 15 minutos. En una cazuela de fondo grueso, freír el resto de la cebolla, muy picada, en un poco de aceite hasta que empiece a tomar color. Agregar los guisantes, cubrirlos con el caldo caliente y llevar a ebullición. Tapar y cocer a fuego suave hasta que los guisantes estén tiernos y hayan absorbidos todo el caldo de la cocción. Incorporar a la cazuela los champiñones y la salsa de tomate preparada. Mezclar y cocer durante 5 minutos más. Cocer la pasta hasta que esté tierna pero entera, escurrir, mezclar con la salsa, espolvorear con el Parmesano rallado y servir.

TALLARINES CON LIMÓN Y ALCAPARRAS
Grado de dificultad bajo

INGREDIENTES PARA 4 PERSONAS
400 g de tallarines • Corteza de un limón
• 1 cucharada de alcaparras • Pimienta
• Perejil picado • 2 cucharadas de aceite • Sal

Se cuecen los tallarines en una olla con abundante agua hirviendo con sal, se machacan en un mortero la corteza picada de un limón con las alcaparras y se vierte el aceite en el mortero para diluir la mezcla; se escurre la pasta y se pasa a una fuente; se añade el majado del mortero a la pasta y se remueve para que se mezcle todo bien. Espolvorear con la pimienta molida y el perejil picado antes de servir.

TALLARINES CON MANDARINA Y ALMENDRAS
Grado de dificultad bajo

INGREDIENTES PARA 4 PERSONAS
350 g de tallarines • 2 calabacines medianos
• 3 mandarinas • 20 g de almendras fileteadas
• 4 dl de nata líquida • 1/2 vasito de vino blanco seco • 1 ramillete de menta fresca • 40 g de mantequilla • Sal • Pimienta

Lavamos las mandarinas y rallamos su corteza hasta que obtengamos una cantidad

suficiente como para rellenar una cucharita. Exprimimos el zumo de una de ellas hasta que consigamos llenar dos cucharadas; pelamos las otras dos. Lavamos, pelamos y cortamos los calabacines, fundimos la mantequilla en una sartén, añadimos la ralladura y el zumo, los trozos de calabacín y el vino, lo dejamos cocer durante 15 minutos, añadimos la nata, salpimentamos al gusto y lo mantenemos en el fuego sólo durante 1 minuto más. Por otra parte, cocemos la pasta al dente en agua salada, la escurrimos, la pasamos a la sartén y le damos únicamente una vuelta; ponemos en una fuente y decoramos con los gajos de mandarina, las hojas de menta y las almendras fileteadas, y servimos.

TALLARINES CON NUECES Y SALVIA
Grado de dificultad bajo

INGREDIENTES PARA 4 PERSONAS
400 g de tallarines • Salvia • Nueces
• 2 cucharadas de queso Parmesano rallado
• 250 ml de leche caliente • 50 g de mantequilla
• Sal • Pimienta

Pelamos y trituramos las nueces y la salvia, las ponemos junto con la mantequilla, añadimos la sal y la leche caliente y lo colocamos todo a cocer a fuego lento alrededor de unos 5 minutos. Por otro lado, cocemos al dente los tallarines en abundante agua caliente con sal; una vez que estén hechos, los escurrimos y los mezclamos con la salsa de nueces. Añadimos el queso Parmesano rallado y espolvoreamos al gusto un poco de pimienta molida antes de llevar a servir.

TALLARINES CON RAGÚ
Grado de dificultad bajo

INGREDIENTES PARA 4 PERSONAS
350 g de tallarines • 300 g de champiñones
• 300 g de carne de ternera • 150 g de guisantes

• 1/2 cebolla • 1/2 tallo de apio • 1 zanahoria • 2 y 1/2 vasos de tomate triturado • 2 dientes de ajo • 1 cucharada de perejil picado • 2 y 1/2 vasos de besamel • 2 cucharadas de queso Parmesano rallado • 2 cucharadas de mantequilla • 3 cucharadas de aceite • Sal • Pimienta

En una cacerola ponemos una cucharada de mantequilla y sofreímos durante 5 minutos la cebolla, la zanahoria y el apio bien picaditos. Seguidamente, se añade la carne cortada en trozos y la doramos durante otros 5 minutos más. Luego, vertemos el tomate, salpimentamos y tapamos, lo dejamos cocer durante 20 minutos a fuego lento. Se añaden los guisantes y continuamos la cocción 10 minutos más. Limpiamos los champiñones, cortamos la mitad en láminas y el resto los picamos. Mientras, salteamos en la sartén con un poco de aceite el ajo bien picado y el perejil. Salpimentamos al gusto y dejamos cocer durante unos 10 minutos aproximadamente a fuego medio. Por otra parte, se cuecen los tallarines en una olla con abundante agua hirviendo y sal y se deja que se hagan hasta que estén al dente; se sacan y se escurren. A continuación, se condimentan con el ragú de carne, los champiñones y la besamel. Los vertemos en una fuente refractaria untada con un poco de mantequilla, espolvoreamos con un poco de queso rallado Parmesano y los cocemos en el horno precalentado a 200° durante 10 minutos. Servir calientes.

TALLARINES CON SALMÓN Y BRÓCOLI
Grado de dificultad bajo

INGREDIENTES PARA 2 PERSONAS
250 g de cintas de pasta • 100 g de salmón ahumado • 400 g de ramitos de brócoli • Aceite • Sal • Pimienta

Cortamos el brócoli en ramitos, los lavamos y los ponemos a hervir en agua salada hasta que estén tiernos; los cocemos, los apartamos y conservamos el agua de la cocción. En el mismo agua donde se ha cocido el brócoli, cocemos también la pasta y cuando esté al dente, la sacamos, la ponemos a escurrir y se coloca en una fuente junto con el brócoli cocido. Lo adornamos todo con perejil finamente picado así como con el salmón ahumado en lonchas. Para finalizar este plato, aliñamos con un chorro de aceite antes de servir.

TALLARINES EN SALSA VERDE
Grado de dificultad bajo

INGREDIENTES PARA 3 PERSONAS
300 g de tallarines • 1/2 cebolla • 1 diente de ajo • 1/2 vaso de vino blanco • 1 manojo de perejil • 100 g de guisantes • 200 g de almejas • 200 g de gambas • Aceite • Sal • Harina • Laurel

Cocemos los tallarines en abundante agua con sal, laurel y aceite hasta que estén al dente (unos 8 minutos), los sacamos y escurrimos; se reservan. En una cazuela de barro, con aceite rehogamos el ajo y la cebolla, ambos picados finamente; cuando esté dorado, añadimos la harina, el vino blanco, el perejil picado y los guisantes. Añadimos a continuación las almejas y las gambas peladas y dejamos cocer todo durante tres minutos. Mezclamos bien todos los ingredientes con los tallarines y le damos al preparado un hervor final para que la pasta coja el sabor. Rectificamos la sal y servimos.

TALLARINES FRÍOS
Grado de dificultad bajo

INGREDIENTES PARA 2 PERSONAS
100 g de tallarines • 15 g de zanahoria • Cebolla • 20 g de jamón • Mejorana • Tomate • Aceite • Sal

Cocemos los tallarines con agua y sal. En una sartén, ponemos aceite y fondeamos la cebolla, la zanahoria y el jamón. Después añadimos la mejorana y el tomate, y lo dejamos cocer todo durante 20 minutos a fuego lento. Los tallarines fríos se sirven con la salsa preparada.

TALLARINES FRITOS EN ENSALADA (cocina tailandesa)
Grado de dificultad medio

INGREDIENTES PARA 2 PERSONAS
225 g de tallarines chinos de harina de arroz • 1 cucharada de azúcar • 1 cucharada de salsa de soja • 1 cucharada de salsa de ostras • 1 cucharada de vinagre de vino blanco • 50 g de cebolla • 4 dientes de ajo finamente picados • 250 g de lomo de conejo en pequeños trozos • 250 g de gambas peladas y cortadas en tres trozos • 2 cucharadas de pasta de anchoas • 2 cucharadas de zumo de limón • 6 guindillas • 6 cebolletas cortadas en rodajas • 1 manojo de ramitas de cilantro • 225 g de brotes de soja • Sal

Se cubren de agua caliente los tallarines, se dejan 1 minuto en remojo, se escurren y se espera a que se sequen. Por otro lado, se mezcla el azúcar con la salsa de soja y el vinagre y se reserva. Se calienta abundante aceite en una sartén honda y se fríen los tallarines. Se calienta media tacita de aceite vegetal en una sartén a fuego medio para dorar las cebollas y el ajo. Luego, se incorpora el conejo, se rehoga y se agregan las gambas y la salsa de ostras. Se sofríe otro minuto, se añaden las anchoas y el zumo de limón, se mezcla todo bien y se deja cocer de nuevo otro minuto más. A continuación, se añaden los tallarines a la mezcla de carne, se revuelve bien y se moja con la mezcla de vinagre reservada, cociéndose todo a fuego moderado. Se pasa la mezcla de tallarines a una fuente grande calentada previamente y se adorna con guindillas, cebolletas, ramitas de cilantro y brotes de soja. Se sirve inmediatamente.

TORTELLINI (cómo se hacen)
Grado de dificultad medio

INGREDIENTES PARA 4 PERSONAS

Para la pasta:
300 g de harina • 3 huevos

Para el relleno:
200 g de queso Parmesano rallado • 100 g de lomo de cerdo • 100 g de mortadela de Bolonia • 100 g de jamón crudo • 50 g de pechuga de pavo • 20 g de mantequilla • 2 huevos • Nuez moscada • 2 l de caldo de carne • Sal • Pimienta

Se corta en cubitos el lomo de cerdo y la pechuga de pavo, después se doran en la mantequilla y se cocinan unos 10 minutos. Se pasa dos veces todo por la trituradora de carne junto con el jamón y la mortadela, dejándolo caer sobre una fuente. Se incorporan los huevos, la sal y la pimienta necesaria, una pizca de nuez moscada y 150 gramos de Parmesano; hay que mezclar muy bien los ingredientes hasta obtener una preparación homogénea. Se coloca sobre la tabla la harina y se ahueca el centro, añadiendo los huevos y amasando enérgicamente durante unos 15 minutos: la masa debe ser bastante dura. Con el rodillo se estira la pasta y con el cuchillo se cortan cuadraditos de tres centímetros de lado o también se pueden sacar discos con un vaso. En el centro de cada cuadrado se coloca un poco de relleno, después se pliega la masa en dos uniendo los bordes y se presiona bien con los dedos para evitar la pérdida del relleno; se pliega después el *tortellini* en torno al dedo índice y se sobreponen las dos puntas, presionando para que quede bien unido. Se pone al fuego la olla con el caldo y cuando hierva, se añaden los *tortellini*, se remueven con delicadeza y se cuecen 2 o 3 minutos. Se sirven al dente, acompañándolos con Parmesano rallado. Se pueden servir secos, pero siempre cocidos en el caldo, condimentándolos con ragú de carne.

ZARUSOBA (fideos en esterilla, cocina japonesa)

Grado de dificultad bajo

INGREDIENTES PARA 4 PERSONAS

450 g de fideos soba • 1 lámina de alga nori • 2 cucharaditas de té de wasabi • 2 cebolletas • 400 ml de agua • 80 ml de mirin • 20 ml de caldo *dashi*

Se cuecen los fideos soba durante 8 minutos y, tras escurrirlos y enfriarlos con agua, se reservan. Se pone el alga nori al fuego, muy poco tiempo y con mucho cuidado, por la parte más áspera, y se corta en finas tiras. La salsa se elabora mezclando todos los ingredientes restantes en un cazo, donde cuecen a fuego medio para evaporar de esta forma el alcohol del mirin. Tras perder el calor, se enfrían en la nevera.

La preparación del *zarusoba* se realiza poniendo una esterilla sobre un plato y sobre ésta los fideos; además, se esparcirán los trocitos de alga a modo de remate superior. La salsa se presenta separada para poder servirse al gusto.

CALDOS,
SOPAS Y CREMAS

AJO BLANCO
Grado de dificultad bajo

INGREDIENTES PARA 6 PERSONAS
200 g de almendras crudas peladas • 200 g de
miga de pan duro remojado en agua • 2 dientes de
ajo • 1 vaso de aceite • 1 cucharada de vinagre
• 1 l de agua bien fría • Sal

Se trituran en la batidora los ajos con sal,
agregando las almendras hasta que se llegue
a formar una pasta homogénea. Luego, se
añade la miga del pan y se continúa batiendo,
mientras se va incorporando el aceite poco a
poco. Sin dejar de batir, se suma el vinagre
hasta conseguir una salsa parecida a la
mayonesa. Una vez en la sopera, se va
agregando agua lentamente para así poder
conseguir la textura deseada. Se rectifica de
sal y se deja enfriar. Pueden añadirse uvas
moscatel, pasas de Corinto, melón o manzana
en cubitos.

AJO CONQUENSE
Grado de dificultad bajo

INGREDIENTES PARA 6 PERSONAS
1 kg de pan duro sin corteza • 400 g de tocino
fresco • 250 g de hígado de cerdo • 50 g de
almendras • 1/2 cabeza de ajos secos
• 1 cucharadita de orégano • 1 cucharadita de
canela • 1/2 cucharadita de pimienta molida
• 6 clavos picados • Sal • 1/2 cucharadita de
pimentón picante • Agua

Se fríen a fuego lento y en tacos pequeños el
tocino y el hígado; se retiran y reservan. A la
grasa que queda en la sartén, se añaden el
pimentón y las demás especias sin dejar de
remover para que no se queme. Se echan las
migas de pan, y cuando estén rehogadas, se
cubre todo con agua. Por otra parte, en la
batidora, se tritura la mitad del hígado frito
con los ajos crudos y se incorporan a la sartén.
Se tapa y se deja hervir a fuego lento hasta
que se haga una masa homogénea. Para
finalizar, se sirve añadiendo el resto del hígado

y el tocino en trocitos con los piñones. Se
rectifica el agua según se quiera la sopa más o
menos clara.

AJO MANCHEGO
Grado de dificultad bajo

INGREDIENTES PARA 6 PERSONAS
1/2 kg de pan de pueblo • 300 g de tocino blanco
• 300 g de hígado de cerdo • 1 cabeza de ajos
• 1 cucharada de pimentón • 1 cucharada de
canela • Pimienta molida • 1 pizca de clavo
• 50 g de piñones • Aceite • Sal • Agua

Se desmigaja el pan, se añaden las especias y
se mezcla bien. Se corta el tocino en lonchas
gordas y se trocea el hígado. Se preparan los
ajos pelados. Se empieza poniendo el tocino a
freir con muy poco aceite. Cuando esté a
punto, se retiran las lonchas y se fríen en esa
misma grasa el hígado y los ajos. Se retiran y
se machacan juntos en un mortero. A la
misma sartén se incorpora la miga de pan
sazonada con el pimentón, la pimienta y la
canela y, cuando se dore un poco, se va
añadiendo agua caliente hasta obtener la
consistencia de un puré. Se deja cocer
removiendo de vez en cuando durante 20
minutos, y entonces se añaden machacados el
hígado y los ajos con los piñones y la sal. Se
cuece lentamente otros 20 minutos y se
añaden las lonchas de tocino al servir.

AJO MATAERO
Grado de dificultad bajo

INGREDIENTES PARA 6 PERSONAS
1 kg de pan de hogaza • 400 g de tocino blanco
• 250 g de hígado de cerdo • 50 g de almendras de
piñón • 1/2 cabeza de ajos • 1 cucharadita de
orégano • 1 cucharadita de canela • Pimienta
• 1 clavo molido • 1 pizca de pimentón picante
• Sal • Agua

Al pan, de dos o tres días, se le quita la
corteza y se desmenuza muy fino. Se cortan el

tocino y el hígado en tacos pequeños. En una sartén se pone a fuego lento el tocino y una vez dorado se retira. En la grasa que deja, se fríe el hígado y se retira una vez frito. A dicha grasa se le añade el pimentón y todas las especias, sin dejar de remover. En la misma sartén se echan las migas de pan y después de rehogarlas, se cubren con agua. Del hígado frito se coge la mitad y se pica en la batidora junto a los ajos crudos. Luego, se agrega a la sartén y se deja hervir a fuego lento hasta que veamos que se hace una masa homogénea y compacta. Para terminar, el ajo mataero se sirve en cazuela de barro y previamente se adorna con el tocino, el resto de hígado y los piñones.

BARA-ZUSHI (cocina japonesa)
Grado de dificultad medio

INGREDIENTES PARA 4 PERSONAS
500 g de arroz japonés • 750 ml de agua • 250 ml de caldo de setas o caldo de pescado o de bonito • 1 cucharada de mirin • 1 cucharada de salsa de soja clara • 125 g de tofú frito cortado en cuartos • 30 g de gambas secas • 8 langostinos grandes, pelados y desnervados, cortados longitudinalmente al medio • 125 g de *shiitake*, frescos, sin tallos y cortados en láminas • 125 g de champiñones pequeños, sin tallos • 125 g de judías verdes cortadas por la mitad • 2 cucharaditas de aceite de maní o cacahuete • 1 huevo y 2 yemas, batidos, preparados en 2 tortillas muy delgadas, cortadas en tiras muy finas

Se prepara el arroz al estilo japonés (véase «Arroces») y se reserva. En un recipiente se mezclan los ingredientes del aderezo y se va incorporando, de forma gradual, el arroz. Se mezcla bien y se deja reposar un buen rato en un lugar fresco. Durante un par de minutos, se calienta el caldo en una cacerola. Se agrega el mirin y la salsa de soja. Cuando empiece a hervir, se añade el tofú frito y las gambas secas. Se deja cocer 3 minutos. A continuación, se procede a colar y verter el líquido en una sartén (reservando el tofú y las gambas) para que reduzca durante al menos 1 minuto más.
Se incorporan a la sartén los champiñones y las judías verdes y se cocina durante 2 minutos, removiendo y sacudiendo la sartén con frecuencia. Se añade el aceite, se remueve y entonces se retira del fuego. Para servir, se pone el arroz en una fuente y se agregan el tofú, las gambas secas, las setas, las judías verdes, los langostinos y las tiras de tortilla.

CALDILLO DE PERROS
Grado de dificultad bajo

INGREDIENTES PARA 6 PERSONAS
1 kg de merluza • 2 dientes de ajo • 1 cebolla grande • 1 l de agua • 2 naranjas amargas • Aceite • Sal

Se limpia la merluza y se corta en rodajas de unos dos centímetros. Se cubre de sal y se mantiene así durante 2 horas para endurecerla. Se sofríen los ajos y cuando estén fritos, se sacan del aceite y se tiran. Se pone en la sartén la cebolla muy finamente picada y, antes de que tome color, se añade el agua caliente y se deja hervir hasta que la cebolla se deshaga. Cuando el agua se haya consumido, se añade más agua y cuando vuelva a hervir se incorpora el pescado y se deja cocer unos 15 minutos. Se sala al gusto. Para servir, se reparte en los platos y en el último momento se echa en cada uno un buen chorro de zumo de naranja amarga.

CALDO DE CERDO CON VEGETALES
Grado de dificultad bajo

INGREDIENTES PARA 4 PERSONAS
200 g de costilla de cerdo • 100 g de patatas • 1 zanahoria • 1 cebolla • 1 cebolla de cambray • 6 g de pasta de soja • 5 tazas de agua • Aceite

Lo primero que se hará será cortar los ingredientes: la carne en cuadraditos de unos dos centímetros, la cebolla y la zanahoria en tiras muy finas y las patatas y la cebolla de cambray en trozos del mismo tamaño que la carne. A continuación se calienta el aceite en una cacerola y se dora la carne, unos 5 minutos después se añade la zanahoria, la cebolla de cambray y las patatas y se deja sofreír todo otros 5 minutos más. Se añade el agua y la cebolla y se deja hervir hasta que todo esté bien cocido. Finalmente se agrega la pasta de soja (miso) al caldo y se lleva a ebullición. Una vez rompa a hervir, retirar del fuego y servir inmediatamente.

CALDO DE HUEVO AL VAPOR
Grado de dificultad bajo

INGREDIENTES PARA 6 PERSONAS
12 gambas • 6 rodajas de pescado blanco cocido • 2 pechugas de pollo deshuesadas y picadas con cuchillo • 6 cebolletas • 6 champiñones *shiitake* • Un ramo de perejil

Para el caldo de huevo:
6 huevos • 8 tazas de caldo de carne • 1 cucharada rasa de sal • 3 cucharaditas de salsa de soja

Este plato se prepara en los mismos boles donde se servirá. Para empezar se pelan las gambas, se salan ligeramente y se cuecen a fuego moderado. El pescado se cuece y se corta en cuartos cada rodaja. El pollo (que se ha marinado en soja como mínimo durante media hora) se añade a los boles individuales, al igual que los champiñones sin tallo y cortados por la mitad. Se añade después el perejil picado y la cebolleta que previamente se habrá hervido por separado, durante 10 minutos. A continuación se prepara la mezcla de huevo con caldo; para ello se baten los huevos y se mezclan con el caldo de carne frío, uniéndolo todo bien para conseguir una textura suave y ligera, se añade media cucharadita de sal y otra media cucharada de salsa de soja. Cuando las

verduras estén en su punto, se cuelan y se escurren bien. A continuación se colocan junto al pollo y las gambas los ingredientes en los boles individuales y se echa por encima la mezcla de huevo y caldo. En una cacerola grande con agua caliente hasta la mitad se meten los boles tapados con papel de aluminio, se tapa el recipiente y se deja cocer al baño María durante 7 u 8 minutos a fuego lento. Pasado este tiempo, retirar un poco la tapa para que escape el vapor y dejar cocer otros 3 minutos. El caldo estará hecho cuando el tacto sea ligeramente elástico. Servir inmediatamente, cubriendo los boles con sus propios platos.

CALDO DE NOCHEBUENA
Grado de dificultad bajo

INGREDIENTES PARA 6 PERSONAS
Menudillos de pollo, pavo o gallina • 1 rama de apio • 1 zanahoria • 1 hueso blanco de rodilla de ternera • 1 pedazo de espinazo de ternera • 1 patata • 6 cucharaditas de vino fino de Jerez • 2 huevos cocidos • 50 g de jamón cortado a taquitos • 2 rebanadas de pan • Agua

Se pone una olla al fuego con abundante agua y se echan el hueso, el espinazo, la zanahoria cortada en dos o tres trozos, el apio cortado a trozos, la patata pelada y cortada en trozos grandes, los menudillos del pollo bien limpios y la sal. Cuando empiece a hervir, se baja el fuego y se deja cocer a fuego lento unas 3 horas, desespumando de vez en cuando. Una vez que el caldo esté hecho, se retiran los menudillos del pollo, cortándolos en trocitos pequeños y se reservan. Se pone una sartén al fuego, con un poco de aceite y se fríe el pan cortado en daditos. Si se quiere preparar sopa, se cuela el caldo por un colador fino y se pasa a una cazuela con fideos o un puñado de arroz. Se deja cocer a fuego vivo hasta que la pasta o el arroz estén en su punto. Si lo que se va a preparar es consomé, entonces se cuela el caldo primero por un colador fino y luego a través de un paño húmedo colocado sobre el colador. Para servir, se reparte el caldo en las tazas de consomé, donde se habrán repartido previamente los taquitos de jamón, los coscorrones de pan frito y una cucharadita de vino.

CALDO DE PESCADO
Grado de dificultad bajo

INGREDIENTES PARA 6 PERSONAS
800 g de espinas y restos de limpiar el pescado (no grasientos) • 1 tallo de puerro • 1 zanahoria • 1 tallo de apio • 1 taza de vino blanco seco • Sal • Pimienta • Tomillo • Romero • 8 tazas de agua

Se pelan, lavan y cortan las verduras, se mezclan con las espinas y restos en un recipiente refractario de tres litros con ocho tazas de agua. Se sazona al gusto, se tapa el recipiente y se mete en el microondas, a potencia máxima durante 15 minutos. Se deja reposar 5 minutos más y se cuela.

CALDO DE PESCADO WOK
Grado de dificultad bajo

INGREDIENTES PARA 6 PERSONAS
1 y 1/2 kg de pescado no graso • 1 cebolleta • 1 puerro • 1 apio troceado • Laurel • 6 tallos de perejil • 475 ml de vino blanco • 10 granos de pimienta • Sal • 1,8 l de agua

Se colocan todos los ingredientes dentro del wok. Lo último que se agregará será el agua. Se enciende el fuego y se lleva a ebullición. Llegados a ese punto, se baja el fuego a medio y se mantiene tapado durante 25 minutos, para que se produzca una cocción lenta. Se deja enfriar y se cuela. Este caldo se usará para tomar en sopa o para todo tipo de guisos.

CALDO DE POLLO
Grado de dificultad bajo

INGREDIENTES PARA 6 PERSONAS
800 g de huesos de pollo • 1 cebolla • 2 puerros • 2 zanahorias • 1 tallo de apio • Sal • Tomillo • Pimienta • Laurel • 8 tazas de agua

Se pelan, lavan y cortan en trozos las verduras y se mezclan con los huesos bien lavados en un recipiente refractario de tres litros. A continuación, se añade el agua, se sazona al gusto, se tapa y se mete en el microondas a temperatura máxima durante 20 minutos. Después, se deja reposar 5 minutos más y se cuela.

CALDO DE TERNERA WOK
Grado de dificultad bajo

INGREDIENTES PARA 6 PERSONAS
750 g de ternera troceada • 2 cebollas en cuartos • 4 zanahorias peladas y troceadas • 1 hoja de laurel • 6 granos de pimienta • 1 cucharada de perejil • 2 l de agua• 1/2 cucharadita de sal • 1/2 vaso de vino tinto

Se introducen todos los ingredientes en un wok y después, se agrega por último el agua. Se mezcla y se pone al fuego. Cuando comience a hervir, se tapa y se reduce el fuego a medio. Se deja cocer durante 4 horas lentamente, agregándole, si es necesario, pequeñas dosis de agua y manteniendo el fuego de medio a medio-bajo. Se deja enfriar y se pasa por un colador. Este caldo sirve para sopas o como base para otros guisos.

CALDO DE VERDURAS
Grado de dificultad bajo

INGREDIENTES PARA 6 PERSONAS
2 puerros • 1 cebolla • 3 zanahorias • 2 tomates • 1 diente de ajo • 12 champiñones, cortados por la mitad • 6 tallos de apio, cortados • 1 ramita de perejil • 1 hoja de laurel • 6 granos de pimienta • 1/2 taza de zumo de tomate • 8 tazas de agua • Sal

Se lavan y cortan todas las verduras y se mezclan en un recipiente de vidrio refractario de tres litros con el tomate, la sal y la pimienta. Se cubre el recipiente y se cuece a potencia máxima durante 20 minutos. Se deja reposar 5 minutos más. Cuando haya pasado ese tiempo, se cuela y, si es necesario, se rectifica la sazón.

CALDO GALLEGO
Grado de dificultad bajo

INGREDIENTES PARA 6 PERSONAS
300 g de alubias blancas • 1/2 kg de patatas, cachelos • 1 manojo de grelos • 400 g de hueso de cerdo (espinazo o costilla) • 150 g de tocino salado • 250 g de carne de ternera • 1 chorizo gallego • 50 g de manteca de cerdo • Sal • Agua

La noche anterior se ponen en remojo las alubias. Se coloca en el fuego una olla alta con dos litros y medio de agua, las judías, la carne, el chorizo y el hueso de cerdo. Cuando empiece a hervir, se echa la manteca de cerdo y se deja cocer a fuego lento durante 1 hora. Se incorporan los grelos bien lavados y troceados, y las patatas cortadas a tacos grandes. Se sala al gusto y se deja cocer hasta que todo esté cocinado. El plato que se sirve incluye el caldo, las alubias, las patatas y los grelos. Las carnes se separan y se aprovechan para hacer, por ejemplo, unas croquetas. El caldo gallego se presenta en la mesa en sopera caliente con las patatas, los grelos y las alubias.

CALDO VEGETAL WOK
Grado de dificultad bajo

INGREDIENTES PARA 6 PERSONAS
125 g de zanahoria • 125 g de puerros • 125 g de cebolla • 125 g de champiñones • 125 g de tomate • 1 apio en cuartos • 1 diente de ajo • 6 granos de pimienta fresca • 1 ramillete de tomillo • 1 hoja de laurel • 1 y 1/2 l de agua • Sal

Se introducen todos los ingredientes en el wok, terminando con el agua. Se salpimienta moderadamente, se lleva a ebullición y se baja el fuego a medio. Se deja cocer durante 1 hora. En este tiempo se irá retirando tanto la espuma como los restos de vegetales que se vayan desprendiendo. Se deja enfriar y se pasa por el chino. Es muy recomendable usarlo como base o para sopas con fideos chinos de arroz.

CONSOMÉ AL JEREZ
Grado de dificultad medio

INGREDIENTES PARA 6 PERSONAS
300 g de carne de ternera • 1/2 gallina • 1 cebolla • 1 rama de apio • 1 zanahoria • 1 hueso de ternera • 1 hueso de cerdo • 1/2 vaso de vino fino de Jerez • 2 huevos cocidos • 2 claras de huevo • 50 g de jamón, cortado a taquitos • 2 rebanadas de pan • Pimienta negra en grano • Sal • Agua

Se pone una olla al fuego en la que se incorpora el hueso, la carne de ternera, la de gallina, la zanahoria pelada y cortada en dos trozos, el apio limpio y cortado, la cebolla pelada y cortada en dos, unos granos de pimienta y la sal. Se cubre todo con abundante agua fría. Se deja hervir a fuego lento durante 3 horas, quitándole la espuma siempre que sea necesario. Cuando el caldo esté hecho, se retira del fuego y se cuela. Se lleva a la nevera durante tres horas como mínimo y, cuando esté bien frío, se saca del frigorífico y se quita con cuidado la grasa que se habrá acumulado en la superficie. Se vuelve a poner en una cazuela al fuego añadiendo dos claras de huevo batidas. Se mezcla bien con un batidor de varillas mientras se va calentando y, cuando rompa a hervir, se aparta del fuego y se saca toda la espuma con una espumadera. Para terminar, se pone una sartén al fuego con un poco de aceite y se fríe el pan cortado en daditos. Se sirve en las tazas de consomé, añadiendo una cucharada de vino y acompañado de los taquitos de jamón y los coscorrones de pan frito.

CONSOMÉ AL MICROONDAS
Grado de dificultad bajo

INGREDIENTES POR PERSONA
1 muslo de pollo • 1 puerro • 1 cebollita
• 1 pizca de perejil • Sal • Vino de Jerez
• 1 hueso de jamón

Se ponen los ingredientes, menos el Jerez, en una cazuela con un litro de agua y se introduce en el microondas durante 25 minutos. Transcurrido este tiempo, se cuela el contenido de la cazuela y se añade al caldo resultante la carne de pollo desmenuzada y una copita de Jerez. Para terminar, se sala al gusto y se sirve el caldo adornándolo, si se desea, con un huevo duro picado y una pizca de jamón.

CONSOMÉ CON HUEVO
Grado de dificultad bajo

INGREDIENTES PARA 2 PERSONAS
2 tazas de caldo de pollo • 1 huevo batido

Se lleva a ebullición el caldo. Mientras, se bate un poco el huevo, cuidando que no quede demasiado mezclado. Cuando el caldo hierva, se apaga el fuego y se añade el huevo batiendo lentamente. Una vez que el huevo haya quedado cocido y hecho hilos, el consomé está terminado.

CREMA AGRIDULCE DE CEREZAS
Grado de dificultad bajo

INGREDIENTES PARA 4 PERSONAS
2 cucharadas de mantequilla • 500 g de cerezas frescas • 1 l de leche • 1 limón • 1 vaso de vino blanco seco • 1 cebolla pequeña • 4 cucharadas de harina • Sal

Se quitan los huesos a las cerezas y se tienen en adobo con la leche, el zumo del limón y el vino durante 24 horas. En una cacerola, se pone una cucharada de mantequilla y se sofríe la cebolla cortada muy fina. Una vez que la cebolla esté blanda, se agrega entonces la harina y se remueve constantemente. Se añaden las cerezas con su adobo y se remueve de nuevo todo hasta que hierva. Se deja cocer unos 15 minutos. Se tritura y se pasa por un colador. Se trata de un plato que se sazona justo antes de servir caliente.

CREMA DE ACEITUNAS
Grado de dificultad bajo

INGREDIENTES PARA 2 PERSONAS
200 g de aceitunas verdes sin hueso • 1 cebolla pequeña • Pimienta • 1 rama de albahaca fresca picada • Aceite de oliva virgen • Sal

Se meten todos los ingredientes, excepto el aceite, en la batidora con cuchillas; se mezcla bien y se va echando el aceite en hilo hasta formar una crema homogénea.

CREMA DE AGUACATES AL TEQUILA
Grado de dificultad bajo

INGREDIENTES PARA 6 PERSONAS
1/2 kg de aguacates • 1 taza de zumo de naranja
• 1/2 cucharadita de ralladura de naranja
• 3 cucharadas de tequila • 4 tazas de caldo de ave frío • 4 cucharadas de cilantro picado
• 1 chile verde • 6 cucharadas de granos de granada • Sal • Pimienta

Se pone la pulpa de aguacate en la batidora con el zumo de naranja. Se agregan el caldo, el tequila, el cilantro y el chile, batiendo bien hasta que quede todo muy integrado y con consistencia de crema. Se incorpora el caldo y se salpimienta al gusto. Al momento de servir, se adorna con granos de granada. Se sirve fría.

CREMA DE APIO CON QUESO AZUL
Grado de dificultad bajo

INGREDIENTES PARA 4 PERSONAS
2 manojos de apio • 100 g de mantequilla
• 100 g de harina • 1 cebolla • 4 tazas
de caldo de pollo • 4 tazas de leche
• 150 g de queso azul • 150 g de crema
de leche • Pimienta • Sal

Se derrite la mantequilla y se sofríe la cebolla picada junto con el apio. Cuando todo esté bien dorado, se agrega la harina fuera del fuego, mezclándola bien. Se incorporan enseguida las cuatro tazas de leche (también fuera del calor) y se revuelve muy bien hasta tener una mezcla homogénea. Se lleva de nuevo al fuego hasta que hierva, removiendo constantemente, se sazona con sal y pimienta al gusto, y se deja hervir tapado a fuego muy lento durante al menos unos 35 minutos. Se cuela la sopa, se pone de nuevo en el fogón, se agrega el queso azul en daditos dejando que se derrita, y se termina incorporando la crema de leche. Para servir la crema de apio con queso azul, se decora el plato con un poco de queso adicional.

CREMA DE ATÚN Y MANZANA
Grado de dificultad bajo

INGREDIENTES PARA 2 PERSONAS
2 latas de atún • 2 manzanas ralladas
• 1 cebolla finamente picada • 4 huevos duros
• Sal • Pimienta • Azúcar • Mayonesa

Se mezcla la cebolla muy picadita con la manzana y con tres de los cuatro huevos duros finamente picados; luego se incorpora el atún, se condimenta al gusto, y se agrega la mayonesa para de esta forma darle consistencia a la mezcla. Por último, se ralla el huevo duro restante que teníamos reservado como adorno para espolvorear por encima de la crema de atún y manzana. Se sirve con galletas saladas.

CREMA DE BERENJENAS
Grado de dificultad bajo

INGREDIENTES PARA 2 PERSONAS
3 berenjenas • 1 tomate rojo • 2 cebollas
• 1 diente de ajo • Aceite • 1 cucharada de perejil
picado • Sal • Pimienta • Tostada de pan

Se asan en el horno las berenjenas, previamente envueltas en papel de aluminio. Se desenvuelven y se dejan enfriar un poco. Se escaldan los tomates. Se pelan las berenjenas y los tomates y se les sacan las pepitas. Se pican las cebollitas y el ajo. Se coloca todo en la batidora con sal y pimienta al gusto y se bate durante unos segundos. A continuación, se agrega poco a poco el aceite de oliva, batiendo nuevamente hasta obtener una pasta fina y suave. Se reserva en el frigorífico hasta el momento de servir (pues se trata de una crema fría), que es cuando se espolvorea con perejil picado y se acompaña con tostadas de pan.

CREMA DE BRÓCOLI
Grado de dificultad bajo

INGREDIENTES PARA 4 PERSONAS
700 g de brócoli • 10 g de mantequilla
• 20 g de maicena • 2 vasos de leche
• 1 pizca de nuez moscada • 1 pizca de pimienta
negra molida • Sal

Se le quitan las partes más duras al brócoli, se lava y se cuece al vapor durante unos 15 minutos; se escurre bien y se aplasta con el tenedor. Por otro lado, se disuelve la maicena en un vaso de leche fría. En una cacerola se calienta el resto de la leche, se añaden la mantequilla y la pasta de brócoli, se incorpora la maicena disuelta y se mezcla todo muy bien sin dejar de remover. Se sazona con sal y pimienta al gusto la crema resultante y se añade una pizca de nuez moscada. Una vez que empiece a hervir, se deja 1 minuto en el fuego y se sirve enseguida.

CREMA DE CALABACÍN 1
Grado de dificultad bajo

INGREDIENTES PARA 6 PERSONAS
2 quesitos en porciones • 600 g de calabacín
• 3 cucharadas de nata • 2 patatas • 1/2 l de leche
• Sal • Aceite • Nuez moscada

Se pelan y trocean el calabacín y las patatas y se ponen en una cazuela refractaria con aceite; se tapa y se mete en el microondas durante 15 minutos a potencia máxima, removiendo a la mitad del tiempo indicado. Para terminar, se saca del horno, se añade la nata, la leche y los quesitos, se sazona al gusto y se bate.

CREMA DE CALABACÍN 2
Grado de dificultad bajo

INGREDIENTES PARA 4 PERSONAS
2 calabacines • 1 patata pequeña • 1 zanahoria
• 1 nuez de mantequilla • 4 vasos de caldo de verduras • Sal • Pimienta • 220 ml de nata para cocinar

Se pelan y trocean todos los vegetales. En una sartén se derrite la mantequilla y se saltean unos minutos los vegetales troceados, removiéndolos de vez en cuando; se añade el litro de caldo y se lleva a ebullición. Se baja el fuego, se tapa y se deja hervir 20 minutos. Se apaga y se enfría un poco antes de pasar por el pasapurés, la batidora o el chino, después de lo cual se devuelve a la cacerola, se añade la nata y se calienta, pero con cuidado para no dejar que hierva. También puede servirse frío.

CREMA DE CALABACÍN CON ALBAHACA
Grado de dificultad bajo

INGREDIENTES PARA 4 PERSONAS
1 kg de calabacines • 1 l de caldo de verduras
• 4 dientes de ajo • 1 ramillete de albahaca fresca

• 1 ramillete de perejil • Queso Parmesano • Aceite
• Sal • Pimienta

Se cortan los calabacines en rodajas no demasiado gruesas, se pica el ajo finamente y se ponen ambos ingredientes en una cacerola con aceite caliente, donde se rehogan unos 25 minutos hasta que el calabacín adquiera un color dorado y esté blando; luego, se añade el caldo, se salpimienta al gusto y se pone a hervir a fuego medio durante 15-20 minutos. Se retira del fuego, se apartan dos o tres rodajas de calabacín, que hacemos puré y reservamos, y se bate el resto hasta conseguir un puré. Sobre éste se vierte el resto del calabacín retirado, la albahaca y el perejil picado, se pone de nuevo al fuego durante 3 o 4 minutos y se sirve en cuencos individuales con un toque de queso Parmesano rallado.

CREMA DE CALABACÍN ESTILO SUIZO
Grado de dificultad bajo

INGREDIENTES PARA 4 PERSONAS
4 tazas de caldo de verduras • 2 calabacines pelados y cortados en trozos • 1 patata cortada en trozos • 4 porciones de queso suizo para fundir
• 1 cucharadita de perejil picado • Sal • Pimienta

En una cacerola al fuego se pone el caldo junto a los calabacines y la patata, y se deja hervir durante aproximadamente 20 minutos. A continuación, se añade el queso, se vuelca en la batidora y se tritura todo junto. Se rectifica la sazón y se sirve espolvoreada con perejil y cuadraditos de pan frito.

CREMA DE CALABAZA CON ROQUEFORT
Grado de dificultad bajo

INGREDIENTES PARA 4 PERSONAS
1 trozo de calabaza de unos 500 g • 1 cebolla pequeña • 1 patata grande • 1 nuez de mantequilla

• 1 vaso de leche • 1 vaso de caldo vegetal
• 1/2 vaso de nata para cocinar • 50 g de queso Roquefort • Sal • Pimienta

Por un lado se limpian, pelan y trocean las verduras, y por otro, se derrite la mantequilla en una sartén y se saltea la cebolla a fuego lento, hasta que veamos que queda transparente. Luego, se añaden la calabaza, la patata, la leche y el caldo, y se lleva a ebullición. Posteriormente, se baja el fuego, se tapa y se deja cocer durante unos 20 minutos. A continuación, se deja enfriar ligeramente antes de pasar la mezcla por el pasapurés, la batidora o el chino. Después, se devuelve a la cazuela y, a fuego muy lento, se añaden la nata y el queso Roquefort troceado, removiendo hasta que éste se derrita. Se rectifica la sazón.

CREMA DE CARDO EN EL MICROONDAS
Grado de dificultad bajo

INGREDIENTES PARA 4 PERSONAS
2 cebolletas • 1 patata mediana • 600 g de cardo cocido • 1 l de caldo de ave
• 2 hojas de albahaca fresca • 50 g de virutas de jamón serrano • 1 cucharada de aceite
• 1 cucharada de maicena • Pimienta
• Sal

Se pelan las cebolletas y la patata, se pican, se mezclan con el aceite y se introducen en el horno microondas a máxima potencia durante 10 minutos, removiendo de vez en cuando. Mientras, en una cazuela, se pone el cardo troceado con el caldo y las hojas de albahaca, se deja que dé un hervor y se incorpora el sofrito de cebolleta y patata. Con la ayuda de la batidora, se hace una crema fina y se deja hervir durante 10 minutos más. Si se desea una consistencia más espesa para la crema de cardo, se le puede añadir una cucharada de maicena. Este plato se sirve adornado con las virutas de jamón y con una hoja de albahaca fresca.

CREMA DE CASTAÑAS AL GRUYÈRE
Grado de dificultad bajo

INGREDIENTES PARA 4 PERSONAS
1 cebolla • 2 ramitas de apio • 2 zanahorias
• 1 nabo • 100 g de arroz • 1 l de nata líquida
• 300 g de castañas peladas • 20 g de mantequilla
• 50 g de queso Gruyère en virutas
• Canela en polvo • Sal

Se echan las verduras, previamente limpiadas y cortadas, en litro y medio de agua y se deja cocer hasta obtener un litro de caldo de verduras. En ese caldo se cuecen las castañas durante 30 minutos. Se añade entonces el arroz y se deja hervir todo a fuego lento durante 20 minutos más. Se pasa el contenido de la cacerola por un pasapurés. El resultado se echa de nuevo en la cacerola y se lleva a ebullición. Se incorpora entonces la nata y se sazona (no demasiado, puesto que hay que contar con el sabor del queso Gruyère). Se sirve en platos soperos, calentados en el horno, añadiendo a cada plato las virutas de queso, un poco de mantequilla, del tamaño de una avellana, y la canela en polvo.

CREMA DE CEBOLLA
Grado de dificultad bajo

INGREDIENTES PARA 4 PERSONAS
2 cebollas medianas • 1 patata pequeña
• 1 nuez de mantequilla • 2 vasos de leche
• 1 hoja de laurel • 1 vaso de caldo vegetal • Sal
• Pimienta

Se pelan y trocean las cebollas y la patata. Se derrite la mantequilla en una sartén y se saltean las cebollas a fuego lento hasta que queden transparentes. Se añade el resto de ingredientes y se sube el fuego hasta llevar a ebullición. Se baja el fuego y, tapado, se deja cocer 20 minutos. Se quita la hoja de laurel y se deja enfriar ligeramente para pasar la mezcla por el pasapurés o la batidora. Antes de servir, se rectifica la sazón.

CREMA DE CHIRLAS CON BEICON
Grado de dificultad bajo

INGREDIENTES PARA 4 PERSONAS
1/2 kg de chirlas • 1 manojo de puerros • 3 patatas en puré • 50 g de beicon en lonchas finas • 1 l de caldo de pescado • 25 g de mantequilla • 250 ml de nata • 1 copita de vino blanco seco • Sal • Pimienta

Se abren las chirlas al vapor con el vino; se retiran las conchas y se cuela el caldo que han desprendido. Por otro lado, se fríen en la mantequilla los puerros limpios y cortados en rodajas muy finas; antes de que tome color, se añade el beicon en tiritas y se sofríe todo hasta que esté dorado. Se vierte entonces el caldo de pescado y medio vaso del caldo de las chirlas y se deja cocer durante 20 minutos. Se incorpora el puré de patatas, se mezcla todo bien y se sazona con sal y pimienta al gusto. Se agrega la nata y las chirlas y se sirve enseguida.

CREMA DE ERIZOS DE MAR
Grado de dificultad bajo

INGREDIENTES PARA 2 PERSONAS
300 g de yemas de erizo • 1 vaso de nata líquida • 40 g de mantequilla • 3 cebollas rojas • 1 l de caldo de pescado • 1/2 dl de coñac • Sal

En una sartén con mantequilla se doran al fuego las cebollas picadas y se añaden las yemas de erizo. Se flambea todo con el coñac en la propia sartén hasta que deje de salir llama. Se añade el caldo de pescado. Se deja a fuego lento unos 5 minutos y se incorpora la nata líquida. Se mezcla bien y se deja al fuego unos 2 minutos más. Se sazona al gusto y más tarde se pasa por el chino justo antes de servir.

CREMA DE ERIZOS EN SALSA HOLANDESA
Grado de dificultad bajo

INGREDIENTES PARA 2 PERSONAS
250 g de coral de erizos, tamizados • 1 vaso de salsa holandesa espesa

Se incorporan los corales bien tamizados a la salsa holandesa, batiendo continuamente con una batidora de varillas. La incorporación de los corales se hace a la salsa cuando ésta se haya retirado del fuego y se haya enfriado un poco. La mezcla no debe volver a hervir. Se sirve inmediatamente.

CREMA DE ESPÁRRAGOS AL ROQUEFORT
Grado de dificultad bajo

INGREDIENTES PARA 2 PERSONAS
500 g de espárragos blancos • 100 g de queso Roquefort • 1/2 vaso de nata líquida • Aceite

Se trituran los espárragos con su jugo hasta obtener un puré que se calienta con parte del queso Roquefort, a fuego suave. Se añade la nata líquida mezclando bien, se desmenuza el queso Roquefort reservado y se espolvorea en cada plato, rociando por encima con un hilo de aceite oliva. Se sirve caliente.

CREMA DE FRUTOS SECOS
Grado de dificultad bajo

INGREDIENTES PARA 4 PERSONAS
75 g de nueces peladas • 75 g de almendras • 75 g de piñones • 100 g de pan • 1 vaso de aceite • 3 cucharadas de vinagre aromatizado • 1 l de agua • Sal

Se ponen a remojo los 100 gramos de pan con el litro de agua fría. Mientras, se machacan en el mortero las nueces peladas, las almendras y los piñones hasta obtener una pasta y se añade a ésta el pan con el agua. Se incorpora el vaso de aceite, las tres cucharadas de vinagre y sal al gusto. Se pasa todo por la batidora hasta que quede una crema homogénea. Para finalizar, se guarda la crema en el frigorífico hasta el momento en que se sirva.

CREMA DE GRELOS
Grado de dificultad bajo

INGREDIENTES PARA 4 PERSONAS
1 manojo de grelos • Aceite • 1 l de leche entera
• 1 cebolla • 1 puerro • 1 patata • Sal

Una vez lavados, se cortan la cebolla y el puerro en tiras finas y se rehogan con un poco de aceite, sin que tomen color. Entonces, se añade la patata troceada y la leche. Se deja hervir hasta que la patata empiece a deshacerse y se añaden los grelos, previamente escaldados en agua hirviendo, durante unos minutos. Cuando estén cocidos, se tritura todo en la batidora.

CREMA DE GUISANTES
Grado de dificultad bajo

INGREDIENTES PARA 4 PERSONAS
1/2 kg de guisantes • 1 zanahoria • 1 puerro
• 1/2 ramita de apio • 1 yema de huevo
• 4 cucharadas de nata para cocinar • 50 g de mantequilla • 3 vasos de caldo • 1 pellizco de azúcar • 1 cucharadita de maicena

Se limpian, pelan y cortan en rodajas la zanahoria, el puerro y el apio. Por otro lado, se derrite la mantequilla en una cacerola, se fríen las verduras picadas un par de minutos y luego se añaden los guisantes. Se incorpora el caldo y se deja cocer hasta que veamos que las verduras están tiernas. Con posterioridad, se deja enfriar ligeramente y se pasa por el pasapurés, la batidora o el chino. Se devuelve a la cacerola para añadir la maicena y dar un hervor.
Para terminar, recordar que antes de servir la crema de guisantes, se incorporan las yemas de huevo y el azúcar, todo disuelto en la nata, mezclándolo bien con la crema anterior.

CREMA DE GUISANTES AL LIMÓN
Grado de dificultad bajo

INGREDIENTES PARA 4 PERSONAS
500 g de guisantes • 1 vaso de leche desnatada
• 1 cogollo de lechuga • 1 l de caldo de verduras
• 2 cebollitas tiernas • 2 limones • 2 cucharadas de aceite • Sal • Pimienta

Se disuelve el cubito de caldo en medio litro de agua caliente. Se pelan las cebollas, se pican menudamente y se fríen en aceite caliente a fuego suave. Cuando comiencen a ablandarse, se añade la lechuga limpia y cortada en juliana y los guisantes, y se rehogan durante 5 minutos. Se vierte el caldo hecho con el cubito sobre el sofrito de verduras y se cuece a fuego suave durante 20 minutos. Se pasa todo por la batidora hasta obtener un puré fino sin grumos. Se añade la leche y el zumo de los dos limones, se salpimienta al gusto y se pone en cuencos individuales, dejándolo en la nevera hasta el momento de servir.

CREMA DE LECHUGA
Grado de dificultad bajo

INGREDIENTES PARA 2 PERSONAS
1/2 lechuga • 1 patata grande
• 2 nueces de mantequilla • 2 vasos de caldo
• 1/2 vaso de nata para cocinar • 1 huevo
• Sal • Pimienta

Se lavan bien y se trocean la lechuga y la patata muy finamente. Por otro lado, se derrite en una cacerola la mantequilla y se saltean durante un par de minutos la lechuga y la patata que tendremos ya preparadas. Se añaden entonces el caldo, la nata, la sal y la pimienta al gusto, y se llevan a ebullición. Posteriormente, se baja el fuego y, tapado, se deja cocer durante 15 minutos. Se añade el huevo entero sin dejar de remover. Inmediatamente se aparta la cacerola del fuego y se sirve.

CREMA DE LECHUGA CON BESAMEL
Grado de dificultad bajo

INGREDIENTES PARA 3 PERSONAS
2 lechugas • 1 cebolla pequeña • Sal
• 1 pizca de pimienta negra recién molida
• 75 ml de nata espesa • 50 g de mantequilla
• Besamel (ver «Salsas») • 1/2 l de caldo
de gallina • Pimienta blanca • 25 g de mantequilla
• 25 g de harina

Se lavan bien y se secan las lechugas. Se pela la cebolla y se pica finamente. Se funden 25 gramos de mantequilla y, en ella, se rehogan la lechuga picada y la cebolla durante 10 minutos aproximadamente, o hasta que estén blandas. Se agregan entonces la lechuga y la cebolla en la salsa besamel y se cuece 10 minutos a fuego suave con el recipiente tapado. Se hace un puré con la batidora, y se devuelve a la cacerola; se prueba y se rectifica la sazón al gusto. Se incorpora en ese momento la nata líquida y se calienta, pero sin dejar que llegue a hervir. Se añaden unos trozos de mantequilla a la crema antes de servir.

CREMA DE MANZANA CON SOJA
Grado de dificultad bajo

INGREDIENTES PARA 4 PERSONAS
1 kg de manzanas • 30 g de pasas • 20 almendras tostadas y troceadas • 300 g de tapioca • 750 ml de leche de soja • 750 ml de agua • Sal

Se pone la tapioca en una olla junto con las pasas, el agua y un poco de sal. Se deja cocer a fuego lento y tapado durante 15 minutos. Una vez que ha pasado este tiempo, se añaden la leche de soja y las manzanas peladas y cortadas en trozos, dejándolo cocer todo junto otros 10 minutos. Pasado este tiempo, se pasa por el pasapuré y se espolvorea la crema con las almendras tostadas y troceadas.

CREMA DE MEJILLONES
Grado de dificultad bajo

INGREDIENTES PARA 4 PERSONAS
1 kg de mejillones frescos • Salsa besamel (ver «Salsas») • 1/2 vaso de nata líquida • Un chorrito de brandy • Sal

Se lavan y limpian de barbas los mejillones, cociéndolos luego al vapor y reservando el agua de su cocción. Se desconchan y se hace con ellos un puré muy fino y tamizado. Aparte, se prepara una salsa de besamel ligera con leche y el agua de la cocción de los mejillones. Cuando esté lista, se le añade el puré de mejillones, una pizca de brandy y de nata líquida, salando si hiciese falta y dejándola cocer, removiendo, un par de minutos más para que coja sabor. La crema de mejillones se sirve en cuencos individuales acompañada si se quiere de picatostes de pan frito.

CREMA DE MEJILLONES CON MIEL
Grado de dificultad bajo

INGREDIENTES PARA 6 PERSONAS
1 y 1/2 kg de mejillones • 700 g de zanahorias
• 3 cebollas • 2 puerros • 2 dientes de ajo
• Perejil • Zumo de 2 naranjas • 125 cl de caldo de pescado • 15 cl de vino blanco • 15 cl de crema de leche • 2 cucharadas de miel • 35 g de mantequilla • 2 cucharadas de aceite • Azafrán
• Sal

Se limpian los mejillones y se pone a hervir el caldo de pescado, en el que se echan los mejillones. Cuando se abran, se sacan, se escurren y se reserva el caldo. Se cortan las cebollas, la parte blanca de los puerros, los ajos y las zanahorias en dados. Se rehoga todo junto con aceite y mantequilla durante 10 minutos. Luego se vierte el caldo reservado y la miel, y se rectifica de sal. Se deja cocer durante 45 minutos, se añaden los mejillones y se tritura todo. Entretanto, al zumo de naranja se le añade el azafrán y se mezcla con la crema de leche, para incorporarlo luego a la crema de mejillones. Se calienta un poco sin llegar a hervir y se sirve espolvoreando un poco de perejil y con alguna valva de los mejillones.

CREMA DE PEPINO
Grado de dificultad bajo

INGREDIENTES PARA 2 PERSONAS
4 pepinos • 1 yogur • 1 medida de yogur de nata para cocinar • 1 cucharadita de curry • Sal • Pimienta

Se quitan las puntas a los pepinos y se trocea el resto. Se colocan en una cacerola con dos vasos de agua, se salpimienta y se lleva a ebullición. Se baja el fuego, se tapa y se deja hervir durante 15 minutos. Después de esto, se aparta. Entonces se añaden el resto de ingredientes y se tritura por el pasapurés o la batidora. Se rectifica de sal y se calienta, sin que llegue a ebullición, para servir. También puede servirse frío.

CREMA DE PEPINO AL MICROONDAS
Grado de dificultad bajo

INGREDIENTES PARA 2 PERSONAS
1 cucharada de harina • 1 vaso de nata • 1 cucharada de aceite • 3 pepinos medianos • 1 cebolla • 4 cucharadas de zumo de limón • Sal

Se pela y pica la cebolla y se pone en el horno microondas durante unos 4 minutos. Se le incorpora la harina y el aceite y se cuece otros 2 minutos más; se calienta el caldo y se le añade también a la cebolla. Se cortan dos pepinos en rodajas y se añaden dejando cocer durante 6 minutos. Después se bate la mezcla y se deja enfriar. El pepino restante se ralla y se agrega a la crema fría, junto al vaso de crema y el zumo de limón, justo antes de servir.

CREMA DE PEPINO Y YOGUR
Grado de dificultad bajo

INGREDIENTES PARA 2 PERSONAS
4 yogures • 1 pepino • El zumo de 1 limón • 1 calabacín • 1 diente de ajo • 2 cucharadas de perejil picado • 1 cebolla pequeña • Sal

Se limpian y pican el pepino, el calabacín, la cebolla y el ajo en trozos muy pequeños y se sazonan con un poco de sal y el zumo del limón dejándose macerar 30 minutos. Se vuelca el yogur sobre la verdura en maceración, se mezcla con unas varillas, se rectifica la sazón y se sirve frío espolvoreado con el perejil.

CREMA DE PESCADO AL MICROONDAS
Grado de dificultad bajo

INGREDIENTES PARA 3 PERSONAS
300 g de pescado blanco • 4 zanahorias • 200 g de judías verdes • 4 puerros • 2 patatas • 1 litro de agua • Sal

Se limpia bien el pescado y se le quitan las espinas. Se pelan las patatas, se raspan las zanahorias, se limpian y lavan las verduras (de los puerros sólo lo blanco) y hortalizas, y se trocean. En un bol para microondas, se coloca el agua con la sal y se incorporan las verduras, se tapan y se dejan durante 10 minutos a máxima potencia. Se agrega el pescado troceado y se continúa la cocción 6 minutos más a la misma potencia. Se deja reposar, se tritura con la varilla de la batidora y se sirve así, grumoso y caliente.

CREMA DE PIMIENTOS
Grado de dificultad bajo

INGREDIENTES PARA 4 PERSONAS
200 g de pimientos verdes • 200 g de pimientos rojos • 2 cebollas • 100 g de col fermentada • 2 cucharadas de aceite • 1/2 l de caldo de carne

• 1 cucharada de harina • 1/2 vaso de nata líquida de cocina • 2 cucharadas de vino blanco • 1 cucharada de perejil picado • Sal

Se lavan los pimientos, retirando las semillas, y se cortan en tiras; se cortan las cebollas en aros y se fríen en el aceite con los pimientos en una cacerola grande, a fuego lento y sin dejar de remover. Se añade la col fermentada y se deja rehogar durante unos minutos más. Se vierte el caldo poco a poco, removiendo, y se deja cocer tapado durante 15 minutos. Se disuelve la harina en la nata líquida, se vuelca sobre el caldo y se lleva a ebullición, dejando cocer a fuego suave durante otros 5 minutos más. Antes de servir, se riega con el vino blanco, se rectifica la sal y se espolvorea con el perejil.

CREMA DE SETAS CON PARMESANO
Grado de dificultad bajo

INGREDIENTES PARA 2 PERSONAS
100 g de setas • 200 g de champiñones • 2 cebollas • 1 vaso de Jerez seco • 6 vasos de caldo de carne • 100 g de queso Parmesano • Sal • Pimienta

Se saltean las cebollas limpias y finamente picadas en un poco de aceite, se añaden los champiñones y las setas picadas, y se rehoga todo junto. Se vierte el vino por encima y se deja reducir; se añade el caldo y se hierve durante 30 minutos. Se salpimienta. Una vez hecho, se tritura en la batidora. Se sirve la crema templada acompañada de virutas de Parmesano y de algunas setas en trozos.

CREMA DE TRUFAS
Grado de dificultad bajo

INGREDIENTES PARA 4 PERSONAS
1 y 1/2 l de caldo de carne • 10 cucharadas de nata • 25 g de mantequilla • 2 cucharadas rasas de harina • 2 trufas • Aceite • Sal

Se corta una de las trufas en láminas y se ralla la otra; se reservan. Se dora la harina en la mantequilla, se vierte el caldo caliente, removiendo para que no se formen grumos, y se añade la trufa que hemos rallado. Se sazona con un poco de sal al gusto. Se cuece a fuego suave, removiendo constantemente durante 20 minutos. Se agrega la nata unos minutos antes de finalizar la cocción y se sirve decorado con las láminas de trufa que teníamos reservadas desde el principio.

CREMA EXÓTICA
Grado de dificultad bajo

INGREDIENTES PARA 4 PERSONAS
2 filetes de pechuga de pollo (asada o cocida) • 2 manzanas reinetas • 2 cebollas medianas • 1 rama de apio blanco • 2 cucharadas de mantequilla • 1 cucharadita de curry • 3 dl de nata líquida • 3 dl de agua • 1 pastilla de caldo concentrado • Sal • Pimienta

Por un lado, se pone la pechuga en la plancha hasta que esté bien asada; por otro, se pelan las manzanas y se cortan en trozos, se pelan y pican las cebollas en trozos no muy grandes, se lava la rama de apio y se corta también en trozos. Aparte, se pone la mantequilla en una cacerola y, cuando esté derretida pero sin llegar a quemarse, se incorporan las cebollas y el apio y se sofríen, removiendo de vez en cuando hasta que estén los ingredientes pochados. Se añaden entonces las manzanas y se remueve todo para que no se pegue. Si está muy seco, se puede agregar algo de agua o de caldo. Se salpimienta al gusto y, a continuación, se añaden el curry, el agua y la pastilla de caldo concentrado, dejando que hierva un rato antes de agregar la nata. Se tritura con la batidora y se pasa la crema resultante por el chino para que quede muy fina. Si es necesario, se rectifica la sazón. En el momento de servir se pica la pechuga de pollo muy menudita y se coloca una cuchara del picadillo en el fondo de cada taza de consomé.

CREMA FRÍA AL MINUTO
Grado de dificultad mínimo

INGREDIENTES PARA 2 PERSONAS
2 dientes de ajo • Sal fina • 4 cucharadas de
vinagre • 8 cucharadas de aceite de oliva • 1 huevo
frito • 1 pimiento verde crudo • 4 de tomates rojos
• 3 rebanadas de pan del día anterior • 2 vasos
grandes de agua

Para la guarnición:
1 pera • 1 racimo de uvas

Se pasa todo junto por la batidora, hasta que
quede bien fino. Se deja enfriar y se ponen de
guarnición uvas peladas o peras en trocitos
pequeños.

CREMA FRÍA DE ESPINACAS
Grado de dificultad bajo

INGREDIENTES PARA 2 PERSONAS
500 g de espinacas • 1 pepino • 1 diente de ajo
• 1 pimiento verde • 1 cogollo de lechuga
• 2 cebollas • 10 almendras crudas peladas
• 1 cucharada de vinagre • 3 rebanadas de pan
blanco sin corteza • Sal

Para la guarnición:
Dados de pan fritos • Trozos pequeños de pepino
• 1 huevo duro picado• Aceitunas verdes
deshuesadas

Se lavan muy bien las espinacas y se quitan los
tallos. Se lava, despepita y trocea el pimiento
eliminando las partes blancas de su interior. Se
pela y trocea el pepino. En un bol se ponen el
pan remojado con medio vaso de agua, el
vinagre y el aceite. Se vierten en él las
verduras, debidamente troceadas, las
almendras partidas, el ajo y las cebollas
cortadas en juliana, y se sala todo con
prudencia. Después de tenerlo macerando
durante media hora, se vuelca esta mezcla en
la batidora, agregando un chorrito de agua
cada vez que se necesite. Luego se pasa la
crema así obtenida por el pasapurés con la
rejilla fina, o en su defecto por el chino. Se
guarda en la nevera 5 o 6 horas hasta que
llegue el momento de servir.

CREMA FRÍA DE MANZANA
Grado de dificultad bajo

INGREDIENTES PARA 3 PERSONAS
4 manzanas Golden • 1 taza de vino blanco
• 1 taza de jugo de manzana • 2 cucharadas de
azúcar • 1 ramita de canela • 3 rodajas de jengibre
• 2 tazas de caldo de ternera • 1/2 taza de nata
líquida de cocinar • 1 puñado grande de cebollino
picado

En una cacerola se ponen a fuego medio las
manzanas con el vino blanco, el jugo de
manzana, el azúcar, la canela y el jengibre.
Cuando esté suave la manzana, se retira la
rama de canela y el jengibre. Se bate la
mezcla de la manzana con el caldo de carne y
la nata. Se deja enfriar. Se sirve en porciones
individuales adornando cada taza con
cebollino picado.

CREMA FRÍA DE MELÓN CON JAMÓN
Grado de dificultad bajo

INGREDIENTES PARA 4 PERSONAS
1 melón maduro • 4 cucharadas de leche
• 100 g de jamón cortado fino • Sal • Pimienta
• Nuez moscada

Se corta el melón en cuartos y se retiran las
pepitas. Se separa la cáscara de la pulpa, y se
tritura ésta hasta conseguir un puré fino. Por
otro lado, se corta el jamón en trozos muy
pequeños. Se incorpora la leche y la mitad del
jamón al puré de pulpa de melón y se tritura
de nuevo con la batidora. Si quedase espeso,
se le puede agregar un vaso de agua. Para
terminar, se añade el jamón restante a la
crema, se sazona con sal, pimienta y nuez
moscada al gusto, y se deja enfriar en la
nevera antes de servir.

CREMA HELADA DE AGUACATE

Grado de dificultad bajo

INGREDIENTES PARA 2 PERSONAS

2 pepinos • 1 tomate muy maduro • 3 aguacates
• El zumo de 1 limón • 4 cucharadas de nata
• 6 cucharadas de leche • Pimienta Cayena
• 4 hojas de menta picadas • Sal

Se hacen unas bolas de pepino y se blanquean rápidamente en agua hirviendo. Se escalda un tomate bien maduro, se pela y se corta finamente en cuadraditos. Se parten tres aguacates por la mitad y se les saca la pulpa con la cuchara. En la batidora, se pone el aguacate con el jugo de limón, cuatro cucharadas de nata y seis cucharadas de leche. Se agregan la sal y la pimienta. Se pone a enfriar en la nevera. Se sirve en cuatro platos, decorados con las bolas de pepino previamente reservadas y el tomate y las hojas de menta picados.

CREMA HELADA DE TOMATE

Grado de dificultad bajo

INGREDIENTES PARA 4 PERSONAS

800 g de tomates cortados • 1 cebolla grande cortada • 4 tazas de consomé de carne
• 1 cucharadita de azúcar • 1 pepino sin semillas, picado finamente • Pimienta negra • 1 yema de huevo • 2 dientes de ajo • 3 cucharadas de aceite
• 1 taza de vino blanco helado • Perejil picado
• Sal

En una cacerola con muy poco agua se hierven los tomates, la cebolla, el azúcar y el consomé, hasta lograr una sopa espesa. Se pasa por el chino y se deja enfriar. Se hace una pasta con la sal, la pimienta y la yema de huevo, se agregan los dientes de ajo machacados y el aceite de oliva, en hilo, hasta que se logre una emulsión espesa. Luego, se deja enfriar y, al servir, se agrega el vino frío a la sopa, los pepinos picados y la crema. Se

mezcla todo y se sirve cada plato con un cubito de hielo en el fondo, sobre el que se vuelca la crema adornada con perejil picado.

CREMA LIGERA A TU GUSTO

Grado de dificultad bajo

INGREDIENTES PARA 4 PERSONAS

2 calabacines • 3 zanahorias• 2 remolachas
• 1/2 lechuga • 6 espárragos blancos • 1 patata
• 2 cucharadas de aceite de oliva virgen
• 1 yogur natural • 1 vaso de leche desnatada
• 1 pizca de sal

Se rehogan las hortalizas y la patata y, una vez rehogadas, se hierven con el mínimo de agua y una pizca de sal. Se tritura en la batidora, se le añade el yogur desnatado y, si es preciso, algo de leche hasta conseguir la textura deseada. Se le puede dar un toque de color adornando la superficie con rodajitas de pepinillo, de dátil, de colas de gamba, perejil, de hojitas de menta o de cubitos de gelatina sin sabor.

CREMA RUSA DE REMOLACHA

Grado de dificultad bajo

INGREDIENTES PARA 4 PERSONAS

1 cebolla mediana • 1 patata pequeña • 1 nuez de mantequilla • 1/2 kg de remolachas frescas
• 4 vasos de caldo natural • 1 vaso de nata líquida
• 3 cucharadas soperas de vinagre de sidra
• 1 cucharada de levadura • 1 yogur natural
• 1 ramito de perejil fresco para decorar • Sal
• Pimienta • Nuez moscada

Se pelan y trocean las hortalizas. Se derrite la mantequilla y se saltean las cebollas a fuego lento hasta que queden transparentes. Se añaden las patatas, las remolachas y el caldo y se lleva a ebullición. Se tapa y se deja cocer a fuego lento durante 30 minutos. Se deja enfriar un poco antes de pasarlo por la batidora, y una vez batido, se devuelve a la cacerola. Se añade el vinagre, la levadura y se sazona abundantemente, mientras se vuelve a calentar para poder servir en caliente. Se vierten la nata y el yogur sobre la sopa dibujando una espiral y se espolvorea el perejil picado por encima antes de llevar el plato a la mesa.

CREMA SALADA DE ALMENDRAS
Grado de dificultad bajo

INGREDIENTES PARA 6 PERSONAS
200 g de almendras picadas • 1 vaso de leche en polvo • 2 puerros • 1 cebolla • 1 y 1/2 l de caldo de pollo • 1 cucharadita de mantequilla • Sal • Pimienta

Se rehogan en la mantequilla, la cebolla y los puerros picados muy finamente. Antes de que tomen color se agregan las almendras, se fríen unos minutos y se cubren con el caldo. Se deja cocer durante 20 minutos y se pasa por el chino. Se sazona con pimienta y sal, y se incorpora la leche evaporada.

CREMA SALADA DE AVELLANAS
Grado de dificultad bajo

INGREDIENTES PARA 6 PERSONAS
200 g de avellanas tostadas • 1 vaso de leche en polvo • 2 puerros • 1 cebolla • 1 y 1/2 l de caldo de pollo • 1 cucharadita de mantequilla • Sal • Pimienta

Se rehogan la cebolla y los puerros picados muy finamente en una sartén con mantequilla. Antes de que tomen color se agregan las avellanas, se fríen unos minutos y se cubren con el caldo. Luego, se deja cocer durante unos 20 minutos aproximadamente y después se pasa por el chino. Se sazona con pimienta y sal, y se incorpora la leche en polvo.

CREMA SALADA DE NÍSPEROS
Grado de dificultad bajo

INGREDIENTES PARA 4 PERSONAS
1 diente de ajo • 1 cebolla • 1 puerro • 2 zanahorias • 2 patatas medianas • 1 kg de nísperos pelados y deshuesados • Aceite • Sal

Se pone el aceite a calentar y se van rehogando por partes el ajo, la cebolla, el puerro, las zanahorias y las patatas. Cuando estén tomando color, se riegan con agua y se espera a que hierva, para en ese momento echar los nísperos. Se sala. Cuando esté todo bien cocido, se tritura y pasa por el chino para que se quede una mezcla suave. Se puede servir caliente o fría.

CREMA TRICOLOR
Grado de dificultad media

INGREDIENTES PARA 4 PERSONAS
500 g de patatas peladas y cortadas en trozos • 250 g de zanahorias cortadas en rodajas • 250 g de judías verdes cortadas en trozos • 1/2 l de leche • 2 yemas de huevo • Sal • Pimienta

Se cuecen las patatas en agua hirviendo con sal, durante 20 minutos. Se ponen otras dos cacerolas pequeñas con agua y sal, y se cuecen las zanahorias y las judías, por separado, hasta que estén tiernas. A continuación, se escurren las patatas y se hacen puré. Se vierte en una cacerola. Se añade la leche y se mezcla bien. Se pone el puré a fuego lento y se le incorpora la mantequilla y la crema de leche, se sazona con sal y pimienta al gusto, y se sigue batiendo hasta conseguir una mezcla homogénea. Se deja enfriar. Seguidamente, se escurren las zanahorias y las judías, y se reducen a puré, siempre por separado. Se reservan ambos. Se divide el puré de patatas en tres partes, se reserva una y se incorporan las restantes, una al puré de zanahorias y otra al puré de judías. Se sirven los tres purés en una fuente, alternando los colores o formando en cada plato tres montoncitos separados de colores.

DASHI o caldo de bonito (cocina japonesa)

Grado de dificultad bajo

INGREDIENTES PARA 4 PERSONAS
1 cuadrado de *konbu* de unos 15 cm • 1 y 1/2 l de agua • 20 g de tiras de bonito (*katsuobushi*).

Para empezar, se procede a cortar todos los lados del cuadrado de *konbu*. Aparte, en un cazo, se añade el agua y el *konbu* ya cortado. Se lleva el agua al borde de la ebullición y justo antes de que rompa a hervir, se retira el *konbu*. Se mantiene el agua en el fuego y se añaden las tiras de bonito seco desmenuzado. Dejar cocer durante 2 minutos. A continuación, se retirará del fuego y se dejará reposar hasta que esté tibio. Tras colar el caldo por una muselina estará listo.

GAZPACHO ANDALUZ

Grado de dificultad bajo

INGREDIENTES PARA 6 PERSONAS
2 kg de tomates rojos maduros • 2 pimientos verdes • 2 dientes de ajo • 1 pepino pequeño • 1 y 1/2 vaso de aceite de oliva • 1/2 vaso de vinagre de vino • Comino molido • Sal

En un bol grande se echan, lavados y troceados, los tomates, los pimientos, los ajos y el pepino previamente pelado. Se añaden el aceite, el vinagre y la sal, y se bate bien con una batidora. A continuación, la mezcla resultante se pasa por un pasapurés para quitar las pieles y las pepitas del tomate y el pimiento. Si queda muy espeso, se puede añadir agua, hasta obtener la textura que más nos guste. Se rectifica de sal y se mete en la nevera en un recipiente tapado. A la hora de servir el gazpacho, se suele colocar aparte, para que cada comensal se sirva a su gusto, y siempre cortados en daditos pequeños: tomate, pimiento, cebolla, pepino, huevo duro, pan o jamón. Se toma bien frío en tazas de consomé.

GAZPACHO CALIENTE

Grado de dificultad bajo

INGREDIENTES PARA 6 PERSONAS
2 dientes de ajo • 1 pimiento verde • 4 tomates medianos maduros • 1 kg de pan duro • 1 naranja amarga • Aceite • Sal

Se ponen en una cazuela al fuego los tomates y una rebanada de pan, todo ello cubierto de agua. Cuando llegan a la ebullición, se sacan y se reserva al agua. Por otro lado, se pelan los tomates escaldados. En un plato se desmigaja el resto del pan con las manos y se reserva. Se ponen en un mortero la sal y los ajos pelados enteros y el pimiento troceado para majarlo todo muy bien. Cuando todo esté bien machacado, se pasa a un bol grande y se añaden los tomates y la rebanada de pan cocido para continuar majando al tiempo que se revuelve. Una vez esté todo bien mezclado, se añaden las migas de pan, todo ello sin dejar de remover. Poco a poco se va incorporando agua caliente de la que sirvió para cocer los tomates, para de esta forma conseguir que la masa no quede seca. Es necesario para que el plato resulte perfecto majar y remover continuamente. En el momento en que la masa esté jugosa, se añade el aceite y se mezcla todo muy bien. Para finalizar, se tapa el bol con un trapo grueso y se deja reposar durante unos 10 minutos aproximadamente, para que sude. Pasado este tiempo, se destapa, se riega con el zumo de la naranja amarga, se bate todo y se sirve.

GAZPACHUELO MALAGUEÑO

Grado de dificultad bajo

INGREDIENTES PARA 6 PERSONAS

Para el caldo:
1/2 kg de pescados pequeños • 2 hojas de laurel • 1 cebolla • 1 tomate • 1 copa de vino blanco • Sal

Para el plato:
1/2 kg de patatas • 6 cucharadas soperas de mayonesa (ver «Salsas») • 4 rebanadas de pan por persona

Lo primero que debemos hacer es preparar una mayonesa bien espesa y reservarla en la nevera. Para hacer un buen caldo, se pone el pescado en una olla con abundante agua y se añaden la cebolla y el tomate cortados en gajos, el laurel, el vino y un chorrito de aceite. Se pone la olla al fuego y cuando comience a hervir, se deja durante unos 20 minutos antes de retirar del fuego. Se cuela el caldo y se reserva. En una cacerola, se echan las patatas cortadas en rodajas no muy finas y se cubren con el caldo de pescado. Se pone al fuego y se deja cocer hasta que estén tiernas. Se sacan y se reservan, colando de nuevo el caldo, que se reserva también. Se tuestan en el horno unas rebanadas de pan finas, y se sacan cuando hayan tomado color. Se pone la mayonesa en una sopera y se incorpora el caldo, poco a poco, moviéndolo todo bien con una cuchara de palo. Cuando la mayonesa esté bien disuelta, se añaden las patatas, se rectifica de sal al gusto y se colocan, a la hora de servir, las rebanadas de pan tostado posadas encima.

PORRA ANTEQUERANA
Grado de dificultad bajo

INGREDIENTES PARA 3 PERSONAS
1/2 kg de miga de pan del día anterior
• 1/2 l de aceite de oliva virgen • 5 dientes de ajo• 1/2 kg de tomates maduros • 3 cucharadas de vinagre • 3 huevos duros • 100 g de taquitos de jamón • Sal

Se cuecen y reservan los huevos. Se pone la miga de pan en remojo con agua durante unos minutos hasta que haya embebido y se estruja hasta que pierda buena parte del líquido. Se pelan los tomates y los ajos. Se corta el jamón en taquitos y se pican los huevos. En la batidora, se ponen los ajos, los

tomates, el pan y la sal, se va añadiendo el aceite poco a poco y finalmente, el vinagre. Se sazona al final y, antes de servirlo, se le añade el huevo duro picado y los taquitos de jamón. La porra antequerana es un plato que se toma muy frío.

PORRUSALDA
Grado de dificultad bajo

INGREDIENTES PARA 4 PERSONAS
4 puerros gruesos • 1/2 cebolla • 2 zanahorias • 4 patatas • 4 cucharadas de aceite de oliva • 1 l de caldo • Sal • Pimienta en grano

Se pelan y trocean en pedazos grandes las verduras. En una cacerola honda se sofríen con el aceite, una vez bien lavados, los puerros y la cebolla, hasta que esta última quede transparente. Se añade entonces la zanahoria pelada y se sofríe a fuego lento unos 5 minutos. Se vuelca el caldo en la cacerola y se le agregan el resto de ingredientes. Se lleva a ebullición y, cuando esté hirviendo, se baja el fuego, se tapa y se deja cocer durante 20 minutos aproximadamente. Se rectifica la sal y se sirve en una sopera.

PURÉ DE BERENJENAS
(cocina árabe)
Grado de dificultad bajo

INGREDIENTES PARA 2 PERSONAS
2 berenjenas grandes • 3 dientes de ajo machacado • 2 cucharas soperas de *tahini* (pasta de ajonjolí) • 2 cucharas soperas de aceite • El zumo de 1 limón grande • 1 cucharada sopera de vinagre • 1 cucharadita de comino • 1 cucharita de sal • Pimienta • 1/2 cucharita de tomillo

Se asan las berenjenas hasta que estén tiernas, se retira la pulpa y se pone en la batidora junto al resto de los ingredientes, menos el tahini. Se hace un puré suave y es entonces cuando se agrega el tahini. Se rectifica la sazón al gusto. Se trata de un plato que hay que servir con aceite, aceitunas, perejil picado y pan de pita.

PURÉ DE CALABAZA
Grado de dificultad bajo

INGREDIENTES PARA 4 PERSONAS
1 kg de calabaza pelada y picada en trozos
• 2 dientes de ajo • 1 pimiento verde
• 1 trozo de pan mojado en vinagre • 1 cucharadita de comino • 6 cucharadas de aceite • 50 g de pasas sin pepitas maceradas en vino oloroso de Jerez • Sal

Se pone a cocer la calabaza con agua y una cucharada de sal durante unos 20 minutos aproximadamente, se le añaden todos los demás ingredientes que previamente han sido pasados por la batidora. Se deja cocer 10 minutos más y se vuelve a pasar todo de nuevo por la batidora. Se sirve templado acompañado de las pasas.

SALMOREJO
Grado de dificultad bajo

INGREDIENTES PARA 4 PERSONAS
1 kg de miga de pan del día anterior • 1 vaso de aceite • 1/2 kg de tomates maduros • 100 g de jamón serrano picado • 1 huevo duro picado
• 2 dientes de ajo • 1 copita de vinagre de vino
• Sal

Se remoja en agua la miga del pan y, cuando esté muy empapada, se saca y se exprime bien. Se ponen en el vaso de la batidora el aceite, el pan, los tomates, los ajos pelados, el vinagre y la sal, y se bate durante unos minutos hasta conseguir una mezcla homogénea, la cual se pasa por el pasapurés para quitar las pieles y las pepitas del tomate. Después de pasarlo, se incorpora agua muy fría hasta llegar a conseguir la textura deseada y se rectifica la sal. Se sirve en plato sopero o

en tazas de consomé acompañado del huevo duro y el jamón.

SOPA A LA MINUTA
Grado de dificultad bajo

INGREDIENTES PARA 6 PERSONAS
1/2 kg de carne picada • 1/2 kg de cebolla finamente picada • 1/2 kg de tomate
• 1 cucharadita de ajo rallado • 1 cucharadita de salsa de tomate • 1 cucharadita de orégano
• 1 kg de patatas • 1/2 taza de aceite • 3 l de agua
• 100 g de fideos de cabello de ángel
• 1 cucharadita de sal • Pimienta

Se pone a calentar el aceite en una olla y, cuando éste comience a hacer aguas, se echan la cebolla, el ajo, el orégano, el tomate pelado y picado, la pimienta y la salsa de tomate. Se sofríe todo muy bien, y se incorporan entonces el agua, la sal y las patatas peladas y enteras. Cuando dé un hervor, se añade la carne picada, se prueba la sal y se pone a fuego bajo hasta que veamos que las patatas están blandas pero no rotas. Al final se añaden los fideos y se sirve bien caliente en cuanto estén cocidos.

SOPA AGRIDULCE DE COL Y ARROZ (cocina tailandesa)
Grado de dificultad medio

INGREDIENTES PARA 6 PERSONAS

Para la carne:
500 g de carne de vaca cortada en dados
• 1 cucharada de granos de coriandro • 1 pizca de nuez moscada • 1 clavo • 2 cucharadas de vinagre de vino • 1 cucharadita de jengibre en polvo
• 1 cucharadita de azúcar • 1 cucharada de salsa de soja •Canela •Azúcar •Sal • Pimienta

Para el caldo:
3 l de agua • 30 g de manteca • 500 g de repollo
• 6 cebollas tiernas • 1 cucharada de perejil picado
• Pimienta recién molida • Sal • 1 col

Para las albóndigas:
100 g de arroz hervido • 1 yema de huevo
• 2 cucharadas de harina • 50 g de encurtidos variados

Se ponen a hervir en una olla, excepto la manteca, la col, la escalonia y las cebollas, todos los ingredientes del caldo durante 30 minutos a fuego medio. La carne de vaca cortada en dados se condimenta con coriandro, canela, nuez moscada, clavo, jengibre, azúcar, sal y pimienta, dejándola en su aderezo mientras el caldo hierve. Pasados los 30 minutos, se vierte en la olla y se deja cocer 1 hora y media aproximadamente, teniendo en cuenta la consistencia de la carne. Poco antes de terminar la cocción se agrega la salsa de soja y el vinagre. Se calienta la manteca en una cacerola y en ella se pone a rehogar, durante 5 minutos, la col cortada en tiras finas, junto a la escalonia en rodajas y las cebollas enteras. Después de haberlo removido varias veces, se vuelca todo en la olla de la carne y se agrega el perejil. Para preparar las albóndigas, se mezcla el arroz hervido con la yema de huevo y los encurtidos picados y se forman pequeñas albóndigas que se pasan por harina y se ponen en la cacerola. Cuando hayan hervido un par de minutos, se sirve la sopa.

SOPA AL AROMA DE LIMÓN
Grado de dificultad bajo

INGREDIENTES PARA 4 PERSONAS
1 l de caldo de pollo • Tomillo • 4 porciones de fideos finos • 1 limón • 1 yema de huevo

Se pone a hervir el caldo, se añaden los fideos y se dejan cocer según las instrucciones del fabricante. En un bol se bate el zumo de limón con la yema de huevo. Cuando casi estén los fideos, se saca un cacillo del caldo hirviendo y se añade a la mezcla de huevo y limón, batiendo rápidamente para que el huevo no cuaje. Se apaga el fuego, se espera que se vaya el hervor y se vuelca el batido en

la olla con el caldo y los fideos; entonces se remueve bien y se sirve inmediatamente.

SOPA AL CUARTO DE HORA 1
Grado de dificultad bajo

INGREDIENTES PARA 6 PERSONAS
2 dientes de ajo • 4 rebanadas de pan remojadas y escurridas • 150 g de jamón en dados • 4 cucharadas de salsa de tomate • 2 huevos cocidos • 1/2 l de caldo de carne • Aceite

En un bol refractario, se pone el aceite y el ajo machacado y se mete en el microondas, a potencia máxima durante únicamente 30 segundos. Se saca del horno y se añaden el jamón, la salsa de tomate, el pan desmenuzado y el caldo, se remueve y se pone en potencia máxima 4 minutos más, removiendo a medio tiempo. Cuando esté hecho, se bate y se añaden los huevos cocidos bien picaditos.

SOPA AL CUARTO DE HORA 2
Grado de dificultad bajo

INGREDIENTES PARA 4 PERSONAS
2 l de agua • 1/2 kg de merluza • 300 g de almejas • 1/2 kg de gambas • 50 g de jamón serrano cortado en taquitos • 100 g de guisantes • 1 cebolla pequeña • 2 tomates rojos maduros • 4 cucharadas de arroz • 1 ramita de perejil • 1 huevo cocido • 2 cucharadas de aceite • Pimentón dulce • Sal

Se meten las almejas en una cazuela cubiertas de agua y se ponen al fuego suave hasta que se abran; se apartan del fuego y se quitan las conchas. Se reservan las almejas. Se cuela el caldo y se reserva también. Se rallan los tomates y en un bol pequeño, se recoge la pulpa, sin piel y sin pepitas. Se limpia la merluza de piel y espinas y se corta en trozos. Se pelan las gambas. Una vez medio preparados los ingredientes como ya hemos visto, se pone una cazuela al fuego con el aceite y cuando esté caliente, se echa la cebolla muy picada. Cuando esté transparente, se echan los taquitos de jamón, se mezcla todo bien y se rehoga durante unos minutos con la cazuela tapada. Se añaden los tomates rallados removiendo bien y se deja a fuego lento durante unos 3 minutos. Se agrega una pizca de pimentón, removiendo de nuevo, y se incorpora el caldo de las almejas. Se añade entonces la merluza cortada, las gambas peladas, los guisantes y el arroz. Se sala al gusto y se deja cocer a fuego lento durante un cuarto de hora aproximadamente. Se añaden las almejas y el huevo duro cortado en cuadraditos, se remueve todo bien durante al menos un par de minutos y entonces se aparta del fuego. La sopa al cuarto de hora se presenta en una sopera, acompañada de unos taquitos de pan frito.

SOPA ALEMANA DE CEBADA
Grado de dificultad bajo

INGREDIENTES PARA 4 PERSONAS
80 g de cebada descascarada • 300 g de zanahoria • 300 g de puerros • 300 g de apio • 300 g de patatas • 300 g de cebolla cortada en juliana fina • 150 g de jamón serrano • 1 hoja de laurel • 1 clavo • 30 g de mantequilla • 2 l de caldo de carne • 1 dl de nata • 2 yemas de huevo • Sal • Pimienta

Se pone en remojo la cebada durante 40 minutos. En una cacerola con mantequilla, se rehogan, una vez que están bien limpias, todas las verduras, junto a la hoja de laurel y el clavo de olor; se incorpora el jamón serrano, se agrega la cebada escurrida y se cubre con el caldo. Se hace hervir a fuego suave de 45 a 60 minutos. Se retira del fuego pasado el tiempo estipulado y se sazona con sal y pimienta al gusto. Se bate la yema de huevo con la crema, se agrega un cazo de caldo, se remueve y se vuelca todo de nuevo en la cacerola para terminar de calentar y servir.

SOPA AMERICANA DE PESCADO
Grado de dificultad bajo

INGREDIENTES PARA 6 PERSONAS
4 l de agua • 7 cabezas de bonito pequeño • 1/2 tacita de salsa de soja • 1 cebolla • 2 docenas de mejillones • 1/2 kg de fideos canuto • 4 cangrejos • 4 dientes de ajo • 1 tomate • Perejil • 1 pizca de cilantro • Sal • Pimienta

En una olla grande se hierven las cabezas de pescado, los cangrejos, los mejillones, la cebolla y la salsa de soja durante media hora. Se hace un aderezo con aceite, ajo, cebolla y tomate; se agrega el caldo de pescado, los fideos, los mejillones, y la pulpa de los cangrejos, se sazona al gusto y, para terminar, se echan el perejil y el cilantro picado. Se sirve bien caliente.

SOPA ASTURIANA
Grado de dificultad bajo

INGREDIENTES PARA 4 PERSONAS
10 cucharadas de harina de maíz • 3 puerros • 1 cebolla • 4 cucharadas soperas de aceite • 4 rebanadas de pan • 1 nuez moscada • Perejil • Sal

Se pone al fuego una cacerola con agua y se echan en ella los puerros, bien lavados y finamente picados, dejando que hiervan durante media hora. Se añade la harina de maíz, disolviéndola en un poco de agua, y se baja el fuego para que la sopa se vaya cociendo lentamente. Se le da el punto de sal y se le agregan unas raspaduras de nuez moscada. Mientras se cuece la sopa, se prepara un sofrito con el aceite y la cebolla, finamente picada, y cuando ésta se dore, se fríe en el mismo aceite el pan cortado en trocitos y el perejil, también picado. Una vez que la sopa esté en su punto, se le añade este sofrito, se deja al fuego 10 minutos más y se sirve bien caliente.

SOPA BULLAVESA
Grado de dificultad medio

INGREDIENTES PARA 6 PERSONAS
1 kg de pescado de carne dura • 1 cebolla
• 4 tomates sin piel ni pepitas • 1 ajo puerro
• Perejil • 6 cucharadas de aceite • 1 pizca
de apio • 3 dientes de ajo • 1 pizca de corteza de
naranja • 1 pizca de hinojo • 1 hoja de laurel
• 1 vaso de vino blanco • 2 patatas • 1 cucharada
de pimentón • 1 pizca de azafrán • Sal
• Pimienta

Se limpia bien y se corta a trozos el pescado.
Mientras, en una cacerola con aceite,
se rehogan la cebolla, los ajos, los tomates,
el apio, el puerro, el perejil, la corteza de
naranja, el hinojo, la sal, la pimienta y el
laurel. Se añade el pescado troceado y se deja
al fuego durante 2 o 3 minutos; se cubre
de agua, se incorpora el vino blanco y se
remueve bien. Se deja cocer todo a fuego
medio unos 20 minutos. 5 minutos antes
de terminar, se añade el azafrán y se rectifica
la sazón.

SOPA CACHORREÑA
Grado de dificultad bajo

INGREDIENTES PARA 6 PERSONAS
2 l de agua • 2 barras de pan • 4 dientes de ajo
• 1/2 vaso de aceite • 1 naranja agria • Vinagre
• Comino • Sal

Se corta el pan en pedazos, se moja una miga
de pan en vinagre y se echa en la batidora
junto a los dientes de ajo y los granos de
comino. Se bate y se incorpora el aceite poco
a poco hasta conseguir una pasta fina.
También se añade agua con cuidado para
aclarar la pasta sin desligarla. Se pone este
caldo en una cacerola y se lleva al fuego.
Cuando empiece a hervir, se agregan los
pedazos de pan, se tapa y se deja que el pan
se ponga como una esponja. Se condimenta
con el zumo de naranja agria justo antes de
servir.

SOPA CALADA
Grado de dificultad bajo

INGREDIENTES PARA 6 PERSONAS
200 g de jamón cortado en taquitos
• 4 huevos cocidos y picados • 50 g de
mantequilla • 200 g de pan cortado en cuadraditos
• 2 l de caldo

Se pone a calentar el caldo en una cazuela y,
a la vez, en una sartén se pone a calentar la
mantequilla y se fríe en ella el jamón. Cuando
el jamón esté dorado, se escurre sobre papel
de cocina y se coloca en el fondo de una
sopera. En la misma sartén, se fríe el pan y se
echa también en la sopera, al igual que los
huevos. Por último, se cubre todo con el caldo
bien caliente y se sirve.

SOPA CASTELLANA
Grado de dificultad bajo

INGREDIENTES PARA 4 PERSONAS
1 l de caldo • 350 g de pan del día anterior
• 6 dientes de ajo • 5 cucharadas de aceite
• 4 huevos • 1 cucharadita de pimentón dulce
• Sal

Se corta el pan duro en rebanadas finas,
se pelan los ajos y se cortan en láminas.
Luego, se pone una olla al fuego con un litro
de agua o caldo. Por otro lado, en una
cazuela de barro, con aceite, se echan los ajos
y, antes de que estén dorados, se sacan
y se reservan. Se echa el pan en la cazuela y
se deja que se dore ligeramente, se incorpora
el pimentón y se remueve con una cuchara de
palo, hasta que esté bien diluido. Se vierte el
caldo que ya tendremos caliente, en la cazuela
de barro, se sala al gusto, se echan los ajos
de nuevo, se remueve y se deja cocer todo
junto, a fuego lento, durante unos 5 minutos
aproximadamente. Entonces y para finalizar,
se rompen los huevos y se echan por encima,
de uno en uno. Cuando los huevos estén
escalfados, se retira del fuego y se sirve bien
caliente.

SOPA CASTELLANA DEL SIGLO XV
Grado de dificultad bajo

INGREDIENTES PARA 4 PERSONAS
1 y 1/2 l de agua • 75 g manteca de cerdo
• 75 g de jamón serrano • 100 g de pan del día
anterior • 1/2 l de caldo • 1 cucharadita de
pimentón dulce • Comino • 2 ajos • 4 huevos
• Sal

Se pican el jamón y los ajos y se corta el pan
duro en rebanadas finas. En una olla, se pone
a calentar el aceite y se sofríen los ajos hasta
que estén ligeramente dorados. Se agregan el
jamón y las rebanadas de pan, rehogándolos
2 minutos. Se incorpora el pimentón y se dora
ligeramente. Se añade el agua, se sazona
y se especia con el comino. Cuando la sopa
empiece a hervir, se agregan los huevos
y se dejan escalfar durante 3 minutos.
Se sirve muy caliente.

SOPA CHINA AGRIPICANTE
Grado de dificultad bajo

INGREDIENTES PARA 4 PERSONAS
100 g de solomillo de cerdo, cortado
en tiras finas • 6 setas chinas, grandes, secas
• 2 porciones de cuajada de soja • 1 l de caldo
• 12 gambas secas • 8 cucharaditas de salsa de soja
• 4 cucharadas de vinagre de vino • 1 cucharadita
de pimienta negra recién molida • 8 cucharaditas
de maicena • 1 huevo batido • 2 cucharaditas de
aceite de sésamo

Se ponen en remojo las setas, en agua
templada que las cubra, durante 20 minutos.
Se quitan los tallos de las setas y se cortan los
sombrerillos en filetes; se corta la cuajada de
soja en taquitos de un centímetro. Se pone a
cocer el caldo en una olla, se agregan el
cerdo, las setas, las gambas secas, la salsa de
soja, y se deja cocer a fuego lento 10
minutos. Se incorporan la cuajada, el vinagre y
la pimienta a la olla. Aparte, se deslía la
maicena en una tacita de agua fría y se

agrega al caldo, removiendo constantemente.
Cuando la sopa haya espesado, se retira la
olla del fuego. Para terminar, se vierte con
cuidado el huevo batido en chorrito muy fino
sobre el dorso de una cuchara, para que de
esta manera deje una huella sobre la
superficie del caldo, se añade el aceite de
sésamo y se sirve.

SOPA CHINA DE ALETA DE TIBURÓN
Grado de dificultad bajo

INGREDIENTES PARA 4 PERSONAS
50 g de fibras de aletas de tiburón y secas, en
remojo • 1 filete de pechuga de pollo en tiras
• 2 setas chinas, en remojo 24 horas • 1 yema de
bambú • 1 cucharada de maicena • 1 cucharada
de salsa de soja • 1 l de caldo de gallina
• Pimienta • 1 cucharadita de café de jengibre bien
picado

Se calienta el caldo y se echan en él todos los
ingredientes mencionados anteriormente,
excepto la maicena, dejándole que hierva
durante 60 minutos como mínimo. Luego,
se deslía la maicena en un poquito de agua
fría y se echa a la sopa. En cuanto tome
espesor, se sirve.

SOPA CHINA DE *WANTUN*
Grado de dificultad bajo

INGREDIENTES PARA 4 PERSONAS
1 cucharadita de maicena • 16 envolturas de
wantun • 1 diente de ajo macerado • 1 cucharadita
de jengibre rallado • 30 g de fideos de celofán
crudos • 1 l de consomé de carne • 200 g de carne
de cerdo picada • Sal • Pimienta

Se mezcla el cerdo picado con la maicena, el
ajo, el jengibre, la sal y la pimienta y se hacen
16 bolitas con la mezcla. Se ponen las
envolturas de *wantun* en una superficie plana
y se coloca una pelotita en el centro de cada
envoltura apretando los bordes de cada una

alrededor de la mezcla de cerdo para sellarla. Se hierven los *wantun* rellenos durante 10 minutos, se sacan y se reservan. Aparte, se cuecen los fideos, se calienta el consomé a temperatura media y se dividen los *wantun*, los puerros, los pimientos y los fideos en partes iguales dentro de las tazas y se agrega el consomé por encima. Este plato puede adornarse con cebolleta muy picada antes de servir.

SOPA CHINA *SZHECHUAN*
Grado de dificultad medio

INGREDIENTES PARA 6 PERSONAS
30 g de setas secas • 170 g de cerdo magro crudo sin hueso • 115 g de jamón cocido • 1 pimiento rojo pequeño • 8 cebollas verdes • 1/2 taza de castañas de agua • 225 g de cuajada de soja• 2 l de caldo de pollo • 1/2 taza de vino blanco seco • 4 cucharillas de salsa de soja • 1/2 cucharilla de salsa china del chile • 2 cucharadas soperas de maicena • 5 cucharadas de agua • 2 cucharillas de vinagre • 1 cucharilla de aceite de sésamo • 1 huevo • 225 g de langostinos

Se ponen en un bol las setas cubiertas de agua hirviendo manteniéndolas así durante unos 30 minutos, pasado este tiempo se escurren las setas y se cortan en rodajas finas. Se trocea la carne de cerdo y el pimiento en tiras finas, se corta la cebolla en trocitos pequeños, se parten las castañas en rodajas finas, y se corta la cuajada de soja en tacos pequeños. En una olla, se ponen los dos litros de caldo de pollo, el vino, la salsa de soja y la salsa de chile y se deja cocer durante 5 minutos. En un poco de agua fría, se diluye la maicena y se añade al caldo, removiendo constantemente. Se agregan las castañas, el cerdo, el jamón, la pimienta y las setas, incorporando también el vinagre y el aceite a la sopa, mezclando todo muy bien. Se bate el huevo con una cucharada de agua y se vuelca en la olla poco a poco, incorporándolo con un batidor con mucho cuidado. Se añaden las

cebollas, la cuajada y los langostinos y se deja hervir 1 o 2 minutos antes de llevarlo a la mesa.

SOPA CON POLLO Y CHAMPIÑÓN
Grado de dificultad bajo

INGREDIENTES PARA 4 PERSONAS
100 g de champiñones fileteados • 2 cucharadas de esencia de anchoas • 100 g de pechuga de pollo, cocida y cortada a tiritas • 1 diente de ajo machacado • 1 cucharada de hojas y tallos de cilantro picados • 1 cucharadita de pimienta negra recién molida • 1 cucharada de manteca • 1 l de caldo de pollo • 50 g de cebolletas, recortadas y en rodajitas finas • Sal

Se introducen el ajo, el cilantro y la pimienta en un mortero y se machacan para de esta manera formar una pasta. En una sartén pequeña, a fuego medio, se calienta la manteca y se saltea la mezcla del mortero durante 1 minuto. Se retira del calor y se reserva. Se mezclan el caldo, los champiñones, la esencia de anchoas y la pasta de ajo en un cazo, y se deja cocer despacio durante 5 minutos. Se agrega el pollo y se continúa la cocción lo suficiente como para calentarlo. Se espolvorea de cebolleta cortada y se rectifica de sal si fuera necesario.

SOPA «CORTINA DEL MUELLE»
Grado de dificultad bajo

INGREDIENTES PARA 4 PERSONAS
1 l de caldo de pescado • 500 g de pescado de carne dura • 1 tomate • 1 barra de pan • 2 dientes de ajo • 1/2 cebolla • 1 alcachofa • 500 g de guisantes • 1/2 pimiento rojo • Aceite • Nuez moscada • Sal

En una cacerola se fríe el pescado, se saca y se hace pedacitos quitándole cuidadosamente las espinas. En el mismo aceite, se fríen un tomate, dos ajos, un poco de cebolla, una alcachofa, medio kilo de guisantes, un poco de pimiento rojo y se vierte en la cacerola el caldo. Cuando los guisantes están a medio cocer, se echa el pescado y el pan, y se cuece a fuego lento durante una media hora aproximadamente. Se sazona con sal y nuez moscada al gusto.

SOPA CREMA DE ESPÁRRAGOS
Grado de dificultad bajo

INGREDIENTES PARA 6 PERSONAS
3 cucharadas de mantequilla • 2 cebollas en rodajas • 600 g de espárragos blancos, picados • 2 tazas de agua • 1 cubito de caldo de verduras • 1 taza de nata líquida • Sal • Pimienta • Perejil picado • Nata para guarnición

Durante 45 segundos, se ponen en el microondas a potencia máxima la mantequilla y la cebolla, en un recipiente refractario de tres litros. Se añaden los espárragos, el agua y el cubito de caldo de verduras, se tapa y se cocina a potencia máxima. durante 12 minutos, removiendo en ese tiempo dos veces. Se bate todo y, cuando esté cremoso, se añade la nata y se vuelve a poner en el microondas, a potencia máxima 3 minutos, removiendo una vez durante la cocción. Al servir, se adorna con una cucharada de nata para guarnición con perejil picado.

SOPA CRIOLLA
Grado de dificultad bajo

INGREDIENTES PARA 6 PERSONAS
2 l de agua • 1/2 kg de carne de ternera • 200 g de fideos de cabello de ángel • 2 huevos • 1 cebolla grande picada • 1 tomate • 3 dientes de ajo picado • 1/2 cucharadita de pasta de tomate • 1 cucharada de pimentón molido • 3 patatas cocidas • 1 taza de leche • 1/2 taza de aceite • Pimiento rojo asado • Orégano • Sal

Se pone en dos litros de agua a hervir el medio kilo de carne con las patatas picadas.

En una sartén se fríe la cebolla, el tomate pelado y picado, el ajo, el pimentón y la pasta de tomate. Se vierte el sofrito en el caldo, se agregan los fideos y se deja hervir un rato más. Cuando los fideos estén cocidos, se añaden los huevos batidos, moviéndolos rápidamente. Segundos antes de apagar el fuego, se incorpora la leche y se añade sal y orégano. Se sirve esta sopa caliente con unas tiras de pimiento rojo en cada plato.

SOPA DE AJO
Grado de dificultad bajo

INGREDIENTES PARA 6 PERSONAS
1 barra de pan del día anterior en rebanadas • 1 vaso de aceite • 4 dientes de ajo • 1 cucharadita colmada de pimentón dulce molido • 100 g de jamón serrano, cortado en taquitos pequeños • 6 huevos • 1 ramita de hierbabuena • Sal • 2 y 1/2 l de agua

En una olla se pone a hervir el agua con sal. Mientras tanto, se fríe el pan en una sartén con aceite y se reserva. En ese mismo aceite se echan los ajos cortados en lonchas muy finas y el jamón y se pone al fuego. Cuando los ajos estén dorados, se retira del fuego y una vez que el aceite se enfríe, se echa el pimentón dulce y se revuelve todo bien. Cuando el agua esté hirviendo, se echa el pan y el aceite con los ajos y la ramita de hierbabuena, y se deja hervir todo de unos 5 a 10 minutos. En el mismo momento en el que se vaya a servir, se casca un huevo crudo en cada plato, acto seguido se vierte la sopa por encima y se mete el plato tan solo 1 minuto en el microondas para que el huevo se cuaje.

SOPA DE AJO DE URUGUAY
Grado de dificultad bajo

INGREDIENTES PARA 6 PERSONAS
1 taza de aceite • 1 cabeza de ajo • 1 cucharada de pimentón dulce • 2 l de consomé

• Picatostes al gusto • 2 huevos • Zumo de limón
• Sal

Se pone en una cacerola un buen chorro
de aceite de oliva, se calienta y se dora en él
una cabeza grande de ajos bien picada.
Cuando ya está casi lista, se le echa una
cucharada de pimentón dulce y dos litros de
consomé, y se deja hervir durante unos 15
minutos. En cada plato se coloca un huevo
crudo, batido con el tenedor, y se le agrega,
despacio, el caldo de ajos hirviendo,
removiendo con una cuchara de madera.
La sopa de ajo de Uruguay se acompaña con
jugo de limón en cada plato.

SOPA DE AJO FACILONA
Grado de dificultad bajo

INGREDIENTES PARA 6 PERSONAS
150 g de pan del día anterior cortado en rebanadas
• 10 cucharadas de aceite • 12 dientes de ajo
• 2 l de agua • 1 cucharada de pimentón dulce
• Sal

En una cazuela, se echan el aceite y los ajos,
se ponen al fuego y cuando los ajos
comiencen a tomar color, se incorporan el pan
y el pimentón dando vueltas bien durante un
par de minutos. Pasado este tiempo, se echa
el agua hirviendo, se sala y se deja hervir a
fuego lento durante 2 horas. Si se reduce
demasiado el caldo, se puede añadir más
agua hirviendo.

SOPA DE AJO MANCHEGA
Grado de dificultad bajo

INGREDIENTES PARA 4 PERSONAS
6 huevos • 5 dientes de ajo • 150 g de rebanadas
de pan duro o tostado • 6 vasos de caldo natural
• 1 cebolla pequeña • 1 cucharadita de pimentón
• 1 cucharadita de perejil • Sal

En una cacerola honda, con abundante aceite,
se fríen las rebanadas de pan cortadas muy
finas hasta que se doren. Se apartan y se
retira el aceite de la cacerola dejando sólo un
poco para freír los ajos enteros y la cebolla
picada; se separa del fuego y se añade el
pimentón, sin dejar de remover para que no
se queme. Se añade el caldo, se retiran los
ajos y se vuelve a poner en el fuego. Se
agrega el pan y se deja empapar bien; se
incorporan el perejil y la sal, y se pone a cocer
a fuego lento durante 10 minutos. En
pequeñas cazuelitas individuales, de barro a
ser posible, se vuelca la sopa, se cascan los
huevos encima y se mete en el horno
precalentado hasta que cuaje la clara. Se sirve
recién hecho y caliente.

SOPA DE AJO TOSTADO
Grado de dificultad bajo

INGREDIENTES PARA 4 PERSONAS
200 g jamón serrano en tacos • 1/2 kg ajos
• 1 hogaza de pan duro • Vinagre • Aceite • Sal

En un poco de aceite se fríen el jamón y los
ajos y, cuando todo esté sofrito, se vierte en
una cacerola con un litro de agua hirviendo y
se le añade la sal y un poco de vinagre.
Cuando está cocido el jamón, se retira del
fuego y se le añaden unas rebanadas de pan
frito. Se deja reposar unos minutos y se sirve.

SOPA DE ALBÓNDIGAS
Grado de dificultad bajo

INGREDIENTES PARA 8 PERSONAS
12 tazas de caldo de carne • 400 g de patatas
• 500 g de carne picada de ternera • 2 cucharadas
de manteca de cerdo • 2 huevos batidos • 1 taza
de miga de pan • 2 dientes de ajo • 1 cucharada
de cilantro • Sal • Pimienta • Comino

Las patatas peladas y picadas se ponen a
cocer en el caldo durante 30 minutos.
Mientras hierve, se preparan las albóndigas,
mezclando la carne con la manteca, los
huevos, la miga de pan, el ajo machacado, la

sal, la pimienta y el comino. Se amasa bien y se forman bolitas, que se sofríen en un poco de aceite. Se agregan entonces al caldo y se deja cocer durante 15 minutos. Se sirve con el cilantro finamente picado y espolvoreado por encima.

SOPA DE ALBÓNDIGAS DE MAÍZ
Grado de dificultad bajo

INGREDIENTES PARA 4 PERSONAS
1 taza de harina de maíz • 80 g de queso rallado • 1 huevo • 100 g de carne picada de cerdo • 100 g de carne picada de ternera • 1 cebolla rallada • 1 diente de ajo • 1 pimiento rojo picado • 1 cucharada de perejil fresco picado • 6 tazas de caldo de carne • 1 ramita de perejil • 1 ramita de cilantro • 1 ramita de hierbabuena • Sal • Pimienta

Se pone en un recipiente la masa de maíz junto con el queso, el huevo y un poquito de sal; se amasa bien, se forman bolitas pequeñas como de un centímetro de diámetro y se reservan. Por otro lado, se ponen las carnes en un recipiente y se mezclan con la cebolla, el ajo, el pimiento, el perejil picado, la sal y la pimienta. Se amasa bien y se forman bolitas como las de masa que se hicieron anteriormente. Se calienta el aceite en una sartén, se fríen todas las bolitas y se colocan sobre papel absorbente para que escurran el exceso de grasa. Se pone el caldo en una olla al fuego y cuando empiece a hervir, se añaden las bolitas y las hierbas, y se deja cocer durante 10 minutos. Se retiran las hierbas y se sirve caliente.

SOPA DE ALGAS CON PATATAS
(cocina japonesa)
Grado de dificultad bajo

INGREDIENTES PARA 4 PERSONAS
3 patatas medianas de piel lisa, sin brotes ni nudos • 250 g de algas wakame • 750 cc de caldo de bonito (*dashi*) • Cayena molida • 2 cucharadas de miso

Se pelan las patatas, se parten por la mitad y se cortan en rodajas de medio centímetro de grosor. Se ponen las rodajas de patata en remojo en agua fría al igual que el alga wakame que, tras ablandarse, se cortará en láminas. Se cuecen las patatas durante 10 minutos en el caldo de bonito y cuando empiecen a estar cocidas, se lleva a ebullición y se añade el miso. Entonces se cocina durante 5 minutos más aproximadamente y después se retira del fuego. Se trata de un plato que se sirve muy caliente en cuencos individuales, sazonado al gusto con pimienta Cayena.

SOPA DE ALMEJAS
Grado de dificultad bajo

INGREDIENTES PARA 6 PERSONAS
750 g de almejas frescas • 500 g de mero partido en trozos • Zumo de limón • 7 tazas de agua • 2 dientes de ajo machacado • 2 granos de pimienta de color • 1 ramita de perejil • 1 pizca de comino • Sal • Pimienta

Se ponen los trozos de pescado en un plato, se rocían con el zumo de limón y se dejan en maceración. Por otra parte, se ponen las almejas bien lavadas en una cacerola, se cubren con dos tazas de agua y se hierven durante 10 minutos, hasta que se abran. Se cuela el caldo y se reserva. Se quita una de las conchas de las almejas, dejando la otra. El agua restante se pone en una cacerola junto con las patatas peladas, partidas en rodajas, y se cuecen hasta que estén blandas. Se añaden las almejas y el caldo de su cocción y se dejan en ebullición alrededor de unos 15 minutos más. Para ir terminando el plato, se agregan los ingredientes restantes bien machacados en el mortero y se mantiene de nuevo al fuego 5 minutos más. Se rectifica la sazón y se sirve.

SOPA DE ALMENDRAS Y NATA
Grado de dificultad bajo

INGREDIENTES PARA 4 PERSONAS
75 g de mantequilla • 100 g de harina • 400 g de almendras tostadas • 1 l de caldo de ave • Sal • 100 ml de nata

En una cacerola se pone la mantequilla y se doran las almendras. Se añade la harina y se remueve constantemente para que no se queme. Se agrega el caldo poco a poco, sin dejar de remover, y se deja hervir unos 15-20 minutos. Se tritura con la batidora y se pasa por el chino. Se pone al fuego de nuevo y se lleva a ebullición. Una vez que hierve, se apaga el fuego y se añade la nata, se mezcla rápidamente y se sirve.

SOPA DE ALMENDRAS Y PUERROS
Grado de dificultad bajo

INGREDIENTES PARA 4 PERSONAS
1 cucharada de harina • 1 l de caldo de pollo • 300 g de harina de almendra • 1 manojo de puerros • 130 g de mantequilla • Sal • Pimienta

Se pelan los puerros, se lavan, se cortan en rodajas y se sofríen, a fuego lento junto a la mantequilla. Cuando estén blandos, se añade la harina de almendras y la cucharada de harina, removiendo un poco hasta conseguir que se tueste la mezcla y seguidamente se incorpora el caldo de pollo y se deja hervir durante 45 minutos aproximadamente a fuego lento. Se pasa por la batidora, se vuelca en la sopera y se sirve.

SOPA DE AROMA DE COCO
Grado de dificultad bajo

INGREDIENTES PARA 4 PERSONAS
50 almejas • 2 cucharadas de mantequilla • 1 cebolla finamente picada • 1 cucharadita de perejil picado • 1 cucharadita de cilantro • 1 taza de leche • 4 tazas de agua • 1 taza de leche de coco • Comino • Sal • Pimienta

Se calienta la mantequilla en una cacerola y se rehoga la cebolla picada junto con el perejil, el cilantro, el comino, la sal y la pimienta. A continuación, se incorpora la leche y se deja cocer 5 minutos más. Se añaden las almejas muy bien lavadas y el agua. Por último, se retira la sopa del fuego, se incorpora la leche de coco y se sirve de inmediato.

SOPA DE ARROZ
Grado de dificultad bajo

INGREDIENTES PARA 4 PERSONAS
200 g de arroz • 1 l de caldo de cocido • 100 g de trocitos de jamón serrano • 1 tomate pelado • Sal • 1 pimiento rojo sin pepitas • 3 cucharadas de aceite • 1/2 cucharadita de pimentón

Se pela y se pica el tomate y se trocea el pimiento. En una olla, se calienta el caldo de cocido y, entretanto, en una cazuela (a fuego suave) se dora primero el jamón y después el pimiento. Se añaden posteriormente el tomate y el pimentón y enseguida el caldo. Se incorpora el arroz, se cuece a fuego medio (destapado), hasta que el grano esté en su punto y se deja reposar unos minutos antes de servir.

SOPA DE ARROZ CON CHAMPIÑONES
Grado de dificultad bajo

INGREDIENTES PARA 4 PERSONAS
400 g de champiñones • 4 cucharadas de zumo de limón • 50 g de manteca de cerdo • 1 cebolla picada • 1 diente de ajo picado • 1 ramita de apio picado • 200 g de arroz • 4 tomates pelados y picados • 1 l de caldo • Estragón picado • Sal • Pimienta

Se lavan los champiñones y se ponen
en remojo en agua con el jugo de limón.
Se calienta la manteca en una cacerola al
fuego y se rehoga la cebolla, el ajo y el apio.
Por otro lado, se limpian y filetean los
champiñones y se pone a cocer el arroz en
agua con sal durante 15 minutos.
Cuando el sofrito esté hecho, se agregan
los champiñones y se deja hervir hasta
que se haya evaporado el líquido que sueltan.
Se añaden los tomates y se mantiene al fuego
unos minutos más. Se incorpora el caldo
y se cuece 10 minutos. Se espolvorea
el estragón y se agrega el arroz ya cocido
y escurrido, momento en el que se revuelve
todo bien y se deja al calor 5 minutos
más. Este plato se sirve recién sacado
del fuego.

SOPA DE ARROZ DE LA ABUELA
Grado de dificultad bajo

INGREDIENTES PARA 2 PERSONAS
50 g de arroz • 1 hueso de jamón • 1 trozo de
paletilla de cordero • 2 tomates medianos
• 2 pimientos gordos rojos • Azafrán • Sal

En una olla exprés, con agua, sal y azafrán, se
cuecen el hueso de jamón, los tomates
enteros y la paletilla durante media hora larga.
Mientras tanto, se asan los pimientos. Se abre
la olla, siempre después de haberla enfriado,
se sacan los tomates, se pelan, se machacan
con el tenedor y se vuelven a echar en el
caldo. Luego se añaden los pimientos pelados
y a tiras. Se echa el arroz y la pimienta. Por
último se tapa y se cuece el arroz, que debe
quedar caldoso.

SOPA DE ATÚN Y HUEVOS
Grado de dificultad bajo

INGREDIENTES PARA 4 PERSONAS
4 huevos • 2 pastillas de caldo concentrado de pollo
• 2 latas de atún • 3 ramas de apio, cortadas en
juliana • 3 ramas de cebolla blanca, cortadas en
cuadraditos • 3 hojas de acelgas, cortadas en
cuadraditos • 4 tazas de agua • 2 cucharadas de
aceite • 1/2 cucharadita de comino
• 1/2 cucharadita de pimienta • Sal

Se pone a sofreír la cebolla en el aceite y se
agrega el apio y las acelgas. Se añaden agua,
sal, comino, pimienta y las pastillas de caldo.
Cuando entre en ebullición, se pone al atún y,
una vez que vuelva a hervir, se le incorporan
los huevos, uno a uno, para que se cuezan
dentro de la sopa, y se va mezclando bien.

SOPA DE BUEY
Grado de dificultad bajo

INGREDIENTES PARA 8 PERSONAS
300 g de carne magra de buey • 3 cebollas
grandes • 3 dientes de ajo • 1 ramillete
de hierbas: tomillo, laurel, perejil • 2 patatas
• 1 baguete de pan • 1 l de nata • 1 l de caldo
• Sal • Pimienta

A la carne se le quitan los nervios y la grasa,
se corta en dados y se reserva. Se pela y
aplasta el ajo y las cebollas se pelan y pican
finamente. Se calienta una buena cantidad de
aceite en una cacerola honda y, una vez bien
caliente, se sofríe la carne; cuando esté bien
dorada, se añaden las cebollas. Se vuelca
sobre la cacerola el caldo y medio litro de
agua, se salpimienta y se incorporan el
ramillete de hierbas y el ajo. Se deja cocer a
fuego lento durante 2 horas. Mientras tanto,
se precalienta el horno a temperatura media,
se prepara el pan cortado a rebanadas finas,
se ponen sobre la plancha del horno y se
tuestan por las dos caras. Se pelan las patatas,
se lavan y se escurren, cortándolas después a
pequeños dados. Al cabo de las 2 horas de
cocción de la carne, se incorporan las patatas
cortadas en dados a la cacerola y se deja
cocer aproximadamente 1 hora más. Al
finalizar la cocción, se saca el ramillete de
hierbas, se añade la nata, se remueve y
mezcla bien, y se deja que hierva 2 minutos

antes de verter en la sopera. Se sirve la sopa muy caliente con los cuscurros de pan tostado aparte.

SOPA DE CACAHUETE
Grado de dificultad bajo

INGREDIENTES PARA 4 PERSONAS
100 g de mantequilla • 1 cucharada de harina • 1 l de caldo • 1 pechuga de pollo grande hervida • 200 ml nata líquida • 100 g de cacahuetes • Aceite • Sal

En una sartén se ponen a calentar el aceite y la mantequilla y se añade la harina, se remueve y se va vertiendo el caldo despacio, como si se hiciera una besamel muy ligera. Por otra parte, se pasa por la batidora el pollo, hasta que llegue a quedar como si fuese una pasta, momento en el que se agrega la nata líquida y se bate, añadiendo la mezcla a la cacerola del caldo. Mientras, los 100 gramos de cacahuetes se pelan, se machacan y se fríen; luego, se incorporan al caldo y se deja cocer todo a fuego lento aproximadamente durante 45 minutos. Se sazona al gusto.

SOPA DE CALABAZA GRATINADA
Grado de dificultad medio

INGREDIENTES PARA 10 PERSONAS
1 calabaza de 3 a 4 kg • 150 g de queso Gruyère rallado • 3-4 tazas de picatostes • Nata líquida suficiente para rellenar la calabaza • Sal • Pimienta • Nuez moscada

Se corta la parte superior de la calabaza de forma que luego sirva como sopera y se reserva la tapadera. A continuación, con la ayuda de una cuchara se vacía cuidadosamente la calabaza de hebras y semillas, comprobando con la mano que la carne de la calabaza está perfectamente limpia. Se llena la calabaza en sus tres cuartas partes de capas sucesivas de picatostes y queso rallado y de los pedazos de su propia carne, que se han quitado con ayuda de una cuchara. Se añade sal, pimienta recién molida y una ralladura de nuez moscada a la nata, y se vuelca dentro de la calabaza. Se cubre con la tapadera y se mete en el horno a 165° durante 2 horas. A lo largo de la cocción, se debe de remover el contenido un par de veces con un cucharón para que ligue la crema. Se presenta la calabaza en la mesa y se sirve en cada plato, previamente calentado, un cucharón de la crema y los picatostes del interior de la hortaliza, y una porción de carne del vegetal.

SOPA DE CALABAZA PICANTE
Grado de dificultad bajo

INGREDIENTES PARA 6 PERSONAS
2 tazas de cebolla picada • 2 cucharadas soperas de mantequilla sin sal • 2 cucharadas soperas de aceite • 1.750 g de calabaza pelada, cortada en dados • 6 tazas del caldo del pollo • 1 cucharada de ralladura de naranja • 1 y 1/2 taza de zumo de naranja • 8 hojas de cilantro para decorar •1/2 taza de agua

Para la salsa picante:
1/2 taza de almendras • 1/2 taza de coco • 2 chiles jalapeños • 3/4 de taza de agua • Cilantro • Sal

Lo primero que deberemos de hacer es la salsa picante, para lo que se trituran todos los ingredientes mencionados en la batidora, hasta que quede una mezcla muy fina; la reservamos. En una cacerola se rehoga la cebolla con la mantequilla y el aceite, a fuego moderado, hasta que esté blanda. Se agrega la calabaza y la media taza de agua dejándola hervir a fuego moderado hasta que la calabaza esté blanda. Se añade el caldo y el jugo de naranja. Se remueve y se incorpora la mitad de la salsa picante. Se tritura todo y se pasa por el chino. Se sirve a la mesa decorada con una hoja de cilantro y la ralladura de una naranja, y acompañada con el resto de salsa por si alguien la prefiere más picante.

SOPA DE CALABAZA Y LENTEJAS
Grado de dificultad bajo

INGREDIENTES PARA 4 PERSONAS
200 g de calabaza • 100 g de patatas • 100 g de puerros • 200 g de lentejas cocidas • 1 l de agua • 200 g de pechuga de pollo hervida y deshilada • Pimienta molida en el momento • Sal

En una olla se meten todos los ingredientes, excepto las lentejas, y se ponen a cocer durante 30 minutos. Al cabo de ese tiempo, se añaden las lentejas cocidas y se deja hervir 10 minutos más. Se sazona y se sirve inmediatamente.

SOPA DE CAMARONES
Grado de dificultad bajo

INGREDIENTES PARA 6 PERSONAS
1 kg de camarones frescos • 500 g de patatas cortadas en trocitos • 250 g de espaguetis gruesos • 1 pimiento rojo picado • 1 pimiento verde picado • 4 tallos de cebolla larga picada • 2 dientes de ajo picados • 2 cucharadas de alcaparras con su vinagre • 2 huevos cocidos cortados en rodajas • 1 taza de cuadraditos de pan frito • Comino • Sal • Pimienta •12 tazas de agua

Se calientan 12 tazas de agua y, cuando estén hirviendo, se cuecen en ella los camarones hasta que se pongan rojos, se retiran con una espumadera, se pelan y se trituran con la batidora las cáscaras y las cabezas. Se pasa el puré resultante por un colador fino, apretando para recuperar la mayor cantidad de sabor posible, y se añade al agua de cocción. Se incorporan al caldo las patatas, los espaguetis, los pimientos, la cebolla y los ajos. Se condimenta con comino, sal y pimienta y se hierve de 20 a 25 minutos

aproximadamente hasta que todo esté en su punto. Por último, se añaden los camarones y las alcaparras con su vinagre. Se remueve bien y se sirve con el huevo duro y el pan frito por encima.

SOPA DE CANGREJOS Y COCO (cocina tailandesa)
Grado de dificultad bajo

INGREDIENTES PARA 4 PERSONAS
1/2 l de leche • 2 vasos de nata líquida para cocinar • 200 g de pulpa de coco rallada • 1 cebolla picada • 500 g de carne de cangrejo • 1 escalonia picada • 1/2 cucharadita de azúcar • 1 corteza rallada de 1/2 limón • 3 granos de pimienta blanca • 1/2 cucharadita de granos de coriandro • 2 cucharadas de salsa de soja • Sal •Trocitos de pan frito con mantequilla

Se mezcla la leche con la nata añadiendo la pulpa del coco. Se calienta, se sala y se lleva a ebullición a fuego lento. Luego, se retira y se deja reposar durante unos 20 minutos aproximadamente, apartando con una espumadera el coco. Una vez hecha esta operación, se vuelve a poner la crema a fuego moderado durante 5 minutos, luego se condimenta con sal, pimienta y azúcar, se agrega la escalonia, la cebolla, la corteza de limón rallada, los granos de coriandro, la salsa de soja y se mezcla todo bien. Cuando se haya obtenido un conjunto homogéneo, se pasa por un tamiz fino y se pone en una sopera. Para terminar de hacer este plato, se incorpora la carne de cangrejo desmenuzada y se sirve la sopa de crustáceos con el acompañamiento de pan cortado en taquitos y dorados en mantequilla.

SOPA DE CARACOLES
Grado de dificultad bajo

INGREDIENTES PARA 4 PERSONAS
1 kg de caracoles precocidos de tarro o de lata • 500 g de patatas cortadas en trocitos

• 8 tazas de agua • 2 cucharadas de cilantro picado
• Sal • Pimienta

Se pican menudamente los caracoles y se
sazonan con sal y pimienta; por otro lado, se
cuecen las patatas en abundante agua
hirviendo con sal durante únicamente 10
minutos. Después, se añaden los caracoles
preparados anteriormente y se dejan hervir
hasta que las patatas estén blandas pero no
deshechas. Se espolvorea la sopa con el
cilantro picado muy fino y se sirve recién
hecha.

SOPA DE CASTAÑAS
Grado de dificultad bajo

INGREDIENTES PARA 4 PERSONAS
1/2 kg de castañas • 1 cebolla • Hinojo fresco
• 50 g de mantequilla • 50 g de queso blanco
fresco • 1 l de caldo de ave • 1 tacita de nata
• Sal • Pimienta

Se pelan las castañas. Se pone una olla al
fuego con agua fría, se echan las castañas y
se deja hervir durante unos 20 minutos. Se
sacan del agua, se les quita la segunda piel, se
cortan unas cuantas en cuartos y se reservan
aparte; el resto se pica en trocitos pequeños.
Por otro lado, se pelan y pican las cebollas
finamente y se reservan. Se corta el hinojo en
trocitos pequeños y se reserva también.
Mientras, se pone al fuego una cacerola
grande con la mantequilla y, cuando esté
fundida, se incorporan las castañas y la
cebolla picadas y se dora todo durante 10
minutos, entonces se añade el hinojo y se deja
hervir unos minutos más. Se pone el caldo de
ave a calentar en una cacerola y, cuando esté
bien caliente, se deshace el queso fresco y se
vuelca esta mezcla en el recipiente donde
están las castañas con la cebolla y el hinojo.
Se sazona con sal y pimienta al gusto
y se deja cocer durante 30 minutos
aproximadamente. A la hora de servir, se
añaden las castañas que se habían reservado
cortadas a cuartos.

SOPA DE CEBOLLA
Grado de dificultad bajo

INGREDIENTES PARA 6 PERSONAS
3 cucharadas de mantequilla • 3 cebollas
en rodajas • 3 y 1/2 tazas de caldo de carne
• 2 cucharadas de vino de Jerez seco • 1 cucharada
de pulpa de tomate • 175 g de queso Gruyère
rallado • 6 rebanadas de pan tostado • Sal
• Pimienta

Se calienta en el microondas la mantequilla en
un recipiente refractario de tres litros durante
45 segundos a potencia máxima. Se agrega la
cebolla y se remueve bien. Se tapa el
recipiente y se vuelve a meter en el
microondas, a potencia máxima 15 minutos,
o hasta que la cebolla esté blanda,
removiendo dos veces durante la cocción.
Se añaden el caldo, el vino y el tomate, se
sazona al gusto, se tapa y se pone de nuevo
en el microondas 8 minutos, removiendo dos
veces. Se reparte la sopa en seis cuencos,
se pone encima de cada uno una tostada,
y sobre ésta se espolvorea, generosamente,
el queso rallado.

SOPA DE CEBOLLA A LA FRANCESA
Grado de dificultad bajo

INGREDIENTES PARA 4 PERSONAS
2 cebollas grandes • 3 cucharadas de aceite
• 4 vasos de caldo vegetal • 8 rebanadas finas
de pan tostado • 1 cucharada de hierbas aromáticas
• 1 cucharada de mostaza • 1 chorrito de brandy
• 1 cucharada de levadura • 100 g de queso
Gruyère • Sal • Pimienta

Se pelan y cortan las cebollas en rodajas
finísimas. Se calienta el aceite en una sartén y
se saltean las cebollas hasta dorarlas. Se
añade el caldo, se incorporan las hierbas, la
levadura, el brandy y la mostaza, se
salpimienta y se lleva a ebullición. Se tapa y se
deja cocer a fuego lento durante 15 minutos.
Se sirve en cuencos con el pan o los picatostes

y el queso esparcido sobre la superficie, aunque con anterioridad se debe meter en el horno con el grill encendido unos minutos para que se derrita bien el queso.

SOPA DE CEBOLLA URUGUAYA
Grado de dificultad bajo

INGREDIENTES POR PERSONA
1 cebolla grande • 1 hoja de laurel • Aceite • 1 clavo de olor • 1 pizca de pimienta negra molida • Azafrán • 1 pizca de sal • 1 vaso de agua • 1 rebanada de pan frito • 1 loncha de queso de oveja o cabra • Orégano

En una olla con aceite se pone, a fuego fuerte, la cebolla, el clavo, la hoja de laurel, la pimienta negra molida y el azafrán (molido con la sal en el mortero), y se rehoga hasta que la cebolla esté pochada; cuando ésta ya ha tomado color, se añade el agua hasta que quede bien cubierta. Se deja hervir a fuego fuerte unos 5 minutos y después se baja el fuego al mínimo otros 40 minutos. Se corrige de sal y si no hay suficiente caldo, se añade agua y se deja cocer un poco más. Esta sopa se sirve con el pan frito al que se ha puesto una loncha de queso por encima, espolvoreado con orégano y gratinado al horno.

SOPA DE CERVEZA
Grado de dificultad bajo

INGREDIENTES PARA 8 PERSONAS
600 cl de cerveza alemana • 1 limón en zumo • 1 ramita de canela de 4-5 cm • 600 cl de leche • 5 cucharaditas de azúcar • 1 cucharada de maicena • 2 yemas de huevo batidas • Sal • Pimienta • 1 pizca de nuez moscada • 1 pizca de canela en polvo • Trocitos de pan frito con mantequilla

En una cacerola honda a fuego lento, se ponen la cerveza, el zumo de limón y la ramita de canela. Cuando haya hervido, se deja enfriar. Se calienta la leche con el azúcar en otra cacerola, removiéndolo con frecuencia. Se mezclan las yemas de huevo con la maicena y se vierte la leche poco a poco encima de las yemas removiendo constantemente. Se incorpora esta mezcla a la cerveza, se sazona con la sal, la pimienta y la nuez moscada. Se lleva de nuevo a ebullición hasta que hierva a borbotones y haya espesado, momento en el que se pasa por un colador fino o por el chino. Se sirve acompañada del pan frito y espolvoreada de nuez moscada o canela en polvo.

SOPA DE CHAMPIÑONES Y POLLO (cocina tailandesa)
Grado de dificultad bajo

INGREDIENTES
1 diente de ajo machacado • 1 cucharada de cilantro • 1/2 cucharilla de pimienta negra recién molida • 1 cucharada de manteca de cerdo • 1 l de caldo de pollo • 100 g de champiñones fileteados • 2 cucharadas de pasta de anchoas • 100 g de pechuga de pollo, cocida y cortada en tiritas • 50 g de cebolletas cortadas en rodajitas finas • Sal

Primeramente se machaca el ajo, el cilantro y la pimienta en un mortero hasta llegar a formar una pasta. En una sartén pequeña, a fuego medio, se calienta la manteca, se sofríe la mezcla durante 1 minuto, pasado el cual, se retira del calor y se reserva. Mientras tanto, en un cazo se pone el caldo con los champiñones, la pasta de anchoas, así como la pasta que se ha obtenido de los ingredientes machacados en el mortero con anterioridad, y se deja cocer todo a fuego lento durante 5 minutos aproximadamente. Se añade entonces el pollo y se deja hasta que esté cocido, pero sin que llegue a secarse. Se rectifica la sal al gusto si es necesario y, antes de servir el plato, se adorna con las cebolletas.

SOPA DE CHIPRE
Grado de dificultad bajo

INGREDIENTES PARA 8 PERSONAS
300 g de langostinos • 300 g de mero cortado
en taquitos • 1 camarón • 300 g de lomo de cerdo
cortado en taquitos • 2 cebollas moradas
• 2 pimientos verdes, cortados en cuadraditos
• 2 zanahorias, cortadas en cuadraditos • 1/2 taza
de perejil finamente picado • 1/2 cucharadita de
jengibre en polvo • 1 taza de macarrones
• 2 pastillas de caldo concentrado de pollo
• 2 dientes de ajo, triturados • 1 tarro de judías
blancas • 1 tarro de guisantes • 1/2 cucharadita de
pimienta • 1/2 cucharadita de comino en polvo
• 2 cucharadas de aceite • Sal

En una cacerola honda se ponen a dorar la
carne y el pescado, agregando después el ajo,
las cebollas, los pimientos y las zanahorias. Se
sazona todo ello con pimienta, sal, comino y
jengibre. Se añaden entonces dos litros de
agua, hasta que cubra, y se incorporan las
pastillas de caldo concentrado de pollo.
Cuando el agua con los ingredientes
mencionados esté hirviendo, se ponen las
judías, los guisantes y el perejil. Por último, se
echan los macarrones y cuando estén casi
hechos, es el momento de incorporar el
camarón, el cual se cocina en muy poco
tiempo.

SOPA DE CODILLO
Grado de dificultad bajo

INGREDIENTES PARA 8 PERSONAS
750 g de codillo de cerdo partidos en trozos
• 10 tazas de caldo • 500 g de patatas cortadas en
trocitos • 500 g de zanahorias picadas • 250 g de
judías verdes picadas • 250 g de repollo picado
• 4 aceitunas verdes deshuesadas y picadas
• 1 cucharadita de alcaparras picadas • 1 cucharada
de vinagre • 2 huevos cocidos en rodajas • Sal
• Pimienta

Se hierven los codillos en tres tazas de caldo,
durante unos 60 minutos aproximadamente.

Se agrega el caldo restante, se echan las
verduras y las patatas y se deja cocer todo 30
minutos más. A continuación, se añaden las
aceitunas, las alcaparras y el vinagre, se
revuelve muy bien y se rectifica la sazón si es
necesario. Se sirve adornando cada plato con
las rodajas de huevos duros.

SOPA DE COL AGRIDULCE CON ALBÓNDIGAS DE ARROZ (cocina tailandesa)
Grado de dificultad medio

INGREDIENTES PARA 6 PERSONAS
500 g de carne de buey cortada en dados
• 1 cucharada de granos de coriandro • 1 pizca
de canela • 1 pizca de nuez moscada • 1 clavo
• 1 cucharadita de jengibre en polvo
• 1 cucharadita de azúcar • 1 cucharada de salsa
de soja • 2 l de caldo • 2 cucharadas de vinagre
de vino • 30 g de mantequilla • 500 g de col
blanca cortada en tiras • 1 escalonia cortada en
rodajas • 6 cebollas tiernas • 1 cucharada de perejil
picado • 100 g de arroz hervido • 1 yema de huevo
• 2 cucharadas de harina • 50 g de encurtidos
variados • Sal • Pimienta

Se pone a hervir en una olla la carne de buey
cortada en dados, con caldo, condimentado
con coriandro, canela, nuez moscada, clavo,
jengibre, azúcar, sal y pimienta. Se deja cocer
alrededor de 1 hora y media y, poco antes de
terminar la cocción, se le agrega la salsa de
soja y el vinagre. Por otro lado, se pone a
calentar la mantequilla en una cacerola y se
cuece en ella durante unos 5 minutos la col
lavada y cortada en tiras finas, junto a la
escalonia en rodajas y las cebollas enteras.
Después de haberlo removido varias veces, se
vuelca todo en la olla de la carne y se le
añade el perejil picado. Mientras habremos
preparado unas albondigas mezclando el arroz
hervido con la yema de huevo y los encurtidos
variados picados, formando pequeñas bolitas
que se pasan por harina y se añaden a la olla.
Cuando hayan hervido un par de minutos, se
sirve la sopa.

SOPA DE COLIFLOR
Grado de dificultad bajo

INGREDIENTES PARA 4 PERSONAS
250 g de carne de vaca con hueso • 1 cebolla
• 500 g de coliflor • 50 g de harina de trigo tostada
• 2 tazas de leche • 50 g de mantequilla • 1 yema
de huevo • Sal • Pimienta

Se ponen en una olla al fuego seis tazas de
agua, la carne y la cebolla entera y pelada. Se
sazona con sal y pimienta al gusto y se deja
cocer hasta que la carne esté tierna. Se retiran
de la olla la carne y la cebolla. A continuación,
se añade al caldo la coliflor previamente
separada en ramitos pequeños, y se cuece
hasta que esté blanda pero no deshecha. Se
reserva una cuarta parte de los ramitos y se
hace puré el resto junto con el caldo. Luego,
se incorpora a la sopa la harina tostada,
disuelta en una taza de leche, se revuelve bien
y se deja cocer durante 5 minutos. Se agrega
la mantequilla y cuando esté derretida, se
añade la yema de huevo diluida en la otra
taza de leche. Cuando comience de nuevo a
hervir, se retira del fuego para que no se
corte. Por último, se incorporan a la sopa los
ramilletes de coliflor reservados y se sirve, si se
desea, con pan frito.

SOPA DE CREMA DE COCO
Grado de dificultad bajo

INGREDIENTES PARA 2 PERSONAS
1 coco rallado • 4 tazas de caldo • 2 cucharadas
de mantequilla • 1 cebolla grande rallada
• 2 cucharadas de harina • Sal

Se exprime el coco con su propio líquido y se
reserva la leche obtenida. A continuación,
se tritura la pulpa del coco con el caldo y una
taza de agua. Se calienta la mantequilla en
una cacerola y se rehoga la cebolla hasta que
esté transparente. Se agrega la harina,
revolviendo todo bien y se va incorporando el
caldo con la segunda leche de coco,
revolviendo sin cesar, para que no se corte.

Justo antes de servir, se incorpora la primera
leche de coco y se calienta bien la sopa sin
que llegue a hervir, para que no se corte.

SOPA DE CRIADILLAS
Grado de dificultad bajo

INGREDIENTES PARA 10 PERSONAS
12 tazas de caldo • 850 g criadillas de cordero
• 300 g de guisantes cocidos • 450 g de patatas
peladas y picadas • 300 g de zanahorias ralladas
• 3 tallos de cebolla larga • Sal • Comino

Se ponen las criadillas en poca agua a hervir al
vapor durante 1 hora. Se sacan, se pican y se
ponen a cocer en el caldo con el resto de los
ingredientes durante unos 30 minutos, hasta
que las patatas estén blandas. Se sirve muy
caliente.

SOPA DE CUAJADA
Grado de dificultad bajo

INGREDIENTES PARA 2 PERSONAS
900 g de hueso de vacuno • 2 tallos de cebolla
larga• 450 g de cuajada sin sal • 1 l de agua
• 2 yemas de huevo • Harina de maíz • Sal
• Pimienta

Se ponen a hervir los huesos con la cebolla, sal
y pimienta durante 30 minutos. Se mezclan la
harina de maíz, la cuajada y las yemas de
huevo, se amasan y se forman pelotitas que se
aplanan y se incorporan al caldo hirviendo,
dejándolas hervir durante 10 minutos. Se sirve
el caldo con las tortitas dentro.

SOPA DE DORADA
(cocina japonesa)
Grado de dificultad bajo

INGREDIENTES PARA 2 PERSONAS
1 cabeza de dorada • 1/2 l de caldo de bonito
(dashi) • 1 cucharadita de sal • 3 cucharadas de
sake • 1/2 puerro

Se corta la cabeza de dorada en trozos grandes. Se corta el puerro en juliana. Se cuece en el caldo *dashi* la cabeza de dorada y antes de que rompa a hervir se baja el fuego y se retira la espuma. Se añade el sake, la sal y se deja reposar durante 5 minutos. Se cuela y se sirve en cuencos donde se remata con el puerro.

SOPA DE ESPINACAS 1
Grado de dificultad bajo

INGREDIENTES PARA 6 PERSONAS
3 cucharadas de mantequilla • 1 cebolla picada • 3 patatas picadas • 3 tazas de caldo de verduras • 400 g de hojas de espinacas lavadas • 2 tazas de nata líquida • 1 cucharada de harina fina de maíz, disuelta en 2 cucharadas de agua • Sal • Pimienta • Nuez moscada

Se ponen en un recipiente refractario de tres litros la mantequilla, la cebolla, las patatas y cuatro cucharadas de caldo de verduras, se cubre y se cuece en el microondas a potencia máxima unos 8 minutos, removiendo dos veces durante la cocción. Se añaden las espinacas, se vuelve a tapar y se cuece otros 5 minutos a potencia máxima, se bate bien todo hasta que esté cremoso y se mete de nuevo en el recipiente, añadiendo el caldo de verduras, la nata y la harina disuelta en un poco de agua; se sazona al gusto. Se mete de nuevo en el microondas durante 5 minutos más a potencia máxima, removiendo una vez.

SOPA DE ESPINACAS 2
Grado de dificultad bajo

INGREDIENTES PARA 4 PERSONAS
750 g de espinacas • 750 g de carne de vacuno • 750 g de patatas cortadas en cuadritos • 2 cebollas picadas • 4 tomates pelados y picados • 1 cucharadita de nuez moscada rallada • Sal • Pimienta blanca

Se calientan en una cacerola grande dos litros de agua con sal y se pone la carne, dejándola hervir durante 1 hora y media, retirando la grasa y las impurezas que suban a la superficie con una espumadera. Pasados los primeros 60 minutos de cocción, se agregan al caldo las patatas y las cebollas. Mientras tanto, se limpian las espinacas, se sumergen 2 minutos en un recipiente con agua muy caliente para escaldarlas, se escurren y se pican. Se añaden entonces las espinacas al caldo junto con los tomates, aproximadamente 10 minutos antes de finalizar la cocción de la sopa. Por último, se retira la carne, se elimina la grasa que tenga y se corta en taquitos. Se vuelve a poner en la cacerola y se sazona con la nuez moscada rallada y pimienta. Se sirve muy caliente con pan frito.

SOPA DE FIDEOS CON LECHE DE COCO (cocina tailandesa)
Grado de dificultad bajo

INGREDIENTES PARA 6 PERSONAS
1 pollo de 1 y 1/2 kg en cuartos • 1 y 1/2 l de agua • 500 g de langostinos pelados • 200 g de fideos de arroz • 600 ml de leche de coco espesa • 3 guindillas • 1 trozo de raíz de jengibre fresca • 3 cebollas • 2 dientes de ajo • 3 cucharadas de aceite de cacahuete • Sal • Pimienta

Se cuece el pollo 20 minutos. Mientras, se salan los langostinos y se meten en la nevera. Una vez frío el pollo, se deshuesa, se corta la carne en trozos pequeños y se meten en la nevera. Se añaden a la olla las cáscaras de los langostinos, las guindillas, la raíz de jengibre, las cebollas, los huesos del pollo, los ajos, la pimienta y la sal dejándolo hervir todo durante 15 minutos. Se cuela el caldo de la olla, se vuelcan en el vaso de la batidora todos los ingredientes (quitando los huesos y la piel del pollo) y se mezcla todo bien hasta que se consiga una pasta homogénea, que se agregará al caldo. Una vez que el caldo rompa a hervir, se le añade la leche de coco, el pollo y los langostinos, dejándolo que hierva alrededor de unos 3 minutos. Para servir este plato, se ponen los fideos en cuencos individuales y se cubren con el caldo resultante de la cocción.

SOPA DE FIDEOS DE TRIGO CON POLLO (cocina tailandesa)
Grado de dificultad bajo

INGREDIENTES PARA 6 PERSONAS
300 g de pechuga de pollo • 1 cucharadita de cúrcuma • 2 cucharaditas de sal • 2 tallos de limoncillo • 3 cucharadas de cacahuetes tostados • 3 cucharadas de arroz largo • 3 cebollas picadas • 3 dientes de ajo picados • 1/2 cucharadita de pimentón dulce • 3 cucharadas de salsa de pescado tailandesa • 900 ml de agua • 250 g de fideos de trigo (somen) • 3 huevos duros partidos por la mitad • 3 cucharadas de hojas frescas de coriandro picadas • Chile fresco • Jengibre

Se corta las pechugas de pollo en dados de unos dos centímetros y medio. Se mezcla la cúrcuma con la sal, para rebozar en ella los dados de pollo, dejándolos reposar 30 minutos. El limoncillo se aplana con un rodillo para liberar su sabor. Los cacahuetes y el arroz se pasan por un molinillo hasta convertirlos en polvo. Se calienta el aceite en el wok y se fríen las cebollas tiernas, añadiendo el pollo marinado junto al ajo, el jengibre, el limoncillo, el pimentón y los chiles frescos. Se incorpora luego la salsa de pescado y el agua y se lleva a ebullición. Se baja el fuego y se agregan los cacahuetes picados y el arroz. Se hierve a fuego lento alrededor de 12 minutos. Por otra parte, se cuecen los fideos, se escurren y se reparten en platos soperos grandes. Para terminar, se vuelca la sopa de pollo sobre los fideos con un cucharón y se sirve cubierta con los huevos duros, el coriandro picado y las cebollas tiernas. Añádase un poco más de salsa de pescado y una pizca de chile al gusto.

SOPA DE HIERBABUENA
Grado de dificultad bajo

INGREDIENTES PARA 4 PERSONAS
300 g de espinacas • 1 puñado de hojas de hierbabuena fresca • 1 cebolla • 1 pastilla de caldo • 8 rebanadas de pan duro • 1 diente de ajo • 3 cucharadas de aceite • Sal • Pimienta

Se lavan bien las espinacas debajo del grifo con abundante agua. Se escurren y pican junto con la hierbabuena. En una cacerola se sofríe, con tres cucharadas de aceite, la cebolla finamente picada. Antes de que tome color, se incorpora el picadillo de verduras, y un litro y cuarto de agua con la pastilla de caldo. Se sazona con sal y pimienta al gusto, se tapa y se deja hervir durante unos 20 minutos. Se frotan con el diente de ajo las rebanadas de pan tostado o frito y se ponen dos en cada plato con la sopa, bien caliente, encima.

SOPA DE HUEVO Y LIMÓN
Grado de dificultad bajo

INGREDIENTES PARA 4 PERSONAS
1 limón • 2 huevos • 1/2 kg de zanahorias • 1 cebolla mediana • 1 nuez de mantequilla • 1 vaso de leche • 3 vasos de caldo • 1 hoja de laurel

Se lavan, pelan y trocean los vegetales, para luego, en una sartén honda, derretir la mantequilla y saltear las zanahorias y la cebolla hasta que ésta quede transparente. Se añade el caldo, la piel del limón y el laurel, y se lleva a ebullición. Se baja el fuego, se tapa y se deja cocer unos 25 minutos aproximadamente. Se retira la hoja de laurel y se aparta la sartén del fuego. Se vierte la leche, se pasa por la batidora y se vuelca todo en una cacerola. Para finalizar, se exprime el limón, se bate su zumo junto con los dos huevos y se incorpora esta mezcla resultante a la cacerola, removiendo continuamente, antes de servir.

SOPA DE INDIOS
Grado de dificultad bajo

INGREDIENTES PARA 8 PERSONAS
10 tazas de caldo de ave • 500 g de patatas
picadas • 250 g de zanahorias ralladas
• 250 g de harina de trigo • 500 g de cuajada
fresca • 2 huevos batidos • 2 cucharadas de
mantequilla • 2 tallos de cebolla larga picada
• 8 hojas de repollo cocido y partido por la mitad
• 1 cucharada de cilantro picado • Sal
• Pimienta

En una cacerola al fuego, se vierte el caldo, se
agregan las patatas y las zanahorias y se deja
cocer durante 25 minutos. Mientras tanto, se
preparan los «indios»: se vierte la harina en
un recipiente, se añade la cuajada, los huevos,
la mantequilla, la cebolla y sal y pimienta;
se amasa todo bien y se divide esta mezcla en
16 partes. Se pone cada porción en media
hoja de repollo, se envuelve y se ata para que
no se salga el relleno. A continuación, se
introducen los «indios» en el caldo y se cuece
todo junto alrededor de unos 10 minutos. Por
último, se espolvorea la sopa con cilantro
picado y se sirve colocando dos «indios» en
cada plato.

SOPA DE JUDÍAS BLANCAS
Grado de dificultad bajo

INGREDIENTES PARA 6 PERSONAS
500 g de judías pequeñas blancas
• 14 tazas de agua • 500 g de costillas de cerdo
cortadas en trocitos • 5 cucharadas de aceite
• 1 cebolla rallada • 3 dientes de ajo machacados
• 2 tomates pelados sin semillas y rallados
• 1 pimiento rojo rallado • Sal • Pimienta

Se lavan las judías bajo el agua corriente, se
escurren y se ponen en una olla grande,
donde se cubren con el agua, que se pone en
el fuego hasta que rompa a hervir, momento
en el que se tapa y se deja durante 25
minutos. Mientras tanto, se quita el exceso de
grasa de las costillitas y se fríen en su propia

grasa hasta que estén doradas. Se agregan a
la olla y se cuecen durante 60 minutos más.
Por otra parte, se calienta el aceite en una
sartén y se rehoga la cebolla con los ajos
durante 5 minutos. Se añaden entonces los
tomates y el pimiento y se dejan hervir otros
10 minutos más. Se incorpora el sofrito a la
olla. Se sazona con sal y pimienta y se deja
hasta que las judías y las costillas estén
tiernas.

SOPA DE JUDÍAS NEGRAS
Grado de dificultad bajo

INGREDIENTES PARA 6 PERSONAS
14 tazas de caldo básico • 1 taza de judías
negras remojadas desde la víspera • 4 dientes
de ajo, picados • 2 cebollas peladas y picadas
• 3 hojas de laurel • 1 cucharadita de orégano
• 2 huevos duros picados • Sal
• Pimienta • Aceite

Se ponen las judías con las hojas de laurel,
el aceite, los ajos, las cebollas y el orégano a
cocer en el caldo durante 1 hora y media.
Se saca un cacillo de judías, se hacen puré y
se devuelven al caldo; se agrega la sal y la
pimienta, y se deja hervir a fuego lento hasta
que espese al punto deseado. Este plato se
sirve con huevo picado rociado sobre cada
plato.

SOPA DE LACITOS Y ESPÁRRAGOS
Grado de dificultad bajo

INGREDIENTES
200 g de pasta de lacitos • 8 espárragos trigueros
o blancos • 1 ramita de apio • 150 g de queso
Emmental • 1 l de caldo de carne • Perejil • Sal
• Pimienta • 1cebolla

Se hierve la pasta hasta que esté al dente en
abundante agua con sal. Se cortan los
espárragos muy finos y se cuecen junto con la
cebolla y el apio, cortados también en trocitos

pequeños. Una vez cocido, se pasa todo por la batidora con el caldo de carne y se vuelca en la cacerola. Se añaden la pasta hervida y el queso Emmental cortado en daditos. Para terminar, se condimenta con sal y pimienta y se adorna con el perejil.

SOPA DE LECHUGA
Grado de dificultad bajo

INGREDIENTES PARA 4 PERSONAS
1 lechuga • 1 cebolla • 4 cucharadas de almendras picadas • 1 l de caldo de verduras • 1 vaso de nata líquida • Sal • Pimienta

Por un lado, se retiran las hojas exteriores de la lechuga, se lavan, escurren y se cortan en juliana; y por otro, se pela y pica la cebolla y se dora en una cazuela con aceite. Luego, se añade la lechuga recién cortada y se rehoga unos minutos. Se vierte encima el caldo caliente, se salpimienta y se lleva a ebullición. Se deja cocer 20 minutos a fuego medio, se retira del fuego y se vierte la nata. Se mezcla y espolvorea con las almendras picadas antes de servir.

SOPA DE LENTEJAS CON ALBARICOQUES SECOS
Grado de dificultad bajo

INGREDIENTES PARA 2 PERSONAS
250 g de lentejas cocidas • 50 g de albaricoques secos (orejones) • 1 patata grande • 2 vasos de caldo vegetal • El zumo de 1 limón • 1 cucharadita de comino molido • 3 cucharadas de perejil picado • Sal

Se ponen en una cazuela honda las lentejas, los orejones, la patata troceada y el resto de los ingredientes, y se llevan a ebullición. Se baja el fuego, se tapa y se deja hervir 20 minutos. Se retira y se deja enfriar un poco antes de pasar por el pasapurés o la batidora; se devuelve a la cazuela, se rectifica la sazón y se sirve caliente.

SOPA DE LENTEJAS MENTOLADA
Grado de dificultad bajo

INGREDIENTES PARA 6 PERSONAS
2 cucharadas de aceite de oliva • 3 cebollas picadas • 2 dientes de ajo picados • 3 zanahorias, peladas y picadas • 3 cucharadas de menta picada • 1 taza de lentejas secas, limpias y enjuagadas • 3 tazas de caldo de ave • 3 tazas de agua • 1/2 taza de yogur natural, descremado • Sal • Pimienta

En una olla se calienta el aceite y se rehogan la cebolla, el ajo y las zanahorias unos minutos. Cuando la cebolla esté transparente, se agregan la menta, las lentejas, el caldo y el agua, y se espera a que entre en ebullición. Cuando lo haya hecho, se baja el fuego para que la sopa siga cociendo a fuego lento, se tapa y se deja hirviendo hasta que las lentejas estén tiernas. Se condimenta con sal y pimienta y se sirve esta sopa decorada con una cucharada de yogur y unas hojas de menta.

SOPA DE LIMA
Grado de dificultad bajo

INGREDIENTES PARA 4 PERSONAS
2 limas agrias • 6 tortitas de maíz • 1 pechuga de pollo • 6 higaditos de pollo • 1 cebolla finamente picada • 1/2 cabeza de ajo • 6 rebanadas de lima • Cilantro y picado • Sal

Se tuesta ligeramente la media cabeza de ajo. Se parten las tortitas en tiras y se fríen hasta que se doren, y luego se colocan sobre papel absorbente para quitar el exceso de grasa. Se ponen a cocer, en siete tazas de agua con sal, los higaditos y la pechuga de pollo, con el ajo dorado. Cuando esté cocida la carne, se deshebra la pechuga y se pican los higaditos. Se cuela este caldo. Se ponen en una sopera la carne deshebrada y los higaditos picados dentro del caldo; se agrega el jugo de las dos limas. Se sirve colocando en una fuente la cebolla picada, el cilantro, las rebanadas de lima y las tiras de tortilla, para que los comensales lo añadan al gusto.

SOPA DE LIMÓN
Grado de dificultad bajo

INGREDIENTES PARA 6 PERSONAS
1 cucharada de ralladura de limón
• 1/2 taza de zumo de limón colado • 125 g de mantequilla • 1 cucharada de perejil picado
• 1 cucharada de cilantro picado • 1 cucharada de ajo finamente picado • 1 y 1/2 l de caldo de pollo
• Sal • Pimienta

Se comienza calentando la mantequilla a fuego bajo, para agregar el perejil y dorarlo; se añaden luego el cilantro y el ajo, y se sofríe todo. Se incorporan el caldo, el zumo y la ralladura de limón, removiendo después de cada adición. Por último, se deja enfriar y se salpimienta. Se sirve con perejil picado y tiras de cáscara de limón.

SOPA DE MAÍZ
Grado de dificultad bajo

INGREDIENTES PARA 8 PERSONAS
3 l de agua • 1 kg de carne de ternera
• 1 kg de gallina • 1/2 kg de cerdo frito
• 4 huevos • 6 aceitunas negras • 6 dientes de ajo
• 1 rebanada de pan de molde sin corteza
• 2 cebollas • 2 tomates • 1 cucharada de pimentón dulce • Sal • Pimienta

Se ponen a hervir la carne de ternera y gallina en abundante agua con sal. Una vez que esté todo esto cocido, se corta en trozos y se reserva. Aparte, se remoja el pan sin corteza, se incorpora en un refrito con ajo molido, cebolla, sal, pimienta y pimentón. Una vez que el aderezo esté listo, se vierte sobre el caldo sin dejar de remover, para que no se pegue. Se sirve esta sopa con los trozos de carne reservados, los trozos de carne de cerdo frito, los huevos duros en rodajas y las aceitunas.

SOPA DE MANTEQUILLA DE CACAHUETE
Grado de dificultad bajo

INGREDIENTES PARA 4 PERSONAS
4 yemas de huevo • 150 g de mantequilla de cacahuete • 1 vaso de nata para cocinar • 3 vasos de caldo de verduras • 1 cucharadita de curry
• 1 cebollino picado • Sal

En una cazuela se lleva a ebullición el caldo con la mantequilla de cacahuete y el curry, bien mezclados. Se baten las yemas y la nata, y se echa por encima un poco de caldo ya caliente. Se pasa a la cazuela y se mezcla todo bien, dejando cocer a fuego mínimo, removiendo continuamente, hasta que notemos que la sopa espesa. Se rectifica de sal al gusto y, antes de servir, se espolvorea el cebollino sobre la sopa.

SOPA DE MANZANA
Grado de dificultad bajo

INGREDIENTES PARA 4 PERSONAS
4 manzanas Golden • 2 zanahorias • 2 puerros
• 1 patata • 1 nabo • 1 apio • 1 col • 150 g de yogur • 200 ml de nata liquida • 150 g de piñones
• 1 l de agua • Sal

Se lavan muy bien las verduras y se cuecen durante 30 minutos. Cuando estén cocidas, se separan las verduras y en ese mismo agua, se hierven las manzanas Golden peladas y troceadas, dejándolas cocer durante unos 15 minutos. Luego, se retiran del fuego, se pasan por la batidora y se agrega el yogur y la sal. Se sirve en platos individuales, espolvoreando la sopa con piñones ligeramente tostados.

SOPA DE MANZANA AL CURRY
Grado de dificultad bajo

INGREDIENTES PARA 4 PERSONAS
2 manzanas rojas • 2 yemas de huevo • El zumo de 1 limón • 75 g de mantequilla • 1 cucharada

sopera de curry • 1 cebolla • 1/2 vaso de nata
• 3 vasos de caldo de verduras • 2 puñados de
berros • Sal

Como primer paso, se pela y trocea la cebolla,
una de las manzanas se pela y se corta en
rodajas, se derrite la mantequilla y se sofríe la
cebolla hasta que se dore. A continuación,
se añaden la manzana pelada, el caldo y el
curry, y se lleva todo a ebullición. Se baja el
fuego, se tapa y se deja hervir a fuego lento
durante 20 minutos. Se retira y se deja enfriar
ligeramente para pasar por el pasapurés o la
batidora; se salpimienta y se añaden a la sopa
las yemas de huevo mezcladas con la nata.
Se cuece durante unos minutos a fuego lento,
sin dejar de remover, hasta que la sopa
espese. Para finalizar, se vuelca en una sopera
y se deja enfriar al menos durante 3 horas en
la nevera. Se pela y corta en dados la otra
manzana y se pone en un cuenco pequeño
con el zumo de limón para que no se oxide.
Justo antes de servir, se echan los dados de
manzana y los berros en la sopa, y se remueve
bien.

SOPA DE MANZANA Y MANTEQUILLA DE CACAHUETE
Grado de dificultad bajo

INGREDIENTES PARA 4 PERSONAS
1 l de leche • 1 manzana reineta • 4 cucharadas
de mantequilla de cacahuete • El zumo de 1 limón
• 3 cucharadas de copos de avena • 1 cucharada
de jengibre molido • Perejil picado para servir
• Sal

Se calienta la leche sin dejar que llegue a
hervir y se incorpora la manzana rallada. Se
mezcla la mantequilla de cacahuete y el zumo
de limón, se añade la mezcla a la leche con el
resto de ingredientes y se hierve todo a fuego
lento durante 15 minutos. Se deja enfriar un
poco antes de pasar por el pasapurés o la
batidora, y se devuelve a la cazuela. Por
último, se sazona al gusto y se vuelve a
calentar sin dejar que hierva.

SOPA DE MANZANA, ZANAHORIA Y ANACARDOS
Grado de dificultad bajo

INGREDIENTES PARA 4 PERSONAS
1/2 kg de zanahorias • 1 cebolla grande
• 1 patata pequeña • 1 manzana reineta grande
• 1 nuez de mantequilla • 4 vasos de caldo natural
• 50 g de anacardos troceados • Sal • Pimienta

Se pelan y trocean las verduras y la manzana.
Se derrite la mantequilla en una sartén y se
saltea todo durante 5 minutos, removiendo de
vez en cuando. Luego, se incorporan el resto
de ingredientes y se lleva a ebullición. A
continuación, se tapa y se deja hirviendo a
fuego lento durante 30 minutos
aproximadamente. Antes de retirar, se debe
comprobar que las verduras estén blandas. Se
deja enfriar un poco antes de pasar por el
pasapurés o la batidora, se rectifica de sal y
pimienta, y se vuelve a calentar sin dejar que
hierva.

SOPA DE MEJILLONES
Grado de dificultad bajo

INGREDIENTES PARA 4 PERSONAS
2 cebollas • 4 cucharadas de harina • 1 l de leche
• 1 kg de pulpa de mejillones • 1 kg de mejillones
enteros, hervidos y pelados • Queso rallado
• Sal • Pimienta • Salsa de soja • 1 vaso de whisky
• 1 l de nata

Con la cebolla, la leche, la harina y el agua de
los mejillones se prepara una salsa blanca. Se
añade la carne de mejillón y, cuando entre en
ebullición, se agrega la nata, el whisky y el
queso, dejándolo que hierva durante 15
minutos. Se rectifica la consistencia de la sopa
y si está demasiado espesa para nuestro
gusto, se añade agua; si está demasiado
líquida, por el contrario, se diluye una
cucharadita rasa de maicena en parte del
líquido, se agrega y se vuelve a hervir unos
minutos hasta que espese. Se sirve con los
mejillones enteros como «tropezones».

SOPA DE MEJILLONES A LA NARANJA
Grado de dificultad bajo

INGREDIENTES PARA 6 PERSONAS
2 kg de mejillones • 1 bulbo de hinojo
• 2 puerros • 1 rama de apio • 2 cebolletas
• 1 diente de ajo • 1 pizca de hebras de azafrán
tostado • 1 zumo de una naranja • 1 naranja
cortada en cuatro gajos • 60 cl de caldo
concentrado de pescado • 1 vaso de vino
blanco • 250 ml de nata líquida • 30 g de
mantequilla • Sal

Para empezar, se limpian muy bien los
mejillones, y luego se pone el vino blanco en
una cacerola en la que se incorporan éstos,
para dejarlos cocer hasta que se abran. Una
vez abiertos, se reservan unos 18 mejillones
con la cáscara y se quita la de los demás. Se
cuela el caldo y se reserva. Se cortan
finamente los puerros, el hinojo, el apio, el ajo
y las cebolletas. Se sofríen todas las verduras
con 30 gramos de mantequilla, sin que llegue
a dorarse. Se añade el caldo de pescado y el
jugo colado de la cocción de los mejillones. Se
machaca el azafrán, se diluye con un poco de
caldo y se incorpora a la cacerola. Se deja
cocer unos minutos y se agregan el zumo de
naranja y la nata. Se echan los granitos de
pimienta verde y los mejillones, y se deja cocer
2 o 3 minutos. Se sirve con los mejillones
enteros dentro de cada plato y los gajos de
naranja.

SOPA DE MOZZARELLA Y TOMATES CHERRY
Grado de dificultad bajo

INGREDIENTES PARA 4 PERSONAS
250 g de mozzarella • 150 ml del suero del queso
• 100 ml de leche • 100 ml de nata • 20 tomates
cherry • 1 manojo de albahaca muy fresca • Aceite
de oliva • Sal

Se reserva parte del queso cortado en dados
de un centímetro aproximadamente de lado y

se deshace el resto en la leche y el suero,
calentándolo ligeramente para que se deshaga
bien; luego, se añade la nata, se rectifica de
sal y se enfría en la nevera. Por otro lado, se
reservan las hojas más tiernas de la albahaca y
se pica en finas tiras la mitad y, el resto, se
tritura en el aceite. Se escaldan los tomatitos
cherry en agua hirviendo, se pelan con un
cuchillo y se colocan en un bol donde se
tendrán unas horas cubiertos con el aceite de
albahaca. Para servir esta sopa, se distribuye la
misma en platos, se coloca en cada uno de
ellos unos dados de mozzarella y unos
tomatitos, adornados con las hojas de
albahaca que se habían reservado enteras, y
se decora con el resto de la albahaca picada
en tiras y unas gotas de aceite.

SOPA DE NARANJA Y ZANAHORIA
Grado de dificultad bajo

INGREDIENTES PARA 6 PERSONAS
2 naranjas grandes • 700 g de zanahorias
• 1 cebolla mediana • 175 g de patata
• 25 g de mantequilla • 2 cucharadas de aceite
• 1 y 1/2 l de caldo de carne • 1 pizca de nuez
moscada • 1 pizca de pimienta Cayena
• Cebollino picado • Queso Parmesano • Sal

Se lavan, pelan y cortan las zanahorias y las
patatas en rodajas finas y se pica finamente la
cebolla; se rehogan en la mantequilla y el
aceite, en una cazuela amplia, hasta que
empiecen a tomar color. Mientras, se ralla la
cáscara de una de las naranjas sobre la
cazuela y se añade el caldo, que deberá estar
muy caliente. Se remueve y lleva a ebullición.
Se baja el fuego, se sazona, se tapa y se deja
cocer a fuego lento durante 40 minutos, hasta
que veamos que la verdura está blanda. Se
tritura y se pasa por un chino. Luego, se
aclara la cazuela bajo el grifo y se pone de
nuevo la sopa en ella. Se exprimen las dos
naranjas y se añade el zumo a la sopa. Se
mezcla, calienta y rectifica el punto de sazón
al gusto. Si se desea una sopa más ligera, se

añade más caldo. Se sirve con cebollino picado y unas láminas de Parmesano.

SOPA DE NÍSCALOS Y PERDIZ
Grado de dificultad bajo

INGREDIENTES PARA 6 PERSONAS
1 perdiz o 6 codornices • 1 kg de níscalos • 1 cebolla mediana • 2 dientes de ajo • 1 vaso de vino tinto • 1 cucharada de maicena • Sal • Pimienta • Orégano • 1,5 l de caldo de ave • Perejil • Tomillo

Se limpia la perdiz y se salpimienta, se dora en aceite y se reserva; si se han elegido las codornices, se efectúa la misma operación. Se pican la cebolla, el ajo y los níscalos, y se rehogan en el aceite; una vez que estén en su punto, se añade la perdiz troceada, si son codornices enteras, y el vino. Cuando comience a hervir, se agrega el caldo y se cuece todo unos 20 minutos, controlando según el tamaño; a continuación se saca la perdiz o codornices y se desmenuzan para quedarse sólo con la carne, se reduce un poco el caldo, se deja enfriar y antes de servir, se añade una cucharada de maicena, se remueve bien y se pone a fuego hasta el primer hervor. En cuanto notemos que espesa un poco, se incorpora la carne desmenuzada y se sirve.

SOPA DE PASTA AL EMMENTAL
Grado de dificultad bajo

INGREDIENTES PARA 2 PERSONAS
200 g de *orechiette* (pasta italiana) • 2 cucharadas de aceite • 500 ml de caldo de carne •50 g de cebolla • 150 g de queso Emmental rallado • 4 yemas de huevo • Sal • Pimienta

Por un lado, se hierve la pasta al dente en abundante agua con sal. Por otro, se sofríe la cebolla finamente picada en el aceite de oliva. Una vez hecho esto, se añade la pasta cocida, las yemas de huevo y el queso Emmental, se

remueve y se agrega el caldo de carne. Se condimenta con sal y pimienta al gusto y se deja hervir durante un par de minutos aproximadamente, para que las yemas estén cocidas y sueltas.

SOPA DE PATATA
Grado de dificultad bajo

INGREDIENTES PARA 4 PERSONAS
1 zanahoria • 1 apio • 1 cebolla • 500 g de patatas • 40 g de manteca de cerdo • 30 g de harina • Perejil • Hinojo • 10 g de setas secas • Sal

Se limpian y lavan las verduras y las setas, y con ellas se prepara un caldo de un litro. Se pelan las patatas, se lavan y se trocean en cubitos. Cuando el caldo esté hecho, se sacan las verduras, se echan las patatas y se cuecen. En una sartén, se derrite la manteca, se trocea la cebolla y se añade a la misma, dorándola ligeramente. Se agrega entonces la harina y se rehoga hasta que cobre un tono algo amarillo. A continuación, se aparta del fuego y, sobre la harina, se vierte agua fría, poco a poco, hasta licuar la mezcla. Por último, se vuelca sobre el caldo, se trocean las verduras, se echan de nuevo en él y se sirve.

SOPA DE PATATA Y CEBOLLA
Grado de dificultad bajo

INGREDIENTES PARA 4 PERSONAS
3 cebollas • 4 patatas • 1/2 ajo • Aceite • Maicena • Pimentón dulce • Pimienta • Mejorana • 1 hojita de laurel • 2 pastillas de caldo vegetal • 1 cucharada de café hecho • 1 l de agua • Sal

Se pelan y cortan las cebollas y se fríen con aceite hasta que se doren. Se añade agua y, para espesar, se agrega un poco de maicena diluida en agua fría. Se calienta y, a continuación, se añade pimentón dulce, mejorana, ajo machacado, las pastillas de caldo vegetal, café, pimienta, laurel, y finalmente las patatas, previamente peladas, lavadas y ralladas con un rallador de agujeros gordos. Para terminar, se cuece a fuego lento hasta que se note que las patatas están hechas.

SOPA DE PEREJIL
Grado de dificultad bajo

Ingredientes para 4 personas
100 g de perejil • 100 g de coliflor • 1 chorro de brandy • 1 chorro de aceite • 1 pastilla de caldo • 100 g de cebolla

Se pican finamente el perejil y la coliflor. En una cacerola, se pone a rehogar la cebolla finamente picada y, cuando ha tomado color, se agregan el perejil, la coliflor, un litro de agua y la pastilla de caldo. Pasados unos 20 minutos aproximadamente, se agrega el brandy y se deja cocer alrededor de unos 10 minutos más.

SOPA DE PESCADO
Grado de dificultad bajo

Ingredientes para 6 personas
150 g de gambas peladas • 150 g de almejas • 1 trozo de cabeza de rape • 1 trozo de cabeza de merluza • 400 g de pescado para caldo • 2 cucharadas de anís • 2 dientes de ajo • 2 tomates maduros • 1 cebolla pequeña • 1 vaso de aceite • 200 g de arroz • Sal • 1 pizca de hebras de azafrán

En una olla grande se echa abundante agua, el aceite, la cebolla partida en dos, los dientes de ajo, pelados y enteros, los tomates partidos a la mitad, el anís, la sal, el azafrán y todos los pescados menos las gambas peladas. Se deja hervir a fuego lento durante unas 2 horas para que el caldo coja bien el sabor del pescado. Pasado este tiempo, se retira del fuego, se cuela y el caldo se pone en otra olla.

Se quita la cáscara a las almejas y se saca, de la cabeza del rape y de la de la merluza, todo lo que se pueda comer. Se pone al fuego la olla del caldo colado y se añaden las gambas, las almejas peladas y los trozos que se sacaron de las cabezas de pescado; por último, se añade el arroz y se deja hervir hasta que el arroz esté a punto. Se sirve recién hecho y bien caliente.

SOPA DE PICADILLO
Grado de dificultad bajo

Ingredientes para 6 personas
1/2 gallina • 1 kg de huesos de vaca • 2 huesos de jamón • 4 puerros • 3 ramas de apio • 1 cebolla mediana • Zanahorias a discreción • 300 g de patatas • 1/2 kg de garbanzos • 1/2 kg de arroz • 150 g de jamón cortado en taquitos • 2 huevos cocidos • 1 ramita de hierbabuena • Sal

Lo primero que deberemos tener en cuenta es que hay que poner los garbanzos en remojo la noche anterior. Para comenzar a elaborar este palto, se calienta una olla al fuego con unos tres litros de agua y se echa en ella la gallina, los huesos, los garbanzos remojados, las patatas peladas y cortadas, la cebolla pelada y cortada por la mitad, las zanahorias cortadas en rodajas, y el resto de las verduras bien limpias y cortadas en trozos grandes. Una vez esté todo, se tapa la olla y se deja cocer a fuego lento durante casi 3 horas. Transcurrido este tiempo, se aparta del fuego, se saca la gallina del caldo, se deshuesa, se desmenuza la carne, y se reserva. Se cuela el caldo por un colador fino y se reserva también. Se calienta una cazuela al fuego con el caldo colado y cuando esté caliente, se añade el arroz y los taquitos de jamón. Comprobar la sal. Se deja cocer a fuego vivo durante 15 minutos, es decir, hasta que el arroz esté en su punto. Entonces se aparta y se vuelca en una sopera. En el momento de servir, se añade la gallina desmenuzada, los huevos duros picados y la ramita de hierbabuena.

SOPA DE PLÁTANO VERDE
Grado de dificultad bajo

INGREDIENTES PARA 4 PERSONAS
6 tazas de caldo de carne • 1 tallo de cebolla larga
• 2 dientes de ajo machacados • 1 taza de leche
• 1 plátano verde grande • 1 limón • 1 taza de
queso blanco rallado • 1 cucharadita de cilantro
picado • Sal • Pimienta

Se pone al fuego el caldo y se le agregan la
cebolla picada y los ajos machacados; se
cuece durante 10 minutos y luego se añade la
leche y se condimenta con sal y pimienta. Se
pela el plátano y se raspa con un cuchillo
sobre la sopa, de modo que el plátano caiga
en ella en forma de fideos. Se cuece 5
minutos más y al momento de servir se le
echa el queso blanco rallado y el cilantro
picado.

SOPA DE PUERROS CON PATATAS
Grado de dificultad bajo

INGREDIENTES PARA 4 PERSONAS
1 l de caldo básico • 3 puerros, sólo la parte
blanca cortada en rebanadas • 3 patatas grandes
cortadas en trozos • 3 cucharadas de mantequilla
• 1 pastilla de caldo • 100 ml de leche
• 1 cucharadita de harina • 2 cucharadas de nata
• 100 g de picatostes de pan

Se calientan dos cucharadas de mantequilla
en una cacerola y se rehogan los puerros
durante unos minutos. A continuación,
se añaden las patatas, se rehogan ligeramente
y se incorpora el caldo. Se deja hervir todo
durante 30 minutos y se pasa por la batidora
para obtener un puré ligero. Se vierte el puré
de nuevo en la cacerola, se añade la leche,
se revuelve bien y cuando rompa de nuevo
a hervir, se agrega la mantequilla restante
mezclada con la harina. Se deja hervir a fuego
lento, sin dejar de revolver, durante
4 o 5 minutos, y para terminar, se retira
del fuego y se añade la nata. Se sirve
con los picatostes.

SOPA DE PUERROS Y ESPÁRRAGOS
Grado de dificultad bajo

INGREDIENTES PARA 4 PERSONAS
500 g de puerros • 50 g de mantequilla
• 300 ml de leche • 1 hoja de laurel • 850 ml
de caldo de pollo • 250 g de puntas de espárragos
en conserva • Sal • Pimienta negra

Se lavan y pican menudamente los puerros,
incluyendo lo más tierno de las hojas verdes.
Se funde la mantequilla en una cacerola a
fuego moderado y se rehogan los puerros
durante unos 10 minutos o hasta que veamos
que están tiernos. Mientras, en un cazo, se
lleva la leche a punto de ebullición con el
laurel. Se baja la intensidad del fuego. Se
escaldan los puerros con el caldo de pollo, se
saca la hoja de laurel de la leche y se añade
ésta a la cacerola junto con las yemas de los
espárragos. Se revuelve y se retira del fuego
para dejarlo enfriar. Por último, se tritura con
la batidora, hasta obtener una crema fina. Se
vuelve a poner en la olla y se vuelve a
calentar, sin hervir. Esta crema se puede tomar
fría o caliente.

SOPA DE PUERROS, LECHUGA Y ALMENDRAS
Grado de dificultad bajo

INGREDIENTES PARA 4 PERSONAS
2 puerros, cortados en rodajitas finas
• 1 lechuga, cortada en juliana gruesa • 1 cebolla,
picada fina • Aceite • 1 l de caldo vegetal
• 4 cucharadas de nata • Sal • Pimienta
• 1 puñado de almendras troceadas

En una sartén honda se calienta el aceite y se
sofríe la cebolla hasta que empiece a dorarse;
cuando ya esté, se añaden, bien lavados y
cortado, los puerros y la lechuga, y se sofríen
durante unos 5 minutos. Se salpimienta al
gusto. Se vierte el sofrito en el caldo vegetal
hirviendo y se deja cocer durante 20 minutos.
Se añade la nata y se mezcla bien. Se sirve la

sopa caliente espolvoreada con las almendras picadas.

SOPA DE QUESO
Grado de dificultad bajo

INGREDIENTES PARA 4 PERSONAS
300 g de carne de ternera, cortada en cuadraditos • 200 g de col, cortada en cuadraditos • 3 cucharaditas de queso Parmesano rallado • 2 pastillas de caldo de pollo • 2 dientes de ajo, cortados en cuadraditos • 1 zanahoria, cortada en cuadraditos • 3 ramas de apio, cortadas en cuadraditos • 3 ramas de cebolla blanca, cortadas en cuadraditos • 2 cucharadas de mantequilla • 1/2 taza de fideos • 2 cucharadas de aceite • 3 cucharadas de perejil picado • 1/2 cucharadita de pimienta • Sal

En una cacerola con aceite se sofríe la ternera, la cebolla, la sal, la pimienta, el ajo, el apio y la zanahoria. Se vuelca sobre el sofrito un litro de agua caliente y, antes del primer hervor, se ponen las pastillas de caldo de pollo. Una vez que hierva, se pone la col y los fideos y se agrega la mantequilla. Se añade el queso Parmesano y se mezcla. Se sirve espolvoreada con perejil.

SOPA DE RÁBANOS
Grado de dificultad bajo

INGREDIENTES PARA 6 PERSONAS
8 tazas de caldo • 500 g de patatas peladas y ralladas • 450 g de rábanos blancos pelados y rallados • 2 tallos de cebolla larga picados • 2 tazas de leche • 2 cucharadas de alcaparras picadas • 1 taza de nata • Sal • Pimienta

Se ponen a cocer las patatas y los rábanos en una mezcla de cuatro tazas de caldo y una de leche durante unos 30 minutos. Se agregan la cebolla, las alcaparras, sal y pimienta; se pasa todo por la batidora hasta conseguir una crema suave y homogénea que se vuelve a poner en la cacerola. Se le incorpora la mayor

parte de la nata, el resto del caldo y la leche, se deja hervir 5 minutos más y se sirve con una cucharada de nata por encima.

SOPA DE REMOLACHA
Grado de dificultad bajo

INGREDIENTES PARA 2 PERSONAS
1/2 kg de remolacha • 1 patata grande • 2 cebollas medianas • 2 cucharadas de leche • 1 cucharada de mantequilla • 2 cubitos de caldo de carne

Se pelan y trocean las hortalizas y se ponen a hervir durante 1 hora en un litro de agua. Después se pasan por la batidora añadiendo la leche, la mantequilla y los cubitos de caldo. Se vuelca el batido en la cacerola, se le agrega el agua que quedó de la cocción y se deja hervir 5 minutos más antes de servir.

SOPA DE REMOLACHA Y YOGUR
Grado de dificultad bajo

INGREDIENTES PARA 2 PERSONAS
1/2 cebolla pequeña • 2 remolachas (una cruda y una cocida) • 1 cucharada sopera de zumo de limón • 1 yogur natural • 1/2 vaso de nata para cocinar • 1/2 vaso de copos de puré de patata • 4 vasos de caldo • Sal • Pimienta

Se pelan y trocean las remolachas y la cebolla. Se colocan en una cazuela junto con el caldo y se lleva a ebullición. Se baja el fuego, se tapa y se deja cocer durante 15 minutos. Se aparta del fuego y se añaden el resto de los ingredientes. Se pasa por el pasapurés o la batidora y se rectifica de sal y pimienta. Se refrigera y se sirve muy fría.

SOPA DE SÉMOLA O TAPIOCA
Grado de dificultad bajo

INGREDIENTES PARA 4 PERSONAS
100 g de sémola • 2 huevos • 2 pastillas de caldo vegetal • 50 g de mantequilla

Para comenzar, se pone en una olla un litro de agua y, un poco antes de que empiece a hervir, es cuando se echa la sémola y se deja cocer hasta que veamos que queda completamente transparente. A la vez, en la sopera se tienen dos huevos batidos y un poco de mantequilla. Unos momentos antes de sacar la sopa del fuego, se añaden las pastillas de caldo disueltas en un poco de agua caliente, y se vuelca sobre los huevos y la mantequilla que están en la sopera. Se mezcla todo bien y se sirve.

SOPA DE SETAS Y VIRUTAS DE JAMÓN
Grado de dificultad bajo

INGREDIENTES PARA 6 PERSONAS
400 g de setas • 130 g de cebolla • 200 g de mantequilla • 1 l de nata líquida • 2,5 l de caldo de carne • Sal

Para la guarnición:
4 cucharadas de setas • 4 lonchas de jamón ibérico cortado en finas virutas • 3 cucharadas de aceite de oliva virgen

Se pica la cebolla en juliana y las setas, una vez que estén bien limpias, se cortan en dados y se rehogan en una cacerola en la que, previamente, se habrán derretido 50 gramos de mantequilla; se reservan cuatro cucharadas de setas. Se vuelca en la cacerola el caldo de carne y se deja hervir durante 15 minutos aproximadamente. Pasado este tiempo, se tritura todo con la batidora y se pasa después por un colador fino. A continuación, se vuelve a poner a hervir la sopa a fuego suave después de haber añadido la nata líquida y los 150 gramos de mantequilla restante. Se pasa de nuevo por la batidora primero y por un colador fino o por el chino después. A continuación, se da el punto de sal a la sopa. Por otro lado, con las setas cortadas en dados que habíamos salteado al principio y con las virutas de jamón ibérico, se presenta cada uno de los platos de esta sopa.

SOPA DE TOMATE
Grado de dificultad bajo

INGREDIENTES PARA 6 PERSONAS
1 barra de pan del día anterior • 1/2 vaso de aceite • 2 pimientos verdes • 1 cebolla • 1 kg de tomate natural triturado • 1 manojito de hierbabuena • Sal

En una sartén con aceite caliente se echan los pimientos y la cebolla troceados; cuando estén dorados, se echa el tomate y se sofríe a fuego lento durante unos 15 minutos. Cuando esté echo el sofrito, se retira del fuego y se pasa por un pasapurés. Mientras, se pone al fuego una olla con un litro y medio de agua y cuando rompa a hervir, se le echa el sofrito anterior, la hierbabuena, el pan duro cortado en rodajas y la sal. Se deja hervir todo unos 5 minutos y se presenta la sopa a la mesa, bien caliente, servida en platos o cuencos individuales.

SOPA DE TOMATE Y ALBAHACA
Grado de dificultad bajo

INGREDIENTES PARA 4 PERSONAS
1 kg de tomates maduros, pelados y picados • 2 dientes de ajo picados • 1 cebolla mediana picada • 1 zanahoria pequeña picada • 2 cucharadas de aceite de oliva • 1 cucharadita de azúcar morena • Sal • Pimienta • 1 manojo de albahaca

Para empezar, se dora el ajo, la cebolla y la zanahoria en una cacerola con aceite de oliva. Se añade el tomate picado y su propio jugo a las verduras doradas y se deja sofreír alrededor de 15 minutos a fuego medio. Se agrega una cucharada de azúcar para rectificar la acidez del tomate. Una vez que el tomate esté cocido, se añade un litro de agua y la sal y la pimienta al gusto, así como el manojo de albahaca. Por último, se deja hervir la sopa a fuego moderado otros 15 minutos más antes de servir.

SOPA DE TOMATE
Y HUEVO DURO
Grado de dificultad bajo

INGREDIENTES PARA 4 PERSONAS
2 cucharadas soperas de aceite • 2 tomates
• 100 g de pan del día anterior • 1 pizca de
pimentón • 1 pizca de perejil • 1 pizca de azafrán
• 3 huevos duros • Sal • 1 litro de agua • 1 ajo

En una cacerola se ponen dos cucharadas de
aceite y los tomates previamente limpios de
pieles y cortados. Se añaden a continuación
los 100 gramos de pan duro cortado a
pequeñas láminas, se rehoga todo, se añade
el pimentón, la sal y un litro de agua.
Mientras, en un mortero, aparte, se machacan
un ajo, perejil, azafrán y los huevos duros, se
remueven en un poco de agua y se añaden a
la sopa. Se deja hervir unos 30 minutos a
fuego lento, y se va removiendo, con el fin de
que no se pegue, hasta que la sopa quede
muy fina.

SOPA DE TORTILLAS
DE MAÍZ
Grado de dificultad bajo

INGREDIENTES PARA 4 PERSONAS
10 tazas de caldo batido • 2 plátanos verdes
pelados • 8 tortillas de maíz • 1 kg de patatas
coloradas peladas y cortadas en rodajas
• 2 dientes de ajo • 1 ramillete de orégano
y perejil • 2 cucharadas de cilantro • Sal
• Pimienta

Se pelan y se parten los plátanos en cuatro, a
lo largo, y se fríen en aceite hasta que se
doren; una vez dorados, se sacan, esperamos
a que se sequen y se machacan muy bien. Al
caldo batido hirviendo se le agregan las
patatas, el ajo, la sal, la pimienta y el ramillete
de hierbas. Se deja hervir a fuego medio hasta
que las patatas se ablanden (durante unos 20
minutos). Luego se le añaden los plátanos y
las tortillas, y se deja a fuego lento durante 10
minutos más.

SOPA DE TRIGO
(en la olla a presión)
Grado de dificultad bajo

INGREDIENTES PARA 4 PERSONAS
1 taza de trigo entero limpio • 1 l de caldo vegetal
• 1 trozo de apio • 2 tomates • 1 cebolla mediana
• 1 puerro • 1 zanahoria • Sal

Primero, se fríen en aceite de oliva los granos
de trigo. Cuando estén sofritos, se cubren con
el caldo y se cuecen en la olla a presión
durante 7 minutos aproximadamente.
A continuación, y una vez enfriada y
destapada la olla, se añaden todos los demás
ingredientes. Por último, se vuelve a cerrar la
olla exprés y se deja cocer durante 10
minutos. Esta sopa se hace originalmente con
trigo sarraceno.

SOPA DE TRUCHA
Grado de dificultad bajo

INGREDIENTES PARA 2 PERSONAS
5 dientes de ajo grandes, pelados
• 250 g de pan duro • 2 truchas, limpias,
sin espinas ni piel • 1 pizca de pimentón picante
• 1 hoja de laurel • Sal

Se pone al fuego una sartén con el aceite,
donde se fríen los ajos enteros, sin que se
quemen, y se retiran. Se añaden los lomos
de trucha en trozos grandes, se fríen
ligeramente y se retiran. Posteriormente,
y en el aceite bien caliente, se fríe el pan
del día anterior en rebanadas finas,
guardando un poco de pan sin freír, que se
reserva. Se añaden los trozos de trucha, los
ajos, la hoja de laurel, y se cubre todo
con un litro de agua hirviendo. A los 5
minutos aproximadamente, se añade el pan
que teníamos reservado sin freír, para que el
caldo tome más cuerpo. Se sala, se espolvorea
con el pimentón, y se deja unos 20 minutos
más hirviendo a fuego medio. Se deja reposar
fuera del fuego y se sirve caliente en cazuela
de barro.

SOPA DE VIERNES
Grado de dificultad bajo

INGREDIENTES PARA 4 PERSONAS

50 g de queso Parmesano rallado • 1/2 taza de leche • 1 huevo • Patatas picadas • 1/2 taza de guisantes • 1 zanahoria • 2 cucharadas de arroz • 2 cucharadas de cebolla picada • 1 cucharada de pimiento amarillo picado • 1 pedazo de calabaza • 1 l de agua • Sal

Primero, en un poco de aceite de oliva, se prepara un aderezo de cebolla y pimiento bien picadito. Una vez que veamos que está listo, ponemos a hervir en una olla un litro de agua, con las patatas picadas, la zanahoria cortada en cuadraditos, el pedazo de calabaza y la media taza de guisantes. Luego, se incorpora un puñado de arroz y sal al gusto. Una vez que el arroz ha tomado el debido punto, alrededor de unos 15 minutos aproximadamente, se agrega la leche y se apaga el fuego. Entonces se vierte el huevo removiendo bien, se vuelca en la sopera y se espolvorea con el queso Parmesano rallado antes de servir.

SOPA DE ZANAHORIA
Grado de dificultad bajo

INGREDIENTES PARA 4 PERSONAS

750 g de zanahorias • 1 vaso de leche • 1 cebolla • 1 l de caldo de pollo • 1 pizca de nuez moscada • 1 pastilla de caldo de ave

Se lavan, pelan y trocean muy bien las zanahorias y la cebolla, para a continuación cocerlas en un recipiente con agua hirviendo durante unos 30 minutos. Pasado este tiempo, se aparta del fuego y se añade la leche y la pastilla de caldo de pollo, removiendo continuamente hasta que ésta se disuelva por completo. Se tritura con la batidora hasta conseguir una sopa fina y se sazona al gusto. Se puede servir fría o caliente.

SOPA DE ZANAHORIA CON NARANJA
Grado de dificultad bajo

INGREDIENTES PARA 6 PERSONAS

3 cucharadas de mantequilla • 1 cebolla picada • 1/2 kg de zanahorias, peladas y cortadas en rodajas finas • 1 cucharada de ralladura de naranja • 4 tazas de caldo de verduras • 3 cucharadas de nata líquida • Sal • Pimienta

Se pone en un recipiente refractario, la mantequilla y la patata, se tapa y se mete en el microondas a potencia máxima durante 1 minuto. Se añade la zanahoria, la ralladura de naranja y media taza de caldo de verduras y se mete en el microondas de nuevo, tapado, 12 minutos a potencia máxima, removiendo dos veces durante la cocción. Se bate hasta que quede cremoso. Se agrega el resto del caldo, se sazona al gusto, se tapa y se vuelve a poner en el microondas, en esta ocasión durante 4 minutos a potencia máxima, moviendo durante la cocción. Al servir, se añade la nata.

SOPA DELICADA DE GARBANZOS Y FOIE
Grado de dificultad bajo

INGREDIENTES PARA 4 PERSONAS

1 l de caldo de carne • 90 g de foie de *canard demi-cuit* • 250 g de garbanzos bien cocidos • 2 cucharadas de nata espesa • 3 claras de huevo • Sal • 1 puerro • 1 zanahoria • Cebollino fresco• Pan frito

Se hace un caldo de carne con vegetales, huesos, carnes, un esqueleto de ave, finas hierbas y garbanzos pesados y colocados en su bolsa, para luego dejar enfriar. Al día siguiente se desgrasa y se clarifica con tres claras de huevo más un puerro y una zanahoria picados, todo como si fuese un consomé, pero sin ser tan concentrado. Es importante que los garbanzos hayan estado en remojo desde la víspera y estén muy cocidos, pero tampoco es conveniente que estén rotos, pues en ese caso sería imposible quitarles la piel. Una vez que están pelados los garbanzos, se ponen sobre el caldo ya clarificado, junto con el foie, y se trituran con la batidora. Se cuela por un colador fino o por el chino, se da el punto de sal, y se afina con una o dos cucharadas soperas de nata, hasta que comprobemos que la sopa queda suave al paladar y sin durezas en suspensión. Esta sopa se sirve en tazas de consomé y, si gusta, salpicado con cebollino fresco picado y con un trozo de pan frito sin corteza encima.

SOPA ESPESA DE COLIFLOR AL CURRY

Grado de dificultad bajo

INGREDIENTES PARA 4 PERSONAS
1 cucharada de manteca • 1 cebolla picada
• 2 cucharaditas de curry en polvo
• 1/2 cucharadita de jengibre en polvo
• 1/2 l de caldo de pollo • 1/2 l de agua • 1 taza de arroz blanco de grano largo • 1 planta de coliflor fresca • 1 taza de tomate al natural • Orégano fresco picado • Cebollino picado • Sal
• Pimienta

En principio, se derrite la manteca en una cacerola grande a fuego medio para así rehogar en ella la cebolla bien picada. Por otro lado, se separan las flores de la coliflor en pequeños ramos. Se agrega a la cacerola el curry diluido en el caldo, el jengibre, el agua, el arroz, la coliflor, y se espera que hierva. Una vez que comienza a hervir, se baja la llama para que la sopa se cocine a fuego lento durante unos 18 minutos, es decir, hasta que veamos que el arroz está tierno. Se condimenta con sal y pimienta al gusto. Se cuela la sopa y se separa el caldo. Se colocan los alimentos en el vaso de la batidora, se agregan los tomates y se procesa hasta obtener un puré. Se vuelca en la cacerola con el caldo y se calienta la sopa a fuego bajo para servirla. Se adorna con el orégano o el cebollino fresco picado.

SOPA EXÓTICA DE FLORES Y TOFÚ

Grado de dificultad bajo

INGREDIENTES PARA 4 PERSONAS
100 g de hojas de crisantemos japoneses
• 2 cucharadas soperas de paté de miso • 200 g de tofu • 60 cl de nata líquida • 1 pizca de té verde
• 1 l de caldo de *dashi* • Sal • Nata montada

Se blanquean las hojas de crisantemo en agua hirviendo. Se cuelan y trituran con 600 mililitros de caldo. Se reserva. Se prepara la sopa de miso con el resto de caldo y se agrega el tofu. Se reserva. Por otra parte, se monta la crema de leche con el té verde. Se enfría la preparación de los crisantemos y se sazona al gusto. Se sirve esta sopa dentro de un bol japonés y se decora con la nata montada.

SOPA FRÍA ANDALUZA

Grado de dificultad bajo

INGREDIENTES PARA 4 PERSONAS
60 ml de aceite • 1 cebolla grande, picada
• 2 dientes de ajo, machacados • 2 pimientos rojos grandes, despepitados y troceados • 450 g de tomates maduros, picados • 30 ml de vinagre
• 1 guindilla, picada muy fina
• 60 ml de mayonesa • 1 l de agua
• Sal • Pimienta

Se calienta el aceite en una cacerola amplia y se rehogan la cebolla y el ajo durante unos 5 minutos, hasta que estén blandos, pero sin llegar a tomar color. Se añaden los pimientos y se rehogan durante 5 minutos más. Seguidamente, se agregan los tomates y se sigue rehogando un rato. A continuación, se añaden el agua, el vinagre, la guindilla, la sal y la pimienta al gusto. Se lleva a ebullición y se baja el fuego enseguida. Se deja hervir durante 45 minutos, removiendo de vez en cuando. Se tritura la sopa y se pasa por un chino para de esta manera retener las pieles. Se pone la mayonesa en el fondo de un cuenco amplio y se incorpora la sopa poco a poco. Se mete en el frigorífico durante 4 horas como mínimo. Se sirve muy fría, acompañada de picatostes y trocitos de pimiento rojo.

SOPA FRÍA DE LOS BALCANES
Grado de dificultad bajo

INGREDIENTES PARA 6 PERSONAS
500 g de hojas de remolacha • 10 tazas de agua salada • 500 g de langostinos cocidos • 12 remolachas bien limpias • 3 huevos duros machacados con un tenedor • 1 pepino picado y sin semillas • 1 limón partido en rodajas delgadas • 1 pizca de eneldo picado • 3 cucharadas de cebollino picada • 4 tazas de crema agria • 2 tazas de cerveza • Sal • Pimienta

En una olla, se hierven las remolachas y las hojas hasta que estén suaves. Se parte en cuadraditos la remolacha cocida y las hojas muy finamente. Después, se devuelven al líquido donde inicialmente se cocinaron. Se retira del fuego y se añade el resto de ingredientes. Por último, dejamos enfriar y se sirve en platos individuales decorados con los langostinos cocidos.

SOPA FRÍA DE PALMITOS
Grado de dificultad bajo

INGREDIENTES PARA 4 PERSONAS
1/2 taza de palmitos cortados en rodajitas • 200 g de queso cremoso • 1 taza de nata • 3 tazas de caldo de pollo • Sal • Pimienta blanca

Se separa para la decoración de los platos una cucharada grande de palmitos, mientras que se tritura el resto de palmitos y se sazona con el queso, la nata, el caldo de pollo, la sal y la pimienta blanca. Se deja enfriar en la nevera y se sirve en tazones individuales, una vez que los tenemos decorados con los palmitos previamente separados.

SOPA GADITANA
Grado de dificultad bajo

INGREDIENTES PARA 4 PERSONAS
8 cucharadas de aceite de oliva • 1 l de caldo de ave • 1 copa de vino de Jerez seco • 150 g de jamón • 3 dientes de ajo • 2 huevos cocidos y 2 yemas • 3 puñados de pan cortado en cuadrados • 1 pizca de perejil picado • Sal

En una sartén, se sofríen los ajos pelados y cortados en láminas. Se añade el jamón cortado en cuadraditos, y el pan. Se rehoga bien y se pasa todo a una cazuela. A continuación, se agrega el caldo de ave caliente, el huevo picado, se vigila el punto de sal y se deja cocer durante 20 minutos. En un cuenco aparte, se mezclan las yemas de huevo con el Jerez y se incorpora esta mezcla a la sopa. Se bate bien y se deja cocer 5 minutos más. Antes de servir, se añade un puñado de perejil picado.

SOPA GALLEGA DE PESCADO
Grado de dificultad bajo

INGREDIENTES PARA 4 PERSONAS
1 l de agua • 1 zanahoria • 1/2 hoja de laurel • 2 cebollas • 1 tomate • 1 diente de ajo • 1 puñado de perejil • 1 chorrito de coñac • 1 pizca de pimentón • 1/2 kg de rape • 2 guindillas • 4 rebanadas de pan frito • Sal

Se cuece el pescado con una cebolla, un tomate, perejil y sal. Cuando está en su punto, se saca y se quitan las espinas; la carne del pescado se reserva. En una cacerola se fríe un diente de ajo, una zanahoria y una cebolla, todo bien picado, y se añaden dos guindillas y media hoja de laurel. Cuando esté frito, se incorpora una cucharadita de pimentón y la carne del pescado, se rehoga y se flambea con un chorrito de coñac. Se agregan dos cucharadas de tomate y se vuelca el agua donde previamente se coció el pescado. Se sirve con rebanadas de pan frito.

SOPA GALLEGA DON CAMILO
Grado de dificultad bajo

INGREDIENTES PARA 4 PERSONAS
400 g de pescado de roca • 1 l de agua
• 6 granos de pimienta negra • 1 hoja de laurel
• 2 cebollas • 2 puerros • 200 g de patatas
• Aceite de oliva virgen • 2 dientes de ajo
• 1 limón • 2 pimientos rojos • 1 hueso de vaca
• Sal

Se pone a macerar por espacio de una hora el pescado junto con el limón, que estará previamente aliñado con un poco de sal. Aparte, en una olla con agua, se pone a hervir el hueso de vaca con todas las verduras, previamente picadas. Cuando las verduras están ya muy pasadas, se añade el pescado. En una sartén se hace un ligero sofrito con un poco de aceite, parte de la cebolla picada y algunos dientes de ajo. El refrito se vierte hirviendo en la sopera y se sirve con picatostes.

SOPA GERMANA
Grado de dificultad bajo

INGREDIENTES PARA 4 PERSONAS
200 g de salchichas • 400 g de judías verdes
• 1 patata • 1 cebolla • 3 ramas de apio • 400 g de tomates pelados • 1 l de caldo de carne
• 1/2 cucharadita de semillas de comino • 120 g de repollo • Sal • Pimienta

Se pela y corta la patata en cuadraditos, se corta la cebolla en trozos y se pica el apio. Se pone en una olla junto con los tomates cortados y las semillas de comino. Se baña con el caldo y se lleva a ebullición, momento en el que se tapa la olla y se cuece a fuego lento, durante 20 minutos. Se añaden las judías verdes escurridas y el repollo, cortado en juliana, continuando la cocción 20 minutos más. Se agregan las salchichas cortadas en rodajas, se salpimienta al gusto y se deja cocer unos minutos más.

SOPA GRIEGA DE VERDURAS
Grado de dificultad bajo

INGREDIENTES PARA 4 PERSONAS
200 g de verduras variadas para sopa • 1 l de caldo de carne • 1 yema de huevo • 2 yogures naturales
• 1 cucharada de hojas de menta picadas • Piel rallada de un limón • Sal • Pimienta

Se cuecen las verduras en el caldo. Aparte, se mezclan las yemas de huevo con los yogures, añadiendo seis cucharadas de caldo templado. Retirada la sopa del fuego y aún caliente, se añade esta mezcla y se echa la sal y la pimienta. La sopa se reparte en platos individuales, poniendo la menta y la piel de limón como guarnición.

SOPA HORTELANA
Grado de dificultad bajo

INGREDIENTES PARA 4 PERSONAS
2 zanahorias picadas • 2 patatas picadas
• 100 g de judías verdes cortadas en trocitos
• 3 ramitas de apio picado • 2 puerros picados
• 3 tomates maduros picados • 1 diente de ajo picado • 2 ramitas de perejil • 2 ramitas de tomillo
• 2 hojas de laurel • 1 l de agua • 2 cebollas picadas • Sal • Pimienta

Se ponen todos los ingredientes mencionados en una cacerola grande al fuego y cuando rompa a hervir, se tapa la cacerola y se deja cocer todo a fuego lento durante unos 30 minutos. A continuación, se retiran las ramitas de perejil y tomillo y las hojas de laurel y se sirve, si se desea, con cuadraditos de pan tostado.

SOPA HÚNGARA
Grado de dificultad bajo

INGREDIENTES PARA 6 PERSONAS
250 g de patatas • 250 g de cebollas • 250 g de zanahorias • 250 g de repollo • 100 g de pimientos rojos • 100 g de pimientos amarillos • 2 dientes de

ajos • 1 cucharada de harina integral
• 3 cucharadas de aceite • 2 l de agua • Sal

Se pelan y cortan las patatas y las cebollas. Se pelan las zanahorias y parten en rodajas finas, se cortan los pimientos en cuadraditos y los dientes de ajo en láminas. En una olla, se calienta el aceite y se sofríe la cebolla hasta que esté blanda, después se agrega el repollo, cortado en juliana, el ajo y la harina. Se mezcla todo y se cubre con el agua. Se lleva a ebullición. Se condimenta con la sal, se baja el fuego, se tapa la olla y se deja hervir lentamente durante 30 minutos. Se retiran las verduras y se reserva el caldo. Después se agrega el agua necesaria hasta obtener un litro, se reincorporan las verduras a la olla y se lleva a ebullición hasta que las verduras estén en su punto.

SOPA JAPONESA
Grado de dificultad bajo

INGREDIENTES PARA 4 PERSONAS
6 huevos duros • 1 kg de huesos de pollo
• 60 g de margarina • 1 kg de patata amarilla
• 1 litro de caldo básico

Se cuecen las patatas en el caldo, se pasan por la batidora y se mezclan con las yemas duras y la margarina. La crema obtenida se echa al caldo junto con las claras picadas.

SOPA JULIANA
Grado de dificultad bajo

INGREDIENTES PARA 6 PERSONAS
50 g de zanahoria pelada y cortada en juliana fina • 50 g de cebolla cortada en juliana fina
• 50 g de puerros cortados en juliana fina
• 50 g de patata cortada en juliana fina • 50 g de col cortada en juliana fina • 50 g de jamón serrano picado • 50 g de acelgas cortadas en juliana fina • 50 g de espinacas cortadas en juliana fina • 1 y 1/2 l de agua
• 50 ml de aceite • Sal

En una olla, se pone el aceite, se espera a que se caliente, se añaden las verduras y se rehogan hasta que estén blandas, pero sin que se doren. Se agrega el caldo y un poco de sal. Se deja cocer durante 30-40 minutos, se comprueba la sazón y se sirve.

SOPA KENNEDY
Grado de dificultad bajo

INGREDIENTES PARA 6 PERSONAS
1 y 1/2 kg de merluza, cortada en cuadraditos
• 2 chuletas ahumadas, cortadas en cuadraditos
• 2 cebollas pequeñas, cortadas en cuadraditos
• 1 taza de apio picado • 4 patatas grandes cortadas en cuadraditos • 5 l de agua
• 1/2 cucharadita de laurel, en polvo • 2 tazas de leche • 2 tazas de nata líquida • 4 cucharadas de mantequilla • 4 dientes de ajo • Comino
• Orégano • 1/2 cucharadita de laurel
• 2 cucharadas de aceite • Sal • Pimienta

En una cacerola grande con aceite, se ponen a sofreír los dientes de ajo picados, las chuletas ahumadas y la cebolla y se sazona con sal, pimienta, comino, orégano y laurel. Se agregan el apio, las patatas y medio litro de agua. Cuando esté hirviendo y la patata cocida, se incorpora el pescado. Se agrega leche hasta que hierva y luego se añade nata, mantequilla y el resto del agua. Por último, se deja hervir a fuego lento 8 minutos y se sirve.

SOPA MEDITERRÁNEA
Grado de dificultad bajo

INGREDIENTES PARA 4 PERSONAS
1 kg de pescado blanco • 1/2 taza de aceite
• 2 cebollas picadas • 2 dientes de ajo • 4 tomates grandes pelados y picados • 2 cucharadas de tomate concentrado • 1/2 taza de pepinillos
• Alcaparras • 1 cucharada de aceitunas verdes sin hueso • 1 cucharada de aceitunas negras sin hueso
• 3 tazas de caldo de pescado • 1 taza de vino blanco • 1 hoja de laurel • 1/2 cuchara de albahaca
• 1 pizca de perejil picado fresco • Sal

Se quita la piel y las espinas al pescado y se corta en trozos. Se calienta el aceite en una cazuela grande y se sofríe la cebolla y el ajo a fuego lento durante 8 minutos, hasta que esté blanda pero sin que se dore, removiéndola de vez en cuando. Se añade el tomate picado y el concentrado, se remueve todo bien y se rehoga durante 3 minutos, hasta que veamos que el tomate está blando. Se añade entonces el pepinillo, la mitad de las alcaparras y las aceitunas, removiendo todo muy bien. Se incorpora el pescado al fuego y se vierten el caldo y el vino blanco, se pone el laurel, se sazona con la sal al gusto y se lleva a ebullición. Se baja el fuego y se deja hervir durante 10 minutos. Para terminar, se añade la albahaca y el perejil, se remueve y se ponen el resto de las alcaparras y las aceitunas.

SOPA MEXICANA
Grado de dificultad bajo

Ingredientes para 6 personas
10 tortitas de maíz • 1 taza de acelgas cocidas • 1 tomate grande y maduro • 1 cucharada de cebolla picada • 2 l de caldo • 1 cucharada de perejil picado • 1 diente de ajo picado • 100 g queso rallado • 1/2 taza de mantequilla • Sal • Pimienta

Se escalda y pela el tomate, quitándole las semillas; se pica, se ralla y se sofríe en mantequilla, junto a la cebolla, el perejil y el ajo. Salpimentamos. Una vez sofrito, se añaden el caldo, las acelgas y las tortitas ya cortadas en cuadritos y doradas en mantequilla. Se deja hervir lentamente, y al servirse, se agrega el queso rallado.

SOPA MINESTRONE
Grado de dificultad bajo

Ingredientes para 6 personas
2 cucharadas de aceite • 25 g de jamón serrano picado • 1 cebolla picada • 2 dientes de ajo machacados • 1 tallo de apio picado • 1 zanahoria picada • 1 pizca de orégano seco • 2 tazas de agua • 50 g de pasta fina • 1/2 repollo pequeño en juliana • 100 g de judías verdes, cortadas en trocitos • 800 g de tomate, pelado, sin pepitas y picadito • 400 g de judías blancas cocidas • 2 cucharadas de albahaca picada • Sal • Pimienta

Se calienta el aceite en un recipiente refractario de tres litros, a potencia máxima. durante 3 minutos, se añaden el jamón, la cebolla, el apio, la zanahoria, el ajo y el orégano, y se cocina a potencia máxima 4 minutos, removiendo dos veces. Se añade el agua, la pasta, el repollo, las judías verdes y el tomate. Se tapa el recipiente y va al microondas de nuevo a potencia máxima 10 minutos, removiendo dos veces durante la cocción. Se agregan las judías blancas, se tapa y vuelve a cocer otros 10 minutos. Pasado ese tiempo, se añade la albahaca, se tapa y se deja reposar.

SOPA ORIENTAL DE NIDOS DE GOLONDRINA
Grado de dificultad bajo

Ingredientes para 4 personas
Varios nidos de salangana • 1 l de caldo de pollo • 1 pechuga del pollo desmenuzada • 4 lonchas de jamón, cortado en finas hebras • 6 tirabeques • 1 pizca de glutamato • Sal

Una vez que los nidos hayan estado en remojo durante 12 horas como mínimo, se les quitan todas las plumas adheridas y las materias extrañas que puedan tener con unas pinzas. Entonces, se ponen a hervir en el caldo los nidos, hasta su total desintegración, se agrega la carne de pollo, el jamón y los tirabeques. A continuación, se echa el glutamato, se prueba y se sala al gusto. Se continúa hirviendo durante 15 minutos más aproximadamente. Se filtra la sopa y se sirve, al final de la comida, en pequeñas tacitas de porcelana china.

SOPA PEKINESA PICANTE

Grado de dificultad bajo

INGREDIENTES PARA 4 PERSONAS
6 cucharadas de caldo de pescado • 15 g de setas chinas, deshidratadas • 150 g de brotes de bambú
• 3 cebollas • 1 nabo • 5 cucharadas de aceite
• 1 cucharada de manteca de cerdo
• 1 cucharadita de azúcar • 1 cucharada
de tomate concentrado • 1 cucharadita de jengibre en polvo • 1 cucharada de maicena • 2 cucharadas de salsa de pimientos • Sal • Pimienta

Se ponen en agua las setas para hidratarlas, se pela el nabo y se corta en rodajitas finas. En una cacerola, se calientan el aceite y la manteca, se agregan las cebollas, el nabo, las setas troceadas y los brotes de bambú. Se sazona con jengibre y sal y se saltean unos minutos, se añade la salsa de pimientos, el azúcar y el tomate, y se mezcla todo bien. Se diluye en el caldo la maicena y se añade a la cacerola con el agua de hidratar las setas, dejando hervir 1 minuto. En el momento de servir, se espolvorea con pimienta recién molida.

SOPA PROVENZAL

Grado de dificultad bajo

INGREDIENTES PARA 6 PERSONAS
500 g de pescado blanco de varias clases, sin cabezas ni espinas • 500 g de cangrejos de mar
• 1 cebolla • 1 diente de ajo • 1 puerro
• 1 cucharada de perejil • 100 ml de aceite
• 1 ramillete de hierbas aromáticas • 3 tomates pelados y picados • 3 hebras de azafrán
• 4 rebanadas de pan tostado

Con las raspas de pescado, dos litros de agua, y la parte verde del puerro, se hace un caldo de pescado. Se pican la cebolla, el ajo, el puerro y el perejil. En una cazuela de barro, se pone el aceite y se deja que se caliente. Se añaden la cebolla, el ajo y el puerro. Se agregan las finas hierbas y se deja dorar. Cuando la cebolla esté blanda, se añade el tomate, los cangrejos y el pescado. Se remueve un poco y se añade el caldo de pescado. Se cuece 20 minutos. Se hace un picadillo con el perejil y el azafrán y se añade a la sopa. Este plato se sirve en la misma cazuela acompañado del pan tostado.

SOPA RICA DE LANGOSTINOS Y ANGULAS

Grado de dificultad medio

INGREDIENTES PARA 4 PERSONAS
1 kg de langostinos • 80 g de angulas
• 1 cucharadita de coñac • 100 cc de vino blanco seco • 100 cc de nata líquida • 40 g de mantequilla • 2 cucharadas de aceite de maíz
• 1/2 l de caldo de pescado • 1 cucharada sopera de concentrado de tomate • 2 tomates
• 1 zanahoria • 1 cebolla • 1 diente de ajo
• 1 ramillete de hierbas (perejil, laurel y tomillo)
• Sal • Pimienta

Se pelan y cortan la cebolla y la zanahoria en pequeños cubos. Se cuecen las angulas introduciéndolas en agua caliente. Cuando vuelva a hervir, se quita la espuma que salga a la superficie y se deja hervir solamente 10 segundos, se sacan inmediatamente y se dejan escurrir en un colador. Se calienta bastante el aceite en una cacerola grande con 20 gramos de mantequilla, se introducen los langostinos y se remueve con una cuchara de madera hasta que los langostinos hayan adquirido un color rojo. Se añaden la cebolla y la zanahoria y se deja cocer con la cacerola tapada durante 5 minutos. Se incorpora entonces el diente de ajo, el tomate fresco, el concentrado y el ramillete de hierbas. Se agrega el coñac y se raspa el fondo de la cacerola con la cuchara de madera; se deja hervir durante 10 minutos con la cacerola tapada. Se añade entonces el vino blanco y el caldo de pescado. Se tapa la cacerola y se deja cocer a fuego suave durante 12 minutos. Se retiran entonces los langostinos. Se cortan las cabezas de los langostinos y se pasan por el vaso batidor junto con un poco del líquido de cocción para facilitar la operación. Se vuelve a meter esta mezcla en la cacerola y de nuevo se deja cocer durante otros 10 minutos aproximadamente. Mientras tanto, se pelan las colas de los langostinos y se cortan éstas en pequeños trozos. Se añade la nata líquida y la mantequilla, se mezcla bien, se rectifica el condimento. Se pasa por el pasapurés o chino para eliminar todos los pequeños trozos que pudieran existir de las cabezas de los langostinos. Para servir, se ponen en el fondo de cada plato algunas angulas y unos trozos de langostinos y se vierte la sopa por encima.

SOPA RIOJANA
Grado de dificultad bajo

INGREDIENTES PARA 2 PERSONAS
2 puerros • 2 pimientos • 4 ajos • 2 tomates • Pan • Sal gorda • 2 huevos • Aceite • Vinagre • Perejil picado • Sal

Se cuecen los pimientos, los tomates, los ajos, y los puerros en algo más de un litro de agua, se sala y se deja hervir 40 minutos a fuego suave. Después se cuela el caldo y se vuelve a hervir unos 15 minutos, echando el pan. Se saca la carne a los pimientos y se le agrega a la sopa. Se incorporan dos huevos batidos con el perejil y se deja que cueza un poco. Se sirven los puerros aparte con sal gorda, aceite y vinagre.

SOPA SECA DE DESAYUNO
Grado de dificultad bajo

INGREDIENTES PARA 2 PERSONAS
1 taza de leche • 1 taza de agua • 1 cucharada de cebolla rallada • 1 cucharada de cebolla larga picada fina • 1 diente de ajo picado • 1 cucharada de mantequilla • 2 cucharadas de queso blanco rallado • Sal • Pimienta

Se pone una cazuela de barro a fuego medio y se disuelve la mantequilla, en la que se sofríen las cebollas y el ajo; luego se le agregan la leche y el agua, sal y pimienta. Se deja hervir 5 minutos, se le pone el queso rociado por encima y se sirve.

SOPA SORDA
Grado de dificultad bajo

INGREDIENTES PARA 2 PERSONAS
2 ajos • 1 manojo de cilantro • Aceite • Pan en rebanadas finas • Sal

Se echan la sal, el cilantro y los ajos pelados en un mortero y se machaca todo. Una vez bien machacado, se vierte el aceite y se remueve. Después se le añade agua hirviendo removiendo bien la mezcla. Por último, se añade el pan cortado en finas láminas y se sirve.

SOPA TROPICAL
Grado de dificultad bajo

INGREDIENTES PARA 2 PERSONAS
3 aguacates • 4 yogures naturales • 1/2 litro de caldo de carne • Zumo de 1 limón • 1 ramita de apio • Perejil picado • Azúcar

Se pelan los aguacates, se quita el hueso y se trituran en la batidora, la pulpa, los yogures, el caldo de carne, el apio picado, el zumo de un limón y un poco de azúcar. Se sazona todo, se pasa por el chino y se guarda en el frigorífico. Se espolvorea con perejil picado antes de servir muy frío en tazas individuales.

TOFÚ FRITO CON SALSA DE SOJA
Grado de dificultad medio

INGREDIENTES PARA 6 PERSONAS
6 bloques de tofú • 6 copas de caldo de carne • 6 cucharadas de salsa de soja • La mezcla de 6 cucharadas de maicena con 4 de agua • Maicena para rebozar el tofu

• Aceite • 3 cucharadas de jengibre
fresco rallado • Cebolletas

Se envuelve el tofú en un paño de cocina
suave y se coloca encima de una fuente plana
para cortar. Aparte, se echa el caldo de carne
y la salsa de soja en una sartén honda hasta
que hierva y cuando llegue a ebullición, se
incorpora la mezcla de maicena y agua y se
emulsiona bien. Los bloques de tofú se secan
con un paño suave y se cortan por la mitad. A
continuación, se reboza el tofú con maicena.
Se calienta abundante aceite en una sartén a
fuego alto y se fríe el tofú hasta que se ponga
dorado. Se retira y se coloca sobre papel de
cocina para que éste absorba el exceso de
aceite. Se coloca en el bol. Por último, se
añade la salsa preparada anteriormente sobre
los bloques de tofú. Se espolvorean el jengibre
fresco rallado y las cebolletas picadas, y se
sirve caliente.

VICHISSOISE
Grado de dificultad medio

INGREDIENTES PARA 4 PERSONAS
1 patata grande • 100 g de puerros • 2 nueces de
mantequilla • 1/2 cebolla • 1/2 vaso de leche
• 2 vasos de caldo natural • 1/2 vaso de nata para
cocinar • Sal • Pimienta

Se pelan y trocean la patata, los puerros (sólo
la parte blanca) y la cebolla. Se derrite la
mantequilla en una cacerola y se saltea la
cebolla hasta que quede transparente. Se
añaden los puerros y se saltea durante un par
de minutos más. Se agregan el caldo, la
patata, la leche, sal y pimienta. Se lleva a
ebullición, se tapa y se deja hervir a fuego
lento 20 minutos. Se deja enfriar, se pasa por
el pasapurés, y se añade la nata. Se rectifica
de sal y pimienta, y se refrigera. Se sirve fría,
adornada con cebollino picado por encima.

CARNES,
AVES Y CASQUERÍA

ALBÓNDIGAS CON ARROZ
Grado de dificultad medio

INGREDIENTES PARA 6 PERSONAS
300 g de arroz • 40 g de setas secas
• 2 mozzarellas pequeñas • 400 g de carne de
ternera picada • 200 g de salchicha picada
• 1 huevo • 4 cucharadas de queso rallado
• 50 g de grasa de jamón • 2 cucharadas de harina
• 3 cucharadas de miga de pan • 1 lata de tomate
de 1/2 kg • 1 zanahoria • Apio • Ajo • Tomillo
• 100 g de mantequilla • 6 cucharadas de pan
rallado • 2 cucharadas de aceite • 3 tazas de caldo
• Pimienta • Sal • Cebolla • Leche

En un principio, se mezcla la carne con la
miga de pan remojada en leche y escurrida, se
salpimienta y se hacen unas albóndigas
pequeñas, que se pasan por harina y se fríen
en mantequilla; una vez hechas, reservar. Por
otro lado, se remojan las setas en agua tibia,
se trocean, se rehogan un par de minutos con
mantequilla y se salpimientan, se añade la
salchicha cortada en trozos y se fríe la mezcla.
Además, se pican la cebolla, la zanahoria, el
ajo y el apio, se rehogan, se añaden los
tomates, se echa el tomillo y se deja cocer
durante 30 minutos aproximadamente. En
una cazuela, se derriten dos cucharadas de
mantequilla a la que se agregan el arroz y
cuatro cucharadas de la salsa anterior, se
añade el caldo caliente y se deja cocer 15
minutos, sin dejar de remover; se retira del
fuego, se incorpora el queso y el huevo y se
deja enfriar. Las albóndigas se mezclan con el
resto de la salsa, las setas y la salchicha
picada, se engrasa un molde con mantequilla,
se espolvorea con pan rallado, se aprieta el
arroz en el fondo y en las paredes, se
incorporan la mitad de las albóndigas con la
salsa, la mozzarella, cortada en dados, y se
cubre todo con el resto del arroz. Para
terminar, se derrite el resto de la mantequilla,
se añaden dos cucharadas de pan rallado y se
echa sobre el arroz, para luego cocerlo en el
horno, a 160°, durante 40 minutos, y una vez
hecho, dejarlo enfriar. Se desmolda y se
adorna con las albóndigas que queden.

BADOFE BRASILEÑO
Grado de dificultad medio

INGREDIENTES PARA 6 PERSONAS
1 corazón de ternera • 1/2 kg de hígado de ternera
• 1/2 kg de bofe de ternera (pulmón) • 2 tazas de
sangre de ternera • 2 cebollas picadas • 2 dientes
de ajo machacados • 3 cucharadas de perejil picado
• 2 hojas de laurel picadas • 1/2 taza de vinagre
• 1 taza de tocino fresco picado • 1/2 kg de
salchichas frescas picadas • Sal • Pimienta

Se limpian, cortan en pedazos grandes y
escaldan el corazón, el hígado y el bofe. Se
sazonan con sal, pimienta, ajo, cebolla, perejil,
laurel y vinagre, dejando en ese adobo las
carnes 2 horas, durante las cuales se
remueven algunas veces. Se separan las
diversas vísceras en tres platos y se cortan
menudas, en dados. Se calienta el tocino en
una cazuela y se van echando, primero el
corazón, después las salchichas, el hígado y,
por último, el bofe. Se cocinan, a fuego lento,
rociando, de vez en cuando, agua hirviendo.
Se añade la sangre, mezclando muy bien
todo.

BEIGNET DE SESOS
Grado de dificultad medio

INGREDIENTES PARA 6 PERSONAS
1 seso de ternera • 1 limón • 2 cucharadas de
aceite • 2 cucharadas de perejil picado
• 1/2 taza de harina • 2 claras batidas a punto de
nieve • Aceite • Sal • Pimienta

Se deja el seso en agua fría, durante una
hora, para retirarle cualquier vestigio de
sangre. Se escalda durante 10 minutos en
agua con sal y pimienta, se escurre y se deja
enfriar. Se corta en pedazos, se colocan en un
bol y se sazonan con zumo de limón, una
cucharada de aceite y el perejil. Se deja en ese
adobo durante unos 30 minutos como
mínimo. Se prepara la masa con la harina,
abriendo un hueco al medio, donde se meten
una pizca de sal y el resto del aceite, se añade

un poco de agua tibia y se mezcla hasta obtener una consistencia espesa. Se adicionan las claras sin batir, apenas mezclando con cuidado. Por otra parte, se escurren los trozos de sesos, con un tenedor, se sumergen en la masa y se fríen en el aceite caliente, pero no humeante, dejándolos hinchar sin dorar. Se retiran y se reservan en el cesto de una freidora con cabo, o en un colador fino con cabo. En el momento de servir, se sumergen, rápidamente, en el aceite caliente hasta que doren.

BRAZO DE GITANO DE CARNE

Grado de dificultad medio

INGREDIENTES PARA 6 PERSONAS
1 y 1/2 kg de patatas • 3 huevos • 1 cebolla
• 2 dientes de ajo picados • 80 g de mantequilla
• 1/2 kg de carne picada • 1,5 dl de salsa de tomate • 1 cucharada de harina • Sal • Pimienta
• Nuez moscada • Vino blanco

Se ponen la cebolla y el ajo, con la mitad de la mantequilla, en una cacerola y se dejan rehogar, hasta que empiecen a dorarse. Se añade el vino blanco, se remueve un poco y se agrega la salsa de tomate, la carne y se sazona a gusto. Se cuece durante unos 20 minutos, removiendo de vez en cuando, para que la carne no se apelmace; se echa la harina y se vuelve a remover, cuidadosamente, hasta que espese lo suficiente. Con las patatas, el resto de la mantequilla, dos huevos y una clara, sal, pimienta y nuez moscada, se hace un puré muy espeso y seco. Este puré, se extiende sobre un paño (reservando tres cucharadas) y con dos paletas, se va formando un rectángulo, de unos dos centímetros de espesura. Se dispone sobre él, el guiso de carne y se va enrollando, con ayuda del paño y mucho cuidado, hasta moldear el brazo de gitano. Con el puré reservado, se moldean cinco pequeñas bolitas, con las que se adorna el rollo a lo largo, a intervalos regulares. Con la yema sobrante, se pincela toda la superficie, y se pone en el horno para que se dore.

BRAZO DE GITANO DE CARNE EN SÁBANA DE JAMÓN

Grado de dificultad medio

INGREDIENTES PARA 6 PERSONAS
1 y 1/2 kg de patatas • 3 huevos • 1 cebolla
• 2 dientes de ajo, picados • 80 g de mantequilla
• 1/2 kg de carne picada • 1,5 dl de salsa de tomate
• 300 g de jamón serrano • 1 cucharada de harina
• Sal • Pimienta • Nuez moscada • Vino blanco

Como el brazo de gitano de carne pero, entre la masa y el relleno se introducen 300 gramos de jamón serrano, cortado en lonchas finas. Se debe contar con la sal del jamón a la hora de sazonar.

BRAZO DE GITANO DE JAMÓN DE YORK

Grado de dificultad medio

INGREDIENTES PARA 6 PERSONAS
750 g de patatas • 4 huevos • 1 cucharada colmada de fécula de patata • 300 g de jamón de york • 0,5 dl de aceite • 1 cucharada de perejil picado • 2 tazas de salsa de tomate espesa
• Media cebolleta • 1 diente de ajo • 80 g de mantequilla • Sal • Pimienta • Nuez moscada
• Leche caliente

Se cuecen las patatas con agua y sal, se escurren, se pelan y se pasan por el pasapurés. Se agrega la mantequilla, las cuatro yemas, la fécula de patata y la leche caliente, mezclando todo y se echa en un bol. Aparte, en una cacerola con el aceite, se rehogan la cebolleta y el ajo muy picaditos. Una vez que estén dorados, sin quemar, se añade el perejil y se agrega todo esto al puré. En el mismo bol, se junta el jamón, muy picado, se sazona con sal, pimienta y nuez moscada y, por último, se añaden las claras, batidas a punto de nieve, con mucho cuidado. Se vierte el preparado sobre el molde, forrado, engrasado y enharinado y se hornea, a temperatura alta, durante unos 20 o 25 minutos aproximadamente. Se desmolda, conforme lo ya indicado, se unta por encima con la salsa de tomate, se rellena y se enrolla.

BRAZO DE GITANO DE MENUDILLOS Y ARROZ
Grado de dificultad medio

INGREDIENTES PARA 6 PERSONAS

Para la masa:
Ver «Brazo de gitano de gambas»

Para el relleno:
50 g de mantequilla • 1 diente de ajo • 1 cebolla • 1 hoja de laurel • 1/2 kg de menudillos de pollo, limpios y escogidos • 80 g de chorizo • 7,5 dl de caldo de ave • 350 g de arroz • Sal • Pimienta

Se prepara la masa, como la de la receta mencionada, y se forra con ella el molde engrasado. Se cortan los menudillos y el chorizo en trocitos menudos. En una cazuela con la mantequilla, se doran la cebolla, el laurel y el ajo bien picado, cuando comience a tomar color, se añaden los menudillos y el chorizo y se rehoga todo junto durante unos minutos. Se agrega el caldo, se sazona y se deja hervir durante 20 minutos. Pasado este tiempo, se añade el arroz, se remueve hasta que vuelva a hervir y se deja cocer, tapando la cazuela, unos 18 minutos, hasta que el arroz esté en su punto. Se rellena el brazo de gitano, como habitualmente, y si sobra relleno, se sirve aparte. Una vez enrollado, se pincela con yema de huevo y se pone en el horno, precalentado, hasta que quede bien doradito.

BRAZO DE GITANO DE POLLO
Grado de dificultad medio

INGREDIENTES PARA 6 PERSONAS

Para la masa:
1 kg de patatas • 2 dl de leche • 50 g de mantequilla • 5 huevos • 1 cucharada colmada de harina fina de maíz • Sal • Pimienta • Nuez moscada

Para el relleno y la cobertura:
60 g de mantequilla • 70 g de harina • 6 dl de leche • 800 g de pollo limpio, cocido • 1 cucharada de tomate ketchup • Sal • Pimienta

Se cuecen las patatas, se pelan y se pasan por el pasapurés, se van mezclando moviendo siempre, primero, la mantequilla y la harina fina de maíz, después la leche caliente y, por último, las yemas de los cinco huevos. Se bate todo bien y se sazona con sal, pimienta y nuez moscada. Se baten las claras, a punto de nieve firme, y se mezclan cuidadosamente con el puré, moviendo de abajo hacia arriba. Se forra un molde con papel vegetal, se engrasa con mantequilla y se espolvorea con harina. Se vierte el preparado, se alisa la superficie y se pone en el horno, bastante caliente, durante 20 o 25 minutos. Cuando está a punto, se vuelca el molde sobre un paño. Mientras la masa está en el horno, se prepara el relleno; se pone la mantequilla al fuego, se añade la harina, removiendo bien, y se agrega la leche caliente, en chorro fino. Se deja hervir 1 minuto, se retira y se sazona al gusto. Por otro lado, se divide la besamel en dos partes, una, en la que se mezcla el pollo, se pone en el fuego y se deja cocer 1 minuto para coger los sabores. Con esta masa, se rellena la del puré y se va enrollando, cuidadosamente. Se cubre todo, con la otra parte de besamel, mezclada con el ketchup.

BRAZO DE GITANO VERDE CON CARNE
Grado de dificultad medio

INGREDIENTES PARA 6 PERSONAS
1 repollo grande • Relleno del brazo de gitano de carne • 2 cucharadas de mantequilla • Agua • Sal

Se separan las hojas del repollo, con cuidado para no romperlas, quitándoles la parte dura del tronco, se lavan y escurren. Mientras, se pone una olla grande con agua y sal al fuego, y cuando hierva, se echan, una a una, las hojas; una vez que estén un poco lacias, se retiran, cuidadosamente, y se van colocando sobre un paño seco, después de escurridas, unas sobre otras, comenzando por las mayores, y formando con ellas un cuadrado de unos 30 x 25 centímetros aproximadamente (conviene que la capa de hojas sea gruesa). A partir de ahí, se rellena y se va enrollando, del mismo modo que si fuese un brazo de gitano de masa. Se ata el rollo con un cordel, presionando ligeramente, y se pone en una fuente refractaria, para hornearlo, untado con mantequilla, a temperatura moderada, hasta que se dore un poco. Para servir, se quita el cordel y se corta en rodajas, como cualquier otro brazo de gitano.

BROCHETA DE RIÑONES DE CORDERO

Grado de dificultad bajo

INGREDIENTES PARA 6 PERSONAS

1 kg de riñones de cordero • 300 g de jamón, cortado en cubos • 150 g de tocino de jamón • Harina • Pan rallado • Huevo para empanar • Aceite • Sal • Pimienta

Primeramente, se limpian y se lavan muy bien los riñones; luego, se cortan al medio y se salpimientan al gusto. Luego, se pasan por una mezcla de tres partes de harina por una de pan rallado, después por huevo batido y, una vez hecha esta labor, se ensartan los riñones así empanados en una brocheta, alternando con un trozo de jamón y otro de tocino. Una vez preparadas, se fríen las brochetas en una sartén honda, o freidora, con abundante aceite caliente. Cuidadosamente (con unas pinzas de cocina, por ejemplo) se sacan una a una de la freidora, cuando estén bien dorados los pedazos, y se escurren sobre papel absorbente.

BROCHETA DE CORDERO AL YOGUR

Grado de dificultad bajo

INGREDIENTES PARA 6 PERSONAS

800 g carne magra de cordero • 2 yogures • 3 cucharadas de zumo de limón • 1 cebolla • 1 diente de ajo • 2 tomates • 2 pimientos • Sal • Pimienta

Hay que empezar por cortar la carne en dados, y, a continuación, mezclar el yogur y el zumo de limón, condimentar y añadir el ajo y la cebolla finamente picadas. A continuación, se pone la carne en esta mezcla y se deja marinar durante unas cuatro horas. Se preparan las brochetas alternando la carne con trozos de tomate y pimiento. Para terminar, poner las brochetas al grill y mojarlas de vez en cuando con la salsa marinada. Servir con arroz o una ensalada.

BROCHETA DE CORDERO CON SALSA DE CHOCOLATE

Grado de dificultad bajo

INGREDIENTES PARA 6 PERSONAS

1 kg de pierna de cordero, deshuesada • 18 cebollitas francesas • 1 limón • 3 calabacines • 18 tomates cherry • 2 dientes de ajo • Aceite • Sal • Pimienta • Orégano • Salsa de chocolate a la menta

Se mezclan en un bol, dos cucharadas de aceite, zumo de limón, sal, pimienta y orégano al gusto. La carne del cordero, se corta en 18 trozos, lo más iguales posible, y se echan en el bol, mezclándolos para que tomen los sabores por igual. Se dejan marinar durante unas horas. Se cortan los calabacines, lavados y secos, en 18 pedazos iguales. Se separan seis brochetas y se van ensartando, por orden y alternados: cebollita, carne, calabacín y tomate, tres piezas de cada cosa por cada brocheta. Se engrasa la plancha y se hacen las brochetas, hasta que estén doradas. Se sirven en una fuente, con la salsa de chocolate a la menta, en salsera aparte. El arroz blanco seco, es el mejor acompañamiento para este plato.

BROCHETA DE TERNERA CON MAÍZ
Grado de dificultad medio

INGREDIENTES PARA 8 PERSONAS
350 g de carne de ternera cortada en cuadraditos • 24 tomates cherry • 8 panochas de maíz pequeñas • 2 calabacines cortados en dados • 1 pimiento troceado • 1/2 vaso de vino blanco • 1 aguacate • 2 yogures • Cebollino picado • Sal • Pimienta

Se preparan las ocho brochetas ensartando los ingredientes alternados, se rocían con aceite y se meten al horno únicamente con el grill encendido, vigilando que se vayan haciendo por todos los lados. Se salpimienta y se riega con vino a mitad de su cochura, se pela el aguacate y se pasa por la batidora, mezclado con el yogur, una cucharada de aceite, el cebollino bien picado, sal y pimienta. Las brochetas se sirven acompañadas de esta salsa.

BUDÍN DE CARNE
Grado de dificultad bajo

INGREDIENTES PARA 6 PERSONAS
400 g de carne de vacuno picada • 1 panecillo • 80 g de arroz, cocido y escurrido • 3 huevos • 1 cucharada de harina tamizada • 1 cebolla picada • 1 cucharada de perejil picado • Salsa inglesa al gusto • 1 cucharada de mantequilla • 2 cucharadas de cebollino, muy picadito • Sal • Pimienta • Nuez moscada

Se echan en un bol, los huevos, la carne picada, el panecillo, remojado y exprimido, la harina, el cebollino, el perejil y la cebolla rehogada en la mantequilla. Se amasa todo muy bien y se añade el arroz, sazonando la mezcla con sal, pimienta y nuez moscada. Se pone el preparado en un molde de flan, con agujero central, abundantemente engrasado, y se hornea durante 45 minutos a temperatura moderada. Se sirve caliente o frío, acompañado de una salsa al gusto.

BUDÍN DE CARNE A LA ESCANDINAVA
Grado de dificultad bajo

INGREDIENTES PARA 6 PERSONAS
400 g de carne de vacuno picada • 1 panecillo • 80 g de arroz cocido y escurrido • 2 huevos • 1 cucharada de harina tamizada • Media cebolla picada • 1 cucharada de mantequilla • 2 cucharadas de perejil picado • Sal • Pimienta • Nuez moscada • 2 cucharadas de mostaza • 1 yema de huevo

Se mezclan en un bol, la carne, el panecillo, remojado y exprimido, la harina, los dos huevos y el perejil. Se rehoga la cebolla en mantequilla y, cuando esté empezando a dorar, se retira con la espumadera y se echa al picado. Se amasa todo bien, se agrega el arroz y la mostaza, y se sazona al gusto. Se engrasa un molde de flan, con agujero central, y se vierte dentro el preparado. Va al horno, a temperatura moderada, durante 40 minutos. Después de desmoldado, se pincela con la yema de huevo, mezclada con una cucharada de mostaza.

BUDÍN DE CARNE CON PATÉ DE HÍGADO
Grado de dificultad bajo

INGREDIENTES PARA 6 PERSONAS
400 g de carne de vacuno picada • 1 panecillo • 80 g de arroz, cocido y escurrido • Una lata de paté • 4 huevos • 1 cucharada de harina tamizada • 1 cebolla picada • Perejil picado • Salsa inglesa • 1 cucharada de mantequilla • 2 cucharadas de cebollino • Sal • Pimienta • Nuez moscada

Como el budín de carne, pero añadiéndole a los ingredientes para el preparado, una lata pequeña de paté y un huevo más.

BUDÍN DE CARNE DE CORDERO
Grado de dificultad bajo

INGREDIENTES PARA 6 PERSONAS
400 g de carne de cordero picada • 200 g de jamón cocido, cortado fino • 1 panecillo • 80 g de arroz, cocido y escurrido • 3 huevos • 1 cucharada de harina tamizada • 1 cebolla picada • 1 cucharada de menta • Unas gotas de salsa inglesa • 1 cucharada de mantequilla • 2 cucharadas de cebollino, muy picadito • Sal • Pimienta • Nuez moscada

La preparación es la misma que la del budín de carne, excepto que en este caso se usa en vez de vacuno, cordero, y en vez de perejil, menta.

BUDÍN DE HÍGADO DE GALLINA
Grado de dificultad bajo

INGREDIENTES PARA 6 PERSONAS
400 g de hígados de gallina • 1/2 taza de harina • 4 huevos enteros • 4 yemas • 4 cucharadas de nata • 1/2 l de leche • 1 cucharada de perejil picado • 1 diente de ajo • Sal • Pimienta • Nuez moscada

Para la salsa:
2 cucharadas de mantequilla • 2 cucharadas rasas de harina • 1 taza de caldo de carne • 1 taza de nata • 1 cucharada de concentrado de tomate • Sal • Pimienta

Se limpian y se pican a máquina los higaditos, después se pasan por el chino, para de esa forma obtener una crema fina. Se añade la harina tamizada y se bate a mano, agregando mientras los huevos, uno a uno, las yemas y la nata, sin parar de batir. Se agrega, lentamente, la leche caliente, la sal, la pimienta y la nuez moscada. Cuando la

mezcla sea homogénea, se añade el perejil y el ajo muy machacado y se vierte en un molde de flan, bien engrasado con mantequilla. Entonces, se pone en el horno, a 175°, al baño María, durante 40 o 45 minutos, es decir, hasta que veamos que los bordes se comienzan a despegar del molde. Se prepara la salsa, calentando la mantequilla, a la que se añade la harina, se mezcla bien y se mantiene a fuego suave alrededor de 2 minutos. Se agrega, poco a poco, el caldo y se remueve hasta que espese, añadiendo entonces, la nata y el concentrado de tomate. Se sazona con sal y pimienta al gusto. Para servirlo, se desmolda el budín y se riega con la mitad de la salsa, ya que la otra mitad se sirve en salsera aparte.

BUEY CON PIMIENTOS Y LECHE DE COCO (cocina tailandesa)
Grado de dificultad bajo

INGREDIENTES PARA 4 PERSONAS
700 g de filetes de buey cortados en tiras • 250 g de pimientos verdes cortados en tiras • 50 g de mantequilla • 5 cucharadas de aceite • 50 g de almendras peladas • 3 cebollas • 2 dientes de ajo finamente picados • 1 corteza rallada de 1/2 limón • 1/2 l de leche de coco • Sal • Pimienta

Se comienza preparando la salsa, para lo cual se derrite la mantequilla en una cacerola a fuego lento y se pone a dorar en ella los pimientos cortados en tiras, junto con las almendras fileteadas, agregando dos cebollas cortadas en rodajas finas y el ajo finamente picado. Se incorpora a continuación la leche de coco y la corteza de limón rallada, sazonando con sal y pimienta al gusto. Se dejar cocer a fuego lento, hasta obtener una salsa bien amalgamada. Por otro lado, se corta la carne en tiras, la cebolla restante en rodajas y se saltea con aceite en una cacerola, se dora la carne y se agrega la salsa preparada anteriormente. Se deja cocer 2 minutos más y se sirve caliente.

CABRITO A LA MIEL
Grado de dificultad bajo

INGREDIENTES PARA 6 PERSONAS
2 piernas de cabrito o cordero lechal • 3 cebollas
• 6 dientes de ajo • 2 hojas de laurel
• 1/2 cucharadita de pimienta blanca
• 1/2 cucharadita de pimentón rojo picante • 1 vaso
de vino blanco • 1 vasito de vinagre de vino
• 4-5 hebras de azafrán • 150 gramos de miel de
romero • Aceite • Sal

En una cazuela de barro con aceite caliente,
se sofríen las cebollas y los ajos, y se añade la
carne, dándole vueltas durante unos minutos
hasta que se dore. Se agregan el azafrán, el
pimentón, el laurel, la sal y el vino,
removiendo todo, y se baja el fuego, para que
la salsa se reduzca un poco. Con el horno
calentado a 180°, se mete la cazuela y se deja
unos 40 minutos, rociando de vez en cuando
con la salsa, que no debe reducirse
demasiado; si eso ocurriera se le agregará
agua caliente. Mientras, en un cazo se pone la
miel y el vinagre al fuego y se remueve para
reducir, hasta llegar a conseguir que quede
una pasta de consistencia melosa, se rocía con
ella el cordero y se deja en el horno 10
minutos más.

CALLOS A LA MADRILEÑA
Grado de dificultad medio

INGREDIENTES PARA 6 PERSONAS
1 kg de callos de ternera • 1/2 kg de manos
de ternera • 1/2 kg de morro de ternera
• 150 g de chorizo • 150 g de jamón serrano
• 150 g de morcilla • 1 cabeza de ajos • 1 cebolla
grande • 1 dl de aceite • 1 hoja de laurel
• 1 cucharada de pimentón • El zumo de 1 limón
• 3 cucharadas de cebolla picada • Sal • Pimienta
en grano

Se lavan en varias aguas los callos, el morro y
las manos, y cuando estén suficientemente
limpios, se trocean los callos y el morro y se
reservan en un bol, con sal y el zumo de

limón, durante 1 hora como mínimo. Luego,
se vuelven a aclarar y se ponen a cocer en una
olla grande, con abundante agua, y la cebolla,
la cabeza de ajos (menos un diente, que
reservamos), laurel, sal y los granos de
pimienta. Cuando estén bien cocidos, se
añade más sal, si fuera necesario, y se reserva.
En una sartén con aceite, se fríe la cebolla y el
diente de ajo, que habíamos guardado
anteriormente, ya picados, el jamón en tacos,
el chorizo en rodajas y el pimentón (cuando se
agregue el pimentón, cuidado para que no se
queme). Se echan los callos en una cazuela de
barro, se añaden las manos, deshuesadas y
troceadas menudamente, la morcilla en
rodajas y el rehogado. Para terminar, se cubre
con el agua de cocer los callos y se cuece a
fuego suave durante media hora, hasta que la
salsa haya reducido y esté espesa.

CALLOS A LA MERIDIONAL
Grado de dificultad medio

INGREDIENTES PARA 6 PERSONAS
1 kg de callos gruesos, muy limpios
• 4 cucharadas de manteca de cerdo
• 1 pie de ternera, limpio y cortado en cuatro
• 3 cebollas picadas • 2 tomates, sin piel ni semillas
• 2 vasos de vino blanco • 2 ramitos de tomillo
• 1 hoja de laurel • Sal • Pimienta

Se cortan los callos en cuadraditos de 4 x 4
centímetros aproximadamente. Se calienta la
manteca en una cazuela y se rehogan en ella
los callos y el pie de ternera, en fuego suave,
hasta que se seque todo el líquido que se
forma. A continuación, se agrega la cebolla,
el tomate picado, el tomillo, el laurel, la sal y
la pimienta, se tapa la cazuela y se cocina, a
fuego lento, con los dos vasos de vino blanco,
durante 3 horas, removiendo algunas veces,
para de esta manera evitar que se pegue al
fondo; también, se puede ir añadiendo más
caldo, si viésemos que es necesario. Antes de
servir los callos a la meridional, muy calientes,
no hay que olvidar que debemos retirar el
hueso del pie de ternera.

CALLOS A LA MODA DE LYON
Grado de dificultad medio

INGREDIENTES PARA 6 PERSONAS
1 y 1/2 kg de callos limpios • 1 limón • 2 cubitos de caldo de carne • 2 hojas de laurel • 8 granos de pimienta negra • 2 cucharadas de manteca de cerdo • 3 cebollas en rodajas • 1 cucharada de vinagre • 2 cucharadas de perejil picado • Sal

Se limpian los callos y se restriegan con limón. Se colocan en una olla grande, se cubren con agua fría en la que se echan los cubitos de caldo de carne, el laurel y los granos de pimienta. Se pone en el fuego y se deja hervir cerca de 3 horas, hasta que los callos estén cocidos. Se calienta la manteca de cerdo, se rehoga en ella la cebolla y, cuando empiece a dorar, se añaden los callos, cortados en tiritas finas. Se sazonan con sal y pimienta al gusto y, al retirar del fuego, se agrega el vinagre, se espolvorea con el perejil y se sirve enseguida.

CALLOS A LA MODA DE OPORTO
Grado de dificultad medio

INGREDIENTES PARA 6 PERSONAS
1 kg de callos de ternera • 1/2 kg de manitas de ternera • 100 g de jamón • 1 cebolla pequeña • 1 muslito de pollo • 100 g de oreja de cerdo • 100 g de panceta • 80 g de chorizo • 3 tazas de judías blancas cocidas • 1 zanahoria • 1 dl de aceite • 1 vaso de vino blanco • 1 diente de ajo picado • 1 cebolla picada • 1 ramito de hierbas aromáticas (tomillo, romero, laurel, perejil) • 2 cucharadas de pulpa de tomate • Sal • Pimienta • Clavo • Cominos • Guindilla

Se lavan muy bien los callos, como en la receta anterior, y las manitas se cuecen aparte, con una cebolla pequeña, pedazos de zanahoria, sal, tres clavos y algunos granos de pimienta. Después de cocidas, se reservan.

Aparte, se cuecen el pollo, la oreja, el chorizo, el jamón y la panceta, retirándolos a medida que se vayan cociendo. En el agua de cocer las judías, se introducen los callos, cortados en pedacitos. En una cazuela con aceite, se rehogan la cebolla y el ajo picados, cuando empiecen a dorar, se añade el vino, la pulpa de tomate, el chorizo, la panceta y un poco de caldo donde se cocieron los callos, colado. Se deja, a fuego lento, cerca de 45 minutos. Se retiran el chorizo y la panceta y se añaden los callos y las manitas; se cocinan lentamente, agregando un poco más de caldo, si fuera necesario, durante 15 minutos. Pasado ese tiempo, se agregan las judías, se deja cocer unos minutos más y se sirve con la oreja troceada, el pollo desmenuzado muy fino y espolvoreado con los cominos y el perejil picado.

CALLOS CAMPESINOS
Grado de dificultad bajo

INGREDIENTES PARA 6 PERSONAS
2 pies de cerdo • 1 kg de callos de ternera • 125 g de panceta • 1 cebolla picada • 200 g de judías rojas cocidas • 700 g de patatas • 1 manojo de grelos, o similar • 3 dientes de ajo picados • 1 hoja de laurel • Aceite • Sal • Pimienta • 2 cucharadas de perejil picado

Se limpian y preparan los callos y los pies, como en las anteriores recetas (véase). En un poquito de aceite, se doran la cebolla, el laurel, los ajos y la panceta cortada en taquitos. Cuando estén ligeramente dorados, se añaden las patatas en cubos, y los grelos, previamente escogidos y escaldados, los callos cortados y los pies de cerdo, deshuesados y cortados. A continuación, se cubre con el caldo de cocer las judías, se sazona al gusto y se deja cocer, con la cazuela tapada, alrededor de 10 minutos. Pasado ese tiempo, se añaden las judías y se cuece todo, destapado, a fuego lento, otros 10 minutos más. Los callos campesinos se sirven en fuente honda, espolvoreados con el perejil.

CALLOS CON GARBANZOS
Grado de dificultad bajo

INGREDIENTES PARA 6 PERSONAS
1 kg de callos de ternera • 3 manos de ternera
• 250 g de garbanzos remojados • 100 g de tocino
• 100 g de jamón • 2 cebollas • 1 cabeza de ajos
• 2 chorizos • 1 cucharadita de pimentón dulce
• 1 rama de perejil • 1 pimiento rojo picado
• Miga de pan • Cominos • Sal • Clavo • Pimienta
• 1 dl de aceite

Se lavan los callos conforme lo indicado en otras recetas (véanse). Se parten las manos en varios trozos y se ponen, junto con los callos, en una cazuela con agua fría. Cuando rompan a hervir, se cuelan y se vuelven a poner en el fuego con agua limpia, hasta que comiencen a hervir. Se añaden entonces los garbanzos, la cabeza de ajos, la cebolla, el perejil y el tocino. Se deja cocer, a fuego lento, hasta que esté todo tierno. Mientras, se machacan en el mortero, media taza de garbanzos cocidos y miga de pan seca. En una sartén con el aceite, se rehoga la cebolla y, cuando esté casi dorada, se agrega el pimiento, se remueve y se deja unos minutos para que rehoguen las dos cosas juntas; además, se agrega el majado de pan y garbanzos, se mezcla y se echa a la cazuela, se sazona con el clavo, el pimentón, los cominos y más sal y pimienta, si fueran necesarios. Para terminar de hacer el plato, se añaden los chorizos y el jamón troceado y se continúa la cocción hasta que esté en su punto.

CALLOS CON VINO BLANCO
Grado de dificultad medio

INGREDIENTES PARA 6 PERSONAS
2 kg de callos ternera • 2 cebollas • 2 dl de aceite
• 2 dientes de ajo • 1 atadito de hierbas aromáticas mezcladas • 1 hueso de codillo de jamón • 0,5 l de vino blanco seco • 3 clavos • 6 granos de pimienta, atados en una gasa • 1 cucharada de harina
• 1 cucharada de pimentón • Perejil • Sal
• Pimienta

Se cortan en pedacitos los callos y, después de lavados y hervidos durante unos 3 minutos, se cuelan y se vuelven a poner en agua fría, en una cazuela que sea más bien grande. Se ponen al fuego, añadiendo el hueso, las hierbas, una cebolla entera con los clavos ensartados en ella y la gasa con la pimienta en grano. Se cuece, a fuego lento, durante cerca de 3 horas, retirando con un colador, de vez en cuando, la espuma que se forma en la superficie. Se sofríe en el aceite una cebolla y los ajos muy picaditos, y cuando empiecen a dorar, se añade la harina, se remueve y se echa un poco de agua de los callos, para disolverla bien. Se retira del cocido la cebolla, el atillo de hierbas y la gasa con los granos de pimienta y se vierte el sofrito. Para finalizar, se deja cocer todo junto alrededor de una hora más. Al servir, se espolvorea con perejil picado.

CANGURO A LA PARRILLA
Grado de dificultad bajo

INGREDIENTES POR PERSONA
1 filete de canguro de unos 200 g • 100 g de espinacas crudas • 1 cebolla grande
• 1 cucharadita de comino molido • 300 ml de aceite • 4 dientes de ajo • 1 cucharada rasa de sal gorda • El zumo de 1 limón • Sal

Mezclar sal entrefina con comino molido y ajo. Esta mezcla se usará como sal, cubriendo con ella el filete de canguro al ponerlo en la parrilla. Este filete se acompaña de una salsa, la cual se elabora friendo en un poquito de aceite, hasta quedar translúcida, una cebolla grande picada y cuatro dientes de ajo, junto a una cucharadita de las de té con comino. El sofrito se retira del fuego, se enfría ligeramente y se licua añadiendo 100 gramos de espinacas crudas hasta obtener una fina salsa verde, la cual se sazona con zumo de limón y sal. El filete por su parte se hace en una parrilla muy caliente con una gota de aceite de oliva y se sirve con la salsa preparada.

CARNE CON TOMATE
Grado de dificultad bajo

INGREDIENTES PARA 6 PERSONAS
1 y 1/2 kg de carne de ternera, cortada en tacos de unos 2 cm • 3 dientes de ajo • 1 cebolla
• 1 vaso de aceite de oliva, sabor suave • 1 vaso de tomate natural triturado • Hojas de laurel
• 1 vaso de vino blanco • 1/2 vaso de agua
• 1 pizca de nuez moscada • Sal • Pimienta

Se pone una cacerola al fuego con el aceite y cuando esté caliente, se echa la carne y se rehoga durante unos 10 minutos aproximadamente, vigilando que no se queme; se añaden la cebolla, previamente rallada, y los dientes de ajo, finamente picados, se mezcla todo y se deja rehogar otros 10 minutos, tapando la cacerola. A continuación, se agregan el tomate, el laurel, el vino, medio vaso de agua y un poco de nuez moscada; se deja hervir a fuego lento durante unos 40 minutos, con la cacerola tapada, vigilando que no quede seco; si hace falta, se puede añadir medio vaso de agua caliente. Cuando la carne esté tierna, se le pone la sal y un poco de pimienta y se deja hervir otros 5 o 10 minutos. Puede servirse acompañado por patatas a lo pobre.

CARNE DE TERNERA CON CHOCOLATE
Grado de dificultad medio

INGREDIENTES PARA 6 PERSONAS
1 kg de ternera limpio • 1 hoja de laurel • 1 ramita de perejil • 6 granos de pimienta • 2 cucharadas de manteca de cerdo • 1/2 cebolla • 1 diente de ajo
• 1 dl de vino de Jerez • 275 g de cacao en polvo
• 1 cucharada de azúcar • Sal • Pimienta

Se cuece la carne en agua con sal, laurel, perejil y seis granos de pimienta en olla rápida. En una cazuela, con la manteca de cerdo, se rehogan la cebolla y el ajo picaditos, y cuando empiecen a dorar, se añade la carne troceada y el vino. Se mantiene al fuego

durante unos minutos y se espolvorea el cacao y la cucharada de azúcar; se sazona con sal y pimienta y se sirve, bien caliente, cuando la salsa esté trabada.

CARNE GUISADA CON CERVEZA
Grado de dificultad bajo

INGREDIENTES PARA 6 PERSONAS
750 g de carne de vacuno para guisar, cortada en dados • 3 cebollas en gajos finos • 1 y 1/2 taza de cerveza negra • 1 taza de caldo de carne
• 1 cucharada de harina disuelta en 2 cucharadas de agua • 1 cucharada de salsa de soja
• 1 cucharada de vinagre de vino tinto • 1 hoja de laurel • 1/2 taza de trozos pequeños de beicon
• Sal • Pimienta

Se pone el beicon en un recipiente refractario, se cubre con papel absorbente y se hornea 4 minutos a potencia máxima. En la grasa del beicon, se echa la cebolla y se rehoga 7 minutos, removiendo dos veces. Se agrega la carne, la soja, el caldo, la cerveza y el laurel, se tapa el recipiente y se cocina a potencia media, 50 minutos, removiendo de vez en cuando. Se espolvorea la harina, se mueve y se cocina de 3 a 4 minutos a potencia máxima. Se cubre y se deja reposar 10 minutos. Antes de servir, se sazona al gusto y se le echa el vinagre.

CARPACHO DE MAGRET DE PATO
Grado de dificultad bajo

INGREDIENTES PARA 4 PERSONAS
1 magret de pato (pechuga) • 1 rodaja de foie *mi-cuit* de 50 g • 1 trufa • Pimienta negra molida • Queso Parmesano rallado • Aceite de oliva virgen extra • Vinagre de frutas • Sal

Se ponen sal y pimienta a la pechuga, la cual se pone a la plancha durante 5 minutos por el lado de la piel, se le da la vuelta y se deja 1 minuto sobre el lado del magro. Se enfría manteniéndola en el

frigorífico, y se corta en lonchas muy finas.
Este plato se sirve decorando las lonchas
de pato con pedacitos de foie,
trufa muy picadita, una emulsión de aceite
y vinagre, espolvoreando todo con el
queso rallado.

CERDO A LA PARRILLA CON CHILE Y LIMÓN
Grado de dificultad bajo

INGREDIENTES PARA 4 PERSONAS
4 chuletas con hueso • 1 chile picado
• 2 cucharaditas de orégano • 2 dientes de ajo
machacados • 1/2 taza de aceite vegetal
• 2/3 de taza de jugo de limón • 1 cucharada de
cilantro picado • 1/2 cucharadita de sal

Se colocan las chuletas en una bolsa de
plástico grande con cierre. Se mezclan el resto
de los ingredientes en un recipiente pequeño
y, una vez mezclados, se vuelcan sobre las
chuletas. Se cierra la bolsa de plástico y se
introduce en el frigorífico 24 horas. Se sacan
las chuletas de la bolsa y se asan a la parrilla a
fuego medio-alto durante 12 o 15 minutos
aproximadamente, dándoles la vuelta para
que se doren por los dos lados. Se sirven
inmediatamente.

CERDO AGRIDULCE
Grado de dificultad bajo

INGREDIENTES PARA 4 PERSONAS
500 g de solomillo de cerdo • 2 cucharadas de
harina de maíz • 3 dientes de ajo • 1 cebolleta
• 3 cucharadas de tomate triturado • 2 huevos
• 4 cucharadas de azúcar • 2 cucharadas
de vinagre de arroz • Sal

Se corta la carne en trozos medianos.
En un cuenco, se bate la harina de maíz,
la sal y los huevos. Se reboza con esta mezcla
la carne. Se pica bien la cebolleta y se lamina
el ajo. Se fríe la carne en el wok con aceite
muy caliente hasta que el rebozado se dore.

Se saca del wok y se reserva. Por otro lado,
se retira la mayor parte del aceite y se saltean
el ajo, la cebolleta y el tomate. Se añade
el azúcar, el vinagre y la sal. Se remueve
y cuando espese, se echará la carne.
Se sirve inmediatamente acompañado
de arroz.

CERDO ASADO EN SALSA DE MOSTAZA
Grado de dificultad bajo

INGREDIENTES PARA 6 PERSONAS
6 filetes de paletilla de cerdo • 1/2 taza de salsa de
carne • 1/2 taza de mostaza Dijon • 2 cucharaditas
de chile rojo molido

Se mezcla la salsa para la carne, la mostaza y
el chile. Se coloca la carne en un plato que no
sea de metal y se añade la mezcla que cubra
los filetes. En esta salsa se marina durante 1
hora. Se precalienta la parrilla a fuego medio-
alto y se asan los filetes de 5 a 7 minutos por
cada lado o hasta que estén completamente
hechos.

CERDO CON SALSA DE CIRUELAS Y MIEL
Grado de dificultad bajo

INGREDIENTES PARA 4 PERSONAS
600 g de filetes de cerdo • 1 cebolla • Maicena
para rebozar • 1 cucharada de salsa de soja
• 5 cucharadas de salsa de ciruelas • 1 cucharada
de salsa de miel • 1 diente de ajo • Aceite • Sal
• Pimienta

Se salpimienta y se corta el lomo de cerdo
en finas tiras. Se pica el ajo y se procede
a cortar en juliana la cebolla. Se pone
el aceite en el wok y se calienta. Se sofríen
todos los ingredientes anteriores, excepto
la carne, y se reservan. Luego, se pasa
el cerdo por la maicena, y en el wok limpio
se agrega aceite y se procede a dorar las tiras
de cerdo. Se añade la cebolla y el ajo

reservados. Para terminar, se agregan la salsa de soja, la salsa de ciruelas y la miel. Se mezcla todo bien y se sirve caliente.

CERDO SOBRE LECHO DE ARROZ (cocina tailandesa)
Grado de dificultad bajo

INGREDIENTES PARA 4 PERSONAS
100 g de azúcar moreno • 25 ml de salsa de pescado tailandesa • 1 cebolla picada • 2 dientes de ajo picados • 1 cucharada de pimienta • 500 g de lomo de cerdo • 4 huevos duros • Sal • Pimienta • Arroz aromático para acompañar

Primero se calienta el azúcar en el wok a fuego lento hasta que se deshaga. Luego, se añade la salsa de pescado gradualmente y se sigue removiendo enérgicamente hasta que se forme un caramelo claro. A continuación, se agregan la cebolla, el ajo, la pimienta y el cerdo al caramelo, se tapa y se deja hervir a fuego lento durante unos 30 minutos, removiendo de vez en cuando. Para servir, se coloca el cerdo, cortado en láminas, sobre una fuente caliente con los huevos duros y se vuelca encima la salsa, cubriendo el cerdo y los huevos. Servir con arroz.

CERDO TONKATSU (cocina japonesa)
Grado de dificultad bajo

INGREDIENTES PARA 4 PERSONAS
4 filetes de lomo de cerdo gruesos • 1 trozo de 10 cm de rábano blanco (daikon) • 1 trozo de 6 cm de jengibre fresco • Pimienta negra molida • 2 huevos • Harina • Pan rallado • 4 cucharadas de ketchup • 1 cucharada se salsa de soja japonesa • 2 cucharaditas de salsa de Worcester • 2 cucharaditas de mostaza • Sal

Se pelan, rallan y mezclan en un bol el rábano blanco y el jengibre. Se salpimientan los filetes. Se baten los huevos. Se enharinan los filetes, se pasan por huevo y se rebozan con pan rallado. Además, se calienta aceite en una sartén y se fríen a fuego medio durante 5 minutos. Se retiran y se colocan sobre papel de cocina con el fin de que absorba el exceso de grasa. Entretanto, se prepara la salsa tonkatsu, mezclando en un tazón la salsa de soja, el ketchup, la mostaza y la salsa Worcester. Para ir terminando, se cortan los filetes en tiras finas y se colocan en los platos para servir acompañados de las ralladuras de *daikon* y jengibre. Se rocía la salsa tonkatsu sobre ellos.

CHOP SUEY DE POLLO CON AJO
Grado de dificultad bajo

INGREDIENTES PARA 4 PERSONAS
5 cebollas • 1 pieza de jengibre fresco • 2 dientes de ajo • 450 g de pechuga de pollo • 1 cucharada de tomate triturado • 2 cucharadas de vino de arroz • 2 cucharadas de salsa de soja • 1 cucharadita de azúcar • 8 cucharadas de agua • 300 g de judías verdes • 3 huevos batidos con dos cucharadas de agua • Aceite

Se sofríen en el wok, con algo de aceite, la cebolla, el jengibre, el ajo y el pollo. Se van añadiendo en este orden los ingredientes y se saltean 2 minutos. Se baja el fuego y se agrega el tomate triturado, el vino de arroz, la salsa de soja, el azúcar y cinco cucharadas de agua. Se calienta despacio y se traslada a un plato de servir templado. En el wok, se dejan dos cucharadas del aceite sobrante para sofreír las judías a las que luego se añadirá el resto del agua, se cuecen durante 3 minutos y se llevan también al plato de servir. Finalmente, se cuajan los huevos batidos en el wok y se vuelcan sobre las judías.

CHULETAS DE CABRITO CON MIEL
Grado de dificultad bajo

INGREDIENTES PARA 2 PERSONAS
2 chuletas de cabrito • 2 cucharadas de mantequilla • 2 cucharadas de hierbabuena picada bien fina

• 3 cucharadas de miel • 1 cucharada de ralladura de limón • Sal

Hacer una mezcla con todos los ingredientes, menos el cabrito y la mantequilla. Salar y untar las chuletas con la mantequilla y asar en el grill hasta que estén medio hechas. Untar con la mezcla y terminar de asar.

CHULETAS DE CORDERO A LA PARRILLA
Grado de dificultad bajo

INGREDIENTES PARA 6 PERSONAS
24 chuletitas de cordero • Sal gorda • Aceite • Romero • 4 pimientos morrones • Vinagre

Se sazonan las chuletitas y se untan en el aceite con el romero molido. Se ponen en la parrilla y se hacen durante 5 minutos aproximadamente por cada lado. Por otro lado, se asan los pimientos, se cortan en tiras y se aliñan con aceite y vinagre. Servir en dos bandejas.

CHULETAS DE CORDERO AL COMINO
Grado de dificultad medio

INGREDIENTES PARA 6 PERSONAS
12 chuletas de cordero recental • 1 cucharada de zumo de limón • 2 cucharadas de aceite • 1/2 cucharadita rasa de comino molido • 1/2 cucharadita de comino en grano • 1 diente de ajo • 100 g de cuscús • 1 cucharada de pasas • 1 cucharada de piñones • Sal

Se pela el ajo y se prensa, poniéndolo en un cuenco donde se le incorporan el aceite, el zumo de limón, la sal y el comino en polvo y en grano. Se pintan las chuletas con esta preparación y se dejan macerar a temperatura ambiente durante unos 15 minutos. Se ponen las pasas a remojo, se dispone el cuscús en un cuenco y se moja con agua caliente hasta que se hinche. Se doran los piñones en una sartén antiadherente sin nada de grasa. Se secan las chuletas con papel absorbente y se cocinan en la parrilla bien caliente con unas gotas de aceite de oliva. Para terminar, se rectifica la sazón, se escurren las pasas, se unen al cuscús junto con los piñones, se rocía todo con una cucharada de aceite y se sirve.

CHURRASCOS A LA CRIOLLA
Grado de dificultad bajo

INGREDIENTES PARA 6 PERSONAS
1 kg de filetes de lomo gruesos • 1 kg de patatas • 2 tomates • 1 cebolla grande • 1 pimiento rojo • 1 taza de caldo de carne • Perejil picado • Sal • Pimienta • Aceite

Se salpimientan con antelación los churrascos. Se corta la cebolla y el pimiento en aros finos, y el tomate y las patatas en rodajas no muy gruesas. En una bandeja refractaria, untada de aceite, se coloca una capa de filetes y patatas, otra de aros de pimiento y cebolla y otra de tomates. Se echa un poco de perejil picado y se condimenta todo con sal y pimienta. Volver a empezar colocando otra capa de churrascos y seguir con los demás ingredientes. Se realizará dos veces. En el horno y con el grill encendido, se colocará la bandeja y se introducirá durante 40 minutos o hasta que las patatas estén hechas.

COCHINILLO ASADO
Grado de dificultad bajo

INGREDIENTES PARA 6 PERSONAS
1 cochinillo de unos 3 kg • 100 g de manteca blanca de cerdo • 4 dientes de ajo • 1 vaso de vino blanco • Laurel • Sal • 1 vaso de agua

Normalmente el cochinillo se vende ya preparado, sin sangre, sin vísceras y abierto por el vientre a lo largo, pero si no se encontrase así, se limpia bien el cochinillo y se seca por dentro y por fuera con un paño, y se sala también por dentro y por fuera. Para empezar, se pelan los ajos, se machan bien en un mortero, se mezclan con la manteca de cerdo y unas hojas de laurel picadas y se unta el cochinillo, por dentro y por fuera con esta mezcla. Se coloca entonces el cochinillo, con la piel hacia abajo, en una fuente de barro, sobre unas hojas de laurel, se le baña con el vino y el vaso de agua y se mantiene con el horno, a media potencia, durante 1 hora, rociándolo de vez en cuando con los jugos que vaya soltando; se le da la vuelta y se mantiene la cocción durante al menos media hora más, rociándolo también de vez en cuando. Es conveniente pinchar la piel con una aguja gruesa para que expulse el aire, con lo que la piel quedará crujiente. Si se ve que se va quedando seco, se le puede ir añadiendo un poco más de agua. Se sirve caliente recién sacado del horno y con la guarnición al gusto.

CONEJO AL CHOCOLATE
Grado de dificultad medio

INGREDIENTES PARA 6 PERSONAS
1 y 1/2 kg de conejo limpio, desviscerado, troceado y sin cabeza • 1 cebolla • 2 cucharadas de manteca de cerdo • 1 zanahoria • 1 cebolla • 1 diente de ajo • 1 hoja de laurel • 1 cucharada de harina • 1 copa de vino oloroso • 1 cucharadita de cominos en polvo • Sal • Pimienta • Salsa de chocolate para asados • 6 rebanadas de pan frito

Se lavan bien los trozos de conejo, se secan y se sazonan con sal, pimienta y el vino oloroso. Se dejan en esta marinada un mínimo de 4 horas. Por otro lado, en una cazuela con la manteca, se doran la cebolla, el laurel, el ajo y la zanahoria, muy picaditos. Cuando empiecen a tomar color, se añaden los trozos de conejo, escurridos, y se dejan dorar por ambos lados. Se espolvorea la harina, mientras se remueve. Se agrega el líquido de la marinada y, a fuego lento, se cuece hasta que el conejo esté tierno y la salsa muy reducida y trabada. Al final de la cocción, se espolvorea con los cominos. Pasado este tiempo, se

disponen los trozos de conejo, sobre el pan frito, en una fuente de servicio, se bate la salsa, se mezcla a la salsa de chocolate y se vierte por encima, muy caliente.

CONEJO CON CASTAÑAS
Grado de dificultad bajo

INGREDIENTES PARA 6 PERSONAS
1 conejo grande • 300 g de castañas pilongas • 3 dientes de ajo • 2 tomates • 1 vaso de vino blanco para guisar • 1 vaso de aceite de oliva sabor suave • 2 hojas de laurel • Sal

En una cazuela de barro, se pone el aceite y cuando esté caliente, se pone el conejo cortado en trozos pequeños y se deja rehogar durante unos 5 o 10 minutos; se echan los ajos picados y cuando estén dorados, se añaden los tomates rallados, el vino, las castañas y el laurel. Se cubre todo con agua, se sala al gusto y se deja a fuego lento durante 45 minutos o una hora, hasta que la carne y las castañas estén tiernas, removiendo de vez en cuando para evitar que se pegue. Presentar en una fuente honda o en la misma cazuela de barro.

CORAZÓN ASADO
Grado de dificultad bajo

INGREDIENTES PARA 6 PERSONAS
1 kg de corazón de vacuno • 1,5 dl de vino blanco • 2 cucharadas de mantequilla • 1 dl de aceite • 200 g de beicon • 1 cebolla • 2 dientes de ajo • Sal • Pimienta • Perejil picado • Cominos molidos

En una sartén con aceite, se rehoga la cebolla y el ajo picados, se añade el beicon en cubitos y se deja hasta que empiecen a tomar color. A continuación, se echa el corazón entero, volviéndolo de vez en cuando para que dore por igual, y sazonando con sal y pimienta. Se añade el vino y se deja cocer durante 1 minuto. Pasado ese tiempo, se pone el corazón en una fuente refractaria, con trocitos de mantequilla por encima, y se mete en el horno, bastante caliente, durante 15 minutos. Se da la vuelta a la carne y se echa sobre ella, lo que quedó en la sartén de freírla, y se deja otros 15 minutos más. Se saca y, sobre una tabla, se corta en rodajas de un centímetro y medio aproximadamente, se ponen en una fuente de servicio, se vierte la salsa por encima y se espolvorea con los cominos y el perejil picado.

CORDERO CON CHOCOLATE Y CASTAÑAS
Grado de dificultad medio

INGREDIENTES PARA 6 PERSONAS
1 y 1/2 kg de cordero, limpio y troceado
• 2 dientes de ajo • 1 cebolla • 1 zanahoria
• 1 hoja de menta • Sal • Pimienta
• 1 dl de aceite • 1 hoja de laurel • 2 cucharadas de manteca de cerdo • 1 dl de vino blanco
• 1 cucharada de harina • 1 copa de vino oloroso
• 1/2 kg de castañas • Caldo de carne • 1 tazón de salsa de chocolate de menta

Se sazona el cordero con sal, pimienta, menta, laurel, vino blanco y los ajos machacados. Se reserva así durante al menos 2 horas. Se pone una cazuela al fuego, con el aceite y la manteca mezclados, y se rehogan la cebolla y la zanahoria, muy picaditas; cuando la cebolla esté blanda y transparente, se sacan con un tenedor los trozos de cordero y se fríen, a fuego lento, hasta que estén todos dorados por ambos lados. Se vierte sobre el cordero el líquido de la marinada, se deja hervir a fuego vivo unos 2 minutos aproximadamente, se reduce la llama, se remueve todo, se tapa la cazuela y se deja cocer, a fuego lento, durante 60 minutos. Una vez que ha pasado este tiempo, se añade la cucharada de harina, se remueve bien y se agrega el vino oloroso sin parar de mover. Se continúa la cocción, añadiendo el caldo, si fuera suficiente, hasta que el cordero esté tierno y la salsa reducida. Se saca el cordero a una fuente de servicio y se disponen las castañas, cocidas y peladas, alrededor. La salsa del guiso se une con la batidora eléctrica, se cuela, se mezcla con la salsa de chocolate de menta, se lleva al fuego a calentar y se vierte sobre el cordero.

CORDERO CRUJIENTE CON LECHUGA
Grado de dificultad bajo

INGREDIENTES PARA 4 PERSONAS
500 g de pierna de cordero fileteada
• 2 cucharadas de salsa de soja • 1 cucharada de vino de arroz • 2 dientes de ajo • 3 cucharadas de harina de maíz • 300 ml de aceite de cacahuete
• 1/2 pimiento rojo • 10 hojas de lechuga romana
• 4 cebollas • Salsa de ciruela • Sal

En un bol amplio, se mezclan la salsa de soja, el vino de arroz y el ajo. Se añade el cordero y se deja alrededor de unos 30 minutos en la nevera marinándose. Luego, se espolvorea la harina de maíz sobre el cordero y se reboza para mezclar la carne con el marinado. Se pone el cordero sin cubrir en el frigorífico durante 30 minutos más. Se fríe el cordero en el wok hasta que esté dorado, se retira y se pone en un bol decorado con pimiento rojo. Para servir este plato de cordero, se dispone la lechuga y las cebollas en una fuente a modo de cama y se rocía con salsa de ciruela colocando encima la carne.

CORDERO SALTEADO CON AJOS
Grado de dificultad bajo

INGREDIENTES PARA 2 PERSONAS
2 cucharadas de licor de arroz • 3 cucharadas de salsa de soja • 375 g de filetes de paletilla de cordero cortado en tacos • 6 dientes de ajo
• 2,5 cm de raíz fresca de jengibre picada
• 1 puerro cortado en juliana • 2 cebollas cortadas en juliana • 2 cucharadas de aceite de sésamo

Se mezcla en un cuenco el licor de arroz con la soja y el aceite de sésamo y se pone a

marinar el cordero durante 30 minutos.
En el wok se introduce el cordero y dos
cucharadas de la salsa para marinar, se saltea
y, cuando veamos que la carne está dorada,
se le agrega el ajo, el jengibre, el puerro y las
cebollas; se rehoga 3 minutos más y se sirve
inmediatamente.

COSTILLAR AGRIDULCE A LA PARRILLA
Grado de dificultad bajo

INGREDIENTES PARA 6/8 PERSONAS
1 costillar de cerdo • Ketchup • Mostaza • Miel
• Jengibre en polvo

En una sartén, se mezcla el ketchup con la
mostaza, la miel y el jengibre, se pincela el
costillar de cerdo con esta salsa y se pone en
la parrilla, dorándolo por todos los lados.
Cada vez que se da vuelta al costillar, se
pincela con la salsa. Se repite hasta que se
acabe la salsa y se sirve acompañado de
patatas asadas.

COSTILLAR DE CABRITO
Grado de dificultad bajo

INGREDIENTES PARA 4 PERSONAS
1 costillar de cabrito de 1 kg • 1 diente de ajo
• 1 vaso vino blanco • Romero fresco picado
• Aceite • Puré de patatas • Sal
• Pimienta

Con un cuchillo que esté bien afilado, separar
con cuidado la carne de las cañas de las
costillas y doblar sobre la parte carnosa.
Una vez lo hayamos hecho, se frota el costillar
con el diente de ajo, se salpimienta y se
espolvorea con romero. A continuación,
se pone en una fuente resistente al calor,
se riega con aceite de oliva y se asa en el grill
durante 45 minutos aproximadamente,
regándolo de vez en cuando con un poco de
vino blanco. Servir el costillar, muy caliente,
acompañado del puré de patatas.

COSTILLAR DE TERNERA
Grado de dificultad bajo

INGREDIENTES
1 costillar de ternera de 1 y 1/2 kg • 3 dientes de
ajo • Perejil • Salsa barbacoa • Sal • Aceite
• Vinagre

Se mezcla y pica los dientes de ajo, la sal,
el vinagre, el aceite y el perejil, se ponen
las costillas en el grill y se rocían con el
preparado anterior a 180° durante 20
minutos aproximadamente. Los últimos
5 minutos se cubre con salsa barbacoa.
Se sirven calientes.

CRIADILLAS DE TERNERO A LA SEGOVIANA
Grado de dificultad bajo

INGREDIENTES PARA 6 PERSONAS
1 kg de criadillas • 1 limón • 1 hoja de laurel
• Vinagre • 1 taza de harina • 1/2 taza de pan
rallado • 2 huevos • Sal

Se hierven las criadillas en agua y sal, con
zumo de limón, laurel y un chorro de vinagre
durante unos 25 minutos. Una vez hervidas,
se escurren y, cuando estén frías, se cortan en
rodajas. Se mezcla la harina y el pan rallado y
se pasan las criadillas, primero por esta mezcla
y después por huevo batido. Cuando estén
rebozadas, se fríen y se escurren sobre un
papel absorbente.

DONBURI DE TERNERA (cocina japonesa)
Grado de dificultad bajo

INGREDIENTES PARA 4 PERSONAS
400 g de arroz de grano corto • 2 filetes
de ternera de 1,5 cm de grosor • 300 g
de champiñones • 1 cebolla • 8 cucharadas
de salsa de soja japonesa • 2 cucharadas de mirin
• 2 l de caldo de bonito (*dashi*) • 4 huevos • Sal
• Pimienta

Se prepara el arroz blanco japonés. Se lavan, limpian y laminan los champiñones. Se pela la cebolla y se corta en finos aros. Se salpimientan y fríen los filetes. Una vez fritos, se cortan en pequeñas tiras. Se sofríen los champiñones con la cebolla y se mantienen más o menos hasta que la cebolla adquiera un tono uniforme dorado y los champiñones cambien de color. Se agrega la carne, la salsa de soja, el mirin y el caldo de bonito (*dashi*). Se lleva el guiso a ebullición. Al mismo tiempo, se baten los huevos y se incorporan a la sartén, removiendo bien para que se entremezclen con el resto de los ingredientes, hasta que queden cuajados. Se reparte el arroz en cuatro cuencos individuales, y se cubre con un buen puñado de ternera con cebolla y champiñones. Se sirve inmediatamente.

ESTOFADO DE JABALÍ
Grado de dificultad alto

INGREDIENTES PARA 6 PERSONAS
2 kg de carne de jabalí • 6 patatas medianas • 3 peras blanquilla • 3 manzanas Golden • 4 zanahorias • 1 cebolla grande • 1 ramito de hierbas aromáticas • 1 vaso de aceite • 1 botella de vino tinto • 3 hojas de laurel • Sal • Pimienta

Como regla general, para cocinar la caza, es conveniente esperar unos días después de la muerte del animal antes de preparar el plato, con objeto de que la carne pierda fuerza. Si se tiene congelada, sacarla del congelador y ponerla en la parte más baja del frigorífico durante al menos 24 horas para que se descongele lentamente. La carne, troceada como para estofado, se pone en un recipiente, preferentemente una cazuela de barro. Las manzanas y las peras se pelan, se trocean y se echan en la cazuela, junto con las zanahorias, cortadas en rodajas y la cebolla, pelada y cortada en gajos, se añaden las hierbas aromáticas y el vino, de forma que lo cubra todo. Se tapa la cazuela y se deja macerar en un lugar fresco, no en la nevera, durante dos días. Transcurrido este tiempo, se cuela, recogiendo el vino, que se reserva aparte. Del resto que queda en el colador, se separa por una parte la carne y por otra las zanahorias y los gajos de cebolla, desechando los trozos de pera, de manzana y las hierbas aromáticas. Se pone una cazuela de barro al fuego con el aceite y se van echando los trozos de carne para que se vayan rehogando. Cuando la carne esté bien rehogada, se le añade el vino, las zanahorias, la cebolla y el laurel. Cuando rompa a hervir se baja el fuego y se deja, tapada, entre 45 y 60 minutos, hasta que la carne esté tierna. Si durante este tiempo el caldo se reduce demasiado, se puede añadir agua caliente. Una vez que veamos que la carne está en su punto, se echan las patatas, cortadas en trozos grandes, se añade sal y pimienta al gusto y se deja hervir a fuego lento, al menos media hora más para que espese. Presentar en la misma cazuela de barro.

ESTOFADO DE RABO DE BUEY
Grado de dificultad medio

INGREDIENTES PARA 6 PERSONAS
2 rabos de buey cortados en trozos de 6 a 8 cm, desechando las puntas • 2 tomates maduros pequeños • 2 dientes de ajo • 1 pimiento rojo • 1 vaso de vino fino de Jerez • 1 vaso de aceite de oliva sabor suave • Harina de trigo • Un trozo de pan del día anterior • Sal

En una cacerola, se pone la mitad del aceite y cuando esté caliente, se van colocando los trozos de rabo pasados por harina, moviendo constantemente, para evitar que se peguen al fondo. Una vez bien rehogados, se echa la mitad del vino y se añade agua suficiente hasta que esté bien cubierto; se tapa la cazuela y se espera hasta que hierva fuerte, momento en que se baja el fuego y se mantiene a fuego medio durante 1 hora, con un hervor suave y siempre con la cacerola tapada. Si se observa que el guiso se está quedando sin líquido, se puede añadir agua caliente. Mientras tanto, en una sartén con el resto del aceite, se pone el pimiento rojo troceado y cuando ya esté casi frito, se añaden, por este orden: los ajos picados, los tomates troceados y el pan desmenuzado. Cuando esté todo en su punto, se añade el resto del vino y se mantiene todo así de 2 a 3 minutos, revolviendo constantemente. A continuación, se pasa por la batidora y cuando esté bien deshecho, se echa en la cacerola donde están los trozos de rabo. Remover bien, para que la salsa se mezcle con la carne, salar al gusto, y mantener a fuego lento, hirviendo suavemente, durante 20 minutos, removiendo de vez en cuando, para evitar que se pegue en el fondo. Pasado este tiempo, retirar del fuego y servir, presentando el plato en una fuente o en una cazuela de barro.

FILETE DE BUEY TÍA RAQUEL
Grado de dificultad bajo

INGREDIENTES PARA 4 PERSONAS
800 g de filete de buey • 75 g de beicon • 1 ajo • 100 g de mantequilla • 10 cebollitas • 100 g de aceitunas sin hueso • 1 cucharada de harina • 1 vasito de brandy • 1/2 l de vino blanco • Sal • Pimienta

Se dora en una cacerola con 75 gramos de mantequilla, el beicon cortado en trozos y las cebollitas, bien peladas y enteras. Se pone en la parrilla el filete dándole vueltas hasta que esté dorado. Mientras, en la cacerola con el beicon y las cebollitas, se añade el ajo muy picado y las aceitunas que, previamente, se han remojado con agua hirviendo 1 o 2 minutos. Se rocía con el licor, se enciende, se salpimienta y se añade el vino. Tapar la cacerola y cocer, suavemente, durante 15 minutos. Cuando el filete este a punto, se corta en cuatro rodajas, se pone en la cacerola y se deja cocer 10 minutos más a fuego lento. Entretanto, se amasa la harina con el resto de la mantequilla. Pasados los 10 minutos, se

retiran los trozos de filete de la cacerola y se colocan en una fuente caliente para conservar su temperatura. Se echa la mantequilla amasada en la cacerola y se cuece a fuego vivo y sin dejar de remover durante 1 minuto. La carne se sirve rodeada de todo lo que se ha preparado en la cacerola.

FILETES DE HÍGADO A PROVENZAL
Grado de dificultad bajo

INGREDIENTES PARA 6 PERSONAS
6 filetes de hígado de ternera, del mismo tamaño • 2 dientes de ajo machacados • 1 diente de ajo picadito • 1 huevo • Harina • Pan rallado • Aceite • Sal • Pimienta • El zumo de 1 limón • Perejil picado

Se dejan los filetes durante 1 hora, sazonados con sal, pimienta, los ajos machacados y zumo de limón. Se mezcla en ajo picado muy fino, con el perejil picado y el pan rallado. Se escurren los filetes, se pasan por harina, por huevo y por la mezcla del pan rallado, y se fríen en abundante aceite caliente, hasta que estén bien dorados. Se escurren sobre un papel absorbente antes de servir.

FILETES DE HÍGADO A LA NARANJA
Grado de dificultad bajo

INGREDIENTES PARA 6 PERSONAS
6 filetes de hígado de ternera • 4 cucharadas de mantequilla • 3 naranjas • Sal • Pimienta

Se calienta una parte de la mantequilla y se fríe en ella el hígado, dejándolo dorar por ambos lados. Se sazona con sal y pimienta y se reserva en una fuente en un lugar caliente. En la sartén con la mantequilla de freír los filetes, se echa el resto de la mantequilla y el zumo de dos naranjas, removiendo y raspando el fondo con la espátula de madera. Si queda muy líquido, se espesa con una pizca de harina fina de maíz. Se retira del fuego, se vierte sobre el hígado y se adorna con rodajas finas de la tercera naranja.

FILETES DE HÍGADO A LA PARMESANA
Grado de dificultad medio

INGREDIENTES PARA 6 PERSONAS
12 filetes de hígado de ternera medianos
• 6 lonchas de mozarella, cortadas gruesas
• Salsa de tomate (ver «Salsas») • Orégano
• Sal • Pimienta • Aceite • 2 huevos • 1 taza de pan rallado • 1 taza de queso Parmesano rallado

Se mezclan la mitad del queso y el pan rallados y se baten los huevos. Se salpimientan los filetes. Se pasan por la mezcla, después por los huevos y de nuevo, por la mezcla. Se fríen en aceite caliente, pero que no humee, 2 minutos de cada lado, y se escurren sobre papel absorbente. En una fuente refractaria, se disponen seis filetes, sobre cada uno de ellos, una loncha de mozarella, y se colocan los otros seis filetes por encima de los anteriores, como un bocadillo. Se cubren con la salsa de tomate, se espolvorea con orégano y bastante queso rallado, y se pone en el horno, durante unos 20 minutos, gratinando los últimos 10.

FILETES DE HÍGADO ENCEBOLLADOS
Grado de dificultad bajo

INGREDIENTES PARA 6 PERSONAS
6 filetes de hígado de ternera, del mismo tamaño
• 4 cebollas • 3 cucharadas de mantequilla
• 1 copita de vino de Jerez • Sal • Pimienta

Se cortan las cebollas en rodajas muy finas y se rehogan en la mantequilla, hasta estar muy blanda y comenzar a tomar color. Se añaden los filetes y se fríen, 1 minuto de cada lado, con el fuego vivo. Se reduce el fuego, se echa

el vino, se sazona y, a fuego lento y con la cazuela tapada, se deja cocer durante unos 10 minutos.

FILETES DE SOLOMILLO
Grado de dificultad bajo

INGREDIENTES PARA 4 PERSONAS
4 filetes gruesos de solomillo de ternera • 2 lonchas de beicon picaditas • 1 cebolla pequeña picada
• 4 champiñones en cuartos • 4 cucharadas de vino de Jerez • 1/2 taza de caldo de carne • 2 tomates pelados y picados • 1/2 cucharada de harina disuelta en una cucharada de agua fría • Sal
• Pimienta

Se coloca sobre la placa caliente el beicon, se le hace soltar toda su grasa a potencia máxima durante 3 minutos y se reserva sobre papel absorbente. Se vuelve a calentar la placa y, sobre la grasa del beicon, se disponen los filetes, presionando un poco con la espátula, se fríen a potencia máxima durante 4 minutos, dándoles la vuelta una vez durante ese tiempo, y luego se reservan en una fuente en ambiente caliente. Se ponen en la misma placa, los tomates, los champiñones, el beicon muy seco y la cebolla, a potencia máxima unos 4 minutos hasta que esté todo tierno, removiendo dos veces durante la cocción. Se agrega el vino, el caldo y la harina y se mantienen otros 3 minutos a potencia máxima, removiendo una o dos veces, hasta que espese el líquido. Se sirven los filetes, con la salsa como guarnición.

FRICANDÓ AL ESTILO DE LA ABUELA
Grado de dificultad bajo

INGREDIENTES PARA 6 PERSONAS
1 kg de carne de ternera cortada en forma de filetes muy finos • 250 g de ciruelas pasas
• 50 g de piñones pelados • 300 g de níscalos frescos troceados • 6 tomates maduros • 1 cebolla grande • 1/2 vaso de vino blanco de mesa

• 1 vaso de aceite • 1 hoja de laurel • Harina
• Sal

Si los níscalos son frescos, lavarlos
cuidadosamente para eliminar todos los restos
de tierra, y si se usan secos, se deben remojar
en agua para que esponjen. Se rallan la
cebolla y los tomates, se pone la harina en un
plato y se pasan por ella los filetes. En una
cazuela de barro, se echa el aceite y se pone
al fuego. Cuando está caliente, se echan los
filetes enharinados, removiendo para que no
se peguen. Se le añaden la cebolla, los
tomates rallados y el laurel. Se baja el fuego y
se agregan las ciruelas, los piñones, el vino y
los níscalos. Se sala al gusto. A continuación,
se le añade uno o dos vasos de agua caliente
y se deja hervir a fuego lento durante unos 40
minutos aproximadamente, moviendo de vez
en cuando, para evitar que se pegue al fondo.
En la mesa se presenta en la misma cazuela
de barro.

GALLINA A LA ANGOLEÑA
Grado de dificultad medio

INGREDIENTES PARA 6 PERSONAS
1 gallina de corral • 2 cucharadas de vinagre
• 3 cucharadas de aceite de girasol
• 1 cucharada de mantequilla
• 4 tomates pelados, sin pepitas y cortados
• 2 cucharadas de cebolla picada • 2 dientes
de ajo machacados • 1 hoja de laurel • 1 taza
de caldo de ave • Perejil • Mejorana • Cebollino
• Sal • Pimienta

Se limpia bien la gallina y se corta en pedazos,
sazonándola con sal y pimienta al gusto.
Se deja reposar durante 2 horas. En una
cazuela, con una mezcla de mantequilla y
aceite, se fríe la gallina, se añaden la cebolla,
los tomates y todas las hierbas aromáticas,
se remueve y se agrega el caldo, dejando que
la gallina cueza, a fuego moderado. Cuando
la gallina esté blanda, se añade el vinagre,
se remueve y se deja hervir durante
4 minutos.

GALLINA A LA SAL
Grado de dificultad medio

INGREDIENTES PARA 6 PERSONAS
1 gallina grande • 3 kg de sal marina muy gruesa

Se limpia la gallina, se le retiran las vísceras y
se lava por dentro y por fuera. Se atan las
patas y las alas, y se cosen las aberturas. En
una fuente refractaria, forrada con papel de
aluminio, se dispone un buen lecho de sal, de
unos cuatro centímetros de espesor. Se coloca
la gallina encima cubriéndola por completo
con el resto de la sal sin que quede
absolutamente nada por cubrir. Con los
dedos, se rocían unas gotas de agua sobre la
sal. Se pone en el horno, a 200° alrededor de
unos 90 minutos. Por último, para retirar la
sal, que forma una costra muy dura, se golpea
un cuchillo con la mano del almirez, o un
instrumento más pesado.

GALLINA A LA TURCA
Grado de dificultad bajo

INGREDIENTES PARA 6 PERSONAS
1 y 1/2 kg de gallina, limpia y troceada
• 4 cucharadas de aceite • 3 cebollas picadas
• 1 hoja de laurel • 2 tazas de arroz • 1 ramita de
cilantro • 100 g de pasas sin semillas • 3 tomates
maduros • 1/2 l de caldo de ave • 1 pizca
de azafrán • Sal • Pimienta

Se rehoga, hasta dorarlos bien, los pedazos de
gallina en tres cucharadas de aceite. Se añade
el resto del aceite y las cebollas picadas, que
deben tomar un poco de color. Se agrega el
laurel y el arroz y se rehoga, a fuego lento, sin
parar de remover. Se adiciona el cilantro, las
pasas y el tomate, pelado, sin pepitas y
cortado en trozos menudos, y el azafrán,
diluido en el caldo caliente; se sazona todo
con sal y pimienta, para dejarlo hervir durante
10 minutos. Pasado ese tiempo, se echa el
guiso a una fuente refractaria y se cuece en el
horno caliente, durante 30 minutos o hasta
que el agua haya sido absorbida por el arroz.

GALLINA COCIDA A LA INGLESA
Grado de dificultad medio

INGREDIENTES PARA 6 PERSONAS
1 gallina y media • 2 zanahorias • 1/2 kg de judías verdes • 3 nabos • 800 g de patatas • 3 puerros gruesos • 1 repollo pequeño • 1 pedazo de beicon • Laurel • Agua • Sal

Para comenzar, se limpia y lava la gallina, desechando las vísceras, y se trocea en pedazos medianos. Se cuece en agua con sal y laurel y el pedazo de beicon. Cuando esté blando, se saca y se reserva en una fuente refractaria. Las patatas, las zanahorias y los nabos, se pelan y se cortan al medio. Los puerros, se limpian bien y se cortan en dos trozos. El repollo, se parte en cuartos. En el mismo agua de hervir la gallina, dejando el beicon y el laurel, se van cociendo los demás ingredientes, por orden de dureza, añadiendo agua caliente con sal, siempre que sea necesario, y dejando todas las verduras al dente. Para finalizar, en la fuente donde está la gallina, se van disponiendo todos los ingredientes cocidos y se meten en el horno precalentado a 150° durante 5 minutos aproximadamente.

GALLINA COCIDA A LA INGLESA CON SALSA DE MENTA
Grado de dificultad medio

INGREDIENTES PARA 6 PERSONAS
1 gallina y media • 2 zanahorias • 1/2 kg de judías verdes • 3 nabos • 800 g de patatas • 3 puerros gruesos • 1 repollo pequeño • 1 pedazo de beicon • Laurel • Agua • Sal • Salsa de menta

Se hace con los mismos ingredientes y de la misma manera que la receta anterior, pero se diferencia en que en este caso se sirve, como ya el nombre de la receta indica, con salsa de menta muy caliente aparte, en salsera (ver «Salsas»).

GALLINA CON FABES
Grado de dificultad bajo

INGREDIENTES PARA 6 PERSONAS
600 g de fabes • 300 g de jamón serrano • 1 gallina cortada en trozos medianos • 1 cebolla • 1 diente de ajo • 1,5 dl de aceite de oliva • 1 ramita de perejil • 1 cucharadita de pimentón dulce • Sal

Se sazonan y rehogan los trozos de gallina en una cacerola honda con aceite. Cuando estén todos los pedazos dorados, se cubren con agua y se deja cocer hasta que esté blanda. En una olla, se echan las fabes, remojadas durante toda la noche anterior, junto a la cebolla, pelada y entera, el ajo y la ramita de perejil. Se vierte por encima el caldo de la gallina frío, y se completa, hasta cubrir, con agua. Se hace un sofrito con el jamón, cortado en cubitos, y el pimentón, y se añade a la olla. Cuando las fabes lleven 1 hora y media cociendo, se le añade la gallina y se completa la cocción. Se deja reposar y, antes de servir, se retira la cebolla y el perejil.

GALLINA EN GALANTINA
Grado de dificultad alto

INGREDIENTES PARA 6 PERSONAS
1 gallina troceada • 200 g de magro de cerdo • 150 g de panceta fresca • 2 huevos • 0,5 dl de vino de Jerez • 1 copita de brandy • 2 panecillos • 3 hojas de gelatina • 1 cebolla • 1 zanahoria • 12 granos de pimienta • 1 ramo de hierbas aromáticas • Sal • Pimienta • Nuez moscada

Una vez troceada la gallina, con mucho cuidado, se saca toda la carne reservando la piel, huesos y vísceras. Se trocea el magro de cerdo y la panceta, se sazona todo con sal, pimienta, el vino de Jerez y el brandy. Se añaden los panecillos, remojados y muy bien exprimidos, y se pica todo en la batidora. En un bol, se amasa este picado con los huevos y, si necesario, se vuelve a sazonar. Sobre un lienzo blanco, se dispone la masa, dándole una forma cilíndrica. Se cierra el lienzo, presionando las carnes, y se cose a lo largo y los extremos, con cuidado de no dejar aberturas. Se cuece el atado en agua con sal, introduciendo también la cebolla, la zanahoria, el manojo de hierbas, los granos de pimienta, la gelatina y los huesos y la piel de la gallina. Se hierve durante 1 hora y media. Pasado ese tiempo, se retira de la cazuela, se escurre, se deja enfriar en una fuente y se le coloca una tabla encima, para hacer presión sobre el rollo. Se deja así de un día a otro, mínimo durante 12 horas. Cuando el rollo de carne esté totalmente compacto, se retira el lienzo, con mucho cuidado, y se introduce en un molde rectangular, alto y estrecho, se vierte el caldo de la cocción, colado y tibio, y se deja en el frigorífico otras 12 horas. En el momento en el que se vaya a servir, se desmolda mojando el fondo del molde con agua tibia.

GALLINA EN PEPITORIA A LA LEONESA
Grado de dificultad medio

INGREDIENTES PARA 6 PERSONAS
1 gallina y media • 100 g de jamón serrano
• 1,5 dl de aceite • 25 almendras tostadas
• 2 huevos duros • 2 cucharadas de harina
• 2 dl de caldo de ave • 1 cebolla grande
• 2 dientes de ajo • Pimienta • 1 hoja de laurel
• Sal

Para comenzar, se limpia la gallina, se trocea y se sazona. A continuación, se rehogan en una cazuela, junto con el jamón cortado en cubitos, la cebolla, los ajos picados y la hoja de laurel. Antes de que empiece a tomar color, se espolvorea con harina, rehogando un poco. Se vierte el vino y el caldo, se salpimienta al gusto y se cuece hasta que la gallina esté tierna. Se machacan en un mortero las almendras y las yemas de huevo duro, se echan unas cucharadas de agua y se agrega al guiso, dejando que cueza un poco más.

GALLINA EN PEPITORIA A LA MANCHEGA
Grado de dificultad medio

INGREDIENTES PARA 6 PERSONAS
1 gallina y media • 1/2 l de aceite • 3 huevos duros
• 1 cebolla • 1 vaso de vino blanco
• 2 dientes de ajo • 12 almendras tostadas • Sal
• Azafrán

Se limpia y trocea la gallina, se sala y se rehoga en aceite. Una vez hecho esto, se dispone en una cazuela de barro. Se fríe la cebolla y los ajos picados, se echa el vino blanco y se vierte sobre la gallina, después de pasarlo todo por el chino. Se deja cocer, a fuego lento, durante hora y media aproximadamente. Se hace un majado con las almendras, tres yemas de huevo y un poco de azafrán, se mezcla bien con tres cucharadas de agua y se añade al guiso, dejando que se termine de hacer. Una vez que veamos que la gallina está tierna, se espolvorea con las claras de huevo picaditas.

GALLINA EN PEPITORIA A LA MURCIANA
Grado de dificultad medio

INGREDIENTES PARA 6 PERSONAS
1 gallina y media • 200 g de almendras • 150 g de cebollas • 1 copa de Jerez seco • 2 dl de aceite de oliva • Harina • Perejil • Azafrán • Pimienta
• Ajos • Sal

Se limpia y trocea la gallina, reservando los higaditos. Se sazona con sal y se van friendo los trozos, que se riegan con el vino de Jerez y, una vez fritos, se sacan de la sartén y se reservan en una cacerola honda. En el mismo aceite, se fríen las cebollas, un diente de ajo y los higaditos, todo ello bien picado, y se añade una cucharada de harina. Luego, majar en el mortero los higaditos fritos, dos dientes de ajo, perejil, azafrán, pimienta, las almendras tostadas sin cáscara y un poco de sal; una vez majado, se agrega la cebolla y se vierte todo sobre la gallina. Se pone al fuego y, cuando comience a hervir, se añade agua, casi cubriendo el guiso, y se deja cocer, a fuego lento, hasta que esté en su punto.

GALLINA RELLENA A LA EMPERATRIZ
Grado de dificultad medio

INGREDIENTES PARA 6 PERSONAS
1 gallina • 300 g de magro de cerdo • 1 cebolla • 1 diente de ajo • 150 g de pasta de hígado • 200 g de jamón cocido • 1 cucharada de harina • 2 huevos • Sal • Pimienta • Nuez moscada • 0,5 dl de aceite • 1 cucharada de manteca de cerdo • 1/2 copa de vino de Oporto • 1/2 copa de brandy

Se limpia bien la gallina, retirando las vísceras, se lava bien, por dentro y por fuera y se seca con papel de cocina. Se pican en la máquina, el magro de cerdo y el jamón cocido y se mezcla bien con la pasta de hígado. En una cazuela con aceite, se rehogan la cebolla y el ajo, hasta que empiecen a dorarse, momento en el que se añade el picado de la carne y se continúa rehogando durante unos 5 minutos, removiendo bien para que se mezclen todos los ingredientes. Se espolvorea la harina y se agregan la mitad de los licores, sin parar de remover en ningún momento. Se sazona bien y, cuando haya reducido el líquido, se retira del fuego y se reserva. Una vez que el relleno se haya enfriado, se introduce dentro de la gallina y se cosen las aberturas. Con el resto de los licores y la manteca de cerdo, se hace una mezcla, con la que se unta por todas partes la gallina. Para ir terminando, en una hoja grande de papel de aluminio, se envuelve el ave, procurando que no quede ninguna abertura y que el papel quede un poco holgado con respecto a la carne, pero bien apretado en sus extremos para que no se pierda el calor en ningún momento. Una vez hecho, se pone en el horno, a 180°, durante al menos 1 hora y media (todo dependerá de la dureza del ave que estemos cocinando).

GAZPACHO DEL CAZADOR
Grado de dificultad medio

INGREDIENTES PARA 6 PERSONAS
1 perdiz • 300 g de liebre • 300 g de gallina de corral • 250 g de conejo de campo • 2 tortas de harina de maíz sin levadura • Pimentón dulce • Sal • Pimienta blanca • Aceite

En una olla con agua suficiente como para cubrir, se ponen a hervir la perdiz, la liebre, el conejo y la gallina durante 3 horas a fuego lento. Cuando el caldo se reduzca a un tercio, se retira del fuego y se cortan las carnes en trozos muy finos y delgados. Se reserva el caldo de la cocción. En una cacerola se pone el aceite de oliva y el pimentón dulce, se agrega el caldo reservado de la cocción, la pimienta blanca y la sal, y una vez que rompa a hervir, se le agrega la torta en trozos pequeños. Se deja hervir durante 20 minutos removiendo cada 5 minutos para evitar que se pegue. Se vuelca sobre las carnes y se deja cocer durante otros 5 minutos rectificando la sal. Al servirlo, se acompaña con uvas moscatel o con aceitunas echadas por encima.

GAZPACHO MANCHEGO
Grado de dificultad bajo

INGREDIENTES PARA 4 PERSONAS
1/2 liebre • 1 conejo de monte • 1 perdiz • 3 tomates maduros picados • 2 ajos • Aceite de oliva virgen • 2 paquetes de torta de gazpachos • Tomillo • Romero • Sal

En una cazuela de barro se sofríen bien, en abundante aceite, las carnes cortadas en pedazos, que no sean muy grandes. Al sofrito se añaden el tomate y los ajos fileteados. Cuando el sofrito esté a punto, se adereza al gusto con tomillo y romero, se añade agua suficiente para cubrir la carne, y se sala. Se deja hervir hasta que la carne esté tierna, rectificando la sazón y el aderezo. Por último, se agrega la torta de gazpacho cortada en trozos pequeños y se deja cocer unos 15 minutos más. Se sirve bien caliente.

GOULASH
Grado de dificultad bajo

INGREDIENTES PARA 6 PERSONAS
700 g de carne de guisar de ternera cortada en tacos • 2 cucharadas de aceite • 2 cebollas en rodajas • 2 pimientos verdes picados • 4 dientes de ajo machacados • 1 lata de tomate triturado de 250 g • 2 cucharadas de páprika • 0,5 dl de caldo de carne • Sal • Pimienta

En un recipiente refractario, se coloca el aceite, la cebolla, el ajo, el pimiento y la páprika. Se cubre con papel absorbente y se pone en el microondas a potencia máxima durante 6 minutos, removiendo dos veces. Se añade la carne, el tomate y el caldo y se cocina tapado, 50 minutos a potencia media, removiendo de vez en cuando. Se deja descansar 5 minutos y se sazona al gusto.

GOULASH DE RIÑONES
Grado de dificultad bajo

INGREDIENTES PARA 6 PERSONAS
600 g de riñones de ternera • 1 cebolla grande • 1 pimiento rojo • 1 pimiento verde • 60 g de mantequilla • 1 cucharada de harina • 1 cucharada de pimentón • 2 dientes de ajo • 1 tomate grande maduro • 1/2 l caldo de carne • 3 cucharadas de vinagre • Sal • Pimienta

Después de limpios y lavados, se cortan los riñones en cubos y se dejan en reposo en un recipiente con un litro de agua y vinagre, durante 1 hora; pasado ese tiempo, se escurren, se lavan en agua corriente y se vuelven a escurrir en un colador, dejándolos así hasta que suelten el agua. En una cazuela con la mantequilla, se echan los riñones, bien escurridos, se aviva el fuego y se va removiendo. En cuanto se fríen, se sazonan al gusto y, cuando estén dorados, se retiran con

una espumadera y se reservan mientras escurren. En la grasa que quedó, se rehogan la cebolla y el ajo picaditos, después los pimientos, también muy picados. Cuando empiecen a dorar, se echa la harina, el pimentón y el tomate, pelado, sin pepitas y troceado, y se deja freír durante unos minutos. Se añade el caldo de carne, en chorro fino mientras se remueve, y se deja cocer, a fuego lento, durante 15 minutos. Por último, se añaden los trozos de riñones y se calientan hasta empezar a hervir.

HAMBURGUESA BARBACOA
Grado de dificultad bajo

INGREDIENTES PARA 4 PERSONAS
800 g de carne de ternera picada • 2 cebollas picadas finas • 2 cucharadas de perejil picado • 2 ajos picados • 1 huevo • 1 cucharada de hierbas aromáticas frescas y picadas • Salsa barbacoa

Mezclar todos los ingredientes hasta formar una masa homogénea. Dividir la masa en cuatro partes y formar cuatro bolas. Aplastar las bolas con la mano hasta que queden cuatro hamburguesas. Asar a la parrilla y acompañar con unas rodajas de cebolla y unas rodajas de tomate. Se rematan con la salsa barbacoa y se ponen al grill para que se tuesten.

HAMBURGUESA BOLOÑESA
Grado de dificultad bajo

INGREDIENTES PARA 2 PERSONAS
2 cucharadas de aceite de oliva • 1 cebolla picada • 450 g de carne de buey picada • 1/2 huevo batido • 1 cucharada de orégano • 1 cucharada de tomate triturado • Pimienta negra • 2 cucharadas de perejil fresco picado • Harina • 2 tomates firmes picados

Calentar en una sartén una cucharada de aceite, agregar la cebolla y freír suavemente unos 6 minutos, hasta que esté blanda. Poner en un bol la carne picada, añadir la cebolla frita, el huevo batido, el tomate triturado, el perejil, el orégano y salpimentar. Mezclar con las manos. Añadir los tomates y mezclarlos con cuidado sin que se aplasten. Enharinar el mármol o piedra de parrilla y poner a hacer las hamburguesas cuando esté muy caliente. Se rocía previamente con un chorrito de aceite de oliva.

HAMBURGUESA CON ANCHOAS
Grado de dificultad bajo

INGREDIENTES PARA 4 PERSONAS
600 g de carne de ternera picada • 4 lonchas de queso • 4 anchoas en aceite • 1 cucharada de mostaza • 1 huevo • Pan rallado • Harina • Sal

Mezclar la carne picada con la mostaza y un poco de sal y formar cuatro hamburguesas. Pasarlas por harina, huevo batido y pan rallado y ponerlas en una fuente de horno; encender el grill y dorar por ambos lados. Los últimos 8 minutos, colocar encima de cada hamburguesa, una loncha de queso y una anchoa. Gratinarlas a horno fuerte.

HAMBURGUESA FLORENTINA
Grado de dificultad bajo

INGREDIENTES PARA 4 PERSONAS
500 g de carne picada sin grasa • 1 huevo batido • 1 cucharadita de finas hierbas • 1 taza de avena • 1 cebolla rallada • 2 cucharadas de aceite • 4 hojas de espinacas sin los tallos y picadas • 30 g de mantequilla • 4 huevos • 4 piezas de pan de pita con mantequilla (calientes) • Sal

Mezclar la carne, el huevo, las hierbas, la avena y la cebolla y sazonar al gusto. Formar cuatro hamburguesas. Se pasan por la parrilla hasta que se doren por ambos lados. Se ponen las espinacas en una sartén durante 3 minutos. Se derrite la mantequilla en la sartén y se fríen los huevos. Salpimentar todo. Se sirve una cucharada de espinacas sobre el pan

caliente, encima se coloca la hamburguesa y por ultimo, el huevo. Sírvase enseguida.

HAMBURGUESA GRIEGA
Grado de dificultad bajo

INGREDIENTES PARA 4 PERSONAS
2 cucharadas de harina • 4 cucharadas de mantequilla • 3 clavos • 500 g de carne de vacuno o cerdo • 2 cebollas • 1 arenque • 3 patatas peladas • 2 huevos • 2 hojas de laurel • 1 racimo de uva negra • 400 ml de agua • 2 cucharadas de azúcar • 5 cucharadas de vinagre • Sal

En una olla, se cuece la carne con las patatas, el laurel, las cebollas y los clavos. Cuando la carne esté cocida, se pica todo, menos el laurel y los clavos. A la masa resultante, se le añaden los huevos y el arenque, previamente remojado, cortado en pequeños trozos. Se amasa bien hasta que queda una masa homogénea. Se forman ocho hamburguesas y en una parrilla o en una barbacoa se hacen. En una sartén y con la mantequilla que ha quedado, se añaden dos cucharadas de harina, se remueve y se agregan 400 mililitros de caldo; dejamos hervir 15 minutos y agregamos el azúcar y el vinagre junto con las uvas. Se deja hervir 10 minutos más, se coloca esta salsa encima de las hamburguesas y se pone al horno 20 minutos.

HAMBURGUESA RÁPIDA
Grado de dificultad bajo

INGREDIENTES PARA 4 PERSONAS
500 g de carne de vacuno picada • 1 cucharada de aceite • Sal • Pimienta • Perejil

Se mezclan todos los ingredientes, con un tenedor. Se divide en cuatro porciones iguales y se da forma a las hamburguesas. Se forra una bandeja refractaria con papel absorbente, se disponen las hamburguesas y se cubren con el mismo papel. Se cocina, 2 o 3 minutos a temperatura máxima, volviendo una vez la carne. Se deja reposar unos 2 minutos más.

HIGADITOS DE POLLO A LA MANTEQUILLA
Grado de dificultad bajo

INGREDIENTES PARA 6 PERSONAS
1 kg de higaditos • 100 g de jamón • 6 cucharadas de mantequilla • 12 hojas de salvia • 1 vasito de vino blanco • Sal • Pimienta

Se dora el jamón, cortado en tiritas, con una cucharada de mantequilla y se reserva. En una cazuela, con otras tres cucharadas de mantequilla, se ponen las hojas de salvia, a fuego lento durante unos minutos, removiendo para que la mantequilla se aromatice bien. Se añaden los higaditos, bien limpios y cortados por la mitad, se van dejando rehogar lentamente y, cuando estén casi hechos, se añaden las tiras de jamón. Cuando los higaditos estén en su punto, se retiran con una espumadera, se ponen en la fuente de servir, manteniéndola en lugar caliente. Se añade el vino a la cazuela removiendo el fondo para que suelte lo que está pegado, se deja hervir a fuego lento, durante 5 minutos, se adiciona el resto de la mantequilla en pedacitos y se vierte sobre los higaditos.

HÍGADO DE TERNERA A LA VENECIANA
Grado de dificultad bajo

INGREDIENTES PARA 6 PERSONAS
800 g de hígado limpio • 4 cucharadas de mantequilla • 2 cebollas • 1 vaso de vino de Madeira • Sal • Pimienta

Se corta el hígado en lonchas medianas y, éstas, en tiras. En una sartén honda, se calientan dos cucharadas de mantequilla hasta que haga espuma, se fríen los pedazos de hígado, a fuego vivo, removiendo para que doren por igual. Se retiran de la sartén con una espumadera y se mantienen en lugar caliente. En la misma sartén, se adiciona otra cucharada de mantequilla, donde se rehogan las cebollas muy picaditas; cuando empiecen a dorar, se echa el vino y se deja hervir un poco. Se vuelve a introducir el hígado, con el jugo que debe haber soltado, se sazona con sal y pimienta y se añade el resto de la mantequilla, mezclando bien para que espese un poco.

HÍGADO DE TERNERA AL HORNO
Grado de dificultad bajo

INGREDIENTES PARA 6 PERSONAS
1 hígado de ternera limpio (2 kg aprox.) • 100 g de tocino fresco • 2 tazas de perejil picado • 1/2 taza de tomillo fresco picado • 1/2 taza de hierbabuena fresca picada • 1/2 taza de romero fresco picado • 1/2 vaso de ginebra • 1 loncha de tocino muy fina • 3 dientes de ajo • 2 tazas de caldo de carne • El zumo de 1 limón • 3 cucharadas de mantequilla • Sal • Pimienta

Se lardea el hígado con 100 gramos de tocino cortado en tiritas y se ata el hígado, dándole forma de rollo asado. Se mezclan todas las hierbas y se sazona la carne con la mitad de la mezcla, sal y pimienta, y se humedece con la mitad de la ginebra. Se escalda en agua hirviendo la loncha del tocino y se envuelve con ella el hígado, fijándola con un cordón blanco. Luego, se corta un poco de las puntas, para darle mejor forma, se coloca en una fuente refractaria, con los dientes de ajo enteros, y se pone en el horno, a temperatura alta, hasta dorar por todos los lados, cerca de 30 minutos. Se retira del horno, se escurre la grasa, se vierte sobre la carne la mitad del caldo hirviendo y la mitad de las hierbas reservadas, se sazona un poco más con sal y pimienta, y se vuelve a poner en el horno, otros 30 minutos, volviéndolo de vez en cuando. Se retira la carne, reservándola en el horno apagado. Se pone la fuente en la que se asó al fuego, se añade el resto del caldo, de las hierbas y de la ginebra, raspando en el fondo para que se desprenda la costra formada durante el asado, se deja hervir unos minutos, se pasa por el chino, y se agrega la mantequilla en pedacitos, batiendo para que ligue la salsa. Por último, se quitan los cordones al hígado, se corta en rodajas y se sirve con la salsa aparte, muy caliente.

KAENG KAI KAP HET
(cocina tailandesa)
Grado de dificultad bajo

INGREDIENTES PARA 2 PERSONAS
1 diente de ajo machacado •1 cucharada de hojas y tallos de cilantro, picaditos • 1/2 cucharilla de pimienta negra recién molida • 1 cucharada de manteca • 1 l de caldo de pollo • 100 g de champiñones fileteados • 2 cucharadas de *nam pla* o esencia de anchoas • 100 g de pechuga de pollo, cocida y cortada en tiritas • 50 g de cebolletas

Se ponen el ajo, el cilantro y la pimienta en un mortero y se machacan hasta formar una pasta. En una sartén pequeña, a fuego medio, se calienta la manteca y se saltea la pasta 1 minuto. Se retira del fuego y se reserva. El caldo se vierte en un cazo con los champiñones, el *nam pla* y la mezcla de ajo y se deja a fuego lento 5 minutos. Se agrega el pollo y se mantiene en el fuego el tiempo suficiente para que se caliente. Una vez en su punto de temperatura, se pone por encima la cebolleta cortada.

KAENG PHED KAI
(cocina tailandesa)
Grado de dificultad bajo

INGREDIENTES PARA 6 PERSONAS
1 y 1/2 kg de pollo deshuesado y fileteado • 4 tacitas de leche de coco • 2 cucharadas de *nam pla* (o esencia de anchoas) • 3 cucharadas de pasta de curry rojo • 1 guindilla • 50 g de albahaca

Se mezcla el pollo con la leche de coco y el *nam pla* en un cazo de fondo grueso y se deja

cocer suavemente, tapado, hasta que esté tierno el pollo. Se agrega, removiendo, la pasta de curry y la guindilla. Se dejar cocer, destapado, otros 5 minutos, se añade la albahaca, se revuelve bien y se sirve.

KAENG PHED NUA
(cocina tailandesa)
Grado de dificultad bajo

INGREDIENTES PARA 4 PERSONAS
4 tacitas de leche de coco • 500 g de carne de ternera en tiras • 2 cucharadas de pasta de curry rojo • 1/2 cucharilla de cardamomo molido • 1/2 cucharilla de macis molida • 1 cucharada de *nam pla* (o esencia de anchoas) • 50 g de albahaca

En un cazo, se lleva a ebullición la leche de coco. Se agrega la carne a tiras, se reduce el fuego y se deja cocer despacio, parcialmente tapado, 1 hora, o hasta que la carne esté tierna. Se agrega, removiendo, la pasta de curry, el cardamomo, macis y el *nam pla* (o esencia de anchoa) y se deja cocer el curry destapado 15 minutos. Antes de servir, se añade la albahaca.

KUSHIAGE
(cocina japonesa)
Grado de dificultad medio

INGREDIENTES PARA 4 PERSONAS
200 g de cadera de ternera • 200 g de filetes de merluza • Ajís a discreción • 4 cebollinos • 2 zanahorias • 2 guindillas rojas • Harina • 3 huevos • Pan rallado • Aceite de semillas • Salsa de soja y jengibre encurtido para acompañar

Se corta la carne en cuatro lonchas finas (para cortarla mejor se recomienda tener la carne fría de la nevera o semicongelada). Se limpia el pescado y se retiran las espinas, procediendo después a cortarlo en lonchas similares a las de la ternera. Se abren y limpian los ajís, retirando las semillas y el corazón. Se pelan los cebollinos y se cortan en tiras alargadas, de unos siete centímetros. La zanahoria se corta en juliana y se ablanda en agua hirviendo. Encima del mármol de la cocina o sobre una tabla lisa, se extienden los filetes de ternera y los de merluza. Se reparte en un extremo unas tiras de zanahoria, un trozo de cebollino y un cuarto de guindilla. Se enrollan los filetes de merluza y los de ternera, cerrándolos con palillos. Aparte, se baten los huevos y se mezclan con la harina. Se pone aceite abundante en una sartén grande al fuego. Se bañan los rollos en la masa y se pasan por la ralladura de pan. Cuando el aceite esté bien caliente, los freímos hasta que estén cocidos por dentro y hayan cobrado un aspecto dorado por fuera. Se fríen en aceite muy caliente y se dejan escurrir en papel absorbente. Cuando se hayan enfriado ligeramente, se cortan con un cuchillo bien afilado en trozos de dos centímetros y se sirven ensartados en brochetas de bambú. Para acompañar ha de servirse junto a un cuenco de salsa de soja y una cucharada de jengibre encurtido.

LENGUA DE TERNERA A LA RIOJANA
Grado de dificultad medio

INGREDIENTES PARA 6 PERSONAS
1 lengua de ternera • 2 tazas de agua
• 1 y 1/2 taza de aceite • 1 cabeza de ajos y dos dientes más • 2 cebollas • 1/2 taza de vinagre
• 3 granos de pimienta negra • 1 zanahoria
• 1/2 kg de tomates maduros • 3 pimientos verdes
• 3 pimientos rojos • 1 cebolla • Sal

Después de limpiar muy bien la lengua, se pone en una cazuela junto con la cebolla, la zanahoria, la cabeza de ajos, 1,5 decilitros de aceite, el vinagre, la pimienta y la sal. Se cubre con agua fría, se tapa la cazuela, poniendo un peso en la tapadera, y se pone en el fuego para que cueza, sin interrupción, durante 1 hora aproximadamente. Una vez cocida, se le retira la piel, se corta en rodajas y se reserva.

En el resto del aceite, se hace un rehogado con la cebolla y los dientes de ajo muy picados; cuando estén empezando a dorar, se añaden los pimientos picados y los tomates, pelados, sin pepitas y también picados. Se sazona al gusto y se deja freír despacio. Una vez que esté todo bien rehogado, se pone la mitad de esta salsa en una cazuela de barro, por encima se colocan las rodajas de lengua y sobre éstas, el resto de la salsa. A partir de ahí, se deja guisar, a fuego lento, durante 15 minutos más, removiendo de vez en cuando y poniendo un poco más de líquido, si fuera necesario.

LENGUA DE TERNERA EN LA CAZUELA
Grado de dificultad bajo

INGREDIENTES PARA 6 PERSONAS
1 lengua de ternera limpia • 4 lonchas de tocino fresco • 4 zanahorias en rodajas • 4 cebollas enteras • 1 vaso de vino blanco • 1 ramita de perejil • 1/2 l de caldo de carne • 1 cucharada de harina • 0,5 dl de aceite • Pepinillos • Alcaparras • Sal • Pimienta

Se cuece la lengua en abundante agua, durante unas 2 horas, se deja enfriar un poco y, con la punta de un cuchillo, se le retira la piel. En una cazuela grande, se ponen las lonchas de tocino, la lengua, las zanahorias, las cebollas, el vino y el perejil. Se cuece a fuego lento, con la cazuela destapada, durante unos 20 minutos. Pasado ese tiempo, se saca la lengua de la cazuela y se coloca en una fuente refractaria, con la cebolla y la zanahoria, reservando el caldo de la cazuela. Se vierte el caldo de carne, se cubre con papel de aluminio y se hornea, a 200°, durante 50 minutos aproximadamente. Se prepara una salsa, dorando la harina en el aceite, añadiendo la salsa de la cazuela y removiendo hasta espesar. Por último, se agrega el pepinillo, cortado en rodajitas, y las alcaparras. Se sirve la lengua cortada en rodajas y la salsa aparte, en salsera.

LOMO A LA ORZA
Grado de dificultad bajo

INGREDIENTES PARA 4 PERSONAS
1 kg de lomo de cerdo • 1 cucharadita de orégano
• 3 dientes de ajo • 2 cucharadas de vinagre
• 2 cucharadas de pimentón dulce • 1/2 l de agua
1/4 l de aceite de oliva extra • Sal

Se trocea el lomo en seis partes y se pone en un recipiente hondo, tipo olla de barro, añadiendo el agua hasta que lo cubra. Se machacan en el mortero el orégano y los ajos, se añade el vinagre y el pimentón dulce, se agregan a la olla y se deja 24 horas la carne en el adobo. Cuando haya pasado el tiempo indicado, se saca la carne, se escurre y se pone el lomo en aceite a fuego lento durante 15 minutos aproximadamente. Se sirve en la misma orza.

LOMO DE CERDO AL CHOCOLATE
Grado de dificultad medio

INGREDIENTES PARA 6 PERSONAS
1 y 1/2 kg de lomo de cerdo • 50 g de manteca de cerdo • 1 vaso de vino blanco • 1/2 copa de vino de Jerez • 1 cebolla • 2 dientes de ajo • 1 manzana Reineta grande • 1 zanahoria • Sal • Pimienta en grano • Clavos • Salsa de chocolate para asados (ver «Salsas»)

Sin retirarle la grasa superficial, se pone el lomo en un recipiente con sal, pimienta en grano, clavos, los dientes de ajo machacados y vino blanco. Se conserva así, durante 4 horas al menos, dándole la vuelta de vez en cuando, para que tome sabor. En una cazuela, se echa la mitad de la manteca de cerdo, y cuando esté derretida, se agrega la cebolla, la manzana y la zanahoria, peladas y muy picaditas, y se dejan rehogar hasta que la cebolla coja color. Se añade el líquido del marinado y se deja hervir unos 6 minutos. Pasado este tiempo, se dispone el lomo escurrido, y untado con el resto de la manteca

de cerdo, sobre una fuente refractaria. Se cuela el rehogado, reservando los tropezones. Al líquido se añade el vino de Jerez, si es necesario se sazona un poco más y se riega la carne, poniendo enseguida la fuente en el horno, a temperatura alta, durante 30 minutos. Se da la vuelta a la carne y se deja asar otros 30 minutos. Se comprueba entonces, la dureza de la carne y si tiene líquido suficiente para que no quede seco el asado. Una vez esté tierna, se corta en rodajas y se dispone en una bandeja de servicio. Los tropezones del rehogado que se reservaron se pasan por el pasapurés. Este puré se mezcla con la salsa de chocolate para asados y se vierte sobre el lomo.

MANITAS DE CERDO A LA NAVARRA
Grado de dificultad bajo

INGREDIENTES PARA 6 PERSONAS
2 kg de manitas de cerdo • 50 g de harina
• 2 huevos • 2,5 dl de aceite • 3 dientes de ajo
• 1 cebolla • 1 vaso de vino blanco • Sal • Guindilla
• Perejil

Se cuecen las manitas, previamente limpias, en agua y sal, hasta que estén tiernas. Se deshuesan, se pasan por harina y huevo y se fríen, se escurren y se disponen en una cazuela. En el aceite de las manitas, se rehogan la cebolla y los ajos picados, hasta empezar a dorar, se echa una cucharada de harina, se remueve bien todo y se vierte en la cazuela, tapándola y dejando que cueza todo 10 minutos. Pasado este tiempo, se adiciona la guindilla y el perejil.

MANITAS DE CERDO CON MOLLEJAS
Grado de dificultad alto

INGREDIENTES PARA 4 PERSONAS
1/2 kg de manitas de cerdo • 1 cabeza de ajos
• 400 g de verduras variadas • 6 dl de vino blanco

Para el relleno:

100 g cebollas • 300 g de magro de cerdo y panceta • 2 hojas de laurel • 1 copa de Jerez •Salsa de tomate • 250 g de mollejas • 2 dientes de ajo • Perejil picado • 800 g de almendras • 2 dl aceite • 35 g harina • Pimienta en grano

Se pasan por el fuego las manos de cerdo hasta dejarlas bien limpias, se cortan por la mitad a lo largo y se dejan en agua fría durante 2 horas. Después de poner a cocer en agua el vino blanco y las verduras, se sazonan y dejan cocer tapadas. Mientras cuecen, se hace el relleno pasando por la batidora la cebolla, el magro, la panceta, el laurel, el Jerez y la salsa de tomate, se sazona con la pimienta recién molida y la sal.
En una sartén se saltean, con dos dientes de ajo, las mollejas, se le añade el perejil y se mezcla con el resto del relleno. Una vez que están cocidas las manos, se deshuesan, se pone una porción de relleno encima y se cubre con la otra mitad de la mano; se envuelven en papel de aluminio y se reservan. En la sartén usada para saltear las mollejas, se rehoga la harina con un poco de aceite y se incorpora al caldo de las manos de cerdo, colándolo. Se trituran las almendras y se añaden a la salsa. Cuando estén frías las manitas de cerdo, se quita el papel de aluminio, se cortan en rodajas, se rebozan y se fríen. Por último, se cubren las rodajas fritas con la salsa.

MANITAS DE CORDERO
Grado de dificultad bajo

INGREDIENTES PARA 6 PERSONAS

1 y 1/2 kg de manitas de cordero • 2 dl de aceite • 6 cucharadas de salsa de tomate • 200 g de tocino de jamón • 2 cebollas picadas • 1 cucharada de harina • Sal • Laurel • Ajo • Perejil

Se lavan las manitas y se ponen a hervir en agua con sal, una cebolla y una hoja de laurel, durante 45 minutos en olla rápida, después de bajar el fuego. Se escurren y se reserva el caldo. En una cazuela con aceite, se fríe la otra cebolla picada; antes de que dore, se añade el tocino en cubitos y la harina, se remueve y se adicionan las manitas. En el mortero, se majan los ajos y un poco de perejil, se añaden unas cucharadas del agua de cocer las manitas y se mezcla con la salsa de tomate. Se vierte esta mezcla sobre las manitas y se deja guisar 20 minutos, a fuego lento.

MANITAS DE CORDERO A LA EXTREMEÑA
Grado de dificultad bajo

INGREDIENTES PARA 6 PERSONAS

1 y 1/2 kg de manitas de cordero • 2 claras de huevo • 100 g de harina • 2 dl de aceite • 1 cebolla • 1 zanahoria • 1 limón • 1 dl de vino blanco • Sal • Pimienta • Perejil

Se limpian y cuecen las manitas. Se prepara un adobo con la cebolla, la zanahoria, el zumo de limón, el vino, sal, pimienta y perejil en rama y se dejan las manitas durante 3 horas en el adobo, removiéndolas de vez en cuando. Se hace una masa con agua templada, la harina, una cucharada de aceite y las claras batidas a punto de nieve. Se escurren bien las manitas, se sumergen en la masa y se fríen en aceite bien caliente. Se colocan sobre papel absorbente y, cuando estén secas, se sirven.

MANOS DE TERNERA A LA VASCA
Grado de dificultad bajo

INGREDIENTES PARA 6 PERSONAS

3 manos de ternera • 150 g de jamón • 150 g de chorizo • 5 ñoras • 3 tomates maduros • 1 cebolla • 2 huevos • Aceite • Harina • Perejil • Guindilla • Sal

Se limpian las manos, se cuecen en agua con sal y se deshuesan. Se trocean y se fríen, rebozadas en harina y huevo. Una vez fritas, se disponen los pedazos en una cazuela de barro. Por otro lado, en una sartén honda, con aceite, se fríen el chorizo en rodajas y el jamón en taquitos, se escurren y se reservan. En el mismo aceite, se rehoga la cebolla y las ñoras escaldadas, sin pepitas. Se adicionan los tomates pelados, sin pepitas y cortados en dados, y una cucharada de harina, se remueve y se agregan tres decilitros de agua de cocer las manos; se deja guisar durante media hora. Pasado este tiempo, se pasa por el pasapurés, sobre las manos, se sazona con sal y una punta de guindilla y se cuece durante 20 minutos más. Se añaden el chorizo, el jamón y un poco más de agua, si fuera necesario. Se sirve espolvoreado con perejil picado.

MANOS DE TERNERA CON MANZANAS
Grado de dificultad bajo

INGREDIENTES PARA 6 PERSONAS
3 manos de ternera • 150 g de jamón • 150 g de chorizo • 5 ñoras • 3 manzanas Reineta • 1 cebolla • 2 huevos • Aceite • Harina • Perejil • Guindilla • Sal

Los ingredientes y la elaboración de esta receta es igual que la de las manos de ternera a la vasca (véase), excepto que se cambian los tomates maduros por manzanas Reineta ralladas.

MANOS DE TERNERA CON PIÑONES Y AVELLANAS
Grado de dificultad bajo

INGREDIENTES PARA 6 PERSONAS
3 manos de ternera • 4 tomates maduros • 50 g de piñones • 1 dl de vino blanco • 50 g de avellanas • 2 cebollas • 2 cucharadas de harina • 2 dientes de ajo • 1,5 dl de aceite • 1 huevo • Pimentón • Azafrán • Laurel • Clavos • Sal

Después de limpias, se cuecen las manos con una hoja de laurel y cuatro clavos en agua con sal. Una vez que estén cocidas, se escurren, se deshuesan y se cortan en trozos grandes. A continuación, se pasan por harina y huevo batido y se fríen en aceite, disponiéndolas después en una cazuela de barro. En otra cazuela aparte con aceite, se rehoga la cebolla y un diente de ajo picados, y cuando empiecen a tomar color, se añaden los tomates, pelados y cortados en cubos, así como el pimentón. Cuando estén rehogados, se echa el vino y se cuece, a fuego lento, hasta reducir un poco. Además, se machacan en el almirez, los piñones, las avellanas, el otro diente de ajo y el perejil, se echa el majado resultante a la cazuela y se añade una taza de agua de cocer las manos y el azafrán. Se sazona un poco más, si fuese necesario, y se cuece lentamente, durante unos 20 minutos más.

MENUDILLOS DE POLLO CON CORONA DE ARROZ
Grado de dificultad bajo

INGREDIENTES PARA 6 PERSONAS
1.300 g de menudillos de pollo • 1 dl de aceite • 1 cebolla • 2 dientes de ajo • 1 cucharada de harina • 1 dl de vino de Jerez • 2 cucharadas de pulpa de tomate • Romero • Perejil • Sal • Pimienta

Se lavan repetidas veces los menudillos y se cortan en pedacitos, sazonándolos con sal y pimienta. En una cazuela con aceite, se rehogan la cebolla, el ajo picaditos, y un poco de perejil y romero en rama, para poder retirarlos después. Se añade el tomate, se remueve un poco y se echan los menudillos sin dejar de remover mientras se espolvorea una cucharada de harina. Se añade el vino y, cuando rompa a hervir, se tapa la cazuela y se deja sudar, durante 30 minutos. Si fuera necesario, durante la cocción, se añade un poco de agua y se sazona más. Para servir, se separan las ramitas de hierbas y se disponen dentro del hueco de una corona de arroz blanco.

MENUDILLOS DE POLLO EN GRATÍN
Grado de dificultad bajo

INGREDIENTES PARA 6 PERSONAS

Para los menudillos:
Ver receta anterior

Para el puré:
750 g de patatas • 1/2 l de leche • 50 g de mantequilla • 1 huevo • Sal • Pimienta • Nuez moscada • Queso Parmesano rallado

Se preparan los menudillos tal y como se hizo en la receta anterior (véase). Por otro lado, se hace un puré con las patatas, cocidas con sal, peladas y machacadas, la leche caliente, la mantequilla y el huevo batido. Se sazona con sal, pimienta y nuez moscada, se mezcla y se pasa por el pasapurés. A continuación, en una fuente refractaria, se pone una capa de puré, sobre la que se colocan los menudillos, cubriéndolos después con el resto del puré. Se espolvorea con abundante queso Parmesano rallado y se pone en el horno fuerte a gratinar.

MOJETE DE CONEJO
Grado de dificultad bajo

INGREDIENTES PARA 4 PERSONAS
2 conejos de campo • 1 cabeza mediana de ajos • 1 hoja de laurel • 1 ramita de tomillo • 3 dl de vino blanco • 2 dl de aceite • 1 l de caldo de pollo en *brik* • 35 g miga de pan sin corteza frito • 30 g almendras • 25 g de harina • Sal • Pimienta

Se limpian los conejos, se trocean, se salpimientan, se pasan por harina y se fríen en aceite. Una vez hecho esto, se reservan. En ese mismo aceite se echan los ajos picados y, cuando estén dorados, se añade el conejo junto al laurel, tomillo, vino blanco, caldo y sal; se deja cocer tapado. En la batidora, se prepara una mezcla con las almendras, las migas de pan frito y los hígados del conejo

fritos, mezcla que después se agregará al guiso.

MOLLEJAS DE TERNERA AL VINO DE OPORTO
Grado de dificultad bajo

INGREDIENTES PARA 6 PERSONAS
1 kg de mollejas de ternera • 2,5 dl de vino de Oporto • 2 zanahorias • 3 cebollas • 4 puerros • 2,5 dl de nata • 400 g de puntas de espárragos • 1 saquito de gasa con romero, tomillo y laurel • 1/2 taza de caldo de carne • 2 cucharadas de mantequilla • Sal • Pimienta

Se lavan las mollejas en abundante agua corriente, se dejan en remojo con agua fría, durante 3 horas, cambiando el agua varias veces. Pasado ese tiempo, se meten en una olla con agua, sal, las cebollas, los puerros, la bolsita de hierbas y las zanahorias, durante 15 minutos. Se sacan y se limpian, quitándoles la grasa, las pieles y los nervios. En una cazuela de barro, se calienta la mantequilla, el vino, el caldo y la nata, se deja cocer para que se reduzca y se introducen las mollejas, para que cuezan un poco más a fuego muy suave, 10 minutos aproximadamente. Finalmente, se añaden las puntas de espárragos y se deja 5 minutos más.

MORRO DE VACA CON VERDURAS
Grado de dificultad bajo

INGREDIENTES PARA 6 PERSONAS
1 morro de vaca • 4 puerros • 1 cebolla grande • 3 zanahorias • 4 nabos • 2 rábanos picantes • 1 copita de vino de Jerez • Sal • Clavo • Perejil • Laurel

Después de bien limpio, se da un hervor al morro durante 5 minutos, se corta en trozos y se pone a cocer en litro y medio de agua nueva con sal. Cuando empiece a hervir, se echan todos los ingredientes sin partir, excepto el vino y el rábano, y se deja cocer, a fuego lento, durante cerca de 4 horas. Se sacan los trozos de morro y las verduras, se reduce el caldo, se adiciona el vino y los rábanos rallados y se deja cocer un poco más para reducir. Se sirven el morro y los vegetales en una fuente y la salsa en salsera aparte.

MORTERUELO CONQUENSE
Grado de dificultad medio

INGREDIENTES PARA 10 PERSONAS
1/2 liebre o conejo de campo • 1 perdiz • 1/2 gallina • 1/2 kg de jamón serrano • 1/2 kg de hígado de cerdo • 1/2 kg de panceta • 300 gramos pan rallado • 150 cc de aceite • Pimienta • Pimentón • Clavo molido • Canela • Sal

Se ponen a cocer todas las carnes, bien peladas y limpias, durante 3 horas y, cuando estén cocidas, se sacan y se limpian bien de huesos y piel, cortándolas muy finamente con el cuchillo; reservar el caldo de la cocción. En una sartén grande, se pone el aceite y, cuando esté caliente, se añade el pimentón, se deja freír unos 5 segundos con cuidado para que no se queme, y se le añaden el caldo de la cocción, las especias y la sal. Cuando empiece a hervir, se agrega el pan rallado, se cuece durante 5 minutos, se le incorporan las carnes picadas y se deja cocer durante 20 minutos a fuego lento, moviéndolo de vez en cuando para que no se pegue. Se rectifica la sazón y se sirve en cazuelitas de barro. Si está hecho en su punto, resulta una especie de paté tosco pero delicioso.

PALETILLA DE CORDERO AL HORNO
Grado de dificultad bajo

INGREDIENTES PARA 6 PERSONAS
2 paletillas de cordero lechal • 1 vaso de aceite de oliva • 1/2 vaso de vinagre de vino • 2 dientes de ajo • 2 hojas de laurel • Sal

Se precalienta el horno a 200°. Se cortan las paletillas en dos o tres trozos, con cortes profundos que no rompan el hueso. Luego, en una cazuela de barro o en una bandeja honda del propio horno, se colocan las paletillas ya preparadas como se ha señalado con anterioridad, y se les echa agua por encima hasta que casi las cubra. Se salan al gusto y se dejan en el horno hasta que la carne esté tierna. Para que no quede seca, de vez en cuando, se riegan las paletillas con el agua y la grasa que se irá depositando en el fondo. Mientras, en un mortero se majan los ajos y el laurel troceado, mezclándolo todo con el aceite y el vinagre, para posteriormente poner esta mezcla sobre las paletillas, las cuales mantendremos en el horno de 15 a 20 minutos. Las paletillas de cordero, una vez que están listas, se sirven en la misma cazuela de barro acompañadas de patatas fritas cortadas en tacos.

PATAS DE CERDO A BALEAR (GREIXONERA)
Grado de dificultad bajo

INGREDIENTES PARA 6 PERSONAS
1/2 kg de patas de cerdo saladas • 1/2 kg de queso fresco • 3 huevos • 250 g de tocino • 3 cucharadas de harina • 100 g de pan rallado • 1 dl de leche • 2 cucharadas de manteca de cerdo

Después de dejar 24 horas las patas en remojo, cambiando el agua varias veces, se cuecen hasta que estén tiernas. A continuación, se deshuesan y se cortan en trocitos, se pica también el tocino y se junta a la carne, se añade a los dos ingredientes anteriores, el queso, los huevos y la harina, se echa un poco de leche y se mezcla todo bien, haciendo una pasta. Posteriormente, se unta, con abundante manteca de cerdo una cazuela baja de barro (greixera) en la que se vierte la mezcla; luego, se cubre con el pan rallado y se pone en el horno, a temperatura media, 30 minutos. Se puede comer templado o frío.

PATÉ DE HÍGADO DE CERDO
Grado de dificultad medio

INGREDIENTES PARA 6 PERSONAS
1 kg de hígado de cerdo • 300 g de magro
de cerdo • 700 g de beicon • 4 cebollas
• 2 dientes de ajo • 1 ramito de tomillo
• 2 cucharadas de fécula de patata (puede
sustituirse por harina fina de maíz) • 100 g de
tocino, cortado en una loncha muy fina • 3 hojas
de laurel • 3 hojas de gelatina • 1 taza de caldo de
carne • Sal • Pimienta

Se pican a máquina, el hígado y la carne de
cerdo, el beicon, la cebolla, el ajo y el tomillo,
se mezcla la fécula, la sal y la pimienta y se
vuelve a pasar por la máquina de picar todo
junto. Se remoja con agua caliente la loncha
de tocino, se escurre y se forra con ella el
fondo de un recipiente refractario, en el que
se echa el picadillo, presionando. Se colocan
encima las hojas de laurel, se alisa la superficie
y se pone en el horno, hasta que adquiera un
color dorado y los bordes estén consistentes.
Se deja enfriar, poniendo un peso encima.
Se ablanda la gelatina en un poco de agua
fría y se disuelve en el caldo de carne caliente.
Se retira el peso del paté, cuando esté bien
frío, y se vierte por encima la gelatina. Se
cubre con un papel de aluminio y se reserva
en el frigorífico, durante 24 horas mínimo.
Este paté puede conservarse durante una
semana, cubierto con el aluminio.

PATÉ DE HÍGADO DE CERDO AL COÑAC
Grado de dificultad medio

INGREDIENTES PARA 6 PERSONAS
1 kg de hígado de cerdo • 300 g de magro de
cerdo • 700 g de beicon • 4 cebollas • 2 dientes de
ajo • 1 ramito de tomillo • 3 cucharadas de fécula
de patata (puede sustituirse por harina fina de maíz)
• 100 g de tocino, cortado en una loncha muy fina
• 3 hojas de laurel • 3 hojas de gelatina
• 1 taza de caldo de carne • Una copa de coñac
• Sal • Pimienta

Se hace igual que la receta anterior (véase),
pero añadiendo una copa de coñac y
agregando una pizca más de fécula o harina
fina de maíz.

PATÉ DE HÍGADOS DE GALLINA
Grado de dificultad medio

INGREDIENTES PARA 6 PERSONAS
600 g de higaditos de gallina • 300 g de cebolla
• 4 cucharadas de manteca de cerdo
• 1 cucharadita de tomillo seco • Sal • Pimienta

Se rehoga la cebolla picadita en dos
cucharadas de manteca, hasta que empiece a
ponerse transparente. Se cuela la grasa para
otro recipiente y se reserva la cebolla. Se
añade a la grasa el resto de la manteca,
dejándola que se caliente bien, y se rehogan
en ella, a fuego vivo, los higaditos bien
limpios, se adiciona el tomillo y se va
removiendo todo hasta que quede dorado. Se
pican a máquina, la cebolla y el hígado,
haciendo esa operación dos veces, y se
sazona, se remueve y se coloca en una terrina,
presionando. Se guarda en el frigorífico y se
sirve como aperitivo, sobre tostadas de pan.

PATO A LA NARANJA
Grado de dificultad medio

INGREDIENTES PARA 6 PERSONAS
1 pato de 2 y 1/2 kg • 6 naranjas de zumo
• 2 vasos de Cointreau • 100 gramos de azúcar
• Mantequilla • Sal

Se limpia bien el pato y se le hacen unos
cortes en la pechuga y en las ingles. Se hace
una mezcla con la mantequilla y la sal y se
embadurna el interior del pato y los cortes.
Se pela una naranja quitándole la piel de
manera que la pulpa quede a la vista
y se pone en un bol, se echa el Cointreau
y se deja así al menos durante 1 hora, para
que se impregne bien. Transcurrido este
tiempo, se mete la naranja en el interior del

pato y se reserva el Cointreau. Manteniendo la piel, se corta otra de las naranjas en rodajas, se parte por la mitad y se pone media rodaja en cada uno de los cortes. Se coloca el pato en una bandeja refractaria y se le rocía con el jugo de la tercera naranja, se pone la fuente en el horno, precalentado a 180°, con el grill encendido, y se deja durante 1 hora, regándolo de vez en cuando con el zumo y los jugos que vaya soltando. Mientras tanto, se pone en un cazo el azúcar y tres cucharadas de agua y se hace un almíbar, cuidando que no se caramelice; transcurrido este tiempo, se saca la bandeja del horno, se reparte por ella la cuarta naranja, cortada en rodajitas finas y con un pincel plano de cocina, se pinta bien todo el pato con el almíbar. Se echa en la bandeja el resto del Cointreau, se vuelve a meter en el horno y se mantiene la temperatura a 180° durante 30 minutos. Se coloca el pato en la fuente de servir, se riega con el jugo y se adorna con las rodajas de las dos naranjas que sobran.

PATO CON MORAS, NATA AGRIA Y CHOCOLATE
Grado de dificultad alto

INGREDIENTES PARA 6 PERSONAS
3 *magrets* de pato • 60 g de mantequilla • 1 limón
• 1,5 dl de vino de Jerez • 3 dl de nata líquida
• 3 cucharadas, colmadas, de chocolate negro
• 250 g de moras • 1 cucharada de harina
• 2 cucharadas de vinagre • Pimienta en grano
• Sal • 1 cucharadita de canela • 1 cucharada de azúcar

Se sazonan los *magrets*, con pimienta, canela y azúcar, y se ponen en una sartén, con la piel hacia arriba con la mantequilla. Se mantienen a fuego lento, durante 5 minutos de cada lado, para que se vaya disolviendo la grasa de debajo de la piel. Se sube un poco el fuego, hasta que la piel esté tostada y crujiente. Se baja el fuego. Se retira el exceso de grasa de la sartén, se añade la harina y el vino, removiendo, se sazona con sal y, si es

necesario, con un poco más de pimienta. Se deja cocer a fuego lento, hasta que el pato esté tierno, y entonces se añaden las moras y se deja un poco más. Con la mitad de la nata, cortada con unas gotas de limón y salpimentada, se hace una salsa agria. En la otra mitad, se disuelve el chocolate, al baño María. Ambas salsas se sirven por separado, para acompañar el *magret*, cortado en filetes y salpicado de moras.

PATO CON PERAS Y CHOCOLATE
Grado de dificultad alto

INGREDIENTES PARA 6 PERSONAS
1.600 g de pato limpio y troceado • 3 peras
• 120 g de chocolate negro rallado • 1 zanahoria
• 1 cebolla • 2 dientes de ajo • Media taza de almendras y nueces peladas y picadas • 1 cucharada de harina • 1/2 vaso de vino blanco • 1 dl de coñac
• Sal • Aceite • Pimienta • 1 cucharada de pan rallado • 1 cucharada de perejil picado • 0,5 dl de caldo de ave

Por un lado, se sazonan los trozos de pato con sal y pimienta. Por otro, se pelan las peras, reservando las cáscaras, se parten por la mitad, se retira el corazón y se cuecen, durante 5 minutos en agua con un poco de sal. Una vez frías, se rebozan en harina y se fríen, escurriéndolas en un plato, sobre papel absorbente. En una cazuela con aceite, se saltea el pato, dejándolo dorar por todos lados. Se añade la zanahoria y la cebolla picaditas y se rehoga todo junto unos minutos; se añaden las cáscaras lavadas de las peras y el vino blanco. A continuación, se tapa la cacerola y se cuece media hora, a fuego lento. Además, se machacan en el mortero, los ajos, los frutos secos, el perejil y el pan rallado, se agrega un poco de caldo y, cuando esté todo bien mezclado, se incorpora al guiso. Se echa el coñac, se tapa y se continúa la cocción a fuego lento, hasta que el pato esté tierno, mientras se remueve todo. Se sacan los trozos de pato a otra cacerola y se pasa el líquido de la cocción por el pasapurés.

El chocolate se disuelve con el resto de caldo en un cacito y, una vez disuelto, se mezcla con la salsa y se vuelca todo sobre el pato. Para terminar, se añaden a la cazuela las peras fritas y se deja cocer de nuevo, durante 5 minutos.

PATO CON SOJA
(cocina japonesa)
Grado de dificultad bajo

INGREDIENTES PARA 4 PERSONAS
2 *magrets* de pato • 1 cucharada de harina
• 6 cucharadas de sake seco • 6 cucharadas de sake dulce • 6 cucharadas de salsa de soja

Se filetean los *magrets*, dando unos finos cortes superficiales, y una vez hecho, se procede entonces a salar y pasar por harina. Cuando el aceite de la sartén, apenas una cucharadita, esté bien caliente, se pasa el magret únicamente vuelta y vuelta. Se prepara una mezcla de los sakes (el seco y el dulce) y la soja, se añade a la sartén donde esté el *magret* y se deja reducir. Se sirve inmediatamente.

PAVITA RELLENA
Grado de dificultad medio

INGREDIENTES PARA 6 PERSONAS
1 pavita de 2 y 1/2 kg aprox. • 2 limones
• 250 g de carne de vaca picada • 250 g de carne de cerdo picada • 200 g de jamón serrano picado • 100 g de aceitunas verdes sin hueso • 30 g de piñones pelados • 50 g de pasas • 2 dl de vino blanco • 4 cucharadas de pulpa de tomate • 4 cucharadas de manteca de cerdo • 1,5 dl de aceite • 1 cebolla • 2 dientes de ajo • 1 manzana Reineta • Pimienta • Sal

Se retiran y desechan las vísceras de la pava, se lava muy bien por dentro y por fuera y se coloca en un recipiente con agua y dos limones partidos en rodajas, dejándola reposar al menos durante 12 horas. En una sartén grande se pochan la cebolla y el ajo picaditos, se añaden las carnes y el jamón y se deja freír un poco mientras se remueve. Se agregan los piñones, las pasas, previamente remojadas, las aceitunas picadas y el tomate. Se salpimienta al gusto, teniendo en cuenta la sal del jamón serrano y de las aceitunas. Después de rehogar todos los ingredientes, se echa el vino blanco y se tapa la sartén para que se vaya cocinando todo a fuego lento, removiendo de vez en cuando y agregando un poco de vino, si es necesario. Por otro lado, a la pavita, una vez transcurridas las 12 horas, se la seca por dentro y por fuera con un paño y se va rellenando, cuidadosamente, hasta que su interior esté completamente lleno de la mezcla de carnes. La abertura del cuello se tapa con la manzana Reineta y las demás aberturas se cosen, con un hilo grueso, procurando unir bien la piel de ambos lados para que de esta manera no se abra. Con el mismo hilo se le atan las patas. Por último, se unta toda la pava con la manteca, se riega con vino y se pone al horno, en temperatura alta, hasta que veamos que está bien dorada por igual. Durante el asado, se va volviendo y se riega con el líquido que va soltando para que no se seque en extremo.

PAVO AFRUTADO
(muslos)
Grado de dificultad medio

INGREDIENTES PARA 6 PERSONAS
6 muslos, sólo patas, de pavo pequeño
• 3 cucharadas de manteca de cerdo • 1 vaso de vino blanco • Sal • Pimienta • Salsa afrutada para seis porciones (ver «Salsas»)

Se salpimientan las patas de pavo, se untan con la manteca y se ponen en el horno, a 200° hasta que estén tiernas y doradas. Durante el horneado, se va regando con el vino blanco y su propio jugo. Cuando estén bien asadas, se colocan en una fuente, bien escurridas de la grasa del horno, y aliñadas con la salsa afrutada.

PAVO ASADO, RELLENO DE NÍSPEROS Y CASTAÑAS
Grado de dificultad medio

INGREDIENTES PARA 6 PERSONAS
1 pavo • 400 g de castañas • 200 g de salchicha
• 1 limón • 1 bote de nísperos • 3 cebollas
pequeñas • 1 cucharada de Oporto • 1 pizca de
estragón • 200 g de panceta ahumada • 1 ramita
de romero • 1 huevo • 1 hoja de laurel • 1 diente
de ajo • 1 vaso de vino blanco • 2 cucharadas de
mantequilla • 2 cucharadas de aceite • Pimienta
• Sal gorda

Se lava muy bien el pavo por dentro y por
fuera con agua templada. Se pone agua y sal
en una olla y cuando está hirviendo, se
introducen las castañas con la hoja de laurel.
Se deja cocer durante 40 minutos. En una
fuente grande se pone la mantequilla, el
aceite, el ajo picado, sal, pimienta, tomillo y
romero, y se mete en el horno precalentado a
180° durante 10 minutos. Se sacan las
castañas de la olla, se aparta la mitad y se
pica el resto; se mezclan las castañas picadas
con la salchicha, los nísperos troceados, la
cebolla cortada, la panceta picada, la
cucharada de Oporto, una pizca de estragón,
sal y pimienta y se rellena el pavo con la
mezcla. Se saca la fuente del horno, se coloca
en ella el pavo y se le da una vuelta para que
se impregne de la mezcla de grasas y hierbas.
Se deja en el horno a 180° durante dos horas
y, con una cuchara grande de madera, se
rocía con los jugos acumulados en el fondo de
la fuente. Media hora antes de terminar el
asado, se añaden las castañas restantes y dos
cebollas pequeñas cortadas en cuatro trozos.

PAVO CON CHOCOLATE
Grado de dificultad alto

INGREDIENTES PARA 6 PERSONAS
1 pavo pequeño (2 y 1/2 kg aprox.) limpio y sin
vísceras • 1 cebolla • 1 vaso de nata líquida
• 1 cebolla • 8 gotas de tabasco • 250 g de magro
de cerdo picado • 3 huevos • 1 vaso de vino blanco
• 250 g de miga de pan • 2 dientes de ajo
• 1 taza de leche • 1 cucharada de mantequilla
• 2 cucharadas de manteca de cerdo • Sal
• Pimienta • Laurel

Se pone una cazuela en el fuego con la
mantequilla, las cebollas y los ajos picaditos y
se rehogan hasta que estén pochados. Se
añade la carne picada, el tabasco, la miga de
pan, previamente remojada en leche tibia y
escurrida, sal y pimienta y se deja a fuego
medio durante 10 minutos, mientras se
revuelve, para que la carne no se apelmace.
Se rellena el pavo con esta mezcla y se cosen
las aberturas. Luego, se unta el pavo con la
manteca y se pone en horno medio alrededor
de 1 hora y media. Mientras se termina de
asar el pavo, se derrite en un cacito el
chocolate con una cucharadita de agua, se
agrega la nata y se calienta todo junto. Se
saca el ave del horno y se coloca sobre la
fuente de servicio. En otro cacito, se calienta
el vino blanco y, cuando esté bien caliente, se
vierte en la fuente de horno, para recuperar el
jugo del asado. Este jugo se incorpora al
cacito del chocolate, se calienta todo junto y
se vierte sobre el pavo asado. La salsa
sobrante se sirve en salsera.

PAVO DE NOCHEBUENA
Grado de dificultad medio

INGREDIENTES PARA 6 PERSONAS
1 pavo de 3 kg • 3 dientes de ajo • 100 g de
almendras • 1/2 vaso de vino fino de Jerez
• 3-4 hebras de azafrán • 1 vaso de aceite
• Harina de trigo • Sal

Se limpia bien el pavo y se trocea, cada cuarto
en tres trozos, para pasarlos por harina y
reservarlos. En una sartén se calienta el aceite
y se echan los ajos enteros y las almendras;
cuando estén fritos, se sacan y se reservan. En
el mismo aceite se van friendo los trozos del
pavo y se pasan a una cacerola. En un
mortero, se majan los ajos y las almendras,
junto con un poco de aceite. Cuando esté

todo bien majado, se mezcla con el vino y el azafrán, y se echa en la cacerola donde se pusieron los trozos del pavo. Se añade el resto del aceite, que se usó para freír el pavo, y la sal, se cubre todo con agua y se deja cocer a fuego lento hasta que el pavo esté tierno. Se sirve en una fuente acompañado de unas patatas fritas cortadas a dados.

PAVO EN ESCALOPINES
Grado de dificultad bajo

INGREDIENTES PARA 6 PERSONAS
1 kg de pechuga de pavo sin hueso • 3 cucharadas de mantequilla • 1 vaso de vino blanco
• 2 cucharaditas de mostaza • 150 g de champiñones frescos • Zumo de limón • 2 dl de nata líquida • Sal • Pimienta • 2 yemas de huevo

Se corta la pechuga en filetes, pequeños y más bien finos y se doran en la mantequilla, de ambos lados, se retiran del fuego, se colocan en una fuente refractaria y se mantienen en calor para que no se enfríen. En la sartén que se doraron los filetes, se echa el vino blanco, se deja que rompa a hervir y se añade la mostaza. Se meten los escalopines, se salpimientan y se dejan cocer un poco, a fuego lento. Se cortan en láminas los champiñones, se lavan bien y se pasan por agua y limón, para agregarlos a los filetes; se añade también la nata, removiendo mientras se mezcla. Se deja cocer, a fuego lento, 10 minutos más. Se retira entonces el pavo y se dispone en la fuente de servicio. Con un poco de la salsa, se baten las yemas y se incorporan al resto de la salsa. Se cubren los filetes con la salsa y se sirven bien calientes.

PAVO EN ESCALOPINES AL HORNO
Grado de dificultad bajo

INGREDIENTES PARA 6 PERSONAS
1 kg de pechuga de pavo sin hueso • 3 cebollas picadas • 2 dientes de ajo machacados
• 2 cucharadas de hojas de romero • 2 cucharadas

de mantequilla • 1/2 vaso de vino blanco • Sal
• Pimienta

Se cortan las pechugas en escalopines y se salpimientan. Se mezcla bien una cucharada de mantequilla, la cebolla, el ajo y el romero y se dispone la mezcla en el fondo de una fuente refractaria. Sobre ella, se colocan los escalopines, se cubren con el vino y se reparte el resto de la mantequilla. Se pone en el horno a 200° y, cuando empiecen a dorar, se riegan con su propia salsa, se baja la temperatura a 180°, se cubre con papel de aluminio, para evitar que se reseque, y se dejan unos 15 minutos.

PAVO EN FILETES A *KING*
Grado de dificultad medio

INGREDIENTES PARA 6 PERSONAS

Para el pavo:
750 g de filetes de pavo • 200 g de champiñones frescos • 1 cucharada de mantequilla • 0,5 l de nata líquida • 1 cucharada de harina • 1 huevo • Sal
• Nuez moscada • Zumo de limón • Pimienta

Para el arroz:
75 g de mantequilla • 400 g de arroz • Caldo de ave sazonado

Se salpimientan los filetes, cortados finos. En una cacerola se deja derretir la mantequilla, se añade el arroz, se remueve un poco y se le añade el doble de su cantidad de caldo de ave. Después del primer hervor, se vuelve a mover, se tapa y se reduce el fuego, hasta que el arroz esté en su punto. En un cacito, se pone la cucharada de mantequilla y, cuando se caliente, se añade la harina, se remueve y se agrega la nata, poco a poco, sin parar de mover; se deja que hierva 1 minuto. Se retira del fuego, se mezcla el huevo y se sazona con sal, pimienta, nuez moscada y unas gotas de zumo de limón. Se calientan 75 gramos de mantequilla en una cazuela y se fríen en ella los filetes de pavo, hasta que queden dorados.

Se reservan. En la misma grasa, se echan los champiñones, lavados y laminados, y se dejan rehogar hasta que estén hechos. En una fuente refractaria, se dispone el arroz, por encima, los filetes de pavo, luego los champiñones y, por último, la salsa de nata. Se espolvorea con queso rallado o pan rallado y se gratina en el horno.

PAVO EN FILETES A LA FRANCESA
Grado de dificultad bajo

INGREDIENTES PARA 6 PERSONAS
1 kg de filetes de pechuga de pavo • 60 g de mantequilla • 1 vasito de vino de Jerez seco • 1,5 dl de nata líquida • 10 granos de pimienta • Sal • Mostaza

Se sazonan los filetes con los granos de pimienta machacados y la sal. En una sartén con mantequilla, se ponen los filetes, dejándolos bien dorados por ambos lados, se retiran y se untan con la mostaza. En la misma grasa, se añade el vino y la nata y se deja hervir despacio 3 minutos. Se vuelven a meter los filetes, cocinándolos en la salsa hasta que ésta espese un poco.

PAVO EN FILETES A LA HÚNGARA
Grado de dificultad bajo

INGREDIENTES PARA 6 PERSONAS
1 kg de filetes de pechuga de pavo • 4 cucharadas de manteca de cerdo • 3 pimientos verdes • 6 tomates • 2 cucharadas de páprika dulce • 2 dl de nata agria (o nata normal, agriada con unas gotas de limón) • Sal • Pimienta

Se pica la cebolla y se rehoga en dos cucharadas de manteca de cerdo. Cuando empiece a dorar, se añaden los pimientos, sin pepitas y cortados en tiras. Se deja cocinar un poco y se agregan los tomates, pelados, sin pepitas y troceados. Se sazona con la páprika, sal y pimienta y se deja cocer, a fuego lento, hasta que todos los ingredientes estén

pochados. En una cazuela aparte, se echa el resto de la manteca y se fríen los filetes, unos dos minutos de cada lado, y se salpimientan. Se echa por encima la salsa de tomate y pimientos, se deja cocer un poco más y, finalmente, se le añade por encima la nata agria.

PAVO EN FILETES A MARYLAND
Grado de dificultad bajo

INGREDIENTES PARA 6 PERSONAS
6 filetes grandes de pavo • 6 plátanos, pequeños y duros • 6 lonchas de beicon • 1 huevo • Pan rallado • Aceite para freír • Sal • Pimienta • Zumo de limón • Pan rallado • Perejil picado • Rodajas de limón

Se sazonan los filetes con sal, pimienta y zumo de limón, se dejan reposar un poco; se escurren, se pasan por huevo y pan rallado y se fríen en aceite hasta que se doren bien por ambos lados. Al mismo tiempo, se fríe el beicon en una sartén engrasada. Los plátanos, pelados y cortados en dos a lo largo, se fríen en aceite muy caliente, para que no se ablanden, y se ponen inmediatamente a escurrir, encima de papel absorbente. Para servir, sobre los filetes de pavo se colocan rodajas de limón sobre las que se pone un montoncito de perejil picado.

PAVO EN FILETES AL YOGUR PICANTE
Grado de dificultad bajo

INGREDIENTES PARA 6 PERSONAS
2 pechugas de pavo, limpias y sin hueso • 1 zanahoria • 1/2 cebolla • 1 puerro • 1 tallo de apio • 1 cucharada de aceite • Sal • 5 granos de pimienta • Salsa de yogur picante para seis raciones (ver «Salsas»)

En una cazuela se ponen las pechugas enteras, la zanahoria pelada y cortada en rodajas gruesas, la cebolla cortada en cuartos, el puerro en trozos, el tallo de apio partido por la mitad, la pimienta, la sal y agua para cubrirlo todo. Se echa el aceite y se lleva a fuego vivo, hasta que hierva. Se reduce el calor y se deja cocer durante 30 minutos. Cuando esté bien cocido el pavo, se escurre, se corta en dados, no muy pequeños, se dispone en una fuente y se vierte por encima la salsa, previamente pasada por el pasapurés.

PAVO EN FILETES CON CERVEZA
Grado de dificultad bajo

INGREDIENTES PARA 6 PERSONAS
1.200 g de pechuga de pavo • 1 cucharada de manteca de cerdo • 1 cucharadita de harina • 3 dl de cerveza • 30 g de mantequilla • 2 cucharadas de aceite • 1 cebolla grande • Caldo de ave • 12 ciruelas pasas • Sal • Pimienta

Se limpian y cortan las pechugas en filetes, contando dos por persona, se sazonan con sal y pimienta y se doran, de ambos lados, en una sartén con la manteca bien caliente. Se retiran de la sartén y, en la grasa que queda, se echa la cucharadita de harina removiendo para que no se pegue, y se echa la cerveza, en chorro fino, sin parar de remover para que ligue con la harina. Con la mantequilla y el aceite mezclados, se pocha la cebolla, cortada en rodajas finas. Cuando empiece a dorar, se añaden los filetes y la salsa de cerveza, dejándolos a fuego lento durante unos 40 minutos hasta que queden tiernos. A media cocción, se agregan las ciruelas, remojadas en agua fría. Si el guiso pierde demasiado líquido, se va añadiendo caldo de ave, para que los filetes tengan bastante salsa.

PAVO EN LA CAZUELA
(muslos)
Grado de dificultad bajo

INGREDIENTES PARA 6 PERSONAS
1.800 g de muslos de pavo, partidos en trozos • 1,5 dl de vino blanco • 4 cucharadas de pulpa de tomate • 200 g de beicon • 2 dientes de ajo

• 1 hoja de laurel • 1 ramita de perejil • 1 cebolla • 2 dl de caldo de ave • Sal • Pimienta

Se sazonan los trozos de pavo con sal y pimienta y se ponen en una cazuela con el aceite, el beicon cortado en dados, los dientes de ajo y la cebolla picados, la ramita de perejil y el laurel. Se rehoga todo junto, a fuego lento, removiendo un poco el fondo, y se añade el tomate y el vino. Se deja cocer durante media hora y se agrega el caldo de ave. Se tapa la cazuela y continúa la cocción hasta que el pavo esté en su punto.

PAVO EN PEPITORIA A LA ANDALUZA
Grado de dificultad medio

INGREDIENTES PARA 6 PERSONAS
1 pavo de unos 3 kg cortado en trozos • 200 g de manteca de cerdo • 2 rebanadas de pan • 2 dientes de ajo • 2 clavos • Medio limón • 1 cebolla • Sal • Canela • Perejil

Se calienta la manteca en una cazuela grande y se fríen en ella el pan y los ajos pelados. Se retira del fuego, se meten las ramitas de perejil y, cuando tomen el sabor, se sacan y reservan. Se añade la cebolla picada y se rehoga. Cuando se empiece a dorar, se pone el pavo y, cuando cojan color todos los trozos, se cubre con agua, o caldo de ave, se tapa la cazuela y se deja cocer cerca de 3 horas. Se majan en el mortero el pan, los ajos, el perejil y los clavos, se diluyen en el zumo de limón y se vierte en la cazuela cuando falte poco para terminar la cocción. Si fuera necesario, se añadiría más líquido. Se sirve bien caliente.

PAVO RELLENO A LA CATALANA
Grado de dificultad medio

INGREDIENTES PARA 6 PERSONAS
1 pavo de unos 3 kg • 100 g de orejones • 100 g de piñones • 100 g de pasas de Corinto • 100 g de ciruelas pasas sin hueso • 6 salchichas de cerdo

• 100 g de jamón • 100 g de manteca de cerdo
• 2 manzanas Reineta • 1 l de caldo de ave
• 1 copa de vino blanco seco • 1 manojo de hierbas
(tomillo, orégano, laurel, perejil…) • Sal • Pimienta
• Canela • 1 diente de ajo

Se limpia y vacía el pavo, reservando el
hígado. Se calienta el caldo y se ponen en
remojo las pasas, los orejones y las ciruelas.
Se pica el hígado y se rehoga un poco en la
manteca con el ajo picado, el ramo de
hierbas, las manzanas peladas y cortadas,
el jamón cortado en cubitos y las salchichas
troceadas. Se deja rehogar durante unos 10
minutos y se añaden los piñones, las pasas,
los orejones y las ciruelas, bien escurridos.
Se retiran las hierbas, se mezclan todos los
ingredientes, se sazonan con sal, pimienta y
canela y se rellena el pavo con la mezcla.
Después de coser las aberturas, se unta el
pavo con la manteca y se pone en el horno,
a temperatura alta, durante 15 minutos.
Pasado este tiempo, se vierte sobre el ave el
vino, mezclado con el caldo, se continúa el
asado por 1 hora y media, se reduce la
temperatura y se acaba de asar hasta estar
bien dorado y tierno.

PECHUGAS DE POLLO RELLENAS
Grado de dificultad bajo

INGREDIENTES PARA 4 PERSONAS
4 pechugas de pollo deshuesado • 100 g de
Bondiola • 150 g de queso de cabra rallado
• 2 chalotas • 1 cucharadita de ají molido • Sal
• Pimienta

Primero, se abren las pechugas de pollo en
tres, sin que se separen. Una vez abiertas, se
agrega sal y pimienta al gusto, y se esparce el
queso de cabra rallado, el Bondiola, las
chalotas picadas y el ají molido. Se enrolla y se
ata con hilo de cocina para así ponerlos sobre
la parrilla en fuego alto, hasta que la
superficie del pollo quede dorada. Se baja el
fuego, retirando algunas brasas, y se deja asar
20 minutos más.

PERDICES CON CHOCOLATE
Grado de dificultad medio

INGREDIENTES PARA 6 PERSONAS
6 perdices • 750 g de chalotas • 50 g de chocolate
• 200 g de pan de hogaza • 1/2 l de aceite • Laurel
• Apio • Sal • Vinagre • Pimienta

Después de muy limpias, y flameadas con
alcohol, se ponen las perdices en una cacerola
con aceite y se rehogan durante 2 minutos.
Se retira el aceite de la cazuela, dejando las
perdices, y se añade un chorreón de vinagre,
sal, pimienta, laurel y un pedacito de apio.
Se cuece durante 12 minutos y se añaden las
chalotas, peladas y enteras. Se cubre con agua
y, con la cacerola tapada, se deja cocer
durante hora y media, mientras se va
retirando la espuma que se forma en la
superficie. Pasado ese tiempo, se parte
el chocolate en pedacitos y se disuelve en el
caldo, se deja hervir un momento y se retira,
antes de que espese demasiado. Se fríen
unas rebanadas de pan, se ponen en el fondo
de una fuente, y sobre ellos las perdices,
regadas con la salsa de chocolate y rodeadas
por las cebollitas.

PERDICES CON CHOCOLATE A LA RIOJANA
Grado de dificultad medio

INGREDIENTES PARA 6 PERSONAS
6 perdices • 500 g de chalotas • 100 g de
chocolate amargo rallado • 1,5 dl de aceite
• 2 cucharadas de vinagre • Pimienta • Sal • Laurel
• Orégano • Caldo de ave • 750 g de castañas
cocidas en cuartos, para acompañar • 1 pizca de
anís seco

Se rehogan las perdices, limpias, lavadas y
secas, en una cazuela con aceite. Cuando
estén rehogadas por igual, se añade el
vinagre, la sal, la pimienta y el laurel y se deja
cocer, a fuego lento, durante 10 minutos. Se
agregan las chalotas, peladas y enteras, el
orégano y caldo suficiente para cubrirlo,

manteniendo el fuego suave, durante 1 hora más. Después de cocidas, con sal y una pizca de anís, se pelan las castañas y, con cuidado para que no se rompan, se agregan al guiso. Se disuelve el chocolate rallado en un poco de caldo caliente y se vierte sobre las perdices, cociendo durante otros 10 minutos.

PERDICES EN ESCABECHE
Grado de dificultad bajo

INGREDIENTES PARA 4 PERSONAS
4 perdices de campo • 1 cabeza de ajos • 3 hojas de laurel • 1 rama de tomillo • 2 dl de vino blanco • 6 dl de vinagre de vino • 2 dl de aceite de oliva virgen • 2 dl de agua • Pimienta en grano • Pimienta molida • Sal

Se limpian las perdices y se pasan por el fuego para quitarles los restos de plumas. Se añade la sal y la pimienta y se fríen en aceite. Se sacan y se reservan. En este mismo aceite, se rehogan los ajos, el laurel, el tomillo, la pimienta, el vino, el vinagre, el agua y la sal. En un recipiente hondo, se ponen las perdices y se cubren con ese escabeche, se tapan y se dejan enfriar. Este plato resulta más sabroso si se come al día siguiente acompañado de verduras de temporada.

PERDICES ESTOFADAS A LA MANCHEGA
Grado de dificultad medio

INGREDIENTES PARA 4 PERSONAS
4 perdices de campo • 2 dl de aceite de oliva virgen • 3 dl de vino blanco • 6 dientes de ajo • 300 g de cebolla • 200 g de zanahoria • 200 g de tomate • 2 l de caldo blanco • 25 g de harina • 1 ramillete de hierbas aromáticas • Pimienta

Se limpian las perdices, se lavan y flamean. Se añade sal y pimienta. Se cosen con hilo. Se pasan las perdices por harina y se fríen en aceite. Se reservan. En el mismo aceite, se rehogan las verduras con el ramillete de

hierbas aromáticas, se añaden las perdices, el vino y el caldo y se sazona. Una vez cocidas, se retira el hilo con el que se han cosido, se cortan por la mitad, quitándoles el caparazón, y se echa la salsa sobre las perdices.

PICADILLO DE CARNE CON CALABACINES
Grado de dificultad bajo

INGREDIENTES PARA 6 PERSONAS
700 g de carne de vacuno picada • 2 cebollas picadas • 2 dientes de ajo machacados • 1 cucharada de pimentón dulce • 1 y 1/2 calabacín cortado en trozos de 2,5 cm aprox. • 1 kg de tomates sin piel ni semillas, picados • Sal

En un recipiente refractario, se pone la cebolla, el aceite, el ajo y el pimiento. Se lleva al microondas, a potencia máxima, 3 o 4 minutos, se remueve una vez, se añaden las especias y se cocina 2 minutos más. Se agrega la carne y se mezcla con el tenedor. Se cocina durante 5 minutos moviendo el guiso dos veces. Se añaden los tomates picados y se cocina todo otros 10 minutos siempre en potencia máxima, removiendo dos veces en el transcurso de dicho tiempo.

PICADILLO DE CARNE CON MAÍZ Y ZANAHORIAS
Grado de dificultad bajo

INGREDIENTES PARA 6 PERSONAS
700 g de carne de vacuno picada • 2 cebollas picadas • 2 dientes de ajo machacados • 1 cucharada de pimentón dulce • 150 g de maíz congelado de lata • 2 zanahorias pequeñas • 1 kg de tomates sin piel ni semillas, picados • Sal

Se trata de un plato que se hace como la receta anterior (véase), cambiando los calabacines por dos zanahorias pequeñas, muy picaditas, y 150 gramos de maíz congelado de lata.

PICADILLO DE CARNE CON PIMIENTOS
Grado de dificultad bajo

INGREDIENTES PARA 4 PERSONAS
450 g de carne de vacuno picada • 1 cucharada de
aceite • 2 dientes de ajo • 1 pimiento verde
• 1 cebolla • 1 cucharada de azafrán en polvo
• 1cucharada de cilantro picado • 4 tomates
pelados, sin pepitas y picados • Sal • Pimienta

En un bol refractario, se echa el aceite y se
hierve a potencia máxima durante 3 minutos,
removiendo una vez. Se añaden las cebollas,
los ajos y el pimiento finamente picados, así
como las especies, y se ponen en el
microondas, durante 2 minutos a potencia
máxima, removiendo una vez en el transcurso
de este tiempo. Se añade la carne, se mezcla
bien con un tenedor y se hornea a potencia
máxima 5 minutos, removiendo dos veces.
Por último, se agrega el tomate y se le da
otros 10 minutos a potencia máxima,
removiendo dos veces.

PIES DE CERDO A LA PARRILLA
Grado de dificultad bajo

INGREDIENTES PARA 6 PERSONAS
3 pies de cerdo • 1 dl de aceite • 2 dientes de ajo
• 1 limón • 0, 5 dl de vino blanco • Sal • Pimienta
• Laurel • Tomillo •Perejil • Pan rallado

Después de limpios, se ponen a hervir los pies
de cerdo en una olla con agua, sal, una ramita
de tomillo fresco, laurel y el vino. Se dejan
cocer durante 3 horas, con la cazuela tapada,
a fuego medio, hasta que estén tiernos.
Pasado ese tiempo, se les quita el hueso del
centro y se colocan en una fuente, regados
con zumo de limón, 0,5 dl de aceite y
pimienta, y se espolvorean con pan rallado,
dejándolos en este adobo durante 2 horas
como mínimo. Transcurridas las 2 horas, se
escurren, se espolvorean con ajo y perejil
picaditos y se introducen en el horno con
gratinador, previamente calentado, a

temperatura media, hasta estar dorados.
Durante el gratinado se rocían con aceite.

PIES DE CERDO CON CIRUELAS
Grado de dificultad bajo

INGREDIENTES PARA 6 PERSONAS
5 pies de cerdo • 0,6 dl de aceite • 0,6 dl de vino
blanco • 1 cebolla • 4 tomates maduros • 3 dientes
de ajo • 1/2 kg de ciruelas pasas • Sal • Pimienta

Se cortan los pies de cerdo en trozos, después
de bien limpios y cocidos. Se escurren y se
ponen en una cazuela junto con la cebolla,
los dientes de ajo, pelados y cortados,
y los tomates, sin piel ni pepitas y troceados;
se sazona todo y se echa el aceite, dejando
que se rehogue durante 15 o 20 minutos.
removiendo de vez en cuando. Pasado ese
tiempo, se reduce el fuego, se añade
el vino, se sazona, se agregan las ciruelas,
previamente remojadas en agua caliente
durante 2 horas, y se deja unos
minutos más.

PIES DE CERDO CON POLLO
Grado de dificultad bajo

INGREDIENTES PARA 6 PERSONAS
3 pies de cerdo • 1 pollo desviscerado, limpio y
troceado • 2 cebollas • 2 zanahorias • 3 cebolletas
• 1 puerro • 1 atadito de hierbas aromáticas
• 2 cucharadas de manteca de cerdo • 75 g de
jamón picado • 4 dientes de ajo • 1 vaso de vino de
Jerez • 1 copa de coñac • Sal • Pimienta

Se parten los pies de cerdo al medio y se
cuecen con una cebolla, el puerro y las
zanahorias, durante cerca de 3 horas. Se
calienta en una cazuela la manteca de cerdo,
se rehogan la cebolla y los ajos picaditos y,
cuando empiecen a dorarse, se agregan los
taquitos de jamón y se añaden los trozos de
pollo, previamente salpimentados, hasta que
estén bien salteados y dorados. Entonces, se
echa el atadito de hierbas, el vino y el coñac.

Se cubre con el agua de cocción de los pies y se deja cocer, a fuego lento, durante 25 minutos. Se añaden los pies y se deja 10 minutos más.

PINCHOS DE POLLO A LA TORONJA

Grado de dificultad bajo

INGREDIENTES PARA 4 PERSONAS

1 kg de pechugas de pollo sin piel ni huesos • 2 toronjas • 1/2 kg de beicon ahumado • Sal • Pimienta • Aceite

Se corta el pollo en dados gruesos y se coloca en una fuente. Se parte una toronja por la mitad y con su jugo se baña el pollo, se añade aceite de oliva y se deja marinar en esta mezcla durante 6 horas. Se trocea el beicon en pedazos iguales, se saca el resto de las toronjas en gajos sin piel y se corta en trozos iguales. Se ensartan los trozos de pollo, beicon y toronja en brochetas, intercalándolos en ese orden; sazonar con sal y pimienta. Se colocan las varillas en la parrilla del horno o al fuego de brasas.

PINCHOS DE RIÑONES Y BEICON

Grado de dificultad bajo

INGREDIENTES PARA 6 PERSONAS

2 riñones de ternera • 400 g de beicon en cubitos • 1 vaso de vino blanco • 2 berenjenas pequeñas • 2 dientes de ajo machacados • 1 cucharada de oréganos • Sal • Pimienta • Aceite

Después de limpiar los riñones, como se indica en otras recetas, se cortan en cubos y se deja en un adobo de vino blanco, ajos, sal, pimienta y oréganos, durante un mínimo de 3 horas. Se lavan las berenjenas, se cortan en dados y se dejan reposar, rociadas con limón y sazonadas con sal, en un plato inclinado para que suelten el agua. Pasado el tiempo del adobo, se escurren los riñones y se van ensartando, alternadamente, con el beicon y

la berenjena en varitas de madera. Se engrasa una plancha con aceite y se ponen los pinchos, volviéndolos de vez en cuando, para que se hagan y doren por igual.

PINCHOS MORUNOS

Grado de dificultad bajo

INGREDIENTES PARA 2 PERSONAS

450 g de carne de cerdo • Aceite• 2 dientes de ajo pelados • Tomillo • Pimentón • 2 cebollas • Sal

Se corta la carne en tacos y se marina una noche en un bol con aceite de oliva, dos dientes de ajo pelados, sal, tomillo y pimentón. Se blanquean las cebollas. Se ensarta la carne y la cebolla en palitos de brocheta. Se asa en una fuente de horno cubierta con una ligera capa de aceite de oliva. Aunque la mejor forma de hacerlos es en barbacoa con sarmientos.

POLLITOS A LA NORMANDA (picantones)

Grado de dificultad medio

INGREDIENTES PARA 6 PERSONAS

3 picantones • 3 cucharadas de mantequilla • 2 cucharadas de aceite de girasol • 2 zanahorias • 4 cebollitas pequeñas • 1 vaso de aguardiente de manzana • 3 vasos de sidra • 1 atado de hierbas aromáticas • 1 cucharada de harina fina de maíz • El zumo de medio limón • 1,5 dl de nata líquida • Sal • Pimienta • Nuez moscada

Se cortan los picantones al medio, se limpian bien y se desechan las vísceras. Se salpimientan y se colocan en una cacerola grande, con dos cucharadas de mantequilla, a fuego fuerte hasta que se doren. Se retiran, se añade el resto de la mantequilla y se agregan las zanahorias, limpias y cortadas en rodajas, y las cebollitas enteras, dejándolas dorar bien. Se ponen, de nuevo, los pollos en la cazuela y se riegan con el aguardiente de manzana, para que la carne se impregne del aroma. Se incorpora la sidra, el atado de hierbas, sal, pimienta y nuez moscada. Se tapa la cacerola, se deja hervir durante 20 minutos a fuego lento y se retiran los picantones a una fuente de servir, manteniéndolos calientes. A continuación se echa la harina, disuelta en un poco de agua, a la salsa de la cazuela, se deja hervir y se le añade el zumo de limón y la nata, pasándola por el chino, después de hervir un poco. Se riegan los picantones con la mitad de la salsa y el resto se sirve en la salsera.

POLLITOS A LA PIMIENTA
Grado de dificultad bajo

INGREDIENTES PARA 6 PERSONAS
3 picantones • 5 cucharadas de aceite • Sal
• 1 cucharada de pimienta negra molida

Se cortan al medio los picantotes, desechando las vísceras y limpiándolos muy bien. Se mezcla el aceite con la sal y la pimienta y se untan las mitades de pollo, por todas partes, con esos ingredientes. Pasados 15 minutos se vuelven a untar y, así, durante 2 horas, en las cuales se hace la misma operación hasta que se termine la mezcla, y el pollo haya tomando todo el sabor. Se colocan los picantones en la parrilla del horno, previamente calentado y, por debajo, se pone una placa para que recoja el jugo del asado. Se dejan en el horno durante 30 minutos aproximadamente, regándolos a menudo con su jugo, y cuando estén tiernos y muy doraditos, se pasan a una fuente de servir rodeándolos con una ensalada de escarola y granada.

POLLITOS CON PEPINO
(picantones)
Grado de dificultad bajo

INGREDIENTES PARA 6 PERSONAS
3 picantones • 1 cucharada de manteca de cerdo
• 6 cebolletas pequeñas • 3 pepinos • 2 cucharadas

de mantequilla • 2 cucharadas de perejil, cebollino, tomillo fresco y laurel picados • Sal • Pimienta • Caldo de ave

Se limpian los picantones, por dentro y por fuera, desechando las vísceras. Se salpimientan y se doran en una cazuela con la manteca de cerdo. Se añaden dos cucharadas de caldo y las cebolletas enteras. Se tapa la cazuela y se deja cocer, a fuego lento, 35 minutos. Se cortan, en rodajas gruesas y regulares, los pepinos pelados y se hierven con agua y sal de 5 a 7 minutos; cuando están, se escurren. En una cazuela aparte, se calienta la mantequilla y se echa el pepino, se tapa y se deja cocer a fuego lento, hasta que estén blandos, entonces se les agrega la mitad de las hierbas picadas. Se disponen los picantones en el centro de una fuente de servicio, se rodean con el pepino y las cebolletas y se riegan con la salsa, espolvoreándolos, por último, con el resto de las hierbas aromáticas.

POLLITOS CON SALSA DE HÍGADO
Grado de dificultad bajo

INGREDIENTES PARA 6 PERSONAS
3 picantones • 6 cucharadas de mantequilla
• 6 lonchas de beicon • 6 rebanadas de pan
• 4 cucharadas de aceite • 1 lata pequeña de paté de hígado • 1/2 vaso de coñac • Sal • Pimienta

Se compran los pollos ya limpios, reservando los higaditos. Se sazona cada uno por dentro, con una cucharada de mantequilla, sal y pimienta y se envuelven con dos lonchas de beicon. Se colocan en una fuente refractaria y se ponen en el horno, precalentado a 200°. Pasados 15 minutos, se riegan con dos cucharadas de agua fría y, dándoles la vuelta de vez en cuando, se dejan asar durante 35 minutos aproximadamente. Mientras se asan los picantones, se calientan dos cucharadas de mantequilla y se fríe el pan. En el resto de la mantequilla, se rehogan los higaditos, se trituran y se mezclan con el paté. Se retiran los pollos del horno y se reservan, manteniéndolos calientes. En la fuente del asado se echa el coñac y media taza de agua, se calienta y se remueve para que se suelte la costra, se añade la mezcla del paté, removiendo bien, y se coloca en una salsera. Los picantones, abiertos al medio pero sin partir del todo, se sirven sobre las rebanadas de pan.

POLLO A ALDEA
Grado de dificultad bajo

INGREDIENTES PARA 6 PERSONAS
1 pollo grande • 70 g de chorizo • 2 cucharadas de manteca de cerdo • 3 dientes de ajo
• 1 cucharada de pimentón • 1 ramita de perejil
• 1 dl de vino blanco • 1 limón • Sal • Pimienta

Se abre el pollo al medio, sin separar las dos partes, se limpia y se le quitan las vísceras, se lava bien y se seca con un paño. Se pica en la máquina el chorizo, los ajos y el perejil y se añade a estos ingredientes, la manteca, el zumo de medio limón, el pimentón, sal y pimienta, haciendo una masa, con la que se unta bien el pollo por todos los lados. Se pone en una fuente refractaria y se asa en horno medio, regándolo con el vino y su propio jugo durante el asado, hasta que esté muy dorado y con la piel crujiente.

POLLO A CHELSEA
Grado de dificultad bajo

INGREDIENTES PARA 6 PERSONAS
750 g de pechugas de pollo • 2 huevos • 1 taza de aceite • Zumo de limón • 1 sobre de sopa instantánea de cebolla • Sal

Primero se cortan las pechugas en filetes y después en tiras de unos tres centímetros de ancho. Luego, se hace una mayonesa espesa con dos yemas de huevo, el aceite, zumo de limón y sal al gusto. Se rebozan las tiras de

pollo, primero en la mayonesa y después en la sopa, y para terminar, se colocan de forma ordenada en una fuente refractaria y se asan alrededor de unos 30 minutos en horno fuerte.

POLLO A GOA
Grado de dificultad bajo

INGREDIENTES PARA 6 PERSONAS
1 y 1/2 pollo, limpio y troceado • 2 cucharadas de harina • 3 cucharadas de curry en polvo • 1 limón
• 3 dientes de ajo • Aceite • Sal • Pimienta

En un bol, se deja marinar el pollo durante la noche, con sal, pimienta, zumo de limón y los dientes de ajo machacados. Se mezclan en un plato la harina y el curry, se rebozan los trozos de pollo en la mezcla y se fríen en aceite bastante caliente, hasta que queden dorados por igual.

POLLO A LA ALSACIANA
Grado de dificultad medio

INGREDIENTES PARA 6 PERSONAS
1 pollo grande, limpio y sin vísceras • 5 higaditos de pollo • 1 cucharada de manteca de cerdo
• 4 lonchas de jamón serrano, con bastante tocino
• 140 g de paté de hígado • 1 taza de miga de pan
• 2 cucharadas de aceite • 2 tazas de vino blanco
• 1/2 taza de coñac • 1 cucharada de harina de maíz • 1 taza de nata líquida • Sal • Pimienta

Se pican muy finamente los higaditos y el jamón y se rehogan en la manteca, se añade la miga de pan deshecha y la mitad del paté, se mezcla todo bien y se rellena el pollo con la mezcla. Después de cosido el pollo, se pone en una cazuela grande con el aceite y se dora por todos lados, se espolvorea con sal y pimienta, se agrega el vino y se deja cocer, tapado, a fuego lento durante 1 hora y cuarto, dándole la vuelta de vez en cuando. Se retira el pollo escurrido a una fuente refractaria, reservándolo en el horno para mantenerlo caliente. A la cazuela con la salsa se añade el coñac y el resto de paté, removiendo muy bien, se deja hervir y se pasa por el chino a un cacito. Se agrega a esta salsa la cucharada de harina, mezclada con la nata, y se bate todo, enérgicamente, dejándolo hervir 1 minuto. Se cubre el pollo, previamente descosido, con la mitad de la salsa. El resto se sirve en salsera.

POLLO A LA CRIOLLA
Grado de dificultad bajo

INGREDIENTES PARA 6 PERSONAS
1 y 1/2 kg de pollo troceado • 2 cucharadas de mantequilla • 1 cebolla • 2 dientes de ajo • 200 g de coco rallado • 1 cucharita de azafrán • 1 cucharadita de curry • 2 dl de caldo de ave • 1 copa de ron añejo • Sal • Pimienta

Se sazona el pollo con sal, pimienta, azafrán y curry, dejándolo reposar alrededor de una hora. Durante ese tiempo, se macera el coco con una taza de leche hirviendo. En una cacerola con la mantequilla, se echan, al mismo tiempo, los trozos de pollo, cebolla y ajos picados. Cuando estén dorados, se tapa la cazuela y se deja cocer durante 40 minutos. Se exprime el coco, dentro de un paño, para aprovechar toda la leche. Esa leche se echa sobre el pollo, así como el resto de caldo y el ron, y se cuece todo junto, a fuego lento, durante 15 minutos.

POLLO A LA FLORENTINA
Grado de dificultad bajo

INGREDIENTES PARA 6 PERSONAS
1 pollo cocido, limpio y desmenuzado • 600 g de espinacas congeladas • 1 sobre de sopa de espárragos • 2 dl de nata • Unas gotas de salsa inglesa • Una pizca de pimienta • Sal

Se cuecen las espinacas en agua con sal y se escurren bien. Se disuelve la sopa en 2,5 decilitros de agua y se le añade la nata,

moviendo bien hacia el fondo para que no se pegue; se deja hervir durante 2 minutos. Se retira del fuego y se condimenta con la salsa inglesa y la pimienta. En una fuente refractaria y engrasada con mantequilla, se coloca la cama de espinacas, por encima el pollo desmenuzado y, finalmente, la crema preparada. Se cocina en el horno durante aproximadamente 20 minutos.

POLLO A LA MOSTAZA
Grado de dificultad bajo

INGREDIENTES PARA 6 PERSONAS
1 pollo troceado • 1 cebolla grande • 4 dientes de ajo • 1 zanahoria mediana • 2 cucharadas de mostaza • 2 dl de caldo de ave • 1,5 dl de leche • 1,5 dl de aceite • 1 cucharada de vinagre • 1 cucharada rasa de harina • Sal • Pimienta

Los trozos de pollo se salpimientan al gusto y se pican menudamente la zanahoria, la cebolla y los ajos. En una cacerola se echan al mismo tiempo el aceite, el picado y el pollo. Durante unos 5 minutos, se remueve todo a fuego medio y se le añade la harina, sin parar de remover; se agrega la leche y el caldo y se tapa el recipiente dejando que se haga durante aproximadamente 25 minutos, agitando de vez en cuando para que no se pegue. Pasado ese tiempo, se añade la mostaza y el vinagre y se deja cocer otros 3 minutos más. El recipiente se mantiene tapado hasta que se vaya a servir, entonces, se le espolvorea con el perejil.

POLLO A LA NUEVA ORLEANS
Grado de dificultad medio

INGREDIENTES PARA 6 PERSONAS
2 pollos pequeños troceados y sin piel • 2/3 de harina • 2 huevos batidos • 1 y 1/2 taza de aceite • 1 taza de pan rallado • 6 mazorcas de maíz tierno • 3 tomates • 6 salchichas frescas picantes • 100 g de beicon • Ketchup • Salsa inglesa • Salsa de pimienta • Sal • Pimienta en polvo

Los trozos de pollo se salpimientan, dejándolos reposar 1 hora. Se pasa cada pedazo por la harina y el huevo batido con dos cucharadas de aceite e igual cantidad de agua, se escurren y se pasan por el pan rallado, apretándolos bien para que se adhiera. Mientras reposa el pollo empanado, se cuece el maíz en agua y sal, durante 10 minutos, se escurren las mazorcas y se ponen en la plancha, otros 10 minutos, dándoles la vuelta. En una sartén, con el resto del aceite, se fríen los trozos de pollo unos 18 minutos para que queden bien dorados y hechos por dentro. Se retiran y, en el mismo aceite, se fríen los tomates, partidos por la mitad, 2 o 3 minutos, y las salchichas, pinchadas con el tenedor, hasta que se doren. Finalmente, se fríe el beicon en lonchas finas. Se disponen todos los ingredientes en una fuente de servicio y se sirve con las salsas aparte.

POLLO A LA PARMESANA
Grado de dificultad bajo

INGREDIENTES PARA 6 PERSONAS
12 filetes de pechuga de pollo, limpios
• 6 lonchas de mozarella, cortadas gruesas
• Salsa de tomate (ver «Salsas») • Orégano • Sal
• Pimienta • Aceite • 2 huevos • 1 taza de pan rallado • 1 taza de queso Parmesano rallado

Se mezclan la mitad del queso y el pan rallados y se baten los huevos. Se salpimientan al gusto los filetes. Se pasan por la mezcla, después por los huevos y de nuevo, por la mezcla. Se fríen en aceite caliente, pero que no humee, 2 minutos de cada lado, y se escurren sobre papel absorbente. En una fuente refractaria, se disponen seis filetes, sobre cada uno de ellos, una loncha de mozarella, y se colocan los otros seis filetes por encima de los anteriores, como un bocadillo. Se cubren con la salsa de tomate, se espolvorea con orégano y abundante queso rallado, y se mete en el horno durante unos 20 minutos, gratinando los últimos 10 minutos.

POLLO A LA PARRILLA CON BRANDY Y MORAS
Grado de dificultad bajo

INGREDIENTES PARA 4 PERSONAS
2 tazas de moras • 1 y 1/2 taza de azúcar • 125 ml de brandy • 4 pechugas de pollo sin hueso

En la batidora se un hace puré con las moras y se pasa por un colador para eliminar las semillas. Se mezcla la pulpa de las moras, el azúcar y el brandy en una cacerola y se lleva a ebullición. Se baja el fuego y se deja cocer a fuego lento hasta que la salsa se espese. Con una brochita, untar el pollo con el aceite. Asar el pollo a la parrilla o si fuese posible a la barbacoa de carbón, unos 8 minutos por cada lado. Salsear frecuentemente con los jugos; hacerlo por última vez antes de servir regado con la salsa de moras.

POLLO A LA PLANCHA CON SALSA BARBACOA
Grado de dificultad bajo

INGREDIENTES PARA 6 PERSONAS
1 kg de filetes de pollo • 2 cucharadas de aceite
• Sal • Salsa barbacoa, para seis raciones (ver «Salsas»)

Se sazonan los filetes de pollo con sal y aceite y se asan a la plancha, hasta que estén dorados por ambos lados. Se sirven con la salsa aparte.

POLLO A LA PRIMAVERA
Grado de dificultad bajo

INGREDIENTES PARA 6 PERSONAS
1 pollo grande • 3 cucharadas de manteca de cerdo • 1 corazón de lechuga • 600 g de zanahorias nuevas pequeñas • 3 cebollas
• 750 g de guisantes frescos • 1 atado de perejil, laurel y tomillo • 1 cucharada de azúcar
• Sal • Pimienta

Después de limpiarle y quitarle las vísceras, se lava el pollo por dentro y por fuera, se seca con papel absorbente, se sazona con sal y pimienta, se unta con manteca de cerdo, también por dentro y por fuera, y se le atan las patas. En una cazuela grande, a ser posible oval, se calienta el resto de la manteca y se dora el pollo, por todos lados, hasta que esté dorado por igual. Se añade el corazón de la lechuga, cortado por la mitad, las zanahorias, peladas y picadas, las cebollas, cortadas en cuartos, y los guisantes. Se sazona todo, se mete el atado de hierbas, el azúcar espolvoreado y medio vaso de agua fría. Se tapa la cazuela y se deja cocinar todo, a fuego muy lento. Al cabo de 1 hora, se retira el pollo a la fuente de servicio y se disponen alrededor las verduras; si hay líquido, se deja reducir un poco y se echa por encima del pollo.

POLLO A LA RUSA
Grado de dificultad bajo

INGREDIENTES PARA 6 PERSONAS
6 pechugas de pollo • 3 cebollas • 180 g de mantequilla • 3 huevos cocidos • 150 g de nueces • 1,5 dl de caldo de ave • 3 cucharadas de vinagre • 2 cucharadas de harina • 1 pizca de canela • Perejil picado • Sal • Pimienta • Azafrán

Se rehogan en mantequilla, las cebollas y el perejil picados. Cuando la cebolla esté blanda y empiece a tomar color, se agrega la harina, removiendo, y se le añade el caldo en chorro fino, sin parar de mover. Cuando esté ligada la salsa, se echan el vinagre, las nueces, el azafrán y la canela. Se sazona con sal y pimienta y se añaden los huevos picados, se mezcla todo y se pone a fuego muy lento durante 8 minutos. Se sazonan las pechugas y se ponen en una sartén con mantequilla para que se doren y, cuando hayan tomado color por ambos lados, se tapa la sartén y se dejan terminar de hacerse a fuego lento. El pollo a la rusa se sirve en una fuente, con la salsa por encima.

POLLO A LA VINAGRETA DE HIERBAS
Grado de dificultad bajo

INGREDIENTES PARA 6 PERSONAS
3 pechugas de pollo cortadas en filetes finos • 7 cucharadas de aceite de oliva extra virgen • 2 cucharadas de vinagre de vino tinto • Sal • Pimienta • 1 cucharadita de semillas de sésamo tostadas • 1/2 taza de hierbas aromáticas picadas (perejil, cilantro, estragón y cebollino)

Se salpimientan las pechugas, se pincelan con una cucharada de aceite y se hacen a la plancha, 4 minutos de cada lado, hasta que estén doradas. En un cuenco, se mezclan todos los ingredientes y por último, se añade el aceite echándolo en chorro fino, poco a poco, mientras se bate enérgicamente para que emulsione. Se sirven los filetes, regados con la vinagreta.

POLLO A LAS FINAS HIERBAS
Grado de dificultad bajo

INGREDIENTES PARA 6 PERSONAS
6 muslos de pollo, con sus contramuslos • 2 cebollas • 2 zanahorias • 1 ramita se romero fresco • 1 ramita de perejil fresco • 1 ramita de tomillo fresco • 2 hojas de laurel • 1 copita de coñac • 1 cucharadita de harina • 1 vaso de caldo de ave • 1,5 dl de aceite • Sal • Pimienta

Se hace un atado con las ramas de hierbas aromáticas. En una cazuela con aceite, se rehogan las cebollas y las zanahorias, muy picadas, hasta que tomen color. Se añaden los muslos de pollo y se fríen, a fuego vivo, durante 3 minutos de cada lado, raspando con la espátula el fondo de la cazuela. Se echa la harina y, mientras se remueve, se agrega el caldo, las hierbas, la sal y la pimienta. Se tapa la cazuela y se deja cocer, a fuego lento, hasta que el pollo esté tierno. Se sacan los muslos y el atado de hierbas. Se añade a la salsa el coñac, se tritura con la batidora de mano, se cuece durante 5 minutos y se vuelve a meter el pollo en la cacerola para que se caliente.

POLLO A LO PADRE PERO
Grado de dificultad bajo

INGREDIENTES PARA 6 PERSONAS
2 pollos pequeños troceados • 1 kg de tomates • 2 pimientos verdes • 2 cebollas • 2 dientes de ajo • 2 hojas de laurel • 1 dl de aceite de oliva • 1 cucharadita de cominos • Sal

Los trozos de pollo se sazonan con sal y se ponen a rehogar en una cazuela con aceite. Se añaden las cebollas, cortadas en rodajas, el pimiento en tiras, las hojas de laurel, el tomate pelado y cortado en cubos y la sal. Se deja cocer a fuego lento, moviendo de vez en cuando. Se hace un majado con los ajos y el comino, se echa un poco de agua y se agrega al guiso. Por último, se deja a fuego lento, hasta que el pollo esté tierno y haya reducido el líquido.

POLLO AGRIDULCE A LA NARANJA
Grado de dificultad bajo

INGREDIENTES PARA 6 PERSONAS
800 g de pechugas de pollo cortadas en taquitos • Sal • 2 cucharadas de aceite • Salsa agridulce a la naranja (ver «Salsas»)

Se sazonan los taquitos de pollo con sal y se doran en el aceite. Cuando estén bien doraditos, se escurren y se mezclan con la salsa.

POLLO AL AJILLO
Grado de dificultad bajo

INGREDIENTES PARA 6 PERSONAS
1 pollo cortado en pedazos pequeños • 4 dientes de ajo • Aceite • Harina • 1 vasito de vino blanco • Sal • Perejil

Se sazonan los trozos de pollo con sal, se rebozan en harina y se fríen con cuidado para que no se oscurezcan. Una vez fritos, se van colocando en una cazuela. En el mismo aceite, se fríen ligeramente los dientes de ajo picaditos, que se escurren y se añaden al pollo. Se echa por encima el vino y un poco de perejil picado y se tapa la cazuela para que el pollo «sude» y se quede tierno. A media cocción, se destapa un poco hasta que el vino reduzca a la mitad.

POLLO AL AJILLO CON ALIOLI
Grado de dificultad bajo

INGREDIENTES PARA 6 PERSONAS
1 pollo cortado en pedazos pequeños • 4 dientes de ajo • Aceite • Harina • 1 vasito de vino blanco • Sal • Perejil

Se trata de los mismos ingredientes y receta que la anterior. En lo único que varía es en que se sirve en esta ocasión, como su propio nombre indica, con una salsera de alioli (ver «Salsas»).

POLLO AL CABRALES
Grado de dificultad bajo

INGREDIENTES PARA 6 PERSONAS
3 pechugas, limpias y fileteadas • 1 pizca de sal • 1 cucharadita de aceite • Salsa cabrales para seis raciones (ver «Salsas»)

Se sazonan los filetes con sal y se hacen a la plancha con una pincelada de aceite. Cuando estén ligeramente dorados, pero hechos por dentro, se sirven con la salsa muy caliente.

POLLO AL CHAMPÁN
Grado de dificultad bajo

INGREDIENTES PARA 6 PERSONAS
1 y 1/2 kg de pollo troceado y deshuesado • 1 cebolla • 1 zanahoria • 1 botella de Benjamín

• 1 cucharadita de estragón molido • 1 cucharadita de harina fina de maíz • 2 cucharadas de mantequilla • 1 taza de caldo de ave • Sal • Pimienta

Para empezar, se rehogan la cebolla y la zanahoria, muy picaditas, en una cazuela con la mantequilla. Cuando estén casi doradas, se añaden los trozos de pollo y se rehogan también, hasta que tomen color por igual. Entonces, se agrega la cucharadita de harina, el estragón, sal y pimienta y se remueve mientras se echa el caldo. Se tapa la cazuela y se deja cocer 30 minutos, a fuego lento. Por último, pasado ese tiempo, se añade el Benjamín, se remueve y se cuece otros 10 minutos con la cacerola medio abierta.

POLLO AL CHILINDRÓN A LA ARAGONESA
Grado de dificultad bajo

INGREDIENTES PARA 6 PERSONAS
1 y 1/2 kg de pollo troceado • 6 pimientos morrones • 250 g de jamón serrano • 1 cebolla • 6 tomates maduros • 1 diente de ajo • 1,5 dl de aceite de oliva extra virgen • Sal • Pimienta

Se salpimientan los trozos de pollo al gusto; se calienta el aceite en una sartén y se van dorando los trozos que, después de tomar un color homogéneo, se disponen en una cacerola. En el mismo aceite se saltea el jamón, cortado en cubitos, la cebolla picada, los pimientos en tiras, los tomates pelados y picados y el ajo machacado. Todos estos ingredientes se fríen durante 15 minutos y se echan sobre la cacerola que se pone a fuego moderado hasta que el pollo esté tierno.

POLLO AL CURRY
Grado de dificultad medio

INGREDIENTES PARA 6 PERSONAS
2 kg de pollo troceado • 3 cucharadas de curry en polvo • 50 g de aceite • 1 cebolla picada

• 2 cucharadas de pulpa de tomate • 1 manzana Reineta grande • 4 dl de leche de coco • 1/2 l de caldo de ave • 2 dientes de ajo • 1 ramito de cilantro • Sal gruesa • La cáscara de medio limón

Por un lado, el pollo se deja reposar sazonado con sal y una cucharada de curry, mientras que por otro, se rehoga la cebolla en el aceite y cuando empiece a dorar, se añaden los trozos de pollo, removiendo durante 3 minutos aproximadamente; entonces, se le echa por encima el resto del curry y la pulpa de tomate, moviendo todo de nuevo. Se pela y corta en trozos pequeños la manzana y se agrega al pollo, se añade la leche de coco, el cilantro y los ajos, majados con un poco de sal. Se agrega caldo hasta cubrir el pollo y, cuando éste quede tierno, se saca del recipiente y se reserva en una cacerola. Se deja hervir la salsa un poco más, agregándole la cáscara de limón y retirando la grasa que queda en la superficie. Se pasa la salsa por el chino y se echa sobre el pollo, calentando todo junto durante 2 minutos. Se sirve caliente acompañado de arroz blanco.

POLLO AL CURRY (albóndigas)
Grado de dificultad bajo

INGREDIENTES PARA 6 PERSONAS
250 g de pechuga de pollo cocida • 2 cucharadas de curry en polvo • 250 g de requesón • 2 cucharadas de leche • 175 g de almendras peladas y picadas • 5 cucharadas de mayonesa • 1 cucharadita de sal • 125 g de coco rallado

Se bate el requesón con la leche y se añaden el pollo desmenuzado, las almendras, la mayonesa, el curry y la sal. Se mezclan todos los ingredientes, se hacen bolitas y se rebozan con el coco rallado. Se pasan a la sartén con un poco de mantequilla y aceite, se fríen ligeramente y se meten en la nevera, donde deben dejarse 1 o 2 horas, ya que es un plato que se sirve frío.

POLLO AL CURRY CON JUDÍAS PINTAS Y PASTA DE LACITOS
Grado de dificultad medio

INGREDIENTES PARA 6 PERSONAS
700 g de pollo, limpio • 250 g de judías pintas remojadas • 1 zanahoria • 150 g de pasta de lacitos • 60 g de mantequilla • 1 cebolla picada • 3 cucharadas de curry en polvo • 1 tomate maduro • 1 guindilla • 1 cucharadita de cominos • 1 rama de cilantro • 1 cáscara de limón • Sal

Se cuecen al mismo tiempo el pollo, la zanahoria pelada y las judías. Cuando las judías estén cocidas, se sazona con un poco de sal. Cuando el calor lo permita, se desmenuza el pollo y se corta la zanahoria en rodajas. En una cacerola se pone una nuez de mantequilla y, en ella, se rehoga la cebolla picada hasta que tome un poco de color; entonces se agrega el tomate pelado, sin pepitas y cortado en cubos pequeños, y el curry, se remueve y se sigue rehogando 3 minutos. Se añaden las judías, cubriéndolas con caldo donde se cocieron, se agrega la pasta y se deja cocer a fuego lento, removiendo de vez en cuando. A media cocción de la pasta, se añade el pollo y la zanahoria y continúa la cocción a fuego lento, hasta que se reduzca la salsa. Finalmente, se añaden el cilantro y los cominos y se sirve bien caliente.

POLLO AL ESTRAGÓN
Grado de dificultad medio

INGREDIENTES PARA 6 PERSONAS
1.800 g de pollo troceado • 2 dl de aceite • 2 cebollas nuevas • 1 zanahoria • 1/2 taza de coñac • 1 taza de vino blanco • 2 ramas de estragón fresco y una cucharada de estragón seco, molido • 1 yema de huevo • 1 cucharada de harina • 1 taza de nata líquida • 1 cucharada de perejil picado • Sal • Pimienta • 1/2 l de caldo de ave

Se calienta un decilitro de aceite y se fríen los trozos de pollo, hasta que estén bien dorados.

En una cazuela aparte, con el resto del aceite, se echa la cebolla picada y la zanahoria en rodajas finas, se rehoga 5 minutos y se introduce el pollo. Se riega con el coñac y se flambea. Cuando se apague la llama, se añade el vino; las ramas de estragón, sal y pimienta. Se agrega caldo hasta cubrir el pollo y se cuece a fuego vivo. Cuando rompa a hervir, se reduce el fuego y se continúa la cocción durante 30 minutos. Se retiran los pedazos de pollo, colocándolos en una fuente de servicio. Se deshace la yema en la nata y se añade a la salsa del pollo, dejando que se caliente e integre bien. Se cuela y se vierte sobre los trozos de pollo, espolvoreándolos finalmente con el perejil picado y el estragón molido.

POLLO AL GUACAMOLE
Grado de dificultad bajo

INGREDIENTES PARA 6 PERSONAS
800 g de pollo cortado en taquitos • 2 cucharadas de aceite • 1/2 repollo crudo en juliana • Sal • Salsa guacamole para seis raciones (ver «Salsas»)

Se sazonan con sal los taquitos de pollo y se doran en el aceite. Se mezclan con el repollo y se unen a la salsa.

POLLO AL JENGIBRE
Grado de dificultad bajo

INGREDIENTES PARA 6 PERSONAS
50 g de raíz de jengibre fresco picado • 3 pechugas de pollo • 3 hígados de pollo troceados • 4 cebollas • 3 dientes de ajo • 2 cucharadas de setas chinas • 2 cucharadas de salsa de soja • 1 cucharada de miel

En un wok con el aceite caliente se echan las pechugas y los hígados de pollo troceados. Se rehogan durante 5 minutos, se sacan y se reservan. En el mismo aceite se fríe la cebolla hasta que se ablande, se agrega el ajo y las setas chinas. Se rehoga durante 2 minutos y se incorpora de nuevo el pollo y el hígado. Por otra parte, se ponen la salsa de soja y la miel en un cuenco y se bate hasta que quede una mezcla homogénea. Se vuelca en el wok y se remueve. Se añade el jengibre y se rehoga de 2 a 3 minutos. Por último, se agregan las cebollas y se sirve inmediatamente.

POLLO AL LIMÓN 1
Grado de dificultad medio

INGREDIENTES PARA 6 PERSONAS
1 pollo grande • 2 limones • 3 cucharadas de nata líquida • 2 yemas de huevo • 5 granos de pimienta blanca • Estragón • 1 cucharadita de azúcar • Sal • Aceite

En una olla grande, se hierve el pollo durante 20 minutos, cubierto con agua, rodajas de un limón, lavado y sin pelar, los granos de pimienta, sal y unas hojas de estragón fresco (o una cucharada de estragón seco). Se deja enfriar un poco y se parte en trozos grandes que se fríen en aceite bien caliente, 3 minutos de cada lado. Se retira el pollo, manteniéndolo tapado para que no se enfríe. En una sartén se echan cuatro cucharadas del aceite de freír, medio litro de agua donde se hirvió el pollo y se deja cocer a fuego lento alrededor de 3 minutos. Se añaden entonces las yemas, diluidas en un poco de agua, la nata, la sal, un poco de pimienta, el azúcar y el zumo de un limón, removiendo y no dejándolo hervir para que el huevo no se corte. Para terminar, se coloca en una fuente el pollo y se vierte por encima la salsa bien caliente.

POLLO AL LIMÓN 2
Grado de dificultad bajo

INGREDIENTES PARA 4 PERSONAS
1 clara de huevo • 4 cucharaditas de harina de maíz • 2 pechugas de pollo cortadas en tiras • 1 cebolla en juliana • 1 diente de ajo • 1 limón en rodajas • 1 limón en zumo • 1/2 piel de limón

rallada • 1 cucharada de salsa de soja • 2 cucharadas de vino de arroz • 2 cucharadas de azúcar extrafino

Para realizar la salsa se mezcla la harina de maíz con un poco de agua, se añade la piel de limón, el zumo, la soja, el vino de arroz y el azúcar, se remueve bien y se reserva. Por otra parte, se bate la clara de huevo junto a la harina de maíz y una pizca de sal, añadiéndose en ese momento las tiras de pollo. Se calienta el aceite en el wok y se saltea el pollo unos 3 minutos aproximadamente, retirándolo a la vez que la mayor parte del aceite; se agrega la cebolla tierna y el ajo y se sofríe a fuego medio durante 30 segundos. Se remueve la salsa, se vierte en el wok y se lleva a ebullición sin dejar de remover. Por último, se introduce de nuevo el pollo durante 2 minutos y se saca del wok, disponiéndolo a la hora de servir sobre una fuente decorada con rodajas de limón.

POLLO AL OLOROSO
Grado de dificultad bajo

INGREDIENTES PARA 6 PERSONAS
1 pollo grande • 750 g de cebollas • 300 g de zanahorias • 3 dientes de ajo • 300 g de champiñones laminados • 1 copa de vino oloroso • 150 g de nata • Aceite • Mantequilla • Sal • Pimienta

Se frota el pollo con los ajos y se pone en una cacerola con aceite. Se añaden las cebollas picadas y las zanahorias en rodajas, removiendo en cuanto toman color. Se echa el vino y, tapando la cazuela, se deja cocer despacio durante 45 minutos; entonces, se saca el pollo y se mantiene al calor en una fuente de servir. Luego, en una sartén se saltean, bien lavados y limpios, los champiñones en mantequilla. Se mete la salsa en el vaso de la batidora, se añade la nata y se echa sobre el pollo, que se adorna con los champiñones salteados.

POLLO AL OPORTO
Grado de dificultad bajo

INGREDIENTES PARA 6 PERSONAS
1 pollo grande • 1 vaso de vino de Oporto dulce
• 5 dientes de ajo • 3 cucharadas de aceite • Sal
fina y gorda • Pimienta molida y en grano

Se limpia el pollo, por dentro y por fuera,
retirándole las vísceras, lavándolo, secándolo y
sazonándolo con sal y pimienta. En un
mortero, se machacan los granos de pimienta,
los dientes de ajo, la sal gorda y se agrega el
vino, removiendo hasta que se obtenga un
líquido espeso. Se unta esta salsa por todo el
pollo, incluso el interior, y se deja en adobo
durante unas horas, antes de cocinarlo,
volviéndolo de vez en cuando para que tome
bien el sabor por todas partes. Pasado este
tiempo, se dispone en una fuente refractaria,
con el aceite, y se lleva al horno, a 180º
durante unos 50 minutos, dependiendo del
tamaño del pollo. A medida que se va asando,
se le va regando con su propia salsa.

POLLO AL ORUJO
Grado de dificultad bajo

INGREDIENTES PARA 6 PERSONAS
1 pollo grande • 1 copa de vino blanco
• 1 copa de vino de Jerez seco • 1 copa de orujo
• 1,5 dl de aceite • 2 dientes de ajo, machacados
• 18 cebollitas chalotas • 150 g de jamón serrano,
cortado en cubitos • Sal • Pimienta

Se limpia bien el pollo, por dentro y por fuera,
lavándolo y secándolo. Se sazona con sal,
pimienta y vino blanco y se deja macerar
1 hora. En una cazuela grande, de barro, se
coloca el pollo y todos los demás ingredientes
y se mete en el horno, a temperatura alta,
dándole la vuelta cuando esté dorado por
arriba. Cuando haya tomado color igualado,
se tapa la cazuela y se termina de hacer, hasta
que el pollo esté en su punto. Este es un plato
muy aromático, por lo que debe servirse
tapado en la cazuela y destaparlo en la mesa.

POLLO AL PAJARITO
Grado de dificultad bajo

INGREDIENTES PARA 6 PERSONAS
1 y 1/2 kg de pollo sin piel y partido en pedazos
pequeños • 1 dl de vino blanco • 2 dientes de ajo
• 1 hoja de laurel • 1 cucharada de zumo de limón
• Unas gotas de Tabasco • Sal • Pimienta • Harina
• Aceite

Unas horas antes de comenzar a elaborar este
plato, se ponen en un bol los trocitos de
pollo, marinados con sal, pimienta, laurel, ajo
machacado, zumo de limón, vino blanco y
Tabasco. Luego, se escurren bien los pedazos
de pollo, se pasan por harina y se fríen en
aceite bien caliente, dorándolos por igual, y se
colocan en una fuente de servicio. Entonces,
el líquido de marinar se cuela, se hierve en
una sartén y se riega con él los trocitos de
pollo fritos.

POLLO AL PAJARITO, SABOR FUERTE
Grado de dificultad bajo

INGREDIENTES PARA 6 PERSONAS
1 y 1/2 kg de pollo sin piel y partido en pedazos
pequeños • 1 dl de vino blanco • 2 dientes de ajo
• 1 hoja de laurel • 1 cucharada de zumo de limón
• Unas gotas de Tabasco • Mojo picón • Sal
• Pimienta • Harina • Aceite

Estamos ante una receta y unos ingredientes
iguales que la anterior (véase), salvo que en
esta ocasión, el pollo se rocía con mojo picón
(ver «Salsas»).

POLLO AL QUESO DE CABRA Y AJO
Grado de dificultad bajo

INGREDIENTES PARA 6 PERSONAS
3 pechugas de pollo • 10 dientes de ajo, picados
• 150 g de queso de cabra • 2 yemas de huevo
cocido • 1 vaso de aceite • Sal

Se cortan las pechugas en filetes finos, se salpimientan y se doran en una sartén con un poco de aceite, cuidando de que estén hechas por dentro. Cuando hayan tomado color, se apaga el fuego. En el vaso de la batidora, se echan los ajos, con un poco de sal gorda, y cuando estén bien picados, se añaden las yemas y el queso y se baten un poco más. Se va echando el aceite, poco a poco, hasta que quede una salsa bien ligada. Se pone esta salsa en la sartén, cubriendo los filetes, se deja que llegue casi al punto de ebullición y se sirven muy calientes.

POLLO AL ROQUEFORT
Grado de dificultad bajo

INGREDIENTES PARA 6 PERSONAS
1 y 1/2 kg de pollo limpio y troceado menudo • 100 g de queso Roquefort • 150 g de champiñones • 1 vaso de nata líquida • 1 y 1/2 cucharadas de mantequilla • Sal • Pimienta

Se pone la mantequilla en un recipiente apropiado y se derrite 1 minuto en el microondas a la máxima potencia. Se pasa el pollo en la mantequilla y se dispone sobre ella durante 2 minutos; se da la vuelta a los trozos y se hornean otros 2 minutos.
Se sazonan y vuelven al microondas, 7 minutos a máxima potencia. Se agregan los champiñones, cortados en láminas, y se hornea otros 4 minutos. Se le da la vuelta y vuelve a cocer 4 minutos más. El queso, machacado, junto a la nata, se echa sobre los otros ingredientes y se cocina, para terminar, 5 minutos. Toda la operación se hace a la temperatura máxima.

POLLO AL ROQUEFORT EN ENSALADA FRÍA
Grado de dificultad bajo

INGREDIENTES PARA 6 PERSONAS
3 pechugas de pollo, limpias y deshuesadas • 2 tomates duros • 2 pepinos • 1 corazón de endibia • 50 g de queso Roquefort • 3 quesitos en porciones • 1 vaso de nata líquida • 1/2 copita de coñac • Sal • Pimienta • Perejil picado

Se cuece el pollo, en agua con un poco de sal, se deja enfriar y se corta en pedacitos menudos, poniéndolos en un bol. Se añaden los tomates pelados, sin pepitas y cortados en pequeños cubos, los pepinos pelados y cortados de igual manera, y la endibia, bien lavada, seca y cortada en juliana. Se mezclan en el vaso de la batidora los quesos, el coñac, la sal y la pimienta, se bate unos segundos y se vierte sobre el pollo.

POLLO AL VAPOR, RELLENO DE ARROZ
Grado de dificultad bajo

INGREDIENTES PARA 6 PERSONAS
1 pollo grande • 1/2 taza de arroz • 500 g de tomate maduro • 2 cucharadas de perejil picado • Sal • Pimienta • 1 cucharada de mantequilla • 1 cucharadita de cominos en polvo

Se hierve el arroz en agua con sal durante 8 minutos, se cuela y se reserva. Se pelan los tomates, se retiran las pepitas, se trocean y se mezclan con el arroz, el perejil, la sal, la pimienta y la mantequilla. Se rellena el pollo, que ya está limpio y sin vísceras, con el arroz, se cosen las aberturas y se envuelve en una gasa, atando las puntas. Se puede cocinar en la olla a presión, si tiene colador interior, durante 25 minutos. Tras la cocción, se retira el pollo, se descose y se espolvorea con los cominos.

POLLO AL VINAGRE
Grado de dificultad bajo

INGREDIENTES PARA 6 PERSONAS
6 muslos, con sus contramuslos, de pollo sin piel • 6 cucharadas de mantequilla • 1 zanahoria rallada • 2 cebollas picaditas • 1/2 taza de vinagre • 1 taza de caldo de ave • Sal • Pimienta • 1 atado de hierbas aromáticas • 1 trozo de apio

Se salpimienta los muslos del pollo y, en una cazuela con la mitad de la mantequilla, se rehoga bien el pollo por todos lados, para que se doren los pedazos por igual, se retiran y se reservan. En la misma cacerola, se echan la zanahoria, la cebolla, el atado de hierbas y el apio, se rehogan un poco y se agrega el vinagre y el caldo de ave, dejando cocer unos minutos. Se disponen por encima los trozos de pollo, se tapa la cazuela y se cocina, a fuego lento, durante media hora, removiendo de vez en cuando. Se colocan los trozos del pollo en un plato, reservándolos en el horno, al mínimo, sólo para que no se enfríen. Por último, se añade a la salsa el resto de la mantequilla, batiendo bien para que se incorpore a la salsa, y se vierte sobre los trozos de pollo.

POLLO AL VINAGRE DE MÓDENA
Grado de dificultad bajo

INGREDIENTES PARA 6 PERSONAS
3 pechugas de pollo • 3 cebollas medianas
• 3 cucharadas de aceite • 2 cucharadas de vinagre de Módena • Sal • Pimienta

Se cortan las pechugas en filetes finos y se limpian muy bien, retirando toda la grasa. Se sazonan con sal y pimienta al gusto y se reservan. Se cortan las cebollas en juliana y se pochan en una sartén con el aceite. Cuando esté transparente, se añade el vinagre de Módena y se remueve para integrarlo bien a la cebolla durante 2 minutos. En una bandeja de horno untada con un poco de aceite se colocan los filetes, se echa por encima la cebolla con su aceite y se cuece en horno medio durante 20 minutos.

POLLO AL VINO BLANCO
Grado de dificultad bajo

INGREDIENTES PARA 6 PERSONAS
1.800 g de pollo troceado • 60 g de mantequilla
• 1 dl de aceite • 18 chalotas • 140 g de beicon

• 2 dientes de ajo • 1 cucharada de harina
• 2,5 dl de vino blanco • 1,5 dl de caldo de ave
• 1 hoja de laurel • 1 ramita de perejil • Sal
• Pimienta

En una marinada hecha con la pimienta, la sal, el vino, un diente de ajo machacado, el laurel y el ramito de perejil, se colocan los pedazos del pollo en un bol durante toda la noche; de vez en cuando debe dársele la vuelta a los pedazos para que todos tomen sabor. Al día siguiente se escurren bien los trozos de pollo y se doran en una sartén con aceite. En una cacerola, se echan la mantequilla, las cebollitas, el beicon, cortado en cubitos, y un diente de ajo machacado, se pone en el fuego y se deja dorar todo por igual. Cuando las cebollitas tomen color, se añade el pollo, se espolvorea por encima la harina y, sin parar de remover, se agrega la marinada y el caldo de ave. Para terminar, se tapa la olla y se deja cocer durante 25 minutos.

POLLO AL VINO TINTO
Grado de dificultad bajo

INGREDIENTES PARA 6 PERSONAS
1.800 g de pollo troceado • 60 g de mantequilla
• 1 dl de aceite • 18 chalotas • 140 g de beicon
• 2 dientes de ajo • 1 cucharada de harina • 2,5 dl de vino tinto (o rosado) • 1,5 dl de caldo de ave
• 1 hoja de laurel • 1 ramita de perejil • Sal
• Pimienta

Se trata de una forma de hacer el pollo igual que en el caso anterior (véase), pero cambiando el vino blanco por vino tinto o rosado.

POLLO ASADO AL LIMÓN
Grado de dificultad bajo

INGREDIENTES PARA 6 PERSONAS
1 pollo grande • 80 g de chorizo de guisar
• 1 limón • 1 cucharada de manteca de cerdo

• 1 cucharada de mantequilla • 1 cubo de caldo de gallina • Sal • Pimienta

Para empezar, se quitan las vísceras al pollo, se lava bien, por dentro y por fuera, y se seca con un papel absorbente. Por otra parte, se pincha repetidamente el limón con un tenedor y se introduce dentro del pollo ya limpio con el chorizo y el cubo de caldo de gallina. A continuación, se salpimienta al gusto por fuera y se unta con la manteca y la mantequilla. Para terminar, se coloca el pollo en una fuente de horno y se deja asar hasta estar dorado por igual.

POLLO ASADO CON CIRUELAS
Grado de dificultad bajo

INGREDIENTES PARA 6 PERSONAS

1 pollo grande • 4 dientes de ajo • 1 cebolla • 1 tomate maduro • 1 ramo de hierbas: laurel, tomillo… • 1 vasito de vino de Jerez seco • 1 vasito de coñac • 500 g de ciruelas pasas • 1 dl de aceite • Sal • Pimienta

Lo primero que se hace es que se lavan las ciruelas y se ponen en remojo, en agua caliente, durante 1 hora. Por otro lado, se lava, se vacía el pollo por dentro y se salpimienta por dentro y por fuera al gusto. Además, se corta la cebolla en trozos y se pone, junto con los ajos enteros, el ramo de hierbas y el tomate, partido al medio, en una cazuela de barro. Entonces, se dispone el pollo entero, con los demás ingredientes y se rocía con el aceite. Se calienta el horno a 200° y se asa el pollo alrededor de unos 15 minutos aproximadamente; a continuación se reduce la temperatura y se sigue el asado hasta que el pollo esté tierno. Cuando falten unos 15 minutos para terminar la cocción, se escurren las ciruelas y se añaden a la cazuela, para que se vayan haciendo con el pollo. Por último, para servir, se pone el pollo en el centro de una fuente, las ciruelas colocadas a su alrededor y la salsa, pasada por el chino, regando todo.

POLLO ASADO CON MANZANAS
Grado de dificultad bajo

INGREDIENTES

2 pollos pequeños • 750 g de manzanas • 100 g de manteca de cerdo • 1 vaso de vino generoso • 1 dl de aceite • Perejil• Ajo • Sal • Canela • Pimienta

Después de limpiar los pollos, se frotan, por dentro y por fuera, con una mezcla de manteca, sal, canela y pimienta. Dentro de cada uno, se introduce una ramita de perejil y un diente de ajo, y una vez hecho esto, se colocan las dos aves en una fuente refractaria, se echa sobre ellas el aceite hirviendo y se ponen en el horno, rociándolas continuamente con su propio jugo. A medio asar los pollos, se añaden las manzanas peladas y cortadas en gajos. Cuando la carne esté asada, y las manzanas blandas pero no deshechas, se rocía todo con el vino y se deja durante unos minutos más, a temperatura media.

POLLO ASADO CON MIEL
Grado de dificultad bajo

INGREDIENTES PARA 6 PERSONAS

1 pollo grande • 1 limón • Sal • Pimienta • 3 cucharadas colmadas de miel • 80 g de mantequilla • 1 cebolla picada

Se limpia bien el pollo, se pincha con el tenedor y se sazona con sal, pimienta y zumo de medio limón por dentro y por fuera. Se unta bien con la mantequilla blanda, se dispone en una fuente refractaria y se pone en el horno, con la pechuga hacia arriba, a temperatura alta, regando de vez en cuando con su propio jugo para que tome sabor y no se seque en exceso. Cuando esté casi asado, se echa por encima la miel, mezclada al zumo del otro medio limón y, hasta el momento de sacarlo del horno, se riega alguna vez más con la salsa.

POLLO ASADO CON QUESO PARMESANO
Grado de dificultad bajo

INGREDIENTES PARA 6 PERSONAS

3 pechugas de pollo, sin piel ni hueso
• 1/2 taza de pan rallado • 1/2 taza de perejil seco
• 1/3 de taza de queso Parmesano rallado
• 1/2 taza de mantequilla • 1 diente de ajo picado
• Sal • Pimienta

Primeramente, se mezclan en un bol el pan rallado, el perejil y el queso. Por otro lado, se derrite la mantequilla y se rehoga en ella el ajo durante 1 minuto. Luego, se rehogan un poco las pechugas de pollo en la mantequilla, se rebozan en la mezcla del pan rallado, se sazonan con sal y pimienta al gusto y se colocan en una fuente refractaria, echándoles por encima la mantequilla sobrante. A partir de ahí, se hornean a 180° durante 45 minutos.

POLLO ASADO EN CARBÓN A LA PORTUGUESA
Grado de dificultad bajo

INGREDIENTES PARA 6 PERSONAS

2 pollos pequeños sin grasa • 1 cucharada de hierbas aromáticas mezcladas (romero, laurel, orégano) • 2 dientes de ajo • 1 dl de aceite • Sal gruesa • Zumo de limón

Unas 12 horas antes de asarlos, se limpian los pollos, abriéndolos al medio, sin separar las mitades. Se mezclan el aceite, la sal, el zumo de limón, las hierbas y los ajos machacados. Con esta mezcla se untan los pollos, por dentro y por fuera. Cuando el carbón de la barbacoa esté en brasa, y además sin llama ni humos, se colocan sobre una parrilla los pollos abiertos y se dejan asar por igual en ambos lados, hasta que veamos que la piel queda prácticamente quemada. Para que el plato salga en su punto, durante el transcurso del asado se puede rociar con unas gotas de agua.

POLLO BORRACHO
Grado de dificultad bajo

INGREDIENTES PARA 6 PERSONAS

1 y 1/2 pollo • 1/2 taza de aceite de oliva
• 2 dientes de ajo machacados • 1 cebolla picada
• 1 hoja de laurel • 1 ramita de perejil • 3 tomates maduros • 1 vaso grande de vino blanco
• 6 rebanadas de pan tostado • Sal • Pimienta
• Perejil picado

Se limpia y trocea el pollo y se sazona con sal y pimienta. Se pone en una cazuela con el aceite, el ajo, la cebolla y el atado de perejil, y se pone todo al fuego, rehogándolo mientras se mueve de vez en cuando. Se añade el tomate, pelado y cortado en cubitos y se rehoga unos 2 minutos más. Se agrega el vino, se tapa la cazuela y se deja cocer, a fuego lento, moviendo para que no se pegue. Cuando esté todo cocido, se retira el ramito de perejil y se sirve sobre las rebanadas de pan tostado y espolvoreado con el perejil picado.

POLLO BORRACHO A LA CUBANA
Grado de dificultad medio

INGREDIENTES PARA 6 PERSONAS

1 y 1/2 pollo troceado y sin piel • 12 lonchas de beicon • 3 dl de vino blanco • 150 g de chorizo
• 1 copita de ron • Aceite • Sal • Pimienta

Se retira la piel del chorizo y se fríe en aceite, partido en trocitos. Se retira y escurre. Se fríe, en la misma grasa, el beicon cortado en tiritas, se retira y escurre. En el mismo aceite, se dora el pollo, sazonado con sal y pimienta y pasado por harina, hasta que quede bien dorado. Se retira y escurre. En una cazuela de barro, se disponen el pollo, el beicon y el chorizo, sin añadir otra grasa. Se agrega el ron y se flambea, se añade el vino blanco y, cuando la llama se apague, se deja que dé un hervor, acto seguido, se tapa la cazuela, se reduce el fuego y se cuece hasta que el pollo esté en su punto, añadiendo más vino, sal y pimienta, si fuese necesario.

POLLO CAMPURRIANO
Grado de dificultad bajo

INGREDIENTES PARA 6 PERSONAS
1 pollo grande troceado • 3 pimientos verdes
• 200 g de arroz • 1 hoja de laurel • 1 cebolla
grande • 100 g de panceta • 200 g de manteca de
cerdo • 1 cucharada de harina • 1 vaso de vino
blanco • 1 cucharadita de pimienta molida • Sal

Se salpimienta el pollo, se pone en una
cazuela de barro con la panceta cortada en
tiras por encima y una cucharada de manteca.
Cuando esté dorado, se añade media cebolla
picada y el laurel; una vez dorada la cebolla,
se incorpora el vino y la harina, removiendo
mientras la salsa se reduce a la mitad.
Se añade agua caliente, hasta cubrir el pollo
y se deja cocer, tapado, a fuego lento.
Mientras el pollo se cocina, se va preparando
el arroz rehogando en manteca, el resto
de la cebolla picada y los pimientos también
picados. Cuando estos ingredientes estén
pochados, se agrega el pimentón y el arroz.
Se remueve bien, para que tome sabor
y se echa el doble de agua, o caldo de ave,
que de arroz. Una vez que esté todo hecho,
se sirve el pollo en la cazuela y el arroz
en un recipiente aparte.

POLLO CHINO
Grado de dificultad bajo

INGREDIENTES PARA 6 PERSONAS
4 pechugas de pollo deshuesadas cortadas en tiras
largas • 1 cucharadita de pimienta en grano
• 4 cucharaditas de salsa soja • 7 cucharaditas de
aceite • 2 cucharaditas de vinagre de vino tinto
• 1 cucharadita de azúcar • 2 dientes de ajo
machacado • 1 cebolla cortada en tiritas • 8 tallos
de cebollino cortados en 3 pedazos

En un wok pequeño se colocan los granos de
pimienta y se doran 2 minutos. Una vez fríos
se machacan y se agregan a un cuenco donde
hay que tener también la mitad de la salsa de
soja y una cucharadita de aceite de oliva

mezclándolo todo bien. Se adoba el pollo con
la mezcla y se enfría durante 30 minutos. En
otro recipiente aparte se mezclan el resto de
la salsa de soja, el vinagre y el azúcar. De
nuevo en el wok, se sofríe el ajo, se agrega el
pollo y se fríe hasta que esté bien hecho;
luego se añade la cebolla, el cebollino y la
mezcla con salsa de soja. Se cocina durante
unos 5 minutos y se sirve bien caliente.

POLLO CON ACEITUNAS
Grado de dificultad bajo

INGREDIENTES PARA 6 PERSONAS
1.500 g de pollo sin piel y troceado • 4 tomates
maduros • 150 g de aceitunas negras deshuesadas
• 2 cebollas • 2 pimientos verdes • 2 dientes de ajo
• 1/2 l de vino blanco • Aceite • 5 cucharadas de
harina • Sal • Pimienta • Romero

Se salpimientan los trozos de pollo, se
rebozan en la harina, se fríen, en poco aceite,
hasta que se doren por igual, y se reservan
sobre papel de cocina para quitar el exceso de
grasa. En una cazuela con aceite, se rehogan
las cebollas y los dientes de ajo picados;
cuando tomen color, se añaden los pimientos,
limpios y cortados en tiras finas, se rehoga un
poco más y se agregan los tomates, pelados,
sin pepitas y cortados en cubitos. Se va
removiendo todo en cuanto se saltea, se
echan las aceitunas partidas por la mitad y se
deja que hierva todo un poco. Se sazona el
guiso con romero, sal y pimienta, se agrega el
vino blanco y el pollo y, después de que
rompa a hervir, se tapa la cazuela y se deja
cocer, a fuego lento, hasta que todos los
ingredientes estén en su punto.

POLLO CON AJOS NUEVOS
Grado de dificultad bajo

INGREDIENTES PARA 6 PERSONAS
1.800 g de pollo sin piel y troceado • 3 cabezas de
ajos nuevos • 40 g de manteca de cerdo • 1,5 dl de
aceite • 1 cebolla • 1 cucharada de perejil picado

- 250 g de tomate pelado • 1 dl de vino blanco
- 1/2 cubito de caldo de gallina • Sal • Pimienta

Se sazona el pollo con sal y pimienta. Se quitan las barbas y la piel exterior de las cabezas de ajos pero dejándolas enteras. En una sartén con aceite, se fríen los pedazos de pollo, pasados por harina, hasta que se doren. Se escurren y se disponen en una fuente de horno. En la grasa de freír el pollo, se echa la cebolla y el perejil picados y se deja que pochen, al tiempo que se remueve. Se añade el tomate picadito, el vino blanco, el medio cubito de caldo, diluido en un decilitro de agua, se deja hervir unos instantes y se retira del fuego. Se dividen en dos partes las cabezas de ajo, se colocan en la fuente del pollo, se baña todo con la salsa de tomate, sin pasar por el chino, y se pone en el horno, a temperatura media, hasta que el pollo y los ajos estén en su punto.

POLLO CON ALBAHACA Y QUESO DE CABRA
Grado de dificultad bajo

INGREDIENTES PARA 6 PERSONAS
6 pechugas de pollo • 1 ramo de albahaca • 150 g de queso de cabra poco curado • 1 limón • Aceite • Pimienta • Orégano • Sal

Se abren las pechugas a lo largo sin separar las partes. Se unta, por dentro y por fuera del corte, una mezcla hecha con zumo de limón, pimienta, sal y orégano. Dentro del corte, se meten unas hojas de albahaca y una lámina de queso. Se cierran las pechugas con palillos, se pasan por aceite y se asan a la plancha, 15 minutos de cada lado.

POLLO CON ALMEJAS
Grado de dificultad bajo

INGREDIENTES PARA 6 PERSONAS
1 pollo cortado en trozos • 1 dl de aceite
- 1 cebolla • 2 dientes de ajo • 1 hoja de laurel

- 1 cucharada de harina • 1 tomate maduro
- 1,5 dl de vino blanco • 2 dl de nata líquida
- 600 g de almejas • 1 ramito de perejil
- 1 pizca de pimentón dulce • 8 rebanadas de pan de molde cortadas en triángulos • Aceite • Sal
- Pimienta

Los pedazos de pollo se sazonan con sal, pimienta y pimentón. Se fríen la cebolla, cortada en rodajas, y el ajo, picado, y antes de que se doren demasiado, se añade el ramito de perejil y el pollo. Se espolvorea la harina por encima y se deja rehogar sin líquido, durante 2 minutos, moviendo de vez en cuando. Se echa entonces el vino blanco, la pulpa de tomate y unos dos decilitros de agua; a fuego medio se deja hervir lentamente 25 minutos más. Después de que el pollo esté listo, se añade la nata y las almejas bien limpias y, una vez abiertas, se retira del fuego. Se sirve en una fuente con los triángulos de pan fritos y bien escurridos.

POLLO CON ANACARDOS Y VINO
Grado de dificultad bajo

INGREDIENTES PARA 2 PERSONAS
375 g de pollo deshuesado sin piel • 1 clara de huevo • 4 cucharadas de licor de arroz o Jerez seco • 2 cucharaditas de harina de maíz
- 3 cucharadas de aceite de girasol • 4 cebollas
- 2 dientes de ajo • 2,5 cm de raíz fresca de jengibre picada • 1 cucharada de salsa de soja
- 125 g de anacardos sin sal

Para empezar, se corta el pollo en dados de un centímetro aproximadamente. Se mezcla la clara de huevo, la mitad del licor de arroz o el Jerez y la harina de maíz en un plato llano y se rebozan los dados de pollo en la mezcla. Se sofríen en el wok las cebollas picadas, el ajo y el jengibre. Se agrega el pollo y se rehoga durante un par de minutos hasta que esté bien cocido. Se vierte el resto del licor, la salsa de soja, y se remueve. Finalmente, se agregan los anacardos. Se sirve caliente.

POLLO CON ARROZ A LA MODA DEL MIÑO
Grado de dificultad medio

INGREDIENTES PARA 6 PERSONAS
1.800 g de pollo troceado • 180 g de jamón serrano • 1 chorizo • 150 g de judías blancas cocidas con sal • 60 g de manteca de cerdo • 1 dl de aceite • 1/2 vaso de vinagre • 1 diente de ajo • 2 cebollas • 3 hojas de laurel • 1 dl de vino blanco • 300 g de arroz • Sal • Pimienta

Se salpimientan los trozos de pollo y, en una fuente honda, se pone el pollo, el vino, el vinagre, una cebolla cortada en cuartos, el perejil y dos hojas de laurel y se deja marinar de un día para otro. En una sartén, se dora el pollo en la manteca bien caliente y después de dorado, se van sacando los trozos dejándolos escurrir. En una cazuela de barro con el aceite, se pochan la cebolla y el ajo picaditos; cuando empiecen a dorar, se añade la mitad del chorizo y el jamón picados, el perejil y la hoja de laurel sobrante. Se rehoga todo, lentamente, moviendo de vez en cuando para que no se queme y se haga todo por igual. Se agrega el pollo, el caldo de la marinada y se tapa la cazuela para que sude durante 2 minutos. Se añaden seis decilitros de agua de cocer las judías y se deja hervir durante 20 minutos. Se incorpora el arroz y las judías escurridas y se sazona al gusto. Cuando vuelva a hervir, se dispone encima el resto del chorizo, en rodajas, se mete la cazuela destapada en el horno, a temperatura elevada, durante 15 minutos exactos, y se deja reposar unos minutos, fuera del horno.

POLLO CON CACAHUETES
Grado de dificultad bajo

INGREDIENTES PARA 6 PERSONAS
1.500 g de pollo troceado • 1,5 dl de aceite • 2 cebollas • 2 tomates maduros • 2 tazas de caldo de ave • 1/2 taza de leche de coco • 1 cucharadita de curry • 1 pizca de jengibre en polvo • 2 cucharadas de coco rallado • 1 taza de cacahuetes tostados y pelados • 4 yemas de huevo cocidas • 2 pimientos rojos en conserva • Sal • Pimienta

Se sazonan los trozos de pollo con sal y pimienta. En una cazuela con aceite, se rehoga la cebolla, y antes de dorar, se añade el pollo, removiendo para que tome color por igual. Seguidamente, se agregan los tomates, pelados, sin pepitas y picados y el caldo de ave, se sazona, se tapa la cazuela y se deja hervir cerca de 30 minutos. Pasado ese tiempo, se echa el coco, la leche de coco, el curry, el jengibre y los cacahuetes picados. Se cuece todo, a fuego lento, otros 15 minutos. Se retira del fuego, se pican los pimientos y las yemas de huevo y se mezclan con la salsa.

POLLO CON CEBOLLAS Y AJOS
Grado de dificultad bajo

INGREDIENTES PARA 6 PERSONAS
1 pollo de 2 kg troceado • 1 kg de cebollas • 10 dientes de ajo • 1 vaso de vino blanco seco • 1 vaso de aceite • Sal • Pimienta • 1 hoja de laurel • 1 pizca de canela

Se sazonan al gusto los pedazos de pollo y, en aceite bastante caliente, se fríen hasta que se doren por igual; se reservan. Se trituran, en crudo, las cebollas y los ajos, se añade la canela y una pizca de pimienta. En una cazuela, en la mitad del aceite sobrante de freír el pollo, se echan los ingredientes triturados y se deja sofreír un poco, se añade el vino y, por último, los trozos de pollo, dejando hervir todo a fuego lento hasta que la salsa adquiera un tono marrón.

POLLO CON CERVEZA Y ACEITUNAS
Grado de dificultad medio

INGREDIENTES PARA 6 PERSONAS
1.800 g de pollo troceado • 0,5 dl de vino blanco • Sal • Pimienta • 1 ramo de hierbas aromáticas

• 50 g de manteca de cerdo • 75 g de mantequilla
• 1 cebolla • 1 cucharada con copete de harina
• 3 dl de cerveza • 2 cucharadas de pulpa de
tomate • 2,5 dl de caldo de ave • 250 g de
aceitunas verdes • 1 bollito de pan • 1 ramito de
perejil

Se sazona el pollo con la sal, la pimienta y el
vino blanco y se dora en una sartén, con la
manteca bien caliente. Se reserva. Se rehoga,
en 50 gramos de mantequilla, la cebolla
picada. Cuando empiece a dorar, se añade la
harina, se remueve y se agrega la pulpa de
tomate y la cerveza en un chorro fino,
moviendo siempre, para que no tenga
grumos, hasta que empiece a hervir. Se añade
el pollo, dejándolo cocer lentamente y
agregando el caldo que sea necesario para
obtener la consistencia deseada. Cuando el
pollo esté tierno, se retira del conjunto con un
tenedor. La salsa se pasa por el chino y se
vuelve a poner al fuego, para que espese al
gusto. Se deshuesan las aceitunas y se hierven
dos veces en dos aguas diferentes. En una
cazuela se dispone el pollo, las aceitunas y la
salsa, se calienta todo y se sirve humeante.

POLLO CON CREMA Y VERDURAS
Grado de dificultad medio

INGREDIENTES PARA 6 PERSONAS

Para el pollo:
1 pollo grande • 1/2 taza de aceite • 1 atado de
hierbas aromáticas (romero, perejil, laurel...)
• 1/2 vaso de vino blanco • 50 g de mantequilla
• 1 taza de caldo de ave • Sal • Pimienta

Para la salsa:
80 g de mantequilla • 1 cucharada de harina
• 1 taza de leche • 1 taza de caldo de ave • Sal
• 2 yemas de huevo • Nuez moscada • Pimienta

Para la guarnición:
250 g de zanahorias picadas • 250 g de patatas
en daditos • 250 g de guisantes • 50 g de
mantequilla

Se vacía, lava y seca el pollo, sazonándolo con
sal y pimienta y se dora, en una cazuela
ancha, con el aceite. Cuando se haya dorado,
se añaden el ramito de hierbas, la mantequilla
y el vino y se deja cocer unos minutos. Se
agrega el caldo, se tapa y, dándole vueltas de
vez en cuando, se deja cocer hasta que esté
tierno. En un cazo, se derrite la mantequilla,
se añade la harina, se remueve para que ligue
y se adiciona la leche y el caldo, se cuece a
fuego lento, removiendo hasta que la salsa
espese, se condimenta con sal, pimienta y
nuez moscada, se retira del fuego, se le
añaden las yemas y se sigue removiendo hasta
conseguir una salsa trabada. Las verduras se
saltean en la mantequilla y, a fuego lento, se
dejan rehogar hasta que estén tiernas. Se
parte el pollo por las juntas, se salsea y se
sirve, rodeado de las verduras salteadas.

POLLO CON CREMA Y VERDURAS AL HORNO
Grado de dificultad medio

INGREDIENTES PARA 6 PERSONAS

Para el pollo:
1 pollo grande • 1/2 taza de aceite • 1 atado de
hierbas aromáticas (romero, perejil, laurel...)
• 1/2 vaso de vino blanco • 50 g de mantequilla
• 2 cucharadas de manteca de cerdo • 1 taza de
caldo de ave • Sal • Pimienta

Para la salsa:
80 g de mantequilla • 1 cucharada de harina
• 1 taza de leche • 1 taza de caldo de ave • Sal
• 2 yemas de huevo • Nuez moscada • Pimienta

Para la guarnición:
250 g de zanahorias picadas • 250 g de patatas en
daditos • 250 g de guisantes • 50 g de mantequilla

Como puede apreciarse por los ingredientes
indicados, este plato es igual que el de la
receta anterior, pero asando el pollo entero y
untado con dos cucharadas de manteca de
cerdo.

POLLO CON CURRY
Grado de dificultad bajo

INGREDIENTES PARA 6 PERSONAS
700 g de pechugas de pollo en tiras • 2 cucharadas
de aceite de cacahuete • 2 dientes de ajo
• 3 cebollas • 3 tallos de limoncillo • 2 cucharadas
de salsa de pescado • 1/2 cucharadita de
pimienta • 1/2 cucharadita de azúcar moreno
• 1 cucharadita de pasta de curry amarillo • 2 chiles
verdes • 3 cucharadas de caldo de pollo • 125 ml
de leche de coco (ver «Salsas») • 2 cucharadas de
cacahuetes tostados • 1 puñado de hojas frescas
de coriandro

Se calienta el aceite en el wok y se añaden el
ajo y las cebollas, rehogándolo todo durante 1
minuto. Se agrega el limoncillo, la salsa de
pescado, la pimienta, el azúcar, la pasta de
curry, los chiles y las tiras de pollo y se saltean
de 3 a 4 minutos. A continuación, se
incorpora el caldo y la leche de coco, se
mezcla bien y se deja hervir a fuego lento
hasta que veamos que el pollo está bien
cocido. Por último, se sirve en platos
individuales adornado con el coriando y los
cacahuetes.

POLLO CON CURRY *THAI*
(cocina tailandesa)
Grado de dificultad bajo

INGREDIENTES PARA 4 PERSONAS
2 cucharadas de aceite de cacahuete • 2 dientes
de ajo • 3 cebollas • 3 tallos de limoncillo
• 2 cucharadas de salsa de pescado *thai*
• 1/2 cucharadita de pimienta • 1/2 cucharadita
de azúcar moreno • 1 cucharadita de pasta de curry
amarillo *thai* • 1 chile verde • 750 g de pechuga
de pollo en tiras • 1/2 cucharadita de té de esencia
de jazmín • 125 ml de leche de coco (ver «Salsas»)
• 2 cucharadas de cacahuetes tostados • 1 puñado
de hojas frescas de coriandro

Para comenzar, se calientan unas cucharadas
de aceite en el wok y se procede a añadir
el ajo y las cebollas; se rehogan durante

1 minuto. Posteriormente, se añade el
limoncillo, la salsa de pescado tailandesa,
la pimienta, el azúcar, la pasta de curry *thai*,
los chiles y las tiras de pollo y se rehoga
de 3 a 4 minutos. Finalmente se añade agua,
la esencia de jazmín y la leche de coco, se
mezcla bien y se hierve a fuego lento hasta
que el pollo esté bien cocido. Para terminar,
se servirá en platos individuales adornado con
el coriando y los cacahuetes.

POLLO CON CURRY VERDE
TAILANDÉS
(cocina tailandesa)
Grado de dificultad bajo

INGREDIENTES PARA 4 PERSONAS
2 cucharadas de aceite de cacahuete
• 2,5 cm de jengibre fresco, pelado y finamente
triturado • 2 cebollas • 4 cucharadas de pasta de
curry verde tailandés • 625 g de muslos de pollo
deshuesados y cortados en dados de 5 cm
• 300 ml de leche de coco (ver «Salsas»)
• 4 cucharadas de salsa de pescado tailandesa
• 1 cucharadita de azúcar moreno • 3 hojas de lima
kaffir o esencia de jazmín a elegir • 1 chile verde
fresco • 1 ajo frito crujiente • Sal • Pimienta

Se calienta el aceite en una sartén, se añaden
el jengibre y la cebolla y se rehoga a fuego
lento hasta que los ingredientes se ablanden.
Se agrega a continuación la pasta de curry y
se fríe durante unos 2 minutos. Se incorpora
el pollo a la sartén, se remueve hasta que
quede recubierto por ambos lados con la
mezcla de especias y se fríe durante 3
minutos. Luego, se añade la leche de coco y
se lleva a ebullición el curry; se baja el fuego y
se deja cocer el curry a fuego lento,
removiendo de vez en cuando, hasta que
veamos que el pollo está cocido y que la salsa
se ha espesado. Remover con la salsa de
pescado, el azúcar, la lima kaffir o el jazmín y
el chile. Para finalizar, se hierve el curry
durante 5 minutos más y se le añade la sal y
la pimienta al gusto. Decorar el curry con ajo
frito crujiente.

POLLO CON ESPAGUETIS AL HORNO
Grado de dificultad bajo

INGREDIENTES PARA 6 PERSONAS
1/2 kg de pollo hervido y desmenuzado • 175 g de espaguetis • 0,5 dl de aceite • 2 cucharadas de mantequilla • 1 cebolla pequeña • 1 zanahoria • 2 dientes de ajo • 1 taza de salsa de tomate • 125 g de queso en lonchas, tipo bola • Media taza de caldo de ave • Sal • Pimienta

Se rehoga, en una cazuela con aceite, la cebolla y el ajo picaditos y la zanahoria pelada y cortada en cubitos pequeños. Cuando esté casi todo rehogado, se añade el pollo, se remueve y se añade el caldo, sazonando con sal y pimienta. Se retira del fuego cuando haya reducido el caldo. Mientras se hace el rehogado, se cuecen los espaguetis en abundante agua con sal, dejando que hierva a borbotones, hasta que la pasta esté al dente, y se cuelan. En una fuente refractaria, untada con una cucharada de mantequilla, se pone una capa de espaguetis, sobre ésta, el guisado del pollo y, encima, el resto de los espaguetis. Por último, se vierte la salsa de tomate, se alisa y se disponen las lonchas de queso, cubriendo toda la superficie, y la cucharada de mantequilla, en pedacitos, distribuida a intervalos regulares. Se mete en el horno para gratinar, hasta que el queso esté completamente fundido y toda la superficie esté dorada.

POLLO CON FIDEOS EN CAZUELA
Grado de dificultad bajo

INGREDIENTES PARA 6 PERSONAS
2 pollos medianos • 200 g de fideos • 1 cebolla • 2 dientes de ajo • 1 taza de pimientos rojos en conserva • 1 taza de tomate pelado en conserva • 4 cucharadas de aceite • 3 dl de vino tinto • 2 cucharadas de perejil • Sal • Pimienta

Se parten los pollos por la mitad, se quitan las vísceras, se lavan y se ponen en una bandeja de horno con dos cucharadas de aceite, sal y pimienta, y se mantienen a 180°, hasta que estén bien asados por ambas partes. Durante aproximadamente unos 15 minutos, a fuego lento, se cuecen los fideos con agua y sal. Se enfrían y se reservan. Se rehoga la cebolla y los ajos picados en una cazuela de barro con el resto del aceite, se añaden los tomates y los pimientos cortados, se remueve de vez en cuando, dejando que hiervan un poco, y se sazonan con sal y pimienta al gusto. Se retira la piel del pollo, se divide en cuartos y se introduce en la cazuela, cubriéndose todo con el vino y calentando, a fuego lento, durante unos minutos. Se agregan los fideos escurridos, se dejan calentar un poco y se sirve, en la misma cazuela, espolvoreado con el perejil picado.

POLLO CON FRUTOS DEL MAR
Grado de dificultad medio

INGREDIENTES PARA 6 PERSONAS
1.500 g de pollo troceado • 6 vieiras • 12 gambas grandes • 300 g de almejas • 12 langostinos • 4 cucharadas de aceite • 2 cebollas • 1 vaso de vino blanco • Sal • Pimienta • 1 rama de perejil • 1 cucharada de harina fina de maíz • 1 dl de nata líquida • 1/2 cucharadita de zumo de limón • 2 yemas de huevo

En una cazuela con aceite, se ponen a rehogar los trozos de pollo, dejándolos dorar por igual a fuego lento. Una vez dorados, se retiran a un recipiente al baño María, para conservarlos calientes. En la misma cazuela, se rehogan las vieiras, cortadas al medio, durante unos 2 o 3 minutos, y se retiran. Se añade un poco más de aceite y se fríe la cebolla picada, sin dejar que dore demasiado, y se vuelven a meter los pedazos de pollo. Se cubren con el vino, se sazonan con sal, pimienta y el ramo de perejil y se deja que cueza, a fuego lento, con la cacerola tapada 20 minutos. Se da un hervor a las gambas y los langostinos en agua con sal, se pelan y se reservan. Las almejas se abren al vapor, se desechan las cáscaras y se reservan también. Cuando el pollo esté prácticamente hecho, se retira el perejil, se añade la harina, removiendo bien para que espese la salsa, se agregan todos los mariscos y se deja hervir, lentamente, 10 minutos. Se añade la nata, batida con las yemas y el zumo de limón, se calienta un poco y se retira del fuego.

POLLO CON GAMBAS
Grado de dificultad bajo

INGREDIENTES PARA 6 PERSONAS
1.500 g de pollo troceado • 300 g de gambas
• 8 dientes de ajo • 2 tomates maduros
• 4 cucharadas de almendras tostadas y peladas
• 1 cucharada de perejil picado • Aceite • Pimienta
• Sal

Se trituran cuatro ajos, las almendras y los tomates, pelados y sin pepitas, y el perejil. Se fríen, en una cacerola grande, los otros cuatro ajos enteros y cuando se doren, se retiran del aceite. Se rehogan, ligeramente, las gambas peladas, se escurren y reservan. Con las cabezas de las gambas y muy poca agua, se hace un fumé y se reserva. En el mismo aceite, se rehogan los trozos de pollo hasta quedar bien dorados, y se añade la mezcla del tomate y un decilitro del fumé. Para ir terminando el plato, se tapa y se deja cocer durante media hora, añadiéndole más caldo si fuera necesario y, cuando esté todo en su punto, se introducen las gambas y se cuece durante 1 minuto más.

POLLO CON GUISANTES
Grado de dificultad bajo

INGREDIENTES PARA 6 PERSONAS
1 pollo grande troceado • 1 cebolla
• 150 g de jamón serrano • 1 copa de coñac
• 750 g de guisantes frescos o 2 latas grandes de guisantes en conserva • 2 dientes de ajo • Perejil
• 1,5 dl de aceite • Sal

Se lavan los trozos de pollo, se secan con un paño, se sazonan con un majado de sal y ajo y se dejan reposar durante 1 hora. Pasado ese tiempo, se rehogan en aceite, hasta que doren bastante y por igual, y se colocan en una cazuela. Se fríen la cebolla picada y el jamón, cortado en cubitos, en el mismo aceite, retirando el exceso si lo hubiera, y se echan por encima del pollo. Se majan en el mortero, el ajo y el perejil, con un poco de agua, y se agrega a la cazuela. Se añade el coñac y los guisantes, se sazona con sal y se deja cocer, a fuego lento, añadiendo agua, si fuera necesario, durante la cocción.

POLLO CON HABITAS Y AJOS TIERNOS
Grado de dificultad bajo

INGREDIENTES PARA 6 PERSONAS
1 y 1/2 pollo partido en pedazos grandes
• 1 manojo de ajos tiernos • 1/2 taza de aceite de oliva • 1 cebolla picada • 1 cucharada de perejil picado • 1 lata de 250 g de tomate pelado y el líquido correspondiente • 1 dl de vino blanco
• 1/2 cubo de caldo de ave • 1 lata de 500 g de habitas • 1 kg de patatitas nuevas • Sal
• Pimienta

Se sazona el pollo con sal y pimienta al gusto y se deja reposar. A los ajos se les retiran las barbas y la piel exterior dejándolos enteros. Los pedazos de pollo se rebozan en harina y se doran en el aceite caliente por ambos lados, colocándolos después en una bandeja grande de horno. En la misma grasa se fríe la cebolla, se añade el tomate y el perejil y, por último, el líquido del tomate, el vino blanco, un decilitro de agua y el caldo de ave, dejando que hierva 1 minuto. Se tritura. Entre los pedazos del pollo se colocan las patatitas y los ajos enteros, se riega todo con la salsa y se hornea unos 30 minutos a 200° de temperatura. Las habitas, por su parte, una vez peladas, hervidas con agua y sal y rehogadas en mantequilla, se añaden en el momento de servir.

POLLO CON JUDÍAS BLANCAS
Grado de dificultad bajo

INGREDIENTES PARA 6 PERSONAS
1 pollo troceado • 300 g de judías blancas
• 1 cucharadita de pimentón dulce • 125 g de
chorizo • 1 zanahoria grande • 0,5 dl de aceite
• 3 dientes de ajo • 1 cebolla • 1 hoja de laurel
• 1 vaso de vino blanco • 4 cucharadas de pulpa de
tomate • 1 cucharadita de cominos en polvo • Sal
• Pimienta

Se cuecen las judías, remojadas desde la
víspera, con la zanahoria y el chorizo enteros.
Cuando estén cocidas, se sazonan con sal.
Mientras, se sazonan los pedazos del pollo
con sal, pimienta y pimentón. En una cazuela
con aceite, se rehogan la cebolla y los ajos
picados y el laurel, se va removiendo hasta
comenzar a dorar y se le añade el pollo.
Cuando los pedazos de pollo tomen color,
se agrega el vino blanco y la pulpa de tomate,
se tapa y se mantiene un hervor durante 5
minutos a fuego moderado. Se añade el caldo
de cocer las judías, sólo hasta cubrir el pollo.
Una vez que el ave esté casi cocida, se meten
las judías escurridas, en la cazuela, retirando la
zanahoria y el chorizo, y se agrega el caldo
necesario para que termine la cocción. Por
último, se retira del fuego y se le agrega el
comino y el chorizo, cortado en rodajas.

POLLO CON LECHE DE COCO
Grado de dificultad

INGREDIENTES PARA 6 PERSONAS
1.500 g de pollo cortado en trozos menudos
• 1/2 l de leche de coco • 3 tomates • 3 cebollas
• 3 dientes de ajo • 1 limón • 1 cucharada de
jengibre en polvo • Aceite • Pimienta • Sal

Se marina el pollo en un adobo con: zumo de
medio limón, jengibre rallado, sal y pimienta,
y se deja en el frigorífico durante un par de
horas. Se rehoga el pollo, bien escurrido, en
una cazuela con un poco de aceite, la cebolla
y los ajos muy picaditos, hasta que los trozos

estén casi en su punto. Se añaden los
tomates, pelados y cortados en cubitos, y se
rehoga todo junto, durante unos 10 minutos.
Se agrega la leche de coco y lo que sobró de
marinar el pollo, se sazona con más sal y
pimienta, si fuera necesario, y se deja cocer
un poco más para reducir la salsa.

POLLO CON MAYONESA Y ANCHOAS
Grado de dificultad bajo

INGREDIENTES PARA 6 PERSONAS
1 pollo grande • 3 huevos cocidos • 12 anchoas en
conserva • 2 cucharadas de alcaparras • 1 rama de
perejil • 1 cebolla • 1 zanahoria • 1 hoja de laurel
• 1,2 dl de aceite • 3 cucharadas de vinagre
• 1 taza de mayonesa • Unas hojas verdes de
lechuga • Sal • Pimienta

Se cuece el pollo, limpio y sin vísceras, en
abundante agua con sal, la zanahoria, la
cebolla, el laurel y el perejil. Después de
cocido, sin dejar que se deshaga, se deja
enfriar y se marina, durante 2 horas, en una
mezcla de aceite, vinagre, sal y pimienta.
Pasado ese tiempo, se dispone el pollo sobre
una fuente, forrada con hojas de lechuga, y se
cubre con mayonesa. Se decora con rodajas
de huevo duro, alcaparras y anchoas.

POLLO CON MEJILLONES
Grado de dificultad bajo

INGREDIENTES PARA 6 PERSONAS
1 pollo cortado en trozos • 1 dl de aceite
• 1 cebolla • 2 dientes de ajo • 1 hoja de laurel
• 1 cucharada de harina • 1 tomate maduro
• 1,5 dl de vino blanco • 2 dl de nata líquida
• 600 g de mejillones • 1 ramito de perejil
• 1 pizca de pimentón dulce • 8 rebanadas de pan
de molde cortadas en triángulos • Aceite • Sal
• Pimienta

Se trata de la misma receta que para el pollo
con almejas (véase), pero con mejillones.

POLLO CON NARANJA (muslitos)
Grado de dificultad bajo

INGREDIENTES PARA 6 PERSONAS
12 muslitos de pollo • 4 cucharadas de aceite
• 1/2 cucharadita de jengibre rallado • 1 naranja
entera • Cáscara de naranja y cáscara de limón
rallados • 30 g de almendras tostadas • Sal
• Pimienta

Se sazonan los muslitos con sal y pimienta, se
doran en aceite y se retiran. Al aceite se le
añaden las ralladuras de naranja y limón, las
almendras machacadas y el jengibre, se
remueve para mezclarlos bien y se vuelve a
echar el pollo, dejándolo guisar a fuego lento
durante 20 minutos. Para servir, se decora con
la naranja cortada en rodajas finas.

POLLO CON PIMIENTOS Y YOGUR
Grado de dificultad bajo

INGREDIENTES PARA 6 PERSONAS
1 pollo grande • 1 cebolla • 2 cucharadas de
mantequilla • 2 cucharadas de harina • 500 g
de tomate pelado, en conserva • 3 tazas de
pimientos rojos en conserva • 1 taza de guisantes
congelados • 1/2 cucharadita de pimentón dulce
• 1,5 dl de yogur • Sal • Pimienta • 2 cucharadas
de manteca de cerdo

Se salpimienta el pollo, por dentro y por fuera,
y se unta con la manteca de cerdo. Se mete
en el horno, a 180°, hasta que esté bien
asado, dándole la vuelta en medio del asado.
Se calienta la mantequilla en una cacerola, se
añade la cebolla picada y se rehoga. Cuando
esté empezando a dorarse, se echa la harina,
se remueve y se cubre con los tomates
picados, y su líquido, se deja calentar mientras
se remueve y se agregan los pimientos en tiras
y los guisantes. Se sazona al gusto, rehogando
todo a fuego lento con la cacerola tapada. Se
trocea el pollo asado, se echa en la cazuela y
se calienta con la salsa. Se mezcla el
pimentón, algo más de sal y pimienta, con el
yogur, y se adiciona a la salsa al final.

POLLO CON PIÑA
Grado de dificultad bajo

INGREDIENTES PARA 6 PERSONAS
1 pollo grande • 2 cucharadas de manteca de cerdo
• 1 piña • Sal • Pimienta • Nuez moscada
• 1 cucharada de azúcar • 4 cucharadas de pulpa
de tomate • 1 limón • 1 manzana Reineta
• 2 cucharadas de aceite

Se asa el pollo, limpio y sin vísceras untado
con la manteca mezclada con sal, pimienta y
nuez moscada. Una vez asado, se corta en
pedazos medianos. En una cacerola, se pone
el aceite, se rehoga el tomate y se añade el
zumo y la ralladura de limón, la manzana,
pelada y rallada, el azúcar y una pizca de sal.
En esta salsa, se disponen los trozos de pollo
asado y la piña, en rodajas troceadas. Se sirve
espolvoreado con perejil.

POLLO CON QUESO DERRETIDO
Grado de dificultad bajo

INGREDIENTES PARA 6 PERSONAS
1.500 g de pollo troceado • 100 g de mantequilla
• 1 cebolla picada • 2 cucharadas de perejil picado
• 4 tomates, pelados y cortados en cubos • 2 tazas
de caldo de ave • 1 cucharada de harina • 350 g de
queso cremoso • 1 cucharada de cebollino picado
• Sal • Pimienta

En una cazuela con mantequilla, se rehoga la
cebolla y, cuando esté pochada, se añaden los
trozos de pollo y se fríen hasta dorar un poco.
Se agrega el cebollino, el tomate, la sal y la
pimienta y se guisa, removiendo de vez en
cuando hasta que el pollo esté blando. Se
retira del fuego y se deshuesa. En la cazuela, a
fuego lento, se añade el caldo colado y se
junta el pollo, después de deshuesado. Se
echa por encima la harina y se deja cocer
hasta espesar un poco. Se retira el pollo del
fuego, se dispone en una bandeja refractaria,
se incorpora el queso, partido en trocitos, y se
lleva al horno hasta que el queso se derrita
por completo.

POLLO CON REPOLLO
Grado de dificultad bajo

INGREDIENTES PARA 6 PERSONAS
1 y 1/2 pollo • 1 dl de vino blanco • Sal
• Pimienta • 1 cucharada de manteca de cerdo
• 0,5 dl de aceite • 2 dientes de ajo machacados
• 1 cebolla picada • 1 hoja de laurel • 3 cucharadas
de pulpa de tomate • 1 repollo mediano • 1/2 kg
de patatas • Caldo de gallina • 2 cubitos de caldo
de pollo

Se limpia el pollo, se parte en trozos grandes y
se sazona con sal, pimienta y 0,5 decilitros de
vino blanco. En una sartén, se rehoga el pollo
en la manteca bien caliente hasta que esté
bastante dorado por todas partes. Se escurre.
Se lava el repollo y se corta en seis pedazos.
Se pelan las patatas y se cortan en cuartos.
Se rehogan en el aceite, la cebolla, el ajo
y el laurel; cuando esté casi dorado, se añade
el resto del vino blanco, después la pulpa
de tomate y, por último, la col, tapando la
cazuela para que «sude» durante 2 o 3
minutos. Se añaden el pollo, las patatas, los
cubitos y un poco de caldo. Se tapa y se deja
cocer, moviendo la cazuela de vez en cuando,
hasta que todos los ingredientes estén en su
punto.

POLLO CON *RISOTTO*
Grado de dificultad bajo

INGREDIENTES PARA 6 PERSONAS
125 g de mantequilla • 1 cebolla • 2 dientes de ajo
• 1 zanahoria • 150 g de champiñones frescos
• 2 pechugas de pollo, limpias y cocidas • 1 tomate
maduro • 150 g de jamón cocido • 400 g de arroz
• 1/2 l de caldo de ave • Sal • Pimienta
• 2 cucharadas de queso Parmesano rallado

En una cazuela con la mitad de la
mantequilla, se rehoga la cebolla cortada en
juliana, los ajos machacados y la zanahoria en
rodajas; cuando la cebolla comience a tomar
color, se echa el arroz y los champiñones
laminados. Se remueve unos 2 minutos, se

echa el tomate pelado, sin pepitas y cortado
en cubitos, se vuelve a remover y se agrega el
caldo caliente, se deja hervir un poco y se
añade el pollo desmenuzado y el resto de la
mantequilla. A continuación, se sazona, se
echa el jamón, cortado en tiras finas, y el
queso rallado y se remueve, dejándolo cocer,
tapado, durante unos 15 minutos. El arroz no
debe quedar seco, si fuera necesario, se
añadiría caldo durante la cocción.

POLLO CON SALSA BLANCA
Grado de dificultad medio

INGREDIENTES PARA 6 PERSONAS
1 pollo grande • 4 cucharadas de zumo de limón
• 2 cucharadas de mantequilla • 1 cucharada de
harina • 1 taza de vino blanco • 10 cebollitas
francesas • 2 zanahorias en rodajas • 250 g de
champiñones frescos • 2 yemas de huevo • 1 taza
de nata líquida • Sal • Pimienta • Nuez moscada
• Caldo de ave

Se limpia muy bien el pollo, por dentro y por
fuera, desechando las vísceras, se sazona bien
y se atan las patas y las alas, como cuando se
trata de hacer pollo relleno. En una cacerola,
se derrite la mantequilla y se espolvorea con
harina removiendo bien, mientras se le
añaden, poco a poco, dos tazas de caldo.
Se sazona con sal, pimienta y nuez moscada.
Se coloca el pollo dentro de la cacerola,
dándole vueltas varias veces para dorarlo un
poco, antes de añadirle el vino blanco.
Se completa, hasta cubrir el ave, con más
caldo. Se agregan las cebollas enteras y las
zanahorias, se tapa la cazuela y se deja cocer,
a fuego lento, 40 minutos aproximadamente.
Una vez bien limpios, se cortan los
champiñones en cuartos, se riegan con una
cucharada de zumo de limón y se echan a la
cazuela, continuando la cocción durante 30
minutos más. Se retira el pollo a una fuente,
manteniéndolo caliente. Se agregan las
yemas, batidas con la nata, y el resto de zumo
de limón a la salsa, se baña el pollo con ella y
se sirve muy caliente.

POLLO CON SALSA DE NUECES
Grado de dificultad bajo

INGREDIENTES PARA 6 PERSONAS
1 pollo grande • 1 dl de aceite • 2 cebollas • 300 g
de nueces peladas • 2 cucharadas de mantequilla
• La miga de 5 rebanadas de pan • 1 diente de ajo
• Pimienta negra • Pimienta blanca • Sal

Poner el pollo en una cazuela con abundante
agua, una cebolla, sal y pimienta negra. Cocer
a fuego lento hasta que el ave esté hecha. Se
retira y se deja enfriar un poco. Se limpia, se
deshuesa, se le quita la piel y se separa en
tiras. Se remoja el pan, se exprime y se mezcla
media cebolla y el ajo picaditos, pimienta
blanca y las nueces trituradas. Se añade un
vaso de caldo del pollo, colado, y se bate todo
a mano, para que se integren bien todos los
ingredientes. Se doran un poco las tiras de
pollo, en la mantequilla, se colocan en una
fuente y se salsea.

POLLO CON SAMFAINA A LA CATALANA
Grado de dificultad medio

INGREDIENTES PARA 6 PERSONAS
1 y 1/2 pollo partido en trozos • 500 g de pimientos
verdes • 600 g de cebollas • 300 g de calabacín
• 600 g de berenjenas • 1 kg de tomates maduros
• 1,5 dl de aceite • 3 dientes de ajo • Sal • Pimienta

Se sazonan los trozos del pollo con sal y
pimienta. Se doran en una sartén y, cuando
todos los pedazos estén dorados por igual, se
disponen en una cazuela de barro. En el aceite
de freír el pollo, se rehogan los pimientos,
cortados en cuadraditos, y se incorporan a la
cazuela. En el mismo aceite, se fríen la cebolla
y los ajos picados hasta que queden blandos.
Las berenjenas y los calabacines pelados y
cortados en cubitos se agregan a la fritura,
que continuará durante unos 20 minutos. Una
vez terminada la fritura de las verduras se
incorpora todo al pollo. Se ponen otros 50
mililitros de aceite en la sartén y se fríen los

tomates pelados, triturados y sazonados con
sal y una cucharadita de azúcar durante 20
minutos más. Se echan sobre el guiso, se
agrega la hoja de laurel y se deja en el fuego,
a temperatura media, hasta que estén hechos
los pollos, moviendo la cazuela de vez en
cuando.

POLLO CON VINO TINTO
Grado de dificultad medio

INGREDIENTES PARA 6 PERSONAS
1.500 g de pollo troceado • 1 dl de aceite • 60 g
de mantequilla • 12 cebollitas chalotas • 100 g de
beicon • 2 dientes de ajo • 1 cucharada de harina
• 2,5 dl de vino tinto • 1,5 dl de caldo de gallina
• 1 hoja de laurel • 1 ramita de perejil
• 4 rebanadas de pan de molde • Sal • Pimienta

La noche anterior se marinan los trozos de
pollo con sal, pimienta, vino tinto, un diente
de ajo machacado, laurel y perejil, dándole la
vuelta de vez en cuando, para que el pollo
tome sabor por igual. Cuando se vaya a
elaborar el plato, se escurren bien los
pedazos, se doran en aceite bastante caliente
y se ponen a escurrir sobre papel de cocina,
para quitarles el exceso de grasa. En una
cazuela con la mantequilla se echa el ajo
sobrante machacado, las cebollitas peladas y
el beicon, cortado en dados. Se rehoga
lentamente y se remueve alguna vez, para que
no se pegue. Cuando las cebollitas comiencen
a estar doradas, se echa el pollo y la harina, y
se remueve durante 1 minuto. Se añade el
líquido de la marinada y el caldo de gallina. Se
remueve, se tapa la cazuela y se deja cocer
durante unos 30 minutos. Se sirve adornado
con triángulos de pan frito y escurrido.

POLLO DE SAN MARTÍN
Grado de dificultad medio

INGREDIENTES PARA 6 PERSONAS
1 pollo grande • 3 dientes de ajo • 1 cucharada de
sal gruesa • 1 cucharadita de pimienta en polvo

• 100 g de manteca de cerdo • 1 dl de vino blanco
• 12 chalotas • 1 cebolla mediana • 800 g de
patatitas pequeñas • 100 g de chorizo • 800 g de
castañas

Se machaca el ajo con la sal, se mezcla en un
cuenco con la pimienta y la manteca,
batiendo a mano hasta obtener una masa con
la que se unta el pollo, por dentro y por fuera.
Se coloca en una fuente de horno con las
patatitas y las chalotas peladas y enteras. Se
asa durante unos 30 minutos regando, de vez
en cuando, con la grasa del asado y un poco
de vino blanco. Se da un corte superficial a las
castañas, se pelan y se fríen en aceite bien
caliente, durante 10 minutos, y se retiran. En
el mismo aceite se sofríe el chorizo, sin piel y
troceado. Se vuelven a introducir las castañas
con el chorizo y se mezclan, con mucho
cuidado para que no se rompan. Se escurren,
se introducen en la fuente del pollo y se deja
en el horno 10 minutos más. Para servir, se
coloca el pollo, que debe estar muy dorado,
en una fuente de servicio, y se disponen los
demás ingredientes a su alrededor.

POLLO DE ÚLTIMA HORA
Grado de dificultad bajo

INGREDIENTES PARA 6 PERSONAS
1.500 g de pollo troceado • 6 cucharadas de
mantequilla • 1 diente de ajo • 3 cucharadas de
perejil picado • Sal • Pimienta

Se calienta el horno, a temperatura máxima.
Se sazonan los trozos de pollo con sal y
pimienta. Se hace una masa con la
mantequilla, el ajo picado y el perejil. Luego,
se unta bien cada pedazo de pollo con esta
pasta, se colocan en una fuente refractaria y
se hornean de 25 a 30 minutos a 200° de
temperatura. Se dispone el pollo en una
fuente de servir, se echa un poco de agua
hirviendo en el recipiente refractario, para
soltar todo el jugo del asado, se pone un poco
en el fuego para que se mezcle y se echa por
encima de los trozos de pollo.

POLLO DE ÚLTIMA HORA CON SALSA DE PIMIENTA
Grado de dificultad bajo

INGREDIENTES PARA 6 PERSONAS
1.500 g de pollo troceado • 6 cucharadas de
mantequilla • 1 diente de ajo • 3 cucharadas de
perejil picado • Sal • Pimienta

Como la receta anterior, pero sirviéndolo con
salsa de pimienta (ver «Salsas») para seis
raciones.

POLLO DELICIOSO
Grado de dificultad bajo

INGREDIENTES PARA 6 PERSONAS
1.500 g de pollo troceado • 50 g de mantequilla o
margarina • 1 sobre de sopa instantánea de rabo de
buey • 1 cerveza negra • 3 dl de agua • 1 envase
pequeño de nata

Se pone la mantequilla en una cazuela a
calentar, se le añade el pollo, moviendo hasta
que se dore un poco; se echa la sopa, disuelta
en el agua, y la cerveza y se deja cocer
lentamente, moviendo de vez en cuando,
durante unos 35 minutos. Se añade la nata y
se deja reducir un poco la salsa.

POLLO EMPANADO CON MANZANAS
Grado de dificultad bajo

INGREDIENTES PARA 6 PERSONAS
1 y 1/2 pollo • 15 granos de pimienta • 1 cebolla
• 1 limón • 1 huevo batido • Pan rallado • Harina
• Aceite • 3 manzanas poco maduras

Se hierve el pollo en agua con la sal, la
pimienta y la cebolla, cortada al medio. Se
retira del caldo y, cuando enfríe un poco, se
parte en trozos grandes y se sazonan con
zumo de limón y, si fuese necesario, con más
sal. Se empanan los pedazos, pasando por
harina, huevo batido y pan rallado,

sucesivamente, y se fríe en abundante aceite bien caliente, hasta que tengan un color tostado y homogéneo. Por último, se escurren para que pierdan el exceso de aceite y se sirven bastante calientes y acompañados por las rodajas de manzana, rebozadas con harina y fritas en aceite de semillas.

POLLO EN ALBORNOZ
Grado de dificultad bajo

INGREDIENTES PARA 6 PERSONAS
1 y 1/2 pollo • 1 limón • 3 cucharadas colmadas de harina • 1 cucharada de pimentón dulce • 1 cucharada de aceite de oliva • 1 dl de agua • 1 huevo • Aceite de semillas • Sal • Pimienta • Nuez moscada

Después de limpiar bien el pollo, se corta en pedazos grandes (las patas en dos y la pechuga en cuatro). Se condimenta con el zumo de medio limón, el aceite de oliva, 0,5 decilitros de agua, sal y pimienta y se deja reposar un mínimo de 3 horas (se puede preparar el día anterior). En un bol, se echa la harina, abriéndole un hueco en el centro donde se añaden la yema del huevo, pimentón, sal, pimienta y nuez moscada, y se remueve todo del fondo hacia la superficie. Sin parar de mover, se agregan 0,5 decilitros de agua y se bate bien; finalmente se le añade la clara a punto de nieve, cuidadosamente para que no se corte. En una sartén grande, se calienta el aceite de semillas y se van friendo los trozos de pollo rebozados en el preparado, de 15 a 20 minutos.

POLLO EN CAZUELITAS
Grado de dificultad bajo

INGREDIENTES PARA 6 PERSONAS
1.500 g pollo troceado • 1/2 taza de aceite • 1 cebolla picada • 1 lata de tomate natural • 3 patatas • 2 hojas de laurel • 3 zanahorias • 1/2 kg de judías verdes • Sal • Pimienta

Se sazonan los trozos de pollo, que deben ser pequeños, con sal y pimienta. Se dora la cebolla en el aceite y se añade el pollo, a fuego vivo. Cuando esté dorado, se agrega el laurel, el tomate cortadito en cubos, las patatas también en cubos, las zanahorias en rodajas, y las judías, sin hilos y cortadas por la mitad; se salpimienta todo, se remueve y se deja cocer hasta que todo está en su punto. Si cuando falten unos minutos para terminar la cocción la salsa está muy líquida, se añade una cucharadita de harina fina de maíz, disuelta en un poco de leche, y se vierte sobre el guiso. Se sirve en cazuelitas individuales.

POLLO EN ENSALADA CON CHIMICHURRI
Grado de dificultad bajo

INGREDIENTES PARA 6 PERSONAS
700 g de pollo cocido, limpio y desmenuzado • 3 patatas cocidas y cortadas en dados • 1 lechuga en juliana • Salsa chimichurri (ver «Salsas»)

Se mezclan todos los ingredientes indicados y se sirve frío.

POLLO EN FRICASÉ
Grado de dificultad bajo

INGREDIENTES PARA 6 PERSONAS
1.500 g de pollo troceado • 1,5 dl de aceite • 1 cebolla • 1 cucharada de harina • 1 dl de vino blanco • 3 dl de caldo de ave • 2 yemas de huevo • 1/2 limón • Sal • Perejil picado • Pimienta

Se sazonan los trozos de pollo con sal y pimienta al gusto, luego se rehoga la cebolla picada en una cazuela con aceite, se añade el pollo y se deja rehogar todo junto, hasta que tome un tono dorado. Se agrega la harina y, removiendo, se echa el vino blanco y se deja sudar tapado, durante 2 minutos. Se añade entonces el caldo, y se deja cocer, lentamente, unos 40 minutos, hasta que el pollo esté bien cocido, sin deshacerse. En un cuenco, se mezclan las yemas de huevo con el zumo de limón, se echan sobre el pollo y se calienta todo, sin hervir. Se añade sal y pimienta, si fuera necesario, y se espolvorea con el perejil picado.

POLLO FÁCIL
Grado de dificultad bajo

INGREDIENTES PARA 6 PERSONAS
1 pollo grande • 1 sobre de sopa de cebolla liofilizada • 1 vaso de vino blanco seco

Se limpia muy bien el pollo, por dentro y por fuera, desechando las vísceras. Se coloca sobre una fuente de horno y se espolvorea por encima el contenido del sobre de sopa de cebolla, se riega con el vino blanco y se asa en el horno hasta estar tierno y dorado por igual. Si durante el asado pierde líquido, se va añadiendo agua para que la salsa quede en su punto, es decir, ni muy líquida ni demasiado espesa.

POLLO FRITO
A LA PORTUGUESA
Grado de dificultad medio

INGREDIENTES PARA 6 PERSONAS
1.800 g de pollo cortado en trozos pequeños
• 1 kg de patatas pequeñas nuevas • 3 dientes de ajo • 2 dl de vino blanco • 1 cucharada de vinagre
• 1 cebolla • 1 cucharadita de pimentón dulce
• 1 hoja de laurel • Sal • Pimienta • 1 guindilla
• 80 g de manteca de cerdo • Aceite • 1 limón
• 1 ramita de perejil • 100 g de encurtidos variados
• 100 g de aceitunas negras

Se dejan los trozos de pollo, durante unas 6 horas o más, en una marinada con el vino blanco, el vinagre, la cebolla, cortada en juliana, el laurel, el perejil, sal y pimienta. Pasado el tiempo, se escurre el pollo, se fríe en una sartén con la manteca, se le unen los pedazos de cebolla, también escurridos, y se deja dorar todo. A medida que se vayan

haciendo, se retiran y se escurre el exceso de grasa. Se fríen aparte las patatas, dejándolas bien doradas y secas. En la sartén donde se ha frito el pollo, se echa el líquido de marinar, colado, y se deja que hierva unos minutos. Se disponen los pedazos de pollo en una cazuela y se riega con este líquido; se añaden las patatas fritas, se deja que caliente todo un poco y se presentan en una fuente de servicio, adornado con los encurtidos picados y las aceitunas negras.

POLLO GRATINADO
AL OPORTO
Grado de dificultad medio

INGREDIENTES PARA 6 PERSONAS
1.800 g de pollo troceado • 100 g de menudillos (corazón, molleja e higaditos) de pollo • 100 g de mantequilla • 1 cebolla • 1 cucharada de harina
• 1 vaso de vino de Oporto • 1 zanahoria • 1 atado de hierbas aromáticas • 2 cucharadas de perejil picado • 200 g de nata líquida • 50 g de queso Parmesano rallado • Sal • Pimienta

Se rehogan los menudillos en 50 gramos de mantequilla, se añaden la cebolla y la zanahoria picaditas, se deja rehogar un poco y se agrega el vino, medio vaso de agua, el atado de hierbas, sal y pimienta, y se cuece a fuego lento durante 30 minutos. Se sazona el pollo con sal y pimienta, se pone en el horno caliente, untado con el resto de la mantequilla, y se asa, durante 40 minutos aproximadamente, volviéndolo de vez en cuando para que tome color por igual. Se retira el pollo del horno, y se reserva en una bandeja, también refractaria. Se sacan los menudillos, la zanahoria y la cebolla con una espumadera y se machacan, colándolos después sobre un cacito que se pone al fuego; se añade el jugo del asado, mezclado con dos cucharadas de agua y la nata, se deja cocer 2 minutos y se vierte sobre los pollos. Se espolvorea con el perejil y el queso rallado y se gratina en el horno durante un par de minutos más.

POLLO GUISADO
Grado de dificultad bajo

INGREDIENTES PARA 6 PERSONAS
2 pollos medianos • 300 g de pimientos rojos
• 3 dientes de ajo • 4 tomates • 1,5 dl de vino
blanco seco • 1 limón • Aceite • Sal • Pimienta
• Perejil picado

Se limpian y dividen los pollos en cuartos,
rehogándolos en aceite caliente hasta que
doren por igual. Se añaden los ajos, cortados
en láminas, los pimientos en tiras finas y los
tomates, pelados, despepitados y cortados en
cubos. Se deja cocer despacio, hasta que el
pollo esté tierno. Se escurre el exceso de
grasa, se añade el vino y unas gotas de limón
y se deja hervir durante unos 5 minutos.

POLLO GUISADO
CON PATATAS
Grado de dificultad bajo

INGREDIENTES PARA 6 PERSONAS
1.800 g de pollo limpio • 2 dientes de ajo
machacados • 1 hoja de laurel • 1 pimiento verde
• 2 tomates maduros • 2 cebollas • 1 kg de patatas
• 1 dl de aceite • 2 dl de vino blanco • 1 dl de
caldo de ave • 1 rodaja de limón • 1 ramita de
perejil • Sal • Pimienta

Se trocea el pollo, se sazona con sal y
pimienta y se rehoga ligeramente, en una
sartén con un poco de aceite. Se corta el
pimiento en tiras finas y la cebolla en rodajas,
se pelan las patatas y se cortan, también en
rodajas gorditas. Se colocan todos los
ingredientes en una cazuela de barro, en
capas alternadas, comenzando y terminando
con una capa de cebolla; hecho esto, se riega
con aceite y vino blanco, y en la superficie se
coloca la rodaja de limón y la ramita de perejil.
Se tapa la cazuela y se cuece, a fuego lento,
durante unos 40 minutos, sacudiendo la
cazuela de vez en cuando. En mitad de la
cocción, se rectifica la sal y la pimienta, si
fuera necesario.

POLLO MARROQUÍ
Grado de dificultad medio

INGREDIENTES PARA 6 PERSONAS
1.800 g de pollo troceado • 4 cebollas • 2 puerros
• 100 g de pasas sin semillas • 100 g de almendras
peladas • 3 cucharadas de miel • 2 cucharadas de
pimentón dulce • 1 cucharada de canela • 1 hoja
de laurel • Aceite • Sal • Pimienta

Se sazonan los trozos de pollo con sal,
pimienta, canela y pimentón. Se fríen las
almendras, en un poco de aceite, se escurren
y reservan. En una cazuela con aceite, se
rehoga el pollo hasta que dore un poco, se
retira el aceite, con ayuda de una tapa, se
añaden dos vasos de caldo de ave, los puerros
partidos en rodajas y el laurel, y se deja cocer,
tapado, hasta que el pollo esté muy blando.
En una sartén con aceite, se pone la cebolla,
cortada en rodajas muy finas, con el aceite
frío, se rehoga a fuego lento, hasta que esté
blanda y con un tono de caramelo oscuro. Se
añaden entonces, las almendras, las pasas,
previamente remojadas, y la miel, y se deja
rehogar unos minutos más.

POLLO RELLENO
Grado de dificultad medio

INGREDIENTES PARA 6 PERSONAS
1 pollo grande • 100 g de chorizo picado • 25 g de
mantequilla • 1 cebolla picada • 3 higaditos de
pollo • 200 g de carne de cerdo picada • 1 bollito
de pan • 1 cucharada de harina • 1 huevo
• 1 cucharada de perejil picado • 1 vasito de brandy
y vino oloroso de Jerez mezclados • 1 dl de vino
blanco • 40 g de manteca de cerdo • Sal • Pimienta
• Nuez moscada

Se echa en una cazuela la mantequilla, el
chorizo y la cebolla. Cuando esté empezando
a dorarse, se añade la carne y los higaditos,
cortados menudamente, removiendo con una
cuchara de madera; se deja rehogar un poco
más. Se agrega el panecillo, previamente
remojado y bien exprimido, la harina, el perejil

y el vasito con los licores, se deja hervir un poco, se echa el huevo batido, se vuelve a revolver hasta espesar y se retira del fuego. Se prepara el pollo, vaciándolo, lavándolo y secándolo bien y se rellena, cuidadosamente, por la abertura posterior, con la mezcla de ingredientes. Se cosen las dos aberturas con un hilo blanco y grueso y se unen las patas con el mismo hilo. Se sazona con sal, pimienta y nuez moscada y se unta todo el pollo con la manteca, después se le echa vino blanco y se pone en una fuente de horno, para que se ase a temperatura media durante 1 hora. En este tiempo, se le dará la vuelta y se irá regando con la salsa. Una vez hecho, se quitan los hilos.

POLLO RELLENO CON UVAS
Grado de dificultad medio

INGREDIENTES PARA 6 PERSONAS
1 pollo grande • 1 racimo de uvas blancas y maduras • 150 g de pasas sin semillas • 3 cucharadas de mantequilla • 3 cucharadas de pulpa de tomate • 3 cucharadas de queso Parmesano rallado • 3 lonchas de jamón serrano, picadas en máquina • 3 cucharadas de zumo de uva concentrado • 1 copa de vino blanco • 4 patatas cocidas • Sal • Pimienta • Nuez moscada

Se limpia bien, por dentro y por fuera, el pollo, se lava y se seca cuidadosamente. Se machacan las patatas, se mezclan con el queso y la nuez moscada y se continúa machacando hasta hacer un puré muy denso. Por otro lado, se lavan las uvas, se cortan un poco para retirarles las semillas y se mezclan con las pasas, previamente remojadas. Se añade el jamón picado y se mezcla todo con el puré de patatas. Con esta mezcla se rellena el pollo, se cosen las aberturas y se pone en el horno, regando cada 10 minutos con el vino, mezclado con el zumo de uva y mantequilla derretida, y sazonado con sal y pimienta al gusto.

POLLO RELLENO DE JUDÍAS BLANCAS
Grado de dificultad medio

INGREDIENTES PARA 6 PERSONAS
2 pollos pequeños • 300 g de judías blancas • 80 g de manteca de cerdo • 60 ml de aceite •1 dl de vino blanco • 2 butifarras crudas • 1/2 cebolla • 2 dientes de ajo • 1 hoja de laurel • Sal

Se remojan las judías durante 12 horas, se ponen en una cacerola con el laurel, la cebolla y los dientes de ajo enteros y se cubren de agua. Cuando empiecen a hervir, se añade un poco de agua fría y se continúa la cocción hasta que las judías estén hechas pero enteras. Se pone en una sartén, la mitad de la manteca, la mitad del aceite y las butifarras sin piel. Se rehoga durante unos minutos y se añaden las judías escurridas; se rehoga todo un poco más y se rellenan los pollos, limpios y vacíos. Se cierran las aberturas con palillos y se disponen en una fuente refractaria, untados con el resto de la manteca y del aceite. Se salpimientan y se meten en el horno, a temperatura media. Cuando hayan transcurrido 40 minutos, se agrega el vino y se continúa el asado, a fuego lento, hasta que los pollos estén tiernos y el vino haya reducido un poco. Se sirven troceados.

POLLO SALTEADO CON SÉSAMO
Grado de dificultad bajo

INGREDIENTES PARA 4 PERSONAS
500 g de pechuga de pollo deshuesada y sin piel • 1 y 1/2 cucharadita de harina de maíz • 1 pimiento verde • 2 y 1/2 cucharadas de salsa de soja • 2 y 1/2 cucharadas de semillas de sésamo • 1 cucharada de aceite de sésamo • 1 cucharada de agua • 1 cucharadita de salsa de chile • 1 cucharada de licor de arroz

Se introduce el pollo cortado en dados en un cuenco y se reboza con harina de maíz. Se rehoga en el wok menos de 1 minuto, se retira y reservamos. Se añade entonces, el pimiento verde, cortado en tiras, al aceite caliente del wok y se va rehogando a fuego medio durante 1 minuto. Se echa una cucharada de salsa de soja, se retira el pimiento con una espumadera y se reserva. Se agrega al wok el resto de la salsa de soja, la pasta de semillas de sésamo, el aceite de sésamo, el agua, la salsa de chile y el licor de arroz. Se deja cocer durante 1 minuto para rebajar el alcohol y se introduce de nuevo el pollo. Finalmente se vuelve a meter el pimiento y se saltea durante 3 minutos más. Se sirve muy caliente.

POLLO SATAY
Grado de dificultad bajo

INGREDIENTES PARA 2 PERSONAS
8 alas de pollo • 1 cucharada de almendras molidas • 1 cucharada de jengibre • 1 cucharadita de coriandro molido • 1 cucharadita de cúrcuma molida • 300 ml de leche de coco • 1 pimiento rojo pequeño picado • 1 cucharadita de azúcar moreno • 2 cebollas • 200 g de cacahuetes tostados • 125 ml de agua • 1 cucharadita de azúcar • 1 cucharada de salsa de soja • 2 cucharadas de zumo de limón

Por un lado, se sazona el pollo en crudo; por otro, se procede a elaborar la marinada, para lo que se han de mezclar las almendras molidas, el jengibre, el coriandro, el chile y la cúrcuma en un cuenco, se añade lentamente la leche de coco, más tarde el pimiento rojo y finalmente se vierte la mezcla sobre el pollo. Se dejará marinar durante unas 2 horas. Para preparar la salsa satay se mete la mitad de las cebollas troceadas en una batidora, se añaden los cacahuetes y se tritura. Se saltea en el wok el resto de la cebolla y se añade la pasta de cacahuete. Se deja cocer, removiendo durante 3 minutos y añadiendo, poco a poco, el agua. Se agrega el azúcar y se cuece durante 5 minutos más. Añadir la salsa de soja y el zumo de limón. Se saca el pollo pero sin tirar el jugo de maceración. Se espolvorean las alitas con

azúcar moreno y se hacen en la plancha durante 15 ó 20 minutos (dar la vuelta a las alas muy a menudo impregnando de marinada). Las alas se adornan con los trozos de limón y los pimientos cortados. Servir con un cuenco de salsa satay.

POLLO SOFISTICADO
Grado de dificultad alto

INGREDIENTES PARA 6 PERSONAS
6 medias pechugas de pollo, sin piel ni huesos • 1/2 kg de zanahorias • 2 nabos • 4 puerros • 3 cebollas medianas • 3 clavos • 1 atado de hierbas aromáticas • 2 manitas de ternera limpias • 1 cucharada de harina fina de maíz • Sal • Pimienta • Perejil • Arroz blanco, cocido en caldo de ave

Se cuecen en una olla con abundante agua y sal, las zanahorias, los nabos, los puerros y las cebollas, cortados en cuartos, y se echan también los clavos, el atado de hierbas, sal y pimienta. Cuando hierva, se baja el fuego y se deja hervir 30 minutos. Se introducen las pechugas y se cuecen hasta que estén en su punto, se retiran y se reservan. Se introducen en el caldo de la cocción las manitas de ternera y se mantiene a fuego lento, hasta que el líquido se haya reducido a la mitad. Se retiran las patitas del caldo y se cuela, dividiéndolo en dos porciones iguales. A una de ellas se le añade la harina y la mitad de la nata, y se pone en el fuego para que espese; después, se retira del fuego y se agrega el resto de la nata, conservando esta salsa en lugar templado. La otra parte del caldo se pone en el frigorífico, hasta formar una gelatina con la consistencia de la clara de huevo. Se sumergen las pechugas en la crema de nata caliente y se colocan sobre un papel de aluminio para que se enfríen. Después de frías, se ponen en pirámide sobre una corona de arroz, sujetándolas al arroz con un poco de gelatina. Se sirve con el arroz caliente, el pollo frío y la gelatina, picada en trocitos, alrededor del plato.

POLLO SORPRESA
Grado de dificultad bajo

INGREDIENTES PARA 6 PERSONAS
3 pechugas de pollo • 75 g de harina • 60 g de mantequilla • 2 huevos • 0,5 l de leche caliente • 1 limón • Aceite • Sal • Pimienta • Nuez moscada • Pan rallado

Se cuecen las pechugas en agua con sal, se dividen al medio y cada mitad en dos partes, quedando 12 trozos largos, gruesos y estrechos. Se derrite la mantequilla y se le añade la harina, removiendo bien. Se echa la leche en chorro fino, sin parar de remover y, cuando rompa a hervir, se retira del fuego, se añaden las yemas de los huevos y se sazona con sal, pimienta y nuez moscada. Se pasan, uno por uno, los pedazos de pollo por la mezcla, de manera que queden bien rebozados, y se van colocando en una bandeja engrasada con aceite, teniendo cuidado para que queden separados. Se pone la bandeja en el frigorífico durante 1 hora, para que endurezcan. Cuando estén bien fríos y duros, se pasan por las claras batidas y por el pan rallado. Se fríen en aceite muy caliente y, en cuanto tomen color, se retiran, se escurren y se sirven.

POLLO SUDADO AL WHISKY
Grado de dificultad bajo

INGREDIENTES PARA 6 PERSONAS
1 y 1/2 pollo • 3 dientes de ajo • 2 dl de aceite • 1 dl de whisky • 200 g de champiñones • 150 g de nata líquida • Sal • Pimienta

Se lava y se trocea el pollo en pedazos grandes, después de sazonar con la sal, la mitad del aceite y los dientes de ajo machacados; se deja reposar durante 1 hora. Pasado ese tiempo, se rehoga en una cazuela y se le añade el whisky. Se tapa el recipiente y se cocina a fuego lento, durante unos 40 minutos, hasta que no tenga casi nada de líquido; se agita la cazuela de vez en

cuando para que no se pegue. Mientras se guisa el pollo, se lavan los champiñones y se cortan en láminas; en una sartén, se calienta el resto del aceite y se rehogan en él los champiñones; una vez rehogados por igual, se les añade la nata, se sazona todo con sal y pimienta al gusto, y se deja hervir durante 5 minutos, regando antes de servir con esta salsa el pollo.

POLLO SUDADO CON YOGUR
Grado de dificultad bajo

INGREDIENTES PARA 6 PERSONAS
1.500 g de pollo troceado • 300 g de cebollas • 2 dientes de ajo • 1 dl de vino blanco • 2 yogures naturales • 0,5 dl de aceite • 30 g de mantequilla • 2 clavos • 10 granos de pimienta • 1 cucharada de perejil picado • Sal

Se ponen todos los ingredientes en una cazuela, se revuelven y se dejan cocer un poco. Al primer hervor, se baja el fuego y se tapa la cazuela, moviendo de vez en cuando durante unos 35 minutos, con cuidado para que los trozos de pollo queden enteros. Cuando el pollo esté tierno se sacan, uno a uno, a una fuente de servicio honda. La salsa, se bate y se pasa por el chino, vertiéndola enseguida sobre los trozos de pollo.

POLLO TERIYAKI
(cocina japonesa)
Grado de dificultad bajo

INGREDIENTES PARA 2 PERSONAS
6 cucharadas de salsa de soja • 2 cucharadas de mirin • 3 cucharadas de sake • 1 cucharada de azúcar • 2 cucharadas de aceite • 4 muslos de pollo

Para preparar la salsa teriyaki se pone en una olla la salsa de soja, el mirin, el sake y el azúcar. Se calienta a fuego lento hasta que se disuelve el azúcar y se deja hervir durante 2 minutos. Los muslos de pollo se lavan y secan bien, después se cortan en trocitos pequeños y se saltean en la sartén hasta que estén bien dorados. Una vez en su punto, se riegan con la salsa y se dejan cocer, a fuego lento y con la sartén tapada al menos 20 minutos.

POLLO Y BEICON (pinchos)
Grado de dificultad bajo

INGREDIENTES PARA 6 PERSONAS
750 g de filetes de pollo de 2 cm de grosor
• 200 g de beicon en lonchas no muy finas
• 1 pimiento verde • 1 pimiento rojo • 1 cebolla
• 1,5 dl de aceite • Sal • Pimienta

Se mezcla el aceite con la sal, la pimienta y una cucharada de agua y se pasa el pollo, cortado en cubos, por la mezcla. Se cortan el beicon, la cebolla y los pimientos del mismo tamaño que el pollo. En pinchos propios para barbacoa, se van alternando los ingredientes hasta completar dos pinchos por persona. Pueden hacerse en barbacoa o a la plancha, hasta que todos los elementos estén muy tiernos.

POLLO Y PIÑA
EN ENSALADA
Grado de dificultad bajo

INGREDIENTES PARA 6 PERSONAS
750 g de pechugas de pollo • 1 lata de piña al natural • 1 lata de maíz dulce • 1 cogollo de lechuga • 1 taza de nata de cocina • 1 taza de mayonesa • 3 cucharadas de tomate ketchup
• Sal • Pimienta

Por un lado, se limpian las pechugas, se cuecen con sal y se cortan en cubos pequeños; por otro, la piña y el maíz se cuelan hasta retirarles todo el líquido. La piña se corta en trocitos pequeños, la lechuga en juliana, y se mezclan todos los ingredientes. Se prepara la salsa con la mayonesa, la nata, sal y pimienta, se remueve todo y se decora para servir con medias rodajas de piña.

RABO DE BUEY CON SALSA DE CHOCOLATE
Grado de dificultad medio

INGREDIENTES PARA 6 PERSONAS
3 rabos de buey • 2 cebollas • 2 zanahorias
• 2 dientes de ajo • 5 dl de vino de Jerez • 5 dl de caldo de carne • Aceite • Pimienta • Sal • 1 taza de salsa de chocolate a la menta • 1 ramita de menta

Se maceran los rabos, limpios y cortados en trozos, en el vino y se dejan así durante 2 o 3 horas. En una cazuela con aceite, se rehogan las cebollas, las zanahorias y los ajos picados, hasta que empiecen a tomar color. Se añaden los trozos de carne, dándoles la vuelta cada poco para que se doren bien y raspando el fondo de la sartén con la espátula de madera. Se agrega el vino en el que se maceró la carne, a fuego medio y removiendo de vez en cuando para que no se pegue; se deja cocer hasta que el vino se reduzca casi todo. Se añade entonces el caldo, se sazona con sal y pimienta, se tapa la cazuela y se prosigue la cocción, a fuego lento, hasta que la carne se desprenda del hueso con facilidad, pero sin soltarla. Para servir, se disponen los trozos en una fuente de servicio, regados con la salsa de chocolate y adornados con hojas de menta fresca.

RIÑONES A LA BARBACOA
Grado de dificultad bajo

INGREDIENTES PARA 6 PERSONAS
3 riñones de ternera • 1 limón • 1 cucharada de tomillo en polvo • 6 cucharadas de aceite
• 3 tomates grandes maduros • Sal • Pimienta

Después de limpios y lavados en agua corriente los riñones, se restriegan con limón, se lavan nuevamente y se colocan en un bol, con el tomillo, sal y pimienta, se riegan con aceite y se dejan reposar durante media hora, volviéndolos alguna vez, para que tomen el sabor. Se escurren y secan con papel absorbente y se ensartan en espetones de metal. Se colocan en la brasa de la barbacoa, sin llama ni humo, durante 25 minutos, dándoles la vuelta algunas veces, para que se asen por igual. Se cortan los tomates por la mitad, se pasan por el aceite del adobo de los riñones y se ponen en una rejilla en la barbacoa, para que se asen, sin dejar que se deshagan. Se cortan los riñones por la mitad, y se sirven con los medios tomates.

RIÑONES A LA BARBACOA CON SALSA DE MOSTAZA
Grado de dificultad bajo

INGREDIENTES PARA 6 PERSONAS
3 riñones de ternera • 1 limón • 1 cucharada de tomillo en polvo • 6 cucharadas de aceite • 3 tomates grandes maduros • Salsa de mostaza • Sal • Pimienta

Como la receta anterior, pero con salsa de mostaza para carnes (ver «Salsas»).

RIÑONES A LA JARDINERA
Grado de dificultad bajo

INGREDIENTES PARA 6 PERSONAS
1 kg de riñones de ternera limpios • 4 cucharadas de vinagre • 200 g de beicon en taquitos • 3 cebollas en rodajas • 1 ramito de perejil • 2 dientes de ajo machacados • 2 vasos de vino de Jerez • 6 zanahorias, peladas y enteras • 200 g de guisantes frescos • Sal • Nuez moscada • Pimienta

Después de limpiar bien los riñones, se dejan en agua con vinagre durante 3 horas y se aclaran en agua corriente, dejándolos reposar en el colador para que suelten todas las impurezas. En una cazuela, se derrite el tocino, dorándolo, se añaden los riñones enteros y se dejan dorar por igual, dándoles la vuelta algunas veces. Se añade el perejil, el ajo, sal, pimienta y nuez moscada y se rehoga unos 10 minutos. Se agrega el vino, las zanahorias y los guisantes. Se tapa la cazuela y se guisa, a fuego lento, unos 30 minutos. Se

sirven cortados en rodajas, con las verduras alrededor y regados con la salsa.

RIÑONES AL JEREZ
Grado de dificultad bajo

INGREDIENTES PARA 6 PERSONAS
1 kg de riñones de ternera • 60 g de manteca de cerdo • 1,5 dl de vino de Jerez • 2 dientes de ajo • 1/2 rebanada de pan de hogaza • 1 cebolla • 1 hoja de laurel • Sal • Perejil • Pimienta

Después de limpiar los riñones, quitándoles los conductos, las pieles y la grasa, se ponen en un colador, se espolvorean generosamente con sal y se dejan así durante 3 horas para que suelten las impurezas. Pasado ese tiempo, se pone el colador bajo el grifo de agua fría y se agita hasta que eliminen la sal. Se escurren y se cortan en finas rodajas. Se calienta la manteca de cerdo en una sartén y se fríen en ella cuatro rodajas de riñones, la rebanada de pan y un diente de ajo picado. Una vez que están fritos, se majan en el mortero los tres ingredientes, se echa un poco de agua, se remueve bien y se reserva. En la misma sartén de la manteca, se rehogan los riñones, la cebolla, el perejil, otro diente de ajo picados y el vino de Jerez. Se sazona al gusto, se echa el majado y se deja guisar, a fuego lento, unos 30 minutos.

SALCHICHAS CON LOMBARDA
Grado de dificultad bajo

INGREDIENTES PARA 4 PERSONAS
450 g de salchichas frescas de cerdo, cortadas en pedazos • 700 g de lombarda en juliana • 2 cucharadas de mantequilla • 2 manzanas • 2 cebollas en rodajas finas • 1/3 de taza de zumo de manzana • 1 cucharada de azúcar • 3 cucharadas de vino tinto

Durante 45 segundos, en el microondas a potencia máxima, se derrite la mantequilla, en un recipiente cubierto con papel absorbente.

Se pela una de las manzanas, se quita el corazón, se corta en cubitos y se añade a la mantequilla, junto con la cebolla. Se hornea a potencia máxima 5 minutos, moviendo dos veces. Se añade la lombarda, el zumo de manzana, el azúcar y el vino tinto, se tapa el recipiente y se cocina a potencia máxima durante 9 minutos, removiendo una vez.

Se corta la otra manzana en gajos, sin pelar, se agrega a la lombarda, se añaden las salchichas, se remueve todo y se cocina, tapado, a potencia máxima durante 7 minutos, moviendo dos veces.

SAMBAL ULEK DE POLLO
Grado de dificultad bajo

INGREDIENTES PARA 4 PERSONAS
4 cebollas • 2 dientes de ajo picados • 10 gambas peladas y trocedadas • 500 g de pechugas de pollo troceadas • 2 cucharaditas de sambal ulek (ver «Salsas») • 1 cucharadita de azúcar moreno

Se calientan cuatro cucharadas de aceite en el wok y se añade la cebolla, el ajo y las gambas. Se fríe todo a fuego lento, removiendo frecuentemente, durante 5 minutos. Se añade el pollo y se aumenta el fuego a moderado. Se mantiene el wok en ese nivel hasta que el pollo esté ligeramente cocido. Se procede entonces a añadir el sambal ulek, azúcar y un poco de sal; se continúa salteando el pollo durante 1 minuto más, se vuelca en una fuente y se sirve.

SANGRE ENCEBOLLADA
Grado de dificultad bajo

INGREDIENTES PARA 6 PERSONAS
1/2 kg de sangre cocida de ternera • 800 g de cebollas • 1 dl de aceite • Media guindilla • 3 dientes de ajo • Orégano • Sal

En una sartén honda, con aceite, se echa la sangre cortada en pequeños trozos, se sofríe ligeramente, se retira y se reserva. En el mismo aceite, se rehogan la cebolla y los ajos picaditos. Cuando la cebolla esté transparente pero entera, se añade la guindilla y la sangre, se sazona con sal y orégano y se deja guisar, a fuego medio, removiendo algunas veces, hasta que esté en su punto, suave y no muy seco. Se sirve muy caliente.

SARAPATEL AFRICANO
Grado de dificultad bajo

INGREDIENTES PARA 6 PERSONAS
1 cucharadita de vinagre • 1 taza de sangre de cerdo • 2 kg de corazón y riñones de cerdo, a partes iguales • El zumo de 3 limones • 4 cucharadas de cebolla picada • 4 dientes de ajo machacados • 2 hojas de laurel picadas • 1 cucharada de cominos • 1 pizca de clavos molidos • Perejil picado • Cilantro picado • 1 taza de manteca de cerdo • Sal • Pimienta

Se mezcla el vinagre con la sangre y se reserva. Se limpian y lavan las vísceras de cerdo y se restriegan con el zumo de limón, cortándolas después como para picadillo. Se adicionan todos los sazonadores, menos la pimienta, y se deja en reposo durante 3 horas removiendo de vez en cuando, para que tomen bien los sabores. Pasado ese tiempo se pone todo en una olla, se cubre de agua y se pone en el fuego suave; cuando empiece a hervir, se baja el fuego al mínimo y se deja cocinar durante 1 hora. En una cazuela, se calienta la manteca, se sacan con una espumadera los pedacitos de las vísceras y se rehogan, bien escurridos, en esa grasa. Después de rehogados, se vuelven a introducir en la olla donde cocieron, añadiendo más agua caliente si fuese necesario. Cuando estén casi cocidos, se agrega la sangre y se remueve enérgicamente. Pocos minutos antes de retirar del fuego, se pone la pimienta. Este cocido queda con la consistencia de un picadillo grueso. En un mortero, se maja el diente de ajo, la cebolla picada, un poco más de pimienta en grano y el zumo de los limones, hasta obtener una pasta. Se retira del mortero, se añade el zumo de otro limón y tres cucharadas de cilantro picadito. Esta salsa, se sirve aparte, o se junta al cocido antes de servir.

SESOS A LA FRANCESA
Grado de dificultad medio

INGREDIENTES PARA 6 PERSONAS
2 sesos de vacuno • 2 cebollas picadas • 1 rama de perejil • 4 cucharadas de vinagre • 2 cucharadas de mantequilla • 1 taza de champiñones laminados • 2 tazas de caldo de carne • 1 cucharada de fécula de patata (o harina fina de maíz) • 2 yemas de huevo • 1 taza de nata líquida • Perejil picado • Sal • Pimienta

Después de limpios y sin piel, se dejan los sesos 1 hora en agua fría. Pasado ese tiempo, se ponen en una cazuela con la rama de perejil, las cebollas, el vinagre, sal y pimienta, y se cubren de agua. Se cuecen durante 20 minutos, se escurren y se dejan enfriar. Se hace una salsa, calentando la mantequilla, añadiendo los champiñones y rehogándolos rápidamente. Se adiciona el caldo y la fécula disuelta en un poco de agua fría, removiendo hasta espesar y sazonando a gusto. Se agregan las yemas, mezcladas con la nata y se calienta, sin dejar hervir. En una sartén grande, se ponen los sesos, cortados en pedazos grandes, se cubren con la salsa y se calientan a fuego lento.

SESOS DE TERNERA FRITOS
Grado de dificultad bajo

INGREDIENTES PARA 6 PERSONAS
2 sesos de ternera • 3 zanahorias • 3 cebollas • 1 atado de hierbas aromáticas • 1 limón • 2 huevos • Pan rallado • Aceite • Vinagre • Sal • 4 cucharadas de perejil picado

Después de limpiar muy bien los sesos, se ponen enteros en una cazuela con agua, sal, el atado de hierbas, las cebollas y las

zanahorias, peladas y troceadas y un chorro de vinagre. Se pone en el fuego y se deja cocer durante unos 20 minutos. Pasado ese tiempo, se escurren y se dejan enfriar para poder cortarlos. Se cortan en rodajas gruesas y se maceran en zumo de limón y perejil picado durante 45 minutos. Por último, se pasan por pan rallado, luego por huevo y otra vez por pan rallado, y se fríen en una sartén con abundante aceite bien caliente.

SHUUMAI DE CERDO
(cocina japonesa)
Grado de dificultad medio

INGREDIENTES PARA 30 BOLITAS
25-30 láminas de *shuumai* • 250 g de carne de cerdo limpia • 50 g de zanahoria • 50 g de setas chinas • 10 cm de cebolleta • 2 hojas de repollo • 2 cucharadas de *katakuriko* (o almidón de patata) • 1 cucharada de aceite de semillas • 2 cucharadas de sake (o vino blanco) • Sal

Se colocan la carne de cerdo, las zanahorias, las setas y la cebolleta; se tritura y poco a poco se añade el *katakuriko*, el aceite, el sake y una pizca de sal, y se continúa batiendo todo durante al menos 3 minutos. La preparación y cocción al vapor son similares a los del *shuumai* de gambas.

SOLOMILLO A LA PIMIENTA 1
Grado de dificultad bajo

INGREDIENTES PARA 2 PERSONAS
300 g de solomillo de buey • 10 g de pimienta verde • 1 dl de brandy de cocina • 2 dl de nata líquida

Se corta la pieza de carne y se hace en una parrilla muy caliente con una gota de aceite de oliva. En una sartén, se añaden los granos de pimienta verde. Se saltean y se flamea con brandy. A continuación, se agrega la nata y se deja cocer hasta que coja un punto cremoso. En ese momento, se añadirá el solomillo y se le da un hervor con la salsa. Para servir, se espolvorea un poco de perejil picado.

SOLOMILLO A LA PIMIENTA 2
Grado de dificultad medio

INGREDIENTES PARA 6 PERSONAS
6 filetes gruesos de solomillo de ternera • 1/2 vaso de caldo • 2 cucharadas de pimienta verde en grano • 1 cucharada de pimienta blanca en grano • 1 cucharada de pimienta negra en grano • 6 cucharadas de nata líquida • 1 copa pequeña de coñac • 1 cucharada de aceite • Sal gorda

Se muelen los granos de pimienta blanca y negra y se distribuyen sobre los solomillos añadiendo sal gorda. Se calienta el aceite en un sartén y se fríen los solomillos según el gusto de cada comensal: poco hechos, al punto o muy hechos. Se retiran los solomillos y se reservan. Se ponen en la sartén el caldo y el coñac y se reduce el líquido a fuego medio; se añade la nata y los granos de pimienta verde y se sigue con la cocción a fuego medio hasta reducir la salsa a la mitad. Se colocan los solomillos en la sartén para que cojan sabor y se sirven muy calientes.

SOLOMILLO DE CERDO A LA PARRILLA CON ENSALADA DE PATATAS
Grado de dificultad bajo

INGREDIENTES PARA 8 PERSONAS
8 filetes de lomo de cerdo (600 g aprox.) • Mostaza • Pimienta blanca • 5 patatas medianas • 200 g de guisantes cocidos • 3 cucharadas de mayonesa

Se hierven las patatas con un puñado de sal durante 15 minutos. Se sazonan los filetes con sal y pimienta y se untan de mostaza en pequeñas cantidades. Se rocía la parrilla con un poco de aceite para que no se agarre la carne y se comienza a asar el solomillo. Se tapa la parrilla y cuando el lomo esté dorado,

se reserva. Una vez cocidas las patatas, se pelan y se prepara la ensalada: se cortan las patatas en rodajas y se mezclan con los guisantes, la mayonesa y una pizca de sal; se le dará a todo unas vueltas procurando que la mayonesa quede bien repartida. Servir en dos fuentes distintas.

SOLOMILLO DE TERNEDA ASADA A LA FRANCESA
Grado de dificultad medio

INGREDIENTES PARA 6 PERSONAS
1 kg de solomillo de ternera en una pieza • 500 g de champiñones • 1 vaso de leche • 100 g de mantequilla • 2 cebollas pequeñas • 3 cucharadas de vinagre • 1 cucharada de harina • 1 copita de coñac • El zumo de 1 limón • 2 cucharadas de aceite • Nuez moscada • Pimienta • Sal

Por un lado, se limpian y cortan en rodajas los champiñones y las cebollas y se rehogan en una sartén, con la mitad de la mantequilla, hasta que se reduzca el líquido que desprendan. Una vez rehogados, se pasan por la batidora, se prepara una salsa besamel y se mezcla con el puré de champiñones.
Por otro lado, se salpimienta el solomillo y se fríe, vuelta y vuelta, en una sartén con el aceite. Se flambea con el coñac, se baja el fuego y se mantiene durante 25 minutos. Se retira la carne, se corta en medallones y se coloca en una fuente. Para ir terminando este plato, se añade el vinagre al jugo de cocción del solomillo, se deja reducir y se agrega el puré de champiñones. Se calienta durante unos minutos, se vuelca sobre la carne y se sirve.

SOLOMILLO GLASEADO
Grado de dificultad bajo

INGREDIENTES PARA 6 PERSONAS
1 kg de solomillo de ternera sin grasa • 5 cucharadas de salsa de soja • 3 cucharadas de

aceite • 2 dientes de ajo • 1/2 vasito de Jerez seco • 2 limones • Pimienta negra

Se espolvorea la carne con la pimienta y se ata con un cordel para darle forma. Se pican los ajos finamente. Se mezcla la salsa de soja, el aceite, el ajo, el Jerez y se sala. En una fuente honda, se coloca la carne para que se macere durante 4 horas. Se pone la carne sobre una rejilla dentro de la fuente de asar o se hace en barbacoa. Se va regando con el adobo hasta que esté hecha. Se retira el cordel, se corta la carne en lonchas y se sirve adornada con rodajas de limón.

SUSHI DE CARNE DE BUEY (cocina japonesa)
Grado de dificultad bajo

INGREDIENTES PARA 2 PERSONAS
8 láminas de alga non seca • 300 g de carne de buey • 4 cucharadas de salsa teriyaki
• 4 cucharadas de semillas de sésamo blancas
• 1 cucharada de *wasabi* • 2 cucharadas de aceite vegetal • 4 cebollinos • 220 g de arroz de grano corto • 2 cucharadas de vinagre de arroz
• 1 cucharada de azúcar • 1 cucharadita de sal
• Salsa de soja japonesa • Jengibre encurtido

Se prepara el arroz para sushi. Se corta la carne en tiras finas de unos tres centímetros de longitud y se deja macerar en un bol con la salsa teriyaki durante media hora. Entretanto, se asan las láminas de alga non seca en la plancha en torno a 5 minutos, hasta que adopten un tono verdoso y empiecen a soltar el aroma. En una sartén sin aceite se socarran las semillas de sésamo durante 5 minutos sin cesar de remover para evitar que se chamusquen. Cuando empiecen a dorarse, se retiran y dejan enfriar. Se cortan las láminas de alga non seca por la mitad con unas tijeras. Se fríen los filetes de buey a fuego fuerte durante un par de minutos evitando que se peguen. Se limpian y pican los cebollinos. Con las medias láminas de algas se preparan 16 cucuruchos o saquitos, que se untan

ligeramente de *wasabi* y se rellenan hasta la mitad del arroz. Con las tiras de filetes se terminan de rellenar los cucuruchos y se coronan con cebollino y semillas de sésamo. Se sirven acompañados de salsa de soja y jengibre encurtido.

TATAKI DE TERNERA (cocina japonesa)
Grado de dificultad bajo

INGREDIENTES PARA 4 PERSONAS
600 g de ternera • Salsa ponzu • Puerro picado
• Ajo rayado • Momiji • Sal • Pimienta • Hielo

Se limpia la carne para dejarla sin grasa. Se procede a salpimentar y poner en la parrilla hasta que se dore por ambas partes. Una vez dorada por fuera, se cubre con hielo hasta que la carne esté fría y compacta. Se corta en láminas finas y se coloca en un plato junto con la guarnición. Se acompaña de la salsa ponzu.

TERNERA A LA MANDARINA
Grado de dificultad bajo

INGREDIENTES PARA 2 PERSONAS
375 g de falda de ternera sin grasa cortada en tiras
• 4 cucharadas de aceite de cacahuete • Ajos tiernos • 200 ml de caldo de ternera • 4 cucharadas de salsa de soja • 3 cucharadas de vino de arroz
• 3 mandarinas en gajos • 1 chile verde
• 2 y 1/2 cucharadas de azúcar • 2 pieles secas de limón • 1 cucharada de harina de maíz

Se introduce la ternera en el congelador durante las 2 horas previas a la realización del plato. Se retira del congelador y se corta en tiras delgadas. Se mezclan dos cucharadas de soja, dos de vino de arroz, una de azúcar, la ralladura de limón y la harina de maíz para preparar una salsa donde se marinará la carne durante 30 minutos. Se calienta una cucharada de aceite en un wok, se añade la ternera y se saltea a fuego fuerte durante 3 minutos. Se retira y se reserva. En el wok se vuelve a calentar el aceite que quede y se agregan, por este orden, los ajos tiernos, el caldo, la salsa de soja, el vino de arroz, el jugo de las mandarinas, el chile, el azúcar y un poco de sal y pimienta. Se reduce el líquido y se vuelve a introducir de nuevo la ternera en el wok, cocinándola durante 2 minutos. Se incorporan unos dos tercios de los gajos de mandarina y se remueve rápidamente. Se sirve caliente y decorado con el resto de gajos de mandarina.

TERNERA CON *BOK CHOY*
Grado de dificultad bajo

INGREDIENTES PARA 4 PERSONAS
400 g de ternera • 1/2 taza de mirin • 2 cucharadas de salsa de soja • 500 g de *bok choy* (especie de cebolla muy sabrosa) • 1 guindilla roja • 2 dientes de ajo

Se corta la ternera en finas tiras y el *bok choy* a lo largo. En el wok se calientan dos cucharadas de aceite para sofreír la carne junto a los ajos. Se reserva. Dejando en el wok solamente una cucharada de aceite se saltea el *bok choy*, moviendo con firmeza y sin dejar que se pegue. Se incorpora de nuevo la carne y el mirin y se deja reducir el líquido. Finalmente se añade la salsa de soja y se termina de saltear. Se sirve caliente y decorado con la guindilla.

TERNERA CON BRÉCOL
Grado de dificultad bajo

INGREDIENTES PARA 4 PERSONAS
600 g de solomillo de ternera • 1 cucharada de jengibre rallado • 2 cebollas • 2 dientes de ajo • 2 cucharadas de salsa de soja • 500 g de brécol • 2 cucharadas de salsa de ostras

Se trocea la cebolla y el ajo, se limpia el brécol y se separa en ramos pequeños; se trocea en tiras la carne. En el wok, con dos cucharadas

de aceite, se saltean la carne con el ajo, la cebolla y el jengibre. Pasados 3 minutos se añade la salsa de ostras y el brécol, y se deja cocer durante 1 minuto; si es necesario se añade agua. Se incorpora la salsa de soja y a fuego lento se cocina 3 minutos más. Se sirve caliente.

TERNERA CON SÉSAMO
Grado de dificultad bajo

INGREDIENTES PARA 4 PERSONAS
500 g de filetes de ternera en tiras • 4 dientes de ajo • 1 y 1/2 cucharada de salsa de soja • 1 cucharada de salsa de pescado • 1 cucharadita de aceite de sésamo • 1 cucharada de azúcar moreno • 1 cucharadita de pimienta • 3 chiles rojos • 2 cucharadas de aceite de cacahuete • 2 cucharaditas de semillas de sésamo tostadas

El día anterior a la degustación del plato se mezclará el ajo, la salsa de soja, la salsa de pescado, el aceite de sésamo, el azúcar, la pimienta y los chiles, en un bol con una cucharada de aceite de cacahuete; se añadirán las tiras de ternera, se mezclará bien, se tapará el bol y se dejará marinando en la nevera durante la noche. El día de la realización se calienta el aceite en un wok y se añade la marinada de ternera salteándola rápidamente. Para servir se espolvorea con semillas de sésamo.

TERNERA SALTEADA A LA NARANJA CHINA
Grado de dificultad bajo

INGREDIENTES PARA 4 PERSONAS
500 g de filetes de ternera a tiras • 1 guindilla • 1 cucharadita de sake • 2 cucharaditas de jengibre fresco picado • 2 cucharaditas de harina de maíz • 2 cucharaditas de salsa de soja • 2 cucharaditas de piel de naranja • 1/2 cucharadita de pimienta de Sicuani tostada y molida • 1 cucharadita de azúcar moreno • 8 cucharadas de aceite de sésamo

En una sartén pequeña, sin grasa, se tuesta la pimienta de Sicuani durante 5 minutos y se reserva Se corta la ternera muy finamente, a tiras, se mezcla el sake, el jengibre, la harina de maíz, dos cucharadas de aceite de sésamo y la mitad de la salsa de soja y se deja macerar en esta mezcla media hora. Se escurre y se saltea en el wok con seis cucharadas del resto del aceite a fuego fuerte, hasta que tome color. Se agrega entonces la guindilla, la piel de naranja rallada, la pimienta de Sicuani, el azúcar, la sal y la salsa de soja restante. Saltear todo 3 o 4 minutos y aliñar con el resto del aceite de sésamo. Se sirve inmediatamente adornado con rodajas de naranja, trocitos de guindilla y juliana de corteza de naranja.

TERNERA *THAI* CON SÉSAMO
(cocina tailandesa)

Grado de dificultad bajo

INGREDIENTES PARA 4 PERSONAS

4 dientes de ajo • 1 y 1/2 cucharada de salsa de soja • 1 cucharada de salsa de pescado tailandesa • 1 cucharadita de aceite de sésamo • 1 cucharada de salsa de ostras (ver «Salsas») • 1 cucharada de azúcar moreno • 1 cucharadita de pimienta • 3 chiles rojos • 2 cucharadas de aceite de cacahuete • 500 g de filete de ternera en tiras • 2 cucharaditas de semillas de sésamo tostadas

La realización de este plato ha de comenzar con un día de antelación. Se comienza mezclando el ajo, la salsa de soja, la salsa de pescado, la salsa de ostras, el aceite de sésamo, el azúcar, la pimienta y los chiles en un bol con una cucharada de aceite de cacahuete. Se añaden las rodajas de ternera, se mezcla bien, y se pone a marinar en la nevera durante la noche. El día de la realización, se calienta el aceite en un wok y se añade la ternera, friéndola rápidamente. Para servir, espolvorear con semillas de sésamo.

WONTON THAI
(cocina tailandesa)

Grado de dificultad bajo

INGREDIENTES PARA 2 PERSONAS

200 g de carne de cerdo picada • 1 cucharada de cebolla finamente picada • 2 cucharadas de pasta de ajo • 2 cucharadas de salsa de pescado tailandesa • 10 láminas de *wonton* (masa de harina y huevo cortada en placas) • 1 yema de huevo batida • 1 cebolla tierna, cortada fina para aderezar • Salsa de ciruela • 1 cucharadita de perejil • 1 pizca de pimienta

Se procede a colocar la carne de cerdo muy bien pasada y picada en un cuenco donde estarán también la cebolla picada, la pasta de ajo y la salsa de pescado tailandesa, mezclando bien todos los ingredientes. Se extienden las láminas de *wonton* sobre una superficie de trabajo colocando una cucharadita de la mezcla anterior en el centro de cada lámina. Se pintan los bordes de las láminas con la yema de huevo y se envuelven juntando los bordes y dejando el relleno completamente aislado. Si es necesario, se pegan los bordes con más yema de huevo. Se calienta el aceite en el wok y se fríen los *wonton* rellenos, por turnos, durante unos 5 minutos, hasta que estén dorados. Se les da la vuelta para que se doren ambos lados. Se escurren en papel de cocina, se adornan con tiras de cebolla tierna y se sirven calientes con salsa de chile o de ciruela, o con ambas si se prefiere.

Entrantes
y ensaladas

AGUACATES AL PESTO
Grado de dificultad bajo

Ingredientes para 4 personas
2 aguacates grandes • 20 cl de aceite de oliva
• 4 dientes de ajo • 100 gramos de hojas de
albahaca fresca • 75 g de queso Parmesano rallado
• Unas hojas de diferentes lechugas

Se pela el aguacate, se le quita el hueso y se
corta en láminas finas. Se lavan las lechugas y,
después de secarlas, se disponen sobre la
fuente de servir. Entonces, se colocan las
láminas de aguacate sobre ellas, se vuelca
sobre la preparación la salsa caliente y se sirve
enseguida.

AGUACATES CON ANCHOAS 1
Grado de dificultad bajo

Ingredientes para 4 personas
3 aguacates grandes • 300 g de rabanitos • 100 g
de anchoas en aceite • 200 g de aceitunas
deshuesadas • 3 cucharadas de alcaparras • Salsa
vinagreta

Se corta los aguacates por la mitad, se saca el
hueso y se hacen bolitas con la pulpa. Se
quita el tallo y la punta a los rabanitos, se
cortan en cuartos y, si son pequeños, se dejan
enteros (el plato quedará mejor si son un poco
picantes). Se mezcla todo con las anchoas
picadas, las aceitunas y las alcaparras. Aliñarlo
con la vinagreta y servir en copas.

AGUACATES CON ANCHOAS 2
Grado de dificultad bajo

Ingredientes para 4 personas
2 aguacates • 12 anchoas en salazón • Aceite de la
lata de anchoas

Se pelan los aguacates, se les saca el hueso y
se cortan en láminas. Se colocan sobre las
láminas las anchoas y se sirve regado con el
aceite del salazón.

AGUACATES CON APIO Y ALMENDRAS
Grado de dificultad bajo

Ingredientes para 4 personas
3 aguacates • 5 ramas de apio blanco • 1 cogollo
de lechuga • 3 huevos duros • 100 g de almendras
crudas peladas • 3 cucharadas de nata líquida
• Aceite • Limón • Sal • Pimienta

Por un lado, se pelan los aguacates y se corta
la pulpa en trozos iguales; por otro, se
separan las hojas de la lechuga, se lavan y se
extienden en la fuente donde se vaya a servir.
Además, se quitan las partes duras del apio,
se limpia de hebras y se corta en bastoncitos.
En un recipiente se mezcla el apio con el
aguacate y las almendras y se aliña con aceite,
limón, sal y pimienta. Por último, se agrega la
nata, se mezcla bien todo y se extiende sobre
la lechuga. Para adornar, se cortan los huevos
duros en rodajas y se ponen por encima.

AGUACATES CON FRUTOS SECOS
Grado de dificultad bajo

Ingredientes para 4 personas
3 aguacates grandes • 250 g de frutos secos
variados • 2 cucharadas de pasas sin semillas
• 6 orejones de albaricoque • 2 copas de brandy
• Azúcar

Primero, se cortan los aguacates en daditos,
se ponen en un plato y se dejan en la nevera.
Luego, se parten los orejones en dados
pequeños y se pican los frutos secos. Se
mezcla todo con las pasas y se añade el
brandy y el azúcar. En el momento de servir,
mezclarlo con el aguacate.

AGUACATES CON GAMBAS
Grado de dificultad bajo

Ingredientes para 4 personas
4 aguacates • 400 g de gambas cocidas • 1/4 l de
mayonesa • 1 cucharada de mostaza

Se parten los aguacates por la mitad y se les quita el hueso. Se mezcla la mayonesa con la mostaza y se pelan las colas de las gambas. Se llena el hueco central de los aguacates con la mayonesa, se adornan los lados con las gambas y se sirve en boles bajos individuales.

AGUACATES CON IDIAZÁBAL
Grado de dificultad bajo

INGREDIENTES PARA 4 PERSONAS
4 aguacates bien maduros • 125 g de queso Idiazábal ahumado • 1 lechuga • 4 cucharadas de nata líquida • 1 cucharada de vinagre de Módena •4 lonchas de beicon • Sal

Se ralla finamente el queso y se hace con él, la nata y el vinagre, una masa pasada por la batidora hasta que quede cremosa. Se sazona. Se pelan los aguacates, se abren a lo largo en dos y se extrae el hueso colocando dos medias piezas en cada plato. Se corta el beicon en tiras finas y se sofríe a fuego vivo durante unos segundos, se corta en lonchas finas una parte de la pulpa de los aguacates, se mezcla con la crema de queso y se rellena el hueco que ha dejado el hueso. Se corta la lechuga en juliana, se incorpora el beicon, se aliña todo con aceite, vinagre de Módena y sal y se dispone alrededor de los aguacates en los cuatro platos.

AGUACATES CON NARANJA
Grado de dificultad bajo

INGREDIENTES PARA 2 PERSONAS
2 naranjas grandes • 2 aguacates grandes • Salsa vinagreta • Perejil fresco picado

Se pelan las naranjas y se separan en gajos, quitando la piel blanca que los cubre (se reserva el zumo que suelten). Se parten los aguacates por la mitad, se pelan y se cortan a lo largo. Se mezcla el zumo de naranja con la vinagreta y se vuelca por encima de las naranjas y los aguacates colocados en platos. A la hora de servirlos, se espolvorean con perejil.

AGUACATES CON POLLO
Grado de dificultad bajo

INGREDIENTES PARA 4 PERSONAS
2 aguacates maduros • El zumo de 1 limón • 1 taza de pollo cocido y picado sin huesos ni piel • 100 g de jamón de york • 2 huevos cocidos • 1/2 taza de mayonesa • 4 aceitunas negras • Sal • Pimienta

Se cortan en dos los aguacates y se les quita el hueso y la pulpa, la cual se corta en trocitos y se rocía con el zumo del limón. Se cortan el jamón y los huevos cocidos en trozos pequeños, se mezcla con los aguacates y se añade la mayonesa. Para servir, se dispone dentro de las cuatro cáscaras de aguacate, colocando una aceituna encima de cada mitad, y acompañados de una juliana de lechuga.

AGUACATES CON POLLO Y VERDURAS
Grado de dificultad bajo

INGREDIENTES PARA 2 PERSONAS
2 aguacates • 4 huevos duros • 2 pechugas de pollo • 1 rama de apio • 1 zanahoria grande • 1/2 taza de guisantes hervidos • 1 taza de mayonesa • 2 cucharadas de cilantro picado • 2 cucharadas de jugo de lima • 1 manojo de berro • Sal

Se ponen las pechugas de pollo a la parrilla, y se cortan en cuadritos pequeños. Se mezcla el pollo con la mayonesa, añadiendo el apio y la zanahoria, bien picados, el cilantro, el jugo de lima, los guisantes previamente cocidos y los huevos duros picados pequeños; se sazona con sal al gusto. Se abre el aguacate a lo largo, se le quita la semilla y se saca la pulpa con una cuchara. El hueco se rellena con la ensalada de pollo y se sirve en una fuente baja sobre un lecho de berros.

AGUACATES CON SALMÓN Y CANGREJO
Grado de dificultad bajo

INGREDIENTES PARA 2 PERSONAS
2 aguacates grandes • 100 g de carne de cangrejo
• 4 lonchas de salmón ahumado • 3 cucharadas de
leche condensada • 2 cucharaditas de mayonesa
• 1 cucharada de pasta de tomate • 3 gotas de
salsa Tabasco • 2 cucharadas de jugo de limón • Sal
• Pimienta negra

Se saca la pulpa de uno de los aguacates, se
pica y se mezcla la carne del cangrejo y el
salmón. Se corta el otro aguacate en dos
partes, quitándole el hueso, y se rellena el
hueco con la mezcla; sazónese con sal y
pimienta al gusto. Se unen la crema, la
mayonesa, la pasta de tomate, la salsa de
Tabasco y el jugo de limón, moviéndolo todo
bien, y se sirve una cucharada sobre cada uno
de los aguacates rellenos.

AGUACATES CUPIDO
Grado de dificultad bajo

INGREDIENTES PARA 2 PERSONAS
2 aguacates • 4 cucharadas de salsa rosa • 100 g
de salmón ahumado • 100 g de gambas cocidas y
peladas • El zumo de 1 limón • 1 cogollo de
lechuga • 1 tomate • Pimienta

Para empezar, se cortan los aguacates por la
mitad y se les saca el hueso; se vacía la pulpa,
se corta en cuadritos y se reserva en un bol.
Por otro lado, se corta el salmón en tiras finas
y se añade al bol, junto a unas hojas de
lechuga cortadas en juliana. Se aliña con dos
cucharadas de salsa rosa y pimienta negra. Se
coloca dentro de las cáscaras de aguacate y
encima se ponen las gambas. Con el resto de
la lechuga se dispone una cama sobre los dos
platos, y se colocan los dos medios aguacates
encima de ella; se sazonan con pimienta y
limón. El tomate se corta en rodajas y se
coloca alrededor del plato. Una vez hecho
esto, se aclaran las otras dos cucharadas de

salsa rosa con unas gotas de limón y se pone
encima de las gambas. Se sirve frío.

AGUACATES EN SALSA DE CANÓNIGOS
Grado de dificultad bajo

INGREDIENTES PARA 4 PERSONAS
4 aguacates • 1 bolsa de 200 g de canónigos
• 1 limón • 20 cl de aceite • Pimienta blanca
molida •Sal

Se cogen tres cuartas partes del contenido de
la bolsa de canónigos, el zumo del limón, el
aceite, dos pizcas de pimienta y de sal y se
pasa todo por la batidora hasta que forme
una crema suave. A continuación, se parten
por la mitad y a lo largo los aguacates, se
extrae el hueso, se frota la superficie con el
limón y se rellenan los huecos con la crema
obtenida anteriormente. Por último, en una
fuente de servir, se hace una cama con los
canónigos sobrantes, se disponen sobre ella
los aguacates y se adorna con rodajas de
limón.

AGUACATES RELLENOS DE LECHUGA Y ATÚN
Grado de dificultad bajo

INGREDIENTES PARA 3 PERSONAS
3 aguacates • 1 lata de atún al natural
• 1 lechuga • Aceitunas negras • Perejil picado
• Sal

Por un lado, se cortan los aguacates por la
mitad a lo largo y se les quita el hueso,
y por otro, se corta la lechuga en juliana
y se desmiga el atún en un plato añadiéndole
un poco de su jugo. Se pone la mitad de la
lechuga, se mezcla con el atún y se rellenan
los aguacates con esta mezcla poniéndoles
una aceituna negra encima. La otra mitad
de la lechuga se dispone sobre el plato en
forma de colchón. Se colocan los aguacates
encima y se sirve.

AGUACATES RELLENOS DE VERDURITAS
Grado de dificultad bajo

INGREDIENTES PARA 5 PERSONAS
5 aguacates • 1/2 k de guisantes cocidos
• 2 zanahorias cocidas y partidas menudamente
• 4 huevos cocidos • 1 lechuga • Aceite
• 1 cucharadita de sal • 1/2 cucharadita de pimienta blanca • 1 cucharadita de mostaza • 1 limón
• 1 taza de mayonesa

Se parten a lo largo los aguacates en dos mitades, se les quita la pulpa y se rellenan con la mezcla de los guisantes, las zanahorias cocidas, los huevos duros picados, la pulpa de los aguacates aplastada con un tenedor y media taza de mayonesa. Se dispone sobre una fuente de servir, sobre las hojas de lechuga, y se decora con la mayonesa sobrante.

ÁSPIC DE ENSALADILLA RUSA
Grado de dificultad bajo

INGREDIENTES PARA 6 PERSONAS
5 kg de zanahorias • 5 kg de patatas • 2 pimientos rojos en conserva • 200 g de guisantes en conserva
• 2 dl de mayonesa (ver «Salsas») • 3 dl de gelatina líquida • Sal

Decoración:
1 pimiento morrón en conserva • 1 huevo cocido
• 1 hoja de puerro

Se echa en el fondo de un molde de bollo, sin agujero, una capa de gelatina de unos cuatro milímetros y se pone en el frigorífico para que solidifique bien. Cuando esté firme, se hace sobre ella una decoración creativa, por ejemplo dos flores y se pinta la decoración con gelatina, para fijarla. Por otro lado, se pelan las zanahorias y las patatas, se cortan en cubitos pequeños y se cuecen en agua y sal, dejándolas al dente. Se mezclan los guisantes, los pimientos picaditos y la mayonesa, con las zanahorias y las patatas,

muy bien escurridas y el resto de la gelatina, removiendo todo cuidadosamente. Se echa en el molde y se pone en el frigorífico durante unas tres horas como mínimo. Para desmoldar, se humedece un poco el fondo del molde.

ÁSPIC DE GUISANTES SORPRESA
Grado de dificultad medio

INGREDIENTES PARA 6 PERSONAS
4 pechugas de pollo • 2 zanahorias • 1 puerro
• 1 cebolla en cuartos • 1/2 cebolla picadita
• 1 ramita de perejil • 1 hoja de laurel
• 10 granos de pimienta negra • 1 sobre de gelatina sin sabor • 3 kg de guisantes frescos
• 1 cucharada de azúcar • 1 ramito de hierbabuena
• Sal • Pimienta

En una olla con dos litros de agua salada, se echan las zanahorias, el puerro, la cebolla, el perejil, los granos de pimienta y las pechugas de pollo. Se pone al fuego y se deja cocer hasta que las pechugas estén cocidas pero enteras. Se retira el pollo, se corta en pedazos grandes y se cuela el caldo, poniéndolo nuevamente en el fuego para que reduzca a 0,75 litros aproximadamente. Se mide esa cantidad de caldo y se disuelve la gelatina en él. En una cacerola, se ponen los guisantes, el azúcar, el perejil y la hierbabuena. Se cubre con dos tazas de agua hirviendo y se deja cocer hasta que los guisantes estén hechos, pero bien enteros, momento en que se escurren y se dejan enfriar. A continuación, en un molde de flan, con agujero central, se echa una capa de guisantes, con un centímetro más o menos de nivel. Se cubren con un poco de gelatina fría, pero aún líquida. Se colocan los pedazos de pollo en el molde y se «envuelven» completamente con los guisantes, de forma que no se vea el pollo por ningún lado. Se vierte entonces la gelatina, se cubre el molde con un plato y se pone en el frigorífico, para que se solidifique, durante unas 4 ó 5 horas. Para desmoldar y servir, se sumerge muy rápidamente en agua templada.

ÁSPIC DE PRIMAVERA
Grado de dificultad bajo

INGREDIENTES PARA 6 PERSONAS
3/4 l de gelatina neutra sazonada • 1 tomate mediano • 3 cogollos de alcachofas cocidas • 2 lonchas de jamón de york • 12 puntas de espárragos cocidos • 1 lechuga pequeña

Se vuelca la gelatina en las flaneras, hasta alcanzar un centímetro de altura y se deja espesar en el frigorífico. Se cortan en tres rodajas los cogollos de alcachofas y se ponen dos de ellas y una rodaja de tomate en cada flanera; se añade más gelatina y se deja espesar. Se incorporan entonces dos puntas de espárrago y el jamón partido en trozos pequeños a cada flanera, y se recubre con el resto de la gelatina. Se mete 2 horas en el refrigerador. Se sacan del molde y se colocan en una fuente sobre un lecho de hojas de lechuga.

ÁSPIC, EN TERRINAS INDIVIDUALES, DE HUEVOS
Grado de dificultad bajo

INGREDIENTES PARA 6 PERSONAS
0,5 dl de caldo de carne • 3 hojas de gelatina • 6 anchoas en conserva, escurridas • 2 cucharadas de perejil picado • 100 g de jamón cocido cortado en cuadraditos • 6 huevos

Para comenzar a elaborar este sencillo plato, se ablanda la gelatina en agua fría y se disuelve en el caldo hirviendo. Por otro lado, se dividen las anchoas en conserva bien escurridas en dos filetes, y se colocan en forma de aspa en seis cuencos individuales, un aspa en cada uno de ellos. A continuación, se echa un poco de gelatina, alrededor de un centímetro aproximadamente, y se ponen en el frigorífico los cuencos hasta que se solidifique lo que contienen. Posteriormente, se cuecen los huevos, se pelan y recortan la punta para que queden redondos, y se meten en los cuencos. Sobre los huevos, se espolvorea el perejil, se ponen unos cuadraditos de jamón y se vierte el resto de la gelatina. Este plato para poder servirse, es necesario dejarlo solidificar en el frigorífico 4 horas como mínimo.

ÁSPIC, EN TERRINAS INDIVIDUALES, DE HUEVOS DE CODORNIZ
Grado de dificultad bajo

INGREDIENTES PARA 6 PERSONAS
0,5 dl de caldo de carne • 3 hojas de gelatina • 6 anchoas en conserva, escurridas • 2 cucharadas de perejil picado • 100 g de jamón cocido cortado en cuadraditos • 12 huevos de codorniz

Se trata de la misma preparación que en la receta anterior, pero sustituyendo en este caso el huevo que se puso en cada cuenco, por dos huevos de codorniz (véase la diferencia en los huevos cortados al medio, y colocados con la yema hacia abajo).

BRAZO DE GITANO DE JAMÓN Y SETAS
Grado de dificultad medio

INGREDIENTES PARA 6-8 PERSONAS

Para la masa:
4 huevos • 75 g de harina • 1 pizca de sal • Mantequilla

Para el relleno:
1/2 kg de setas • 2 dientes de ajo picados • 1/2 cebolla picada • 50 g de mantequilla • 50 g de harina • 0,5 l de leche • 2 cucharadas de aceite • Sal • Pimienta • Nuez moscada • 2 cucharadas de pulpa de tomate • 150 g de jamón serrano en lonchas.

Se prepara la masa tal y como se indica en la receta del brazo de gitano de gambas (véase «Pescados y mariscos»). Se rehogan la cebolla y los ajos en el aceite, y cuando estén empezando a dorar, se añaden las setas, muy limpias y cortaditas, se tapa el recipiente y se deja sudar, a fuego lento, alrededor de unos 10 minutos. Pasado este tiempo, se echa el tomate y el jamón, cortado en tiritas, y se cuece, destapado, durante 6 minutos más. En una cazuela aparte, se hace una besamel con la mantequilla, la harina y la leche, sazonándola al gusto. Luego, se cuela la mezcla de las setas, para que no tengan exceso de líquido y se incorpora a la besamel. Para terminar, se rellena la masa y se enrolla como en cualquier otra receta de brazos de gitano.

BUDÍN DE ATÚN CON PATATA Y MAYONESA
Grado de dificultad bajo

INGREDIENTES PARA 6 PERSONAS
800 g de patatas cocidas y machacadas • 500 de atún en lata, escurrido • 4 huevos • 50 g de mantequilla • Sal • Pimienta • Nuez moscada • Salsa inglesa • Zumo de limón • 2 tazas de mayonesa (ver «Salsas»)

Se mezclan las patatas y el atún y se pican a máquina, se añaden al picado los huevos y la mantequilla y se sazona todo con los ingredientes al gusto. Se engrasa, abundantemente, un molde de flan, con agujero central, se espolvorea con harina y se vierte el preparado. Se mete en el horno, a temperatura media, durante 30 minutos. Después de desmoldado, se sirve con la mayonesa por encima.

BUDÍN DE ATÚN Y TOMATE
Grado de dificultad bajo

INGREDIENTES PARA 6 PERSONAS
600 g de salsa de tomate espesa (ver «Salsas») • 300 g de atún en aceite, escurrido • 2 huevos • 1 cucharada de cebolla picada • 4 cucharadas de queso rallado • 2 cucharadas de pan rallado • Sal • Pimienta

Para la cobertura:
4 pepinillos en vinagre • 2 tazas de mayonesa (ver «Salsas»)

Se mezclan todos los ingredientes indicados, se amasa a mano y se sazona; si queda poco consistente, se puede poner un poco más de pan rallado. Se enrolla la masa en una servilleta blanca, presionando y anudando las puntas. Se cuece en agua salada, durante 40 minutos, luego se saca del fuego, se deja escurrir sobre una rejilla, se abre con mucho cuidado la servilleta y se deja enfriar el budín. Cuando esté bien frío, se sirve cortado en rodajas y adornado con rodajitas finas de pepinillos y mayonesa.

BUDÍN DE AUVILLE
Grado de dificultad medio

INGREDIENTES PARA 6 PERSONAS
1 vaso de leche • 1 cucharada de harina fina de maíz • 1 cucharada de sal de apio • 1/2 cebolla picada fina • 1/2 taza de aceitunas picadas • 1 taza de pan rallado • 3 patatas cocidas y trituradas • 2 tomates sin piel ni semillas, escurridos • 3 latas de sardinas en aceite • 2 cucharadas de vino blanco • 4 huevos • Sal • Perejil picado • Pimienta

Por un lado, se escurren las sardinas, reservando el aceite, se les quita la piel y las espinas, se machacan con un tenedor y se reservan. Por otro lado, se cuece la leche y la harina, hasta obtener una crema espesa, momento en el que se deja enfriar y se pone en el vaso de la batidora con todos los demás ingredientes. A continuación, se bate durante 5 minutos aproximadamente y se coloca en un molde, engrasado para tal fin con el aceite de las sardinas que teníamos reservado desde el principio. Para terminar el budín, se hornea, a temperatura media, alrededor de unos 40 a 45 minutos. Este plato puede servirse lo mismo en frío que en caliente, espolvoreado con perejil picado y adornado al gusto.

BUDÍN DE BACALAO
Grado de dificultad bajo

INGREDIENTES PARA 6 PERSONAS
400 g de migas de bacalao • 1 vaso de leche
• 4 panecillos pequeños • 50 g de mantequilla
• 1 cebolla • 1 diente de ajo • 4 huevos
• 1 cucharada de pan rallado • Sal • Pimienta
• Nuez moscada

Para iniciar este plato, hay que comenzar por desalar las migas de bacalao poniéndolas en agua (cambiando el agua al menos un par de veces), luego se les da un hervor para retirar las espinas que puedan tener, y se reducen al menor tamaño posible. Una vez preparado el bacalao, en una cacerola se rehogan la cebolla y el ajo, muy picaditos, hasta que empiecen a dorarse. Se añade entonces el bacalao y se rehoga todo junto unos 2 minutos aproximadamente. Se agregan los panecillos, remojados en leche y muy bien escurridos, se remueve todo para que se mezclen los ingredientes y se retira del fuego. Para terminar, se añaden las yemas de los huevos (reservando las claras), se sazona la mezcla con sal, pimienta y nuez moscada al gusto, y por último, se incorporan las claras una vez que están batidas a punto de nieve.

BUDÍN DE COLIFLOR Y JAMÓN COCIDO
Grado de dificultad bajo

INGREDIENTES PARA 6 PERSONAS
1 coliflor • 3 dl de salsa besamel (ver «Salsas»)
• 400 g de jamón cocido, partido en lonchas finas
• 5 huevos • Sal • Pimienta • Nuez moscada
• 2 tazas de salsa de tomate (ver «Salsas»)

Se limpia la coliflor, se separa en ramitos y se cuece en agua con sal. Se escurre, se reservan seis ramitos para decoración y el resto se pica a máquina. Se baten los huevos, se mezclan con la besamel, se añade la coliflor triturada y se sazona al gusto. Se agregan al preparado las lonchas de jamón, cortadas en tiritas, y se

mezcla todo bien. Se vierte en un molde de flan, con agujero central, engrasado y enharinado y se hornea al baño María, durante 40 minutos a temperatura moderada. Se sirve con salsa de tomate, adornado con los ramitos de coliflor reservados.

BUDÍN DE JAMÓN COCIDO 1
Grado de dificultad bajo

INGREDIENTES PARA 6 PERSONAS
60 g de mantequilla • 400 g de jamón cocido, cortado en lonchas finas • 2,5 dl de leche
• 4 huevos • 9 rebanadas de pan de molde sin corteza • Sal • Pimienta • Nuez moscada

Se baten en un bol, los huevos con la leche, se sazona con sal, pimienta y nuez moscada y se mezcla el pan, embebiéndolo bien. Se engrasa un molde rectangular, estrecho y alto (de *cake* inglés) y se forra el fondo con papel vegetal. El fondo y las pareces laterales, se forran con lonchas de jamón. Se echa una capa de la mezcla del pan, por encima, se disponen luego las lonchas de jamón, y así, sucesivamente, hasta agotar los ingredientes, siendo la última capa la mezcla de pan; sobre ella, se vierte el resto de batido que queda en el fondo del bol. Se mete en el horno, a temperatura moderada, durante 40 minutos, probando con un palillo si está en su punto. Se desmolda enseguida, volcando el molde sobre una fuente de servicio y retirando el papel vegetal.

BUDÍN DE JAMÓN COCIDO 2
Grado de dificultad bajo

INGREDIENTES PARA 6 PERSONAS
1 sobre de gelatina sin sabor • 5 huevos • 100 g de jamón cocido • 1 pimiento rojo asado y pelado
• 1/2 pepino • 3 cucharadas de mayonesa (ver «Salsas») • Sal • Pimienta

Se disuelve la gelatina en tres cucharadas de agua fría y se pone en el fuego suave, para su completa disolución. En un bol refractario, se ponen las yemas de huevo, se vierte la gelatina encima, se sazona con sal y pimienta al gusto y se pone de nuevo en el fuego, al baño María, durante unos 2 minutos, removiendo muy bien para que de esta manera los huevos no cuajen; luego se retira y se deja enfriar. Por otra parte, se pican en cubitos el jamón y el pepino, y el pimiento en tiras finas, y se añaden a la mezcla anterior, junto con la mayonesa; se mezcla bien y entonces se agregan las claras batidas a punto de nieve. Para terminar, se vierte en un molde de flan y se deja en el frigorífico durante 4 horas como mínimo antes de llevar a servir.

BUDÍN DE JAMÓN DE YORK
Grado de dificultad bajo

INGREDIENTES PARA 6 PERSONAS
60 g de mantequilla • 400 g de jamón de york cortado fino • 2,5 dl de leche • 5 huevos • 200 g de rebanadas de pan de molde sin corteza • Sal • Pimienta • Nuez moscada

Se engrasa con mantequilla un molde rectangular, estrecho y alto (de *cake* inglés) y se forra el fondo con papel vegetal, también engrasado. Por otro lado, se baten los huevos con la leche, se sazonan, se sumergen las rebanadas de pan en el batido y se escurren. En el fondo y los laterales del molde, se colocan lonchas de jamón, se va rellenando el molde con una capa de jamón, seguida de una de pan y así, sucesivamente, hasta acabar los ingredientes, debiendo ser la última capa de pan. Se vierte sobre todo el batido sobrante y se pone en el horno, a temperatura moderada, durante unos 40 minutos aproximadamente. Si vemos que durante el horneado comienza a tomar demasiado color, sin duda lo mejor será que lo tapemos con papel de aluminio. Este plato se sirve con alguna salsa, ya sea fría o caliente, según se vaya a consumir el budín (ver «Salsas»).

BUDÍN DE JAMÓN SERRANO
Grado de dificultad bajo

INGREDIENTES PARA 6 PERSONAS
60 g de mantequilla • 400 g de jamón serrano cortado fino • 2,5 dl de leche • 5 huevos • 200 g de rebanadas de pan de molde sin corteza • Sal • Pimienta • Nuez moscada

Como el budín de jamón de york, pero sustituyendo éste por la misma cantidad de jamón serrano. Se debe tener cuidado al sazonar, pues este jamón es más salado.

CACAHUETES ASADOS CRUJIENTES
Grado de dificultad bajo

INGREDIENTES PARA 2 PERSONAS
250 g de cacahuetes pelados • 1 cucharada de aceite de semillas

Se calienta el wok con aceite vegetal y se sofríen los cacahuetes removiendo constantemente hasta que adquieran un tono dorado por todas las caras, pero sin dejar que se quemen, pues entonces amargarán. Se retiran del fuego y se dejan enfriar. Una vez fríos, se ponen en un paño de cocina limpio. Se pasan con el rodillo para aplastarlos todo lo que se pueda. Se guarda la pasta resultante en una bolsa o en un recipiente hermético. Su conservación máxima es de 1 mes.

CAMEMBERT EN HOJA DE LECHUGA
Grado de dificultad bajo

INGREDIENTES PARA 4 PERSONAS
125 g de queso Camembert • 2 hojas de lechuga • 1 manzana roja • 2 cucharadas de brandy

Se lava la manzana y, sin pelar, se retira el corazón y se corta en láminas, se echa por encima el brandy y se reserva. Se corta el queso por la mitad, en sentido horizontal. Se rellena con la cuarta parte de las manzanas, se vuelven a unir las dos partes del queso y se coloca sobre una hoja de lechuga; se cubre con otra hoja, se cierran los bordes con palillos y se hornea, a potencia media, durante 2 minutos. Se sirve sobre la hoja inferior, guarnecido con el resto de la manzana.

ENSALADA A LA NARANJA
Grado de dificultad bajo

INGREDIENTES PARA 4 PERSONAS
1 lechuga • 1 manojo de berros • 2 naranjas grandes • 1 cebolla • El zumo de una naranja • 30 g de almendras peladas • 1 cucharada de azúcar integral • Albahaca fresca • Sal • Pimienta

Para comenzar, se pica finamente la cebolla, se coloca en un frasco con rosca junto con el aceite, el zumo de naranja, el azúcar, la pimienta, la sal y las hojas de albahaca troceadas; se agita bien y se deja reposar por lo menos 3 o 4 horas. Por otro lado, se pelan las naranjas y se cortan en rodajas finas, poniéndolas en un plato para recoger el jugo que suelten. Se mezcla la lechuga una vez esté lavada y picada, los berros, las naranjas y el jugo que hayan soltado, así como las almendras peladas y troceadas. Para finalizar, se aliña todo con la mezcla que se ha dejado reposar al principio durante horas en el frasco, y se sirve.

ENSALADA AGRIDULCE CON CREMA DE QUESO
Grado de dificultad bajo

INGREDIENTES PARA 4 PERSONAS
1 lechuga de hojas moradas (radicchio) • Canónigos • 1 mango • 1 melocotón • 1 pera blanquilla • 4 naranjas enanas • Albahaca • 2 naranjas • 1 tarrina de queso Philadelphia • Vinagre

Se lava y corta la lechuga, así como las hojas de los canónigos a los que previamente hay

que quitar los rabos. Escurrir bien.
Se lavan, pelan y cortan en dados el mango, el melocotón y la pera. Se cortan, con su piel, las naranjas enanas y se agregan a las hortalizas. En un bol, se mezclan 150 gramos de queso Philadelphia con el jugo de las dos naranjas, batiendo hasta que no queden grumos; se añade vinagre y albahaca al gusto y se vuelca sobre la ensalada.

ENSALADA AGRIDULCE DE ARROZ
Grado de dificultad medio

INGREDIENTES PARA 4 PERSONAS
3 puñados de arroz largo • 1/2 lechuga en tiras finas • 8 guindas • 8 pepinillos • 4 cucharadas soperas de maíz dulce • 4 cucharadas soperas de mayonesa • 1/2 cucharada sopera de ketchup • 2 naranjas

Lavar y hervir el arroz largo en agua abundante sin demasiada sal; escurrir y reservar. Lavar bien la lechuga, cortarla en tiras finas y aderezarla con aceite de oliva y sal. Además, se parten en pedacitos las ocho guindas y los pepinillos, se mezclan todos los ingredientes y se rocían con la salsa (mayonesa, ketchup y un chorrito de zumo de naranja, al gusto). Para terminar, se adorna con rodajas de naranja, perejil y guindas. Servir fresca.

ENSALADA AL AJO FRITO
Grado de dificultad bajo

INGREDIENTES PARA 4 PERSONAS
1 lechuga pequeña picada en juliana • 4 champiñones medianos cortados en láminas • 2 zanahorias cortadas en tiritas muy finas • 4 dientes de ajos menudamente picados • 4 cucharadas de aceite • 2 cucharadas de vinagre de vino • Sal

Primeramente, se lavan bien todas las verduras y se colocan en una ensaladera. A continuación, se doran los ajos en dos cucharadas de aceite y se retiran con una espumadera para que queden bien escurridos. Por último, se adereza la ensalada con el aceite restante, el vinagre y la sal. Se mezcla todo bien y se cubre la superficie con los ajos fritos.

ENSALADA AL CILANTRO
Grado de dificultad bajo

INGREDIENTES PARA 4 PERSONAS
1 lechuga • 1 manzana verde grande
• 100 g de nuez pelada • 100 g de pasas
• Aderezo de cilantro

Se lavan muy bien la lechuga y la manzana y se cortan (la lechuga en trozos medianos y la manzana en gajos), quitándole previamente el corazón y las semillas. En una fuente honda, se pone la lechuga y se aliña con salsa de cilantro (ver «Salsas»). Se sirve colocando encima la nuez pelada y picada y las pasas, y se adorna con la manzana verde colocada en la orilla.

ENSALADA AL GUSTO DE TODOS
Grado de dificultad bajo

INGREDIENTES PARA 4 PERSONAS
200 g de queso Gruyère • 150 g de queso Emmental • 200 g de jamón dulce • 2 pechugas de pollo deshuesadas • 2 manzanas • 6 hojas blancas de lechuga • 1 limón • 2 cucharadas de aceite • 1 cucharada de mostaza
• 1/2 cucharada de vinagre de Jerez • Perejil
• Sal • Pimienta

En principio, se limpian bien las hojas de lechuga, se cortan en juliana y se dejan escurrir. Mientras, en la plancha se doran las pechugas de pollo salpimentadas al gusto y sin piel y, cuando estén en su punto, se cortan al igual que el jamón dulce, en tiras estrechas, y se mezclan en un bol con las manzanas peladas y cortadas en dados no demasiado

grandes. Por último, se echan también los quesos sin costra y cortados en dados más bien pequeños. Por otro lado, hay que preparar una salsa con el aceite, el vinagre, la mostaza, el jugo de limón, el perejil picado, sal y pimienta; por último, se mezcla todo muy bien para obtener una buena salsa y cuando esté lista, se vuelca en el bol con el resto de ingredientes y ya está lista la ensalada para servir.

ENSALADA ALDEANA
Grado de dificultad bajo

INGREDIENTES PARA 4 PERSONAS
100 g de patata cocida cortada en cubos
• 100 g de judías verdes cortadas y cocidas
• 100 g de judías blancas cocidas • 100 g de guisantes cocidos • 1 cebolla • 1 tomate
• Aceite • Vinagre • Sal • Mostaza

Se hace una vinagreta con una cucharada de aceite, sal, vinagre y un poco de mostaza, se mezclan todos los ingredientes en una ensaladera y se aliña con la vinagreta. Esta ensalada se decora con aros de cebolla y gajos de tomate.

ENSALADA ALEMANA
Grado de dificultad bajo

INGREDIENTES PARA 6 PERSONAS
1 kg de patatas hervidas • 2 cebollas • 2 salchichas de Frankfurt • 6 pepinillos agridulces • 1 frasco pequeño de alcaparras picadas • 1 tazón de salsa de crema agria

Se cortan las patatas en tacos, se ponen en una ensaladera y se le añaden los otros ingredientes, es decir, la cebolla cortada muy fina, las salchichas de Frankfurt cortadas en rodajas, así como los pepinillos y las alcaparras. Se revuelve todo bien para que de esa forma se mezclen los sabores y se cubre con la nata, previamente agriada con unas gotas de limón.

ENSALADA AMARILLA
Grado de dificultad bajo

INGREDIENTES PARA 4 PERSONAS
100 g de arroz cocido • 100 g de guisantes
cocidos • 200 g de pasas de Corinto • Mayonesa
• Curry • 150 g de aceitunas verdes • El zumo de
1 limón

Se mezclan todos los ingredientes
mencionados y se aliñan con la mayonesa, el
curry en polvo y el zumo de un limón. Este
plato se decora con aceitunas verdes por
encima.

ENSALADA AMERICANA
Grado de dificultad bajo

INGREDIENTES PARA 4 PERSONAS
100 g de patata cocida y cortada como para freír
• 100 g de tomate cortado a medios gajos
• 4 huevos cocidos cortados en redondeles
• 50 g de apio picado • Aceite de oliva
• 1 cucharada de mostaza • Sal • Pimienta

Primero se hace una vinagreta con el aceite,
la sal, la pimienta y la mostaza; por otro lado,
se mezcla el tomate con la patata y el apio
y posteriormente se coloca en una fuente
decorada con los huevos cocidos. Para
terminar, se vuelca el aliño sobre la ensalada
y se sirve.

ENSALADA BANGKOK
(cocina tailandesa)
Grado de dificultad bajo

INGREDIENTES PARA 4 PERSONAS
• 1/2 l de leche de coco (ver «Salsas») • 500 g de
langostinos • 2 cebollas • 1 cucharadita
de azúcar • 2 dientes de ajo • 2 cucharadas
de aceite • 1 manzana pelada y cortada en rodajas
• 1 cucharada de salsa de soja • 1 pimiento
verde cortado en tiras • 4 cucharadas
de cacahuetes finamente picados • 2 hojas
de lechuga • Sal • Pimienta

Se lavan y se pelan los langostinos y se cortan
a lo largo por la mitad. Por otro lado, las
cebollas y el ajo se ablandan, a fuego bajo, en
una cacerola con aceite. Cuando estén a
punto, se retira momentáneamente el
recipiente del fuego y se agregan las rodajas
de manzana, la salsa de soja y las tiras de
pimiento. Se echa la leche de coco, se añaden
los cacahuetes picados y se sazona con sal y
pimienta al gusto; por último, se vuelca esta
salsa sobre los langostinos y se pone el
conjunto en una fuente de servir sobre una
cama de lechuga.

ENSALADA CARIBEÑA
CON RAPE
Grado de dificultad bajo

INGREDIENTES PARA 4 PERSONAS
1 kg de cola de rape • 1 naranja de mesa
• 2 rodajas de piña natural • 1 aguacate
• 2 huevos • Aceite • Vinagre • Sal • Tabasco
• 2 cucharadas de pimentón

Se quita la espina central de la cola del rape y
la telilla que la recubre y se unen los dos
lomos atándolos con un hilo de cocina. En
una cacerola se pone el rape, agua que lo
cubra, sal y pimentón, y se cuece durante
unos 15 minutos aproximadamente. Se
escurre del agua de cocción y se deja enfriar.
Una vez frío, se le quita el hilo y se corta cada
lomo en rodajas, procurando que no sean
excesivamente finas. Se pela la naranja,
quitándole bien toda la piel blanca, se abre en
gajos y se corta a lo largo cada uno de ellos.
Se corta también cada rodaja de piña en
cuatro trozos. En un cuenco, se pone un
huevo entero, una yema, sal, unas gotas de
vinagre y cuatro cucharadas de aceite, se bate
con el brazo de la batidora y se le va
añadiendo aceite hasta que la salsa quede
muy espesa (añadir unas gotas de Tabasco al
gusto; con cuatro o cinco es suficiente). Se
pela el aguacate, se le quita el hueso, se corta
en trozos pequeños, se riega con zumo de
limón y se añade a la salsa. Por último, se

remueve bien cada plato y se ponen unas rodajas de rape, naranja, piña y salsa con aguacate.

ENSALADA CHICA
Grado de dificultad medio

INGREDIENTES PARA 6 PERSONAS
4 puñados de arroz largo • 3 pechugas de pollo • 1 tacita de guisantes • 1/2 pimiento verde • Estragón • Aceite • Mostaza • Sal • Pimienta • 1 limón

Se hierve el arroz largo en abundante agua con sal; también (por separado) se cuecen los guisantes si son frescos, y cuando están en su punto, se lavan, se escurren y se reservan. Por otra parte, se hierven o asan las pechugas, y cuando estén listas se trocean y se parte el pimiento en tiritas. Se mezcla todo muy bien y se rocía con una salsa a base de aceite, con mostaza, zumo de limón y estragón picado (al gusto). Espolvorear con pimienta y servir fresca.

ENSALADA CHILENA
Grado de dificultad bajo

INGREDIENTES PARA 6 PERSONAS
10 tomates frescos • 2 cebollas • Azúcar • Aceite • Sal

Se cortan las cebollas en juliana fina y se suavizan con agua y azúcar, se pelan los tomates, se cortan en rodajas y se disponen en una fuente. Se aliña con sal y aceite y se sirve fría.

ENSALADA COMPLETA
Grado de dificultad bajo

INGREDIENTES PARA 6 PERSONAS
1 bolsa de lechugas variadas • 250 g de judías verdes redondas • 300 g de coliflor • 300 g de brócoli • 3 zanahorias cortadas en virutas • 100 g de jamón picado • 24 langostinos cocidos • 10 cucharadas soperas de vinagreta • 50 g de juliana de puerro frita • 20 hojas de menta fresca enteras • Sal • Apio en virutas

Primeramente, se hierven las judías verdes, la coliflor, el brócoli y la zanahoria y cuando veamos que esta verdura está al dente, se refresca con agua fría y hielo con el fin de cortar en seco la cocción. Luego, en una fuente de servir se dispone una base hecha por las hojas de la bolsa de lechugas y sobre ella se coloca una capa de jamón picado y otra de verduras hervidas. En los laterales de la fuente, se ponen los langostinos cocidos. 3 minutos antes de servir el plato, se vuelca sobre la ensalada la salsa vinagreta. Como decoración para llevar a la mesa, se colocan en la parte superior del plato las hojas de menta fresca, virutas de apio y zanahoria y la juliana de puerro frita.

ENSALADA CON NARANJA Y POMELO
Grado de dificultad bajo

INGREDIENTES PARA 4 PERSONAS
1 zanahoria • 1 patata grande • 1 manzana • 1 aguacate maduro • 1 cucharada de alcaparras • 1 cebolla pequeña morada • 2 huevos • Aceite • 1 naranja de zumo • 3 cucharadas de zumo de pomelo fresco • 1 cucharada de zumo de limón • Sal

Por un lado, se cuece la patata, se pela y se corta en trozos pequeños; por otro, la zanahoria se raspa y se raya y la manzana se pela y se corta en trozos menudos, al igual que el aguacate. Se riega todo con zumo de limón. Además, se pica menudamente la cebolla y se mezcla con los otros vegetales, distribuyéndolos en cuatro cuencos individuales. Se hace una mayonesa espesa, se le añade el zumo de la naranja y el del pomelo, se agregan las alcaparras bien picaditas y se reparte todo encima de cada bol.

ENSALADA CON NUECES
Grado de dificultad bajo

INGREDIENTES PARA 4 PERSONAS
4 zanahorias • 1 remolacha roja • 1 trozo de col roja • 1 trozo de col blanca • 1 nabo tierno • 1 cebolla pequeña • 1 puñado de nueces • 1 manojo de perejil • 1 chorrito de aceite

Se cortan en juliana las coles, las zanahorias y el nabo en palitos, la remolacha en cuadraditos y la cebolla en anillos finos. Se espolvorea todo con las nueces troceadas, el perejil picado y el aceite, se mezcla bien y se sirve.

ENSALADA DE AJO Y TOMATE
Grado de dificultad bajo

INGREDIENTES PARA 6 PERSONAS
2 tomates rojos maduros • 6 tomates para ensalada • 3 dientes de ajo • 4 cucharadas de aceite de oliva virgen • 1 cucharadita de vinagre de vino • Comino • Sal

Para empezar, se escaldan los tomates, se pelan, se les quitan las semillas y se pican. En la batidora, se trituran los ajos con la sal y se añaden los tomates, para seguir triturando todo y añadir poco a poco el aceite y el vinagre, hasta conseguir una mezcla homogénea. A partir de ahí, se agrega lo triturado a los tomates de ensalada, en gajos y se remueve. Por último, se añade comino y se deja enfriar bien.

ENSALADA DE ALUBIAS CON BACALAO
Grado de dificultad medio

INGREDIENTES PARA 6 PERSONAS
1 lechuga • 400 g de alubias • 500 g de bacalao (lomo) • 2 pimientos rojos • 1 huevo • 1 cucharada de vinagre de vino • Aceite de oliva virgen • 1 cebolla • 1 ajo • 1 hoja de laurel • 1 chorro de leche • Sal

Poner al fuego una cazuela con agua, echar las alubias, la cebolla cortada en cuatro trozos, el laurel y la sal y dejarlo cocer hasta que las alubias estén tiernas, momento en el que hay que retirar las alubias, escurrirlas y dejarlas enfriar. En otra cazuela aparte, se pone agua, se echa un chorro de leche y se pone el bacalao. Cuando empiece a hervir, se saca el bacalao, se escurre bien y una vez que veamos que está frío, con mucho cuidado, se van separando las láminas del bacalao y se mezclan con las alubias. Además, en una fuente, hay que hacer un lecho con la lechuga bien lavada y cortada en juliana, para sobre ella, colocar las alubias mezcladas con las láminas de bacalao, y aliñarlo todo con aceite de oliva, vinagre y el ajo finamente picado. Para llevarlo a la mesa, se adorna con el huevo duro cortado al gusto y el pimiento rojo cortado en cuadraditos muy pequeños. Servir frío.

ENSALADA DE ARROZ A LA VINAGRETA
Grado de dificultad bajo

INGREDIENTES PARA 4 PERSONAS
3 puñados de arroz largo • 8 pepinillos • 3 tomates • 1 lata de atún • 2 huevos duros • 10-15 aceitunas rellenas • 1 cucharilla de aceite • 1 cucharilla de vinagre • 1 cucharilla de mostaza • 1 cucharilla de perejil picado • Rábanos • Sal

Lo primero que hay que hacer es hervir el arroz largo en agua con sal y dejarlo un poco duro. Cuando esté, se lava y escurre para mezclarlo con los tomates, pepinillos y huevos (todo cortado en pedacitos pequeños), así como con el atún, escurrido y desmenuzado. Por otro lado, en una salsera, se mezcla con una base de aceite de oliva, el vinagre, la mostaza y el perejil (al gusto). Para terminar, se coloca la ensalada en una fuente, adornando los bordes de la misma con las aceitunas rellenas y los rábanos cortados en rodajitas, y el centro con el huevo cocido y perejil.

ENSALADA DE ARROZ ABIGARRADO

Grado de dificultad bajo

INGREDIENTES PARA 4 PERSONAS
300 g de arroz • 200 g de gambas congeladas ya peladas • 250 g de almejas • 200 g de chipirones congelados • 1 ramillete de perejil • 2 dientes de ajo • El zumo de 2 limones • 5 cucharadas de aceite • 50 g de pepinillos agridulces • 50 g de aceitunas rellenas • Sal • Pimienta

Se cuece el arroz, se pasa debajo del grifo de agua fría, se escurre y se vuelca en una fuente honda. Mientras cuece el arroz, se ponen al fuego dos cacerolas pequeñas con agua y sal y se las lleva a punto de ebullición. En la primera, se echan los chipirones descongelados, dejándolos cocer durante 10 minutos aproximadamente y en la segunda, se ponen las gambas y las almejas dejándolas cocer de 3 a 4 minutos desde que empiecen a hervir. Se escurre todo y se añaden los tres ingredientes al arroz, regándolos con el aceite y el zumo de los limones. Se agregan los pepinillos picados y las aceitunas. Se sazonan con pimienta y un picadillo de ajo y perejil, se remueve todo y se sirve.

ENSALADA DE ARROZ AL PESTO

Grado de dificultad bajo

INGREDIENTES PARA 4 PERSONAS
1 y 1/2 taza de arroz cocido y frío • 4 calabacines cocidos y cortados en rodajas • 1 lata de maíz al natural, escurrida • 1 taza de judías verdes cocidas • 150 g de jamón picado • 1 ramito de albahaca • 2 dientes de ajo • 20 g de piñones • Queso Parmesano rallado • 4 cucharadas de aceite • Sal • Pimienta

Por un lado, se ponen en una ensaladera el arroz (una vez que lo tenemos ya cocido y enfriado), los calabacines, las judías verdes y el jamón bien picado; por otro, se coloca en el vaso de la batidora la albahaca, el ajo, los piñones, el aceite, la sal, la pimienta y el queso Parmesano al gusto. Para terminar, se mezclan muy bien los ingredientes de la ensaladera y se vuelca sobre ellos la salsa de la batidora.

ENSALADA DE ARROZ CON CANGREJO Y MAÍZ

Grado de dificultad medio

INGREDIENTES PARA 4 PERSONAS
4 puñados de arroz largo • 8 barritas de cangrejo congelado • 4 cucharadas soperas de maíz dulce • 4 cucharadas soperas de mayonesa • 2 cucharadas soperas de ketchup • 1/2 cucharadita de limón

Para comenzar, se hierve el arroz largo en abundante agua salada, hasta que esté al dente. Una vez que se encuentre en su punto, se lava bien con agua fría y se escurre. Por otra parte, se descongelan las barritas de cangrejo y se cortan en rodajas finas. Una vez hecho esto, se mezcla con el maíz y el arroz que tenemos cocido y se prepara la salsa (con la mayonesa, el ketchup y el limón); se rocía con ella la ensalada y se deja enfriar en el congelador durante unos minutos. Se puede adornar la fuente con hojas de lechuga y rodajas de limón.

ENSALADA DE ARROZ CON MACARRONES

Grado de dificultad medio

INGREDIENTES PARA 4 PERSONAS
3 puñados de arroz largo • 3 puñados de macarrones • 200 g de jamón dulce en lonchas • 5 pepinillos • 1/2 lechuga • 4 cucharadas soperas de mayonesa • 2 cucharadas soperas de ketchup • 1 cucharadita de mostaza • 1 cucharada sopera de whisky • Sal • Pimienta

Se hierven (por separado) el arroz largo y los macarrones en agua abundante con sal;

cuando esté todo listo, se dejan escurrir. Se corta la lechuga y el jamón en tiras finas y se pican los pepinillos. Se mezclan todos los ingredientes, se espolvorea con pimienta y se rocía con la salsa (mayonesa, ketchup, mostaza y whisky). Por último, se adorna la ensalada con lonchas de pepinillo, mostaza y perejil, y se deja enfriar en el congelador unos minutos.

ENSALADA DE ATÚN
Grado de dificultad bajo

INGREDIENTES PARA 4 PERSONAS
2 latas de atún • 1 pimiento verde • 1 pimiento rojo • 1 pimiento amarillo • 1 rama de apio • Mayonesa al gusto • 1 cucharadita de mostaza • 1 cucharadita de pimienta molida • Sal

Se lavan, secan y pican todas las verduras, se mezclan con el atún, la mostaza y la pimienta; se vuelca sobre la ensalada una taza grande de mayonesa, se revuelve bien y se sirve fresca.

ENSALADA DE CÍTRICOS CON HUEVOS Y CHORIZO
Grado de dificultad bajo

INGREDIENTES PARA 6 PERSONAS
6 naranjas • 2 limones • 2 dientes de ajo • 3 huevos fritos • 1 trozo de chorizo • Aceite • Vino tinto • Sal

Se pelan las naranjas y limones y se trocean en láminas finas; se colocan en una fuente. Se pican los dientes de ajo, en trocitos pequeños, se trocea el chorizo en tacos y se coloca encima. Los huevos fritos (sin estar pasados), se ponen encima de todo. Se aliña con aceite de oliva y sal al gusto, y se echa un chorro de vino por encima. Una vez que estén todos los ingredientes puestos, se rompen los huevos fritos para que con la yema junto al aceite y el vino, se haga la salsa. Se remueve todo y se sirve.

ENSALADA DE ENDIBIAS A LA NARANJA
Grado de dificultad bajo

INGREDIENTES PARA 4 PERSONAS
4 endibias • 2 tomates • 2 naranjas • 1 lata pequeña de guisantes • 1 tarro de espárragos verdes • Aceitunas negras • Aceite • Zumo de limón • Sal • Pimienta

Se lavan bien las endibias y se cortan por la mitad a lo largo, eliminando una parte del corazón. Por otro lado, se pelan las naranjas, se cortan en trocitos regulares y se ponen en un bol añadiéndoles los tomates en trocitos, las aceitunas picadas, los guisantes, los espárragos a trocitos, la sal, la pimienta, el aceite de oliva y el zumo de limón. Con esta mezcla se rellenan las endibias y se sirven frescas.

ENSALADA DE ENDIBIAS CON REMOLACHA Y SALSA ROSA
Grado de dificultad bajo

INGREDIENTES PARA 4 PERSONAS
4 endibias • 5 hojas grandes de lechuga • 50 g de espinacas muy tiernas • 20 cebolletas en vinagre • 150 g de remolacha cocida • 2 huevos cocidos • 1 yogur natural • 1 diente de ajo • 1 manojo de perejil picado • Sal

Por una parte, se trocean las claras de los huevos y se reservan las yemas para adornar. Por otra, en el vaso de la batidora, se echa la remolacha cocida, el aceite de oliva, el yogur, el ajo y la sal, batiendo bien hasta llegar a conseguir una salsa cremosa. Se cortan las hojas de lechuga y de espinacas en juliana y se trocean las endibias en cuatro partes eliminando la base. Para finalizar, se colocan todas las verduras en una fuente, se rocían con la salsa y se añaden las claras picadas, el perejil picado y las cebolletas. Se puede adornar la ensalada espolvoreando las yemas de los huevos duros.

ENSALADA DE ENDIBIAS TENTACIÓN
Grado de dificultad bajo

INGREDIENTES PARA 2 PERSONAS
2 endibias • 1 huevo cocido • 60 g de jamón serrano • 10 nueces • 1/2 vaso de aceite • 1/2 cucharada de vinagre • 1/2 cucharadita de estragón • Sal • Pimienta

Se limpian y se lavan las endibias y se les quita las primeras hojas. Se cortan en juliana y se ponen en una ensaladera junto con el jamón cortado en lascas y las nueces picadas. Se pica el huevo duro y se le añade el aceite, el vinagre, el estragón, la sal y la pimienta. Se mezcla y se vierte sobre la ensaladera, aliñando así todos los ingredientes.

ENSALADA DE FIDEOS DE CRISTAL (cocina tailandesa)
Grado de dificultad bajo

INGREDIENTES PARA 2 PERSONAS
1 paquete de fideos de celofán (son muy finos, transparentes y vienen en forma de madeja) • 6 chorritos de salsa de soja • El zumo de 2 limas • 1 pimiento rojo • 2 tomates • 1 cebolla morada • 2 guindillas • Ramas de cilantro • 1 cebolleta verde

Se dejan reposar los fideos en agua caliente durante 15 minutos y luego se escurren. Se rompe la «madeja» y se ponen en un bol, al que se le agregan los otros ingredientes, y se mezcla bien.

ENSALADA DE INVIERNO
Grado de dificultad medio

INGREDIENTES PARA 4 PERSONAS
2 patatas • 2 cebollas • 1 frasco de cardo • 1 taza grande de alubias blancas cocidas • 5 lonchas de beicon en trozos • 1 ajo • 2 huevos cocidos • 2 tomates rojos • 1 cucharada de azúcar • 1 cucharada de harina tostada • Cominos • Orégano • Romero • Perifollo • Aceite • Vino blanco • Sal

En principio, se cuecen las patatas y las cebollas peladas en agua con sal, una cucharada de orégano y otra de romero. Una vez cocidas, se dejan enfriar y se cortan, las patatas en rodajitas y las cebollas en cuatro trozos. Por otro lado, se escaldan los tomates en agua caliente con una cucharada de azúcar, sal y tres cominos, durante 7 minutos; se pelan y se cortan en seis trozos. Mientras, se ponen en una sartén cinco cucharadas de aceite, el beicon, el ajo y el perifollo, y se saltea todo unos 5 minutos. Se agrega una cucharada de harina tostada, dos yemas de huevo cocido, las claras en trocitos y el vino blanco. Se mezcla, se vierte el agua del cardo y se rectifica de sal. Se añaden las alubias blancas y se cuecen 8 minutos. A continuación, se colocan con cuidado las cebollas, los tomates, el cardo cortado y las patatas. Se cuece a fuego lento sin dejar que hierva, pero el tiempo justo para que se calienten todos los ingredientes. A la hora de servir, se coloca en el fondo de la fuente una capa de patatas y, encima, se alternan trozos de cebolla, tomate y cardo. Finalmente, se vierte el resto y se sirve.

ENSALADA DE OTOÑO CON PIÑA
Grado de dificultad medio

INGREDIENTES PARA 4 PERSONAS
1 piña natural • 2 endibias • 1 manzana • 1 plátano • 150 g de uvas doradas • 100 g de queso fresco tipo Burgos • 1 sobre de jamón de pato • 250 g de pechuga de pavo en un trozo • 8 nueces • 4 guindas rojas • 1 vasito de caldo • Pimienta blanca • 2 cucharadas soperas de Jerez • Aceite de oliva virgen • Sal • Harina

Por un lado, se ata la pechuga de pavo para que no pierda forma, apretando bastante el hilo de cocina; mientras, se ponen en una cazuela seis cucharadas de aceite y, cuando esté ya caliente, se echa la pechuga sazonada con sal y espolvoreada con un poquito de harina para que se dore y no se pegue. Se dora a fuego vivo de manera uniforme añadiéndole un vasito de caldo y el Jerez, se tapa y se baja el fuego. Se deja que vaya haciéndose mientras se va girando de vez en cuando (si hiciera falta, se puede ir añadiendo caldo caliente durante la cocción, que durará 20 minutos aproximadamente). Una vez cocida la pechuga, se deja enfriar, se desata y se corta en lonchitas finas. Por otro lado, se corta el penacho de la piña y se reserva, se parte por la mitad, a lo largo, y se separa, con la ayuda de un cuchillo, la carne de la corteza, eliminando el tronco central duro. Se corta la piña en trocitos, siguiendo las rayas de la pulpa, y se ponen en un colador con un cuenco debajo para recoger todo el jugo que vaya soltando. Además, se pelan la manzana y el plátano, cortando ambas frutas en trocitos, y se riegan con la mitad del jugo que haya soltado la piña; se lavan las uvas quitándoles las pepitas y se corta el queso en dados pequeños. Una vez peladas las nueces, se van poniendo en el mortero; se machacan, se agrega la sal y, poco a poco, un vasito de aceite de oliva virgen mezclando todo a la vez. Se vuelca el resto del jugo de piña y se vuelve a mezclar bien, agregando una pizca de pimienta blanca. Se separan las hojas de las endibias y se lavan, dejándolas escurrir. En cuatro cuencos amplios y de paredes bajas se dispone, en la base, los trocitos de piña y, sobre ellos, manzana, plátano, uvas, queso, jamón de pato cortado en trozos y pechuga de pavo. Se riega con dos o tres cucharadas del aliño de nueces, adornando con unos trocitos de piña y las guindas rojas.

ENSALADA DE PAPAYA VERDE (cocina tailandesa)
Grado de dificultad bajo

INGREDIENTES PARA 4 PERSONAS
2 tazas de papaya verde • 6 tomates troceados
• 1/2 taza de judías verdes • El zumo de 1 lima

• 6 chorritos de salsa de soja • 1 cucharada de azúcar moreno • 2 guindillas • 1 diente de ajo
• 1/2 taza de cacahuetes tostados sin sal, picados

En un bol grande, se mezcla el zumo de lima, la salsa de soja y el azúcar, moviendo hasta que se disuelva. Se añaden a continuación las guindillas y el ajo y se mezcla. Finalmente, se ponen las verduras y se remueve antes de servir.

ENSALADA DE PASTA A LA VINAGRETA
Grado de dificultad bajo

INGREDIENTES PARA 4 PERSONAS
200 g de pasta pequeña • 1 lechuga pequeña
• 1 diente de ajo • 1 limón • 1/2 huevo
• 2 cucharadas de aceite • Sal • Pimienta
• Cebollino picado

Para la vinagreta:
1 cucharada de salsa Perrins • 5 cucharadas soperas de aceite • 2 cucharadas de vinagre • 1 chorro de limón • 1 punta de mostaza • Sal • Pimienta

Se pela el diente de ajo. Se pone en un bol y se deja macerar. En una cazuela grande, se pone a hervir agua con sal y una cucharada de aceite. Se echa la pasta y se deja hervir hasta que esté al dente, momento en el que se escurre y se refresca en agua fría. Se escurre de nuevo y se deja enfriar en un cuenco, rociándola con un chorro de aceite para que no se pegue. Por otro lado, se limpia la lechuga, se sueltan las hojas y se aclaran en agua fría. Se envuelven en un paño, y se meten en la nevera. Para hacer la vinagreta, cuando el ajo lleve unas 2 horas en el aceite, se saca del bol y se desecha. En el mismo bol, sobre el aceite, se vierte el zumo de limón, después la mostaza y finalmente la salsa Perrins. Se sazona con sal y pimienta. En un cazo pequeño se pone a hervir agua y se mete el huevo, valiéndose de una cuchara para hacerlo con suavidad. Se tiene 3 minutos hirviendo, se refresca y se casca en el mismo bol de la salsa, vaciando los restos con una cucharilla. Se bate bien la salsa con la varilla y se vierte sobre la pasta fría. Se mezcla y se rectifica la sazón si es necesario. Se extienden las hojas de lechuga por los bordes de una fuente con la parte hueca hacia arriba y, en el centro, se coloca la pasta ya aliñada. Para terminar, se espolvorea bastante cebollino picado sobre el conjunto y se sirve.

ENSALADA DE PASTA AL CURRY
Grado de dificultad bajo

INGREDIENTES PARA 6 PERSONAS
175 g de pasta • 1 cucharada de curry en polvo • 4 cucharadas de yogur natural • 1 cucharada de aceite • 1 cucharada de vinagre • 1 cucharada de zumo de manzana • 1 diente de ajo triturado • 1 manzana roja grande • 1 cucharadita de zumo de limón • 4 ramas de apio troceadas • 250 g de pechuga de pollo a la plancha y troceada • 1/2 aguacate • Sal • Pimienta • Curry en polvo

Se pone la pasta a hervir y mientras se hace, se mezcla el curry, el yogur, el aceite, el vinagre, el zumo de manzana, el ajo, la sal y la pimienta en una ensaladera, batiéndolo con firmeza. Se le añade la pasta todavía caliente y se deja enfriar. Se trocea la manzana y se baña en zumo de limón. Se vuelca en la ensaladera junto con el apio y el pollo y se remueve todo. Justo antes de servir la ensalada, se corta el aguacate en rodajas y se rocía con el limón. Se sirve adornada con el aguacate espolvoreado con un poco de curry.

ENSALADA DE PASTA CON CHAMPIÑONES
Grado de dificultad bajo

INGREDIENTES PARA 6 PERSONAS
400 g de macarrones • 1 escarola • 1 yema de huevo cocido • Vinagre • 100 g de champiñones • 12 tomates cherry • 1 cucharada de mostaza • Aceite • Sal

Se cuece la pasta en abundante agua hirviendo con sal, se escurre y se refresca bajo el chorro de agua fría. Mientras cuece la pasta, se lavan la escarola y los champiñones y se cortan en juliana. Se hace una vinagreta, mezclando la mostaza con la yema de huevo, un poco de vinagre, aceite de oliva y sal. Se incorpora la escarola, la pasta y los champiñones en una fuente y se aliña todo con la vinagreta, decorándolo con los tomates abiertos.

ENSALADA DE PASTA CON VERDURAS
Grado de dificultad bajo

INGREDIENTES PARA 6 PERSONAS
350 g de espaguetis • 2 calabacines • 2 zanahorias • 6 tomates maduros • 2 escalonias • 10 aceitunas negras • El zumo de 1/2 limón • 1 cucharada de tomillo seco • Aceite • Sal • Pimienta

Se lavan y cortan en juliana las zanahorias y los calabacines. Se escaldan, pelan y cortan los tomates en medias lunas, se pican finamente las escalonias y se deshuesan las aceitunas. En una sartén con aceite, se saltean los tomates y las escalonias, se agregan las verduras, las aceitunas, el zumo de medio limón y el tomillo. Por otro lado, en una cazuela con agua y sal se cuecen los espaguetis hasta que estén al dente, se escurren y se pasan por agua fría. Se mezclan con las verduras y se condimentan con pimienta molida y una cucharada de aceite de oliva. En el momento de servir la ensalada, añadir unas hojas de menta fresca picadas.

ENSALADA DE PASTA INTEGRAL
Grado de dificultad bajo

INGREDIENTES PARA 4 PERSONAS
3 l de agua • 1/2 cucharadita de sal • 1 cucharada de aceite • 250 g de pasta integral • 100 g de

mortadela • 200 g de calabaza agridulce en conserva o zanahoria agridulce • 200 g de pepino • 4 cucharadas de mayonesa • 5 cucharadas de yogur • 1 cucharada de azúcar • 1 cucharadita de zumo de limón • 1 pizca de Cayena • 1/2 manojo de berros

Por una parte, se cuece la pasta en abundante agua, sal y aceite; mientras que por otra, se cortan la mortadela, la calabaza y el pepino en dados y se mezclan luego con la pasta. Para el aliño de esta ensalada, se mezcla la mayonesa con el yogur, el azúcar, el zumo de limón y la pimienta, y se agrega cuando está hecho a la ensalada, removiendo con cuidado. Al servir este plato, se adorna con los berros picados.

ENSALADA DE PASTA MARINERA
Grado de dificultad bajo

INGREDIENTES PARA 4 PERSONAS
250 g de pasta verde de espinaca • 100 g de mejillones hervidos sin concha • 100 g de gambas hervidas y peladas • 1 lata de 50 g de anchoas escurridas • 50 g de champiñones cortados en tiras • 2 tomates cortados en cuartos

Para el aliño:
6 cucharadas de zumo de tomate • 2 cucharadas de zumo de limón • 1 cucharada de finas hierbas picadas • Sal • Pimienta

Para adornar:
2 cucharadas de perejil picado • 2 cucharadas de queso Parmesano rallado

Se hierve la pasta y se pone en una ensaladera, se añaden los champiñones, los mejillones, las gambas, las anchoas y los tomates. Para el aliño, se ponen todos los ingredientes en un cuenco y se remueven bien. Se vuelcan en la ensalada removiendo con cuidado y, finalmente, en el momento de servir, se espolvorea con el perejil y el queso Parmesano rallado.

ENSALADA DE PASTA TRICOLOR
Grado de dificultad bajo

INGREDIENTES PARA 6 PERSONAS
650 g de pasta tricolor • 30 aceitunas rellenas de anchoa • 5 huevos duros • 7 palitos de cangrejo • 300 g de atún claro • 600 g de pimiento rojo • 2 pimientos verdes • 125 g de gambas peladas cocidas • 20 aceitunas negras

Se hierve la pasta hasta que esté al dente y una vez cocida y refrescada con agua fría, se coloca en una olla grande. En esta olla se añadirán las aceitunas rellenas de anchoa cortadas en dos, el atún escurrido, los huevos duros cortados en trocitos pequeños, los palitos de cangrejo cortados en finas rebanadas, los pimientos troceados en tacos pequeños y, por último, las gambas cocidas y peladas y las aceitunas negras (es conveniente no cortar las gambas porque enteras tienen mejor presencia). Se remueven todos los ingredientes de arriba hacia abajo para que se repartan mejor, pero procurando no castigar la pasta, con el fin de que en el momento de servir y de saborear, se distingan todos los colores y los sabores. Se vuelca todo en un bol grande y se sirve a temperatura ambiente.

ENSALADA DE PASTA Y JAMÓN
Grado de dificultad bajo

INGREDIENTES PARA 6 PERSONAS
600 g de pasta • 350 g de jamón cocido • Sal • Finas hierbas • 6 tomates • 20 champiñones • Salsa vinagreta

Se cuece la pasta en agua con sal, se escurre y se deja enfriar. Se cubre el fondo de una fuente con rodajas finas de tomate y se coloca en el medio la pasta cocida. Se cortan los champiñones en rodajas finas y se colocan alrededor de la fuente, después las finas hierbas y, sobre todo ello, el jamón cocido en tiras. Para el aliño, se prepara una vinagreta con aceite, vinagre, ajo, sal y un poco de perejil picado.

ENSALADA DE PASTA Y QUESO FRESCO

Grado de dificultad bajo

INGREDIENTES PARA 2 PERSONAS
200 g de pasta de colores • 1 tomate • 1 cebolleta
• 1 bote pequeño de maíz • 200 g de queso fresco
• Aceite • Vinagre • 2 hojitas de hierbabuena fresca
• Sal

Se cuece la pasta y se corta en dados el queso
fresco y en láminas finas la cebolleta, una vez
que la tengamos lavada y limpia. Se coloca la
pasta ya cocida en una fuente y se pone por
encima la cebolleta, el maíz y el queso fresco.
Se ralla el tomate y se añade. Se hace un aliño
con aceite, vinagre, sal y la hierbabuena
picada y se vuelca por encima a la hora de
servir la ensalada.

ENSALADA DE PASTA Y TOMATES SECOS

Grado de dificultad bajo

INGREDIENTES PARA 6 PERSONAS
500 g de macarrones • 3 cucharadas de aceite
• 100 g de tomates secados al sol, escurridos
• 25 g de hojas de albahaca frescas • 70 g de
aceitunas negras sin hueso • 2 cucharaditas de
vinagre de vino blanco • 1 diente de ajo, cortado
por la mitad • 60 g de queso Parmesano rallado
• Sal

Se cuece la pasta al dente, se escurre,
se aclara con agua fría y se vuelve a escurrir.
Se vuelca en una fuente y se mezcla con una
cucharada de aceite de oliva para que no se
pegue. Se cortan en tiras los tomates secados
al sol y se añaden a la pasta junto con la
albahaca y las aceitunas. En un recipiente,
se baten con firmeza dos cucharadas de aceite
de oliva con el vinagre y el ajo y se deja
reposar de 5 a 10 minutos. Se agita y se retira
el ajo. Se vuelca el aliño sobre la ensalada
y se remueve hasta que todo esté bien
mezclado. Por último, se espolvorea por
encima el queso Parmesano.

ENSALADA DE PATATAS CON PIMIENTOS

Grado de dificultad bajo

INGREDIENTES PARA 6 PERSONAS
750 g de patatas cocidas • 2 pimientos rojos
asados • 2 dientes de ajo • 1 cucharadita
de romero fresco picado • 1/4 cucharadita
de sal • Pimienta de Cayena • 3 cucharadas
de vinagre de vino tinto • 2 cucharadas de aceite
de oliva virgen extra • 2 manojos de berros, sin
tallos

Se ponen los pimientos en la batidora, con
ajo, aceite, vinagre y romero, y se bate todo
bien hasta que quede un puré claro y
homogéneo. Además, se pelan las patatas y
se cortan en cuatro tozos a lo largo; cuando
estén frías, se disponen en una ensaladera
baja sobre un lecho de hojas de berros. Se
vuelca la salsa sobre las patatas y se
salpimienta al gusto.

ENSALADA DE PATATAS CON POLLO

Grado de dificultad bajo

INGREDIENTES PARA 8 PERSONAS
1 y 1/2 kg de patatas, hervidas y peladas
• 800 g de pechuga de pollo, hervida y
desmenuzada • 4 huevos duros • 1 taza de maíz
de lata • 1 taza de guisantes de lata • 2 pimientos
morrones asados • 2 zanahorias hervidas, peladas
y cortadas en cuadraditos • 2 puerros
• 1 cebolla picada

Para el aliño:
2 tazas de mayonesa • 1 cucharada de mostaza
• 1/2 taza de vinagre de Módena • 1 taza de
aceitunas picadas • Sal

Las patatas, una vez que están cocidas, se
pican en pedacitos, luego se mezclan todos
los ingredientes mencionados y por último se
le agrega a la ensalada el aliño preparado
exclusivamente para ella. Esta sencilla pero
exquisita ensalada, debe servirse fría.

ENSALADA DE PAVO
Grado de dificultad bajo

INGREDIENTES PARA 4 PERSONAS
3 puñados de arroz largo • 2 pechugas
de pavo • 1/2 lechuga • 3 pepinillos
• 5 cucharadas soperas de mayonesa
• 2 cucharadas soperas de ketchup • 1 dedal
de whisky o brandy • Sal

Se hierve el arroz largo en abundante agua
salada (debe quedar al dente); cuando esté en
su punto, se lava en agua fría, se escurre y se
deja enfriar. Mientras, se hierven las pechugas
(o se asan), se desmenuzan y se enfrían
también. Además, hay que picar los pepinillos
y preparar la salsa rosa con la mayonesa, el
ketchup y el licor (si se quiere). Para terminar,
se mezclan todos los ingredientes y se rocían
con la salsa. Puede adornarse la fuente con
tomate, perejil, aceitunas y pepinillos. Servir
fresco.

ENSALADA DE PIMIENTOS
Grado de dificultad bajo

INGREDIENTES PARA 4 PERSONAS
4 pimientos • 1 cebolla • 1 sobre de queso rallado
• 3 patatas • 1 cucharada de perejil picado
• 1 huevo duro • Aceite • Vinagre de Jerez
• Alcaparras • Sal

Por una parte, se asan los pimientos en el
horno durante unas 2 horas a fuego lento y
cuando estén blanditos y fríos, se pelan, se
quitan las pepitas y se cortan en tiras; por
otra, se cortan las cebollas en anillos finos y
luego se aliña todo con aceite y vinagre,
dejándolo reposar una hora. Mientras, se
hierven las patatas con la piel y se dejan
enfriar, se pelan y parten en discos. En una
fuente de servir se colocan y se ponen por
encima los pimientos, las cebollas, el perejil
picado y las alcaparras. Por último, se rocía
todo con aceite y se espolvorea con el queso
rallado. Se decora con el huevo duro cortado
en rodajas.

ENSALADA DE QUESO DE CABRA A LA PLANCHA
Grado de dificultad bajo

INGREDIENTES PARA 4 PERSONAS
4 rodajas de rulo de cabra gruesas • 1 lechuga
francesa • 1 cajita de tomates cherry • 1 puñado
de nueces picadas a cuchillo • 4 cucharadas
de nata líquida • 1 cucharada de mantequilla
• 4 rebanadas de pan de molde • Sal
• Pimienta

Se procede a lavar la lechuga y disponerla en
el fondo del bol. Se cortan los tomates cherry
por la mitad y se ponen boca arriba rodeando
la lechuga. En la plancha caliente, se pasan las
rodajas de queso de cabra con un chorrito de
aceite y se disponen encima de las lechugas.
En la misma plancha se agrega después la
mantequilla, se saltean en ella las nueces
picadas hasta que se doren y se añade una
fina loncha de queso de cabra. Se retira, se
agrega la nata, se salpimienta al gusto y, por
último, se vuelca sobre la ensalada. Esta
ensalada se sirve con rebanadas de pan de
molde tostadas.

ENSALADA DE ROLLOS DE ENDIBIA RELLENOS
Grado de dificultad bajo

INGREDIENTES PARA 4 PERSONAS
4 puñados de arroz • 12 colas de langostinos
• 16 hojas de endibias • 1 lechuga • 4 pepinillos
• 1 aguacate bien maduro • 1 tacita de leche
• 1 limón • 1 cucharadita de mostaza • Aceite de
oliva virgen • Sal • Pimienta

En abundante agua con sal, se hierve el arroz
y luego se escurre bien. Mientras, se aliñan
ligeramente con aceite y sal el interior de las
hojas de endibia. Se pone en el vaso de la
batidora el aguacate con la mostaza, la leche
y unas gotitas de limón y se impregna con
esta salsa el interior de las hojas de endibia.
Se rellenan ocho de éstas con el arroz,
salpimentado y mezclado con los pepinillos y

langostinos en pedacitos. Se tapa con las otras ocho hojas y se colocan los rollos sobre un lecho de lechuga adornado con limón y perejil.

ENSALADA DE TERNERA
(cocina tailandesa)
Grado de dificultad bajo

INGREDIENTES PARA 4 PERSONAS
2 cucharadas de aceite vegetal • 500 g de falda de ternera, cortada en tiras delgadas • 3 dientes de ajo • 2 chiles verdes • 8 cucharadas de zumo de limón • 1 cucharada de salsa de pescado tailandesa • 2 cucharadas de azúcar extrafino • 2 papayas maduras • 1/2 pepino grande cortado en palitos • 75 g de judías verdes cocidas • 1 lechuga en juliana

Se calienta aceite en un wok y se le añade la carne, el ajo y el chile. Se sube el fuego al máximo y se dora. Se rocía con el zumo de limón y la salsa de pescado, añadiendo el azúcar y sofriendo hasta que se reduzca el líquido. Se retira el wok del fuego, se saca la carne y se mezcla con la papaya, el pepino, las judías y la lechuga. Para terminar, se dispone en una fuente de servir y se vuelca el líquido del wok por encima de la ensalada hasta que la cubra.

ENSALADA DE TOMATES CON QUESO
Grado de dificultad bajo

INGREDIENTES PARA 4 PERSONAS
2 tomates rojos grandes maduros • 3 patatas medianas • 1 cebolleta • 150 g de queso en lonchas • 150 g de queso de Burgos • Orégano • Aceite • Sal

Se cuecen las patatas con piel en agua salada y cuando estén en su punto, se pelan y se cortan en rodajas muy finas. Se cubre el fondo de una fuente con las patatas y se aderezan con aceite de oliva. Se pela uno de los

tomates y se pica en trozos pequeños, distribuyéndolo por encima de las patatas. Se corta el otro tomate en rodajas y se extiende en una fuente de horno, cubriendo cada rodaja con una loncha de queso. Después, se espolvorean con orégano y se meten al horno unos minutos, a 180°, hasta que el queso esté ligeramente fundido. Mientras tanto, se distribuye el queso fresco de Burgos en lonchitas por encima de toda la ensalada, se colocan las rodajas de queso y tomate, recién salidas del horno, y se sirve inmediatamente.

ENSALADA DE VEGETALES CON SALSA DE CACAHUETE
(cocina tailandesa)
Grado de dificultad medio

INGREDIENTES PARA 4 PERSONAS
125 g de repollo cortado en juliana • 250 g de judías verdes redondas cortadas en trozos • 125 g de zanahorias cortadas en rodajas finas • 125 g de coliflor en pequeños ramos • 125 g de brotes de soja • 350 ml de salsa de cacahuete • 1 rama de berros • 2 huevos duros cortados en cuartos • 1 patata mediana hervida, pelada y cortada en rodajas • 1 pepino cortado en rodajas • 2 cucharadas de cebolla frita crocante

Se hierve el repollo, las judías verdes, la zanahoria y la coliflor por separado durante 5 minutos cada una, se ponen a escurrir en un colador y se mantienen calientes. Se hierven los brotes de soja durante 2 minutos y también se mantienen calientes junto a los otros vegetales. En una cacerola pequeña, se calienta la salsa de cacahuete añadiendo agua si está muy espesa, se rectifica la sazón, si es necesario, y se pone en un bol pequeño. En una fuente de servir se colocan los berros en círculo sobre el borde y se ponen los vegetales en el medio y, encima, se colocan los huevos duros, la patata, el pepino y se cubre todo con la cebolla frita. Se sirve de inmediato con la salsa que usarán los comensales a su gusto.

ENSALADA DEL HUERTO DE TELVA
Grado de dificultad bajo

INGREDIENTES PARA 4 PERSONAS
2 tomates • 1 pimiento verde grande • 1/2 cebolla blanca • 1 diente de ajo pelado • 1 cucharada de alcaparras • 12 aceitunas negras, grandes y deshuesadas • 4 cucharadas de aceite
• Pimienta • Albahaca • Sal

Se lavan muy bien todas las verduras. Se corta la cebolla en rodajas y se pone con sal para que baje el picante. Se eliminan las semillas del pimiento y del tomate y se corta cada tomate en cuatro trozos con forma de gajo, el pimiento en tiras y, éstas, a su vez, en trozos no muy grandes. Una vez que la sal le ha rebajado el sabor, la cebolla se separa en aros. En una ensaladera grande, se restriega primero el ajo sobre las paredes y luego se echan todos los ingredientes, tomate, pimiento, cebolla, alcaparras y aceitunas. Se le echan las cucharadas de aceite, se condimenta con la pimienta y la sal, se remueve todo bien y se corona con la albahaca finamente picada.

ENSALADA MULTICOLOR
Grado de dificultad medio

INGREDIENTES PARA 4 PERSONAS
3 puñados de arroz largo • 12-15 judías verdes
• 2 zanahorias medianas • 1 lata pequeña de atún
• 3 cucharadas soperas de maíz dulce • 6 rodajas de pimiento rojo • Aceitunas negras • Aceite
• Pimienta • Lechuga (adorno)

Mientras hierve el arroz largo en abundante agua salada, se parten en pedacitos y se salan las judías (hervidas o de lata), el pimiento y una zanahoria (rallada). Se aliña todo con el aceite del atún desmenuzado y el maíz. Por último, se mezcla todo con el arroz ya cocido en la fuente, se espolvorea con pimienta al gusto y se adorna con aceitunas, zanahoria y lechuga.

ENSALADA SIMPLE DE PASTA
Grado de dificultad bajo

INGREDIENTES PARA 6 PERSONAS
150 g de espaguetis integrales en trozos
• 150 g de manzanas cortadas en cubitos
• 75 g de dátiles sin hueso y cortados en cubitos
• 75 g de nueces picadas • 150 g de ajo picado en trocitos muy pequeños • 150 g de pimiento rojo picado en cubos • El zumo de 1 limón • Aceite
• Sal

Se cuece la pasta en abundante agua con sal hasta que esté al dente y se escurre. Cuando esté fría, se mezclan todos los ingredientes, se aliña con el zumo de limón, el aceite y la sal y se deja enfriar antes de servirla.

ENSALADA TAILANDESA DE PASTA
Grado de dificultad medio

INGREDIENTES PARA 6 PERSONAS
300 g de fideos *yifu* o *yi* • 150 g de mazorquitas de maíz en conserva • 1 berenjena cortada en taquitos
• 200 g de brotes de bambú • 1 pimiento rojo en tiras • 3 cucharadas de salsa dulce de ají
• 2 cucharadas de miel • 3 varas de limoncillo
• 2 cucharaditas de semillas de sésamo
• 2 cucharadas de aceite de semillas • Sal

Se pone una olla al fuego con agua y sal y se deja que hierva, momento en el que se echa la pasta y se deja hervir hasta que esté cocida; luego, se escurre y se pasa por agua fría. Se vuelve a escurrir y se deja enfriar. Se corta la berenjena en taquitos, el pimiento rojo en tiras finas y los brotes de bambú en pequeñas rodajas. Se ponen estos ingredientes en una olla con agua y se hierven durante 15 minutos. Se escurren y se enfrían bajo el chorro de agua fría, y se vuelven a escurrir bien. Cuando se hayan enfriado, se une la pasta a la verdura en una fuente. Se bate la salsa dulce de ají y la miel, se rocía el batido por encima de la pasta y se mezcla bien. Para adornar la ensalada, se ponen las varas de limoncillo cortadas en tiras a lo largo, junto a las mazorquitas de maíz y las semillas de sésamo. Añadir por último el aceite de semillas y servir.

ENSALADA TAILANDESA TEMPLADA
Grado de dificultad bajo

INGREDIENTES PARA 4 PERSONAS
300 g de queso • Tofú en triángulos • 2 pimientos verdes en tiras • 2 pimientos rojos en tiras • 1 cebolleta en láminas • 1 zanahoria rallada • 1 rama de apio rallado • 12 tomatitos cherry • 12 cerezas • Maíz cocido • Aceite • Sal • Pimienta

Se fríen los triángulos de tofú en aceite hirviendo y se reservan sobre un papel absorbente. Por otra parte, se saltean los pimientos y la cebolleta muy ligeramente, con muy poco de aceite, y se van alternando, en crudo, todos los ingredientes sobre cada plato. Se salpimientan al gusto y se espolvorean con perejil y, si se quiere, con polvo de ajo.

ENSALADA TEMPLADA DE SALMÓN
Grado de dificultad bajo

INGREDIENTES PARA 4 PERSONAS
400 g de salmón fresco en un trozo • 2 truchas asalmonadas • 1 manojo de berros • 2 patatas cocidas • 2 cogollos de lechuga • 1 manojo de canónigos • Aceite • Vinagre • 4 dientes de ajo • Eneldo • 1 hoja de laurel • Sal • Pimienta

Se preparan las truchas en escabeche (véase «Salsas») y se dejan reposar durante 2 días. El día que se va a hacer la ensalada, se quita la piel al salmón y se reserva. Se abren los lomos por la mitad y se eliminan todas las espinas. Se corta cada pieza en lonchas de medio centímetro de grosor aproximadamente y se colocan en una fuente de horno por capas, hasta acabar todo el pescado; se espolvorea cada loncha con sal, un chorrito de aceite y eneldo, y se cubre todo con la piel del salmón, dejándolo durante 1 hora en sitio fresco. Se limpian las truchas de piel y espinas y se parten en trozos regulares. En una fuente redonda, se pone una capa de patatas cocidas, cortadas en rodajas muy finas, aliñadas con sal y aceite de oliva. Sobre ellas se disponen los cogollos de lechuga, cortados a lo largo, los canónigos y los berros, se les pone sal, aceite de oliva y unas gotas de zumo de limón y, encima, se colocan las truchas. El horno se precalienta durante 15 minutos a 200°, y se mete el salmón otros 10 minutos. Por último, se colocan las lonchas de salmón sobre la ensalada y se riega todo con el jugo de la cocción. Se rectifica la sazón y se sirve de inmediato.

ENSALADA TEMPLADA DE VERDURAS
Grado de dificultad bajo

INGREDIENTES PARA 4 PERSONAS
1 lechuga • 1/2 kg de champiñones • 1 berenjena • 1/2 kg de zanahorias • 1 pimiento rojo • 1 calabacín • 2 cebolletas

Para la salsa:
Salsa de soja • Vinagre de Módena • Aceite de oliva virgen extra • Sal

Se lavan, se escurren, se cortan y se fríen por separado todas las verduras que aparecen en los ingredientes, y una vez fritas, se mezclan con la lechuga (también lavada y picada), y se aliña todo con la salsa de soja, el vinagre de Módena, el aceite y la sal al gusto.

ENSALADA TIBIA DE ATÚN
Grado de dificultad bajo

INGREDIENTES PARA 4 PERSONAS
300 g de canónigos • 600 g de atún fresco • 1 pastilla de caldo de pescado • 2 dientes de ajo

• 200 g de tomates cherry • 1 zumo de lima
• Pimienta

Se lavan y seleccionan los canónigos y el atún se corta en dados medios. En el wok con dos cucharadas de aceite caliente, se saltean los canónigos durante menos de 1 minuto. Se reservan. Se saltea el atún, se añade el ajo y, tras 1 minuto más, la salsa de pescado, los tomates y el zumo de lima; se continúa salteando otros 2 minutos. Para servir se coloca una cama de canónigos y encima el atún con los tomates cherry y la pimienta negra molida al gusto.

ENSALADILLA DE ARROZ
Grado de dificultad bajo

INGREDIENTES PARA 4 PERSONAS
4 puñados de arroz • 5 cucharadas soperas de maíz dulce • 50 g de pasas de Corinto • 1/2 lechuga • 1 pechuga de pollo • Mayonesa • Ketchup • Nata líquida

Se hierve en abundante agua con sal el arroz y, cuando está listo, se lava y se escurre. Una vez que esté frío, se mezcla con el maíz, la pechuga de pollo (hervida o asada) cortada en tacos, las pasas de Corinto remojadas en agua caliente y escurridas y la lechuga lavada y cortada en juliana. Se abomba la mezcla en una fuente y se cubre con una mezcla de mayonesa, nata líquida y ketchup. Para llevar la ensaladilla a la mesa, se puede adornar con maíz, perejil y una «rosa» de corteza de tomate.

ENSALADILLA DE GAMBAS
Grado de dificultad bajo

INGREDIENTES PARA 4 PERSONAS
1 kg de patatas • 1 kg de gambas • Mayonesa • Sal

Se pelan las patatas y se cortan en cuadraditos pequeños. Se pone una olla al fuego con agua, sal y un chorrito de aceite y se cuecen las patatas, a fuego lento. Cuando estén tiernas, se escurren y se colocan en una fuente, donde se machacan ligeramente con un tenedor. Por otro lado, se cuecen las gambas y, aparte, se pone una olla al fuego con abundante agua y sal; cuando rompa a hervir, se echan las gambas y cuando de nuevo comience a hervir, se sacan y se echan en otra olla llena de agua con hielo y sal. Entonces, se dejan en esta olla unos 2 ó 3 minutos y se escurren. Posteriormente, se pelan y se añaden a la fuente donde teníamos las patatas, así como la mayonesa, y se revuelve todo bien hasta que quede bien mezclado. Presentar en una bandeja adornándola con unas colas de gambas.

FLAN DE CHAMPIÑONES
Grado de dificultad bajo

INGREDIENTES PARA 6 PERSONAS
1 kg de championes • 1/2 l de nata • 3 huevos • Sal • Pimienta

Como el flan de espárragos (véase más abajo la receta), sustituyendo éstos por la misma cantidad de champiñones, lavados, secos y sin el pie.

FLAN DE ESPÁRRAGOS
Grado de dificultad bajo

INGREDIENTES PARA 6 PERSONAS
1 kg de espárragos blancos frescos • 1/2 l de nata • 3 huevos • Sal • Pimienta

Se limpian los espárragos y se cuecen durante unos 20 minutos. Se escurren muy bien y se ponen en la batidora con la nata y los huevos. Se bate todo, se pasa por el pasapurés, se sazona y se vierte en un molde engrasado. Para terminar, se pone en el horno caliente a 180º, al baño María, de 35 a 40 minutos aproximadamente.

FLAN DE ESPINACAS A GOA
Grado de dificultad bajo

INGREDIENTES PARA 6 PERSONAS
500 g de espinacas, limpias, cocidas y escurridas
• 4 huevos crudos • 3 huevos cocidos
• 2 cucharadas de harina • 2 cucharadas de
mantequilla • 1 y1/2 taza de nata • 2 cucharadas
de curry en polvo • 1 cucharadita de cominos en
polvo • Sal • Pimienta • 2-3 tazas de salsa besamel
(ver «Salsas»)

Se ponen en el fuego la harina, la mantequilla
y la nata, hasta que espesen, sin que hierva
demasiado. Se cortan, muy finamente, las
espinacas lavadas y escurridas y se mezclan
con la crema, una cucharada de curry y cuatro
huevos bien batidos. Se sazona con sal,
pimienta y cominos al gusto, y se vierte el
preparado en un molde engrasado y
espolvoreado con harina. Se pone entonces en
el horno, a 175°, al baño María, durante 1
hora aproximadamente. Se retira del horno y
se desmolda en caliente. Se echa en la
besamel una cucharada de curry, se remueve y
se sirve en salsera aparte, muy caliente. Con
los huevos cocidos, cortados en cuartos, se
decora el flan.

FLAN DE HUEVOS Y JAMÓN DULCE
Grado de dificultad bajo

INGREDIENTES PARA 6 PERSONAS
8 huevos • 150 g de miga de pan, desmenuzada
• 1/2 l de leche • 1 cebolla picadita • 1 cucharada
de perejil picado • 50 g de mantequilla • 200 g de
jamón dulce muy picadito • Sal • Pimienta

Se pone el pan en un bol y se le echa la leche
hirviendo, mezclada con la mantequilla; se
machaca hasta que el pan esté bien embebido
y casi frío. Se añaden los huevos batidos, el
jamón, la cebolla y el perejil (todo picado lo
más menudo posible), se sazona al gusto, se
remueve bien y se vierte en un molde de flan,
con agujero central, engrasado con

mantequilla, para llevarlo a hornear a 200°, de
30 a 35 minutos.

FLAN DE QUESO FRESCO
Grado de dificultad bajo

INGREDIENTES PARA 6 PERSONAS
300 g de nata de montar • 500 g de queso fresco,
tipo Burgos • 1 cucharada de perejil picado
• 1 cucharada de cebollino picado • 4 cucharadas
de aceite • 3 cucharadas de vinagre de vino blanco
• Sal • Pimienta

Se monta la nata. Se machaca el queso con
un tenedor y se pone en un colador para que
suelte el agua. Se mezclan los dos
ingredientes con el perejil y el cebollino y se
añade, poco a poco, el aceite, removiendo
con cuidado para que se integre bien en la
masa. Por último, se agrega el vinagre y se
sazona con sal y pimienta al gusto. Se forra
un molde con papel de aluminio y se coloca la
masa, alisando bien. Se pone en el frigorífico,
al menos 2 horas, y luego se desmolda y se
retira el papel de aluminio sólo en el
momento de servir.

FLAN DE QUESO Y PATATA
Grado de dificultad bajo

INGREDIENTES PARA 6 PERSONAS
400 g de patatas cocidas y trituradas • 70 g de
queso fresco • 40 g de queso Roquefort
• 2 cucharadas de queso Parmesano rallado • 70 g
de almendras crudas molidas • 3 huevos • 1 vaso
de leche • 1 vaso de nata • 2 dientes de ajo
• 1 cucharada de perejil picado • Sal • Pimienta
• Nuez moscada

Se incorporan todos los ingredientes al vaso
de la batidora y se mezclan hasta conseguir
una pasta homogénea; se sazona al gusto y se
echa en un molde de bollo, bien engrasado.
Para terminar, se pone en el horno, a
temperatura media, de 40 a 45 minutos, se
saca y se desmolda. Servir caliente.

FLAN DE SARDINAS Y PATATA

Grado de dificultad bajo

INGREDIENTES PARA 6 PERSONAS
500 g de patatas cocidas y trituradas
• 400 g de sardinas en aceite de oliva • 6 quesitos
de porciones • 1 limón • 4 huevos • 2 tazas
de mayonesa (ver «Salsas») • Sal • Pimienta
• Nuez moscada

Se limpian las sardinas, quitándoles la piel
y las espinas, se desmenuzan y se mezclan
con los huevos, el puré de patata, el zumo
de limón y los quesitos picados, se sazona
al gusto y se remueve todo para hacer una
pasta homogénea. Se unta un molde de flan
con aceite, se espolvorea con queso rallado
y se vierte en él el preparado, que va al
frigorífico durante unas 3 o 4 horas
aproximadamente. Una vez que se haya
desmoldado, se riega con la mayonesa
y se sirve frío.

FLAN DE TOMATE

Grado de dificultad bajo

INGREDIENTES PARA 6 PERSONAS
1 taza de tomate triturado • 8 huevos • Sal
• Pimienta • Nuez moscada

Para esta sencilla receta, lo que hay que hacer
es, en principio, batir todos los ingredientes
mencionados y ponerlos en un molde de flan,
previamente engrasado. A partir de ahí,
se mete en el horno, a temperatura alta,
durante unos 40 minutos aproximadamente,
y después se desmolda en frío y se sirve.

FLAN HELADO DE ATÚN

Grado de dificultad bajo

INGREDIENTES PARA 6 PERSONAS
250 g de atún en aceite, escurrido • 3 cucharadas
de mayonesa (ver «Salsas») • 1 cucharada
de perejil picado • 2 huevos • 1/2 taza de vino

blanco • 2 y 1/2 tazas de leche • 3 cucharadas
de harina fina de maíz • 1 cucharada
de mantequilla • 1/2 taza de caldo de pescado
• Sal • Pimienta

Primero, se disuelven dos yemas de huevo
y la harina en la leche, se añade el vino
y se sazona al gusto, poniéndolo en el fuego
hasta llevarlo al hervor; cuando ha hervido,
se retira del calor y se le añade la mantequilla.
Se desmenuza el atún con un tenedor y se
añade a la mezcla anterior, agregando al final
las claras batidas a punto de nieve. Se vierte
el preparado en un molde y se pone en el
frigorífico, en la parte superior del mismo
(es decir, donde es más frío), durante
24 horas como mínimo. Pasado ese tiempo,
se desmolda y se sirve muy frío, con la
mayonesa, mezclada con el perejil picado,
sobre el flan.

FLANECILLOS DE HUEVO CON SALSA DE GAMBAS

Grado de dificultad bajo

INGREDIENTES PARA 6 PERSONAS
12 huevos • 12 rebanadas de pan de molde
• 4 cucharadas de aceite • Mantequilla • Salsa de
gambas (ver «Salsas)»

Primero, se corta el pan de molde con el
borde de un vaso, para que de esta manera
nos queden 12 rebanadas de pan redondas
y además sin corteza e iguales; luego, se
apartan. A continuación, se engrasan
con mantequilla 12 moldes individuales
de flan y se introduce un huevo en cada
uno de ellos, con mucho cuidado para
que no se nos rompan. Se ponen los moldes
en el horno caliente, al baño María, durante
unos 7 minutos, hasta que veamos que la
clara está cuajada y la yema blanda.
Para terminar de hacer este plato, se fríen
las 12 rebanadas de pan de molde que
teníamos apartadas desde el principio,
se escurren bien de aceite, para después
disponer un huevo sobre cada una de ellas.

El acompañamiento perfecto de este plato es la salsa de gambas.

FLANECILLOS DE HUEVOS PRIMAVERA

Grado de dificultad bajo

INGREDIENTES PARA 6 PERSONAS

6 huevos • 150 g de jamón cocido en taquitos • 100 g de guisantes cocidos • 100 g de zanahoria cocida y cortada en taquitos • Sal • Pimienta

Lo primero que se hace es que se engrasan con mantequilla seis moldes individuales de flan, para, a continuación, colocar en cada uno de ellos su porción correspondiente de guisantes, zanahorias y jamón y echar un huevo crudo, sin batir, en cada molde; se sazona al gusto y se pone en el horno, al baño María, durante unos 30 a 35 minutos, hasta que se vea que el huevo está bien cuajado.

FLANECILLOS DE QUESO

Grado de dificultad bajo

INGREDIENTES PARA 6 PERSONAS

6 huevos • 1/2 taza de queso Parmesano rallado • 6 cucharadas de nata • 6 rebanadas de pan de molde • Sal • Pimienta • Salsa de tomate • Mantequilla

Tal y como se hizo en recetas anteriores, con el borde de un vaso se cortan las rebanadas de pan de molde, para que queden redondas y sin corteza, y se tuestan en el horno. Luego, se baten todos los ingredientes de que consta la receta y se reparte el batido obtenido en seis moldes individuales de flan, debidamente engrasados. Con posterioridad, se cuajan al baño María, a temperatura alta, alrededor de 30 minutos aproximadamente, y cuando estén, se desmoldan sobre las tostadas de pan y se sirven con salsa de tomate.

MOJE MANCHEGO

Grado de dificultad bajo

INGREDIENTES PARA 4 PERSONAS

1 kg de tomates • 1 cebolla • 4 huevos duros • 250 g de atún en aceite • 50 g de olivas negras • Aceite • Sal

Para empezar, por un lado se corta la cebolla y los tomates en trozos pequeños y, por otro, se desmenuza el atún. Luego, en un bol, se mezclan los tomates, la cebolla, el atún y las olivas negras, se le añade aceite al gusto y se vuelve a mezclar de nuevo. Para finalizar, ya en los platos, se adorna con rodajas de huevo duro y algunas olivas más.

MUSAKA

Grado de dificultad medio

INGREDIENTES PARA 6 PERSONAS

8 berenjenas • 1 cebolla grande picada • 75 g de mantequilla • 150 g de champiñones • 1 cucharada de pimentón • 3 cucharadas colmadas de pulpa de tomate • 350 g de carne picada de vacuno • 1 cucharada de perejil picado • 2 huevos • Sal • Pimienta • Orégano • Aceite • 2 tazas de salsa de tomate (ver «Salsas»)

Se separan seis berenjenas, se lavan y se abren al medio, a lo largo. Con la punta de un cuchillo, y mucho cuidado, se les retira la pulpa sin dañar las pieles. En una sartén con aceite, se fríen las pieles, con la parte interior hacia abajo, y cuando estén blanditas, se les acaba de retirar la pulpa con una cucharita y se reservan las pieles intactas. Las otras dos berenjenas se lavan, se les deja la piel y se cortan en rodajas finas, se sazonan con sal, se pasan por harina, se fríen y se escurren bien. En una sartén con la mantequilla, se rehoga la cebolla, y cuando empiece a tomar color, se añaden los champiñones, lavados y laminados, se remueve mientras se van rehogando y se agrega el tomate, el pimentón y la carne picada removiendo, para que se guise todo bien. A continuación, se agrega la pulpa de la berenjena (la cruda y la frita), en pedacitos, y el perejil y se sazona todo al gusto. Se deja cocer, removiendo durante unos tres minutos y se retira del fuego. Se baten los huevos y se añaden al preparado, batiendo a mano, enérgicamente. Se engrasa un molde alto de bollos y se forra con la piel de las berenjenas, cubriendo perfectamente el fondo y los laterales, con la parte oscura pegada al molde. Una vez hecho, se empieza a rellenar el molde con capas alternadas de picado y rodajas fritas de berenjena, hasta terminar los ingredientes; como final, se ponen pieles de berenjena, si sobraron. Se coloca en el horno, a temperatura alta, durante unos 40 minutos, comprobando con un palillo si está cuajado. Se desmolda y se sirve con salsa de tomate.

PAN DE AJO
Grado de dificultad bajo

INGREDIENTES PARA 3 PERSONAS
3 cucharadas de mantequilla blanda • 6 rebanadas de pan de barra tipo pistola • 1 diente de ajo machacado • 1 cucharada de orégano

En un cuenco, se mezclan la mantequilla, el ajo y el orégano. Se reparte esta mezcla por las rebanadas y se tapan unas con otras (como un bocadillo). Se envuelven en papel absorbente y se hornean 45 segundos a potencia máxima.

PAN DE AJO CON MOZZARELLA
Grado de dificultad bajo

INGREDIENTES PARA 3 PERSONAS
3 cucharadas de mantequilla blanda • 50 g de mozzarella • 6 rebanadas de pan de barra tipo pistola • 1 diente de ajo machacado • 1 cucharada de orégano

Se debe de hacer como en la receta anterior, añadiendo al relleno 50 gramos de mozzarella rallada gruesa.

PATATAS ALIÑADAS
Grado de dificultad medio

INGREDIENTES PARA 6 PERSONAS
1 kg de patatas blancas, de tamaño mediano • 1 cebolla blanca mediana • 2 huevos duros • 2 latas de atún blanco en aceite • 1/2 vaso de aceite • 4 cucharadas soperas de vinagre • 1 lata de aceitunas sin hueso • 1 ramita de perejil • Sal

Para empezar, en una olla se ponen las patatas, lavadas pero con la piel, junto con los huevos, se cubre todo con abundante agua y se pone al fuego. Una vez que veamos que empieza a hervir, se baja el fuego para que los ingredientes hiervan poco a poco y no se rompan. Cuando lleven 5 minutos hirviendo, se les echa un puñado de sal y se dejan a fuego lento hasta que las patatas estén cocidas. A continuación, se ponen las patatas sobre una escurridera y, todavía calientes, se pelan, quitándoles la piel cuidadosamente con las manos; así mismo, se debe quitar la cáscara de los huevos y colocarlos, junto con las patatas peladas, en una fuente, que posteriormente se meterá en el refrigerador a enfriar durante 1 hora aproximadamente. Cuando las patatas estén frías, se cortan en rodajas, como para hacer las conocidas patatas panadera; además, se cortan también los huevos duros en rodajas. Para ir terminando, se coloca todo en una fuente amplia y en un bol, se pica la cebolla y el perejil, se añade el aceite, el vinagre y un pellizco de sal, se revuelve bien y se echa por encima de las patatas y los huevos, así como el atún desmenuzado y las aceitunas, y se remueve todo para que se mezcle. Servir frío.

PIRIÑACA
Grado de dificultad medio

INGREDIENTES PARA 4 PERSONAS
1 kg de tomates de ensalada • 2 pimientos rojos • 2 pimientos verdes • 2 cebollas • Aceite • Vinagre • Sal

Se lavan los pimientos y los tomates, se abren y se les quita la pulpa y las semillas; hecho esto, se cortan en daditos muy pequeños. por otro lado, se pelan las cebollas y se pican igualmente finas. Se mezcla todo bien y se aliña al gusto con el aceite, el vinagre y la sal. El único secreto es emplear un buen aceite y un buen vinagre.

PISTO
Grado de dificultad bajo

INGREDIENTES PARA 6 PERSONAS
2 pimientos verdes troceados • 2 berenjenas troceadas • 2 calabacines troceados • 3 tomates troceados • 1 cebolla picada • Sal • Aceite
• Pimienta

Se ponen todos los ingredientes, una vez que están bien lavados y troceados, al mismo tiempo en una cacerola refractaria, se tapa y se dejan durante 20 minutos a potencia máxima, removiendo dos veces durante la cocción. Se deja reposar, sin destapar, durante 5 minutos.

POTSTICKERS
Grado de dificultad bajo

INGREDIENTES PARA 4 PERSONAS
12 láminas de masa de *wantun* • 2 cucharadas de aceite de cacahuete • 400 ml de caldo de pollo
• Salsa de soja • Salsa de chile • 8 gambas peladas
• 2 cebollas • 1 diente de ajo partido por la mitad
• 2,5 cm de raíz de jengibre fresca
• 1/2 cucharadita de vinagre de arroz

Se ponen todos los ingredientes del relleno (gambas, cebollas, ajo, jengibre y vinagre de arroz) en una batidora con cuchillas, se sazona y se tritura. Se echa la mezcla en un cuenco, se tapa y se enfría en la nevera durante unos 30 minutos, hasta que la pasta coja firmeza. Se coloca media cucharadita de relleno en cada una de las láminas y se humedecen con agua los bordes ayudándose de una brocha.

Se dobla y se pliega en forma de sobre, y se fríen en dos tandas. Se añade la mitad del caldo y se lleva a ebullición; luego, se rebaja el fuego y se deja hervir a fuego lento hasta que los *potstickers* absorban el caldo. Se repite el proceso con el resto de aceite, los *potstickers* y el caldo. Se sirven calientes con salsa de soja y salsa de chile para mojar.

QUICHE DE BEICON Y BRÓCOLI
Grado de dificultad bajo

INGREDIENTES PARA 6 PERSONAS
6 lonchas de beicon, cortadas en tiras • 300 g de brócoli • 1/2 taza de leche • 6 huevos • 175 g de queso Gruyère, cortado en cubitos • 1 tallo de puerro picadito, sólo la parte blanca • Sal
• Pimienta

Se deben de seguir los mismos pasos que se dan para la receta de quiche con beicon y patata (véase), pero en este caso sustituyendo los guisantes y las patatas por 300 gramos de brócoli cocido al dente (o semicocido) en abundante agua con sal.

QUICHE DE BEICON Y PATATA
Grado de dificultad bajo

INGREDIENTES PARA 6 PERSONAS
6 lonchas de beicon, cortadas en tiras • 230 g de patatas, cortadas en cubos • 230 g de guisantes frescos • 1/2 de taza de leche • 6 huevos • 175 g de queso Gruyère, cortado en cubitos • 1 tallo de puerro picadito, sólo la parte blanca • Sal
• Pimienta

Se ponen las tiras de beicon en un molde refractario para tartas, se cubre con papel absorbente y se mete en el microondas 6 minutos a potencia máxima, removiendo a los 3 minutos de cocción. Se escurre el exceso de grasa, dejando sólo dos cucharaditas, y se reserva el beicon, sobre papel absorbente. Se echan en el molde, las patatas y los guisantes y se hornean durante 5 minutos, removiendo una vez. En otro recipiente aparte, se calienta la leche durante 2 minutos, es decir, hasta que comience a hervir. Entonces se retira, se le añaden los huevos y se bate bien. Se agrega a continuación el queso, el beicon y el puerro, se sazona y se vuelca en el molde de tarta, sobre las verduras. Se hornea, a potencia máxima, de 10 a 12 minutos aproximadamente, hasta que veamos que está bien cuajado, removiendo por el borde dos veces durante el tiempo indicado. Por último, se deja reposar, con el microondas ya apagado, durante 5 minutos más.

QUICHE DE CARNE PICANTE
Grado de dificultad medio

INGREDIENTES PARA 6 PERSONAS

Para la masa:
200 g de harina • 150 g de mantequilla
• 1 cucharada de vinagre • 1/2 taza de agua caliente • 1/2 cucharadita de sal

Para el relleno:
250 g de carne de ternera, sin grasa, picada • 100 g de jamón serrano, picado
• 1 dl de aceite • 1 cebolla • 1 diente de ajo
• 1 cucharada de pulpa de tomate • 1/2 vaso de vino de Jerez • 2,5 dl de leche • 1 cucharadita de pimienta negra molida • 1 cucharada de mantequilla • 1 cucharada de harina • 1 huevo
• Sal • Nuez moscada

Se rehogan en el aceite, la cebolla y el ajo muy picaditos, y una vez que se comiencen a dorar, se añade la carne picada y el jamón serrano picadito, removiendo de vez en cuando mientras se va rehogando todo; se tapa el recipiente y se deja sudar durante unos 10 minutos. Pasado ese tiempo, se añade el tomate, se remueve y se echa el vino, la sal y la pimienta. Se deja hervir, semitapado, removiendo de vez en cuando, hasta que el líquido se reduzca casi por completo. Mientras, en un cazo pequeño, se echa la mantequilla, la harina y la leche, despacio y

removiendo sin parar. Se sazona al gusto y, cuando veamos que está espesa, se le añade el huevo batido, se vierte sobre la carne, se mueve todo y se deja enfriar unos minutos. Se vuelca el preparado sobre la masa y se pone en el horno, precalentado a 200°, durante 40 minutos.

QUICHE DE ESPÁRRAGOS
Grado de dificultad medio

INGREDIENTES PARA 6 PERSONAS

Para la masa:
200 g de harina • 150 g de mantequilla
• 1 cucharada de vinagre • 1/2 taza de agua caliente • 1/2 cucharadita de sal

Para el relleno:
1 lata de espárragos blancos gruesos • 6 hojas de espinacas • 1 tomate maduro • 3 huevos • 200 g de nata líquida • 2 dl de leche • Sal • Pimienta
• Queso Parmesano rallado

Para hacer la masa, se pone la harina en un bol, abriéndole una cavidad al medio, y en ese mismo hueco, se echa la mantequilla en trocitos y la sal. Luego, se va deshaciendo con los dedos, hasta obtener una masa con consistencia de arena gruesa; después se añade el vinagre y se continúa amasando. Se agrega el agua y se amasa de nuevo, llegando a hacer una bola, la cual se dejará reposar alrededor de una media hora. Pasado este tiempo, se extiende la masa con el rodillo de madera y se forra un molde de tarta, de bordes altos, ligeramente engrasado; a continuación, se pone en horno fuerte, para que cocine un poco, durante unos 15 minutos. Se disponen en el molde las hojas de espinacas, bien lavadas, unas rodajas de tomate y los espárragos escurridos. Se baten la nata, los huevos y la leche, se sazona al gusto y se vierte el batido sobre los otros ingredientes. Se espolvorea con el queso y se hace en el horno, a temperatura alta, durante 1 hora.

QUICHE DE PALMITOS
Grado de dificultad medio

INGREDIENTES PARA 6 PERSONAS

Para la masa:
200 g de harina • 150 g de mantequilla
• 1 cucharada de vinagre • 1/2 taza de agua
caliente • 1/2 cucharadita de sal

Para el relleno:
1 lata de palmitos • 6 hojas de espinacas
• 1 tomate maduro • 3 huevos • 200 g de nata
líquida • 2 dl de leche • Sal • Pimienta
• Queso Parmesano rallado.

Se hace igual que la quiche de espárragos
(véase), sustituyendo éstos por los palmitos
en lata.

QUICHE DE PUERROS
Y BEICON
Grado de dificultad medio

INGREDIENTES PARA 6 PERSONAS

Para la masa:
200 g de harina • 150 g de mantequilla
• 1 cucharada de vinagre • 1/2 taza de agua
caliente • 1/2 cucharadita de sal

Para el relleno:
8 puerros grandes • 6 lonchas de beicon
• 5 cucharadas de mantequilla • 2 cucharadas de
harina • 1/2 l de leche • 4 huevos frescos
• 3 huevos cocidos • 1 cucharada de pan rallado
• 1 cucharada de queso rallado • Sal • Nuez
moscada • Pimienta

Se prepara la masa como en la receta
de quiche de espárragos (véase). Se lavan
y cortan en rodajas las partes blancas de los
puerros, se escaldan en agua hirviendo
y se dejan cocer 5 minutos. Se retiran
y escurren bien. En una cazuela con tres
cucharadas de mantequilla, se rehoga el
beicon, cortado en tiritas finas, y los puerros

en rodajas, a fuego lento, hasta que esté
dorado; entonces, se añade otra media
cucharada de mantequilla, la harina
espolvoreada y, poco a poco, la leche,
sin parar de remover para que no se pegue.
Cuando hierva, se reduce el calor y, sin parar
de mover, se deja cocer cerca de 10 minutos
más. A continuación, se retira del fuego y se
le agregan los cuatro huevos frescos una vez
que están batidos, se remueve y se deja
enfriar. Para terminar, sobre la masa, medio
hecha, que forra el molde, se esparce media
cucharada de mantequilla, se rellena con el
preparado de los puerros, y se colocan
alrededor los huevos cocidos, partidos al
medio y con la yema hacia abajo; luego,
se espolvorea con el queso y el pan rallado
mezclados, se distribuye por encima el resto
de la mantequilla, en pedacitos, y se pone
en el horno bien caliente, durante
unos 20 minutos.

QUICHE LORRAINE
Grado de dificultad medio

INGREDIENTES PARA 6 PERSONAS

Para la masa:
200 g de harina • 150 g de mantequilla
• 1 cucharada de vinagre • 1/2 taza de agua
caliente • 1/2 cucharadita de sal

Para el relleno:
150 g de queso de bola (o similar) • 150 g de
beicon en lonchas finas • 3 dl de nata • 3 huevos
• Sal • Pimienta • Nuez moscada

Primero, se prepara la masa como se ha
explicado para la quiche de espárragos
(véase). Luego, por encima, se dispone el
queso, partido en pedacitos, y el beicon, frito,
escurrido y cortado en tiritas. Se baten los
huevos con la nata, se sazona con sal,
pimienta y nuez moscada al gusto y se vierte
el batido sobre los otros ingredientes. Se hace
en el horno, a 180°, durante unos 30
minutos.

QUICHE MARINERA
Grado de dificultad medio

INGREDIENTES PARA 6 PERSONAS

Para la masa:
400 g de harina • 300 g de mantequilla
• 2 cucharadas de vinagre • 1 taza de agua caliente
• 1 cucharadita de sal

Para el relleno:
3 filetes de lenguado • 600 g de gambas arroceras
• 400 g de mejillones sin cáscara • 400 g de
almejas sin cáscara • 3 cucharadas de mantequilla
• 1 cebolla • 1 dl de vino blanco • 2 cucharadas de
harina • 200 g de nata líquida • 1 cucharada de
zumo de limón • 2 huevos y 1 yema • Sal
• Pimienta

Se hace el doble de la receta habitual de masa
(véase «Quiche de espárragos») y se deja
reposar durante al menos 1 hora. En una
cacerola con una cucharada de mantequilla,
se rehoga la cebolla bien picada, hasta que
empiece a dorar. Entonces, se añade el
lenguado, cortado en tiritas finas, se sazona
con sal y pimienta al gusto y posteriormente
se retira del fuego. En una sartén, se calienta
el vino y el zumo de limón, y se agregan los
mejillones y las almejas, bien limpios,
para que de esta manera se abran, a fuego
vivo. Una vez que estén abiertos, se sacan
con la espumadera, se separan de las cáscaras
y se reservan. Las gambas se limpian en crudo
y, en la misma sartén en la que se abrieron
los bivalvos, se rehogan durante 1 minuto.
En un bol, se reservan el lenguado, las
gambas, las almejas y los mejillones, todo bien
escurrido. En la cacerola, donde se rehogó
el lenguado, se añade el resto de la
mantequilla, la harina y, después de remover,
el caldo de cocer los mariscos, se añade en
ese momento la nata, así como los huevos
batidos. Se deja calentar unos 2 minutos,
teniendo cuidado para que no llegue a hervir,
se introducen el pescado y los mariscos
y se sazona con sal y pimienta al gusto.
Posteriormente, se divide la masa en dos

partes: una con dos tercios de la cantidad
y la otra con el resto. Se extienden con el
rodillo y, con la mayor, se forra un molde
de quiche, engrasado y enharinado
previamente. Con la parte menor, se hace
una tapa, como la de una cazuela, para cerrar
la quiche. Se vierte el preparado de pescado
y se tapa la quiche, pintando con la yema
de huevo toda la masa. Se cocina en el horno
precalentado a 200°, durante al menos unos
tres cuartos de hora.

ROLLITOS DE PRIMAVERA
(cocina tailandesa)
Grado de dificultad bajo

INGREDIENTES PARA 20 ROLLITOS
4 huevos batidos • 20 láminas de masa de arroz
para rollitos • Aceite vegetal • Salsa de chile
• 50 g de fideos tailandeses de celofán, remojados
en agua durante 10 minutos • 2 setas chinas
deshidratadas, remojadas en agua durante 30
minutos • 500 g de pechuga de pollo deshuesada
y sin piel, cortada en tiras finas • 3 dientes de ajo
picados • 3 chalotes picados • 1 zanahoria rallada
• 1/2 cucharadita de pimienta

Para preparar el relleno de los rollitos, se
escurren los fideos tailandeses y se cortan en
pequeños trozos; también se escurren y cortan
las setas, mezclándolo todo bien, en un
cuenco, con el pollo, el ajo, la zanahoria, las
chalotas y la pimienta. Se divide la mezcla en
20 porciones y se les da forma cilíndrica. Se
pinta toda la superficie de la lámina de masa
con huevo batido y se deja reposar unos
segundos, hasta que veamos que se vuelve
blanda y flexible. Se coloca una porción de
relleno en uno de los bordes redondeados de
la lámina y se enrolla sobre el relleno; se
doblan los extremos para aislar el relleno y se
continúa enrollando, utilizándose el huevo
batido para de esta forma sellar los rollitos
(repetir la operación con el resto). Se fríen en
el wok con el aceite muy caliente durante
únicamente 30 segundos. Se sirve con salsa
de chile picante.

ROLLITOS DE PRIMAVERA VIETNAMITAS

Grado de dificultad bajo

INGREDIENTES PARA 10 PERSONAS

4 huevos batidos • 20 láminas de masa de arroz para rollitos • Aceite vegetal • Salsa de chile • 50 g de fideos de celofán, remojados en agua durante 10 minutos • 2 setas chinas deshidratadas, remojadas en agua durante 30 minutos • 500 g de pechuga de pollo deshuesada y sin piel, cortada en tiras finas • 3 dientes de ajo picados • 3 chalotas picadas • 250 g de surimi • 1/2 cucharadita de pimienta

Para preparar el relleno, se escurren los fideos y se cortan en pequeños trozos. Se procede a escurrir y cortar las setas. Hay que mezclar bien los fideos, las setas, el pollo, el ajo, las chalotas, la carne de cangrejo y la pimienta en un cuenco. Se divide la mezcla en 20 porciones y se les da forma cilíndrica. Se pinta toda la superficie de una lámina de masa de arroz. A continuación, se deja reposar unos segundos hasta que se vuelva blanda y flexible. Se coloca una porción de relleno en uno de los bordes redondeados de la lámina y se enrolla sobre el relleno. Se doblan los extremos para aislar el relleno y se continúa enrollando. Utilizar el huevo batido para sellar los rollitos. Se repite la operación con el resto. Por último, se fríen en el wok con el aceite muy caliente durante 30 segundos, y se sirven con salsa de chile picante.

SOUFFLÉ DE QUESO

Grado de dificultad medio

INGREDIENTES PARA 6 PERSONAS

5 cucharadas de harina tamizada • 1 cucharada de mantequilla • 1 taza de leche • 5 huevos • 4 cucharadas de queso Parmesano rallado • 225 g de queso Gruyère rallado • Sal • Nuez moscada

Se derrite la mantequilla troceada, durante 45 segundos a potencia máxima. Cuando esté derretida, se añade la harina y se remueve hasta que esté bien mezclada. Se cocina a potencia máxima 1 minuto, removiendo una vez a la mitad del tiempo. Se agrega la leche, poco a poco, removiendo enérgicamente. Se vuelve al microondas de 2 a 3 minutos hasta que espese bien, batiendo dos veces a intervalos de la cocción. Aparte, se baten ligeramente las yemas de huevo, se añade a la totalidad del batido, se remueve y se incorpora el queso Parmesano y dos cucharadas del Gruyère. Se bate bien y se sazona al gusto. En un bol aparte, se baten las claras a punto de nieve y, poco a poco, se va mezclando todo, alternando los ingredientes y el resto del Gruyère. Se vierte en un molde de *soufflé* refractario, de dos litros, y se hornea a potencia media/baja 8 minutos. Pasado ese tiempo, se aumenta a potencia media/alta, 8 minutos más, hasta que la superficie del *soufflé* esté seca.

TARTA CREMOSA DE QUESO

Grado de dificultad medio

INGREDIENTES PARA 6-8 PERSONAS

Para la masa:
2 tazas de harina tamizada • 1 pizca de sal • 6 cucharadas de mantequilla • 1 yema • Agua

Para el relleno:
300 g de queso tipo Burgos • 1/2 taza de nata líquida • 2 huevos • 1 cucharada de harina • Sal • Pimienta

Se pone la harina en un bol, se añade la mantequilla en pedacitos, se amasa, se agrega la yema y, al tiempo que se amasa con los dedos, se va añadiendo agua templada, la justa para que quede una masa ligera pero no muy blanda. Se deja reposar 30 minutos y después de ese tiempo, se extiende y se forra un molde de tarta, engrasado y enharinado. Con un tenedor, se machaca el queso, uniendo, poco a poco, la nata, las yemas y la harina, se sazona con sal y pimienta y, por último, se añaden las claras batidas a punto de nieve, mezclando cuidadosamente. Se rellena el molde y se mete en el horno, a 200°, durante cerca de 50 minutos. Si cuando se está haciendo toma demasiado color, se cubre con un papel de aluminio.

TARTA DANESA
Grado de dificultad medio

INGREDIENTES PARA 6-8 PERSONAS

Para la masa:
200 g de harina • 100 g de margarina • 1 huevo • 1 cucharada de leche • 1 pizca de sal

Para el relleno:
5 huevos • 1/2 l de nata líquida • 150 g de queso tipo Edam, en lonchas finas • 200 g de salmón ahumado

Una vez hecha la masa (véase «Tarta de cebolla»), se baten los huevos y la nata, se sazona con un poco de pimienta y sal, se añade el salmón, muy escurrido y cortado en tiritas, y el queso, también en tiras. Se mezcla todo muy bien y se vuelca sobre el molde forrado. Se pone en el horno a 180° durante media hora.

TARTA DE ACELGAS
Grado de dificultad bajo

INGREDIENTES PARA 6-8 PERSONAS

Para la masa:
1 lámina de hojaldre congelado

Para el relleno:
300 g de acelgas, cocidas y escurridas • 5 cucharadas de mantequilla • 3 cebollas • 3 tomates maduros • 2 dientes de ajo • 5 cucharadas de queso Gruyère rallado • Sal • Pimienta • Nuez moscada

Se deja descongelar el hojaldre, a temperatura ambiente, y se extiende con el rodillo. En una cacerola, con dos cucharadas de mantequilla, se rehogan las cebollas, cortadas en rodajas finas, y los ajos, picados. Cuando comiencen a dorarse, se añaden los tomates pelados, sin pepitas y cortados en pequeños cubos. Una vez que esté todo rehogado, se agregan las acelgas, se sazona con sal, pimienta y nuez moscada al gusto, se echa la mezcla de verduras en el molde de tarta (forrado con el hojaldre y previamente engrasado y enharinado). Se dispone el resto de la mantequilla, partido en trocitos, por toda la tarta y se espolvorea, generosamente, con queso. Se mete en el horno, a temperatura alta, 35 minutos aproximadamente.

TARTA DE ACELGAS Y HUEVOS
Grado de dificultad bajo

INGREDIENTES PARA 6-8 PERSONAS

Para la masa:
400 g de hojaldre congelado

Para el relleno:
750 g de acelgas • 3 cucharadas de mantequilla • 250 g de jamón cocido en lonchas • 3 dl de nata líquida • 3 cucharadas de leche • 4 huevos cocidos • 1 cucharada de harina • Sal • Pimienta • Nuez moscada • 1 yema de huevo

Se corta en juliana la parte verde de las acelgas, se les da un hervor, se escurren muy bien y, cuando hayan soltado toda el agua, se rehogan en dos cucharadas de mantequilla, sazonadas con sal, pimienta y nuez moscada al gusto. Se extiende la masa con el rodillo, se forra un molde de tarta, reservando el resto de la masa, pero sin recortar los bordes del molde. Se pincha el fondo con un tenedor y se echa primero el jamón, cortado en tiras finas, luego las acelgas ya frías y a continuación los huevos cortados por la mitad. Se hace una besamel con la harina y la mantequilla, añadiendo poco a poco, la nata y la leche, y removiendo para que no salgan grumos; se sazona y se retira cuando esté suficientemente espesa, volcándola sobre la tarta. La masa sobrante se extiende y se cubre con ella la tarta, presionando los bordes para que se unan y cortando la masa que sobra. Se pincela con la yema de huevo y se pone en el horno, precalentado, a 200°. Cuando comience a estar dorada, se tapa con un papel de aluminio y se reduce el calor a 150°, dejándola en el horno durante 15 minutos más.

TARTA DE ATÚN MEDITERRÁNEA
Grado de dificultad bajo

INGREDIENTES PARA 6-8 PERSONAS

Para la masa:
1 lámina de hojaldre congelado

Para el relleno:
200 g de atún en aceite de oliva • 1 cebolla picada • 2 dientes de ajo picados • 2 huevos • 100 g de queso tipo Burgos • 1,5 dl de nata líquida • 1 cucharada de cebollino picado • 1 cucharada de queso Parmesano rallado • Sal • Pimienta

Se descongela el hojaldre, a temperatura ambiente, se extiende con el rodillo y se forra un molde de tarta, debidamente engrasado y enharinado, y se introduce en el horno, durante 15 minutos, a 180°. Se retira una cucharada de aceite del atún, se mezcla con la cebolla y el ajo picados y se pone al fuego, hasta que se dore ligeramente. Se añade entonces el atún, muy escurrido y desmenuzado, y se echa esta mezcla en el molde con el hojaldre medio asado. En un recipiente aparte, se baten los huevos con el queso y la nata, se añade el cebollino y se echa el batido sobre el atún, espolvoreando con el queso Parmesano rallado. Se deja en el horno, a 190°, durante unos 35 minutos aproximadamente, es decir, hasta que veamos que la masa está bien dorada y el relleno compacto.

TARTA DE ATÚN Y HUEVOS COCIDOS
Grado de dificultad medio

INGREDIENTES PARA 6-8 PERSONAS

Para la masa:
200 g de harina • 100 g de margarina • 1 huevo • 1 cucharada de leche • 1 pizca de sal

Para el relleno:
50 g de mantequilla • 40 g de harina • 1/2 l de leche • 2 latas de atún • 2 huevos cocidos • 4 cucharadas de mayonesa • Unas gotas de limón • Sal • Pimienta • Nuez moscada

Se prepara la masa como la de la tarta de cebolla y se forra un molde engrasado con ella. Con la harina, la mantequilla y la leche se hace una besamel espesa, se añade el atún bien escurrido y desmenuzado y la mayonesa. Se sazona con las gotas de limón, la sal, la pimienta y la nuez moscada. Por encima de la masa, se distribuyen los huevos cocidos y cortados en rodajas, se vuelca sobre ellos la besamel y se pone en horno medio durante 30 minutos.

TARTA DE BACALAO
Grado de dificultad bajo

INGREDIENTES PARA 6-8 PERSONAS

Para la masa:
1 lámina de hojaldre congelado

Para el relleno:
500 g de migas de bacalao • 700 g de patatas • 2 cebollas • 1 cucharada de perejil picado • 1 cucharada de mantequilla • 1 huevo • 1/2 taza de nata líquida • Sal • Pimienta • Nuez moscada

Se descongela el hojaldre, a temperatura ambiente, se extiende con el rodillo y se forra un molde de tarta, engrasado y enharinado. Por otro lado, se da un hervor a las migas de bacalao; cuando se enfríen un poco, se les quita la piel y las espinas que puedan tener y se desmenuzan más todavía. Se cuecen las patatas con piel, en agua y sal, dejándolas bastante enteras. La cebolla y el perejil se trituran hasta que queden como una pasta. Se pelan las patatas, se cortan en rodajas y se dispone una capa, sobre el fondo del hojaldre, sobre ellas, una capa de bacalao y, encima, la cebolla con el perejil. Se repite la operación, hasta acabar los ingredientes, sazonando, al final de cada una, con pimienta, nuez moscada y, si es necesario, con sal. La última capa debe ser de patata, sobre la que se disponen pedacitos de mantequilla. Se pone en horno fuerte, durante 20 minutos. En ese momento, se vierte sobre la tarta la nata, mezclada con el huevo, y se hornea otros 10 minutos.

TARTA DE BEICON
Grado de dificultad medio

INGREDIENTES PARA 6-8 PERSONAS

Para la masa:
1 y 1/2 taza de harina tamizada • 4 cucharadas de mantequilla • 1 pizca de sal • 1 yema de huevo

Para el relleno:
200 g de beicon en lonchas • 1 taza de nata líquida • 3 huevos • Sal • Pimienta • Nuez moscada

Se pone sobre la mesa la harina y se abre un hueco al medio, y dentro se introduce la mantequilla, la yema y la sal. Se amasa bien, se hace una bola y se pone en la nevera alrededor de 30 minutos. En una sartén, se fríe el bacon, cortado en tiras finas, hasta que se dore, se escurre y reserva. Se extiende la masa con el rodillo para que quede con cerca de medio centímetro de espesor y se forra un molde de tarta, engrasado y enharinado. Se pone en el horno, precalentado a 200°, para que se haga un poco, unos 15 minutos aproximadamente. Se saca y se colocan en el fondo las tiras de beicon y sobre él un batido con la nata, los huevos, sal, pimienta y nuez moscada. Se vuelve a meter en el horno, a 170°, hasta que al introducir la punta de un cuchillo, ésta salga limpia. Debe servirse muy caliente.

TARTA DE CEBOLLA
Grado de dificultad medio

INGREDIENTES PARA 6-8 PERSONAS

Para la masa:
200 g de harina • 100 g de margarina • 1 huevo • 1 cucharada de leche • 1 pizca de sal

Para el relleno:
500 g de cebollas • 200 g de beicon • 50 g de harina • 80 g de margarina o mantequilla • 2,5 dl de leche caliente • 2 huevos • 100 g de nata líquida • Sal • Pimienta • Nuez moscada

Para hacer bien la masa, se tamiza la harina sobre un bol y se le añade la margarina ablandada, el huevo, la leche y la sal; con los dedos, se va amasando poco a poco hasta llegar a obtener una bola que se despegue del fondo, momento en que se tapa con un paño y se deja reposar al menos una media hora. Mientras reposa, se rehogan en la margarina, lentamente y en fuego suave, las cebollas, cortadas en rodajas finas, y el beicon, cortado en tiritas. Cuando esté bien rehogado, se echa la harina y se remueve todo junto; se le añade, poco a poco, la leche y la nata sin parar de remover. Finalmente, se agregan los huevos bien batidos y se sazona con la sal (teniendo en cuenta la del beicon), la pimienta y la nuez moscada al gusto. Sobre la mesa, se extiende uniformemente la masa con el rodillo hasta llegar a obtener una placa bastante fina, con la que se forra un molde de tarta previamente engrasado y enharinado. Hecho esto, se vierte el relleno y se deja durante unos 30 minutos en el horno a 180° de temperatura.

TARTA DE CHAMPIÑONES
Grado de dificultad bajo

INGREDIENTES PARA 6-8 PERSONAS

Para la masa:
1 lámina de hojaldre congelada

Para el relleno:
500 g de champiñones frescos • 1 limón • 75 g de mantequilla • 1 copita de vino de Jerez seco • 1 cucharada de harina • 3 dl de leche • 1,5 dl de nata líquida • 1 huevo • Sal • Pimienta • Nuez moscada • Unas gotas de salsa inglesa

Para empezar, se deja descongelar el hojaldre, se espolvorea harina sobre la mesa y se extiende la masa con el rollo, dejándola fina, para con ella forrar un molde de tarta, previamente engrasado, recortando los bordes que sobresalgan. Por otra parte, se lavan muy bien los champiñones, se les retira el pie y se dejan en agua fría con un chorro de limón durante unos minutos (de esta manera luego el champiñón no se ennegrece). Después se escurren, se secan con un paño y se cortan en láminas. A continuación, en una cacerola, se derrite la mantequilla, se añaden los champiñones y se rehogan, a fuego lento, durante 5 minutos aproximadamente, y se espolvorea la harina por encima, removiendo para que no se pegue. Luego se añade el vino, la leche caliente y la nata, moviendo sin parar en ningún momento. Se deja hervir durante 2 minutos. Se retira del fuego hasta que se enfríe un poco y se le agrega el huevo batido. Se sazona todo con sal, pimienta, unas gotas de limón, salsa inglesa y nuez moscada. Se pone en el horno a 180° durante 1 hora.

TARTA DE ESPINACAS
Grado de dificultad bajo

INGREDIENTES PARA 6-8 PERSONAS

Para la masa:
500 g de hojaldre congelado

Para el relleno:
400 g de espinacas lavadas, cortadas, cocidas y escurridas (pueden ser congeladas) • 2,5 dl de leche evaporada • 3 huevos • 3 lonchas de beicon • 50 g de queso rallado • 2 cucharadas de aceite • Sal • Pimienta • Nuez moscada

Por un lado, se extiende el hojaldre, se forra un molde de tarta pinchando con un tenedor la masa en el fondo y se mete en el horno de 10 a 12 minutos; por otro, se quita la corteza al beicon, se corta en trocitos menudos y se fríe en el aceite. Seguidamente, se baten los huevos y se les añade la leche evaporada, las espinacas, el beicon, la sal, la pimienta y la nuez moscada al gusto, y se vuelca la mezcla en la masa medio cocida. Con el horno a 180°, se hace la tarta durante unos 30 minutos, probando con un palillo el tiempo de cocción.

TARTA DE ESPINACAS Y QUESO DE BURGOS
Grado de dificultad medio

INGREDIENTES PARA 6-8 PERSONAS

Para la masa:
350 g de harina • 100 g de mantequilla • 2 huevos • 2 cucharadas de leche • Sal • Unas gotas de zumo de limón

Para el relleno:
750 g de espinacas • 50 g de mantequilla • 200 g de queso de Burgos • 2 huevos • Sal • Pimienta • Nuez moscada • 1 yema de huevo • Harina

En un principio, se trabajan cuidadosamente todos los ingredientes indicados para hacer la masa, hasta que se pueda hacer con ella una bola, la cual se tapa y se deja reposar durante al menos 1 hora. Por otro lado, se escogen las hojas de las espinacas, se lavan y se cuecen en abundante agua con sal, dejándolas hervir durante 3 minutos, tiempo tras el que se sacan y se escurren. En una cacerola aparte, se calienta la mantequilla y se añaden las espinacas ya escurridas, y se tapa la cazuela para dejar cocer la verdura, a fuego lento, 10 minutos. Pasado ese tiempo, se retira entonces la olla del fuego, para así poder agregar el queso desmenuzado y dos huevos batidos. Luego, se va removiendo, mientras se echa el perejil picado, la sal, la pimienta, la nuez moscada y las gotas de limón al gusto. Para ir terminando, se extienden dos tercios de la masa con el rodillo, dejándola con una espesura de unos cuatro milímetros. Luego, se forra el molde de tarta, engrasado y enharinado, y se vierte la mezcla. Se vuelve a extender el resto de masa, se hace una circunferencia con el tamaño del molde, y se cubre éste. Si sobra todavía algo de masa, se pueden hacer unos adornos por encima. Se pica un poco, con una aguja de ganchillo, la superficie, se pincela con la yema de huevo y se pone en el horno, a temperatura media, 40 minutos.

TARTA DE GALLINA
Grado de dificultad bajo

INGREDIENTES PARA 6-8 PERSONAS

Para la masa:
1 lámina de hojaldre congelado

Para el relleno:
1/2 kg de gallina, limpia, sin hueso ni piel • 1,5 dl de aceite • 2 cucharadas de harina fina de maíz • 1 tomate maduro • 1 cebolla • 200 g de champiñones • 3 lonchas de beicon • 2 vasos de caldo de gallina • 2 huevos • Sal • Pimienta • Nuez moscada • Queso Parmesano rallado

En una cacerola con aceite, se rehoga la cebolla picada y el beicon hasta que estén empezando a tomar color, momento en el que se añade la gallina, cortada en pedacitos pequeños, y se deja rehogar también, mientras se remueve para que se dore por igual. Se agregan después los tomates, pelados, sin pepitas y picaditos, y se sazona

con sal, pimienta y nuez moscada al gusto. Cuando esté casi terminado, se echan los champiñones laminados, se espolvorea la harina, mientras se remueve, y el caldo, mezclado con los huevos batidos. Se vuelca todo en un molde de tarta, previamente forrado con la masa de hojaldre, se espolvorea con el queso y se pone en el horno, a temperatura media, alrededor de unos 40 minutos.

TARTA DE JAMÓN Y QUESO
Grado de dificultad bajo

INGREDIENTES PARA 6-8 PERSONAS

Para la masa:
800 g de hojaldre congelado

Para el relleno:
250 g de jamón serrano picado • 400 g de queso blando (tipo bola) en pedacitos pequeños • 2 dl de nata • 1 cucharada de harina fina de maíz • 3 huevos • Sal • Pimienta • Nuez moscada

Se forra un molde de tarta, engrasado y enharinado, y se pone durante 15 minutos en horno fuerte. Se saca y se reserva. Por otro lado, se disuelve la harina en la nata, se calienta para espesar un poco, se retira del fuego y se añaden los huevos batidos, el jamón y el queso, se sazona con sal, pimienta y nuez moscada y se vierte sobre la tarta medio asada. Con el resto de la masa, extendida con el rodillo, se cierra la tarta, juntando bien los bordes y recortando las sobras. Se pone en el horno, a 180°, durante 30 minutos más.

TARTA DE MELBA
Grado de dificultad bajo

INGREDIENTES PARA 6-8 PERSONAS

Para la masa:
1 lámina de hojaldre congelado

Para el relleno:
1 lata de melba en conserva • 1 cebolla picada • 2 dientes de ajo picados • 2 huevos • 100 g de queso tipo Burgos • 1,5 dl de nata líquida • 1 cucharada de cebollino picado • 1 cucharada de queso Parmesano rallado • Sal • Pimienta

Se hace igual que la tarta de atún a la mediterránea (véase), pero sustituyendo el atún por melba en conserva.

TARTA DE MOSTAZA, QUESO Y TOMATES
Grado de dificultad bajo

INGREDIENTES PARA 6-8 PERSONAS

Para la masa:
1 lámina de hojaldre congelado

Para el relleno:
1 cucharada de mostaza de Dijon • 200 g de queso Gruyère • 4 tomates sin piel ni semillas • Sal • Orégano • Unas gotas de aceite

Se forra un molde de tarta, engrasado y enharinado, con el hojaldre extendido con el rodillo, pero no demasiado fino. Se unta el hojaldre con la mostaza. Por encima, se dispone el queso, cortado en láminas finas y, por último, los tomates en gajos cubriéndolo todo. Se espolvorea con sal y orégano, se rocía con unas gotas de aceite y se pone en el horno caliente, durante 40 minutos.

TARTA DE NIZA
Grado de dificultad bajo

INGREDIENTES PARA 6-8 PERSONAS

Para la masa:
1 hojaldre congelado en rollo

Para el relleno:
1 kg de cebollas • 5 cucharadas de aceite • 1 huevo • 2 tomates maduros • 30 filetes de anchoa en conserva • 30 aceitunas negras sin hueso • 3 dientes de ajo • Sal • Pimienta

Se cortan las cebollas en juliana fina y se rehogan en el aceite, con los ajos picados. Cuando estén transparentes y blandas, se añaden los tomates, pelados, sin pepitas y cortados en trocitos, se deja rehogar todo junto, sazonado con muy poca sal y pimienta al gusto. Conviene que reduzca bastante el líquido, por lo que se continúa la cocción a fuego lento y con la sartén destapada. Con el hojaldre, descongelado y extendido en placas de cuatro milímetros, se forra el fondo de un molde cuadrado, o rectangular, de alrededor de 25 x 30 centímetros, humedecido con agua. Por todo el fondo del recipiente y los laterales, se pasa un pincel embebido en clara de huevo, sin batir, lo que servirá como pegamento para sujetar la tira de hojaldre, de dos centímetros de alto aproximadamente, que va a rodear todo el molde. Se coloca la mezcla de los tomates y cebollas sobre el fondo, se disponen los filetes de anchoa haciendo un enrejado. Los laterales de la masa, se pincelan con la yema del huevo. Se pone en el horno, a temperatura elevada, durante aproximadamente unos 25 minutos, comprobando si la masa está bien asada; en caso contrario, lo dejaremos un poco más de tiempo. Se desmolda y se coloca una aceituna en cada cuadradito libre, formado por las anchoas.

TARTA DE QUESO PARMESANO
Grado de dificultad medio

INGREDIENTES PARA 6-8 PERSONAS

Para la masa:
200 g de harina • 100 g de margarina • 1 huevo • 1 cucharada de leche • 1 pizca de sal

Para el relleno:
5 huevos • 1/2 l de nata líquida • 250 g de queso Parmesano rallado • Sal • Pimienta

Se baten bien los huevos, la nata y el queso y se sazonan con sal y pimienta. Se vierte el preparado sobre el molde en el que se ha colocado previamente la masa una vez que la tengamos hecha (ver «Tarta de cebolla»), y se asa en el horno bien caliente de 25 a 30 minutos.

TARTA DE QUESOS VARIADOS
Grado de dificultad medio

INGREDIENTES PARA 6-8 PERSONAS

Para la masa:
250 g de harina tamizada • 1/2 taza de mantequilla • 1 pizca de sal • 1 huevo

Para el relleno:
2 tazas de mezcla de quesos rallados (Parmesano, Edam, Gruyère) • 2 lonchas finas de queso de bola • 5 huevos • 5,5 dl de nata líquida • Sal • Pimienta • Nuez moscada

Primeramente, se descongela, a temperatura ambiente, el hojaldre, se extiende con el rodillo y se forra un molde de tarta, engrasado y enharinado. Luego, se baten juntos, los huevos, los quesos rallados y la nata, se sazona con sal, pimienta y nuez moscada al gusto y se vierte el batido sobre la masa. Se mete en el horno, a temperatura alta, durante 25 minutos. Si durante el asado empieza a tomar demasiado color, se cubre la tarta con papel de aluminio. Pasado este tiempo, se dispone sobre toda la superficie, el queso de bola, cortado en tiritas, y se pone de nuevo en el horno, hasta que el queso se derrita y tome un poco de color.

TARTA DE TOMATE
Grado de dificultad bajo

INGREDIENTES PARA 6-8 PERSONAS

Para la masa:
1 lámina de hojaldre congelado

Para el relleno:
5 tomates maduros • 2 vasos de nata líquida • 3 cucharadas de mantequilla • 1/2 taza de queso Parmesano rallado • 6 huevos • Sal • Pimienta • Orégano

Primero, se descongela el hojaldre, a temperatura ambiente, se extiende con el rodillo y se forra un molde de tarta, engrasado y enharinado. Una vez preparado el molde, se baten los huevos en un bol, se agrega, poco a poco, la nata y la mantequilla ablandada. Se reserva una cucharada de queso rallado y se añade el resto al batido. Se agregan entonces los tomates, pelados, sin pepitas y cortados en pequeños cubos, a la mezcla anterior y se sazona con la pimienta y el orégano al gusto. Se rellena la tarta con la mezcla, se espolvorea con el queso reservado y se hornea, en el horno precalentado, a temperatura suave, durante 45 minutos.

TARTA DE VERDURAS
Grado de dificultad bajo

INGREDIENTES PARA 6-8 PERSONAS

Para la masa:
1 lámina de hojaldre congelado

Para el relleno:
2 cucharadas de aceite • 1 berenjena • 2 calabacines • 1 pimiento verde • 2 dientes de ajo • 1 cebolla pequeña • 3 tomates maduros • 3 huevos • 1 taza de queso Parmesano rallado • 4 cucharadas de nata líquida • 10 aceitunas negras sin hueso • Sal • Pimienta • Orégano

Se descongela el hojaldre, a temperatura ambiente, se extiende con el rodillo y se forra un molde de tarta, engrasado y enharinado. Por otro lado, en una sartén con aceite, se rehoga la cebolla y los ajos picados; cuando empiecen a dorarse, se añade el pimiento y la berenjena pelada, cortados en tiritas finas. Se va rehogando todo y se agregan los calabacines, pelados y cortados en cubitos, y los tomates, pelados, sin pepitas y cortados también en cubitos. Se sazona todo con sal, orégano y pimienta al gusto, y se deja cocinar, a fuego lento, hasta que estén todas las verduras cocidas. Mientras se preparan las verduras, se pone 15 minutos en el horno el molde con la masa, a temperatura moderada. Pasado ese tiempo se añaden a las verduras, los huevos, la nata y el queso, reservando una cucharada. Se remueve todo y se vierte sobre la masa. Por último, se echan las aceitunas partidas, se espolvorea con la cucharada de queso reservada y se devuelve al horno otros 15 minutos más.

TARTA FÁCIL DE VERANO
Grado de dificultad bajo

INGREDIENTES PARA 6-8 PERSONAS
1 pan de molde (de panadería) sin cortar, que no sea reciente • 300 g de jamón de york • 4 huevos duros • 3 pimientos rojos asados y escurridos • 16 espárragos blancos, partidos al medio en longitud • 3 cucharadas de alcaparras • 5 pepinillos en vinagre • 1 taza de mayonesa (ver «Salsas»)

Con mucho cuidado, se corta el pan dos veces, en el sentido horizontal, procurando que las partes sean lo más iguales posible. En la primera, se extiende una capa de mayonesa, una de jamón, una de rodajas de huevo, una de pimientos en tiras, una de rodajas finas de pepinillos y una de mitades de espárragos muy escurridos; se espolvorea con algunas alcaparras picadas y se cierra con otra parte del pan. Se repite la operación sobre la segunda parte, se cierra y, con cuidado, se envuelve todo el pan en papel de aluminio, untado con mantequilla, y se pone en la parte superior (la más fría) del frigorífico, conservándola allí de un día para otro. En el momento en el que se vaya a servir la tarta, se cubre con mayonesa, se adorna con los ingredientes que hayan quedado y se va

cortando en rebanadas gruesas a medida que se sirva.

TARTA FINA DE ROQUEFORT
Grado de dificultad bajo

INGREDIENTES PARA 6-8 PERSONAS

Para la masa:
500 g de hojaldre congelado

Para el relleno:
250 g de queso Roquefort • 1,5 dl de nata de montar • 1 huevo • Sal • Pimienta

Se ponen en un cacillo al fuego, el queso troceado y la nata, hasta obtener un puré espeso, y se sazona. Se extiende el hojaldre, previamente descongelado, y se forra, con un poco más de la mitad, un molde cuadrado, engrasado y enharinado. Si hay que cortar los bordes, se debe hacer un corte limpio, para que el hojaldre abra bien. Se pone 15 minutos en el horno precalentado. Se saca del horno y se extiende sobre el hojaldre la masa de queso, se tapa con el resto del hojaldre, se pincela con huevo batido y vuelve a ponerse en el horno, durante 30 a 35 minutos.

TORREZNOS
Grado de dificultad bajo

INGREDIENTES PARA 6-8 PERSONAS
1/2 kg de tocino entreverado • Varias rebanadas de pan • Un poco de manteca

Se trocea el tocino en pequeños cuadraditos. Mientras, se unta una sartén con la manteca, en la que se dorará el tocino, el cual una vez que está listo, se saca y se reserva caliente. Después, se fríen las rebanadas de pan en la misma grasa donde se han frito los torreznos, y para terminar, se ponen las rebanadas en una fuente y, sobre ellas, los torreznos.

Huevos
y tortillas

ÁSPIC DE HUEVOS DE CODORNIZ
Grado de dificultad bajo

INGREDIENTES PARA 6 PERSONAS
18 huevos de codorniz • 1/2 l de gelatina neutra sazonada al gusto • 6 pepinillos • 6 aceitunas • 1 lata de paté • 1 bolsa de lechugas variadas

Se cuecen los huevos durante 3 minutos. Se pasan por agua fría y se pelan. En cada una de las tres flaneras se pone un poco de gelatina licuada al baño María y se deja espesar en la nevera. Por encima, se disponen tres huevos duros con una aceituna en el centro y tiras de pepinillos por las paredes. Se recubren con una capa delgada de paté y se rellena con el resto de la gelatina. Se dejan enfriar para que espese la gelatina unas 2 horas, se desmoldan sobre una fuente plana y se sirven sobre un lecho de lechugas variadas.

HUEVO AL HOYO
Grado de dificultad bajo

INGREDIENTES PARA 1 PERSONA
1 huevo • 1 rebanada de pan de hogaza • 1 cuadrito de margarina • 1 pizca de sal • 1 pizca de perejil picado

Se hace un hoyo redondo en la rebanada de pan, y se fríe por los dos lados en un sartén con un cuadrito de margarina, hasta que comience a dorar. A continuación, se estrella con cuidado un huevo en el hoyo del pan, se añade el perejil picado y la sal, y se tapa la sartén, en donde se cuece hasta que la clara esté cuajada. Puede servirse con la salsa que se desee.

HUEVOS A LA ALEMANA
Grado de dificultad bajo

INGREDIENTES PARA 1 PERSONA
2 huevos • 1 salchicha de Lubeck (se encuentran en mantequerías alemanas y en grandes supermercados) • 50 g queso Gruyère rallado • Pimienta • Perejil • Mantequilla • Sal

Se cubre el fondo de un molde con mantequilla. Se pone una capa de queso rallado. Después se rompen los huevos y entre uno y otro se coloca la salchicha cortada en rodajas. Se espolvorea con queso, sal y pimienta y se mete en el horno. Se desmolda sobre un plato de trinchar y se adorna con patatas al horno y perejil.

HUEVOS A LA DE TRES
Grado de dificultad bajo

INGREDIENTES PARA 2 PERSONAS
4 huevos • Harina • Leche • Sal • Colorante

Se cuecen los huevos, se dejan enfriar, se pelan y se parten por la mitad. Luego, se rebozan con harina y huevo y se fríen. Posteriormente, se colocan en una cacerola y se cubren con leche, una pizca de sal y colorante y se les pone a fuego vivo hasta que rompan a hervir (la salsa sobrante se puede aprovechar para hacer arroz blanco o pasta como guarnición). Se trata de un plato típico de Aragón.

HUEVOS A LA FLAMENCA 1
Grado de dificultad bajo

INGREDIENTES PARA 6 PERSONAS
6 huevos • 300 g de guisantes • 3 pimientos morrones • 300 g de patatas • 1 cebolla grande • 6 lonchas de jamón serrano • 6 rodajas de chorizo • 1/2 kg de tomate natural triturado • Aceite • Sal

En una sartén, se fríen las patatas, cortadas en daditos pequeños, y cuando estén blandas, se sacan y reservan. Se quita parte del aceite y en la misma sartén, se rehogan los ajos y la cebolla, finamente picados; se añade el tomate y se sofríe durante unos 5 minutos. Se echan los guisantes y se dejan rehogar otros 5 minutos más a fuego lento, moviendo con una cuchara de madera. Entonces, se añaden los pimientos morrones, cortados en trocitos, y las patatas fritas, se mezcla todo bien y se deja cocer, a fuego lento, durante otros 10 minutos, removiéndolo de vez en cuando. Se sala al gusto. Para finalizar, se reparte la mezcla en seis cazuelitas de barro individuales, se casca un huevo en cada una y se les pone a un lado una loncha de jamón y al otro una rodaja de chorizo. Se meten en el horno fuerte durante unos 5 minutos hasta que se cuajen los huevos, y se sirve en las mismas cazuelitas individuales.

HUEVOS A LA FLAMENCA 2
Grado de dificultad bajo

INGREDIENTES PARA 6 PERSONAS
6 huevos • 100 g de judías verdes • 100 g de guisantes • 100 g de puntas de espárragos verdes • 1 cebolla pequeña picada • 2 dientes de ajo • 1/4 kg de tomate • 50 g de jamón picado • 6 rodajas de chorizo • 5 cucharadas de aceite • Sal • Pimentón

Se ponen a hervir las judías verdes bien lavadas y cortadas, junto con los guisantes, en abundante agua y sal. A la vez, y en otra olla aparte, se cuecen los espárragos a fuego bajo, procurando que no se deshagan; una vez cocidos, se escurren. Se sofríe entonces la cebolla picada y los ajos troceados en una sartén con cinco cucharadas de aceite. Una vez que veamos que la cebolla está dorada, se le añade el tomate bien cortado a cuadraditos, y tras permanecer 10 minutos a fuego lento, se le agrega el jamón. Se deja en ese momento un par de minutos más y se le añaden las judías verdes y los guisantes, ya cocidos, así como las seis rodajas de chorizo. Se añade a continuación el agua de cocer las verduras, se sazona al gusto y cuando rompe el hervor, se deja a fuego lento durante unos 10 minutos aproximadamente (rectificar de sal y pimienta si es necesario). Por último, se vierte en una fuente de horno, cascando los huevos por encima (con cuidado para que no se rompan) y poniendo sobre cada uno una loncha del chorizo y las puntas de espárragos entre ellos, y se mete brevemente al horno fuerte hasta que los huevos cuajen, procurando que no se quemen.

HUEVOS A LA FLORENTINA
Grado de dificultad bajo

INGREDIENTES PARA 4 PERSONAS
4 huevos • Besamel (ver «Salsas») • 500 g de espinacas • Nata • Sal • Pimienta

Se cuecen las espinacas enteras, se escurre el agua y se mantienen calientes, y por otra parte, se calienta la besamel mezclándola con la nata. Además, se escalfan los huevos en agua y luego se colocan las espinacas en una fuente, se ponen los huevos encima y se cubren con la besamel. Se sirve caliente y puede hacerse individualmente sobre tostadas de pan de molde a razón de un huevo por persona.

HUEVOS A LA MEXICANA 1
Grado de dificultad medio

INGREDIENTES PARA 2 PERSONAS
4 huevos • 1/2 kg de tomates medianos • 1 rodaja de cebolla picada • 2 chiles serranos • Cilantro para adornar • Aceite de maíz o girasol • Sal

Primeramente, la cebolla y el chile serrano picados se fríen a fuego lento, muy doraditos. Luego, se agregan los tomates picados, y se revuelve hasta que sueltan todo su jugo y espesa. Se añaden a continuación los huevos, revolviendo hasta el término deseado, y salando al gusto inmediatamente, nada más añadirlos. Los huevos a la mexicana se sirven con tortilla de maíz y se acompañan con salsa mexicana, frijoles refritos y un buen café. Son deliciosos para el desayuno.

HUEVOS A LA MEXICANA 2
Grado de dificultad medio

INGREDIENTES PARA 2 PERSONAS
3 huevos • 1 cucharada de manteca
• 2 cucharadas de leche • 1 cebolla pequeña
• 1 cucharada de perejil picado • Sal • Pimienta

Se mezclan los huevos con la leche, la cebolla
y el perejil picado, sazonando todo con sal y
pimienta al gusto. A continuación, en una
sartén se calienta la manteca y se vierte la
preparación anterior. Cuando ésta empieza a
tomar consistencia en su parte inferior, a la
tortilla se le da la vuelta, haciéndola rodar
rápidamente; ésta, para que esté en su punto,
debe quedar dorada por fuera y suave por
dentro. Se enrolla entonces en forma
alargada, cuidando que las orillas queden bien
cerradas. Se sirve enseguida.

HUEVOS A LA MEXICANA 3
Grado de dificultad medio

INGREDIENTES PARA 2 PERSONAS
2 huevos • 1 cucharada de aceite • 1 cucharada
de cebolla picada • 185 g de jitomate picado
• 1 chile serrano picado • 1/8 de cucharadita de sal

Se calienta el aceite en una sartén, en la que
se saltea la cebolla, y luego se agrega el
jitomate, el chile y la sal, y se continúa
a fuego medio durante 5 minutos. Se baten
los huevos ligeramente, se incorporan
al conjunto y se mezcla con cuidado.
Se tapa y se deja cocer a fuego medio
de 2 a 3 minutos, o hasta que veamos
que los huevos adquieren consistencia.
Se sirve con tortillas de maíz.

HUEVOS A LA MOSTAZA
Grado de dificultad bajo

INGREDIENTES PARA 2 PERSONAS
2 huevos • 2 cucharaditas de aceite • 2 cucharadas
de crema agria • 1/2 cucharadita de mostaza

• 1 pizca de sal • 2 rebanadas de pan frito cortado
en dos • Perejil

Se mezcla la crema con la mostaza y la sal. En
una sartén con aceite de oliva, se hace el
huevo estrellado y se sirve bañado con la
crema y adornado con una ramita de perejil y
el pan tostado a los lados.

HUEVOS A LA PÁPRIKA
Grado de dificultad bajo

INGREDIENTES PARA 2 PERSONAS
2 huevos • 10 cucharadas de jugo de naranja
• 2 rebanadas de pan tostado • Mantequilla
• Páprika • Sal

Se bate el huevo con dos cucharadas de jugo
de naranja y sal. Se pone en un sartén el resto
del jugo de naranja y sobre éste se pone a
cocer el huevo revuelto. Se sirve sobre pan
tostado untado con mantequilla y
espolvoreado con páprika.

HUEVOS A LA ROMANA
Grado de dificultad medio

INGREDIENTES PARA 2 PERSONAS
3 huevos • 100 g de migajón de pan
• Leche • 30 g de queso rallado • Perejil picado
• Sal • Pimienta • Mantequilla

Se coloca el migajón de pan en el fondo de
un molde, se moja con bastante leche y se
sazona con sal y pimienta al gusto. Luego, se
revuelve hasta que quede una pasta muy
suave, y si se le agregó más leche de la
necesaria se le escurre del molde (esta pasta
no debe de tener más de tres centímetros de
espesor para que así se cocine bien). A la
masa obtenida, se le unta mantequilla y
encima se le pone el queso rallado, y a
continuación, se le abren unos huecos (con la
punta del cuchillo) de tamaño suficiente como
para colocar en cada uno de ellos un huevo.
Seguidamente, la clara de los huevos se cubre

con queso rallado y las yemas se espolvorean con sal, pimienta y perejil picado. Para terminar, se hornea.

HUEVOS A LA RUSA
Grado de dificultad bajo

INGREDIENTES PARA 4 PERSONAS
4 huevos • Mantequilla • Harina cernida • Leche • Pan molido • Sal • Pimienta

Primeramente, se fríen los huevos y se colocan en una fuente. Para hacer la crema, se pone en una sartén mantequilla, harina cernida y tostada sin dejar que cambie de color, y se añade leche revolviendo hasta que quede una crema clara, luego se separa del fuego y sin dejar de revolver, se agregan dos yemas crudas; se pone de nuevo al fuego, siempre revolviendo hasta que se cuaje bien. Hecho esto, con mucho cuidado, se envuelven con esta crema los huevos fritos que hicimos al principio y se dejan en esta preparación por espacio de 2 horas. Aparte, se tiene preparado un batido de huevo y pan molido. Pasadas las 2 horas que se indicaron, se envuelve cada huevo frito en este batido, después en el pan molido y, por último, se fríen en mantequilla bien caliente a fuego fuerte, dejándolos dorados.

HUEVOS AL HORNO
Grado de dificultad bajo

INGREDIENTES PARA 2 PERSONAS
2 huevos • 1 cucharada de café de margarina • 1/2 cucharada de café de perejil picado • Pimienta • Sal

Para empezar, se engrasa un plato refractario, en el que se rompen a continuación los huevos, se echa sal, pimienta y se les agrega margarina en trocitos. Se mete el plato de los huevos al horno y cuando la clara esté bien cocida, se sirven enseguida espolvoreados con perejil.

HUEVOS AL PLATO
Grado de dificultad medio

INGREDIENTES PARA 2 PERSONAS
4 huevos • 250 g de chorizo • 100 g de queso suave • 8 cucharadas de nata líquida • Harina de maíz refinada • Leche • Aceite • Sal

Se corta el chorizo en taquitos y se saltea en una sartén con un poco de aceite. Mientras tanto, en un cuenco aparte, se disuelve la harina de maíz en un poco de leche fría (tres cucharadas leche por una de harina aproximadamente). Se mezcla muy bien y se añade la nata líquida. En un plato, se bate un huevo con una pizca de sal y se agrega a la crema anterior, mezclando bien hasta conseguir una crema homogénea. Se reserva y, cuando el chorizo esté bien rehogado, se mete en una fuente refractaria, se cubre con las lonchas de queso, se echa la crema y se cascan los huevos uno a uno, colocándolos con cuidado coronando el plato. Se mete la fuente en el horno y se gratina unos 5 ó 6 minutos a fuego muy fuerte, hasta que los huevos estén cuajados.

HUEVOS ASADOS EN MOLDE
Grado de dificultad bajo

INGREDIENTES PARA 6 PERSONAS
8 huevos, grandes • Pasta de empanadillas congelada • 1/4 de taza de queso rallado • 2 cucharaditas de hierbas finas picadas como estragón, tomillo o perejil • 4 moldes de papel para hornear • 2 cucharadas de mantequilla, partida en trocitos • 4 cucharadas de crema de leche espesa

Se precalienta el horno a 200°. Se engrasan y enharinan cuatro moldes individuales. Se extiende la masa sobre una superficie enharinada, se cortan cuatro redondeles, se forran los moldes presionando las paredes y el fondo, se corta la masa sobrante y se arreglan los bordes. Luego, se pone en el fondo de los moldes una cucharada de queso rallado y se mezcla el queso restante con las hierbas. Se parten dos huevos en cada molde, se les pone encima unos trocitos de mantequilla, se cubre con la mezcla de queso y dos cucharadas de crema de leche. En ese momento, se baja la temperatura del horno a 150°, se hornea unos 8 minutos o hasta que los huevos se hagan, se retira del horno y se deja reposar 1 minuto. Se quitan los moldes de papel y, usando una espátula, se colocan sobre los platos de servir.

HUEVOS BOCA ABAJO
Grado de dificultad bajo

INGREDIENTES PARA 4 PERSONAS
8 huevos • 100 g de champiñón • 100 g de gambas • 100 g de jamón serrano • 1 pimiento • 1 cebolla • 2 ajos • Perejil • 2 cucharadas de vino blanco • Sal

Se vacía cada huevo en un molde pequeño y se ponen a cocer al baño María. Una vez que veamos que están en su punto, se sacan los huevos del molde y se ponen en una bandeja. En una sartén, con aceite de oliva se ponen a sofreír el jamón, los champiñones, los pimientos y la cebolla, todo ello picado en trozos pequeños, añadiéndoles las gambas, una cucharadita de harina, perejil, ajos, sal, dos cucharadas de vino blanco y un poco de agua. Cuando el líquido se reduzca, se pone la salsa sobre los huevos en el momento de servirlos. La salsa se debe dejar cocer unos minutos.

HUEVOS COCIDOS CON TOCINO
Grado de dificultad bajo

INGREDIENTES PARA 6 PERSONAS
6 huevos • Mayonesa • 100 g de tocino picado • Cilantro • Sal

Los huevos se hierven en agua por un tiempo de 5 a 7 minutos y, una vez cocidos, se les retira el cascarón y se parten por la mitad, extrayendo la yema dura. En una sartén con

un poco de aceite se fríe el tocino y, cuando esté dorado, se mezcla con la yema de los huevos y la mayonesa, hasta conseguir una pasta suave con la que se rellenan las claras duras. Se adornan con hojas de cilantro.

HUEVOS CON ANCHOAS 1
Grado de dificultad bajo

INGREDIENTES PARA 6 PERSONAS
6 huevos • 6 rebanadas de pan de molde • 2 cucharadas soperas de aceite • 1 lata pequeña de anchoas • 50 g de perejil picado • 1 bote de maíz • 1 pimiento morrón pequeño • 1 taza de vinagreta

Por un lado, se doran las rebanadas de pan de molde con las dos cucharadas de aceite, mientras que por otro lado, se sazona el maíz y el pimiento con la vinagreta que habremos de hacer previamente (aceite, vinagre y sal); hecho esto, se colocan en una fuente. A continuación, con un poco de agua y dos cucharadas de vinagre, se escalfan los huevos, se colocan encima de las tostadas y se adornan con dos anchoas cruzadas. Para servir, las tostadas se disponen sobre la fuente con el maíz y el pimiento sazonados y se adornan con el perejil picado.

HUEVOS CON ANCHOAS 2
Grado de dificultad bajo

INGREDIENTES PARA 2 PERSONAS
2 huevos • 25 ml de aceite de oliva • Pimienta • Perejil picado • 15 g de aceitunas sin hueso • 15 g de anchoas • Unas ramas de apio • Sal

Se cubre el fondo de un molde con aceite de oliva sobre el que se rompen los huevos, los cuales se espolvorean con sal, pimienta y perejil picado. Entre uno y otro se echa un picadillo de aceitunas y anchoas. Se hornea y se sirve desmoldado, adornándolo con ramas de apio.

HUEVOS CON ANCHOAS Y ALCAPARRAS
Grado de dificultad bajo

INGREDIENTES PARA 2 PERSONAS
4 huevos • Mantequilla • Anchoas del Cantábrico
• Alcaparras • Vinagre

Se hacen los huevos en la sartén con un poco
de mantequilla y se colocan en un plato
poniendo sobre cada uno de ellos dos
anchoas cruzadas. En la misma sartén se fríen
con mantequilla unas alcaparras; cuando
estén fuertes y tomen color, se añade un
chorro de vinagre, echando el conjunto
encima de los huevos. Se pueden acompañar
con unos tomates a la parrilla y con unas
patatas paja.

HUEVOS CON BESAMEL Y MEJILLONES
Grado de dificultad bajo

INGREDIENTES PARA 10 PERSONAS
10 huevos • 1 y 1/2 kg de mejillones • 1 vaso de
vino blanco • 1 cebolla • 1 hoja de laurel • Aceite
• 25 g de mantequilla • Harina • 1 l de leche
• 50 g de queso Gruyère • Sal

Se cuecen los huevos durante 13 minutos.
Se lavan los mejillones y se ponen en una
sartén con el vino, la cebolla picada y la hoja
de laurel. Se tapan y se ponen en el fuego.
Se mueven constantemente y cuando estén
abiertos, se retiran del fuego. Se sacan
de su concha y se reservan en un plato.
Se cuela en un colador muy fino el jugo
de los mejillones de la sartén. Se hace la
besamel con una cuchara de aceite y la
mantequilla; cuando está derretida, se añaden
dos cucharadas de harina y la leche poco a
poco. Se deja cocer revolviendo con un
batidor unos 10 minutos, se añade el jugo de
los mejillones y se cuece alrededor de 4
minutos. En una fuente para horno, se ponen
los huevos duros partidos por la mitad y con
la yema hacia arriba. Se añaden los mejillones

y la besamel por encima de los huevos.
Se espolvorean con el queso rallado y se
gratina durante 6 minutos a 180°.

HUEVOS CON CAMARONES
Grado de dificultad bajo

INGREDIENTES PARA 6 PERSONAS
6 huevos duros • 1 lata de camarones • 1 taza de
mayonesa • 50 g de alcaparras

Se pican los camarones y se mezclan con la
mayonesa. Hecho esto, se coloca una capa de
esta mezcla en el fondo de seis moldes
individuales y en el centro de cada uno se
pone, vertical, un huevo duro. Se recubre con
un poco de mayonesa y se decora con
alcaparras.

HUEVOS CON CANGREJOS
Grado de dificultad medio

INGREDIENTES PARA 6 PERSONAS
12 cangrejos de río • Mantequilla • 1 copa de
coñac • 1 cebolla • 1 zanahoria • Perejil • Tomillo
• 1 tomate • Pimienta blanca • Sal

Se fríen una docena de cangrejos de río con
mantequilla, después se rehogan y se les echa
una copa de coñac o vino blanco, se les cubre
y se tienen unos 3 ó 4 minutos cociendo;
una vez que estén hechos, se separan las
cáscaras y se machacan en un mortero con
una pizca de sal. En una cacerola, con una
cucharada de mantequilla, se rehoga la
cebolla y la zanahoria con unas ramas de
perejil y tomillo picados. Cuando todo esté
bien dorado, se le añade el tomate y el jugo
que han dejado los cangrejos agregando las
cáscaras machacadas, previamente pasadas
por un cedazo fino, y un toque de pimienta
blanca. Esta salsa debe quedar como una
besamel clara. Se prepara una fuente de
gratinar, se pone una capa de esa salsa y se
van poniendo los huevos como si fueran al
plato. Se meten en el horno y cuando estén

cuajados, se sirven, poniendo por encima las colitas de los cangrejos.

HUEVOS CON CEBOLLINO
Grado de dificultad bajo

INGREDIENTES PARA 4 PERSONAS
4 huevos • 4 cucharaditas de mostaza
• 4 cebollinos • Pimienta • Sal

Se escaldan los huevos, se descascarillan y se ponen en un plato cada uno. A continuación, se coloca en los cuatro huevos una cucharada de mostaza y se sazona con sal, pimienta y cebollino picado al gusto.

HUEVOS CON ESPÁRRAGOS TRIGUEROS
Grado de dificultad bajo

INGREDIENTES PARA 2 PERSONAS
500 g de espárragos trigueros • 1 cebolla • 100 g de sobrasada • 4 huevos • Aceite • Sal

En una sartén, primeramente se rehoga la cebolla cortada muy fina; cuando esté transparente, se añade la sobrasada cortada en trozos y a continuación los espárragos. Se saltea, se pone un poco de agua, se deja cocer y, finalmente, se sazona. Este salteado se coloca en una bandeja refractaria, se rompen encima los huevos y se gratina en el horno hasta que estén cuajados.

HUEVOS CON ESPINACAS
Grado de dificultad medio

INGREDIENTES PARA 6 PERSONAS
6 manojos de espinacas • 6 huevos poché (ver receta) • Salsa besamel (ver «Salsas») • 3 dientes de ajo • Queso Parmesano rallado • Manteca • Sal

Se cocinan, en agua con sal, seis atados de espinacas, se escurren, se exprimen para

sacarles el exceso de agua, se pican finamente y se saltean ligeramente en dos o tres cucharadas de manteca, donde se habrán frito, previamente, tres dientes de ajo muy picados. Por otra parte, se preparan seis poché. Se prepara también una salsa besamel ni muy espesa ni muy líquida. Una vez que tengamos todo preparado, se colocan las espinacas en una fuente para horno, se ponen encima los huevos espolvoreados con abundante queso Parmesano, se cubre todo con besamel, se rocía por encima con manteca derretida y se gratina al horno.

HUEVOS CON GUISANTES
Grado de dificultad bajo

INGREDIENTES PARA 4 PERSONAS
4 huevos •150 g de jamón serrano picado • 150 g de guisantes • Aceite • 1 cebolla

En una sartén se rehoga la cebolla. Cuando empiece a dorarse, se añade el jamón serrano, medio vaso de agua, los guisantes y los huevos enteros (como para escalfar). Se deja hervir durante unos 20 minutos aproximadamente, hasta que se hagan los huevos.

HUEVOS CON HIGADITOS
Grado de dificultad medio

INGREDIENTES PARA 6 PERSONAS
6 huevos • 6 higaditos de pollo • 350 g de tomate • 1/2 taza de nata líquida • 1 trozo de queso Parmesano rallado • 2 cucharadas de perejil picado • 1/2 cebolla • 2 cucharadas de harina • Mantequilla • 1 pizca de nuez moscada • Pimienta • Sal

Se hierven los tomates, se pelan y se pican en la batidora con sal. En una sartén con una cucharada de mantequilla y un chorro de aceite, se pocha la cebolla finamente picada y se añade la harina, removiendo para que no se formen grumos; una vez que tome color, se agrega poco a poco el tomate picado y se continúa removiendo hasta que la salsa hierva y espese. Se sazona con la pizca de nuez moscada y la pimienta, y se rectifica la sal si es necesario. Se deja hervir y, al retirarla del fuego, se añade el perejil y se mezcla la nata líquida. Por otra parte, se hierven los higaditos en agua con sal y se pican. Se aparta la mitad de la salsa y se incorpora a ella los higaditos picados. Además, se frotan con mantequilla seis moldes individuales refractarios y se pone en la base salsa con higaditos. Se coloca encima un huevo, teniendo cuidado de no reventar la yema, se cubre con la salsa que no lleva higaditos, se salpimienta al gusto y se ponen a gratinar hasta que los huevos estén en su punto.

HUEVOS CON MIGAS
Grado de dificultad bajo

INGREDIENTES PARA 6 PERSONAS
6 huevos • 1 bol grande de migas (ver receta) • 1 racimo de uvas

Por un lado, en una sartén pequeña y honda, se fríen los huevos en abundante aceite; y por otro, en una fuente de buen tamaño se ponen las migas recién hechas, luego se colocan los huevos rodeándolas y se adorna el conjunto con granos de uvas blancas.

HUEVOS CON PEPINILLOS Y ALCAPARRAS
Grado de dificultad bajo

INGREDIENTES PARA 2 PERSONAS
4 huevos • 2 tomates • 6 pepinillos en vinagre • 30 g de alcaparras • 1 cucharada de cebolleta picada • 8 lonchas de salmón ahumado • 2 dl de salsa mayonesa • Pimienta • Mostaza • Sal

Se cuecen los huevos hasta que estén duros, se cortan a lo largo, se retiran las yemas y se reservan. Se disponen en una fuente las lonchas de salmón y se va poniendo medio

huevo sobre cada una. A continuación, se prepara el relleno de los huevos con los tomates, una cucharadita de alcaparras, un par de pepinillos en vinagre y la cebolleta, todo ello finamente picado; además, se añaden al conjunto las yemas de los huevos desmenuzadas, así como la mayonesa sazonada con mostaza, sal y pimienta. Hecho esto, se mezcla todo muy bien hasta formar una pasta uniforme y se cubre con ella los huecos de las claras de los huevos. Para terminar, se disponen dos huevos por cada ración y se adornan con unas rodajas de pepinillos en vinagre y alcaparras.

HUEVOS CON PISTO
Grado de dificultad bajo

INGREDIENTES PARA 4 PERSONAS
8 huevos de gallina • 1 fuente honda de pisto (ver receta)

En una sartén pequeña y honda se fríen, de uno en uno, los huevos en aceite muy caliente; se sacan con la espumadera, dejándolos escurrir y se colocan en la fuente alrededor del pisto.

HUEVOS CON PISTO MANCHEGO
Grado de dificultad bajo

INGREDIENTES PARA 4 PERSONAS
4 huevos grandes • 1 pimiento verde • 1 pimiento rojo • 1 calabacín • 1 berenjena fresca • 1 cebolla • 2 dientes de ajo • 1 tomate maduro • 4 berenjenas de Almagro pequeñas • Aceite • Pimienta • sal

Se lavan y pican finamente el pimiento, el calabacín, la berenjena, la cebolla, los dientes de ajo y el tomate. En una sartén grande con dos cucharadas de aceite se rehogan a fuego medio hasta que todo quede pochado, se echa sal y pimienta y se reserva. Por otro lado, se fríen los huevos en aceite muy caliente y se sirven en una fuente redonda, con los huevos en el centro, sobre el pisto, y las berenjenas de Almagro, cortadas por la mitad, alrededor.

HUEVOS CON QUESO DE UNTAR
Grado de dificultad bajo

INGREDIENTES PARA 6 PERSONAS
12 huevos • 6 rebanadas de pan de molde tostado • 100 g de queso tipo Philadelphia • 1 vasito de nata líquida • Mantequilla • Pimienta • Sal

Se mezclan en la batidora el queso, la nata y los huevos con sal y pimienta al gusto, hasta que quede una crema homogénea. Se untan con mantequilla cazuelitas individuales de barro o porcelana y se rellenan con la crema de huevo. A continuación, se ponen al baño María, en el horno precalentado alrededor de unos 15 a 20 minutos. Se sirve con pan tostado.

HUEVOS CON SALSA DE BERBERECHOS
Grado de dificultad medio

INGREDIENTES PARA 4 PERSONAS
8 huevos • 2 yemas de huevo • 250 g de berberechos en limpio (sin cáscara) • Perejil picado • 4 cl de vino blanco • 30 g de harina • 1 cucharada de finas hierbas • 25 g de mantequilla • Aceite • 2 dl de nata • Sal

Se lavan bien los berberechos. Se ponen en una cacerola y se les añade el vino blanco y las finas hierbas. Se tapa la cazuela y se pone a fuego fuerte. Cuando se hayan abierto, se sacan de las cáscaras y se cuela el caldo; entonces, se reservan. En una cacerola se ponen 25 gramos de mantequilla y otro tanto de aceite. Se echa la harina y se rehoga. Se añade el líquido de la cocción de los berberechos, removiendo con el batidor, y se completa con nata, hasta obtener una besamel suave, momento en el que se comprueba de sazón. Se baten las dos yemas de huevo junto con dos cucharadas de nata,

se incorporan a la besamel y se mezcla suavemente durante 2 minutos, sin que llegue a hervir. Se añaden entonces los berberechos limpios y se calienta todo, a fuego suave, sin llevarlo a ebullición. Se toman los moldes y se untan de mantequilla generosamente. Se rompen dos huevos en cada uno de ellos y se ponen en una cazuela baja al baño María. Se hace hervir el agua, se tapa el recipiente y se dejan al fuego hasta que el huevo se ponga blanco por encima pero quede blando por dentro (de 4 a 5 minutos). Para servir, se vierte la salsa caliente por encima y se espolvorea perejil picado. Se sirven en su molde, en un plato con una blonda y acompañado de unos bastoncitos de pan tostado.

HUEVOS CONTUNDENTES
Grado de dificultad medio

INGREDIENTES PARA 6 PERSONAS
6 huevos • 6 tortillas de harina de maíz (se compran hechas en los supermercados) • 1 taza de judías negras cocidas • 1 taza de guisantes cocidos • 3 tomates maduros • 1 diente de ajo • 1 hoja de laurel • 3 pimientos verdes largos, macerados en vinagre y cortados en arandelas • 1/2 cebolla morada • 1 aguacate • 100 g de queso fresco • 100 g de chorizo • Aceite • Sal

En la batidora se hace un puré con las judías negras. Se pone en una sartén una cucharada de aceite, se fríe un cuarto de cebolla morada muy picada y se añade el puré y media taza de agua de cocción de las judías. Se deja que se reduzca todo hasta que quede una pasta muy espesa, la cual se vierte en un plato hondo y se espolvorea con una cucharada de queso rallado. Para hacer la salsa se ponen, en el vaso de la batidora, los tomates pelados y el diente de ajo. Después, se agregan el chorizo (sin piel, cortado en trozos y frito), los guisantes cocidos, la hoja de laurel y la sal, y se vierte media taza de agua. Esta salsa se calienta antes de utilizarla. Además, se cortan en rodajas finas la cebolla, el queso y el aguacate (pelado) y se reserva todo. En una sartén con un poco de aceite, se doran las tortillas y se coloca cada una en un plato. Se pone sobre ellas el puré caliente y, sobre éste, un huevo frito y se riega todo con la salsa. Alrededor se pone la guarnición de aguacate, queso y cebolla así como las arandelas de pimiento verde en vinagre.

HUEVOS CRIOLLOS
Grado de dificultad bajo

INGREDIENTES PARA 8 PERSONAS
12 huevos duros • 1 lata de jugo de tomate
• 2 cucharadas de mantequilla • 1 lata pequeña de champiñones • 1 taza de apio picado
• 2 cucharadas de harina • 6 galletas sosas molidas
• 1 taza de guindillas, picadas • 1 cucharada de salsa inglesa • 1 taza de besamel (ver «Salsas»)
• 1 cebolla picada • Pimienta • Sal

Se separan las yemas de las claras y se pican estas últimas muy finamente, mientras que las yemas se machacan con un tenedor. Por otra parte, en una sartén se vierte el tomate y cuando empiece a hervir se agregan el apio, la salsa inglesa y las guindillas. Se deja hervir durante unos minutos a fuego lento, y después se añaden las claras, las yemas, la besamel y los champiñones. Se deja hervir durante un rato y, cuando esta mezcla esté en su punto, se sazona con sal y pimienta al gusto, se pone en una fuente refractaria untada con mantequilla, se espolvorea con las galletas sosas y se esparcen por encima trocitos de mantequilla. Para terminar, se pone la fuente al horno, a 250°, y se sirve bien caliente.

HUEVOS DE RANCHO A LA MEXICANA
Grado de dificultad bajo

INGREDIENTES PARA 6 PERSONAS
6 huevos • 50 g de chile • 12 tortillas delgadas (se encuentran hechas en los supermercados)

• 6 rebanadas de queso fresco • 2 dientes de ajo
• 1/2 taza de nata líquida • 150 g de manteca
• 1 cebolla pequeña • Pimienta • Sal

Los chiles se limpian, se tuestan y se ponen a remojar en agua caliente, para suavizarlos. Luego se secan y se fríen en 50 gramos de manteca, con la cebolla y los ajos picados hasta que se doren. Se baten un poco los huevos, se agregan a los chiles, se sazonan, y se mantienen en el fuego hasta que queden cuajados. Las tortillas por su parte se fríen en la manteca restante y se dejan dorar un poco. Luego, se sacan de la sartén, se rellenan con la mezcla de los chiles y se envuelven como los creps. Se colocan en un plato grande, de dos en dos, y sobre cada pareja de tortillas, se pone un huevo, que se adorna con una rebanada de queso y un poco de nata líquida. Se sirven enseguida, bien calientes.

HUEVOS DONOSTIARRA
Grado de dificultad bajo

INGREDIENTES PARA 4 PERSONAS
4 huevos • 200 g de garbanzos precocidos
• 200 g de puntas de espárragos • 1 cucharada de puré de pimiento choricero • 4 ajos • 4 cebollitas
• Perejil • Aceite • Sal

Para comenzar, en una cazuela de barro con aceite se ponen dos dientes de ajo, el puré de pimiento y las cebollitas. Una vez que veamos que los ajos están dorados, se retira todo de la cazuela y se añaden el perejil picado, los garbanzos, un poco de agua y los otros dos dientes de ajo picados, se remueve el sofrito y se le agregan los huevos, rompiéndolos en la misma cazuela, siempre con mucho cuidado para que las yemas no se estropeen. A continuación, se sazonan y se deja que la clara cuaje. Los espárragos se cuecen en agua con sal y, una vez escurridos, se incorporan a los huevos. Se sirven en la misma cazuela. Otra variante es que en vez de garbanzos se pueden utilizar arvejillas.

HUEVOS DUROS GRATINADOS
Grado de dificultad bajo

INGREDIENTES PARA 4 PERSONAS
6 huevos duros • 6 tomates maduros • 100 g de mantequilla • 100 g de queso rallado • Orégano • Pimienta • Sal

Se pelan los tomates y se cortan en rodajas muy finas. Se cubre con parte de ellas el fondo de una fuente para horno y se echa un poco de orégano por encima del tomate. Se pelan los huevos cocidos y se cortan también en rodajas. Se colocan encima del tomate, se espolvorea encima el queso rallado y se cubre de nuevo con más rodajas de tomate. Se sazona con un poco de sal y se vuelve a echar orégano, pimienta y más queso rallado. Se reparten unos trocitos de mantequilla por encima y se mete la fuente a gratinar en el horno, no muy fuerte, durante unos 8 minutos.

HUEVOS EMPANADOS 1
Grado de dificultad bajo

INGREDIENTES PARA 6 PERSONAS
10 huevos • 1 limón • Aceite • Pan rallado • Sal

Se pone una sartén al fuego con aceite y se fríen seis huevos; una vez fritos, se apartan y se dejan enfriar. Se prepara por otro lado una salsa besamel (ver «Salsas») y se le mezclan dos yemas de huevo batidas con un chorro de zumo de limón. Posteriormente, en una fuente engrasada con aceite, se va colocando una cucharada de besamel, encima se pone un huevo frito y se cubre con otra cucharada de besamel, de manera que quede bien cubierto. Se deja enfriar. Se repite esta operación hasta tener cubiertos los seis huevos. Se prepara un plato con el pan rallado y otro con dos huevos batidos y cuando los huevos tengan la besamel bien fría, se procede a empanarlos pasándolos primero por

el pan rallado, después por el huevo batido y otra vez por el pan rallado. Para finalizar, se pone una sartén al fuego con abundante aceite y cuando esté bien caliente se van friendo los huevos empanados hasta que estén dorados, entonces se sacan y se dejan escurrir. Se sirven calientes y se pueden acompañar si se desea de una salsa de tomate.

HUEVOS EMPANADOS 2
Grado de dificultad bajo

INGREDIENTES PARA 4 PERSONAS
6 huevos cocidos • Besamel • Tomate frito • 150 g de pan rallado

Una vez que tenemos cocidos los huevos, se pelan y se parten a lo largo en dos mitades. A continuación, se envuelven con la salsa besamel, rebozándolos con huevo batido, se empanan y se fríen en aceite muy caliente. Este plato se acompaña con salsa de tomate frito.

HUEVOS EN BOLA DE PATATA
Grado de dificultad bajo

INGREDIENTES PARA 1 PORCIÓN
1 patata • Leche • Mantequilla • 3 huevos • Perejil picado • Pan rallado • Sal

Por un lado, se hace un puré de patatas con leche y mantequilla; por otro, se hierven los huevos por espacio de 5 minutos, se dejan enfriar y les quita la cáscara. Aparte, se hace un batido de un huevo con perejil picado. Con todo esto preparado, los huevos se envuelven enteros con el puré de patatas, luego se remojan en el batido de huevo y por último se espolvorean con pan molido. A continuación, se fríen en mantequilla caliente a fuego fuerte hasta que veamos que se han dorado. para terminar, se colocan en un plato de ensalada adornado con rodajas de tomate y puntas de espárragos y se sirve.

HUEVOS EN BUÑUELO

Grado de dificultad medio

INGREDIENTES PARA 6 PERSONAS

6 buñuelos • 6 huevos • 1 nuez de mantequilla
• Setas y trufas picadas • Harina • Vino de Jerez
• Queso Parmesano rallado • Pimienta • Sal

Se hacen unos buñuelos de un tamaño
regular (véase receta). Con unas tijeritas, se les
recorta una tapita y en el interior se les pone
una yema de huevo. A continuación, se
montan las claras a punto de nieve con una
pizca de sal, se mete en una manga pastelera
con boquilla rizada y se tapan las bocas de los
buñuelos; se espolvorean con queso rallado y
se meten un momento en el horno a
temperatura alta. Se sirven con la salsa que se
explica a continuación, a saber: en una
cacerola se pone la mantequilla y se saltean
los champiñones o setas y trufas picadas; se le
añade un poco de harina, la sal y la pimienta,
cuando se dore se le añade un poco de caldo
y el vasito de Jerez, se deja hervir y reducir un
poco. Esta salsa se sirve con los huevos recién
sacados del horno.

HUEVOS EN CAMISA DE PANCETA Y TOMATE

Grado de dificultad bajo

INGREDIENTES PARA 4 PERSONAS

4 tomates grandes • 4 huevos duros • 4 lonchas
de panceta • 300 g de arroz • 50 g de mantequilla
• Páprika • Pimienta • Sal

Se prepara un arroz blanco y a media cocción,
se espolvorea con abundante paprika.
Entre tanto, se quita la parte superior de los
tomates y se extrae la pulpa, procurando
no romperlos. La pulpa se sazona con sal
y pimienta al gusto y se pone en el fondo
de cada tomate con una bolita de
mantequilla. Por otra parte, se quita la cáscara
a los huevos que tendremos cocidos y se
envuelve cada uno con una loncha de
panceta, introduciéndolos después en los
tomates. Se pone el arroz blanco en una
fuente refractaria y se colocan encima los
tomates rellenos. Por último, se siembra todo
con trocitos de mantequilla y se mete en
horno caliente durante unos 15 minutos. Se
sirven bien calientes.

HUEVOS EN GELATINA

Grado de dificultad bajo

INGREDIENTES PARA 4 PERSONAS

1 sobre de gelatina neutra • 5 huevos cocidos
• 4 cucharadas de Jerez seco • 3 vasos de vino de
agua • 1 vaso de nata líquida • 1 cucharadita de
mostaza • 2 cucharadas de eneldo en polvo seco
• 1 limón • Sal

Se pelan los huevos y se reservan. Se ponen
cinco moldes individuales en el congelador de
5 a 10 minutos. Por otro lado, se prepara la
gelatina siguiendo las indicaciones del envase;
una vez que la tengamos hecha, se coloca un
poco de gelatina dentro de cada molde y se
deja cuajar. Cuando esté cuajada, se coloca el
huevo en el centro, se añade el resto de
gelatina y se mete en el frigorífico hasta que
cuaje del todo. Aparte, se hace una salsa
montando la nata con el Jerez, la mostaza, el
eneldo, el zumo de limón y un poco de sal.
Una vez que la gelatina esté en su punto, se
desmoldan los huevos y se colocan en el
centro del plato, adornando con algunas
verduras y un poco de huevo cocido picado.
Se sirve la salsa en una salsera.

HUEVOS EN NIDO

Grado de dificultad medio

INGREDIENTES PARA 6 PERSONAS

3/4 kg de puré de patatas • 6 huevos poché (ver
receta) • 6 manojos de espinacas • Salsa besamel
• Queso Parmesano rallado • Mantequilla
• Pimienta negra • Sal

Se prepara el puré de patatas necesario, se
pone en una manga con boquilla rizada y se

hacen, sobre una bandeja para horno frotada con mantequilla, seis nidos redondos con el puré: primero se forma el suelo y luego las paredes, de unos 15 centímetros de diámetro. Se preparan luego seis huevos poché; también, se cocinan seis manojos de espinacas en poca agua con sal, los cuales una vez cocidos, se pican y con esas espinacas se hace un puré, agregándole una cucharada de manteca y una pizca de pimienta negra recién molida. Por otro lado, se prepara la salsa besamel y, una vez que todo está listo, se pone una buena cucharada de puré de espinacas en cada nido, encima del puré un huevo y sobre el huevo una cucharada de salsa besamel que cubra totalmente sin desbordar el nido. Se espolvorea con Parmesano rallado, se coloca un poco de mantequilla derretida por encima y se gratinan al horno.

HUEVOS EN NIDO DE ESPINACAS
Grado de dificultad bajo

INGREDIENTES PARA 6 PERSONAS
6 huevos • 700 g de espinacas • 2 tazas de salsa besamel • 1/2 cucharadita de nuez moscada • 1 taza de queso Gruyère rallado • 1/2 taza de queso Parmesano rallado • 1/2 cucharadita de sal

Se precalienta el horno a 230C°; mientras tanto, se engrasan cuatro moldes con la capacidad de una taza. Por otra parte, se preparan las espinacas quitándoles el tallo y las nervaduras gruesas y se blanquean las hojas durante unos 3 minutos en agua hirviendo con sal y nuez moscada; cuando están, se retiran del calor, se escurren apretando con una cuchara sobre el colador para exprimir el agua sobrante y se pican finamente. Por último, se reparten en los moldes y se parte un huevo sobre cada molde, cuidando de que no se rompa la yema. Se mezcla la salsa besamel con el queso Gruyère, se cubren los huevos con la salsa, y se espolvorea por encima con el queso Parmesano. Se colocan entonces los moldes

sobre una bandeja refractaria y se meten al horno hasta que el queso esté dorado. Si se quieren las yemas con consistencia de crema, el tiempo debe ser menor de 3 minutos y la temperatura más alta.

HUEVOS EN NIDO DE PAN
Grado de dificultad bajo

INGREDIENTES PARA 2 PERSONAS
2 huevos • 2 panecillos redondos • 20 g de mantequilla • Piñones pelados • Sal

Se vacía la parte superior del panecillo, se recubre el hueco con mantequilla y se incorpora la yema del huevo al hueco; se cubre con la clara a punto de nieve, se añaden unos cuantos piñones a la superficie de la clara y se fríen en abundante aceite caliente, bañando la superficie constantemente con el propio aceite por medio de una cuchara, hasta que esté ligeramente dorado.

HUEVOS EN PATATAS COCIDAS
Grado de dificultad bajo

INGREDIENTES PARA 6 PERSONAS
6 patatas grandes • 6 huevos • 50 g de queso rallado • 2 yemas crudas • 5 cucharadas de pan rallado • 50 g de mantequilla • 1 cucharada de perejil picado • Pimienta • Sal

Las patatas se pelan y se ponen a cocer, cuidando que no se deshagan. Cuando ya están cocidas, se les corta una tapita de la parte superior, con un cuchillo fino, se ahuecan y se les introduce un huevo, la mitad del queso, un poquito de perejil, sal y pimienta al gusto, y se vuelven a poner las tapas a las patatas. Se baten las yemas y con una brocha, se untan las patatas por fuera; se pasan por el pan rallado y en la parte superior se les espolvorea la otra mitad del queso y unos trocitos de mantequilla. Se colocan las patatas en una fuente refractaria y se meten al horno a una temperatura de 180°, hasta que se doren ligeramente. Se sirven muy calientes.

HUEVOS EN SALSA BESAMEL

Grado de dificultad bajo

INGREDIENTES PARA 4 PERSONAS
8 huevos • Salsa besamel • 2 cebollas • 25 g de mantequilla • Sal

Una vez hecha la besamel, se pelan las cebollas, se pican y se colocan en una fuente. Se agrega la mitad de la mantequilla y se cuece en el microondas durante unos 3 minutos. Se mezclan las cebollas con la salsa besamel, se untan las cazuelitas con mantequilla y se reparte la salsa en ellas. A continuación, se echan dos huevos en cada cazuelita y se sazona con sal. Se cubre con papel parafinado y se cuece en el microondas durante 1 minuto.

HUEVOS EN SALSA CON JAMÓN

Grado de dificultad bajo

INGREDIENTES PARA 6 PERSONAS
6 rebanadas de pan de chapata • 3 rebanadas gruesas de jamón serrano • Aceite • Manteca de cerdo • 1 cebolla • 2 tomates • 1 pimiento rojo • Pimienta negra • 1/2 vaso de vino blanco seco • 1 hoja de laurel • 1 cucharada pequeña de azúcar • Sal

Se cortan seis rebanadas de pan de dos centímetros de espesor aproximadamente, se fríen en un poco de aceite de oliva, se sacan de la sartén, se escurren bien y se reservan en un lugar caliente. Por otra parte, se preparan tres rebanadas de jamón serrano y se cortan por la mitad, haciendo seis pedazos del tamaño de las rebanadas de pan. Además, se pone en una sartén una cucharada de manteca y media taza de aceite de oliva, se calienta bien y se agrega la cebolla cortada en rodajas finitas. A continuación, se rehoga hasta que la cebolla esté transparente, y se le añaden los tomates pelados y picados y el pimiento rojo, también picado. Se rehoga todo junto y se condimenta con sal y pimienta negra recién molida al gusto, medio vaso de vino blanco seco, una hoja de laurel y una cucharadita de azúcar. Se deja hervir a fuego lento, hasta que la salsa se haya reducido y esté espesa. Mientras, se fríen las rebanadas de jamón, a fuego fuerte, vuelta y vuelta. También se fríen los huevos, se colocan las rebanadas de pan en una fuente, sobre cada una se pone una de las rebanadas del jamón, se cubre con la salsa bien caliente y, sobre ella, se colocan los huevos fritos, cubriéndolos, también, con un poquito de salsa.

HUEVOS EN SALSA DE HIERBAS

Grado de dificultad bajo

INGREDIENTES PARA 4 PERSONAS
1 cucharadita de mostaza • 1 taza de yogur • 1 cucharadita de eneldo finamente picado • 12 huevos de codorniz o 4 huevos de gallina (duros) • 4 rebanadas de pan tostado • 1 cucharadita de perejil picado finamente • Sal

Se mezclan la mostaza, el yogur, el eneldo y la sal. Se cuecen los huevos y una vez que están duros, se colocan partidos a lo largo, sobre el pan tostado, y se bañan con la salsa. Se adorna con el perejil picado.

HUEVOS EN SALSA ROJA

Grado de dificultad bajo

INGREDIENTES PARA 4 PERSONAS
8 huevos • 1/2 kg de patatas • Ajo • Cebolla • Pimentón • Puré de tomate • Aceite • Sal • Pimienta

Se cuecen las patatas y se colocan en una cacerola ancha de forma que cubran todo el fondo. Además, se hace una salsa con el puré de tomate, el ajo, la cebolla, el pimentón, la pimienta, la sal y el aceite de oliva virgen, se cubren las patatas y se ponen a fuego lento. Cuando ya está caliente, se rompen los huevos con cuidado sobre la salsa y entonces se tapa la cazuela. Se espera unos 5 minutos y se retiran. Se sirve muy caliente.

HUEVOS EN TORTILLA AMERICANA
Grado de dificultad bajo

INGREDIENTES PARA 6 PERSONAS
6 huevos • 6 tortillas (se compran hechas en los supermercados) • 75 g de manteca de cerdo • 2 chiles • 12 tomates • 1 cebolla • 1 diente de ajo • 1 ramita de cilantro • Sal

En la manteca de cerdo, se fríen las tortillas y una vez que están hechas, se ponen en una fuente, colocando sobre cada una un huevo estrellado en manteca. Se bañan con una cucharada de salsa que se prepara metiendo en la batidora los tomates pelados, la cebolla, los chiles, el ajo, el cilantro, la sal y la pimienta.

HUEVOS EN TOSTADA CON SALMÓN
Grado de dificultad medio

INGREDIENTES PARA 6 PERSONAS
6 huevos • 6 cucharadas de mantequilla • 3 cucharadas de nata líquida • 8 rebanadas de pan de molde sin corteza • 100 g de salmón ahumado, en lonchas delgadas • 1 pimiento rojo mediano • 1 pimiento verde pequeño • 12 aceitunas sin hueso

Se asan los pimientos durante unos 10-12 minutos aproximadamente en la parrilla, hasta que veamos que la piel está quemada; una vez asados, se dejan que enfríen y se pelan, se parten en trozos gruesos, y se reservan aparte. Por otro lado, se cortan dos rebanadas de pan en tiras y de las rebanadas de pan sobrantes,

se hacen seis redondeles. Se calienta la mantequilla, siempre con un poco de aceite para que no se queme, en una sartén mediana, se doran las tiras y redondeles de pan, se retiran y se conservan calientes. Seguidamente, se baten los huevos como para hacer una tortilla y se agrega la crema y la mitad del salmón picado. Se calientan tres cucharadas de mantequilla en una sartén amplia, a fuego moderado, se agrega la mezcla de huevo, se cocina revolviendo constantemente hasta que esté cremosa, se retira la sartén del calor y se continúa revolviendo durante 1 o 2 minutos aproximadamente. Se pone sobre los seis platos una rodaja de pan, se reparten encima los huevos y se termina colocando una loncha de salmón. A la hora de servir en el plato como acompañamiento, se colocan los pimientos, las aceitunas sin hueso y las tiras de pan.

HUEVOS ESCALFADOS
Grado de dificultad bajo

INGREDIENTES PARA 2 PERSONAS
2 huevos • Vinagre • Agua

Se pone al fuego una cacerola con agua hasta la mitad de la misma y con un chorrito de vinagre. Cuando veamos que el agua comienza a hervir, se le da vueltas rápidamente con una espumadera para que se forme un remolino (ya que el remolino es lo que nos ayuda a evitar que se deshaga el huevo), se casca el huevo con cuidado para que no se nos rompa y se le deja resbalar muy cerca del agua y en el centro del remolino. Una vez que el agua se calme, se da con cuidado la vuelta al huevo, para de esta forma procurar en la medida de lo posible que la clara envuelva a la yema. Se deja cocer durante unos 3 o 4 minutos, y para sacarlo y escurrirlo (sin que deje agua sobre el plato), se utiliza la espumadera. Se puede servir sobre rebanadas de pan tostado con mantequilla.

HUEVOS ESCALFADOS CON ESPÁRRAGOS
Grado de dificultad bajo

INGREDIENTES PARA 6 PERSONAS
6 huevos • 20 g de mantequilla • 6 rebanadas de
pan de molde • Vinagre • Harina • 18 puntas de
espárragos • Aceite • 1/2 l de leche • Sal

Se untan las rebanadas de pan con la
mantequilla y se meten al horno para que se
vayan tostando ligeramente. Mientras, por
otra parte, se hace la besamel, se sazona
y se reserva. En una cacerola se pone agua y
un chorrito de vinagre. Cuando rompe a
hervir, se van echando los huevos de dos en
dos. Se baja el fuego y se deja cocer unos
3 minutos. Una vez hechos, se colocan las
rebanadas de pan en una fuente y se pone
sobre cada una de ellas un huevo. Se cubre
con la besamel, se colocan los espárragos
encima y se sirve.

HUEVOS ESCALFADOS CON FOIE
Grado de dificultad medio

INGREDIENTES PARA 6 PERSONAS
12 huevos • 2 envases de setas variadas secas
• 2 vasos de agua • 2 filetes de foie fresco
• 6 patatas pequeñas • Aceite • Vinagre
• 1 nuez de mantequilla • 1 chorro de vino de Jerez
oloroso seco • Pimienta • Sal

En un cazo se vierten los dos vasos de agua
con algo de sal y las setas secas; se lleva a
ebullición durante unos 10 minutos hasta que
se vea que las setas están tiernas. Se sacan del
caldo que ha quedado, se escurren, se secan
bien y, con unas tijeras, se abren únicamente
por un lado, como si fueran pequeños
bocadillos. Se trocean los dos filetes de foie en
trocitos lo suficientemente pequeños para que
quepan en los bocadillos de seta, se rellenan
con estos trocitos de foie y se reserva todo en
un lugar donde no se sequen. El caldo que ha
quedado de hervir las setas se reduce a un
tercio y se reserva. Por otro lado, las patatas,

se pelan y cortan en rodajas finas. En una
sartén con aceite de oliva se confitan,
es decir, se hierven a fuego muy lento,
pero que no queden fritas; se sacan del aceite
y se escurren. En una cacerola amplia,
con agua, un chorro de vinagre y sal,
se escalfan los huevos por tandas (ver receta).
Se retiran de la cacerola y, si han de esperar
mucho, se sumergen en un recipiente
que previamente se habrá llenado de agua
caliente, para que de esta manera no se
enfríen. Por último, las setas rellenas
se ponen en una fuente o bandeja refractaria,
forrada de papel de aluminio, y se meten al
horno previamente calentado a 200°,
unos 4 o 5 minutos. El caldo de las setas
que teníamos reservado se bate con la nuez
de mantequilla y el chorro de vino oloroso.
Las patatas cortadas en rodajas finas y
confitadas se reparten en el núcleo central
de cada plato y se colocan encima de las
mismas dos huevos escalfados por plato.
Se reparten equitativamente las setas y
finalmente, se vierte la salsa de setas,
mantequilla y Jerez por encima.

HUEVOS ESCALFADOS CON HABAS Y JAMÓN
Grado de dificultad bajo

INGREDIENTES PARA 2 PERSONAS
2 huevos • 150 g de habas peladas (sin vaina ni
pellejo) • 2 lonchas de jamón de cerdo ibérico
• Aceite de oliva virgen extra • Sal

Una vez peladas las habas, se escaldan
en agua hirviendo con sal y un chorro
de aceite durante 3 minutos. Por otro lado,
se pone un cazo con agua y sal a fuego vivo;
cuando hierva, se retira y, 3 minutos más
tarde, se sumerge la yema con la mitad
de clara, habiéndole quitado la otra mitad.
Se conserva al calor 1 minuto, el tiempo justo
para que se caliente, permaneciendo líquida.
Se colocan entonces la yema caliente en el
centro de un plato templado. Se cubre
la clara con los trozos de jamón y se termina

rodeando el huevo y el jamón con las habas brevemente escaldadas.

HUEVOS ESCALFADOS EN SALSA DE VINO TINTO
Grado de dificultad bajo

INGREDIENTES PARA 4 PERSONAS
1 botella de 3/4 de vino tinto • 2 cebollas medianas • 2 zanahorias • 4 dientes de ajo • 1 puerro, la parte blanca • 1 hoja de laurel • 1 pellizco de tomillo • 1 cucharilla de azúcar • 3 cucharadas de coñac • 15 g de mantequilla • 15 g de harina • Pimienta • 4 huevos escalfados • 4 cuadrados de pan frito • Sal

Se pone en un cazo el vino con la cebolla picada, los ajos machacados, el tomillo, el laurel, el azúcar y un poco de sal y pimienta, y se deja cociendo alrededor de 15 minutos. Se deja reducir el líquido a unas seis tacitas y se cuela. A continuación, se calienta el coñac y se echa sobre el líquido caliente. Además, se trabaja la mantequilla con la harina y se añade al cazo poco a poco, dando vueltas, de 2 a 3 minutos, hasta que la salsa vuelva a hervir y espese; se rectifica de sal si fuera preciso. Los huevos escalfados, bien escurridos, se ponen encima de los cuadrados de pan frito. Se riegan con la salsa.

HUEVOS ESTRELLADOS
Grado de dificultad bajo

INGREDIENTES PARA 4 PERSONAS
4 huevos • 4 cucharaditas de moka, de mantequilla • Sal

En la placa de dorar, se derrite la mantequilla durante unos 45 segundos. Se cascan los huevos, uno a uno en un platito, se dejan deslizar sobre la placa, se pincha la yema con un palillo y se ponen en el microondas, a potencia máxima, durante 1 minuto y medio. Pasado ese tiempo, si se prefieren los huevos más pasados, se les da la vuelta con una

espátula y se vuelven a meter en el microondas 30 segundos más.

HUEVOS ESTRELLADOS CON BEICON
Grado de dificultad bajo

INGREDIENTES PARA 4 PERSONAS
8 lonchas finas de beicon • 4 huevos • Sal • Pimienta

Se precalienta la base para dorar, de acuerdo con las instrucciones del fabricante, y se disponen en ella, las lonchas de beicon. Se ponen en el microondas, a potencia máxima, durante 2 minutos, se vuelven y hornean otros 2 minutos más, hasta que esté en el punto deseado. Se dejan reposar sobre un papel absorbente. Se elimina la mitad de la grasa del beicon y se echan los huevos, uno a uno, separados entre sí. Para terminar, se pinchan las yemas con un palillo y se cocinan a potencia máxima durante otros 2 minutos, dependiendo del gusto. Se sazonan una vez fritos.

HUEVOS EXTREMEÑA
Grado de dificultad bajo

INGREDIENTES PARA 4 PERSONAS
8 huevos duros • 2 cebollas grandes • 1 cucharada de pimentón • Pimienta • 2 cucharaditas de harina • 1 tazón de leche • 4 cucharadas de mantequilla • Sal

Se pelan y cortan a rodajas la cebolla y los huevos, para, a continuación, en una sartén con la mantequilla caliente, freír la cebolla hasta que quede transparente. Mientras, se deslía la harina en la leche, se agrega a la sartén y se mezcla; se añaden los huevos duros y se espolvorean con el pimentón, sal y pimienta al gusto. Por último, se mantiene la sartén a fuego lento durante unos 15 minutos aproximadamente y se sirven los huevos extremeña en caliente.

HUEVOS FLORENTINA
Grado de dificultad bajo

INGREDIENTES PARA 2 PERSONAS
2 huevos • 20 g de cebolla picada • 5 g de orégano picado • 5 g de perejil picado • 15 g de harina • Caldo de carne • Pimienta • Nuez moscada • 20 g de queso rallado • 15 g de pan rallado • Sal

En una sartén, con dos cucharadas de mantequilla y un chorro de aceite, se hace un sofrito con cebolla, orégano y perejil. Cuando la cebolla está pochada, se le agrega una cucharada de harina y se incorpora poco a poco el caldo, sal, pimienta y nuez moscada, removiendo constantemente. Se cuela y se coloca en un molde, mezclándole pan molido y queso rallado. Se termina rompiendo los huevos sobre esta salsa hasta que estén escalfados.

HUEVOS FRITOS
Grado de dificultad bajo

INGREDIENTES PARA 2 PERSONAS
2 huevos • Aceite • Sal

Para preparar huevos fritos es imprescindible, si queremos que salgan bien, tener una sartén pequeña y honda que sólo se utilizará para eso, y una espumadera en buen uso. Además, lo idóneo es utilizar huevos muy frescos, y para comprobar su frescura, debemos de hacer siempre la prueba del vaso de agua: se llena un vaso con agua y se sumerge un huevo, si se va al fondo está perfecto, si se levanta un poquito, todavía está bien, pero si sube mucho y flota no se debe utilizar. Otro consejo importante es que el aceite debe ser de oliva de buena calidad. Para freír bien un huevo, se llena dos tercios de la sartén con aceite y se pone a fuego vivo; se casca el huevo en una tacita y con el aceite muy caliente, se vierte en la sartén. Cuando vayan apareciendo las puntillas, se echa aceite por encima con la espumadera para que la yema

se blanquee (debe hacerse rápidamente para que quede líquida). Ahora bien, si no gusta el huevo con puntillas, se pone el aceite templado y la clara quedará cuajada pero no frita. Para hacer el huevo a la plancha, se utiliza una sartén amplia, de fondo antiadherente, con una pizca de aceite; se vierte el huevo cuando esté caliente y se baja el fuego para que no se queme.

HUEVOS FRITOS CON BERENJENAS
Grado de dificultad bajo

INGREDIENTES PARA 4 PERSONAS
4 huevos • 1 berenjena grande • 4 pimientos verdes • Aceite • Sal

Se pela la berenjena, se corta a lo largo en cuatro trozos y se sumerge en agua fría durante media hora. Se saca y corta en trozos no muy pequeños. En una sartén se pone un vasito de aceite de oliva, se templa a fuego mediano y se agrega la berenjena, sazonándola con sal. Se baja el fuego al mínimo y se deja que se haga la berenjena, que deberá quedar muy suave pero sin quemarse. Se escurre y se tapa para que no se enfríe. Mientras se hace la berenjena, se fríen en otra sartén los pimientos verdes, una vez que están lavados, sin quitarles el tallo, y se sazonan con sal cuando estén hechos. Se fríen los huevos al gusto (con o sin puntillas) y se acompañan de las berenjenas y los pimientos.

HUEVOS FRITOS CON MIGAS
Grado de dificultad bajo

INGREDIENTES PARA 3 PERSONAS
6 huevos • 250 g de pan • 2 dientes de ajo • 9 cucharadas de aceite • Sal

Se coge una fuente honda y se pica el pan con los dedos, se cubre de agua salada y se tapa 1 hora y media; en una sartén se pone el aceite para que se caliente y se fríen los ajos;

cuando están dorados, se sacan y se echan las migas, se dejan freír, moviéndolas constantemente para que no se agarren y cuando están sueltas y muy doradas, se ponen en el centro de una fuente y alrededor los huevos que habremos frito previamente.

HUEVOS FRITOS CON PIMIENTOS Y PATATAS
Grado de dificultad bajo

INGREDIENTES PARA 4 PERSONAS
4 huevos • 1 lata de pimientos rojos del piquillo • 2 patatas grandes • 2 dientes de ajo • Aceite • Sal

Se pelan las patatas, se lavan bien, se secan y se cortan; para que queden todas iguales, se cortan los extremos y los lados, de manera que quede un bloque rectangular, y luego se cortan tres o cuatro lonchas de éste y, cada una de ellas, en cuatro o cinco barritas. En una sartén grande se pone abundante aceite y, cuando esté caliente, se echan las patatas a freír. Se mueven de vez en cuando con la espumadera para que queden doradas de manera uniforme. Una vez hechas, se sacan con la espumadera y se sazonan con sal. Mientras se fríen las patatas, se ponen en una sartén pequeña los pimientos enteros sin cortar con el agua de su conserva, los dientes de ajo pelados y cortados en láminas, sal y tres cucharadas de aceite. Se deja que se vayan haciendo a fuego suave y se mueve la sartén a menudo para que se forme una salsa blanquecina. Cuando los pimientos estén casi en su punto, se elige una sartén pequeña y honda, se llena hasta la mitad de aceite de oliva y se pone al fuego. Una vez que esté bastante caliente, se vierte el huevo cascado en el centro y, con ayuda de una espumadera, se va echando aceite sobre el huevo con cuidado; en el momento en que se hayan hecho las puntillas y la yema esté de color blanco, se saca y se sazona con sal. En cada plato se presenta un huevo, patatas y los pimientos con una

cucharada de salsa. Se sirve con todos los ingredientes recién hechos.

HUEVOS FRITOS REBOZADOS
Grado de dificultad bajo

INGREDIENTES PARA 4 PERSONAS
4 huevos • Besamel espesa • Pan rallado • Aceite • Sal

Por un lado, se fríen los huevos y se reservan, mientras que por otro, se hace una besamel espesa. Con ayuda de algún instrumento culinario, se baña cada huevo en la besamel, se posan sobre una superficie plana y se dejan enfriar. Una vez que estén fríos, se pasan por huevo y pan rallado y se fríen en aceite caliente (se les puede añadir una loncha de jamón de york envolviendo el huevo, luego la besamel y por último el rebozado).

HUEVOS FRITOS VIUDOS
Grado de dificultad bajo

INGREDIENTES PARA 4 PERSONAS
4 huevos • 1 morcilla de arroz • 4 trozos de chorizo para freír • Aceite • Harina • Sal

Se corta la morcilla en rodajas de un centímetro, se sazona con sal por ambos lados y se pasa por harina, muy ligeramente, las dos caras de cada rodaja; se vierte aceite en una sartén, no demasiado, y cuando esté caliente, se fríen los trozos de morcilla, que según se van haciendo, se pasan a un plato grande y cuando se termina, se tapa con otro. Mientras, en una sartén pequeña, donde se vayan a hacer los huevos, se pone aceite hasta la mitad y, cuando esté caliente, se fríen los trozos de chorizo (se debe vigilar que se hagan bien por dentro sin que se quemen por fuera); después, se sacan y reservan en el plato de la morcilla. Por último, en el mismo aceite en que se ha frito el chorizo, se fríen los huevos al gusto. A la hora de servir este plato, por cada ración se pone un huevo, un trozo de chorizo y dos o tres rodajas de morcilla.

HUEVOS GRATÍN DE QUESO
Grado de dificultad medio

INGREDIENTES PARA 6 PERSONAS
6 huevos • 30 g de Gruyère • 30 g de queso Parmesano • 30 g de mantequilla • 2 dl de leche • 2 yemas de huevo • Sal • Pimienta • Nuez moscada

Una vez que están cocidos los huevos, se descascarillan, se cortan por la mitad a lo largo, se vacían y se aplastan las yemas hasta ponerlas en pasta fina; se deslían con dos yemas crudas; se salpimientan; se agregan los dos quesos rallados (reservando dos cucharadas para el gratín), y se trabaja el conjunto hasta dejarlo fino, agregando un poco de leche y, si gusta, nuez moscada. Se llenan las claras (ha de llegar el relleno hasta el borde), se colocan en una cazuela de porcelana resistente al horno y se reservan. Con la mantequilla, harina y los dos decilitros de leche, se confecciona una besamel que se vierte sobre los huevos, y se espolvorea por encima con el queso reservado. Se mete en el horno, un tanto fuerte para que se gratinen en pocos minutos.

HUEVOS GRATINADOS AROMÁTICOS
Grado de dificultad medio

INGREDIENTES PARA 6 PERSONAS
6 huevos • 6 cucharadas soperas de queso Parmesano • 3 rebanadas de pan • 40 g de mantequilla • 1 cucharada de mostaza • 1 cucharada de aceite • 2 cucharadas de perejil picado • 50 g de aceitunas rellenas de anchoa • Sal • Pimienta

Para la salsa:
400 g de tomates • 1 cebolla • Ajo • Albahaca • Aceite • Sal • Pimienta • 1 pizca de azúcar

En una sartén se calienta el aceite de oliva y se sofríen la cebolla y un diente de ajo, bien picados. Se añade el tomate pelado y en trozos, que se sazona con sal y una pizca de azúcar y se espolvorea con albahaca por encima, para luego tenerlo a fuego suave, durante media hora, removiendo de vez en cuando. Por otra parte, se ponen los huevos en una cazuela con agua fría y cuando empiece a hervir, se baja un poco el fuego y se tienen hirviendo durante 10 minutos. Transcurrido este tiempo, se pone la cazuela bajo el chorro de agua fría, se dejan refrescar los huevos un poco y se pelan con cuidado. A continuación, se parten en dos, longitudinalmente, se sacan las yemas con cuidado y se depositan en un cuenco, donde se aplastan con un tenedor. Se añaden la mostaza, el aceite de oliva, una cucharada de perejil picado y la mitad del queso Parmesano, luego se sazona con sal y pimienta y se mezcla bien. Se mete esta mezcla en una manga pastelera acanalada y se rellenan los medios huevos. Se cortan las rebanadas de pan en dados pequeños y se funde la mantequilla en una sartén pequeña en la que se doran los dados de pan. Se reparten en cuatro cazuelas o platillos individuales que puedan ir al horno, y se reparten también para cada ración los medios huevos rellenos. Se pasa la salsa de tomate por el pasapurés. Se le añaden las aceitunas rellenas, picadas, y el resto del perejil. Se napan los huevos con esta salsa y se reparte sobre ellos el resto del queso Parmesano. Para terminar, se meten las cazuelitas al horno calentado con antelación a 200°, y se tienen ahí unos 20 minutos. Se sirve bien caliente.

HUEVOS MEDITERRÁNEA
Grado de dificultad medio

INGREDIENTES PARA 4 PERSONAS
8 huevos cocidos • 1 cucharada de perejil picado • 2 filetes de anchoas picados muy finos • 1 cebolleta picada muy fina • 1 cucharada de mayonesa • 2 cucharadas de nata líquida

• 1 pellizco de pimentón dulce • 2 tomates pequeños cortados en gajos • Sal • Pimienta

Se cortan los huevos en mitades a lo ancho, se les saca las yemas y se dividen en dos partes. En una mitad se agregan las anchoas, el perejil y la nata. Se salpimienta y mezcla bien con el tenedor hasta conseguir una pasta suave. Con la otra mitad, se mezcla la cebolleta, la mayonesa y el pimentón. Se rellenan con cada una de estas mezclas una mitad de las claras cocidas y se sirven sobre hojas de lechuga y con los gajos de tomate.

HUEVOS PASADOS POR AGUA
Grado de dificultad bajo

INGREDIENTES PARA 2 PERSONAS
2 huevos • Agua

Se pone agua a hervir y cuando esté hirviendo, se echa el huevo con mucho cuidado para que no se rompa. Se deja al fuego unos 2 o 3 minutos según se quiera más o menos tierno.

HUEVOS PAULETTE
Grado de dificultad bajo

INGREDIENTES PARA 2 PERSONAS
2 huevos cocidos • Mantequilla • 15 g de harina • 1 copita de vino blanco • 40 g de champiñones picados • 1 yema • Jugo de limón • Perejil • Sal • Pimienta

Se prepara una salsa echando en la mantequilla derretida una cucharada de harina y añadiendo poco a poco el vino blanco y la misma cantidad de agua; se deja hervir un buen rato, se le agregan los champiñones picados, sal, pimienta y perejil. Cuando la salsa empiece a espesarse, se le une una yema cruda, revolviendo continuamente. Se colocan los huevos, cocidos y cortados a lo largo en un molde, se echa la salsa por encima y se le añade el

zumo de limón. Este plato se sirve bien caliente.

HUEVOS PERDIDOS
Grado de dificultad bajo

INGREDIENTES PARA 4 PERSONAS
4 huevos • 4 chiles anchos • 3 dientes de ajo • 2 pimientas • 1 clavo • 1 rama de canela • Sal

Primeramente, se limpian, desvenan, asan y se mojan los chiles; luego se licuan los chiles con un poco de agua donde se remojaron, junto con el ajo, la pimienta, el clavo, la rama de canela y la sal. Por último, se fríe todo hasta que sazone y espese un poco, se agregan los cuatro huevos y se revuelve todo hasta que se cuezan y se pierdan en la salsa.

HUEVOS PICANTES CUBIERTOS DE MANCHEGO
Grado de dificultad medio

INGREDIENTES PARA 4 PERSONAS
4 huevos • Cebolla • Jitomate • Chiles variados (chipotles, verdes y jalapeños) • Ajo • Queso manchego • Consomé en polvo

Se muelen en la licuadora el jitomate, los chiles y la cebolla, y si se desea se puede agregar un trocito de ajo. Todo esto se vierte en una sartén grande, se deja que dé un hervor y se sazona con un poco de consomé en polvo. Una vez hirviendo, sobre esto se estrellan los huevos, se deja que se cuezan al gusto, tapándolos, y una vez cocidos, se pone sobre ellos queso manchego en rebanadas, se vuelve a tapar la sartén hasta que se derrita el queso y ya están listos para comer.

HUEVOS POCHÉ
Grado de dificultad bajo

INGREDIENTES PARA 4 PERSONAS
4 huevos • 1 taza de vinagre • Sal

Se pone en una cacerola agua hasta la mitad, se le añade una taza de vinagre y un poco de sal, se coloca al fuego fuerte y, cuando rompa el hervor, se revuelve rápidamente con una cuchara. Se rompen los huevos en el centro, cuidando de que la clara cubra la yema (nos ayudaremos con la cuchara para cubrirla de clara), se dejan unos minutos, según para qué se quieran, y se sacan con la espumadera, colocándolos sobre una rejilla para escurrir. Pueden estar listos entre los 2 y los 5 minutos.

HUEVOS RANCHEROS EN SALSA VERDE
Grado de dificultad medio

INGREDIENTES PARA 6 PERSONAS
6 huevos • 6 tortillas pequeñas • 75 g de manteca • 2 chiles serranos • 12 tomates verdes • 1 cebolla pequeña • 1 diente de ajo • 1 ramita de cilantro • Sal • Pimienta

Las tortillas se fríen en la manteca y los huevos se estrellan también en ella. La salsa se habrá preparado previamente, triturando y mezclando los tomates verdes cocidos, la cebolla, el ajo, los chiles y el cilantro, sazonando con sal y pimienta al gusto. Las tortillas se disponen en un plato caliente y sobre cada una de ellas se coloca un huevo estrellado, que se cubre con la salsa ya preparada. Se sirve caliente.

HUEVOS RELLENOS
Grado de dificultad medio

INGREDIENTES PARA 6 PERSONAS
12 huevos • 3 latas de atún al natural de 100 g • Mayonesa • 1 lechuga tierna• 1 lata de filetes de anchoas en aceite

En una olla con agua fría se ponen los huevos de forma que el agua los cubra por completo. Se coloca la olla al fuego y se cuentan 10 minutos desde que el agua empieza al hervir.

Transcurrido ese tiempo, se sacan los huevos y se pasan por agua fría hasta que se enfríen; se les quita la cáscara y se cortan por la mitad en sentido longitudinal, se sacan las yemas y se reservan, mientras que las medias claras se colocan en un plato. Para preparar el relleno se ponen en un bol todas las yemas menos una, se machacan las yemas con un tenedor, hasta que estén deshechas, a continuación se echa el atún y se vuelve a mezclar todo hasta conseguir una pasta homogénea. Con ayuda de una cuchara, se rellenan las medias claras con la pasta y se colocan, con el relleno hacia abajo, en una fuente en la que previamente se ha dispuesto un lecho de lechuga cortada en juliana. Para terminar, se cubre todo con la mayonesa y se adorna el plato con la yema rallada y los filetes de anchoas. Se sirve frío.

HUEVOS RELLENOS CON HORTALIZAS
Grado de dificultad medio

INGREDIENTES PARA 4 PERSONAS
8 huevos • 1 calabacín grande • 8 patatas pequeñas de piel fina • 2 pimientos del piquillo en conserva • 1 cebolla pequeña • 4 champiñones • 1 filete de pechuga de pollo • 1 loncha de jamón serrano • 3 cucharadas de salsa de tomate frito • Harina • Aceite • Vinagre • Sal •Besamel • Nuez moscada • Perejil

Se lava bien el calabacín y se corta en ocho trozos, que se sazonan con sal al gusto y se colocan en una rejilla para cocinarlos al vapor. En una cazuela se ponen seis huevos, agua y un chorro de vinagre y se cuecen hasta que queden duros. Se cuentan de 10 a 12 minutos una vez que haya roto el hervor. En otra cazuela se pone agua, sal y las patatitas, y se cuecen vigilando que la piel no se rompa. Mientras, en una sartén se echan tres cucharadas de aceite, la cebolla picada y sal; se sofríe a fuego muy suave hasta que esté pochada, se agregan los champiñones lavados, muy picaditos, y se saltean hasta que suelten el agua. Luego, se espolvorea con un poco de perejil, se escurre bien el aceite sobrante y se hace un puré con la cebolla y los champiñones. Por otra parte, se tritura la pechuga y el jamón serrano hasta hacer una pasta. Se pelan los huevos cocidos, se cortan por la mitad y se vacían las yemas. Se añade la mitad de las yemas a la mezcla de pollo y jamón junto con la salsa de tomate y entonces se rellenan los huevos con esta mezcla, para a continuación pasarlos por harina y huevo batido y freírlos hasta que estén dorados. Se conservan calientes en el horno a temperatura suave. Además, se pasan los calabacines a un plato grande y, con ayuda de una cucharita, se vacían un poco, dejando algo de pulpa en la base. Se rellenan los calabacines con el puré de champiñones y cebolla y se conservan también en el horno caliente. Se pican en trocitos muy pequeños los pimientos rojos hasta que quede casi como un puré. Se sacan las patatas con una espumadera, se cortan un poco los dos extremos y se vacía algo de pulpa. Se rellenan los huecos con pimiento rojo y se conservan en el horno. Por último, se sirve el plato acompañado de una salsa besamel clarita, aromatizada con nuez moscada.

HUEVOS RELLENOS DE ATÚN 1
Grado de dificultad bajo

INGREDIENTES PARA 4 PERSONAS
8 huevos • 100 g de atún en aceite
• 8 cucharadas de sofrito • 8 cucharadas de mayonesa • Cebollino • Escarola o lechuga • Sal
• Pimienta

Se hierven los huevos en agua salada durante unos 10 minutos; una vez que están, se pasan por agua fría, se pelan y se cortan horizontalmente por la mitad y se retiran las yemas. Se mezcla la salsa mayonesa con el sofrito y se reserva la mitad. Se añade al resto el atún desmenuzado y la mitad de las yemas, mezclando bien. Para terminar, se rellenan los huevos con la preparación anterior y se cubren con el resto de la salsa reservada. Estos

huevos se sirven acompañados con escarola o lechuga.

HUEVOS RELLENOS DE ATÚN 2
Grado de dificultad bajo

INGREDIENTES PARA 4-6 PERSONAS
6 huevos • 1 lata de atún • El jugo de 1 limón
• 100 g de guisantes cocidos • Lechuga para adornar

Para empezar, se cuecen los huevos en abundante agua durante unos 12 minutos aproximadamente (a contar desde que rompa el hervor), se enfrían cuando están ya listos, se pelan, se parten por la mitad, se sacan las yemas y se machacan éstas con un tenedor, mezclándolas muy bien con el atún y los guisantes; toda la mezcla se sazona con el jugo de limón. A continuación y para terminar, se rellenan las claras de los huevos con esta mezcla y se sirven sobre una hoja de lechuga dos o tres mitades por ración.

HUEVOS RELLENOS DE ESPINACAS
Grado de dificultad bajo

INGREDIENTES PARA 4 PERSONAS
10 huevos • 100 g de espinacas cocidas
• 1 lata de guisantes al natural de 200 g
• 1 cebolla • 1 diente de ajo • 1 cucharadita de pimentón • Harina • Aceite • Vinagre • Sal
• 1/2 vaso de vino blanco

Se cuecen en abundante agua con un chorro de vinagre ocho huevos durante unos 12 minutos aproximadamente, a contar desde que rompa el hervor, y una vez cocidos, se pelan y se cortan por la mitad, para entonces sacar las yemas y mezclar la mitad de ellas con las espinacas, con ayuda de un tenedor, hasta hacer una pasta homogénea. Después, se rellenan los medios huevos cocidos con esa pasta obtenida, apretando bien, y luego se pasan los medios huevos rellenos por harina y huevo batido dos veces, y se fríen en abundante aceite de oliva caliente. Se sacan a una fuente y se reservan. Por otro lado, en una cazuela amplia se ponen seis cucharadas de aceite de oliva, la cebolla rallada y el diente de ajo prensado, se sazona con sal y se sofríe 10 minutos a fuego suave. Se agrega entonces el pimentón, se remueve rápidamente y se vierte el vino blanco y dos vasos de agua; se cuece a fuego suave otros 10 minutos. Se machacan con un tenedor las yemas cocidas restantes y se añaden a la salsa. Se colocan los huevos rebozados y los guisantes escurridos y se deja que hierva todo a fuego muy suave durante 15 minutos. Se mueve la cazuela a menudo para que no se peguen.

HUEVOS RELLENOS DE QUESO AZUL
Grado de dificultad bajo

INGREDIENTES PARA 4-6 PERSONAS
8 huevos • 60 g de queso azul • 3 cucharadas de nata • 1 cucharada de mostaza • 1/2 lechuga • 50 g de aceitunas negras • 1/2 cucharadita de pimentón dulce • 1 pizca de pimienta negra recién molida • Sal

Se cuecen los huevos en agua hirviendo durante 10 minutos y cuando ya están listos, se sumergen en agua fría y se pelan. Se corta un trozo de clara del lado más grueso para que se aguanten de pie y se quita el tercio superior de los mismos para retirar fácilmente la yema. Se separan éstas en un bol y se desmenuzan finamente con un tenedor los trozos que se han retirado. Se añade el queso azul y la clara picada a las yemas, así como también la mostaza, el pimentón y la nata. Se echa sal y pimienta al gusto y se mezcla. Se rellenan los huevos con la pasta de queso azul, mejor si se hace con una manga pastelera y boquilla. Se lava y corta la lechuga en juliana fina y se sirve con el fondo de lechuga y aceitunas y colocando los huevos encima.

HUEVOS RELLENOS DE SALMÓN
Grado de dificultad bajo

INGREDIENTES PARA 4 PERSONAS
8 huevos • 300 g de salmón • 16 langostinos • 2 cucharadas de mayonesa • 250 g de salsa besamel • 50 g de queso rallado • 1 cucharada de mantequilla • Sal

Se cuecen los huevos durante 10 minutos a contar desde que el agua empieza a hervir. Se pelan a continuación y se cortan de forma alargada. Se sacan las yemas cocidas y se reservan. Después, se mete el salmón en el horno y se rocía con un chorro de aceite y sal. Una vez asado, se le quita la piel y todas las espinas. Más tarde, se desmenuza y pone en un cuenco y se rocía con el jugo del asado. Se agrega la mitad de las yemas cocidas, así como cuatro cucharadas de besamel y dos de mayonesa. Después, se mezclan bien todos los ingredientes con la ayuda de un tenedor y se rellenan las claras de los huevos con esa mezcla. En una fuente de horno, o en cuatro individuales redondas, se colocan sobre una capita muy fina de besamel y con el relleno hacia abajo. Después, se cubren con el resto de la besamel, previamente mezclada con el queso rallado, y se pone por encima la mantequilla cortada en trocitos. Por último, se colocan los langostinos pelados alrededor de los huevos y sobre la besamel. Se gratinan a 200° y, cuando se saca la fuente del horno, se adornan con el resto de las yemas de huevo cocidas, que se habrán pasado por el chino para que salgan ricitos.

HUEVOS RELLENOS GRATINADOS
Grado de dificultad medio

INGREDIENTES PARA 6 PERSONAS
6 huevos • 2 yemas de huevo • 1 lata de atún • 60 g de manteca • 2 cucharadas de cebolla picada muy fina • 3 cucharadas de harina • 3/4 l de leche • Manteca • Queso Parmesano rallado • Sal • Pimienta

Primeramente, se hacen seis huevos duros, cocinándolos durante 12 minutos, a contar desde que el agua comienza a hervir; una vez que están cocidos, se cortan por la mitad, a lo largo, se les sacan las yemas y se pasan éstas y el contenido de una lata de atún por el cedazo. Se condimenta la mezcla con sal y pimienta al gusto y se rellena con ella el blanco de los huevos. Por otra parte, se prepara una salsa poniendo en una cacerola 60 gramos de manteca, la cual se coloca en el fuego y en la que se doran dos cucharadas de cebolla finamente picada; a continuación se agregan tres cucharadas de harina, se deja cocinar un momento y se le añaden poco a poco tres cuartos de litro de leche, para conseguir una besamel, cocinando a fuego lento, que se va removiendo hasta que esté espesa. Se salpimienta al gusto y se le agregan las dos yemas justo al final de la cocción. Para terminar, en una fuente para horno, se pone la mitad de la salsa, se colocan encima las mitades de los huevos rellenos, se cubren con el resto de la salsa, se rocían por encima con manteca derretida, se espolvorea con queso rallado y se ponen los huevos a gratinar en el horno bien caliente.

HUEVOS REVUELTOS

Grado de dificultad bajo

INGREDIENTES PARA 4 PERSONAS
4 huevos • 1 cucharada de mantequilla
• 2 cucharadas de agua • Sal • Pimienta

Para hacer este plato de manera sencilla y rápidamente, se pone la mantequilla en el microondas, durante unos 30 segundos en un bol refractario mediano. Por otro lado, en un recipiente aparte, se baten los huevos con agua, sal y pimienta al gusto y se vuelcan sobre el recipiente en el que tenemos la mantequilla. A partir de ahí, se cocinan los huevos en el microondas, durante 2 minutos en principio, ya que luego se remueven, y se dejan otros 2 minutos más. Se sirven muy calientes.

HUEVOS REVUELTOS CON AJETES Y GAMBAS

Grado de dificultad bajo

INGREDIENTES PARA 1 PERSONA
2 huevos • 6 ajetes • 8 colas de gambas frescas (o 12 congeladas) • Aceite • Sal • Pimienta

Se cogen unos ajetes tiernos y frescos (se pueden usar los que venden envasados), se limpian bien y se pican en trocitos. Por otro lado, en una sartén se prepara un poco de aceite a calentar y una vez caliente, se ponen a saltear los ajetes con la sal y la pimienta al gusto; cuando estén casi hechos, se agregan las gambas (si son frescas se pelan las colas y si son congeladas tal cual vienen), y se hacen durante unos 2 minutos aproximadamente. Se rectifica de sal.
Se baten los huevos pero no intensamente, más que nada para romper la yema y la clara, se salan ligeramente, se echan en la sartén como si de un revuelto se tratara, y se revuelve todo hasta que veamos que está ligeramente cuajado el huevo. Se presenta en una fuente o plato para llevar a servir.

HUEVOS REVUELTOS CON AJOS TIERNOS Y GULAS

Grado de dificultad bajo

INGREDIENTES PARA 4 PERSONAS
8 huevos • 12 ajos frescos • 1 bandeja de 200 g de gulas • Aceite de oliva • Sal

Se trocean los ajos y se ponen a pochar a fuego lento en una sartén con aceite y un poquito de sal. Una vez que comprobemos que están blandos, se sube un poco el fuego y se añaden en ese momento las gulas (que deberán estar descongeladas), y la sal (la gula suele venir ya salada por lo que se debe tener cuidado con la sal), se les da unas cuantas vueltas y se añaden los huevos previamente batidos groseramente y salados al gusto. Ya sólo queda remover un poco y están listos para servir.

HUEVOS REVUELTOS CON BACALAO
Grado de dificultad bajo

INGREDIENTES PARA 4 PERSONAS
8 huevos • 700 g de bacalao • 1 trocito de guindilla
• 2 cucharadas soperas de crema de leche
• 4 dientes de ajo

Se desmiga el bacalao, se escurre bien y se pone en una sartén con aceite, el ajo y la guindilla; se dora un poco y se aparta del fuego. Se baten los huevos, se añade la crema de leche y el bacalao bien escurrido, y se revuelve. En una sartén aparte, con un poco de aceite, se echan todos los ingredientes, revolviendo continuamente. Este plato se debe de cocinar a medio fuego.

HUEVOS REVUELTOS CON BACALAO Y PIMIENTO
Grado de dificultad bajo

INGREDIENTES PARA 4 PERSONAS
8 huevos • 4 cogotes de bacalao en salazón
• 4 pimientos morrones • 4 dientes de ajo
• 1 cebolla pequeña • 1 puerro • 1 zanahoria
• 5 cl de aceite • Sal

Se desalan los cogotes de bacalao en agua con sal en cámara durante 24 horas, cambiando durante el proceso tres veces de líquido. Además, se ponen a asar los pimientos en el horno, a 200°, con un poco de agua; se mantienen hasta que estén hechos, dándoles varias vueltas. Se sacan, se pelan en caliente, se quitan los rabos y pepitas y se cortan en tiras. Se ponen en un cazo con agua, la cebolla, la zanahoria y el puerro, todo pelado. Se deja cocer por espacio de 15 minutos. Después se retiran del fuego y se echan los cogotes, que se dejan calentar en el agua durante 15 minutos, de manera que no se hagan. Se sacan y se separa en láminas, tirando pieles y espinas. Se baten los huevos y se sazonan ligeramente. Se coloca una sartén a fuego lento con el aceite y los dientes de ajo en láminas. Unos segundos después, se echan las tiras de pimientos rojos, que se dejan hacer pausadamente durante unos 10 minutos, revolviendo de vez en cuando. Para terminar, se retira la mitad del aceite y se echan las láminas junto a los huevos, revolviendo constantemente y a fuego muy lento para que se vayan haciendo.

HUEVOS REVUELTOS CON CALAMARES
Grado de dificultad bajo

INGREDIENTES PARA 4 PERSONAS
8 huevos • 400 g de calamares • 8 ajos tiernos
• 4 espárragos verdes • 16 piñones pelados
• 12 pasas de Corinto • Aceite • Sal

Se ponen a remojo las pasas durante 3 horas. Se pelan los espárragos y los ajos tiernos, y se trocean en pedazos de unos tres centímetros de largo. Se limpian los calamares, quitándole los interiores, se lavan y se cortan en dados. Luego se saltean los trozos de calamar en una sartén con un poco de aceite durante unos 5 minutos. Se sala. Se saltean en otra sartén los trozos de espárragos y ajos tiernos por espacio de unos 3 minutos. Se añaden los piñones y se tienen un ratito más; se retiran y reservan. Se pone una tercera sartén a fuego lento con unas gotas de aceite. Se calienta, se incorporan los calamares, los espárragos, los ajos, los piñones y las pasas de Corinto. Se revuelve. A fuego muy lento, se agregan los huevos, batidos y salados, removiendo permanentemente con una cuchara de madera hasta dejar cremoso, sin cuajar.

HUEVOS REVUELTOS CON ESPÁRRAGOS DE TUDELA
Grado de dificultad bajo

INGREDIENTES PARA 6 PERSONAS
6 huevos • 1 kg de espárragos blancos frescos (no deben ser gruesos) • 1/4 kg de ajos frescos
• 24 alcachofas • Aceite • Sal

Todos los ingredientes que tenemos que utilizar deben de ser frescos y no enlatados para conseguir de esta manera que el plato quede perfecto. Se pelan los espárragos, ajos y alcachofas, y se parten en tiras o trozos finos, teniendo en cuenta que no se van a cocer, sino que se van a freír crudos. Se calienta el aceite, se sofríen primero alcachofas y espárragos lentamente. Cuando se hayan pochado un poco, se añaden las tiras de ajo fresco y se espera hasta que hayan cogido color tostado. Se sazona al gusto. Para finalizar, se cascan los seis huevos sobre el sofrito y se revuelve hasta que cuajen sin secar demasiado.

HUEVOS REVUELTOS CON GUISANTES Y JAMÓN
Grado de dificultad bajo

INGREDIENTES PARA 4 PERSONAS
4 huevos • Guisantes • Unos taquitos de jamón serrano • Ajo en polvo • Cebolla • Pimiento • Vino blanco • 2-3 cucharadas de aceite • Sal • Pimienta

Para empezar, se echa en un sartén grande el aceite de oliva y cuando esté bien caliente, se le añade medio pimiento y media cebolla pequeña, todo muy picado. Una vez que veamos que estos ingredientes están ligeramente dorados, se añaden los taquitos de jamón. Se remueve todo muy bien y se añade un poco de ajo en polvo. Cuando esté bien revuelto, se echan los guisantes y se vuelve a remover todo bien para que así se fría un poco; si es necesario se puede añadir un poco más de aceite. A continuación, se echa un cuarto de vaso de vino blanco y se rehoga. Cuando esté bien caliente, se añaden los cuatro huevos y se remueve hasta que estén bien cuajados. En el momento en que el revuelto ya esté casi en su punto, se añade un toque de pimienta negra y se sirve en caliente. Este revuelto puede tomarse bien solo o bien como acompañamiento perfecto de algunas carnes.

HUEVOS REVUELTOS CON MOLLEJAS DE CORDERO
Grado de dificultad bajo

INGREDIENTES PARA 1 PERSONA
2 huevos • 6 brotes de ajos tiernos • 60 g de mollejas de cordero • Aceite • Sal • Pimienta

Primeramente, se limpian minuciosamente las mollejas, quitándoles la grasa, se trocean, se saltean en una sartén con un poco de aceite, a la vez que se salpimienta, y se dejan hacer 2 ó 3 minutos, dándoles una vuelta de vez en cuando. Cuando están listas, se retiran y se sacan a un plato; se escurren. Paralelamente, se pelan los brotes de ajo y se trocean en pedazos de unos tres centímetros aproximadamente; luego, se ponen en una sartén con un poco de aceite a fuego mínimo y se dejan hacer pausadamente hasta que se ablanden. Por otro lado, se baten los huevos concienzudamente y se les da el punto de sal y pimienta. Por último, se coloca una sartén a fuego mínimo con un hilo de aceite, los ajos tiernos y las mollejas; se calienta, se echa el huevo y se bate constantemente, hasta que nos quede cremoso, en absoluto cuajado. Un consejo: para regular el calor se podrá aproximar o alejar la sartén del fuego, según convenga.

HUEVOS REVUELTOS CON MORCILLA Y PATATAS
Grado de dificultad bajo

INGREDIENTES PARA 2 PERSONAS
3 huevos • 1 morcilla de Burgos • 1 bolsa de patatas fritas onduladas • Perejil • Nata • Sal

Por un lado, se fríe en una sartén la carne de la morcilla y se va aplastando; por otro, se baten los huevos en un bol con un poquito de nata, sal y perejil. A continuación, se echan las patatas fritas en la sartén y se siguen aplastando los ingredientes. Para terminar, se añaden los huevos y se remueven para hacer el revuelto.

HUEVOS REVUELTOS CON SALMÓN AHUMADO Y PASTA
Grado de dificultad bajo

INGREDIENTES PARA 2 PERSONAS
2 huevos • 40 g de salmón ahumado • 50 g de cintas de colores • 1 nuez de mantequilla • 1 chorro de aceite • Sal • Pimienta

Se pone un cazo con abundante agua y sal a fuego vivo, para cocer al dente en ella las cintas de colores. Mientras se cuece la pasta, se va cortando el salmón ahumado en tiras y se baten los huevos, salándolos levemente. A continuación, se pone una sartén a fuego mínimo con la nuez de mantequilla, se echan los huevos y se bate constantemente con una espátula de madera, para que ganen cremosidad sin hacer grumos; esto requiere tiempo. Cuando el revuelto esté casi en su punto, se echan las tiras de salmón, que justo han de coger calor al mezclarse con el huevo. Se retira. Se dispone una corona con la pasta en la parte exterior del plato y, en el centro, el revuelto con el salmón ahumado. Para servir, se espolvorea pimienta negra molida por todo el conjunto.

HUEVOS REVUELTOS CON TORREZNOS
Grado de dificultad bajo

INGREDIENTES PARA 6 PERSONAS
12 huevos • 150 g de jamón • 150 g de chorizo • 300 g de panceta

Se cortan la panceta y el jamón en daditos pequeños. El chorizo se pela y se desmenuza su contenido. Sin aceite, se ponen los daditos de panceta en una sartén honda a fuego suave. Cuando hayan soltado su grasa (se nota porque se quedan reducidos, más o menos, a la mitad de su tamaño), se echa el jamón y el chorizo, se aumenta un poco la temperatura y se les da unas vueltas, rehogándolos. Los 12 huevos, que se han batido previamente en un recipiente, se echan

en la sartén, manteniendo ésta bien caliente, y se remueven todos los ingredientes constantemente, para que los huevos se cuajen por igual y no se formen grumos. No hay que echar sal, pues basta con la del jamón y la de la panceta.

HUEVOS REVUELTOS MIL SABORES
Grado de dificultad bajo

INGREDIENTES PARA 4 PERSONAS
4 huevos • 1 morcilla de piñones • 2 sepias • 1 lomo de bacalao • Aceite de hinojo • 1 pera • Pimentón picante • 1 pizca de azafrán • Aceite de oliva • Sal

Se trata de una receta con una curiosa y exquisita mezcla de sabores, que aunque choque en el plato, no disgusta en el paladar. Para empezar, se desmenuzan las morcillas, se añade la sepia limpia y cortada en pequeños tacos y se desmenuza el bacalao, que previamente tiene que haberse dejado en marinado con el aceite de hinojo 15 minutos. Luego, se mezclan todos estos ingredientes con los huevos, y se hace un revuelto. Se corta la pera en láminas, se riega con aceite de oliva virgen, sal y el pimentón picante, se deposita la pera formando una cama para el revuelto de morcilla, sepia y bacalao, y se añade el azafrán. Se riega todo el conjunto con el aceite de hinojo y se puede acompañar de un vino blanco joven y de unas tostas de pan.

HUEVOS REVUELTOS PIPERRADA
Grado de dificultad bajo

INGREDIENTES PARA 4-6 PERSONAS
8 huevos • 1/2 kg de cebollas • 1/2 kg de pimientos morrones • 1/2 kg de tomates maduros • 100 g de jamón serrano

Se pelan y se limpian las cebollas y los pimientos cortándolos en rodajas muy finas, los tomates se escalfan en agua hirviendo, se refrescan en agua fría, se les quita la piel y las pepitas y, por último se pican muy fino. Se corta el jamón en juliana. En una cazuela sobre la placa de la cocina eléctrica, se ponen con un poco de aceite las cebollas, los pimientos y el jamón. Cuando están ya dorados, se añaden los tomates y se deja cocer suavemente hasta que el jugo de tomate se consuma. A continuación, se sala al gusto. En el momento de servir, se añaden los huevos muy batidos, moviéndolos con una espátula hasta que queden bien cuajados. A la hora de servir, este plato se acompaña de costrones de pan frito.

HUEVOS REVUELTOS RÁPIDOS
Grado de dificultad bajo

INGREDIENTES PARA 2 PERSONAS
2 huevos • 1 lata de atún en aceite • 1 lata de champiñones laminados • Aceite (si fuese necesario) • 1 chorrito de leche o nata • Sal • Pimienta

Se pone a calentar el contenido de la lata de atún, incluido su aceite, junto con los champiñones bien escurridos. Mientras, se baten los huevos con la sal, la pimienta y el chorrito de leche. Si no se tiene suficiente con el aceite de la lata, se puede añadir un poco más. Se echan los huevos a la sartén y se revuelve sin dejar cuajar demasiado.

HUEVOS SALPICADOS
Grado de dificultad bajo

INGREDIENTES PARA 2 PERSONAS
4 huevos • Pan molido • Pimienta • Queso Parmesano en polvo • Tocino • Nueces • Piña

Dos de los huevos se baten y se mezclan con el pan molido (las cantidades dependen del gusto de cada uno: cuanto más pan, más espeso), a la mezcla se le añade un poco de pimienta y el queso Parmesano al gusto,

considerando que es muy fuerte el sabor. Se pone a lumbre baja en una sartén y cuando empiece a cocerse, se añaden trozos de tocino, las nueces peladas y en trocitos y los pedazos de piña; también se añaden pedacitos de los otros huevos, los cuales fueron cocidos mediante baño María. Se sirven como guarnición en desayunos y si se reducen las nueces y el tocino, este plato puede tomarse de manera dietética como tentempié.

HUEVOS SALPICADOS DE JAMÓN
Grado de dificultad bajo

INGREDIENTES PARA 1 PERSONA
2 huevos • 2-3 rebanadas de jamón • Sal • Pimienta

Se corta el jamón en trocitos y se fríe en un poco aceite bien caliente. Una vez que el jamón haya dorado, se agregan los huevos y se revuelve muy bien. Se salpimienta al gusto y se deja cuajar. Puede acompañarse con frijoles al gusto.

NIDOS CON HUEVOS DE GRULLA (cocina japonesa)
Grado de dificultad medio

INGREDIENTES PARA 6-8 PERSONAS
12 huevos de grulla, que se pueden sustituir por huevos de faisán o de gallina • 200 g de alga Yang-fe • 100 g de rábanos, de los alargados y que piquen • Té negro • Salsa de soya • Sal

Se cuecen los huevos, una vez cocidos se golpea la cáscara, con el objeto de que se agriete, y cuando está bien agrietada, se vuelven a cocer en agua, a la que se le ha añadido té negro y una cucharada de salsa de soya; pasados unos 30 minutos, los sacaremos y quitaremos la cáscara. El resultado será obtener unos huevos negro-parduscos con vetas. El alga, que es un alga muy filamentosa y algo gelatinosa, se pone a remojo en agua templada durante un buen rato, se escurre bien y se mezcla con el rábano cortado en finísima juliana. Con estos ingredientes se da forma a unos nidos en los que se colocan los huevos. Se puede dar alguna nota de color rojo al plato con unas flores de pimiento. Se sirve el plato frío y acompañado de salsa de soja.

TORTILLA A LA PLANCHA
Grado de dificultad medio

INGREDIENTES PARA 4 PERSONAS
6 huevos • 1 cuchara sopera mantequilla • 1 cebolla rallada • 2 cucharas soperas de maizena • 1 ají picadito • 1/3 de taza de leche evaporada • 1 pizca pimienta blanca • 1 cucharadita de sal • 1/2 taza de queso danés rallado

Este es un plato que sirve de desayuno o cena, y se acompaña con pan frito de plátano. Se trata de una recta fácil de preparar: en una fuente se baten los huevos a punto suave, aparte se mezcla la leche con la maizena y se adiciona a la mezcla con los demás ingredientes. Se remueve bien y se deja reposar durante 3 minutos; pasado este tiempo, se lleva a la plancha ya caliente. Se echa con cuchara grande y se deja cocinar hasta que se dore. Para decorar se puede utilizar una hoja de laurel o apio. Se sirve caliente.

TORTILLA BAÑANA
Grado de dificultad medio

INGREDIENTES PARA 2 PERSONAS
3 huevos, grandes • 1 cucharada de mantequilla clarificada • 1/4 de cucharadita de sal • 1 pizca de pimienta • 1 taza de hojas de espinaca • 1/4 de taza de queso Feta, desmenuzado • 2 cucharaditas de aceite de oliva • 1 cucharada de orégano fresco, picado • 1 diente de ajo pequeño, cortado muy fino • 1 taza de tomates cherry • 1/2 taza de vino blanco seco

Se utiliza una sartén antiadherente de 20 centímetros de diámetro. Se baten los huevos con tenedor, se sazonan con sal y pimienta. Se calienta la mantequilla en una sartén pequeña, sobre calor medio alto, se agregan las espinacas, se cocinan volteándolas 20 segundos, se agregan los huevos, se bate y sacude la sartén constantemente, hasta que empiece a cuajar, y cuando todavía se vean sueltos, se para de batir y se cocina hasta que cuaje de minuto a minuto y medio, dependiendo de la consistencia deseada. Se salpica media tortilla con queso Feta, y utilizando la espátula, se dobla la otra mitad sobre el queso. Entonces se desliza sobre el plato. Rápidamente se vuelve a poner la sartén al calor, con el aceite de oliva, ajo y orégano, y se sofríe hasta que el ajo esté dorado, unos 2 minutos, se agregan los tomates y el vino, y se pone el fuego en medio-alto, para así cocinar unos 5 minutos más, hasta que los tomates revienten. Por último, se pone la salsa de tomates sobre la tortilla, y se sirve inmediatamente.

TORTILLA DE ACELGAS
Grado de dificultad bajo

INGREDIENTES PARA 4 PERSONAS
8 huevos • 10 hojas de acelga, la parte verde • 1 diente de ajo • 40 cc de aceite • 4 cucharadas soperas, rasas, de queso Gruyère rallado • Sal • Pimienta

Se calienta el aceite y se rehoga la verdura con el ajo picado a fuego suave. Cuando veamos que la verdura ha perdido el nervio (entre 5 y 10 minutos, según temperatura del aceite), es decir, que está blanda pero justo cuando deja de estar al dente, se aplasta un poco y se añade el queso. Se salpimienta y se saca a un plato, que escurra un poco el aceite. El aceite escurrido se pone en la sartén y una vez que está caliente, se añaden los huevos batidos, poniéndoles sal si hiciese falta, y a continuación la verdura, confeccionando con los ingredientes como una tortilla francesa. Se puede hacer de una pieza o cuatro tortillas individuales.

TORTILLA DE AJOS TIERNOS
Grado de dificultad bajo

INGREDIENTES PARA 2-3 PERSONAS
3-4 huevos • 1 manojo de ajos tiernos • Aceite
• Sal

Se coge un manojo de ajos tiernos y se trocean en longitudes de unos cinco centímetros aproximadamente. Hecho esto, se fríen con un buen aceite de oliva (no especificamos la cantidad, porque esto está en la proporción de la cantidad de ajos tiernos que resulten y el gusto de cada uno al aceite). Se fríen a fuego lento y es bueno taparlos para que se hagan bien, resulten tiernos y no quemados por un fuego excesivo. Antes de terminar de freír los ajos, se baten tres o cuatro huevos y cuando ya estén los ajos en su punto, se echan los huevos, se mezclan bien para evitar que queden zonas con mucho huevo y poco ajo, y se deja que cuaje como es debido. Una variante de esta exquisita tortilla es la resultante de mezclar con los ajos tiernos un puñado de habas.

TORTILLA DE AJOS Y PATATAS
Grado de dificultad medio

INGREDIENTES PARA 4 PERSONAS
6 huevos • 1 cebolla • Patatas • 3-4 cabezas de ajo
• Perejil • Sal

Por un lado, se pelan las patatas y se cortan muy finamente con una mandolina, y por otro, se pela y corta en juliana una cebolla; luego, se mezclan y fríen el conjunto en una freidora a 180°. Se pelan, mientras tanto, tres o cuatro cabezas de ajo y se pasan por el «aplastaajos»; además, se pica finamente el perejil. Ya sólo nos quedaría batir los huevos, y a éstos añadirles los ajos, el perejil picado, las patatas y la cebolla fritas (pero no

demasiado). Para terminar, se cuaja la tortilla en una sartén a fuego suave.

TORTILLA DE ANCHOAS
Grado de dificultad bajo

INGREDIENTES PARA 2 PERSONAS
3 huevos • 250 g de anchoa • 2 dientes de ajo
• Aceite • Sal

Para empezar, se desespinan las anchoas y se parten en trozos pequeños. Mientras, en una sartén con aceite se echan los dientes de ajo muy picaditos y, cuando estén dorados, se añaden las anchoas y se les da unas vueltas hasta que se hagan. Por último, se baten bien los huevos y se echa la fritada anterior en el huevo batido; a partir de ahí, se hace la tortilla tal cual.

TORTILLA DE ARROZ
Grado de dificultad medio

INGREDIENTES PARA 4 PERSONAS
350 g de arroz • 50 g de mantequilla • 4 rodajas de queso Parmesano • 1 huevo • 3 cucharadas de leche • 200 g de pechuga de pollo cocida • Harina de galleta • Sal • Nuez moscada

Se cuece el arroz en abundante agua salada y, cuando esté listo, se aparta y se escurre. Entonces, se mezcla con 30 gramos de mantequilla, el huevo batido junto con la leche, así como un puñadito de nuez moscada; hecho esto, se vierte la mitad en un molde. Se añade a continuación una capa formada por la pechuga de pollo cocida y desmenuzada y las rodajas de queso Parmesano, y se recubre con el arroz. Para ir finalizando la elaboración de este plato, se espolvorea la superficie con harina de galleta y se ponen algunos rizos de mantequilla por encima, para entonces, en el horno, previamente encendido, gratinar durante unos 25 minutos aproximadamente, y servir la torta de arroz en ese mismo recipiente.

TORTILLA DE BACALAO
Grado de dificultad medio

INGREDIENTES PARA 1-2 PERSONAS
2 huevos • 1/4 kg de bacalao salado sin espinas
ni piel • 6 dientes de ajo cortados en finas láminas
• 1/2 kg de patatas peladas • Perejil picado
• Aceite • Sal • Pimienta

Lo primero que hay que hacer es poner a
desalar el bacalao en agua durante 24 horas,
cambiando el agua varias veces; una vez que
tengamos el bacalao en su punto, podremos
comenzar con la elaboración de esta tortilla.
Así pues, se ponen tres o cuatro copas de
agua en una cacerola, se lleva a ebullición, se
añaden el bacalao y las patatas, se tapa y se
deja hervir muy suavemente durante 10
minutos, más o menos hasta que el bacalao
quede blando. Transcurrido ese tiempo, se
saca el bacalao y se desmiga, reservándolo.
Luego, se continúan cociendo las patatas
durante otros 20 minutos; se sacan, se secan y
se reservan. Mientras se cuecen las patatas, se
mezcla el bacalao con ajo, perejil, sal y
pimienta y se desmiga más finamente. Una
vez que veamos que las patatas están listas, se
pelan y se hace un puré, el cual se mezcla con
el bacalao. Se añaden luego las yemas de los
huevos y se mezcla bien. Se baten las claras y
cuando estén montadas, se mezclan también
con la mezcla de bacalao con patatas. Se
reserva. Se calienta el aceite en una sartén, y
cuando esté muy caliente, se fríe en él la
mezcla hasta que quede dorado por las dos
caras. Se seca en un papel absorbente antes
de servir.

TORTILLA DE BERENJENA
Grado de dificultad bajo

INGREDIENTES PARA 4 PERSONAS
5 huevos • 1 berenjena grande • 1/2 cebolla grande
• 1 tomate • Sal

Se pone la cebolla picada a freír. Se corta la
berenjena en cuadraditos y se añade a la
sartén con la cebolla y se deja a fuego lento
hasta que esté casi hecho. Se quita el aceite si
hay mucho y se incorpora el tomate rallado
para terminar de freír. Esta mezcla es la que se
incorpora a los huevos batidos junto con la
sal, y se cuajan.

TORTILLA DE BOQUERONES
Grado de dificultad bajo

INGREDIENTES PARA 6 PERSONAS
8 huevos • 1 kg de boquerones bien frescos
• 2 dientes de ajo • 1 vaso de aceite
• 1 ramita de perejil • Sal

Se limpian bien los boquerones, se les quitan
todas las espinas, las cabezas y las colas. Se
pone al fuego una sartén con la mitad del
aceite, los boquerones, los ajos y el perejil
finamente picados y se dejan hacer a fuego
lento hasta que los boquerones tomen un
poquito de color. Luego, se baten los huevos
en un plato, se añaden los boquerones, se
mezcla todo muy bien y se echa sal al gusto.
Se pone una sartén al fuego con aceite y se
echa la mezcla. Se deja que la tortilla cuaje
bien por ambos lados.

TORTILLA DE BUTIFARRA DE HUEVO
Grado de dificultad bajo

INGREDIENTES PARA 6 PERSONAS
8 huevos • 1 butifarra de huevo • 1 diente de ajo
• Aceite • Perejil • Sal

Primeramente, se baten ligeramente los
huevos de manera que se distingan la yema
de la clara, y luego, se salan. Por otro lado, se
trocean dos pedazos de butifarra gruesos, sin
piel, y se cortan el ajo y el perejil; a
continuación, se pone esta mezcla en una
sartén con el aceite bien caliente y luego se le
añaden los huevos. Se deja a fuego lento para
que la tortilla se haga poco a poco y se
impregnen los sabores de la butifarra y el ajo.

Se hace un enrollado con la tortilla y se sirve rápidamente para degustarla bien caliente.

TORTILLA DE CALABACÍN
Grado de dificultad bajo

INGREDIENTES PARA 3 PERSONAS
4 huevos • 2 calabacines medianos • 1 cebolla grande • Sal

Se cortan en láminas los calabacines y la cebolla y se fríen en una sartén en la que quepa todo bien (porque si no sueltan toda el agua y se cuecen). Luego, se incorporan los huevos batidos con un poco de sal y entonces se cuaja la tortilla.

TORTILLA DE CAMARONES
Grado de dificultad bajo

INGREDIENTES PARA 6 PERSONAS
1/4 kg de camarones • 1/4 kg de harina • 1/4 kg de cebolla picada • 100 g de perejil • Agua para hacer la masa • Aceite • Sal

Se echa la harina en un bol y se mezcla, poco a poco, batiendo, con el agua hasta formar una masa ligeramente líquida. Se sala al gusto y se echan los camarones, la cebolla y el perejil. A continuación, se deja reposar la masa por espacio de 1 hora, y cuando ha pasado ese tiempo, se llena una cucharada sopera con la masa, tantas veces como tortillas se quieran hacer, y entonces se fríen en abundante aceite caliente hasta que se doren.

TORTILLA DE CHAMPIÑONES
Grado de dificultad bajo

INGREDIENTES PARA 2-3 PERSONAS
4 huevos • 2 cucharadas de mantequilla • 1 cucharada de leche • 2 tazas de champiñones frescos • 1 jitomate grande • 1 pimiento verde • 1/2 cebolla pequeña • 2 cucharadas de aceite • Sal • Pimienta

Se baten bien los huevos y a continuación se les agrega la leche, la sal y la pimienta al gusto. En una sartén se calienta la mantequilla y se vierte la mezcla de huevo; a partir de ahí, se remueve hasta que empiece a cuajar. Se dobla entonces y se deja al fuego unos minutos. Antes de doblar la tortilla se le vierte el relleno que se prepara en esta forma: se pica el jitomate, el pimiento y la cebolla; se fríen en aceite ,y antes de que hiervan, se le echan los hongos (limpios, escurridos y cocidos); luego, se sazona y se deja espesar. Este plato se sirve bien caliente.

TORTILLA DE CHISTORRA
Grado de dificultad bajo

INGREDIENTES PARA 4 PERSONAS
8 huevos • 100 g de chistorra o chorizo • 2 rodajas de pan duro • Aceite • Sal

Se corta cada rodaja de pan a lo largo en tiras, y luego en cuadrados pequeños. A continuación, en una sartén pequeña con aceite hirviendo, se fríen los picatostes hasta que se doren; se sacan y escurren. Por otra parte, se retira la piel de la chistorra y se parte lo de dentro en pedazos chiquitines. Acto seguido, se saltean brevemente en una sartén con una gota de aceite, dejando que suelten cierta grasa. Se escurre minuciosamente. Mientras, se baten en un bol los huevos, sazonados con sal, hasta que estén espumosos. Se coloca una sartén limpia, únicamente impregnada de aceite para que no se pegue, a fuego medio. Cuando esté caliente, se echan los pedazos de chistorra y los picatostes; se revuelve. Se vierten los huevos batidos esponjosos, dejando hasta que forme en el fondo una costra de tortilla. Cuando esto haya sucedido, se le da la vuelta y se tiene hasta que justo se dore, quedando el centro cremoso, jugoso. Se da forma redonda a la tortilla.

TORTILLA DE ESCAROLA
Grado de dificultad bajo

INGREDIENTES PARA 1 PERSONA
2 huevos • 1 escarola (de hoja rizada) • Aceite
• Sal

De la escarola se desechan las hojas más
exteriores, que suelen estar manchadas y
demasiado pasadas; así pues, se cogen unas
cuantas hojas de la segunda capa (siempre
de las verdes, reservando las capas internas
blancas para otras utilizaciones, como una
ensalada), se lavan con agua abundante y se
dejan escurrir. Luego, se cortan en trozos
pequeños, a discreción, se sazonan al gusto
y se ponen al fuego en una sartén con
abundante aceite, hasta que queden
reblandecidas, aunque no doradas. Se sacan
del fuego y se escurren un poco. Aparte,
se baten los huevos con su sal, y se mezclan
con los pedacitos de escarola precocidos,
procediendo seguidamente como para hacer
una tortilla a la francesa (con muy
poco aceite).

TORTILLA DE HABAS TIERNAS
Grado de dificultad bajo

INGREDIENTES PARA 1 PERSONA
2 huevos • 1 puñado de habas • Aceite
• Sal

Lo primero que debemos de hacer es preparar
las habas; cuando ya las tengamos hechas,
se toman un par de cucharadas colmadas de
habas cocinadas y se colocan con un poco
del aceite en el que se han hecho en la sartén.
Por otra parte, se baten bien un par de
huevos a los que se añade sal al gusto y se
vierten sobre las habas, procurando esparcir
bien éstas con el fin de que se encuentren
bien repartidas. Se deja que cuaje la parte
inferior, se coloca un plato o un vuelve tortillas
y se le da la vuelta al preparado, para permitir
que se termine de cuajar y nos quede una
tortilla redonda.

TORTILLA DE HABAS Y AJOS TIERNOS
Grado de dificultad bajo

INGREDIENTES PARA 4 PERSONAS
6 huevos • 1 kg de habas tiernas (pequeñas)
• 1 manojo de ajos tiernos • 1 vaso de aceite
• Pimienta molida • Sal

Por un lado, se desgranan las habas, y por
otro, se lavan y limpian bien los ajos con agua
abundante para quitarles la tierra, luego se les
cortan los extremos más verdes, se secan bien
con un paño y se cortan las partes más
blancas en trocitos de unos tres centímetros.
A continuación, se cubre el fondo de una
sartén con aceite, se pone al fuego y se fríen
los ajos hasta que estén blandos, entonces se
sacan y se dejan escurrir durante un buen
rato. Se coloca el resto del aceite en una
cazuela, se pone al fuego y se echan las
habas, dejándolas cocer lentamente, a fuego
lento. Cuando estén tiernas, se sacan y
colocan en un escurridor para que escurran
bien el aceite. Mientras, en un bol se baten
las claras de los huevos y cuando estén bien
batidas, se añaden las yemas y se siguen
batiendo hasta que se mezcle todo. Entonces
se ponen los ajos, las habas, la sal y un
pellizco de pimienta molida y se mezcla.
Se pone una sartén al fuego, con un poco
del aceite de freír los ajos, sobre el que se
echa la mezcla, distribuyéndose bien por el
fondo de la sartén; una vez que esté la tortilla
bien echa por un lado, se da la vuelta
y se deja cocer por el otro. Se presenta
en una fuente redonda.

TORTILLA DE HIERBAS CAMPESINA
Grado de dificultad bajo

INGREDIENTES PARA 2 PERSONAS
4 huevos • 30 g de acelgas picadas • 30 g de
espinacas picadas • 4 hojitas de menta picadas
• 2 cucharadas generosas de cebolleta francesa
• 2 hojas de acedera • 2 anchoas en aceite
finamente picadas • 1 cucharada de perejil

• 2 cucharillas de hojas de hinojo finamente picadas • Aceite • Sal • Pimienta

Acelgas, espinacas, menta, cebolla y acedera se salan y se dejan en reposo. Al cabo de 10 minutos, se estrujan las verduras para quitarles el líquido que les ha extraído la sal. En una sartén a fuego medio se ponen, con cuatro cucharadas de aceite caliente, las verduras exprimidas y las finas hierbas, así como las anchoas. Una vez ablandadas las verduras ,se vierten los huevos batidos, salados ligeramente, se deja cuajar y se le da la vuelta; esta tortilla tiene forma redonda, no se dobla como la francesa.

TORTILLA DE HUEVO CON ANGULAS
Grado de dificultad bajo

INGREDIENTES PARA 4 PERSONAS
6 huevos • 1 lata pequeña de angulas en aceite • 1 jitomate mediano • 1 cucharada de cebolla picada • 1 pimiento morrón • 1 cucharada de perejil picado • 75 g de manteca • Sal • Pimienta

Los huevos se baten, se les agregan las angulas, el jitomate picado (sin piel ni semilla), la cebolla, el perejil y el pimiento en trocitos. Se mezcla todo y se sazona con sal y pimienta. Se pone al fuego la manteca en una sartén. Cuando esté caliente, se vacía la preparación anterior para formar una tortilla grande. Apenas se haya frito la parte inferior, se dobla por la mitad, se saca con la espumadera y se pasa a un plato grande. Al hacerlo de esta forma conseguimos que quede tierna por dentro. Se sirve con salsa de jitomate (o tomate frito) y ensalada de lechuga.

TORTILLA DE MORCILLA
Grado de dificultad bajo

INGREDIENTES PARA 4 PERSONAS
5 huevos • 1 morcilla de matachana (o en su defecto de cebolla) • 200 g de espinacas

• 1 puñado de pasas • 1 puñado de piñones • Aceite • Sal

Un cuarto de hora antes de ejecutar la receta, se ponen en remojo en agua tibia las pasas y los piñones, y mientras se lavan las espinacas, se cuecen, escurren y pican. Por otro lado, se asa la morcilla en una sartén hasta que la piel reviente, para de esta forma eliminarla. Se agregan entonces las espinacas a la morcilla y se da unas vueltas a todo el conjunto; se reserva. Se salan suavemente los huevos, se baten muy espumosos y se saltean en un poco de aceite con pasas y piñones, cuidando que éstos no se quemen. Se agrega a los huevos la mezcla de morcilla y espinacas que teníamos reservada, las pasas y los piñones. Se elabora a fuego medio como una tortilla de patatas. Debe quedar jugosa. En el último momento, se sube el fuego para que tueste suavemente por las dos caras.

TORTILLA DE PATATAS (TORTILLA ESPAÑOLA)
Grado de dificultad medio

INGREDIENTES PARA 3 PERSONAS
4 huevos • 1/2 kg de patatas • Un vaso de aceite • Sal

Se lavan y cortan las patatas en láminas finas y una vez puesto el aceite a calentar, se echan las patatas, añadiendo un poco de sal, y se fríen. Podemos utilizar un truco: si la tortilla gusta con las patatas más desechas, puede ir desmenuzándose la patata con la rasera mientras se mueve. Cuando se vean doradas las patatas, se apartan y es importante que escurran el aceite en un colador o en un plato con papel absorbente. Mientras, se baten los huevos con un poco de sal y una vez batidos se añaden las patatas, mezclándolas bien con el huevo batido. Se prepara de nuevo la sartén en el fuego con dos cucharadas pequeñas de aceite, que cubran una lámina del fondo de la sartén. Se echa la mezcla del huevo y las patatas. Se mueve agitando la sartén con habilidad para que no se pegue la tortilla al fondo. Para finalizar, una vez que se perciba claramente que la tortilla está bien cuajada, se pone una tapadera encima y se le da la vuelta (es fácil, solamente hay que hacerlo con seguridad). Se le puede dar varias vueltas hasta que quede dorada por ambos lados según el gusto.

TORTILLA DE PATATAS CABREADA (HUEVOS ESTRELLADOS)
Grado de dificultad bajo

INGREDIENTES PARA 4 PERSONAS
4 huevos • 1 kg de patatas • Aceite
• Sal

Este plato se trata propiamente de un revuelto de huevos fritos con patatas fritas, hechos ambos por separado a la manera tradicional, tanto las patatas (en tiritas) como los huevos fritos, los cuales a la hora de ser servidos, se rompen literalmente sobre las patatas.

TORTILLA DE PATATAS CON ATÚN
Grado de dificultad medio

INGREDIENTES PARA 3 PERSONAS
4 huevos • 1/2 kg de patatas • Un vaso de aceite
• Atún • Tomate • Sal

Servir la tortilla de patatas clásica (ver receta) con atún y un buen tomate partido es también una idea muy atractiva (se puede mejorar aún más si utilizamos un buen bonito en escabeche).

TORTILLA DE PATATAS CON CEBOLLA
Grado de dificultad medio

INGREDIENTES PARA 1 PERSONA
100-150 g de patata • 1-2 huevos • 50 g de cebolla
• Aceite • Sal

Para empezar, las patatas se pelan y se limpian con un paño (no hay que pelar las patatas con antelación ya que se ponen negras); luego se pican como si de hacer sopas de pan se tratara, es decir, en lamas pequeñas. Hay quien acostumbra a partir las patatas en discos muy finitos, con lo cual la cocción de la patata en el aceite es más rápida; también se puede hacer cortándolas en dados pequeños. La cebolla, por su parte, se pica de manera que queden los trozos de un tamaño uniforme. A continuación, se pone en una sartén, que no tiene que ser necesariamente la que usemos para hacer la tortilla (hay que tener una sartén honda para hacer tortillas), el aceite, se calienta suavemente y se echan las patatas y la cebolla. No se trata de freír las patatas, sino de cocerlas en el aceite con una temperatura superior que al cocerlas en agua. En la primera fase de este cocimiento, es decir, hasta que empiece a ablandarse la patata, se mantiene la temperatura a no más de 140/150°, más o menos, que es cuando el aceite borbotea pausadamente, es decir, debe de ser la temperatura del foco calorífico media tirando a baja. Durante esta fase se debe tapar la sartén para evitar que la patata pierda mucha agua. Ya blanda la patata, se sala y se sube la temperatura, para que coja un poco de color rubio, pero sin llegar a que se endurezca su superficie. Durante todo el proceso se procede para que no se quemen o se frían las que están en la parte baja. Las patatas tienen que quedar bien blandas y jugosas; al moverlas se tienen que deshacer ligeramente y es conveniente que algunas se deshagan para mayor ligazón en la tortilla. Se continúa sacando las patatas de la sartén y escurriéndolas de manera que queden aceitadas, pero sin exceso de aceite. Luego, se baten bien los huevos, pero sin que formen espuma (ya que ésta al cuajarse más fácilmente deja durezas en el interior de la tortilla); por supuesto claras y yemas tienen que estar perfectamente emulsionadas. Una vez que se han batido los huevos, se les pone sal al gusto. No se deben dejar los huevos batidos sin usarlos seguidamente, porque debido a sus características se licuan. Se mezclan bien los huevos batidos con las patatas. En la sartén de hacer la tortilla, que será honda y no de mucho diámetro (por supuesto todo depende del tamaño de la tortilla), se ponen tres cucharadas de aceite y cuando esté bien caliente, se mueve el aceite bien por toda la sartén, incluidas las paredes, para que quede bien engrasada; hecho esto se echa el conjunto huevos/patatas. Al principio, a fuego vivo, se revuelve un poco con el tenedor hasta que empiece a cuajarse, momento en el que se baja el fuego y sin utilizar más el tenedor, se da a la sartén un movimiento circular de manera que la tortilla baile, es decir, se deslice de un lado a otro en la sartén. Esto es para que toda la superficie de la tortilla en contacto con la sartén coja el mismo tono dorado (para estos movimientos es mejor el uso de llama que el calor de placas eléctricas). El momento preciso para darle la vuelta es cuando va evaporándose la parte líquida, lo cual suele tardar 2 minutos como máximo. Al darle la vuelta, con una tapa plana, se ponen otras dos cucharadas de aceite en la sartén y cuando esté bien caliente, se procede como al principio, pero ahora sin revolverla con el tenedor. La tortilla tiene que quedar jugosa, pero no babeante. Un consejo: las sartenes para hacer tortillas no se deberían de lavar y lo más aconsejable sería que solamente se limpiasen, cuando todavía están calientes, con papel absorbente de cocina.

TORTILLA DE PATATAS CON CHORIZO

Grado de dificultad medio

INGREDIENTES PARA 3 PERSONAS
4 huevos • 1/2 kg de patatas • Un vaso de aceite • Chorizo • Sal

Es otra posibilidad de hacer la tortilla de patatas añadiendo un toque diferente, pues consiste en agregar rodajitas de chorizo a mitad de la cocción.

TORTILLA DE PATATAS CON FIAMBRES

Grado de dificultad medio

INGREDIENTES PARA 3 PERSONAS
4 huevos • 1/2 kg de patatas • Un vaso de aceite • Fiambre: salchichón, fuet, lomo, jamón, chorizo... • Sal

Una vez hecha la tortilla de patatas habitual, se corta en tacos como si se fueran a hacer tapas o pinchos, y se prepara un plato de fiambre (fuet, salchichón, chorizo, tacos de jamón, lomo...) para que se «pinche» un trozo de tortilla y otro de fiambre a elección. Se acompaña con un vaso de vino tinto o una cerveza muy fría, sobre todo si es verano.

TORTILLA DE PATATAS CON JAMÓN DE YORK Y QUESO

Grado de dificultad medio

INGREDIENTES PARA 3 PERSONAS
4 huevos • 1/2 g de patatas • Un vaso de aceite • Jamón de york • Queso • Sal

Se trata de una tortilla de patatas al uso, a la que se le añaden lonchas de jamón de york y queso, que se echan entre la mezcla de la patata y el huevo.

TORTILLA DE PATATAS CON JAMÓN SERRANO

Grado de dificultad medio

INGREDIENTES PARA 3 PERSONAS
4 huevos • 1/2 kg de patatas • Un vaso de aceite • Jamón serrano • Sal

Una vez hecha la tortilla, se añaden unas lonchas muy finas de buen jamón serrano que cojan algo del calor y vayan fundiendo su rico sabor. Se sirve inmediatamente para comer. Es posible que se prefiera en una tortilla de este tipo la patata hecha puré. Para ello se aconseja ir rompiendo las patatas como si fueran unas migas, conforme se van friendo éstas.

TORTILLA DE PATATAS CON MAYONESA
Grado de dificultad medio

INGREDIENTES PARA 3 PERSONAS
4 huevos • 1/2 kg de patatas • Un vaso de aceite • Mayonesa • Sal

El truco de esta receta es servir la tortilla de patatas fría y cubierta de una mayonesa suave por encima.

TORTILLA DE PATATAS CON PIMIENTOS MORRONES
Grado de dificultad medio

INGREDIENTES PARA 3 PERSONAS
4 huevos • 1/2 kg de patatas • Un vaso de aceite • Cebolla • Pimientos morrones • Sal

Consiste en hacer una tortilla de patatas con cebolla tradicional a la que se le añaden pimientos morrones a la vez que se echa la cebolla.

TORTILLA DE PATATAS CON PISTO Y BACALAO
Grado de dificultad medio

INGREDIENTES PARA 4 PERSONAS
9 huevos • 3 patatas • 2 cebollas • 1 calabacín • 1 tomate • 2 pimientos verdes • 300 g de bacalao en salazón • Aceite • Sal

Se pone una sartén a fuego suave con un poco de aceite y la cebolla finamente picada; se deja hacer tapada hasta que esté blanda. En ese momento se añaden los pimientos verdes en anillas. 5 minutos después se sube el fuego a vivo y se añade el tomate en dados, sin pieles ni pepitas. Otros 5 minutos más tarde se agrega el calabacín, también en dados; se sazona. Pasados 10 minutos, se incorpora el bacalao desalado, crudo y en hebras. Se da un par de vueltas y se retira cuando coja calor, apenas 1 minuto. Se saca y se escurre. Se pelan a continuación las patatas, se lavan, se secan y se cortan en láminas de unos tres milímetros de grosor, es decir, no muy grandes, y se salan. Se coloca una sartén a fuego vivo con abundante aceite y cuando esté caliente, se incorporan las patatas laminadas, que se dejan freír entre unos 15 y 20 minutos aproximadamente, hasta que suban a la superficie. Para ir terminando, se baten los huevos en un bol, se incorporan a ellos las patatas fritas y el pisto con bacalao; luego, se pone una sartén a fuego medio con un poco de aceite en el que, cuando esté casi humeante, se echa el contenido del bol. Una vez que cuaje por fuera, se le da la vuelta y se mantiene hasta que vuelva a cuajar por fuera. Debe quedar muy jugosa por dentro.

TORTILLA DE PATATAS VEGANA
Grado de dificultad medio

INGREDIENTES PARA 3 PERSONAS
4 huevos • 1/2 kg de patatas • Un vaso de aceite • Pimientos verdes • Cebolla • Leche de arroz • Sal

Se hace con patatas, pimientos verdes, cebolla, leche de arroz, aceite de oliva y sal (es una variación típica de Chile de la tortilla española clásica).

TORTILLA DE PATATAS Y GUISANTES
Grado de dificultad medio

INGREDIENTES PARA 3 PERSONAS
4 huevos • 1/2 kg de patatas • Un vaso de aceite • Guisantes • Sal

Es otra posibilidad. Los guisantes deben estar muy tiernos y se añaden hacia el final de la cocción de la tortilla.

TORTILLA DE PRIMAVERA
Grado de dificultad medio

INGREDIENTES PARA 6 PERSONAS
6 huevos • 1/2 kg de habas tiernas • 1 manojo de cebolletas tiernas • 2 ajos tiernos • Guisantes • 3 tomates medianos • 3 lonchas de jamón o panceta curada • 1/2 vaso de aceite de oliva • Sal

En una sartén grande se ponen las habas cortadas finas, el manojo de cebollitas tiernas, junto con los ajos en trozos pequeños y el puñado de guisantes. Todo ello se rehoga bien, y a continuación se añaden los tomates pelados y cortados en trozos, junto con el jamón o la panceta, cortados en taquitos. Se tapa la sartén y se deja cocer durante 20 minutos aproximadamente. A continuación, se baten bien los huevos y se añaden a los ingredientes. Se devuelve todo a la sartén y se prepara la tortilla.

TORTILLA DE PUERROS Y SARDINAS
Grado de dificultad bajo

INGREDIENTES PARA 2 PERSONAS
4 huevos • 2 sardinas salonas • 1 manojo de puerros • Aceite • Sal

Primeramente, se lavan concienzudamente los puerros y se cortan en rodajas finas; se van haciendo a fuego lento, en aceite de oliva. Luego, se quita la piel de las sardinas, se desmenuzan y se incorporan en la sartén con los puerros cuando veamos que éstos todavía no están tiernos del todo. A continuación se baten los huevos, se les agrega el guiso anterior bien escurrido, se mezcla todo bien y se hace con ello la tortilla. A la hora de salar deberemos tener en cuenta que las sardinas ya tienen sal.

TORTILLA DE PUNTA DE ESPÁRRAGOS
Grado de dificultad bajo

INGREDIENTES PARA 1 PERSONA
2 huevos • 60 g de puntas de espárragos • 25 g de mantequilla • Sal • Pimienta

Por un lado, se baten bien los huevos, mientras que por otro, se pone la mantequilla a calentar en una sartén en la que cuando esté caliente, se agregarán los huevos batidos. Una vez que veamos que están a medio cocer, se agregan las puntas de los espárragos picados; se dobla. Se pone en un plato para ensalada adornado con zanahorias cortadas en forma de flor.

TORTILLA DE SESOS Y CRIADILLAS
Grado de dificultad medio

INGREDIENTES PARA 6 PERSONAS
7 huevos • 500 g de criadillas • 200 g de sesos • 100 g de jamón serrano • 50 g de chorizo • 1 patata • 25 g de guisantes • 25 g de pimientos morrones • Sal

Los sesos y las criadillas se limpian bien y se sofríen de antemano, así como las patatas y los guisantes. Se hace una tortilla redonda a base de sesos y criadillas de cordero, jamón, chorizo y la patata cortada.

TORTILLA DE TACOS DE JAMÓN
Grado de dificultad bajo

INGREDIENTES PARA 4-6 PERSONAS
8 huevos • 2 cebollas grandes y tiernas • 200 g de jamón ibérico cortado en cuadrados pequeños • 40 g de mantequilla • 1 taza de café de aceite de oliva • 10 g de perejil picado • Sal

En una sartén grande se calientan el aceite y la mantequilla. Cuando empiece a humear, se baja el fuego y se pocha la cebolla, pelada y cortada previamente en rodajas finitas, añadiendo el perejil a media cocción. Una vez que la cebolla está transparente (no dorada), se retira y se escurre bien. A continuación, se baten enérgicamente los huevos y se incorpora la cebolla y los cuadraditos de jamón. Se deposita todo en la sartén. La tortilla, de forma redonda, deberá dejarse muy jugosa, no dando tiempo a que se cuaje en demasía.

TORTILLA ENVUELTA EN ORTIGAS
Grado de dificultad bajo

INGREDIENTES PARA 4 PERSONAS
4 huevos • Hojas de ortiga • Aceite
• Salsa Perrins

Se cuecen las hojas de ortiga en agua hirviendo y se tira el caldo. Se pican muy bien las ortigas y se les da unas vueltas en aceite fuerte y un poquito de salsa Perrins. Se mezcla este picadillo con algo de huevo batido y se va removiendo continuamente hasta que se espese. Se preparan aparte más huevos batidos, se vierten en en la sartén y se deja que inicie su cuajo. Entonces, se recubre esta capa de huevo semicuajado con la pasta de ortigas, dejando libre alrededor un borde de al menos un centímetro. Se vierte deslizando esta semitortilla (es decir, sin dar la vuelta) y se prepara otra cantidad equivalente de huevo sobre la que, a medio cuajar, se volcará ahora lo anteriormente preparado. La gracia de esta tortilla está en la clara diferenciación visual de las dos capas de huevo y el núcleo de la verdura.

TORTILLA FRANCESA... A LA FRANCESA
Grado de dificultad bajo

INGREDIENTES PARA 4 PERSONAS
8 huevos • 1 cucharada sopera de nata líquida
• 50 g de mantequilla • Sal • Pimienta blanca recién molida

Se cascan los huevos y se ponen por separado las yemas y las claras, se baten las yemas y se

salpimientan al gusto. Se montan por otro lado las claras, añadiendo una pizca de sal, a punto de nieve. En una sartén honda se pone la mantequilla, se funde, y se echan las yemas batidas. Se añade la cucharada de nata. Cuando empiecen a cuajarse, se agregan las claras en tres golpecitos sucesivos (no todo de una vez). Se sube el fuego y se remata la cocción.

TORTILLA MEXICANA
Grado de dificultad bajo

INGREDIENTES PARA 3-4 PERSONAS
5 huevos • 1/2 taza de jamón cocido, picado
• 1 cebolla pequeña • 2 cucharadas de manteca
• 1 cucharada de perejil • Sal

Se baten los huevos con la cebolla y el perejil licuados, y se sala; a continuación, se mezcla el jamón. En una sartén se pone la manteca al fuego. Cuando esté caliente, se vierten en ella los huevos y una vez que empiecen a cuajar, se dobla la tortilla y se enrolla en la sartén. La tortilla debe quedar dorada por fuera y tierna por dentro.

TORTILLA PAYESA
Grado de dificultad medio

INGREDIENTES PARA 4 PERSONAS
5 huevos • 1 pimiento rojo gordito • 1 pimiento verde gordito • 3 tomates • 500 g de patatas
• 1 taza de aceite de oliva • Sal

Por un lado, se desechan las semillas de los pimientos y se trocean, y por el otro, se pelan los tomates y se cortan a trozos grandes. Así mismo, se pelan y trocean las patatas. Una vez que tenemos todo lo anterior preparado, se fríen las patatas con aceite muy caliente removiendo para que no se peguen. Y luego, en el mismo aceite se fríen los pimientos a fuego muy lento y se agregan los trozos de tomate. Para que queden en su punto, se les da unas vueltas sin que se rompan y se añade sal la gusto. Para terminar, se baten los huevos y se forma una tortilla.

TORTILLA POCHA
Grado de dificultad medio

INGREDIENTES PARA 4 PERSONAS
6 huevos grandes • 1/2 vasito de leche
• 6-8 patatas • 1/2 cebolla • Aceite • Sal

Se pelan y cortan las patatas en láminas no demasiado finas; se lavan y se secan bien después de cortar. En una sartén grande, se echa el aceite abundante para freír las patatas. Se espera a que esté caliente, porque las patatas deberán quedar más bien doradas que rotas (no es bueno que se cuezan mucho). Cuando empiecen a dorarse (removiéndolas de vez en cuando con cuidado para igualar el color), se incorpora la cebolla previamente cortada muy pequeña, la cual se deja freír junto con las patatas. Consiste en echarla en el momento adecuado para que no se queme, sino que sólo se reblandezca y casi desaparezca entre las patatas. Cuando las patatas estén fritas, se escurre bien todo el aceite. Si es necesario, sacando las patatas de la sartén. Se salan. En la misma sartén, sólo engrasada con el resto de aceite que ha quedado, se meten de nuevo las patatas. Aparte, se habrán batido los huevos mezclados con la leche y una pizca de sal. Con el fuego fuerte, se vierte el huevo batido con leche sobre las patatas fritas y se mueve rápidamente con una cuchara de palo para que cuaje, pero que quede jugoso. Es imprescindible comer de inmediato, porque si no se cuajará demasiado el huevo por el calor de las patatas.

TORTILLA SACROMONTE
Grado de dificultad medio

INGREDIENTES PARA 6 PERSONAS
8 huevos • 2 sesadas de cordero • 6 criadillas de cordero • 2 patatas grandes • 2 pimientos morrones

• 50 g de guisantes cocidos • 50 g de chorizo
• 100 g de jamón serrano • Aceite de oliva
• Sal

Se limpian los sesos y las criadillas con agua abundante y se les quitan los restos de sangre y las membranas; se hierven por separado, durante 5 minutos aproximadamente en agua con sal. Una vez transcurrido ese tiempo, se escurren y cortan en dados pequeños. A continuación, se pone al fuego una sartén con abundante aceite y se fríen en ella las patatas, cortadas en rodajas, manteniendo el fuego bajo y la sartén tapada, para que se cuezan en el aceite. Cuando estén blandas, se sacan del aceite y se escurren. En un bol se baten bien los huevos y se añaden las patatas, las criadillas, los sesos, el jamón y el chorizo (cortados en taquitos), los guisantes y el pimiento morrón troceado; se sala y se revuelve todo bien hasta que quede una mezcla homogénea. Luego, se pone al fuego una sartén, con el fondo cubierto de aceite; se echa la mezcla extendiéndola y moviendo la sartén en círculos, para que no se pegue. Se mantiene durante unos 3 minutos y entonces, con la ayuda de un plato llano o una tapadera, se da la vuelta a la tortilla y se mantiene así, moviendo la sartén otros 2 o 3 minutos hasta que la tortilla esté cuajada. Se presenta en una fuente plana redonda. No se debe cortar hasta que la tortilla está templada.

TORTILLA TARAMONA
Grado de dificultad bajo

INGREDIENTES PARA 3 PERSONAS
4 huevos • 1/2 lata de maíz • 1/2 tomate troceado pequeño • Sal • Pimienta

Es tan fácil como hacer una tortilla batiendo los huevos e incorporando a los mismos el resto de los ingredientes mencionados antes de cuajarla, redondita. Si la tortilla se quiere hacer más consistente, se pueden añadir trocitos de beicon y queso.

TORTILLA «YA ESTÁ» (DE PATATAS DE BOLSA)

Grado de dificultad bajo

INGREDIENTES PARA 4 PERSONAS

6 huevos grandes • 1/2 vasito de leche • 1 bolsa grande de patatas fritas • Aceite • Sal

Se baten a conciencia los huevos con la leche y a continuación se incorporan a los huevos batidos todas las patatas de la bolsa, aplastándolas lo necesario para que empiecen a estar sumergidas. Durante un rato (10 minutos por lo menos), se vigilan de vez en cuando para ir empapándolas bien. Finalmente, deberán quedar mojadas y reblandecidas, y que se note que hay huevo crudo suficiente para cuajar. Si es necesario, cuando ya estén blandas las patatas se puede agregar un huevo más, previamente batido. Antes de cuajar, se prueba la mezcla para ver el punto de sal (hay que tener en cuenta que las patatas de bolsa ya vienen saladas). Se unta una sartén con un poquito de aceite en el fondo y se vierte la mezcla de huevos y patatas. Se procede como en una tortilla española: se mueve un poco, para asegurarse de que no se pega al fondo, se cuece a fuego lento y antes de que se cuaje demasiado, se da la vuelta con una tapadera o plato llano amplio y se procede a cuajar la tortilla por el otro lado.

LEGUMBRES
Y PATATAS

ALUBIAS AL PAJARITO
Grado de dificultad bajo

INGREDIENTES PARA 4 PERSONAS
400 g de alubias blancas secas • 400 g de tomates pelados • 2 ó 3 dientes de ajo • Aceite de oliva • 5 o más hojas de salvia fresca • Sal • Pimienta negra recién molida

Este famoso plato toscano puede recibir el nombre de «al'uccelletto» porque un *uccelletto* es un pajarito y estas alubias se cocinan del mismo modo que las aves pequeñas durante la temporada de caza. Se procede a la elaboración de este plato de la siguiente manera: se dejan en remojo las alubias secas durante toda la noche y luego se escurren. Se hierven en agua ligeramente salada durante 30-40 minutos. Se calientan varias cucharadas de aceite de oliva en una cazuela resistente de tamaño mediano, se dora el ajo, la salvia y la pimienta en ese aceite y a continuación se incorporan las alubias, removiendo durante unos minutos para que se mezclen bien todos los sabores. A continuación, se añaden los tomates, cortados a trozos, y sal al gusto, y se deja todo al fuego, tapando la cazuela, durante unos 15 minutos. Estas mismas alubias pueden ser fácilmente una versión toscana de las «wieners» o salchichas con alubias si se saltean dos salchichas picantes por persona a fuego lento hasta que se doren, se retiran de la sartén y se continúa con la elaboración de la receta según las instrucciones indicadas anteriormente, utilizando la grasa de las salchichas en lugar del aceite de oliva. Unos 15 minutos antes de terminar la cocción, se devuelven las salchichas a la sartén y se vierten cuatro cucharadas de vino tinto.

ALUBIAS CON COSTILLA
Grado de dificultad bajo

INGREDIENTES PARA 4 PERSONAS
400 g de alubias blancas • 1/2 kg de costilla de cerdo fresca • 1 morcilla de arroz • 1 morcilla de verdura • 1 pimiento verde • 1 puerro • 1 zanahoria • Aceite • Sal

Lo primero que debemos hacer es poner en remojo las alubias la noche anterior a la elaboración del plato. A partir de ahí, se cuecen junto con la verdura troceada con un chorrito de aceite y sal, y se añaden las costillas también troceadas. Se cuece todo a fuego bajo durante 1 hora. Después se pasan las verduras por el pasapuré y se vuelven a añadir. Para terminar, se fríe la morcilla de arroz y se cuece la morcilla de verdura, sirviéndolo junto con las alubias.

ALUBIAS CON SALCHICHAS
Grado de dificultad bajo

INGREDIENTES PARA 4 PERSONAS
400 g de alubias blancas • 8 salchichas picantes • Sal

Se saltean las salchichas picantes a fuego lento hasta que se doren, se retiran de la sartén y se continúa el guiso de la misma forma que las alubias al pajarito.

ALUBIAS CON TROPIEZOS
Grado de dificultad bajo

INGREDIENTES PARA 4 PERSONAS
1/2 kg de caparrones o alubias pintas, rojas pequeñas o pinto • 200 g de tocino • 200 g de chorizo • 1 cebolla • 1 zanahoria • Aceite • Sal • 1/2 cucharada de pimiento molido • Guindillas asadas

Para los tropiezos:
1 pata • 1/2 oreja de cerdo • 1/2 jarrete de cordero

Se ponen los caparrones (o alubias) en un puchero, se cubren de agua y se arriman al fuego; cuando rompa a hervir, se añaden el tocino y los tropiezos. Se deja hacer a fuego lento con el puchero semitapado, y a falta de aproximadamente 1 hora para terminar, se incorporan la zanahoria, media cebolla y el chorizo. El tiempo de cocción dependerá de los caparrones (o alubias), unas 2 horas aproximadamente; la sal se echa al final. Si durante la cocción hiciese falta, se añade agua fría. Para que los caparrones (o alubias) estén en su punto, deben de quedar un poco tiesos, enteros y el caldo espeso. En una sartén aparte, se sofríe la otra mitad de la cebolla finamente picada; cuando ésta esté transparente, se añade media cuchara de pimiento molido, y todo ello se vierte sobre los caparrones (o alubias) para su apaño. Al momento de servir se retiran los tropiezos y se incorporan a una fritada, realizada anteriormente, la cual nos servirá como segundo plato. Un consejo práctico: para terminar se sirven los caparrones (o alubias) acompañados de unas guindillas asadas.

ALUBIAS ROJAS DE TOLOSA
Grado de dificultad bajo

INGREDIENTES PARA 6 PERSONAS
1 kg de alubias de Tolosa • 2 cebollas • 300 g de calabaza • 1 kg de repollo • 1/2 kg de tocino de papada fresco • 300 g de chorizo • 2 morcillas de arroz • 2 morcillas de cebolla • 1/2 kg de costilla de cerdo, salada • 1 vaso de aceite • Sal

Lo primero que hay que hacer es dejar las alubias en remojo toda la noche anterior. En una olla, con abundante agua fría, se echan las alubias y cuando empiece a hervir, se baja el fuego. En sartén, se sofríen las cebollas picadas y la calabaza en trozos. Cuando la cebolla esté glaseada, se echa el contenido de la sartén en la olla. Se sigue hirviendo a fuego lento. Cuando las alubias estén tiernas, se añade el chorizo en rodajas gruesas, las morcillas enteras, pinchadas con la punta de un cuchillo, la col en varios trozos, la costilla y el tocino troceados. Se continúa cociendo durante unos 30 minutos. Se rectifica de sal y si se necesita, se añade agua caliente.

ATASCABURRAS
(patatas con bacalao)
Grado de dificultad bajo

INGREDIENTES PARA 4 PERSONAS
1 kg de patatas • 300 g de bacalao • 2 huevos cocidos • 3 dientes de ajo • 1 cucharada de carne de pimiento choricero • Aceite • Sal

Para comenzar, se pone el bacalao a desalar en abundante agua durante 24 horas, cambiando el agua al menos cuatro veces; se escurre y se seca sobre papel de cocina. Se cortan los huevos en rodajas. En una cazuela con abundante agua hirviendo, se echan las patatas, peladas y cortadas en trozos grandes, y cuando estén casi cocidas, se añade el bacalao, se remueve, se rectifica de sal y se deja cocer durante otros 10 minutos. Se cuela y se reserva el caldo. Se desmiga el bacalao, quitando la piel y las espinas. En un cuenco, se machacan las patatas, se añade la carne del pimiento y se mezcla todo. A continuación, se agregan las migas de bacalao y se remueve, añadiendo el aceite, en hilo, hasta conseguir un puré espeso. Puede aclararse con el caldo reservado. Para terminar y servir este plato, en una fuente que sea redonda, se forma una especie de montículo, se hace un agujero, del tamaño de un huevo, en el vértice y se rellena con aceite de oliva virgen.

BERZA GITANA
Grado de dificultad medio

INGREDIENTES PARA 6 PERSONAS
1/2 kg de alubias blancas • 1/2 kg de garbanzos • 1 manojo de cardos o de acelgas de penca ancha • 400 g de magro de cerdo • 1 morcilla de Ronda (30 centímetros) • 1 chorizo de guisar, no picante (30 centímetros) • 1/2 kg de tocino fresco de panceta o papada • 1 cabeza de ajos • 1 cucharadita de pimiento molido o pimentón dulce • 1 pellizco de comino • 1 vaso de aceite de oliva • Sal

Lo primero que no tenemos que olvidar es que se deben poner a remojo la noche anterior, y en cacharros separados, las alubias y los garbanzos. A partir de haber hecho esto, en una olla alta, se echan las alubias, los garbanzos, la cabeza de ajos (entera, sin pelar, pero a la que se han dado unos cortes), el tocino cortado en tacos, el aceite, el pimentón, el comino y agua abundante, y se pone a fuego fuerte hasta que hierva. Se deja hervir a fuego lento y tapada, durante 1 hora o más, vigilando para que el agua cubra todo siempre. Con agua abundante, se ponen a hervir, en otra cazuela aparte, los cardos, limpios y troceados, y cuando estén tiernos, se escurren y se añaden a la olla. Una vez que los garbanzos y las alubias estén tiernos, se echan la morcilla y el chorizo, ambos en rodajas. Por último, se sala y se deja hervir a fuego lento otra media hora para que espese.

BUDÍN DE PATATA
Grado de dificultad bajo

INGREDIENTES PARA 6 PERSONAS
1 kg de patatas • 1 cebolla • 2 cucharadas de harina • 4 huevos • 40 g de mantequilla • 1 cucharada de perejil picado • Sal • Pimienta • Nuez moscada

Por una parte, se pelan las patatas y la cebolla, se cortan en pedacitos pequeños y se pican en la máquina, y por otra, se mezclan todos los ingredientes (la mantequilla debe estar derretida). Seguidamente, se sazona al gusto y se vierte en un molde de flan, previamente forrado con papel vegetal, engrasado y enharinado. Para terminar, se hornea a temperatura alta, de 40 a 45 minutos aproximadamente. Este budín sirve perfectamente como guarnición de carnes o pescados y puede servirse con una salsa a escoger.

BUÑUELOS DE JUDÍAS
Grado de dificultad bajo

INGREDIENTES PARA 4 PERSONAS
300 g de judías pintas • 1/2 ramillete de eneldo • 1 huevo • 1 cebolla • Sal

Se ponen las judías en remojo durante la noche anterior a la elaboración del plato; se escurren. Se pela la cebolla y se pone junto con las judías en una marmita, cubiertas con agua fría, y se cuece durante 1 hora y media aproximadamente. Por otro lado, se hace un puré con lo cocido, se añade el huevo, se sala y se mezcla todo bien. Además, se lava y seca en un trapo el eneldo, y se deshoja y se elimina su tallo, para poderlo picar muy menudo y mezclar la mitad con el puré de judías y la otra mitad reservarla. Luego, se pone a calentar bastante aceite en una sartén o freidora y se sofríen unas cucharadas soperas del puré al eneldo. Por último, se espolvorean los buñuelos obtenidos con las hierbas picadas antes de servirlos con una ensalada de endivias u otra ensalada amarga.

CANELONES DE LENTEJAS
Grado de dificultad medio

INGREDIENTES PARA 2-3 PERSONAS
200 g de lentejas pardinas • 8 placas de canelones • 50 g de jamón en dulce • 1/2 vaso de salsa de tomate • 1 vaso de salsa besamel (ver «Salsas») • 30 g de queso Parmesano rallado • Sal

Primeramente, se cuecen la lentejas hasta que estén tiernas y luego se escurren. Por otra parte, se hierven las placas de canelones, y mientras, se corta el jamón en dulce a tiras finas, y a continuación se mezcla con las lentejas y la salsa de tomate. Cuando veamos que la pasta del canelón está hervida, se extiende sobre un paño y se rellena con la pasta de lentejas. Para terminar, se ponen los canelones, enrollados, en una bandeja, se cubren con la besamel y se espolvorea el queso rallado; se ponen pequeñas cantidades de mantequilla encima y se gratina hasta que estén dorados.

CASTAÑAS CON CHORIZO

Grado de dificultad medio

INGREDIENTES PARA 6 PERSONAS

1 kg de castañas secas • 150 g de judías blancas • 3 cebollas medianas • 3 chorizos • 1 cucharada de azúcar • Aceite • Sal

Lo primero que hay que hacer es poner el día anterior a la preparación del plato las judías y las castañas en remojo. Hecho esto, para empezar, se arrima una cazuela al fuego con agua, se echan las castañas, el azúcar, las cebollas peladas y cortadas en juliana, las judías y un poco de sal; se deja cocer a fuego lento hasta que las castañas estén bien tiernas. A continuación, se toman unas cuantas castañas cocidas, se machan bien y se añade este puré a la cazuela. Mientras, se pone una sartén al fuego con un chorrito de aceite y se fríen los chorizos. Cuando estén fritos, se cortan por la mitad y se echan en la cazuela con el resto de los ingredientes, donde se deja hervir, a fuego lento, hasta que todo esté en su punto, y se rectifica de sal. Se sirve bien caliente.

CAZÓN CON PATATAS

Grado de dificultad bajo

INGREDIENTES PARA 6 PERSONAS

1 y 1/2 kg de cazón cortado en dados grandes • 1 kg de patatas • 3 tomates maduros • 3 dientes de ajo • 2 cebollas medianas • 2 rebanadas de pan frito • 1 pimiento verde • 1 vaso de vino blanco • 1 vaso de aceite • 1 hoja de laurel • 1 manojo de perejil • 1 cucharadita de azafrán • 1/2 cucharadita de comino • Sal

Se pone al fuego una cazuela con agua y el azafrán echando en ella las patatas cortadas en dados grandes. En una sartén al fuego con aceite se fríe el pan y uno de los ajos; se reserva. En el mismo aceite, se hace a continuación un sofrito con las cebollas, los tomates, el pimiento, el perejil y el resto de los ajos, todo muy picado; se revuelve bien con una cuchara de madera hasta que todo esté en su punto y se reserva también. En un mortero, se maja el pan frito, el ajo frito y el comino, y cuando esté hecho una pasta, se añade el vino y se reserva. Una vez que las patatas estén bien cocidas, se echa en la cazuela el sofrito y la pasta del mortero, se mezcla todo bien, se añaden los dados de cazón y la hoja de laurel, se cubre con agua, se rectifica la sazón y se deja cocer, a fuego lento, durante de 20 a 25 minutos aproximadamente, hasta que el caldo quede algo espeso. Se presenta en una fuente grande.

CAZUELA DE HABAS A LA GRANADINA

Grado de dificultad medio

INGREDIENTES PARA 6 PERSONAS

2 kg de habas tiernas (pesadas con vaina) • 3 cebollas tiernas • 8 alcachofas • 2 tomates maduros • 1 atadillo de hierbas aromáticas compuesto de 1 hoja de laurel, 3 ramitas de hierbabuena, 3 de perejil y 1 de romero • 1 rebanadita de pan • 1 diente de ajo • 1 pizca de cominos • 3 granos de pimienta • 1 tacita de aceite • 6 huevos • Azafrán • Sal

Se pelan y pican finamente por separado la cebolla, los tomates y el ajo. Se quitan las hojas duras de las alcachofas, se corta la mitad superior y se parten por la mitad. Así mismo, se desgranan las habas y se cuecen con un poco de agua durante 10-15 minutos. Cuando estén tiernas, se sacan, se escurren y se ponen en una cazuela de barro. Mientras tanto, se calienta el aceite en una sartén al fuego, se fríe la rebanada de pan, se saca y se reserva. En ese mismo aceite, se fríe la cebolla picada, después el ajo y cuando empiece a dorarse, se agrega el tomate y se deja rehogar. Se echa este sofrito sobre las habas, se incorporan las alcachofas, las hierbas, un poco de sal y se echa agua justo hasta que todo quede bien cubierto. A continuación, se tapa la cazuela y se deja cocer a fuego lento unos 40 minutos aproximadamente. Mientras tanto, se machacan en el mortero los cominos, el pimiento y el pan frito, se deslía con un poco de caldo de la cocción y se vierte el majado en la cazuela. Se prueba el punto de sal. La salsa tiene que quedar un poco espesa. Para finalizar, se reparten por encima los huevos, se dejan cuajar y se sirve en la misma cazuela.

CAZUELA DE LENTEJAS Y MARISCO
Grado de dificultad medio

INGREDIENTES PARA 4 PERSONAS
320 g de lentejas pardinas • 4 cigalas • 12 almejas • 1 calamar • 1 cebolla • 1 diente de ajo • 1 tomate maduro • Caldo de pescado • Aceite • Perejil • Sal

Por un lado, en una cazuela con aceite se sofríen las cigalas y se reservan; y por otro lado, en el mismo aceite se sofríe el calamar cortado en anillas y se reserva también. A continuación, se prepara un sofrito con el ajo y la cebolla picados; cuando empiecen a tomar color, se incorpora el tomate troceado, sin piel ni semillas. Una vez que veamos que el sofrito está en su punto, se introducen entonces las cigalas, el calamar, las almejas y, por último, las lentejas. Se moja con el caldo de pescado hirviendo y se deja cocer a fuego medio (se debe ir añadiendo caldo de pescado durante la cocción si hiciera falta). Para servir, se espolvorea con perejil picado. Un consejo: una vez cocida, la lenteja pardina se conserva hasta una semana en el frigorífico y también se puede congelar.

CHILE CON CARNE
Grado de dificultad medio

INGREDIENTES PARA 4 PERSONAS
250 g de arroz • 300 g de salsa de tomate • 1 pimiento verde • 2 ajos • 1 pizca de comino en polvo • 250 g de judías *dark red kidney* • 250 g de carne picada • 250 g de queso Emmental rallado • 5 cebollas • 1 guindilla o chile serrano • Sal

Se escurren las judías remojadas la víspera en agua. Se pelan las cebollas y los ajos. Se lava el pimiento, y se le retiran las pepitas y las fibras blancas del interior. Hecho todo esto, se ponen en una marmita las judías con el atadillo de hierbas, un ajo y una cebolla; se cubre todo con agua y se cuece durante 1 hora y media o 2 horas aproximadamente. Se pican las cebollas y el ajo restantes, así como también el pimiento. Se sofríe la carne en una sartén con un poco de aceite y se añade el ajo, las cebollas y el pimiento, y se cocina durante unos 10 minutos. Se incorporan entonces la salsa de tomate y la guindilla, se mezcla y se prolonga la cocción 5 minutos más. Por otra parte, se cuece el arroz en agua salada y una vez cocido, se escurre. A partir de ahí, se colocan los ingredientes por capas empezando por el arroz y terminando con las judías, para al final espolvorear todo bien con queso rallado y ponerlo a gratinar antes de servir. Consejo: se sirve de forma individual o, preferentemente, en una gran fuente de barro. Si no se dispone de guindillas o chiles, se puede dar picante a la salsa simplemente con unas gotas de Tabasco, según el gusto.

COCIDO LEBANIEGO
Grado de dificultad medio

INGREDIENTES (SEGÚN COMENSALES)
Garbanzos de Potes • 1 trozo de carne de zancarrón o para hacer ropa vieja, siempre de ternera • 1 muslo de pollo • 1 chorizo para cocido • 1 trozo de manteca blanca • Huesos con tuétano o medula ósea (tibia) • 1 punta de hueso de jamón Ibérico de bellota • Puerros • Zanahorias • Ajo • Perejil • Col o repollo • Patatas • 4 huevos • Hogaza de pan de dos días • Agua mineral, unos 5 l o más • Sal o bicarbonato

Se ponen un puñado de garbanzos por persona o puñado y medio, según el tamaño de la mano, en un recipiente grande con mucha agua, que debe de estar muy caliente pero sin llegar a hervir. Se añade un puñado grande o puñado y medio de sal al agua y se deja toda la noche en remojo. A la mañana siguiente, se pone en un recipiente grande agua mineral a hervir (unos cinco litros para siete personas es lo habitual). Cuando esté hirviendo, se añaden los garbanzos, previamente aclarados, junto con los huesos de caña y de jamón, así como el zancarrón de ternera y la manteca, y entonces se baja un poquito el fuego. A medida que se van haciendo los garbanzos, se va espumando la superficie para quitar la grasa de la carne. Al cabo de 1 hora y cuarto u hora y media aproximadamente, se añade el pollo, el chorizo, los puerros, las zanahorias y las patatas (dos o tres, al gusto), y se deja al mismo fuego una media hora más (habrá que continuar eliminando la espuma que sobrenade en el caldo hasta eliminarla por completo). Los garbanzos de Potes o del valle de Liébana que son los que recomendamos para esta receta, son pequeños y duros, por lo que no se llegan a deshacer nunca, y aunque estén un poquito duros por fuera han de estar hechos por dentro. Sin miedo con los tiempos, cuanto más hierva el cocido y más lento se haga, mejor. El agua mineral, por su parte, da un tacto más suave al garbanzo y al cocido. Algo fundamental para que nos salgan bien los garbanzos es tener en cuenta que siempre que se añada agua ha de estar a la misma temperatura que el cocido. Pasadas la hora y tres cuartos, es el momento ideal para sacar un buen puchero de caldo, el cual se pone a hervir aparte. Cuando esté en ebullición, se añade la corteza de la hogaza de pan (que ha de estar un poco dura, de ahí que lo mejor es que sea pan de dos días) en lugar de los clásicos fideos, dejando que se hagan en 1 minuto o 2, más o menos. También se ha de pasar el relleno una vez hecho en la sartén, unos 2 minutos por la sopa. La verdura se hará aparte, cociéndola en otro recipiente y con un sofrito de ajos. Para el relleno se baten los cuatro huevos y se añade la miga del pan de hogaza, previo desmigamiento con fricción de las manos. Ha de quedar como pan rallado (que también puede ser una alternativa). Se pican el ajo y el perejil muy finitos, y se pone junto con el chorizo y la manteca. Hecho esto, se fríe todo como si se tratase de una tortilla francesa, en poco aceite no muy caliente (se puede aprovechar el aceite del sofrito con ajos para la verdura). Cuando veamos que se va cuajando poco a poco, habrá que cerrarlo como si se tratase de un sobre con pestañas, quedando una forma rectangular a modo de teja, o similar a un *crep* rectangular. La presentación es la típica, a saber, de primero se sirve la sopa, luego los garbanzos, las patatas, las zanahorias, los puerros y el repollo o la col de invierno y, por último, y por separado, toda la carne.

CONCHAS DE VIEIRAS Y LENTEJAS
Grado de dificultad medio

INGREDIENTES PARA 4 PERSONAS
250 g de lentejas rápidas • 8 vieiras
• 1 cebolla • 30 g mantequilla
• 1 vaso de leche • 1 vaso de caldo de pescado
• 1 lima • 1 copita de vino blanco • 2 cucharadas de harina • Sal

Se cuecen las lentejas en agua con sal y cuando estén tiernas, se escurren. Además, se abren las vieiras, se limpian y se quita la bolsa marrón que tienen debajo. Así mismo, se fríe la cebolla, muy picada, en mantequilla y a ese sofrito es al que se le añaden las vieiras. Se fríen por ambos lados, se incorpora el vino blanco y se dejan durante unos minutos. A continuación, se retiran las vieiras, se espolvorea la harina y luego se moja con la leche y el caldo. Cuando espese, se añade la ralladura y el zumo de la lima, y se incorporan las vieiras y las lentejas. Se deja al fuego unos minutos y al final se sirven en las mismas conchas, poniendo dos vieiras en cada una de ellas.

CREMA DE LENTEJAS CON MANITAS DE CERDO
Grado de dificultad medio

INGREDIENTES PARA 6 PERSONAS
600 g de lentejas pardinas • 1 cebolla • 1 clavo
• 1 zanahoria • 1 hoja de laurel • 16 calçots
• 4 pies de cerdo • Aceite • Sal fina • Sal gruesa

Para empezar, se ponen los calçots en una bandeja, se añade el aceite y se mete en el horno a 200° durante unos 8 o 9 minutos. Por otra parte, se pone el agua en una cazuela y se añaden las lentejas, la zanahoria y el laurel. Después se introduce el clavo en la cebolla y se incorpora a la cazuela, en donde se deja cocer alrededor de 1 hora desde que arranque el hervor. Mientras, se pueden ir deshuesando los pies de cerdo calientes, los cuales se habrán hervido previamente; después, se ponen en la nevera. Una vez que las lentejas estén cocidas, se trituran, reservando algunas sin triturar para más tarde. Es el momento de ir pelando los calçots para, una vez hecho, cortarlos. Por su parte, se sacan los pies de cerdo de la nevera y se cortan también, para lo que se usará un cortapastas. A partir de ese momento, se ponen en una sartén caliente antiadherente y se marcan por la parte de la piel durante unos 5 minutos aproximadamente. Para terminar de elaborar esta receta, se pone la crema de lentejas en un plato hondo y se incorporan las lentejas que se habían reservado anteriormente y que estaban sin triturar. Luego, se añaden los pies de cerdo y los calçots, y se aliñan con un poco de sal gruesa y aceite de oliva.

CREMA DE LENTEJAS CON PICATOSTES
Grado de dificultad bajo

INGREDIENTES PARA 2 PERSONAS
200 g de lentejas pardinas • 1 puerro • 1 zanahoria
• 1 huevo • 1 vaso de leche • Mantequilla • Aceite
• Sal • Picatostes

Para empezar, se ponen las lentejas en una olla con agua y sal. Mientras, se doran la zanahoria y el puerro, troceados, en mantequilla, y cuando están listos, se incorporan a la olla. Cuando las lentejas estén tiernas, se escurren, se trituran y se pasan por un chino, para a continuación añadir el vaso de leche y la yema de huevo. Para terminar, con cortapastas de dibujos divertidos, se cortan los picatostes y se fríen en aceite caliente. Se sirve la sopa con los picatostes y con nata montada o con yogur batido se hacen dibujos en la superficie. Un consejo: una buena manera de que los niños se habitúen al sabor de las lentejas pardinas es prepararles un sabroso puré.

CREMA FRÍA DE LENTEJAS
Grado de dificultad bajo

INGREDIENTES PARA 2-3 PERSONAS
250 g de lentejas • 1 cebolla • 1 puerro
• 3 patatas • 1 huevo • 1 vaso leche evaporada
• Cebollino • Limón • Aceite • Sal

Primero, se fríe la cebolla y el puerro cortados a rodajas; luego, se pasa a una olla y se incorporan las lentejas junto con las patatas troceadas; se pone también una rodaja de limón. Hecho todo esto, se cubre con agua, se sala y se lleva a ebullición. Una vez que comprobemos que las lentejas están tiernas, se retira el limón, y se añaden la leche evaporada y la yema de huevo. Para terminar, se tritura todo el preparado hasta que quede cremoso y homogéneo. Antes de servir, se deja enfriar. Un consejo: se sirve con hojas de cebollino.

CUSCÚS CON PERDICES
Grado de dificultad medio

INGREDIENTES PARA 6 PERSONAS
200 g de alubias secas • 3 perdices • 100 ml de aceite de girasol • 3 cebollas muy picadas
• 4 dientes de ajo, muy picados • 1 cucharadita de

páprika • 1/2 cucharadita de pimienta Cayena (opcional) • 1/2 cucharadita de sal gorda de cocina • 2 y 1/2 l de agua • 2 pimientos verdes, sin semillas y cortados • 1 kg de cuscús • 75 g de mantequilla • Sal • Pimienta

El día antes se ponen a remojo las alubias en agua fría y se dejan así toda la noche. Al día siguiente, se salan las perdices por dentro y por fuera, se calienta el aceite en una cazuela grande o en la parte inferior de una cuscusera y se sofríen las perdices a fuego bajo hasta que estén doradas uniformemente; se retiran las perdices de la cazuela, se reservan y se ponen a sofreír la cebolla y el ajo hasta que estén dorados y blandos. A continuación, se agregan las alubias coladas, todas las especias y la sal gorda, se vierte el agua y se lleva a ebullición, tapado (se fija la parte superior de la cuscusera o se pone un colador sobre la cazuela para cocer el cuscús al vapor). Pasados unos 30 minutos aproximadamente, se echan las perdices y los pimientos al caldo y se dejan cocer más de 1 hora mientras el cuscús se va haciendo al vapor. Se retiran las perdices del caldo con una espumadera y se sube el fuego para que el líquido se reduzca un poco. Se prueba el caldo y se rectifica de sal. Se colocan las perdices en el centro de una fuente, se rodean con cuscús, se rocía el cuscús con un par de cacitos de caldo y se corona con las alubias y los pimientos (se sirve el caldo restante en una sopera).

CUSCÚS CON POLLO
Grado de dificultad medio

INGREDIENTES PARA 4 PERSONAS
100 g de garbanzos (remojarlos la víspera) • 100 g de cuscús • Pollo deshuesado • 1 cebolla • 1 calabacín pequeño • 1 zanahoria mediana • 2 puerros • 4 ciruelas pasas sin hueso • 1 l de caldo de pollo • 25 g de mantequilla • 3 cucharadas de aceite de oliva • Sal

Se cuecen en agua hirviendo los garbanzos, remojados la víspera, hasta que estén tiernos.

Así mismo, en una sartén se fríe con el aceite el pollo, cortado a trozos y previamente salado al gusto, hasta verlo dorado; se retira y se reserva. En esa misma grasa, se rehogan las verduras cortadas durante unos 10-15 minutos, y a continuación se agregan las ciruelas, que se habrán remojado unos 15 minutos en un vasito del caldo caliente, e incorporamos también los garbanzos cocidos y escurridos. Se lleva el caldo a ebullición y se vierte el cuscús, que se cuece el tiempo que indique el paquete y se escurre, reservando el caldo. Sobre el cuscús caliente, se pone la mantequilla y se revuelve bien con un tenedor para que el grano quede completamente separado. Por último, para servir, se colocan en platos soperos todos los ingredientes repartidos y se riega con el caldo. Esta es una buena forma de preparar pollo para los niños.

EMPEDRADO
Grado de dificultad medio

INGREDIENTES PARA 6-8 PERSONAS
1 kg de alubias blancas • 2 tomates de ensalada • 1 pimiento verde • 2 latas de atún, al natural o en aceite (200 g) • 1 lata de anchoas en aceite (50 g) • 1 lata de aceitunas sin hueso (50 g) • 2 huevos duros • 1 cebolla • 1/2 vaso de aceite de oliva virgen • 2 cucharadas de vinagre • Sal

Se ponen a remojo las alubias el día anterior. Al día siguiente se colocan en una olla, con abundante agua y se dejan hervir a fuego lento hasta que estén tiernas. Una vez hervidas, se apartan del fuego, se escurren bien en un escurridor y se dejan así hasta que estén frías. Posteriormente, se colocan las alubias ya frías en una fuente. En un bol se echa el tomate cortado en cuadrados no muy grandes, el pimiento y la cebolla finamente picados. Se añade el atún hecho migas y los huevos duros cortados en taquitos. A continuación, se echan el aceite, el vinagre y la sal y se remueve todo. Se vierte esta mezcla sobre las alubias, se remueve todo cuidadosamente hasta que esté bien mezclado de forma homogénea y se mete la fuente en el frigorífico. Este plato, que se sirve bien frío, se presenta en una fuente y se adorna con las aceitunas y los filetes de anchoa.

EMPEDRAT
(sopa de judías con bacalao)
Grado de dificultad medio

INGREDIENTES PARA 4 PERSONAS
12 cucharadas de judías cocidas • 300 g de bacalao • 6 cebollas tiernas • 4 tomates rojos • 4 cucharadas de aceite de oliva negro • 4 cucharadas de aceite de oliva virgen • Vinagre tipo Cabernet • Perifollo • Sal

Para empezar, se trituran las judías blancas una vez que están ya cocidas, hasta llegar a obtener una crema bien fina con un poco de su jugo; se rectifica de sal. A continuación, se corta el bacalao a dados y se blanquean las cebollas tiernas sin que pierdan color, para luego cortarlas por la mitad. Además, se sacan las pepitas a los tomates. En un plato sopero se pone una base de crema de judías, se montan decorativamente las cebollas tiernas, el bacalao y las pepitas de tomate con un poco de sal marina por encima. Para terminar, se salsea con el aceite de olivas negras, unas gotas de vinagre, un cordón de aceite de oliva virgen y se decora con perifollo antes de llevar a servir.

ENSALADA DE GARBANZOS
Grado de dificultad bajo

INGREDIENTES PARA 8-10 PERSONAS
800 g de garbanzos • 500 g de remolacha roja cocida • 3 cebollas • 500 g de atún en aceite (escurrido) • 2 vasos de mayonesa • Sal

Se hierven los garbanzos, después de remojados, en agua y sal; se escurren y se dejan enfriar. Se cortan las remolachas a

rodajas y luego a tiras. Se cortan también las cebollas a dados pequeños y se desmiga el atún. Hecho todo lo anterior, se mezclan todos los ingredientes con los garbanzos y la mayonesa. Un consejo: si la mayonesa se sirve aparte, se mezcla con un par de cucharadas del agua de las remolachas para que se vuelva rosa, dándole así un toque de color.

ENSALADA DE JUDÍAS
Grado de dificultad bajo

INGREDIENTES PARA 2-3 PERSONAS
120 g de judías cocidas • 2 cucharadas de aceite • 1 diente de ajo • El zumo de 1 limón • 2-3 ramitas de perejil • Sal

Se pica el ajo menudo y se mezcla con el aceite de oliva y el zumo de limón. A continuación, se añaden las judías cocidas, se sala y se remueve todo. Por último, se pican las ramitas de perejil y se espolvorean por encima.

ENSALADA DE JUDÍAS BLANCAS
Grado de dificultad bajo

INGREDIENTES PARA 6 PERSONAS
500 g de judías blancas secas (cannellini o toscanelli) • 1 cebolla pequeña partida por la mitad • 1 zanahoria mediana pelada • 3 hojas de laurel frescas • 4 dientes de ajo majados • 1 rama grande de apio • Hojas de salvia • Tomillo fresco • 1/2 taza de aceite de oliva virgen • Sal • Pimienta negra molida

Primeramente, se lavan muy bien las judías para así retirar las posibles piedrecitas que puedan traer. A continuación, se colocan las judías en un bol grande, se añade agua hirviendo hasta cubrirlas por completo y se dejan en remojo durante 1 hora. Transcurrido ese tiempo, se escurren las judías y se desecha el agua. Luego, se ponen las judías escurridas en una cazuela grande tapada y se añade agua fría hasta cubrir unos dos centímetros y medio. Se añade la cebolla, la zanahoria, las hojas de laurel, el ajo, el apio, las hojas de salvia y de tomillo, así como dos cucharadas del aceite, y se pone a hervir a fuego moderado, dejándolo durante unos 30 minutos. A la media hora, se sazona con sal y se pone a hervir de nuevo hasta que las judías estén tiernas, 30 minutos más aproximadamente. Se vigilan las judías de vez en cuando, ya que deberían estar ligeramente firmes pero no blandas al término de la cocción. Si es necesario, se añade más agua para que no se sequen. El tiempo de cocción variará en función de lo frescas que sean las judías, puesto que las frescas se guisan con mayor rapidez que las viejas. Una vez que se hayan guisado las judías, se escurren y desechan las hierbas y las verduras. Entonces, se colocan las judías en un bol grande, y cuando todavía estén calientes, se añaden las hojas de tomillo, el resto del aceite y se salpimienta. Las judías pueden servirse calientes pero, por lo general, se sirven a temperatura ambiente, como parte de una mesa de entrantes o de un bufé de ensaladas, como guarnición para un plato de almuerzo o como simple acompañamiento. Se conservan frescas en la nevera durante 2 o 3 días. Una curiosidad: en la Toscana italiana se ofrece esta ensalada durante todo el año y allí la sirven caliente como primer plato o a temperatura ambiente como parte de los entrantes.

ENSALADA DE JUDÍAS CON FRUTOS SECOS Y ANCHOAS
Grado de dificultad bajo

INGREDIENTES PARA 4 PERSONAS
100 g de judías blancas previamente remojadas • 100 g de judías rojas previamente remojadas • 2 hojas de laurel • 2 ramas de tomillo • 2 dientes de ajo • 200 g de queso de Burgos • 100 g de nueces peladas • 8 filetes de anchoa • 2 cogollos de lechuga • 1 hoja de roble lila • 1/4 l de aceite de oliva virgen • 4 cucharadas soperas de vinagre de vino • Sal • Pimienta • Perejil fresco

Lo primero que hay que hacer es poner a cocer las judías en diferentes recipientes, cubriéndolas de agua con una rama de tomillo, una hoja de laurel y el diente de ajo sin pelar. Una vez que veamos que arranca el hervor, se añade un poco de agua fría, se vuelve a llevar a ebullición y se pone otro poco de agua fría; así, hasta tres veces seguidas. Entre ebullición y ebullición se va desespumando con ayuda de una espumadera, y cuando falten unos 10 minutos para finalizar la cocción, se sala. Mientras, se prepara una vinagreta de la siguiente manera: en un pote que se pueda cerrar bien, se pone el aceite, el vinagre, la sal, la pimienta, el perejil picado finamente y la mitad de las anchoas cortadas en trocitos; se bate fuertemente para emulsionar bien y se reserva. Cuando las judías estén cocidas, se escurren, se retiran las hierbas y el ajo y, cuando todavía estén calientes, se riegan con la vinagreta para que penetren bien todos los sabores; a continuación, se revuelve con ayuda de una cuchara de madera, para que no se rompan las legumbres, y se reserva. Para servir esta ensalada, se cortan los cogollos y la mitad de la hoja de roble en juliana, se trocea el queso de Burgos en dados y se parten las nueces groseramente. En el fondo del plato se coloca la lechuga, encima las legumbres adobadas con la vinagreta y mezcladas con el queso de Burgos, y se espolvorea con las nueces picadas. En el momento de servir, se adorna con el resto de lechuga y las anchoas reservadas.

ENSALADA DE JUDÍAS DE VERANO
Grado de dificultad bajo

INGREDIENTES PARA 4 PERSONAS
400 g de judías ya cocidas • 4 tomates de ensalada • 1 pimiento • 2 cebollas • 100 g de aceitunas negras • 8 cucharadas de aceite de oliva virgen • Albahaca • Sal

Se cortan los tomates a gajos, y los pimientos y las cebollas a dados; además, se quita el hueso a las aceitunas y se añaden cortadas a la mezcla anterior, junto con el aceite y la albahaca; luego, se remueve todo bien y se añaden las judías, momento en el cual se vuelve a remover todo muy bien y se coloca en la nevera para que se enfríe bien antes de servir.

ENSALADA DE JUDÍAS PINTAS
Grado de dificultad bajo

INGREDIENTES PARA 6 PERSONAS
500 g de judías pintas • 1 cebolla pequeña partida por la mitad • 1 zanahoria mediana pelada • 3 hojas de laurel frescas • 4 dientes de ajo majados • 1 rama grande de apio • Hojas de salvia fresca • 6 cucharadas de aceite de oliva virgen • 250 g de cebollas rojas picadas • 1/2 taza de vinagre de vino tinto • Sal • Pimienta • Perejil picado

Primeramente, se lavan bien las judías para así poder retirar las posibles piedrecitas que puedan traer; entonces, se colocan las judías en un bol grande, se añade agua hirviendo hasta recubrirlas por completo y se deja reposar durante 1 hora, tiempo tras el cual se escurren las judías y se desecha el agua. Se colocan entonces la cebolla, la zanahoria, las hojas de laurel, el ajo, el apio, la salvia y dos cucharadas del aceite en una cazuela grande tapada y se vierte agua fría para que cubra unos dos centímetros y medio aproximadamente. Se pone a hervir a fuego moderado y se guisa durante 15 minutos. A continuación, se añaden las judías escurridas y se pone a hervir de nuevo; se tapa la cazuela y se deja el fuego hasta que estén tiernas, entre 30 minutos y 1 hora más (se vigilan las judías de vez en cuando, ya que deberían estar ligeramente firmes pero no blandas al término de la cocción). Si es necesario, se añade más agua para que no se sequen. El tiempo de cocción variará en función de lo frescas que sean las judías, puesto que las frescas se guisan con mayor rapidez que las viejas. Mientras, en un bol pequeño, se mezclan las cebollas picadas con dos cucharadas del aceite (éste servirá para reblandecer las cebollas crudas) y se reserva. Una vez que se hayan guisado las judías, se escurren y se desechan las hierbas y las verduras. Se colocan las judías en un bol grande y, cuando todavía estén calientes, se añaden las cebollas picadas y las dos cucharadas de aceite restantes, el vinagre, la sal y la pimienta. Se rectifica de sazón. Las judías pueden servirse calientes, pero por lo general se sirven a temperatura ambiente, como parte de una mesa de entrantes, como guarnición para un plato de almuerzo o como simple acompañamiento. Se conservan frescas en la nevera durante dos o tres días.

ENSALADA DE LENTEJAS CON ACEITE BALSÁMICO
Grado de dificultad bajo

INGREDIENTES PARA 2-3 PERSONAS
1 taza de lentejas pardinas secas, pasadas por agua • 2 tazas de agua • 3 tallos de apio picados • 1 pimiento despepitado y picado • 1 zanahoria picada • 1 cebolla roja pequeña picada • 1 chalota picada • 1/2 taza de guisantes hervidos • 1/2 taza de perejil fresco picado • El zumo de 2 limones grandes • 1/2 taza de vinagre balsámico • Aceite de oliva • Sal • Pimienta

Se ponen las lentejas al fuego en una cazuela grande y cuando el agua rompa a hervir, se reduce el fuego, se tapa la cazuela y se deja cocer durante cerca de 20 minutos, hasta que veamos que las lentejas están en su punto, es decir, tiernas pero no blandas. Mientras, en un cazo aparte, se hierven el apio, el pimiento y la zanahoria hasta que estén tiernos pero crujientes. A continuación, en un cuenco grande se ponen las lentejas, las verduras hervidas, la cebolla, la escalonia, los guisantes, el perejil y el cilantro; se mezcla todo con ligereza y se añade a la mezcla anterior el zumo de los limones y el vinagre balsámico, para en ese momento, volver a mezclar. Se sazona con aceite de oliva al gusto y salpimienta justo antes de servir.

ENSALADA DE LENTEJAS Y QUESO FETA 1
Grado de dificultad bajo

INGREDIENTES PARA 2-3 PERSONAS
1/2 taza de aceite de oliva • 1/2 taza de vinagre balsámico • El zumo de un limón, colado • 1 cucharadita de orégano seco • 1 diente de ajo grande picado • 1/2 cucharadita de pimienta negra recién molida • 1/2 taza de perejil fresco picado • 2 tazas de lentejas pardinas hervidas, frías • 3 cucharadas de queso Feta desmenuzado • Sal

En un cuenco mediano, se vierten todos los ingredientes excepto las lentejas y el queso Feta, y se mezclan muy bien. Luego, se añaden las lentejas y se vuelve a mezclar todo a conciencia. Se tapa el cuenco y se deja reposar durante cerca de media hora a temperatura ambiente antes de servir. Se espolvorea con el queso desmenuzado justo antes de llevar a la mesa. Una variante: si se añade a esta ensalada un pepino cortado en daditos y un tomate picado también se obtiene un buen resultado.

ENSALADA DE LENTEJAS Y QUESO FETA 2
Grado de dificultad bajo

INGREDIENTES PARA 3-4 PERSONAS
2 tazas de caldo de gallina • 1 taza de lentejas pardinas secas, remojadas y escurridas • 1 cucharada de tomillo fresco picado o 1 cucharadita de tomillo seco • 1 l de agua • 250 g de *orecchiette* crudas u otra pasta de tamaño mediano • 1/2 taza de vinagre de vino blanco • 3 cucharadas de perejil • 2 cucharadas de aceite de oliva • 1 cucharadita de miel • 1 diente de ajo picado • 1/2 taza de queso Feta desmenuzado • Sal • Pimienta • Ramitas de tomillo o perejil, para decorar

Se lleva el caldo a ebullición en una cazuela de tamaño mediano y una vez que está hirviendo, se añaden las lentejas y el tomillo picado; seguidamente, se baja el fuego, se tapa y se deja hervir a fuego lento entre 20 y 30 minutos aproximadamente, es decir, hasta que veamos que las lentejas están tiernas; por último, se escurren y reservan. Mientras tanto, se pone el agua al fuego con sal y cuando rompa a hervir, se añade la pasta, se remueve y se cuece hasta que esté al dente, lo que tardará entre unos 8 y 10 minutos; cuando la pasta esté cocida, se escurre. A continuación, se vierten la pasta y las lentejas ya cocidas en un cuenco grande y se mantiene en el mismo bien caliente. Por otra parte, en un cuenco pequeño, se mezcla el vinagre, el perejil, el aceite, la miel y el ajo, removiendo hasta integrar todos los ingredientes, luego se incorpora a esta mezcla la pasta y las lentejas, y se remueve todo con suavidad, para terminar sazonando con sal y pimienta al gusto y espolvoreando con el queso y las ramitas de tomillo decorando el plato. Se sirve esta ensalada templada. Un consejo: una buena cucharada de aceite compensa la acidez del vinagre y del queso Feta en esta original ensalada tibia.

ESTOFADO DE LENTEJAS CON CORDERO
Grado de dificultad medio

INGREDIENTES PARA 6 PERSONAS
750 g de cordero • 150 g de lentejas pardinas • 1 raja de calabaza • 1 manojo de zanahorias *baby* • 2 cebollas • 4 patatas pequeñas • 100 g de judías verdes • Harina • Aceite • Laurel • Sal

Se deshuesa la carne de cordero y se corta a trozos; se enharinan éstos y se fríen en aceite. Luego, en el mismo aceite se rehoga la cebolla y cuando esté transparente, se añaden la carne y las zanahorias. Se cubre con agua y se sazona con sal y una hoja de laurel. Al cabo de media hora, se incorporan el resto de las hortalizas troceadas y las lentejas, para terminar cociendo a fuego suave hasta que éstas estén tiernas.

ESTOFADO DE LENTEJAS Y CERDO
Grado de dificultad bajo

INGREDIENTES PARA 6 PERSONAS
675 g de pierna de cerdo deshuesada • 1 cebolla grande troceada • 3-4 dientes de ajo picados • Aceite vegetal • 6 tazas de agua • 800 g de tomate entero pelado, con su jugo • 8 zanahorias medianas cortadas en rodajas de 1 cm de ancho • 4-6 tallos de apio cortados en láminas • 1/2 taza de lentejas pardinas secas, remojadas y escurridas • 1 cucharada de romero fresco picado • 6 pastillas de caldo de carne • 1/2 cucharadita de sal (opcional) • 1/2 cucharadita de pimienta negra recién molida • 1/2 cucharadita de salsa Tabasco • 1 cucharadita de salsa Worcestershire • Ramitas de romero fresco, para decorar

Para comenzar, se elimina la grasa de la carne de cerdo y se corta en dados de tamaño mediano; luego, en una sartén antiadherente grande, se calienta el aceite y se dora la carne, junto con la cebolla troceada y el ajo picado; una vez que están estos ingredientes listos, se pasan a una cazuela grande. Seguidamente, se añade el agua, el tomate pelado con su jugo, la zanahoria, las lentejas, el romero, las pastillas de caldo, la sal, la pimienta, el Tabasco y la salsa Worcestershire; se tapa la cazuela y se deja hervir a fuego lento durante cerca de 45 minutos, es decir, hasta que las verduras y las lentejas estén tiernas. Si así se desea, se adorna este plato con unas ramitas de romero fresco.

ESTOFADO ITALIANO DE GARBANZOS
Grado de dificultad medio

INGREDIENTES PARA 4-5 PERSONAS
300 g de garbanzos secos • 2 tomates maduros grandes, pelados y picados • 2 cucharadas de romero fresco picado • 4-6 rebanadas de pan • 2 sardinas enlatadas grandes, lavadas con agua corriente y desmenuzadas • 1 cebolla mediana picada fina • 3 dientes de ajo • 300 g de remolacha o de col verde • Aceite de oliva • Sal gorda • Pimienta negra recién molida

Se cubren los garbanzos con agua y se dejan en remojo en un sitio cálido toda la noche anterior a realizar el estofado. Por la mañana, se escurren, se cubren con agua fresca, se llevan a ebullición y se dejan hervir durante 1 hora y media, o hasta que estén tiernos; una vez que estén en su punto, se escurren, pero deberemos de conservar el líquido de cocción. A continuación, se saltean la cebolla, las sardinas y el ajo en aceite a fuego medio en una sartén resistente. Mientras, se escalda la remolacha en parte del agua empleada para cocer los garbanzos. Se aparta el ajo (o no, como se prefiera) de la cebolla y las sardinas y se incorporan los garbanzos, la remolacha (con media taza de su agua), los tomates, la sal y la pimienta. Se dejan cocer durante unas tres horas a fuego lento, añadiendo varias cucharadas del líquido de los garbanzos si el caldo parece estar menguando. Se coloca una rebanada de pan tostado en cada plato de sopa, se vierte el estofado y se sirve con una jarrita de aceite de oliva frío en el que se haya calentado el romero previamente durante unos 10-15 minutos. Un plato grande de hierbas o verduras amargas como la endivia o el diente de león sirve de estupendo acompañamiento para este plato, sobre todo si se mezclan con zumo de limón y aceite de oliva aromatizado con hierbas. Un consejo: este es un estofado muy sustancioso que sabe aún mejor si se prepara con antelación, se recalienta y se sirve en el mismo plato.

ESTOFADO ITALIANO DE LENTEJAS
Grado de dificultad medio

INGREDIENTES PARA 3-4 PERSONAS
1 taza de lentejas pardinas secas, lavadas • 400 g de caldo de ternera • 1 hoja de laurel • 230 g de

salchicha italiana (o chorizo) • 1 taza de cebolla picada • 2 dientes de ajo picados • 1 lata de 400 g de tomates hervidos al estilo italiano • Sal

Se mezclan las lentejas, el caldo y una hoja de laurel en una cazuela mediana y se lleva a ebullición; se baja el fuego, se tapa la cazuela y se deja hervir a fuego lento durante 20 minutos o hasta que las lentejas estén tiernas. Mientras, en una sartén grande y a fuego medio-rápido, se sofríe la salchicha hasta que se dore, partiéndola en trozos pequeños a medida que se vaya friendo. Se añade la cebolla y el ajo y se dejan durante unos 5 minutos, o hasta que la cebolla se reblandezca; luego, se escurre todo y se devuelve a la sartén. Se incorporan a continuación las lentejas y los tomates y se vierte agua si parece que el estofado está demasiado espeso. Se calienta el estofado hasta que rompa a hervir, se reduce el fuego y se deja que se haga a fuego lento durante unos 15 minutos. Se retira la hoja de laurel antes de servir.

FABES CON ALMEJAS
Grado de dificultad medio

INGREDIENTES PARA 6 PERSONAS
1 kg de fabes de la granja • 1 kg de almejas • 1 vaso de aceite de oliva • 1 hoja de laurel • 1 cebolla • 2 dientes de ajo • 1 rebanada de pan del día anterior • 1 cucharadita de pimentón dulce • Sal

Se ponen las alubias en remojo con abundante agua la noche anterior. Al día siguiente, se les quita el agua del remojo y se ponen a hervir en una olla, con agua, la cebolla cortada en cuatro trozos, la mitad del aceite y la hoja de laurel. Cuando rompan a hervir, se baja el fuego y se dejan cocer a fuego lento y tapadas hasta que las fabes estén tiernas, más o menos unas 2 horas aproximadamente. Mientras tanto, se lavan muy bien las almejas y se ponen en una sartén, con un poco de agua, para que se

vayan abriendo; una vez que estén abiertas, se retiran del fuego y se reservan en la misma sartén. Además, se pone al fuego otra sartén con el resto del aceite y se echan los ajos pelados y el pan. Se le dan unas vueltas y, cuando estén fritos, se le añade el pimentón, se mueve con una cuchara de palo para se mezcle bien y cuando esté bien mezclado, se vierte todo en un mortero: se maja la mezcla muy bien, añadiendo un poco de agua de la de cocer las almejas. Se vuelve a poner esta pasta en la sartén y se añaden las almejas, con el caldo que se produjo al abrirlas, mezclando todo muy bien y echándolo luego a la olla en donde están las alubias; se rectifica de sal y se deja hervir a fuego lento durante unos 10-15 minutos (deberemos de tener en cuenta que ha de quedar espesito, con poquita salsa). Para terminar, se presenta en una fuente honda o en una cazuela de barro.

FALAFELS
Grado de dificultad medio

INGREDIENTES PARA 30 UNIDADES
1/2 taza de bulgur • 1/2 taza de agua tibia • 1 lata de 500 g de garbanzos, escurridos y aclarados, ó 2 tazas de garbanzos hervidos • 1 cucharadita de levadura en polvo • 2 cucharadas de harina o pan rallado • 6 dientes de ajo troceados • Pimienta Cayena • 1 cucharadita de comino molido • 2 cucharaditas de cilantro molido • 2 cucharaditas de cúrcuma • 2 huevos • Aceite • 1/2 cucharadita de sal

Para la salsa de yogur:
1 taza de yogur natural • 1 cucharadita de cilantro molido • 1/2 cucharadita de comino molido • 1/2 cucharadita de cúrcuma molida

En un cuenco pequeño, se pone el bulgur en remojo en agua durante 30 minutos; luego se escurre bien. Seguidamente, se mezcla el bulgur con los demás ingredientes en un robot de cocina (vaso triturador) y se tritura todo hasta convertirlo en una pasta de textura cremosa. Por otro lado, se calientan tres dedos de aceite (unos cinco centímetros) en una sartén de fondo grueso, y se amasan albóndigas de unos dos centímetros y medio de diámetro, las cuales se fríen en el aceite hirviendo, en tandas de cuatro o cinco, hasta que tomen un color dorado (si se llena demasiado la sartén, la temperatura del aceite baja bastante y esto no conviene que ocurra). A continuación, se ponen los falafels a escurrir sobre una fuente cubierta con papel de cocina para absorber el exceso de aceite y luego se sirven los falafels en el interior de un pan chapati (también llamado pan pita) caliente, adornado con vegetales frescos cortados y regado con salsa de yogur. Para hacer la salsa de yogur (para preparar una taza, por ejemplo): en un cuenco pequeño, debemos de mezclar todos los ingredientes mencionados y con posterioridad dejar reposar la salsa cerca de media hora antes de servir, para que los sabores acaben de integrarse. Un consejo: estas albóndigas de garbanzos se sirven en el interior de las pitas calientes, acompañadas de pepino, tomate y pimiento verde picados, y regado con salsa de yogur.

FRIJOLES CUBANOS
Grado de dificultad medio

INGREDIENTES PARA 8 PERSONAS
2 kg de frijoles negros • 2 l de agua • 8 cucharadas de aceite de oliva • 1 cebolla grande • 1 pimiento • 4 dientes de ajo • 1 cucharadita de pimienta • 1 cucharadita de orégano • 2 hojas de laurel • 1 cucharada de azúcar • Sal

Por un lado, se ponen los frijoles en remojo en agua hasta que alcancen el doble de su tamaño; y por otro, se corta el pimiento a cuartos y se añade la mitad a los fríjoles remojados. A continuación, en una cazuela, se echan dos cucharadas de aceite de oliva, para poder saltear la cebolla y el ajo picados, y el resto del pimiento triturado. Luego, se empiezan a cocer los frijoles a fuego medio o lento. Cuando rompan a hervir, se añaden los ingredientes salteados junto con las especias

secas y el resto del aceite de oliva, y se remueve todo muy bien. Una vez que veamos que hierve, se baja el fuego y se deja aproximadamente durante 1 hora hasta que los frijoles estén tiernos y tengan la consistencia deseada.

GARBANZOS AL CURRY
Grado de dificultad medio

INGREDIENTES PARA 4-6 PERSONAS
2 cucharadas de aceite vegetal • 1 taza de cebolla picada • 1 taza de zanahoria cortada en dados • 1 pimiento rojo o amarillo de tamaño mediano, sin semillas, cortado en dados • 2 tazas de 500 g de garbanzos, escurridos y pasados por agua, o bien 4 tazas de garbanzos hervidos • 1 taza de agua • 1 lata de 400 ml de leche de coco • 1 cucharadita de curry en polvo • 2 cucharadas de semillas de mostaza • 1 cucharada de caldo vegetal • 1 cucharada de zumo de limón • Sal

En una cacerola o sartén grande, se sofríe la cebolla y la zanahoria en el aceite durante unos 5 minutos más o menos, es decir, hasta que queden bien tiernas. Luego, se incorporan el pimiento y los garbanzos, y se continúa rehogando todo a fuego moderado hasta que el pimiento se reblandezca (cerca de 3 minutos). Mientras, en un cuenco aparte, se mezclan el agua, la leche de coco, el curry en polvo, las semillas de mostaza, el caldo vegetal, el zumo de limón y la sal. Se remueve hasta ligar bien todos los ingredientes y se añade esta mezcla a los garbanzos, para dejarlos cocer a fuego lento durante cerca de 25 minutos. Un consejo: este plato se sirve acompañado de arroz, cuscús, tallarines de trigo integral o bulgur.

GARBANZOS CON ESPINACAS 1
Grado de dificultad bajo

INGREDIENTES PARA 6 PERSONAS
1/2 kg de garbanzos • 1 kg de espinacas • 3 dientes de ajo • 1 rebanada de pan blanco

• 2 cucharaditas de pimentón dulce • 1 cucharadita de moca de comino en grano • 3 cucharadas soperas de vinagre suave • 1/2 vaso de aceite de oliva • Sal

Como punto principal, deberemos de tener en cuenta que se ponen a remojo los garbanzos, en abundante agua, un mínimo de 12 horas antes de comenzar a elaborar esta receta. Sabido esto, primeramente se calienta una olla al fuego con agua abundante y se echan los garbanzos; cuando empiece a hervir, se baja el fuego y se dejan cocer tapados hasta que estén bien tiernos (si durante la cocción se quedaran un poco secos, se les puede añadir agua, pero debemos recordar que ésta siempre tiene que estar caliente). Entonces se agrega la sal y se deja cocer durante unos 5 minutos más; luego, se escurren y se vuelven a poner en la olla. Se limpian bien las espinacas, vigilando que no les quede tierra (también se pueden usar congeladas); se ponen en una cazuela, se añade agua hasta que las cubra y se cuecen a fuego lento durante unos 10 minutos. Se sacan, se escurren y se echan en la olla que tiene los garbanzos. Se pone una sartén al fuego con el aceite y cuando esté caliente, se echa el pan troceado y los ajos enteros y pelados, se les da unas vueltas hasta que el pan se dore, entonces se retira la sartén del fuego y cuando el aceite esté templado, se echa el pimentón, el vinagre y el comino, se mezcla todo y se vierte en el vaso de una batidora, para triturar todo bien hasta formar una mezcla homogénea. Se incorpora esta mezcla a la olla con los garbanzos y las espinacas y se deja a fuego muy lento durante unos 10 minutos, para que tome bien el sabor. Debe quedar un poco caldoso. Se sirve caliente.

GARBANZOS CON ESPINACAS 2
Grado de dificultad bajo

Ingredientes para 3-4 personas
100 g de garbanzos cocidos • 200 g de espinacas • 20 g de piñones • 20 g de uvas pasas

• 2 dientes de ajo • 2 cucharadas de aceite de oliva • Sal

Es igual que la receta anterior pero con alguna ligera variación. Por una parte, se cuecen las espinacas al vapor, y por otra, se doran los ajos en la sartén con aceite y se añaden los piñones y las pasas, removiendo durante un par de minutos. Se incorporan seguidamente las espinacas ya cocidas, se remueve todo bien otros 2 minutos y se añaden los garbanzos, dejando cocer el guiso por espacio de 5 minutos aproximadamente antes de servir.

GARBANZOS CON MEJILLONES
Grado de dificultad medio

Ingredientes para 4-5 personas
400 g de garbanzos • 16 mejillones • 1 cebolla • 2 zanahorias • 2 dientes de ajo • 1 vaso de caldo de pescado • 1 cucharada de perejil picado • Aceite de oliva virgen • 4 cucharadas de manzanilla o palo cortado • Sal

Lo primero a tener en cuenta es que hay que poner en remojo los garbanzos la víspera de realizar el guiso. Así pues, se comienza poniendo en una cazuela agua y sal y llevándolo a ebullición, donde luego se vuelcan los garbanzos con las zanahorias cortadas en rodajas, la cebolla picada, el caldo de pescado y un buen chorro de aceite de oliva; se cuece hasta que los garbanzos estén tiernos, desespumando de vez en cuando. Aparte, se cuecen los mejillones y se reservan. En un cazo se doran con un poquito de aceite los ajos y se añaden los mejillones y las zanahorias bien escurridos y para terminar se agrega el vino y el perejil y se deja evaporar. Se sirve muy caliente.

GARBANZOS CON PIÑONES Y PASAS
Grado de dificultad medio

INGREDIENTES PARA 3-4 PERSONAS
100 g de garbanzos cocidos • 20 g de piñones • 20 g de uvas pasas • 2 dientes de ajo • 2 cucharadas de aceite de oliva

Para este sencillo plato, se doran con un poquito de aceite los dos dientes de ajo en la sartén y se añaden los piñones y las pasas, removiendo durante un par de minutos para que se rehogue todo bien. A continuación, sólo quedaría incorporar los garbanzos que ya estarán cocidos, agregar un poco de agua y sal, y dejar que cueza todo por espacio de 5 minutos.

GUISO ITALIANO DE ALUBIAS PINTAS

Grado de dificultad medio

INGREDIENTES PARA 6-8 PERSONAS
1 kg de alubias pintas frescas o en lata • 200 g cebolla • 3 hojas de laurel • 1 cucharadita de canela en polvo • 500 g de tomates pelados • 1 cucharadita de guindilla molida • Aceite extra virgen • Sal

En una sartén grande, se dora la cebolla picada fina con el aceite extra virgen; luego, se agregan las hojas de laurel, el tomate y la guindilla, mezclando bien. Se incorpora entonces la canela en polvo y se rectifica de sal al gusto. Se deja cocinar a fuego moderado. Se agregan las alubias ya hervidas y se mezcla suavemente para que no se rompan, durante 10 minutos.

HABAS A LA CATALANA

Grado de dificultad medio

INGREDIENTES PARA 6 PERSONAS
1 y 1/2 kg de habas pequeñas (baby) • 300 g de tocino de panceta (en lonchas gruesas) • 2 butifarras negras • 1 manojo de cebolletas • 1 vaso de vino «rancio» • 1 hoja de laurel • 1 manojito de menta fresca • 1/2 copita de anís • Aceite de oliva • Sal

Se pone al fuego una cazuela de barro, con un poco de aceite en el fondo y se echan las cebolletas, cortadas en juliana no muy fina, y dos lonchas del tocino cortado a taquitos pequeños, y se remueve con una cuchara de palo hasta que se dore todo ligeramente. Además, se pela una de las butifarras, se desmenuza y se echa en la cazuela. Se remueve todo y se añaden la habas, dejándolas que se rehoguen ligeramente. Se añade el vaso de vino, la otra butifarra, el tocino y las hojas de menta; se sala al gusto y se remueve todo bien con la cuchara de palo. Luego, se baja el fuego y se deja cocer, a fuego lento, con la cazuela bien tapada, hasta que las habas estén bien tiernas. Se les añade una copita de anís, se remueve todo bien y se aparta del fuego. A continuación, se saca la butifarra y se corta en rodajas. Se trocea también el tocino en tiras de unos dos centímetros y se coloca encima de las habas junto con las rodajas de butifarra. Se sirve bien caliente y se presenta en la misma cazuela de barro.

HABAS CON CHOCOS

Grado de dificultad medio

INGREDIENTES PARA 4 PERSONAS
1 kg de habas tiernas • 1 kg de chocos cortados a tacos • 1 vaso de vino blanco • 1 cebolla • 4 dientes de ajo • 2 hojas de laurel • 2 cucharadas de pimentón dulce • Aceite de oliva • Sal

Se pone aceite en una cazuela y se sofríen la cebolla y los ajos picados. Se añaden al sofrito los chocos, cortados a tacos y se rehoga. Cuando estén rehogados, se añaden las habas cortadas en trozos, con la vaina. Se le da unas vueltas, se añade el pimentón y se continúa removiendo hasta que se doren. A continuación, se le echa el vaso de vino, las hojas de laurel y sal al gusto. Se cubre todo con agua y se deja hervir hasta que el choco esté tierno. Las habas con chocos se presentan en una fuente.

HABAS DE MURCIA
Grado de dificultad bajo

INGREDIENTES PARA 4 PERSONAS
1 kg de habas secas • 2 trozos de hueso de jamón
• 2 chorizos pequeños • 1 guindilla picante • 1 hoja
de laurel • 1 cucharadita de pimentón dulce
• Sal • Pimienta

Se ponen las habas en remojo, con agua
abundante, durante 24 horas, y durante este
tiempo se les cambia el agua varias veces. Se
ponen al fuego dos ollas con abundante agua.
En una de ellas, se echan las habas y se dejan
hervir durante unos 10 minutos. Se sacan y se
escurren y cuando el agua de la otra olla esté
hirviendo, se echan de nuevo las habas y se
agrega la sal, la pimienta, la guindilla, los
chorizos enteros, el hueso de jamón, el
pimentón y la hoja de laurel. Se baja el fuego
y se deja cocer a fuego lento, hasta que las
habas estén bien tiernas. Se sirve bien caliente
en una cazuela de barro, con algo de caldo y
los chorizos cortados en rodajas.

HAMBURGUESA DE LENTEJAS
Grado de dificultad medio

INGREDIENTES PARA 4 PERSONAS
200 g de lentejas pardinas • 100 g de acelgas
• 1 raja de calabaza • 1 tomate maduro
• 1 lechuga • 4 lonchas de queso • 4 panecillos
para hamburguesa • Huevo • Pan rallado • Aceite
• Sal

Se cuecen las lentejas en agua y sal. A media
cocción, se incorpora la calabaza a tiras finas y
las acelgas troceadas. Cuando estén en su
punto, se escurren y saltean en una sartén con
cebolla picada. Fuera del fuego, se les añade
un poco de huevo batido, harina y pan rallado
y se le da a la mezcla la forma de
hamburguesa. Luego, se reboza con harina y
huevo batido y se fríe hasta que estén
doradas. Para terminar, se ponen las
hamburguesas vegetales en los panecillos
sobre hojas de lechuga y rodajas de tomate y

se coronan con una loncha de queso fundido.
Se mantiene tapado y se sirven enseguida.
Una observación: a los niños les encanta la
piel fina y el sabor suave de las lentejas
pardinas.

HARIRA
Grado de dificultad alto

INGREDIENTES PARA 4 PERSONAS
100 g de garbanzos • 100 g de lentejas
• 1 cucharadita de bicarbonato sódico • 100 ml
de aceite de girasol • 3 cebollas medianas (250 g)
picadas • 1 centro de apio y 2-3 ramas de apio
picadas • 500 g de carne magra de cordero
o buey sin hueso, a dados • 2 huesos de espinazo
• 1 cucharadita de sal • 1 cucharadita de pimienta
blanca molida • 3 l de agua • 3 cucharadas
de harina de trigo • 1 cucharada de puré
de tomate concentrado con 2 cucharadas de agua
• 1 kg de tomates frescos, sin piel ni semillas,
cortados a dados • 100 g de fideos tostados
• 100 g de arroz • 100 ml de azafrán preparado
(ver «Azafrán para harina») • 2 limones en zumo
• 6 cucharadas de perejil fresco picado
• 6 cucharadas de cilantro fresco picado
• 3 limones, partidos por la mitad, para servirlos

Se debe de comenzar teniendo en cuenta que
un día antes de realizar este plato se ponen a
remojo, por separado, los garbanzos y las
lentejas en agua fría, a la que se habrá
añadido el bicarbonato sódico (media
cucharadita a cada uno). Al día siguiente,
se enjuagan las lentejas con agua fría, se
escurren y se reservan. A partir de ahí,
se hierven los garbanzos durante unos 45
minutos en el mismo agua de remojo, luego
se escurren y se dejan enfriar antes de
quitarles la piel, pellizcándola entre los dedos.
Se pasan después bajo el agua fría del grifo,
se escurren bien y se reservan. Por otro lado,
se calienta aceite en una sartén honda o una
cazuela y se agrega la cebolla y el apio,
y se sofríe de 5 a 8 minutos, es decir, hasta
que se ablanden. Se agrega la carne, los
huesos, los garbanzos y las lentejas, sal y

pimienta y se cubre con dos litros de agua, para entonces llevar a ebullición. Después se tapa la cazuela, se baja el fuego al mínimo y se deja cocer así durante 1 hora y media. Si, a causa de los huesos y la carne, se forma espuma en la superficie, se debe retirar con una espumadera. Una vez que haya transcurrido 1 hora, se sacan los huesos y se reservan en una fuente. Cuando la carne esté tierna y cocida, se retira también para que no se deshaga y se tapa con papel de aluminio para que no se seque. Antes de servir, se recalienta la carne en el caldo. Los huesos se pueden calentar después y comer el tuétano sazonado con sal o untado sobre pan tostado. Pasada 1 hora y media, se mezcla la harina con 300 mililitros de agua, se disuelve el concentrado de tomate en dos cucharadas de agua y se agrega todo al caldo; se remueve bien para que se diluyan en el caldo la harina y el puré de tomate. Luego se añaden los tomates, los fideos, el arroz y el azafrán, se remueven los últimos ingredientes con una cuchara de madera, se tapa la cazuela y se deja cocer 20 minutos a fuego mediano. Para ir terminando, 10 minutos antes de terminar la cocción, se agrega el zumo de limón y se remueve bien la sopa. Finalmente, se echan el perejil y el cilantro. La harira tiene que quedar fina, pero no muy espesa. Antes de servirla, se rectifica de sal y pimienta al gusto. La harira se sirve caliente en cuencos o en platos hondos, acompañada de un limón partido por la mitad para que el comensal se la aderece a su gusto.

HOJAS DE PARRA RELLENAS DE LENTEJAS Y MÁS
Grado de dificultad medio

Ingredientes para 28 piezas
1 taza de lentejas estadounidenses secas, escurridas • 1 taza de agua • 1 taza de bulgur • 2 tazas de agua hirviendo • 1 taza de albaricoques secos cortados a trozos • 1 taza de pasas de Corinto • 1 taza de menta fresca picada • 1 cucharada de ajedrea fresca picada o seca • 1 taza de zumo de limón • 1 taza de aceite de oliva • 1 taza de piñones • 2 tazas de cebolla picada • 1 bote de 224 g de hojas de parra enteras, escurridas y secadas (unas 28 hojas aprox.) • 435 ml de caldo de carne o vegetal • Rodajas de limón, para adornar • Yogur natural o crema agria, para mojar • Sal • Pimienta

Para comenzar a elaborar esta recta, se introducen las lentejas en el agua en una cazuela que se lleva a ebullición y, cuando está hirviendo, se baja el fuego, se tapa la cazuela y se deja que cueza el guiso hasta que se reblandezcan las lentejas, es decir, unos 30 minutos más o menos; cuando están en su punto, se escurren bien y se colocan en un bol grande. Por otro lado, en un bol pequeño, se echa agua hirviendo encima del bulgur y se deja en remojo hasta que esté tierno, o lo que es lo mismo, unos 30 minutos; pasado este tiempo, se escurre bien y se añade entonces el bulgur a las lentejas junto con los albaricoques, las pasas de Corinto, la menta, la ajedrea, el zumo de limón, la sal y la pimienta. Mientras, se pone aceite de oliva a calentar en una sartén gruesa, en la que se echan los piñones, los cuales se van removiendo hasta que llegan a adquirir una tonalidad dorada. Se agregan entonces los piñones a la mezcla de lentejas y se reserva el aceite de la sartén. Por su parte, se ponen las cebollas en aceite caliente y se deja que se hagan durante 5 minutos a fuego medio; una vez preparadas, se añaden las cebollas a la mezcla de lentejas y se remueve bien. Llegados a este punto, se precalienta el horno a 200° y mientras se retiran los tallos duros de las hojas de parra, se coloca una generosa cucharada de relleno junto al extremo del tallo de cada hoja y se dobla la base de la misma sobre el relleno, para luego doblar los dos extremos largos de la hoja sobre el relleno con el fin de que no se desparrame, y se termina de enrollar la hoja. Se colocan las hojas rellenas, con las costuras boca abajo, en una fuente para el horno de unos 33 x 23 centímetros (es el tamaño ideal, pero puede usarse cualquier otra fuente o recipiente), sin engrasar. Se vierte el caldo en la fuente, se tapa bien con papel de aluminio y se deja en el horno durante 30 minutos. Un consejo: se sirven calientes o se dejan tapadas hasta que se enfrían durante varias horas. Si se desea, pueden adornarse con rodajas de limón y servirse con yogur natural o crema agria para mojar.

HUMMUS 1
Grado de dificultad bajo

INGREDIENTES PARA UNA SALSERA
75 g de semillas de sésamo • 1 cucharadita de aceite de sésamo • 1 cucharada sopera de aceite de oliva • 2 dientes de ajo • 2 cucharadas soperas de zumo de limón • 325 g de garbanzos cocidos • 1/4 de cucharadita de pimentón dulce • Sal • Pimienta

Para empezar, se ponen las semillas de sésamo en una cazuela gruesa y se cocinan a fuego lento hasta que se doren; a continuación, se retira del fuego. Seguidamente, se colocan las semillas de sésamo, el aceite de sésamo y el de oliva, el ajo y el limón en la picadora, en donde se mezcla/tritura todo hasta que quede homogéneo. Luego, se añaden los garbanzos ya cocidos y los condimentos en la picadora y se sigue mezclando, hasta que lleguemos a obtener la textura deseada. Por último y para terminar, se prueba la mezcla y se sazona al gusto. Un consejo: se sirve con pan de pita caliente.

HUMMUS 2
Grado de dificultad bajo

INGREDIENTES PARA UNA SALSERA
300 g de garbanzos secos • 3 dientes de ajo • 1 hueso de caña con tuétano • 1 hoja de laurel • 130 ml de aceite de oliva virgen extra • 60 g de sésamo tostado • 1 cucharada de comino en polvo • 1 pizca de pimentón • 1 cebolleta • 100 g de beicon muy fino • Ajo • Cebollino • Perifollo • Sal

En la víspera, se ponen a remojar los garbanzos y se cuecen después con dos dientes de ajo, el hueso de caña, laurel, sal y aceite de oliva durante 2 o 4 horas, aproximadamente, según el tamaño del recipiente que estemos usando. Se deja escurrir y se secan los garbanzos en el horno. A continuación, se pasan los garbanzos por el robot triturador con el sésamo tostado, el comino, la cebolleta y el diente de ajo y se emulsiona con aceite, obteniendo una pasta homogénea. Se cocina el beicon al horno, dejando que se tueste. Un consejo: para presentarlo, se forman cenefas y se rellenan pequeños boles con humus; se rocía con un poco de aceite de oliva y se corona con el beicon crujiente. Puede decorarse con perifollo y cebollino.

JUDÍAS A LA CATALANA
Grado de dificultad bajo

INGREDIENTES PARA 3-4 PERSONAS
175 g de judías pintas • 250 g de judías verdes, cortadas a trocitos • 3-4 dientes de ajo, finamente cortados • Aceite de oliva • 550 g de tomates pelados y finamente cortados • 2 cucharadas de perejil picado • Sal • Pimienta

Una vez que se hayan tenido en remojo las judías durante la noche anterior a preparar la receta, se sacan éstas y se escurren. Luego, se ponen en una olla, se cubren con agua fría, se hacen hervir durante 10 minutos aproximadamente y se mantienen a fuego lento, tapadas, durante 40-45 minutos, o hasta que veamos que están bien tiernas. Una vez que están listas, se cuelan y se dejan a un lado. Mientras tanto, se lavan, se cortan y se rehogan las judías verdes hasta que empiecen a estar tiernas. Por otra parte, se saltean ligeramente los ajos y las cebollas en aceite sobre una sartén grande, a fuego moderado durante 5 minutos, o hasta que la cebolla esté suave y translúcida. Se añaden entonces los tomates, el perejil y la pimienta, se remueve y se hacen hervir.

Se cocina destapado hasta que la mayor parte del líquido se haya evaporado, momento en el que se añaden todas las judías, se remueve bien y se deja a fuego lento durante 5 ó 6 minutos más o menos, es decir, hasta que se vea que ya se han hecho del todo. Se comprueba la condimentación y se sirve caliente.

JUDÍAS CON BACALAO
Grado de dificultad medio

INGREDIENTES PARA 4 PERSONAS
12 cucharadas de judías cocidas • 300 g de bacalao • 6 cebollas tiernas • 4 tomates rojos • Aceite de oliva negro • Aceite de oliva virgen • Vinagre • Sal

Por una parte, se trituran las judías blancas cocidas hasta obtener una crema homogénea, se prueba y se rectifica de sal; por otra, se corta el bacalao a dados y se blanquean las cebollas tiernas sin que pierdan color, para luego cortarlas por la mitad. Además, se sacan las pepitas a los tomates. En un plato sopero, se pone una base de crema de judías, se montan decorativamente las cebollas tiernas, el bacalao y las pepitas de tomate con un poco de sal marina por encima, y se salsea con el aceite de aceitunas negras, unas gotas de vinagre y aceite de oliva virgen antes de llevar a servir.

JUDÍAS CON CALAMARES
Grado de dificultad medio

INGREDIENTES PARA 4 PERSONAS
400 g de judías • 500 g de calamares • 1 cebolla pequeña • 2 dientes de ajo pelados • 200 g de aceite de oliva virgen extra • Pimienta negra • 1 cucharada de pimentón dulce • Sal

Se cuecen durante algo más de 1 hora las judías, puestas en remojo desde el día anterior. A continuación, se deben limpiar los calamares, procurando que conserven la tinta. Se pone aceite de oliva virgen extra bien caliente en la sartén, se sofríe antes que nada el ajo, y con antelación a que llegue a dorarse, se echa la cebolla y posteriormente los calamares. A los 5 o 6 minutos aproximadamente, se ponen las judías cocidas y se sofríen también, con la cucharadita de pimentón, agua, sal y pimienta negra en polvo al gusto. Se empieza a cocer a fuego vivo primero y luego se baja hasta que se termina de guisar por completo, es decir, en unos 10-12 minutos.

JUDÍAS CON CHOCOS
Grado de dificultad bajo

INGREDIENTES PARA 4-6 PERSONAS
400 g de judías • 500 g de chocos • 1 cebolla pequeña trinchada • 2 dientes de ajo pelados • 200 g de aceite de oliva virgen extra • Pimienta negra • 1 cucharada de pimentón dulce • Sal

Una vez que tenemos las judías puestas en remojo desde el día anterior a la elaboración de esta receta, se cuecen éstas durante algo más de 1 hora. A continuación, se deben limpiar los chocos, procurando que conserven toda su tinta a ser posible. Por otro lado, se pone el aceite de oliva virgen extra bien caliente en la sartén, se sofríe un poquito el ajo y a continuación se añade la cebolla; al vidriarse ésta, se echarán los chocos, no sin antes haberse provisto de una tapadera ligera y no teniendo la sartén con demasiado fuego. Se remueve el sofrito sólo el punto imprescindible. A los 5 ó 6 minutos aproximadamente, se ponen las judías ya cocidas y se sofríen también, con la cucharadita de pimentón, el agua (que se vierte inmediatamente), la sal (probarlo antes) y la pimienta negra en polvo. A partir de ahí, se empezará a cocer a fuego vivo primero para luego bajarlo, y dejar que se termine de hacer durante unos 10-12 minutos más o menos.

JUDÍAS DE BOSTON AL HORNO

Grado de dificultad medio

INGREDIENTES PARA 3 PERSONAS

225 g de judías blancas • 500 ml de agua
• 1/2 cucharadita de sal • 15 g de azúcar moreno
• 1/2 cucharadita de polvo de mostaza seca
• 2 cucharadas soperas de melaza • 1 cucharadita de salsa de soja • 1 cebolla pequeña cortada a trocitos

Primeramente, dejar las judías en remojo la noche anterior y luego escurrirlas. A continuación, se cubren las judías de agua fría y se llevan a ebullición; se cuecen a fuego lento durante 1 hora, y cuando estén listas y en su punto, se escurren de nuevo y se reserva el líquido en el que se han cocido. Se agrega el agua hervida, la sal, el azúcar, la mostaza, la melaza y la salsa de soja. Se colocan las judías y la cebolla en un recipiente que pueda ir al horno y que se pueda cerrar herméticamente, y se vierte el líquido en ese recipiente. Entonces, se tapa y se hornea a 150° alrededor de unas 2 horas y media aproximadamente. Durante la cocción, se comprueba que no se evapore el líquido y se añade más agua en caso necesario. Se sirve caliente como plato único o como acompañamiento de un primer plato. Un consejo: para que las judías queden lo más sabrosas posible, es muy recomendable dejarlas reposar durante 30 minutos antes de servir.

JUDÍAS DE SOJA VERDE COCIDA
(cocina japonesa)

Grado de dificultad bajo

INGREDIENTES PARA 4 PERSONAS

400 g de judías de soja verde • Sal • 6 tazas de agua

Se colocan las judías en un bol y se añaden dos cucharadas de sal; después de pasada 1 hora de maceración, se lavan bien las judías con agua fría. Por otra parte, en un cazo se pone agua al fuego y cuando está en ebullición, se añaden las judías previamente lavadas y se agregan tres cucharadas de sal más; entonces, se deja hervir durante 10 minutos y cuando estén en su punto, se quitan del fuego, se escurren en un colador y se espolvorea una cucharilla de sal por encima.

JUDÍAS PINTAS CON CARNE PICADA MACERADA

Grado de dificultad medio

INGREDIENTES PARA 4 PERSONAS

400 g de judías pintas cocidas • 300 g de carne picada de ternera • 2 cebolletas tiernas muy picaditas • 1 diente de ajo • 1 cucharadita de pimienta Cayena • 1 cucharadita de pimentón dulce • 1 cucharadita de tomillo • 1 cucharadita de estragón de hojas • 1 cucharadita de chocolate en polvo • Aceite de oliva virgen • 4 chiles verdes en conserva • 50 g de queso Edam rallado • Sal

Se pone a macerar la carne con todos los ingredientes, mezclándolos muy bien, y se deja reposar en la nevera durante unas horas antes de hacer el guiso. Transcurrido ese tiempo, se pone el aceite en una sartén amplia y se fríe la carne picada, separándola bien con la ayuda de un tenedor de madera, y teniendo en cuenta que nos debe de quedar dorada, pero en ningún caso seca. A continuación, se incorporan las judías y se sala al gusto. Para terminar, se fríe todo junto durante unos minutos para que se mezclen bien los sabores.

LACÓN CON GRELOS

Grado de dificultad bajo

INGREDIENTES PARA 6 PERSONAS

1 kg de lacón salado • 300 g de careta (carrillada) de cerdo • 300 g de oreja de cerdo salada • 1/2 kg

de chorizo gallego • 1 y 1/2 kg de grelos
• 6 patatas grandes • Sal

En un recipiente con abundante agua se coloca el lacón 24 horas antes de elaborar el plato y se va cambiando el agua cada 6 horas, para que nos quede bien desalado. Por otra parte, se lavan los grelos, se cortan a trozos y se hierven durante 5 minutos en agua con sal, para que de esta forma pierdan su sabor amargo. Una vez hervidos, se escurren bien. Además, se pelan las patatas y se cortan en trozos grandes. Hecho todo esto, se pone al fuego una marmita u olla alta con unos tres litros de agua y se echan en ella el lacón, la careta, la oreja y los chorizos y, cuando empiece a hervir, se baja el fuego y se deja cocer a fuego lento. Una vez que comprobemos que llevan cociendo aproximadamente 1 hora, se rectifica de sal y se añaden los grelos y las patatas, y entonces se deja que siga todo cociendo, siempre a fuego lento, otra media hora más. Cuando todo esté bien cocido, se rectifica de sal al gusto, se aparta la olla del fuego y se deja reposar durante unos 15 minutos. Antes de servir, se trocea la careta, el lacón, la oreja y los chorizos para que a todos los comensales les toquen partes iguales. Se presenta este plato en una fuente grande, disponiendo en un extremo las patatas, en el otro los grelos y en el medio los chorizos así como los trozos del cerdo.

LASAÑA DE LENTEJAS
Grado de dificultad medio

Ingredientes para 4 personas
1 taza de lentejas pardinas remojadas y aclaradas
• 2 tazas de agua • 1 cucharadita de semillas de hinojo • 250 g de pasta de lasaña • 2 tazas de cebolla picada • 3 dientes de ajo grandes picados • 2 cucharadas de aceite de oliva
• 2 calabacines medianos, cortados en rodajas finas • 2 latas de 400 g de salsa de tomate
• 1 cucharadita de azúcar • 1 cucharadita de hojas secas de albahaca majadas

• 2 tazas de queso mozzarella rallado
• 1 cucharadita de sal

En un cazo mediano, se vierten el agua, las lentejas, las semillas de hinojo y la sal, y se lleva a ebullición. Cuando rompa a hervir, se baja el fuego, se tapa y se deja cocer a fuego lento entre 30 y 40 minutos, o hasta que comprobemos que las lentejas están tiernas y se haya consumido casi todo el líquido; se reserva. Mientras tanto, se cuecen al dente las láminas de lasaña según las instrucciones del envase; una vez hervidas, se sacan, se aclaran con agua fría para cortar la cocción, y se escurren. Por otro lado, se mezclan las lentejas con la salsa de tomate, el azúcar y el perejil. Además, se precalienta el horno a 150°, a la vez que se va engrasando ligeramente una fuente de hornear. También, en una sartén mediana, se vierte una cucharada y media de aceite y se sofríen las cebollas y el ajo a fuego vivo, hasta que se ablanden (entre 5 y 7 minutos aproximadamente). Se vierte la cebolla rehogada en un cuenco y se reserva. A continuación, se echa otra cucharada y media de aceite en la sartén y se fríe el calabacín, removiendo, hasta que quede al dente (en este caso, cerca de unos 8 minutos). Para ir terminando, se extienden en la fuente de hornear la mitad de las láminas de lasaña, se cubren con el calabacín en rodajas y luego se vierte la mitad de las lentejas sobre el calabacín y la mitad del queso sobre las lentejas. Se extiende otra capa de lasaña, se cubre con cebolla y se termina con las lentejas que han sobrado. Una vez que tengamos todo listo, se introduce en el horno el recipiente, tapado, durante unos 30 minutos aproximadamente. Un consejo: unos 5 minutos antes de que veamos que tenemos que sacar la lasaña del horno, se destapa la fuente o el recipiente en el que la estemos haciendo, se espolvorea con el queso restante y se vuelve a llevar al horno, aunque en este caso ya sin tapar, hasta que el queso se haya fundido, momento en el que se saca definitivamente para llevar a servir bien caliente.

LEGUMBRES EN ENSALADA
Grado de dificultad bajo

INGREDIENTES PARA 4-6 PERSONAS
200 g de judías blancas • 200 g de lentejas
• 50 g de nueces peladas • 8 hojas de lechuga
• 8 anchoas saladas • 8 cucharadas de aceite de
oliva • 8 cucharadas de vinagre de Jerez • 1 yogur
natural • 2 cucharadas de zumo de limón
• 2 cucharadas de mostaza • 2 cucharadas de
perejil picado • 1 cucharada de cebollino picado
• Sal • Pimienta

Se ponen las legumbres en remojo la noche
anterior y se cuecen por separado, en
abundante agua, hasta que estén tiernas. Para
abreviar el tiempo de cocción, se puede
utilizar la olla a presión: las judías tendrán que
cocer en ese caso unos 35 minutos y las
lentejas, 25 minutos. Cuando estén hechas, se
escurren, se sazonan con sal y pimienta al
gusto y se reservan. Mientras, se habrán
picado las nueces y se habrán limpiado y
escurrido las hojas de lechuga. Se machacan
las anchoas en el mortero, se añade el
vinagre, la mostaza, el zumo de limón, el
aceite y el yogur, y se mezcla bien. Se agregan
las hierbas aromáticas y las nueces. Se vierte la
salsa sobre las legumbres y se guardan
tapadas en la parte baja de la nevera durante
una media hora. A la hora de servir, se coloca
la lechuga en una ensaladera y se ponen
encima las legumbres.

LENTEJAS
Grado de dificultad bajo

INGREDIENTES PARA 4-6 PERSONAS
250 g de lentejas • 1 chorizo para guisar
• 100 g de jamón serrano • 1 cebolla grande
• Aceite • 3 cucharadas de vino (opcional) • 1 hoja
de laurel • 2 zanahorias grandes • 3 patatas
pequeñas • 2 dientes de ajo • 1 pizca de azafrán o
colorante • Pimienta molida • Sal

Se ponen durante una media hora a remojo
las lentejas. Mientras, se van preparando los
diferentes ingredientes: se trocea el jamón en
dados pequeños, se corta el chorizo de guiso
en rodajas, se cortan también a rodajas finas
las zanahorias y las patatas pequeñas se pelan
y se dejan enteras. Una vez remojadas las
lentejas (tras esa media hora que
apuntábamos), se ponen al fuego en una
cazuela y cubiertas de agua. A continuación,
se le van echando a la cazuela lo que hemos
preparado con anterioridad: el jamón, el
chorizo, las zanahorias y las patatas. También
se le echa la hoja de laurel, la pimienta, el
azafrán o colorante y el vino. Se pica la
cebolla (cortadita en trozos pequeños) y se
echa a la sartén con el aceite. El ajo se pica y
se agrega a la cebolla. Se deja sofreír hasta
que se fría (pero que no se ponga dorada). Se
agrega la cebolla y el ajo a las lentejas y se
pone la sal en la cazuela que ya estaba al
fuego. Tardarán en hacerse de 30 a 40
minutos a fuego mediano o lento.

LENTEJAS CON ALMEJAS
Grado de dificultad medio

INGREDIENTES PARA 4 PERSONAS
320 g de lentejas pardinas • 1 dl de aceite de oliva
• 2 dientes de ajo • 10 g de harina • 1/2 dl de vino
blanco • 200 g de caldo de pescado blanco
• 12 almejas gallegas • Sal • Pimienta

Primeramente, se coloca una cazuela al fuego
con aceite de oliva y una vez que está
caliente, se agrega el ajo picado fino, y
seguidamente se incorpora la harina; se
remueve bien con una cuchara de madera y se
le añade el vino blanco y las almejas;
finalmente se moja todo el preparado con el
caldo de pescado blanco. A partir de ese
momento, se dejan cocer las almejas y cuando
estén abiertas, es el momento de incorporar
las lentejas ya cocidas y escurridas. Entonces,
se deja cocer el guiso durante unos minutos.
Para finalizar, se rectifica de sal y pimienta al
gusto y se coloca en los diferentes platos. Se
trata de un excelente plato de legumbres que
se sirve bien caliente.

LENTEJAS CON FOIE-GRAS
Grado de dificultad bajo

INGREDIENTES PARA 1-2 PERSONAS
1 rodaja de foiegras (70 g) • 100 g lentejas hervidas • 1 zanahoria • 1 hongo pequeño • 1 tomate • 1/2 pimiento rojo • 4 ramitas de cebollino • 1 cucharada de aceite de oliva extra virgen • 1 cucharadita de vinagre • Sal • Pimienta

A la hora de elaborar esta sencilla receta, se tienen en cuenta dos pasos a dar por separado. A saber, en lo que respecta a la parte de las lentejas y verduras, decir que primero se cortan en pequeños daditos las verduras, se lavan y se saltean, tras lo cual se procede a mezclarlas con las lentejas ya hervidas. A continuación, se aliñan con el aceite y el vinagre y se pone el preparado al punto de sal. En lo tocante al foigreas, decir que lo primero que se hace es enharinar la rodaja de paté y pasar a sofreírla en una sartén con aceite previamente caliente; cuando está lista, se corta a dados de unos dos centímetros de grosor. Para terminar de elaborar este plato, se disponen las lentejas con la verdura en cucharas chinas y un trozo de foiegras encima, se sazona con sal y pimienta recién molida al gusto y se sirve.

LENTEJAS CON HUEVOS
Grado de dificultad bajo

INGREDIENTES PARA 1 PERSONA
100 g de lentejas cocidas • 1 huevo • 2 tomates • 1 cebolla • 2 dientes de ajo • Aceite de oliva virgen • Sal

Primeramente, se sofríen los ajos, la cebolla y el tomate en una cazuela, tras lo que se añaden las lentejas cocidas y se remueve todo durante unos 3 o 4 minutos, apagando luego el fuego. Para continuar, se rompe el huevo, se esparce encima de las lentejas y se tapa la cazuela para que se cuaje, pero deberemos de tener en cuenta que en cualquier caso

lo ideal para que el plato esté sabroso es que quede jugoso.

LENTEJAS CON JAMÓN Y VERDURAS
Grado de dificultad bajo

INGREDIENTES PARA 4-6 PERSONAS
250 g de lentejas • 1 chorizo para guisar • 100 g de jamón serrano • 1 cebolla grande • Aceite • 3 cucharadas de vino (opcional) • 1 hoja de laurel • 2 zanahorias grandes • 3 patatas pequeñas • 1 nabo • 1 pimiento verde (o rojo) • 250 g de judías verdes • 2 dientes de ajo • 1 pizca de azafrán o colorante • Pimienta molida • Sal

Nótese por los ingredientes mencionados, que se trata de una receta igual a la de las lentejas tradicionales (ver «Lentejas»), a la que se le suman en su elaboración más verduras, como pueden ser el nabo, las judías verdes o el pimiento verde (o rojo); además, añadir que las lentejas resultan muy deliciosas y bastante más suaves y digestivas con las verduras. Un consejo: para que las lentejas estén enteras y no se hagan puré, hay que probar a saltearlas previamente durante unos minutos (4 ó 5) removiéndolas.

LENTEJAS CON TOCINO Y SALCHICHAS
Grado de dificultad bajo

INGREDIENTES PARA 4-6 PERSONAS
250 g de lentejas • 1 chorizo para guisar • 100 g de jamón serrano • 1 trozo de tocino fresco • 6 salchichas • 1 cebolla grande • Aceite • 3 cucharadas de vino (opcional) • 1 hoja de laurel • 2 zanahorias grandes • 3 patatas pequeñas • 2 dientes de ajo • 1 pizca de azafrán o colorante • Clavo (opcional) • Pimienta molida • Sal

Se trata de hacer la misma receta que se explicó para elaborar las lentejas tradicionales (ver «Lentejas»), pero en este caso añadiendo un trozo de tocino fresco y salchichas previamente fritas. Así mismo, se le puede agregar a las lentejas como especia adicional el clavo. Un secreto: las lentejas que sobran y se guardan en el frigorífico están aún mejores que el primer día; para calentarlas, lo mejor es añadirles un vaso de vino o un poco de coñac.

LENTEJAS CON TOMATE
Grado de dificultad bajo

INGREDIENTES PARA 4 PERSONAS
1 bote de lentejas cocidas • 1 cebolla mediana
• 1 patata mediana • 2 tomates grandes • Aceite
• 1 vaso de zumo de tomate • 2 vasos de caldo
• 1 cucharadita rasa de tomillo • 1 cucharadita rasa de romero • Sal • Pimienta

Para empezar, se pelan y trocean las cebollas y los tomates, tras lo cual, se doran las cebollas en una cazuela con un poquito de aceite precalentado. Hecho esto, se añade el resto de ingredientes (no olvidar que es conveniente enjuagar muy bien con agua fría las lentejas del bote), y a continuación se tapa la olla y se deja cocer alrededor de 25 minutos. Por último, se rectifica de sal, así como de las hierbas que se han usado, al gusto.

LENTEJAS CON VERDURAS
Grado de dificultad bajo

INGREDIENTES PARA 4 PERSONAS
1 bote de lentejas cocidas • 1 cebolla mediana
• 1 patata mediana • 2 tomates grandes • Aceite
• 1 vaso de zumo de tomate • 2 vasos de caldo (natural o preparado con medio cubito disuelto en la misma cantidad de agua caliente)
• 1 cucharadita rasa de tomillo • 1 cucharadita rasa de romero • 1 nabo • 200 g de judías verdes
• 1 pimiento rojo • 1 pimiento verde • 1 pizca de clavo • Sal • Pimienta

La realización de este plato es similar a la receta tradicional de lentejas (ver «Lentejas»), pero en este caso se añaden las verduras,

las zanahorias y la patata. En los últimos 5 minutos de cocción se agrega el clavo.

LENTEJAS EN ENSALADA
Grado de dificultad bajo

INGREDIENTES PARA 6 PERSONAS
250 g de lentejas • 1 tomate de ensalada grande
• 4 filetes de anchoa en aceite • 8 aceitunas negras
• 2 cucharadas soperas de aceite • 1 cebolla
• 1 diente de ajo • 1 hoja de laurel • 1 cucharada sopera de vinagre • Sal • Pimienta

Para la salsa:
1 cebolla • 1 cucharada pequeña de mostaza
• 6 cucharadas soperas de aceite de oliva
• El zumo de 1/2 limón • Perejil picado • Sal
• Pimienta

Para empezar, en una cazuela se calienta el aceite de oliva y se sofríe la cebolla, bien picada, hasta que esté transparente, y a continuación se añaden el diente de ajo entero, la hoja de laurel, las lentejas y un litro y medio de agua; se sazona con sal al gusto y se pone a hervir. A partir de ese momento, se tienen hirviendo las lentejas durante 40 minutos aproximadamente y cuando están listas, se escurren y se dejan enfriar. Además, se retiran el diente de ajo y el laurel. Entonces, se ponen las lentejas en una fuente honda y se les añade la cucharada de vinagre; se sazona con pimienta del molinillo y se mezcla suavemente. Por otra parte, deberemos de preparar la salsa, para lo que se pone en un bol la cebolla picada, se espolvorea perejil picado sobre ella y se le añade la mostaza; luego, se sazona con sal y pimienta, y se mezcla bien, para ir añadiendo poco a poco el aceite de oliva, batiendo bien para que emulsione. Finalmente, se incorpora el zumo de limón y se prueba de sazonamiento. Para terminar de hacer este plato, se vierte la salsa sobre las lentejas y se mezcla todo, y se decora la ensalada con los filetes de anchoa, las aceitunas negras y el tomate cortado en láminas antes de servir.

LENTEJAS ESTOFADAS
Grado de dificultad bajo

INGREDIENTES PARA 6-8 PERSONAS
1 kg de lentejas • 1 cebolla picada • 2 dientes
de ajo picados • 1 puerro picado • 1 zanahoria
en dados • 1 cucharadita pequeña de pimentón
dulce • 2 l de agua • Aceite de oliva virgen
• 1 hueso de jamón (opcional) • Sal

Lo primero que tenemos que tener en cuenta
cuando vayamos a hacer este plato, es que 12
horas antes se ponen a remojo en agua fría
las lentejas y se introducen en el frigorífico (en
invierno en menor medida, pero en verano, se
corre el riesgo de que con el calor intenso, el
agua de remojo de las legumbres se
fermente). Teniendo esto en cuenta, ya sólo
nos queda ponernos manos a la obra: en una
cazuela amplia, se rehogan en el aceite de
oliva, la cebolla y el ajo, teniendo cuidado de
que no cojan color, y cuando están listos, se
aparta del fuego, se añade el pimentón y a
continuación, se acercan otra vez al fuego las
lentejas, junto al resto de verduras troceadas.
Se miden unos dos litros y medio
aproximadamente de agua a partir del agua
de remojar la lenteja y si no llega, se completa
con agua del grifo. Se vierte en las lentejas,
junto a una pizca de sal. Una vez que
comience el hervor, se incorpora el hueso de
jamón (opcional) y se tapa (si se usa el hueso
de jamón deberemos de tener cuidado con la
sal), manteniendo ligeros hervores. El tiempo
de cocción será de 1 hora y media,
reduciéndose hasta los 40-50 minutos si se
emplea una olla rápida (de presión). Para
terminar, se rectifica el sazonamiento y se
sirve. Un consejo: esta receta facilita la
ligereza de su ingestión por la ausencia de los
tradicionales embutidos que acompañan a
este tipo de preparaciones. Y una cosa más,
¿cómo hacer que tengan sabor a chorizo,
pero sin añadirles este embutido? Sencillo: el
pimentón arregla el «problema»; al ser éste el
ingrediente saborizante de chorizos y
embutidos grasos, aromatizará las lentejas,
dejando el sabor pero sin una gota de grasa.

MARMITAKO
Grado de dificultad medio

INGREDIENTES PARA 8-10 PERSONAS
1 y 1/2 kg de bonito o atún blanco fresco
• 1 kg de patatas blancas • 1 vaso de aceite de
oliva • 1 cebolla grande • 1 pimiento verde
• 4 pimientos choriceros • Sal

Se ponen a remojo los pimientos choriceros la
noche antes, también se les puede dar un
hervor y dejarlos en el agua hasta que se
vayan a usar. Se pone al fuego una cazuela de
barro con el aceite y, cuando esté caliente, se
echa la cebolla y el pimiento verde, finamente
picados. Se rehogan durante unos 5 minutos y
antes de que se doren, se echan las patatas
cortadas en dados, se mezcla todo, se cubre
con agua y se deja hervir a fuego lento hasta
que las patatas estén cocidas. Entonces se
incorpora el bonito cortado a tacos,
manteniendo el hervor a fuego lento. Se
cogen los pimientos choriceros y se pasan por
el pasapuré, se echa el caldo resultante en la
cazuela y se deja que hierva otros 10 minutos.
Se sirve en la misma cazuela.

MICHIRONES DE MURCIA
Grado de dificultad medio

INGREDIENTES PARA 6 PERSONAS
1 kg de habas secas • 2 trozos de hueso de jamón
• 2 chorizos pequeños • 1 guindilla picante • 1 hoja
de laurel • 1 cucharadita de pimentón dulce
• Sal • Pimienta

Para que las habas resulten tiernas, se ponen
en remojo, con agua abundante, alrededor de
24 horas, y durante este tiempo se les cambia
el agua varias veces. Habiendo tenido lo
anterior en cuenta, se ponen al fuego dos
ollas con abundante agua. En una de ellas se
echan las habas y se dejan hervir durante
unos 10 minutos aproximadamente, y cuando
ha pasado el tiempo, se sacan, se escurren y
una vez que el agua de la otra olla esté
hirviendo, se echan de nuevo las habas y se

agrega la sal, la pimienta, la guindilla, los chorizos enteros, el hueso de jamón, el pimentón y la hoja de laurel. Se baja el fuego y se deja cocer a fuego lento, hasta que las habas estén bien tiernas. Este es un plato que se sirve caliente en cazuela de barro, con algo de caldo y los chorizos cortados en rodajas.

MOLE CON FRIJOLES
Grado de dificultad medio

INGREDIENTES PARA 4-6 PERSONAS
400 g de frijoles rojos cocidos • 300 g de carne picada de ternera que no sea grasa • 2 cebolletas tiernas muy picadas • 1 diente de ajo prensado • 1 cucharadita de pimienta Cayena • 1 cucharadita de pimentón dulce • 1 cucharada de tomillo • 1 cucharadita de estragón de hojas • 1 cucharadita de chocolate en polvo • 6 cucharadas de aceite de oliva virgen • 4 chiles verdes en conserva • 50 g de queso Edam rallado • Sal

Para comenzar, se pone a macerar la carne con todos los ingredientes, mezclándolos muy bien, y se deja reposar en la nevera durante 2 horas antes de hacer el guiso. Mientras, se pueden cocer los frijoles tal y como se indique en el envase. Transcurridas las 2 horas, se pone el aceite en una sartén amplia y se fríe la carne, separándola bien con ayuda de un tenedor de madera, porque debe quedar dorada, pero en ningún caso seca. A continuación, se incorporan los frijoles y se sala. Así pues, se fríe todo junto durante unos minutos para que se mezclen bien los sabores. Un consejo: se puede servir acompañado de tortillas de maíz.

MOROS Y CRISTIANOS
Grado de dificultad medio

INGREDIENTES PARA 4-6 PERSONAS
Arroz largo (4-6 puñados) • 100 g de judías negras, remojadas y escurridas • 1 cebolla • 1 diente de ajo • 1 pimiento verde • 1 pimiento rojo (sin pepitas, en rodajas) • Tomate natural triturado • 4-6 huevos • Aceite vegetal • 30 g de mantequilla • Perejil • Sal • Pimienta

Se cuecen durante 1 hora las judías, y mientras, se calienta a fuego medio el aceite en una cazuela grande y se sofríen el ajo y la cebolla (2 minutos); después se añaden los pimientos (3 minutos), sin que tomen color, y a continuación, el tomate, la sal, la pimienta, las judías, el arroz largo y medio litro largo de agua. Se remueve todo, se tapa y se deja cocer lentamente 45 minutos aproximadamente. Cuando haya absorbido el caldo, se prueba el punto de sal. En una sartén con mantequilla, se fríen los huevos y se colocan en la fuente sobre el guiso. Se espolvorea con perejil.

MOROS Y CRISTIANOS CON PLÁTANO FRITO
Grado de dificultad medio

INGREDIENTES PARA 4 PERSONAS
300 g de judías negras • 1 atadillo de hierbas • 4 huevos • 4 plátanos • 100 g de arroz • 1 cc de comino en polvo • 1 cucharadita de perejil picado • 2 tomates maduros • Aceite • Sal

Primeramente, se pelan los tomates y el ajo, se deshoja el perejil y se pican cada uno por separado. Por otro lado, se escurren las judías previamente remojadas toda la noche anterior en agua fría, y se cuecen durante 1 hora y media, introduciéndolas primero en agua fría, con el atadillo de hierbas. Además, aparte, se va cociendo el arroz en agua con sal, y una vez cocido, se mezcla con las judías también cocidas. Con el ajo y el perejil picados que teníamos preparados al principio, se prepara un sofrito, al que se le añaden los tomates picados y por último el comino. A continuación, se rectifica de sal si fuese necesario, y se añade, según gusto, la guindilla o unas gotas de Tabasco. Luego, se vierte sobre las judías con arroz, se mezcla todo muy bien y se deja cocer junto durante 15 minutos, a fuego lento. Se fríen entonces los plátanos y los huevos en aceite y una vez que estén listos, se escurren sobre papel de cocina para que éste absorba el exceso de grasa, y se sirven con las judías con arroz. Un consejo: deben escojerse plátanos poco maduros para que no se deshagan al freírlos.

MUSAKA GRIEGA
Grado de dificultad medio

INGREDIENTES PARA 4-6 PERSONAS
4-5 berenjenas • 1/2 kg de garbanzos cocidos y picados • 1 lata de tomate natural triturado • Aceite de oliva virgen extra • 2 cebollas picadas • 1 hoja de laurel • 2 dientes de ajo • 1/2 taza de queso Parmesano rallado

Para la besamel:
1/2 taza de harina • 2 tazas de leche • 3 cucharadas de mantequilla • 1 huevo • 1/2 taza de queso Parmesano rallado • Sal • Pimienta • Nuez moscada rallada

En principio, se lavan, limpian y cortan las berenjenas en rodajas de un centímetro de grosor más o menos, se sumergen en abundante agua con sal y mientras continuaremos con la preparación de la musaka. En una cacerola, se calienta una taza de aceite de oliva virgen extra y se sofríe la cebolla picada hasta que quede transparente. Se añaden seguidamente los garbanzos picados y se sofríen durante unos 10 minutos junto con la cebolla. Se incorporan a continuación el tomate, el ajo picado, la hoja de laurel, la sal y la pimienta al gusto y se deja cocinar durante unos 45 minutos, a fuego lento. Mientras tanto, se puede ir preparando la besamel: se calienta la leche, se derrite la mantequilla a fuego lento y, sin dejar de remover con un batidor de varillas, se vierte la harina, dejándola que se dore durante un par de segundos. Inmediatamente, se va añadiendo muy poco a poco la leche caliente y siempre sin dejar de remover ni un momento; a fuego lento, y batiendo continuamente, se espera a que la mezcla

espese, sin que llegue a hervir, y entonces se retira del fuego. El paso siguiente es añadir el huevo y el queso Parmesano rallado y batir todo enérgicamente hasta que quede perfectamente mezclado; se reserva. Se escurren entonces las berenjenas que teníamos desde el principio en remojo con sal, se pasan las rodajas por harina y se fríen en abundante aceite de oliva virgen extra hirviendo. En una fuente de horno rectangular, se coloca una capa de berenjenas y se sazona con sal y pimienta. Se cubre con la mezcla de garbanzo picado y se extienden por encima el resto de las berenjenas, sazonando de nuevo con sal y pimienta. Se recubre todo con la salsa besamel y, por último, se espolvorea por encima el queso rallado. Se cocina a horno fuerte durante unos 30 minutos; se deja que se enfríe un poco y se corta en trozos cuadrados (como lasaña).

OLLA PODRIDA
Grado de dificultad medio

INGREDIENTES PARA 6 PERSONAS
1 kg de alubias • 4 orejas de cerdo • 3 patas de cerdo • 2 kg de costilla de cerdo adobada • 1/2 kg de morcilla • 1/2 kg de chorizo • 1 kg de carne de morcillo de buey • 1/2 kg de beicon ahumado • 1 cebolla • 1 tomate • 2 puerros • 1 pimiento verde • 2 zanahorias • 1 cabeza de ajos • Laurel • Aceite de oliva • Sal

Se ponen las alubias en remojo durante las 24 horas anteriores a la elaboración del plato, y también aparte el cerdo, excepto la morcilla. Primeramente, se cuecen las alubias con sal, un poco de aceite y las verduras, y por separado, se cuecen también los componentes del cerdo. Se le va añadiendo a las alubias el caldo del cerdo, y una vez que están listas, se retiran los ingredientes que acompañaban a las alubias. Se dora la cebolla cortada fina y se añaden harina, el pimentón dulce y las alubias. A la hora de servir, se acompaña este guiso, por ejemplo, con un buen vino de Toro (Zamora).

OLLA TONTA
Grado de dificultad medio

INGREDIENTES PARA 6 PERSONAS
1/2 kg de garbanzos • 1/4 kg de chícharos
(o alubias blancas) • 1 manojo de acelgas
• 1 cabeza de ajos • 1 pimiento verde • 1 tomate
maduro • 1 cebolla • 1 vasito de aceite de oliva
• 2 hojas de laurel • 100 g de fideos gorditos
• 2 patatas • 1 zanahoria • 1 tronco de rama
de apio • Perejil • Sal

La víspera a la elaboración del plato se ponen
en remojo los garbanzos y los chícharos. Por
lo mañana, se tira el agua y se pasan las
legumbres a la olla con el aceite, los ajos, la
cebolla cortada en cuatro trozos, el pimiento,
el tomate cortado en dos, el apio, las acelgas
cortadas, la zanahoria picadita, el laurel y el
perejil. Se cubre todo bien de agua y se pone
a hervir, a fuego lento, durante 1 hora y
media aproximadamente; luego, se rectifica de
sal y se incorpora el pimiento molido. Una vez
que todo está cocido, se introducen las
patatas, cortadas en trozos grandes, y los
fideos. Se deja hervir unos 20 minutos más,
hasta que las patatas estén tiernas.

PAPILLA DE ALUBIAS Y GARBANZOS
Grado de dificultad bajo

INGREDIENTES PARA 3 PERSONAS
150 g de alubias blancas • 150 g de garbanzos
• 1 cebolla • 1 calabacín pequeño • 4 cucharadas
de queso crema en tarrina • Aceite • Sal

Debemos tener en cuenta al principio que
tanto las alubias como los garbanzos se deben
poner en remojo el día anterior. Hecho esto,
en un cazo hondo o puchero, con agua
suficiente para cubrir todos los ingredientes,
se pondrán las alubias con un poco de sal, y
se llevarán a ebullición con el fuego muy bajo.
Una vez alcanzado ese punto, se añaden los
garbanzos, la cebolla troceada, el calabacín
pelado y troceado y un buen chorro de aceite

de oliva; en ese momento, se deja que hierva
despacito hasta que las legumbres estén
tiernas, aproximadamente 1 hora es tiempo
suficiente. Fuera del fuego, se tritura todo con
un robot, y luego se pasa por el pasapuré
para retirar las pieles. Se recalienta antes de
servir y en el último momento se incorpora el
queso crema, se bate para que se mezclen
bien los ingredientes y se sirve.

PASTEL DE ATÚN Y GARBANZOS
Grado de dificultad medio

INGREDIENTES PARA 4-5 PERSONAS
400 g de garbanzos cocidos • 250 g de atún en
aceite • 1 vaso de salsa de tomate • 1 vaso de
crema de leche • 3 huevos • Sal

Para empezar, se trituran los garbanzos
cocidos con el atún hasta obtener un puré y
luego se mezcla este puré con la salsa de
tomate y la crema de leche. Seguidamente, se
baten los huevos y se unen también al
preparado anterior. A continuación, se vierte
la mezcla en un molde rectangular de
plumcake y se cocina en el horno al baño
María durante unos 40 minutos. Nota:
téngase en cuenta que se debe esperar a que
este frío para desmoldarlo. Se sirve
acompañado de una ensalada y salseado con
una mayonesa.

PATATAS CON CHOCOS
Grado de dificultad bajo

INGREDIENTES PARA 6 PERSONAS
1/2 kg de patatas • 2 chocos limpios, de tamaño
mediano • 1 cebolla pequeña • 2 dientes de ajo
• 200 g de guisantes pelados • 2 tomates
medianos maduros • 1/2 vaso de aceite de oliva
• 1 hoja de laurel • 3 hilitos de azafrán o un pellizco
de condimento amarillo • 1 ramita de perejil • Sal

Por una parte, se cortan las patatas en tacos y
los chocos en trozos de unos dos o tres

centímetros más o menos, y por otra, en una cazuela se echa el aceite y se pone al fuego, para proceder a añadir la cebolla cortada en taquitos pequeños, los ajos y el perejil, finamente picados; luego, se les da unas vueltas y antes de que se doren, se echan las patatas, los chocos, los guisantes y los tomates rallados, se cubre bien de agua y se añade el vino, el laurel, el azafrán y se deja hervir, a fuego lento y con la cazuela tapada, hasta que las patatas y los chocos estén tiernos. Para terminar, se añade la sal y se deja hervir lentamente, tapado, 5 minutos. Presentar en sopera o en fuente honda.

PATATAS CON GUISANTES EN ENSALADA
Grado de dificultad bajo

INGREDIENTES PARA 4 PERSONAS
1 kg de patatas • 1 pollo cocido • 1 lata de guisantes • 1 lata de zanahorias • 1 cebolla grande • 2 huevos cocidos • Mayonesa (ver «Salsas») • Sal

Se hierven las patatas hasta que estén a punto, se pelan y se cortan en pedazos pequeños, colocándolas en un recipiente hondo. Cuando estén frías, se les echa la mayonesa por encima, y luego se añaden los guisantes y las zanahorias, mezclándolos con las patatas y la mayonesa. El pollo se desmenuza y se agrega a la ensalada con la cebolla bien picada y sal. Cuando los ingredientes estén mezclados, se pelan y cortan los huevos para ponerlos encima.

PATATAS CON MANZANA EN ENSALADA
Grado de dificultad bajo

INGREDIENTES PARA 6 PERSONAS
2 kg de patatas • 1 taza de mayonesa • 1 lata pequeña de pimiento morrón picado • 1 manzana pequeña picada en pedazos • 1/2 kg de vegetales mixtos picados • 3 huevos hervidos cortados en rodajas • Sal

Para comenzar, se pelan las patatas y se cortan en dados pequeños que luego se hierven, y que una vez que están listos, se escurren y se mezclan con los demás ingredientes, exceptuando la mayonesa, que se añade cuando se va a servir.

PATATAS RELLENAS DE CARNE
Grado de dificultad medio

INGREDIENTES PARA 6 PERSONAS
18 patatas blancas, medianas y redondas • 1/2 kg de carne de ternera picada • 2 cebollas • 1 vaso de aceite de oliva • 2 dientes de ajo • 1/2 vaso de leche • 1/2 vaso de vino blanco seco • 1 huevo • 1 hoja de laurel • 1 cucharada de harina de trigo • Sal • Pimentón dulce • Nuez moscada

Para rellenar las patatas, en primer lugar se pelan y se vacían, con muchísimo cuidado de no romperlas, reservando la carne que se saque de su interior; se reservan. Por otra parte, se pone una sartén al fuego con la mitad del aceite, una de las cebollas ralladas y uno de los dientes de ajo finamente picado; antes de que se doren estos ingredientes, se echa la carne picada y se rehoga un poco, se añade luego la leche y la harina, removiendo todo bien para que no se formen grumos, se echa un poco de sal y cuando la pasta esté en su punto, se aparta del fuego y se deja enfriar. Una vez que comprobemos que la masa está templada, se va rellenando con ella las patatas que teníamos vaciadas y reservadas desde el principio. En un plato se dispone el huevo batido y en otro un poco de harina. Cuando las patatas estén rellenas, se pasa el extremo por donde se ha hecho el relleno, primero por el huevo batido y después por la harina. Se pone una cazuela al fuego, con el resto del aceite, el de la cebolla, picada en juliana, y el otro diente de ajo picado, rehogándolo ligeramente, y se van colocando las patatas. Cuando estén todas, se cubren de agua y se añaden la hoja de laurel, unas ralladuras de nuez moscada y la carne que se les sacó al vaciar las patatas. Al romper a hervir, se baja el fuego y se deja que hierva lentamente para que la salsa espese, cuidando de que no se agarre al fondo. Una vez que las patatas están tiernas, se apartan del fuego y se sirven.

PATÉ DE ALUBIAS Y TOFÚ
Grado de dificultad medio

INGREDIENTES PARA 2 ROLLOS DE PATÉ
2 tazas de alubias blancas, o 4 tazas de cualquier variedad enlatada, previamente pasadas por agua y escurridas • Nueces • 2 tazas de tofú extrafirme • 2 cucharadas de arrurruz • 1 cucharadita de aceite de sésamo • 1/2 taza de perejil fresco picado • 2 cucharaditas de pimentón dulce • 1/2 cucharada de sal marina • 1/2 taza de semillas de sésamo negro (opcional)

Para la mezcla de especias:
1/2 cucharadita de pimienta blanca • 1/2 cucharadita de pimienta negra • 1 cucharadita de pimentón dulce • 1 cucharadita de nuez moscada • 1 cucharadita de jengibre en polvo • 1 cucharadita de albahaca seca • 1 cucharadita de tomillo seco en hoja • 1 cucharadita de mejorana • 1 cucharadita de pimienta de Jamaica • 1 cucharadita de ajo molido

Lo primero que se hace en la elaboración de esta receta es que se ponen las alubias en una olla con seis tazas de agua y se llevan a ebullición; una vez que el agua rompe a hervir, se baja el fuego y se deja cocer las alubias tapadas a fuego lento durante cerca de 30 minutos. Transcurrido ese tiempo, se añade la sal y se deja hervir unos 20 minutos más, o hasta que comprobemos que las alubias están cocidas pero firmes, sin que se deshagan. Entretanto, se tuestan las nueces y se pican finamente. Por otro lado, en un bol pequeño, se mezclan las especias y se reservan. Se ponen las semillas de sésamo en un plato llano y se reservan también, si es que hemos decidido utilizar este ingrediente. Además, se pone el tofú en un bol grande y se añaden sobre él las especias, el perejil, el

pimentón y la sal. Se mezcla todo bien, batiendo enérgicamente. Se incorporan entonces las alubias cocidas y las nueces tostadas y picadas, removiendo bien de nuevo todo el preparado. A continuación, se rocía con agua una superficie de trabajo limpia y se extienden sobre la misma dos láminas de *film* transparente (el agua impedirá que el *film* se desplace), sobre las que se extiende la mitad de la mezcla de tofú a lo largo del extremo inferior de cada hoja de *film*, formando un cilindro de unos 25 centímetros más o menos de largo; se enrolla la mezcla apretando bien y se sellan los extremos. Si ha decidido utilizar las semillas de sésamo, este es el momento de extenderlas sobre la superficie de trabajo y, una vez que haya moldeado los rollos, se retira el *film* y se dejan rodar sobre la capa de semillas, presionando para que se adhieran bien. Se envuelven otra vez los rollos con *film* transparente. Por último, se envuelve a su vez cada rollo en papel de aluminio, se colocan los rollos en una vaporera que se pone sobre agua hirviendo durante cerca de 30 minutos. Para ir terminando, se pasan los rollos hervidos a una fuente y se reservan durante 1 hora, o hasta que se hayan enfriado, antes de desembalarlos. Para servir, se retira el papel de aluminio y se corta el rollo en rodajas sin quitar la capa de *film* transparente que lo recubre hasta el último momento, ya que lo mejor es quitar el *film* justo antes de servir.

PATÉ DE LENTEJAS Y AGUACATES
Grado de dificultad medio

INGREDIENTES PARA 1 TARRINA DE PATÉ
125 g de garbanzos • 125 g de pulpa de aguacate • 200 g de setas mojardones • 1 trozo de alga kombu • El zumo de 1/2 limón • 25 g de sésamo tostado y bien molido• Sal • Pimienta

Deberemos de tener en cuenta que para hacer este paté, hay que poner a remojar los garbanzos durante toda la noche anterior a la elaboración del mismo. Hecho esto, se sacan los garbanzos, se lavan bien y se cuecen junto con el alga kombu hasta que estén tiernos (si es preciso, se añade agua caliente). En este punto, se trituran bien con un molinillo de carne o una picadora. Por otro lado, en una fuente honda se machaca bien la pulpa de los aguacates con el zumo del limón hasta que quede una pasta lisa y homogénea. Se guardan los huesos del aguacate. Además, en un molinillo de café o en el almirez se muelen los granos de sésamo que se habrán tostado previamente a fuego lento y con una cuchara de madera. En el cuenco de los aguacates se va incorporando la pasta de garbanzos, el sésamo y los mojardones previamente remojados. Se salpimienta al gusto, y con una espátula de madera, se va removiendo hasta que los alimentos se hayan mezclado y el paté esté bien uniforme. Se incluyen los huesos de aguacate enteros y se deja enfríar; si se prefiere que espese, se guarda en el frigorífico.

POLLO CON GARBANZOS
Grado de dificultad bajo

INGREDIENTES PARA 8-10 PERSONAS
500 g de garbanzos • 10 cuartos de pollo • Sal • 3 cebollas • 1 manojo de finas hierbas • Aceite

Primeramente, se remojan los garbanzos y luego se hierven en agua y sal. Luego,se cortan los cuartos de pollo por la mitad, se salan y se fríen en aceite; se reservan. A continuación, en ese mismo aceite, se fríen las cebollas, cortadas en juliana, y cuando empiecen a tomar color, se incorporan los trozos dorados de pollo y los garbanzos. Se sazona con sal, un manojo de finas hierbas y se moja con el agua de cocción de los garbanzos, hasta que cubra el pollo. Se deja en ese momento a fuego medio, semitapado, durante 20 minutos. Entonces se toma un buen puñado de garbanzos, se les hace puré y se devuelve éste a la cazuela para que engorden la salsa. Se deja 5 minutos más al fuego antes de servir.

POTAJE DE ACELGAS Y GARBANZOS
Grado de dificultad bajo

INGREDIENTES PARA 6 PERSONAS
6 tazas de agua • 1/2 kg de garbanzos • 1 atado de acelga • 2 cubitos de carne

Lo primero a tener en cuenta es que se ponen en remojo los garbanzos la noche anterior. Para empezar, se cocinan los garbanzos hasta que estén suaves; y luego, se pasan la mitad de ellos por la licuadora. Por otra parte, se cuecen las acelgas, se escurren y se pican. Para terminar, se diluyen los cubitos de caldo en las tazas de agua hirviendo, se incorporan los garbanzos y las acelgas y se sazona.

POTAJE DE GARBANZOS
Grado de dificultad bajo

INGREDIENTES PARA 6 PERSONAS
1/2 kg de garbanzos • 1 cebolla • 1 cabeza de ajos • 1 patata • 1 zanahoria • 1 pimiento verde • 1 tomate maduro pequeño • 1/4 kg de judías verdes • 1 porción de calabaza • 2 pencas de acelgas • 1 morcilla • 1 chorizo • 1 trozo de tocino de panceta • 1 cucharadita de pimentón dulce • Aceite • Sal

Primero, se ponen en remojo los garbanzos la noche anterior. Se limpian las verduras y se cortan las patatas y la calabaza en tacos y las zanahorias en rodajas. Se trocean el pimiento, el tomate y la cebolla. Se despuntan las acelgas y se cortan los tallos y las judías verdes en trozos de dos o tres centímetros. Se dan varios cortes a la cabeza de ajos. Se coloca una olla al fuego y se cubre el fondo con el aceite, se echan todos los ingredientes y se cubre con agua. Se cuece a fuego lento hasta que esté tierno, se rectifica de sal y se sirve.

POTAJE DE GARBANZOS CON ARROZ
Grado de dificultad bajo

INGREDIENTES PARA 3 PERSONAS

200 g de garbanzos • 100 g de arroz • 1 patata grande • 1 cebolla • 3 dientes de ajo • 4 pizcas de pimentón dulce • 4 cucharadas de aceite • Sal

Lo primero que hay que hacer es poner a remojar los garbanzos en la víspera. Una vez que hemos tenido los garbanzos en remojo, se cuecen en abundante agua con un poco de sal, y cuando estén tiernos, se añaden el arroz y la patata pelada y cortada a dados. Mientras tanto, se sofríe en el aceite el ajo y la cebolla, y luego se añade el pimentón, que se remueve bien para que este último no se queme y se incorpora todo a la olla una vez que se ha apagado el fuego. Un consejo: se sirve caldoso y caliente.

POTAJE DE GARBANZOS CON BACALAO
Grado de dificultad medio

INGREDIENTES PARA 6 PERSONAS

1/2 kg de garbanzos • 400 g de espinacas • 200 g de bacalao • 1 vaso de aceite de oliva • 3 huevos • 3 cebollas medianas • 2 dientes de ajo • 1 hoja de laurel • 1 cucharadita de harina de trigo • 1 cucharadita de pimentón dulce • Sal

Primeramente, se ponen en remojo los garbanzos la noche anterior y, así mismo, el bacalao a desalar durante 24 horas, cambiando el agua cada 8 horas. Cuando el bacalao esté listo, se saca del agua, se le quitan la piel y las espinas, se seca y se desmiga. Por otra parte, se lavan las espinacas, se escurren y se trocean. También, se ponen los huevos en un cazo, se cubren de agua y se colocan al fuego durante 15 minutos, para que queden cocidos; luego se sacan, se dejan enfriar, se pelan, se cortan en gajos y se reservan. Mientras, se pone una olla al fuego con agua abundante y se agrega la mitad del aceite, el laurel, los ajos enteros, sin pelar y con un corte, y una de las cebollas pelada y partida por la mitad. Cuando esté a punto de hervir, se echan los garbanzos y se

dejan cocer a fuego lento y tapados hasta que estén tiernos. Entonces se agrega el bacalao y las espinacas, se sala y se deja cocer durante unos 10 minutos aproximadamente. Mientras tanto, se pone al fuego una sartén con el resto del aceite y cuando esté caliente, se baja el fuego y se echan las otras dos cebollas bien picadas, y se remueve con la cuchara de palo. Una vez que veamos que la cebolla está blanda, se añade la harina y el pimentón, removiendo bien para evitar que se formen grumos, se vierten unas cucharadas del caldo de los garbanzos, se mezcla todo bien, se sube el fuego y se rehoga moviendo con la cuchara de palo durante tan sólo 1 minuto. Entonces, se vierte en la olla, se remueve y se deja cocer a fuego lento unos 15 minutos, con la olla destapada. Se pone todo junto en una sopera y antes de servir se le añaden los huevos duros cortados. Se sirve bien caliente.

POTAJE DE GARBANZOS, PATO Y ARROZ
Grado de dificultad medio

INGREDIENTES PARA 4-6 PERSONAS

350 g de arroz • 125 g de garbanzos • 1 pimiento sin semillas • 1 tomate mediano • 1 pato de 1 kg aprox. • 5 cucharadas de aceite • Perejil • 1 y 1/2 l de agua • Pimentón • Azafrán • Sal

Se ponen los garbanzos en remojo la víspera. Se trocean el pato y el pimiento. Se pela y pica el tomate. Se corta fino el perejil. Se cuecen los garbanzos en el agua, durante 30 minutos. Se fríe el pato en tres cucharadas de aceite, se añade a los garbanzos y se deja entre 45 y 60 minutos más. Se sazona de sal y azafrán. Una vez que se ha hecho todo lo anterior, en una cazuela de barro redonda y plana (con el aceite restante), se fríen los trocitos de pimiento, de tomate y el pimentón, y acto seguido, se añade el arroz, se remueve y se agrega medio litro de caldo caliente. Luego, se iguala el arroz en la cazuela, y se ponen encima los trozos de pato y los garbanzos. Para terminar, se introduce la cazuela en el horno, ya caliente (200º), de 15 a 20 minutos y se sirve inmediatamente.

POTAJE DE HABICHUELAS CON ACELGAS
Grado de dificultad medio

Ingredientes para 4 personas
200 g de habichuelas • 1 kg de acelgas • 3 dientes de ajo • 4 cucharadas de aceite • 8 almendras • 1 pimiento seco • 12 cominos • 1 tomate maduro • 150 g de chorizo • 1 cucharadita de pimentón • 100 g de miga de pan • Sal

El día anterior se ponen las habichuelas en remojo y, al día siguiente, se ponen a cocer en una olla con medio litro de agua y sal hasta que estén tiernas. Mientras cuecen, se pueden ir limpiando las acelgas, para lo que se utilizará abundante agua, después se escurren y se trocean, aprovechando sólo las hojas y desechando las partes blancas. Por otro lado, se pelan los ajos, y se pela y pica fino el tomate. Además, se calienta el aceite en una sartén al fuego, en donde se fríen los ajos y las almendras, que una vez que están en su punto, se sacan y se reservan. En ese mismo aceite se fríen el chorizo en rodajas y el tomate, se deja rehogar y se agregan las acelgas; se continúa rehogando 5 minutos más, se añade el pimentón, se remueve y se vierte todo esto en la olla donde están las alubias. Se machacan en el mortero los ajos, los cominos, las almendras y la miga de pan mojada en agua y vinagre, y se vierte también en la olla. Se sazona con un poco de sal, se añade el pimiento seco cortado a trozos y se deja que cueza 10 minutos más. Si gusta el picante, se puede añadir un poco de guindilla.

POTAJE DE LENTEJAS
Grado de dificultad bajo

Ingredientes para 6 personas
1 kg de lentejas • 1 cebolla • 1 tomate maduro • 2 dientes de ajo • 1 hoja de laurel • 3 cucharadas de aceite • 1 cucharadita de pimentón dulce • Sal • 150 gramos de chorizo • 100 gramos de tocino

Primeramente, en una olla con abundante agua, se echan las lentejas, luego se pone al fuego y cuando empiece a hervir, se le añade la cebolla, pelada y cortada en dos, los dientes de ajo, pelados y enteros, el laurel y el aceite. A continuación, se baja el fuego y se deja cocer a fuego lento. Cuando las lentejas estén tiernas, se añade el tomate, cortado por la mitad, el chorizo cortado en rodajas y el tocino en trozos. Se mantiene cociendo a fuego lento unos 15 minutos, vigilando que no se queden secas las lentejas, en cuyo caso se les puede añadir agua. Se sirven los platos, repartiendo entre ellos el chorizo y el tocino.

POTAJE DE NABOS
Grado de dificultad bajo

Ingredientes para 4 personas
2 tazas de garbanzos • 1-2 nabos por persona • 2 manojos de acelgas • 2 zanahorias grandes • Sal

Una vez que hayan estado en remojo los garbanzos la noche anterior, se hierven en abundante agua con sal. En el momento en que veamos que falta muy poco para su total cocción, entonces se les añadirá a los garbanzos los nabos cortados en cubitos y las acelgas lavadas y cortadas en tiritas lo más finas posible. Por último, cuando todo esté en su punto, se sirve caliente con el caldo.

POTAJE MALAGUEÑO
Grado de dificultad medio

Ingredientes para 6 personas
1 kg de col • 250 g de garbanzos • 100 g de zanahorias • 100 g de calabaza • 1 patata • 1 pimiento • 1 cabeza de ajos • 250 g de cerdo • 125 g de costilla • 125 g de tocino • 100 g de morcilla • 1 trozo de hueso añejo • 1 hoja de laurel • 1 cucharadita de pimentón • Sal

Los garbanzos tienen que haber estado en remojo la noche anterior; sabido esto, se comienza por lavar las verduras, y luego se raspa la zanahoria, y se pelan la calabaza y la patata. Así mismo, se pican muy menudo la col, las zanahorias, la calabaza, la patata y el pimiento, y se soasa la cabeza de ajos entera. Seguidamente, se ponen unos dos litros de agua en una olla al fuego y se echa la carne, los productos del cerdo y un poco de sal. Cuando rompa a hervir, se añaden los garbanzos, se dejan cocer durante 1 hora y se agregan a continuación las verduras, la cabeza de ajos, el laurel y la cucharadita de pimentón. Se prueba el punto de sal y se tapa y se deja cocer a fuego lento 30 minutos. Para terminar, se cuela el caldo y se sirven aparte las verduras y la carne.

POTAJE MARROQUÍ DE GARBANZOS

Grado de dificultad medio

INGREDIENTES PARA 4-5 PERSONAS
200 g de garbanzos • 1 pollo pequeño cortado en trozos • 6 tomates rojos de rama • 1 manojo de cebolletas frescas • 100 g de fideos finos • Perejil • Cilantro • 2 puerros • 1 cucharadita de cúrcuma • 1 bastón de canela en rama • El zumo de 1 limón • 4 cucharadas de aceite de oliva • 2 cucharadas de harina de maíz • Sal • Pimienta

La noche anterior se ponen en remojo los garbanzos. Para empezar, en una cazuela, se echa el aceite y se fríen a fuego muy bajo, la cebolla picada y los puerros limpios y cortados en juliana, hasta que adquieran un color tostado, pero no quemado. Se añaden entonces los garbanzos escurridos de su agua de remojo, y se cubre el guiso con agua fría. Una vez que los garbanzos estén a media cocción, se añaden los tomates rojos pelados y sin pepitas, cortados groseramente, el perejil picado, el cilantro, la pimienta y el bastoncito de canela, así como el zumo del limón. Posteriormente, se lleva de nuevo a ebullición con fuego bajo, se incorpora el pollo en cuanto arranque el hervor, se sala y se deja cocer hasta que esté todo tierno (es muy posible que haya que ir añadiendo agua, pues es un guiso que ha de quedar caldoso). En los 10 minutos antes de finalizar la cocción, se añaden los fideos y la harina de maíz previamente disuelta en agua fría, rectificando siempre la cantidad de agua para que se mantenga caldoso.

PURÉ DE GARBANZOS

Grado de dificultad bajo

INGREDIENTES PARA 6 PERSONAS
500 g de garbanzos • 1 clavo • 1 cebolla pelada • 6 ramitas de perejil • 2 ramitas de tomillo • 1 rama de apio • 1 hoja de laurel • 2 dientes de ajo • 150 g de mantequilla • 250 ml de crema de leche • 1/2 cucharadita de sal • 1/2 cucharadita de pimienta blanca molida • 1 cucharadita de aceite de oliva • 1 cucharada de perejil fresco picado • 1 pizca de nuez moscada rallada

El día anterior, se ponen los garbanzos a remojo en agua con sal, y al día siguiente, se escurren y se lavan. Además, se pincha el clavo en la cebolla; se hace un ramillete atado con el perejil, el tomillo, la rama de apio y la hoja de laurel. En una cazuela, se meten los garbanzos, se echan la cebolla entera con el clavo, el ramillete de hierbas que preparamos, los dientes de ajo y la sal, y se cubre de agua. A partir de ahí, se lleva a ebullición y se deja cocer, destapado, durante 1 hora y cuarto aproximadamente a fuego mediano (si vemos que es necesario, se puede agregar agua caliente durante la cocción). Luego, se escurren los garbanzos, se retira la cebolla y el ramillete de hierbas, y se pasan por la batidora los garbanzos con el ajo. Mientras, en una cazuela se funde la mantequilla, se añade la crema de leche y, cuando empiece a hervir, se aparta la cazuela del fuego y se le agrega el puré de garbanzos que ya tenemos hecho, la media cucharadita de sal y la otra de pimienta; se revuelve todo con una cuchara de madera. Para terminar, se pasa el puré a una fuente, se hace un hoyo en el centro y se vierte en él el aceite y el perejil picado; se espolvorea con nuez moscada y se sirve.

PURÉ DE LENTEJAS O GUISANTES
Grado de dificultad bajo

INGREDIENTES PARA 2 PERSONAS
2 tazas de guisantes por 5 tazas de agua
• 6 tazas de agua por 4 tazas de lentejas • Sal

Se echan en una cazuela las tazas de agua y de guisantes o de lentejas, según la proporción, y se lleva a ebullición. Cuando borbotee, se baja el fuego y se deja cocer tapado. Los tiempos más apropiados son: a fuego lento entre 10 y 20 minutos en el caso de las lentejas peladas, entre 35 y 40 para las lentejas enteras, y entre 45 y 55 minutos para los guisantes partidos (no obstante, se puede añadir más agua si nos vemos obligados a prolongar el tiempo de cocción debido a la altitud del terreno, la dureza del agua o el tiempo de almacenamiento de las legumbres). Además, no debemos de olvidar que se tiene que remover de vez en cuando durante la cocción. Una vez que están hervidos los ingredientes, se apartan del fuego y se dejan enfriar, sin escurrir. Se separan pequeñas porciones y se hacen las legumbres puré, utilizando la batidora o el pasapuré. El puré resultante deberá tener la consistencia de una crema espesa. Si se guarda tapado en la nevera, el puré de legumbres se conserva en perfecto estado durante al menos cuatro días; también se puede congelar.

PURÉ DE PATATAS BÁSICO
Grado de dificultad bajo

INGREDIENTES PARA 4 PERSONAS
4 patatas grandes • 1 vaso de leche • 2 vasos de caldo • 1 nuez de mantequilla o margarina • Sal
• 4 cucharadas de nata para cocinar • Pimienta

Por una parte, se pelan y se trocean las patatas y se ponen con la leche, el caldo, la sal y la pimienta en una cazuela hasta llevarla a ebullición. Cuando hierva, se baja el fuego, se tapa y se deja cocer durante unos 20 minutos, o hasta que las patatas estén suficientemente blandas. Se deja enfriar antes de pasar las patatas por el pasapurés junto a la cantidad de jugo que se desee para la textura y devolver a la cazuela añadiendo la nata, la mantequilla y sazonando al gusto.

SOPA DE GARBANZOS CON VERDURAS
Grado de dificultad bajo

INGREDIENTES PARA 10 PERSONAS
1 kg de garbanzos • 1 manojo de acelgas • Harina
• 2 cebollas • 4 dientes de ajo • 250 g de carne de ternera picada • Pan rallado • 1 huevo • Aceite • Sal

Primero, poner los garbanzos toda la noche anterior en remojo. A la mañana siguiente, se ponen en una olla los garbanzos, con agua fría, y se dejan cocer. Mientras, en una sartén con un chorro de aceite, se doran las cebollas y los ajos picados, y cuando tomen color, se vuelca el contenido de la sartén a la olla con los garbanzos; es el momento apropiado para poner la sal. Aparte, se pueden ir preparando albóndigas con la carne picada, el huevo batido, la harina y el pan rallado; se hacen las albóndigas muy pequeñas. También se lavan y se cortan las hojas de acelga a tiras delgadas. Cuando los garbanzos estén casi tiernos, se incorporan a la olla las albondiguillas y las acelgas. Se deja al fuego 15 minutos más y se sirve la sopa muy caliente.

SOPA DE JUDÍAS DEL SENADO
Grado de dificultad medio

INGREDIENTES PARA 4 PERSONAS
150 g de judías blancas secas • 25 g de mantequilla
• 100 g de cebolla picada • 2 dientes de ajo machacado • 150 g de patatas peladas y cortadas

• 450 g de hueso de jamón con carne
• 1 cucharada de perejil picado • 1 cucharadita de nuez moscada rallada • 1 cucharadita de orégano fresco • 1 cucharadita de albahaca fresca • 1 hoja de laurel • Sal • Pimienta

Se ponen en una cazuela las judías y se cubren de agua caliente. Se llevan a ebullición y se dejan hervir unos 10 minutos, momento en el que se retiran del fuego, se tapan y se dejan reposar 1 hora. A continuación, se escurren las judías. Por otra parte, se calienta la mantequilla en una cazuela grande, se rehogan el ajo y la cebolla sin que se doren, y se añade un litro de agua, las patatas, el hueso de jamón y las judías escurridas. Se llevan a ebullición y luego se deja cocer durante 1 hora y media. Se añaden los condimentos y se deja cocer media hora más, o hasta que veamos que las judías están tiernas. Se sacan entonces el hueso de jamón y el laurel, se deshuesa la carne, se corta a trocitos y se vuelve a echar en la sopa.

SOPA DE JUDÍAS PINTAS Y PESCADO
Grado de dificultad medio

INGREDIENTES PARA 2-3 PERSONAS
150 g de judías pintas secas • 1/4 cucharadita de comino molido • 1/2 cucharadita de orégano
• 1 hoja de laurel • 1 cebolla • 1 diente de ajo
• 1 cuchara sopera de aceite de girasol
• 1 cucharadita de chiles picados • 200 g de tomates maduros sin piel ni pepitas • 600 ml de caldo vegetal • 250 g de gambas cocidas y peladas • Sal • Pimienta

Se dejan las judías en remojo, en agua abundante, durante unas 5 horas o bien una noche entera; luego, se escurren y se colocan en una cazuela junto con el comino, el orégano y la hoja de laurel. Se cubre de agua y se lleva a ebullición, momento a partir del cual se deja hervir durante unos 10 minutos. A continuación, se cuecen a fuego lento durante 1 hora y media, o hasta que

comprobemos que las judías están tiernas. Seguidamente, se retira el laurel y se cuelan las judías (sin tirar el agua), que luego se hacen puré con la batidora. Por otro lado, se pica la cebolla y se maja el ajo; se pone el aceite a calentar en una sartén y se rehogan la cebolla y el ajo sin que se doren; después se añaden los chiles y los tomates y se remueve. Se trocean los tomates y se fríe la mezcla a fuego lento 10 minutos. Pasado ese tiempo, se prueba el sofrito y se sazona al gusto; se hace un puré con la mezcla y se añade al puré de judías. Para terminar, se incorpora el caldo vegetal y se deja que se caliente a fuego lento; luego, se retira la cazuela del fuego y se echan las gambas, dejando que repose hasta que las gambas se calienten. Por último, se espolvorea con perejil y se sirve.

SOPA DE LENTEJAS A LA CERVEZA
Grado de dificultad medio

INGREDIENTES PARA 3 PERSONAS
250 g de lentejas pardinas • 1 cebolla pequeña
• 1 vaso de cerveza • 1 rebanada de pan • Laurel
• Clavo en polvo • Aceite • Sal

Primeramente, se sofríe la cebolla picada en un poco de aceite y cuando esté dorada, se pasa a una olla junto con las lentejas. Posteriormente, se sazona con un pellizco de sal, una hoja de laurel y una punta de clavo en polvo; luego, se cubre con agua y se lleva a ebullición. Mientras, se fríe la rebanada de pan, se maja en un mortero y se incorpora a la olla. Se deja cocer hasta que las lentejas estén blandas y entonces se añade la cerveza y se deja hervir 1 minuto antes de servir.

SOPA DE LENTEJAS AL CURRY
Grado de dificultad bajo

INGREDIENTES PARA 4 PERSONAS
2 puerros, sólo la parte blanca, lavados y cortados
• 1 cebolla grande picada • 1 tallo de apio picado

• 2-4 dientes de ajo picados • 1/2 cucharada de curry en polvo • 1 taza de lentejas pardinas secas, lavadas • 5 tazas de agua • 1 hoja de laurel • 1 zanahoria picada • 1 taza de tomates maduros cortados en dados • 1 lata de 400 g de tomates pelados y cortados en dados • 1/2 taza de yogur natural o de crema agria • Aceite vegetal • Sal

Se calienta el aceite en una cazuela grande y en ella se ponen los puerros y el apio ya preparados y se cuecen a fuego medio hasta que estén tiernos, removiendo de vez en cuando, aproximadamente unos 5 minutos. Transcurrido ese tiempo, se añaden el ajo y el curry y se deja que los ingredientes se sigan cociendo durante unos 2 minutos, removiendo con frecuencia. Se incorporan luego las lentejas, el agua, el laurel, la sal, la zanahoria y las patatas y se lleva todo a ebullición, momento en que se reduce el fuego, se tapa la cazuela y se deja hervir a fuego lento durante 30 minutos, o hasta que veamos que las lentejas están tiernas. Se añaden los tomates y se deja que siga hirviendo durante 5 minutos más. Se retiran las hojas de laurel. En el momento de servir, se añade una cucharada de yogur o de crema agria a cada plato de sopa.

SOPA DE LENTEJAS Y POLLO
Grado de dificultad bajo

INGREDIENTES PARA 4 PERSONAS
1 pechuga de pollo • 160 g de lentejas pardinas • 2 cucharadas yogur natural • 1 cebolla • 2 ramas de apio • 1 zanahoria • Sal

Se cortan la zanahoria y el apio a rodajas, la cebolla a tiras y se pasan a una olla junto con el pollo; se salan. Se añade a continuación un litro de agua y se lleva a ebullición; cuando lleve media hora hirviendo, se añaden las lentejas. Una vez que estén tiernas, se retira la pechuga y se corta su carne a tiras finas; luego se devuelve a la olla. Se sirve esta sopa de lentejas y pollo bien caliente, poniendo en cada plato una cucharada de yogur.

SOPA GRIEGA DE LENTEJAS
Grado de dificultad medio

INGREDIENTES PARA 6 PERSONAS
2 tazas de lentejas secas escurridas • 8 tazas de agua • 1 cebolla pequeña picada • 1 zanahoria pequeña picada • 2 dientes de ajo machacados • 1 tallo de apio cortado a trozos • 1 patata pequeña cortada a trozos • Aceite • 2 hojas de laurel • 2 cucharaditas de vinagre de vino tinto • Sal

En una cacerola u olla para sopa grande, se mezclan todos los ingredientes excepto el vinagre. Se lleva a ebullición. Se reduce el fuego, se tapa y se deja hervir hasta que las lentejas estén muy blandas, de 50 a 60 minutos. Se agrega entonces el vinagre y se retiran las hojas de laurel justo antes de servir. Nota: esta sopa ligera y nutritiva ha formado parte de la dieta semanal de las familias griegas durante siglos.

SOUFFLÉ DE JUDÍAS DE LIMA
Grado de dificultad medio

INGREDIENTES PARA 4-6 PERSONAS
440 g de judías cocidas • 50 g de mantequilla • 50 g de harina • 300 ml de leche • 100 g de queso rallado • 2 huevos grandes, separados • Sal

Se funde la mantequilla en una cazuela, se añade harina, se remueve y se deja freír durante unos minutos. Se retira del fuego y se vierte poco a poco leche caliente. Se vuelve a colocar al fuego y se remueve hasta que la salsa hierva y espese. Se cuece a fuego lento durante 2 minutos para reducirla. Se pasan entonces las judías por la batidora, y se agrega a la salsa junto con el queso, la sal y las yemas de huevo batidas. Se baten enérgicamente las claras y se vierten lentamente en la cazuela. Se reparte la mezcla en seis platos refractarios engrasados con mantequilla y se hornea a 190° durante unos 15-20 minutos, o hasta que suba y se dore el *soufflé*.

TAJÍN MARROQUÍ DE LENTEJAS
Grado de dificultad medio

INGREDIENTES PARA 4 PERSONAS
1 taza de lentejas pardinas • 2 y 1/2 tazas de agua
• 2 dientes de ajo, picados o machacados • 1 taza
de cebolla picada • 1 cucharada de aceite vegetal
• 1 y 1/2 taza de jengibre fresco rallado • Pimienta
Cayena • 1/2 cucharadita de comino molido
• 1 taza de boniatos cortados en dados pequeños
• 1 taza de tomates sin pepitas y cortados en dados
• 1/2 taza de guindilla cortada en dados • Cilantro
picado para adornar • Sal

En una cazuela grande, se mezclan las
lentejas, el agua, la sal y el ajo y se llevan a
ebullición; luego, se reduce el fuego, se tapa
la cazuela y se deja que se cuezan durante 20
minutos. Se calienta el aceite en una sartén de
fondo grueso, se añaden las cebollas y el
jengibre y se deja que se sofrían hasta que las
cebollas estén transparentes. Se incorpora
entonces la pimienta Cayena y el comino y se
deja que se hagan durante 1 minuto, sin dejar
de remover. Se añaden los boniatos, los
tomates, la guindilla y la sal. Se deja que se
cuezan durante 1 minuto más, removiendo
con frecuencia. Se vierte la mezcla en las
lentejas y se deja que hiervan a fuego lento,
con la cazuela tapada, otros 30 minutos, o
hasta que los boniatos estén tiernos. Se sirve
el tajín en boles y se adorna con cilantro.

TARTA DE GARBANZOS
Grado de dificultad medio

INGREDIENTES PARA 6 PERSONAS

Para la masa:
125 g de harina • 50 g de manteca de cerdo • 25 g
de mantequilla • Unas gotas de limón • Sal

Para el relleno:
150 g de garbanzos, cocidos y hechos puré • 300 g
de azúcar • 2 huevos enteros y 4 yemas • 60 g de
mantequilla derretida • Ralladura de cáscara de
limón • Azúcar en polvo

Se amasa la harina, la manteca y la
mantequilla, se añade un poco de agua, unas
gotas de limón y una pizca de sal (la masa
debe quedar homogénea y firme). Se hace
una bola, se tapa con un paño y se deja
reposar media hora. Después, se extiende con
el rodillo y se forra un molde de tarta,
engrasado y enharinado. Se mezcla el puré de
garbanzos, con el azúcar y la ralladura de
limón, se agregan los huevos, las yemas y la
mantequilla y se remueve todo muy bien, para
que quede perfectamente ligado. Se echa en
el molde y se pone a horno moderado, unos
40 minutos. Cuando esté terminada, se sirve
fría y espolvoreada con azúcar en polvo.

TARTA DE JUDÍAS BLANCAS
Grado de dificultad medio

INGREDIENTES PARA 6 PERSONAS

Para la masa:
125 g de harina • 50 g de manteca de cerdo • 25 g
de mantequilla • Unas gotas de limón • Sal

Para el relleno:
200 g de judías • 300 g de azúcar • 2 huevos
enteros y 4 yemas • 60 g de mantequilla derretida
• Ralladura de cáscara de limón • Azúcar en polvo

Igual que la tarta de garbanzos (véase), pero
con judías blancas cocidas y escurridas.

TORTA DE GARBANZOS
Grado de dificultad bajo

INGREDIENTES PARA 4 PERSONAS
300 g de garbanzos cocidos • 8 tomates maduros
• 2 cebollas • 3 cucharadas de aceite de oliva • Sal

Para empezar, se ralla bien fino el tomate y la
cebolla y se sofríe con el aceite. Luego, se
añaden los garbanzos, se remueve bien y se
aplastan con un tenedor, hasta confeccionar
varias tortas. Para terminar, se pasa cada torta
por la sartén con un poco de aceite.

Pescados
y mariscos

ALBÓNDIGAS DE BACALAO
Grado de dificultad medio

INGREDIENTES PARA 6 PERSONAS
400 g de bacalao • 200 ml de aceite • 4 dientes
de ajo • 2 huevos • 16 avellanas • 3 dl de vino
muy seco • Miga de pan • 1 hoja de laurel
• 150 g de harina • Leche • 2 rebanadas de pan
• Azafrán • 1 pizca de canela en polvo • Perejil
• Sal

Se pone en una cacerola el bacalao, desalado
(véase cómo hacerlo en página 394), se cubre
de agua y se calienta, sin que llegue a hervir, a
fuego muy lento durante unos 15 minutos. Se
retira y se le quitan la piel y las espinas. Se
desmenuza y se mezcla con la miga de pan,
embebida en leche y bien escurrida, se
incorporan los huevos batidos, la canela y el
perejil picado. Se mezcla todo muy bien y se
da forma a las albóndigas, que se pasan por
harina y se fríen, reservándolas sobre papel de
cocina para que de esta manera suelten el
aceite sobrante. En el mismo aceite, se fríen
las rebanadas de pan, se escurren y se
machacan en el mortero junto a las avellanas,
sin piel, los ajos y el azafrán, y cuando esté
todo bien majado, se añade el vino, se echa
en la cacerola, junto a un decilitro de aceite y
tres de agua, dejándolo cocer durante 10
minutos; entonces se incorporan las
albóndigas y se cuece todo durante 20
minutos a fuego lento.

ALBÓNDIGAS DE MERLUZA CON SALSA DE BERBERECHOS
Grado de dificultad bajo

INGREDIENTES PARA 6 PERSONAS
1/2 kg de merluza sin piel ni espinas • 1 lata de
berberechos al natural • 1 vaso de Jerez • 2 vasos
de aceite de oliva • 2 huevos • 1 cebolla pequeña
• 1 diente de ajo • 1 hoja de laurel • Perejil • Pan
rallado • Leche • Sal

Primero, se hierve la merluza con laurel, sal y
la mitad del vino, se hace una mezcla con su

carne, un huevo, media cebolla, ajo y perejil.
A continuación, se añade leche y pan rallado
hasta conseguir una masa con la que se hacen
las albóndigas, que se van friendo hasta que
estén doradas. Para la salsa, se pone en una
sartén medio vaso de aceite, el resto de la
cebolla picada, que se glasea antes de añadir
la otra mitad del vino, y el contenido de la
lata de berberechos con su jugo. Se remueve
durante unos 2 o 3 minutos y se vuelca sobre
las albóndigas. Para terminar, se pone a hervir
durante 5 minutos aproximadamente,
a fuego muy lento, moviendo la cacerola
continuamente para que no se peguen.
Se puede añadir un poco de agua o vino
si es necesario.

ALMEJAS A LA MARINERA
Grado de dificultad bajo

INGREDIENTES PARA 6 PERSONAS
1 kg de almejas • 2 cucharadas de harina de trigo
• 1 vaso de aceite de oliva • 1 ramita de perejil
• 3 dientes de ajo • 1/2 vaso de vino fino de Jerez
• Sal

Por una parte, en una cazuela de barro
se calienta el aceite, se echa la harina
y se le da vueltas con una cuchara de madera
hasta que se dore; por otra, se añaden
los ajos y el perejil muy picados, se remueve
todo y se echan las almejas, lavadas.
Al final y para terminar de hacer el plato,
se agrega el vino y una pizca de sal y se deja
hervir, a fuego lento, durante unos
10 minutos.

ANGULAS
Grado de dificultad bajo

INGREDIENTES PARA 6 PERSONAS
400 g de angulas • 2 dientes de ajo • 2 guindillas
• 1/2 vaso de aceite de oliva • Sal

En una cazuela de barro se echan los ajos
pelados y enteros una vez que el aceite esté

muy caliente, y cuando empiecen a dorarse, se añaden las guindillas y las angulas, removiendo con una cuchara de madera. Las angulas elaboradas con esta receta se sirven inmediatamente.

ARENQUES JACARANDOSOS
Grado de dificultad bajo

INGREDIENTES PARA 2 PERSONAS
2 arenques • 200 g de patatas hervidas con su piel • 1 cebolla pequeña • 1/2 pepinillo agridulce • 150 g de remolacha hervida • 1/2 manzana • 1 cucharada de postre de alcaparras • 1/2 cucharadita de mostaza • 2 dl de mayonesa (ver «Salsas») • 1 huevo duro • Sal • Pimienta

Se lavan los arenques, se limpian y se cortan en trocitos; se reservan. Se pelan las patatas, previamente hervidas, y se cortan en dados; se reservan. Se pica la cebolla y el pepinillo, se cortan en dados también la remolacha y la manzana pelada, y una vez que se tenga todo perparado, se mezclan todos los ingredientes en una fuente, junto con las alcaparras y la mayonesa, sazonada con la mostaza. Se deja reposar durante 1 hora como mínimo. Por último, se sazona con sal y pimienta al gusto y se decora con el huevo duro cortado en rodajas.

ÁSPIC DE LENGUADO
Grado de dificultad medio

INGREDIENTES PARA 6 PERSONAS
800 g de lenguados • 2 sobres de gelatina • 400 g de zanahorias • 400 g de champiñones frescos laminados • 1 vaso de vino blanco • 2 vasos de caldo de pescado • 2 cucharadas de perejil picado • 1 limón • Sal • Pimienta

Este plato se hace igual que el áspic de salmón (véase), sustituyendo éste por la misma cantidad de lenguado, cocinado a la plancha con un poco de mantequilla.

ÁSPIC DE SALMÓN
Grado de dificultad medio

INGREDIENTES PARA 6 PERSONAS
800 g de filetes limpios de salmón • 2 sobres de gelatina • 400 g de zanahorias • 400 g de champiñones frescos laminados • 1 vaso de vino blanco • 2 vasos de caldo de pescado • 2 cucharadas de perejil picado • 1 limón • Sal • Pimienta

Se disuelve la gelatina en tres cucharadas de agua fría y se añade el caldo hirviendo, para que se disuelva del todo. En un molde, con agujero central, se echa un poco de gelatina, dos centímetros más o menos, y se pone en el frigorífico durante 30 minutos para que se solidifique. Mientras, se salpimientan los filetes, se riegan con zumo de limón y se hacen a la plancha, 2 minutos de cada lado; se escurren y reservan. Se pelan las zanahorias, se cortan en cubitos y se cuecen, con agua y sal. A los champiñones se les saltea, rápidamente, con unas gotas de aceite y se escurren bien. Cuando la gelatina del molde esté cuajada, se forra el fondo con salmón, cortando los filetes para adaptarlos al molde. Se coloca una capa de zanahorias, una de champiñones y una de salmón, así hasta terminar los ingredientes. Se mezcla el perejil con la gelatina, todavía líquida pero fría, y se vierte por encima, golpeando el molde para que no queden huecos. Se pone en el frigorífico durante 5 horas más como mínimo.

ÁSPIC DE SALMÓN CON HUEVOS DE CODORNIZ
Grado de dificultad medio

INGREDIENTES PARA 6 PERSONAS
500 g de filetes de salmón (sin piel • sin espinas) • 1 sobre de gelatina sin sabor • 1 zanahoria • 1 pimiento morrón en conserva • 1 cucharada de alcaparras • 1 cucharada de cebollino picado • 1 cebolleta • 1 tallo de apio • 1 cucharada de perejil picado • 1 cucharada de cilantro picado • 1 taza de berberechos en conserva natural,

escurridos • 6 huevos de codorniz • Albahaca
• Menta • Sal • Pimienta

Se salpimienta el salmón y se asa a la plancha,
pincelando levemente con aceite la placa.
Se retira y se deja enfriar. Se cuecen, en poca
agua y sal, la zanahoria en rodajas finas,
la cebolleta picada y el tallo de apio,
cortadito. Se deja todo bastante entero
y se cuela, reservando el líquido. Además,
se cuecen los huevos. Luego, se disuelve la
gelatina en dos cucharadas de agua fría
y se añaden dos tazas del caldo de las
verduras, hirviendo. Se vierte un poco de la
gelatina en un molde de bollo, sin agujero,
y se pone en el frigorífico para que se
solidifique. Cuando esté cuajado, se colocan
los huevos de codorniz, partidos por la mitad
con la yema hacia abajo, se echa un poco más
de gelatina y se devuelve al frigorífico.
Una vez que se haya solidificado, se van
disponiendo los demás ingredientes,
mezclados con cuadraditos de salmón.
Se mezclan con el resto de la gelatina,
todas las hierbas frescas y picaditas,
se remueve y se vierte en el molde.
Se deja en frío, al menos, durante
5 horas antes de llevar a servir.

ATÚN A LA MIEL
Grado de dificultad bajo

INGREDIENTES PARA 6 PERSONAS
6 filetes de atún de 150 g • 2 cebollas grandes
• 2 vasos de puré de tomate • 4 cucharadas de miel
• 4 cucharadas de aceite de oliva • 1 pellizco de
pimienta molida • Sal

Con el aceite bien caliente en una sartén se
van poniendo de uno en uno los filetes de
atún, ya salados. Se les da la vuelta hasta que
estén hechos y se colocan en una fuente. En
otra sartén con abundante aceite caliente, se
echa la cebolla cortada en juliana y, antes de
que se dore, se saca y se escurre bien el
aceite. La primera sartén con el aceite de
preparar los filetes se pone a fuego lento, se

echa la cebolla bien escurrida, la miel, el puré
de tomate y la pimienta, mezclando todo con
cuidado para que la cebolla no se rompa. Para
finalizar, se mantiene a fuego bajo unos 3
minutos, se aparta y se echa sobre los filetes
de atún.

ATÚN A LA PARRILLA
Grado de dificultad bajo

INGREDIENTES PARA 4 PERSONAS
4 filetes de atún • 1/2 taza de salsa para asar
• 1 cucharadita de jengibre en polvo • 1/2 taza de
pepino picado • 1 cebollita verde picada
• 1 cucharada de salsa de soja • 1 cucharada de
cacahuates asados picados

Mientras se precalienta la parrilla engrasada a
fuego medio-alto, se mezcla la salsa para asar
con el jengibre y se reserva. Se unen el
pepino, la cebollita verde, la salsa de soja y los
cacahuates para preparar la cobertura, y se
deja enfríar en la nevera hasta el momento
de usarlo. Una vez que tengamos la parrilla
lista, se coloca al atún sobre ella y se asa
durante unos 10 minutos aproximadamente,
dándole la vuelta después de 5 minutos y
pincelándolo de vez en cuando con la mezcla
de salsa para asar. Se sirve coronado con la
mezcla de pepino.

ATÚN ENCEBOLLADO
Grado de dificultad bajo

INGREDIENTES PARA 4 PERSONAS
1 kg de atún cortado en tacos de 2-3 cm
• 3 dientes de ajo • 1 cebolla grande • Perejil
• Nuez moscada • 2 hojas de laurel • 1 vaso de
aceite de oliva • 1 vaso de vino blanco • Pimienta
negra en polvo • Sal

Se calienta una cacerola con aceite y se deja
enfriar. Se añade una capa de cebolla cortada
en rodajas y se pone el atún sobre esas
rodajas, para a continuación agregar el perejil
sin picar, nuez moscada rallada, pimienta

molida, laurel en trozos, ajos finamente picados, un vaso de vino y sal. Luego, se tapa y se deja hervir a fuego lento hasta que la cebolla quede tierna, sin que llegue a dorarse. Se retira del fuego y se apartan el perejil y el laurel, para servir el atún con la cebolla.

***

Cómo desalar el bacalao: los lomos gruesos, se remojan en agua fría durante unas 72 horas aproximadamente. En las primeras horas, se cambia el agua tres o cuatro veces. Para saber si está suficientemente desalado, se saca un poco de su interior y se prueba. Cuanto más fino es el pescado, menos tiempo deberá estar en remojo. El bacalao que ya se compra desmenuzado (las conocidas migas de bacalao) se deja en remojo de acuerdo con su grosor, si bien es cierto que generalmente con 24 horas es suficiente (las migas más finas basta con lavarlas en agua corriente).

***

BACALAO A *BRAZ* A ÉVORA
Grado de dificultad bajo

INGREDIENTES PARA 6 PERSONAS
600 g de migas de bacalao • 8 huevos • 750 g de patatas • Aceite • 2 cebollas • 200 g de chorizo de guisar • Perejil picado

Se fríe el chorizo, partido en pequeños trozos sin piel y se retira el exceso de aceite. Luego, se cocina todo tal y como se hace en el bacalao a *braz* a Oporto (véase), pero añadiendo el chorizo a los demás elementos, antes de echar el huevo.

BACALAO A *BRAZ* A OPORTO
Grado de dificultad bajo

INGREDIENTES PARA 6 PERSONAS
600 g de migas de bacalao • 8 huevos • 750 g de patatas • Aceite • 1 cebolla cortada en rodajas • Perejil picado • Aceitunas negras

Se secan las migas y, en el caso de que tengan algunas pieles y espinas, se les da un rápido hervor para retirárselas. Una vez limpias, se cuecen durante unos 2 minutos y se escurren. Por otra parte, se cortan las patatas muy finamente, tipo patatas paja, y se fríen en aceite bien caliente. Se pocha la cebolla. Además, en una cazuela, se pone un decilitro de aceite, el bacalao, las patatas y la cebolla y se añaden los huevos batidos, removiendo todo con mucho cuidado, a fuego medio con el fin de que no se pegue, hasta que los huevos se cuajen, pero en cualquier caso dejándolos blandos. Se decora con el perejil y las aceitunas.

BACALAO A *ICE FISH*
Grado de dificultad bajo

INGREDIENTES PARA 6 PERSONAS
3 trozos de bacalao grandes (unos 500 g cada uno) • 1 l de leche • 1 kg de patatas • 1 cebolla, cortada en rodajas finas • 2 cebollas cortadas en gajos • 8 dientes de ajo • 1 pimiento rojo • 1 pimiento amarillo • 1 pimiento verde • Aceite • 100 g de aceitunas negras

Para comenzar, se coloca el bacalao, después de haberlo remojado, limpio y seco, en una cacerola, y en ella se cubre con la leche y se deja hervir durante más o menos 15 minutos. Transcurrido ese tiempo, se escurre y se reserva. Por otro lado, se cuecen las patatas con agua y sal y se cortan en gajos gruesos. A continuación, en el fondo de una fuente refractaria, se ponen las rodajas de cebolla y, por encima, los trozos de bacalao que teníamos reservados con anterioridad; y los huecos entre el pescado, se van rellenando con las patatas y las cebollas en gajos. Se decora con las tiras de pimientos, previamente pochados, y las aceitunas. Para ir terminando la receta, se fríen los ajos, pelados y cortados en láminas, y se echan, con el aceite, sobre los demás ingredientes. Ya solamente queda ponerlo a asar en horno medio, durante unos 20 minutos.

BACALAO A LA ANDALUZA
Grado de dificultad bajo

INGREDIENTES PARA 6 PERSONAS
400 g de migas de bacalao • 500 g de chirlas
• 2 dientes de ajo • 3 tomates • 1 cucharada de
pasta de pimiento choricero • 1 cebolla • 1,5 dl de
aceite • Azafrán • Sal • Pimienta

En una cacerola con el aceite, se rehogan la
cebolla y el tomate, previamente picados, la
pasta de pimiento y un poco de pimentón, sin
dejar de mover para que no se queme. Una
vez que comprobemos que los ingredientes se
ablandan y empiezan a tomar color, se añade
el bacalao escurrido y las chirlas bien lavadas;
a partir de ahí, se deja rehogar todo a fuego
lento, moviendo de vez en cuando. Mientras
tanto, en el mortero, se hace un majado con
los dientes de ajo, tres granos de pimienta, el
azafrán y un poco de agua, y se echa sobre el
bacalao. Luego, se añaden dos vasos de agua,
se sazona, si es necesario, con sal, y se deja
guisar a fuego lento.

BACALAO A LA CAMPIÑA CON COLIFLOR
Grado de dificultad bajo

INGREDIENTES PARA 6 PERSONAS
6 buenos trozos de lomo de bacalao desalados
(ver consejo en la página 394) • 1 kg de patatas
cocidas • 3 dl de aceite • 5 dientes de ajo
• 2 cebollas • 1 ramo de perejil • Harina de maíz
• 1 coliflor grande • Sal

Se cuece la coliflor, entera, en abundante
agua con sal y cuando esté cocida al dente, se
separa en pequeños ramitos y se mantiene
cerca del fuego para que no se enfríe. A
continuación, en una cacerola con aceite, se
rehogan las cebollas en rodajas y los ajos
cortados en láminas. Cuando empiecen a
dorar, se añade el bacalao, pasado por la
harina de maíz, y se fríe por ambos lados,
procurando en cualquier caso que quede bien
jugoso. Seguidamente, en una fuente de

barro, se coloca el bacalao con la cebolla y los
ajos en el centro. Alrededor, se disponen las
patatas y la coliflor cocidas, se riegan con el
aceite de freír el bacalao y se espolvorea con
el perejil picado.

BACALAO A LA CAMPIÑA CON BRÓCOLI
Grado de dificultad bajo

INGREDIENTES PARA 6 PERSONAS
6 buenos trozos de lomo de bacalao desalados
(ver consejo en la página 394) • 1 kg de patatas
cocidas • 3 dl de aceite • 5 dientes de ajo
• 2 cebollas • 1 ramo de perejil • Harina de maíz
• 1 brócoli • Sal

Tal y como se puede deducir de los
ingredientes que son necesarios para hacer
este bacalao, se trata de la misma receta que
la para el bacalao a la campiña con coliflor
(véase), pero sustituyendo en este caso la
coliflor por brócoli.

BACALAO A LA CANTÁBRICA
Grado de dificultad bajo

INGREDIENTES PARA 6 PERSONAS
6 pedazos de lomos de bacalao • 3 cebollas
• 1 cucharada de harina • 1 vaso de vino blanco
• 1,5 dl de aceite • 3 dientes de ajo • 1 limón
• 2 cucharadas de perejil picado

Después de desalado el bacalao (ver consejos
en la página 394), se le quitan las espinas y en
una olla con agua se le da un rápido hervor y
se templa, hecho lo cual, se escurre y se
reserva el agua en la que hemos hecho esta
primera operación. A continuación, en una
cacerola, se rehogan las cebollas y el ajo
picados, y se agrega después una cucharada
de harina, removiendo bien. Se añade
entonces un vaso de vino blanco y una taza
del caldo del bacalao que teníamos reservado
del principio. Una vez que hierva, se agregan
los trozos de bacalao, el perejil picado y el

zumo del limón y se deja hervir durante 15 minutos más.

BACALAO A LA LECHE DE COCO
Grado de dificultad bajo

INGREDIENTES PARA 6 PERSONAS
600 g de migas de bacalao • 4 patatas grandes • 2 cebollas grandes • 16 aceitunas verdes • 1 dl de aceite • 2 tazas de leche de coco

Primero, se da un hervor al bacalao, desalado (ver consejos para este proceso en la página 394), y se limpia. Luego, las cebollas se cortan en rodajas muy finas, se disponen en el fondo de una fuente refractaria, y sobre ellas, se coloca una capa de patatas, previamente cocidas y cortadas en rodajas, otra de bacalao y aceitunas picadas; se repite esta operación, hasta acabar los ingredientes. A continuación, se echa por encima el aceite y se pone en el horno. Una vez que comprobemos que las cebollas están hechas, se vierte la leche de coco y se vuelve a poner en el horno, durante 10 minutos.

BACALAO A LA LISBOETA
Grado de dificultad bajo

INGREDIENTES PARA 6 PERSONAS
3 trozos grandes de bacalao • 1/2 kg de patatas • 2 pimientos morrones asados • 8 huevos • Aceitunas negras • Aceite • Sal • Pimienta • Perejil

Después de desalado el bacalao (ver consejos al respecto en la página 394), se le da un hervor para poder limpiarlo y separarlo en lascas. En una cacerola con aceite, se rehoga un poco el bacalao y se reserva. Aparte, se lavan y cortan las patatas en rodajas finas y se fríen en aceite bien caliente hasta que se doren; se escurren y se reservan. En la cacerola del bacalao, se añaden los pimientos rojos en tiras, se rehoga un poco más y se le

agregan los huevos batidos, moviendo hasta que cuajen, pero dejándolos jugosos. Al remover hay que procurar que el bacalao no se deshaga. En una fuente de servicio, se dispone una capa de patatas y una de la mezcla del bacalao, así sucesivamente hasta que se acaben los ingredientes. Se adorna con las aceitunas y el perejil picado.

BACALAO A LA LLAUNA (catalán: bandeja de metal)
Grado de dificultad bajo

INGREDIENTES PARA 6 PERSONAS
1.250 g de bacalao • 200 ml de aceite • 5 dientes de ajo • 1,5 dl de vino blanco seco • 1 cucharadita de pimentón dulce • 2 cucharaditas de perejil picado • Harina

Se desala (ver consejos para desalar en la página 394), se limpia y se corta el bacalao en trozos regulares, que se pasan por harina y se fríen, ligeramente, con abundante aceite; luego, se escurren y se disponen en la llauna. En ese mismo aceite, se fríen a continuación tres dientes de ajo, cortados en láminas, y el pimentón (removiendo para que éste no se queme), se añade el vino, se deja hervir un poco y se riega con este líquido el bacalao. Por su parte, el perejil y los otros dos dientes de ajo, se pican muy menudos y se espolvorea con ellos el pescado. Se pone el recipiente en el horno, a temperatura media, y se deja dorar durante 15 minutos. Se sirve en la misma llauna.

BACALAO A LA MODA DE LYON
Grado de dificultad bajo

INGREDIENTES PARA 6 PERSONAS
800 g de migas de bacalao • 1 kg de patatas • 2 cucharadas de aceite • 3 cucharadas de mantequilla • 3 cebollas • 2 cucharadas de perejil picado • 1 dl de caldo de pescado • Aceite • Sal • Pimienta

Primeramente, se pelan y cortan en rodajas las patatas, y al bacalao, tras un rápido hervor, se le retiran las espinas y la piel. Por otro lado, se mezclan el aceite y la mantequilla, se calientan y se añaden las cebollas, cortadas en rodajas finas, y una vez que estén transparentes y blandas, antes de dorar, se agrega el bacalao, se sazona con un poco de pimienta y se rehoga también. Aparte, en abundante aceite, se fríen las patatas, sin dejar que tomen color, se escurren y se agregan al bacalao, salpimentando todo al gusto, si fuera necesario, y agregando el caldo. Se tapa la cazuela y se deja hervir, a fuego lento, durante 5 minutos. Pasado este tiempo, se retiran con la espumadera todos los ingredientes, disponiéndolos en una fuente, dejando el líquido en la cazuela, se echa el perejil, se remueve bien y se vierte la salsa sobre el bacalao.

BACALAO A LA MONTAÑESA
Grado de dificultad medio

INGREDIENTES PARA 6 PERSONAS
1 kg de bacalao • 1 kg de setas • 2 huevos
• 250 dl de aceite • 2 tomates • 1 cebolla
• 2 cucharadas de pan rallado • 250 g de salchichas frescas de cerdo • 4 dientes de ajo
• Pimienta • Sal

Por un lado, se limpian las setas, se cortan y se hierven en agua con un poco de sal, se escurren y se reservan sobre un paño de cocina. Por otro lado, el bacalao, desalado (ver consejos para desalar en la página 394), se corta en pedazos regulares, cada uno de ellos se pasa por huevo batido, se fríe en aceite bien caliente y se reserva. Aparte, se fríen la cebolla y los ajos, menudamente picados, se añaden los tomates pelados y troceados y un poco de pimienta, y cuando esté todo frito, se agrega una taza de agua y el pan rallado. Se añaden a continuación los trozos de bacalao fritos que teníamos reservados desde el principio y se deja cocer a fuego lento durante 5 minutos aproximadamente. Mientras, en

una sartén, se fríen las setas y las salchichas de cerdo frescas troceadas, se añaden al bacalao cuando ya están listas y se mantienen a fuego lento durante otros 5 minutos más, para que se terminen de mezclar bien los sabores.

BACALAO A LA MONTAÑESA CON JAMÓN
Grado de dificultad medio

INGREDIENTES PARA 6 PERSONAS
1 kg de bacalao • 1 kg de setas • 2 huevos
• 250 dl de aceite • 2 tomates • 1 cebolla
• 2 cucharadas de pan rallado • 200 g de jamón serrano • 4 dientes de ajo • Pimienta
• Sal

Como su propio nombre indica, se trata de la misma receta que se ha seguido para hacer el bacalao a la montañesa (véase), pero en esta ocasión, en vez de utilizar para su elaboración salchichas de cerdo frescas, éstas se sustituyen por 200 gramos de jamón serrano cortado en taquitos, resultando el plato bastante más bueno si el jamón está poco curado y tiene bastante tocino.

BACALAO A LA OVETENSE
Grado de dificultad bajo

INGREDIENTES PARA 6 PERSONAS
6 trozos de lomos de bacalao • 1 kg de tomates maduros • 3 cebollas • 2 dl de aceite • Sal

Se da un hervor al bacalao, después de desalarlo convenientemente (ver consejos en la página 394), y se quitan las espinas. Se fríen las cebollas, picadas menudamente, y antes de que se doren, se añaden los tomates pelados y picados y se deja rehogar todo lentamente. Mientras tanto, en una cazuela de barro, se colocan los trozos de bacalao y se echa la salsa de cebollas y tomate por encima, dejando que se guise todo a fuego lento, agitando de vez en cuando la cazuela para que no se pegue y se empape todo bien de la salsa. Cuando el bacalao esté hecho, se sirve en la misma cazuela de barro que se ha utilizado para su elaboración.

BACALAO A LA RIOJANA
Grado de dificultad bajo

INGREDIENTES PARA 6 PERSONAS
1 kg de migas de bacalao • 250 g de cebollas • 250 g de tomates • 3 pimientos morrones • 2 dl de aceite • Sal

Por un lado y para empezar, se hace una salsa de tomate fina (para adquirir la textura más idónea, a la hora de pasar la salsa lo mejor es utilizar primero la batidora y luego el chino), para la que usaremos la cebolla, el tomate, sal y una pizca de azúcar. Cuando esté lista, en el fondo de una cazuela de barro se pone un poco de esta salsa y, sobre ella, una parte de las migas de bacalao, desaladas (ver consejos para desalar el bacalao en la página 394) y bien escurridas. A continuación, se cubre con otra capa de salsa y los pimientos en tiras, se vuelve a poner bacalao y se repite la operación hasta terminar los ingredientes. Para terminar, se tapa la cazuela y se deja hervir, a fuego lento, hasta que el conjunto quede en su grasa, agitando la cazuela para que no se pegue.

BACALAO A LA VIZCAÍNA
Grado de dificultad medio

INGREDIENTES PARA 6 PERSONAS
6 trozos de lomo de bacalao grueso • 1 dl de aceite • 3 dientes de ajo

Para la salsa vizcaína:
600 g de cebollas • 4 cucharadas de pasta de pimiento choricero • 50 g de manteca de cerdo • 50 g de jamón serrano bien curado • 50 g de tocino de jamón • 3 dientes de ajo • 1 galleta María • 4 cucharadas de salsa de tomate • Caldo de pescado (opcional) • Pimienta • Perejil picado

Después de desalado el bacalao (pueden consultarse los consejos que se dan en la página 394 para desalar), se escalda para poder retirarle bien las espinas. Por otra parte, en una cazuela de barro con un decilitro de aceite, se fríen dos dientes de ajo cortados al medio y se retiran cuando estén dorados. Se coloca entonces el bacalao, con la piel para arriba, en la cazuela, y se deja freír durante unos 15 minutos aproximadamente, tras lo cual se reserva el bacalao y el aceite por separado. Para la salsa vizcaína, lo primero que tenemos que tener en cuenta es que en cazuela de barro, se pone el aceite, la manteca, la cebolla muy picada, el jamón y el tocino, también picaditos, la pasta de pimientos choriceros, la salsa de tomate, el perejil, el ajo y la galleta María, y luego se deja cocer muy lentamente, para que la cebolla no se queme; se pasa la salsa por el chino y si está demasiado espesa, se aligera con un poco de caldo de pescado y se le da un hervor. Hecha la salsa, ya sólo queda colocar los trozos de bacalao en una cazuela, y echarles por encima la salsa vizcaína junto con dos cucharadas de aceite con el que se frió, y a partir de ahí, se deja cocer todo durante 5 minutos.

BACALAO AL AJOARRIERO
Grado de dificultad medio

INGREDIENTES PARA 6 PERSONAS
1.500 g de bacalao • 1/2 l de aceite • 750 g de tomates • 300 g de pimientos rojos • 300 g de patatas • 1 pimiento verde • 4 cucharadas de pasta de pimiento choricero • 1 cebolla grande • 1 cucharada de azúcar • Manteca de cerdo • Perejil • Guindilla • Sal

Para comenzar, se desala el bacalao (ver consejos de cómo desalar el pescado en la página 394), se limpia, se escurre bien y se reserva para ser utilizado posteriormente, cortado en trozos. Por otra parte, en una cacerola, se ponen los pimientos rojos troceados, con 100 mililitros de aceite, dos dientes de ajo y un poco de sal, dejando que se hagan muy despacio. Mientras, en otra cacerola aparte, con el resto del aceite, se ablandan la mitad de la cebolla y el pimiento verde picados, y una vez que estos ingredientes estén casi hechos, se añaden los tomates, pelados y partidos en trocitos. Cuando termine todo de freírse, se echa un poco más de sal y la cucharada de azúcar y se pasan los ingredientes por el chino. Aparte, se pelan y trocean, menudamente, las patatas y se fríen en 100 mililitros de aceite, añadiéndoles la otra mitad de la cebolla picada, y procurando que ambas se mezclen perfectamente; una vez fritas, se colocan en una cazuela de barro. Se fríe el bacalao, bien escurrido, en una mezcla de aceite y manteca de cerdo a partes iguales, para de esta forma poder conseguir aproximadamente medio litro de grasa, y más tarde se añaden cuatro dientes de ajo y un poco de guindilla. Cuando estén casi dorados los trozos del pescado, se vuelcan sobre las patatas, y seguidamente se agregan los pimientos estofados, la salsa de tomate y la pasta de los pimientos choriceros, todo ello sin dejar de remover constantemente, mientras el guiso se termina de hacer, es decir, unos 15 minutos aproximadamente. Por último, se espolvorea con el perejil y se sirve en la misma cazuela, bien caliente.

BACALAO AL ALBA
Grado de dificultad bajo

INGREDIENTES PARA 6 PERSONAS
1.300 g de bacalao • 3 cebollas • 1/2 kg de tomates maduros • 1.200 g de patatas • 2 dientes de ajo • 1 ramita de perejil • 1 ramita de hierbabuena • 1 hoja de laurel • 250 g de queso de bola • 2 dl de aceite • 2 dl de vino blanco • Sal • Pimienta

Después de remojado y previamente desalado (ver consejos para desalar el pescado en la página 394), se da un hervor al bacalao y se prepara en lascas. Por su parte, las patatas, se pelan y se cortan en rodajas de medio centímetro aproximadamente, sazonándolas con sal. Además, se corta el queso en lonchas finas, y se lavan los tomates y se cortan en rodajas. En una cazuela de barro, baja y redonda, se pone un poco de aceite y seguidamente las cebollas, cortadas en rodajas, y el ajo en láminas, a continuación, el bacalao, las patatas y el tomate, todo en capas sin mezclar. Entre las diferentes capas, se van disponiendo cuidadosamente lonchas de queso, reservando unas pocas para al final colocarlas sobre la superficie, junto a unas hojas de hierbabuena, el perejil en ramitas y la hoja de laurel. Para terminar de hacer esta receta de bacalao, se riega todo con el resto del aceite y el vino blanco, se tapa la cazuela y una vez que rompa a hervir, se reduce el fuego, dejando cocer el guiso hasta que la patata esté tierna. Se sirve en la propia cazuela de barro.

BACALAO AL ALBERO
Grado de dificultad bajo

INGREDIENTES PARA 6 PERSONAS
500 g de bacalao mediano • 500 g de patatas • 500 g de cebollas • 6 huevos • 2 dientes de ajo • Pimienta blanca • Pimienta negra • Aceite • Sal • Perejil

Por una parte, se desala el bacalao (ver consejos en la página 394), se desmenuza y se fríe sin que quede seco, tras lo cual se reserva; por otra, se pochan en aceite las cebollas y los ajos picados, y cuando las cebollas se ablanden, sin dorar, se añaden las patatas cortadas en dados pequeños. Por último, se agrega el bacalao que teníamos reservado desde el principio, y se echan los huevos batidos, removiendo siempre para que cuajen, y cuidando que queden muy jugosos. Para finalizar, se sazona con las dos pimientas y un poco de sal si fuese necesario, se sirve en una fuente poco honda y se espolvorea con el perejil picado.

BACALAO AL AZAFRÁN
Grado de dificultad bajo

INGREDIENTES PARA 6 PERSONAS
700 g de migas de bacalao desalado y limpio
• 4 patatas grandes • Salsa de azafrán para 6
raciones (ver «Salsas»)

Por un lado, se cuecen las patatas con piel en
agua con sal y se reservan, y por otro lado se
da un hervor al bacalao durante 3 minutos
justos. Una vez que tenemos las patatas
cocidas, se pelan y se cortan en rodajas
gruesas, y en una fuente de barro refractaria,
se disponen las rodajas de patata, sobre ellas
se colocan las migas de bacalao, bien
escurridas, y se vierte la salsa de azafrán,
repartiéndola por toda la superficie. Por
último, se mete en el horno, a temperatura
media, solamente para que se caliente un
poco.

BACALAO AL OPORTO
Grado de dificultad bajo

INGREDIENTES PARA 6 PERSONAS
6 buenos trozos de lomo de bacalao • 2 dl de
aceite extra virgen • 5 dientes de ajo • 2 huevos
cocidos • 1 tomate • 1 cebolla • 75 g de encurtidos
variados • 1/2 remolacha cocida • 12 aceitunas
negras • 6 palillos

Después de tener el bacalao bien desalado
(ver consejos acerca de cómo desalarlo en la
página 394) y seco, se asan los trozos de
pescado, preferentemente en la barbacoa, por
ambos lados, hasta que veamos que nos
quedan oscuros por fuera pero jugosos en el
interior. Hecho esto, se colocan los trozos de
pescado en una fuente de servicio y, sobre
cada uno de ellos, se dispone una rodaja de
cebolla, una de tomate y una de huevo.
Luego, en cada centro, se clava una banderilla
hecha con la remolacha cocida, los encurtidos
y las aceitunas. Para finalizar, se riega todo
con abundante aceite y los ajos picaditos
crudos.

BACALAO AL PIL-PIL
Grado de dificultad medio

INGREDIENTES PARA 6 PERSONAS
12 trozos de bacalao, de la parte fina, previamente
desalados • Aceite de oliva extra virgen • 7 dientes
de ajo

En una cazuela de barro, se calienta
abundante aceite y se fríen los ajos, pelados y
cortados en láminas finas; se retiran y
reservan. A continuación, se quita la cazuela
del fuego, para que se temple el aceite. Se
coloca entonces el bacalao en la cazuela, con
la piel hacia abajo, y se vuelve a poner a
fuego bajo, moviendo el recipiente en vaivén
para que el bacalao suelte la gelatina y ligue
la salsa (el fuego debe ser muy suave, pues no
debe hervir). Durante cerca de 30 minutos, sin
dejar de agitar la cazuela en ningún
momento, se mantendrá en ese fuego. Una
vez que el bacalao esté acabado, se echan por
encima los ajos y se sirve bien caliente, en el
mismo recipiente.

BACALAO AL QUESO
Grado de dificultad bajo

INGREDIENTES PARA 6 PERSONAS
4 trozos de lomos de bacalao, desalado y
desmenuzado • 300 g de jamón cocido, cortado
en tiras • 300 g de queso de Mahón o similar
• 300 g de queso Gruyère rallado • 500 g de
espárragos trigueros • 250 g de nata líquida
• 4 cebollas medianas • 4 dientes de ajo • 1 copa
de vino de Jerez seco • Sal

Para empezar, se rehogan en el aceite las
cebollas y los ajos, picados menudamente.
Luego, una vez que la cebolla esté blanda,
se añade el bacalao, el jamón cocido en tiras
y el queso de Mahón en láminas finas,
y se continúa rehogando durante unos 5
minutos aproximadamente; se agrega a
continuación la nata batida, la pimienta, la sal
y el vino. Para terminar, en una fuente
refractaria, se dispone una capa con los

espárragos limpios, y el rehogado anterior, se cubre con el queso Gruyère y se pone en el horno, a temperatura media, durante 30 minutos.

BACALAO AL SOL
Grado de dificultad bajo

INGREDIENTES PARA 6 PERSONAS
1 kg de bacalao • 1 kg de patatas • 3 tomates • 3 pimientos rojos • 3 cebollas • Aceite de oliva virgen extra • Queso Parmesano rallado • Sal

Después de desalar y limpiar el bacalao (ver consejos para desalar el pescado en la página 394), se cuece durante 10 minutos y se separa en migas grandes. Las patatas por su parte, se pelan, se cuecen con agua y sal y se cortan en rodajas, mientras que las cebollas, cortadas también en rodajas, se pochan, junto con los tomates, pelados y troceados, y los pimientos, cortados en tiras. Seguidamente, en una fuente refractaria, se pone un poco de aceite y se van colocando los ingredientes: bacalao, patatas y verduras, disponiendo varias capas en el mismo orden y rociando un poco de aceite entre una y otra. Por último, se cubre con bastante queso rallado y se pone a gratinar, hasta que tome color.

BACALAO AL *ZÉ DO PIPO* (cocina tradicional portuguesa)
Grado de dificultad bajo

INGREDIENTES PARA 6 PERSONAS
6 buenos trozos de lomo de bacalao • 1 dl de aceite • 2 dientes de ajo • 1 cebolla pequeña • 100 g de encurtidos • 2 dl de mayonesa • 1 kg de patatas • Leche • Mantequilla • 1 huevo • Sal • Pimienta • Nuez moscada

Se prepara un puré, suave pero firme, con las patatas cocidas, la mantequilla, el huevo y la leche, sazonado con sal, pimienta y nuez moscada, y se conserva en el horno a temperatura muy baja, sólo para que no se enfríe. Después de desalado el bacalao convenientemente (ver consejos en la página 394), se seca con un paño, se fríe, dorándolo por ambos lados, y se coloca en una fuente de horno; además, en el mismo aceite se fríen la cebolla y los ajos picados, y antes de que tomen demasiado color, se echan sobre los trozos de bacalao. Se cortan muy menudos los encurtidos y se echan también sobre el pescado; por último, se cubre con la mayonesa. El puré de patatas se mete en la manga de pastelero, con una boquilla gruesa, y se añade rodeando al bacalao. Se calienta en horno medio durante unos 10 minutos.

BACALAO ASADO EN EL HORNO
Grado de dificultad bajo

INGREDIENTES PARA 6 PERSONAS
6 trozos de lomo de bacalao grueso • 1 cebolla grande cortada en rodajas • 12 patatas pequeñas e iguales • 2 cucharadas de alcaparras • 2 huevos cocidos • 1/2 taza de aceite de oliva virgen extra • 1 diente de ajo • 1 copita de vino de Oporto o de Jerez seco

Se remoja el bacalao durante 48 horas con la piel hacia arriba y cambiando frecuentemente el agua, sobre todo en las primeras horas. Se seca con un paño y se coloca en una fuente de horno untada con ajo y aceite, sobre una cama de cebolla. Se le añaden las patatas a las que se da un hervor previamente y se riega todo con abundante aceite y la copita de vino. Cuando esté bien asado, se sirve adornado con rodajas de huevo cocido y alcaparras.

BACALAO CON AJADA
Grado de dificultad bajo

INGREDIENTES PARA 6 PERSONAS
1.250 g de bacalao • 6 patatas medianas • 1 cebolla grande • 8 dientes de ajo • 2 dl de aceite • 1 cucharada de vinagre • 1 cucharada de pimentón • Sal

Se cuecen las patatas, peladas y cortadas en cuatro trozos, con media cebolla y un poco de sal; a media cocción, se añade el bacalao, desalado (ver consejos en página 394), limpio y cortado en trozos regulares. Mientras, en una sartén, se fríen los ajos, cuando estén casi dorados, se retira la sartén del fuego, se agrega el pimentón, el vinagre y dos cucharadas de agua de cocer el bacalao. Por último, para servir, se escurre el caldo, se coloca en una fuente honda y se echa la ajada por encima.

BACALAO CON ALMEJAS
Grado de dificultad bajo

INGREDIENTES PARA 6 PERSONAS
6 trozos de bacalao grueso • 24 almejas • 1 copa de vino blanco seco • 2 pimientos de piquillo • 1 cebolla • 2 dientes de ajo • 1 cebolla • 1/2 vaso de aceite • Perejil

Se ponen en una cazuela de barro el aceite y los ajos partidos por la mitad, dejándolos freír hasta que se doren ligeramente; a continuación, se agregan los trozos de bacalao previamente desalados (ver consejos para desalar el pescado en la página 394), con la piel hacia arriba, y se les da la vuelta después de cinco minutos. Pasado este tiempo, se añaden las almejas, el vino y el perejil picado y, moviendo la cazuela para que ligue la salsa, se mantiene al fuego durante otros 5 minutos.

BACALAO CON APIO
Grado de dificultad bajo

INGREDIENTES PARA 6 PERSONAS
1.300 g de bacalao • 500 g de apio • 4 cucharadas de aceite • 2 tomates maduros • 12 aceitunas negras • 50 g de pasas sin semillas • 50 g de piñones

Se limpia el apio, se corta en pedazos y se hierve en muy poco agua. En una cacerola con aceite, se fríe la cebolla picada y, cuando esté blanda y transparente, se añade el tomate, pelado y cortado en rodajas. Pasados 10 minutos en los que la cocción se realiza a fuego vivo, se disminuye el calor y se echa el bacalao, desalado (ver consejos en la página 394) y cortado en pedazos no muy grandes. Se agregan luego las aceitunas sin hueso y cortadas al medio, las pasas, previamente remojadas en agua caliente, los piñones y el apio escurrido. Se va moviendo la cazuela, mientras dura la cocción, para que los ingredientes se mezclen sin que se deshaga el bacalao.

BACALAO CON ARROZ CALDOSO
Grado de dificultad bajo

INGREDIENTES PARA 6 PERSONAS
750 g de migas de bacalao • 1 dl de aceite • 1 cebolla • 1 pimiento morrón • 1 hoja de laurel • 2 dientes de ajo • 1 cucharada de perejil picado • 1 tomate grande maduro • 1 y 1/2 l de agua • 2 tazas de arroz

En una cacerola se sofríe la cebolla, el laurel y el ajo picados, se añade el pimiento en tiras y el tomate cortado en pequeños cubos. Por otra parte, después de desaladas las migas de bacalao, se agregan al sofrito y se remueve todo muy bien para que tome sabor. Se echa el arroz, se vuelve a remover y se agrega el agua. Cuando hierva, se remueve de nuevo, se tapa, dejando una abertura, y se deja cocer a fuego medio hasta que el arroz esté al dente. Al final de la cocción, se espolvorea con el perejil picado.

BACALAO CON ARROZ CALDOSO Y ESPINACAS
Grado de dificultad bajo

INGREDIENTES PARA 6 PERSONAS
400 g de migas de bacalao • 1 dl de aceite • 1 cebolla picada • 1 hoja de laurel • 2 cucharadas

de perejil picado • 400 g de espinacas frescas o congeladas • 400 g de arroz • 1 y 1/2 l de agua • 1 pizca de pimienta

Por una parte, se limpia y desala el bacalao (ver consejos en la página 394) y se reserva. Mientras, en una cazuela se rehoga la cebolla y el laurel, y cuando la cebolla está transparente, sin dorar, se echa el bacalao que ya teníamos limpio, se remueve y se añade el arroz y las espinacas, muy bien lavadas y ya escurridas, sofriendo todo durante unos 2 minutos más o menos, sin parar de mover. Se agrega el agua, sal, si es necesario, y pimienta, y se pone a fuego fuerte hasta que rompa a hervir, momento en el que se reduce el fuego y se deja cocer hasta que el arroz esté al dente y cuando todavía quede bastante caldoso. Para servir, se espolvorea con el perejil picado.

BACALAO CON CACHELADA
Grado de dificultad bajo

INGREDIENTES PARA 6 PERSONAS
1 kg de patatas • 750 g de bacalao desalado y limpio • 1,5 dl de aceite • 1 cebolla • 2 dientes de ajo • 1 hoja de laurel • 3 pimientos morrones • 1 cucharada de pimentón picante • Sal

Para empezar, se rehogan, lentamente, la cebolla y los ajos picados, junto con la hoja de laurel. Luego, se retira la cazuela del fuego y se le añade el pimentón, removiendo con una cuchara de madera. A continuación, se vuelve a poner al fuego y se echan las patatas, cortadas en rodajas gruesas, se remueven y se cubren de agua, dejándolas cocer durante unos 10 minutos aproximadamente. Se añade entonces el bacalao, desalado (ver consejos para desalar el pescado en la página 394) y troceado, y los pimientos una vez que están asados y cortados en tiras. Se cuece a fuego lento, alrededor de unos 20 minutos más, cuando las patatas estén hechas, procurando en cualquier caso que el guiso nos quede bien caldoso.

BACALAO CON CILANTRO
Grado de dificultad bajo

INGREDIENTES PARA 6 PERSONAS
6 trozos de lomo de bacalao • 1 kg de patatas • 4 dientes de ajo • 1 rama de cilantro • 1 hogaza de pan • 6 huevos • 250 g de queso de oveja • 2 dl de aceite • Sal

En el mortero, se machacan los ajos con un poco de sal y se añade el cilantro, poco picado. Esta mezcla, se pone en una cacerola al fuego y se agrega el aceite y agua suficiente como para cocer el bacalao. Cuando el agua esté hirviendo, se introduce el pescado para que cueza durante unos 7 minutos, después se saca, se escurre y se reserva el caldo. Se corta el pan en pedazos (la cantidad depende de si se quiere más o menos espeso) y se le da un hervor en el caldo reservado. Con una cuchara de madera, se va deshaciendo el pan e, inmediatamente antes de servir, se escalfan en la misma cazuela los huevos, se añade el queso cortado en gajos, los lomos de bacalao y las patatas cocidas.

BACALAO CON COLIFLOR Y ARROZ
Grado de dificultad bajo

INGREDIENTES PARA 6 PERSONAS
500 g de coliflor • 400 g de bacalao • 500 g de arroz • 8 ajos tiernos • 1,5 dl de aceite • 1,5 l de agua • 1/2 cucharadita de pimentón dulce

Se asa el bacalao, sin desalar, se enjuaga repetidas veces en agua corriente, se limpia de piel y espinas y se desmenuza. En una cazuela de barro con aceite, se fríe la coliflor lavada, seca y cortada en pequeñas ramitas, los ajos tiernos, pelados y picados y, en último lugar, el bacalao. Se añade el arroz, el pimentón y el agua caliente; se cuece, a fuego vivo, durante 5 minutos. Después, se introduce en el horno, a temperatura media, durante 30 minutos hasta que el plato esté en su punto.

BACALAO CON ESPÁRRAGOS A LA GUIPUZCOANA
Grado de dificultad bajo

INGREDIENTES PARA 6 PERSONAS
1 kg de bacalao • 1 lata de espárragos blancos gruesos • 2 huevos duros • 2 dientes de ajo • Aceite • Harina • Sal

Se fríe un poco el bacalao, cortado en trozos, pasado por harina y se reserva. Se pasa el aceite a una cazuela de barro y se fríe en ella los dientes de ajo picados, se añade el bacalao, medio litro de agua y se deja cocer a fuego lento, moviendo la cazuela hasta que espese el líquido. Se agrega entonces medio vasito del agua de los espárragos y se continúa moviendo, durante unos 15 minutos. Se diluye en el resto del líquido de los espárragos, una cucharada de harina y se echa en la cazuela. Para terminar, se deja cocer todo durante unos 10 minutos más, se retira del fuego y se adorna con los espárragos y los huevos cocidos, cortados en rodajas.

BACALAO CON *FARFALLE*
Grado de dificultad bajo

INGREDIENTES PARA 6 PERSONAS
600 g de migas de bacalao • 400 g de *farfalle* (al huevo, espinacas, zanahoria…, una mezcla de todos estos tipos) • 3 dl de aceite • 4 dientes de ajo • Pimienta • Sal

Se limpian las migas, ya desaladas (ver consejos acerca de cómo desalar el bacalao en la página 394), tras darles un hervor. Se cuece la pasta, en abundante agua con sal y, cuando estén al dente, se cuela y se reserva en lugar caliente. Acto seguido, en una sartén con el aceite, se rehogan los ajos cortados en láminas, y una vez que empiecen a tomar color, se añaden las migas de bacalao y, removiendo, se dejan rehogar durante 2 ó 3 minutos más o menos. Se pone la pasta en un bol de servicio y, sobre ella, se vierte el bacalao y los ajos con el aceite; se mezcla y se sirve bien caliente.

BACALAO CON GARBANZOS AL REVOLTIJO
Grado de dificultad bajo

INGREDIENTES PARA 6 PERSONAS
800 g de migas de bacalao • 1,5 dl de aceite • 500 g de garbanzos • 3 dientes de ajo • 3 cebollas medianas • 1/2 limón • 1 ramita de salsa • 1 huevo cocido • Sal • Pimienta

Por una parte, se cuecen los garbanzos, remojados desde la víspera, en agua con sal; y por otra, se da un hervor al bacalao, se quitan la piel y las espinas y se desmenuza. Además, se doran la cebolla, cortada en rodajas, y el ajo picado, en la mitad del aceite, y una vez hecho esto, se mezclan los garbanzos y el bacalao, en una cazuela de barro, refractaria, se sazona con pimienta y zumo de limón, se agregan la cebolla y los ajos, sin escurrir y se echa el resto del aceite por encima. Se agita la cazuela, tapada, para que todo se mezcle perfectamente, y se pone en el horno, destapada, hasta que el aceite comience a hervir. Para terminar, se retira, se decora con el huevo duro picado y ramitas de perejil.

BACALAO CON GARBANZOS, PATATAS Y GRELOS
Grado de dificultad bajo

INGREDIENTES PARA 6 PERSONAS
6 buenos trozos de lomo de bacalao • 500 g de garbanzos • 2 dl de aceite virgen extra • 1.300 g de patatas • 1 buen mazo de grelos • 1 cebolla • 3 huevos duros • Sal

Se cuecen por separado el bacalao ya desalado (ver consejos en la página 394), los garbanzos, remojados desde la víspera, las patatas, peladas y cortadas en cuartos, y los grelos, bien lavados y escogidos. A todos los ingredientes, excepto al bacalao, se les añade un poco de sal en el agua de cocerlos. Cuando esté todo en su punto, se disponen los elementos, por separado en una fuente de servicio, se espolvorea con la cebolla cruda, muy picadita, se adorna con los huevos en gajos y se riega con el aceite. Se sirve bien caliente.

BACALAO CON GRELOS Y CEBOLLA HERVIDA
Grado de dificultad bajo

INGREDIENTES PARA 6 PERSONAS
6 trozos grandes de lomo de bacalao • 1 buen manojo de grelos • 3 cebollas grandes • 1 kg de patatas • 1/2 l de aceite de oliva virgen extra • 4 granos de pimienta negra • Sal

Se cortan las cebollas en rodajas finas y se ponen al fuego con el aceite, un poco de sal y los granos de pimienta. Al empezar a hervir, se echa un vaso de agua y, al hervir de nuevo, se deja en fuego bajo durante, al menos, 1 hora. Los grelos, bien lavados, se cuecen en agua y sal. Las patatas, peladas, se cuecen partidas al medio. Cuando falte poco para que estén en su punto, se cuece el bacalao, después de desalado (ver consejos en la página 394) y limpio. Se sirve todo bien caliente, en una única fuente, cubriendo con la cebolla; el aceite se sirve aparte en una salsera.

BACALAO CON GUACAMOLE
Grado de dificultad bajo

INGREDIENTES PARA 6 PERSONAS
4 buenos trozos de lomo de bacalao • 1 lechuga en juliana • Guacamole para seis raciones (ver «Salsas»)

Después de desalado (ver consejos de cómo hacerlo en la página 394), se cuece el bacalao, durante unos 10 minutos, y luego se deja enfriar un poco y se limpia bien,

dividiéndolo en lascas, que se deben desprender fácilmente. Se coloca el bacalao sobre una cama de lechuga y se vierte por encima el guacamole.

BACALAO CON LECHE
Grado de dificultad bajo

INGREDIENTES PARA 6 PERSONAS
750 g de bacalao mediano • 750 g de patatas • 1 cebolla • 1 vaso de leche • 2 dientes de ajo • Aceite

Después de desalado con agua durante las 24 horas anteriores a elaborar la receta, se pone el bacalao en una cacerola, se cubre de agua fría y se coloca al fuego; una vez que empiece a espumar, se retira y se deja enfriar un poco para de esta forma poder retirarle con más facilidad las espinas. Se fríen las patatas y la cebolla como para tortilla y se colocan en una cazuela baja de barro. Encima, se coloca el bacalao con la piel hacia arriba. Se fríen entonces los ajos en una sartén con medio decilitro de aceite y se retiran una vez fritos. El aceite se echa por encima del bacalao y seguidamente la leche, sin parar de mover la cazuela durante 15 minutos, para que la salsa se trabe.

BACALAO CON MOJO DE CILANTRO
Grado de dificultad bajo

INGREDIENTES PARA 6 PERSONAS
6 trozos de lomo de bacalao desalado • 2 cucharadas de aceite • Mojo de cilantro para 6 raciones (ver «Salsas»)

Se colocan los trozos de bacalao en una fuente de horno, pincelados con el aceite, y se asan a 180°, con el horno precalentado, durante 20 minutos aproximadamente. Luego, se saca el bacalao y se dispone en una fuente de servicio, para servirlo con el mojo aparte, calentándolo un poco.

BACALAO CON NARANJA EN ENSALADA
Grado de dificultad bajo

INGREDIENTES PARA 6 PERSONAS
1 kg de bacalao mediano • 5 naranjas
• 4 cebolletas • 1 dl de aceite virgen extra • 1 taza de aceitunas aliñadas

Por un lado, se desala el bacalao (ver consejos en la página 394), se asa en el horno y se desmiga; y por otro lado, se pelan y se cortan las naranjas en rodajas, se ponen en el fondo de una fuente, y sobre ellas, el bacalao, las cebolletas muy picadas y las aceitunas troceadas. Por último, se aliña todo con el aceite.

BACALAO CON NATA
Grado de dificultad bajo

INGREDIENTES PARA 6 PERSONAS
800 g de bacalao desalado y limpio • 1 kg de patatas • 2 cebollas • 1 cucharada de mantequilla
• 1 cucharada de harina • 1/2 l de nata líquida
• Sal • Pimienta • Perejil picado

Se hierve el bacalao, durante 3 minutos aproximadamente, con poca agua, que se reserva. A continuación, se pican las cebollas y se rehogan en la mantequilla, sin que doren mucho. Luego, se añade la harina y, removiendo sin parar para que ésta no se queme, se incorpora un cucharón de agua de cocer el bacalao y la nata, sazonando todo con pimienta al gusto. Se añade posteriormente el bacalao, cortado en trocitos y escurrido, y se deja cocer durante unos minutos. Además, las patatas, cocidas con piel, en agua y sal, se pelan y se cortan en rodajas, y con ellas, se forra el fondo de una fuente refractaria, previamente calentada, se coloca encima el bacalao con la crema, se espolvorea con el perejil y se pone en el horno, a temperatura moderada, durante unos 5 minutos. Este plato se sirve muy caliente.

BACALAO CON PAPAS A LA TINERFEÑA
Grado de dificultad bajo

INGREDIENTES PARA 6 PERSONAS
1 kg de patatas • 1 kg de bacalao • 6 nueces
• 4 huevos duros • Aceite • 3 dientes de ajo
• Perejil • Pimentón picante

Después de desalado el bacalao (ver consejos de cómo hacerlo en la página 394), se dora en una cazuela de barro con 75 mililitros de aceite bien caliente, y cuando está dorado, se retira y, en el mismo aceite, se fríen las patatas peladas y troceadas, y se añaden a continuación los dientes de ajo enteros, que se retiran y reservan cuando cojan color. Se vuelve a introducir el bacalao, se agrega entonces medio litro de agua y se cuece a fuego lento. Se hace un majado con los ajos fritos, las nueces, el perejil y el pimentón y se incorpora a la cazuela. Para terminar, se añaden los huevos duros, cortados en gajos, se da un último hervor y se sirve en la misma cazuela.

BACALAO CON PATATAS A LA CATALANA
Grado de dificultad bajo

INGREDIENTES PARA 6 PERSONAS
1 kg de bacalao • 750 g de patatas • 2 dl de aceite
• 3 dientes de ajo • 50 g de harina • Perejil
• Azafrán • Sal

Se desala y limpia el bacalao (ver consejos acerca de cómo desalar el pescado en la página 394), cortándolo en trozos iguales. Se pelan las patatas que se cortan en rodajas gruesas y se fríen ligeramente para que queden enteras. Después de escurridas, se ponen en una cacerola. En el mortero, se machacan los ajos, una buena cantidad de perejil y el azafrán, añadiendo poco a poco el aceite, como para hacer un alioli pero que quede bien líquido. Se vierte sobre las patatas la salsa, se cubren con agua y se dejan cocer a fuego muy lento. Los trozos de bacalao se pasan por harina y se colocan por encima de las patatas, continuando la cocción durante unos 10 minutos.

BACALAO CON PATATAS A LA GALLEGA
Grado de dificultad bajo

INGREDIENTES PARA 6 PERSONAS
750 g de bacalao desalado y limpio • 500 g de patatas • 3 cucharadas de pan rallado • 3 cucharadas de perejil picado • 2 cebollas picadas • 1 cabeza de ajos • 1 cucharada de vinagre • 1 vasito de vino de Jerez seco • 1 dl de aceite • Sal

Se corta el bacalao en pequeños trozos, se cuece y se dispone en el fondo de una cazuela de barro; sobre él, se pone una capa de patatas, peladas y cortadas en rodajas finas, otra de cebolla, perejil y pan rallado; se van sucediendo las capas hasta terminar los ingredientes. Luego, se pelan los ajos y se machacan en el mortero, con un poco de sal, una cucharada de cebolla picada, el aceite y el vinagre y se vierte en la cazuela. Se cuece a fuego lento y, cuando esté casi hecho, se añade el vino, dejando que continúe la cocción hasta que las patatas estén tiernas. Si es necesario, se agrega un poco de agua de cocer el bacalao.

BACALAO CON PIMIENTOS EN CANAPÉS
Grado de dificultad bajo

INGREDIENTES PARA 6 PERSONAS
24 rebanadas de pan de barra • 2 trozos de lomo de bacalao desalado • 3 pimientos morrones • 3 dientes de ajo • 2 dl de aceite • 1 pizca de sal

Se separa en lascas el bacalao previamente desalado (ver consejos acerca de cómo desalar el pescado en la página 394) y crudo. Se asan los pimientos, se dejan enfriar un poco, se

cortan en tiras, no muy finas, y se sofríen en una sartén con un decilitro de aceite, ajo picado y rehogado y sal. Se tuestan en el horno las rebanadas de pan, y todavía calientes, se pincelan con el resto del aceite, se coloca una lasca de bacalao y se remata con una tira de pimiento, también caliente.

BACALAO CON PUERROS, PATATAS Y ARROZ
Grado de dificultad bajo

INGREDIENTES PARA 6 PERSONAS
600 g de migas de bacalao • 500 g de puerros limpios • 1 cebolla • 2 dl de aceite de oliva • 1 kg de patatas • 200 g de arroz • 3 dientes de ajo • 2 dl de salsa de tomate • Sal

Se cortan, menudamente, los puerros y la cebolla y se fríen con la mitad del aceite. Cuando estén blandos, se añaden las patatas troceadas y se rehogan. Seguidamente, se agrega el arroz y se cubre con agua, dejando que hierva despacio. Se escurre y seca el bacalao y se rehoga en el resto del aceite, con el ajo cortado en láminas. Cuando esté casi dorado, se echa en la cazuela, se agrega la salsa de tomate y se deja cocer todo a fuego lento, añadiendo agua si es necesario.

BACALAO CON SALSA DE NATA
Grado de dificultad bajo

INGREDIENTES PARA 6 PERSONAS
1 kg de bacalao remojado y escurrido • 1 kg de patatas • 2 zanahorias grandes • 2 cebollas grandes • Aceite • 1/2 litro de nata líquida • 50 g de queso Parmesano rallado • Sal • Pimienta

En agua hirviendo, se escalda el bacalao durante 1 minuto y, cuando esté templado, se le quitan la piel y las espinas y se separa en lascas. En una cacerola con un poco de aceite, se pochan las cebollas, cortadas en rodajas finas, y las zanahorias ralladas en tiras igualmente finas; cuando estén blandas se añade la nata y se deja hervir a fuego lento durante 3 minutos, sazonando al gusto con pimienta y sal. Las patatas se cortan en rodajas un poco más gruesas que para tortilla y se fríen sin dejar que se doren. En una fuente de horno, se van colocando en capas, el preparado de la nata, el bacalao y las patatas hasta agotar los ingredientes, intentando que el último sea el preparado con la nata. Se espolvorea toda la superficie con el queso y se termina de hacer en horno medio durante 20 minutos.

BACALAO CON SALSA DE YOGUR
Grado de dificultad bajo

INGREDIENTES PARA 6 PERSONAS
400 g de bacalao • 500 g de brócoli • 1 pimiento rojo • 1 pimiento verde • 2 zanahorias • Cebollino • 300 g de acelgas • 1 yogur natural • 2 dl de aceite

Como el bacalao tía María (véase), pero, al final, se agrega un yogur natural, mezclado con una cucharada de cebollino picado.

BACALAO CON SALSA PASTORA
Grado de dificultad bajo

INGREDIENTES PARA 6 PERSONAS
6 buenos trozos de bacalao, desalado y limpio • 1 vaso de aceite de oliva virgen extra, sabor fuerte • 4 berenjenas medianas • 8 dientes de ajo • Sal • Pimienta

Se ponen bajo el grill del horno las berenjenas y, cuando estén bien asadas y la piel quemadita, se apaga el grill, se deja el horno a temperatura alta y se mete el bacalao, en una fuente refractaria, regado con un poco de aceite. Una vez que las berenjenas no quemen los dedos, se pelan y se trituran, con el aceite, hasta que quede una masa bien

ligada. Se agregan a continuación los ajos, muy machacados, se remueve todo y se vierte sobre el bacalao. Se sirve muy caliente. La pasta de berenjena se sazona con pimienta y muy poca sal.

BACALAO CON TOMATE
Grado de dificultad bajo

INGREDIENTES PARA 6 PERSONAS
1.200 g de bacalao, desalado y limpio, en trozos iguales • 1 taza de aceite • 2 cebollas • 2 dientes de ajo • 6 tomates maduros • Tomillo • Orégano • Harina • Aceite • Sal • Pimienta

En una sartén con aceite, se rehogan las cebollas y el ajo picados, hasta que tomen un poco de color, momento en el que se añaden los tomates, pelados, sin pepitas y partidos en trozos; se remueve todo mientras se rehoga, se sazona con las hierbas, la sal y la pimienta y se deja cocer, a fuego lento, durante 20 minutos. Mientras se hace esta salsa, se secan los trozos de bacalao, se pasan por harina y se fríen en abundante aceite, y una vez que estén dorados por ambos lados, se escurren sobre un papel absorbente. Para terminar, se dispone el bacalao sobre una fuente, se echa por encima toda la salsa y se sirve muy caliente.

BACALAO CONFITADO CON SALSA AGRIDULCE
Grado de dificultad bajo

INGREDIENTES PARA 6 PERSONAS
6 trozos de bacalao desalado y limpio • 1 dl de aceite • Salsa agridulce para 6 raciones (ver «Salsas»)

Se calienta el aceite, sin que llegue a hervir, se coloca el bacalao y se dora durante unos 5 minutos por cada lado, procurando que no nos quede muy seco el pescado por dentro. Se sirve con la salsa agridulce en caliente.

BACALAO DE INVIERNO (mojete)
Grado de dificultad bajo

INGREDIENTES PARA 6 PERSONAS
1.200 g de bacalao en trozos iguales • 1 kg de patatas • 1 cabeza de ajos • 1 cebolla • 1 tomate • 2 dl de aceite • Pimentón dulce • Sal

Después de desalado el bacalao (ver consejos sobre cómo desalar el pescado en la página 394), se retiran las espinas y se raspa la piel. Por otra parte, se pelan y trocean las patatas, la cebolla y el tomate. Además, se lava la cabeza de ajos y se ponen todos los ingredientes en una cazuela; se añade el aceite crudo, el pimentón y también una pizca de sal. Luego, para finalizar, se cubre de agua y se deja cocer hasta que las patatas estén tiernas.

BACALAO DE LA VECINA
Grado de dificultad bajo

INGREDIENTES PARA 6 PERSONAS
1.300 g de bacalao, desalado, limpio y cortado en trozos pequeños • 3 cebollas, cortadas en rodajas • 2 pimientos rojos, cortados en rodajas • 600 g de patatas, cortadas en rodajas • 100 g de aceitunas negras • 1 ramita de perejil • 1 y 1/2 taza de aceite • 1 y 1/2 taza de nata líquida • 1 taza de mayonesa

En una cazuela con el aceite, se disponen los ingredientes en capas, siguiendo el orden siguiente: cebolla, patatas, bacalao y pimientos, intentando que la última capa sea de patatas; hecho esto, se tapa la cazuela y se deja cocer, a fuego lento, hasta que comprobemos que los ingredientes más duros están al dente, y moviendo de vez en cuando la cazuela. A continuación, se mezcla la nata y la mayonesa, batiendo un poco y añadiendo sal al gusto, si fuese necesario, y se vierte sobre el guiso. Para terminar, se adorna con el perejil picado y las aceitunas negras y además se mantiene tapado hasta el momento de servir.

BACALAO DE YUSTE
Grado de dificultad bajo

INGREDIENTES PARA 6 PERSONAS
1 kg de bacalao • 750 g de patatas • 1/2 l de leche • 5 dl de aceite de oliva virgen extra • 1 diente de ajo • 30 g de mantequilla • Agua • Sal

Una vez desalado, hervido y limpio el bacalao (ver consejos acerca de cómo desalar el pescado en la página 394), se desmenuza y se añade a las patatas, previamente cocidas, peladas y troceadas, y se machaca todo junto. Una vez que se haya obtenido una pasta homogénea, se va trabando con el aceite, la leche caliente y el ajo muy picado, hasta que quede una masa fina, suave y homogénea. Se vierte en una fuente refractaria, se riega con la mantequilla derretida y se gratina durante 15 minutos.

BACALAO DEL CONDADO
Grado de dificultad bajo

INGREDIENTES PARA 6 PERSONAS
600 g de bacalao • 600 g de patatas • 200 g de cebollas • 2 zanahorias • 4 dientes de ajo • 100 g de mantequilla • 2,5 dl de nata líquida • 3 cucharadas de queso Parmesano rallado • Pimienta • Sal

Se desala el bacalao (ver consejos al respecto en la página 394), se limpia y se separa en lascas. Se pelan, lavan y cuecen las patatas y las zanahorias, con agua y sal, y se reducen a puré. Se pican, menudamente, las cebollas y los ajos y se ponen en el fuego, en una cacerola con la mantequilla, dejándolo freír sin tomar color; se le agrega la nata y se tritura en la batidora. En la misma cacerola se añade el bacalao y se deja rehogar un poco. Conservando el fuego muy bajo, se añade el puré de patatas y zanahorias, se mezcla bien con el batido y se coloca, junto al bacalao, en una fuente de horno engrasada. Se espolvorea generosamente con queso rallado y se gratina.

BACALAO DEL LAGAR
Grado de dificultad bajo

INGREDIENTES PARA 6 PERSONAS
6 buenos trozos de bacalao • 1 y 1/2 kg de
patatas nuevas pequeñas • 5 dientes de ajo
• 1 cebolla grande • 1,5 dl de aceite de oliva virgen
extra • Aceitunas negras • Perejil • Sal gorda
• Pimienta

Se lavan las patatas nuevas y se asan con piel,
en la barbacoa o en el horno, hasta que estén
tiernas. Después de desalado el bacalao (ver
consejos en la página 394), se asan los
pedazos en la lumbre de carbón, sobre las
brasas, sin llama ni humo, dándoles la vuelta
para que se asen por igual, quedando dorados
pero sin quemar. Con ayuda de dos
tenedores, se deshace el bacalao en lascas,
retirando la piel y las espinas. Mientras tanto,
se da un golpe seco en las patatas, para que
se agrieten un poco, y se cubren con sal
gorda. Se mezclan a continuación las lascas de
bacalao con las patatas, a las que se sacude el
exceso de sal, con la cebolla cruda, cortada en
rodajas muy finas, y con las aceitunas negras.
Por último, se riega todo con abundante
aceite crudo y se adorna con las hojas de
perejil, sin picar.

BACALAO DESMENUZADO Y FRÍO
Grado de dificultad bajo

INGREDIENTES PARA 6 PERSONAS
600 g de bacalao grueso • 1 cebolla grande
• 3 dientes de ajo • 1 pimiento verde • 1 tomate
grande • 20 aceitunas negras • Aceite
• Vinagre

Se retira la piel del bacalao sin desalar, se
desmenuza de manera que quede como hilos
y se retiran todas las espinas. Después de
desmenuzado, se lava repetidas veces en agua
corriente, apretándolo con las manos cada vez
que se lave, para que de esta manera expulse
la mayor cantidad de sal posible, se deja secar
sobre un paño y se pone en un bol hondo.

Para continuar, se añade la cebolla, cortada en
gajos muy finos, el pimiento asado, pelado y
cortado en tiras finas, el tomate en pequeños
cubos, y las aceitunas. Para finalizar, se echan
los dientes de ajo muy picados y se sazona
con aceite y vinagre al gusto. Conviene servir
bien frío.

BACALAO DORADO CON PIMIENTOS ROJOS
Grado de dificultad bajo

INGREDIENTES PARA 6 PERSONAS
600 g de migas de bacalao • 8 huevos • 750 g
de patatas • Aceite • 2 cebollas • 1 pimiento rojo
• 200 g de chorizo de guisar • Perejil picado

Se trata de la misma receta que para elaborar
el bacalao *a Braz* (véase), pero en este caso
mezclando con el resto de ingredientes un
pimiento rojo, asado y cortado en tiras muy
finas.

BACALAO EN CALDEIRADA A LA LISBOETA
Grado de dificultad bajo

INGREDIENTES PARA 6 PERSONAS
1 kg de bacalao mediano • 3 cebollas medianas
• 1 kg de patatas • 2 pimientos verdes • 1/2 kg de
tomates maduros • 2 dl de aceite de oliva • 1 vasito
de vino blanco • Sal • Pimienta

Después de desalado el bacalao (ver consejos
acerca de cómo desalar el pescado en la
página 394), se le da un hervor para poderlo
limpiar y preparar en lascas. En una cazuela se
pone el aceite y se van colocando los
ingredientes, cortados en rodajas, en capas
alternas: primero, una capa de cebollas,
después una de patatas, seguidamente una de
bacalao, después el pimiento y por último el
tomate, y se vuelven a colocar los ingredientes
por el mismo orden hasta terminarlos. Una
vez que tengamos los ingredientes así
dispuestos, se riega todo con el vino blanco,

se sazona con un poco de sal (si el bacalao lo permite) y pimienta al gusto y se deja cocer a fuego lento, agitando de vez en cuando la cazuela, para que no se pegue, hasta que la patata y el pimiento estén blandos.

BACALAO EN CANASTA DE TOMATE
Grado de dificultad medio

INGREDIENTES PARA 6 PERSONAS
6 tomates grandes rojos • 3 huevos cocidos • 250 g de migas de bacalao • 12 hojas de espinacas • 1 yogur natural • 2 cucharadas de aceite • 1 cucharada de mostaza • Pimentón dulce • Sal

Se cuecen los huevos, se lavan y escaldan las hojas de espinacas y se saltean en aceite las migas de bacalao, después de desaladas (ver consejos en la página 394), limpias y secas. Además, en un recipiente, se mezclan las migas, escurridas, las hojas de espinacas y las claras de huevo picadas y se machaca todo con un tenedor. Las yemas se pasan por el pasapurés y se reservan. Se prepara por otro lado una salsa con el yogur, la mostaza y una pizca de sal, se emulsiona con la batidora y se agrega a los otros ingredientes, mezclando bien. Se lavan los tomates, se secan y se les corta la base. Con cuidado, se vacían, eliminando las pepitas, y se rellenan con la mezcla del bacalao. Las yemas que teníamos reservadas, se mezclan con el pimentón y se espolvorea con ellas el relleno. Para terminar, se tapan los tomates, con la base que se cortó, y se sirven colocados sobre hojas de lechuga.

BACALAO EN CONCHAS
Grado de dificultad bajo

INGREDIENTES PARA 6 PERSONAS
6 conchas de vieira • 200 g de migas de bacalao • 3 cucharadas de harina • 1/2 l de leche • 30 g de mantequilla • 0,5 dl de aceite • 1/2 cebolla • 1 diente de ajo • Queso rallado • Sal • Pimienta • Nuez moscada

Se doran en una sartén con aceite, la cebolla y el ajo picados muy finos, y cuando estén casi dorados, se añade el bacalao, previamente remojado, limpio y muy desmenuzado; entonces, se rehoga todo junto, durante unos 7 minutos. Por su parte, con la mantequilla, la harina y la leche, se hace una besamel espesa que se sazona con sal, pimienta y nuez moscada. Se mezclan bien todos los ingredientes y se llenan con ellos las conchas. Se espolvorea por encima el queso rallado y se ponen en horno fuerte hasta que se doren.

BACALAO EN CROQUETAS A LA PORTUGUESA
(*pastéis de bacalhau*)
Grado de dificultad bajo

INGREDIENTES PARA 6 PERSONAS
1/2 kg de puré de patata muy espeso • 300 g de migas de bacalao, desaladas y limpias • 3 cucharadas de aceite • 1 diente de ajo • 1/2 cebolla • 1 cucharada de perejil picado • 3 huevos • Aceite • Sal • Pimienta

En una cazuela con aceite, se rehogan la cebolla y el diente de ajo picaditos, y en el momento en que estén casi dorados, se añade el puré de patata y el bacalao, muy desmenuzado; seguidamente, se agrega el perejil, una pizca de sal y la pimienta y se mezcla todo, a fuego lento, durante unos minutos. Cuando está listo, se deja enfriar un poco la masa. A continuación, utilizando dos cucharas, se van formando las croquetas, pasando la masa de una a otra, raspando las superficies y friéndolas, sin rebozar, en aceite bastante caliente, únicamente el tiempo justo para que cojan un color tostado. Estas croquetas suelen servirse acompañadas de judías blancas pequeñas, hervidas en agua y sal, aliñadas con aceite de oliva virgen sabor fuerte.

BACALAO EN ENSALADA CATALANA (xato)
Grado de dificultad bajo

INGREDIENTES PARA 6 PERSONAS
400 g de migas de bacalao • 1 escarola • 6 anchoas en sal • 200 g de atún en conserva de aceite • 100 g de aceitunas negras • 1 rebanada de pan frito • 3 tomates • 3 pimientos secos • 1 cabeza de ajos • 15 almendras • 15 avellanas tostadas • 1 cucharadita de pimentón • 3 cucharadas de vinagre de vino • Salsa Romesco (ver «Salsas») • 4 dl de aceite

Se lava y quita el exceso de sal a las anchoas y se desala levemente el bacalao (ver consejos acerca de cómo hacerlo en la página 394), para, a continuación, desmenuzarlo. Luego, en un bol se pone la escarola, lavada, escurrida y cortada en juliana, el bacalao, el atún troceado, las aceitunas negras y, por último, las anchoas. Para terminar, se vierte la salsa Romesco sobre los demás ingredientes, sazonando, si fuese necesario, con un poco de sal.

BACALAO EN ESQUEIXADA
Grado de dificultad bajo

INGREDIENTES PARA 6 PERSONAS
750 g de migas de bacalao • 3 tomates de ensalada • 250 g de aceitunas negras • 1 cebolla grande • Aceite • Vinagre

Se limpia y desala, levemente, el bacalao (para desalar, ver consejos que se facilitan en la página 394). Luego, se escurre y se pone en una fuente honda, en la que se añade la cebolla, cortada en rodajas muy finas, los tomates troceados y las aceitunas negras. Sazonar todo con el aceite y el vinagre y conservar en el frigorífico hasta el momento de servir.

BACALAO EN LA BARBACOA
Grado de dificultad bajo

INGREDIENTES PARA 6 PERSONAS
6 trozos de lomo de bacalao • 1 kg de patatas pequeñas • 3 dientes de ajo • 2 dl de aceite de oliva extra virgen • 2 pimientos morrones

Se disponen en una bandeja de horno las patatas, lavadas, con piel, cubiertas con sal gruesa, y se asan, dejándolas hechas pero enteras. Después de encendida la barbacoa, se aguarda hasta que el carbón esté en brasa por igual y se ponen los pimientos a asar, y cuando les falte poco, se pone también el bacalao, desalado y escurrido (acerca de cómo desalar el pescado, pueden verse los consejos que se exponen en la página 394). Al tiempo que se va asando, se va rociando con agua, para que no se seque. Cuando las patatas estén hechas, se baja la temperatura del horno al mínimo, sólo para mantener un poco de calor. Se cubre el fondo de una fuente refractaria con la mitad del aceite y los ajos, cortados en láminas finas, los pimientos, pelados y cortados en tiras y los trozos de bacalao; se vierte sobre él el resto del aceite y se deja la fuente en el horno para que no se enfríe. A las patatas, se les da un golpe con el puño cerrado, abriéndoles una grieta, y luego se colocan en el recipiente, rodeando el bacalao, para que de esta forma tomen el sabor del aceite.

BACALAO EN NUBE
Grado de dificultad bajo

INGREDIENTES PARA 6 PERSONAS
500 g de bacalao desalado y limpio • 4 tazas de puré de patata espeso • 3 tomates picados sin piel ni semillas • 2 cebollas • 1 diente de ajo • 2 cucharadas de perejil picado • 3 huevos • 2 cucharadas bien colmadas de harina de trigo • 4 cucharadas de aceite

Se rehogan la cebolla y el ajo en el aceite, se añaden los tomates y se cocinan durante 5 minutos; se agrega el bacalao y el perejil, rehogando durante 10 minutos más. Luego, se mezclan el puré, la harina y las yemas de huevo, a lo que se añaden las claras batidas a punto de nieve. Por último y para terminar, se incorpora la mezcla del bacalao y se asa en un bol refractario, previamente engrasado con aceite, en el horno a temperatura media.

BACALAO EN ROLLO
Grado de dificultad medio

INGREDIENTES PARA 6 PERSONAS

Para el rollo:
1/2 kg de bacalao • 1 y 1/2 kg de patatas • 1 dl de aceite • 1 cebolla • 2 dientes de ajo • 2 huevos • 1 dl de leche • 50 g de mantequilla • Laurel • Sal • Pimienta • 1 cucharada de perejil picado • 2 cucharadas de pan rallado

Para el relleno:
1 kg de almejas (o chirlas) • 1 cucharada de mantequilla • 1 cucharada de harina • 3 dl de caldo de abrir las almejas • 1 yema de huevo • El zumo de 1 limón • Sal

Por una parte, se desala y limpia el bacalao (ver consejos acerca de cómo hacerlo en la página 394 o consultando recetas anteriores); y por otra, se cuecen las patatas troceadas y se pasan por el pasapurés junto al bacalao muy bien escurridos. Aparte, en una cacerola con el aceite, se rehogan la cebolla y el ajo finamente picados y el laurel, y cuando empiece a dorar, se añade el puré de patatas, el bacalao y la mantequilla, removiendo hasta obtener un puré suave y firme. Se extiende un paño sobre la mesa, se espolvorea abundantemente con pan rallado y, sobre él, se echa el puré, formando un cuadrado de un dedo de espesor aproximadamente. Después de abrir las almejas en agua con sal, se les quita las cáscaras y se cuela el caldo, reservando tres decilitros más o menos. Se hace una besamel con la mantequilla, la harina y el caldo y se agregan las almejas. Con esta mezcla, se cubre el cuadrado de puré y, con ayuda del paño, se va enrollando

cuidadosamente. Se pone al horno durante 15 minutos, pasados los cuales, se quita con cuidado el paño, se espolvorea el rollo con pan rallado y perejil y se sirve con una salsa al gusto.

BACALAO EN SAMFAINA CATALANA
Grado de dificultad bajo

INGREDIENTES PARA 6 PERSONAS
1.500 g de bacalao • 1/2 l de aceite • 2 cebollas • 750 g de berenjenas • 600 g de pimientos verdes • 1 kg de tomates maduros • 3 dientes de ajo • 2 cucharadas de perejil picado • 50 g de harina • Sal

Se desala, limpia y corta en pedazos iguales el bacalao (para ello, si se desea, pueden consultarse los consejos básicos que se dan en la página 394); luego, se sofríe, ligeramente, y se dispone en una cazuela de barro, después de escurrido. En el mismo aceite, se sofríen las cebollas, finamente picadas, y cuando estén blandas, se añaden los pimientos, cortados en tiras, las berenjenas en cubitos y los ajos picados. Se deja ablandar todo y se agregan los tomates, pelados, triturados y sin semillas. Se continúa la fritura, hasta que el tomate también esté hecho y se reduzca el líquido. Para terminar, se vierte sobre el bacalao, se espolvorea con el perejil y se pone al horno durante 15 minutos.

BACALAO EN TORTILLAS
Grado de dificultad bajo

INGREDIENTES PARA 6 PERSONAS
12 huevos • 300 g de migas de bacalao • 3 pimientos verdes • 3 dientes de ajo • Aceite • Sal

Se fríen los pimientos, despepitados y cortados en dados, a continuación se añaden los ajos picados y, cuando tomen color, se incorpora el bacalao, desalado y limpio (acerca de cómo desalar, ver consejos en la página 394). Se rehoga todo y se reserva. Se baten dos huevos, se agrega la parte proporcional del bacalao, y se cuajan, dorando por ambos lados. Se repite la operación hasta hacer seis tortillas iguales.

BACALAO ENCEBOLLADO A LA NAVARRA
Grado de dificultad bajo

INGREDIENTES PARA 6 PERSONAS
1.250 g de bacalao mediano • 300 g de salsa de tomate • 1 cebolla grande • 6 pimientos de piquillo • 8 dientes de ajo • 1/2 l de aceite • 2 cucharadas de perejil picado

Se ablanda la cebolla, picada menuda, en el aceite, y aparte, se fríen los pimientos cortados en tiras. El bacalao, desalado y limpio (ver consejos básicos en la página 394), se corta en pedazos regulares, se pasan por harina y se fríen. En una cazuela de barro, se pone una capa de salsa de tomate (ver «Salsas»), una de cebolla y los trozos de bacalao, que vuelven a cubrirse con tomate y cebolla en capas. Se adorna con las tiras de pimiento y el perejil picado y se mete en el horno, durante 20 minutos a temperatura suave.

BACALAO ENCEBOLLADO CATALÁN
Grado de dificultad bajo

INGREDIENTES PARA 6 PERSONAS
6 buenos trozos de lomo de bacalao • 2 cebollas grandes • 2 dl de aceite • 2 dientes de ajo • 1 hoja de laurel • 1 kg de patatas • Aceite • 1 huevo cocido • Aceitunas negras • 1 cucharada de perejil picado • Sal • Pimienta

Se pelan y cortan las patatas en rodajas de unos seis milímetros aproximadamente de espesor y se fríen. Las cebollas, en rodajas, y el ajo, en láminas, se fríen también, hasta

empezar a adquirir un tono dorado. En el mismo aceite, se fríe el bacalao, dos o tres pedazos de cada vez, dejándolo dorar igual por ambos lados. A continuación, en una fuente de barro, se colocan primero las patatas, sobre ellas, la mitad de las cebollas y ajos, escurridos, con un poco de pimienta, después los trozos de bacalao con la piel hacia abajo y, por último, el resto de las cebollas. Se echa un poco del aceite de freír el bacalao por encima y se decora con el perejil, el huevo cocido hecho rodajas y las aceitunas negras. Un consejo: la sal se añade, únicamente, si el bacalao, por sí solo, no es suficiente para sazonar el conjunto.

BACALAO ENCEBOLLADO LEONÉS
Grado de dificultad bajo

INGREDIENTES PARA 6 PERSONAS
1.250 g de bacalao grueso, desalado • 750 g de cebollas • 1,5 dl de aceite • 1 cucharadita de pimentón dulce • 50 g de harina • Perejil • Sal

Se da un hervor al bacalao, para retirarle las espinas, se enharina y se fríe en el aceite bien caliente, poniéndolo después en una cazuela de barro. Se fríe también, en el mismo aceite, la cebolla cortada en rodajas finas y se sazona con una pizca de aceite, se añade el pimentón y se incorpora todo al bacalao. Se echa un poco de agua a la sartén, donde se frieron los ingredientes, y se vierte sobre el guiso, que se deja cocer, tapado, durante 10 minutos. Se da la vuelta a los trozos de bacalao y se continúa la cocción otros 10 minutos más. Para terminar, se espolvorea con el perejil picado y se sirve en la misma cazuela.

BACALAO ESPIRITUAL
Grado de dificultad medio

INGREDIENTES PARA 6 PERSONAS
800 g de migas de bacalao • 60 g de mantequilla • 2 dientes de ajo • 2 cebollas medianas • 400 g de

zanahorias • 2 bollitos de pan remojados en leche • 2 cucharadas de queso rallado.

Para la crema:
90 g de mantequilla • 100 g de harina • 1 l de leche • 3 huevos • Sal • Pimienta • Nuez moscada

Se da un hervor al bacalao ya remojado, para quitarle la piel y las espinas. Se lavan y pican las zanahorias, las cebollas y los dientes de ajo y se pasan por la batidora para que queden deshechos; se reserva. El bacalao también se pasa por la batidora y se reserva. Mientras, en una cazuela con mantequilla, se va dorando el puré de las cebollas, las zanahorias y los ajos, removiendo con una cuchara de madera y, cuando empiecen a tomar color, se añade el bacalao y se continúa rehogando y moviendo; se agregan los panecillos y se mezcla todo cuidadosamente durante 2 minutos. La crema se prepara en otro recipiente: se calienta la mantequilla, se agrega la harina, removiendo mientras se echa la leche caliente, en chorro fino; se retira del fuego y se añaden tres yemas de huevo, ligando todo muy bien, y se sazona con sal, pimienta y nuez moscada al gusto. Preparada la crema, se divide ésta en dos porciones, se mezcla una de ellas con el preparado de bacalao, y en la otra, se agregan, con mucho cuidado, las tres claras batidas a punto de nieve firme. Se echa el bacalao en una fuente refractaria, se añade la crema de las claras, mezclando las dos con movimientos envolventes, se alisa la superficie y se espolvorea con queso rallado. Se calienta en el horno, a temperatura alta, hasta que tome color.

BACALAO ESPUMOSO
Grado de dificultad bajo

INGREDIENTES PARA 6 PERSONAS
1 y 1/2 taza de migas de bacalao finas • 1/2 taza de cebolla • 1 y 1/2 taza de zanahoria raspada cruda • 6 cucharadas de sopa de gelatina blanca en polvo • 1 y 1/2 taza de mayonesa • Pimienta • 1 taza de agua • 1 cucharada de aceite • 100 g de aceitunas

Para comenzar, se ralla la cebolla y se reserva. Por otro lado, se disuelve la gelatina en tres cucharadas de agua tibia, y también se reserva. Además, en un bol, se mezclan el bacalao, las aceitunas picadas, la cebolla, la mayonesa, la gelatina y una taza de zanahoria, y a continuación se sazona con pimienta al gusto. Aparte, se unta con aceite un molde estrecho, alto y rectangular (de los de *plumcake*), y en el fondo se pone el resto de la zanahoria rallada y sobre ella, se vierte, cuidadosamente, la mezcla de todos los ingredientes, y se termina poniéndolo en el frigorífico hasta que se endurezca.

BACALAO *GOMES DE SÀ* A LA PORTUGUESA
Grado de dificultad bajo

INGREDIENTES PARA 6 PERSONAS
1 kg de bacalao remojado y escurrido • 1 y 1/2 kg de patatas • 1 cebolla grande • 3 huevos cocidos • 1/2 vaso de aceite de oliva virgen extra • 20 aceitunas negras • 2 cucharadas de perejil picado

Se pone un recipiente con agua al fuego y cuando comience a hervir, se introduce el bacalao y se deja durante unos 5 minutos más o menos. Seguidamente, y antes de que se enfríe del todo, se le quitan la piel y las espinas y se separa en lascas. Al agua de cocer el bacalao, se le añade una cucharada de postre de sal y en ella se cuecen las patatas enteras, bien lavadas. Cuando estén cocidas, se cortan en medias rodajas y se reservan. En el aceite se fríe la cebolla, cortada en rodajas muy finas, sin dejar que se oscurezca, se baja entonces el fuego y se añade a la cebolla el bacalao y las patatas, moviendo todo con cuidado, con el fin de que se mezclen los ingredientes sin deshacerse. Para servir, se decora con rodajas de huevo cocido, las aceitunas y el perejil.

BACALAO *GOMES DE SÀ* CAMPESINO

Grado de dificultad bajo

INGREDIENTES PARA 6 PERSONAS
1 kg de bacalao remojado y escurrido • 1 y 1/2 kg de patatas • 1 cebolla grande • 2 tomates maduros • 1 pimiento rojo • 3 huevos cocidos • 1/2 vaso de aceite de oliva virgen extra • 20 aceitunas negras • 2 cucharadas de perejil picado

Tal y como puede apreciarse de la lectura de los ingredientes, se trata de la misma receta que la anterior (véase), añadiendo en este caso dos tomates maduros, pelados, sin pepitas y cortados en cubitos, así como un pimiento rojo previamente asado y cortado en tiras finas.

BACALAO GRATINADO CON JUDÍAS

Grado de dificultad bajo

INGREDIENTES PARA 6 PERSONAS
600 g de bacalao remojado y limpio • 300 g de judías blancas • 1 zanahoria • 2 cebollas • 1 ramita de hierbas aromáticas al gusto • 2 dl de aceite • 2 dientes de ajo • 2 cucharadas de pulpa de tomate • 2 tomates enteros • Sal • Pimienta • Queso rallado

Se cuecen las judías en agua con sal, junto con la zanahoria, cortada al medio, el ramo de hierbas aromáticas y una cebolla cortada en cuartos, hasta que estén todos los ingredientes tiernos, momento en el cual se cuelan todos y se reservan sólo las judías. Así pues, se rehogan seguidamente, en una cazuela con aceite, la cebolla y el ajo picados, cuando comiencen a dorar, se añade la pulpa de tomate y se sazona con sal y pimienta al gusto. Se agrega el bacalao en lascas y, por último, las judías que teníamos reservadas bien escurridas. Se deja rehogar todo, durante unos 3 minutos, y se echa en una fuente refractaria. Los tomates, enteros y lavados, se cortan en rodajas y se distribuyen por encima,

se espolvorea con el queso rallado y se gratina a 200°, hasta que esté bien dorado.

BACALAO GRATINADO ESPECIAL

Grado de dificultad bajo

INGREDIENTES PARA 6 PERSONAS
4 buenos trozos de bacalao desalado • 1 y 1/2 kg de patatas • 150 g de queso Gruyère en láminas finas • 150 g de jamón serrano en lonchas muy finas • 2 tazas de besamel no muy espesa • Aceite • Queso rallado

Se da un hervor al bacalao, se le quitan la piel y las espinas y se prepara en lascas. Se cortan las patatas en rodajas, un poco más gruesas que para tortilla y se fríen, sin dejar que doren; se escurren y reservan. En una fuente refractaria, se dispone una capa de patatas, una de lascas de bacalao, una de queso Gruyère y una de jamón. Se repite la operación hasta terminar los ingredientes, siendo la última capa de patatas. Se vierte por encima la besamel, se espolvorea con el queso rallado y se pone en el horno a gratinar, hasta que coja un color intenso. Si no es suficiente la sal que el bacalao conserva y la de la besamel, se pueden salpimentar las patatas mientras reposan.

BACALAO GRATINADO ESPECIAL, CON ALCAPARRAS Y ACEITUNAS

Grado de dificultad bajo

INGREDIENTES PARA 6 PERSONAS
4 buenos trozos de bacalao desalado • 1 y 1/2 kg de patatas • 150 g de queso Gruyère en láminas finas • 150 g de jamón serrano en lonchas muy finas • 2 tazas de besamel no muy espesa • 1 puñado de alcaparras • 24 aceitunas negras • Aceite • Queso rallado

Tal y como puede deducirse del nombre de la receta, ésta es la misma que la anterior, salvo que antes de echar la besamel, hay que esparcir por toda la superficie de la fuente un puñado de alcaparras y aceitunas negras picadas bien escurridas.

BACALAO PROVINCIANO
Grado de dificultad bajo

INGREDIENTES PARA 6 PERSONAS
1 y 1/2 kg de patatas • 800 g de migas de bacalao • 1,5 dl de aceite • 3 dientes de ajo • 1 hoja de laurel • 300 g de brócoli cocido • 1 huevo duro • 1 cucharada de harina • 1 copita de vino de Oporto • 1 huevo crudo • Aceitunas • Sal • Pimienta

La víspera de presentar el plato, se cuecen las patatas con piel, en agua, laurel y sal, se escurren, se dejan enfriar y se reservan. Al día siguiente, se pelan y se cortan en rodajas, con cuidado para no romperlas. Las migas de bacalao, previamente remojadas, se hierven, se limpian quitándoles la piel y las espinas que pudieran tener, y se escurren. En una cacerola con aceite, se rehogan la cebolla, cortada en juliana, y el ajo picado, y una vez que comiencen a tomar color, se añade el bacalao y las patatas, removiendo cuidadosamente. Se agrega el brócoli, para que se rehogue todo junto y se sazona, con pimienta y sal si es necesario. Se echan todos los ingredientes en una fuente refractaria y se espolvorea por encima el huevo cocido rallado. En un cuenco, se mezclan la harina, el huevo crudo y el vino, se pasan por un colador, para evitar grumos, y se vierte sobre el bacalao. Por último, se pone 10 minutos al horno caliente y se decora con las aceitunas.

BACALAO RELLENO
Grado de dificultad bajo

INGREDIENTES PARA 6 PERSONAS
6 buenos trozos de lomo de bacalao • 6 lonchas de jamón serrano • 2 tomates maduros, pero no blandos • 1 pimiento verde • 4 cebollas cortadas en rodajas finas • 2,5 dl de mayonesa • Harina • Aceite

Después de desalado, limpio y bien secado el bacalao (ver consejos básicos acerca de cómo desalar el pescado en la página 394), se abre cada pedazo al medio, y a lo largo y se rellena con una loncha de jamón, una rodaja de tomate, sin piel ni pepitas, y una tira gruesa de pimiento asado y pelado; a continuación, se enharina el bacalao y se fríe en aceite, dándole la vuelta, cuidadosamente, a cada trozo, para que se dore por igual. A medida que se vayan friendo los trozos de pescado, se colocan sobre papel de cocina absorbente y, cuando estén secos, se disponen en una fuente refractaria. Se pochan entonces las cebollas y cuando tengan un poco de color, se echan sobre el bacalao. Para finalizar, se cubre todo con la mayonesa, se decora con el resto de las tiras de pimientos y se asa, en horno medio, durante unos 15 minutos.

BACALAO REVUELTO
Grado de dificultad bajo

INGREDIENTES PARA 6 PERSONAS
2 trozos de lomo de bacalao • 1 cebolla • 3 dl de aceite • 4 cucharadas de pulpa de tomate • 600 g de pan de hogaza • 6 huevos • Sal

En una cazuela con aceite frío, se pone la cebolla cortada en rodajas y, por encima, el bacalao desalado (ver consejos en la página 394). Seguidamente, se pone al fuego, se deja rehogar y, cuando la cebolla esté blanda, se retira del fuego y se separa el bacalao en lascas, quitándole las espinas y la piel. A continuación, se vuelve a juntar el bacalao a la cebolla y se pone otra vez en el fuego, añadiendo el tomate y un vaso de agua, y dejándolo cocer hasta que reduzca un poco el líquido. Mientras, se corta el pan en rebanadas gruesas, se disponen en la cazuela y, con el fuego muy bajo, se dejan empapar bien, deshaciéndolas un poco con la cuchara. Para ir terminando, se baten los huevos, con una pizca de sal y se añaden al guiso, revolviendo para que queden cuajados pero jugosos.

BACALAO SANTA LUCÍA
Grado de dificultad bajo

INGREDIENTES PARA 6 PERSONAS
6 trozos de lomo de bacalao • 1 dl de aceite
• 3 dientes de ajo • 2 cucharada de harina
• 1 cebolla • 2 tomates maduros • 1 pimiento
morrón • 1.200 g de patatas • 12 almejas grandes
• 2 tazas de mayonesa

Se hierve el bacalao, previamente desalado
(ver consejos prácticos sobre cómo desalar el
bacalao), durante 1 minuto, para luego
sacarlo y limpiarlo de piel y espinas, y secarlo
bien con un paño o papel absorbente. Se
pasan los trozos por harina y se fríen,
lentamente, por ambos lados, poniéndolos
después en una fuente refractaria. En el aceite
de freír el bacalao, se rehogan la cebolla y los
ajos picaditos, y una vez que veamos que
empiezan a dorarse, se añaden los tomates,
pelados, sin pepitas y cortados en pedazos
pequeños, se deja hervir, hasta reducir un
poco, y se sazona con pimienta y sal al gusto,
si es necesario. Con una cuchara, se distribuye
cuidadosamente el tomate sobre los trozos de
bacalao, que luego se cubren con mayonesa y
se adornan con tiras de pimiento asado. Por
su parte, las patatas, peladas y cortadas en
rodajas gruesas, se fríen·en abundante aceite
bien caliente, se sazonan con sal y se
disponen alrededor del bacalao. Además, se
abren las almejas al vapor, se desechan las
cáscaras vacías, dejando solamente las que
soportan al molusco, se colocan por encima y
se pone la fuente al horno, a temperatura
moderada, unos minutos, hasta que tome
color.

BACALAO SUAVE
Grado de dificultad medio

INGREDIENTES PARA 6 PERSONAS
1.300 g de bacalao • 500 g de cebollas
• 1/2 taza de aceite • 500 g de tomates maduros
• 1,5 l de leche • 3 cucharadas bien colmadas de
harina fina de maíz • 3 yemas de huevo • 1 cebolla

• 3 cucharadas de zumo de limón • 3 cucharadas
de perejil picado • 300 g de requesón

Después de desalado el bacalao (ver consejos
en la página 394), se separa en lascas y se
retiran la piel y las espinas. Se rehoga la
cebolla picada en el aceite y se añaden los
tomates, pelados y picados. Se continúa
rehogando, removiendo continuamente, hasta
que el tomate se deshaga. Se agrega entonces
el bacalao y la leche, reservando una taza para
deshacer la harina y las yemas, que se
incorporarán cuando comience a hervir, sin
parar de remover; se echa luego el zumo de
limón. Unos minutos antes de servir el plato,
se pone en una fuente refractaria, se
espolvorea con el requesón desmenuzado y el
perejil picado y se calienta en el horno, a
temperatura baja.

BACALAO TÍA MARÍA
Grado de dificultad bajo

INGREDIENTES PARA 6 PERSONAS
400 g de bacalao • 500 g de brócoli • 1 pimiento
rojo • 1 pimiento verde • 2 zanahorias • 300 g de
acelgas • 2 dl de aceite

Después de desalado, hervido y limpio, se
separa el bacalao en lascas (sobre cómo
desalarlo, se pueden consultar los consejos
básicos que aparecen en la página 394). En
una cazuela con aceite, se pochan todas las
verduras, la zanahoria en rodajas, los
pimientos en tiras, las acelgas en juliana y el
brócoli en pequeños ramitos. Cuando todos
los vegetales estén blandos, se añaden las
lascas de bacalao y se deja rehogar durante
10 minutos.

BACALAO VERDE
Grado de dificultad medio

INGREDIENTES PARA 6 PERSONAS
1 kg de migas de bacalao • 1 kg de espinacas
• 150 g de mantequilla • 3 dientes de ajo • 50 g de

harina • Leche • Aceite • Pan rallado • 2 huevos
• Sal • Pimienta • Nuez moscada

Se cocinan las espinacas únicamente con el
agua que queda de lavarlas y con un poco de
sal, y se exprimen para que suelten todo su
jugo. En una sartén, con 50 gramos de
mantequilla, se doran los ajos picados y se
añaden las espinacas, moviéndolas bien para
que tomen el sabor. Con los otros 100 gramos
de mantequilla que nos quedan, la harina y la
leche caliente necesaria, se hace una besamel
espesa, sazonándola con sal, pimienta y nuez
moscada al gusto, dejándola hervir
ligeramente. Una vez que está hecha, se retira
del fuego, se añaden las yemas y las espinacas
y se bate todo. Se agrega a continuación el
bacalao, debidamente desalado (ver consejos
básicos en la página 394); luego, se baten las
claras, a punto de nieve, y se juntan a los
demás ingredientes, con cuidado y
movimientos envolventes. Para terminar, se
vierte la mezcla en una fuente de horno, se
espolvorea con pan rallado, se riega con
aceite y se gratina hasta que se dore por
igual.

BACALAO ZARAGOZANO
Grado de dificultad bajo

INGREDIENTES PARA 6 PERSONAS
1 kg de lomos de bacalao • 1 kg de patatas
• 500 g de tomates maduros • 1 cebolla • 2 dl de
aceite • Perejil • Sal • Pimienta

Se da un hervor al bacalao, ya desalado (ver
consejos prácticos de cómo desalar el pescado
en la página 394), se reserva una taza del
agua de hervir y se quitan las espinas. Se fríen
las patatas y la cebolla, cortadas como para
tortilla, y se cubre con ellas el fondo de una
cacerola. Sobre ellas, se colocan los trozos de
bacalao y se pone por encima el tomate frito
con el aceite de las patatas. Se deja cocer
lentamente, con la taza de caldo reservada, y
cuando haya absorbido el líquido, se sirve
espolvoreado con el perejil picado.

BESUGO AL HORNO
Grado de dificultad bajo

INGREDIENTES PARA 6 PERSONAS
1 besugo de 2 kg • 1 cebolla grande • 3 tomates
• 2 dientes de ajo • 1 hoja de laurel • 1 vaso de
vino blanco • 1 limón • 1 vaso de aceite
• 2 patatas grandes • Pan rallado • Sal

En una fuente de horno puesta al fuego se
echa la cebolla en rodajas, las patatas
cortadas en panadera y los ajos picados, y
cuando estén blandas las patatas, se añaden
los tomates cortados en rodajas, la hoja de
laurel y el vino; hay que tener en cuenta que
es conveniente apartar la fuente del fuego
para distribuir todos los ingredientes,
formando un lecho en la misma, sobre el que
se coloca posteriormente el besugo, en el que
se habrán hecho dos o tres cortes
transversales, sin llegar a la espina, colocando
a continuación un gajo de limón en cada
corte, y espolvoreando con pan rallado. Una
vez que comprobemos que el horno está a
180°, se pone el besugo durante 30-40
minutos, regando de vez en cuando con una
cuchara, tomando salsa del fondo de la
fuente.

BESUGO ASADO
Grado de dificultad bajo

INGREDIENTES PARA 6 PERSONAS
1 besugo de unos 2 kg • Pimienta blanca en polvo
• 6 dientes de ajo • 2 cucharadas de vinagre
• Aceite • Sal

El modo más clásico de hacerlo es sobre un
fuego con brasas de carbón. En primer lugar
se limpia y descama el besugo, se unta
por ambos lados con aceite y se sala
uniformemente. Se le practica entonces unos
cortes transversales en su lomo hasta llegar a
la espina dorsal sin dañarla. Sobre el fuego, ya
preparado, se dispone la parrilla con el besugo
y se asa, untándole con el aceite a medida
que se va haciendo. En una sartén aparte se

fríen, en abundante aceite, los ajos enteros. Cuando se hayan dorado, se retiran y se majan, formando una mezcla con su propio aceite, la sal y las dos cucharadas de vinagre, las cuales se verterán muy poco a poco. Se dispone el besugo ya hecho sobre la fuente en la que se va a servir y se rocía con la mezcla anterior.

BIENMESABE
(pescadito rebozado)
Grado de dificultad bajo

INGREDIENTES PARA 6 PERSONAS
600 g de cazón o palometa • 1 cucharadita de orégano • 1 cucharadita de comino • 1 cucharadita de pimentón dulce • 1/2 cucharadita de condimento amarillo • 1/2 l de vinagre de vino • 3 dientes de ajo • Harina • Aceite • Sal

Se limpia y corta el pescado en dados y se pone en una fuente honda, en donde se cubre con un adobo preparado en la batidora con la sal, los ajos, el orégano, los cominos, el vinagre y el condimento amarillo, y con ese adobo, se le deja reposar un mínimo de 4 horas a temperatura ambiente; a continuación, se enharinan los trozos de pescado y en una sartén honda, con abundante aceite muy caliente, se fríen los trozos de cazón, sin que el aceite pierda temperatura; se sacan y se escurren de aceite sobre papel de cocina absorbente. Se sirve caliente.

BOGABANTE CON *MOUSSE* DE AGUACATE Y ENSALADA
Grado de dificultad bajo

INGREDIENTES PARA 4 PERSONAS
2 medallones de bogavante por persona • 180 g de aguacate, pelado y sin hueso • 40 g de manzana pelada y sin semillas • 1 cucharada de caldo de pescado • 2 hojas de gelatina • 150 g de nata líquida • Pimienta • Aceite • Vinagre • 1 bolsa de lechugas variadas • Sal

Con la batidora se hace un puré con el aguacate y la manzana rallada; se pone la sal y se añade la pimienta recién molida. Se remoja la gelatina y se calienta en el caldo hasta que se deshaga y una vez licuada, se añade a la *mousse* de aguacate. A continuación, se mezcla la nata con cuidado y se deja reposar 2 horas en la nevera. En una fuente de servicio se disponen las lechugas aliñadas con aceite, vinagre y pimienta, los medallones de bogavante hervidos y la *mousse* de aguacate.

BOQUERONES A LA CAZUELA
Grado de dificultad bajo

INGREDIENTES PARA 6 PERSONAS
2 kg de boquerones limpios y abiertos • 6 cebollas picadas • 1 y 1/2 vaso de vino blanco • Aceite • Sal

Se dora la cebolla en tres cucharadas de aceite, durante 5 minutos a potencia máxima en el microondas; luego se saca y se dispone una capa de cebolla, una de boquerones, y así sucesivamente, hasta terminar los ingredientes. Se sazona, se rocía con aceite, se riega con el vino y se pone nuevamente en el microondas, a potencia media, durante 8 minutos.

BOQUERONES EN VINAGRE
Grado de dificultad bajo

INGREDIENTES PARA 6 PERSONAS
1 kg de boquerones • 1 y 1/2 vaso de vinagre de vino • 1 vaso de aceite de oliva virgen • 1 manojo de perejil • 1 diente de ajo • Sal gorda

Se limpian los boquerones quitándoles la cabeza, las tripas y la espina central, cuidando que los lomos no se rompan, y se colocan en una fuente, formando capas. Se cubren con una salmuera hecha con dos cucharadas de sal gorda y medio litro de agua, dejándolos reposar durante al menos 3 horas. Pasado ese tiempo, se lavan y se ponen en una fuente plana, formando capas, con la piel hacia arriba, y se cubren con el vinagre. Se dejan macerar otras 3 horas, y transcurrido el tiempo, se sacan del vinagre, se escurren y se colocan en una fuente con el aceite, espolvoreándolos con el ajo y el perejil finamente picados.

BRANDADA DE BACALAO
Grado de dificultad bajo

INGREDIENTES PARA 6 PERSONAS
400 g de bacalao, desalado, limpio y desmenuzado • 1 vaso de aceite • 4 dientes de ajo • 200 ml de nata líquida

Se fríen los ajos en el aceite sin que lleguen a dorarse, se añade el bacalao escurrido y la nata y se mezcla todo en la batidora hasta conseguir una pasta espesa. Se reparte en cazuelitas individuales y se pone en el horno a gratinar.

BRANDADA DE BACALAO CON PATATAS Y QUESO
Grado de dificultad bajo

INGREDIENTES PARA 6 PERSONAS
6 patatas grandes e iguales • 6 lonchas de queso de bola • 1 cucharada de aceite • 2 cucharadas de perejil picado • Brandada suficiente para rellenar las patatas (ver «Brandada de bacalao») • Sal

Se lavan las patatas y se les da un hervor, en abundante agua con sal (no se pueden cocer, solo ablandar un poco); se pelan, se les corta parte del lado más estrecho y, con mucho cuidado y la punta de un cuchillo, se van vaciando, hasta dejarlas como una cazuelita con medio centímetro de espesura, aproximadamente. Se pincelan por fuera con aceite, se rellenan con la brandada, se espolvorean con el perejil y se meten en el horno a 180°, en una fuente refractaria, hasta que estén casi tiernas. Se saca la fuente, se

dispone encima de cada patata una loncha de queso y se gratinan.

BRANDADA DE BACALAO CON PIMIENTOS DE PIQUILLO
Grado de dificultad bajo

INGREDIENTES PARA 6 PERSONAS
1 brandada (ver «Brandada de bacalao»)
• 24 pimientos del piquillo en lata • 1 taza de salsa de tomate (ver «Salsas») • 1 taza de nata líquida
• Sal • Pimienta

Con la brandada de bacalao, se rellenan los pimientos y se disponen en una fuente refractaria. Se hace una salsa, batiendo el jugo de los pimientos, la nata y la salsa de tomate (si es necesario, se salpimienta al gusto), y se vierte por encima de los pimientos. Para terminar, se pone en el horno, a temperatura media, durante unos 15 minutos y se sirve caliente.

BRAZO DE GITANO DE BACALAO
Grado de dificultad medio

INGREDIENTES PARA 6-8 PERSONAS
300 g de bacalao • 0,5 dl de aceite • 60 g de mantequilla • 1 cebolla • 1 diente de ajo • 125 g de harina • 4 dl de leche • 5 yemas • 2 cucharadas de postre de levadura en polvo • 1 cucharada de zumo de limón • 5 claras • Sal • Pimienta

Se mezcla el aceite y la mantequilla en una cacerola, se rehogan el ajo y la cebolla picaditos. Cuando comiencen a dorar, se añade el bacalao, remojado, limpio y triturado en la máquina, y una vez que esté rehogado, se agrega la harina, se remueve bien y se añade la leche caliente, en chorro fino, sin parar de mover. Cuando inicie el hervor, se incorporan las yemas batidas, poco a poco. Se retira la cacerola del fuego y se sazona con la pimienta, unas gotas de limón y sal, si fuese necesario. Se añade la levadura, removiendo para que se mezcle bien, y las claras, batidas a punto de nieve, removiendo cuidadosamente de abajo hacia arriba. Se vierte entonces el preparado, sobre un molde forrado con papel vegetal, engrasado y espolvoreado con harina Nota: los moldes para los brazos de gitano deben ser de aluminio fino, rectangulares, de 30 x 28 centímetros aproximadamente. Se pone en el horno, a temperatura alta, de 15 a 20 minutos. En el momento en que esté listo, se vuelca sobre un paño, se retira con cuidado el papel vegetal y se va enrollando con ayuda del paño. Este brazo de gitano puede rellenarse con cualquier crema de marisco o pescado o con una simple salsa de tomate espesa.

BRAZO DE GITANO DE GAMBAS
Grado de dificultad medio

INGREDIENTES PARA 6-8 PERSONAS

Para la masa:
4 huevos • 75 g de harina • 1 pizca de sal
• Mantequilla

Para el relleno:
1/2 kg de gambas • 50 g de mantequilla • 50 g de harina • 0, 5 l de leche • 2 cucharadas de pulpa de tomate • 1 cucharada de perejil picado • Sal
• Pimienta • Nuez moscada

En una cacerola se derrite la mantequilla, se añade la harina moviendo sin parar, mientras se le incorpora la leche, dejándola caer en chorro fino, poco a poco. Se echa la pulpa de tomate, las gambas, previamente peladas, sal, pimienta, nuez moscada y la cucharada de perejil, y entonces se deja cocer todo durante 1 minuto. Para hacer la masa, se separan las yemas y se baten hasta obtener una crema de color claro; por su parte, se baten las claras, a punto de nieve, con una pizca de sal. A continuación, se mezclan cuidadosamente las claras, las yemas y la harina tamizada, alternando los ingredientes. La masa se vierte en un molde apropiado, forrado con papel vegetal engrasado y se cuece en horno muy

caliente, de 10 a 15 minutos, dejando que la masa no quede seca para que no se agriete. Se vuelca el molde sobre un paño y se retira con cuidado el papel. Se rellena con la mezcla de las gambas y se va enrollando, con ayuda del paño y mucho cuidado, hasta formar un brazo de gitano que se puede servir caliente o frío y con salsa de tomate, o cualquier otra salsa al gusto. Nota: los moldes para los brazos de gitano, deben ser de aluminio fino, rectangulares, de 30 x 28 centímetros aproximadamente.

BRAZO DE GITANO DE GAMBAS CON GUACAMOLE
Grado de dificultad medio

INGREDIENTES PARA 6-8 PERSONAS

Para la masa:
Ver «Brazo de gitano de gambas»

Para el relleno:
1/2 kg de gambas cocidas • Guacamole espeso para 6 raciones (ver «Salsas»)

Se mezclan las gambas con el guacamole y, si está un poco líquido, se le añade más aguacate para que se espese. La preparación es como en la receta del brazo de gambas tradicional (véase).

BRAZO DE GITANO DE MELBA CON ESPINACAS
Grado de dificultad medio

INGREDIENTES PARA 6-8 PERSONAS

Para la masa:
Ver «Brazo de gitano de gambas»

Para la pasta de espinacas:
1 manojo de espinacas • 2 cucharadas de harina
• 2 dl de leche • 1 cucharada de vinagre • 0,5 dl de aceite • 3 dientes de ajo • Sal • Pimienta • Nuez moscada

Para la pasta de melba:
200 g de melba en aceite • 0,5 dl de aceite
• 2 dientes de ajo • Sal • Pimienta

Como la receta del brazo de gitano de
pescado y espinacas (véase), sustituyendo el
pescado blanco por la misma cantidad de
melba en aceite, muy bien escurrida.

BRAZO DE GITANO DE PESCADO Y ESPINACAS
Grado de dificultad medio

INGREDIENTES PARA 6-8 PERSONAS

Para la masa:
Ver «Brazo de gitano de gambas»

Para la pasta de espinacas:
1 manojo de espinacas • 2 cucharadas de harina
• 2 dl de leche • 1 cucharada de vinagre • 0,5 dl de
aceite • 3 dientes de ajo • Sal • Pimienta • Nuez
moscada

Para la pasta de pescado
200 g de cualquier pescado blanco, limpio y
desmenuzado • 0,5 dl de aceite • 2 dientes de ajo
• Sal • Pimienta

Se prepara la masa, conforme lo indicado en
el brazo de gitano de gambas (véase) y se
hornea, a temperatura media, durante 20
minutos; luego, se vuelca sobre un paño. Se
hace una besamel, con la harina, la
mantequilla y la leche, se sazona con sal,
pimienta y nuez moscada, y las espinacas,
cocidas en agua con vinagre y sal, escurridas y
rehogadas en el aceite con los ajos picados, se
vuelven a escurrir bien, se trituran y se añaden
a la besamel, removiendo y dejando enfriar. Se
sofríen a continuación los ajos en el aceite y
cuando empiecen a dorar, se retiran y se
añade el pescado, rehogándolo y
removiéndolo para que se dore por igual.
Sobre la masa, se dispone una capa de
espinacas y por encima de ésta, los pedacitos
de pescado, teniendo cuidado de no llenarlo

demasiado, para que no se salga el relleno. Se
enrolla y se sirve frío, o caliente, poniéndolo
unos minutos en el horno.

BRAZO DE GITANO VEGETAL CON SALMÓN FRESCO
Grado de dificultad medio

INGREDIENTES PARA 6-8 PERSONAS

Para la masa:
Ver «Brazo de gitano de gambas»

Para el relleno:
400 g de filetes de salmón, finos y ya limpios
• 4 tomates • 1 lechuga • 4 huevos duros
• 1 cebolleta • Pepinillos • Mayonesa (ver «Salsas»)
• El zumo de 1 limón • Sal • Pimienta

Se elabora igual que el brazo de gitano
vegetal (ver «Vegetales»), pero en el momento
en que hay que rellenarlo, se disponen los
filetes de salmón previamente sazonados con
sal, pimienta y zumo de limón, hechos a la
plancha, sin grasa.

BROCHETA DE LANGOSTINOS A LA PARRILLA
Grado de dificultad bajo

INGREDIENTES PARA 6 PERSONAS
24 langostinos grandes • 1/2 taza de margarina
derretida • 2 cucharadas de aceite • 2 cucharadas
de perejil picado• 1 pizca de tomillo picado
• 1 pizca de cilantro fresco• 1 cebolla • 2 manojos
de acelgas • 2 limones • Sal • Pimienta

Se mezclan la margarina, el aceite, el perejil, el
cilantro, el tomillo, la cebolla picada, la sal la
pimienta y los langostinos, sin pelar, y se deja
en la nevera toda la noche. Se sacan los
langostinos de la marinada, reservándola. Se
procede a calentar la parrilla de asar; se quitan
las hojas a las acelgas, se lavan bien y se
escurren; se preparan al vapor. Se corta un
limón en rodajas y cada rodaja en cuartos; se

ensartan en forma alternada seis langostinos y dos cuartos de limón en cada pincho; se asa a la parrilla, durante unos 2 minutos más o menos por cada lado, untándoles frecuentemente la marinada con una brochita; se corta en rodajas el limón restante, se ponen las acelgas en una fuente de servir y se colocan las brochetas sobre las acelgas. Se adornan con las rodajas de limón.

BROCHETA DE OSTRAS
Grado de dificultad bajo

Ingredientes para 4 personas
24 ostras • 24 trocitos de beicon
• Cayena picada

Se retira la carne de la ostra de la concha y se coloca sobre papel de cocina. Se envuelven en las lonchitas de beicon y se ensartan en una brocheta; entonces se asan a fuego vivo o en parrilla de cocina o en sartén. Se espolvorea con pimienta de Cayena y se sirve muy caliente.

BROCHETA DE PEZ ESPADA
Grado de dificultad bajo

Ingredientes para 6 personas
1 kg de pez espada cortado en dados
• 2 cucharadas de zumo de limón • 2 cucharadas de yogur natural • 1 cucharada de ajo picado
• 1 cucharada de jengibre fresco • 1 cucharadita de ají molido • 1 cucharadita de comino
• 1/2 cucharadita de sal • 1 cebolla grande cortada en trozos • 1 pimiento rojo

En un bol se mezcla el zumo de limón, el yogur, el ajo, el jengibre, el ají molido, el comino y la sal. Se marina el pescado en esa mezcla y se guarda en el frigorífico durante 1 hora. Se precalienta la parrilla con la rejilla a 10 centímetros aproximadamente de las brasas. Se colocan en las brochetas alternando, pescado, cebolla y pimiento. Se asan 15 minutos de cada lado y

se sirven en una fuente caliente, adornadas con perejil y rodajas de limón.

BUDÍN DE BONITO FRESCO
Grado de dificultad bajo

Ingredientes para 6 personas
1 kg de bonito limpio • 12 huevos • 0,5 dl de nata
• 0,2 dl de salsa de tomate espesa (ver «Salsas»)
• 1 zanahoria • 1 puerro • Perejil en rama • Sal
• Pimienta • Pan rallado

Se cuece el bonito, junto con la zanahoria, el puerro, el perejil y la sal. Después de cocido, se desmenuza con un tenedor, se añaden los huevos y la leche y se tritura en la batidora; se agrega la salsa de tomate y se salpimienta al gusto. Para finalizar, se unta un molde con mantequilla y pan rallado y se lleva al horno, en baño María, durante 40 minutos.

BUDÍN DE MERLUZA
Grado de dificultad bajo

Ingredientes para 6 personas
1/2 kg de merluza u otro pescado blanco (puede ser congelado) • 2 panecillos pequeños • 4 huevos
• 1 cucharadita de levadura en polvo • 1/2 limón
• Mantequilla • Pan rallado para el molde • 2 tazas de salsa de tomate (ver «Salsas») • 3 cucharadas de nata líquida • Sal • Pimienta • Nuez moscada

Por un lado, se cuece el pescado, en poca agua con sal, se escurre y se limpia; por otro, los panecillos se remojan en agua fría y se exprimen bien. A continuación, se mezclan los dos ingredientes con los huevos batidos, la levadura, el zumo de limón, sal, pimienta y nuez moscada al gusto. Luego, se pone en un molde de flan, con agujero central, engrasado y espolvoreado con pan rallado, y se mete en el horno, al baño María, a una temperatura alta durante unos 35 minutos más o menos. Una vez que se desmolde, se cubre con la salsa de tomate, mezclada con las cucharadas de nata.

BUDÍN DE MERLUZA Y ESPAGUETIS
Grado de dificultad bajo

INGREDIENTES PARA 6 PERSONAS
200 g de espaguetis • 300 g de pescado blanco cocido, limpio y desmenuzado • 1 cucharada de perejil picado • 60 g de mantequilla • 30 g de harina tamizada • 20 g de harina fina de maíz • 0,5 l de leche • 2 huevos • 1 limón • 1 cucharada de pan rallado • Sal • Pimienta • Nuez moscada

Se cuecen los espaguetis en abundante agua con sal y un chorrito de aceite, y cuando están al dente, se escurren y se reservan. En una cazuela, se derrite la mantequilla, se añaden las harinas, se remueve y se agrega la leche, poco a poco, sin parar de remover; luego, se retira del fuego en el momento en que empiece a hervir, y se sazona al gusto con pimienta, sal, nuez moscada, perejil picado y un poco de zumo de limón. Se mezclan los espaguetis, el pescado y los huevos batidos, removiendo todo bien, se echa el preparado en un molde de flan, engrasado y espolvoreado con pan rallado, y se pone en el horno, a temperatura alta de 30 a 40 minutos. Después de desmoldado, se sirve con alguna salsa a escoger (ver «Salsas»).

BUDÍN DE MERLUZA Y GAMBAS
Grado de dificultad bajo

INGREDIENTES PARA 6 PERSONAS
3,5 tazas de salsa besamel (ver «Salsas») • 600 g de pescado blanco limpio y cocido • 150 g de gambas arroceras limpias • 2 huevos enteros • 3 yemas • Sal • Pimienta

Para la cobertura:
2 cucharadas de concentrado de tomate • 1/2 limón • 1 taza de nata

Se bate el pescado, desmenuzado, con los huevos; se mezcla el batido con la besamel y las gambas peladas, se sazona al gusto y se pone en el horno, al baño María, durante 40 minutos a 180°. Se desmolda y se sirve, salseado con el tomate, la nata y el zumo de limón batidos.

BUDÍN DE RAPE
Grado de dificultad bajo

INGREDIENTES PARA 6 PERSONAS
1 kg de rape • 12 huevos • 0,5 dl de nata • 0,2 dl de salsa de tomate espesa (ver «Salsas») • 1 zanahoria • 1 puerro • Perejil en rama • Sal • Pimienta • Pan rallado

Se elabora este budín exactamente igual que el budín de bonito fresco (véase), cambiando el bonito por el rape.

BUDÍN DE SARDINAS
Grado de dificultad bajo

INGREDIENTES PARA 6 PERSONAS
5 latas de sardinas en aceite • 12 huevos • 0,5 dl de nata • 0,2 dl de salsa de tomate espesa (ver «Salsas») • 1 zanahoria • 1 puerro • Perejil en rama • Sal • Pimienta • Pan rallado

Esta receta es la misma que para el budín de bonito fresco (véase), sustituyendo éste por sardinas en aceite, escurridas, y sin piel ni espinas.

BUÑUELOS DE BACALAO
Grado de dificultad medio

INGREDIENTES PARA 6 PERSONAS
400 g de bacalao • 2 patatas • 2 huevos • 3 cucharadas de harina • 2 dientes de ajo muy picados • 2 cucharadas de perejil picado • 1 cucharada de levadura en polvo • 2,5 dl de aceite • Vinagre • Sal

Primeramente, se desala, limpia y desmenuza el bacalao (para desalar el pescado, consultar los consejos básicos que aparecen en la página 394); después, se lavan las patatas y se cuecen con la piel, y una vez templadas, se pelan y se machacan, con un tenedor, en un cuenco junto al bacalao, hasta que queden ambos ingredientes muy bien mezclados. A la harina, se le incorporan las yemas batidas y se une todo a la mezcla del bacalao; luego, se agregan los ajos, el perejil y la levadura y se trabaja muy bien esta masa para que todos los ingredientes queden bien ligados. Además, se echan unas gotas de vinagre y se incorporan las claras, batidas a punto de nieve, con movimientos envolventes. Por último, se forman los buñuelos, con dos cucharas de postre, procurando que queden redondos y homogéneos, y se fríen pocas unidades cada vez.

CABALLA A LA PARRILLA
Grado de dificultad bajo

INGREDIENTES PARA 2 PERSONAS
2 lomos de caballa con piel • 100 g de ralladura de daikon (rábano rallado) • 2 cucharaditas de salsa de soja • Sal

Se calienta el grill o la parrilla, y mientras, se cortan los lomos en mitades, y una vez salados al gusto, se lavan de nuevo con agua fría y se secan con papel absorbente. Cuando están secos, se dan unos cortes artísticos a la piel, pero sin atravesar la carne, y se ponen en el grill hasta que esté ligeramente dorado. Para la presentación, se coloca cada trozo en una fuente individual, con la piel hacia arriba, y se rocían con el jugo del rábano rallado (daikon) y una cucharadita de salsa de soja.

CALAMARES A LA AMERICANA
Grado de dificultad medio

INGREDIENTES PARA 6 PERSONAS
1 y 1/2 kg de calamares • 60 g de mantequilla • 3 dientes de ajo • 1 cebolla • 1 copa de brandy • 6 cucharadas de pulpa de tomate • 1 cucharada de harina • 2,5 dl de vino blanco • Unas gotas de Tabasco • 125 g de nata líquida • Sal • Pimienta

Se limpian los calamares y se cortan: los sacos en rodajas y los tentáculos en trozos; después, se lavan, se escurren y se sazonan con sal y pimienta al gusto. Por otro lado, se hace un rehogado con la mantequilla, el ajo y la cebolla picados, sin dejar que doren, y a continuación, se añaden los calamares, moviendo de vez en cuando; mientras cuecen, se echa el brandy y se prende con cuidado. Cuando desaparezca la llama, se agrega la harina, removiendo para que se mezcle bien a los calamares. Se añade el vino blanco y la pulpa de tomate y se deja cocer, cerca de 40 minutos (si el líquido reduce demasiado, se puede añadir un poco de agua). Al final de la cocción, se añade la nata, se deja cocer unos 5 minutos más y se agregan las gotas de Tabasco. Este plato puede presentarse en corona de arroz blanco.

CALAMARES A LA CÁNTABRA (rabas)
Grado de dificultad bajo

INGREDIENTES PARA 6 PERSONAS
1.800 g de calamares • 1/2 l de leche • 2 limones • 4 cucharadas de harina • 100 ml de agua • Sal

Se limpian muy bien los calamares, se cortan en tiras finas y se dejan a remojar en leche, al menos durante unas 3 horas. Se baten en un bol las cucharadas de harina, una cucharada de aceite, el agua y la sal, hasta obtener una crema bastante espesa y sin grumos. Se secan bien los calamares, con un paño de cocina, se rebozan en la pasta y se fríen, poco a poco, en el aceite bien caliente. En el momento de servir, se adornan con gajos de limón.

CALAMARES A LA PLANCHA
Grado de dificultad bajo

INGREDIENTES PARA 6 PERSONAS
1 y 1/2 kg de calamares pequeños limpios • Aceite • Perejil picado • 1 limón • Sal • Pimienta

Se salpimientan los calamares, se disponen en la plancha, engrasada y bien caliente, y se dejan dorar alrededor de 6 minutos de cada lado. A la hora de servir, se presentan con el limón cortado en cuartos y espolvoreados de perejil picado.

CALAMARES CON ARROZ DORADO
Grado de dificultad bajo

INGREDIENTES PARA 6 PERSONAS
1 y 1/2 kg de calamares • 80 g de mantequilla • 2 dientes de ajo • 1 cebolla • 1 ramito de hierbas aromáticas • 1 dl de vino blanco • 3 dl de caldo • 4 cucharadas de pulpa de tomate • 1 cucharada de harina • 1 copa de vino de Jerez seco • 1 cucharada de mostaza • 350 g de arroz • 2 huevos • 1 limón • Perejil picado • Sal • Pimienta

Para comenzar, se limpian, se lavan y se trocean los calamares, y luego se sazonan con sal, pimienta y zumo de limón. Por otra parte, se hace un arroz blanco, que quede entero y suelto. Mientras, en una cacerola con mantequilla, se rehoga el ajo y la cebolla picados, el laurel y el ramito de hierbas, y una vez que veamos que están empezando a dorarse, se agregan los calamares que teníamos preparados desde el principio y se echa la harina; a continuación se remueve bien y se añade el vino blanco y el tomate, dejándolo sudar 1 minuto tan solo. Se incorporan entonces tres decilitros de caldo, continuando la cocción hasta que los calamares estén tiernos, momento en el que se agrega el vino de Jerez y la mostaza, y se rectifica la sazón si fuese necesario. En una fuente refractaria, engrasada con mantequilla, se pone una capa de arroz, seguidamente los calamares, retirados con la espumadera y, encima, el resto del arroz. Se cubre todo con la salsa, de la que se retiran las hierbas, y para terminar, se baten los huevos, se vierten por encima y se pone la fuente en el horno, a temperatura alta, para tomar color.

CALAMARES CON CERVEZA Y NATA
Grado de dificultad bajo

INGREDIENTES PARA 6 PERSONAS
1.200 g de calamares • 80 g de mantequilla • 1 cebolla picada • 1 cucharada de harina • 1,5 dl de cerveza • 2 dl de nata líquida • 2 cucharadas de ketchup • Sal • Pimienta • Nuez moscada

Se limpian muy bien, desechando la tinta, los calamares y se cortan los sacos en argollas y los tentáculos en dos. En una cazuela, se rehoga la cebolla y cuando empiece a tomar color, se añaden los calamares, se tapa y se deja sudar unos 2 minutos. Pasado el tiempo, se echa por encima la harina, envolviendo los calamares, con la cuchara de madera, se agrega el tomate, la cerveza y la nata, y se sazona con sal y pimienta al gusto. Se deja entonces cocer, a fuego lento, de 30 a 40 minutos, sacudiendo alguna vez la cazuela para que no se pegue. Cuando estén tiernos los calamares, se espolvorea la nuez moscada y se echa más sal y pimienta si fuera necesario.

CALAMARES CON CHORIZO A LA PLANCHA
Grado de dificultad bajo

INGREDIENTES PARA 6 PERSONAS
12 calamares medianos • 120 g de chorizo • 100 g de mantequilla • 1 limón • 1 cucharada de perejil picado • 12 asadores o brochetas de metal • Sal • Pimienta

Se limpian y lavan los calamares, cortando los sacos en trozos y los tentáculos enteros, se secan y se sazonan con sal y pimienta al gusto. Una vez que los tengamos preparados, se disponen alternadamente en la brocheta, el chorizo, cortado en rodajas, los trozos de calamar y, como final, los tentáculos. Se ponen en la plancha engrasada y bien caliente, y se dejan asar 15 minutos de cada lado. A medida que van quedando asados, se disponen en una fuente refractaria y se introducen en el horno, templado, para que conserven el calor. Con la mantequilla, el limón y el perejil, se hace una salsa calentándolos en el fuego y removiendo para que liguen bien, la cual luego se vierte sobre los calamares.

CALAMARES CON CILANTRO
Grado de dificultad bajo

INGREDIENTES PARA 6 PERSONAS
1 y 1/2 kg de calamares • 1,5 dl de aceite
• 3 dientes de ajo • 1 limón • 1 rama de cilantro
• Sal • Pimienta

Se limpian y lavan los calamares, se secan y se sazonan con sal y pimienta al gusto. Aparte, en una sartén con aceite, se fríen los ajos cortados al medio y cuando doren, se retiran de la sartén y se introducen los calamares. Deben hacerse despacio, moviéndolos de vez en cuando para que se hagan por igual, pero hay que tener mucho cuidado para no quemarse, ya que saltan bastante. Cuando estén hechos, se colocan en una fuente de servicio, y mientras, se sofríe la mitad de la rama de cilantro; se saca la hierba, se vierte el aceite por encima de los calamares y se espolvorean con el resto del cilantro crudo y picadito. Se adorna con gajos de limón.

CALAMARES CON GUISANTES
Grado de dificultad bajo

INGREDIENTES PARA 6 PERSONAS
1.200 g de calamares • 0,5 dl de aceite • 1 cebolla
• 3 dientes de ajo • 1 dl de vino blanco
• 4 cucharadas de pulpa de tomate • 1 kg de patatas • 1/2 kg de guisantes • 1 hoja de laurel
• 1 ramita de perejil • 1 pimiento morrón • Sal
• Pimienta

Se rehogan en el aceite, la cebolla y el ajo picados, la ramita de perejil y el laurel, y una vez que se dore la cebolla, se agregan los calamares, bien limpios y cortados en rodajas; se dejan rehogar un poco y se añade el tomate, el vino blanco y un poco de agua, la suficiente para ir cociendo. Se sazona al gusto con sal y pimienta. A las patatas, peladas y cortadas en cubos, se les da media cocción en agua y sal, dejándolas bastante enteras. Una vez que los calamares estén medio cocidos, se añaden las patatas y los guisantes, se rectifica de sal y pimienta y, si fuese necesario, se le puede agregar más agua, para evitar de esta forma que no se seque. Cuando todos los ingredientes estén tiernos, se sirve en una fuente honda, decorado con tiras de pimiento morrón.

CALAMARES CON PIMIENTOS Y TOMATES
Grado de dificultad bajo

INGREDIENTES PARA 6 PERSONAS
1 y 1/2 kg de calamares medianos • 500 g de cebollas • 500 g de pimientos verdes • 1 kg de tomates • 1,5 dl de aceite • 2 dientes de ajo
• Perejil • Sal • Pimienta

Se limpian los calamares, desechando la tinta, y se cortan en rodajas. En una cazuela con aceite, se sofríen las cebollas y los ajos picados. Cuando empiecen a dorarse, se agregan los pimientos, cortados en dados, los tomates, pelados y picados , cuando esté todo bien rehogado, se añaden los calamares, mezclando bien todos los ingredientes. Se echa un vaso de agua, se sazona con el perejil picado, sal y pimienta y se deja cocer, a fuego lento, hasta que los calamares estén en su punto.

CALAMARES CON SALSA DE ANCHOAS
Grado de dificultad bajo

INGREDIENTES PARA 6 PERSONAS
1 y 1/2 kg de calamares pequeños limpios
• Aceite • Salsa de anchoas (ver «Salsas»)

• Perejil picado • 1 limón • Sal
• Pimienta

Se hacen absolutamente igual que los calamares a la plancha (véase), pero los que ahora presentamos se caracterizan y diferencian porque van bañados con salsa de anchoas.

CALAMARES CON SALSA DE BERBERECHOS
Grado de dificultad bajo

INGREDIENTES PARA 6 PERSONAS
1 kg de calamares • 1 limón • 3 cucharadas de harina • 500 g de berberechos • 1 cebolla
• 2 dientes de ajo • 2 hojas de laurel • 3 claras de huevo • 4 cucharadas de pulpa de tomate • 60 g de mantequilla • 2,5 dl de aceite • Perejil picado
• Sal • Pimienta • Queso rallado

Después de bien lavados los berberechos, se abren en una cazuela con el vino y la misma cantidad de agua, y una vez que están abiertos, se separan de las cáscaras, se reservan y se cuela el caldo. Por otra parte, se sofríe en la mantequilla la cebolla y el ajo picados junto con el laurel, y cuando empiecen a dorar, se añade la harina, removiendo bien para que ésta no se queme, y agregando, sin dejar de mover, la pulpa de tomate y el caldo, poco a poco. Luego, se deja cocer a fuego lento durante 5 minutos; se retira del fuego, se sazona al gusto y se le añaden los berberechos. A los calamares, una vez que están bien limpios y cortados en argollas, se les da un hervor en agua y sal. Se escurren y se les sala un poco más añadiéndoles zumo de limón. Una a una, se pasan las argollas por harina y clara de huevo batida, se fríen en aceite bien caliente y se escurren para desechar el exceso de grasa. Por último, se ponen los calamares en una fuente refractaria, se cubren con la salsa de los berberechos, se espolvorean con queso rallado y se meten en el horno, durante 10 minutos a temperatura fuerte.

CALAMARES CON TOMATE
Grado de dificultad bajo

INGREDIENTES PARA 6 PERSONAS
1 y 1/2 kg de calamares • 1 dl de aceite
• 2 dientes de ajo • 1 cebolla • 1 hoja de laurel
• 800 g de tomates maduros • 1,5 dl de vino blanco • 0,5 dl de agua • 2 cucharadas de perejil picado • 6 rebanadas de pan de hogaza • Unas gotas de Tabasco • Sal • Pimienta

Primeramente, se limpian, se lavan y se trocean los calamares; luego, se secan y se salpimientan al gusto. Aparte, en una cazuela con aceite, se ponen los ajos y las cebollas, hasta que comiencen a dorar, momento en el que se añaden los calamares, las hojas de laurel, el tomate, una vez que está pelado, sin pepitas y troceado, y se deja rehogar todo junto durante unos minutos, tras lo cual, se añade el vino, la sal y la pimienta, se remueve, se tapa y se deja sudar otros dos minutos más. A continuación, se agrega el agua y, con la cazuela tapada, se mantiene el guiso a fuego lento, unos 30 minutos aproximadamente. Una vez que veamos que está en su punto, se espolvorea con el perejil picado y se le echan unas gotas de Tabasco, al gusto. Para servir, se recomienda que en cada plato de los comensales, se ponga una rebanada finita de pan de hogaza, para que así al poner los calamares, se empape con la salsa.

CALAMARES CUMBERLAND
Grado de dificultad bajo

INGREDIENTES PARA 6 PERSONAS
1 y 1/2 kg de calamares pequeños limpios
• Aceite • Salsa Cumberland (ver «Salsas»)
• Perejil picado • 1 limón • Sal • Pimienta

Se trata de aplicar la misma receta que en el caso de los calamares a la plancha (véase), pero en esta ocasión, añadiéndoles después de tener los calamares listos, salsa Cumberland, de ahí el nombre de este plato.

CALAMARES EN CAZUELITAS
Grado de dificultad bajo

INGREDIENTES PARA 6 PERSONAS
2 kg de calamares, limpios y cortados en rodajas
• 2 dientes de ajo picados • 1 cebolla picada
• 1/2 de taza de aceite • 2 hojas de perejil
• 4 tomates maduros, pelados y picados • 1 vaso
de vino blanco • 1/2 copa de brandy • 1 cucharada
de azúcar • 6 rebanadas de pan frito • Sal
• Pimienta

Para comenzar, se doran la cebolla y los ajos
en el aceite, y se añaden los calamares,
rehogándolos también, durante unos minutos.
Seguidamente, se agregan los tomates, el
laurel, el vino y el brandy, se añade el azúcar y
se sazona al gusto. Luego, se tapa la cazuela y
se deja cocer, a fuego lento, hasta que los
calamares estén tiernos y la salsa se haya
reducido. Se sirve en cazuelitas individuales,
con una rebanada de pan frito en cada una
de ellas.

CALAMARES EN HÚMEDO
Grado de dificultad bajo

INGREDIENTES PARA 6 PERSONAS
1.300 g de calamares • 1 dl de aceite de oliva
• 2 cebollas medianas • 1 dl de vino tinto
• 2 cucharadas de pulpa de tomate • 1/2 guindilla
• 3 patatas • Perejil picado • Sal

Los calamares se limpian, dejándoles la piel,
y se cortan los sacos en argollas y los
tentáculos en trozos. En una cacerola de
fondo ancho, se sofríen las dos cebollas bien
picadas en el aceite de oliva y, cuando están
en su punto, se añaden los calamares, hasta
que tomen color, momento en el que se
agrega el vino tinto, el tomate, la guindilla
molida y la sal al gusto. Se deja hervir a fuego
moderado 20 minutos, se agregan las patatas
limpias cortadas en trozos y se sigue
cocinando hasta que estén a punto. Se deja
reposar un poco y se adorna con el perejil
picado.

CALAMARES FRITOS
Grado de dificultad bajo

INGREDIENTES PARA 6 PERSONAS
2 kg de calamares • 5 dientes de ajo • Harina
• Aceite • 1 limón • Sal

Por un lado, se limpian los calamares y se
cortan en rodajas; y por otro, en un mortero,
se machacan bien los ajos con un poco de sal
y luego se mezclan con los calamares que han
de estar muy bien escurridos y secos. A partir
de ahí, se dejan durante 1 hora para que
tomen sabor. Transcurrido ese tiempo de
reposo, en una sartén honda, o freidora, se
echa abundante aceite, dejándolo que se
caliente bastante, y entonces se rebozan los
calamares en harina y se fríen por tandas,
para que no se peguen. Se sirven bien
calientes, adornados con rodajas de limón.

CALAMARES FRITOS CON ALIOLI
Grado de dificultad bajo

INGREDIENTES PARA 6 PERSONAS
2 kg de calamares • 5 dientes de ajo • Harina
• Aceite • 1 limón • Salsa alioli (ver «Salsas»)
• Sal

Se trata de aplicar la misma receta que para
hacer los calamares fritos (véase), pero se
diferencian de aquella en que éstos se sirven
acompañados de una salsa alioli.

CALAMARES GRATINADOS
Grado de dificultad bajo

INGREDIENTES PARA 6 PERSONAS
1.200 g de calamares • 0,5 dl de aceite
• 1 cebolla • 2 dientes de ajo • 1 dl de vino
blanco • 5 cucharadas de pulpa de tomate
• 1 copita de vino de Jerez seco • 2 cucharadas
de perejil picado • 50 g de mantequilla • 60 g
de harina • 0,5 l de leche • Salsa inglesa
• 2 cucharadas de queso rallado • Sal
• Pimienta

Se cortan en argollas los calamares, bien limpios, y se sazonan con sal y pimienta al gusto. En una cacerola con aceite, se sofríe la cebolla en rodajas y el ajo picado hasta que empiecen a dorarse. Se añaden al sofrito, los calamares, el vino blanco, el vino de Jerez, el perejil y la pulpa de tomate, se remueve todo y se deja sudar tapado durante 2 minutos más o menos. A fuego lento, se deja estofar el guiso, agregando un poco de agua si fuera necesario, para que no se pegue, pero procurando que quede sin líquido. Cuando los calamares estén tiernos, se retiran del fuego y se echan unas gotas de salsa inglesa. Por otra parte, con leche, harina, mantequilla y sal, se hace una salsa besamel, la mitad se añade al guiso y se remueve, para que se mezclen bien los ingredientes, que luego se vierten en una fuente de horno y se cubren con el resto de la salsa besamel. Por último, se espolvorea el queso rallado y se lleva a gratinar hasta que se dore.

CALAMARES RELLENOS A LA EXTREMEÑA
Grado de dificultad medio

Ingredientes para 6 personas
12 calamares medianos • 50 g de mantequilla • 0,5 dl de aceite • 2 dientes de ajo • 2 cebollas • 2 hojas de laurel • 170 g de chorizo • 1 panecillo, remojado en leche • 1 cucharada de harina • 1 dl de vino blanco • 2 cucharadas de pulpa de tomate • Unas gotas de limón • Sal • Pimienta

Se limpian y lavan bien los calamares, dejando los sacos enteros, mientras que los tentáculos junto con el chorizo, se pican en la máquina. Aparte, en una sartén, se doran, finamente picados, una cebolla y un diente de ajo, se añade el picado de calamares y chorizo y se deja sudar un poco. Se agrega el panecillo escurrido, se espolvorea por encima la harina, moviendo cuidadosamente, y se deja cocer 3 minutos. A continuación, se sazona con sal, unas gotas de zumo de limón, un poco de

perejil picado y pimienta, se retira del fuego y se deja enfriar un poco. Se da un hervor a los sacos, para que queden más firmes, se rellenan con la mezcla, hasta el medio de su capacidad, y se cierran con un palillo. Seguidamente, se rehoga en aceite, la otra cebolla y el diente de ajo, bien picados, el laurel y una ramita de perejil, y una vez que todo esté dorado, se añade el vino, el tomate y, por último, los calamares rellenos. Se echa un poco de agua, para cubrir, se tapa la cazuela y se deja cocer, a fuego lento, vigilando la cocción para que no quede seca, hasta que el calamar esté tierno. Para terminar, se disponen los calamares en una fuente, y se vierte por encima la salsa, previamente pasada por el chino para que así quede muy suave.

CALAMARES RELLENOS A LA JARDINERA
Grado de dificultad bajo

Ingredientes para 6 personas
1.500 g de calamares, limpios y enteros • 1 manojo de espinacas • 1,5 dl de aceite • 2 huevos • 1 cucharada colmada de harina • 60 g de chorizo • 2 cebollas picadas • 2 dientes de ajo picados • 1 dl de vino blanco • 6 cucharadas de pulpa de tomate • 1/2 cucharada de pimentón • 2 zanahorias • 2 patatas • 150 g de guisantes • 3 rebanadas de pan de molde • 1 cucharada de vinagre • Sal • Pimienta

En una cacerola con aceite, se rehogan una cebolla y los ajos, y cuando adquieran un poco de color, se añaden las espinacas hervidas, escurridas y trituradas en la máquina. Se remueve todo y se agrega la harina y los huevos batidos, se sazona con sal y pimienta al gusto, se le echa una cucharada de vinagre y se mantiene en el fuego hasta que espese. Por otra parte, con una manga pastelera, se rellenan los calamares, a los que, previamente, se les dio un hervor, con esta pasta. Sólo se rellena hasta la mitad de la capacidad de los sacos. Además, se rehoga la otra cebolla en aceite, y cuando comience a dorar, se añaden los tentáculos y el chorizo picaditos, se remueve durante unos minutos y se agrega el pimentón y el vino blanco, se mueve un poco más y se echa la pulpa de tomate, las zanahorias, cortadas en cubitos pequeños, las patatas, igualmente cortadas, los guisantes y agua justo para cubrir. Se disponen por encima los calamares rellenos, se sazona todo, se tapa la cazuela y se deja cocer, a fuego lento, sacudiendo el recipiente, de vez en cuando, para que no se pegue al fondo (si el líquido se agota, se puede añadir un poco más de agua para que quede con la salsa indispensable). Cuando estén todos los ingredientes en su punto, se sirve en una fuente de servicio, adornada con triángulos de pan frito y escurrido.

CALAMARES RELLENOS A LA LEVANTINA
Grado de dificultad bajo

INGREDIENTES PARA 6 PERSONAS
12 calamares medianos • 2 cebollas • 2 tomates • 2 dientes de ajo • 1 vasito de vino blanco • 2 huevos duros • 50 g de piñones • 1 corteza de jamón • 1,5 dl de aceite • Pan rallado • Pimentón • Perejil • Sal

Por un lado, se preparan los calamares para rellenar, picando muy finas las patas y las aletas; mientras por otro, se rehoga en una sartén con aceite, la mitad de la cebolla picada, y posteriormente se añade el tomate, pelado y triturado; tras freír unos minutos, se echa el picado de calamar, los ajos y el perejil cortados finamente y se dejan unos minutos más; se espolvorea con pan rallado y se sazona con sal al gusto. Con esta mezcla, se rellenan los calamares, cerrándolos con un palillo y disponiéndolos en una cazuela de barro. A continuación, en el resto del aceite, se fríe la otra cebolla picada y la corteza de jamón, y una vez que la cebolla esté blanda, se añade el vino blanco, se deja cocer un poco más, se retira la corteza de jamón y se echa

entonces la salsa resultante por encima de los calamares. Por último, se sazona con sal y una pizca de pimentón y se cuece, tapado y a fuego lento, hasta que los calamares estén tiernos.

CALAMARES RELLENOS A PESCADOR
Grado de dificultad medio

INGREDIENTES PARA 6 PERSONAS
12 calamares medianos • 1 dl de aceite • 125 g de beicon • 100 g de chorizo • 3 dientes de ajo • 1 pimiento verde • 2 cebollas • 1 hoja de laurel • 30 g de harina • 2,5 dl de leche • 6 cucharadas de tomate crudo triturado • 1 dl de vino blanco • 2 dl de agua • Sal • Pimienta

Para comenzar, se limpian y se lavan muy bien los calamares, dejando los sacos enteros mientras que los tentáculos se pican muy menuditos; seguidamente, se sazonan con sal y pimienta al gusto. Acto seguido, se hace un rehogado en el aceite, con una cebolla, el pimiento y dos dientes de ajo, todo muy finamente picado, y una vez que veamos que empiezan a dorar, se añade el beicon y el chorizo, también muy picaditos. Cuando esté pochado por igual, se agrega la harina, se remueve bien y se añade la leche, en chorro fino y sin parar de mover. Se echan entonces los tentáculos, se sazona de nuevo y se retira del fuego. Una vez templada la mezcla, se rellena con ella los calamares, hasta un tercio para que no se salga, y se cierran cuidadosamente con un palillo. Se hace después otro rehogado con el resto del aceite, la cebolla y el ajo picados finamente, y cuando empiecen a dorar, se agrega el vino y el tomate. Para ir terminando, se introducen en esta salsa los calamares rellenos y se dejan cocer, a fuego lento, hasta que estén tiernos.

CALAMARES RELLENOS COSTA BRAVA
Grado de dificultad medio

INGREDIENTES PARA 6 PERSONAS

12 calamares medianos • 100 g de magro de cerdo
• 100 g de almendras tostadas • 4 manzanas
• 2 cebollas • 2 tomates maduros • 2 onzas de
chocolate negro • 6 dientes de ajo • 1 dl de aceite
• Perejil • 2 huevos • 1 rebanada de pan frito
• 1 galleta María • Sal

Primeramente, se limpian muy bien los
calamares, quitándoles la piel, dándoles la
vuelta y lavándolos con abundante agua. A
continuación, se pican las aletas y los
tentáculos junto con la carne de cerdo y se
sofríe todo en una sartén con aceite. Luego,
se añaden las manzanas peladas y picadas y
los huevos batidos. Por otro lado, se majan en
el mortero tres dientes de ajo, 50 gramos de
almendras peladas, una porción de chocolate,
el pan frito y una pizca de sal, y se agrega
todo a la carne, removiendo bien. Con esta
mezcla se rellenan los calamares, sin ocupar
todo su interior porque se hincharán un poco.
Se pasan luego por harina y se disponen en
una cazuela con cuatro cucharadas de aceite y
se fríen hasta que empiecen a dorarse. Se
sofríe así mismo la cebolla picadita, y cuando
esté transparente, se agregan el tomate,
pelado y picado, y el perejil. En el mortero,
se machacan el resto de los ingredientes que
se usaron para el relleno, una pizca de
azafrán, la galleta María y dos cucharadas de
agua. Se añaden a la sartén y, después de
remover, se echa todo sobre los calamares
y se dejan cocer, a fuego lento, durante
1 hora aproximadamente.

CALAMARES RELLENOS DE JAMÓN
Grado de dificultad bajo

INGREDIENTES PARA 6 PERSONAS

1 y 1/2 kg de calamares de igual tamaño
• 4 cucharadas de aceite de oliva • 1 cebolla
mediana • 2 dientes de ajo • 200 g de jamón
serrano • 1 panecillo pequeño remojado en leche
• 1 cucharada de harina • 1/2 cucharadita de zumo
de limón • Sal • Pimienta

Para la salsa:

0,5 dl de aceite • 1 diente de ajo • 1 cebolla
mediana • 1 dl de vino blanco seco • 3 cucharadas
de tomate triturado • 1 hoja de laurel
• 1 cucharada de perejil picado

Se limpian los calamares reservando los
tentáculos y dejando los sacos enteros, y se
pican el jamón y los tentáculos en la máquina
o a mano en trocitos muy menudos. Se pica
también muy fina la cebolla y se pocha con el
ajo en el aceite, hasta que quede blanda y
transparente. Después, se añade el picado
y se deja sudar unos minutos. Se agrega el
panecillo exprimido y, tras remover un poco,
se espolvorea por encima harina sin parar de
mover en ningún momento; se guisa
destapado durante 3 minutos y se le añade
sal, pimienta y zumo de limón. A
continuación, con una cuchara se introduce
con cuidado el relleno en los calamares,
solamente hasta la mitad de su capacidad,
para así asegurarnos de que no se rompen,
y se cierran con un palillo. En una cacerola
se rehogan la cebolla bien picadita, el ajo y el
laurel. Se agrega el vino y el tomate y se
salpimienta al gusto. Sobre este preparado,
se colocan los calamares y se añade agua,
únicamente para cubrir. Cuando los calamares
estén tiernos, se retiran y se les quitan los
palillos. La salsa se pasa por el pasapurés y,
si fuese necesario, se espesa con un poco
de harina o pan rallado, cubriendo los
calamares. Para servir, se espolvorea todo
con el perejil picado.

CALDERETA DE LANGOSTA
Grado de dificultad medio

INGREDIENTES PARA 4 PERSONAS

4 colas de langosta • 1 y 1/2 kg de tomates
maduros • 5 dientes de ajo • 2 pimientos verdes
• 10 almendras • 1 dl de coñac • 2 dl de aceite de
oliva • 4 hebras de azafrán • Perejil • Sal

En un mortero se machacan dos dientes de
ajo, tres ramitas de perejil, las almendras, el

azafrán y el coñac; se reserva. Se pone al fuego una cazuela de barro, con el aceite y se sofríe el pimiento, cortado a trocitos, los tomates, pelados y a trozos, y el resto de los ajos, picados. Cuando el sofrito esté hecho, se añaden las langostas cortadas a trocitos, se mezcla todo y se agrega litro y medio de agua hirviendo, dejándolo hervir durante unos 10 minutos más o menos. Para terminar, se agrega a continuación el majado del mortero, se mezcla todo bien y se deja hervir durante otros 10 minutos más. Se sirve en la misma cazuela.

CHIPIRONES A LA PARRILLA EN CONFITURA DE CEBOLLA
Grado de dificultad bajo

INGREDIENTES PARA 4 PERSONAS
500 g de chipirones de 8 cm de tamaño • Salsa de su propia tinta • Verduras pequeñas, cocidas al dente • 1 tirabeque • 1 manojo de espárragos verdes • 1 cebolla • 1 puerro • 1 cucharada de perejil • Uva pasa • Vinagre viejo • Laurel • Pimienta negra • Coñac • Aceite • Sal

Para la confitura de cebolla se pone ésta al fuego con todos los ingredientes y se deja cocer lentamente durante unas 2 horas; transcurrido ese tiempo, se comprueba y se retira. Seguidamente, se rellena cada chipirón con un poquito de confitura, y posteriormente, se marina por espacio de una hora en aceite de oliva. Se aliñan las verduras con aceite y sal, se colocan en un plato, se hacen los chipirones a la plancha, reservando el aceite y se ponen encima de las verduras. Además, se calienta la sal negra, se añade el aceite de marinar los chipirones y se salsean un poquito con la punta de una cuchara. Se hace un pequeño refrito con aceite, ajo y perejil, y por último se pinta el chipirón ligeramente con este refrito.

CHIPIRONES A LA SANTANDERINA
Grado de dificultad medio

INGREDIENTES PARA 6 PERSONAS
24 chipirones • 1 cebolla • 500 g de tomate • 150 g de jamón serrano • 2 dientes de ajo • 1 cucharadita de pimentón dulce • 1 cucharada de harina • 1,5 dl de caldo de pescado • Azúcar • Miga de pan • Aceite • Perejil • Sal

Se limpian los chipirones, reservando la tinta en un cuenco, añadiendo dos cucharadas de agua fría y un poco de miga de pan. Se rehogan en aceite, media cebolla, el jamón y un diente de ajo muy picados; cuando la cebolla esté transparente, se añade el pimentón, las aletas y los tentáculos de los chipirones y el perejil picado. Con esta mezcla, se rellenan cuidadosamente los chipirones, se cierran con un palillo, se pasan por harina, se fríen y finalmente se disponen en una cazuela de barro. En ese mismo aceite, se fríen también la otra media cebolla y el ajo finamente picados, y cuando doren, se añade una cucharada de harina, una rama de perejil, los tomates pelados y sin pepitas y una pizca de azúcar; remover continuamente sobre todo para que la harina no se queme. Una vez que esté todo rehogado, se agrega el caldo de pescado caliente y la mezcla de las tintas, dejando que cueza durante unos 10 minutos. Para finalizar, se pasan los ingredientes por un tamiz, haciendo presión con la mano del almirez para que quede una salsa espesa, la cual se vierte por encima de los chipirones, que se ponen al fuego para que den un hervor y se sirven, después de reposar.

CHIPIRONES CON SALSA AL PESTO
Grado de dificultad medio

INGREDIENTES PARA 6 PERSONAS
24 chipirones • 2 dientes de ajo • Salsa al pesto (ver «Salsas») • Perejil • Sal

Se preparan los chipirones a la plancha, una vez que se han limpiado y se les ha puesto ajo, sal y perejil, y se sirven acompañados con salsa al pesto.

CHIPIRONES CON SALSA ESPECIAL
Grado de dificultad bajo

INGREDIENTES PARA 6 PERSONAS
24 chipirones • 3 dl de aceite • 2 cucharadas de vinagre • 1 tomate para ensalada • 1 pimiento rojo asado • 2 huevos cocidos • 1 cucharada de alcaparras • 1 cebolla • 1 cucharada de mostaza fuerte • 20 aceitunas verdes sin hueso • Sal
•Pimienta al gusto.

Se limpian, lavan y secan los chipirones. Se sazonan con sal y pimienta y se disponen en una plancha engrasada hasta que se asen de ambos lados. En el vaso de la batidora, se mezclan el aceite, el vinagre, la mostaza, pimienta y sal y se bate hasta conseguir una mezcla ligada. En el mismo vaso, se echan la cebolla, el tomate, las aceitunas, el pimiento y los huevos, todo ello muy finamente picado, se remueve con cuidado para no deshacer los ingredientes, se incorporan las alcaparras y se vierte todo sobre los chipirones calientes.

CHOCOS CON CERVEZA Y NATA
Grado de dificultad bajo

INGREDIENTES PARA 6 PERSONAS
1.200 g de chocos • 80 g de mantequilla • 1 cebolla picada • 1 cucharada de harina • 1,5 dl de cerveza • 2 dl de nata líquida • 2 cucharadas de ketchup • Sal • Pimienta • Nuez moscada

Se hace este plato igual que los calamares con cerveza y nata (véase), si bien la diferencia está en que en este caso usaremos chocos para la elaboración.

CHOCOS CON GUISANTES
Grado de dificultad bajo

INGREDIENTES PARA 6 PERSONAS
1.200 g de chocos • 0,5 dl de aceite • 1 cebolla • 3 dientes de ajo • 1 vaso de vino blanco • 4 cucharadas de pulpa de tomate • 1 kg de patatas • 1/2 kg de guisantes • 1 hoja de laurel • 1 ramita de perejil • 1 pimiento morrón • Sal • Pimienta

Se trata de hacer la misma elaboración que se lleva a cabo a la hora de cocinar los calamares con guisantes (véase), pero utilizando chocos y echándoles un vaso de vino blanco en la última cocción.

CHOCOS CON HABAS
Grado de dificultad bajo

INGREDIENTES PARA 6 PERSONAS
1.800 g de chocos • 500 g de habas tiernas desgranadas • 2 cebollas • 8 dientes de ajo • 5 rebanadas de pan • Vinagre • Pimentón • Cominos • Aceite • Sal • Perejil

Se sofríen en una cazuela con aceite los ajos, pelados y aplastados, y seguidamente se colocan en el mortero y reservan. En el mismo aceite, se fríen las rebanadas de pan, con cuidado para que no se quemen, y se reservan también. Utilizando la misma grasa, se rehogan las cebollas picadas, y cuando empiecen a tomar color, se condimentan con pimentón al gusto y se añaden los chocos limpios y cortados en tiras, que deben cocer durante una hora aproximadamente. Se majan los ajos con el pan, el perejil y los cominos, se echan unas gotas de vinagre y se remueve bien para conseguir una pasta homogénea. Una vez que los chocos estén tiernos, se añaden el majado y las habas, se sazona un poco más, si es necesario, y se deja cocer otros 30 minutos.

CHOCOS CON JUDÍAS BLANCAS
Grado de dificultad bajo

INGREDIENTES PARA 6 PERSONAS
1 y 1/2 kg de chocos, limpios y troceados • 1/2 kg de judías blancas, cocidas con sal • Laurel • 1,5 dl de pulpa de tomate • 1 cebolla picada • 2 dientes

de ajo picados • 1 vaso de vino blanco
• 3 cucharadas de hojas de cilantro • 1 dl de aceite
• Sal • Pimienta

En una cacerola con el aceite, se doran la
cebolla y los ajos, y una vez que veamos que
empiezan a tomar color, se añaden los chocos
y se rehogan a fuego vivo. Se agrega a
continuación el vino y la pulpa de tomate, sal
y pimienta al gusto, y se deja cocer, a fuego
lento, hasta que los chocos estén casi en su
punto. Se agregan las judías, separando
cuatro cucharadas,que luego se usarán,
machacadas, para espesar la salsa. Para
terminar, se remueve bien, se deja unos
minutos más y se sirven espolvoreados con el
cilantro picado.

CHOCOS CON PIMIENTOS Y TOMATES
Grado de dificultad bajo

INGREDIENTES PARA 6 PERSONAS
1 y 1/2 kg de chocos • 500 g de cebollas • 500 g
de pimientos verdes • 1 kg de tomates • Vino
blanco • 1,5 dl de aceite • 2 dientes de ajo • Perejil
• Sal • Pimienta

Igual que la receta de calamares con
pimientos y tomates (véase), cambiando el
agua por vino blanco.

CHOCOS CON SALSA DE BERBERECHOS
Grado de dificultad bajo

INGREDIENTES PARA 6 PERSONAS
1 kg de chocos • 1 limón • 3 cucharadas de harina
• 500 g de berberechos • 1 cebolla • 2 dientes
de ajo • 2 hojas de laurel • 3 claras de huevo
• 4 cucharadas de pulpa de tomate • 60 g de
mantequilla • 2,5 dl de aceite • Perejil picado
• Sal • Pimienta • Queso rallado

Tal y como puede apreciarse por los
ingredientes que se usan en la elaboración de

esta receta, se hacen los chocos de la misma
forma que se cocinan los calamares con salsa
de berberechos (véase).

CHOCOS CON TOMATE
Grado de dificultad bajo

INGREDIENTES PARA 6 PERSONAS
1 y 1/2 kg de chocos • 1 dl de aceite
• 2 dientes de ajo • 1 cebolla • 1 hoja de laurel
• 800 g de tomates maduros • 1,5 dl de vino
blanco • 0,5 dl de agua • 2 cucharadas de perejil
picado • 6 rebanadas de pan de hogaza • 1 copa
de salsa Perrins • Sal • Pimienta

Como la receta de calamares con tomate
(véase), pero cambiando las gotas de Tabasco
por la salsa Perrins.

CHOPITOS FRITOS (puntillitas)
Grado de dificultad bajo

INGREDIENTES PARA 6 PERSONAS
1 kg de chipirones • Harina • Aceite • 1 limón
• Sal

Se limpian y se lavan bien los chipirones para
eliminar todo vestigio de arena que puedan
contener; se escurren y secan con un paño. Se
pasan por harina, sacudiendo el exceso y se
fríen en abundante aceite. Una vez fritos, se
sacan con una espumadera, se escurren sobre
papel de cocina y se espolvorean con sal fina.
Se sirven con gajos de limón.

COCOCHAS AL PIL-PIL
Grado de dificultad medio

INGREDIENTES PARA 6 PERSONAS
1 kg de cocochas de merluza • 1 vaso de aceite de
oliva • 2 dientes de ajo • Sal

Se pone al fuego una cazuela de barro con el
aceite y cuando esté caliente, se echan los
dientes de ajo, pelados pero enteros. Se retira

del fuego y se colocan las cocochas, con la piel hacia arriba, formando una sola capa; se sala. Se pone la cazuela al fuego, moviéndola con un movimiento circular, siempre en el mismo sentido, hasta que empiece a hervir, momento en el que se aparta de nuevo y se sigue moviendo hasta que baje el hervor. Se vuelve a poner al fuego, siempre moviendo y siempre en la misma dirección, repitiendo esta operación tantas veces como sea necesario, hasta que las cocochas estén cocidas (con estos movimientos se consigue que las cocochas vayan soltando una grasa que, al mezclarse con el aceite, va formando una salsa blanca cada vez más consistente; el moverlas siempre en la misma dirección es para que no se corte esta salsa). Se presentan bien calientes en la misma cazuela de barro.

CÓCTEL DE GAMBAS Y NUECES
Grado de dificultad bajo

INGREDIENTES PARA 4 PERSONAS
250 g de gambas • 1 pepino pequeño • 1 ramita de apio • 100 g de nueces peladas • 1 lechuga • 1 taza de mayonesa (ver «Salsas») • 1 cucharada de ketchup • 1 cucharada de brandy • Sal • Pimienta • Cayena molida

Por un lado, se cuecen las gambas en abundante agua con sal y cuando están cocidas y frías, se pelan y se reservan. Por otro lado, se pela el pepino, quitándole todas las semillas y cortándolo en láminas finas, y así mismo se pica el apio muy menudo. Las nueces por su parte, se pelan y se reservan unas pocas y se pica el resto. Se hace la mayonesa, pero esta vez se le añade la mostaza, el ketchup, el brandy, la sal, la pimienta y una pizca de Cayena. Para ir terminando, se incorporan a esta mayonesa, las gambas, las nueces, el pepino y el apio; además, se lava y se corta la lechuga en juliana fina, se pone de lecho en las copas de servir y se vuelca sobre ella la mezcla, adornándola con las nueces reservadas justo antes de llevar a servir.

CÓCTEL DE MARISCOS CON CABRACHO
Grado de dificultad bajo

INGREDIENTES PARA 4 PERSONAS
1 cabracho grande • 4 gambas por ración • Salsa de tomate para colorear la mayonesa • Aceite • Laurel • Sal

Primeramente, se limpia cuidadosamente el cabracho y se pone a cocer en agua fría con un chorrito de aceite, sal y laurel. Cuando comience a hervir, se retira y se deja enfriar para quitarle bien la piel y las espinas. Se desmenuza en frío y se reserva. Por otra parte, se prepara una salsa mayonesa y se le añade un poco de tomate para que la salsa tome un color rosado, batiéndola hasta que tenga un matiz uniforme, y se mezclan los trozos de cabracho con la mayonesa. Cada ración se sirve en una copa, de la que se colgarán cuatro gambas cocidas y peladas como adorno.

CÓCTEL DE MARISCOS EN MEDIAS PIÑAS
Grado de dificultad bajo

INGREDIENTES POR CADA 1/2 PIÑA
1/2 piña por comensal • 4 langostinos cocidos • 1/2 cola de sucedáneo de langosta • 4 palitos de cangrejo • 1 huevo cocido • 1 lechuga picada en juliana • Salsa rosa

Para comenzar, se parten las piñas por la mitad, a lo largo, con el medio penacho incluido (ya que resulta muy atractivo como elemento decorativo), y se vacían con mucho cuidado. Una vez hecho esto, se pican, bien menudos, todos los demás ingredientes, así como la pulpa que se haya extraído de las piñas. A continuación y para terminar, se mezcla todo muy bien con la salsa rosa, se rellenan con la mezcla las medias piñas y se adornan con una cabeza de langostino en cada piña.

CÓCTEL DE NAVIDAD
Grado de dificultad bajo

INGREDIENTES PARA 4 PERSONAS
600 g de langostinos • 4 cigalas • 8 puntas de
espárragos • Unas hojas de lechuga • 200 g de
mayonesa • Salsa ketchup • 1 lata pequeña de
cangrejo ruso • Sal

En abundante agua con sal se hierven
de 5 a 7 minutos las cigalas y los langostinos.
Seguidamente, los langostinos, después de
pelados, se parten en rodajas finas. Por otra
parte, se prepara la mayonesa y se añaden
cuatro cucharadas de salsa ketchup, la carne
de cangrejo ruso desmenuzada y la lechuga
picada muy fina; se vuelca esta mezcla sobre
los langostinos. Se reparte el cóctel preparado
en copas o cuencos, cruzando la superficie
con dos puntas cortas de espárragos,
y decorado con una cigala puesta en el borde
del cuenco o la copa, con la cola colgando
fuera de recipiente.

DORADA A LA SAL
Grado de dificultad bajo

INGREDIENTES PARA 6 PERSONAS
3 doradas de 500 gramos • 3 kilos de sal gruesa

Antes de comenzar con esta receta hay que
tener en cuenta un dato básico: es importante
pedir en la pescadería que preparen las
doradas para hacerlas a la sal. Conocido esto,
se comienza cubriendo la bandeja del horno
con una buena cantidad de sal humedecida,
rociándola ligeramente con agua. Luego,
se colocan las doradas sobre la sal y se cubren
con una abundante capa, de forma que
queden bien enterradas. Se rocía también
con agua. A continuación, se meten en el
horno a 180° y se mantienen durante unos
40-45 minutos aproximadamente. Se sacan
del horno, se elimina la sal (si se ha
humedecido bien, la sal saldrá en placas
grandes y sin dificultad), se limpia el pescado
y se sirve. Por último y para finalizar,

se colocan en la fuente de servicio los lomos
de las doradas, bien limpios y sin espinas,
acompañados de unas patatas cocidas, aceite
de oliva virgen o mayonesa.

DORADA AL HORNO
Grado de dificultad bajo

INGREDIENTES PARA 6 PERSONAS
3 doradas de 1/2 kg cada una • 1 cebolla grande
• 3 tomates • 2 dientes de ajo • 1 hoja de laurel
• 1 vaso de vino blanco • 1 limón • 1 vaso de aceite
de oliva • 2 patatas grandes • Pan rallado • Sal

Se limpian bien las doradas por dentro y por
fuera y se les hacen en los lados dos o tres
cortes transversales, sin que lleguen a la
espina. En una cacerola, se echa el aceite
y se pone al fuego; cuando el aceite esté
caliente, se baja el fuego y se incorporan la
cebolla cortada en rodajas, las patatas
cortadas en panadera y los ajos picados.
Una vez que estén blandas las patatas,
se añaden los tomates también cortados en
rodajas, la hoja de laurel y el vino, y se deja
hervir durante unos minutos a fuego lento.
A continuación se aparta del fuego y se
distribuyen todos los ingredientes
anteriormente mencionados en el fondo de
una bandeja del horno, formando como una
especie de lecho. Se coloca en cada corte de
la dorada un gajo de limón, se las espolvorea
bien con pan rallado y se colocan en la
bandeja, sobre el lecho de verduras. Se
enciende el horno y, cuando esté a 180°,
se mete la bandeja con las doradas y se las
mantiene de 30 a 40 minutos
aproximadamente (de vez en cuando,
con una cuchara, se riegan con la salsa
que va quedando en el fondo de la bandeja,
para que de esta manera no se sequen y
además vayan tomado así el sabor de las
verduras). Para finalizar, a la hora de servir,
se ponen en una fuente de servicio los lomos
de las doradas, bien limpios de espinas
y piel, acompañados de las verduras
como guarnición.

FILETES DE MERLUZA A LA PROVENZAL
Grado de dificultad bajo

INGREDIENTES PARA 4 PERSONAS
4 filetes de merluza • 1 taza de pan rallado
• 2 cucharadas de perejil picado • 1 cucharada de
ajo en polvo • 1 cucharada de ralladura de limón
• 1 huevo batido • Sal • Pimienta

Se mezcla el pan rallado con el perejil, el ajo y
la ralladura de limón, y se pasan los filetes, ya
salpimentados, por el huevo batido y por esta
mezcla del pan rallado. Se colocan
seguidamente en una rejilla, dentro de un
molde refractario, y se cocinan en el
micrrondas a potencia máxima durante unos
6 minutos, dándoles la vuelta cuando haya
transcurrido la mitad del tiempo.

FILETES DE SALMÓN A LA PROVENZAL
Grado de dificultad bajo

INGREDIENTES PARA 4 PERSONAS
4 filetes de salmón • 1 taza de pan rallado
• 2 cucharadas de perejil picado • 1 cucharada de
ajo en polvo • 1 cucharada de ralladura de limón
• 1 huevo batido • Sal • Pimienta

Se trata de la misma receta que para hacer los
filetes de merluza a la provenzal (véase),
sustituyendo la merluza por salmón, cortado
en filetes.

FRITO GADITANO
Grado de dificultad bajo

INGREDIENTES PARA 6 PERSONAS
Diferentes tipos de pescado que puede usarse:
calamares pequeños (chipirones, puntillitas) enteros,
calamares grandes cortados en rodajas, sepia (jibia,
choco) cortada en tiras, pescadilla pequeña,
boquerones, sardinas pequeñas, salmonetes
pequeños, acedías • Harina de freír pescado
• Aceite de oliva • Sal

Se usa una sartén honda con abundante
aceite y, cuando esté bien caliente, se sala y
enharina el pescado y se echa en la sartén:
primero el pescado blanco (pescadillitas,
salmonetes, acedías), luego, el pescado azul
(sardinitas, boquerones) y por último, los
calamares, chocos. Conviene, al sacarlo de la
sartén, colocar el pescado en un escurridor,
para que suelte el aceite. Se sirve muy
caliente, presentándolo todo junto en una
fuente o en platos separados por especies.

GAMBAS AL AJILLO
Grado de dificultad bajo

INGREDIENTES PARA 6 PERSONAS
1 kg de gambas medianas • 2 dientes de ajo
• 1 guindilla pequeña • 1/2 vaso de aceite • Sal

Por una parte, se pelan las gambas en crudo y
se reservan; mientras, por otra, se pone al
fuego una cazuela de barro con el aceite
hasta que esté bien caliente, y entonces se
echan los ajos, finamente picados, y una vez
que veamos que se empiezan a dorar, se
incorpora la guindilla, las gambas y un pellizco
de sal. Luego, se remueve todo con una
cuchara de madera, durante 1 minuto o
minuto y medio, y se aparta. También se
puede hacer, siguiendo este procedimiento,
pero repartiendo los diferentes ingredientes en
cazuelitas de barro individuales. Las gambas al
ajillo se sirven inmediatamente, en la misma
cazuela de barro en la que se han cocinado,
sin dejar que se enfríen.

GAMBAS REY
Grado de dificultad medio

INGREDIENTES POR PERSONA
200 g de solomillo de canguro • 2 gambas rey
• 1 rodaja de berenjena • 3 esparragos trigueros
• 1/2 pimiento asado • Salsa teriyaki

Cocinar a la barbacoa o al grill el solomillo de
canguro hasta conseguir el punto deseado, y

cocinar al mismo tiempo las gambas y los vegetales que servirán de base para la carne, flanqueada en el plato por las gambas. Sobre la misma, se colocan los espárragos trigueros y las láminas de patatas. En la base del plato será incorporada la salsa teriyaki.

HUEVAS ALIÑÁS
Grado de dificultad bajo

INGREDIENTES PARA 6 PERSONAS
750 g de huevas de merluza • 1 huevo cocido • 1 pimiento verde • 2 tomates de ensalada • 1 cebolla mediana • 1/2 vaso de aceite de oliva virgen • 2 cucharadas de vinagre de Jerez • Sal

Se ponen las huevas en una cazuela con agua y sal y se dejan hervir a fuego lento, unos 20 minutos. Transcurrido este tiempo, se dejan en un colador para que escurran y se meten en la nevera hasta que se enfríen. Mientras tanto, se prepara el aliño, con el pimiento, los tomates, la cebolla y el huevo duro cortados en taquitos muy pequeños. Se echa todo en un bol y se añade el aceite, el vinagre y la sal mezclándolo muy bien. Se sacan las huevas de la nevera y se cortan en rodajas; se incorporan al bol en el que están los otros ingredientes y se mezcla todo suavemente, para que las huevas no se rompan. Una vez preparado el plato, se vuelve a meter en la nevera hasta la hora en que se vaya a servir. Se presenta en un fuente y se sirve bien frío.

HUEVAS DE MERLUZA EN ENSALADA
Grado de dificultad bajo

INGREDIENTES PARA 6 PERSONAS
750 g de huevas de merluza frescas • 2 cebollas grandes • 4 tomates de ensalada • 2 manojos de perejil • Aceite de oliva virgen • Vinagre de vino tinto de Rioja

Se pone un cazo al fuego con agua y cuando está templada, se meten las huevas, dejando que hiervan unos 15 minutos; se escurren y se reservan en la nevera durante media hora para que tomen consistencia. Mientras tanto, se corta el perejil hasta que quede muy menudo y también se reserva. Se pelan las cebollas cortándolas en daditos muy pequeños y se reservan igualmente. Se cortan los cuatro tomates también en daditos pequeños y también se reservan. Luego, se sacan las huevas de la nevera y sobre una tabla, con un cuchillo que corte muy bien, se parten en rodajas gordas, de manera que de cada hueva salgan cuatro o cinco pedazos. En una fuente de servir se disponen el perejil picado, las cebollas en daditos y el tomate cortado en dados y, con una espátula, se mezcla todo muy bien, se agregan a la fuente las rodajas de huevas de merluza cocidas y se sala con sal fina al gusto. Se rocía todo con abundante aceite y unos chorritos de vinagre y se vuelve a mezclar bien con la espátula, metiendo la fuente en la nevera hasta la hora de servir.

JIBIONES DE LA HUERTA A LA SANTANDERINA
Grado de dificultad bajo

INGREDIENTES PARA 6 PERSONAS
1 kg de jibiones (calamares) • 750 g de cebolla • 6 pimientos del pico • 1 tomate • 2 dientes de ajo • 1/2 l de aceite • 2 huevos • 500 g de patatas • 100 g de harina • Caldo de pescado

Se corta la parte superior de los pimientos y se vacían cuidadosamente, reservando lo cortado. Se limpian y trocean los calamares, reservando la tinta. Se calienta la mitad del aceite, pochando en él la cebolla picada, y cuando esté casi dorada, se retira la mitad y se reserva; a la otra mitad, se le añaden los calamares y se rehogan. Se sacan con la espumadera y con ellos se rellenan los pimientos, tapándolos con la parte superior reservada. Se rebozan en harina y huevo y se fríen en aceite bastante caliente; después de fritos, se depositan en una cazuela de barro. En el aceite de freír los pimientos, se termina de hacer la cebolla reservada y se agrega el ajo y el tomate picados, se rehoga todo y se agrega el caldo de pescado, poco a poco, para que ligue la salsa. Se añade la tinta y se deja cocer unos 10 minutos. Se pasa la salsa por el chino y se vierte sobre los pimientos.

LANGOSTA CON POLLO Y CHOCOLATE
Grado de dificultad medio

INGREDIENTES PARA 6 PERSONAS
1 pollo limpio y troceado • 1 langosta cocida • 1 cebolla • 2 tomates maduros • 1 diente de ajo • 1 vaso de vino blanco • 1 copa de brandy • 40 g de chocolate negro • 20 g de almendras tostadas • 20 g de avellanas • 1,5 dl de aceite • Azafrán • Tomillo • Perejil • Orégano • Sal • Pimienta

Se rehoga en aceite, la cebolla y el ajo picados, hasta que empiecen a tomar color; entonces se añade el pollo, sazonado con sal y pimienta, dorándolo por igual. Se agregan las hierbas, en cantidades al gusto, y la langosta troceada. Se rehoga todo durante unos minutos, se echa el brandy y se flambea. Luego, se incorporan los tomates, pelados, sin pepitas y cortados en cubitos, y se deja cocer durante 15 minutos. Pasado ese tiempo, se añade el vino, se tapa la cazuela y se cuece 20 minutos más. En un mortero, se machacan las almendras y las avellanas sin piel, el azafrán y el chocolate rallado, se vierte en el mortero una cucharada del caldo y, tras mezclar todo bien, se echa en la cazuela, removiendo mientras cuece 2 o 3 minutos más.

LANGOSTINOS A LA PLANCHA
Grado de dificultad bajo

INGREDIENTES PARA 6 PERSONAS
1 kg de langostinos crudos • Aceite • Sal gorda • El zumo de 1 limón

En una fuente metálica, se pone una cama fina de sal gorda y se deja que se caliente sobre la parrilla, se incorporan entonces los langostinos y se riega con un chorrito de aceite de oliva la parte de la cabeza. Se les da la vuelta cuando se vea que de la cabeza empiezan a salir burbujitas y se añade entonces más aceite, el zumo de limón y en poco más de 1 minuto se retiran.

LANGOSTINOS DE SANLÚCAR
Grado de dificultad bajo

INGREDIENTES PARA 6 PERSONAS
1 kg de langostinos • Sal gruesa

Se pone una olla al fuego, con abundante agua y sal. Aparte, se prepara un recipiente con abundante agua, un puñado de sal y bastantes cubitos de hielo. Cuando el agua de la olla esté hirviendo, se echan los langostinos y entonces se verá que cesa el hervor. Una vez que el agua vaya a empezar a hervir de nuevo, se aparta la olla del fuego, se sacan los langostinos y se escurren, se echan en el recipiente que tiene el agua con hielo y se mantienen en él de 1 a 2 minutos. Transcurrido este tiempo, se sacan del agua fría, se escurren bien y se colocan en una fuente, formando una capa. Se cubren con un paño húmedo y se dejan en la parte más baja del frigorífico hasta la hora de servirlos.

LENGUADO ASADO AL TOMILLO
Grado de dificultad bajo

INGREDIENTES PARA 4 PERSONAS
2 lomos de lenguado, con piel • 100 g de ralladura de daikon (rábano picante) • 2 cucharitas de salsa de soja • Tomillo

Comenzar por calentar el grill o la parrilla. Se cortan los lomos en mitades, se salan y se dejan durante 5 minutos; después del salado, lavar los trozos de pescado en agua fría, y luego asarlos hasta que estén dorados. A continuación, se coloca cada trozo en una fuente individual, con la piel hacia arriba.

Mientras, se exprime el jugo del rábano rallado y se espolvorea el tomillo al gusto. Formar cuatro montoncitos, uno para cada fuente.

LUBINA ENTERA CON VERDURAS
Grado de dificultad bajo

INGREDIENTES PARA 4 PERSONAS
1 lubina, sin visceras, sin cabeza y sin cola de 1 y 1/2 kg • 2 cucharadas de mantequilla • 2 cucharadas de vino de Jerez • 1 cucharada de zumo de limón • 1 diente de ajo machacado • 2 zanahorias • 2 calabacines • Sal • Pimienta

En un cuenco refractario, se mezclan la mantequilla, el vino, el zumo de limón, el ajo, la sal y la pimienta, y se pone en el microondas 1 minuto a potencia máxima. Se pincela la lubina, generosamente, por dentro y por fuera, con esta mezcla, reservando lo que sobra, y se coloca en una fuente tapada. Va al microondas a potencia máxima de 6 a 8 minutos, dándole la vuelta a la mitad de tiempo. Se reserva. Con el pelador de patatas, se cortan los calabacines y las zanahorias a lo largo en lonchas finas, se mezcla con el resto de la salsa reservada y se meten en el microondas, tapados, durante 1 minuto a potencia máxima. Se disponen las verduras, alrededor del pescado y vuelve al horno, sólo para calentarlo.

MERO A LA PARRILLA
Grado de dificultad bajo

INGREDIENTES PARA 6 PERSONAS
6 rodajas de mero • 1 cebolla • Aceite • Sal • Perejil

Las rodajas de mero se preparan lavándolas en agua fría, descamándolas y secándolas con un paño. Se colocan en una fuente con la cebolla cortada en rodajas y el perejil por encima. Se le echa aceite y se dejan en esa mezcla unas 2 horas. Se calienta la parrilla con un poco de aceite y se colocan las rodajas de mero quitando la cebolla y el perejil. Se pasan por la parrilla unos 5 minutos por cada lado y se les añade el aceite del adobo, dejándolas 2 minutos más y sazonándolas después con sal.

MERO CON VERDURAS A LA PLANCHA
Grado de dificultad bajo

INGREDIENTES PARA 4 PERSONAS
4 filetes grandes de mero • 1 berenjena • 3 cebollas • 1 pimiento morrón rojo • Manteca • Tomillo • Sal • Pimienta

Primero, se lavan bien todas las verduras, se cortan en rodajas y se salpimientan; una vez caliente la plancha, se ponen las verduras 2 minutos por cada lado, luego se sacan, y se agrega tomillo y un chorrito de aceite de oliva; se reservan. En una sartén de teflón se dora el pescado con la manteca y un poco de aceite y se sirve acompañado de las verduras.

PESCADITOS AL GRILL CON MEJILLONES
Grado de dificultad medio

INGREDIENTES PARA 4 PERSONAS
4 filetes de halibut • 2 kg de mejillones • 1 limón • 4 tomates • 1 cc de azúcar en polvo • 1 cc de jengibre • Cilantro machacado • Aceite de sésamo • Salsa de guindilla • 4 limones verdes en cuartos • 200 g de arroz • 2 g de azafrán • 300 cl de agua

Se hace una salsa de tomate (véase) y se deja templar 5 minutos, tras lo cual se vierte el zumo de limón, el cilantro y el aceite. Aparte, se cuece el arroz a fuego lento y se añade el azafrán al agua de la cocción del arroz. Mientras, se asan los filetes de pescado durante 5 minutos en una parrilla y después los mejillones (una vez abiertos, ya están listos). Se sirven los filetes de pescado y los mejillones cubiertos con salsa, decorando el borde del plato con el zumo de limón verde. Acompañar con el arroz azafranado.

PESCADO EN ESCABECHE
Grado de dificultad bajo

INGREDIENTES PARA 6 PERSONAS
1 kg de pescado pequeño al gusto • 1 y 1/2 vaso de aceite de oliva • 1 vaso de vinagre de vino • 1/2 vaso de agua • 2 cabezas de ajos • 2 hojitas de laurel • 1 cucharadita de pimentón dulce • Sal

Se limpia y descama bien el pescado, dejándoles las cabezas. Mientras, en una sartén, se calienta el aceite y se fríen tres o cuatros piezas de pescado, previamente sazonadas y enharinadas; el resto, se freirán de igual modo, pero en la freidora. Una vez frito todo el pescado, se doran en el aceite de la sartén los dientes de ajos sin pelar, sólo ligeramente rotos entre las manos, y las dos hojas de laurel. Se deja enfriar un poco el aceite, y cuando se vea que no se quema el pimentón, se le añade la cucharadita del mismo, removiéndolo hasta que se disuelva. Luego, se vuelca en una cazuela de barro, el aceite, con el pimentón, los ajos y el laurel, se le agrega al aceite, el vinagre y el agua y se vuelve a poner al fuego; se sala ligeramente esta mezcla. Se espera a que hierva un par de minutos, y se introducen entonces todas las piezas de pescado, dejando que dé un hervor como de 1 minuto y medio de duración más o menos; seguidamente, se aparta y se deja enfriar. Este plato no debe comerse el mismo día, sino que hay que esperar al menos 24 o 48 horas. Se sirve en una fuente o en la misma cazuela pero, en cualquier caso, conviene regar el pescado con la salsa, ya que al estar cocinado con mucha antelación, puede presentar un aspecto seco; se adorna con los ajos colocados por encima.

PESCADO EN SOBREUSA
Grado de dificultad bajo

INGREDIENTES PARA 6 PERSONAS
Pescado frito frío (pescadilla, lenguado, acedías, boquerones, etc.) • 3 cucharadas de aceite de oliva • 3 dientes de ajo • 1 hoja de laurel • 1 cucharada de harina de trigo • 1 copita de vino fino de Jerez • Sal

Se desmenuza el pescado, se le quitan las espinas y se reserva. Se pone una cacerola al fuego, se echa el aceite y cuando esté caliente, se añaden los ajos, pelados y con un corte, y se espolvorea el laurel picado; cuando empiece todo a dorarse, se agrega la harina, removiendo todo muy bien, se añade un vasito de agua y se continúa removiendo. Una vez que llegue a ebullición, se incorporan los trozos del pescado, se remueve y se deja a fuego lento hasta que comience a hervir de nuevo. Se rectifica de sal, se le añade el vino y se aparta. Se sirve caliente.

PINCHOS DE PESCADO Y VERDURAS
Grado de dificultad bajo

INGREDIENTES PARA 4 PERSONAS
6 dados de rape • 1 cucharada de aceite • 1 puerro • 1 cucharadita de curry • 1 cucharada de jalea de naranja • 1 cucharadita de salsa inglesa • 1 pimiento verde • 4 champiñones medianos • 8 tomates cherry • Sal • Pimienta

Se sazona el rape ya limpio y cortado en dados con sal, pimienta, curry y salsa inglesa y se deja reposar, durante 2 horas. En una fuente refractaria se dispone el puerro, sólo la parte blanca, cortado en cuatro trozos, rociado con el aceite mezclado con curry, y se pone en el microondas a potencia máxima, 3 minutos. Luego, en unos asadores de madera, se pinchan, alternando, medio champiñón, un cuadradito de pimiento, un dado de rape, un trozo de puerro, un tomate, otro pimiento, otro tomate, rape y otro medio champiñón. Al líquido de hornear el puerro, se le añade la salsa inglesa y la jalea, se mezcla y se pincelan los pinchos, para colocarlos de nuevo en la fuente y meterlos en el microondas, a potencia máxima, 3 minutos; a la mitad de tiempo, se les da la vuelta y se pincelan con la mezcla de líquidos.

PULPITOS ENCEBOLLADOS
Grado de dificultad bajo

INGREDIENTES PARA 6 PERSONAS
1 y 1/2 kg de pulpitos • 1 copita de coñac
• 6 cebollas • 1,5 dl de aceite • Perejil • Sal
• Pimienta

Se limpian y lavan los pulpitos, y mientras en una cazuela, se fríe la cebolla picada; cuando empiece a estar blanda, se echan los pulpitos, sazonados con sal y pimienta, y se añade el coñac. Una vez que estén tiernos, se aviva el fuego, para evaporar un poco el licor. Se sirven calientes, en la misma cazuela y salpicados con el perejil finamente picado.

PULPITOS SALTEADOS
Grado de dificultad bajo

INGREDIENTES PARA 6 PERSONAS
1 y 1/2 kg de pulpitos • 1,5 dl de aceite • 1 ramita de perejil • 4 dientes de ajo • Sal • Limón

Se limpian y lavan los pulpitos por dentro y por fuera, quitándoles la piel, y se dejan escurrir. En una sartén, con dos cucharadas de aceite, se fríen los pulpitos, dejándolos tapados unos 8 minutos, luego se quita la tapa, para que se evapore el agua, y se riegan con el resto del aceite, hasta que se doren un poco. Se sazonan y se ponen en una fuente, espolvoreándolos con ajo y perejil picaditos.

***

Para cocer el pulpo, se limpia y lava bien y se congela durante 24 horas, por lo menos. Luego, se saca y se deja descongelar a temperatura ambiente, hasta que vuelva a adquirir la textura normal. A continuación, se pone al fuego en una cazuela con abundante agua, una cebolla grande y sal, y cuando rompa a hervir, se introduce el pulpo, sumergiéndolo y sacándolo cuatro veces, tras lo que se deja cocer unos 45 minutos. Para terminar, a la hora de comprobar si está en su punto, se pincha con un tenedor y si entra con facilidad, se retira del fuego y se deja en reposo 15 minutos.

***

PULPO A FEIRA
Grado de dificultad bajo

INGREDIENTES PARA 6 PERSONAS
1 pulpo de 1 y 1/2 kg • 1 cebolla pequeña • 1/2 l de aceite de oliva • 1 cucharada de pimentón dulce
• 1 cucharada de pimentón picante • Sal gruesa

Se cuece el pulpo según la nota anterior, se sirve cortado en pedazos no muy gruesos y se presenta en plato de madera, sazonado con sal, aceite y espolvoreado con las dos clases de pimentón (dulce y picante).

PULPO A LA BORDALESA
Grado de dificultad bajo

INGREDIENTES PARA 6 PERSONAS
1 y 1/2 kg de pulpo • 1 dl de aceite • 300 g de cebollas • 3 dientes de ajo • 1 hoja de laurel
• 1 rama de perejil • 3 dl de vino tinto
• 1 cucharada de harina • 2 tomates maduros
• 1 barra de pan duro • Sal • Pimienta

Después de cocido y limpio el pulpo, se corta en pedazos de unos tres centímetros y se salpimienta. Se pican los ajos y la cebolla y, junto al laurel, se ponen al fuego en una sartén con aceite. Cuando estén dorados, se añade la harina, el vino, en chorro fino y sin parar de remover, y el tomate, pelado, sin pepitas y cortado en cubos. Se deja rehogar un poco, se agrega un vaso de agua y se sazona con sal y pimienta al gusto. Se cuece despacio, añadiendo más agua si, durante la cocción, fuese necesario. Al final, se mezcla el pulpo y se deja tomar sabor durante 2 minutos más. Se sirve en una fuente, sobre rebanadas de pan tostado o frito como adorno y guarnición.

PULPO A LA BRASA
Grado de dificultad bajo

INGREDIENTES PARA 6 PERSONAS
1 pulpo de 1 y 1/2 kg • 1 cebolla • 1 kg de patatas • Aceite • Vinagre • Aceitunas negras • Sal

Después de cocer el pulpo (ver consejo en la página 444), se separan los tentáculos y se corta el saco en pedazos. En la barbacoa, cuando el carbón esté en brasa, sin llama ni humo, se dispone el pulpo sobre una parrilla de dos partes y se deja hasta tomar color de un lado; luego, se da la vuelta a la parrilla y se asa del otro lado. Cuando esté hecho, se dispone en una fuente, rodeado de patatas cocidas y cortadas en rodajas gruesas, rodajas finas de cebolla cruda y aceitunas. Se riega con abundante aceite de oliva extra virgen y un poco de vinagre al gusto.

PULPO A LA FRANCESA
Grado de dificultad bajo

INGREDIENTES PARA 6 PERSONAS
1 y 1/2 kg de pulpo crudo y limpio • 1 vaso de aceite • 2 cebollas • 2 dientes de ajo • 1 cucharada de ralladura de cáscara de naranja • 1/2 vaso de coñac • 3 tomates maduros • 1 y 1/2 vaso de vino blanco seco • 1 atado de hierbas aromáticas al gusto • 1 yema de huevo • Sal • Pimienta

Se corta el pulpo en tiras y se echa en una cazuela, con dos cucharadas de aceite caliente, se rehoga un poco, se tapa la cazuela y se deja cocer un poco en su propio jugo. Cuando veamos que se queda sin agua, se le añaden las cebollas, los ajos picados y la ralladura de naranja, se riega con el coñac, se retira del fuego y se deja macerar 10 minutos. Se agregan después los tomates, pelados, sin pepitas y cortados menudamente, el vino blanco, el atado de hierbas, sal y pimienta. Se pone de nuevo al fuego y, durante 50 minutos, se deja cocer, añadiendo, si fuera necesario, un poco de agua caliente, cuidando de que quede algo de líquido al final de la

cocción. El momento en que el pulpo está en su punto, es cuando al pincharlo con un tenedor, éste entra suavemente. Cuando esté listo, se retira del fuego, se bate la yema de huevo, con el resto del aceite, echándolo en chorro fino, y se mezcla con la salsa del pulpo.

PULPO A LA GALLEGA
Grado de dificultad bajo

INGREDIENTES PARA 6 PERSONAS
1 pulpo de 1 y 1/2 kg • 1 kg de patatas • Aceite de oliva virgen extra • Sal

Se prepara el pulpo, como en la receta de pulpo a Feira (véase), y en el agua de cocerlo, sazonada con sal, se cuecen las patatas, peladas y cortadas en cuartos. Se sirve el pulpo cortado junto con las patatas en la misma fuente, muy calientes, y se riega con abundante aceite.

PULPO A RÍO DUERO
Grado de dificultad bajo

INGREDIENTES PARA 6 PERSONAS
1 y 1/2 kg de pulpo • 2 tazas de agua de cocer el pulpo • 1 cebolla • 1 dl de aceite • 3 dientes de ajo • 1 hoja de laurel • 1 dl de vino blanco • 4 cucharadas de pulpa de tomate • 100 g de chorizo • 800 g de patatas • 1 cucharada de perejil picado • Sal • Pimienta

En una cazuela con aceite, se rehoga la cebolla y los ajos picados, el chorizo, cortado en rodajas, el perejil y el laurel. Se deja rehogar hasta que la cebolla comience a tomar color y se añade el vino y el tomate; se remueve todo y se agrega una taza de agua de cocer el pulpo. Se introducen a continuación las patatas, peladas y cortadas en rodajas gruesas, se cubren con el resto del agua, se sazona y se deja cocer, sacudiendo la cazuela alguna vez para que no se pegue. Cuando las patatas estén en su punto, se añade el pulpo, cortado en pedacitos. Se tapa la cazuela y se deja 3 minutos más. Se sirve muy caliente, en la misma cazuela.

PULPO AZOREANO
Grado de dificultad bajo

INGREDIENTES PARA 6 PERSONAS
1 y 1/2 kg de pulpo limpio • 1 dl de aceite
• 2 cebollas • 3 dientes de ajo • 4 granos de pimienta de Jamaica • 1 guindilla • 1 vaso de vino clarete • 2 hojas de laurel • Sal

Se limpia el pulpo y se corta en trozos pequeños. Las cebollas se cortan en rodajas finas y se pochan en el aceite junto a la pimienta, los ajos machacados y el laurel. Una vez que comience a dorar, se añade el pulpo y la guindilla y se deja sudar, cociendo lentamente y sólo con el agua que tiene el pulpo, con la olla tapada. Cuando esté listo el pulpo, se añade el vino y se hierve durante 5 minutos con la olla destapada.

PULPO CON AJO
Grado de dificultad bajo

INGREDIENTES PARA 6 PERSONAS
1 y 1/2 kg de pulpo • 4 dientes de ajo • Pimentón
• 2 cucharadas de perejil • Aceite • Sal

Se prepara como el pulpo a Feira (véase), pero añadiendo ajos, pelados y cortados en láminas finas, y perejil picado.

PULPO CON ARROZ
Grado de dificultad bajo

INGREDIENTES PARA 6 PERSONAS
1 y 1/2 kg de pulpo • 2 tazas de arroz • 5 tazas de agua de cocer el pulpo • 1 cebolla pequeña
• 1 ramito de cilantro • 2 dientes de ajo
• 3 cucharadas de aceite • Sal • Pimienta

Se lava y cuece el pulpo (ver receta de pulpo a Feira, pero añadiendo sal al agua), guardando el agua de cocerlo. Se sofríen en una cazuela, la cebolla y los dientes de ajo picaditos. Cuando estén dorados, se añade el arroz y se remueve durante 1 minuto para que tome el sabor del aceite. Se echa el agua y se vuelve a mover. Cuando rompa a hervir, se baja el fuego y se deja cocer lentamente; casi al final de la cocción, se añade el pulpo troceado y se agita la cazuela para que se mezcle al arroz.

PULPO CON ARROZ CALDOSO
Grado de dificultad bajo

INGREDIENTES PARA 6 PERSONAS
1 y 1/2 kg de pulpo • 1 dl de aceite • 2 dientes de ajo • 1 cebolla • 1 hoja de laurel • 1 dl de vino blanco • 400 g de arroz • 80 g de chorizo • 100 g de aceituna negras • Unas ramitas de perejil • Sal
• Pimienta

Se corta el pulpo, previamente cocido y limpio (ver consejos en la página 444), en trozos pequeños, y se guarda el agua de la cocción. En una cazuela con aceite, se rehogan el ajo y la cebolla picaditos, la hoja de laurel y una ramita de perejil; cuando estén dorados, se añade el vino. Se agrega también el agua de cocer el pulpo, se sazona con sal y pimienta y, cuando hierva, se echa el arroz y el chorizo, cortado en rodajas finas, moviendo un poco para que no se pegue. Se deja cocer 15 minutos y después se retira del fuego y se deja reposar, tapado, durante 2 minutos más. Se añade entonces el pulpo y se adorna con las aceitunas y ramitas de perejil.

PULPO CON CHIMICHURRI
Grado de dificultad bajo

INGREDIENTES PARA 6 PERSONAS
1 y 1/2 kg de pulpo • 1 kg de patatas • 4 huevos duros • Sal • Pimienta

Se cocina como el pulpo con salsa verde (véase), pero una vez que está cocido, se le hecha salsa chimichurri (ver «Salsas»).

PULPO CON SALSA DE CILANTRO
Grado de dificultad bajo

INGREDIENTES PARA 6 PERSONAS
1 y 1/2 kg de pulpo • 1 kg de patatas • 4 huevos
duros • Sal • Pimienta

Se trata de la misma receta que para hacer el
pulpo con salsa verde (véase), pero en este
caso, cuando el pulpo y las patatas están
listos, se le añade salsa de cilantro (ver
«Salsas»).

PULPO CON SALSA VERDE
Grado de dificultad bajo

INGREDIENTES PARA 6 PERSONAS
1 y 1/2 kg de pulpo • 1 kg de patatas • 4 huevos
duros • 1 taza de cebolla muy picadita • 1/2 taza de
perejil picado • 2 dientes de ajo picados • 1,5 dl de
aceite • 1 cucharada de vinagre • Sal • Pimienta

Se trocea el pulpo, ya cocido (ver página 444)
y limpio. Se cuecen las patatas, con agua y
sal, se pelan y se cortan en rodajas gruesas. Se
disponen ambos ingredientes en una fuente
de servicio y se vierte por encima una salsa
hecha con la cebolla, el ajo, el perejil, el
aceite, el vinagre, sal y pimienta. Se adorna
con los huevos cortados en cuartos.

PULPO EN CIVET
Grado de dificultad medio

INGREDIENTES PARA 6 PERSONAS
1 y 1/2 kg de pulpo crudo, limpio y troceado
(reservar la tinta) • 1 kg de cebollas • 1 l de vino
tinto • 100 g de piñones pelados • 3 cucharadas de
aceite • 3 cucharadas de mantequilla • Sal
• Pimienta

Se mezcla la tinta del pulpo con un vaso de
vino tinto y se reserva. En el resto de vino, se
echa el pulpo, cortado en trozos pequeños,
dejándolo así de un día para otro, sazonado
con sal y pimienta. Se cortan las cebollas en
rodajas y se rehogan en una mezcla de aceite
y mantequilla, y una vez rehogadas, se sacan
con la espumadera y se reservan. Se echa el
pulpo, escurrido en la grasa, sofriéndolo hasta
que tome color; se vuelven a agregar las
cebollas y los piñones, la tinta con el vino y el
vino de la maceración, y se cuece hasta que el
pulpo esté blando.

PULPO EN CORONA DE ARROZ CON TOMATE
Grado de dificultad bajo

INGREDIENTES PARA 6 PERSONAS
1 y 1/2 kg de pulpo • 3 cucharadas de aceite
• 1 cebolla picada • 4 cucharadas de pulpa de
tomate • 1/2 vaso de vino blanco • 1 ramo de
perejil • Sal

Para el arroz:
300 g de arroz • 250 g de tomate maduro • 0,5 dl
de aceite • 1 cebolla picada • 1 diente de ajo
picado • 1 hoja de laurel • 0,5 l de agua caliente
• Sal • Pimienta

En una cazuela con el aceite, se fríe la cebolla
hasta que empiece a dorar, se añade la pulpa
de tomate y se sazona con sal. Cuando se
haya rehogado un poco, se agrega el vino y se
deja reducir. Se retira del fuego, se añaden los
trozos de pulpo y el perejil picado y se vuelve
a calentar, durante 1 minuto para mezclar los
sabores. Se sofríe a continuación la cebolla, el
ajo y el laurel en una cazuela con aceite y una
vez que la cebolla esté dorada, se añaden los
tomates y se continúa rehogando, moviendo
de vez en cuando para que no se pegue.
Seguidamente, se agrega el arroz,
mezclándolo con los demás ingredientes y,
finalmente, se vierte el agua y se sazona al
gusto. Cuando empiece a hervir, se tapa la
cazuela y se deja a fuego lento hasta que el
arroz esté en su punto; entonces, en un
molde redondo, con agujero en el medio, se
echa el arroz, se desmolda en una fuente de
servicio y se dispone el pulpo en el interior del
agujero.

PULPO EN ENSALADA
Grado de dificultad bajo

INGREDIENTES PARA 6 PERSONAS
1 kg de pulpo • 1 kg de patatas • 1 cebolla
• 2 dientes de ajo • 1 cucharada de perejil picado
• 0,5 dl de aceite de oliva virgen • 2 huevos
cocidos • Sal

Se cuece el pulpo (ver página 444) y se parte,
todavía templado, en pedazos pequeños.
Se pican la cebolla y los dientes de ajo, y se
lavan y cuecen las patatas con piel, que antes
de que se enfríen del todo, se pelan y cortan
en cubos. En un bol se mezclan todos los
ingredientes y se sirve con los huevos cocidos,
cortados en cuartos y espolvoreado con
perejil.

PULPO EN ENSALADILLA
Grado de dificultad bajo

INGREDIENTES PARA 6 PERSONAS
1 kg de pulpo, cocido y limpio • 800 g de patatas
• 2 tomates • 2 huevos cocidos • 1 pimiento rojo
asado • 1 taza de guisantes cocidos • 1 taza de
cubitos de zanahoria cocidas • 1/2 taza de
aceitunas • 2 tazas de mayonesa • Sal

Por un lado, se cuecen las patatas con agua y
sal, se pelan y se cortan en cubitos; y por otro,
se pelan los tomates, se les quitan las pepitas
y se cortan del mismo modo. El pulpo, una
vez frío, se corta en pequeños trozos. Luego,
se mezclan todos los ingredientes con una
taza de mayonesa, se disponen en una fuente,
se echa el resto de la mayonesa, cubriendo
todo, y se adorna con tiras de pimiento,
aceitunas y rodajas de huevo cocido.

PULPO EN FILETES CON ARROZ
Grado de dificultad bajo

INGREDIENTES PARA 6 PERSONAS
1.600 g de un pulpo que sea grande • 1 cebolla
• 1 dl de aceite • 2 dientes de ajo • 1 ramita de
perejil • 2 hojas de laurel • 1 tomate • 400 g de
arroz • 1 limón • 2 huevos • Harina • Aceite
• Sal • Pimienta

Después de cocido el pulpo (para hacerlo,
puede consultarse cómo cocer el pulpo en la
página 444), se separan los tentáculos,
se limpian, se cortan a lo largo en filetes
y se sazonan con zumo de limón y pimienta
al gusto; por otro lado, la bolsa, se corta en
pedacitos y se reserva. Para el arroz, se rehoga
en el aceite la cebolla y el ajo picaditos, y
cuando se doren un poco, se añade el laurel
y el tomate, pelado, sin pepitas y cortado en
cubitos. Se remueve, se agrega el arroz y se
remueve un poco más, para entonces agregar
el doble de agua que de arroz (utilizando el
agua en que se coció el pulpo). Se remueve
todo de nuevo y, tapando la cazuela, se deja
cocer durante 15 minutos, mezclando, casi al
final de la cocción, los pedacitos de pulpo
que se reservaron. Los filetes, se pasan por
harina, después por huevo batido y se fríen,
rápidamente, en aceite bien caliente,
justo el tiempo de que se doren. Se sirve
el arroz en una fuente, por encima se
disponen los filetes de pulpo y se adorna
con perejil y gajos de limón.

PULPO EN VINAGRETA
Grado de dificultad bajo

INGREDIENTES PARA 6 PERSONAS
1 y 1/2 kg de pulpo • 2 huevos duros • 2 tomates
• 1 cebolla • 1 pimiento rojo asado • 6 cucharadas
de aceite • 3 cucharadas de vinagre • 2 cucharadas
de agua • Sal • Pimienta

Se prepara el pulpo como el pulpo a Feira
(véase), y una vez que lo tenemos listo, se
pican todos los ingredientes mencionados y se
añaden el aceite, el vinagre y el agua; luego,
se sazona con sal y pimienta al gusto y se
remueve bien, para que se integren todos los
elementos. Por último, se sirve en una fuente
el pulpo cortado y, en un bol aparte, la
vinagreta.

RAPE ALANGOSTADO
Grado de dificultad bajo

INGREDIENTES PARA 6 PERSONAS
1 cola de rape de 1 y 1/2 kg • 1/2 vaso de aceite de oliva • 1/2 vaso de vino blanco • 1 cebolla
• 2 dientes de ajo • 1 hoja de laurel • 1 ramita de perejil • Pimentón dulce • Sal • Pimienta en grano

A la cola de rape una vez que se le quita la piel y la espina, se enrolla bien atándola con un hilo grueso; luego, se pinta abundantemente con pimentón dulce, y se envuelve bien apretada con un paño blanco que se ata también con un hilo grueso. Se pone al fuego una cazuela con abundante agua y se añade el aceite, el laurel, los ajos pelados y la cebolla cortada en gajos, la pimienta, la sal, el perejil y el vino, y cuando el agua empiece a hervir, se introduce el rape y se dejar cocer, a fuego lento, durante 1 hora. Transcurrido este tiempo, se saca el pescado, envuelto como está, y se deja enfriar en la nevera. Cuando esté bien frío, se quitan el paño y el hilo y se corta en rodajas de un dedo de anchas. Se sirve en una bandeja sobre un lecho de lechuga y escarola cortadas en juliana y acompañado de una salsa mayonesa.

RAPE CON SALSA DE CHOCOLATE
Grado de dificultad bajo

INGREDIENTES PARA 6 PERSONAS
1 kg de rape, limpio y troceado • 1 cebolla
• 1 zanahoria • 1 cucharadita de harina fina de maíz • 2 dl de vino de Jerez • 1 dl de aceite
• Estragón • 1 y 1/2 taza de salsa de chocolate al aroma de naranja • Sal

Se sazonan los trozos de rape, que deben ser del mismo tamaño, con sal y estragón en polvo. Por otra parte, en una sartén con aceite, se rehogan la cebolla y la zanahoria muy picaditas, y cuando estén casi doradas, se añaden los trozos de rape, dándoles varias vueltas para que se hagan por igual, durante

5 minutos. Se añade la cucharadita de harina, se remueve y se le echa el vino, sazonando de nuevo, reduciendo el calor y dejando que cueza durante 15 minutos más. Luego, se retira el pescado, manteniéndolo en el horno templado. Se deja reducir al fuego la salsa, se bate y se pasa por el chino. Para servir, se pone el pescado en el centro de una fuente y de un lado, una porción de salsa del guisado y, del otro, la salsa de chocolate con naranja; el resto de salsas, en salseras aparte.

RAPE EN CAMA DE VERDURAS
Grado de dificultad bajo

INGREDIENTES PARA 4 PERSONAS
750 g de rape limpio, cortado en cubos
• 1/2 pimiento verde • 1 tomate maduro pelado
• 1 cebolla • 1/2 pimiento rojo • 1/2 berenjena
• 1/2 calabacín • 3 cucharadas de aceite
• Sal • Pimienta

En un recipiente refractario, se calienta en el microondas el aceite, durante 3 minutos a potencia máxima. Luego, se lavan y cortan la cebolla, la berenjena, el calabacín y los pimientos en tiras muy finas y se introducen en el recipiente, la cebolla y los pimientos y se hornean durante 5 minutos, removiendo una vez durante ese tiempo. Se agregan el resto de las verduras y se ponen de nuevo en el microondas 8 minutos a potencia máxima, removiendo dos veces. Se sazona todo, se revuelve y se ponen sobre las verduras los cubos de rape, salpimentados, para hornear 5 minutos de cada lado.

RAPE EN ROMESCO
Grado de dificultad medio

INGREDIENTES PARA 6 PERSONAS
1 kg de rape • 300 g de dorada o lubina • 3/4 de kg de calamares • 6 cigalas • 6 langostinos
• 1/2 vaso de aceite • 4 dientes de ajo
• 1 cucharada de carne de pimiento choricero
• 2 tomates maduros • 1 cebolla • 1 ramita de

perejil • 50 g de almendras crudas peladas • 50 g de avellanas tostadas y peladas • 1 guindilla • Unos granos de pimienta negra • Azafrán • Sal

Se lavan el rape, la dorada o lubina y se cortan en rodajas; se limpian los calamares y se cortan en aros. Mientras, se pone al fuego una cazuela de barro, se echa el aceite y, cuando esté caliente, se sofríen los ajos pelados y enteros, los tomates enteros y la cucharada de pimiento choricero, y cuando estén sofritos se apartan y se reservan. Aparte, en la batidora se echan los tomates, el pimiento, las almendras, las avellanas, el azafrán y la pimienta, batiéndolo hasta que quede una pasta fina. En el mismo aceite, se sofríe la cebolla finamente picada y cuando esté glaseada se añade el batido, el perejil, muy picado y la guindilla, se remueve todo bien, y se coloca en la cazuela el pescado, poniendo las cigalas y los langostinos encima. Se cubre bien de agua y se deja a fuego lento 30 minutos. Servir en la cazuela de barro.

RODABALLO A LA BRASA
Grado de dificultad bajo

INGREDIENTES PARA 6 PERSONAS
2 kg de rodaballo • Ajos • Guindillas • Limón exprimido • Unas gotas de vinagre de vino • Aceite • Sal

En una barbacoa, se quema leña de roble hasta reducirla a brasas tenues. La pieza de rodaballo se sala, se baña en aceite y se coloca en una parrilla sobre las brasas. A continuación, no hay más que vigilar las brasas para mantener la temperatura constante y repartida, dando vueltas a la parrilla para que el rodaballo se ase por ambos lados. Cuando al pescado le caigan los ojos, se retira a una fuente, añadiéndole el refrito de ajos y guindillas, limón y vinagre.

SÁBALO A LA PARRILLA
Grado de dificultad bajo

INGREDIENTES PARA 4 PERSONAS
1 pescado sábalo de 3/4 de kg • 1 taza de aceite • Alcaparras • Acederas • Mantequilla • Sal

Se quitan las escamas, se vacía y se lava el sábalo; se seca y se deja escurrir entre dos lienzos; luego, se coloca en una fuente con sal, pimienta y aceite, donde se mezcla bien en esta salsa, y se deja reposar 1 hora. Luego, se dispone sobre la parrilla a fuego lento, y se deja que se vaya cocinando. Al llevarlo a la mesa, se recubre con mantequilla derretida, y se esparcen por encima las alcaparras y las acederas.

SALMÓN A LA PARRILLA CON ENELDO
Grado de dificultad bajo

INGREDIENTES PARA 4 PERSONAS
600 g de filetes de salmón con piel • 36 g de azúcar • 4 g de eneldo picado muy fino • 5 g de pimienta molida • 1/2 dl de coñac • 24 g de sal

Se mezcla la sal, el azúcar y la pimienta, y con esta mezcla se condimentan los filetes de salmón. Además, se bañan con el eneldo y el coñac. Se prensa y se deja así tres días en el frigorífico. Pasado el tiempo, se cortan los filetes de salmón en cuatro trozos y se pasan por la parrilla el día que se vayan a cocinar.

SALMÓN AL CHAMPÁN
Grado de dificultad bajo

INGREDIENTES PARA 4 PERSONAS
4 rodajas de salmón • 2,5 dl de champán • 1 vaso de nata • 4 yemas de huevo • Sal • Pimienta verde molida

En un recipiente refractario, se colocan las rodajas de salmón, la nata, la sal, la pimienta y el champán, y se hornea en el microondas a potencia máxima 8 minutos. Luego, se retira el pescado a la fuente de servicio y entonces, a la salsa se le añaden las yemas, se remueve todo y se cuece de nuevo durante 1 minuto a potencia máxima. Para terminar, se salsea el salmón y se sirve muy caliente.

SALMÓN AL LIMÓN
Grado de dificultad bajo

INGREDIENTES PARA 4 PERSONAS
4 rodajas de salmón • 2 cucharadas de zumo de limón • Sal • Pimienta

Se disponen en un recipiente refractario bajo, las rodajas de salmón salpimentadas, se bañan con el zumo de limón y se ponen en el microondas, a potencia máxima, durante 3 minutos por cada lado.

SALMÓN BRASEADO CON MISO BLANCO
Grado de dificultad bajo

INGREDIENTES PARA 4 PERSONAS
4 filetes de salmón • 125 cc de sake • 250 g de miso blanco (vino blanco) • 125 g de azúcar • Sal

Se limpian y salan los filetes de salmón y se dejan reposar durante 30 minutos; luego, se secan con papel. A continuación, se marinan los filetes con miso blanco, sake y azúcar, manteniéndolos durante 24 horas. Pasado ese tiempo, se brasean los filetes de salmón y se sirven calientes.

SALMÓN EN COSTRA DE PIMIENTA
Grado de dificultad bajo

INGREDIENTES PARA 4 PERSONAS
1 kg de salmón • 2 cucharadas de granos de pimienta verde • Aceite de oliva • Sal gorda

Se machacan los granos de pimienta y se colocan sobre el salmón crudo presionando con las manos, fuertemente, para que la pimienta se incruste en el pescado. Se deja

reposar en el frigorífico 30 minutos para más tarde llevarlo, rociado con aceite de oliva y sal gorda, a la parrilla precalentada a temperatura moderada durante 40 minutos.

SALMÓN EN PAN DE PITA
Grado de dificultad bajo

INGREDIENTES PARA 4 PERSONAS
440 g de salmón de lata escurrido • 50 g de queso cremoso • 1/2 manojo de cebollinos picados • 2 cucharadas de zumo de limón • 4 piezas de pan de pita • 1 lechuga cortada en juliana • 1 pimiento rojo en tiras • 1 pimiento verde en tiras •1 cebolla picada • Sal • Pimienta

Se bate el queso hasta que quede como una crema y se le añaden los cebollinos y el jugo de limón, luego, se sazona al gusto y se distribuye la mezcla sobre las piezas de pan, agregándoles la lechuga, las rebanadas de pimentón y la cebolla. Por último, se añade por encima el salmón desmenuzado, se enrolla el pan y se sirve.

SALMÓN MARINADO AL ENELDO
Grado de dificultad medio

INGREDIENTES PARA 6 PERSONAS
1 salmón fresco de 1 y 1/2 kg • 150 g de azúcar • 25 g de eneldo en hojas • 2 cucharadas de aceite de oliva virgen • Sal • Pimienta

Para empezar, se le pide al pescadero que nos prepare el salmón, quitándole la cabeza, las tripas y la espina central, quedando los dos lomos con la piel. Luego, en un bol se hace una mezcla con el aceite, la sal, el azúcar y el eneldo. Se coloca en una fuente uno de los lomos del salmón, con la piel hacia abajo; se espolvorea con pimienta y se reparte, abundantemente por todo el pescado la mezcla de aceite, sal, azúcar y eneldo. Se cubre con el otro lomo, de manera que encajen entre ellos, y se envuelve con papel de aluminio, ajustándolo bien a la forma del salmón. Se coloca encima otra fuente invertida, a modo de tapadera, y se mete en la nevera durante 48 horas. A las 24 horas, se le da la vuelta. Transcurrido este tiempo, se saca del frigorífico y se elimina toda la mezcla, limpiándolo todo bien con un papel de cocina. Se presenta en una bandeja, cortado en láminas y acompañado de lechuga en juliana, alcaparras y huevo duro picado.

SALPICÓN DE MARISCO
Grado de dificultad bajo

INGREDIENTES PARA 6 PERSONAS
1 kg de langostinos • 1 pimiento verde • 2-3 tomates de ensalada • 1 cebolla mediana • 1/2 vaso de aceite de oliva virgen • 3 cucharadas de vinagre de Jerez • Sal

Primeramente, se pone al fuego una cazuela con abundante agua y sal, y cuando el agua empiece a hervir, se echan los langostinos y, una vez que comience a hervir nuevamente, se sacan y se echan en otra cazuela, preparada previamente, con agua, hielo y sal. Se mantienen en esta segunda cazuela unos minutos, se sacan y se escurren. Se pela entonces el marisco, dejando sólo las colas, y se corta en rodajitas de medio centímetro aproximadamente. En un bol, se pone el marisco troceado y se añade el pimiento, los tomates y la cebolla, picados, en daditos. En un tazón, se hace una mezcla con el aceite, el vinagre y la sal, se agita con una batidora de varillas y se echa por encima de los langostinos y las verduras del bol para que se mezcle todo. Cuando esté todo bien mezclado, se pasa a una fuente plana y se coloca en la nevera hasta la hora de servirlo.

SARDINAS CON CACHELOS
Grado de dificultad bajo

INGREDIENTES PARA 6 PERSONAS
1 y 1/2 kg de sardinas • 1 kg de patatas (cachelos) • Aceite de oliva virgen • Pimentón dulce • Sal

Se cuecen las patatas con agua y sal y, cuando estén tiernas, se les quita el agua y se deja un rato más al fuego; luego se pelan, se cortan en rodajas y se colocan en un plato, echándoles por encima un chorro de aceite y espolvoreándolas con el pimentón. Por otro lado, se asan las sardinas, preferentemente a la brasa de leña, y se ponen en una fuente acompañadas de los cachelos.

SARDINAS ENCAZOLÁS
Grado de dificultad bajo

INGREDIENTES PARA 6 PERSONAS
1 kg de sardinas • 1/2 kg de tomates maduros • 2 pimientos verdes • 1/2 kg de cebollas • 1 vaso de aceite de oliva • 1/2 vaso de vinagre • 2 dientes de ajo • Sal

Por una parte, se limpian bien las sardinas, se les sacan las tripas y las escamas y se les dejan las cabezas; y por otra, se pican los pimientos, las cebollas y los tomates, en cuadraditos pequeños. A continuación, se coge una cazuela de barro y se coloca una capa de las verduras picadas, de forma que cubra bien el fondo, poniendo por encima un diente de ajo, cortado en lonchas finas. Una vez preparado, se dispone una capa de sardinas, bien juntas y alineadas; encima de esta capa de sardinas, se deposita otra de verduras picadas, el ajo fileteado y una capa más de sardinas, terminando el plato con la capa de verduras, sobre la que se añadirá la sal, el aceite y el vinagre. Entonces, se pone a fuego lento hasta que la última capa de verduras esté hecha, aproximadamente unos 30 minutos, desde que empiece a hervir. Por último, se sirve en la misma cazuela de barro.

SEPIA AGRIDULCE
Grado de dificultad bajo

INGREDIENTES PARA 6 PERSONAS
1.300 g de sepia mediana, limpia • 1 cucharada de aceite • Salsa agridulce (ver «Salsas») • Sal

Se preparan las sepias, sazonadas con sal, a la plancha y se sirven acompañadas de la salsa agridulce.

SEPIA AL CAVA
Grado de dificultad medio

INGREDIENTES PARA 6 PERSONAS
1.300 g de sepia, limpia y cortada en tiras • 1 vaso de cava seco • 1 vaso de caldo de pescado • 1 aguacate maduro • 1 vaso de nata líquida • 1 cebolla • 1 cucharadita de estragón molido • 1,5 dl de aceite • Sal • Pimienta

En una cazuela con dos cucharadas de aceite, se rehoga media cebolla picada, hasta que empiece a tomar color, y entonces se añaden las tiras de sepia, previamente salpimentadas y se remueven para que se vayan dorando, poco a poco, durante unos 8 minutos. Se agrega el caldo de pescado y, cuando empiece a hervir, se reduce el calor y se deja cocer, con la cazuela tapada, hasta que la sepia esté blanda, removiendo de vez en cuando. Mientras, en un cacito con el resto del aceite, se fríe la otra mitad de la cebolla picada, hasta que esté blanda; se añade el estragón, la nata y el cava y se deja cocer a fuego lento. Se pela y pica el aguacate y se mezcla, junto a la salsa del cava, con la batidora, echando un poco de agua, si quedase demasiado espeso. Se vierte el batido sobre la sepia, se calienta todo junto y se sirve bien caliente.

SEPIA CON ARROZ NEGRO
Grado de dificultad bajo

INGREDIENTES PARA 6 PERSONAS
800 g de sepia, limpia y cortada en trocitos • Tinta • 600 g de arroz • 400 g de cebolla • 4 tomates maduros • 3 dl de aceite • 1 rama de apio • 1 zanahoria • 1 y 1/2 l de caldo de pescado • Sal

Se sofríe la cebolla picada y, cuando esté casi dorada, se añaden las sepias, se rehogan un poco y se añaden los tomates, pelados

y picados; se rehoga todo el conjunto. Seguidamente, se cuela el caldo de pescado y se vierte sobre la sepia unos 200 mililitros dejando cocer, a fuego lento, durante 30 minutos. El resto de caldo (doble de caldo que de arroz y si fuera necesario, se añadiría agua para completar la cantidad), se pone en el fuego y, cuando rompa a hervir, se le añade el arroz, que debe cocer a fuego vivo. Luego, se agregan las tintas, diluidas en un poco de caldo, y a los 10 minutos de cocer el arroz, se disminuye la intensidad de calor y se deja cocer hasta que esté en su punto. Se pone el arroz en una fuente refractaria y se hornea unos minutos, a 180°, para que quede seco y suelto. Y para terminar, se saca del horno y se deja reposar un poco.

SEPIA CON CEBOLLA
Grado de dificultad bajo

INGREDIENTES PARA 6 PERSONAS
1 y 1/2 kg de sepia • 4 dientes de ajo • 3 cebollas • 1,5 dl de aceite • 1 hoja de laurel • 1 cucharadita de pimentón • Sal

Se abren las sepias al medio, se limpian y se cortan en cuadrados. Mientras, se pone al fuego una cazuela con aceite y antes de que se caliente, se echan las sepias escurridas y se rehogan. Se añaden las cebollas picadas y se deja cocer todo a fuego lento; luego, se agregan los ajos picados, laurel y pimentón. El plato se termina cuando la sepia está tierna y la cebolla, casi deshecha, espesa la salsa.

SEPIA CON GUACAMOLE
Grado de dificultad bajo

INGREDIENTES PARA 6 PERSONAS
1.300 g de sepias pequeñas limpias • 1 cucharada de aceite • Salsa guacamole para 6 raciones (ver «Salsas») • Sal

Se sazonan las sepias con sal y se doran en una plancha, engrasada con aceite. Cuando estén en su punto, y bien doradas por ambos lados, se sirven con la salsa guacamole.

SEPIA CON PATATAS
Grado de dificultad bajo

INGREDIENTES PARA 6 PERSONAS

1 kg de sepia • 1 kg de patatas • 1 cebolla grande • 3 dl de vino blanco • 4 dl de aceite • 300 g de guisantes desgranados • 2 cucharadas de salsa de tomate • Sal

Se limpian y cortan las sepias en trozos, se rehogan y reservan. En el mismo aceite, se rehoga la cebolla picada, y cuando esté pochada, se agrega el vino y, una vez que reduzca un poco, la salsa de tomate. Se pelan y cortan en dados las patatas, se disponen en una cacerola con la sepia y el sofrito, se agrega agua, hasta cubrir, y también los guisantes. Por último, se sazona con sal y se cuece hasta que todo esté en su punto.

SEPIA CON PATATAS Y CHOCOLATE
Grado de dificultad medio

INGREDIENTES PARA 6 PERSONAS

1.200 kg de sepia limpia • 1 kg de patatas nuevas pequeñas • 1 cebolla • 2 dientes de ajo • 1 hoja de laurel • 1 ramito de hierbas aromáticas (tomillo, perejil, orégano) • 3 dl de aceite • 3 cucharadas de pulpa de tomate • 1/2 l de vino blanco • 50 g de chocolate negro molido • 2 cucharadas de anís seco • Azafrán • 12 almendras tostadas • Sal • Pimienta

Se da un hervor a la sepia, se escurre y se trocea. En una cazuela, se calienta el aceite y se fríen los ajos y una vez fritos, se retiran y se reservan. Se echan, en el mismo aceite, la cebolla picada y el ramito de hierbas y, antes de que empiece a dorar la cebolla, se añade la sepia y las patatas, peladas y enteras. Se rehoga todo con la cazuela tapada durante unos minutos, sacudiendo de vez en cuando para que no se pegue. Se añade entonces el tomate, el anís y el vino, prosiguiendo la cocción, y agregando un poco de agua, si fuese necesario, aunque no debe quedar muy líquido. Se machacan el azafrán, los ajos fritos y las almendras, se añade al majado el chocolate y se disuelve todo en un poco de agua caliente; entonces se vuelca la mezcla en la cazuela, se remueve y se deja cocer hasta que todo esté en su punto, sin deshacerse las patatas.

SEPIA CON PIMIENTOS Y TOMATES
Grado de dificultad bajo

INGREDIENTES PARA 6 PERSONAS

1 y 1/2 kg de sepia • 500 g de cebollas • 500 g de pimientos verdes • 1 kg de tomates • 1,5 dl de aceite • 2 dientes de ajo • Perejil • Sal • Pimienta

Es la misma receta de los calamares con pimientos y tomates (véase), usando la sepia como ingrediente principal.

SEPIA CON SALSA DE BERBERECHOS
Grado de dificultad bajo

INGREDIENTES PARA 6 PERSONAS

1 kg de sepia • 1 limón • 3 cucharadas de harina • 500 g de berberechos • 1 cebolla • 2 dientes de ajo • 2 hojas de laurel • 3 claras de huevo • 60 g de mantequilla • 4 cucharadas de pulpa de tomate • 2,5 dl de aceite • Perejil picado • Sal • Pimienta • Queso rallado

Se trata de la misma receta que la de los calamares con salsa de berberechos (véase). Los platos preparados con esta especie de octópodos quedan más sabrosos al tener la sepia un sabor y una textura más intenso que el del calamar.

SEPIA FRITA
Grado de dificultad bajo

INGREDIENTES PARA 6 PERSONAS
2 kg de sepia • 5 dientes de ajo • Harina
• Aceite • 1 limón • Sal

Este plato se prepara de la misma forma que
los calamares fritos (véase).

SEPIA FRITA CON ALIOLI
Grado de dificultad bajo

INGREDIENTES PARA 6 PERSONAS
2 kg de sepia • 5 dientes de ajo • Harina • Aceite
• 1 limón • Salsa alioli (ver «Salsas») • Sal

Teniendo en cuenta que en este caso la sepia
es el ingrediente principal, esta receta se hace
de la misma manera que los calamares fritos
con alioli (véase).

SHUUMAI DE GAMBAS
(cocina japonesa)
Grado de dificultad medio

INGREDIENTES PARA 30 BOLITAS
25-30 láminas de *shuumai* • 200 g de gambas
• 50 g de bambú • 10 cm de cebolleta • 2 hojas de
repollo • 2 cucharadas de «katakuriko» (almidón
de patata) • 1 cucharada de aceite de semillas
• 2 cucharadas de sake (o vino blanco) • Sal

Por un lado se ponen las gambas, el bambú
y la cebolleta y se trituran con la batidora;
se añade el «katakuriko», el aceite, el sake y
un cuarto de cucharada de sal, y se bate todo
junto durante al menos 3 minutos. En cada
lámina de *shuumai* se coloca una cucharada
de los ingredientes y, utilizando el dedo índice
de la otra mano para que quepan bien,
se dobla la lámina para formar una bolita.
En un cazo, se calienta agua con un cuarto de
cucharadita de sal, y en ella se cuece la col
unos 5 minutos hasta que esté blanda;
seguidamente, se pone el *shuumai* sobre la
col, y se deja al vapor durante 10 minutos, o
hasta que la lámina del *shuumai* esté
transparente. Se sirve en una fuente de

madera acompañada de un bol pequeño
de salsa de soja.

SUQUE DE PEIX
Grado de dificultad medio

INGREDIENTES PARA 6 PERSONAS
1 cola de rape de 3/4 de kg • 1/2 kg de mero
• 1 dorada de 3/4 de kg • 4 dientes de ajo • 100 g
de almendras tostadas • 4 tomates rojos maduros
• 1 cebolla • 1 vaso de aceite • 1 ramita de perejil
• Azafrán o condimento amarillo • Sal

El pescado se limpia bien y se corta en trozos
regulares. En una olla al fuego, con
abundante agua, se echan las cabezas, colas y
espinas de los pescados, la cebolla y uno de
los tomates, cortados en dos; se sala y se deja
hervir a fuego lento 45 minutos; transcurrido
este tiempo, se cuela el caldo y se reserva. Se
pone al fuego una cazuela de barro con
aceite, se fríen los ajos y, cuando estén fritos,
se aparta la cazuela, se sacan los ajos y se
echan en un mortero, donde se machacan
con las almendras, el azafrán y un poco de
perejil, añadiendo algo del aceite de freír los
ajos y, una vez bien majado, con el aspecto de
una pasta, se reserva. Se pone de nuevo al
fuego la cazuela con el resto del aceite y,
cuando esté caliente, se rehogan los tomates,
pelados y finamente picados. A continuación
se van colocando los trozos de los pescados.
Se rehoga todo y se añade la pasta del
mortero; se revuelve y se echa el caldo hasta
que quede cubierto. Se rectifica de sal y se
deja cociendo, a fuego lento, hasta que la
salsa se reduzca y el pescado esté a punto. Se
sirve en la misma cazuela.

TRONCO DE MERLUZA A LA BARBACOA
Grado de dificultad bajo

INGREDIENTES PARA 2 PERSONAS
400 g de merluza • Vinagre de Jerez • 2 limones
• Aceite • Perejil picado • Sal

Se sazona el tronco de merluza, se frota con el aceite y se pone sobre la parrilla de la barbacoa, al máximo de su calor pero sin hacer llama, y se asa 10 minutos por cada lado. Para la vinagreta, se mezcla el vinagre de Jerez y el zumo de los limones en un bol, se sazona al gusto y se va añadiendo el aceite, removiendo la mezcla con una varilla. Añadir un poco de perejil picado.

TXANGURRO
Grado de dificultad medio

INGREDIENTES PARA 6 PERSONAS
6 centollos, hembra, vivos, de unos 500 a 700 g cada uno • 1 cebolla • 1 apio • 1 diente de ajo • 1 zanahoria • 1 taza de tomate triturado • 1 cucharada de perejil picado • 1 copa de vino blanco o 2 cucharadas de coñac • Pan rallado • Mantequilla • Sal • Pimienta

Se pone una olla al fuego con abundante agua y sal y, cuando comience a hervir, se introducen los centollos vivos, de uno en uno; se espera que vuelva el hervor, se cuentan 10 minutos, se sacan y se dejan enfriar. Cuando estén a temperatura ambiente, se cascan las patas y se pone la carne del interior en un plato, se pica y se reserva. Por otro lado, se abren los centollos, recogiendo el líquido del interior en un recipiente y desechando las agallas, y con una cucharilla se rebaña bien todo el contenido pastoso del interior del centollo y se agrega a la carne de las patas. Mientras, en una sartén al fuego, con el aceite caliente, se echa la cebolla rallada y el ajo finamente picado y, cuando la cebolla empiece a dorarse, se le añade la zanahoria y el puerro, lo más finamente picados posible, y el vino o el coñac; se deja rehogar unos minutos y se incorpora el tomate y el líquido de los centollos. A partir de ahí, se mantiene cociendo, a fuego lento, unos minutos hasta que se reduzca el caldo, se añade la carne de los centollos, la sal y una pizca de pimienta molida, se mezcla bien y se deja cocer, manteniendo el fuego lento, durante unos minutos más. Se rellenan los caparazones con esta pasta, espolvoreándolos con el pan rallado y el perejil picado, se les pone encima una avellana de mantequilla y se meten en el horno, con el grill encendido, para gratinarlos hasta que el pan rallado esté dorado, y se sirven calientes en el propio caparazón.

ZARZUELA DE PESCADO
Grado de dificultad bajo

INGREDIENTES PARA 6 PERSONAS
1 y 1/2 kg de cola de rape (cortado en rodajas) • 1 kg de merluza (cortada en rodajas) • 1/2 kg de mejillones • 1/2 kg de almejas • 6 langostinos • 1/4 kg de calamares (cortados en rodajas) • 3 dientes de ajo • 1 cucharada de pimiento choricero • 50 g de almendras crudas peladas • 2 cucharadas de anís • 50 g de avellanas peladas • 1 copa pequeña de coñac • 1 vaso de aceite de oliva • Sal

Para empezar, se meten los mejillones en una olla, con un poco de agua en el fondo y se deja hervir, unos 10 minutos, para que se abran al vapor. Mientras, en un mortero, se ponen las almendras, las avellanas y los dientes de ajo, machacándolo bien; esta pasta se puede hacer también en una batidora eléctrica. Aparte, se pone al fuego una cazuela de barro con aceite y se van poniendo las rodajas de rape, de merluza y de calamares; luego, se añade la pasta del mortero, el anís y las almejas, se cubre con agua y se deja hervir, a fuego lento. Después, se echan en la cazuela los mejillones, con concha y todo, se añaden el coñac y los langostinos y se deja hervir, a fuego lento, durante al menos 40 minutos, vigilando de vez en cuando y moviendo para que no se pegue. Se presenta en la misma cazuela.

POSTRES

BAVAROISE DE CHOCOLATE
Grado de dificultad medio

INGREDIENTES

250 g de chocolate de cobertura • 50 g de harina fina de maíz • 40 g de gelatina blanca en polvo • 300 g de azúcar • 1 l de leche • 8 claras de huevo

En un recipiente, se mezcla la harina, el azúcar y la gelatina, se añade la leche, previamente hervida, templada, poco a poco, sin parar de remover. Se pone en el fuego, moviendo siempre con la cuchara de madera, y cuando empiece a hervir, se retira del fuego y, removiendo, se añade el chocolate rallado, hasta que se deshaga del todo; se deja enfriar. Aparte, se baten las claras a punto de nieve y se mezclan al chocolate, removiendo con cuidado pero sin batir. Se pasa por agua y se escurre un molde grande de flan con agujero central, en el que se vierte el preparado para luego reservarlo en el frigorífico hasta que el bavaroise esté bien firme. Para desmoldar, puede ser necesario humedecer con agua caliente el fondo del molde.

BOLLO DE LA ABUELA
Grado de dificultad bajo

INGREDIENTES

200 g de mantequilla • 150 g de azúcar • 4 huevos • 0,5 dl de leche • 1 cucharada colmada de levadura en polvo • 150 g de harina tamizada • 125 g de chocolate en polvo • 2 cucharadas de azúcar en polvo

Se mezcla la harina, el chocolate y la levadura. Aparte, en un bol, se amasa el azúcar con la mantequilla, hasta obtener una crema homogénea, en la que se añaden las yemas, se bate bien y se agrega la leche. Se ponen seguidamente las claras, batidas a punto de nieve, alternando cucharadas de claras y mezcla de chocolate, removiendo sin batir. Se vierte el preparado en un molde redondo de bollo, engrasado y enharinado, y se mete en el horno, durante 1 hora a temperatura

media. Pasado ese tiempo, se deja enfriar, se desmolda y se espolvorea con el azúcar en polvo.

BONET ITALIANO
Grado de dificultad bajo

INGREDIENTES

200 g de chocolate de cobertura amargo • 8 bizcochos de soletilla • 5 dl de leche • 6 huevos • 200 g de azúcar

Se hace un jarabe con 50 gramos de azúcar y una cucharada de agua, y cuando empiece a quedar dorado, se retira del fuego y se vierte en un molde alto, de unos 20 centímetros de diámetro, para que forre el fondo y los laterales. Se baten los huevos con el resto del azúcar hasta obtener una crema homogénea, de color amarillo muy claro, y se añaden los bizcochos rallados. Por otra parte, se disuelve el chocolate con la leche y se añade al batido de los huevos. Se vierte este preparado en el molde y se cuece al baño María, en horno a temperatura alta, durante 45 minutos. Se desmolda, después de enfriar un poco.

BONIATOS DULCES
(cocina japonesa)
Grado de dificultad bajo

INGREDIENTES PARA 6 PERSONAS

700 g de boniatos (o batatas) • 1/2 taza de azúcar • 2 cucharadas de salsa de soja • 2 cucharaditas de agua • 1/2 cucharada de semillas de sésamo • Aceite de semillas

Se lavan y cortan los boniatos en pequeños cuadrados, y en una sartén con un poco de aceite se fríen, hasta que estén dorados. En otra sartén, se mezcla el agua, el azúcar, la salsa de soja y se deja cocer a fuego lento. Una vez que el líquido se espese, se retira del fuego y se añaden los boniatos fritos. Se remueve todo muy bien, se pone un poco más en el fuego y finalmente se espolvorean las semillas de sésamo por encima. Se retira y se sirve.

BRAZO DE GITANO ALGARVÍO
Grado de dificultad bajo

INGREDIENTES PARA 6-8 PERSONAS
400 g de azúcar • 6 huevos • 40 g de mantequilla • Raspadura y zumo de una naranja • 75 g de almendras

Se da un hervor a las almendras, se pelan, se secan y se trituran. En un bol, se mezclan el azúcar, los huevos y la raspadura y zumo de naranja y se bate bien a mano, con el batidor de metal, durante 5 minutos, después, se añaden las almendras y la mantequilla derretida; se mezcla bien y se vierte sobre un molde (el molde para el brazo de gitano, debe ser de aluminio fino, rectangular), forrado con papel vegetal engrasado con mantequilla y espolvoreado con harina. Cuando esté cocido, se vuelca sobre otro papel, espolvoreado con azúcar *glass*, se va enrollando con cuidado y se deja envuelto en el papel hasta que enfríe.

BRAZO DE GITANO CON CACAO
Grado de dificultad medio

INGREDIENTES PARA 6-8 PERSONAS
10 huevos • 1/2 kg de azúcar • 50 g de cacao en polvo • 1 cucharada de postre de harina fina de maíz • 1 naranja • Mantequilla • Harina

Se mezcla en un recipiente, el cacao, el azúcar y la harina. Se le añaden los 10 huevos y el zumo de naranja y se bate todo, sólo hasta disolver el azúcar, pues no debe hacer espuma. A continuación, se vierte en un molde (si es de aluminio fino y rectangular, mejor), forrado con papel vegetal, engrasado con mantequilla y espolvoreado con harina. Se pone en horno fuerte durante 25 minutos; pasado ese tiempo se reduce la temperatura hasta estar hecho. Se extiende un paño sobre la mesa

espolvoreado de azúcar *glass*, se vuelca el molde y, con la ayuda del paño, se enrolla.

BRAZO DE GITANO CON DULCE DE ZANAHORIA
Grado de dificultad medio

INGREDIENTES PARA 6-8 PERSONAS

Para el bizcocho:
3 huevos enteros • 2 yemas • Raspadura de limón • 70 g de harina tamizada • 100 g de azúcar • Mantequilla • Azúcar en polvo

Para el relleno:
400 g de puré de zanahoria cocida • 300 g de azúcar • 1 bollito de pan remojado • Raspadura de limón o naranja (optativo) • 1 palito de canela

Se baten los huevos enteros, las yemas, el azúcar y la raspadura de limón, y una vez bien batido, se añade la harina, haciéndola caer en «lluvia», entre los dedos, batiendo hasta que la harina esté bien ligada. Se vierte en un molde rectangular de aluminio fino y se cuece en el horno, bien caliente, durante unos 15 minutos. Se desmolda encima de un paño con azúcar en polvo. La crema se hace mezclando el puré de zanahoria con azúcar, raspadura de limón o naranja y un panecillo remojado, bien exprimido y deshecho; se agrega la canela, se pone en el fuego y se deja hervir 6 minutos, removiendo. Se retira del fuego, se saca la canela y cuando se enfríe, está listo para usar: rellenar el brazo de gitano con la crema, enrollarlo y cubrirlo con azúcar en polvo.

BRAZO DE GITANO CON FRUTAS ESCARCHADAS
Grado de dificultad medio

INGREDIENTES PARA 6-8 PERSONAS
100 g de calabaza • 100 g de cerezas escarchadas • 6 huevos • 1/2 kg de azúcar • 125 g de mantequilla • 125 g de coco rallado • 50 g de chocolate de cobertura • 50 g de mantequilla

Se cortan las frutas en trozos muy pequeños, reservando ocho cerezas. En un bol, se mezclan los huevos enteros y el azúcar, hasta obtener una crema espumosa y blanquecina, se añade la mantequilla derretida y tibia y se continúa batiendo; luego, se agrega el coco, se bate un poco más y se vierte en un molde rectangular de aluminio. Se hornea a media temperatura unos 35 minutos (conviene no dejar que se seque mucho). Se desmolda, se disponen por toda la superficie las frutas picaditas y comienza a enrollarse, sobre un paño con azúcar *glass*. La crema se hace derritiendo el chocolate con la mantequilla, al baño María. Se cubre el bizcocho con el chocolate, que cuando enfríe, quedará duro, y se adorna con las cerezas reservadas, en cuanto la crema esté poco dura.

BRAZO DE GITANO DE ALMENDRA
Grado de dificultad medio

INGREDIENTES PARA 6-8 PERSONAS
5 huevos • 200 g de azúcar • 100 g de almendras • 100 g de confitura de melocotón

Se trituran las almendras con cáscara. Se separan las yemas de las claras y se baten éstas a punto de nieve, agregándoles, casi al final, dos cucharadas de azúcar. Se mezclan después, con cuidado, las yemas y la almendra molida, removiendo suavemente de abajo hacia arriba. Se vierte el preparado en un molde rectangular de aluminio a ser posible, forrado con papel vegetal, engrasado y espolvoreado con harina, y se pone en el horno, a temperatura fuerte, durante 10 minutos. Cuando esté cocido, se extiende sobre un paño, espolvoreado de azúcar en polvo, se reparte por toda la superficie la confitura y, por último, se enrolla cuidadosamente.

BRAZO DE GITANO DE ALMENDRAS CON PAN RALLADO
Grado de dificultad bajo

INGREDIENTES PARA 6-8 PERSONAS
8 claras de huevo • 250 g de azúcar • 100 g de almendras • 75 g de pan rallado • 1 cucharada de agua de azahar • 100 g de mantequilla • 100 g de chocolate de cobertura • 100 g de nata líquida

Por un lado, se escaldan las almendras para pelarlas y se trituran; por otro, se baten las claras a punto de nieve y cuando estén bien firmes, se añade al azúcar poco a poco, sin parar de batir. Se mezclan las almendras molidas con el pan rallado y se agregan a las claras, removiendo con cuidado. Se vierte el batido en un molde rectangular, forrado con papel vegetal, engrasado y enharinado y se cuece a horno medio, unos 10-15 minutos. En un recipiente, se echa el chocolate, partido en trocitos, y la mantequilla y se derrite al baño María. Se incorpora la nata y esta crema, bien batida, se unta sobre la superficie y para terminar, se enrolla.

BRAZO DE GITANO DE CANELA Y CHOCOLATE
Grado de dificultad medio

INGREDIENTES PARA 6-8 PERSONAS

Para la masa:
150 g de mantequilla • 300 g de azúcar • 5 huevos • 1 cucharada de levadura en polvo • 2 cucharadas de canela en polvo • El zumo de media naranja • 250 g de harina tamizada • 12 nueces molidas

Para la crema:
50 g de chocolate en polvo • 6 cucharadas de azúcar • 100 g de mantequilla • 1 cucharadita de café soluble • 3 cucharadas de vino de Oporto

Para decorar:
10 cerezas rojas en conserva, deshuesadas

Se mezcla en un bol, la mantequilla ablandada con 250 gramos de azúcar, hasta obtener una crema homogénea; luego, se agrega la canela, así como las yemas y el zumo de naranja. Se baten las claras a punto de nieve, añadiendo, casi al final, 50 gramos de azúcar, sin dejar de batir. En un recipiente aparte, se mezclan la harina y la levadura y se va agregando, poco a poco, esta mezcla y las claras. Se añaden las nueces molidas y, por último, el batido de las yemas, mezclando con cuidado, en movimientos envolventes. Se vierte el preparado en un molde grande, forrado con papel vegetal engrasado y espolvoreado con azúcar. Se cuece en el horno, a temperatura media, durante unos 25 minutos. Mientras se hace el bizcocho, se prepara la crema mezclando todos los ingredientes en un recipiente, poniéndolo en fuego al baño María y sin parar de remover, hasta obtener una crema lisa y brillante (si quedara demasiado espeso, se podría añadir una cucharada de leche). Se desmolda el bizcocho, como es habitual, se corta al medio a lo largo y se rellena con parte de la crema. Con la crema restante, se cubre la superficie, se alisa y se decora con las cerezas.

BRAZO DE GITANO DE CHOCOLATE
Grado de dificultad bajo

INGREDIENTES PARA 6-8 PERSONAS

Para el bizcocho:
100 g de azúcar • 5 huevos • Raspadura de limón • 100 g de harina • 25 g de cacao en polvo

Para el relleno o crema pastelera:
75 g de azúcar • 1 cucharada colmada de harina tamizada • 1 huevo entero y 1 yema • 2,5 dl de leche • 1 cáscara de limón • 1 palito de canela

Se mezclan la harina y el cacao, se añaden las yemas, el azúcar y la raspadura de limón, batiendo hasta obtener una crema blanquecina y homogénea. Por otro lado, se baten las claras a punto de nieve, añadiendo una cucharada de azúcar casi al final. Se mezclan las claras y la harina, poco a poco y alternadamente, agregando también poco a poco, el batido de las yemas, hasta estar todo

muy ligado. Se vierte en un molde de aluminio rectangular y se pone al horno muy fuerte, unos 15 minutos. Se retira del horno y se desmolda, sobre un paño con azúcar *glass*. Para hacer la crema pastelera, se hierve la leche junto con la cáscara de limón y la canela; aparte, se mezcla el azúcar y la harina, se añaden las yemas y, removiendo, se agrega a la leche, ya hervida y colada. Se pone al fuego, sin parar de remover, y cuando vuelva a hervir, se retira y se deja enfriar. Se dispone por toda la superficie del bizcocho la crema, se enrolla y se cubre de azúcar en polvo.

BRAZO DE GITANO DE COCO 1
Grado de dificultad bajo

INGREDIENTES PARA 6-8 PERSONAS
8 huevos • 50 g de mantequilla • 125 g de coco rallado • El zumo de 1 naranja • Raspadura de naranja • 1 cucharada bien llena de harina fina de maíz • 125 g de azúcar

Se mezclan todos los ingredientes y se vierte la mezcla en una bandeja de horno, forrada con papel vegetal engrasado y enharinado. Se pone en el horno, a temperatura media, durante unos 15 minutos, vigilando la cocción, más rápida que la de un bizcocho normal. Se desmolda, volcándolo sobre un papel espolvoreado de azúcar *glass* y se enrolla con la ayuda del mismo papel.

BRAZO DE GITANO DE COCO 2
Grado de dificultad bajo

INGREDIENTES PARA 6-8 PERSONAS
7 huevos • 3 yemas • 250 g de azúcar • 100 g de coco rallado • Raspadura de limón • 50 g de mantequilla derretida

Se baten las yemas, el azúcar, la raspadura de limón y se añade el coco; cuando el batido esté bien ligado y espumoso, se agrega la mantequilla derretida y se remueve todo, cuidadosamente. Se pone en horno medio, en un molde rectangular de aluminio, durante 20 minutos (es importante que la masa se quede algo húmeda). Para terminar, se desmolda y se enrolla sobre un paño con azúcar.

BRAZO DE GITANO DE NARANJA
Grado de dificultad bajo

INGREDIENTES PARA 6-8 PERSONAS
8 huevos • 350 g de azúcar • 1 cucharada de harina • Zumo y raspadura de 1 naranja • 80 g de mantequilla derretida

Se mezclan todos los ingredientes, a excepción de la mantequilla, procurando que todo quede bien ligado pero sin batir demasiado para que no levante espuma. Se agrega la mantequilla, se remueve con cuidado y se vierte sobre el molde, debidamente forrado, engrasado y enharinado. El cocido de la masa debe durar unos 20 minutos, comprobando que no se seque demasiado pero que no quede crudo. Se desmolda y se cubre con azúcar en polvo.

BRAZO DE GITANO DE NARANJA Y CHANTILLY
Grado de dificultad medio

INGREDIENTES PARA 6-8 PERSONAS

Para el bizcocho:
4 huevos • 124 g de azúcar • 4 cucharadas de harina • 1 taza de mermelada de frambuesa

Para la crema:
4 huevos • 150 g de azúcar • 3 dl de leche • Ralladura de 2 naranjas • 6 hojas de gelatina

Para la decoración:
250 g de nata montada • 50 g de azúcar •18 cerezas en almíbar • 2 naranjas

Se baten cuatro huevos con cuatro cucharadas de azúcar, hasta obtener una crema clara y firme, y se añade la harina tamizada,

dejándola caer, poco a poco, entre los dedos, sin parar de batir. Luego, se vierte este preparado en un molde rectangular de aluminio forrado con papel vegetal, engrasado y enharinado, y se pone en el horno, precalentado al máximo, cerca de 12 minutos. Cuando esté a punto, se vuelca sobre un papel vegetal, espolvoreado con azúcar *glass*. Se retira el papel que forraba el molde y se esparce la mermelada, cubriendo la superficie del bizcocho, y se enrolla de inmediato, presionando un poco; se deja enfriar. Se hierve entonces la leche, se retira del fuego y se le añade la gelatina, previamente remojada. En un cazo, se ponen cuatro yemas,150 gramos de azúcar y ralladura de naranja, se remueve y se le agrega la gelatina disuelta en la leche; se pone en fuego moderado, sin parar de mover y sin dejar que hierva, hasta espesar ligeramente. Se retira del fuego, y se cuela a un bol, dejándolo que enfríe. Luego, se corta el brazo de gitano frío, en rebanadas, con las que se forra un bol, procurando que no queden espacios vacíos. La nata montada se mezcla con la crema de la gelatina y las claras a punto de nieve. Con esta mezcla, se rellena el bol forrado con las rebanadas de brazo de gitano y se pone en el frigorífico, al menos unas 8 horas. Por último, se desmolda y se adorna con gajos de naranja sin piel y cerezas en almíbar.

BRAZO DE GITANO DE NARANJA Y CREMA
Grado de dificultad alto

INGREDIENTES PARA 6-8 PERSONAS

Para la masa:
5 huevos • 1 taza de azúcar • 1 sobre de azúcar vainilla • 1/2 de taza de harina fina de maíz •1/4 de taza de harina tamizada

Para la crema:
1/2 l de leche • 1 y 1/2 taza de azúcar • Ralladura de 2 naranjas • 3 yemas de huevo • 1 cucharada de harina tamizada • 100 g de mantequilla

Para el almíbar:
1 taza de azúcar • Ralladura de naranja

Guarnición:
2 naranjas en rodajas finas • Jalea de melocotón

Por un lado, se baten las claras a punto de nieve muy firme y se añade la mitad del azúcar, sin parar de batir; por otro, se agregan las yemas y el resto del azúcar. Por último, se añaden con cuidado las harinas tamizadas. Con esta masa, se forra un molde rectangular de aluminio, preparado con papel vegetal engrasado, y se pone en el horno, precalentado a 200°, durante 10 minutos. Se desmolda sobre un paño húmedo, se pincela con agua fría y se retira el papel con cuidado. Se espolvorea sobre la masa un poco de azúcar, se cubre nuevamente con papel, se enrolla y se deja enfriar. La crema se hace separando tres cucharadas de leche e hirviendo el resto, con el azúcar y la ralladura de media naranja. Se baten las yemas y la harina, diluida en la leche reservada, añadiendo, poco a poco, la leche hervida, y se pone en el fuego hasta obtener una consistencia cremosa. Se deja enfriar un poco y se agrega la mantequilla en pedacitos, batiendo al mismo tiempo. Aparte, se hace un almíbar con una taza de azúcar, una de agua y la ralladura de naranja, dejándolo hervir. Se vuelve a desenrollar la masa, se retira el papel, se humedece con el almíbar y se unta con la crema, reservando una parte. Se enrolla de nuevo y se pone en la nevera unas 12 horas; luego se decorará con jalea, rodajas de naranja y crema, y se pone otra vez en el frigorífico hasta el momento de servir.

BRAZO DE GITANO DE NAVIDAD
Grado de dificultad alto

INGREDIENTES PARA 6-8 PERSONAS

Para el bizcocho:
8 huevos • 200 g de azúcar • 100 g de harina
• 1 cucharada, bien colmada, de harina fina de

maíz • El zumo de 1 naranja • Raspadura de 1 naranja

Para la crema:
3 huevos • 125 g de chocolate de cobertura • 100 g de azúcar • 100 g de mantequilla • 1 copita de ron

Se baten los huevos, el azúcar, el zumo y la raspadura de naranja, hasta que se obtenga una crema espumosa y blanquecina. Poco a poco, se incorporan las harinas tamizadas, revolviéndolas con movimientos envolventes. Se vierte en el molde forrado, engrasado y enharinado y se pone en el horno 12 minutos; luego, se vuelca sobre un paño con azúcar. La crema se elabora batiendo las yemas con el azúcar, hasta que quede clara y homogénea. Además, se baten las claras a punto de nieve, se derrite el chocolate con la mantequilla al baño María, se le añade el ron y se mezclan: el chocolate tibio se añade a las yemas y después se ponen las claras, siempre con mucho cuidado para que no se corte la crema. Se unta con una parte de la crema, la superficie de la masa y se enrolla, cortando los dos extremos del rollo. Se extiende la crema por todo el brazo de gitano. A continuación, los dos extremos cortados se colocan sobre el rollo, distanciados, y se cubren con la crema de chocolate; con un tenedor, se hacen rayas de manera que se imite un tronco de árbol. Se decora con alguna cereza escarchada.

BRAZO DE GITANO DE NOVIA
Grado de dificultad medio

INGREDIENTES PARA 6-8 PERSONAS

Para el rollo:
5 claras de huevo • 150 g de azúcar

Para la crema:
5 yemas de huevo • 1/2 copita de Jerez dulce
• 1 cucharada de harina de maíz • 250 g de azúcar

Se prepara la crema, haciendo un almíbar con el azúcar y un poco de agua, dejándolo hervir lentamente, 5 minutos exactos; luego, se retira del fuego. Se disuelve la harina de maíz en el vino y se añaden las yemas batidas, en chorro fino, removiendo bien, se agrega el almíbar y se devuelve al fuego hasta que empiece a espesar, sin dejar de remover; se retira del calor y se reserva. Además, se baten las claras a punto de nieve y se le añade el azúcar poco a poco, sin parar de batir. Se vierte el batido en un molde apropiado, forrado, engrasado y espolvoreado con azúcar y se pone en el horno, a temperatura alta, unos 10 minutos. Se desmolda frío, sobre un papel vegetal engrasado, desprendiendo las esquinas con la punta de un cuchillo y volcándolo sobre el papel. Para terminar, se esparce por la superficie una parte de la crema de yemas, se enrolla con cuidado y se vuelca por encima el resto de la crema.

BRAZO DE GITANO PÍO IX
Grado de dificultad bajo

INGREDIENTES PARA 6-8 PERSONAS

Para el bizcocho:
4 huevos • 125 g de azúcar • 125 g de harina tamizada • 1 cucharada de levadura en polvo • 4 cucharadas de agua hirviendo

Para el relleno:
1 cucharada de cacao puro, en polvo • 100 g de azúcar • 1 cucharada de harina • 1 cucharada de mantequilla • 2,5 dl de leche

Primero, se baten las claras a punto de nieve, bien firme, se mezcla el azúcar y después, las yemas, removiendo con cuidado de abajo hacia arriba. después, se echa el agua hirviendo y, por último, la harina tamizada con la levadura; se mezcla todo y se vierte sobre un molde preparado. A continuación, se alisa y se pone en el horno, muy caliente, durante unos 12 minutos y cuando esté en su punto, se saca del horno y se desmolda sobre un paño con azúcar *glass*. En una cazuelita, se mezclan el azúcar, el cacao y la harina. Se

pone al fuego y se le agrega, en chorro fino, la leche caliente, sin parar de remover, hasta que hierva unos segundos. Se retira del fuego y se deja enfriar un poco. Con esta crema, se rellena el bizcocho, se enrolla y se adorna con azúcar en polvo.

BRAZO DE GITANO POBRE
Grado de dificultad bajo

INGREDIENTES PARA 6-8 PERSONAS
75 g de azúcar • 4 huevos • 75 g de harina • 100 g de confitura

Se precalienta el horno a 200°, y mientras en un cuenco, introducido en un recipiente con agua muy caliente, se baten los huevos con el azúcar, hasta formar una crema blanquecina y espumosa. Se saca el cuenco del recipiente con agua y se continúa batiendo durante unos minutos, hasta que se enfríe. Luego se agrega la harina, tamizada, despacio y con movimientos envolventes. Se engrasa y enharina una fuente rectangular y ancha y se vierte la masa, introduciéndolo en el horno durante 12 minutos. Cuando esté hecho, se vuelca sobre un papel vegetal espolvoreado de azúcar en polvo. Se recortan los bordes más duros, se unta bien con la confitura caliente y para terminar, se va enrollando, con la ayuda del papel, y se cubre con azúcar.

BRAZO DE GITANO RICO
Grado de dificultad bajo

INGREDIENTES PARA 6-8 PERSONAS

Para el bizcocho:
6 huevos • 6 cucharadas de azúcar • 3 cucharadas de harina fina de maíz • 3 cucharadas de harina de trigo

Para la crema:
1/2 l de leche • 2 cucharadas de harina fina de maíz • 3 yemas de huevo • 100 g de azúcar • 1 cáscara de limón • Vainilla

Para adornar:
Canela en polvo • Azúcar en polvo • 2 claras de huevo • 4 cucharadas de azúcar

Se baten las yemas y el azúcar hasta obtener una crema clara y espumosa, se agregan las claras batidas a punto de nieve y las dos harinas tamizadas. Después de mezclar bien los ingredientes, se vierte la masa sobre una placa de horno, forrada con papel vegetal engrasado, y se pone en el horno durante 20 minutos, a 180°. Para la crema, se calienta la leche con la cáscara del limón y la vainilla. Antes de que hierva, se añade la harina fina de maíz, diluida en un poco de leche fría, mezclada con el azúcar y las yemas, y se cuece a fuego lento, sin dejar de mover, hasta que la crema espese. Luego, se retira el bizcocho del molde, se pone por encima la crema, aún caliente, y se enrolla, colocándolo después en una bandeja. Para la decoración, se baten las claras a punto de nieve muy firme, se mezcla con azúcar en polvo y la canela y con este batido se adorna toda la superficie del brazo de gitano.

BROWNIES
Grado de dificultad bajo

Ingredientes para 6 personas
100 g de azúcar • 200 g de chocolate de cobertura • 100 g de mantequilla • 75 g de harina tamizada • 75 g de nueces peladas • 3 huevos • 1 cucharada de levadura en polvo

Se derrite el chocolate con la mantequilla, al baño María, se retira del fuego y se añade el azúcar, las nueces picadas y los huevos batidos. Se agregan la harina y la levadura mezcladas, removiendo bien. Seguidamente, se vierte el preparado, en un molde cuadrado, de unos 30 x 25 centímetros, forrado con papel vegetal, engrasado y enharinado, y se cuece en el horno, a media temperatura, unos 30 minutos. Después de que el bizcocho esté desmoldado y frío, se corta en cuadraditos que se meten en moldes de papel.

BUDÍN DE MIEL
Grado de dificultad bajo

Ingredientes para 4 personas
1/2 taza de mantequilla blanda • 1/3 de taza de azúcar • 1 huevo batido • 1 cucharada de ralladura de limón • 1 cucharadita de esencia de vainilla • 1 taza de harina tamizada • 1 cucharada de levadura en polvo • 4 cucharadas de leche • 2 cucharadas de miel

Se baten sin parar el azúcar y la mantequilla hasta que quede cremoso, y luego se junta el huevo, la ralladura de limón y la vainilla. Poco a poco, sin dejar de batir, se agregan la harina, la levadura y la leche, hasta obtener una masa blanda. Se unta con mantequilla un molde refractario, se echa la miel en el fondo y se pone la masa a cucharadas. Se cubre el molde con un *film* transparente y se pone a potencia máxima 4 minutos. Se deja descansar 2 minutos y se desmolda con la punta de un cuchillo. Se sirve caliente.

BUDÍN MÁRMOL
Grado de dificultad bajo

Ingredientes para 4 personas
100 g de harina fina de maíz • 80 g de chocolate • 200 g de azúcar • 1 l de leche • 1 cáscara de limón

Se hierve la leche con la cáscara de limón. En un cazo, se mezcla la harina con el azúcar y se le añade la leche, en chorro fino y removiendo; luego, se retira la cáscara de limón, se vuelve a poner en el fuego, removiendo sin parar, se deja hervir 2 ó 3 minutos y se retira del fuego. Se añaden los trozos de chocolate, moviendo con cuidado para que se derrita sin que se mezcle del todo, con el fin de que tenga aspecto de mármol. Se vierte el preparado caliente en un molde engrasado, con agujero central, se deja enfriar y se pone en el frigorífico. Para desmoldar, si no sale bien, se remoja el fondo con un poco de agua caliente.

CHARLOTTE DE CHOCOLATE
Grado de dificultad bajo

INGREDIENTES PARA 6-8 PERSONAS
200 g de bizcochos de soletilla • 150 g de chocolate de cobertura • 200 g de mantequilla • 250 g de azúcar • 3 huevos • 2 copa de vino de Oporto, dulce

Se derrite el chocolate, al baño María, con el azúcar y la mantequilla, se mezcla y se añade una copa de vino dulce y se remueve hasta obtener una crema lisa y brillante. Se agregan las yemas de huevo, sin dejar de remover y, por último, las claras batidas a punto de nieve firme, en las que se añadieron al final, tres cucharadas de azúcar. Se forra la base de un molde de tarta, de unos 20 centímetros de base y ocho de altura, con papel vegetal engrasado y enharinado. Se dispone sobre el fondo la cantidad necesaria de bizcochos, cortando en ángulo uno de los extremos, para que coincidan en el centro y abran hacia fuera, previamente humedecidos en vino de Oporto, rebajado con agua. Se forra, también con los bizcochos húmedos, todo el molde alrededor y se vierte el relleno, mezclado con trocitos de los recortes de bizcocho. Por fin, se tapa toda la superficie de la misma manera que se forró el fondo, se pone en el frigorífico durante unas horas, tras las cuales se desmolda cuidadosamente. Se sirve muy frío, decorado con virutas de chocolate.

CHOCOLATE A LA TAZA
Grado de dificultad bajo

INGREDIENTES PARA 6 PERSONAS
6 tazas de leche • 40 gramos de chocolate medio amargo en pedacitos por cada taza de leche • 2 ramas de canela • 2 clavillos • 1 pizca de sal • 5 cucharadas de azúcar

Se ralla el chocolate y, en un cazo, se ponen todos los ingredientes, sin parar de remover con una cuchara de madera, hasta que rompa a hervir; se desechan las ramas de canela y los clavillos, se vuelca en la batidora y se amalgama bien. Otra vez en el cazo, se deja hervir durante 5 minutos, sin parar de remover a mano. Se sirve muy caliente acompañado de picatostes.

CHOCOLATE A LA TAZA CON MENTA
Grado de dificultad bajo

INGREDIENTES PARA 6 PERSONAS
5 tazas de leche • 1 taza de nata líquida • 40 g de chocolate negro, finamente rallado, por cada taza • Azúcar • 1 ramita de menta

Se pica la menta, lavada y seca, reservando 12 hojitas, y se vuelca con la nata, en el vaso de la batidora hasta que esté prácticamente deshecha; entonces, se mezcla con la leche. Se hace el chocolate a la taza de forma tradicional (véase) y, al servir, se colocan en la superficie de cada taza dos hojitas de menta.

CHOCOLATE A LA TAZA CON PIMIENTA
Grado de dificultad bajo

INGREDIENTES PARA 6 PERSONAS
700 g de chocolate negro • Azúcar • 6 tazas de leche • 10 granos de pimienta negra molida en el momento

Se ralla el chocolate y se mezclan todos los ingredientes en el fuego, removiendo siempre. Una vez derretido el chocolate y sin parar de remover, se deja hervir durante unos 6 minutos a fuego lento.

CHOCOLATE A LA TAZA ESPECIADO
Grado de dificultad bajo

INGREDIENTES PARA 6 PERSONAS
6 tazas de leche • 40 g de chocolote negro por cada taza, rallado finamente • Azúcar • 6 clavos

- 1/2 cucharada de nuez moscada molida
- 1/2 cucharadita de pimienta en polvo

Se mezclan todos los ingredientes y se ponen en el fuego, sin parar de remover desde el principio. Cuando empiece a hervir, se mete la batidora y se bate hasta que haga espuma, y se continúa la cocción, durante 4 minutos, sin parar de remover a mano.

CIRUELAS AL OPORTO
Grado de dificultad mínimo

INGREDIENTES PARA 4 PERSONAS
500 g de ciruelas pasas deshuesadas • 80 g de azúcar • 2,5 dl de vino de Jerez dulce • 1 palito de canela

Por un lado, en un bol, se mete el vino y el azúcar y se cuece 5 minutos a potencia máxima en el microondas; por otro, se lavan y secan las ciruelas, previamente remojadas durante 30 minutos, se echan en el vino y se cuecen 10 minutos más. Si se quiere el almíbar más espeso, se cuece otros 3 minutos.

CREMA CATALANA
Grado de dificultad bajo

INGREDIENTES PARA 6 PERSONAS
6 yemas de huevo • 1 l de leche • 180 g de azúcar • 25 g de harina fina de maíz • La piel de medio limón • 1 palito de canela • Azúcar para quemar

En un bol, se disuelve la harina con cuatro cucharadas de leche. En otro bol, se pone la leche, la canela y la piel del limón y se cuece a potencia máxima en el microondas 4 minutos. Se baten las yemas con el azúcar, hasta obtener una crema blanquecina, con el doble del volumen inicial y se mezcla con la leche y la harina. Se añade, poco a poco, el resto de la leche caliente, sin parar de remover. Se vuelve a meter en el microondas a potencia media, durante 4 minutos, tiempo durante el

que se saca dos veces y se bate enérgicamente a mano. Se deja enfriar, hasta que la superficie esté lo suficientemente espesa para poder espolvorear con una fina capa de azúcar y quemar.

CREMA DE CHOCOLATE
Grado de dificultad medio

INGREDIENTES
200 g de chocolate de cobertura • 1 l de leche • 5 yemas de huevo • 1 cucharada de harina fina de maíz • 100 g de azúcar en polvo

Se parte el chocolate a trocitos, se pone en una cacerola junto con media taza de leche descontándola del litro, y se disuelve al baño María, mezclando para obtener una crema. Se mezcla esta crema con el resto de la leche y se dejar cocer 8 minutos a fuego muy lento. Mientras tanto, se trabajan las yemas de huevo con el azúcar en polvo hasta obtener una crema muy clara y esponjosa. Se añade entonces la harina y se disuelve la preparación con unas cucharadas de leche caliente. Se agrega esta preparación a la leche con chocolate, y se deja espesar, removiendo constantemente, con cuidado de que no hierva. Una vez fría, se pone en el frigorífico, 2 horas al menos.

CREMA DE CHOCOLATE Y RON
Grado de dificultad medio

INGREDIENTES
100 g de chocolate de cobertura • 100 g de azúcar • 60 g de cacao en polvo • 125 g de mantequilla • 1 vaso de nata de montar • 1 copita de ron • 3 yemas de huevo

Se baten las yemas con 75 gramos de azúcar, hasta que se haga una crema muy clara y esponjosa, momento en el que se mezcla el chocolate, partido en trocitos, con tres cucharadas de agua y se disuelve al baño María. Se ablanda la mantequilla y se bate con el cacao, hasta conseguir una crema fina. Se trabajan estas tres cremas mezcladas y se vierten en un molde estrecho y rectangular (de *cake* inglés), engrasado con mantequilla, y se mete en el frigorífico unas 5 horas. Se sirve cortado en rodajas.

CREMA DURA PARA COBERTURA DE TARTAS
Grado de dificultad bajo

INGREDIENTES
200 g de mantequilla • 2 cucharadas de nata • 180 g de chocolate de cobertura

En una cazuelita, se pone el chocolate y la mantequilla troceados y la nata, se pone en el fuego, al baño María, hasta que el chocolate esté completamente derretido. Se retira del calor y se bate a mano, hasta que la crema sea homogénea. Esta cobertura, tiene que utilizarse mientras está casi líquida porque el resultado final, es el de una placa dura.

CREMA PARA RELLENOS Y COBERTURAS DE TARTAS Y BIZCOCHOS
Grado de dificultad bajo

INGREDIENTES
2 vasos de nata • 250 g de chocolate medio amargo • 3 cucharadas de azúcar

Se calienta la crema de leche, se agrega el chocolate troceado y el azúcar y se remueve hasta obtener una crema homogénea.

FLAN DE CHOCOLATE CON SALSA DE NARANJA
Grado de dificultad bajo

INGREDIENTES PARA 4 PERSONAS
250 g de chocolate de cobertura • 6 cucharadas de leche condensada • 1 vaso de leche • 1 vaso de nata líquida • 3 naranjas • 3 hojas de gelatina • 3 cucharadas de azúcar • 1 copita de licor de naranja (tipo Cointreau) • 1 cucharadita de harina fina de maíz

Se pone al fuego, la leche común, la leche condensada y la nata, y cuando rompa a hervir, se retira y se mezcla el chocolate tallado hasta que se disuelva. Se añade la gelatina, previamente remojada, se remueve bien y se cuela todo. Luego, se vuelca en un molde de flan, con agujero central, humedecido con agua fría, y se pone en el frigorífico hasta que cuaje completamente. En un cacito, se pone el azúcar en el fuego, dejándola que tome un color dorado no muy oscuro, se agrega el zumo de las naranjas para que se disuelva el caramelo, se añade el licor y la harina fina de maíz y se deja cocer, hasta que la salsa espese un poco. Para terminar, se desmolda y se sirve frío con la salsa de naranja.

FLAN SENCILLO DE CHOCOLATE
Grado de dificultad bajo

INGREDIENTES PARA 4 PERSONAS
1 l de leche • 6 cucharadas de cacao en polvo • 150 g de azúcar • 6 huevos • 2 cucharadas de caramelo líquido

Se pone la leche a hervir y cuando entre en ebullición, se retira del fuego y se mezcla el cacao, el azúcar y los huevos batidos. Se vierte en un molde caramelizado y se cuece al baño María, en horno precalentado a temperatura alta, durante 40 minutos. Se desmolda frío.

FONDUE DE CHOCOLATE CON FRUTA
Grado de dificultad bajo

INGREDIENTES PARA 6 PERSONAS
100 g de chocolate con leche • 100 g de chocolate negro • 150 g de nata líquida • 6 cucharadas de agua • 1 copa de brandy (para adultos) • 1 vaso de leche (para niños) • 250 g de fresones, limpios,

secos y enteros • 3 manzanas, peladas y partidas en 8 partes • 3 peras, peladas y partidas en 8 partes • 3 plátanos, pelados y cortados en 4 partes

Se derrite el chocolate troceado (puede ser en microondas) con el agua y una vez derretido, se bate con la nata y se añade el licor o la leche. Se calienta y se pasa a la cazuela de *fondue*, sobre el infiernillo de alcohol encendido, para que se mantenga caliente durante toda la comida. Cada comensal se sirve las frutas a gusto, con los tenedores propios, y los sumerge en el chocolate.

FONDUE DE CHOCOLATE CON QUESO Y PAN
Grado de dificultad bajo

INGREDIENTES PARA 6 PERSONAS
1 cazuela de chocolate (ver receta anterior) • 300 g de queso Edam • 300 g de queso Gruyère • 300 g de queso manchego curado • 300 g de queso de bola • 1 barra de pan de miga compacta

Se prepara el chocolate para la *fondue*. Todos los quesos se parten en dados y el pan en cuadraditos similares. Cada comensal sumerge un trocito de queso, teniendo en cuenta que se debe hacer rápidamente para que no se derrita, y la misma operación se hace con el pan.

FRUTAS CON CHOCOLATE
Grado de dificultad bajo

INGREDIENTES PARA 4 PERSONAS
100 g de chocolate medio amargo • 1 cucharada de mantequilla • 16 fresones grandes • 16 uvas • 8 gajos de naranja

Se forra un recipiente ancho con papel vegetal, se coloca dentro un jarro refractario de medio litro y se pone dentro la mantequilla y el chocolate hasta que se derrita, en el microondas a potencia máxima 2 minutos, removiendo una vez. Luego, se sumergen los

frutos, uno a uno, en el chocolate cremoso y se dejan enfriar, sobre una rejilla, hasta que el chocolate solidifique.

HOJALDRES DE CHOCOLATE Y KIWIS
Grado de dificultad bajo

INGREDIENTES PARA 4 PERSONAS
6 kiwis • 200 g de chocolate de cobertura • 2 láminas de hojaldre congelado • 100 g de mantequilla • 1 vaso de nata de montar • 50 g de mermelada de naranja

Se extiende el hojaldre con el rodillo, después de descongelado a temperatura ambiente, y con una copita, se cortan circunferencias y se dividen en dos partes iguales. Los kiwis se pelan y se cortan en rodajas. En cada media circunferencia de hojaldre, se esparce un poco de mermelada, sobre ésta, media rodaja de kiwi, espolvoreado con azúcar. En una bandeja, se disponen los hojaldres y se ponen en el horno a 200°, durante 25 minutos. Mientras, en un cacito, se calienta la nata, se añade el chocolate troceado y la mantequilla, se remueve para obtener una crema brillante y homogénea y, cuando los hojaldres estén fríos, se bañan con la crema de chocolate. Por último, se dejan enfriar, se colocan en moldes de papel y se ponen en el frigorífico, para que acaben de solidificarse.

HOJALDRES DE CHOCOLATE Y PLÁTANOS
Grado de dificultad bajo

INGREDIENTES PARA 4 PERSONAS
4 plátanos • 200 g de chocolate de cobertura • 2 láminas de hojaldre congelado • 100 g de mantequilla • 1 vaso de nata de montar • 50 g de mermelada de naranja

Se trata de hacer lo mismo que para los hojaldres de chocolate y kiwi (véase), pero usando plátanos cortados en rodajas.

MANZANAS ASADAS
Grado de dificultad mínimo

INGREDIENTES PARA 4 PERSONAS
4 manzanas grandes • 2 cucharadas de mantequilla
• 2 cucharadas de azúcar • 1 copa de Jerez dulce

Se pelan las manzanas, sólo las medias partes superiores, se abre un hueco donde estaba el tallo y se rellena con el vino, el azúcar y la mantequilla, previamente mezclados en caliente. Se ponen en el microondas a potencia máxima 8 minutos regando, de vez en cuando, con el líquido que cae.

MANZANAS ESPECIADAS
Grado de dificultad bajo

INGREDIENTES PARA 4 PERSONAS
4 manzanas pequeñas • 3 clavos • 3 granos de pimienta de Jamaica • 2 cucharadas de zumo de limón • 1 y 1/2 taza de zumo de manzana
• 1/2 taza de azúcar moreno • 2 cucharadas de ralladura de limón • 2 palitos de canela

En un recipiente refractario, se mezclan el zumo y la ralladura de limón, el azúcar y las especias. Se cocina a potencia máxima en el microondas unos 8 minutos, removiendo de vez en cuando. Se pelan las manzanas, se les retira el corazón, se cortan en rodajas y se riegan con un poco de zumo de limón. Luego, se coloca la mitad de las manzanas en el recipiente de las especias y se cocina 4 minutos a potencia máxima, removiendo alguna vez. Se retiran las manzanas, se colocan en un plato caliente y se repite la operación con el resto de la fruta, colando el caldo vertiéndolo sobre todas las manzanas.

MIGAS CON CHOCOLATE
Grado de dificultad bajo

INGREDIENTES PARA 6 PERSONAS
1 kg de pan de miga compacta, del día anterior
• 2 dl de aceite • 2 dientes de ajo • Agua • Sal

Se corta el pan en pedacitos muy pequeños, se ponen en un bol, se les echa sal y se rocían con agua, tapándolos después con un paño, para que esponjen, durante 1 hora. Por otra parte, en una sartén con aceite, se fríen los ajos enteros y, cuando estén fritos, se retiran y, en ese aceite, se echan todas las migas, removiéndolas constantemente hasta que estén bien doraditas (15 minutos). Se sirven en una fuente honda, como acompañamiento de una buena jarra de chocolate a la taza.

MOUSSE DE CHOCOLATE
Grado de dificultad bajo

INGREDIENTES PARA 4 PERSONAS
250 g de chocolate de cobertura • 125 g de mantequilla • 125 g de azúcar • 5 huevos

Se baten las yemas con el azúcar, hasta obtener una crema muy clara y esponjosa, y el chocolate y la mantequilla, se ponen al baño María para que se derritan completamente. Se mezclan los dos preparados y, por último, las claras a punto de nieve, moviendo con mucho cuidado de abajo hacia arriba. Una vez que esté todo bien mezclado, se mete en un bol de servicio en el frigorífico durante un mínimo de 4 horas.

MOUSSE DE CHOCOLATE CON LICOR Y NUECES
Grado de dificultad bajo

INGREDIENTES PARA 4 PERSONAS
250 g de chocolate • 125 g de mantequilla • 125 g de azúcar • 5 huevos • 100 g de nueces, peladas
• 1 copa de licor (whisky, brandy...)

Esta mousse se elabora como la anterior mousse de chocolate tradicional (véase), añadiendo al chocolate, antes de mezclarlo con los huevos, una copita de licor y batiendo bien para que la mezcla sea perfecta. Cuando se saque del frigorífico, se adorna toda la superficie del bol con medias nueces.

MOUSSE DE CHOCOLATE FÁCIL
Grado de dificultad bajo

INGREDIENTES PARA 6 PERSONAS
200 g de chocolate negro • 50 g de mantequilla
• 4 huevos • 2 bolsitas de azúcar vainillado

Por un lado, se funde el chocolate al baño
María, se añade y mezcla la mantequilla, el
azúcar y las yemas; y por otro, se baten las
claras a punto de nieve firme y se mezclan al
batido anterior. Se debe dejar en el frigorífico,
al menos 5 horas antes de servir.

NATILLAS DE CHOCOLATE Y SALSA ROJA
Grado de dificultad medio

INGREDIENTES PARA 6 PERSONAS

Para las natillas:
12 yemas de huevo • 1 l de nata líquida • 1 taza de
azúcar en polvo • 1/2 cucharadita de moka de
esencia de vainilla • 400 g de chocolate de
cobertura • Unas hojas de menta fresca

Para la salsa:
3 tazas de frutas rojas (frambuesas, fresas...)
•1/2 taza de azúcar • 1 copa de vino de Oporto

Se baten en un bol, el azúcar y las yemas,
hasta que se obtenga una crema clara y
espesa. Se coloca la nata en una cacerola
mediana y sobre fuego lento, se agrega la
esencia de vainilla mientras se revuelve. Se
deja que la nata llegue a punto de ebullición
pero que no hierva, se retira del fuego y, poco
a poco, se vierte sobre la mezcla de yemas al
tiempo que se bate, enérgicamente, para
evitar que se cuajen. Se ponen las natillas en
un molde, al baño María, en el horno
previamente calentado a temperatura alta, y
cuando estén hechas (30 minutos) se sacan
del horno y se dejan enfriar. Mientras tanto,
en una cacerola pequeña y a fuego lento, se
echa el chocolate en pedazos pequeños,
revolviendo constantemente con una espátula

de madera para evitar que se queme. Una vez
derretido, se retira del fuego. Con la ayuda de
una cuchara, se cubre la superficie de las
natillas con chocolate y cuando estén tibias se
meten en el frigorífico. Poco antes de servir, se
colocan las frutas en una cacerola mediana
sobre fuego lento con el azúcar, revolviendo,
para que se mezclen. Se añade el licor y se
retira del fuego una vez que el azúcar se ha
disuelto y las frutas hayan comenzado a soltar
jugo. Se sirven las natillas con una cucharada
de salsa de frutas y unas hojitas de menta.

PERAS DAMA NEGRA
Grado de dificultad bajo

INGREDIENTES PARA 6 PERSONAS
6 peras grandes, no demasiado maduras • 300 g de
azúcar • 125 g de chocolate negro

Se pelan las peras, conservándoles el rabillo
entero, y se ponen a cocer en agua con
azúcar. Cuando estén cocidas, pero enteras,
se sacan del líquido con cuidado y se
disponen en un bol de servicio. Mientras, se
deja hervir el agua con azúcar hasta que se
reduzca a la mitad, se añade el chocolate,
partido en trocitos y, cuando hierva de nuevo,
se retira, se deja enfriar y se vuelca sobre las
peras. Se puede servir frío o caliente.

PICATOSTES CON CHOCOLATE
Grado de dificultad bajo

INGREDIENTES PARA 6 PERSONAS
6 tazas de chocolate a la taza, simple • 1 pan de
molde sin cortar • Aceite

Se corta el pan en rebanadas de dos
centímetros de ancho, se vuelve a cortar en
tres partes iguales y, en aceite bien caliente, se
fríen hasta que estén bien dorados y
crujientes. Se escurren, sobre un papel
absorbente para que suelten el exceso de
aceite, y se sirven con el chocolate muy
caliente.

PIÑA RELLENA DE FRUTAS
Grado de dificultad medio

INGREDIENTES PARA 4 PERSONAS
2 piñas naturales • 2 peras • 150 g de cerezas
• 1 taza de nata montada • 150 g de uvas verdes
• 150 g de uvas rojas • 2-3 cucharadas de azúcar
• El zumo de 1 naranja • 1 cucharada
de canela molida

Se limpian y parten las piñas por la mitad, a lo
largo; luego, se vacían, se trocea la pulpa
obtenida y se reserva. Además, se lavan, pelan
y trocean las peras, y se lavan las uvas y las
cerezas. En un bol se mezclan las frutas, se
incorpora el zumo de naranja y la canela y se
deja reposar. A continuación, se rellenan las
piñas con esta mezcla y se guardan en la
nevera media hora. Por último, se agrega el
azúcar a la nata para con ella, servir las piñas.

PIÑAS CON CHOCOLATE
Grado de dificultad bajo

INGREDIENTES PARA 6 PERSONAS
2 piñas frescas, maduras • *Mousse* de chocolate
para 6 personas (ver receta)

Se corta la parte superior de las piñas, se lava,
se limpia y se reserva. Con la punta de un
cuchillo, se vacían las frutas. El interior de las
piñas se rellena con la *mousse* y se coloca el
extremo que se cortó como tapadera. La pulpa
de la piña, en cubitos, se usa de decoración.

PIRÁMIDES DE CHOCOLATE
Grado de dificultad medio

INGREDIENTES PARA 6 PERSONAS

Para las bases:
3 huevos • 100 g de azúcar • 100 g de harina
tamizada • Ralladura de 1 limón

Para el relleno:
500 g de azúcar • 5 claras de huevo

Para la cobertura:
70 g de chocolate de cobertura • 20 g de
mantequilla de cacao • 20 g de parafina

Para empezar, se baten los huevos, se agrega
el azúcar y la ralladura de limón, hasta
obtener una crema. Se mezcla la harina, poco
a poco, con movimientos envolventes y se
vierte en un molde forrado con papel vegetal
engrasado. Luego, se mete en el horno muy
caliente, durante 15 minutos; pasado el
tiempo, se deja enfriar. El relleno se consigue
mezclando medio kilo de azúcar con 2,5
decilitros de agua en una cacerola que,
tapada, se pone en el fuego hasta que rompa
a hervir. Se destapa entonces, y se deja hervir
otros 8 minutos. Ese punto de azúcar se
comprueba introduciendo un cuchillo y
pasándolo rápido por agua fría: si en la punta
del cuchillo se forma un poco de azúcar
moldeable, está en su punto. Se baten las
claras a punto de nieve, añadiendo tres
cucharadas de azúcar, y se vierte sobre ellas,
en chorro fino, el almíbar caliente. No se para
de batir y, al final, se echan unas gotas de
limón, se bate un poco más y se deja enfriar
por completo. Se vuelca el molde sobre la
mesa de trabajo y, con un vaso, aprovechando
lo mejor posible la totalidad de la masa, se
cortan las bases. Con una manga pastelera, se
echa el merengue en forma de pirámide sobre
cada base; se colocan todas sobre un tablero y
se meten en el frigorífico. Mientras, en un
cacito, se echa el chocolate troceado, la
mantequilla de cacao y la parafina y se derrite
todo al baño María; se remueve hasta obtener
una cobertura lisa y espesa. Se retira del fuego
y, sin sacar el cacito del recipiente de agua
caliente, se va echando chocolate, con una
cuchara, por encima de cada pirámide fría.

PLÁTANOS AL PAPILLOTE
Grado de dificultad bajo

INGREDIENTES PARA 4 PERSONAS
4 plátanos • 100 g de requesón • 4 cucharadas de
miel • Un poco de mantequilla

Se pelan los plátanos y se cortan en rodajas; se reservan. Luego, se engrasan con mantequilla cuatro hojas de papel de estraza, sobre las que se colocarán el plátano y por encima, requesón y miel. Se forman con las hojas y el relleno un paquete bien cerrado y se hornea a 180º durante 10 minutos. Se saca del horno, se deja templar y se abren los paquetes para disponerlos en platos individuales y servir.

PROFITEROLES
Grado de dificultad medio

INGREDIENTES PARA 4 PERSONAS

Para los profiteroles:
2,5 dl de agua • 75 g de manteca de cerdo • 100 g de harina tamizada • 3 huevos • 1 pizca de sal

Para la crema pastelera:
75 g de azúcar • 1 cucharada colmada de harina tamizada • 1 huevo entero y 1 yema • 2,5 dl de leche • 1 cáscara de limón • 1 palito de canela

Para la cobertura:
200 g de chocolate de cobertura • 180 g de azúcar

Para hacer los profiteroles, se pone el agua, con una pizca de sal, en un cazo al fuego y cuando rompa a hervir, se echa de una vez la harina, removiendo bien, hasta que se forme una bola que se despega del fondo. Se echa en un bol y se deja enfriar. Se amasa bien, con la cuchara de madera y se juntan, uno a uno, los huevos. Se engrasa, ligeramente, una bandeja de horno y, con la manga pastelera, se van disponiendo pequeñas porciones de masa, separadas unas de otras. Se mantienen en el horno 20 minutos a 180º. Después de hechos y fríos, se les da un pequeño corte lateral y se rellenan con la siguiente crema, igualmente fría: se hierve la leche, con la cáscara de limón y la canela, se mezcla el azúcar, la harina y los huevos. Se echa la leche, previamente hervida y colada, despacio y sin parar de remover. Se pone en el fuego,

removiendo siempre, hasta que hierva; se retira. Para la cobertura, se lleva al fuego medio vaso de agua y azúcar y se deja hervir, 4 minutos; se echa el chocolate, partido en trocitos, removiendo durante 1 minuto para que espese; se deja enfriar un poco. Se coge cada profiterol y se baña en el chocolate, disponiéndolo después en la fuente de servir.

SORBETE DE KIWI
Grado de dificultad bajo

INGREDIENTES PARA 4 PERSONAS
4 kiwis maduros • 1 taza de agua • 2/3 de taza de azúcar • 1 cucharada de zumo de limón • 2 cucharadas de ron añejo

Se hace igual que el sorbete de mango (véase), pero en este caso usando kiwis.

SORBETE DE MANGO
Grado de dificultad bajo

INGREDIENTES PARA 4 PERSONAS
300 g de cubitos de mango maduro pelado • 1 taza de agua • 2/3 de taza de azúcar • 1 cucharada de zumo de limón • 2 cucharadas de ron añejo

Se pone en el microondas el agua y el azúcar a potencia máxima durante 4 minutos, removiendo a la mitad del tiempo hasta que se disuelva el azúcar y empiece a hervir. Se cuece otros 5 minutos, removiendo ocasionalmente. Pasado este tiempo, se deja enfriar y se pone en el frigorífico 45 minutos, hasta que esté helado. Se bate el mango, con el zumo de limón y el ron, y se añade este puré al almíbar helado, batiendo en crema. Se tapa con papel vegetal, presionando un poco, y se pone en el congelador 20 minutos. Antes de servir, se deja reposar a temperatura ambiente.

SOUFFLÉ DE CHOCOLATE
Grado de dificultad medio

INGREDIENTES PARA 4 PERSONAS
250 g de chocolate de cobertura • 25 g de harina
fina de maíz • 150 g de azúcar • 6 huevos • 1/2 l
de leche • Mantequilla • Azúcar en polvo

En un cazo, se mezcla el azúcar con la harina
y las yemas de huevo, se agrega la leche y se
pone en el fuego bajo, removiendo sin parar
hasta que empiece a hervir. Se retira del fuego
y se añade el chocolate rallado, removiendo
hasta que se derrita del todo; se deja enfriar.
Se baten las claras a punto de nieve y, cuando
estén bien consistentes, se añade el chocolate
frío, moviendo de abajo hacia arriba sin batir.
Se unta con mantequilla un molde de *soufflé*
de vidrio refractario, se espolvorea con azúcar
y se vierte en él el preparado. Se mete en el
horno a 180° durante 15 minutos.

SOUFFLÉ HELADO DE MANZANAS Y CHOCOLATE
Grado de dificultad medio

INGREDIENTES PARA 4 PERSONAS
1 kg de manzanas Reineta • 200 g de nata de
montar • 400 g de azúcar • 1/2 limón • 100 g de
chocolate de cobertura • 1/2 cucharadita de canela
en polvo • 3 huevos • 80 g de mantequilla

Se pelan las manzanas, se trocean y se
cuecen, con medio vaso de agua y el medio
limón. Cuando estén cocidas, pero no
deshechas, se escurren, se retira el limón y se
pasan por el pasapurés. Se añaden entonces
200 gramos de azúcar, removiendo bien. La
nata se monta, con 100 gramos de azúcar,
hasta que esté muy firme y se añade al puré
de manzana, moviendo de abajo hacia arriba.
Se vierte el preparado en un bol grande y se
pone en el frigorífico unas 4 horas. El
chocolate se derrite con la mantequilla, al
baño María, y cuando esté bien mezclado se
retira del fuego. Aparte, se baten las yemas
con el azúcar y una vez que se obtenga una
crema clarita, que haya triplicado el volumen
inicial, se agrega el chocolate derretido y, por
último, las claras a punto de nieve,

removiendo delicadamente, y entonces se
echa sobre el *soufflé*, alisando la superficie.

TARTA AL CONTRARIO
Grado de dificultad bajo

INGREDIENTES PARA 6 PERSONAS
1 lámina de hojaldre congelado • 200 g de azúcar
• 6 manzanas Reineta • 100 g de mantequilla
• 1 huevo

Se extiende la masa con un rodillo y se corta
una tira con la que forrar las paredes de un
molde de tarta, previamente expolvoreado con
azúcar su fondo. Además, se pelan las
manzanas, se les quita el corazón y se cortan
en gajos, poniendo una capa sobre el azúcar.
Encima de las manzanas se vuelve a
espolvorear azúcar y así, alternando, hasta
terminar la fruta. Sobre la última capa de
manzanas, se dispone la mantequilla, en
trocitos. Con el rodillo, se deja la masa muy
fina y se cubre la tarta con ella; luego, se
recortan los bordes y se pincela con el huevo
batido. Se pone entonces en el horno,
precalentado a temperatura alta, durante 35
minutos y cuando esté en su punto, se pone
el molde en el fuego, unos minutos, para
evaporar el exceso de líquido de las manzanas
y caramelizar el fondo. Se desmolda una vez
templada, volcándola en un plato de servicio.

TARTA CREMOSA
Grado de dificultad medio

INGREDIENTES PARA 6 PERSONAS
750 g de harina tamizada • 1/2 kg de azúcar
• 12 yemas de huevo • 1 cucharada de ralladura de
limón • 1/2 kg de mantequilla

Se echa la harina tamizada en un bol y se abre
un espacio en el centro, donde se ponen el
azúcar, las yemas y la ralladura de limón; se
mezcla bien, se añade la mantequilla
derretida, ya fría, y se bate todo con el batidor
manual. Seguidamente, se vuelca la mezcla

sobre un molde redondo, desmontable, y se hornea a 200° durante cerca de 50 minutos.

TARTA CREMOSA CON KIWIS
Grado de dificultad medio

INGREDIENTES PARA 6 PERSONAS
750 g de harina tamizada • 1/2 kg de azúcar • 12 yemas de huevo • 1 cucharada de ralladura de limón • 1/2 kg de mantequilla • 5 kiwis • Jalea de naranja • Azúcar en polvo

Se pone la harina en un bol y en el centro, el azúcar, las yemas y la ralladura de limón; se mezcla bien, se añade la mantequilla derretida y fría, y se bate todo. Seguidamente, se vuelca la mezcla sobre un molde desmontable, y se hornea a 200° durante cerca de 50 minutos. Para terminar, se deja enfriar y se disponen cinco kiwis, pelados y cortados en rodajas, en forma de flor. Se pincela con jalea de naranja y se espolvorea con azúcar en polvo.

TARTA CREMOSA CON MERENGUE
Grado de dificultad medio

INGREDIENTES PARA 6 PERSONAS
1 tarta cremosa (ver receta) • 2 claras de huevo • 4 cucharadas de azúcar • 1 cucharada de azúcar vainilla

Después de que la tarta cremosa esté terminada, se baten las claras a punto de nieve, casi al final, se le añade los dos tipos de azúcar y se bate un poco más hasta que la clara esté bien firme. Se echa este merengue, sobre la tarta fría y se hornea, a fuego vivo, unos minutos, hasta que coja color.

TARTA CREMOSA CON MORAS
Grado de dificultad medio

INGREDIENTES PARA 6 PERSONAS
1 tarta cremosa (ver receta) • 300 g de moras •Jalea de fresas diluida en agua caliente • Azúcar *glass*

Cuando falten 15 minutos para sacar la tarta del horno, se retira y se le añaden las moras, escaldadas en agua hirviendo, escurridas y pinceladas con jalea de fresas. Se devuelve al horno y cuando esté, se espolvorea con azúcar *glass*.

TARTA DE ALMENDRAS
Grado de dificultad bajo

INGREDIENTES PARA 6 PERSONAS
250 g de hojaldre congelado • 150 g de almendras • 400 g de azúcar • 30 g de mantequilla • 5 yemas de huevo • 2 huevos enteros • Ralladura de limón • Azúcar en polvo

Se escaldan las almendras, se pelan y se dejan secar, y entonces, se mezclan con 100 gramos de azúcar y se pasan por la máquina de picar. Seguidamente, se mezcla el resto del azúcar con un vaso de agua y se ponen en el fuego a hervir 5 minutos, tras los que se retira y se deja enfriar. Se mezcla en este almíbar, la mantequilla, las almendras, las yemas, los huevos enteros y una cucharadita de ralladura de limón, removiendo bien. Sobre la mesa enharinada, se extiende con el rodillo la masa de hojaldre, debiendo quedar fina, y se forra con ella un molde de tarta, engrasado y espolvoreado con harina. Se rellena con el preparado anterior, se espolvorea con azúcar y se hornea, a temperatura media, 1 hora.

TARTA DE ALMENDRAS CON CARAMELO
Grado de dificultad medio

INGREDIENTES PARA 6 PERSONAS

Para la masa:
200 g de harina • 125 g de mantequilla • 175 g de azúcar • 1 cucharada de levadura en polvo

Para el relleno:
120 g de azúcar • 100 g de mantequilla • 150 g de almendras • 1 pizca de vainilla en polvo

Se prepara la masa como la de la receta citada. Se escaldan las almendras, se pelan y se cortan en láminas. En una cazuelita, se echan las almendras, el azúcar, la vainilla y la mantequilla. Se remueve sin parar, con la cuchara de madera, hasta que las almendras tomen un color dorado, pero sin que el azúcar alcance el punto de caramelo. Se retira del fuego y se esparce sobre la masa. Se pone en horno bastante caliente, durante 30 minutos, o poco más.

TARTA DE ALMENDRAS, YEMAS Y CABELLO DE ÁNGEL
Grado de dificultad medio

INGREDIENTES PARA 6 PERSONAS

Para la masa:
200 g de harina • 125 g de mantequilla • 175 g de azúcar • 1 cucharada de levadura en polvo

Para el relleno:
500 g de azúcar • 2,5 dl de agua • 200 g de almendras • 150 g de cabello de ángel • 18 yemas de huevo • 2 huevos enteros • Canela en polvo • Mantequilla • Harina • Azúcar en polvo

Se pone en un bol la harina y se le abre una cavidad en el medio, donde se echa la mantequilla blanda y 125 gramos de azúcar; se amasan bien, se añade el huevo y se continúa amasando, para luego incorporar la harina, poco a poco, hasta formar una masa homogénea. Se hierven las almendras, se pelan, se secan y se pican bien en la máquina para que queden finas. En una cacerola, se pone el azúcar con el agua y se hierve a fuego lento, hasta que quede a punto de perla (cuando al echar el almíbar desde una cuchara, cae como un hilo grueso en cuya punta se forma una bolita). Se añade entonces la almendra molida y el cabello de ángel, dejando hervir durante 4 minutos. Se retira del fuego y, cuando esté templado, se añaden las yemas, los huevos bien batidos y la canela y se remueve bien. Se pone de nuevo

al fuego, removiendo hasta que quede como una crema espesa. Se forra con la masa un molde de tarta, previamente engrasado y espolvoreado con harina, y se hornea unos 20 minutos. Se saca del horno y se vuelca el relleno por encima; vuelve entonces al horno, a temperatura baja, unos 40 minutos. Se decora con azúcar en polvo.

TARTA DE ARROZ, MANZANAS Y CANELA
Grado de dificultad bajo

INGREDIENTES PARA 6 PERSONAS
150 g de arroz • 0,5 dl de leche • 4 huevos • 50 g de mantequilla • 2 manzanas Reineta • 100 g de frutas escarchadas • 100 g de pasas sin pepitas • 150 g de azúcar • 1/2 copa de vino dulce de Oporto • 1 cucharada de canela • 1 cucharada de miel

Se hierve el arroz en bastante agua durante 5 minutos, escurriéndolo después. Luego, se cuece en la leche con la mantequilla, hasta que haya absorbido todo el líquido. Se retira del fuego y se le añaden las manzanas, peladas y cortadas en trocitos pequeños, las frutas cristalizadas picadas y las pasas, remojadas y escurridas. Se remueve, para que se mezclen los ingredientes y se añade azúcar, vino, canela y miel. Por último, se agregan los huevos batidos y se remueve. Se vierte el preparado en un molde de tarta, engrasado y enharinado, y se mete en horno medio, 35 minutos. Se deja enfriar, se desmolda y se pincela con jalea o alguna mermelada.

TARTA DE AVELLANAS Y CREMA
Grado de dificultad medio

INGREDIENTES PARA 6 PERSONAS

Para la masa:
5 huevos • 1 y 1/2 tazas de azúcar • 1 cucharadita de azúcar de vainilla • 1 taza de harina tamizada • 1 taza de avellanas molidas

Para la crema:

2 tazas de azúcar • 4 claras • 300 g de mantequilla
• 150 g de avellanas tostadas

Para decorar:

150 g de avellanas tostadas

Se baten los huevos con el azúcar y el azúcar de vainilla, al baño María, hasta obtener una crema clara. Se retira del fuego y se añade la harina y las avellanas molidas, mezclando cuidadosamente. Se vierte la masa en un molde de tarta, engrasado y enharinado, y se pone en el horno a 200°, unos 30 minutos. Se desmolda y se deja enfriar. Se hace la crema, mezclando el azúcar y una taza de agua fría y se pone en el fuego, sin remover, hasta obtener un almíbar denso. Se baten las claras a punto de nieve, se retira del fuego el almíbar y se echa en chorro fino, sobre las claras, batiendo hasta obtener un merengue. Se agrega la mantequilla, sin parar de batir y, por último, las avellanas, tostadas y trituradas. Se corta la masa en dos partes, echando en el medio la mitad de la crema. Se vuelve a montar, se cubre con el resto de la crema y se decora con las avellanas tostadas y enteras. Se conserva en la nevera hasta la hora de servir.

TARTA DE CANELA Y NARANJA
Grado de dificultad medio

INGREDIENTES PARA 6 PERSONAS

Para la masa:

150 g de mantequilla • 300 g de azúcar • 5 huevos
• 2 cucharadas de canela • Zumo de 1/2 naranja
• 250 g de harina tamizada • 1 cucharada de levadura en polvo • 10 nueces trituradas

Para la cobertura:

50 g de chocolate en polvo • 6 cucharadas de azúcar • 100 g de mantequilla • 1 cucharada de postre de café soluble • 2 cucharadas de vino dulce

Para hacer la masa, se mezcla la mantequilla blanda y 250 gramos de azúcar, batiendo

hasta obtener una crema homogénea; se añaden las yemas, la canela y el zumo de naranja. Además, se baten las claras a punto de nieve, incorporando casi al final 50 gramos de azúcar, y entonces se añaden las claras y la harina al batido inicial. Finalmente se agregan las nueces trituradas y se vuelca todo en un molde rectangular bien engrasado. Se hornea durante unos 25 minutos a temperatura media. La crema se hace mezclando todos los ingredientes en un recipiente y derritiéndolos al baño María, sin dejar de mover y, si queda muy espeso, se añade una cucharada de leche. El bizcocho se retira del molde, aún templado, se vuelca sobre la bandeja de servicio y se corta por la mitad para rellenar con parte de la crema las dos mitades y una vez unidas, cubrir con el resto.

TARTA DE CASTAÑAS
Grado de dificultad medio

INGREDIENTES PARA 6 PERSONAS

Para el bizcocho:

2 huevos • 1/2 taza de azúcar • Sal • 1/2 taza de harina tamizada • 1 y 1/2 cucharada de mantequilla

Para el relleno:

1/2 kg de castañas • 6 cucharadas de mantequilla
• 2 tazas de azúcar • 4 cucharadas de ron

Para la cobertura:

250 g de chocolate blanco • 1 dl de nata

Se ponen las castañas, haciéndole un corte superficial en la cáscara, en abundante agua fría con un poco de sal. Se hierven y, cuando estén cocidas, se pelan, reservando nueve enteras, y se pasan por el pasapuré, obteniendo unas cuatro tazas de puré espeso. Se bate con la mantequilla y se reserva. Además, se mezcla el azúcar con una taza de agua, se pone en el fuego hasta que hierva, se añade el puré de castañas y el ron y se remueve 3 minutos aproximadamente. La masa del bizcocho se hornea en un molde de tarta, redondo y alto, y cuando esté hecho, se divide en dos círculos iguales. Se rellena la tarta con la mitad del dulce de castañas y se vuelve a extender el resto del dulce por la superficie. Por último, se derrite el chocolate blanco con la nata, se vierte sobre la tarta y se adorna con las castañas enteras.

TARTA DE CEREZAS
Grado de dificultad medio

INGREDIENTES PARA 6 PERSONAS
5 huevos • 400 g de harina • 150 g de mantequilla • 50 ml de licor de cerezas • 500 g de cerezas sin hueso • 200 g de azúcar • 100 ml de nata montada con azúcar *glass* • Levadura en polvo • Vainilla

Primero, se cuecen las cerezas, deshuesadas y partidas al medio, con 100 gramos de azúcar y el licor; seguidamente, se baten los huevos con otros 100 gramos de azúcar y se les añade la vainilla, la mantequilla derretida y las cerezas cocidas con su jugo. Con cuidado, se incorpora la harina, mezclada con la levadura. En un molde, forrado con papel vegetal y salpicado con harina, se vuelca la mezcla de ingredientes y se pone en el horno durante una hora, a temperatura media y sin abrirlo. Apagado el horno, se deja la tarta en su calor 5 minutos. Cuando se retire del molde, se deja enfriar y se adorna con la nata montada.

TARTA DE CEREZAS Y CHOCOLATE
Grado de dificultad medio

INGREDIENTES PARA 6-8 PERSONAS

Para el bizcocho:
175 g de azúcar • 4 huevos • 100 g de harina de trigo • 100 g de harina fina de maíz • 30 g de cacao en polvo • 3 cucharadas de levadura de repostería • 4 cucharadas de agua

Para el relleno:
1 lata de cerezas sin hueso (380 g de fruta escurrida) • 3 cucharadas de postre de harina fina de maíz • 750 g de nata de montar • 60 g de azúcar • 4 cucharadas soperas de *kirsh*

Para la decoración:
4 cucharadas de chocolate rallado

Se tamiza y se pone en un bol, la harina de trigo, la harina fina de maíz, el cacao y la levadura, se añaden las yemas batidas con el agua, el azúcar y las claras a punto de nieve. Se mezcla todo cuidadosamente, se coloca en un molde untado y se hornea hasta que el bizcocho esté seco. Se separa medio litro del jugo de las cerezas, se disuelve la harina de maíz en tres cucharadas del mismo y se incorpora de nuevo al líquido. Se añaden las cerezas, reservando 12, y se hierve hasta obtener una compota. Además, se monta la nata con el azúcar. Una vez templado el bizcocho, se le hacen dos cortes horizontalmente de forma que queden tres partes redondas lo más iguales posible. Cada una de ellas se rocía con el *kirsh* y se unta con nata y compota. Se decora con nata, virutas de chocolate y las cerezas enteras.

TARTA DE CEREZAS Y NUECES
Grado de dificultad medio

INGREDIENTES PARA 6 PERSONAS

Para la masa:
125 g de harina • 75 g de mantequilla • 50 g de azúcar • 1 yema de huevo • 1 cucharadita de levadura en polvo

Para el relleno:
1/2 kg de cerezas • 1 copa de vino de Oporto • 150 g de mantequilla • 150 g de nueces sin cáscara • 3 huevos • 2 cucharadas de confitura de albaricoque

Se lavan las cerezas, se quitan los rabos y los huesos y se ponen en un recipiente con una cucharada de azúcar y el vino de Oporto, manteniéndolas así algunas horas. Se pone la harina en un bol, abriéndole un hueco en el centro, donde se mete la mantequilla, la levadura y el azúcar. Se amasa bien, se añade la yema y se continúa trabajando, hasta obtener una masa arenosa que se deja reposar media hora. Pasado este tiempo, se extiende la masa con el rodillo y se forra un molde, engrasado y enharinado. Se bate la mantequilla y el azúcar en un recipiente, se añaden las nueces, peladas y molidas, y los huevos, sin dejar de batir, para que se mezcle todo. Se escurren las cerezas y se disponen sobre la masa, se vierte sobre ellas la crema de nueces y se pone en el horno, a temperatura moderada, durante 40 minutos. Se desmolda, se deja enfriar y se pincela con la confitura.

TARTA DE CIRUELAS AMARILLAS
Grado de dificultad medio

INGREDIENTES PARA 6 PERSONAS
5 cucharadas de mantequilla • 6 cucharadas de azúcar • 1 huevo • 1 y 1/2 taza de harina tamizada • 1/2 kg de ciruelas amarillas, no muy maduras

Se mezclan la mantequilla y dos cucharadas de azúcar, hasta obtener una consistencia cremosa, a la que se añade el huevo y la harina; se amasa bien y se deja enfriar en el frigorífico 30 minutos. Luego, se extiende la masa con el rodillo y se forra un molde de tarta, engrasado y enharinado. Se pincha el fondo con un tenedor y se espolvorea con azúcar. Se lavan las ciruelas, se cortan por la mitad, se retira el hueso y se disponen sobre la masa, unas junto a otras. Se mete en el horno, a 200°, unos 40 minutos. Se espolvorea con azúcar y se desmolda ya fría.

TARTA DE CIRUELAS PASAS
Grado de dificultad medio

INGREDIENTES PARA 6 PERSONAS

Para la masa:
200 g de harina • 125 g de mantequilla • 175 g de azúcar • 1 cucharada de levadura en polvo

Para el relleno:
1 huevo • 400 g de ciruelas pasas • 1 taza de té • 1 taza de nata líquida • 1 cucharada de harina fina de maíz • 1/3 de taza de azúcar • 2 cucharadas de licor de naranja • 1 cucharada de mantequilla

Al menos 4 horas antes de hacer la tarta, se maceran las ciruelas en el té caliente. Pasado ese tiempo, se escurren, se secan sobre un paño y se les retira los huesos. Se extiende la masa con el rodillo y se forra un molde de tarta, engrasado y enharinado. Se pincha un poco el fondo y se disponen las ciruelas sobre la masa. Se mete en el horno, a 200°, precalentado, durante 15 minutos. Se saca la tarta del horno. Se bate el huevo con la nata, la harina, el azúcar y el licor de naranja y se vuelca sobre las ciruelas, cubriéndolas bien. Se distribuye por encima, la mantequilla en pedacitos y se vuelve a introducir en el horno, hasta que esté bien cuajado el relleno y la masa en su punto. Se desmolda y se sirve caliente o fría.

TARTA DE CIRUELAS ROJAS
Grado de dificultad medio

INGREDIENTES PARA 6 PERSONAS
5 cucharadas de mantequilla • 6 cucharadas de azúcar • 1 huevo • 1 y 1/2 taza de harina tamizada • 1/2 kg de ciruelas rojas, no muy maduras

Como la tarta de ciruelas amarillas (véase), cambiando las ciruelas amarillas por las rojas.

TARTA DE *CORN FLAKES* Y CHOCOLATE
Grado de dificultad bajo

INGREDIENTES PARA 6 PERSONAS
150 g de *corn flakes* • 250 g de chocolate de cobertura • 100 g de nata líquida • 3 cucharadas de azúcar • Mantequilla

Se derrite el chocolate troceado al baño María, se ponen los cereales en horno suave para que estén bien secos. Cuando el chocolate esté derretido, se mezcla con los *corn flakes* y se incorpora a esta mezcla la nata montada con el azúcar. El preparado, se echa en un molde redondo, engrasado, y se congela durante 2 horas. Para retirar del molde, se vuelca sobre el plato de servicio y se vuelve a meter en la nevera hasta servir.

TARTA DE CREMA DE MANTEQUILLA
Grado de dificultad medio

INGREDIENTES PARA 6 PERSONAS

Para la masa:
3 huevos • 1/2 taza de azúcar • 1 taza de harina tamizada

Para la crema:
1/2 taza de mantequilla • 2 claras batidas a punto de nieve • 200 g de chocolate medio amargo, picado • 125 g de mantequilla • Ralladura de chocolate • Azúcar en polvo

Se baten los huevos con el azúcar, en un recipiente al baño María, sin dejar que hierva; se retira del fuego y se continúa batiendo, con la batidora, hasta duplicar su volumen. Se añade la harina tamizada y se mezcla con la cuchara. Se engrasa un molde de tarta, se forra con papel vegetal y se vierte la masa, poniéndola en horno fuerte unos 25 minutos, dejando la puerta del horno entreabierta. Se desmolda, se retira el papel y se deja enfriar. Además, se pone en el fuego el azúcar, con dos cucharadas de agua, y se deja hervir hasta obtener un almíbar fino y espeso y se echa, lentamente, sobre las claras batidas, sin parar de batir hasta que se enfríe. Se añade el chocolate derretido al baño María y la mantequilla. Se corta la tarta en tres discos regulares, se rellena cada corte con la crema, colocándolos de nuevo en su lugar y se cubre toda la tarta con el resto de la crema. Se adorna con la ralladura de chocolate y el azúcar en polvo.

TARTA DE FRESAS Y NATA 1
Grado de dificultad medio

INGREDIENTES PARA 6 PERSONAS
200 g de harina de trigo • 125 g de mantequilla • 175 g de azúcar • 1 cucharada de levadura en polvo • 1 huevo • 500 g de fresas • 400 g de nata de montar

Se pone en un bol la harina y se le abre una cavidad en el medio, donde se echa la mantequilla y 125 gramos de azúcar, que se amasan bien; se añade el huevo y se continúa amasando, se va incorporando la harina, poco a poco, hasta formar una masa homogénea. Esta masa, se coloca en un molde de tarta engrasado con mantequilla, y se va extendiendo con los dedos hasta forrarlo, con un ligero reborde rematando los lados. Se hornea a temperatura fuerte 20 minutos. Se deja enfriar y se retira del molde. Sobre la tarta, se extiende una parte de la nata montada y, por encima, las fresas, bien lavadas, secas y limpias, en círculos. El resto de la nata se emplea para decorar.

TARTA DE FRESAS Y NATA 2
Grado de dificultad medio

INGREDIENTES PARA 6 PERSONAS
24 bizcochos de soletilla • 5 huevos • 200 g de azúcar • 0,5 dl de leche • 6 hojas de gelatina blanca • 0,125 l de nata • 2 cucharadas de licor • 200 g de fresas • 1 limón

Por un lado, se lavan las fresas, se retiran los tallos y se escurren para que pierdan toda el agua; por otro, se ponen las hojas de gelatina en remojo, con agua fría. Además, se hierve la leche con una cáscara de limón. Se echan en una cazuelita las yemas, el azúcar y, cuando estén bien mezcladas, se saca la cáscara de la leche y, caliente, se añade a las yemas, echándola en chorro fino sin parar de remover y sin dejar hervir; cuando empiece a hacer espuma y la crema esté espesando, se retira del fuego, se incorporan las hojas de gelatina, bien escurridas y se remueve todo hasta que la gelatina esté diluida. Se vuelca este preparado en una fuente honda y se deja enfriar a temperatura ambiente. Se forra el fondo de un molde redondo con papel vegetal, por encima, se disponen los bizcochos necesarios, remojados (no empapados) en una mezcla de leche y licor. Para que encajen perfectamente, se cortan las puntas que coincidan con el centro y se reservan las sobras del corte. Los laterales del molde se forran también con bizcochos remojados, de manera que queden completamente cubiertos. Cuando la crema reservada se haya enfriado, se baten tres claras a punto de nieve, incorporando al final una cucharada de azúcar. Se bate también la nata, con otra cucharada de azúcar hasta que quede montada firmemente. Con cuidado, se mezclan las claras con la nata montada y la crema con la gelatina. Se mueve todo, de abajo hacia arriba, hasta que estén los tres preparados completamente integrados. Se mezclan las fresas, secas y enteras (reservando algunas para adornar) con la crema. Se vierte sobre el molde, se echan por encima los restos de cortar los bizcochos, desmenuzados, se alisa y se cubre el molde con los bizcochos necesarios, haciéndoles el mismo corte que a los del fondo. Se desmolda cuando esté muy fría y se decora con nata montada y fresas.

TARTA DE FRUTAS EN GALANTINA
Grado de dificultad bajo

INGREDIENTES PARA 6 PERSONAS
250 g de pulpa de frutas variadas (pera, manzana, melocotón...) peladas y pasadas por el pasapuré
• 800 g de azúcar • 250 g de frutas cristalizadas
• 1 copita de aguardiente de fruta

Se echa el puré de frutas en una cacerola, se añade el azúcar, se remueve bien con la cuchara de madera y se pone a fuego lento, sin parar de mover, hasta que se consiga el punto de mermelada; se agrega la mitad de las frutas cristalizadas, se remueve y se deja

cocer unos minutos más. Se vuelca en un molde rectangular (como el del *cake*) y se deja secar, al sol si es posible. Después de seco, se desmolda, se moja la superficie con el aguardiente y se envuelve en papel transparente. Para servir, se adorna con el resto de las frutas escarchadas.

TARTA DE GALLETAS Y MERENGUE
Grado de dificultad bajo

INGREDIENTES PARA 6 PERSONAS

Para la masa:
250 g de galletas María • 100 g de mantequilla
• 1 huevo

Para el relleno:
1/2 lata pequeña de leche condensada • La misma cantidad de leche común • 4 huevos • 1 limón
• 3 cucharadas soperas de azúcar

Se pican, reduciéndolas a harina, las galletas, reservando seis; se añaden la mantequilla derretida y el huevo entero, amasando hasta formar una bola. Con la masa obtenida, se forra un molde de tarta untado con mantequilla. Se baten en un bol, cuatro yemas de huevo, las seis galletas reservadas y también trituradas, los dos tipos de leche, el zumo y la raspadura del limón. Se echa este batido en el molde y se hornea a 180º unos 15 minutos. Se baten las claras a punto de nieve, agregando el azúcar casi al final. Con una manga pastelera, se decora la tarta con las claras y se devuelve al horno, una media hora, para dar color al merengue.

TARTA DE LAS SIETE ROSAS
Grado de dificultad medio

INGREDIENTES PARA 7 PERSONAS

Para la masa:
400 g de harina • 50 g de mantequilla
• 50 g de azúcar • Ralladura de 1/2 limón

• 2 huevos • 50 g de levadura de panadero • 1 dl de leche tibia

Para el relleno:
100 g de mantequilla • 100 g de azúcar • 50 g de coco rallado • 150 g de frutas escarchadas • 50 g de pasas sin semillas • 50 g de almendras, peladas.

En un bol, se echa la harina, se abre un hoyo en el medio y se vuelcan 50 gramos de mantequilla, 50 de azúcar y la ralladura de limón, mezclando bien. Se añaden los huevos y la levadura, disuelta en la leche templada, y se amasa todo muy bien hasta que tenga consistencia como para que se pueda trabajar con el rodillo. Se hace una bola, se tapa con un paño caliente y se deja reposar hasta que tenga el doble de su tamaño. Mientras la masa crece, se cortan las frutas en pedacitos pequeños, se muelen las almendras y se ponen en remojo, con agua caliente, las pasas. Cuando la masa esté en su punto, se extiende con el rodillo, haciendo un rectángulo de 40 x 45 centímetros. Se ablanda la mantequilla y se aplica por toda la superficie con una espátula. Sobre la mantequilla se ponen 100 gramos de azúcar, el coco, las frutas picadas, las pasas y las almendras molidas. Se enrolla la masa como los brazos de gitano, se corta en siete trozos iguales y se disponen, en un molde, engrasado y enharinado, un trozo en el centro y los otros seis, a su alrededor. Se cubre con un paño y se deja reposar, hasta que crezca ocupando el molde. Pasado este tiempo, con la punta de los dedos, se abren un poco los «pétalos» para darles forma, se pincela con yema de huevo y se mete en el horno caliente unos 30 minutos. Se deja enfriar, se desmolda y se sirve con nata montada y huevo hilado.

TARTA DE LOS ÁNGELES
Grado de dificultad medio

INGREDIENTES PARA 6 PERSONAS
650 g de azúcar • 2 dl de agua • 200 g de coco rallado • 4 huevos • 1 cucharada de mantequilla

• Ralladura de 1/2 limón • 100 g de frutas escarchadas

Se prepara un caramelo, con 150 gramos de azúcar y se forra bien el fondo de un molde que no sea demasiado pequeño. Se pican las frutas escarchadas en pedacitos. En una cazuelita, se mezclan 500 gramos de azúcar con el agua y se pone al fuego para que hierva 5 minutos. Se retira del fuego y se le añade primero el coco y la mantequilla, después, la ralladura de limón y los huevos batidos, en chorro fino, moviendo para que ligue bien pero sin batir. Se agregan las frutas picadas, se mueve y se vierte en el molde caramelizado. Se pone al horno al baño María, y se cuece a temperatura media, durante 1 hora, o poco más. Se comprueba si está cocido y se saca del horno. Se deja enfriar. Para desmoldar, se desprenden un poco los lados con la punta de un cuchillo, y si fuera necesario, se calienta un poco el fondo. Esta tarta se debe servir muy fría.

TARTA DE MAMÁ
Grado de dificultad bajo

INGREDIENTES PARA 6 PERSONAS
250 g de galletas María • 1 lata de leche condensada grande • 250 g de chocolate de cobertura • 200 g de coco rallado • 1 copa de coñac • 2 tazas de agua.

Se derriten 200 gramos de chocolate al baño María y se mezcla con media lata de leche condensada. La otra media se mezcla con 150 gramos de coco rallado. En una fuente de servicio redonda, se dispone una capa de galletas, humedecidas con una mezcla de coñac y agua. No se debe dejar ningún espacio libre, por lo que se rellena con alguna galleta troceada. Sobre esta capa, se echa otra de la mezcla del chocolate, de nuevo galletas humedecidas y, seguidamente, la mezcla de coco, alisando con cuidado. Esta operación, se repite hasta terminar los ingredientes. Se decora con ralladura de chocolate y coco.

TARTA DE MANZANAS
Grado de dificultad bajo

INGREDIENTES PARA 6 PERSONAS
250 g de azúcar • 250 g de harina • 250 g de mantequilla • 4 huevos • 1 kg de manzanas • 1 cucharada de levadura en polvo • Azúcar

Se bate la mantequilla con el azúcar y se añaden los huevos, uno a uno, sin dejar de batir, hasta obtener una crema suave y homogénea. Se añaden, cuidadosamente, la harina y la levadura y se trabaja esta masa durante unos 10 minutos. Se hace una bola y se deja reposar un poco. Se extiende con el rodillo, sobre la mesa enharinada, y se dispone sobre un molde de tarta, engrasado y espolvoreado con harina. Se pelan y cortan las manzanas, en rodajas finas, y se colocan por capas sobre la masa, espolvoreando azúcar entre las capas y en la superficie. Se hornea, durante 30 minutos, a fuego medio.

TARTA DE MANZANAS A LA ALSACIANA
Grado de dificultad bajo

INGREDIENTES PARA 6 PERSONAS

Para la masa:
2 huevos • 1/2 taza de azúcar • Sal • 1/2 taza de harina tamizada • 1 y 1/2 cucharada de mantequilla

Para el relleno:
1/2 kg de manzanas • 1 cucharadita de harina • 150 g de azúcar • 3 huevos • 2,5 dl de leche

Se forra con la masa un molde de tarta engrasado. Se mezcla la harina con el azúcar y se añaden los huevos, se incorpora la leche y se cuela todo. Las manzanas, peladas y cortadas en láminas, se disponen sobre la masa, por encima se vuelca el batido y se hornea a temperatura moderada unos 45 minutos. Si hace falta, al final de la cocción, se reduce el calor o se cubre la superficie con papel de aluminio.

TARTA DE MANZANAS CUBIERTA
Grado de dificultad bajo

INGREDIENTES PARA 6 PERSONAS

Para la masa:
1/2 kg de harina • 250 g de mantequilla • 200 g de azúcar • 2 huevos • Sal

Para el relleno:
1 kg de manzanas Reineta • 1 trozo de canela en rama • 200 g de azúcar

Se pelan y cortan en cuartos las manzanas, se ponen en una cazuela con 200 gramos de azúcar, medio vaso de agua y la rama de canela. Removiendo de vez en cuando, se cuecen las manzanas hasta el punto de mermelada, con algunos «tropezones». Al remover con la cuchara de madera, se debe ver el fondo del recipiente. Se retira la canela y se deja enfriar. La masa se elabora amasando la harina con la mantequilla, el azúcar y una pizca de sal; cuando esté bien amasado, se añaden los huevos y continúa amasándose, hasta poder hacer una bola que se espolvorea con harina y se deja reposar 15 minutos. Se extiende la masa con el rodillo y, con dos tercios, se forra un molde engrasado y enharinado. Se echa dentro el dulce de manzana, sin llenar hasta el borde. Se extiende el resto de la masa y con ella extendida, se cubre, cuidadosamente, toda la superficie del molde, uniendo con los dedos los bordes para que quede bien cerrado. Se espolvorea con azúcar y se hornea a media temperatura durante 45 minutos.

TARTA DE MANZANAS CUBIERTA CON FRUTOS SECOS
Grado de dificultad bajo

INGREDIENTES PARA 6 PERSONAS

Para la masa:
1/2 kg de harina • 250 g de mantequilla • 200 g de azúcar • 2 huevos • Sal

Para el relleno:
1 kg de manzanas Reineta • 150 g de frutos secos variados • Canela en rama • 200 g de azúcar

Se hace igual que la tarta de manzanas cubierta (véase), añadiendo al dulce de manzana, piñones, nueces, pistachos, o cualquier fruto al gusto.

TARTA DE MANZANAS Y PASAS
Grado de dificultad bajo

INGREDIENTES PARA 6 PERSONAS
4 manzanas Reineta • 100 g de pasas
• 1 cucharadita de canela • 2 tazas de harina
• 1 y 1/2 taza de azúcar • 1 cucharada de levadura en polvo • 125 g de mantequilla derretida
• 3 huevos

Se pelan las manzanas, se cortan en pedazos y se colocan ordenadamente en un molde de tarta engrasado con mantequilla, de forma que quede todo el fondo cubierto por igual. Sobre las manzanas, se echan las pasas y se espolvorean con canela. Se mezclan la harina, el azúcar y la levadura y se tamiza todo dos veces, se echa sobre la fruta, espolvoreando desde el tamiz. Por encima, se vierte la mantequilla derretida y, por último, se añaden los huevos batidos con otra cucharada de azúcar. Se mete al horno, 50 minutos a 180º.

TARTA DE MELOCOTONES EN ALMÍBAR
Grado de dificultad medio

INGREDIENTES PARA 6 PERSONAS

Para la masa:
250 g de harina tamizada • 150 g de mantequilla
• 75 g de azúcar • 1 huevo • Ralladura de limón o naranja

Para el relleno:
150 g de mermelada de melocotón • 1 lata de melocotones en almíbar, partidos por la mitad y su

líquido (8 mitades) • 8 hojas de gelatina • El zumo de 1/2 de limón • 1 taza de cerezas en almíbar

Se prepara la masa, como en otras recetas, se forra con ella un molde de tarta (de los que se quita el lateral) engrasado y enharinado, se pincha un poco el fondo y se pone en horno bien caliente, cerca de 15 minutos. Cuando esté a punto, se saca del horno y se deja enfriar. Se escurren los melocotones, se echa el almíbar en un cacito, con las hojas de gelatina, previamente remojadas, y el zumo de medio de limón. Se pone al fuego, dejando hervir durante unos 10 minutos y luego se retira y se deja templar. Sobre la tarta, ya fría, se pone mermelada de melocotón, alrededor, los melocotones escurridos y en el centro, las cerezas, también escurridas. Se vuelca la gelatina sobre las frutas y se pone en la nevera para que solidifique. Cuando esté bien firme, se quita el lateral del molde, dejando sólo el fondo, y se sirve muy fría.

TARTA DE MERMELADA Y CHOCOLATE
Grado de dificultad bajo

INGREDIENTES PARA 6-8 PERSONAS

Para el bizcocho:
150 g de mantequilla • 150 g de azúcar • 100 g de harina • 100 g de almendras crudas molidas
• 3 huevos • 1 cucharadita de levadura en polvo

Para el relleno:
10 cucharadas de mermelada de albaricoque
• 3 cucharadas de azúcar • 3 cucharadas de agua

Para la cobertura:
200 g de chocolate sin leche • 60 g de mantequilla

Se funde la mantequilla y se mezcla con la harina, el azúcar, las almendras molidas y la levadura. Se añaden las yemas y se incorporan cuidadosamente, de abajo hacia arriba, las claras a punto de nieve. Se vuelca la masa en un molde engrasado y enharinado y se hornea durante media hora. El relleno se obtiene mezclando, a fuego medio, la mermelada, el azúcar y el agua, hirviéndolo durante 5 minutos, colándolo y dejándolo enfriar. Se trocea y funde el chocolate con la mantequilla al baño María. Cuando el bizcocho esté templado, entonces se corta por la mitad y se rellena con la mermelada; se vuelve a colocar la parte superior y se cubre con el chocolate fundido.

TARTA DE MOKA
Grado de dificultad medio

INGREDIENTES PARA 6 PERSONAS

Para el bizcocho:
Ver «arta de cerezas y chocolate» • 1 copa de licor de café y agua para rebajarlo

Para el relleno:
250 g de mantequilla • 2 huevos • 1 cucharada de café soluble en polvo • 150 g de azúcar en polvo

Para decorar:
150 g de almendras tostadas, peladas y poco trituradas

Se prepara el bizcocho y se corta en dos redondeles iguales; luego, se salpica cada una de las partes con el licor, un poco rebajado con agua. Se amasa bien la mantequilla con el azúcar, hasta que se ablande, se añaden los huevos, batiendo uno a uno, se agrega el café y se continúa batiendo, hasta conseguir una crema homogénea (si vemos que se corta, basta calentarla un poco y volver a batir). Se rellena el medio de la tarta con parte de la crema de moka y se coloca la parte superior. Con el resto de la crema, se cubre toda la superficie, haciendo algún adorno original con la manga de pastelero. Las almendras picadas se esparcen por los laterales de la tarta.

TARTA DE MORAS
Grado de dificultad medio

INGREDIENTES PARA 6 PERSONAS
5 huevos • 400 g de harina • 150 g de mantequilla • 50 ml de licor de cerezas • 500 g de moras • 200 g de azúcar • 100 ml de nata montada con azúcar *glass* • Levadura en polvo • Vainilla

Se hace igual que la tarta de cerezas (véase), sustituyendo éstas por moras.

TARTA DE NUECES
Grado de dificultad bajo

INGREDIENTES PARA 6 PERSONAS
200 g de nueces peladas • 12 yemas de huevo • 250 g de azúcar • 5 cucharadas de leche • 50 g de harina tamizada • 1 cucharada de levadura en polvo • 6 claras de huevo • 250 g de jalea de albaricoque

Para el glasé de café:
3 cucharadas de café soluble • 250 g de azúcar en polvo • 2 cucharadas de mantequilla derretida

Se muelen las nueces, separando 12 mitades. Se baten las yemas con el azúcar, hasta que quede una crema muy clara, esponjosa y con el triple de su volumen inicial. A continuación, se añade la leche fría, las nueces molidas y la harina, mezclada con la levadura. Se baten las seis claras a punto de nieve firme y se mezclan, moviendo con cuidado pero sin batir. Se engrasa un molde de tarta, de bordes altos, y se vuelca la masa, que no debe ocupar más de la mitad de su altura. Se pone a temperatura media y se hornea durante 1 hora y cuarto aproximadamente. Luego, se desmolda la tarta sobre una placa de reja y se deja enfriar un poco. Se calientan dos cucharadas de agua y se mezcla con la jalea de albaricoque, colándola y cubriendo con ella la tarta. Se hace un glasé, disolviendo el café en tres cucharadas de agua caliente, añadiendo el azúcar en polvo y la mantequilla y poniéndolo en el fuego para que adquiera consistencia. Se pincela toda la tarta con el glasé y se adorna con las medias nueces reservadas.

TARTA DE PERAS
Grado de dificultad bajo

INGREDIENTES PARA 6 PERSONAS
1 lámina de hojaldre congelado • 700 g de peras
maduras • 50 g de mantequilla • 200 g de azúcar
• 2 huevos • Unas gotas de zumo de limón • Jalea

Se extiende con el rodillo la masa,
previamente descongelada a temperatura
ambiente, y se dispone sobre un molde de
tarta, engrasado y enharinado. Se colocan las
peras, peladas y cortadas en gajos no muy
gruesos, sobre la masa. En un cuenco, se
mezcla la mantequilla derretida, el azúcar, las
gotas de limón y los huevos batidos. Se
mezcla bien con las varillas y se vuelca sobre
las peras. Se pone en horno medio de 40 a 50
minutos. Después de enfriar y desmoldar, se
pincela toda la superficie con la jalea.

TARTA DE PERAS A LA ALSACIANA
Grado de dificultad bajo

INGREDIENTES PARA 6 PERSONAS

Para la masa:
2 huevos • 1/2 taza de azúcar • Sal • 1/2 taza de
harina tamizada • 1 y 1/2 cucharada de mantequilla

Para el relleno:
1/2 kg de peras maduras • 1 cucharadita de harina
• 150 g de azúcar • 3 huevos • 2,5 dl de leche

Se forra con la masa un molde de tarta
engrasado. Se mezcla la harina con el azúcar y
se añaden los huevos, se incorpora la leche y
se cuela todo. Además, las peras, peladas y
cortadas en láminas, se disponen
ordenadamente sobre la masa, por encima se
vuelca el batido y se hornea a temperatura
moderada durante unos 45 minutos (si hace
falta, al final de la cocción, se reduce el calor
o se cubre la superficie con papel de
aluminio). Para servir, puede pincelarse la tarta
con alguna compota de fruta.

TARTA DE PIÑA CON FRUTAS
Grado de dificultad bajo

INGREDIENTES PARA 6 PERSONAS

Para el bizcocho:
Ver «Tarta de peras a la alsaciana»

Para el relleno:
1 lata de piña en almíbar • 1 y 1/2 taza de jalea de
albaricoque • 3 cucharadas de *kirsh* • 12 cerezas en
conserva con marrasquino • 100 g de almendras
picadas • 2 kiwis

Por un lado, se prepara un bizcocho, según la
receta mencionada; por otro, se separan
cuatro rodajas de piña, para decoración y las
otras, se escurren y se pican menudamente, se
mezcla la mitad de la jalea de albaricoque a
los trocitos de piña y se calienta en el fuego,
para que la jalea se disuelva. Se disuelve el
kirsh, en tres cucharadas del almíbar de la
piña, y se humedece el bizcocho, cortado en
dos partes iguales, en redondo. Sobre una de
las partes, se dispone la piña con la jalea,
distribuyendo la mezcla, sobre toda la
superficie. Se coloca la otra parte encima. Se
pone en el fuego, el resto de la jalea, con una
cucharadita de agua, hasta que se disuelva, y
se cubre con ella la superficie de la tarta. Se
cortan en cuartos las cuatro rodajas de piña,
que estaban reservadas y los dos kiwis,
pelados y cortados en rodajas finas. Con estas
frutas, y las cerezas escurridas, se decora al
gusto la tarta. Los laterales, se recubren con
las almendras picadas y se conserva en la
nevera hasta la hora de servir.

TARTA DE PIÑA EN ALMÍBAR
Grado de dificultad bajo

INGREDIENTES PARA 6 PERSONAS
1 lámina de hojaldre congelado • 2 yemas
• 1 cucharada de harina tamizada • 1/2 taza de
azúcar • 1 sobre de azúcar de vainilla • 2 tazas de
leche • 1/2 copa de coñac • 1 lata de piña
• Compota de melocotón

Se ponen las yemas, el azúcar y el azúcar de vainilla en un bol y se bate mientras se echa, en chorro fino, poco a poco, la leche hirviendo. Se pone el batido en un cazo, a fuego lento, hasta conseguir la consistencia de crema suave. Se retira del fuego y se deja enfriar. Se forra un molde de tarta con la masa, extendida con el rodillo, y se pincha un poco el fondo. Se divide la crema en dos porciones y a una, se le añade el coñac y se vuelca en el molde, que se pone en el horno 20 minutos a 200°. Se deja enfriar y, cuando esté fresca, se pone por encima el resto de la crema y, sobre ella, las rodajas de piña, partidas en cuartos. Se mezclan dos cucharadas de compota, con una de almíbar caliente y se pincela toda la tarta. Se pone en el frigorífico hasta la hora de servir.

TARTA DE PIÑA Y NATA (*charlotte*)
Grado de dificultad bajo

INGREDIENTES PARA 6 PERSONAS
24 bizcochos de soletilla • 5 huevos • 200 g de azúcar • 0,5 dl de leche • 6 hojas de gelatina blanca • 0,125 l de nata • 2 cucharadas de licor al gusto • 1 lata de piña • 1 limón

Para esta tarta se necesita un molde redondo, sin agujero central, de unos 18 centímetros de diámetro y ocho de altura. Se corta la piña y se escurre para que pierda el agua y se ponen las hojas de gelatina en remojo, con agua fría. Por otra parte, se hierve la leche con una cáscara de limón. Se echan en una cazuelita las yemas, el azúcar y, cuando estén bien mezcladas, se saca la cáscara de la leche y, caliente, se añade a las yemas, echándola en chorro fino sin parar de remover. No se deja hervir y cuando empiece a hacer espuma y la crema esté espesando, se retira del fuego, se incorporan las hojas de gelatina, bien escurridas y se remueve todo hasta que la gelatina esté diluida. Se vuelca este preparado en una fuente honda y se deja enfriar a temperatura ambiente. Se forra el fondo del molde con papel vegetal, por encima, se

disponen los bizcochos necesarios, remojados (no empapados) en una mezcla de leche y licor. Para que encajen perfectamente, se cortan las puntas de manera que coincidan con el centro y se reservan las sobras del corte. Los laterales del molde se forran también con los bizcochos, remojados de igual forma, de manera que queden completamente cubiertos. Cuando la crema reservada se haya enfriado, se baten tres claras a punto de nieve, incorporando al final una cucharada de azúcar. Se bate también la nata con otra cucharada de azúcar hasta que quede montada firmemente. Con mucho cuidado, se mezclan las claras a la nata montada y, por fin, a la crema con la gelatina. Se mueve todo de abajo hacia arriba, hasta que estén los tres preparados, completamente integrados. Se mezcla la piña (reservando algunos trozos para adornar) con la crema. Se vierte sobre el molde, se echan por encima los restos de cortar los bizcochos, desmenuzados, se alisa y se cubre el molde con los bizcochos necesarios, haciéndoles el mismo corte que a los del fondo. La tarta se desmolda cuando esté fría y se decora con nata montada y piña.

TARTA DE PLÁTANOS Y CHOCOLATE
Grado de dificultad bajo

INGREDIENTES PARA 6-8 PERSONAS
200 g de harina de trigo • 125 g de mantequilla • 175 g de azúcar • 1 cucharada de levadura en polvo • 1 huevo • 200 g de chocolate de cobertura • 4 plátanos • 4 cucharadas de azúcar • 4 cucharadas de ron • 4 yemas de huevo • 1 limón

Se pone en un bol la harina y se abre una cavidad en el medio, donde se echa la mantequilla y 125 gramos de azúcar, que se amasan bien; se añade el huevo y se continúa amasando; por último se incorpora la harina, poco a poco, hasta formar una masa homogénea. Esta masa, se coloca en un molde de tarta engrasado con mantequilla y se extiende con los dedos hasta forrarlo por igual, con un ligero reborde rematando los lados. Se hornea a temperatura fuerte 20 minutos. Se deja enfriar y se retira del molde. En la batidora se mezclan dos plátanos, el ron, el azúcar y las yemas y se incorpora el chocolate, previamente fundido al baño María. Se liga todo y se vuelca en el molde de la masa. Ya frío, se decora con rodajas de los plátanos restantes y zumo de limón.

TARTA DE PONCHE SEGOVIANO
Grado de dificultad bajo

INGREDIENTES PARA 6 PERSONAS
10 huevos • 250 g de harina tamizada • 1 copa de anís • 1 copa de coñac • 150 g de azúcar *glass* • Cáscara de 1 limón • 600 g de azúcar • 1/2 l de leche • 50 g de mantequilla • 1 cucharada de canela en polvo

En un bol, se baten cuatro huevos enteros, tres yemas y 150 gramos de azúcar, hasta que triplique su volumen inicial. Se añaden 150 gramos de harina, se mezcla y se coloca en un molde bien engrasado, cuadrado, grande y bajo, cuidando que el batido ocupe sólo la mitad de su altura, y se hornea esta mezcla, durante 8 minutos a 120°. En una cazuela, se hierve la leche con la cáscara de limón, 100 gramos de azúcar y tres yemas, durante 3 minutos. Se prepara un almíbar con 350 gramos de azúcar, el coñac, el anís y cuatro decilitros de agua. Se corta el bizcocho en dos partes iguales, se empapa con el almíbar una de las partes, sobre ella se esparce la crema y la canela, se tapa con la otra mitad, que se rocía con almíbar, se cubre con azúcar *glass* y se quema con un hierro al rojo.

TARTA DE QUESO
Grado de dificultad bajo

INGREDIENTES PARA 6 PERSONAS
4 huevos • 1 lata de leche condensada • La misma medida de leche común • 250 g de queso fresco

Se baten las yemas con el queso y los dos tipos de leche, las claras se baten a punto de nieve y se incorporan al resto de los ingredientes, removiendo de abajo hacia arriba cuidadosamente. Se engrasa con mantequilla un molde de tarta y se vuelca el preparado, que se cuece en horno fuerte al baño María durante 1 hora.

TARTA DE QUESO DE BOLA CON CHOCOLATE
Grado de dificultad bajo

INGREDIENTES PARA 6 PERSONAS

Para la masa:
200 g de harina • 100 g de margarina • 1 huevo • 1 cucharada de leche • Sal

Para el relleno:
5 huevos • 1/2 l de nata líquida • 250 g de queso de bola rallado • Sal • Pimienta

Para la cobertura:
1 taza de salsa de chocolate (véase «Salsa de chocolate 2» • 1 cucharada de azúcar • 1 cucharadita de harina fina de maíz

Se tamiza la harina sobre un bol y se añade la margarina blanda, el huevo, la leche y la sal; se amasa hasta obtener una bola que se despegue del fondo, se tapa con un paño y se deja reposar media hora. Se baten los huevos, la nata y el queso y se sazonan con sal y pimienta. Se vierte el preparado en el molde, engrasado y enharinado, y pone en el horno bien caliente durante 30 minutos. Se espesa un poco la salsa de chocolate y se vuelca sobre la tarta.

TARTA DE SANTIAGO
Grado de dificultad bajo

INGREDIENTES PARA 6 PERSONAS
100 g de mantequilla • 100 g de harina • 4 huevos • 300 g de almendras crudas • 200 g de azúcar

• Cáscara de limón rallada • 1 vaso de agua
• 1 cucharadita de levadura • Azúcar glass

Se bate la mantequilla blanda con los huevos y el azúcar. Cuando el batido presente un aspecto de crema suave y esponjosa, se añade la harina y la levadura, tamizadas, poco a poco. Se agrega el vaso de agua y se mezcla todo con cuidado. Se incorporan a la masa, las almendras molidas y la cáscara de limón rallada. Se vuelca la mezcla sobre un molde de tarta engrasado y, a temperatura moderada, se hornea durante 30 minutos. Se desmolda frío y se adorna espolvoreando el azúcar *glass*, sobre toda la superficie.

TARTA DE SANTO TOMÁS
Grado de dificultad medio

INGREDIENTES PARA 6 PERSONAS

Para el bizcocho:
5 huevos • 125 g de harina • 2 cucharadas de miel
• 15 g de cacao • 1 cucharadita de canela

Para la crema:
250 g de mantequilla • 100 g de azúcar • 2 huevos
• 1 cucharada de miel • 70 g de chocolate de cobertura

Se bate el azúcar con los huevos hasta obtener una crema suave, se añaden, mezclando, el cacao y la canela. Además, se agrega la harina tamizada, mezclando, poco a poco y envolviendo de abajo para arriba; se añade la miel y se hace la mezcla. Se vierte el preparado en un molde de unos 22 centímetros de diámetro y bordes altos, engrasado y enharinado, y se pone en horno medio, durante 35 minutos. Se deja enfriar y se desmolda. Se amasan la mantequilla y el azúcar hasta conseguir una crema homogénea y se van añadiendo los huevos, uno a uno, mientras se bate a mano; luego, se incorporan la miel y el chocolate, previamente derretido pero no caliente. Se bate todo hasta que su consistencia sea la de una crema propia para

decorar tartas. Se abre el bizcocho por la mitad, se unta con esta crema, se unen las dos partes y, con una manga pastelera, se cubre y decora la superficie y lados de la tarta.

TARTA DELICIOSA
Grado de dificultad medio

INGREDIENTES PARA 6 PERSONAS

Para la masa:
125 g de harina • 50 g de manteca de cerdo • 25 g de mantequilla • Unas gotas de zumo de limón

Para el relleno:
100 g de coco rallado • 3 huevos enteros y 2 yemas
• 350 g de azúcar • 2 cucharadas de azúcar *glass*

Se amasan todos los ingredientes, se hace una bola y se deja reposar media hora. Pasado el tiempo, se extiende con el rodillo y se forra un molde, engrasado y enharinado. Se hierven los 350 gramos de azúcar con un vaso de agua, durante 5 minutos hasta obtener el punto de perla. Se mezcla el almíbar con los huevos enteros y las yemas, batiendo bien a mano, se añade el coco y se vuelca la mezcla sobre la masa. Se cuece en horno medio durante cerca de 45 minutos. Casi al final, se reduce la temperatura del horno.

TARTA FÁCIL DE MANZANAS
Grado de dificultad bajo

INGREDIENTES PARA 6 PERSONAS
10 medias noches • 1 lata de leche condensada
• Igual medida de leche común • 5 manzanas
• 4 huevos • 2 cucharadas de caramelo instantáneo

Se baten los huevos y se mezclan con los dos tipos de leche. Luego, en un molde alto de tarta, con el fondo caramelizado, se coloca una capa de manzanas, peladas y cortadas en gajos finos, y una de rebanadas de media noche, y se riega con el batido. Se repite la operación hasta acabar con los ingredientes, momento en el que se pone en horno medio durante 40 minutos. Se desmolda frío.

TARTA FLAN
Grado de dificultad bajo

INGREDIENTES PARA 6 PERSONAS

Para la masa:
2 tazas de harina tamizada • 125 g de mantequilla • 1 huevo • 1 cucharada de azúcar • 1 pizca de sal

Para la crema:
5 huevos • 1 y 1/2 taza de azúcar • 1/2 taza de harina fina de maíz • 1 y 1/2 l de leche

Para la masa, se trabajan bien y con energía todos los ingredientes. Se forra un molde de tarta, se pincha un poco el fondo y se pone en el frigorífico, unos 20 minutos. Para la crema, se mezclan los huevos, con el azúcar y la harina tamizada, se echa sobre la mezcla la leche caliente, poco a poco, removiendo con el batidor manual, hasta obtener una mezcla homogénea. Se echa entonces sobre la masa de tarta y se hornea 30 minutos a 200°. Se reduce la temperatura a 150° y se deja otros 20 minutos. Se desmolda y sirve fría.

TARTA FLAN CON FRUTAS ESCARCHADAS
Grado de dificultad bajo

INGREDIENTES PARA 6 PERSONAS

Para la masa:
2 tazas de harina tamizada • 125 g de mantequilla • 1 huevo • 1 cucharada de azúcar • 1 pizca de sal

Para la crema:
5 huevos • 1 y 1/2 taza de azúcar • 100 g de frutas escarchadas • 1/2 taza de harina fina de maíz • 1 y 1/2 l de leche

Se trata de la misma receta que para hacer la tarta flan (véase), añadiendo a la crema 100 gramos de frutas escarchadas, cortadas menuditas.

TARTA FLORENTINA
Grado de dificultad medio

INGREDIENTES PARA 6 PERSONAS

Para el bizcocho:
2 huevos • 1/2 taza de azúcar • Sal • 1/2 taza de harina tamizada • 1 y 1/2 cucharada de mantequilla

Para la crema:
3 claras de huevo • 250 g de mantequilla • 1 cucharada de *kirsh* • 100 g de cerezas en conserva al marrasquino • 300 g de chocolate blanco

Se baten los huevos enteros con azúcar y una pizca de sal, se pone al baño María hasta que se caliente, sin hervir, y se retira del fuego. Se continúa batiendo hasta que esté consistente y haya duplicado el volumen inicial; se añade la harina y la mantequilla derretida y fría, se mezcla bien y se vuelca sobre un molde rectangular, forrado con papel vegetal y engrasado. Se hornea, durante una media hora, hasta que el bizcocho esté en su punto. Se desmolda y se deja enfriar. Para la crema, se humedece el azúcar con algunas cucharadas de agua, lo justo para obtener un almíbar denso. Se baten las claras a punto de nieve y, retirando el almíbar del fuego, se vierte sobre las claras, sin parar de batir, hasta que la mezcla esté fría. Se bate la mantequilla, se añade a las claras, mezclando todo bien y se agrega el *kirsh*. Se corta por la mitad el bizcocho y se humedecen las dos partes con el marrasquino de la conserva de cerezas. Se rellena una de las partes con la crema, colocando las cerezas, escurridas, para que se hundan en la crema. Se tapa con la otra mitad del bizcocho y se vierte por encima el chocolate blanco derretido al baño María, cubriendo la superficie de la tarta. Se espera a que solidifique la cobertura y si es necesario, se igualan los bordes con un cuchillo afilado.

TARTA GLASÉ
Grado de dificultad medio

INGREDIENTES PARA 6 PERSONAS
3 huevos • 1 taza de azúcar • 2 tazas de harina
tamizada • 1 taza de leche • 100 g de mantequilla
• 1/2 cucharada de ralladura de limón • 1 taza de
jalea de albaricoque

Para el glasé:
2 tazas de azúcar en polvo • 2 cucharadas de ron
• 1/2 de taza de agua

Se baten los huevos con el azúcar, hasta
obtener una crema espumosa con el triple de
su volumen inicial. Se junta, poco a poco, la
harina, alternando con la leche, la mantequilla
derretida y fría y la ralladura de limón,
mezclando todo cuidadosamente. Se engrasa
un molde del tipo de los *cake* ingleses, se
vuelca la masa y se pone en horno caliente,
durante una hora. Se desmolda y se deja
enfriar, cubriéndola con la jalea, derretida al
baño María. Se pone al fuego el azúcar en
polvo y el agua, removiendo hasta disolverse.
Se añade el ron y se vierte sobre la tarta.

TARTA HOLANDESA
Grado de dificultad bajo

INGREDIENTES PARA 6 PERSONAS

Para la masa:
200 g de harina de trigo • 125 g de mantequilla
• 100 g de azúcar • 1 huevo • 1 cucharada de café
de levadura en polvo • Ralladura de 1 limón

Para el relleno:
6 yemas • 2 huevos enteros • 300 g de azúcar
• 100 g de queso de bola rallado • 4 cucharadas de
compota de frambuesa • 1 dl de agua

Se mezclan los ingredientes de la masa con los
dedos y cuando se pueda formar una bola, se
espolvorea con harina y se deja reposar en un
sitio fresco. Se pone en el fuego el agua y el
azúcar, dejándolo que hierva suavemente

durante 3 minutos exactos y se retira del
fuego. Se ralla el queso, si está muy blando se
pica en la máquina, y se añade al almíbar
removiendo al mismo tiempo. Se baten los
huevos enteros y las yemas, se agregan al
almíbar en chorro fino y sin parar de remover
hasta que esté todo muy bien ligado. Con la
masa, se forra un molde de tarta y sobre ella
se pone el batido, con cuidado que no
sobrepase la mitad del molde, se espolvorea
con un poco de azúcar y se cuece en el horno
a temperatura fuerte durante 10 minutos.
Pasado este tiempo, se vuelve a espolvorear
con azúcar y se acaba de hornear en
temperatura moderada durante 1 hora.
Cuando esté templado, se pincela con la
compota de frambuesas.

TARTA INGLESA (*zuppa*)
Grado de dificultad bajo

INGREDIENTES PARA 6 PERSONAS

Para el bizcocho:
4 huevos • 100 g de azúcar • 100 g de harina
tamizada • 100 g de harina fina de maíz • Ralladura
de 1 naranja • 1 cucharadita de levadura en polvo
• 4 cucharadas de agua

Para el merengue:
3 claras • 200 g de azúcar

Para decorar:
Jalea de dos colores (fresa y naranja, por ejemplo)

Se hace un bizcocho, con los ingredientes, de
la misma forma que otras recetas. Se vierte la
masa en un molde, más alto que el de tarta,
forrado con papel vegetal engrasado y
espolvoreado con harina. Se cuece, a horno
moderado, durante 30 ó 40 minutos. Cuando
el bizcocho esté casi frío, se corta por el
medio, se baña generosamente con jalea y se
coloca de nuevo la parte superior. Se baten las
claras a punto de nieve muy firme, y al final se
mezcla, cuidadosamente, el azúcar sin parar
de batir. Con una manga de pastelero, se

decoran los laterales del bizcocho. La superficie se decora como los radios de una bicicleta, esto es: partiendo del centro, se marcan con el merengue ocho partes iguales y otro círculo interior, lo que dejará unas cavidades sin merengue. Se pone la tarta en el horno medio, hasta que el merengue seque un poco y tome color. Después de frío, se acaba la decoración, alternando las jaleas de colores en los espacios sin merengue.

TARTA LINZER ALEMANA
Grado de dificultad bajo

INGREDIENTES PARA 6 PERSONAS
150 g de harina tamizada • 1/2 cucharadita de moka de clavo molido • 1 cucharadita de moka de canela en polvo • 150 g de almendras peladas y picadas • 100 g de azúcar en polvo • 1 cucharada de postre de ralladura de limón • 200 g de mantequilla blanda • 1 cucharadita de esencia de vainilla • 150 g de frambuesas • 150 g de mermelada de frambuesa • 1 huevo batido

Se mezcla en un bol, la harina, el clavo, la canela, las almendras, el azúcar, la ralladura de limón y la mantequilla, se amasa bien y se agregan las yemas batidas ligeramente y la vainilla. Se trabaja un poco más la masa y se reserva en el frigorífico, hasta que quede firme. Mientras, se va precalentando el horno. Una vez que la masa está firme, se extiende con el rodillo hasta que tenga la espesura de tres milímetros y se forra con ella un molde de tarta, previamente engrasado con mantequilla, retirando los excesos de masa. Se mezclan las frambuesas, lavadas y secas, con la mermelada, y se dispone la mezcla sobre la tarta. A continuación, se hace una bola con el resto de la masa, se extiende con el rodillo y, después de cortarla en tiras, se colocan éstas sobre la fruta, haciendo con ellas un enrejado. Se pincela con el huevo batido y se mete en la nevera durante 20 minutos aproximadamente. Pasado este tiempo, se lleva al horno, a temperatura fuerte, durante al menos unos 45 minutos.

TARTA NEGRITA
Grado de dificultad bajo

INGREDIENTES PARA 6 PERSONAS
200 g de mantequilla • 300 g de azúcar • 200 g de harina • 50 g de cacao en polvo • 4 huevos • 1 cucharada de las de té de bicarbonato • 400 g de nata de montar

Se mezcla la harina, el bicarbonato y el cacao y se cuela para que no quede ningún grumo. Se baten a mano la mantequilla y 250 gramos de azúcar, hasta obtener una crema homogénea y se añaden, uno a uno, los huevos, sin dejar de batir. Después se junta la mezcla de la harina, moviendo con cuidado y sin batir. Se introduce la mezcla en una fuente refractaria, rectangular, con una altura de cuatro centímetros, y se hornea a temperatura media unos 40 minutos. Se monta la nata con 50 gramos de azúcar, hasta que quede firme, y se deja en la nevera hasta que se tenga que utilizar. El bizcocho, una vez frío y fuera del molde, se coloca en una bandeja y se divide por el medio en dos partes iguales. Se rellena con la nata batida y se decora al gusto, con nata, raspas de chocolate, frutas rojas, etc.

TARTA NEVADA
Grado de dificultad bajo

INGREDIENTES PARA 6 PERSONAS
150 g de azúcar • 3 huevos • 100 g de fécula de patata • 1 cucharada de bicarbonato • Mantequilla

Se baten las yemas con el azúcar hasta obtener una crema clara y esponjosa. Se baten las clara a punto de nieve bien firme y se agregan, cuidadosamente, a las yemas. Se añaden la fécula y el bicarbonato, moviendo despacio desde abajo hacia arriba, y luego se pone el preparado en un molde de tarta, de bordes altos, llenando dos tercios de su capacidad. Se cuece en horno moderado unos 25 minutos y después se retira del molde. Puede servirse decorada con azúcar en polvo o utilizando cualquier crema de repostería.

TARTA RÁPIDA DE LIMÓN
Grado de dificultad bajo

INGREDIENTES PARA 6 PERSONAS
1 lámina de masa de hojaldre • 3 huevos
• 6 cucharadas de mantequilla • Ralladura
de limón • 4 cucharadas de zumo de limón
• 1/2 copita de ron

Se baten los huevos, una taza de azúcar, la
ralladura y la mitad del zumo de limón, hasta
obtener una crema homogénea. Se añade la
mantequilla, derretida y fría, el resto del zumo
y el ron rebajado con agua. Se vierte el batido
sobre el molde, forrado con la masa, y se
pone a horno fuerte, durante 35 minutos.

TARTA RÚSTICA DE MELOCOTÓN
Grado de dificultad bajo

INGREDIENTES PARA 6 PERSONAS

Para la masa:
200 g de harina • 125 g de mantequilla • 175 g de
azúcar • 1 cucharada de levadura en polvo

Para el relleno:
1 kg de melocotones • 2 cucharadas de azúcar
glass • 2 cucharadas de mantequilla • Azúcar

Se forra el molde de tarta y se coloca 15
minutos en el horno a 200°. Se ponen sobre
la masa los melocotones, remojados en agua
caliente, pelados y en gajos. Se coloca la
mantequilla, en trozos, junto con dos cucharas
de azúcar sobre la superficie, se espolvorea
más azúcar y se pone en el horno, media hora
a 180°. Luego, se espolvorea con azúcar *glass*.

TARTA SERRANA
Grado de dificultad bajo

INGREDIENTES PARA 6 PERSONAS

Para la masa:
250 g de harina tamizada • 1 dl de agua

Para el relleno:
350 g de queso fresco sin sal • 3 yemas de huevo
• 200 g de azúcar • 30 g de harina • 1 cucharadita
de canela

Se amasa bien la harina con el agua, hasta
obtener una masa elástica y ligada. Se
extiende con el rodillo y se forra un molde,
dejándolo secar al aire durante unas cuantas
horas. En un bol, se mezcla el queso, el azúcar
y los huevos; se añade la harina y la canela y
se remueve bien. Después de que todo esté
mezclado y la masa más seca, se vierte el
preparado en el molde y se cuece en horno
suave, durante 25 minutos.

TARTA SUAVE DE CHOCOLATE Y WHISKY
Grado de dificultad bajo

INGREDIENTES PARA 6 PERSONAS
75 g de cacao en polvo azucarado • 100 g de
chocolate de cobertura • 125 g de mantequilla
• 100 g de azúcar lustre • 200 ml de nata montada
• 1/2 vasito de whisky • 3 yemas de huevo

Se monta la nata con un poco de azúcar y se
reserva en frío. Se baten las yemas con el
resto del azúcar, hasta que tomen un color
claro y consistencia de crema espesa. Se
añade el chocolate, derretido al baño María, y
se mezcla bien, junto con la mantequilla. Se
mezclan todos los ingredientes, siendo el
último la nata, se vuelcan en un molde
rectangular, untado con mantequilla, y se deja
en la nevera unas 3 horas.

TARTA SUECA BLÄTERTORTE
Grado de dificultad bajo

INGREDIENTES PARA 6 PERSONAS

Para la masa:
250 g de azúcar • 250 g de mantequilla • 250 g de
harina • 175 g de almendras • 1 clara de huevo
• Azúcar en polvo • Leche condensada

Para el relleno:
200 g de mermelada de fresa

Se escaldan las almendras, se pelan y se tritura la mitad del total. Las que quedan sin picar, se cortan en láminas con cuchillo y se secan en el horno. En un bol, se amasa la mantequilla, el azúcar, las almendras trituradas y la clara de huevo. Con esta masa, se hacen cuatro galletas del tamaño de un plato de postre. En una placa de horno, forrada con papel de aluminio y engrasada, se ponen las galletas (dos por hornada). A medida que se hagan (unos 28 minutos), se despegan de inmediato. Cuando se enfríen, se ponen unas encima de otras, disponiendo una capa de dulce entre ellas. A la última, además del dulce, se le echa un poco de leche condensada, para poder pegar las almendras cortadas, operación que se repite alrededor de la tarta. Se remata con el azúcar en polvo.

TARTA TATIN FRANCESA
Grado de dificultad bajo

INGREDIENTES PARA 6 PERSONAS

Para el bizcocho:
200 g de harina • 125 g de mantequilla • 75 g de azúcar • Sal • 1 huevo • 1/2 cucharada de levadura

Para la guarnición:
1 kg de manzanas Reineta • 200 g de azúcar • 150 g de mantequilla

Se hace un monte de harina sobre la mesa, abriéndole un hoyo en el medio, en el que se echa el azúcar, la mantequilla, la levadura y la sal y se comienza a amasar, desde el centro, hasta envolver bien todos los ingredientes. Cuando esté bien amasado, se hace una bola, se mete en un bol, se cubre con un paño y se deja reposar 30 minutos. Mientras, se pelan las manzanas, se les retiran las semillas y se cortan en gajos. Se echa en un molde de cristal refractario 50 gramos de mantequilla y un tercio de los 200 gramos de azúcar y se

pone en el fuego hasta que se haga caramelo; se retira. Sobre ese fondo, se dispone una capa de gajos de manzana, ligeramente sobrepuestos, se espolvorea con otro tercio de azúcar y se esparcen otros 50 gramos de mantequilla en pedacitos. Se vuelven a disponer las sucesivas capas de manzanas, azúcar y mantequilla. Con el rodillo, se extiende la masa, hasta formar un círculo para cubrir el molde, remetiendo un poco de masa por los lados para ajustar las manzanas. Se pone en el horno, a 180°, durante 40 minutos. Se desmolda sobre una fuente y puede acompañarse de nata batida sin azúcar.

TOCINILLO DE CIELO
Grado de dificultad medio

INGREDIENTES PARA 6-8 PERSONAS
6 yemas y 1 clara de huevo • 1/4 kg de azúcar • 8 cucharadas de agua

Se prepara un almíbar cociendo el agua con el azúcar, a fuego vivo, durante 5 minutos; se retira del fuego y se bañan los moldes en los que se vaya a hacer el tocinillo con un poco de almíbar. Por otra parte, en un bol, se deshacen las yemas y las claras con una cuchara de madera y se agrega, poco a poco, el almíbar, sin dejar de remover. Se cuela la crema de yemas y almíbar sobre los moldes y se cuece al baño María durante 20 minutos. Transcurrido ese tiempo, se sacan los moldes, se sumergen en agua, y una vez desmoldados, se guardan en la nevera hasta el momento de servir.

TORTITAS CON CREMA DE CHOCOLATE
Grado de dificultad bajo

INGREDIENTES PARA 6 PERSONAS

Para las tortitas:
200 g de harina tamizada • 3 huevos • 4 dl de leche • 60 g de mantequilla • 1 pizca de sal

Para la crema:

3,5 dl de nata de montar • 150 g de chocolate de cobertura • 50 g de cacao amargo • 1 copita de brandy

Se mezcla bien la harina, los huevos y la sal, y se echa la leche (que debe estar a temperatura ambiente) en chorro fino, batiendo sin parar. Se cuela la mezcla, se le añade la mantequilla derretida y se deja reposar un poco. Para hacer la crema, se pone la nata al fuego y cuando empiece a hervir, se retira del calor y se le añade el chocolate partido en pedacitos; se remueve para disolverlo completamente y se agrega el cacao y el brandy. En una sartén mediana, se echa un poco de mantequilla y, una vez derretida, se pasa un papel de cocina para empapar la grasa sobrante. Con un cucharón, se va echando la cantidad de masa suficiente como para cubrir el fondo, se deja 1 minuto y se le da la vuelta para que se haga del otro lado. Normalmente, la primera tortita se desecha. La espesura depende del gusto, por lo que se calcula la cantidad de masa que se pone de cada vez. Se sirven en una bandeja, con la crema de chocolate caliente, en una salsera aparte.

TORTITAS DE JUDÍAS DULCES
Grado de dificultad bajo

INGREDIENTES PARA 2 PERSONAS
1 paquete de harina • 2 huevos • 2/3 de taza de azúcar • 1 cucharada de bicarbonato • 1/4 taza de agua • 1 taza de judías dulces adzuki

Se mezclan los huevos y el azúcar con la batidora. Aparte, se disuelve el bicarbonato en agua, se añade a la mezcla de la batidora y, gradualmente, se va añadiendo la harina. Mientras, se calienta un poco de aceite en una sartén y se va echando la mezcla en porciones desde el mismo vaso de la batidora; deben quedar de unos ocho centímetros de diámetro. Cuando la tortita comience a burbujear, se le da la vuelta para que se haga por el otro lado y se repite la operación hasta hacer 10-12 tortitas. Por último, se dejan enfriar y, una vez frías, se ponen de dos en dos, se coloca un poco de las judías dulces en medio, y se cierran.

TRUFAS DE CHOCOLATE
Grado de dificultad bajo

INGREDIENTES PARA 4 PERSONAS
250 g de chocolate de cobertura • 200 g de mantequilla • 1 huevo • 1/2 copa de coñac • 3 cucharadas de cacao amargo en polvo • 1 cucharada de azúcar

Primeramente, se calienta, al baño María, la mantequilla y el chocolate troceado, removiendo siempre para que se mezcle bien; cuando esté fundido el chocolate, se agrega el coñac, se retira del fuego y se deja enfriar. Antes de que se endurezca del todo, se añade, moviendo cuidadosamente, una yema de huevo y, por último, la clara batida a punto de nieve, a la que se habrá incorporado casi al final de batirla, una cucharada de azúcar. Hecho todo esto, se mete en el frigorífico para que así se endurezca, al menos durante 1 hora. Transcurrido este tiempo, con ayuda de dos cucharas, se forman bolitas, se pasan por el cacao y se introducen en moldes de papel.

Salsas
y guarniciones

Nota general: las salsas no indican la cantidad de raciones, aunque se ha calculado que el número de comensales sean seis.

* * *

GUACAMOLE
Grado de dificultad bajo

INGREDIENTES
1 aguacate • 2 cucharadas de cilantro picadito
• 3 cucharadas de cebolla muy picada
• 2 cucharadas de aceite • El zumo de 1 limón
• Sal • Pimienta

Se trituran los ingredientes y se sirve frío, para acompañar aperitivos y ensaladas.

MOJO COLORAO
Grado de dificultad bajo

INGREDIENTES
4 guindillas rojas • 1/2 cucharada de cominos en polvo • 3 dientes de ajo • Una pizca de pimentón
• 1 vasito de aceite • Vinagre • Sal

Se remojan las guindillas durante 1 hora en agua caliente, se secan y se limpian. Se tuestan los cominos y se ponen en el mortero con las pimientas y los ajos, se añade sal, aceite y vinagre al gusto y se mezcla todo bien. Ideal para patatas y pastas cocidas.

MOJO DE CILANTRO
Grado de dificultad bajo

INGREDIENTES
1 manojito de cilantro • 1 cucharadita de cominos molidos • 4 dientes de ajos • 1 tacita de aceite
• 1/2 tacita de vinagre • Sal • Pimienta

Se tuestan los cominos y se majan en el mortero con el cilantro, los ajos, la sal y la pimienta; se añade aceite y vinagre y se mezcla bien todo (puede agregarse un poco de agua). Para alimentos a la brasa es único.

MOJO PICÓN
Grado de dificultad bajo

INGREDIENTES
3 guindillas rojas • 6 dientes de ajo • 1 cucharada de pimentón • 2 cucharadas de cominos • Sal
• 3 cucharadas de pan rallado • Aceite • Vinagre

Se majan en el mortero los ajos, las guindillas, previamente remojadas en agua caliente durante 1 hora, los cominos y el pimentón, machacando todo hasta que quede como una pasta. Se va añadiendo el aceite, mezclándolo poco a poco, removiendo para que se integre, como si se hiciera una mayonesa. Se pone la mezcla en un cuenco y se agrega el vinagre, el pan rallado y la sal; se deja reposar, hasta que el pan se empape bien. El mayor o menor espesor de la salsa se controla al agregar el aceite y, posteriormente, el vinagre. Puede corregirse, después de hecha, templándola un poco antes de añadir más aceite. Este mojo picón acompaña muy bien las carnes.

MOJO RÁPIDO
Grado de dificultad bajo

INGREDIENTES
2,5 dl de nata agria • 1 cucharadita de curry • 2 dl de vinagreta • 1 pizca de azúcar • Sal • Pimienta

Se mezcla la crema agria con los restantes ingredientes y se bate bien; se reserva en el frigorífico durante 1 hora mínimo, antes de servir para aderezar ensaladas.

MOJO VERDE
Grado de dificultad bajo

INGREDIENTES
4 guindillas verdes • 1/2 cucharada de cominos en polvo • 3 dientes de ajo • Una pizca de pimentón
• 1 vasito de aceite • Vinagre • Sal

Esta salsa, que sirve para acompañar patatas y pastas cocidas, se hace igual que el mojo colorao, sustituyendo las guindillas rojas por verdes.

SABAYÓN A LAS FINAS HIERBAS
Grado de dificultad bajo

INGREDIENTES
1 huevo y 2 yemas • 0,5 dl de caldo de hortalizas • 100 g de mantequilla derretida • 2 cucharaditas de zumo de limón • 2 cucharaditas de perifollo picado • 2 cucharadas de cebollino picado • Sal • Pimienta

En un cazo, se baten las yemas y el huevo entero con el caldo, y se pone a fuego lento, sin que hierva. Se retira del fuego y se añade la mantequilla, poco a poco y batiendo sin parar. Se incorpora el zumo de limón y se salpimienta. Se agregan las hierbas picaditas, se incorporan a la salsa y se bate la mezcla, hasta obtener una crema espumosa, típica como acompañamiento de hortalizas al vapor.

SALSA A LA ANTIGUA
Grado de dificultad bajo

INGREDIENTES
2 cucharadas de limón • 2 dl de nata ligera • 1 y 1/2 cucharada de mostaza • 1/2 cucharada de azúcar • Sal • Pimienta

Se mezcla la nata, el zumo de limón, el azúcar y la mostaza y se sazona al gusto. Se usa mucho esta salsa para aderezar ensaladas.

SALSA A LA MENTA
Grado de dificultad bajo

INGREDIENTES
5 dl de leche • 3 cucharadas de menta fresca picada • 1 pizca de pimienta blanca molida • 3 cucharadas de harina • 30 g de mantequilla • Sal

En un cazo pequeño, se derrite la mantequilla, se añade la harina, removiendo y dejando que

se vaya calentando unos 2 minutos, se añade la leche, sin parar de mover, dejando que hierva, a fuego lento durante 4 minutos. Se salpimienta, se retira del fuego y se espolvorea la menta. Ideal para asados.

SALSA A LAS FINAS HIERBAS
Grado de dificultad bajo

INGREDIENTES
2 cebolletas • 1 dl de nata líquida • 0,5 dl de vinagre de vino blanco • 0,5 dl de vino blanco • 150 g de mantequilla • Media taza de perejil • Eneldo • Romero • Estragón • Sal • Pimienta al gusto

Para hacer esta salsa, que sirve como acompañamiento de hortalizas y carnes a la plancha, se sofríen las cebolletas picadas en una cucharada de mantequilla, luego se añade el vinagre y el vino blanco y se deja que hierva a fuego vivo, hasta que la cebolleta esté lacia. Se agrega la nata, se deja hervir 1 minuto y se añade la mantequilla, poco a poco. Se bate todo con las finas hierbas y se sazona al gusto.

SALSA AFRUTADA
Grado de dificultad bajo

INGREDIENTES
200 g de champiñones en conserva • 1 cucharada de mantequilla • 1 cebolleta • 1 cucharada de curry • 1 cucharada de harina • 1,5 dl de caldo de carne • 1 cucharada de salsa de soja • 400 g de tomates, pelados y picados • 0,5 dl de zumo de naranja • 2 dl de nata líquida • 0,5 dl de yogur griego • 1 lata de melocotones de 400 g

Se escurren los champiñones, reservando el líquido. Se dora la cebolleta picadita en un poco de mantequilla, se añaden los champiñones en láminas y el curry. Se incorpora la harina y, mientras se remueve, se vierte el caldo, los tomates, el líquido de los champiñones, la salsa de soja, el zumo de naranja y la nata, sin parar de remover. Se lleva a ebullición, se reduce el calor y se deja cocer, a fuego lento, 10 minutos. Se sazona al gusto, se agrega el yogur, se remueve de nuevo y se añaden los melocotones, cortados en cuartos y un poco de su almíbar. Esta salsa, que acompaña por lo general carnes asadas, puede servirse así o triturada como una crema fina.

SALSA AGRIDULCE
Grado de dificultad bajo

INGREDIENTES
30 g de mantequilla • 2 cucharadas de harina
• 3 dl de leche • 1 dl de caldo de pescado
• 1 cucharadita de vinagre de vino blanco
• 2 cucharaditas de azúcar • Sal • Pimienta

Se derrite la mantequilla en un cazo, se añade la harina y se deja cocer unos 2 minutos; se vierte la leche, poco a poco, sin parar de remover y se deja hervir, a fuego lento, durante 4 minutos, removiendo de vez en cuando. Se echa el vinagre, el caldo y el azúcar, y se salpimienta al gusto. Es ideal para servir con pescado hervido.

SALSA AGRIDULCE A LA NARANJA
Grado de dificultad bajo

INGREDIENTES
150 g de mermelada de naranja amarga
• 2 cucharadas de azúcar • 2 cucharadas de salsa de soja • 2 cucharadas de zumo de limón
• 1 cucharada de mostaza en polvo

Se mezclan todos los ingredientes, se calienta a fuego muy lento y se espesa con una pizca de harina fina de maíz, removiendo constantemente hasta que el azúcar esté completamente disuelto.

SALSA AGRIDULCE CHINA
Grado de dificultad bajo

INGREDIENTES
125 g de miel • 1 dl de zumo de limón
• 1 cucharada de salsa de soja • 1 cucharada de salsa inglesa • 1 cucharadita de ajo en polvo
• 1 cucharadita de albahaca seca • 1 cucharadita de mostaza • Sal • Pimienta

Se mezclan todos los ingredientes y se dejan reposar. Si se cree necesario, puede espesarse con fécula de patata.

SALSA AL AZAFRÁN
Grado de dificultad bajo

INGREDIENTES
Media cebolla • 30 g de mantequilla • 2 cucharadas de harina • 5 dl de caldo de pescado • 1 dl de nata agria • 1 cucharadita de azafrán • Sal
• Pimienta al gusto

Se rehoga la cebolla picada en la mantequilla y, cuando empiece a dorar, se espolvorea con la harina y se remueve, se añade el caldo, poco a poco, sin dejar de remover y se deja cocer durante 8 minutos. Se retira del fuego, se agrega el azafrán y la nata, se sazona al gusto y se vuelve a calentar. Se utiliza para platos de pescado.

SALSA AL CABRALES
Grado de dificultad bajo

INGREDIENTES
150 g de queso de Cabrales • 1/2 vaso de sidra
• 1/2 vaso de nata • 1 vaso de jugo de carne • Sal
• Pimienta

Se aplasta el queso con un tenedor y se pone al fuego en un cacito; se añade la sidra, para que se vaya disolviendo. Se agrega la nata, removiendo siempre, se sazona y se incorpora el caldo, dejando que dé un hervor todo junto. Si quedase muy clara, se puede espesar la salsa con un poco de fécula de patata. Se usa generalmente esta salsa para carnes a la plancha.

SALSA AL CEBOLLINO
Grado de dificultad bajo

INGREDIENTES

1 dl de caldo de pescado • 1 dl de vino blanco
• 1 dl de nata • 1 dl de yogur griego
• 7 cucharadas de cebollino fresco, muy picadito
• 2 cucharadas de mantequilla • Sal • Pimienta

Se vuelcan el vino y el caldo en un cazo y se lleva al fuego hasta su ebullición. Se añade la nata y el yogur y se deja cocer durante 12 minutos, batiendo de vez en cuando. Se sazona con sal y pimienta al gusto y se agregan el cebollino y la mantequilla. Ideal para pescados.

SALSA AL JUGO DE CARNE
Grado de dificultad bajo

INGREDIENTES

1 dl de jugo de carne concentrado • 3 dl de caldo de carne • 1 hoja de laurel • 1 cucharada de tomillo
• 3 dl de nata líquida • 2 cucharadas de coñac
• 1 cucharada de harina • Sal • Pimienta

Se baten todos los ingredientes, menos el coñac, se cuelan y se llevan al fuego, agregando la harina, disuelta en un poco de agua. Se deja espesar un poco, se retira del fuego y se aromatiza con el coñac. Esta salsa acompaña platos de ave y caza.

SALSA AL PESTO
Grado de dificultad bajo

INGREDIENTES

70 g de hojas de albahaca picadas • 3 dientes de ajo picados • 2 cucharadas de piñones crudos
• 1,5 dl de aceite fuerte • 100 g de queso Parmesano rallado • Sal • Pimienta

Se machacan en el mortero, los ajos con sal, hasta que estén cremosos, se añaden los piñones y se continúa machacando. Se agrega la albahaca y, sin parar de majar, se va incorporando, poco a poco y de forma alternativa, un poco de queso y un chorrito de aceite, hasta terminar los ingredientes, como si se hiciera una mayonesa. Al final, se incorpora un poco de agua caliente y ya queda lista para utilizar con cualquier pasta.

SALSA AL VINO DE MADEIRA
Grado de dificultad medio

INGREDIENTES

200 g de morcillo de vacuno • 1 diente de ajo
• 2 cucharadas de aceite • 1 cebolla en rodajas
• 1 hoja de laurel • 1 ramita de tomillo • 1 ramita de romero • 1 taza de vino de Madeira
• 1/2 taza de coñac • 1 cucharada de harina
• 1 cucharada de mantequilla • Sal
• Pimienta • Nuez moscada

Se corta la carne en pedacitos pequeños, se salpimienta y se dora en el aceite; se añade la cebolla, las hierbas, una taza de agua, el vino y el coñac. Seguidamente, se tapa la cacerola y se cuece todo, a fuego muy lento, 40 minutos. Se cuela y se reserva. Se dora la harina en la mantequilla y se va añadiendo la salsa, poco a poco, hasta que espese. Se añade la sal, la pimienta y la nuez moscada al gusto y se reserva hasta su uso, por lo general con carnes y caza.

SALSA AL VINO DE OPORTO
Grado de dificultad medio

INGREDIENTES

200 g de morcillo de vacuno • 1 diente de ajo
• 2 cucharadas de aceite • 1 cebolla en rodajas
• 1 hoja de laurel • 1 ramita de tomillo • 1 ramita de romero • 1 taza de vino de Oporto seco
• 1/2 taza de coñac • 1 cucharada de harina
• Sal • 1 cucharada de mantequilla
• Pimienta • Nuez moscada

Como la receta de salsa al vino de Madeira (véase), pero sustituyendo éste por vino de Oporto seco. Ideal para carnes.

SALSA AL VINO ROSADO Y A LAS FINAS HIERBAS
Grado de dificultad bajo

INGREDIENTES
2,5 dl de nata agria • 2,5 dl de vino rosado
• 2 cucharadas de estragón • 2 cucharadas de
perifollo picado • Sal • Pimienta

Se mezclan todos los ingredientes,
reservándolos en el frigorífico unas horas
antes de servir como aderezo de ensaladas.

SALSA ALIOLI
Grado de dificultad medio

INGREDIENTES
5 dientes de ajo • 1 y 1/2 taza de aceite de oliva
extra virgen • Sal

Se pican los ajos, se ponen en el mortero
junto con la sal. Se va removiendo, al tiempo
que se echa el aceite, a chorro muy fino,
moviendo siempre en el mismo sentido y con
la misma cadencia, hasta que ambos
ingredientes estén perfectamente integrados
formando una crema más consistente que la
mayonesa.

SALSA BARBACOA
Grado de dificultad bajo

INGREDIENTES
5 cucharadas de aceite • 2 cebollas picadas
• 2 dientes de ajo machacados • 200 g de pulpa de
tomate • 4 cucharadas de vinagre de vino blanco
• 1/2 taza de vino blanco seco • 2 cucharadas de
salsa inglesa • 1 ramita de tomillo • 1 hoja de laurel
• 1 cucharada de mostaza • 2 cucharadas de miel
• Sal • Pimienta

Se calienta el aceite y se rehogan las cebollas
y los ajos, a fuego lento. Cuando comiencen a
dorar, se agrega el tomate y el vinagre y se
deja freír durante 2 minutos. Se añade el vino,
la salsa inglesa, el tomillo, el laurel y la

mostaza, dejando hervir, despacito, hasta
obtener una salsa cremosa; entonces, se echa
la miel, se sazona al gusto y se mantiene al
calor, unos minutos más. Sirve como
acompañamiento de carnes a la parrilla.

SALSA BEARNESA
Grado de dificultad bajo

INGREDIENTES
3 yemas de huevo • 5 cucharadas de vinagre al
estragón • 6 cucharadas de mantequilla • 1 diente
de ajo • 2 cucharadas de zumo de limón • Sal
• Pimienta

Como la salsa holandesa (véase), sustituyendo
el vinagre y el zumo de limón que se usa en
aquella, por una mezcla de cinco cucharadas
de vinagre al estragón y un diente de ajo
machacado. Esta es ideal para pescados al
vapor.

SALSA BESAMEL
Grado de dificultad bajo

INGREDIENTES
7,5 dl de leche • 2 cucharadas colmadas de harina
tamizada • 2 cucharadas de mantequilla • Sal
• Pimienta • Nuez moscada

Se derrite la mantequilla y se mezcla bien con
la harina, se va echando la leche, en chorro
fino, poco a poco, sin parar de remover, a
fuego lento, hasta que la salsa espese. Se
sazona a gusto y se mantiene unos minutos
más, removiendo siempre. La espesura de la
salsa se controla, con mayor o menor cantidad
de leche.

SALSA BESAMEL CON QUESO
Grado de dificultad bajo

INGREDIENTES
8 dl de leche • 2 cucharadas colmadas de harina
tamizada • 2 cucharadas de mantequilla

• 3 cucharadas de queso Parmesano rallado • Sal
• Pimienta • Nuez moscada

Como la receta de la salsa besamel tradicional
(véase), pero añadiendo tres cucharadas de
queso rallado y tres más de leche.

SALSA BESAMEL ENRIQUECIDA
Grado de dificultad bajo

INGREDIENTES
4 dl de leche • 4 dl de nata líquida • 1 yema de
huevo • 2 cucharadas colmadas de harina tamizada
• 2 cucharadas de mantequilla • 3 cucharadas
de queso Parmesano rallado • Sal • Pimienta
• Nuez moscada

Se hace igual que la salsa besamel con queso
(véase), aunque en este caso se añade una
yema de huevo y se usa la mitad de la leche
porque en su lugar se utiliza algo de nata.

SALSA BOURGUIGNÓN
Grado de dificultad medio

INGREDIENTES
4 cucharadas de mantequilla • 100 g de beicon
• 3 cebollas • 2 zanahorias • 2 dientes de ajo
• 250 g de morcillo de vacuno limpio • 1 cucharada
de perejil • 2 hojas de laurel • 5 granos de pimienta
• 1 clavo • 5 dl de vino tinto • 100 g de champiñón
fresco • 2 cucharadas de harina • Sal

Se cuece el morcillo, con sal, pimienta, media
zanahoria y media cebolla y el agua justa para
cubrir, en la olla rápida, 30 minutos, después
de bajar el fuego. En una cazuela con
mantequilla, se rehogan las cebollas, las
zanahorias y el ajo, muy picaditos. Cuando
estén doradas, se añaden el beicon en
taquitos, el perejil, el laurel y el clavo, se
rehoga todo y se agrega la harina,
removiendo bien, y una taza del caldo de
cocer la carne, sin parar de remover. Se
incorpora el vino y los champiñones, limpios y
laminados y, después de un primer hervor, se

reduce la temperatura y se deja cocer, a fuego
lento, durante 20 minutos. Antes de servir, se
pasa por el chino. Acompaña platos de carne.

SALSA CARBONARA
Grado de dificultad bajo

INGREDIENTES
1 yema de huevo • 100 g de beicon • 1 vaso de
nata líquida • 1/2 cebolla, pelada y picada
finamente • 4 cucharadas de aceite de oliva • 50 g
de queso rallado

En una sartén, se calienta un poco de aceite y
se fríe en él la cebolla, y cuando esté
transparente, se añade el beicon en dados
pequeños. Se remueve bien y se echa la nata
por encima. Por último, se agrega el queso
rallado y la yema de huevo; se mezcla bien, se
retira del fuego y ya está lista para acompañar
algún plato de pasta.

SALSA CHIMICHURRI
Grado de dificultad mínimo

INGREDIENTES
5 cucharadas de aceite • 1 taza de vinagre de vino
blanco • 1/2 taza de agua con sal • 6 dientes de ajo
machacados • 3 hojas de laurel • 1 cucharadita de
orégano • 2 cucharaditas de guindilla molida

Se meten todos los ingredientes en un frasco
de cristal, se agita durante unos minutos y se
guarda en el frigorífico durante, al menos, tres
días antes de usar como aliño para ensaladas

SALSA CÓCTEL
Grado de dificultad bajo

INGREDIENTES
250 g de mayonesa • 1 cucharada de vinagre
de vino blanco • 2 cucharadas de ketchup
• 1 cucharadita de mostaza fuerte • 2 cucharaditas
de coñac • 6 gotas de salsa Perrins • 6 cucharaditas
de Tabasco • Sal • Pimienta

Se vierte en un cuenco la mayonesa, se agregan a continuación el resto de ingredientes, se mezcla bien, se sazona con sal y pimienta al gusto, y se sirve fría como acompañamiento de mariscos.

SALSA CREMOSA DE CHAMPIÑONES
Grado de dificultad medio

INGREDIENTES
250 g de champiñones en láminas
• 1 cebolleta picada • 2 dientes de ajo picados
• 250 g de queso crema • 2,5 dl de leche
• 1/2 cucharadita de romero seco • Aceite
• Sal • Pimienta

Se rehoga con aceite, la cebolla y el ajo, y cuando estén empezando a dorar, se añaden los champiñones y se dejan cocer, hasta que estén hechos. Se baja el fuego al mínimo y se agregan el queso y la leche, removiendo despacio. Se sazona con romero, sal y pimienta y se sirve muy caliente sobre cualquier plato de pasta.

SALSA CRIOLLA
Grado de dificultad mínimo

INGREDIENTES
1 cucharadas de ajo en polvo • 1 cucharadas de cebolla en polvo • 1 cucharada de orégano seco
• 1 cucharada de albahaca seca • Tomillo
• 1/2 cucharada de pimienta negra
• 1/2 cucharada de pimienta roja • 1/2 cucharada de pimienta blanca • 1 taza de aceite
• 2 cucharadas de zumo de limón
• Sal

Se trata de una receta tan sencilla de hacer que únicamente consiste en batir todos los ingredientes y guardar la mezcla en un recipiente hermético. En la nevera puede durar más de siete días y se usa siempre como acompañamiento de diferentes tipos de platos con carnes a la brasa.

SALSA CUMBERLAND
Grado de dificultad bajo

INGREDIENTES
2 naranjas • 1 limón • 30 g de jalea de grosella
• 20 g de mantequilla • 1 cucharada de cebolla rallada • 1 dl de vino de Oporto, Madeira o similar, seco • 1 cucharadita de mostaza • 1 cucharadita de jengibre molido

Se pelan las naranjas y el limón, lo más fino posible, se cortan las cáscaras en tiras finísimas y se hierven, junto a la cebolla rallada durante 3 minutos. Se escurre todo muy bien y se pone en un cacito con la jalea, el vino, la mostaza, el jengibre y el zumo de las naranjas. Se hierve unos 5 minutos, según la concentración preferida, y se deja enfriar antes de servir con carnes y pescados.

SALSA DE AGUACATE
Grado de dificultad bajo

INGREDIENTES
1 aguacate maduro • 2 dl de nata de montar
• 2 dl de yogur griego • 1 cucharada de limón
• Sal • Pimienta

Se pela el aguacate, se le retira el hueso y se trocea. Se junta a los demás ingredientes, se sazona al gusto y se pasa por la batidora antes de servirse como aliño de ensaladas.

SALSA DE AGUACATE AL ENELDO
Grado de dificultad bajo

INGREDIENTES
3 cucharadas de nata de montar • 1 aguacate, pelado y sin hueso • 2 dientes de ajo machacados
• 3 cucharadas de aceite de oliva virgen extra • 0,5 dl de agua • 1 cucharada de eneldo fresco picadito
• 1 cucharadita de miel • 2 cucharadas de zumo de limón • Sal • Pimienta

Se reduce a puré el aguacate, se le añaden todos los otros ingredientes y se mezcla, a mano o a máquina, hasta obtener una crema suave ideal para aderezar ensaladas.

SALSA DE ANCHOAS
Grado de dificultad bajo

INGREDIENTES
14 anchoas de lata • 6 cucharadas de aceite
• 1 huevo cocido • 1 pizca de pimienta
• 1 cucharada de alcaparras • 3 cucharadas de agua

Se baten las anchoas, la yema de huevo, el agua, el aceite y la pimienta; cuando esté bien batido, se agregan las alcaparras y la clara de huevo picadas y ya está lista para acompañar platos de pasta.

SALSA DE APIO
Grado de dificultad bajo

INGREDIENTES
2 dl de nata agria • 6 cucharadas de apio rallado
• 2 dl de mayonesa suave • 1/2 cucharadita de pimienta negra en grano y machacada
• 1 cucharada de mostaza • Sal

Se mezcla la nata y la mayonesa, se ralla el apio y se mezcla enseguida con la crema para que no se oscurezca. Se sazona al gusto con sal y se añaden la pimienta y la mostaza, hecho lo cual ya tenemos lista una salsa para aderezar ensaladas.

SALSA DE BERBERECHOS
Grado de dificultad medio

INGREDIENTES
60 g de mantequilla • 1 cebolla • 1 diente de ajo picadito • 1 hoja de laurel • 2 cucharadas de harina
• 4 cucharadas de pulpa de tomate • 1/2 kg de berberechos • 2,5 dl de vino blanco • 1 cucharada de perejil picado • Sal • Pimienta

Tras haber lavado muy bien los berberechos, se abren en una cazuela con el vino y la misma cantidad de agua. Después de abiertos, se cuela el caldo y se pasa por un paño, para que no tenga ninguna impureza; se reserva. En un cazo con la mantequilla, se rehogan la cebolla, el ajo y el laurel hasta que empiecen a dorar. Se añade la harina, se remueve y se agrega, sin dejar de mover, la pulpa de tomate y el caldo de abrir los berberechos. Se deja cocer durante 5 minutos a fuego lento y se añaden los berberechos, desechando las cáscaras; se remueve todo y se sirve bien caliente como acompañamiento de platos de pescado generalmente.

SALSA DE BERROS
Grado de dificultad bajo

INGREDIENTES
2 manojos de berros • 1 cucharada de mostaza fuerte • 1/2 guindilla muy picadita • 1 dl de nata
• 1 y 1/2 taza de mayonesa suave • Sal • Pimienta

Se lleva a ebullición un litro de agua con sal, se sumergen los berros durante 10 segundos, se escurren, se refrescan en agua muy fría y se vuelven a escurrir, apretándolos para que suelten toda el agua. Luego, se reducen a puré, añadiéndole un poco de aceite mientras se tritura. Al puré se le mezcla la mayonesa y la mostaza, se añade la guindilla y se sazona al gusto, quedando una salsa muy consistente e ideal para acompañar carnes.

SALSA DE BROTES
Grado de dificultad bajo

INGREDIENTES
1 cucharadita de vinagre de manzana
• 2 cucharaditas de agua • 2 cucharadas de aceite
• 1,5 dl de yogur • 1 pizca de sal • Pimienta blanca molida • 3 cucharaditas de mostaza

Se mezcla el vinagre, el agua, el aceite y el yogur; se añade la sal, la pimienta y la mostaza y se mezcla con brotes de alfalfa (o de soja). Se usa como aliño de ensaladas.

SALSA DE CARNE
Grado de dificultad medio

INGREDIENTES
1/2 kg de carne de vacuno para guisar • 1 cebolla
• 2 cucharadas de pimienta verde molida
• 1 cucharada de mostaza fuerte • 1 copa de
coñac • 1 taza de nata líquida • 2 vasos de agua
• 2 cucharadas de aceite • Sal • Nuez moscada

Se sofríe la carne en el aceite hasta que se
dore por todos lados y haga un poco de
costra (raspar el fondo de la sartén para
despegar lo pegado). Se añade el coñac,
dejando que se evapore el alcohol. Se cuece la
carne, con la cebolla cortada, sal y pimienta,
en olla rápida, con poco agua. Tras 40
minutos después de bajar el fuego, se saca el
caldo y la cebolla y se ponen en el vaso de la
batidora con el coñac y demás ingredientes.
Se bate y, si es necesario espesar, se disuelve,
en dos cucharadas del caldo, un poco de
fécula de patata. Ideal para carnes y pasta.

SALSA DE CHOCOLATE 1
(para asados de carne y aves)
Grado de dificultad bajo

INGREDIENTES
5 cucharadas de cacao medio amargo • 2 dl de
caldo de carne • 5 cucharadas de nata líquida
• 1 majado con 8 granos de pimienta negra
• 6 clavos • 1 pizca de sal gorda • 1/2 cucharada
de canela

Se calienta el caldo, a fuego lento, y se añade
el cacao, el majado y la nata, se deja hervir
5 minutos y se cuela.

SALSA DE CHOCOLATE 2
(para platos dulces y salados)
Grado de dificultad bajo

INGREDIENTES
5 cucharadas de nata líquida • 5 cucharadas de
cacao amargo en polvo • 2 cucharadas de

mantequilla • 1 dl de agua • 3 cucharadas de
azúcar en polvo • 1 pizca de canela

Se mezclan en un cacito el cacao y el agua,
se deja hervir, a fuego lento, durante 8
minutos removiendo con la cuchara de
madera. Se separa del fuego, se agrega el
azúcar, la mantequilla, la canela y la nata,
se mueve para que todos los ingredientes se
mezclen bien y se deja enfriar.

SALSA DE CHOCOLATE AL
AROMA DE NARANJA
Grado de dificultad bajo

INGREDIENTES
150 g de chocolate amargo • 1 y 1/2 vaso de leche
• 1 cucharada de ralladura de naranja
• 1 cucharada de azúcar • 4 yemas de huevo

Se desmenuza el chocolate y se derrite a
fuego lento, al baño María, con la leche, el
azúcar y la ralladura de naranja, sin parar de
remover. Aparte, se baten las yemas, mientras
se adiciona, poco a poco, el chocolate
derretido. Se vuelve a poner al fuego, sin dejar
que hierva, hasta que espese lo suficiente.

SALSA DE CHOCOLATE CON
MENTA
Grado de dificultad bajo

INGREDIENTES PARA 6 PERSONAS
75 g de chocolate negro • 1,5 tazas de caldo de
carne • 5 cucharadas de nata líquida • 2 cucharadas
de menta picada • 1 cucharada de azúcar • Sal

Se ralla el chocolate, se disuelve al baño María
con un poco de caldo y, cuando esté bien
disuelto, se retira del fuego. Se bate, con la
batidora eléctrica, la menta y la nata y se
agrega al chocolate, se añade el azúcar, una
pizca de sal y el resto de caldo. Se vuelve a
poner al fuego y, sin parar de remover, se deja
hervir durante 2 minutos. Es especial para
asados de cordero.

SALSA DE ENELDO Y TOMATE
Grado de dificultad bajo

INGREDIENTES

1 dl de zumo de tomate • 2 dl de nata ligera
• 3 cucharaditas de eneldo picadito
• 3 cucharaditas de eneldo molido • Sal • Pimienta

Se pone el zumo de tomate al fuego hasta la ebullición, momento en el que se añade la nata y el eneldo. Se deja hervir de 4 a 5 minutos y se salpimienta. Se cuela y ya está lista para aderezar ensaladas.

SALSA DE GOURMET
Grado de dificultad bajo

INGREDIENTES

1 dl de mayonesa • 2 dl de nata líquida
• 2 cucharadas de zumo de limón • 1/2 cucharadita de sal • 1 cucharadita de azúcar • 1 diente de ajo machacado • Unas gotas de tabasco • 1 dl de vino de jerez • Pimienta • Pimentón picante

Se bate la nata y se mezcla con los restantes ingredientes. Se reserva unas horas en el frigorífico antes de servir, ya que es una salsa ideal para cualquier tipo de plato frío.

SALSA DE MANTEQUILLA
Grado de dificultad bajo

INGREDIENTES

1/2 taza de vino blanco seco • 4 cucharadas de cebollino picado • 200 g de mantequilla con sal
• Pimienta • 2 cucharadas de zumo de limón

Se pone el vino y el cebollino en una cazuela, se deja hervir, muy lentamente, hasta reducir su volumen. Se echa la mantequilla y el limón, se cuece un poco más y se coloca la cazuela al baño María, batiendo enérgicamente, para que se integren bien todos los ingredientes. Se mantiene caliente hasta el momento de servir, por lo general, acompañando pescados a la plancha.

SALSA DE MANTEQUILLA Y ENELDO
Grado de dificultad bajo

INGREDIENTES

1/2 taza de vino blanco seco • 3 cucharadas de eneldo fresco picado • 200 g de mantequilla con sal
• Pimienta • 2 cucharadas de zumo de limón

Igual que la salsa de mantequilla (véase), sustituyendo el cebollino por tres cucharadas de eneldo fresco muy picadito. Sirve como acompañamiento de hortalizas al vapor.

SALSA DE MANTEQUILLA Y NÍSCALOS
Grado de dificultad bajo

INGREDIENTES

200 g de níscalos • 2 cebolletas • 3 cucharadas de vinagre de vino blanco • 1 dl de vino blanco • 150 g de mantequilla • 1 dl de nata líquida • Sal
• Pimienta

Se remojan los níscalos en agua caliente, previamente lavados, se escurren, se cortan en pedacitos y se ponen en un cazo con la mitad de la mantequilla, junto con las cebolletas picadas a rehogar a fuego lento. Se añaden el vinagre y el vino blanco, se lleva a ebullición hasta que se reduzca un tercio. Se incorpora la nata y se deja hervir la salsa 1 minuto. Se añade el resto de la mantequilla, a cucharaditas, removiendo sin parar y se sazona al gusto. Ideal para hortalizas al vapor.

SALSA DE MOSTAZA 1 (para carnes)
Grado de dificultad bajo

INGREDIENTES

2 cebolletas medianas • 3 cucharadas de mantequilla • 3 cucharadas de harina fina de maíz
• 2,5 dl de nata líquida • 1 cucharada colmada de mostaza fuerte • 1 cucharada de zumo de limón
• 1 yema de huevo • Sal • Pimienta

Se pican las cebolletas y se rehogan en una cucharada de mantequilla; antes de que oscurezcan, se añade dos cucharadas más de mantequilla, se derrite y se agrega la harina, mezclando. Se añade media taza de agua y la nata. Cuando la salsa esté espesa, ponemos mostaza, sal, pimienta y la yema disuelta en zumo de limón; se remueve y se cuela.

SALSA DE MOSTAZA 2 (para ensaladas)
Grado de dificultad bajo

INGREDIENTES
3 huevos duros • 2 cucharadas de mostaza
• 1 cucharada de zumo de limón • 2,5 dl de nata líquida • 2 cucharadas de cebollino picadito • Sal
• Pimienta

Se separan las yemas de las claras, se machacan las yemas con la mostaza, se añade el zumo de limón, salpimentando al gusto, y se incorpora la crema batida y el cebollino. Se pican las claras y se esparcen sobre la mezcla.

SALSA DE NUECES
Grado de dificultad mínimo

INGREDIENTES
3 dl de nata agria (se puede hacer añadiendo a la nata zumo de limón) • 2 cucharadas de nueces picadas • 2 cucharadas de perejil picado • Sal
• 2 cucharadas de vinagre de manzana • Pimienta

Se mezcla en la batidora la nata, las nueces, el perejil, el vinagre y la pimienta, y se sazona al gusto. Muy buena con ensaladas.

SALSA DE PEPINO
Grado de dificultad mínimo

INGREDIENTES
1 pepino mediano • 3 dl de nata de montar • 3 dl de yogur griego, mezclados a partes iguales • Sal
• 2 cucharaditas de estragón picado • Pimienta

Se trocea el pepino y se bate hasta que se haga crema. Se añade la nata y las hierbas y se sazona al gusto. Ideal para ensaladas.

SALSA DE PIMIENTA
Grado de dificultad medio

INGREDIENTES
3 cucharadas de aceite • 1 cebolla picada
• 1 ramita de perejil • 3 dientes de ajo machacados
• 1 zanahoria en rodajas • 1/2 taza de vinagre de vino blanco • 1 taza de vino blanco seco • 7 dl de caldo de carne • 4 cucharadas de mantequilla
• 2 cucharadas de harina fina de maíz • 1 lata pequeña de pasta de hígado • 1 cucharadita de moka de pimienta negra molida • 1 cucharadita de moka de pimienta blanca molida • 1 cucharadita de moka de pimienta verde molida • Sal

En el aceite caliente, se rehogan la cebolla, los ajos, la zanahoria y la rama de perejil, y cuando comiencen a dorar, se añade el vino y el vinagre, dejándolo cocer a fuego lento, hasta que se reduzca a la mitad. Se agrega la mitad del caldo de carne y se reserva. En tres cucharadas de mantequilla se deshace la harina, se añade, poco a poco, el resto del caldo, se mezcla la salsa reservada y se remueve, hasta que hierva. Se va poniendo el paté a trocitos, batiendo a mano; se añaden las pimientas y se deja cocer, a fuego lento, 10 minutos. Se pasa todo por el chino, se pone la sal y se deja hervir hasta que quede cremoso. En el momento de servir, se añade el resto de la mantequilla, batiendo bien. Esta salsa, que es muy recomendable para carnes, es bastante picante, así es que si se quiere más suave, se reduce la cantidad de pimienta.

SALSA DE PIMIENTOS DEL PIQUILLO
Grado de dificultad bajo

INGREDIENTES
2 latas de pimientos del Piquillo • 1 vaso de nata líquida para cocinar • 3 dientes de ajo

machacados • Aceite • Sal • Pimienta
• 1 pizca de azúcar

En un cazo con aceite, se rehogan los ajos hasta que estén un poco dorados, se añaden los pimientos, con su líquido, sal y azúcar y se deja cocer, a fuego lento, durante unos 20 minutos. En el vaso de la batidora, se ponen todos los ingredientes y se baten hasta obtener una salsa cremosa, que va muy bien como acompañamiento de carnes.

SALSA DE TOMATE
Grado de dificultad bajo

INGREDIENTES
750 g de tomate maduro, pelado y troceado
• 2 dientes de ajo • 1 cebolla • 1/2 taza de aceite de oliva extra virgen • Romero • Tomillo • Orégano seco (2 cucharadas de la mezcla molida) • Sal
• Pimienta

En el aceite se fríen, sin quemar, la cebolla y los ajos, muy picaditos, se añaden los tomates y todos los condimentos al gusto. Después del primer hervor, se remueve, se reduce el calor y se deja cocer, a fuego muy lento, durante 15 minutos. Seguidamente, se pasa la salsa por el chino y se sirve muy caliente junto con platos de todo tipo o servida en salsera aparte.

SALSA DE TOMATE PICANTE
Grado de dificultad bajo

INGREDIENTES
8 tomates maduros, pelados y troceados • 1,5 dl de nata líquida • 1 yogur griego • 1 guindilla muy picada • 1 cucharada de albahaca fresca picada
• Sal • Pimienta

Se tritura el tomate y se tamiza para retirarle las semillas. Luego, se añaden la nata, el yogur, la guindilla y la albahaca y se salpimienta al gusto, resultando una salsa de tomate que va muy bien como aderezo de ensaladas.

SALSA DE TRUFAS
Grado de dificultad bajo

INGREDIENTES
1 latita de trufas • 30 g de mantequilla • 0,7 dl de vino de Oporto • 0,7 dl de jugo de carne • 30 g de foie-gras • 2 chalotas

Se rehogan las chalotas picaditas, se añaden las trufas en trocitos, el vino y el caldo, y se calienta mientras reduce un poco. Minutos antes de servir, se calienta de nuevo y se bate, mientras se añade la mantequilla y el foie-gras, hasta que quede una salsa espesa que combina bien con las carnes.

SALSA DE VINO TINTO
Grado de dificultad bajo

INGREDIENTES
4 cebolletas pequeñas • 2,5 dl de vino tinto seco, de buena calidad • 1 cucharada de vinagre de vino tinto • 100 g de mantequilla • Sal • Pimienta

Se pican muy finitas las cebolletas, se ponen en un cacito con el vino y se hierven, se reduce el fuego y se deja cocer, lentamente, hasta que reduzca un poco, se sazona al gusto, se bate y vuelve al fuego con el vinagre, hasta que vuelva a hervir. Se retira del fuego y se le añade la mantequilla, poco a poco. Salsa ideal para carnes.

SALSA DE WHISKY Y PASAS
Grado de dificultad bajo

INGREDIENTES
1/2 cebolla • 3 dientes de ajos • 2 cucharadas de miel • 1/2 taza de pasas sin semillas • 1 cucharita de guindilla molida • 2 tazas de caldo de carne
• 1/2 taza de whisky • 3 cucharadas de aceite de oliva • Romero • Sal • Pimienta

Se rehoga en el aceite la cebolla y cuando esté casi dorada, se añaden los ajos y las pasas, previamente remojadas. Se sazona con el tomillo, la guindilla, la sal y la pimienta y se remueve. Se agrega el whisky, mezclado con la miel y, cuando empiece a hervir, se incorpora el caldo, dejándolo cocer unos minutos. Se trata de una salsa especial para carnes a la barbacoa.

SALSA DE YOGUR
Grado de dificultad mínimo

INGREDIENTES
3 yogures naturales • 3 cucharadas de zumo de naranja • 1 cucharada de vinagre de manzana • Sal • Pimienta

Se mezclan todos los ingredientes en la batidora y se sirve fría, como aliño de ensaladas.

SALSA DORADA
Grado de dificultad bajo

INGREDIENTES
4 yemas de huevos cocidos • 1 cucharada de aceite de oliva • 1 cucharada de vino blanco • Sal • 1 cucharada de mostaza • 1 cucharadita de vinagre • Unas hojas de albahaca fresca • Pimienta

En una batidora, se ponen las yemas de huevo, el aceite, el vino blanco, la mostaza y el vinagre; se bate bien y luego se le añade el resto de los ingredientes. Se sirve fría y es muy agradable para acompañar platos de carne.

SALSA FLAMEADA AL COÑAC
Grado de dificultad bajo

INGREDIENTES
2 dl de nata líquida • 4 cucharadas de coñac • 2 cucharadas de mostaza • 1 cucharada de zumo de limón • 0,5 dl de jugo de carne concentrado • Sal • Pimienta

Se echa el coñac en un cazo caliente y se flamea, con cuidado, pues si las llamas se elevan mucho, hay que tapar rápidamente el cazo. Cuando el coñac ya no arda, se añade la nata previamente batida y la mostaza, mezclando bien. Se sazona con el limón, la sal y la pimienta, se echa el jugo de carne y se calienta la salsa 2 minutos antes de servir. Esta salsa puede acompañar cualquier plato de carne.

SALSA GUASACACA
Grado de dificultad bajo

INGREDIENTES
1 cebolla • 2 tomates pelados • 2 dientes de ajo picados • 1/2 pimiento verde • 1/2 pimiento rojo • 6 gotas de tabasco • 1 y 1/2 taza de aceite • 1/2 taza de vinagre de vino • 1 pizca de pimienta negra recién molida • 2 cucharadas de perejil picado • 2 aguacates • Sal

Se pican en trocitos muy menudos la cebolla, los tomates, el ajo, los pimientos y el aguacate, se sazona con la pimienta, el aceite, el vinagre, el perejil y la sal, se remueve todo cuidadosamente y se reserva en el frigorífico. Se trata de una salsa especial para carnes.

SALSA HOLANDESA
Grado de dificultad bajo

INGREDIENTES
3 yemas de huevo • 2 cucharadas de vinagre de vino blanco • 6 cucharadas de mantequilla • 2 cucharadas de zumo de limón • Sal • Pimienta

En un cacerola pequeña, se mezclan las yemas, el vinagre, la sal y la pimienta y se pone a cocer al baño María, agregando la mantequilla, poco a poco, sin parar de batir hasta que tenga la consistencia de una mayonesa. Cuando esté en su punto, se va añadiendo, lentamente para que así no se corte, el zumo de limón, tras lo cual ya la tendremos lista para acompañar cualquier tipo de hortaliza y plato a la plancha.

SALSA HOLANDESA CON ALMENDRAS
Grado de dificultad bajo

INGREDIENTES

3 yemas de huevo • 2 cucharadas de agua • 200 g de mantequilla • 1/2 cucharadita de pimienta de Cayena • 2 cucharadas de zumo de limón • 4 cucharadas de almendras, tostadas, peladas y picadas • Sal • Pimienta

Se ponen las yemas y el agua en un cazo al baño María y se baten enérgicamente hasta obtener una pasta cremosa. Se retira del fuego y se añade la mantequilla, ya derretida. Poco a poco, se van incorporando los demás ingredientes. Es una salsa ideal para hortalizas.

SALSA MAYONESA
Grado de dificultad bajo

INGREDIENTES

2 yemas de huevo • 1 huevo entero • 3 dl de aceite de oliva extra virgen • Zumo de limón o vinagre • Sal

Se dejan los huevos a temperatura ambiente, para que no estén fríos en el momento de elaborar la mayonesa. Se colocan en un bol, los huevos, algunas gotas de zumo de limón y la sal, y se comienza a mezclar a mano o a máquina, a la vez que se echa el aceite, en chorro fino, poco a poco, mientras se remueve sin parar, hasta obtener una crema espesa y bien ligada.

SALSA MILANESA
Grado de dificultad bajo

INGREDIENTES

1 cebolla pequeña, pelada y picada finamente • 2 dientes de ajo, pelados y picados finamente • 150 g de beicon en trocitos • 40 g de mantequilla • 2 pimientos verde • 250 g de tomates bien maduros, pelados y troceados • 50 g de queso azul • Sal • Pimienta

En una cazuela se calienta la mantequilla y se sofríe la cebolla, los ajos y el beicon, a fuego suave, unos 10 minutos. Por otro lado, se lavan y trocean los pimientos y se añaden al beicon; se sofríe todo junto y posteriormente se ponen los tomates, dejando cocer el preparado 25 minutos, a fuego suave. Poco antes de retirar del fuego, se añade el queso en taquitos, procurando que se funda bien.

SALSA PARA MARINAR
Grado de dificultad bajo

INGREDIENTES

3 cucharadas de azúcar • 2 dl de aceite • 0,5 dl de vinagre • 3 cucharadas de eneldo picado seco • 2 cucharadas de sal • 2 cucharadas de agua

Se baten todos los ingredientes al mismo tiempo y la salsa se guarda en la nevera hasta el momento de usarla. Es una salsa especial para marinar salmón crudo.

SALSA PASTORA
Grado de dificultad bajo

INGREDIENTES

1 vaso de aceite de oliva, virgen extra, sabor fuerte • 4 berenjenas medianas • 8 dientes de ajo • Sal • Pimienta

Se ponen bajo el grill las berenjenas, y cuando estén bien asadas, se sacan del horno, se pelan y se trituran, con el aceite, hasta que quede una masa bien ligada. Se agregan los ajos, muy machacados, se remueve todo y se sazona con sal y pimienta. Ideal para pastas.

SALSA PICANTE DE YOGUR
Grado de dificultad bajo

INGREDIENTES

2 dl yogures naturales • 2 dientes de ajo machacados • 1/2 pepino pequeño, pelado y muy picadito • 1 guindilla muy picada • 4 cucharadas de

cebollino picado • 3 cucharadas de nueces picadas
• 2 cucharadas de perejil picado • Sal • Pimienta

Se mezclan en un bol, el yogur, el ajo, el
perejil, el cebollino y el pepino. Se añaden las
nueces y se sazona al gusto. Para ensaladas.

SALSA ROMESCU
Grado de dificultad medio

INGREDIENTES
4 dientes de ajo • 2 rebanadas de pan • 1/2 taza de
almendras tostadas y peladas • 1 cebolla
• 2 tomates maduros • 1/2 taza de aceite
• 3 pimientos romescu o 2 cucharadas de carne
• 1 pimiento choricero • Sal • Pimienta

Se fríe en el aceite el ajo; se retira y se fríe el
pan; se retira y se fríe la pulpa del romescu o
la carne de pimiento. Luego, se machacan
todos los ingredientes en el mortero, junto
con las almendras. Se rehoga la cebolla,
picada muy fina, hasta que tome color, y se
añade el tomate, sin piel, ni pepitas, cortado
en cubitos (si es necesario, se añade una pizca
de azúcar). Se mezclan todos los ingredientes
y se sazona. Es una salsa especial para carnes.

SALSA ROQUEFORT
Grado de dificultad bajo

INGREDIENTES
2 tazas de salsa besamel • 100 g de nata líquida
• 150 g de queso Roquefort

Se bate bien el queso con la nata y se
incorpora a la besamel, poco antes de que
espese del todo, removiendo sin parar.

SALSA ROSA
Grado de dificultad bajo

INGREDIENTES
1 remolacha grande cocida, cortada en cubitos
• 1 cucharada de pepitas de girasol • 150 g de

queso fresco • 2 dientes de ajo • 1 cucharada de
mezcla de finas hierbas, molidas • 1 yogur natural
• Sal • Pimienta

Se trituran las pepitas de girasol con un poco
de agua, y se añaden los trocitos de
remolacha y el queso fresco, aplastado con el
tenedor. Luego, se machaca el ajo, se agrega
a la mezcla, se sazona y se bate todo en la
máquina, hasta obtener una salsa cremosa.

SALSA ROSA RÁPIDA
Grado de dificultad bajo

INGREDIENTES
2 yemas de huevo • 1 huevo entero • 3 dl de aceite
de oliva extra virgen • Zumo de limón o vinagre
• Zumo de naranja • Salsa ketchup • Sal

Se hace igual que una mayonesa común
(véase), añadiéndole zumo de naranja y
ketchup, picante o no, según el gusto.

SALSA TAPENADE
Grado de dificultad bajo

INGREDIENTES
100 g de filetes de anchoa en conserva • 200 g de
aceitunas negras deshuesadas y picadas • 1,5 dl de
aceite • 2 cucharadas, colmadas, de alcaparras
picadas • 2 cucharadas de zumo de limón •
Pimienta

Se mezclan todos los ingredientes, menos el
aceite y el zumo de limón. Se va batiendo,
poco a poco, mientras se añade,
alternativamente, aceite y zumo, hasta que se
terminen. Para aperitivos y pescados

SALSA TÁRTARA
Grado de dificultad bajo

INGREDIENTES
2 tazas de mayonesa • 23 pepinillos en vinagre,
muy picados • 1 cucharada de alcaparras, escurridas

y picadas • 2 cucharadas de cebolleta, picada fina
• 1 cucharada de perejil picado

Se mezclan bien todos los ingredientes con la batidora, menos el perejil, que se espolvorea al final.

SALSA VEGETAL
Grado de dificultad bajo

INGREDIENTES
3 dientes de ajo • Aceite de oliva extra virgen
• 1 pimiento verde picado • 1 zanahoria picada
• 1 cebolla picada • 1 lata de tomate triturado en conserva • Orégano • Romero • Tomillo
• Sal • Pimienta

Se saltea en el aceite, la cebolla y el ajo, se añade la zanahoria y el pimiento y se dejan cocer, a fuego lento, hasta que esté todo tierno. Se sazona con sal y se añaden los tomates, dejando que cuezan, lentamente, durante unos 20 minutos. Se incorporan las hierbas aromáticas y se pasa todo por el chino. Es una salsa para mezclar con pastas.

SALSA VERDE
Grado de dificultad mínimo

INGREDIENTES
1 diente de ajo • 1/2 cebolla • 1 tacita de perejil
• 1,5 dl de aceite • Sal • Vinagre

Se baten todos los ingredientes y se vuelcan sobre el pescado, que es el alimento al que acompaña.

SALSA VERDE CON NATA
Grado de dificultad mínimo

INGREDIENTES
2,5 dl de nata ligera • 1 tacita de perejil picado
• Sal • Pimienta

Se bate la nata con la sal y la pimienta y se añade el perejil muy picadito, quedando lista para añadir al plato al que acompaña, el pescado.

SALSA VINAGRETA
Grado de dificultad mínimo

INGREDIENTES
1 cebolla cortada muy fina • 2 cucharadas de perejil picadito • 1 cucharadita de mostaza • 1,5 dl de aceite • 0,5 dl de vinagre de vino blanco

Se mezclan bien los ingredientes, batiendo a mano hasta que estén todos integrados.

SALSA VINAGRETA AL QUESO AZUL
Grado de dificultad mínimo

INGREDIENTES
50 g de queso azul • 6 cucharadas de queso de Burgos fresco • 2 cucharadas de vino de Madeira o Jerez, seco • 2 cucharadas de cebollino picadito
• 2 cucharadas de aceite de nueces • 1,5 dl de vinagre de manzana • Sal • Pimienta

En un cuenco, se machacan los quesos con el tenedor y se salpimientan; se mezclan los demás ingredientes, batiendo a máquina.

SALSA VINAGRETA CON VARIANTES
Grado de dificultad mínimo.

INGREDIENTES
1 cebolla cortada muy fina • 2 cucharadas de perejil picadito • 1 cucharadita de mostaza • 100 g de variantes • 1,5 dl de aceite • 0,5 dl de vinagre de vino blanco.

Como la receta de salsa vinagreta (véase), pero en este caso, añadiendo 100 gramos de variantes muy picaditos.

VERDURAS

ACELGAS A LA CREMA
Grado de dificultad bajo

INGREDIENTES PARA 4 PERSONAS
1 kg de acelgas • 1 cebolla • 1 cucharada de queso
rallado • 3 cucharadas de mantequilla
• 2 cucharadas de harina • 1/2 taza de leche
desnatada • 1 cucharada de piñón pelado
• Sal • Pimienta

Se lavan las acelgas y sin escurrir, se cuecen
las hojas de las acelgas sin las pencas,
en abundante agua hirviendo con sal durante
5 minutos. Se escurren, se pican y se reservan.
Se pelan y pican las cebollas finamente,
y luego se rehogan, con dos cucharadas
de mantequilla, hasta que ésta, esté
transparente; se añade la harina sin dejar
de remover y se incorpora la leche, la sal
y la pimienta; se cuece unos 10 minutos sin
parar de mover. A continuación, se agregan
las acelgas y el queso, se rehoga 2 minutos
y se pone en una fuente refractaria.
Para finalizar, se espolvorean los piñones,
el queso y la mantequilla restante
y se gratina, suavemente.

ACELGAS AL HORNO
Grado de dificultad bajo

INGREDIENTES PARA 4 PERSONAS
2 kg de acelgas • 3 huevos • 2 cebollas • 2 dientes
de ajo • 1/2 vaso de aceite • 1 ramita de perejil
• 2 cucharadas de queso rallado • Pan rallado • Sal
• Pimienta

Se limpian las acelgas, eliminando las hojas
verdes, se cortan las pencas en tiras y se
hierven en agua salada, durante 30 minutos a
fuego suave. Se cortan las cebollas en tiras y
se doran en una sartén, añadiendo los dientes
de ajo picados, el perejil triturado y las pencas
escurridas; se mezcla suavemente. Luego, se
retira del fuego y cuando se enfríe, se añaden
los huevos batidos, la sal, la pimienta, el
queso rallado y unas gotas de aceite. Por
último, se unta una fuente de horno con

aceite, se espolvorea con pan rallado, se
vierten las acelgas, se cubren con otra capa de
pan y se introducen en el horno hasta que se
doren.

ACELGAS CON PIÑONES
Grado de dificultad bajo

INGREDIENTES PARA 4 PERSONAS
4 hojas grandes de acelgas • 1 pechuga de pollo
• 1 puñado de piñones • 16 almendras saladas
• 1 manzana • 16 aceitunas sin hueso • 1 cebolla
• 1 plato de harina • Aceite • Agua • Sal

Se lavan y cuecen las pencas de las acelgas en
agua con sal y se cuecen también al vapor las
hojas. Se saltean las almendras y los piñones
junto con la pechuga sazonada y cortada en
dados o tiras, en una sartén. Una vez estén
doradas, se agregan las pencas cortadas en
dados, las aceitunas y la manzana pelada y
troceada; se rehoga durante unos minutos. A
continuación, se pelan las cebollas,
cortándolas en aros, se enharinan y se fríen en
aceite. Se colocan las hojas de las acelgas en
un plato de servir, añadimos el relleno y se
decora con los aros de cebolla.

ACELGAS EN ADOBO
Grado de dificultad bajo

INGREDIENTES PARA 2 PERSONAS
1/2 kg de acelgas • 1 huevo cocido • 2 cucharadas
de vinagre • Miga de pan • Aceite • 1 cucharada
de pimentón • 2 dientes de ajo • 1 taza de agua
• Sal • Pimienta en grano

Se lavan las acelgas y se cortan en trozos
pequeños, poniéndolas a hervir en abundante
agua y sal hasta que estén tiernas, momento
en el que se pasan por agua fría y se reservan.
En una sartén, se fríe un diente de ajo y se
reserva. En esa misma sartén con el aceite
caliente, se rehoga el pimentón y las acelgas
escurridas. Mientras, en un mortero, se
machaca el ajo reservado, la pimienta y la

miga de pan empapada en agua y vinagre, y una vez que esté todo machacado, se incorpora la taza de agua y se mezcla bien, vertiéndolo sobre las acelgas y mezclando; se deja cocer unos minutos. Para servirlo, se pone encima el huevo cocido, bien picado.

ACELGAS GRATINADAS
Grado de dificultad bajo

INGREDIENTES PARA 4 PERSONAS
1/2 kg de acelgas • 1/2 kg de patatas • 1 cebolla • 1 diente de ajo • 2 huevos • Perejil • Pimentón dulce • Aceite • Sal

Primeramente, se cortan y pelan las patatas y media cebolla como para tortilla, y en una sartén con abundante aceite se fríen; se reservan, dejándolas que escurra el aceite. Por otro lado, se cortan las acelgas en trozos pequeños y se cuecen en agua con sal hasta que estén tiernas. En un poco de aceite se estofa la media cebolla restante y se incorporan las acelgas una vez cocidas. A continuación, se mezclan bien las patatas con la verdura en la sartén, se les añade un ajo machacado, perejil, pimentón y un poco de agua, se deja unos minutos a fuego lento y se incorpora la sal. Poco antes de servir, se vuelca el preparado en una fuente para horno, se aplasta ligeramente con la espumadera y se vierten por encima los huevos batidos. Por último, se gratina a horno medio hasta formar una costra.

ALCACHOFAS A LA PROVENZAL
Grado de dificultad medio

INGREDIENTES PARA 4 PERSONAS
500 g de alcachofas limpias • 1 l de agua • 2 cucharadas de zumo de limón • 4-6 cucharadas de aceite • 1 cucharada sopera de mantequilla • 2 dientes de ajo • 250 g de champiñones, en rodajas finas • 1 tomate maduro, pelado, sin semillas y troceado • 1/2 taza de aceitunas negras sin hueso • 2 cucharadas soperas de estragón

picado • 2 cucharas soperas de perejil picado • Sal • Pimienta

Se limpian y cortan las alcachofas en cuartos, quitándoles el corazón y se reservan en un recipiente de agua con las dos cucharadas de limón para que no se descoloren. Luego, en una sartén se calienta la mantequilla con unas dos o tres cucharadas del aceite, se saltean las alcachofas, sazonadas con sal, y se cocinan a fuego medio, lentamente hasta que queden tiernas y empiecen a tomar un poco de color; cuando estén hechas, se sacan las alcachofas y se tira el aceite sobrante. En la misma sartén, se añade el aceite restante y se rehogan los champiñones, cocinándolos hasta que suelten el agua. Se añade entonces el tomate y se cocina un minutos más. Se le suma el ajo bien picado, las aceitunas, el estragón y el perejil; luego se ponen las alcachofas y se cocina todo a fuego lento unos 5 minutos. Se salpimienta y se sirve.

ALCACHOFAS A LAS HIERBAS
Grado de dificultad bajo

INGREDIENTES PARA 4 PERSONAS
4 alcachofas grandes • 4 cucharadas soperas de aceite • 1/2 vaso de zumo de limón • Romero • Tomillo • Sal

Se limpian las alcachofas, quitándoles las hojas duras y los tallos, se cortan por la mitad y se salan al gusto; luego, se ponen en un recipiente para el microondas y se les echa por encima la mezcla del zumo de limón con el aceite, el romero y el tomillo. Se cuece en el microondas durante 10 minutos a máxima potencia y ya está listo.

ALCACHOFAS AL JAMÓN
Grado de dificultad bajo

INGREDIENTES PARA 4 PERSONAS
1 kg de alcachofas • 2 lonchas de jamón, no muy finas • 1 cebolla pequeña • 2 dientes

de ajo • 1 zanahoria grande • Aceite • 1/2 vaso
de vino blanco • Limón • Sal

Se limpian las alcachofas quitándoles las hojas
duras y los tallos; se dejan solamente
los corazones limpios. Se frotan las alcachofas
con limón, para evitar que se oscurezcan,
y se ponen a hervir durante 10 minutos con
agua y un chorrito de limón; luego,
se escurren y se reservan. Se ralla la cebolla,
la zanahoria y se pica el ajo. En una cazuela,
se sofríe con cuatro cucharadas de aceite la
cebolla, la zanahoria y el ajo, incorporando
el jamón cortado en daditos; se remueve
unos minutos, añadiendo las alcachofas,
la sal, el vino y medio vaso de agua.
Para terminar, se deja cocer a fuego lento
15 minutos y se sirve.

ALCACHOFAS AL JEREZ
Grado de dificultad bajo

INGREDIENTES PARA 4 PERSONAS
1 y 1/2 kg de alcachofas • 1 cebolla mediana
• 1 limón • 1/2 taza de Jerez seco • 3 cucharadas
de aceite • 2 tazas de caldo de verduras • Sal

Por una parte, se limpian las alcachofas
quitándoles las hojas duras y los tallos,
dejando los corazones cortados en cuartos, y
se lavan en agua con sal y un chorrito de
zumo de limón, para evitar que se oscurezcan.
Por otra parte, se rehoga la cebolla picada en
el aceite de oliva y a continuación se agregan
las alcachofas, el caldo, la sal y el Jerez. Se
tapa la cazuela y se deja cocer a fuego lento
hasta que las alcachofas estén tiernas, unos
35 minutos aproximadamente. Se sirve al
momento.

ALCACHOFAS REBOZADAS
Grado de dificultad bajo

INGREDIENTES PARA 4 PERSONAS
8 alcachofas • 2 huevos • Harina • 1 l de aceite
• 1 limón • Agua • Sal

Se limpian las alcachofas quitándoles las hojas
duras y los tallos, se corta cada una en dos
mitades, frotándolas con medio limón para
que no oscurezcan, y se echan en una cazuela
con agua hirviendo. Seguidamente, se pone el
fuego al mínimo, para que se cuezan
lentamente de 30 a 45 minutos. Se baten los
huevos y se reservan. Una vez que las
alcachofas estén cocidas y escurridas, se pasan
por harina, por el huevo batido y se vuelven a
enharinar. Entonces, se calienta abundante
aceite en una sartén y cuando esté listo, se
fríen las alcachofas. Una vez fritas, dejamos
escurrir el aceite con papel absorbente.

APIO A LA NUEZ
Grado de dificultad bajo

INGREDIENTES PARA 4 PERSONAS
500 g de tallos de apio • 30 g de beicon
• 3 cucharadas de nata liquida • 50 g de nuez
moscada, entera y pelada • Sal • Pimienta

Se limpian muy bien los tallos de apio
quitándoles las hebras de alrededor, se lavan y
se cuecen en agua hirviendo con sal hasta que
estén tiernos, pero que queden algo
crujientes. Cuando están listos, se escurren y
se reservan al calor. Mientras, se quita la
corteza dura al beicon y se pica. Se derrite la
mantequilla en una sartén y se fríe el beicon
hasta que comience a estar crujiente,
momento en el que se agregan las nueces
peladas, la nata, sal y pimienta y se incorpora
el apio a la salsa. Por último, se cuece a fuego
suave durante 10 minutos y se sirve
inmediatamente.

APIO AL HORNO
Grado de dificultad bajo

INGREDIENTES PARA 4 PERSONAS
400 g de apio • 200 g de zanahoria • 1 cebolla
grande • 20 g de queso rallado • 2 quesitos en
porciones, desnatados • 1 cubito de caldo de carne
• Hiervas aromática • Sal • Pimienta

Para comenzar, se limpia el apio quitando todas las hebras que tenga alrededor, se lava y se escurre muy bien. Por otra parte, se raspa la piel de las zanahorias, se lavan y se cortan en rodajas. Además, se pela la cebolla y se corta en tiritas. A continuación, se cuece el apio, las zanahorias y la cebolla en una cacerola con agua hirviendo y el cubito de caldo de carne durante unos 30 minutos; una vez que está, se cuela. Además, se unta el fondo de una bandeja refractaria con medio quesito y se colocan las verduras encima, sazonándolas con sal, pimienta y las hierbas aromáticas al gusto. Se deshace un poquito el resto de los quesitos, con un poco del caldo de cocer las verduras, y se reparten los troceados por encima, junto con el queso rallado. Al final, se mete en el horno, previamente calentado a potencia baja durante 30 minutos.

APIO EN SALSA
Grado de dificultad bajo

INGREDIENTES PARA 4 PERSONAS
750 g de apio • 1 cebolla mediana • 50 g de jamón serrano • 1/2 l de caldo de ave • 3 cucharadas de mantequilla • 2 cucharadas de harina • 1/2 taza de vino blanco • 1 clavo de olor • Queso Parmesano rallado • Sal • Pimienta blanca

Se lava y seca el apio, quitándole los tallos y todas las hebras que tenga, y se corta en trozos de unos tres centímetros aproximadamente, y luego se pone una cacerola al fuego con el caldo y el apio; se deja cocer a fuego suave durante 30 minutos, y pasado el tiempo, se cuela y se reserva el caldo. A continuación, se derrite la mantequilla en un cazo al fuego y se le añade la harina, removiendo y regando con el vino y el caldo reservado. Se cuece hasta que ligue y se salpimienta al gusto. Se coloca el apio en una fuente refractaria y se reparte el jamón serrano picado entremedio, regándolo con la salsa. Se espolvorea con el queso rallado y se

mete en el horno, previamente calentado durante 15 minutos. Se sirve bien caliente.

APIO RELLENO
Grado de dificultad bajo

INGREDIENTES PARA 4 PERSONAS
400 g de tallos de apio • 100 g de requesón descremado • 100 g de queso Roquefort • 50 g de mantequilla • 1 chorrito de salsa Tabasco • 3 cucharadas de leche

Se lava, se seca y se corta el apio en trozos de 10 centímetros más o menos, y se reservan las hojas tiernas del apio después de picarlas finamente. Se mezcla para el relleno, la mantequilla, el requesón, el queso Roquefort, la salsa Tabasco y la leche, de manera que nos quede una crema suave que pase a través de la manga pastelera (si fuera necesario se puede añadir un poco más de leche). Se rellena el interior de los trozos de apio con esta crema y se espolvorea con las hojas del apio picadas.

ÁSPIC DE VERDURAS
Grado de dificultad medio

INGREDIENTES PARA 6 PERSONAS
2 sobres de gelatina en polvo sin sabor • 4 tazas de caldo de carne • 300 g de zanahorias • 1/2 coliflor • 250 g de guisantes • 4 nabos pequeños • 2 pimientos rojos de piquillo en lata • Sal • Pimienta • Perejil

Se disuelve la gelatina en dos cucharadas de agua fría y se añade el caldo de carne hirviendo; se deja enfriar y se vierte en el fondo de un molde de flan, con agujero central, una capa de unos dos centímetros de altura. Se pelan las zanahorias y los nabos, se cortan en cubitos y se cuecen en agua y sal. Se cuecen también la coliflor en ramitas menudas y los guisantes frescos. Por su parte, se cortan los pimientos de piquillo en cuadraditos. Sobre la gelatina del fondo del molde, se disponen las verduras en capas, se espolvorea el perejil y se vierte el resto de la gelatina. Se golpea el molde sobre la mesa, para no dejar ningún hueco y se pone en el frigorífico hasta que se solidifique completamente. Para desmoldar de un modo fácil, se pone el molde durante unos breves segundos en un recipiente con agua templada.

ÁSPIC DE VERDURAS CON QUESO
Grado de dificultad medio

INGREDIENTES PARA 6 PERSONAS
200 g de zanahoria • 200 g de judías verdes • 200 g de guisantes frescos • 150 g de pimiento rojo • 150 g de pimiento verde • 6 cucharadas de nata • 400 g de queso fresco • 8 hojas de gelatina • Sal • Pimienta • Perejil picado • Caldo de cocer las verduras

Las zanahorias, las judías verdes y los pimientos se pican muy finamente y se cuecen, durante 3 minutos, en agua con sal. En ese momento, se añaden los guisantes y se deja cocer todo durante 5 minutos más. Se escurren a continuación las verduras en un colador, reservando el caldo, al que se agrega la nata, y se pone a hervir, hasta reducir. Acto seguido, se remoja la gelatina, durante 5 minutos en agua fría, se escurre y se disuelve en seis cucharadas de caldo caliente. Se bate el queso con el resto de caldo, se le agrega la gelatina y se mezcla con las verduras, cocidas y escurridas. Para terminar, se sazona al gusto, se mezcla el perejil picado y se vierte todo en un molde que se pone en el frigorífico, al menos durante 5 horas. Se sirve con una salsa fría a escoger.

ÁSPIC DE VERDURAS Y FIAMBRES
Grado de dificultad medio

INGREDIENTES PARA 6 PERSONAS
1 áspic de verduras (ver receta) • 200 g de pavo trufado • 200 g de jamón dulce • 200 g de jamón serrano • 200 g de rodajas de lomo

de caña • 2 tazas de gelatina solidificada (hecha con 1 sobre de gelatina en polvo sin sabor x 2 tazas de caldo de carne)

Se sirve el áspic de verduras en el centro de una gran fuente redonda y a su alrededor, se disponen los diversos fiambres al gusto. Sobre ellos, la gelatina solidificada y cortada en pequeños cubitos.

ÁSPIC TROPICAL
Grado de dificultad medio

INGREDIENTES PARA 6 PERSONAS
2 sobres de gelatina sin sabor • 3 tazas de caldo de ave • 1 taza de nata • 3 tomates rojos pero enteros, pelados y cortados en rodajas • 250 g de palmito en lata cortado en rodajas gruesas • 1 endibia • 3 rodajas de piña natural cortadas en pedacitos • 1 aguacate

Se diluye la gelatina, se mezcla con la nata y se vierten cuatro cucharadas en el fondo de un molde de bollo. Se pone en el frigorífico, y cuando cuaje, se cubre el fondo con rodajas de tomate y trozos de aguacate. La misma decoración, se pone alrededor de la pared del molde, se vierte un poco más de gelatina, para fijar, y vuelve al frigorífico. Una vez cuajado, se cortan el resto de los tomates y del aguacate en cuadraditos. A continuación, se van disponiendo todos los ingredientes en capas y se vierte el resto de la gelatina, dando un golpe seco con el molde sobre la mesa, para no dejar huecos. Por último, se pone en el frigorífico durante 5 ó 6 horas.

BERENJENAS A LA PARRILLA
Grado de dificultad bajo

INGREDIENTES PARA 4 PERSONAS
4 berenjenas • 120 cc de caldo de bonito • 3 y 1/2 cucharadas de salsa de soja japonesa • 2 cucharadas de mirin (vino de frutas) • 2 cucharadas de sake • 1 trozo de 4 cm de

jengibre fresco • 8 hojas de menta fresca
• 3 cucharadas de semillas de sésamo blanco
• 1/2 cucharada de azúcar

Se tuestan las semillas de sésamo en una sartén a fuego lento sin aceite, se machacan en un mortero y se mezclan con tres cucharadas de caldo de bonito y una y media de salsa de soja, se agrega el azúcar y un pellizco de sal. Por otro lado, para hacer la salsa de jengibre, se mezcla en un cazo el resto de caldo de bonito, dos cucharadas de salsa de soja, el sake y el mirin, y se hierve durante 1 minuto. Se ralla el jengibre y se pican finamente las hojas de menta. Se hacen lonchas las berenjenas y se fríen a fuego fuerte. Al servir, en unas se rocía salsa de sésamo y en otras de jengibre. Se decora con hojas de menta.

BERENJENAS AL HORNO
Grado de dificultad medio

INGREDIENTES PARA 4 PERSONAS
4 berenjenas pequeñas • 250 g de carne de cerdo picada • 1 cebolla mediana • 2 pimientos verdes • 2 calabacines • 2 dientes de ajo • 8 lonchas de queso • Tomate frito • Orégano • Sal • Pimienta

Se precalienta el horno a 190° durante 10 minutos y mientras, en una fuente para horno, se van poniendo las berenjenas lavadas, sin los rabos y abiertas por la mitad en sentido longitudinal. Para que se asen mejor, se hacen unos cortes con un cuchillo; luego, se untan con aceite de oliva, se salan y se meten en el horno. Cuando estén tiernas, se sacan del horno y se dejan enfriar. Mientras, se pican finamente la cebolla, los pimientos, los ajos y los calabacines y se fríen en una sartén con aceite a fuego lento, hasta que estén dorados. Una vez que las berenjenas estén frías, se saca la pulpa con una cucharita y se le añade la pulpa al sofrito, así como la carne picada, y lo salpimentamos. Se fríe bien el relleno. En el fondo de las berenjenas se esparce una cucharada sopera de tomate frito y se coloca el sofrito encima. Una vez rellenas, se cubren con queso, espolvoreándolas con orégano, y se meten al horno para que se gratinen a fuego lento. Se sirven calientes.

BERENJENAS CON BESAMEL
Grado de dificultad medio

INGREDIENTES PARA 2 PERSONAS
2 berenjenas medianas • 1 cebolla grande • 2 dientes de ajo • 100 g de beicon • Sal

Para la besamel:
Mantequilla • Harina • Leche

Se cortan las berenjenas por la mitad, vaciándolas por dentro con ayuda de una cuchara, y luego, en una sartén, con un poco de aceite, se colocan boca abajo, se tapan y se dejan cociendo hasta que se pongan tiernas, unos 15 minutos aproximadamente. Pasado este tiempo, se les da la vuelta, se vuelven a tapar y se dejan 5 minutos más. En otra sartén se fríe, con aceite de oliva, la cebolla, los dientes de ajo, el perejil, el beicon, troceado y la carne de las berenjenas, hasta que esté dorado. Se rellenan entonces las berenjenas con esta mezcla y se colocan en una fuente de horno. Por otro lado, se prepa la besamel, deshaciendo una nuez de mantequilla en la sartén e incorporando la harina hasta formar una pasta, a la que se añade la leche poco a poco y que se va removiendo hasta obtener la crema de besamel. Para finalizar, se echa la besamel por encima de las berenjenas y se mete al horno con grill hasta que se dore.

BERENJENAS FRITAS
Grado de dificultad bajo

INGREDIENTES PARA 4 PERSONAS
700 g de berenjenas • 1 huevo • 50 ml de leche • 3 cucharadas de pan rallado • 4 cucharadas de aceite • Perejil • Sal

Se lavan las berenjenas y se cortan en rodajas; se espolvorean con sal y se dejan escurrir. En un plato liso, se mezcla el perejil, bien picado, con el pan rallado, y en otro plato, se bate el huevo, añadiendo un poco de leche y la sal. Una vez que las berenjenas estén bien escurridas, se bañan en leche y se vuelven a escurrir, se rebozan con el pan rallado y el huevo, y por último se fríen hasta que queden doraditas. Se dejan escurrir las berenjenas sobre papel absorbente.

BERENJENAS RELLENAS DE BACALAO
Grado de dificultad medio

INGREDIENTES PARA 4 PERSONAS
4 berenjenas medianas • 200 g de bacalao desmigado y desalado • 2 cebolletas o cebollas • Salsa de tomate • 1 sobre de queso Parmesano • Aceite • Sal

Se limpian y cortan las berenjenas a lo largo, haciendo unas incisiones en la carne con un cuchillo, para que se asen bien; además, se salan y se rocían con un poquito de aceite de oliva. Se meten a continuación en el horno unos 20 minutos, hasta que estén tiernas, momento en el que se sacan del horno y se dejan enfriar, se les quita la carne con ayuda de una cuchara y se reservan. En una sartén con aceite, se pochan las cebollas bien picaditas, se añade el bacalao y se rehoga bien. Se agrega seguidamente la carne de las berenjenas y se vuelve a rehogar unos minutos. Se añade el tomate y se rellenan las berenjenas, espolvoreando con queso y poniéndolo a gratinar durante unos 3 minutos aproximadamente.

BERENJENAS RELLENAS SORPRESA
Grado de dificultad bajo

INGREDIENTES PARA 3 PERSONAS
3 berenjenas pequeñas • 100 g de atún en aceite • 4 anchoas de lata • 1 remolacha pequeña • 1 huevo duro • 2 dl de aceite • 50 g de mantequilla • Sal • Pimienta

Se lavan y pelan las berenjenas, se cortan horizontalmente por la mitad, y se hacen unos cortes en el interior; a continuación se fríen en aceite, se escurren y se dejan enfriar. Por otro lado, se cuece en una cazuela la remolacha hasta que esté tierna, se escurre y se reserva. Cuando todo esté frío, se vacían las berenjenas raspándolas con una cuchara hasta dejarlas de la forma de un barco. Se pica la carne de las berenjenas, y se mezcla con el atún, las anchoas y la remolacha, y se machaca en el mortero hasta obtener una pasta fina, la cual se pasa por un tamiz y a la que se incorpora la mantequilla, salpimentando y mezclando bien. Se rellenan las berenjenas con esta crema y se colocan en una fuente, espolvoreando con un picadillo de huevo antes de servir en frío.

BOLAS DE ESPINACAS
Grado de dificultad bajo

INGREDIENTES PARA 4 PERSONAS
800 g de espinacas • 1 cucharada de margarina • 2 huevos • 1 taza de pan rallado • 1 cebolla mediana • 2 cucharadas de queso rallado • 3 cucharadas de aceite • Nuez moscada • Sal • Pimienta

Se quitan los tallos duros a las espinacas y se lavan muy bien, cambiando el agua varias veces a lo largo del proceso. Se cuecen las espinacas 5 minutos, se escurren bien, se pican y se colocan en un cuenco. Se incorpora a continuación un huevo, la mitad del pan rallado y la margarina derretida, mezclándolo todo bien. Seguidamente, se añade sal, pimienta, nuez moscada y el queso rallado. Además, se pela y pica la cebolla muy menuda y se agrega a las espinacas, mezclando todo muy bien con un tenedor. Es importante trabajar bien la mezcla para que el pan se empape y se mezclen los sabores. Con esa mezcla, se forman unas bolas con ayuda de una cuchara y la mano. Se bate el huevo restante en un cuenco y se pasan las bolas de espinacas por el pan rallado, seguidamente por el huevo batido y finalmente por el pan rallado de nuevo (hay que procurar que las bolas queden bien apretadas, con el fin de que no se abran). Para terminar, se fríen las bolas de espinacas en aceite muy caliente, hasta que estén doradas por todos los lados. Se sacan de la sartén y se escurren sobre papel absorbente.

BONIATOS FRITOS
Grado de dificultad bajo

INGREDIENTES PARA 6 PERSONAS
6 boniatos medianos • 200 g de tocino de panceta • 1 cucharadita de pimentón • 1 vasito de vino blanco • 1/2 l de aceite de oliva • 1 hoja de laurel • Sal

Se pelan los boniatos y se cortan en rodajas finas y en una sartén con abundante aceite, se fríen a fuego fuerte, hasta que queden ligeramente dorados pero crudos interiormente; se escurren bien sobre papel de cocina y se reservan. Por otra parte, se corta el tocino en bastoncillos estrechos y un poco largos y se pica la cebolla y el ajo, y cuando empiece a dorar, se añaden los guisantes, el tomate y el pimentón y se remueve de vez en cuando. Una vez que el tomate esté casi frito, se incorpora el vino blanco y se deja reducir a la mitad. Se agregan los boniatos ligeramente fritos y bien escurridos, se cubren con agua caliente y se salan al gusto. Se dejan cocer a fuego suave y sin interrupción hasta que todo esté bien cocido (deberá quedar poca salsa). Se sirve en una fuente un poco honda, separando el laurel y adornándolos con los huevos duros cortados cada uno en cuatro gajos. Se espolvorea con un poco de perejil picado por encima.

BONIATOS GUISADOS
Grado de dificultad medio

INGREDIENTES PARA 4 PERSONAS
1 kg de boniatos • 100 g de tocino • 100 g de guisantes • 1 cebolla mediana • 2 tomates medianos, sin semillas y picados • 1 diente de ajo • 2 huevos duros • 1 cucharadita de pimentón • 1 vasito de vino blanco • 1/2 l de aceite • 1 hoja de laurel • Sal

Se pelan los boniatos y se cortan en rodajas de unos cuatro milímetros de espesor, y en una sartén con abundante aceite, se fríen a fuego fuerte, hasta que queden ligeramente dorados pero crudos interiormente; cuando estén listos, se sacan y se escurren bien. Se corta el tocino en bastoncillos estrechos y un poco largos y se pica la cebolla y el ajo, y cuando empiece a dorar, se añaden los guisantes, el tomate y el pimentón y se remueve de vez en cuando. Una vez que el tomate esté casi frito, se incorpora el vino blanco y se deja reducir a la mitad. Se añaden los boniatos ligeramente fritos y bien escurridos y se cubren con agua caliente, salando al gusto. Se deja cocer a fuego suave y sin interrupción hasta que todo esté bien cocido (deberá quedar poca salsa). Se sirve en una fuente un poco honda, separando el laurel y guarneciéndolos con los huevos duros cortados cada uno en cuatro gajos; para terminar, se espolvorea con un poco de perejil picado por encima.

BRAZO DE GITANO VEGETAL
Grado de dificultad medio

INGREDIENTES PARA 6-8 PERSONAS

Para la masa:
Ver «Brazo de gitano de pollo»

Para el relleno:
2 dl de aceite • 1/2 berenjena • 1/2 calabacín • 2 tomates maduros • 1 cebolla • 2 dientes de ajo • 1/2 pimiento verde • 1/2 pimiento rojo • 1 cucharada de harina • 3 cucharadas de caldo • Sal • Pimienta

Se rehoga en el aceite la cebolla, cortada en rodajas muy finas y el ajo picadito, y seguidamente se añaden los pimientos, la berenjena y el calabacín pelados, todo ello cortado en tiras muy finas. Se deja cocer durante 10 minutos a fuego vivo, se añaden los tomates, pelados, sin pepitas y troceados, se remueve y se sazona al gusto. Luego, se echa la harina, removiendo hasta que espese, y se deja cocer durante unos 15 minutos a fuego lento. Para terminar, se rellena y se enrolla con cuidado el brazo de gitano, como en otras recetas (véase «Postres»).

BRAZO DE GITANO VEGETAL CON HUEVOS
Grado de dificultad medio

INGREDIENTES PARA 6-8 PERSONAS

Para la masa:
Ver «Brazo de gitano de pollo»

Para el relleno:
2 dl de aceite • 1/2 berenjena • 1/2 calabacín • 2 tomates maduros • 1 cebolla • 2 dientes de ajo • 2 huevos cocidos • 1/2 pimiento verde • 1/2 pimiento rojo • 1 cucharada de harina • 3 cucharadas de caldo • Sal • Pimienta

Como puede deucirse de su nombre, se hace igual que el brazo de gitano vegetal simple (véase), añadiendo dos huevos, cocidos y enteros, al relleno, dispuestos, uno tras otro a lo largo.

BRÓCOLI CON TOMATE
Grado de dificultad bajo

INGREDIENTES PARA 2 PERSONAS
2 ramilletes grandes de brócoli • 2 tomates grandes picados • 1 cuajada • 1 diente de ajo • Aceite • Sal • Pimienta

En un recipiente para horno con tapa, se pone el brócoli. Por otro lado, se quita la piel a los tomates y se pican muy finos y en un bol se mezclan con la cuajada, el diente de ajo picado y un chorro de aceite de oliva. Una vez bien mezclado, se echa todo por encima del brócoli. Se rectifica la sazón y se tapa. Por último, se hornea hasta que el brócoli esté cocido y se deja reposar 3 minutos antes de servirlo.

BRÓCOLI SALTEADO
Grado de dificultad bajo

INGREDIENTES PARA 4 PERSONAS
1 bolsa de brócoli congelado • 100 g de panceta ahumada cortada en taquitos • 2 tomates grandes • 50 g de almendras peladas • 4 rodajas de pan de molde • 1 diente de ajo • Aceite

Se tuesta el pan por ambos lados en una sartén con un chorrito de aceite de oliva y se reserva. En la misma sartén, se saltea la panceta cortada en tiras con un poquito de aceite y se le añade el brócoli, salteándolo unos minutos más. Se incorpora el tomate cortado en cubitos (no es necesario pelarlos), las almendras y el ajo muy picado; se rehoga durante unos minutos. Se sirve colocando una rodaja de pan como base y por encima el salteado de brócoli.

BUDÍN DE COLIFLOR
Grado de dificultad bajo

INGREDIENTES PARA 6 PERSONAS
1 kg de coliflor • 750 g de patatas • 4 huevos • Mantequilla • Salsa de tomate (ver «Salsas») • Sal • Pimienta • Nuez moscada

Se lava la coliflor y se cuece entera, con la flor hacia arriba, en agua con sal y un pedacito de limón; cuando esté cocida, se retira con cuidado, se reserva y, en la misma agua, se cuecen las patatas, peladas y cortadas por la mitad. Una vez que estén tiernas, se escurren y se pasan, junto con la coliflor, por el pasapurés a un bol grande. Se mezclan los huevos batidos y se sazona con sal y nuez moscada. Además, se engrasa, abundantemente, un molde de flan, con abertura al medio, y se echa dentro el preparado, poniéndolo en el horno, a temperatura media, durante 40 a 45 minutos. Se despega de los lados, con un cuchillo y se desmolda, volcándolo a un plato de servicio. Se sirve con salsa de tomate.

BUDÍN DE COLIFLOR Y BRÓCOLI
Grado de dificultad bajo

INGREDIENTES PARA 6 PERSONAS
500 g de coliflor • 500 g de brócoli • 6 huevos • 4 cucharadas de queso rallado • 1/2 taza de nata líquida • 1 cucharada de mantequilla • 4 cucharadas de pan rallado • Nuez moscada • Sal

Se lavan y cortan en ramitos la coliflor y el brócoli y ponemos a cocer ambas cosas por separado en agua hirviendo con sal hasta que estén tiernas. Se cuelan las verduras y se dejan en un colador hasta que escurran muy bien. Con ayuda de una batidora, se bate la coliflor con tres huevos, sal, pimienta y nuez moscada, y luego se hace lo mismo con el brócoli. Se ponen las verduras cada una en un cuenco y se incorporan dos cucharadas de queso y dos cucharadas de pan a cada una, mezclándolas bien. Se engrasa un molde alargado con la mantequilla y se reparten los dos purés a capas. Se alisa la superficie con una espátula y se cuece en el horno al baño María durante 50 minutos o hasta que esté cuajado. Se desmolda y se sirve con besamel.

BUDÍN DE ESPINACAS
Grado de dificultad bajo

INGREDIENTES PARA 6 PERSONAS
1 manojo grande de espinacas • 4 dientes de ajo • 1 dl de aceite • 3 bollitos de pan • 3 huevos • 4 cucharadas de leche • Sal • Pimienta • Nuez moscada

Se escogen, se lavan y se cuecen las espinacas en poca agua con sal, sin dejar que hiervan demasiado, y una vez que están listas, se escurren y se dejan en un colador para que, mientras se enfrían, suelten toda el agua. Una vez escurridas, se pican a máquina. Se remojan los panecillos en la leche y, después de que estén blandos, se exprimen bien. Se echa el aceite en una cazuela, con los dientes de ajo machacados, y cuando estén fritos, se retiran con una espumadera y se echa el pan en el aceite, hasta que esté deshecho. Se agrega entonces, el puré de espinacas, se remueve todo y se sazona al gusto. Se retira del fuego, se mezclan los huevos batidos y se bate todo, echándolo en un molde de flan, con agujero en el medio, previamente engrasado con mantequilla. Para terminar, se pone en el horno, al baño María, a temperatura alta, durante unos 50 minutos aproximadamente. Se desmolda como es habitual.

BUDÍN DE ESPINACAS Y ARROZ
Grado de dificultad bajo

INGREDIENTES PARA 6 PERSONAS
1 manojo grande de espinacas • 4 dientes de ajo • 1 dl de aceite • Arroz cocido • 3 huevos • 4 cucharadas de leche • Sal • Pimienta • Nuez moscada

Como el budín de espinacas (véase), sustituyendo los tres panecillos que se usaban en aquel, por el mismo volumen de arroz cocido.

BUDÍN DE ESPINACAS Y ZANAHORIAS
Grado de dificultad bajo

INGREDIENTES PARA 6 PERSONAS
1 manojo grande de espinacas • 4 dientes de ajo • 1 dl de aceite • 400 g de zanahorias • 3 huevos • 4 cucharadas de leche • Sal • Pimienta • Nuez moscada

Se hace igual que el budín de espinacas (véase), sustituyendo los panecillos por 400 gr de zanahorias cocidas y trituradas.

BUDÍN DE VERDURAS A LA FRANCESA
Grado de dificultad bajo

INGREDIENTES PARA 6 PERSONAS
1/2 coliflor • 4 zanahorias • 400 g de judías verdes • 200 g de guisantes frescos • 300 g de jamón de york • 3 huevos • 2,5 dl de leche • 75 g de mantequilla • 1 cucharada de harina • Sal • Pimienta • Nuez moscada

Por una parte, se pelan y cortan en cubitos las zanahorias; por otra, se escogen los ramitos de coliflor, y además, se quitan las hebras de las judías verdes, se cortan a lo largo y luego por la mitad. Hecho todo esto, se cuecen todas las verduras, también los guisantes, en agua con sal. Cuando estén cocidas, se cuelan, cuidadosamente para que se mantengan enteras, y en una fuente, se separan los grupos. En un molde de flan engrasado con mantequilla, se colocan los guisantes, seguidamente, un tercio del jamón cortado en tiritas, sobre el jamón, los ramitos de coliflor, luego las judías verdes, después el resto del jamón y, por último, las zanahorias. Se mezclan los huevos con la harina, batiendo muy bien, se añade la leche, se sazona al gusto y se bate un poco más. Se echa el batido sobre las verduras y se pone el molde en el horno, al baño María, 45 minutos a temperatura alta. Después de desmoldado, puede servirse con una salsa de tomate.

BUÑUELOS DE BERENJENAS
Grado de dificultad bajo

INGREDIENTES PARA 2 PERSONAS
2 berenjenas medianas • 1 huevo • 125 g de harina • 1/2 vasito de Jerez seco • 2 dientes de ajo • 1 y 1/2 l de aceite de oliva • 1 manojo de perejil • Sal • Pimienta

Se lavan las berenjenas, se secan y se cortan en rodajas de, aproximadamente, medio centímetro de grueso. Por otro lado, en un bol se mezcla la harina, el huevo y el Jerez y se bate todo muy bien hasta obtener una mezcla homogénea, la cual se sazona con sal y pimienta. Además, se pela el ajo, se machaca y, con el jugo de ajo, se frotan las rodajas de berenjena, se pasan por la masa, se escurren un poco y se fríen en abundante aceite, de 6 a 8 minutos aproximadamente, hasta que estén doradas, dándoles una vez la vuelta; cuando estén bien fritas, se dejan escurrir sobre papel de cocina para que suelten el exceso de grasa. Por su parte, el perejil se lava, se seca sobre papel de cocina y se pasa durante un instante por el aceite caliente. Para terminar, se sirven las rodajas de berenjena sobre una fuente adornada con las ramitas de perejil.

CALABACINES A LA CREMA DE QUESO
Grado de dificultad medio

INGREDIENTES PARA 4 PERSONAS
300 g de calabacín • 100 g de queso para fundir • 25 g de mantequilla • 25 g de harina • 1 vaso de nata líquida • 1 cucharadita de perejil picado • 1 pizca de orégano molido • Agua • Sal • Pimienta

Se pela el calabacín y se corta en rodajas, luego se salpimienta y se cuece en agua y sal durante 15 minutos más o menos (es importante ir comprobando la cocción para que no queden desechos). Mientras, en una sartén, se funde la mantequilla y se dora la harina ligeramente, se añade la nata y se cuece a fuego lento muy suave sin dejar de remover durante unos minutos. A continuación, se aparta del fuego y se le agrega el queso troceado y el perejil picado. Se mezcla todo bien hasta que se derrita y se añade el orégano. Ya sólo queda que el calabacín esté cocido, escurrido y caliente, para echarle por encima la salsa y servir.

CALABACINES A LA PARRILLA
Grado de dificultad bajo

INGREDIENTES PARA 2 PERSONAS
1/2 kg de calabacines • Perejil • Aceite de oliva
• Zumo de lima

Se lavan los calabacines y se pelan y se cortan en rodajas de tamaño medio. Se introducen en una mezcla de zumo de lima, un chorrito de aceite de oliva y perejil. Se pone la parrilla a calentar y, cuando esté al punto de calor, se colocan las rodajas. Una vez que veamos que éstas se encuentran blandas y casi transparentes, se sacan de la parrilla y se sirven calientes.

CALABACINES AL HORNO
Grado de dificultad bajo

INGREDIENTES PARA 6 PERSONAS
1 y 1/2 kg de calabacines pelados y cortados en rodajas finas • 100 g de queso rallado • 4 dientes de ajo • 1 taza de nata líquida • 1 ramillete de hierbas aromáticas • 1 cucharada de curry en polvo • Pimentón • Azafrán • Sal • Pimienta • Nuez moscada

Las rodajas de calabacín se cuecen en agua hirviendo con sal, durante 15 minutos, junto con tres dientes de ajo enteros y el ramillete de hierbas. Cuando ha pasado el tiempo, los ajos se sacan y se reservan, y el calabacín se escurre y se pasa por agua fría, dejándolo escurrir de nuevo sobre papel absorbente. Con el diente de ajo que sobra, se frota una cazuela refractaria engrasada con aceite, se coloca sobre ella una capa de calabacín, se salpimienta al gusto y se coloca otra capa de calabacín, así sucesivamente. Los ajos cocidos reservados, se pican, y con ellos se cubren los calabacines. Se mezcla la nata con el curry, el azafrán, la nuez moscada y el pimentón y se vuelca sobre los calabacines, cociéndolos al horno a 200° hasta que veamos que la superficie esté dorada. Se sirve inmediatamente.

CALABACINES RELLENOS
Grado de dificultad bajo

INGREDIENTES PARA 6 PERSONAS
6 calabacines • 1/2 kg de gambas peladas
• 1 cebolla mediana finamente picada
• 1 pimiento rojo finamente picado • 1 tomate grande pelado y picado • Aceite • Queso rallado Emmental • Sal

Los calabacines se cortan por la mitad horizontalmente y se vacían reservando la pulpa que se ha sacado. A continuación, éstos se ponen a hervir en una cazuela grande con abundante agua y un puñado de sal, y cuando estén a punto, se sacan y se reservan. Seguidamente, en una sartén con aceite de oliva se sofríen la cebolla, el pimiento, el tomate y la carne del calabacín, y una vez que el sofrito ya está casi hecho, es cuando se agregan las gambas peladas y un poco de harina, para que no quede muy líquido. Para finalizar, se rellenan los calabacines con el sofrito ya terminado y se echa por encima el queso rallado, metiéndolos al horno para gratinar.

CALABACINES RELLENOS DE CHAMPIÑONES
Grado de dificultad bajo

INGREDIENTES PARA 4 PERSONAS
4 calabacines medianos • 250 g de champiñones picados • 1 cebolla grande picada • 75 g de piñones • Queso rallado • Mantequilla • Nuez moscada • Estragón • Sal

Se parten los calabacines por la mitad y se vacían con ayuda de una cucharita; el contenido se pica muy bien y se pone en un bol en el que se añaden los champiñones, un poco de cebolla y los piñones; se agregan un par de cucharaditas de mantequilla y con las manos, se mezcla todo hasta que queda una pasta cremosa. Se agrega entonces una pizca de sal, el estragón y la nuez moscada en el interior de los calabacines y se rellenan. Por último, se colocan en una fuente refractaria y se hornean a 180° hasta que estén tiernos. Se sacan del horno, se espolvorean con el queso rallado y de nuevo se meten al horno para gratinar hasta que queden dorados.

CARDO AL CURRY
Grado de dificultad medio

INGREDIENTES PARA 4 PERSONAS
750 g de cardos • 1 cucharada de harina
• 1 taza de leche • 1 cucharada de mantequilla
• 1 cucharada de curry en polvo • Sal

Primeramente, se quitan todas las hebras al cardo, se lava muy bien y se trocea; a continuación, se pone una olla al fuego con agua y sal y cuando comience a hervir, se incorpora el cardo y se dejar cocer hasta que esté tierno. Una vez que estén listos, al escurrirlos, se cuela y se reserva una taza de caldo de cocción. Mientras, en una sartén se derrite la mantequilla y se añade la harina, se mezcla bien y se agrega, poco a poco, el caldo, sin dejar de mover con una cuchara de madera; una vez que esté bien incorporado, se suma el curry y la leche. Seguidamente, se pone el cardo cocido en una cazuela y se riega con la salsa preparada; se le añade la sal y se deja cocer unos 10 minutos aproximadamente.

CARDO CRUJIENTE
Grado de dificultad medio

INGREDIENTES PARA 4 PERSONAS
1 y 1/2 kg de cardos • 4 cucharadas de harina
• 2 cucharadas de aceite • 1 cucharada de almendras picadas • 1 cucharada de nueces picadas
• 1 cucharada de anacardos picados • 1 cucharada de avellanas picadas • 2 cucharadas de pan rallado
• Sal • Pimienta

Se pelan los cardos, quitándoles los hilos y cortándolos en trozos de unos siete centímetros de largo; se cuecen en agua hirviendo con sal y una cucharada de harina durante 20 minutos y pasado ese tiempo, se sacan y se escurren, reservando dos vasos del caldo de la cocción. En una sartén, se rehoga la harina sin que llegue a tomar color, añadiendo el caldo, y se cuece a fuego suave hasta que espese, sazonándolo con sal y pimienta al gusto. A continuación, en una fuente refractaria se pone el cardo y se cubre con la salsa. Los frutos secos se mezclan con el pan rallado y, una vez que estén bien mezclados, se espolvorean sobre el cardo de modo que se forme una capa uniforme. Para terminar, se mete la fuente en el horno a gratinar hasta comprobar que se ha dorado la superficie.

CARDOS A LA ESPAÑOLA
Grado de dificultad medio

INGREDIENTES PARA 4 PERSONAS
1 kg de cardos • 1 limón • 2 zanahorias medianas
• 1 cebolla grande pelada y picada • 1 escalonia pelada y picada • 1 trozo de apio pelado y picado
• 1 ramillete de hierbas (perejil, laurel, tomillo)
• 100 g de grasa de jamón cortada en pedazos
• 2 cucharadas de puré de tomate • 1 hueso de ternera • 1 vaso de vino blanco seco • 2 vasos de agua • 2 cucharadas de harina • Una pizca de azúcar • Sal • Pimienta

Los cardos se pelan, quitándoles los hilos y cortándolos en trozos de unos ocho centímetros; además, se parte el limón y se frota con él cada trozo de cardo. Se pone en una olla agua y sal y cuando el agua empiece a hervir, se añaden los cardos, cociéndolos durante 30 minutos aproximadamente. Además, la grasa del jamón se pone en una cacerola y se deja derretir a fuego lento, agregándole las hortalizas para hacer un sofrito al que se incorpora el hueso de ternera y el ramillete de hierbas, hasta que tome color. A continuación se añade la harina rehogando y removiendo continuamente. Se incorpora a la cacerola el vino y el agua, y se deja cocer durante 10 minutos. Se añade el puré de tomate, el azúcar, la sal y la pimienta, se deja cocer unos 45 minutos a fuego lento, removiendo de vez en cuando. Para ir terminando, se escurren los cardos y se ponen en una cacerola, cubriéndolos con la salsa, pasada por el tamiz. Se deja cocer a fuego lento durante 10 minutos.

CARDOS CON NUECES
Grado de dificultad medio

INGREDIENTES PARA 4 PERSONAS
1 kg de cardos • 250 g de nueces peladas
• 3 dientes de ajo • 1/2 dl de leche • 2 dl del caldo de cocción del cardo • 2 cucharadas de harina
• 1/2 dl de aceite • 1 limón • Sal • Pimienta

Se limpia bien el cardo, raspando la piel exterior y retirando las fibras y los hilos que tengan, y se frota con el limón. Posteriormente se cortan en trozos de unos cuatro centímetros de largo y se sumergen en un recipiente con agua y zumo de limón para evitar que se oscurezcan. Se diluye una cucharada de harina en un poco de agua y se pone en una cacerola, agregando agua abundante y una pizca de sal. Cuando rompa a hervir, se incorpora el cardo troceado, cociéndolo a fuego medio hasta que esté muy tierno, durante 1 hora más o menos; se escurre y se reserva. En una sartén con aceite, se fríen los dientes de ajo y cuando estén bien dorados se retiran, se añade la harina restante y se rehoga, pero sin que coja color; además se incorporan las nueces troceadas, la leche y el caldo; se deja hervir unos minutos hasta obtener una salsa ligera. Se salpimienta al gusto agregando los cardos a los que se deja cocer unos minutos y se sirve en el momento.

CARDOS EN SALSA
Grado de dificultad bajo

INGREDIENTES PARA 4 PERSONAS
2 botes de cardo en conserva • 40 g de mantequilla
• 1 taza grande de leche • 25 g de harina

• 4 huevos • 100 g de queso rallado • 1 cucharada de pan rallado • Sal • Pimienta • Nuez moscada

Se cuecen los huevos durante 10 minutos y se dejan enfriar. Por otra parte, se escurre el cardo y se colocan los trozos extendidos en una fuente de horno engrasada con mantequilla o aceite; se cortan los huevos en rodajas extendiéndolos por encima del cardo. Para hacer la salsa, se dora la harina en la mantequilla restante, se añade la leche templada y se deja hervir, moviendo con una cuchara de madera hasta que se espese. Se agrega la mitad del queso, sazonando con sal, pimienta y nuez moscada al gusto y se vuelca sobre el cardo, espolvoreando con el queso restante, mezclado con el pan. Se mete en el horno hasta que esté dorado.

CAZUELA DE ALCACHOFAS Y HUEVOS
Grado de dificultad medio

INGREDIENTES PARA 4 PERSONAS
1 kg de alcachofas • 1 cebolla • 1 diente de ajo
• 4 huevos • 2 cucharadas de harina • 1 ramillete de perejil • 1/2 taza de vino blanco • 1/2 taza de caldo de ave • 4 cucharadas de aceite • Sal
• Pimienta

Para empezar, se les quitan las hojas verdes a las alcachofas, dejando sólo los corazones, y se cortan por la mitad, se lavan y se cuecen en agua hirviendo con sal durante 30 minutos o hasta que estén tiernas; una vez que están listas, se escurren y se reservan, y reservamos también media taza del caldo de esta cocción. Además, se pela y pica la cebolla muy menuda y en una sartén con aceite de oliva, se rehoga ésta hasta que veamos que está transparente, momento en el que se incorpora la harina, removiendo y agregando el vino y el caldo de cocción de las alcachofas que teníamos reservado con anterioridad. Se añaden las alcachofas y un majado hecho con el ajo, la sal y el perejil, se diluye con el caldo de ave y se echa sobre las alcachofas. Luego, se salpimienta al gusto, se tapa el recipiente y se cuecen los alimentos a fuego suave durante 20 minutos. Para ir terminando, se colocan las alcachofas con toda su salsa en una cazuela de barro, se cascan los huevos entre ellas y se meten en el horno, previamente calentado, a media potencia hasta que los huevos estén cuajados.

CEBOLLAS CONFITADAS
Grado de dificultad bajo

INGREDIENTES PARA 4 PERSONAS
1 kg de cebollas • 1 vaso de agua • 40 g de mantequilla • 1 vaso de vino tinto • 1 taza de azúcar • Sal

Se derrite la mantequilla en una cazuela, se agregan las cebollas cortadas en láminas finas y el vaso de agua, y se cuece a fuego suave durante unos 90 minutos, removiendo de vez en cuando para que no se pegue (si es necesario se le puede añadir un poco más de agua). Una vez que ya está la cebolla cocida, se añade el azúcar y el vino y se vuelve a cocer durante otros 30 minutos más; transcurrido ese tiempo, se pasan por el pasapurés y se rectifica de sal. Lo último que se hace es que se deja enfriar y se guarda en botes herméticos en la nevera.

CEBOLLAS RELLENAS
Grado de dificultad bajo

INGREDIENTES PARA 4 PERSONAS
8 cebollas medianas • 250 g de carne magra picada • 1 manojo de ajetes picados • 6 tomates maduros pelados y sin semillas • 100 cc de vino blanco • 200 cc de caldo desgrasado • 1 huevo cocido • Harina • Aceite • Perejil picado • Tomillo • Sal • Pimienta

En principio, se pelan las cebollas y se les corta un casco en la parte de arriba, se vacían y se conservan la pulpa y los cascos. Mientras, en una sartén con aceite de oliva, se sofríen los ajetes y el perejil, añadiéndoles la pulpa de los tomates y la que se ha retirado de las cebollas. Se deja hervir unos minutos, se pasa por el pasapuré y se devuelve a la sartén, añadiendo la carne picada y el huevo cocido, salpimentando al gusto. A continuación, se rellenan con esta masa las cebollas y se tapan con los cascos reservados con anterioridad. Seguidamente, se rebozan las cebollas en un poco de harina y se fríen en aceite caliente, escurriéndolas después sobre papel absorbente para que suelten el exceso de grasa. Para terminar, se disponen las cebollas en la cazuela, se bañan con el vino y el caldo desgrasado, se rectifica la sazón y se dejan cocer 20 minutos.

CEBOLLAS RELLENAS CON CIRUELAS
Grado de dificultad bajo

INGREDIENTES PARA 6 PERSONAS
3 huevos • 6 cebollas • 100 g de jamón • 200 g de carne picada • 10 ciruelas pasas • Aceite • Sal • Pimienta

Se pelan las cebollas, se les quita buena parte del interior y se reservan. Por su parte, la cebolla extraída se pica finamente y se mezcla con la carne, el jamón picado, los huevos y las ciruelas, tra lo que se sazona todo con sal y pimienta al gusto. Se rellenan con esta preparación las cebollas y se colocan en una fuente de horno engrasada con aceite. Se rocían con un poco más de aceite y se dejan hornear a temperatura moderada hasta que estén tiernas.

CEBOLLAS RELLENAS CON ESPINACAS
Grado de dificultad bajo

INGREDIENTES PARA 4 PERSONAS
4 cebollas medianas • 250 g de carne de cerdo picada • 100 g de espinacas congeladas • 100 g de tomate natural triturado • 250 g de miga de pan

• 1 huevo • 50 g de mantequilla • 3 cucharadas de aceite • 1/2 taza de vino blanco • 1/2 taza de caldo de carne • Sal • Pimienta

Se pelan las cebollas y se hierven durante 20 minutos en agua con sal; se escurren y se ahueca el centro. Se pica entonces la pulpa de la cebolla extraída y se rehoga en dos cucharadas de aceite en una sartén, incorporando la carne, las espinacas picadas, el tomate y sal. Se fríe todo durante 10 minutos, se aparta la sartén del fuego y se agregan el huevo batido y la miga de pan, mezclándolo todo bien. Se rellenan las cebollas con la mezcla preparada, apretando bien para que no se salga, y se coloca el relleno que haya sobrado en una cazuela de barro, poniendo las cebollas de pie sobre él. Se riega con el caldo y el vino, y se meten en el horno, previamente calentado, a temperatura media durante 20 minutos, espolvoreando con el queso rallado y gratinando unos minutos antes de servir.

COLES AL LIMÓN
Grado de dificultad bajo

INGREDIENTES PARA 4 PERSONAS
750 g de coles de Bruselas • 1 limón
• 2 cucharadas de mantequilla • Sal • Pimienta

Se les cortan los tallos a las coles y se les quitan las hojas exteriores y amarillentas que pudieran tener; luego se lavan, teniéndolas un buen rato en abundante agua fría, y se dejan escurrir en un colador. A continuación, se pone una cazuela con agua al fuego y cuando rompa a hervir, se añaden las coles y la sal, dejándolas cocer a fuego lento hasta que estén tiernas. Mientras cuecen las coles, se derrite la mantequilla en un cacito, incorporándole la ralladura de la piel y el zumo del limón, la sal y la pimienta. Cuando dé un hervor, se aparta del fuego. Se cuelan las coles y se ponen en una sartén para rehogarlas con la salsa de limón, moviéndolas de vez en cuando.

COLES CON JAMÓN
Grado de dificultad bajo

INGREDIENTES PARA 4 PERSONAS
600 g de coles de Bruselas • 1 cebolla mediana
• 100 g de jamón serrano • 50 g de mantequilla
• 1/2 taza de caldo de verduras • Sal
• Pimienta

Se cortan los tallos a las coles y se les quita las hojas exteriores y amarillentas que pudieran tener; se lavan, teniéndolas un ratito en abundante agua fría, y luego se dejan escurrir en un colador. Se pela y se pica la cebolla finamente y se corta el jamón en trozos. En una fuente de vidrio, se colocan las coles con la cebolla, el jamón y el caldo, tapándolas y dejándolas cocer de 6 a 8 minutos a la máxima potencia. Se retiran y se dejan escurrir, distribuyendo por encima la mantequilla antes de servir.

COLES DE BRUSELAS CON BEICON
Grado de dificultad bajo

INGREDIENTES PARA 4 PERSONAS
800 g de coles de Bruselas • 1 cebolla mediana
• 150 g de beicon ahumado • 2 cucharadas de mantequilla • 3 cucharadas de vino blanco
• 1/2 taza de caldo de carne • Sal • Pimienta

Se cortan los tallos a las coles y se les quitan las hojas exteriores y amarillentas que pudieran tener; se lavan teniéndolas un ratito en abundante agua fría y dejándolas escurrir en un colador. Se pela y pica la cebolla muy menuda, y se quita la corteza al beicon cortándolo en tiritas. Se calienta abundante agua en una cacerola al fuego y cuando comience a hervir, se incorporan las coles y un poco de sal; cuando las coles estén tiernas, se escurren. En una sartén con mantequilla, se rehoga la cebolla y cuando esté transparente, se añade el beicon y se fríe hasta que comience a dorarse. Se agregan entonces las coles, el vino, el caldo y la pimienta y se cocina unos 15 minutos.

COLIFLOR AL AJILLO
Grado de dificultad bajo

INGREDIENTES PARA 4 PERSONAS
1 kg de coliflor • 3 dientes de ajo • 1/2 taza de aceite • 2 cucharadas de vinagre de Jerez • 1 cucharada de pimentón dulce • Sal

Se quitan las hojas verdes de la coliflor y se parte el tallo, lavándola posteriormente. A continuación, se cuece la coliflor hasta que esté tierna, se escurre y se reserva en una fuente. Por otro lado, se pelan y se cortan los ajos en láminas y se doran en una sartén con aceite de oliva; luego se añade el pimentón, y sin dejar de remover con una cuchara de madera para que este último no se queme, se aparta del fuego la sartén, se agregan las dos cucharadas de vinagre y se vierte sobre la coliflor.

COLIFLOR AL HORNO
Grado de dificultad bajo

INGREDIENTES PARA 4 PERSONAS
1 coliflor mediana • 1 taza de leche desnatada • 100 g de queso descremado • 100 g de jamón serrano • 2 huevos • 2 cucharadas de queso Emmental rallado • 1 cucharada de aceite • Sal • Pimienta

Para comenzar, lo primero que hay que hacer es que se lave la coliflor y se separe en ramitos, poniéndola a cocer en abundante agua caliente con sal durante unos 12 minutos aproximadamente; una vez transcurrido este tiempo, se escurre muy bien. A continuación, se engrasa, con aceite de oliva, una fuente refractaria y se coloca en ella la coliflor y el jamón. Por otra parte, se baten los huevos con el queso, la leche, la sal y la pimienta al gusto, y se vierte esta crema sobre la coliflor; espolvoreándola por último con el queso Emmental rallado. Entonces se hornea a temperatura media-alta, unos 20 minutos, es decir, hasta que veamos que la superficie está dorada.

COLIFLOR AL QUESO
Grado de dificultad medio

INGREDIENTES PARA 4 PERSONAS
1 coliflor de unos 700 g • 25 g de mantequilla 25 g de harina • 1 y 1/2 taza de leche • 1 cucharadita de mostaza en polvo • 75 g de queso Cheddar rallado • Sal • Pimienta

Se coloca la coliflor en un recipiente grande con una cucharada de agua y así, se mete en el microondas a la máxima potencia entre 10 y 12 minutos, o hasta que comprobemos que la coliflor está tierna; luego, se escurre y se coloca en la fuente de servir. Se prepara mientras la salsa mezclando en un cuenco la mantequilla, la harina, la leche, la mostaza, la sal y la pimienta al gusto, y batiéndolo todo muy bien. Se cocina al máximo de potencia durante 4 minutos, o hasta que la salsa empiece a hervir y se reduzca un poco, batiéndola cada minuto. Para terminar, se añade el queso rallado y se vierte la salsa sobre la coliflor.

COLIFLOR CON COSTRA
Grado de dificultad bajo

INGREDIENTES PARA 4 PERSONAS
1 coliflor mediana • 4 cucharadas de pan rallado • 3 dientes de ajo • 2 cucharadas de perejil picado • 5 cucharadas de aceite • Sal

Se quitan las hojas verdes de alrededor de la coliflor, se lava muy bien y se pone en una cacerola con abundante agua; se cuece hasta que esté al dente, se saca y se deja escurrir. Se divide en cuatro trozos y se coloca en una fuente refractaria. Luego, se pelan y majan los ajos en el mortero con el perejil y la sal, hasta que quede una pasta a la que se incorpora el pan rallado, y a partir de ahí se mezcla todo junto muy bien, hasta llegar a conseguir un migado. Con este migado se cubre la parte superior de los trozos de coliflor, se riega con el aceite y se mete en el horno hasta que estén dorados.

COLIFLOR CON VINO
Grado de dificultad bajo

INGREDIENTES PARA 4 PERSONAS
1 coliflor mediana • Unos tacos de jamón curado • 1 cebolla mediana • 3 dientes de ajo • 1 vaso de vino • 1 rama de hierbabuena • 1 cucharadita de harina • 1/2 tomate maduro y pelado • Perejil picado • Aceite • Sal

Por un lado, se pone a cocer la coliflor en agua con sal y harina, hasta que esté tierna, momento en el que se saca y se deja escurrir bien. Por otro lado, en una sartén con aceite se pone a pochar la cebolla, el ajo y el tomate picado con sal, y cuando esté dorado, se añaden los tacos de jamón y se rehoga un poco más. Se agrega el vasito de vino, la rama de hierbabuena y la coliflor en ramitos y se espolvorea con perejil picado. Para terminar, se deja cocer durante unos 10 minutos a fuego suave.

COLIFLOR DORADA
Grado de dificultad bajo

INGREDIENTES PARA 4 PERSONAS
1 coliflor mediana • 1 pimiento verde • 1 cebolla mediana • 3 claras de huevo • 100 g de queso fresco • Orégano picado • 2 cucharadas de leche • 3 cucharadas de aceite • Sal • Pimienta

Se pone a cocer la coliflor en agua con sal durante unos 15 minutos y cuando está lista, se saca y se deja escurrir bien. Mientras, en una sartén se rehoga la cebolla picada y el pimiento en aros, a fuego suave, durante unos 10 minutos, aproximadamente. A continuación, se pone todo en una fuente refractaria y se espolvorea con el orégano. Se machaca el queso con las puntas de un tenedor y se mezcla con la leche, las claras batidas, la sal y la pimienta al gusto. Se vierte sobre la coliflor y se mete en el horno a temperatura media unos 20 minutos, o hasta que se dore la superficie.

CONFITURA DE CEBOLLAS
Grado de dificultad bajo

INGREDIENTES PARA 4 PERSONAS
1 kg de cebollas • 1 vaso de agua • 40 g de mantequilla • 1 vaso de vino tinto • 1 taza de azúcar • Sal

Para empezar, se derrite la mantequilla en una cazuela, se agregan las cebollas peladas en láminas finas y el vaso de agua, y se cuece a fuego suave 90 minutos, tiempo durante el que se va removiendo para que no se pegue (se le puede añadir un poco más de agua si hiciera falta). Una vez que comprobemos que ya está la cebolla cocida, se añade el azúcar y el vino y se vuelve a cocer durante otros 30 minutos, tras lo cual, se pasa por el pasapurés y se rectifica de sal. Para terminar, se deja enfriar y se guarda en botes herméticos en la nevera.

CREMA DE APIO Y BERROS
Grado de dificultad bajo

INGREDIENTES PARA 6 PERSONAS
400 g de bulbo de apio • 400 g de ramas de apio • 2 puerros • 1 manojo de berros • 300 g de patatas • 2 tazas de leche desnatada • 4 cucharadas de aceite • 1/2 taza de nata líquida • Sal • Pimienta • Nuez moscada

Lo primero que se hace es que se lavan los puerros, los berros y el apio, separando el bulbo de las ramas, y una vez que hemos hecho esto, se rehogan los puerros picados durante unos 4 ó 5 minutos; luego, se añade todo el apio y los berros, bien picados. Se mezcla bien y se añade un litro de agua hirviendo, se salpimienta al gusto y se deja cocer a fuego lento 10 minutos; se añaden entonces las patatas troceadas y la leche, dejando cocer otros 15 minutos, o hasta que todo esté tierno. Para ir terminando, se trituran las verduras con el caldo y se pasan por el chino, añadiendo la nata

y la nuez moscada. Se sirve esta crema con
daditos de pan tostado.

CROSTINI DE PIMIENTOS
Grado de dificultad bajo

INGREDIENTES PARA 4 PERSONAS
1 kg de pimientos rojos y amarillos asados
• 100 g de queso Parmesano • Pan frito • Aceite
• 200 g de espinacas crudas • 1 ramillete de perejil
picado • Sal • Pimienta

Se mojan las hojas de espinacas con agua
hirviendo y con sal para ablandarlas.
Se colocan las hojas sobre un molde especial
o persiana, encima los pimientos rojos, más
espinacas, una capa de pimientos amarillos
y se añade perejil, sal y pimienta. Se enrolla
y se corta en rodajas finas que se sirven sobre
las rebanadas de pan. Al final, se añade un
chorro de aceite de oliva y el queso
parmesano y estarán listos los *crostini*
para picar.

ENDIBIAS BRASEADAS
Grado de dificultad bajo

INGREDIENTES PARA 2 PERSONAS
8 endibias • 4 lonchas de beicon • 1 cebolla
• 1 chalota • 1/2 vaso de coñac • 6 dl de caldo de
carne • 4 nueces de mantequilla • Sal

Se pone un cazo con agua a hervir, se lavan
las endibias y se echan enteras al agua, ya
hirviendo, unos 5 minutos; se sacan y
escurren. Por otra parte, se doran las lonchas
de beicon, la cebolla picada, la chalota picada
y la nuez moscada en una sartén con
mantequilla a fuego lento. Cuando ya tenga
color, se incorporan las endibias enteras y con
cuidado se añade el coñac. 2 minutos
después, se cubren con el caldo, se sazonan
con sal, se tapa la cazuela y se deja cocer por
espacio de unos 20 minutos. Antes de sacar,
se comprueba con una aguja si el interior está
en su punto.

ESPÁRRAGOS CON HUEVOS Y BESAMEL
Grado de dificultad bajo

INGREDIENTES PARA 4 PERSONAS
400 g de espárragos en conserva • 4 huevos duros
• 2 cucharadas de harina • 2 cucharadas de aceite
de oliva • 1 y 1/2 taza de leche • 100 g de queso
Parmesano rallado • Sal

Para comenzar, se escurren los espárragos y se
colocan en una bandeja refractaria. Por otra
parte, se cuecen los huevos, se dejan enfriar y
se pelan, cortándolos en rodajas gruesas y
colocándolos sobre los espárragos. Hacemos a
continuación una besamel con el aceite, la
harina y la leche; se sazona al gusto y cuando
esté sin grumos, se vierte sobre los espárragos
y los huevos, añadiendo a continuación el
queso rallado y poniéndolos seguidamente a
gratinar, hasta que estén dorados.

ESPÁRRAGOS GRATINADOS
Grado de dificultad bajo

INGREDIENTES PARA 4 PERSONAS
1 kg de espárragos blancos • 250 g de jamón de
york • 140 g de mantequilla • 100 g de queso
Parmesano rallado • 1 y 1/2 de salsa holandesa
• 1/2 cucharada de azúcar • 1 ramillete
de perejil • Sal

Para preparar los espárragos, se pelan y se les
quitan los tallos duros para, seguidamente
pasar a lavarlos y cocerlos en abundante agua
hirviendo con sal y azúcar durante unos 20
minutos aproximadamente, o hasta que estén
tiernos. Una vez que los tengamos listos, se
cuela y se reserva el caldo de la cocción.
Luego, se diluye la salsa holandesa con dos
cucharadas del caldo de cocción de los
espárragos y se pone en un cazo al fuego. Se
añaden entonces 125 gramos de mantequilla
en trocitos y se mezcla bien hasta que se
integre, pero sin hervir. Después, se aparta del
fuego y se incorpora la mitad del queso a la
salsa, mezclándolo bien, y se reserva al calor.

Por otra parte, se dividen los espárragos en ocho montoncitos y se enrollan cuidadosamente cada uno con una loncha de jamón de jamón de York. Se colocan los rollitos de espárragos en una fuente para horno, untada con mantequilla, y se vierte la salsa sobre ellos, espolvoreándolos con el queso restante. Se calienta el horno y se meten los espárragos durante 15-20 minutos a media potencia. Se sirven espolvoreados con el perejil picado.

ESPÁRRAGOS TRIGUEROS A LA PARRILLA
Grado de dificultad bajo

INGREDIENTES PARA 2 PERSONAS
2 manojos de espárragos trigueros • Aceite • Sal gorda • Beicon

Se lavan bien los espárragos, se dejan secar y se escurren. Mientras, se calienta la parrilla y se rocía con unas gotas de aceite de oliva virgen. A continuación, se colocan en ella los espárragos trigueros y se les echa un puñado de sal gorda. Cuando estén hechos, se retiran, se pasa por la parrilla el beicon vuelta y vuelta, y se colocan por encima de los espárragos para llevar a servir.

ESPINACAS A LA CATALANA
Grado de dificultad bajo

INGREDIENTES PARA 6 PERSONAS
400 g de espinacas congeladas • 1/2 taza de piñones • 150 g de tocino de jamón picado • 1/2 taza de pasas, sin semillas y remojadas • 2 dientes de ajo • Aceite • Sal

Se colocan las espinacas congeladas en una cacerola refractaria, se tapa y se ponen a potencia máxima en el microondas por espacio de 7 minutos. Luego, se remueven las espinacas con un tenedor, separando las hojas, se cuecen 3 minutos más y se reservan. En otro recipiente, se ponen todos los demás ingredientes y se cuecen dos minutos a potencia máxima. Se mezcla todo, removiendo para que las espinacas se impregnen de los sabores, y si fuese necesario, se calienta 2 minutos más

ESPINACAS AL HORNO
Grado de dificultad bajo

INGREDIENTES PARA 4 PERSONAS
800 g de espinacas • 600 g de patatas harinosas • 1 yema de huevo • 4 cucharadas de mantequilla • 1 cebolla mediana • 50 g de pasas • 50 g de queso rallado • Aceite • Sal

Se pelan y trocean las patatas, cociéndolas en abundante agua hirviendo con sal hasta que estén tiernas; luego se escurren, reservando un poco de caldo, y se trituran junto con la yema de huevo y, si es necesario, un poco del caldo de la cocción. Por su parte, se lavan, se cortan y se cuecen las espinacas unos 10 minutos; se escurren y se reservan. Además, en una sartén con aceite de oliva se sofríe la cebolla muy picadita, junto con las pasas, se añaden las espinacas y se rehogan 5 minutos más. Para terminar, en una fuente para horno engrasada, se coloca en la base el puré de patatas, luego se añaden las espinacas y se espolvorea con el queso rallado, para ponerlo a gratinar hasta que esté dorado.

ESPINACAS CON GAMBAS
Grado de dificultad bajo

INGREDIENTES PARA 4 PERSONAS
1 kg de espinacas • 200 g de gambas peladas • 2 dientes de ajo • 4 cucharadas de salsa de tomate • 1/2 vaso de nata líquida • Aceite • Sal

Se limpian bien las espinacas y se ponen a cocer en abundante agua hirviendo con sal durante 5 minutos; luego, se pasan las espinacas por agua fría, dejándolas escurrir y reservándolas. Por otro lado, en una sartén con un chorro de aceite, se doran los ajos cortados en láminas, y en la misma sartén se saltean las gambas, sazonadas, durante unos 2 o 3 minutos, y se incorporan las espinacas cocidas y un poco picadas. Por último, se agrega la salsa de tomate y la nata líquida, mezclándolo todo bien y dejándolo cocer unos 5 minutos a fuego fuerte.

ESPINACAS CON PASAS Y PIÑONES
Grado de dificultad bajo

INGREDIENTES PARA 4 PERSONAS
500 gr de espinacas • 2 dientes de ajo • 25 g de piñones • 25 g de pasas de Corinto • 1/2 cebolla • 6 cucharadas de aceite de oliva • Sal • Pimienta

Se separan las hojas de los tallos duros y se lavan las espinacas en varias aguas para que pierdan toda la tierra que pudieran tener, y se escurren bien. Mientras, se ponen las pasas en una taza cubiertas con agua templada y se dejan en remojo durante 30 minutos aproximadamente. Luego, se hierven las espinacas en abundante agua durante 10 minutos, y cuando están listas, se dejan un buen rato en el colador para que escurran muy bien. A continuación, en una sartén, se rehogan los ajos y la cebolla muy picaditos, hasta que se doren. Se pican las espinacas sobre una tabla y se incorporan a la sartén, junto con la sal, la pimienta, las pasas escurridas y los piñones. Se rehoga de 5 a 10 minutos, moviendo a menudo.

FLAN DE VERDURAS
Grado de dificultad bajo

INGREDIENTES PARA 4 PERSONAS
200 g de espárragos blancos • 400 g de espinacas cocidas • 100 g de zanahoria cocida • 6 huevos • 600 ml de besamel • Nuez moscada • Mantequilla • Sal • Pimienta

Se mezclan los espárragos blancos con un vaso de besamel, las zanahorias con otro vaso de besamel, y por último las espinacas en otro, y se tritura todo por separado. A continuación, se forra un molde alargado con papel de aluminio y se unta con mantequilla. Seguidamente, se rellena el molde por capas, primero la mezcla de la zanahoria, en el fondo, y se pone a gratinar en el horno a potencia máxima, hasta que se forme una corteza sin quemarse. Se saca entonces del horno y se añade por encima la mezcla de los espárragos, volviéndose a hacer la misma operación, es decir, introduciéndolo de nuevo en el horno para gratinar, y cuando esté gratinado, se hace lo mismo con las espinacas. Para finalizar, se mete al horno al baño María, durante una hora. El flan se sirve desmoldado en una fuente.

FRITURA DE ESPINACAS
Grado de dificultad bajo

INGREDIENTES PARA 4 PERSONAS
800 g de espinacas congeladas • 200 g de patatas • 75 g de pan rallado • 2 huevos • 2 cucharadas de harina • 1/2 taza de aceite • Sal

Se cuecen las espinacas, en abundante agua hirviendo con sal, el tiempo indicado en el envase; luego, se escurren sobre un colador y se aplastan para que pierdan el líquido. Aparte, se cuecen las patatas alrededor de unos 20-30 minutos contando el tiempo desde que el agua comience a hervir; una vez cocidas, se escurren, se pelan y se aplastan con un tenedor. Se pican las espinacas y se colocan en un cuenco, añadiendo la patata, el queso rallado y un huevo, y se trabaja enérgicamente hasta unir bien los ingredientes. Se forman bolas con la masa preparada, se enharinan y se pasan, a continuación, por huevo batido. Se fríen las bolas de espinacas en abundante aceite, hasta que estén doradas y para terminar las escurrimos sobre papel absorbente para que pierdan el exceso de grasa.

JUDÍAS VERDES CASTELLANA
Grado de dificultad bajo

INGREDIENTES PARA 4 PERSONAS
800 g de judías verdes • 2 pimientos verdes pequeños • 6 dientes de ajo • 7 cucharadas de aceite • 1 ramillete de perejil • Sal

Se limpian las judías verdes cortando los extremos y retirando las hebras laterales, se trocean, se lavan y se cuecen en abundante agua hirviendo con sal unos 20 minutos aproximadamente, o hasta que queden tiernas; una vez que comprobemos que están en su punto, se cuelan y se dejan escurrir bien. Se asan mientras los pimientos, untados previamente con aceite, dándoles varias vueltas hasta que estén listos, momento en el que se pelan, quitándoles las semillas, y se cortan en tiras. Además, en una sartén, se doran los ajos, cortados en láminas, y posteriormente se incorpora el perejil picado y las judías verdes, removiendo con una cuchara de madera para que se rehoguen bien todos los ingredientes. Por último, se incorporan los pimientos asados, dejando una parte para la decoración, y se remueve para que se mezclen todos los sabores. Se rectifica la sazón si fuera necesario y se adorna el plato colocando las tiras de los pimientos reservadas sobre las judías.

JUDÍAS VERDES CON CEBOLLA Y AJO
Grado de dificultad bajo

INGREDIENTES PARA 4 PERSONAS
750 g de judías verdes • 1 cebolla mediana
• 3 dientes de ajo • 4 cucharadas de aceite
• Sal

Se limpian las judías quitándoles las puntas y las hebras; se lavan y trocean, y posteriormente se ponen en una cacerola con agua y sal a cocer hasta que estén tiernas; una vez en su punto, se sacan y se escurren. Mientras, rehogamos en una sartén la cebolla

y el ajo, picados finamente, hasta que empiecen a tomar color; se añaden las judías y se remueve.

JUDÍAS VERDES DE LA CASA
Grado de dificultad bajo

INGREDIENTES PARA 4 PERSONAS
1 kg de judías verdes • 200 g de jamón serrano o tocino en lonchas delgadas • 200 g de cebollas • 400 g de tomates maduros • 1 diente de ajo • 1 dl de aceite • 1 vasito de vino blanco • Sal • Pimienta

Se limpian las judías y se cortan a trozos. Aparte, se fríen en una sartén con aceite de oliva el jamón a trozos grandes, la cebolla y el ajo picados, y cuando empiece a dorar, se añade el tomate troceado y se fríe un poco, se agregan las judías, el vino y un poco de pimienta y la sal. Se rehoga todo suavemente con la cacerola tapada.

JUDÍAS VERDES ESTOFADAS
Grado de dificultad bajo

INGREDIENTES PARA 4 PERSONAS
500 g de judías verdes • 2 tomates maduros
• 1 cebolla • 1 diente de ajo • 2 cucharadas de aceite • 1 hoja de laurel • Perejil picado • Sal • Pimienta

Para empezar, se limpian y lavan las judías, se cortan por la mitad en sentido longitudinal y a continuación en tiras de unos cuatro o cinco centímetros. Además, en una cazuela al fuego con aceite, se dora el ajo y la cebolla, pelados y finamente picados, durante unos 5 minutos. Pasado ese tiempo, se añaden los tomates, pelados y troceados, el laurel, el perejil, la sal y la pimienta al gusto, y se deja cocinar 10 minutos más. Incorporamos luego las judías que teníamos preparadas y media taza de agua y dejamos cocer, a fuego lento, durante unos 30 minutos, o hasta que las judías estén tiernas, añadiendo más agua si fuera necesario. Se retira la preparación del fuego y se rectifica de sal.

JUDÍAS VERDES SALSEADAS
Grado de dificultad bajo

INGREDIENTES PARA 4 PERSONAS
500 g de judías verdes • 50 g de jamón serrano • 2 chalotas • 1/2 vaso de vino blanco • 1 cucharada de harina • 2 cucharadas de nata líquida • 3 cucharadas de aceite • Sal • Pimienta

Se quitan las puntas a las judías, se lavan y se trocean; luego, se cuecen en abundante agua con sal hirviendo durante 15 minutos aproximadamente y cuando están en su punto, se cuelan y se escurren bien. También se pelan las chalotas y se cortan en rodajas finas. A continuación, en una sartén con aceite, se dora el jamón picado, incorporando las chalotas y cuando estén transparentes, se agregan las judías y se rehogan durante 5 minutos. Se añade la harina, removiendo sin parar y se riega con el vino. Se salpimienta y cuece 5 minutos más.

PARRILLADA DE VERDURAS
Grado de dificultad bajo

INGREDIENTES PARA 4 PERSONAS
1 pimiento rojo • 1 pimiento verde • 2 calabacines • 2 berenjenas • 4 cucharadas de aceite • 2 cucharadas de vinagre • Sal • Pimienta

Cortar las berenjenas y los calabacines en rodajas finas, espolvorearlas con sal y dejarlas 15 minutos para que suelten agua; secarlas bien después. Lavar y cortar en tiras gruesas los pimientos. Untar ligeramente las verduras con un pincel mojado en aceite de oliva e ir poniéndolas en la parrilla bien caliente. Hacer una vinagreta mezclando el aceite, el vinagre, sal y un poco de pimienta, y verterla sobre las verduras previamente colocadas en la fuente antes de servir.

PIMIENTOS DE PIQUILLO RELLENOS DE BRANDADA
Grado de dificultad bajo

INGREDIENTES PARA 4 PERSONAS
16 pimientos de piquillo • 250 g de bacalao desalado • 1 anchoa • 1 vaso de leche • El zumo de 1/2 limón • 1 vaso de salsa de tomate • 1 diente de ajo • 1 hoja de laurel • Aceite • Sal

Se pone el bacalao en una olla con el laurel, llevándolo a ebullición, se retira del fuego y se deja reposar 15 minutos; luego, se escurre, se desmenuza y se pone en una cazuela de barro. Se machacan en un mortero la anchoa y el ajo, y en una cazuela ponemos medio vaso de aceite, el majado y un poco de agua de la cocción. Se vierte el resto y un poco más de aceite, se remueve y se deja espesar, añadiendo la leche y batiendo hasta que se absorba todo el aceite, para luego rociar con el limón. Se rellenan los pimientos con la brandada de bacalao y se colocan en una fuente, se vierte la salsa de tomate y se hornea a fuego suave durante 10 minutos.

PIMIENTOS DE PIQUILLO RELLENOS DE VERDURA
Grado de dificultad bajo

INGREDIENTES PARA 4 PERSONAS
20 pimientos del piquillo • 1 puerro • 1 zanahoria • 1 cebolla fresca pequeña • Alubias verdes • Pencas de cardo o de acelga • 1 calabacín • Leche • Harina • Aceite de oliva virgen • Sal

Se cuecen todas las verduras, se trocean al estilo juliana y se rehogan en aceite de oliva. Seguidamente, se añade la harina y la leche hasta hacer una besamel cremosa. Se deja enfriar el conjunto y se rellenan con esta crema los pimientos. Se fríe la cebolla y un diente de ajo en una sartén hasta que se poche la primera, luego, se añade la salsa de tomate y se pasa por un chino. Para terminar, se colocan los pimientos encima de la salsa y se deja hervir todo ello durante 10 minutos.

TOMATE CON BRÓCOLI
Grado de dificultad bajo

INGREDIENTES PARA 4 PERSONAS
8 tomates rojos • 1 rebanada de pan molde
• 2 calabacines • 1 brócoli • 3 huevos • Aceite
• Sal • Pimienta

Para comenzar, se lavan y se corta con cuidado la parte superior de los tomates, se vacían y se ponen boca abajo a escurrir. A continuación, se fríe la rebanada de pan, se desmenuza el brócoli y se corta el par de calabacines a cuadraditos. Posteriormente, se tritura la rebanada de pan ya frita, añadiendo el brócoli, los calabacines y los huevos batidos, rectificando después de sal. Para ir terminando, se rellena con ello los tomates y se ponen en una fuente previamente untada con aceite, para meterlos en el horno a 200° y cocerlos durante 20 minutos hasta que el huevo cuaje.

TOMATES RELLENOS DE ESPINACAS
Grado de dificultad bajo

INGREDIENTES PARA 4 PERSONAS
5 tomates grandes • 400 g de espinacas
• 3 cucharadas de mantequilla • 1 vaso de nata líquida • 3 filetes de anchoa • 3 cucharadas de pan rallado • Aceite • Sal • Pimienta

Se lavan los tomates, se corta la parte superior, se vacía el interior con cuidado, y se ponen boca abajo a escurrir. Se lavan las espinacas y se cuecen unos minutos en agua hirviendo; luego las escurrimos bien y las picamos. En un bol se mezcla la mantequilla y la nata líquida, se salpimienta y se rellenan los tomates. Se pican los filetes de anchoa y se espolvorean sobre los tomates con el pan rallado. Se engrasa una fuente de horno y se colocan los tomates, rociándolos con aceite de y horneándolos unos 15 minutos.

Zumos, batidos y cócteles

BATIDO DE AGUACATE
Grado de dificultad bajo

INGREDIENTES PARA 2 VASOS
1/4 de 1 taza de aguacate • 2 manzanas • 1/4 de plátano • 1/2 taza de fresas • 1/2 vaso de leche

Se lavan bien las manzanas, retirando sus semillas y se lavan también las fresas. Por otra parte, se pelan el plátano y el aguacate, retirando el hueso de éste. Se trocean todos los ingredientes y se licuan por separado. El zumo obtenido se vierte en una jarra de cristal y se mezcla bien con una cuchara de madera; se añade la leche y se vuelve a mezclar. Si se prefiere, licuar sólo la manzana y luego batir su zumo con el resto de los ingredientes.

BATIDO DE FRESAS
Grado de dificultad bajo

INGREDIENTES PARA 4 VASOS
1/4 l de crema de leche • 1/2 kilo de fresas
• 1 cucharada de azúcar

Se lavan bien las fresas y se ponen a licuar. Se vierte el zumo de las fresas en una jarra de cristal y se añade entonces la crema de leche y el azúcar; se remueve bien con una cuchara de madera.

BATIDO DE FRUTAS DEL BOSQUE
Grado de dificultad bajo

INGREDIENTES PARA 4 VASOS
4 manzanas • 3 zanahorias • 1/2 taza de arándanos
• 3 tazas de fresas • 1 yogur • Cubitos de hielo

Por un lado, se pelan las manzanas y se retiran sus semillas. Por otro lado, se limpian bien las zanahorias, los arándanos y las fresas. Además, se trocean las frutas y se licuan por separado. El zumo obtenido se puede batir con el yogur hasta conseguir la textura deseada. Pueden añadirse unos cubitos de hielo, al gusto.

BATIDO DE MACEDONIA
Grado de dificultad bajo

INGREDIENTES PARA 2-3 VASOS
1/2 melón del tipo amarillo • 250 g de fresas
• 2 peras • 2 manzanas • 2 plátanos • 1 taza de leche desnatada

Se pelan los plátanos. Por precaución, se lava el melón, partiéndolo y tirando la cáscara. Además, se lavan las manzanas, las peras y las fresas (hay que retirar las semillas de las primeras y la parte verde de las fresas). Luego se trocean todos los ingredientes y quedan listos para licuar. Se echa el zumo obtenido en una jarra de cristal y se añade la taza de leche. Removerlo todo bien con una cuchara de madera.

BATIDO DE PLÁTANO Y YOGUR
Grado de dificultad bajo

INGREDIENTES PARA 3 VASOS
3 plátanos • 5 manzanas • 3 cucharadas de coco rallado • 1/2 yogur natural

Se pelan los plátanos así como las manzanas y se retiran las semillas de estas últimas; se puede trocear las manzanas y licuarlas. El zumo obtenido se bate con los plátanos, el yogur y el coco rallado hasta conseguir la textura que se quiera.

BATIDO DE VAINILLA
Grado de dificultad bajo

INGREDIENTES PARA 2-3 VASOS
2 plátanos • 2 naranjas • 2 yogures naturales o de vainilla • 1 pizca de miel • 1 cucharada de vainilla

Se pelan los plátanos y las naranjas (y si tienen, retirar las semillas). Seguidamente se trocean las frutas y se licuan. El zumo obtenido se recoge en una jarra de cristal y se añaden los yogures, la miel y la vainilla; removerlo todo bien con una cuchara de madera para conseguir la textura del batido. Si gusta, se pueden las naranjas y, una vez obtenido el zumo, se utiliza la batidora con el resto de los ingredientes.

BATIDO RECONSTITUYENTE
Grado de dificultad bajo

INGREDIENTES PARA 2 VASOS
1 plátano • 3 trazas de trozos de sandía • 1/2 cucharada de canela • 4 cucharadas de yogur natural • Cubitos de hielo

Se pelan la sandía y el plátano. Luego, se licua la sandía, y el zumo que se obtenga, se bate con el plátano, la canela y el yogur natural hasta conseguir la textura deseada. En este batido también se pueden añadir cubitos de hielo para hacerlo más fresco y ligero.

CÓCTEL ABERDEEN
Grado de dificultad alto

INGREDIENTES
2 terceras partes de whisky escocés (si es un malta puro, mejor, pues dará mayor autenticidad a nuestro cóctel) • 1 tercera parte de drambuie • 1 cucharadita de miel • 1 chorrito de zumo de lima o limón (aunque hay quien prefiere naranja)

Se vierten el whisky, la miel y el zumo en el vaso mezclador y se remueven hasta lograr una amalgama homogénea. A continuación se calienta el drambuie a fuego lento unos segundos, se enciende con un mechero o una cerilla y se vierte en el vaso mezclador. Batir con fuerza, servir en vaso alto y consumir enseguida.

CÓCTEL ACAPULCO
Grado de dificultad medio

INGREDIENTES
1/3 parte de tequila • 1/3 parte de ron preferiblemente jamaicano • 2/3 de zumo de piña • 1/2 parte de zumo de pomelo o de lima o de limón

Se bate todo en coctelera con hielo picado y se sirve, colado, en vaso alto con cubitos de hielo. Para adornar, se puede insertar una rodaja de piña en el borde del cristal o echar directamente unos trocitos de piña tierna dentro de la copa.

CÓCTEL ALEXANDER
Grado de dificultad bajo

INGREDIENTES
2/4 partes de coñac o armagnac • 1/4 parte de crema de cacao negra • 1/4 parte de crema de leche • Canela o nuez moscada (opcional)

Se prepara en coctelera con hielo y se sirve, colado, en copa de cóctel. Espolvorear la nuez moscada en polvo o la canela.

CÓCTEL AMBASSADOR
Grado de dificultad bajo

INGREDIENTES
1/2 vasito de tequila • Zumo de naranja al gusto • Un chorrito minúsculo de almíbar

Se bate todo en coctelera con hielo y se sirve, colado, en vaso alto con hielo. Para adornar, se puede colocar una rodajita de naranja en el borde del cristal.

CÓCTEL AMERICAN BEAUTY
Grado de dificultad alto

INGREDIENTES
1/4 parte de brandy • 1/4 parte de vermut seco • 1/4 parte de zumo de naranja • 1 chorro generoso de crema de menta o pipermín • Unas gotitas de granadina • Unas gotitas de Oporto

En coctelera, con hielo machacado, se baten todos los ingredientes a excepción del Oporto.

Este cóctel es de trago largo o corto, así que se puede elegir vaso. La mezcla se sirve colada y una vez servida, se añade el Oporto, que debe quedar suspendido en la parte superior.

CÓCTEL ANTILLANO
Grado de dificultad medio

INGREDIENTES
1/4 parte de ron dorado • 1/4 parte de ron blanco • 1/4 parte de zumo de piña • 1/4 parte de zumo de pomelo • Unas gotas de bíter de angostura • Unas gotas de granadina

Se mezcla todo en coctelera con hielo y se sirve, colado, en vaso alto y ancho con hielo picado. Decorar con unos daditos de piña y una media luna de limón.

CÓCTEL APPLE JACK
Grado de dificultad medio

INGREDIENTES
1/3 parte de calvados • 1/3 parte de vermut dulce • 1/3 parte de zumo de naranja • 1 chorrito generoso de curaçao

En vaso mezclador con hielo, se remueve todo y se sirve, colado, en vaso largo con hielo. Hay quien espolvorea un poco de nuez moscada antes de consumirlo.

CÓCTEL BANANA BIRD
Grado de dificultad bajo

INGREDIENTES
1/2 parte de bourbon • 1 chorrito de crema de plátano • 1 chorrito de triple seco • 1/2 parte de crema de leche

Se elabora en coctelera con hielo, en la cual se agita y luego se sirve, colado, en copa de cóctel. Como toque final, se puede insertar medio plátano de forma transversal en el borde del cristal o rodajas de plátano.

CÓCTEL BERMUDA ROSE
Grado de dificultad medio

INGREDIENTES
1 vaso de ginebra • 1 chorrito de zumo de lima o limón • 1 chorrito de brandy de albaricoque • Unas gotitas de granadina

Se prepara en coctelera con hielo. Se agita y se sirve, colado, en vaso alto o de whisky con hielo.

CÓCTEL BETSY ROSS
Grado de dificultad bajo

INGREDIENTES
2/3 partes de brandy • 1/3 parte de oporto • 1 chorrito de triple seco • Unas gotitas de bíter de angostura

Se bate en vaso mezclador con hielo y se sirve en vaso largo con cubitos de hielo.

CÓCTEL BETWEEN THE SHEETS
Grado de dificultad medio

INGREDIENTES
1/3 parte de ron blanco • 1/3 parte de triple seco • 1/3 parte de brandy • Unas gotas de zumo de lima o limón o bíter de angostura

Se bate en coctelera con hielo machacado y se sirve, colado, en copa de champaña. Se suele decorar con una espiral de cáscara de limón.

CÓCTEL BLACK RUSSIAN
Grado de dificultad bajo

INGREDIENTES
2/3 partes de vodka • 1/3 parte de licor de café

Se baten ambos ingredientes mencionados en coctelera con hielo y se sirve, colado, en copa de cóctel.

CÓCTEL BLOODY MARY

Grado de dificultad medio

INGREDIENTES

1/4 parte de vodka • 2/4 partes de zumo de tomate • 1/4 parte de zumo de limón • 1 cucharadita de salsa Worcestershire • Unas gotitas de Tabasco (opcional) • Sal • Pimienta

Se elabora en vaso mezclador con hielo y se sirve, colado, bien en vaso de whisky, bien en vaso alto y ancho *high ball*. Una vez servido, el consumidor añade sal y pimienta al gusto. Se suele decorar con una rodaja de limón, pero una de pepino o una ramita de apio le da más personalidad.

CÓCTEL BLUE HAWAIIAN

Grado de dificultad medio

INGREDIENTES

1/4 parte de curaçao azul • 2/4 partes de ron blanco • 1/4 parte de zumo de piña • 1 chorrito de crema de coco

Se bate en coctelera con hielo y se sirve, colado, en copa de cóctel. Se le puede añadir un escarchado de coco rallado en los bordes de la copa para hacerlo más dulce y vistoso.

CÓCTEL BRAVE BULL

Grado de dificultad bajo

INGREDIENTES

1/3 parte de tequila • 2/3 partes de licor de café

Se elabora en vaso mezclador con hielo y se sirve, colado, en vaso alto con hielo.

CÓCTEL BRONX

Grado de dificultad bajo

INGREDIENTES

2/4 partes de ginebra • 1/2 parte de zumo de naranja • 1/2 parte de zumo de limón

• 1/2 parte de vermut seco • 1/2 parte de vermut dulce

Se prepara en coctelera con hielo y se sirve, colado, en copa de cóctel bien fría.

CÓCTEL BROOKLYN

Grado de dificultad bajo

INGREDIENTES

2/3 partes de whisky canadiense • 1/3 parte de vermut dulce • 1 cucharadita de marrasquino o brandy de cereza • 1 chorrito de amer picon

Se prepara en vaso mezclador con hielo y se sirve, colado, en copa de cóctel.

CÓCTEL BUCK

Grado de dificultad medio

INGREDIENTES

2/4 partes de ginebra • 1/4 parte de zumo de limón • 1/4 parte de crema de menta • Ginger Ale • Uvas sin semillas

Se prepara en coctelera con hielo, donde se echan todos los ingredientes menos los dos últimos. Se sirve, colado, en vaso alto con hielo. Completar con Ginger Ale y adornar con las uvas.

CÓCTEL BULL'S MILK

Grado de dificultad medio

INGREDIENTES

2/6 partes de brandy • 1/6 parte de ron oscuro • 3/6 partes de leche • 1 cucharadita de azúcar

Se puede tomar frío o caliente. En el primer caso, batir en coctelera con hielo y servir, colado, en vaso alto sin hielo. En el segundo caso, calentar todo en un cazo y darle vueltas con una cuchara de madera sin que llegue a hervir. Tomar en jarrita de barro. Se le puede añadir la clara de un huevo a punto de nieve.

CÓCTEL CAFÉ IRLANDÉS

Grado de dificultad alto

INGREDIENTES

1 cucharadita de azúcar moreno • 1/3 parte de whisky irlandés • 2/3 partes de café bien caliente • Nata montada

Se moja con agua caliente el interior de una copa tipo balón. Sin secarla, se le echa el azúcar, el whisky y el café, y se remueve para homogeneizar la mezcla. Una vez aposentada ésta, se termina de rellenar toda la copa con nata, con cuidado de que no se mezcle con la bebida.

CÓCTEL CAIPIRINHA

Grado de dificultad bajo

INGREDIENTES

Cachaçao o ron oscuro • 1 lima mediana • 2 cucharaditas de azúcar

Se corta la lima en media docena de trozos y se echa en un vaso ancho de whisky con el azúcar. Luego se remueve bien con una cucharita, apretando incluso la fruta para que suelte jugo. A continuación, se llena medio vaso o más con el licor y se completa con hielo picado. Se vuelve a remover. Hay quien le añade una guinda; otros prefieren echar un chorro de zumo de piña.

CÓCTEL CANADIAN SUNSET

Grado de dificultad bajo

INGREDIENTES

1/3 parte de whisky canadiense • 1/2 parte de galliano • 1/3 parte de zumo de limón • Unas gotitas de bíter de angostura • 1 cucharadita de granadina

Se echa la granadina en un vaso de cóctel. El resto de los ingredientes se baten en coctelera con hielo y sirve, colado, sobre la granadina.

CÓCTEL CAPE CODDER

Grado de dificultad bajo

INGREDIENTES

1/4 parte de vodka • 1/4 parte de zumo de lima o limón • 2/4 partes de zumo de arándanos

Se bate en coctelera con hielo y se sirve, colado, en vaso alto con hielo.

CÓCTEL CARUSSO

Grado de dificultad bajo

INGREDIENTES

1/3 parte de ginebra • 1/3 parte de vermut seco • 1/3 parte de crema de menta

Se bate en coctelera con hielo picado y se sirve, sin colar, en copa de cóctel. Para rematarlo, se adorna con unas hojitas de menta.

CÓCTEL CASABLANCA

Grado de dificultad medio

INGREDIENTES

2/3 partes de vodka • 1/3 parte de aguacate licuado • 1 cucharadita de galliano • 1 chorrito minúsculo de zumo de limón • 1 chorrito minúsculo de zumo de naranja

Se bate en coctelera con hielo y se sirve, colado, en copa de cóctel bañada en hielo escarchado.

CÓCTEL CASANOVA

Grado de dificultad medio

INGREDIENTES

2/4 partes de ginebra • 1/4 parte de zumo de pomelo • 1 cucharadita de almíbar • 1/4 parte de crema de menta • Canela en polvo

Se bate en coctelera con hielo y se sirve, colado, en copa de cóctel con canela.

CÓCTEL CHURCH PARADE
Grado de dificultad medio

INGREDIENTES
2/3 partes de ginebra seca • 1/3 parte de vermut seco • 1 chorro de zumo de pomelo • Unas gotitas de triple seco

Se prepara en vaso mezclador con hielo y se sirve, colado, en copa de cóctel.

CÓCTEL CLARIDGE
Grado de dificultad medio

INGREDIENTES
1/3 parte de ginebra seca tipo London • 1/3 parte de vermut seco • 1/2 parte de triple seco
• 1/2 parte de brandy de albaricoque

Se puede preparar tanto en vaso mezclador como en coctelera. Siempre con hielo, por supuesto. Se sirve, colado, en copa de cóctel.

CÓCTEL CLOVER CLUB
Grado de dificultad medio

INGREDIENTES
2/3 partes de ginebra seca • 1/2 parte de granadina • 1/2 parte de zumo de lima o limón • La clara de un huevo pequeño

Se bate en coctelera con hielo y se sirve, colado, en copa de cóctel.

CÓCTEL COCONUT SHELL
Grado de dificultad alto

INGREDIENTES
2/3 partes de ron dorado • 1/3 parte de crema de plátano • 1 coco

Se parte el coco en dos mitades. La pulpa se trocea y se bate junto al ron; la crema y hielo picado con batidora eléctrica. Se sirve en el coco con un par de pajitas. Un consejo: si la pulpa de coco resulta muy dura, será mejor rallarla en lugar de partirla.

CÓCTEL COLLINS
Grado de dificultad bajo

INGREDIENTES
2/3 partes de ginebra holandesa a ser posible
• 1/3 parte de zumo de limón • 1 cucharadita de azúcar o almíbar • Soda

En el orden indicado, se echan los ingredientes en un vaso alto y ancho con mucho hielo, se remueven bien con agitador y listo.

CÓCTEL CUBA LIBRE
Grado de dificultad bajo

INGREDIENTES
Ron ligero en la cantidad que uno quiera • El zumo de una lima o media, según gustos • Cola

Se echan los ingredientes en un vaso alto con hielo, con una rodaja de lima o limón, se agita y ya está terminado. La mayor sofisticación que permite este tipo de cóctel es la de mojar con la lima los bordes del vaso para hacerlo más refrescante.

CÓCTEL DAIQUIRI
Grado de dificultad medio

INGREDIENTES
2/3 partes de ron blanco • El zumo de media lima
• 1 cucharadita de azúcar, preferiblemente azúcar *glass* o unas gotas de almíbar

Hay básicamente dos formas de prepararlo:
1. En vaso mezclador con hielo picado. Se sirve, colado, en copa de cóctel.
2. Con batidora eléctrica para conseguir efecto *frappé*. Se sirve, sin colar, bien en copa de champaña abierta o, si queda estilo sorbete, en un vaso alto y ancho con un par

de pajitas. Existe una variante, llamada Royal Fizz, que se hace de esta segunda manera, incorporando un huevo, granadina y soda.

CÓCTEL DANNY'S SPECIAL
Grado de dificultad bajo

INGREDIENTES
2/3 partes de bourbon • 1/3 parte de triple seco • 1 cucharadita de Grand Marnier • 1 chorrito de zumo de limón

Se bate en coctelera con hielo y se sirve, colado, en vaso de whisky con hielo.

CÓCTEL DE PIÑA COLADA
Grado de dificultad medio

INGREDIENTES
1/3 parte de ron dorado • 1/3 parte de zumo de piña o pulpa de piña • 1/3 parte de crema de coco • 1 chorrito de zumo de lima • 1 chorrito de crema de leche

Se bate todo en la coctelera con hielo y se sirve, colado, en la piña. Añadir unos dados de piña y presentar con pajita.

CÓCTEL DESTORNILLADOR
Grado de dificultad bajo

INGREDIENTES
1/3 parte de vodka • 2/3 partes de zumo de naranja

Se bate en coctelera con hielo y se sirve, colado, en vaso alto.

CÓCTEL DIABOLO
Grado de dificultad medio

INGREDIENTES
2/3 partes de ron de Jamaica • 1/3 parte de triple seco • 1/3 de vermut seco • Unas gotitas de bíter de angostura

Se prepara en vaso mezclador con hielo machacado y se sirve, sin colar, en copa de cóctel. Se suele adornar con una espiral de piel de naranja.

CÓCTEL DOCTOR
Grado de dificultad bajo

INGREDIENTES
1/4 parte de vodka • 1/4 parte de ponche sueco • 1/4 parte de zumo de naranja • 1/4 parte de zumo de limón

Se baten todos los ingredientes en coctelera con hielo y se sirve, colado, en vaso alto o de whisky con hielo.

CÓCTEL DURANGO
Grado de dificultad medio

INGREDIENTES
1/2 parte de tequila • 1/2 parte de zumo de pomelo • 1 cucharadita de jarabe de horchata, de leche de almendras o de leche de coco • Agua mineral con gas • 1 ramita de menta

Se introducen todos los ingredientes mencionados menos el agua y la menta en la coctelera con hielo picado y se bate. Se sirve, colado, en vaso ancho de whisky o alto con hielo. Se completa la bebida con el agua mineral y se adorna con la ramita de menta bien limpia y fresca.

CÓCTEL DUTCH TRADE WINDS
Grado de dificultad medio

INGREDIENTES
2/4 partes de ginebra holandesa • 1/4 parte de curaçao • 1/4 parte de zumo de lima o limón • 1 chorrito de almíbar opcional

Se prepara esta bebida en vaso mezclador con hielo picado y se sirve, colado, en copa de cóctel.

CÓCTEL EAST INDIA
Grado de dificultad medio

INGREDIENTES

1 copa de brandy • 1 chorro muy generoso de curaçao • 1 chorro más generoso todavía de zumo de piña • Unas gotitas de bíter de angostura

Se bate en coctelera con hielo y se sirve, colado, en copa de cóctel.

CÓCTEL EL DORADO
Grado de dificultad bajo

INGREDIENTES

1/2 parte de tequila dorada • 1/2 parte de zumo de limón • 1 cucharada de miel

Se bate en coctelera con hielo triturado y se sirve, colado, en vaso alto con hielo. Se suele decorar con una media luna de naranja.

CÓCTEL ESMERALD LILY
Grado de dificultad medio

INGREDIENTES

1/5 parte de ginebra • Algo menos de 1/5 parte de vodka • 1/5 parte de crema de menta • 2/5 partes de zumo de piña • 1/5 parte de zumo de lima o limón • 1/2 clara de huevo

Por un lado, se enfría todo menos el huevo en coctelera o en vaso mezclador. Por otro lado, se bate la clara a punto de nieve y se añade al cóctel una vez servido, colado, en copa de cerveza. Hay quien lo decora con una cereza y quien prefiere una rodaja de lima y una hoja de menta.

CÓCTEL FIFTY-FIFTY
Grado de dificultad bajo

INGREDIENTES

1/2 parte de ginebra seca estilo London • 1/2 parte de vermut seco

Se enfría en vaso mezclador con hielo y se sirve, colado, en copa de cóctel. Decorar con un trocito de piel de limón.

CÓCTEL FINO MARTINI
Grado de dificultad bajo

INGREDIENTES

1 copa de ginebra seca estilo London • 1 chorrito de Jerez fino

Se enfría en vaso mezclador y se sirve, colado, en copa de cóctel.

CÓCTEL FIX
Grado de dificultad medio

INGREDIENTES

1 copa de ginebra seca estilo London • 1 chorro generoso de jarabe de piña • 1 chorro generoso de zumo de limón • Unas gotitas de triple seco • Unos dados de piña

Se bate en coctelera con hielo picado y se sirve, sin colar, en vaso alto, adornado con una corteza de limón y daditos de piña fresca.

CÓCTEL FLORIDA
Grado de dificultad medio

INGREDIENTES

1/3 parte de ginebra • 2/3 partes de zumo de naranja • 1 chorrito de *kirschwaser* • 1 chorrito de triple seco • 1 chorrito de zumo de limón

Se enfría en coctelera con hielo y se sirve, colado, en vaso alto con hielo.

CÓCTEL FRENCH GREEN DRAGON
Grado de dificultad bajo

INGREDIENTES

1/2 parte de coñac • 1/2 parte de chartreuse verde

Se enfría en vaso mezclador con hielo escarchado y se sirve, colado, en copa de cóctel.

CÓCTEL FRISCO SOUR
Grado de dificultad medio

INGREDIENTES
2/4 partes de whisky de centeno • 1/4 parte de benedictine • 1/4 parte de zumo de lima o limón

Se bate en coctelera con hielo picado y se sirve, colado, en copa de cóctel.

CÓCTEL GIBSON
Grado de dificultad bajo

INGREDIENTES
1 susurro de vermut seco • 1 avalancha de ginebra seca estilo London • 2 cebollitas de aperitivo

Se enfría en vaso mezclador unos 25 segundos y se sirve, colado, en copa de cóctel. Adornar con las cebollitas.

CÓCTEL GIN AND IT
Grado de dificultad bajo

INGREDIENTES
1/2 parte de ginebra seca • 1/2 parte de vermut rojo

Se mezclan ambos ingredientes directamente en copa de cóctel con medio cubito de hielo y se sirve.

CÓCTEL GLOOM RAISER
Grado de dificultad bajo

INGREDIENTES
1 copa de ginebra seca estilo London
• 1 chorro de vermut seco francés a ser posible
• Unas gotas de pernod o pastís • Unas gotitas de granadina opcional

Se agita en vaso mezclador con hielo y se sirve, colado, en copa de cóctel.

CÓCTEL GOLF
Grado de dificultad bajo

INGREDIENTES
1 copa de ginebra seca estilo London • 1 chorrito de vermut seco • Unas gotas de bíter de angostura

Se agita en vaso mezclador con mucho hielo y se sirve, colado, en copa de cóctel.

CÓCTEL GRAND PASSION
Grado de dificultad medio

INGREDIENTES
1 copa de ginebra • 1 chorro de granadina • Unas gotas de bíter de angostura

Este tipo de bebida, se bate en coctelera con hielo picado y se sirve, colado, en vaso de cóctel. Se puede adornar con unos granos de granada.

CÓCTEL GREEK BUCK
Grado de dificultad alto

INGREDIENTES
1 copa de brandy Metaxa • 1 chorrito de ouzo • 1 chorro de zumo de limón soda o, preferiblemente, Ginger Ale

Para hacer este tipo de cóctel, se agita el brandy y el zumo en vaso mezclador con hielo y se sirve, colado, en vaso mediano o ancho de whisky con un par de cubitos de hielo. Seguidamente, se añade limón soda o, preferiblemente, Ginger Ale y luego, muy despacio, el ouzo, de modo que nos quede suspendido.

CÓCTEL GREEN LADY
Grado de dificultad medio

INGREDIENTES

2/4 partes de ginebra seca • 1/4 parte de chartreuse verde • 1/4 parte de chartreuse amarillo • 1 chorro de zumo de limón

Se bate en coctelera con hielo picado y se sirve colado en copa de cóctel. Se suele decorar con una media luna de limón.

CÓCTEL GROG

Grado de dificultad alto

INGREDIENTES

1 vaso generoso de ron oscuro a ser posible jamaicano • 1 buen chorro de zumo de lima • 1 cucharada sopera de azúcar • 4 clavos • 1 ramita de canela • 1 rodaja de limón • Espirales de piel de naranja y limón

Se hierve un cuarto de litro de agua y, en una jarra resistente o en el mismo cazo en el que se ha hervido el agua, se van añadiendo los ingredientes hasta obtener una mezcla totalmente homogénea. Servir en los recipientes que uno considere más adecuados.

CÓCTEL HIGH SOCIETY

Grado de dificultad bajo

INGREDIENTES

1 vaso generoso de brandy • 1 chorro de zumo de naranja • Unas gotas de triple seco • Unas gotas de almíbar (opcional) • Soda o Ginger Ale

Se añaden los ingredientes en el orden indicado directamente en un vaso alto con hielo. Terminar con soda. Se suele presentar con pajita.

CÓCTEL HORSE'S NECK

Grado de dificultad bajo

INGREDIENTES

Bourbon • 1 espiral de corteza de limón • Ginger Ale

En un vaso alto y ancho se echan cuatro o cinco cubitos de hielo de forma que ayuden a sostener la piel de limón. Se añade el bourbon y se termina con Ginger Ale.

CÓCTEL HOT CHOCOLATE

Grado de dificultad alto

INGREDIENTES

Ron al gusto • 1 taza de chocolate bien caliente • Nata montada • Ralladura de chocolate

En un tazón o en una jarrita de cristal resistente, se mezclan el ron y el chocolate, que es importante que esté azucarado a gusto del consumidor. Se añade la nata por encima y sobre ésta se espolvorea el chocolate. Presentar acompañado de cuchara y pajita, pero sin introducir en la copa.

CÓCTEL ICEBERG

Grado de dificultad alto

INGREDIENTES

1 copa de vodka • 1 chorro generoso de galliano • 1 chorrito minúsculo de triple seco • 1/2 l de agua • 100 g de azúcar fino • 2 naranjas • 3 claras de huevo

Primeramente, se cuece el azúcar en el agua y se deja enfriar. Luego, se exprimen las naranjas y se reserva el zumo. Las cáscaras, bien limpias, se rallan y se echan al zumo, al que se añaden entonces los licores. Todo se echa al agua y se bate con batidora eléctrica hasta obtener una crema. Por otro lado, se baten las claras a punto de nieve y se añaden a la mezcla en el último momento, removiéndolo todo a mano con unas varillas y con mucho cuidado, antes de enfriar en el congelador el tiempo necesario 2 ó 3 horas. Se saca el cóctel unos 5 o 10 minutos aproximadamente antes de servir para que se deshiele ligeramente. Para finalizar, se completa en la misma copa, si se desea, con más vodka.

CÓCTEL ICEBREAKER
Grado de dificultad medio

INGREDIENTES
1/2 parte de tequila • 1/2 parte de zumo de
pomelo • 1 chorrito de granadina • 1 chorrito de
triple seco

Se mezcla todo con batidora eléctrica con
abundante hielo picado y se sirve, colado, en
vaso alto con hielo machacado. Presentar con
pajita.

CÓCTEL JOCKEY CLUB
Grado de dificultad medio

INGREDIENTES
1 copa de ginebra seca • Bíter de angostura
al gusto • Bíter de naranja al gusto • 1 chorrito
de crema de noyaux • 1 chorrito de zumo
de limón

Se bate en coctelera con hielo y se sirve,
colado, en copa de cóctel.

CÓCTEL KANGAROO
Grado de dificultad bajo

INGREDIENTES
2/3 partes de vodka • 1/3 parte de vermut seco

Se agita en vaso mezclador con hielo y se
sirve, colado, en copa de cóctel. Adornar con
la consabida corteza de limón, que hay que
exprimir pellizcándola con los dedos. Cuando
se adorna con una aceituna o una cebollita
como el Gibson, recibe el simpático nombre
de Sputnik.

CÓCTEL KENTUCKY COLONEL
Grado de dificultad bajo

INGREDIENTES
1 buen vaso de bourbon • 1 chorro generoso de
benedictine

Se enfría en vaso mezclador con hielo y se
sirve, colado, en vaso alto o vaso ancho de
whisky con hielo.

CÓCTEL KERRY COOLER
Grado de dificultad bajo

INGREDIENTES
2/3 de whisky irlandés • 1/3 de Jerez seco
• 1 chorro de zumo de limón • Soda

Se bate en coctelera todo menos la soda y se
sirve, colado, en vaso alto. Terminar con soda.
Como adorno suele llevar una media luna de
limón.

CÓCTEL KINGSTON
Grado de dificultad medio

INGREDIENTES
1 copa de ron a ser posible de Jamaica • 1 chorro
de kümmel • 1 chorrito de zumo de naranja
• 1 chorrito de licor de pimienta

Se bate en coctelera con hielo y se sirve,
colado, en copa de cóctel.

CÓCTEL LEAVE IT TO ME
Grado de dificultad medio

INGREDIENTES
2/4 partes de ginebra seca • 1/4 parte de vermut
seco • 1/4 parte de brandy de albaricoque • Unas
gotas de granadina • Unas gotas de zumo de limón

Se enfría en vaso mezclador con hielo y se
sirve, colado, en copa de cóctel.

CÓCTEL LITTLE DEVIL
Grado de dificultad medio

INGREDIENTES
2/3 de ginebra seca • 1/3 de ron ligero • 1 chorro
de triple seco • 1 chorro de zumo de limón

Se bate en coctelera con hielo y se sirve, colado, en copa de cóctel.

CÓCTEL LOS ÁNGELES
Grado de dificultad bajo

INGREDIENTES
1 copa de bourbon • 1 chorrito de vermut dulce • 1 cucharadita de azúcar • 1 huevo

Se bate en coctelera con hielo y con mucho brío y se sirve, colado, en vaso ancho de whisky con hielo.

CÓCTEL LOUISIANA LULLABY
Grado de dificultad bajo

INGREDIENTES
1 copa de ron oscuro, si es de la Martinica, mejor • 1 chorrito de dubbonet oscuro • Unas gotas de Grand Marnier

Se bate en coctelera con hielo y se sirve, colado, en copa de cóctel. Adornar con una media luna de lima.

CÓCTEL MAI TAI
Grado de dificultad medio

INGREDIENTES

Para el cóctel:
1 chorro de ron blanco de Jamaica • 1 chorro de ron oscuro de la Martinica • 1 chorro de brandy • 1 chorro de triple seco • 1 chorro de zumo de lima • 1 chorrito de almíbar • Unas gotas de sirope de granadina o jarabe de horchata • Unas gotas de bíter de angostura • El zumo de una naranja

Para la decoración:
1 trozo de piña fresca • 2-3 guindas • Trocitos de piel de lima • Una ramita de menta fresca

Por un lado, todo menos el zumo de naranja se bate en coctelera con hielo. Por otro lado, en un recipiente aparte, se mezcla el zumo con abundante hielo picado y se echan, a la vez, el contenido de la coctelera, colado, y el del recipiente aparte, sin colar, en una copa tipo balón. Sólo entonces se añade la decoración.

CÓCTEL MANHATTAN
Grado de dificultad bajo

INGREDIENTES
2/3 partes de whisky de centeno • 1/3 parte de vermut dulce italiano • Unas gotas de bíter de angostura

Se bate en coctelera con hielo y se sirve, colado, en copa de cóctel previamente enfriada. Hay quien decora este cóctel con una guinda.

CÓCTEL MARGARITA
Grado de dificultad bajo

INGREDIENTES
2/4 partes de tequila • 1/4 parte de triple seco • 1/4 parte de zumo de lima

Se bate en coctelera con hielo picado y se sirve, colado, en copa de cóctel con los bordes nevados de sal.

CÓCTEL MEXICANA
Grado de dificultad bajo

INGREDIENTES
3/5 partes de tequila • 2/5 partes de zumo de piña • 1/5 parte de zumo de lima • Unas gotas de granadina

Se bate en coctelera con hielo y se sirve, colado, en copa de cóctel.

CÓCTEL MILLION DOLAR
Grado de dificultad medio

INGREDIENTES

2/3 partes de ginebra • 1 chorro de vermut dulce • 1 chorro de zumo de lima • Unas gotas de granadina • 1/3 parte de zumo de piña • Unas gotitas de bíter de angostura • 1/2 clara de un huevo

Se bate todo en coctelera con hielo y se sirve, colado, en copa de vino. Adornar con un trocito de piña, una rodaja de lima y una guinda.

CÓCTEL MOJITO
Grado de dificultad bajo

INGREDIENTES

2/3 de ron ligero • 1/3 de zumo de lima • Unas gotas de bíter de angostura • 1 cucharadita de azúcar • Soda • 1 ramita de hierbabuena

En un vaso con hielo, sin dejar nunca de remover con un agitador hasta que se beba, se deben echar los ingredientes por este orden: azúcar, lima, licores, hierbabuena y soda.

CÓCTEL MONTANA
Grado de dificultad bajo

INGREDIENTES

1 copa de brandy • 1 chorro generoso de Oporto • 1 chorrito minúsculo de vermut seco

Se enfría en vaso mezclador y se sirve, colado, en copa ancha de champaña o de cóctel con medio cubito.

CÓCTEL MOSCOW MULE
Grado de dificultad medio

INGREDIENTES

1 copa de vodka • 1 buen chorro de zumo de limón • Unas tiras de piel de pepino con pulpa • Unos trocitos de piel de limón • Ginger Ale

Este cóctel se prepara directamente en vaso alto con hielo echando los ingredientes en el orden indicado. Para que salga perfecto, es conveniente introducir el pepino entre el hielo y el cristal para sujetarlo, y alternar una tira de piel y otra de pulpa para hacer la bebida más vistosa.

CÓCTEL NEGRONI
Grado de dificultad bajo

INGREDIENTES

2/4 partes de ginebra seca • 1/4 parte de vermut dulce italiano • 1/4 parte de campari • 1 rodaja de naranja fresca

Se prepara directamente en una copa tipo balón con un solo hielo, echando los ingredientes en el orden indicado y agitándolos con mucha suavidad, como si se meciera a un recién nacido. Nunca se debe terminar con soda.

CÓCTEL NEW YORKER
Grado de dificultad bajo

INGREDIENTES

2/3 partes de whisky o bourbon • 1/3 parte de zumo de lima • Unas gotas de granadina

Se bate enérgicamente en coctelera con hielo y se sirve, colado, en copa de cóctel. Se suele adornar como regla general con una media luna de naranja.

CÓCTEL OLIMPIC
Grado de dificultad bajo

INGREDIENTES

1/3 parte de brandy • 1/3 parte de curaçao • 1/3 parte de zumo de naranja

Se bate en coctelera con hielo y se sirve, colado, en copa de cóctel.

CÓCTEL OPENING

Grado de dificultad bajo

INGREDIENTES

1 vaso corto de bourbon o whisky • 1 chorrito de vermut dulce • Unas gotas de granadina

Se agita en vaso mezclador con hielo y se sirve, colado, en un vaso ancho de whisky con abundancia de cubitos.

CÓCTEL ÓPERA

Grado de dificultad medio

INGREDIENTES

1 copa de ginebra seca estilo London • 1 chorrito minúsculo de dubbonet • 1 chorrito minúsculo de marrasquino • Unos trocitos de piel de naranja • 1 chorrito de zumo de naranja opcional

Se enfría en vaso mezclador con hielo y se sirve, colado, en copa de cóctel. Adornar con la piel de naranja.

CÓCTEL ORANGE BLOOM

Grado de dificultad medio

INGREDIENTES

1 copa de ginebra seca • Unas gotas de triple seco • Unas gotas de vermut dulce • 1 chorro generoso de zumo de naranja

Se bate en coctelera con hielo y se sirve, colado, en copa de cóctel.

CÓCTEL ORIENTAL EXPRESS

Grado de dificultad bajo

INGREDIENTES

2/4 partes de whisky rye • 1/4 parte de vermut seco • 1/4 parte de drambuie

Se bate en coctelera con hielo y se sirve, colado, en copa de cóctel. Adornar con una rodajita de naranja.

CÓCTEL PEPPERMINT PARK

Grado de dificultad medio

INGREDIENTES

2/3 de ginebra • 1/3 de zumo de limón • 1 cucharadita de azúcar • Cava o champaña

Todo menos el vino se enfría en vaso mezclador y se sirve, colado, en copa aflautada de cava. Terminar con el espumoso y presentar con una pajita.

CÓCTEL PONCHE AZTECA

Grado de dificultad bajo

INGREDIENTES

4 l de tequila • 2 l de zumo de pomelo • 2 l de té bien cargado • 1/4 l de almíbar • 1/2 l de zumo de limón

Se mezcla en fuente de ponche con hielo abundante y se sirve con cucharón en los vasos que uno quiera.

CÓCTEL PONCHE DE LECHE

Grado de dificultad bajo

INGREDIENTES

1/4 parte de whisky • 3/4 partes de leche • 1 cucharadita de azúcar • Nuez moscada

Se bate en coctelera con hielo triturado y se sirve, colado, en vaso alto. Decorar con piel de limón o naranja y espolvorear la nuez.

CÓCTEL QUEBEC

Grado de dificultad medio

INGREDIENTES

2/3 de whisky canadiense • 1/3 de vermut seco francés • Unas gotas de amer picon o bíter de angostura • Unas gotas de marrasquino

Se bate en coctelera con hielo y se sirve, colado, en copa de cóctel.

CÓCTEL RICKEY
Grado de dificultad bajo

INGREDIENTES

2/3 de ginebra seca • 1/3 de zumo de lima • Unas gotas de granadina • 1/2 espiral de piel de lima • Soda

En el orden indicado, verter los ingredientes directamente en vaso ancho de whisky con un cubito de hielo. Remover con un agitador.

CÓCTEL ROB ROY
Grado de dificultad bajo

INGREDIENTES

3/4 partes de whisky escocés • 1/4 parte de vermut seco • Unas gotas de bíter de angostura opcional

Se enfría en vaso mezclador con hielo y se sirve, colado, en copa de cóctel. Hay quien lo adorna con una media luna de limón y quien prefiere una cereza macerada en marrasquino.

CÓCTEL SEA DRAGON
Grado de dificultad bajo

INGREDIENTES

2/3 de vodka • 1 chorro generoso de zumo de lima o limón • 1/3 de crema de leche • 1 trocito de melón tan maduro que se deshaga

Se bate en coctelera con hielo y se sirve, colado, en copa tipo balón. Decorar con una guinda.

CÓCTEL SIDECAR
Grado de dificultad bajo

INGREDIENTES

2/4 partes de coñac o armagnac • 1/4 parte de triple seco • 1/4 parte de zumo de limón

Se bate en coctelera con hielo picado y se sirve, colado, en copa de cóctel. Adornar con

un trocito de piel de limón. También hay quien le espolvorea canela y le añade una cereza.

CÓCTEL SLING
Grado de dificultad medio

INGREDIENTES

2/4 partes de ginebra • 1/4 parte de licor de cereza • 1/4 parte de zumo de limón • Soda o agua

Se enfría en coctelera con hielo y se sirve, colado, en vaso alto con dos cubitos de hielo. Terminar con soda o agua.

CÓCTEL SLIQUE LADY
Grado de dificultad bajo

INGREDIENTES

1/4 parte de vodka • 1/4 parte de kümmel • 2/4 partes de refresco gaseoso de limón

En el orden indicado, se vierte en una copa tipo *sour* con un cubito de hielo. Adornar con una media luna de limón y una guinda.

CÓCTEL TENNESSEE
Grado de dificultad bajo

INGREDIENTES

1 vaso de Jack Daniel's • 1 chorrito de marrasquino • 1 chorrito de zumo de limón

Se bate en coctelera con hielo y sirve, colado, en un vaso de whisky. Decorar con limón.

CÓCTEL TEQUILA SUNRISE
Grado de dificultad bajo

INGREDIENTES

1/6 parte de granadina • 3/6 partes de zumo de naranja • 2/6 partes de tequila

En el orden indicado, se vierten los ingredientes directamente en un vaso alto y ancho con hielo. Remover ligeramente con agitador y decorar con una rodaja de naranja.

CÓCTEL UNION JACK
Grado de dificultad medio

INGREDIENTES
1 copa de ginebra seca • 1 chorrito de Crème Yvette

Se bate en coctelera con hielo picado y se sirve, colado, en copa de cóctel.

CÓCTEL VESUBIO FIEROSO
Grado de dificultad medio

INGREDIENTES
1 vaso generoso de brandy • 1 chorro de zumo de naranja • 1 chorro de zumo de pomelo • 1 chorro de zumo de lima • 1 chorrito de granadina • 1 chorrito de almíbar • La clara de 1 huevo

Se mezcla con batidora eléctrica y se arroja al interior del volcán con mucho hielo. Entonces, se añade un buen chorro de brandy y se quema al presentar. Acompañar con pajitas.

CÓCTEL VÍA VENETO
Grado de dificultad medio

INGREDIENTES
1 copa de brandy italiano a ser posible • 1 chorrito de zumo de limón • 1 chorrito de sambuca • 1 chorrito de almíbar • 1/2 clara de un huevo

Se bate en coctelera con hielo picado y se sirve, colado, en copa de cóctel.

CÓCTEL WHITE LADY
Grado de dificultad medio

INGREDIENTES
1 copa de ginebra ligera • 1 chorrito de triple seco • 1 chorrito de zumo de lima

Se bate en coctelera con hielo y se sirve, colado, en copa de cóctel o copa ancha de champaña.

CÓCTEL ZOMBIE
Grado de dificultad bajo

INGREDIENTES
Ron ligero • Ron dorado • Ron oscuro • Ron reserva • Zumo de lima • Zumo de piña • Zumo de papaya • Granadina • Almíbar

Se bate en coctelera con hielo y se sirve, colado, en vaso alto y ancho con hielo.

COMBINADO DE LIMÓN Y KIWI
Grado de dificultad bajo

INGREDIENTES PARA 3 VASOS
1 limón • 3 kiwis • 3 zanahorias • 4 tazas de sandía

Se pelan la sandía, el limón y el kiwi, retirando las semillas de los primeros; se ralla la zanahoria, lavándola para limpiarla bien. Luego, se trocea la fruta y se introduce en la licuadora, obteniendo los zumos de cada una por separado. También puede licuarse sólo las zanahorias y su zumo batirlo con una batidora junto a los kiwis, la sandía y el limón, si así lo preferimos. El zumo obtenido se recoge en una jarra de cristal y se remueve bien con una cuchara de madera.

COMBINADO DE MANZANA CALIENTE
Grado de dificultad bajo

INGREDIENTES PARA 4-5 VASOS
1 piña • 8 manzana • 4 limones • 4 naranjas • 4 peras • Canela

Se lavan las peras y las manzanas o si se quiere, se pueden pelar; se retiran sus semillas. Se pela la piña separando la parte central o corazón. Se pelan también las naranjas y los limones y se tiran las cáscaras. Luego, se trocean todos los ingredientes, licuándolos por separado. Por último, en un cazo o cazuela, se calienta a fuego bajo el zumo.

COMBINADO DE ZUMO ANTITOXINAS
Grado de dificultad bajo

INGREDIENTES PARA 8 VASOS
2 melocotones • 2 limones • 2 naranjas • 2 manzanas • 6 rodajas de piña • Unas gotas de grosella • Cubitos de hielo

Se pelan las naranjas, los limones y los melocotones, retirando las semillas de los primeros y segundos y los huesos de los melocotones. Se parte la manzana, retirando sus semillas. Por otro lado, se pela la piña y se retira la parte central o corazón (también se puede utilizar piña en almíbar), partiendo unas seis rodajas gorditas. Se licuan todas las frutas y se vierte el zumo obtenido en una jarra de cristal. Sobre el zumo puede añadirse cubitos de hielo al gusto. Para finalizar, se mezcla todo muy bien con una cuchara de madera.

COPA DE ZUMO TROPICAL
Grado de dificultad bajo

INGREDIENTES PARA 4 VASOS
2 limones • 2 melocotones • 2 naranjas • 1 y 1/2 plátano

Se pelan los melocotones, quitándoles los huesos. Así mismo, se pelan las naranjas y los limones, retirando las semillas. Podemos licuar los melocotones y exprimir las naranjas y los limones, o licuarlo todo. Posteriormente, se recoge el zumo en una jarra y se mezcla todo muy bien, removiendo con una cuchara de madera. Para terminar de hacer esta bebida, se trocea el plátano y medio en rodajas finas y se añade al zumo.

LECHE DE COCO
Grado de dificultad medio

INGREDIENTES PARA UN VASO
170 g de coco • 1 vaso de agua caliente

Empezamos quitando del coco tanto la cáscara dura marrón como la piel fina marrón que rodea a la pulpa. Para rallar la pulpa del coco, se utiliza una batidora-cortadora, preparando previamente trozos de coco en tamaños de unos dos centímetros aproximadamente. Se introducen en la batidora unos 170 gramos de coco y se va añadiendo poco a poco el agua, durante unos 5 minutos más o menos. Posteriormente, se deja enfriar alrededor de una media hora antes de colar con una tela fina que se exprime, obteniendo de esta manera la primera leche. Puede volverse a batir bien la pulpa sobrante junto a otro cuarto de litro de agua caliente, y repetirse el proceso hasta obtener una segunda leche. A continuación, y ya para terminar, se pone la leche en un recipiente de vidrio y se deja reposar una media hora, con lo que la crema sube a la superficie.

PONCHE DE FRESAS
Grado de dificultad bajo

INGREDIENTES PARA 5-6 VASOS
250 g de fresas • 300 g de azúcar en polvo • 1 limón • 1 botella de agua mineral

Se lavan muy bien las fresas y se cortan en cuatro trozos; luego se vierte en una ponchera junto con el azúcar y el agua, añadiendo unos cubitos de hielo y removiéndolo bien con una cuchara de madera. Despues, se tapa y se deja en reposo durante 1 hora. Justo antes de que pase la hora, se pela el limón y se exprime; se añade su zumo en la ponchera y se remueve muy bien todo con una cuchara de madera. A la hora de servir el ponche, deberemos de procurar que la fruta se reparta bien en todos los vasos.

PONCHE DE FRUTAS ENERGÉTICO
Grado de dificultad bajo

INGREDIENTES PARA 7 VASOS
1 y 1/2 limón • 1 naranja • 1 manzana
• 2-3 cucharadas de azúcar negra • 1 y 1/4 kg de
manzanas • 12 clavos de olor • 1 ramita de canela

Se pela la naranja y el medio limón, quitando
las semillas. Se trocea por otra parte el kilo y
cuarto de manzanas, retirando también las
semillas. Se licua la naranja, el medio limón y
las manzanas y se añaden por separado. Se
vierte el zumo obtenido en una cazuela en la
que se añaden el azúcar, los clavos y la ramita
de canela. Se calienta un poco, sin dejar que
llegue a hervir. Una vez que esté caliente, se
retira del fuego y se deja tapado, reposando
durante unas 2 horas. Antes de servirlo, se
corta en gajos la manzana y el limón que no
hemos utilizado. Se calienta de nuevo el
ponche, sin que hierva, se retira la ramita de
canela y se añaden los trozos de la manzana y
los gajos del limón.

PONCHE DE MANZANAS
Grado de dificultad bajo

INGREDIENTES PARA 6 VASOS
1 kg de manzanas • 1 limón • 1 manzana
• 1 naranja • 50 g de pasas de Corinto • 600 ml de
Ginger Ale • 1 cucharada de miel • 1 ramita de
hierbabuena

Se pela el limón y se licua. El zumo, se vierte
en una jarra y sobre él se agrega la cáscara, la
miel y las pasas de Corinto; se deja todo
macerar varias horas. Pasado el tiempo de
maceración, se prepara el resto de
ingredientes. Se pelan las manzanas (no
olvidemos retirar las semillas), se licuan y el
zumo obtenido se vierte en la jarra. Se pelan
la naranja y la manzana retirando las semillas;
se trocean y se añaden al zumo. Se añade
también el Ginger Ale. Se mezcla bien todo
con una cuchara de madera. Puede adornarse
con la hierbabuena, previamente lavada.

REFRESCO DE MANZANA
Grado de dificultad bajo

INGREDIENTES PARA UN VASO
1 manzana • 75 g de frambuesa • 145 ml de agua

Se lava muy bien la manzana y se retira sus
semillas; así mismo, se lavan bien las
frambuesas. Luego, se trocea la manzana y se
mete en la licuadora; introduciéndose después
las frambuesas y los zumos de las dos frutas;
para terminar, se mezclan en una jarra de
cristal, removiendo bien con una cuchara de
madera.

SORBETE DE MELÓN
Grado de dificultad bajo

INGREDIENTES PARA 4-5 VASOS
1 limón • 1/2 melón • 1/2 l de agua • 150 g de
miel • 1 clara de huevo

Se lava el melón, se trocea y se bate con la
batidora. Se pela el limón y se extrae el zumo
exprimiéndolo. Se recogen los zumos en un
recipiente de cristal o de porcelana. Se mezcla
la miel diluida en el zumo del melón y el
limón; luego, se mete el recipiente en el
frigorífico durante unas 3 horas, removiendo
de vez en cuando. A continuación, se mezcla
el helado con la clara batida hasta que esté
esponjoso. Y por último, se deja en el
frigorífico unas 2 horas hasta que adquiera
consistencia.

SORBETE DE PERA
Grado de dificultad bajo

INGREDIENTES PARA 4 VASOS
1 kg de peras • 250 g de azúcar • 1 vaso de agua

Antes de explicar cómo debe elaborarse esta
receta, conviene saber que se puede realizar
con cualquier otra fruta de nuestro gusto.
Para empezar, se lavan bien las peras,
retirando las semillas; luego se trocean y se

licúan. El zumo obtenido se echa en un cazo o cazuela, añadiendo el azúcar y el agua; luego se pone al fuego y se deja hervir durante 5 minutos, removiéndolo con una cuchara. Una vez retirado del fuego, se vierte el zumo en un recipiente de cristal y se deja enfriar. Ya frío, se mete en el congelador durante media hora; después se saca, se pasa por una batidora y se vuelve a poner en el congelador. Se vuelve a sacar a los 25 minutos y se bate nuevamente; se repite la misma operación una o dos veces más hasta que esté consistente, pero no helado.

TÓNICO DE LIMÓN Y LECHUGA
Grado de dificultad bajo

INGREDIENTES PARA 2 VASOS
7 manzanas • 4 zanahorias • 6 hojas de lechuga • 1 limón

Se lavan las manzanas y se le retiran las semillas; se lavan bien y se ralla la superficie de las zanahorias; se lavan también las hojas de lechuga y se pela el limón. Acto seguido, se trocean todos los ingredientes, introduciéndolos en la licuadora por separado; el zumo obtenido se vierte en una jarra de cristal y se remueve bien con una cuchara de madera.

ZUMO A LA PERA DEPURATIVO
Grado de dificultad bajo

INGREDIENTES PARA 2 VASOS
2 peras • 2 rodajas gruesas de piña • 2 manzanas

Se lavan muy bien las peras y las manzanas, y se retiran las semillas. Además, se pela la piña y se retira la parte central o corazón. Luego, se trocean todos los ingredientes y se licuan solamente las peras y las manzanas. Para terminar, se mezcla con una cuchara de madera el zumo obtenido en una jarra de cristal y, por último, se añaden los trozos de piña.

ZUMO A LA VERDURA
Grado de dificultad bajo

INGREDIENTES PARA 3 VASOS
3 peras • 3 manzanas • 1 pepino • 1 remolacha • 2 zanahorias • 1 pimiento rojo • 1 ramito de acelgas

Se lavan muy bien las manzanas y las peras, retirando sus semillas; luego, las zanahorias, rallando la parte exterior de su piel y desechándola; a continuación las acelgas, la remolacha y el pimiento. Se trocean todos los ingredientes y se licuan por separado. Se vierte el zumo obtenido en una jarra de cristal y se mezcla bien con una cuchara de madera.

ZUMO AL APIO
Grado de dificultad bajo

INGREDIENTES PARA 2 VASOS
4 tallos de apio • 5 manzanas • 1 remolacha • 1/2 limón • 1 manojo de berros

Se empieza por pelar las manzanas y el limón, retirando todas las semillas. Además, se lavan bien el apio, la remolacha y los berros; seguidamente, se trocean todos los ingredientes, se licuan y se añaden por separado. Se vierte el zumo obtenido en una jarra de cristal y se mezcla bien con una cuchara de madera.

ZUMO AL MELOCOTÓN DIGESTIVO
Grado de dificultad bajo

INGREDIENTES PARA 3 VASOS
3 melocotones • 4 manzanas • 1 plátano • 1 cucharada de coco rallado • Agua

Se pela el plátano; se lavan bien los melocotones y las manzanas, retirando los huesos de los primeros y las semillas de las segundas. Se trocean a continuación los ingredientes, y se licuan por separado. El zumo obtenido se recoge en una jarra de cristal, se añade el coco y se mezcla todo bien con una cuchara de madera. Si se quiere, este zumo también se puede elaborar utilizando la batidora. Para terminar, se añade el agua necesaria para lograr un zumo más o menos espeso, según guste.

ZUMO ANTICATARROS
Grado de dificultad bajo

INGREDIENTES PARA 1 VASO
3 ciruelas • 1/2 piña • 1/2 mango

Se pela el mango y la piña, retirando el hueso del primero y la parte central o corazón de la segunda; se lavan las ciruelas y se trocean los ingredientes para introducirlos en la licuadora por separado. El zumo obtenido puede mezclarse con agua.

ZUMO ANTICOLESTEROL
Grado de dificultad bajo

INGREDIENTES PARA 1 VASO
1 manojo de espinacas • 1 ramito de perejil • 4 zanahorias • 1 diente de ajo • Unas gotas de Tabasco

Primeramente, se lavan bien las espinacas, el perejil y la zanahoria, que podemos rallar un poquito; además, se pela el ajo y, a continuación, se introduce todo en la licuadora. Para rematar esta bebida, al zumo que se ha obtenido se le añaden una gotas de Tabasco.

ZUMO ARCO IRIS
Grado de dificultad bajo

INGREDIENTES PARA 4 VASOS
2 naranjas • 200 g de albaricoques • 1 limón • 1 granada • 1 rodaja gordita de piña • 1/2 kg de uvas blancas • 1 vaso de hielo picado

Se lavan las uvas y los albaricoques, retirando las semillas de las primeras y los huesos de los segundos. Se pelan a continuación las naranjas, el limón y la granada, sin olvidarse de retirar las semillas de los dos primeros, ya que de la granada los retirará la licuadora. Luego, se parten todas las frutas y se introducen en la licuadora. Para terminar, se vierte el zumo en una jarra de cristal en la que previamente hemos puesto el hielo picado, y se remueve todo bien con una cuchara de madera.

ZUMO BANDERA
Grado de dificultad bajo

INGREDIENTES PARA 2 VASOS
1 pera • 2 manzanas • 2 tazas de fresas • 1/2 plátano • 2 tallos de apio • Agua

Para comenzar, se pela el plátano y se lavan bien el resto de los ingredientes, tirando las semillas de la pera y de las manzanas y las hojas del apio. Acto seguido, se trocean todas las piezas de frutas y los tallos de apio, y se licuan. Luego se vierte el zumo en una jarra de cristal y se mezcla bien con una cuchara de madera; por último, se añade agua al gusto para que no nos quede un zumo demasiado espeso.

ZUMO BLANCO Y NEGRO
Grado de dificultad bajo

INGREDIENTES PARA 1 VASO
1 y 1/2 manzana • 20 uvas blancas • 20 uvas negras

Primeramente, se lavan bien la manzana y media y se retiran las semillas; después, se lavan las uvas. Una vez hecho esto, se trocean las manzanas, introduciéndolas en la licuadora, y a continuación se meten las uvas. El zumo obtenido se recoge en una jarra de cristal y se remueve bien con una cuchara de madera.

ZUMO DE APIO CON... CORAZÓN
Grado de dificultad bajo

INGREDIENTES PARA 2 VASOS
4 tallos de apio • 2 tomates • 1 limón
• 4 zanahorias

Se pela el limón y se le retiran las semillas.
Además, se limpian bien el apio, las
zanahorias y los tomates. Seguidamente, se
trocean todos los ingredientes y se licuan
luego por separado. Por último, se recoge el
zumo obtenido en una jarra de cristal y se
mezcla todo muy bien con una cuchara de
madera.

ZUMO DE APIO Y MANZANA
Grado de dificultad bajo

INGREDIENTES PARA 2 VASOS
4 tallos de apio • 4 manzanas • 4 zanahorias

Se lavan los tallos de apio y las manzanas,
retirando las semillas de éstas. Luego, se
limpian bien las zanahorias para que no
queden restos de tierra; si hace falta, rallar la
parte externa de su piel. Seguidamente, se
trocean todos los ingredientes y se licua el
apio, las manzanas y las zanahorias por
separado. Se recoge el zumo en una jarra de
cristal y se remueve bien con una cuchara de
madera.

ZUMO DE CEREZA Y CIRUELA
Grado de dificultad bajo

INGREDIENTES PARA 3 VASOS
1 taza de cerezas sin hueso • 3 ciruelas
• 5 manzanas • 1 limón • 1 vaso de hielo

Se lavan bien las cerezas, las ciruelas y las
manzanas, retirando los huesos y semillas. Por
otro lado, se pela el limón, retirando las
semillas. Acto seguido, se trocea la fruta y se
licua por separado. El zumo obtenido se
recoge en una jarra de cristal; se remueve bien

el contenido con una cuchara de madera y
después, se añade un vaso de cubitos de
hielo. Finalmente se vuelve a remover.

ZUMO DE FRUTAS EXÓTICAS
Grado de dificultad bajo

INGREDIENTES PARA 6 VASOS
4 mangos • 2 piñas • 4 guayabas • 4 frutas de la
pasión • 2 papayas • 450 g de arándanos

Se pelan todas las frutas que tengan cáscara
gruesa y se lavan el resto; después, se trocean
las piezas más grandes y se extrae el zumo
por separado de cada una, introduciéndolas
en la licuadora; se recoge en una jarra de
cristal y se remueve bien con una cuchara de
madera.

ZUMO DE FRUTAS Y LEVADURA ANTIESTRÉS
Grado de dificultad bajo

INGREDIENTES PARA 4 VASOS
1 plátano • 1/2 pera • 1/2 kg de fresas
• 1 cucharada de levadura de cerveza

Se pela el plátano, se lava la pera y se retiran
sus semillas; se lavan por último las fresas.
Seguidamente, se licua primero la pera y las
fresas, se pone el plátano y la cucharada de
levadura de cerveza en el recipiente de la
batidora, se vierte el zumo de la pera y las
fresas con el plátano y la levadura de cerveza,
y se bate todo.

ZUMO DE KIWIS Y MANZANAS
Grado de dificultad bajo

INGREDIENTES PARA 2 VASOS
5 kiwis • 3 manzanas

Por un lado se pelan los kiwis, y por otro se
lavan las manzanas y se les retiran sus
semillas. Luego, se trocean bien las frutas y se

licuan por separado. Se recoge el zumo en una jarra de cristal y se mezcla bien con una cuchara de madera.

ZUMO DE LA MUJER
Grado de dificultad bajo

INGREDIENTES PARA 1 VASO
1 manzana roja • 1 tallo de brócoli • 1 hoja de nabo

Se lavan bien todos los ingredientes (no olvidemos quitar las semillas a la manzana), se trocean y se licuan. Obtenido el zumo, éste puede verterse en un vaso lleno de hielo picado. Se trata de un zumo muy indicado para paliar los dolores menstruales, de ahí el nombre por el que se le conoce.

ZUMO DE LIMA-LIMÓN
Grado de dificultad bajo

INGREDIENTES PARA 2 VASOS
4 limas • 3 limones • 5 naranjas • 1/4 de piña
• 2 cucharadas de miel • Cubitos de hielo

Primeramente, se pelan las limas, los limones y las naranjas, y se retiran las semillas y las cáscaras. A continuación, se parte un cuarto de piña, se pela y se retira la parte central o corazón. Luego se trocean todos los ingredientes, quedando listos para licuar. El zumo obtenido se vierte después en una jarra de cristal y si queremos reforzar sus propiedades, añadimos dos cucharadas de miel. Al final nos quedará un zumo estupendo de verano si se añade en él unos cubitos de hielo.

ZUMO DE MANGO DIGESTIVO
Grado de dificultad bajo

INGREDIENTES PARA 2 VASOS
2 mangos • 150 g de arándanos • 1 naranja
• 12 cubitos de hielo

Se pelan la naranja y los mangos, retirando las semillas y los huesos; se lavan los arándanos. Se trocea la fruta y se extrae por separado su zumo. El jugo obtenido se recoge en una jarra de cristal y se remueve bien con una cuchara de madera. Para rematar, se añden los cubitos de hielo y se vuelve a remover un poco.

ZUMO DE MANGO Y PIÑA
Grado de dificultad bajo

INGREDIENTES PARA 1 VASO
1 mango • 1/2 piña

En principio, se pelan los ingredientes y se trocean, sin olvidar retirar el hueso del mango y la parte central o corazón de la piña. Introducimos los trozos por separado en la licuadora; se recoge luego el zumo en una jarra de cristal y se remueve bien con una cuchara de madera.

ZUMO DE MANZANA
Grado de dificultad bajo

INGREDIENTES PARA 3 VASOS
3 manzanas • 4 zanahorias • 1 naranja
• 1 limón

Se lavan muy bien las zanahorias y las manzanas, retirando las semillas de estas últimas. Luego, se pelan la naranja y el limón. A continuación, se trocean todos los ingredientes y se licuan por separado. Para terminar de hacer esta bebida, se vierte el zumo en una jarra de cristal y se remueve bien con una cuchara de madera.

ZUMO DE MANZANA Y JENGIBRE
Grado de dificultad bajo

INGREDIENTES PARA 1 VASO
6 manzanas • 1 remolacha • 1 trozo pequeño de raíz de jengibre, ya limpio

Se lavan las manzanas y se les retiran las semillas; se pela la remolacha. Seguidamente, se trocea y se licua las manzanas, la remolacha y el jengibre por separado. El zumo obtenido se recoge en una jarra de cristal y se remueve bien con una cuchara de madera.

ZUMO DE MELOCOTÓN Y CEREZAS
Grado de dificultad bajo

INGREDIENTES PARA 3 VASOS
3 melocotones • 6 manzanas • 1/4 de una taza de cerezas congeladas, sin hueso • 1 vaso de agua

Se lavan bien los melocotones y las manzanas, retirando los huesos y las semillas. Se trocean y se licuan por separado. Se mezcla seguidamente el zumo y el resto de los ingredientes con la batidora, hasta obtener una consistencia homogénea. Se añade agua para que el zumo no esté tan concentrado, y se remueve con una cuchara de madera.

ZUMO DE MELOCOTÓN Y PAPAYA CONTRA LA ACIDEZ
Grado de dificultad bajo

INGREDIENTES PARA 1 VASO
1/2 melocotón • 1/2 papaya

Se pelan las frutas retirando el hueso del melocotón y las semillas de la papaya; se trocean y se licuan por separado. Se vierte el zumo obtenido en una jarra de cristal y se remueve bien con una cuchara de madera. Se puede añadir la cuarta parte de un vaso de agua para que el zumo no resulte tan espeso y concentrado.

ZUMO DE MELÓN Y PIÑA
Grado de dificultad bajo

INGREDIENTES PARA 3 VASOS
1 melón pequeño • 1 piña • Azúcar de caña

Se lava el melón y, a continuación, se pela la piña y se retira el corazón o parte central. Se trocean los ingredientes y se licuan por separado; se recoge el zumo en una jarra de cristal en la que previamente hayamos agregado el azúcar de caña, removiéndolo todo bien con una cuchara de madera.

ZUMO DE MENTA-LIMÓN
Grado de dificultad bajo

INGREDIENTES PARA 4 VASOS
5 limones • 2 vasos de agua • 1 ramita de hierbabuena • 2 cucharadas de azúcar o miel • Hielo triturado

Se lava la hierbabuena y se pelan los limones, retirando las semillas. Se licúan juntos. Se vierte el zumo obtenido en una jarra de cristal, se añade el agua, la miel o el azúcar, y finalmente se incorpora el hielo triturado. Se mezcla todo bien con una cuchara de madera, procurando que el azúcar o la miel queden bien disueltos.

ZUMO DE PAPAYA
Grado de dificultad bajo

INGREDIENTES PARA 1 VASO
1/2 papaya • 2 peras

Se pela la papaya, se lavan bien las peras y se les quitan las semillas. Se trocean las frutas, obteniendo el zumo de cada una por separado en la licuadora. Una vez extraído el zumo, se recoge en una jarra de cristal y se remueve bien con una cuchara de madera.

ZUMO DE PEPINO Y PIÑA
Grado de dificultad bajo

INGREDIENTES PARA 2 VASOS
1 pepino • 1 piña • 1 aguacate • 3 cucharas de hielo picado

Se pelan el pepino, la piña y el aguacate, retirando el hueso de éste; se trocean luego todas las piezas, poniéndolas por separado en la licuadora. El zumo obtenido se vierte en una jarra y se remueve con una cuchara de madera; por último, se añade el hielo picado.

ZUMO DE PERA Y KIWI ANTIESTRÉS
Grado de dificultad bajo

INGREDIENTES PARA 2 VASOS
4 peras • 2 kiwis • 1 ramita de hierbabuena • 1 mango

Se lavan bien las peras y se retiran las semillas. Se pelan los kiwis y el mango y se retira el hueso. Se trocean todos los ingredientes y se licuan; si resulta muy espeso, puede hacerse con la batidora. Se remueve bien el zumo obtenido con una cuchara de madera, en una jarra de cristal, y se añade la hierbabuena.

ZUMO DE PIÑA COLADA DEPURATIVA
Grado de dificultad bajo

INGREDIENTES PARA 2 VASOS
1 piña • 60 ml de crema de coco • 2 cucharadas de hielo picado

Se pela la piña y se trocea; se introduce en la licuadora y una vez obtenido el zumo, se agrega a la crema de coco que previamente habremos puesto en una jarra de cristal; removemos todo bien con una cuchara de madera y añadimos el hielo picado.

ZUMO DE PIÑA CON SORPRESA
Grado de dificultad bajo

INGREDIENTES PARA 5 VASOS
2 piñas • 1 taza de arándanos • 4 tazas de trozos de sandía • 2 limones • 1 vaso de agua de seltz carbonatada • Agua

Se pelan la piña, la sandía y el limón, retirando la parte central o corazón de la primera y las semillas de los segundos; se lavan también los arándanos. Luego, se trocean todos los ingredientes y se licuan. El zumo obtenido se recoge en una jarra de cristal donde se añadirá el agua de seltz, mezclándolo todo con una cuchara de madera hasta obtener una bebida homogénea. Puede añadirse agua corriente si queremos un zumo menos concentrado.

ZUMO DE PIÑA RICA
Grado de dificultad bajo

INGREDIENTES PARA 4 VASOS
1/2 kg de piña natural • 200 g de albaricoques o melocotones crudos o en almíbar • 1/2 limón • 1/2 vaso de agua • Cubitos de hielo

Se pela la piña y se le quita la parte central o corazón. Se lavan o pelan los albaricoques o melocotones, retirando los huesos. Después, se exprime el zumo del limón o se pela, quitándole las semillas; se licuan todas las frutas y se vierte el zumo obtenido en una jarra en la que previamente pueden haberse puesto algunos cubitos de hielo. Se añade a la jarra el medio vaso de agua para que el zumo no esté tan concentrado, y se mezcla todo, removiendo bien con una cuchara de madera.

ZUMO DE PLÁTANOS Y MANZANAS
Grado de dificultad bajo

INGREDIENTES PARA 1 VASO
2 plátanos no demasiado maduros • 4 manzanas

Se pelan los plátanos y se lavan las manzanas, retirando sus semillas. Luego, se trocean las frutas; puede utilizarse directamente la batidora, echando los ingredientes en el recipiente de batir hasta obtener la consistencia que guste. Si se considera que ha quedado muy espeso, se añade agua.

ZUMO DE SANDÍA
Grado de dificultad bajo

INGREDIENTES PARA 4 VASOS
1 kg de sandía aproximadamente • 1 naranja
• 1 limón • Azúcar • Agua

Por una parte, se pelan la sandía, la naranja y
el limón; se retiran las semillas y se trocean
todos los ingredientes. A continuación, se
licua todo y el zumo obtenido se recoge en
una jarra de cristal; acto seguido, se añade al
zumo un chorrito de agua y se agrega el
azúcar al gusto. Para que quede en su punto,
se remueve todo bien con una cuchara de
madera.

ZUMO DE TOMATE
Grado de dificultad bajo

INGREDIENTES PARA 2 VASOS
6 tomates • 4 tallos de apio • 290 ml de agua

Se lavan muy bien todos los ingredientes y se
trocean; después, se introducen por separado
en la licuadora y el zumo obtenido se vierte
en una jarra de cristal; se añade el agua y se
remueve todo bien con una cuchara de
madera.

ZUMO DE TOMATE Y ZANAHORIA
Grado de dificultad bajo

INGREDIENTES PARA 2 VASOS
2 tomates • 2 zanahorias • 1 lima • 2 cucharas de
yogur • Unas gotas de Tabasco • 2 cucharas de
hielo picado

Se pela la lima y se limpian bien las zanahorias
y los tomates; conviene rallar la superficie de
la zanahoria para quitar su parte de piel sucia.
A continuación, se trocean los ingredientes,
optando por licuarlos todos por separado o
por exprimir la lima y licuar lo demás. Una vez
obtenido el zumo, se pone en una jarra de
cristal y se remueve todo con una cuchara de

madera. Se añade a continuación el yogur y
las gotas de Tabasco, volviendo a remover;
finalmente, se añaden las dos cucharas de
hielo.

ZUMO DE ZANAHORIA Y APIO
Grado de dificultad bajo

INGREDIENTES PARA 1 VASO
1 zanahoria grande • 1 tallo de apio • 1/4 de
pepino • 145 ml de agua

Se pela el pepino y se lavan muy bien el resto
de los ingredientes; después, se trocean todas
las verduras y se introducen en la licuadora
por separado. El zumo obtenido, se recoge en
una jarra de cristal y se remueve bien con una
cuchara de madera; se añade el agua y se
vuelve a remover todo.

ZUMO DE ZANAHORIAS Y APIO PARA DORMIR
Grado de dificultad bajo

INGREDIENTES PARA 1 VASO
3-4 zanahorias • 1 tallo de apio

Por una parte, se lavan bien las zanahorias y el
tallo de apio hasta que no quede ningún resto
de tierra, y luego se introducen por separado
en la licuadora. Por otra parte, acto seguido
se recoge el zumo obtenido en una jarra de
cristal y se mezcla todo muy bien con una
cuchara de madera. Se debe de beber el
zumo 1 hora antes de acostarse.

ZUMO DE ZANAHORIAS Y KIWIS
Grado de dificultad bajo

INGREDIENTES PARA 3 VASOS
3 zanahorias • 3 kiwis • 3 tazas de trozos de sandía
• 1 limón

Se pelan la sandía y el limón, retirando las
semillas; se pelan también los kiwis. Además,

se limpian bien las zanahorias, rallando un poco la superficie exterior de la piel. Se trocea todo y se licua por separado; se vierte el zumo obtenido en una jarra de cristal y se remueve bien con una cuchara de madera; se puede añadir un poco de agua para que el zumo sea más suave.

ZUMO DEL CANTANTE
Grado de dificultad bajo

INGREDIENTES PARA 1 VASO
5 zanahorias • 1 diente de ajo • 3 tallos de apio • 1 ramita de perejil

Se limpian muy bien todos los ingredientes, se trocean y se introducen por separado en la licuadora. Luego se recoge el zumo en una jarra de cristal y se mezcla bien con una cuchara de madera.

ZUMO DEL ESTUDIANTE
Grado de dificultad bajo

INGREDIENTES PARA 1 VASO
8 zanahorias • 100 g de espinacas

Después de limpiar bien los ingredientes, se trocean y se introducen en la licuadora. Se vierte el zumo obtenido en una jarra de cristal o porcelana y se mezcla bien con una cuchara de madera.

ZUMO GAZPACHO
Grado de dificultad bajo

INGREDIENTES PARA 1 VASO
1/2 parte de pepino • 1 tomate de rama • 1/2 parte de pimiento verde • 2 aros de cebolla fresca • Sal • 1 chorrito de aceite de oliva • 1 chorrito de vinagre de vino

Se limpian todas las verduras de pieles y pepitas y se baten bien con la batidora. A este zumo gazpacho, se le puede añadir

agua o bien se puede licuar en vez de batir si se desea más líquido.

ZUMO HIDRATANTE
Grado de dificultad bajo

INGREDIENTES PARA 2 VASOS
3 naranjas • 1/2 piña • 1 limón • Hielo, si hace calor

Se pelan las naranjas, la piña y el limón. Se pueden exprimir las naranjas y el limón, y se licua la piña (recordemos que previamente hemos retirado el corazón o parte central); luego se vierten todos los zumos obtenidos en una jarra de cristal, removiendo bien con una cuchara de madera; se añade el hielo y ya está listo. Puede servirse con una rodaja de naranja en el vaso.

ZUMO PARA EL DOLOR DE GARGANTA
Grado de dificultad bajo

INGREDIENTES PARA 1 VASO
2 limones • 1/2 vaso de agua • 1 cucharada sopera de miel

Se exprimen primeramente los limones. Luego, se calienta el agua en un cazo. Seguidamente, se vierte la miel en un vaso de vidrio o porcelana, se añade el limón y luego el agua caliente. Para terminar, se remueve todo con una cuchara de madera.

ZUMO PARA LA VISTA
Grado de dificultad bajo

INGREDIENTES PARA 1 VASO
4 zanahorias • 4 tronchos de coliflor • 4 tronchos de brócoli

Se lavan bien todos los ingredientes y se trocean antes de introducirlos por separado en la licuadora.

ZUMO PARA UNA PIEL BONITA
Grado de dificultad bajo

INGREDIENTES PARA 1-2 VASOS
1/2 pepino • 1/2 manzana • 2 rodajas de piña

Se pelan todos los ingredientes y se retiran las semillas de la manzana. A continuación, se trocean los productos y se pasan por separado por la licuadora: ya podemos recoger el zumo en una jarra de cristal y removerlo bien con una cuchara de madera.

ZUMO RECONSTITUYENTE
Grado de dificultad bajo

INGREDIENTES PARA 2 VASOS
2-3 naranjas • 2 manzanas • 1 limón

Primeramente, se pelan las naranjas y el limón, retirando las semillas. Además, se lavan las manzanas y se les retiran las semillas. Luego, se exprimen las naranjas y el limón y se añade el zumo licuado de las manzanas o se licuan todas las frutas por separado. Por último, se recoge el zumo obtenido en una jarra de cristal y se mezcla bien con una cuchara de madera.

ZUMO TODO CÍTRICOS
Grado de dificultad bajo

INGREDIENTES PARA 8 VASOS
1 kg de pomelos • 1 kg de naranjas • 1/2 limón • 1 taza de agua • Cubitos de hielo • Soda • 1 naranja cortada en rodajas • 1 limón cortado en rodajas

Se pelan los pomelos, así como las naranjas y el limón, retirando sus semillas. Se exprimen a continuación y en una jarra se mezclan con el agua, utilizando una cuchara de madera. Luego, se ponen los cubitos de hielo en los vasos y se añade el zumo. Sobre cada vaso puede añadirse un poquito de soda y si resulta un poco ácido, azúcar o miel al gusto. Para

rematar, en cada vaso deben de ponerse porciones de naranja y de limón cortadas en rodajas.

ZUMO TODOTERRENO
Grado de dificultad bajo

INGREDIENTES PARA 2 VASOS
1 piña • 2 tazas de uvas • 1 plátano • 1 cucharada de miel

Se puede realizar este zumo utilizando sólo la batidora. Se pela la piña, retirando su parte central o corazón; se pela el plátano y se lavan las uvas. Se trocean todos los ingredientes y se introducen en el recipiente de la batidora; se baten hasta que quede bien licuado; se vierte el zumo en una jarra de cristal en la que previamente hayamos puesto la cuchara de miel, y se mezcla todo bien con una cuchara de madera.

ZUMO TRANQUILO
Grado de dificultad bajo

INGREDIENTES PARA 1 VASO
1/2 kg de cerezas • 1/2 limón • Agua mineral sin gas

Se pelan las cerezas y se le retiran los huesos. Se pela también el limón. Se licuan seguidamente las cerezas así como el limón y se mezcla todo; después se añade agua hasta llenar un vaso.

ZUMO VITAMÍNICO
Grado de dificultad bajo

INGREDIENTES PARA 2 VASOS
1 plátano • 1 limón • 1 naranja pelada en gajos • 1/2 taza de leche

Para elaborar este beneficioso zumo, primeramente, se pelan la naranja, el plátano y el limón. A continuación, se exprimen la naranja, reservando dos gajos, y el limón. Seguidamente, se pone en el recipiente de la batidora el plátano pelado y hecho trozos, la leche, el zumo de limón y el zumo de la naranja, y se baten bien todos estos ingredientes hasta llegar a obtener una pulpa suave. Se vierte entonces el zumo obtenido en una jarra de cristal y se añade hielo picado según el gusto de cada uno. Para terminar y rematar la elaboración, se remueve bien con una cuchara de madera, colocando cada gajo de naranja en los vasos, de adorno.

Índice
de Recetas

A

_B_

C

D

E

F

G

J

K

L

𝓜

N

O

P

2

R

S

T

V

W

Z